Prof. Dr. Gerrit Hornung, LL.M.
Martin Schallbruch [Hrsg.]

IT-Sicherheitsrecht

Praxishandbuch

Prof. Dr. Matthias Bäcker, LL.M., Johannes-Gutenberg-Universität Mainz | **Prof. Dr. Irene Bertschek**, ZEW – Leibniz-Zentrum für Europäische Wirtschaftsforschung, Mannheim | **Dr. David Bomhard**, Rechtsanwalt, München | **Matthias Fischer, LL.M.**, Regierungsdirektor, Berlin | **Dr. Christian L. Geminn, Mag. iur.**, Universität Kassel | **Dr. Rotraud Gitter, LL.M. Eur.**, Regierungsdirektorin, Berlin | **Dr. Sebastian J. Golla**, Ruhr-Universität Bochum | **Prof. Dr. Rüdiger Grimm**, Universität Koblenz-Landau | **Prof. Dr. Annette Guckelberger**, Universität des Saarlandes | **Marit Hansen**, Unabhängiges Landeszentrum für Datenschutz Schleswig-Holstein (ULD) | **Prof. Dr. Andreas Heinemann**, Hochschule Darmstadt | **Prof. Dr. Gerrit Hornung, LL.M.**, Universität Kassel | **PD Dr. Silke Jandt**, Referatsteilleiterin bei der Landesbeauftragten für den Datenschutz Niedersachsen, Privatdozentin Universität Kassel | **Rebecca Janßen**, ZEW – Leibniz-Zentrum für Europäische Wirtschaftsforschung, Mannheim | **Dr. Henning Lahmann**, Digital Society Institute, European School of Management and Technology Berlin | **Dr. Philipp Lassahn, LL.M.**, Regierungsrat, Berlin | **Prof. Dr. Marian Margraf**, Freie Universität Berlin | **Johannes Müller MLE.**, Universität Kassel | **Dr. Jörg Ohnemus**, ZEW – Leibniz-Zentrum für Europäische Wirtschaftsforschung, Mannheim | **Prof. Dr. Ralf Poscher**, Max-Planck-Institut zur Erforschung von Kriminalität, Sicherheit und Recht, Freiburg | **Dr. Mansur Pour Rafsendjani**, Rechtsanwalt, München | **Prof. Dr. Alexander Roßnagel**, Universität Kassel | **Martin Schallbruch**, Ministerialdirektor a.D., Digital Society Institute, European School of Management and Technology Berlin | **Marc Schardt**, Regierungsdirektor, Berlin | **Stephan Schindler**, Universität Kassel | **Prof. Dr. Tobias Singelnstein**, Ruhr-Universität Bochum | **Philipp Singler**, Datenschutzbeauftragter Stadt Offenburg | **Isabel Skierka**, Digital Society Institute, European School of Management and Technology Berlin | **Sylvia Spies-Otto**, Ministerialdirigentin, Bundesministerium der Verteidigung, Berlin | **Prof. Dr. Gerald Spindler**, Georg-August-Universität Göttingen | **Dr. Thomas Thalhofer**, Rechtsanwalt, München | **Prof. Dr. Michael Waidner**, Fraunhofer-Institut für Sichere Informationstechnologie SIT, Darmstadt | **Louisa Zech**, Ruhr-Universität Bochum

Zitiervorschlag: *Autor* in Hornung/Schallbruch IT-SicherheitsR-HdB § ... Rn. ...

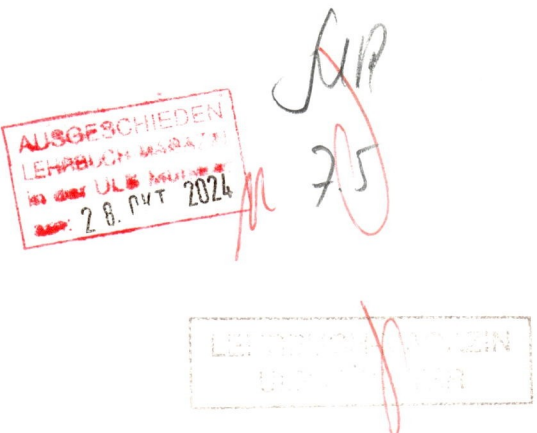

Die Deutsche Nationalbibliothek verzeichnet diese Publikation in der Deutschen Nationalbibliografie; detaillierte bibliografische Daten sind im Internet über http://dnb.d-nb.de abrufbar.

ISBN 978-3-8487-5764-0

1. Auflage 2021
© Nomos Verlagsgesellschaft, Baden-Baden 2021. Gedruckt in Deutschland. Alle Rechte, auch die des Nachdrucks von Auszügen, der photomechanischen Wiedergabe und der Übersetzung, vorbehalten.

Vorwort

Rechtliche Fragestellungen in Bezug auf die IT-Sicherheit stellen sich Juristinnen und Juristen ebenso wie Rechtsanwenderinnen und Rechtsanwendern in steigendem Maße. Sei es bei der Vertragsgestaltung, beim betrieblichen oder behördlichen IT-Management, bei der Implementierung des Datenschutzes, bei der anwaltlichen Risikoberatung, bei der aufsichtsbehördlichen Tätigkeit, bei der Weiterentwicklung sektoraler Gesetzgebung im Hinblick auf die Digitalisierung: IT-Sicherheitsanforderungen, IT-Sicherheitsverfahren und die Konsequenzen nicht ausreichender IT-Sicherheit müssen stets bedacht werden.

Selten erschließt sich das IT-Sicherheitsrecht durch den Blick in eine einzelne, selbständige Rechtsvorschrift. Häufig führt die Zusammenschau verschiedener Aspekte und rechtlicher Regelungen zu den gesuchten Lösungen. Technische, ökonomische und gesellschaftliche Fragestellungen stellen einen Rahmen für eine IT-sicherheitsrechtliche Betrachtung dar. IT-Sicherheitsrecht selbst erschließt sich im Zusammenspiel aus querschnittlichen Regelungen, von der DS-GVO bis zum Zivilrecht, und sektoralen Spezialvorschriften, etwa im Energiesektor oder im Verkehr.

Das vorliegende Handbuch erleichtert die vollständige und ganzheitliche Betrachtung von Rechtsfragen der IT-Sicherheit. Hierbei wird eine wissenschaftliche Perspektive mit Erfahrungen aus der Praxis kombiniert. Gerade bei einer neuen Materie, die in Rechtsprechung und Literatur noch deutlich unterrepräsentiert ist, hilft diese Kombination beim schnellen und problemorientierten Verständnis von Fragestellungen, bereits verfügbaren Lösungen und schon absehbaren künftigen Entwicklungen.

Im ersten Teil des Handbuchs werden die technischen, ökonomischen und gesellschaftlichen Grundlagen der IT-Sicherheit beschrieben, zudem die IT-Sicherheit aus der Perspektive der Menschen, der Nutzerinnen und Nutzer der IT, analysiert.

Der zweite Teil beschreibt alle grundlegenden und querschnittlichen Fragen des IT-Sicherheitsrechts. Beginnend mit völker- und verfassungsrechtlichen Grundlagen über die Querschnittsfrage, welche rechtlichen Instrumente zur Messung und zum Nachweis von IT-Sicherheit sowie für spezielle Sicherheitsinfrastrukturen wie elektronische Signaturen zur Verfügung stehen, bis zur strafrechtlichen Verantwortung für IT-Sicherheitsverstöße werden übergreifende Themen adressiert. Einen besonderen Schwerpunkt nehmen die zivilrechtlichen Fragestellungen ein, vertragliche und deliktsrechtliche IT-Sicherheitsaspekte ebenso wie die speziellen Verantwortlichkeiten von IT-Herstellern, Intermediären oder Nutzerinnen und Nutzern der IT. Ergänzt wird dieser querschnittliche Teil durch die Beschreibung der Rechtsgrundlagen der einschlägigen Behörden und die Analyse des komplexen Zusammenwirkens von IT-Sicherheit und Datenschutz.

Im dritten Teil des Handbuchs werden sektorale Rechtsvorschriften zur IT-Sicherheit beschrieben, Normen für einzelne Branchen und Lebensbereiche, für die öffentliche Verwaltung ebenso wie für die privaten Haushalte.

Die einzelnen Kapitel des Handbuchs sind in sich geschlossene Darstellungen, die für sich genommen verständlich sind. Literaturangaben finden sich jeweils zu Beginn jedes Kapitels. Durch Verweisungen auf die anderen Kapitel wird der Zusammenhang der Themen hergestellt. Ein ausführliches Sachverzeichnis erleichtert zudem den Zugang zu den Kapiteln und den jeweiligen Randnummern.

Für das Handbuch konnten wir erfahrene Autorinnen und Autoren gewinnen, die jeweils auf ihrem Gebiet eine langjährige Expertise vorweisen können. Dem Anspruch des Handbuchs entsprechend stammt die Autorenschaft zu einem Teil aus der Wissenschaft, zu einem Teil aus der Praxis. Wir konnten praxisorientierte akademische Expertinnen und Experten ebenso gewinnen wie wissenschaftlich interessierte Rechtsanwenderinnen und Rechtsanwender aus

Vorwort

Unternehmen und Behörden sowie Verantwortliche aus der Ministerialverwaltung, die an der Gestaltung des IT-Sicherheitsrechts gearbeitet haben und arbeiten.

Das Handbuch befindet sich auf dem Stand April/Mai 2020. Die Autorinnen und Autoren konnten aber auch neuere Entwicklungen bis Juli 2020 berücksichtigen, wie etwa die IT-Sicherheitsfragen, die sich im Zusammenhang mit der SARS-CoV-2-Pandemie ergeben haben.

Herrn Dr. Marco Ganzhorn vom Nomos-Verlag danken wir für die hervorragende Zusammenarbeit beim Entstehen des Handbuchs. Dieses Handbuch ist eine Erstauflage. Für die Weiterentwicklung des Werks würden wir uns über Rückmeldungen jeder Art sehr freuen.

Kassel und Berlin, im August 2020

Gerrit Hornung
Martin Schallbruch

Inhaltsübersicht

Vorwort	....	5
Bearbeiterverzeichnis	....	9
Abkürzungsverzeichnis	....	13

Teil 1		Grundlagen der IT-Sicherheit	21
§ 1		Einführung	23
§ 2		IT-Sicherheit aus technischer Sicht	33
§ 3		IT-Sicherheit aus ökonomischer Perspektive	63
§ 4		IT-Sicherheit aus Nutzerinnen- und Nutzersicht	75
§ 5		IT-Sicherheit aus gesamtgesellschaftlicher Sicht	87
Teil 2		Grundlagen und Querschnittsfragen des IT-Sicherheitsrechts	107
§ 6		Die völkerrechtliche Dimension der IT-Sicherheit	109
§ 7		Verfassungsrechtliche Dimensionen der IT-Sicherheit	133
§ 8		Messung, Prüfung und Nachweis von IT-Sicherheit	154
§ 9		IT-Sicherheit im Zivilrecht und in der Vertragsgestaltung	181
§ 10		Grundlagen deliktsrechtlicher Sicherheitspflichten	221
§ 11		Verantwortung der IT-Hersteller (produktbezogene Pflichten)	248
§ 12		Verantwortung der Intermediäre, Betreiber und Nutzer	287
§ 13		IT-Sicherheitsanforderungen an Kritische Infrastrukturen und digitale Dienste ..	299
§ 14		IT-Sicherheitsinfrastrukturen und -dienste	324
§ 15		Recht der IT-Sicherheitsbehörden	351
§ 16		Rechtliche Regeln für die IT-Sicherheit in Organisationen	368
§ 17		IT-Sicherheit als Mittel und als Bedrohung des Datenschutzes	391
§ 18		Schutz der IT-Sicherheit durch Gefahrenabwehr, Strafverfolgung und nachrichtendienstliche Aufklärung	415
§ 19		Aufgaben und Befugnisse der Bundeswehr	434
§ 20		Schutz der IT-Sicherheit durch das Strafrecht	454
Teil 3		Sektorales IT-Sicherheitsrecht	481
§ 21		Telekommunikation und Telemedien	483
§ 22		Mobilität und Verkehr	520
§ 23		Energieversorgungsnetze und Energieanlagen	554
§ 24		Smart Metering	573
§ 25		Öffentliche Verwaltung	595
§ 26		Private Haushalte	620

Stichwortverzeichnis 645

Bearbeiterverzeichnis

Prof. Dr. Matthias Bäcker, LL.M. § 18 (zus. mit *Golla*)
Johannes-Gutenberg-Universität Mainz

Prof. Dr. Irene Bertschek § 3 (zus. mit *Janßen/Ohnemus*)
ZEW – Leibniz-Zentrum für Europäische Wirtschaftsforschung, Mannheim

Dr. David Bomhard § 9 (zus. mit *Pour Rafsendjani*)
Rechtsanwalt, München

Matthias Fischer, LL.M. § 13
Regierungsdirektor, Berlin

Dr. Christian L. Geminn, Mag. iur. § 22 (zus. mit *Müller*)
Universität Kassel

Dr. Rotraud Gitter, LL.M. Eur. § 15
Regierungsdirektorin, Berlin

Dr. Sebastian J. Golla § 18 (zus. mit *Bäcker*)
Ruhr-Universität Bochum

Prof. Dr. Rüdiger Grimm § 2 (zus. mit *Waidner*)
Universität Koblenz-Landau

Prof. Dr. Annette Guckelberger § 23
Universität des Saarlandes, Saarbrücken

Marit Hansen § 26
Unabhängiges Landeszentrum für Datenschutz Schleswig-Holstein (ULD), Kiel

Prof. Dr. Andreas Heinemann § 4 (zus. mit *Margraf*)
Hochschule Darmstadt

Prof. Dr. Gerrit Hornung, LL.M. § 1 (zus. mit *Schallbruch*)
Universität Kassel § 21 (zus. mit *Schindler*)

PD Dr. Silke Jandt § 17
Referatsteilleiterin bei der Landesbeauftragten für den Datenschutz Niedersachsen, Privatdozentin Universität Kassel

Rebecca Janßen § 3 (zus. mit *Bertschek/Ohnemus*)
ZEW – Leibniz-Zentrum für Europäische Wirtschaftsforschung, Mannheim

Dr. Henning Lahmann § 6
Senior Researcher, Digital Society Institute, European School of Management and Technology Berlin

Dr. Philipp Lassahn, LL.M.
Regierungsrat, Berlin

§ 7 (zus. mit *Poscher*)

Prof. Dr. Marian Margraf
Freie Universität Berlin

§ 4 (zus. mit *Heinemann*)

Johannes Müller MLE.
Universität Kassel

§ 22 (zus. mit *Geminn*)

Dr. Jörg Ohnemus
ZEW – Leibniz-Zentrum für Europäische Wirtschaftsforschung, Mannheim

§ 3 (zus. mit *Bertschek/Janßen*)

Prof. Dr. Ralf Poscher
Max-Planck-Institut zur Erforschung von Kriminalität, Sicherheit und Recht, Freiburg

§ 7 (zus. mit *Lassahn*)

Dr. Mansur Pour Rafsendjani
Rechtsanwalt, München

§ 9 (zus. mit *Bomhard*)

Prof. Dr. Alexander Roßnagel
Universität Kassel

§ 14

Martin Schallbruch
Ministerialdirektor a.D., Digital Society Institute, European School of Management and Technology Berlin

§ 1 (zus. mit *Hornung*)
§ 5

Marc Schardt
Regierungsdirektor, Berlin

§ 25

Stephan Schindler
Universität Kassel

§ 21 (zus. mit *Hornung*)

Prof. Dr. Tobias Singelnstein
Ruhr-Universität Bochum

§ 20 (zus. mit *Zech*)

Philipp Singler
Justiziar und behördlicher Datenschutzbeauftragter Stadt Offenburg; Lehrbeauftragter

§ 24

Isabel Skierka
Digital Society Institute, European School of Management and Technology Berlin

§ 8

Sylvia Spies-Otto
Ministerialdirigentin, Bundesministerium der Verteidigung, Berlin

§ 19

Prof. Dr. Gerald Spindler
Georg-August-Universität Göttingen

§§ 10 bis 12

Dr. Thomas Thalhofer
Rechtsanwalt, München

§ 16

Prof. Dr. Michael Waidner § 2 (zus. mit *Grimm*)
Fraunhofer-Institut für Sichere Informationstechnologie SIT, Darmstadt

Louisa Zech § 20 (zus. mit *Singelnstein*)
Ruhr-Universität Bochum

Abkürzungsverzeichnis

aA	andere Ansicht
AA	Auswärtiges Amt
aaO	am angegebenen Ort
abl.	ablehnend
AB	Assembly Bill
ABl.	Amtsblatt
ABS	Antiblockiersystem
Abs.	Absatz
Abschn.	Abschnitt
abw.	abweichend
ADAC	Allgemeiner Deutscher Automobil-Club
aE	am Ende
AEUV	Vertrag über die Arbeitsweise der Europäischen Union
aF	alte Fassung
AG	Amtsgericht
AG InfoSIC	Arbeitsgruppe Informationssicherheit des IT-Planungsrats
AIS	Automatic Identification System (automatisches Identifikationssystem)
allg.	allgemein
allgA	allgemeine Ansicht
allgM	allgemeine Meinung
aM	anderer Meinung
Anh.	Anhang
Anm.	Anmerkung
AnwBl	Anwaltsblatt
AO	Abgabenordnung
Art.	Artikel
AtG	Atomgesetz
AtSMV	Verordnung über den kerntechnischen Sicherheitsbeauftragten und über die Meldung von Störfällen und sonstigen Ereignissen
Aufl.	Auflage
ausdr.	ausdrücklich
ausf.	ausführlich
Az.	Aktenzeichen
BAG	Bundesarbeitsgericht
BB	Betriebsberater
Bd.	Band
BAköV	Bundesakademie für öffentliche Verwaltung
BayDSG	Bayerisches Datenschutzgesetz
BDSG	Bundesdatenschutzgesetz
beA	Besonderes Anwaltspostfach
Begr.	Begründung
Bek.	Bekanntmachung
ber.	berichtigt
bes.	besonders
Beschl.	Beschluss
BeurkG	Beurkundungsgesetz

BfDI	Bundesbeauftrage(r) für den Datenschutz und die Informationsfreiheit
BfIT	Der Beauftragte der Bundesregierung für Informationstechnik
BfV	Bundesamt für Verfassungsschutz
BGBl.	Bundesgesetzblatt
BGH	Bundesgerichtshof
BKA	Bundeskriminalamt
BMI	Bundesministerium des Innern, für Bau und Heimat; bis zum 17.3.2018 Bundesministerium des Innern
BMVg	Bundesministerium der Verteidigung
BMVI	Bundesministerium für Verkehr und digitale Infrastruktur
BMWi	Bundesministerium für Wirtschaft und Energie
BND	Bundesnachrichtendienst
BNetzA	Bundesnetzagentur
BPOL	Bundespolizei
BRH	Bundesrechnungshof
BSG	Bundessozialgericht
BSI	Bundesamt für Sicherheit in der Informationstechnik
BSI-KritisV	Verordnung zur Bestimmung Kritischer Infrastrukturen nach dem BSI-Gesetz
BSIG-RefE	Referentenentwurf eines Zweiten Gesetzes zur Erhöhung der Sicherheit informationstechnischer Systeme
bspw.	beispielsweise
BT	Bundestag
BT-Drs.	Bundestags-Drucksache
BVerfG	Bundesverfassungsgericht
BVerfGE	Entscheidungen des Bundesverfassungsgerichts
BVerwG	Bundesverwaltungsgericht
BW LDSG	Baden-Württembergisches Landesdatenschutzgesetz
bzgl.	bezüglich
bzw.	beziehungsweise
c´t	c´t Magazin für Computertechnik
CAM	Cooperative Awareness Message
CAN	Controller Area Network
CC	Common Criteria
CD	Committee Draft
CP-SMPKI	Certificate Policy der Smart-Metering-Public-Key-Infrastruktur
CdSK	Konferenz der Chefinnen und Chefs der Staats- und Senatskanzleien der Länder
CDU	Christlich Demokratische Union Deutschlands
CERT	Computer Emergency Response Team
CFR	Code of Federal Regulations
ChefBK	Chefs des Bundeskanzleramts
COM	Commission
COTS	Commercial off-the-shelf (kommerzielle Standardkomponenten)
CPNI	Centre for the Protection of National Infrastructure
CR	Computer und Recht
CRM	Customer Relationship Management
CSU	Christlich-Soziale Union in Bayern

Cyber-SR	Cyber-Sicherheitsrat
DAkkS	Deutsche Akkreditierungsstelle
DB	Deutsche Bahn
DCS	Distributed Control System
DDoS	Distributed Denial-of-Service
DeMailG	De-Mail-Gesetz
DENM	Decentralized Environmental Notification Message
ders.	derselbe
DESI	The Digital Economy and Society Index
DfT	Department for Transport
dh	das heißt
DLT	Distributed Ledger Technology
DNotZ	Deutsche Notar-Zeitschrift
DNS	Domain Name System
Doc	Document
Dok.	Dokument
DoS	Denial-of-Service
DOT	Department of Transportation
DP-3T	Decentralized Privacy-Preserving Proximity Tracing
Drs.	Drucksache
DSG M-V	Datenschutzgesetz Mecklenburg-Vorpommern
DSG NRW	Datenschutzgesetz Nordrhein-Westfalen
DS-GVO	Datenschutz-Grundverordnung
DuD	Datenschutz und Datensicherheit
E	Entwurf
ebd.	ebenda
eCall	Emergency Call
ECU	Electronic Control Unit (elektronisches Steuergerät)
EDV	Elektronische Datenverarbeitung
EG	Europäische Gemeinschaft; Erwägungsgrund
EG ABl.	Amtsblatt der Europäischen Gemeinschaft
EGovG	E-Government-Gesetz
EGVP	Elektronische Gerichts- und Verwaltungs-Postfach
eID-Funktion	elektronische Identifikationsfunktion des elektronischen Personalausweises
eIDAS-VO	Verordnung (EU) Nr. 910/2014 über elektronische Identifizierung und Vertrauensdienste für elektronische Transaktionen im Binnenmarkt und zur Aufhebung des Richtlinie 1999/93/EG
Einf.	Einführung
eingetr.	eingetragen
Einl.	Einleitung
einschl.	einschließlich
einschr.	einschränkend
EL	Ergänzungslieferung
EN	Europäische Norm
ENISA	European Union Agency for Cybersecurity; bis zum 27.6.2019 European Network and Information Security Agency
Entsch.	Entscheidung
entspr.	entsprechend

EnWG	Energiewirtschaftsgesetz
Erkl.	Erklärung
Erl.	Erlass; Erläuterung
etc	et cetera
ETCS	European Train Control System
ETSI	European Telecommunication Standards Institute
EU	Europäische Union
EU-ABl.	Amtsblatt der Europäischen Union
EuGH	Europäischer Gerichtshof
EUR	Euro (bei Geldbeträgen)
eur.	europäisch
EURASIP	European Association for Signal Processing
eV	eingetragener Verein
evtl.	eventuell
f., ff.	folgende, fortfolgende
FCC	Federal Communications Commission
FITKO	Föderale IT-Kooperation *(Bund-Länder-Anstalt des öffentlichen Rechts des IT-Planungsrats)*
Fn.	Fußnote
FTC	Federal Trade Commission
geänd.	geändert
gem.	gemäß
GeschGehG	Gesetz zum Schutz von Geschäftsgeheimnissen
GG	Grundgesetz
ggf.	gegebenenfalls
GmbH	Gesellschaft mit beschränkter Haftung
GPS	Global Positioning System
GRCh	Charta der Grundrechte der Europäischen Union
grds.	grundsätzlich
GRVA	Working Party on Automated/Autonomous and Connected Vehicles der UNECE
hA	herrschende Auffassung
HAN	Home Area Network
HB	Handbuch
HdB	Handbuch
HES	Head-End-System
hL	herrschende Lehre
hM	herrschende Meinung
H.R.	House of Representatives
Hrsg.	Herausgeber
Hs.	Halbsatz
iA	im Auftrag
idF	in der Fassung
idR	in der Regel
idS	in diesem Sinne
IEC	International Electrotechnical Commission
IEEE	Institute of Electrical and Electronics Engineers
ieS	im engeren Sinne
IETF	Internet Engineering Task Force

iHv	in Höhe von
IKT	Informations- und Kommunikationstechnik
IuK	Informations- und Kommunikationstechnik
inkl.	inklusive
insbes.	insbesondere
insg.	insgesamt
IP	Internet Protocol
iS	im Sinne
IS	Internet Protocol
ISAC	Information Sharing and Analysis Center
ISB	Informationssicherheitsbeauftragte(r)
iSd	im Sinne des/der
ISMS	Informationssicherheits-Managementsystem
ISO	International Organization for Standardization
iSv	im Sinne von
IT	Informationstechnik
IT-NetzG	Gesetz über die Verbindung der informationstechnischen Netze des Bundes und der Länder
IT-SiG	IT-Sicherheitsgesetz
IT-StV	Vertrag über die Errichtung des IT-Planungsrats und über die Grundlagen der Zusammenarbeit beim Einsatz der Informationstechnologie in den Verwaltungen von Bund und Ländern – Vertrag zur Ausführung von Artikel 91 c GG (IT-Staatsvertrag)
ITS	Intelligent Transport Systems
iÜ	im Übrigen
IuKT	Informations- und Kommunikationstechnologie(n)
iVm	in Verbindung mit
iwS	im weiteren Sinne
Kap.	Kapitel
Kfz	Kraftfahrzeug
KI	Künstliche Intelligenz
KoITB	Konferenz der IT-Beauftragten der Ressorts
KoSIT	Koordinierungsstelle für IT-Standards
krit.	kritisch
KRITIS	Kritische Infrastruktur(en)
K&R	Kommunikation und Recht
LAN	Local Area Network
LG	Landgericht
lit.	litera
Lit.	Literatur
LMN	Local Metrological Network
Ls.	Leitsatz
LTANS	Long Term Archive Notary Service
MAD	Militärischer Abschirmdienst
mAnm	mit Anmerkung
MdB	Mitglied des Deutschen Bundestages
MDR	Monatsschrift des Deutschen Rechts
mE	meines Erachtens
mind.	mindestens

MMR	Multimedia und Recht
Mitt.	Mitteilung(en)
mN	mit Nachweisen
MsbG	Messstellenbetriebsgesetz
mwN	mit weiteren Nachweisen
mWv	mit Wirkung von
mzN	mit zahlreichen Nachweisen
NHTSA	National Highway Traffic Safety Administration
nrkr	nicht rechtskräftig
nv	nicht veröffentlicht
Nachw.	Nachweise
nF	neue Fassung
NIS	Netz- und Informationssicherheit (Network and Information Security)
NIS-Richtlinie	Richtlinie über Maßnahmen zur Gewährleistung eines hohen gemeinsamen Sicherheitsniveaus von Netz- und Informationssystemen in der Union
NIST	National Institute of Standards and Technology
No.	Number
NJW	Neue Juristische Wochenschrift
Nov.	Novelle
NPSI	Nationaler Plan zum Schutz der Informationsinfrastrukturen
Nr.	Nummer
NVwZ	Neue Zeitschrift für Verwaltungsrecht
o.	oben, oder
o. a.	oben angegeben, angeführt
oÄ	oder Ähnliches
OBD	On-Board-Diagnose
og	oben genannt
OLG	Oberlandesgericht
OT	Operational Technology
OZG	Gesetz zur Verbesserung des Onlinezugangs zu Verwaltungsleistungen (Onlinezugangsgesetz)
ÖPNV	Öffentlicher Personennahverkehr
PassG	Passgesetz
PEPP-PT	Pan-European Privacy-Preserving Proximity Tracing
PersAuswG	Personalausweisgesetz
PIN	Persönliche Identifikationsnummer
PKI	Smart-Metering-Public-Key-Infrastruktur
PP	Protection Profile
PTB	Physikalisch Technische Bundesanstalt
PV	Photovoltaik
RdErl.	Runderlass
resp.	respektive
RFC	Request for Comments
RFID	Radio Frequency Identification
RL	Richtlinie
Rn.	Randnummer
Rspr.	Rechtsprechung

S.	Seite(n), Satz
s.	siehe
s. a.	siehe auch
s. o.	siehe oben
s. u.	siehe unten
SAE	Society of Automotive Engineers
SB	Senate Bill
SCADA	Supervisory Control and Data Acquisition
SGB	Sozialgesetzbuch
SigG	Signaturgesetz
SigV	Signaturverordnung
Slg	Sammlung
SMG	Smart Meter Gateway
SMG-Admin	Smart Meter Gateway Administrator
SMG-Ausschuss	Gateway-Standardisierungs-Ausschuss
sog.	sogenannt/so genannt
SP	Schutzprofile
SPD	Sozialdemokratische Partei Deutschlands
StGB	Strafgesetzbuch
StRÄndG	Strafrechtsänderungsgesetz
SÜFV	Sicherheitsüberprüfungsfeststellungsverordnung
SÜG	Sicherheitsüberprüfungsgesetz
SVR	Straßenverkehrsrecht
TCP	Transmission Control Protocol
Tech.Rev	Technology Review
TKG	Telekommunikationsgesetz
TR	Technische Richtlinie
ua	unter anderem
uam	und anderes mehr
uä	und ähnlich
uÄ	und Ähnliches
uE	unseres Erachtens
umstr.	umstritten
UNECE	United Nations Economic Commission for Europe
unstr.	unstreitig
UP-Bund	Umsetzungsplan Bund
UrhG	Urheberrechtsgesetz
USB	Universal Serial Bus
usw	und so weiter
uU	unter Umständen
uVm	und Vieles mehr
UWG	Gesetz gegen den unlauteren Wettbewerb
v.	von/vom
VCV	VerwaltungsCERT-Verbund
VDG	Vertrauensdienstegesetz
VDV	Vertrauensdiensteverordnung
VG	Verwaltungsgericht
vgl.	vergleiche
vorl.	vorläufig

VwVfG	Verwaltungsverfahrensgesetz
VwZG	Verwaltungszustellungsgesetz
V2I	Vehicle to infrastructure
V2V	Vehicle to vehicle
V2X	Vehiclce to everything
WAN	Wide Area Network
Wi-Fi	Wireless Fidelity
WLAN	Wireless Local Area Network
WiKG	Zweites Gesetz zur Bekämpfung der Wirtschaftskriminalität
wN	weitere Nachweise
WP	Working Paper
WP.29	World Forum for the harmonization of vehicle regulations der UNECE
XML	Extensible Markup Language
XÖV	XML in der öffentlichen Verwaltung
zB	zum Beispiel
ZD	Zeitschrift für Datenschutz
Ziff.	Ziffer
zit.	zitiert
ZITiS	Zentrale Stelle für Informationstechnik im Sicherheitsbereich
ZKA	Zollkriminalamt
ZKDSG	Gesetz über den Schutz von zugangskontrollierten Diensten und Zugangskontrolldiensten
ZPO	Zivilprozessordnung
zT	zum Teil
ZUM	Zeitschrift für Urheber- und Medienrecht
zust.	zustimmend
zutr.	zutreffend
zw.	zweifelhaft
zzgl.	zuzüglich
ZZP	Zeitschrift für Zivilprozess

Teil 1
Grundlagen der IT-Sicherheit

§ 1 Einführung

Literatur: Baer, Das Soziale und die Grundrechte, NZS 2014, 1; *Berman*, Digital transformation: oppurtunities to create new business models, Strategy & Leadership, Jg. 40, Nr. 2, 2012, 16; *Brill*, Welt- und sicherheitspolitische Trends im Spektrum der Meinungen: Thesen – Antithesen – Synthesen, ZfP 2001, 448; *Eckert*, IT-Sicherheit: Konzepte – Verfahren – Protokolle, 10. Aufl. 2018; *Erbel*, Öffentliche Sicherheit und Ordnung, DVBl 2001, 1714; *Ganz*, Die Netzbewegung. Subjektpositionen im politischen Diskurs der digitalen Gesellschaft, 2018; *Gusy*, Vom „Neuen Sicherheitsbegriff" zur „Neuen Sicherheitsarchitektur", in: Würtenberger/Gusy/Lange (Hrsg.), Innere Sicherheit im europäischen Vergleich. Sicherheitsdenken, Sicherheitskonzepte und Sicherheitsarchitektur im Wandel, 2012, 71; *Gusy/Kugelmann/Würtenberger* (Hrsg.), Rechtshandbuch Zivile Sicherheit, 2017; *Hammer/Pordesch/Roßnagel*, Betriebliche Telefon- und ISDN-Anlagen rechtsgemäß gestaltet, 1993; *Isensee/Kirchhof* (Hrsg.), Handbuch des Staatsrechts: Band IV, 2006; *Kaufmann*, Zivile Sicherheit: Vom Aufstieg eines Topos, in: Hempel/Krasmann/Bröckling (Hrsg.), Sichtbarkeitsregime. Überwachung, Sicherheit und Privatheit im 21. Jahrhundert, 2011, 101; *Kniesel*, „Innere Sicherheit" und Grundgesetz, ZRP 1996, 482; *Kugelmann*, Polizei- und Ordnungsrecht, 2. Aufl. 2012; *Matt/Hess/Benlian*, Digital Transformation Strategies, Business & Information Systems Engineering, Jg. 57, Nr. 5, 2015, 339; *Proff/Fojcik* (Hrsg.), Mobilität und digitale Transformation. Technische und betriebswirtschaftliche Aspekte, 2018; *Raabe/Schallbruch/Steinbrück*, Systematisierung des IT-Sicherheitsrechts. Ein Beitrag zu einem konstruktiven Strukturentwurf, CR 2018, 706; *Roßnagel*, Rechtswissenschaftliche Gestaltung der Informationstechnik, in: Kortzfleisch/Bohl (Hrsg.): Wissen, Vernetzung, Virtualisierung, Festschrift für Winand, 2008, 381; *Roßnagel/Hornung/Geminn/Johannes* (Hrsg.), Rechtsverträgliche Technikgestaltung und technikadäquate Rechtsentwicklung, 2018; *Schallbruch*, IT-Sicherheitsrecht – Schutz kritischer Infrastrukturen und staatlicher IT-Systeme, CR 2017, 648; *Schallmo/Rusnjak/Anzengruber/Werani/Jünger* (Hrsg.), Digitale Transformation von Geschäftsmodellen, 2017; *Schumacher/Roedig/Moschgath*, Hacker Contest. Sicherheitsprobleme, Lösungen, Beispiele, 2003; *Simitis/Hornung/Spieker gen. Döhmann* (Hrsg.), Datenschutzrecht, 2019; *Tannberger*, Die Sicherheitsverfassung. Eine Systematisierung der Rechtsprechung des Bundesverfassungsgerichts. Zugleich ein Beitrag zu einer induktiven Methodenlehre, 2014; *Winkelhake*, Die digitale Transformation der Automobilindustrie. Treiber – Roadmap – Praxis, 2017; *Waechter*, Die Schutzgüter des Polizeirechts, NVwZ 1997, 729; *Zeuch*, Keine digitale Transformation ohne soziale Innovation, in: Hildebrandt/Landhäußer (Hrsg.), CSR und Digitalisierung. Der digitale Wandel als Chance und Herausforderung für Wirtschaft und Gesellschaft, 2017, 721.

A. IT-Sicherheit als Herausforderung für die Gesellschaft 1	C. Spezifika rechtlicher Regelungen zur IT-Sicherheit 24
B. Begriffliche Grundlagen 10	D. IT-Sicherheitsrecht als Rechtsgebiet im Entstehen 33
I. IT und IT-Sicherheit 11	
II. IT-Sicherheitsrecht 20	

A. IT-Sicherheit als Herausforderung für die Gesellschaft

Die **Bedeutung der IT-Sicherheit** hat sich in den letzten Jahren und Jahrzehnten fundamental gewandelt. Solange Informationstechnik aus abgrenzbaren, oftmals nicht oder wenig vernetzten Rechenanlagen bestand, bezog sich IT- (oder Computer-)Sicherheit lediglich auf die entsprechende Hard- und Software dieser Anlagen. Diese waren aus heutiger Sicht wenig komplex und gut beherrschbar, IT-Sicherheit damit eine Aufgabe für wenige Spezialisten, Defizite der IT-Sicherheit mithin kein Thema für die Öffentlichkeit, sondern höchstens ein temporäres Problem für die Betreiber von Großrechenanlagen.

Mit der Verfügbarkeit von PCs für immer mehr Menschen ab dem Ende der 1970er Jahre und der einsetzenden Vernetzung beginnt IT-Sicherheit eine Materie für **immer mehr Technikbegeisterte** zu werden. Der – in der Szene positiv, ansonsten unterschiedlich besetzte – Begriff des Hackers etabliert sich,[1] und es entstehen feste Gruppierungen wie der deutsche Chaos

---

[1] Ein guter Abriss der Geschichte des Hacking mit Beispielen findet sich bei *Schumacher/Roedig/Moschgath*, Hacker Contest, S. 71 ff.

Computer Club (CCC), der im Jahre 1981 in Hamburg gegründet wird.[2] Mit Aktionen wie dem sog. „Btx-Hack"[3] wird die Szene bekannt und IT-Sicherheit auch ein Thema für die breitere Öffentlichkeit, auch wenn sie für viele Menschen (wie die Informatik insgesamt) für viele Jahre noch mit dem Bild des „Nerds" konnotiert bleibt.

3   Auch in dieser Phase fehlte es für viele Menschen noch an einer unmittelbaren Relevanz der IT-Sicherheit für ihre eigenen Lebenswelten. Dies hat sich in jüngerer Zeit jedoch fundamental geändert. Seit etlichen Jahren – ein genauer Zeitpunkt lässt sich nicht festmachen, da es sich um fortdauernde Prozesse mit vielen miteinander verwobenen Einflussfaktoren handelt – befinden wir uns in einer Phase der umfassenden Einführung immer leistungsfähigerer, immer kleinerer, immer stärker vernetzter Informationstechnologie, die als **Digitalisierung**[4] oder **digitale Transformation**[5] bezeichnet wird.

4   Dieser Prozess betrifft uns alle. Immer mehr Lebensbereiche werden durch Informations- und Kommunikationstechnologie grundlegend verändert. Das gilt für alle Branchen der **Wirtschaft** und die öffentliche **Verwaltung** ebenso wie für den **Alltag der Menschen**. Vom Arbeitsleben über den privaten Haushalt bis zur Freizeitgestaltung spielen Technologien eine wachsende Rolle. Selbst dort, wo die Nutzung digitaler Geräte nicht im Vordergrund steht, wird alltägliches Leben digital begleitet: Rauchmelder funken Betriebszustände, Autos empfangen neue Navigationsinformationen, Insulinpumpen können von Ärzten aus der Ferne gewartet werden.

5   Diese Entwicklung eröffnet **unvergleichliche Chancen** für das Leben der Menschen, hat aber auch eine gewisse Ambivalenz in sich, die das Bundesverfassungsgericht schon vor über zehn Jahren betont hat: „Die jüngere Entwicklung der Informationstechnik hat dazu geführt, dass informationstechnische Systeme allgegenwärtig sind und ihre Nutzung für die Lebensführung vieler Bürger von zentraler Bedeutung ist."[6] Mit der Durchdringung aller Lebensbereiche durch IT-Systeme wächst nämlich auch die **Abhängigkeit** von ihnen. Der Ausfall eines Systems, etwa einer Insulinpumpe, kann ebenso gravierende Folgen haben wie eine Fehlfunktion, etwa eines Fahrassistenten im Auto, das Auslesen von Daten, etwa eines Geschäftsgeheimnisses, oder das Manipulieren von Daten, zB eines Börsenkurses.

6   Neben die individuelle Abhängigkeit jedes Einzelnen von der Integrität, Vertraulichkeit und Verfügbarkeit seiner Systeme[7] treten weitere Abhängigkeiten. Praktisch **alle Unternehmen** sind heute auf die Sicherheit der von ihnen eingesetzten IT angewiesen; in bestimmten Fällen

---

2   *Ganz*, Die Netzbewegung, S. 26.
3   *Ganz*, Die Netzbewegung, S. 28.
4   Der Begriff der Digitalisierung hat in den letzten Jahren einen beispiellosen Siegeszug gehalten. Dies betrifft zunächst wissenschaftliche und praktische Diskussionen zu den Fragen der zugrunde liegenden Technologien, hat sich inzwischen aber auf viele andere Felder erstreckt. In verschiedenen Wissenschaftsdisziplinen (einschließlich der Rechtswissenschaften) werden unter dem Begriff inzwischen so unterschiedliche Dinge diskutiert, dass dies hier nicht nachgezeichnet werden kann. Die Bedeutung in der Politik zeigt sich nicht zuletzt daran, dass das Bundesministerium für Wirtschaft und Technologie im Jahre 2017 das von ihm organisierte jährliche Treffen einer Vielzahl von Entscheidungsträgern aus Wirtschaft und Politik rund um den IT-Standort Deutschland nach zehn Jahren von „IT-Gipfel" in „Digital-Gipfel" umbenannte.
5   Der Begriff der digitalen Transformation wird bislang vor allem in den Wirtschaftswissenschaften verwendet und bezeichnet dort die durch digitale Technologien und die darauf basierenden sozialen Verhaltensweisen bedingten Veränderungsprozesse in Unternehmen (v.a. Digitalisierung bestehender und Entstehung neuer Geschäftsmodelle), s. *Berman*, Strategy & Leadership 40 (2012) 2, 16; *Matt/Hess/Benlian*, Business and Information Systems Engineering, 57 (2015) 5, 339; paradigmatische Verwendungen zB: *Proff/Fojcik* (Hrsg.), Mobilität und digitale Transformation. Technische und betriebswirtschaftliche Aspekte; *Schallmo/Rusnjak/Anzengruber/Werani/Jünger* (Hrsg.), Digitale Transformation von Geschäftsmodellen; *Winkelhake*, Die digitale Transformation der Automobilindustrie; zur bisher noch heterogenen Begriffsbildung s. die Nachweise bei *Schallmo/Rusnjak* in Schallmo/Rusnjak/Anzengruber/Werani/Jünger (Hrsg.), Digitale Transformation von Geschäftsmodellen, S. 3 ff.; zum Zusammenhang mit sozialen Innovationen in Unternehmen *Zeuch* in Hildebrandt/Landhäußer (Hrsg.), CSR und Digitalisierung, S. 721 ff.
6   BVerfGE 120, 274 (303) – Online-Durchsuchung; s. näher *Poscher/Lasahn* in → § 7 Rn. 25 ff.
7   S. zur Bedeutung von IT-Sicherheit für den Einzelnen *Hansen* in § 26.

können IT-Sicherheitsvorfälle sogar unmittelbar existenzbedrohlich sein.[8] Ähnliches gilt für andere gesellschaftliche Organisationen und **staatliche Behörden**. Hinzu tritt seit einiger Zeit eine darüber hinausreichende **gesellschaftliche Abhängigkeit** von funktionierender IT, etwa beim Betrieb der Energieversorgung oder auch bei einer fairen und ordnungsgemäßen Durchführung politischer Wahlen. **Kritische Infrastrukturen** können heutzutage nicht mehr sinnvoll ohne IT betrieben werden und sind deshalb essentiell auf IT-Sicherheit angewiesen.

Der angemessene Schutz von IT-Systemen aller Art ist damit ein **gesamtgesellschaftlicher Auftrag** geworden, national wie international. Die Bedeutung dieses Auftrags – der sich verfassungsrechtlich aus der Kernaufgabe des modernen Staates zur Gewährleistung von Sicherheit ableitet[9] – ergibt sich aus der wachsenden Abhängigkeit von Individuen, Organisationen und Gesellschaft und wird verschärft durch die gleichfalls wachsenden **Bedrohungen für die IT-Sicherheit** (dazu *Grimm/Waidner* in → § 2 Rn. 17 ff.). In dem Maße, in dem Lebensgestaltung digital erfolgt, steigt die Attraktivität für verschiedenste Akteure, ihre Interessen durch eine Manipulation von IT-Systemen und damit unseres digitalisierten Lebens durchzusetzen.

Kriminelle Aktivitäten (Cybercrime) nehmen in Form und Anzahl stetig zu, vom Datendiebstahl über Erpressung bis zur Manipulation von Zahlungsverfahren.[10] Nachrichtendienste führen Cyberoperationen durch, beispielsweise zur Wirtschaftsspionage oder zur Destabilisierung anderer Staaten (*Grimm/Waidner* in → § 2 Rn. 65 ff.). Auch als neuartige Instrumente politischen Aktivismus haben sich das Hacking von IT-Systemen oder die Störung von digitalen Diensten etabliert. Gefährdungen können sich nicht nur aus dem **Missbrauch von IT-Systemen** ergeben, sondern auch aus dem **Gebrauch**. Vernetzte digitale Systeme können ihren Verantwortlichen neue Möglichkeiten einer gefährlichen Manipulation anderer Menschen an die Hand geben, wenn die IT-Systeme nicht verantwortungsvoll eingesetzt werden.

Der Schutz der IT-Sicherheit als Kern eines Schutzes unserer digitalen Welt ist spätestens seit den Veröffentlichungen von Edward Snowden im Sommer 2013 eine der Prioritäten deutscher und europäischer Politik. **Rechtliche Instrumente** sind hierbei ganz wesentliche Handlungsmittel. Diese haben sich bisher allerdings vielfach nicht systematisch, sondern ad hoc und anlassbezogen entwickelt und finden sich in vielen verschiedenen hergebrachten Rechtsgebieten. Die Instrumente weisen dennoch viele Gemeinsamkeiten und Querbezüge auf, ergänzen sich gegenseitig und beginnen damit, ein eigentümliches, querschnittsartiges Rechtsgebiet herauszubilden. **Gegenstand dieses Handbuchs sind der derzeitige Stand und die Zukunft dieses „IT-Sicherheitsrechts"**. Hierbei nehmen wir eine im Wesentlichen deutsche, ergänzend auch die europäische Perspektive ein.

B. Begriffliche Grundlagen

Weder in der Informatik noch im Recht oder in den Rechtswissenschaften existiert ein abschließender, übergreifender Begriff der IT-Sicherheit oder des IT-Sicherheitsrechts. Der konkrete Inhalt variiert nicht nur nach individuellem Vorverständnis, sondern auch nach der Funktion der Begriffsbildung (Beschreibung eines Gegenstandsbereichs, Abgrenzung zu anderen Begriffen etc).[11] Beide Begriffsbestandteile (IT und Sicherheit) lassen sich **eng oder weit verstehen**. Außerdem existieren etliche verwandte, angrenzende und teilweise überlappende

---

8 Zu den wirtschaftlichen Risiken von Cyberangriffen s. näher *Bertschek/Janßen/Ohnemus* in → § 3 Rn. 21 ff.
9 S. BVerfGE 49, 24 (56 f.): Der Staat gewährleistet als „verfasste Friedens- und Ordnungsmacht" die Sicherheit seiner Bevölkerung. Es handelt sich um ein hochrangiges Gut mit Verfassungsrang, aus dem der Staat als Institution „die eigentliche und letzte Rechtfertigung herleitet".
10 S. zu den entsprechenden Straftatbeständen *Singelnstein/Zech* in → § 20 Rn. 37 ff.
11 Um Vorverständnisse und Funktionen der Begriffsbildung nicht einzuengen, wurde bewusst darauf verzichtet, den Autorinnen und Autoren dieses Handbuchs einen Begriff der IT-Sicherheit vorzugeben. Dementsprechend finden sich zumindest moderat divergierende Definitionen, was bei der Benutzung des Handbuchs zu beachten ist.

Phänomene, zu denen man eine scharfe Abgrenzung versuchen oder für die man eine gegenseitige Überlagerung tolerieren kann. Ersteres führt tendenziell zu einer Verengung, letzteres zu einer Erweiterung des Begriffs.

I. IT und IT-Sicherheit

11 Der Begriff der **Informationstechnik** beschreibt in einem allgemeinen Sinne Systeme aus Hard- und Software sowie die auf ihnen ablaufenden, der Verarbeitung von Informationen dienenden (elektronischen) Datenverarbeitungsprozesse. Das BSI-Gesetz versteht Informationstechnik sogar etwas weiter als „alle technischen Mittel zur Verarbeitung von Informationen" (§ 2 Abs. 1 BSIG), insofern auch nicht-elektronische technische Mittel der Informationsverarbeitung.

12 Was genau **Sicherheit** bezeichnet, ist deutlich schwieriger zu bestimmen. Eine erste, hilfreiche Differenzierung vermag ein Blick auf die englische Sprache zu vermitteln, die über zwei Begriffe verfügt (*Margraf/Heinemann* in → § 4 Rn. 8). „**Safety**" bezeichnet dort die (Betriebs-)Sicherheit, also die Eigenschaft des Systems, bestimmte Funktionen so zu erfüllen, wie dies erwartet wird. Dies kann zB auch vorbeugende Maßnahmen gegen den Ausfall durch Verschleiß oder Schäden für Leib und Leben umfassen. Demgegenüber ist „**Security**" die Eigenschaft eines Systems, gegen missbräuchliche, nicht autorisierte Zugriffe geschützt zu sein. Safety schützt also vor einem technischen Gerät, Security schützt das Gerät selbst vor Einwirkungen (und damit mittelbar auch die Safety).

13 In erster Näherung wird **IT-Sicherheit** üblicherweise mit **drei Schutzzielen** beschrieben, die sich aus diesen beiden Sicherheitsdimensionen ableiten:
- **Vertraulichkeit** bezeichnet die Eigenschaft von Daten und Systemen, nur für autorisierte Benutzer zugänglich zu sein.
- Mit **Integrität** wird beschrieben, dass Daten und Systeme nicht veränderbar sind oder jede Veränderung nachvollziehbar ist.
- Auch die **Verfügbarkeit** kann sich sowohl auf Daten als auch auf Systeme beziehen und meint ihre Nutzbarkeit innerhalb definierter Zeiträume.

14 In diesem relativ generischen Sinne wird „Sicherheit in der Informationstechnik" auch in **§ 2 Abs. 2 BSIG** legaldefiniert. Diese bezeichnet dort „die Einhaltung bestimmter Sicherheitsstandards, die die Verfügbarkeit, Unversehrtheit oder Vertraulichkeit von Informationen betreffen" und bezieht auch die Zielrichtung entsprechender Sicherheitsvorkehrungen in die Definition mit ein. Diese werden entweder „in informationstechnischen Systemen, Komponenten oder Prozessen" oder „bei der Anwendung" derselben vorgenommen.[12]

15 Je nach Technologie und Anwendungsgebiet sind in der Literatur **weitere Schutzziele** der IT-Sicherheit entwickelt worden. Dies betrifft beispielsweise Authentizität (Echtheit und Glaubwürdigkeit), Nichtabstreitbarkeit (einer Handlung) oder – an sich dem Datenschutzrecht zuzuordnen – Anonymität und Pseudonymität.[13] Authentizität und Nichtabstreitbarkeit sind insbesondere im elektronischen Rechtsverkehr von erheblicher Bedeutung.

16 Eine so verstandene IT-Sicherheit lässt sich von angrenzenden, verwandten und teilweise überlappenden Begriffen und Konzepten abgrenzen. So ist der Begriff der „**Informationssicherheit**" insofern weiter, als er nicht die Verwendung von Informationstechnologie beinhaltet und auch die Sicherheit herkömmlich (dh etwa in Papierakten) enthaltener Informationen

---

12 Noch allgemeiner die Definition von „Cybersicherheit" in Art. 2 Nr. 1 des europäischen Rechtsakts zur Cybersicherheit (Verordnung (EU) 2019/881): „alle Tätigkeiten, die notwendig sind, um Netz- und Informationssysteme, die Nutzer solcher Systeme und andere von Cyberbedrohungen betroffene Personen zu schützen".
13 S. insgesamt zB *Eckert*, IT-Sicherheit: Konzepte – Verfahren – Protokolle, S. 7 ff.

umfasst.¹⁴ Auch der im Datenschutzrecht häufig verwendete Begriff der „**Datensicherheit**" geht in diese Richtung (s. zB *Jandt* in → § 17 Rn. 3).

Zwischen **Datenschutz und IT-Sicherheit** besteht eine enge Wechselbeziehung. Gerade deshalb müssen die Begriffe aber voneinander getrennt werden. Datenschutz bezweckt nach Art. 1 Abs. 2 DS-GVO den Schutz von Grundrechten und Grundfreiheiten natürlicher Personen, insbesondere (aber keineswegs nur)¹⁵ ihres Rechts auf Schutz personenbezogener Daten. Dieser Schutz ist schon seit langem, insbesondere aber in der heutigen Zeit ohne IT-Sicherheit nicht mehr vorstellbar. Deshalb existieren im Datenschutzrecht schon seit dem ersten Bundesdatenschutzgesetz von 1977 (dort § 6 und Anlage) **Vorschriften zur IT-Sicherheit**. Aktuell macht Art. 32 DS-GVO entsprechende Vorgaben („Sicherheit der Verarbeitung"), die bei jeder Verarbeitung personenbezogener Daten zu beachten sind (s. näher *Jandt* in → § 17 Rn. 33 ff.). IT-Sicherheit hat hier also eine dienende Funktion, und ihre Einhaltung ist nur eine von vielen datenschutzrechtlichen Pflichten: Es reicht nicht aus, IT-Sicherheit zu beachten, um sich datenschutzkonform zu verhalten. 17

Dementsprechend ist der Begriff der IT-Sicherheit **einerseits enger** als der des Datenschutzes. Der zentrale Unterschied liegt darin, dass das Datenschutzrecht materielle Verarbeitungsbeschränkungen (zB die Existenz einer Rechtsgrundlage nach Art. 6 DS-GVO und die Einhaltung der Grundsätze nach Art. 5 DS-GVO) und verfahrenstechnische Anforderungen (zB die Durchführung einer Datenschutz-Folgenabschätzung nach Art. 35 DS-GVO oder die Bestellung eines Datenschutzbeauftragten nach Art. 37 DS-GVO) enthält, die über die Sicherheit der Verarbeitung weit hinausgehen. 18

Allerdings ist der Begriff der IT-Sicherheit **andererseits** auch **weiter** als der des Datenschutzes. Denn das Datenschutzrecht ist in seinem Schutzzweck (Art. 1 Abs. 2 DS-GVO) und seinem Anwendungsbereich (Art. 2 Abs. 1, Art. 4 Nr. 1 DS-GVO) auf Daten über natürliche Personen beschränkt. M.a.W. ist die Sicherheit der Verarbeitung von Betriebs- und Geschäftsgeheimnissen oder vertraulichen Behördeninformationen nicht erfasst, sondern unterliegt Sonderregimen. Technisch besteht demgegenüber vielfach eine hohe Kongruenz der eingesetzten Sicherungsmaßnahmen. 19

II. IT-Sicherheitsrecht

Der technische Begriff der IT-Sicherheit ist weder auf eine konkrete Technologie noch auf einen bestimmten Lebensbereich bezogen, sondern bezeichnet Eigenschaften von Hard- und Software, die in sehr unterschiedlichen Bereichen eingesetzt werden können. In Verbindung mit der erläuterten umfassenden Bedeutung von IT-Sicherheit für das Leben der Menschen, für ihre Kommunikation mit anderen, für die Funktionsfähigkeit von Unternehmen, Behörden und anderen Organisationen und Organen und letztlich für die Gesellschaft insgesamt bietet sich deshalb auch ein **weites Verständnis** des Begriffs des **IT-Sicherheitsrechts** an. In der Konzeption dieses Handbuchs verstehen wir darunter rechtliche Regelungen, die 20

- Vorgaben für die Umsetzung der Schutzziele der IT-Sicherheit machen oder Anreize für eine Umsetzung bilden,
- verfahrensrechtliche Bestimmungen zur Kontrolle der Einhaltung derartiger Umsetzungsvorgaben enthalten,
- individuelle Rechte auf ein bestimmtes Maß an IT-Sicherheit bei IT-Produkten oder digitalen Diensten einräumen,

---

14 Die relevante Norm ISO/IEX 27000 definiert Informationssicherheit ganz allgemein als den Schutz der Vertraulichkeit, Integrität von Informationen.
15 *Hornung/Spiecker gen. Döhmann* in Simitis/Hornung/Spiecker gen. Döhmann Datenschutzrecht DS-GVO Art. 1 Rn. 32, 36 ff.

- staatliche Sanktionen oder private Ansprüche für den Fall bestimmen, dass Pflichten zur Umsetzung von IT-Sicherheitsmaßnahmen verletzt werden,
- rechtlich regulierte Instrumente zur Bewertung von IT-Sicherheit bereitstellen,
- Befugnisse von Behörden, Unternehmen und Privaten vorsehen oder beschränken, IT-Sicherheitsmaßnahmen zu umgehen oder zu brechen,
- die Organisation und die Entscheidungsprozesse von Behörden, Unternehmen und anderen Institutionen regeln, die sich mit IT-Sicherheit befassen.

21 Dieser weite Begriff des IT-Sicherheitsrechts ist nicht trennscharf zu anderen Begriffen und Rechtsgebieten. So bilden beispielsweise **Datenschutzrecht** und IT-Sicherheitsrecht **konzentrische Kreise**: Art. 32 DS-GVO ordnet unter der Überschrift „Sicherheit der Verarbeitung" die Anwendung technischer IT-Sicherheitsmaßnahmen an, die den og Schutzzielen entsprechen; in dieser Hinsicht gehört die Vorschrift zum IT-Sicherheitsrecht im hier verstanden Sinne (engeres Verständnis zB bei *Jandt* in → § 17 Rn. 9). Sinn und Zweck der Norm ist allerdings – wie sich aus Art. 32 Abs. 1 DS-GVO, aber auch aus Art. 1 Abs. 2 DS-GVO ergibt – der Schutz von Grundrechten und Grundfreiheiten, insbesondere des Rechts auf Schutz personenbezogener Daten (Art. 8 GRCh). IT-Sicherheit hat hier also eine dem Datenschutz dienende Funktion und ist deshalb zugleich Teil des Datenschutzrechts.

22 Der **Sicherheitsbegriff** wird im Recht schließlich in vielen weiteren Rechtsgebieten, Zusammenhängen und Kontexten verwendet. Dies umfasst beispielsweise die soziale Sicherheit,[16] die öffentliche Sicherheit,[17] die innere und äußere Sicherheit,[18] den erweiterten und neuen Sicherheitsbegriff[19] sowie seit einiger Zeit den Begriff der Zivilen Sicherheit.[20] Diese Sicherheitsbegriffe verfolgen verschiedene Erkenntnis- und/oder regulatorische Ziele und lassen sich deshalb nicht völlig auf einen Nenner bringen. Zentrales Element von Sicherheit ist aber jedenfalls die **Abwesenheit von Risiken und Gefahren** bzw. die Vermeidung ihrer Realisierung und, wo sich dies nicht verhindern lässt, die Geringhaltung eingetretener Schäden.[21] Mit der Digitalisierung aller Lebensbereiche trägt die IT-Sicherheit daher häufig zur Gewährleistung der Sicherheit in ihren vielfältigen anderen Dimensionen bei.

23 Zu den genannten Sicherheitsbegriffen und Rechtsgebieten stehen IT-Sicherheit und IT-Sicherheitsrecht daher teilweise in einem **engeren**, teilweise in einem nur **losen** Zusammenhang. Diese Zusammenhänge werden in vielen Kapiteln des Handbuchs erläutert.

C. Spezifika rechtlicher Regelungen zur IT-Sicherheit

24 Informationstechnische Systeme werden in ihrer praktischen Entwicklung und Anwendung durch Recht weder geschaffen noch gestaltet. **Normadressaten** IT-sicherheitsrechtlicher Rege-

---

16 S. das Sozialstaatsprinzip Art. 20 Abs. 1, 28 Abs. 1 Satz 1 GG sowie § 1 Abs. 1 SGB I; s. *Rüfner* in Isensee/Kirchhof, StaatsR-Hdb, § 96; *Baer* NZS 2014, 1.
17 So traditionell in den Generalklauseln des Gefahrenabwehrrechts, s. zB *Waechter* NVwZ 1997, 729; *Erbel* DVBl 2001, 1714.
18 Zum Begriff der inneren Sicherheit *Kniesel* ZRP 1996, 482 (483 f.): Gesetzlich nicht definiert und teilweise als „politischer Kampfbegriff" bezeichnet, ist er nicht mit der öffentlichen Sicherheit identisch, sondern stellt eine „Mixtur" aus Strafverfolgung, Gefahrenvorsorge und Gefahrenabwehr dar, wobei auch die Nachrichtendienste in die Kriminalitätsbekämpfung einbezogen werden; s. a. die Begriffsbestimmung bei *Tanneberger*, Die Sicherheitsverfassung, S. 11 ff.; *Götz* in Isensee/Kirchhof, StaatsR-Hdb, § 85 (dort auch zum Verhältnis zur öffentlichen Sicherheit (Rn. 4) und zur äußeren Sicherheit (Rn. 17)); s. a. *Kugelmann*, Polizei- und Ordnungsrecht, 5. Kap. Rn. 38.
19 Hierzu zB Brill ZfP 2001, 448; zum „Neuen Sicherheitsbegriff" *Gusy* in Würtenberger/Gusy/Lange (Hrsg.), Innere Sicherheit im europäischen Vergleich, S. 71 ff.: ganzheitliche Orientierung statt materien- und rechtsgüterspezifischer Normen, Erweiterung auf Risiken (Gefahrenvorfeld), zusätzlicher Fokus auf Daseinsvorsorge etc.
20 S. die Beiträge in *Gusy/Kugelmann/Würtenberger* (Hrsg.), Rechtshandbuch Zivile Sicherheit; zum Aufstieg des Begriffs s. *Kaufmann* in Hempel et al., Sichtbarkeitsregime, S. 102.
21 S. a. *Kugelmann*, Polizei- und Ordnungsrecht, 5. Kap. Rn. 38: Sicherheit als Abwesenheit von Gefahr.

lungen sind nicht IT-Systeme, sondern ihre Hersteller, Anbieter, Betreiber und Nutzer sowie diejenigen, die an der Einhaltung von Verpflichtungen mitwirken oder sie durchsetzen, etwa Prüfunternehmen, IT-Sicherheits- oder Strafverfolgungsbehörden.[22] Regelungen zur IT-Sicherheit können allerdings auf diesem Wege durchaus verbindliche Gestaltungsvorgaben machen und beispielsweise den Einsatz einer konkreten, als sicher betrachteten Technologie vorgeben. Auf verschiedenen Ebenen (Gesetze, Verordnungen, technische Anhänge zu Rechtsakten) kann dies sehr detaillierte Ausmaße bis hin zu konkreten Algorithmen, Schlüssellängen etc. annehmen. Außerdem **zielen** IT-sicherheitsrechtliche Bestimmungen indirekt immer auch auf ein **IT-System**. IT-Sicherheitsrecht hat den Anspruch, für sichere IT-Systeme und ihren sicheren Einsatz zu sorgen.

Dieser Anspruch begegnet den allgemeinen **Schwierigkeiten des Technikrechts**. Technische Innovationen lassen sich durch Recht nur mittelbar steuern – mit unsicheren Auswirkungen. Präventive Vorgaben des Gesetzgebers können Innovation behindern, reaktive Instrumente können zu spät greifen, wenn unerwünschte Schäden schon eingetreten sind. Bei informationstechnischen Systemen kommt erschwerend hinzu, dass die Informationstechnik im Grundsatz als universelle Technologie, sogenannte „Multi Purpose Technology", ausgestaltet ist. Die meisten IT-Systeme finden in Bereichen großer Gefährdung ebenso Einsatzfelder wie in wenig riskanten Bereichen. Die gleichen Chips finden sich in sprechenden Puppen ebenso wie in kritischen Infrastrukturen, die gleichen Netzwerk-Router im Haushalt ebenso wie in einer Behörde, die gleichen Cloud-Dienste werden für Urlaubsfotos ebenso genutzt wie für die Lohnbuchhaltung eines Unternehmens. 25

Die Risiken der IT, zu deren Bewältigung IT-Sicherheitsrecht beitragen soll, sind mithin sehr vielfältig. **Allgemeine Rechtsvorschriften** wie Art. 32 DS-GVO oder Art. 14 der NIS-Richtlinie können nur Verfahren und Grundsätze der Risikobeurteilung und eines risikoangemessenen Schutzes definieren. Soll das Risiko konkreter adressiert werden, bleibt nur eine bereichsspezifische Regelung mit näherer Berücksichtigung des jeweiligen Anwendungsfalls der IT. In der Regel nicht möglich ist eine belastbare Messung des Risikos sowie der konkrete Nachweis, in welchem Ausmaß das Risiko durch die jeweiligen Sicherheitsmaßnahmen reduziert werden kann oder wird.[23] Schon die Vielfalt der IT-Sicherheitsrisiken ist **nicht messbar**, erst Recht nicht die aus der Komplexität der vernetzten Systeme entstehenden Risikoprofile. 26

Technische Systeme sind aus diesen Gründen im Hinblick auf ihre IT-Sicherheit **nicht eindeutig beurteilbar**. Unmittelbare technische Prüfungen scheitern fast immer schon an der Komplexität des Systems. Selbst kleinste Apps oder einfache Steuerungsgeräte im Haushalt haben eine derart umfangreiche Programmierung, dass eine systematische Überprüfung oder gar ein formaler Beweis der Sicherheit nur in Ausnahmefällen möglich ist. Aussagen über technische IT-Sicherheit lassen sich nur im Hinblick auf eine abstrakte Modellierung eines Zielzustandes machen und sind mit einer gewissen Wahrscheinlichkeit behaftet. Mit jeder Änderung des Systems, etwa einem Softwareupdate, sind Sicherheitsaussagen nur noch eingeschränkt oder gar nicht mehr gültig. 27

---

22 Neben diesen direkten Normadressaten gibt es die Möglichkeit, rechtliche Regelungen bzw. die hinter ihnen stehenden normativen Ziele zu verwenden, um in mehrschrittigen Konkretisierungen technische Gestaltungsvorschläge für neue, im Entstehen befindliche Technologien abzuleiten. Dies ist insbesondere der Ansatz der Methode KORA (Konkretisierung rechtlicher Anforderungen; entwickelt in *Hammer/Pordesch/Roßnagel*, Betriebliche Telefon- und ISDN-Anlagen rechtsgemäß gestalten, S. 43 ff.), s. zB *Roßnagel* in Kortzfleisch/Bohl (Hrsg.), FS Winand, 2008, S. 381 ff. sowie methodisch und an exemplarischen Forschungsansätzen die Beiträge in *Roßnagel/Hornung/Geminn/Johannes* (Hrsg.), Rechtsverträgliche Technikgestaltung und technikadäquate Rechtsentwicklung. 30 Jahre Projektgruppe verfassungsverträgliche Technikgestaltung.

23 Zu Möglichkeiten und Grenzen von Messung, Prüfung und Nachweis von IT-Sicherheit s. *Skierka* in → § 8 Rn. 104 ff.

28 Der Grad an IT-Sicherheit, den ein System aufweist, kann nur zum Preis **höherer Kosten** gesteigert werden.[24] Je sicherer ein System sein soll, desto teurer sind die Sicherheitsmaßnahmen. Daher erfordert ein konkretes Ergreifen von Sicherheitsmaßnahmen immer auch eine Abwägung zwischen Kostenaufwand und Restrisiko. Der Gesetzgeber muss dies bei seiner Regulierung berücksichtigen.

29 Über die Festlegung von Anforderungen an technische Systeme hinaus richten sich IT-sicherheitsrechtliche Regelungen oftmals an das **Verhalten** derjenigen, die mit dem System umgehen, seine **Hersteller** genauso wie **Endnutzer**. Die IT-Sicherheit eines (untechnisch verstandenen) Gesamtsystems ist häufig ein Produkt aus der technischen Sicherheit und dem Verhalten der verschiedenen Beteiligten. Die Sicherheit des Online-Banking kann durch ein schlechtes Verschlüsselungsverfahren ebenso beeinträchtigt werden wie durch mangelnde Wartung bei der Bank, Manipulation bei Intermediären (zB Telekommunikations-Anbietern) oder auch vernachlässigtem Virenschutz beim Endkunden. Rechtliche Regelungen müssen diese Notwendigkeit des Zusammenwirkens und eine entsprechend den jeweiligen Möglichkeiten gestufte Verantwortungsverteilung berücksichtigen. Nur so kann eine angemessene Risiko- und ggf. Schadensallokation erreicht werden.

30 Zu beachten ist hierbei, dass im Bereich der vernetzten digitalen Technologien das Zusammenwirken von Akteuren in **verschiedenen Staaten** der Regelfall ist.[25] Deutscher und europäischer Gesetzgeber können nur Teilbereiche der jeweiligen Verantwortung für IT-Sicherheit unmittelbar adressieren und müssen Lösungen finden, um Sicherheitsziele trotz der Beteiligung internationaler Akteure zu erreichen.

31 Der Schutz der Verfügbarkeit, Vertraulichkeit und Integrität informationstechnischer Systeme durch das Recht dient in vielen Fällen unmittelbar oder mittelbar dem **Grundrechtsschutz** (s. näher *Poscher/Lassahn* in → § 7 Rn. 40 ff.). Die Folgen mangelnder IT-Sicherheit können für Menschen zu schwerwiegenden Einschränkungen führen. IT-Sicherheitsmaßnahmen können gleichzeitig aber auch in Grundrechte eingreifen, etwa durch einschränkende Vorschriften für Produkte oder staatliche Befugnisse im digitalen Raum. Gesetzgeber, Gesetzesvollzug und Gerichte müssen also eine verhältnismäßige Ausgestaltung der Vorschriften in diesem Spannungsfeld anstreben.

32 Ein solches Spannungsfeld ergibt sich in besonderem Maße, wenn der Staat aus Sicherheitsgründen, etwa auch zu Zwecken der IT-Sicherheit, seinerseits auf IT-Sicherheitsmechanismen einwirkt, zum Beispiel mit dem Versuch des Brechens von Verschlüsselung, mit der sogenannten Online-Durchsuchung oder sogar in Form von heimlichen **staatlichen Hintertüren** in IT-Systemen. Solche Maßnahmen betreffen die individuelle IT-Sicherheit des Zielsystems, können aber darüber hinaus die IT-Sicherheit insgesamt beeinträchtigen.[26]

D. IT-Sicherheitsrecht als Rechtsgebiet im Entstehen

33 Die Entwicklung des IT-Sicherheitsrechts als **neue Querschnittsmaterie des Rechts** folgte und folgt in Deutschland und Europa bislang keiner übergeordneten Konzeption. Anders als die andere große Querschnittsmaterie der digitalen Welt, das Datenschutzrecht mit der Datenschutz-Grundverordnung (DS-GVO) als grundlegende Norm ist IT-Sicherheitsrecht nur als Zusammenschau verschiedener Regelungen zu sehen.

34 Weder das deutsche IT-Sicherheitsgesetz von 2015, als Artikelgesetz nicht mehr als ein Katalog von Gesetzesänderungen mit IT-Sicherheitsrelevanz, noch der europäische Rechtsakt zur Cybersicherheit von 2019 sind als grundlegende Rechtsvorschrift für die IT-Sicherheit zu ver-

---

24 Zu den ökonomischen Aspekten der IT-Sicherheit s. *Bertschek/Janßen/Ohnemus* in → § 3 Rn. 1 ff.
25 S. zu den völkerrechtlichen Fragen der IT-Sicherheit *Lahmann* in § 6.
26 S. *Schallbruch*, Der Staat als Hacker, in Handbuch Digitalisierung in Staat und Verwaltung, 2020 (im Erscheinen).

D. IT-Sicherheitsrecht als Rechtsgebiet im Entstehen

stehen. Allenfalls das (durch das IT-Sicherheitsgesetz ausgebaute) **BSI-Gesetz** mit den über die Befugnisse des Amtes hinausgehenden Regelungen für kritische Infrastrukturen und digitale Dienste – im Zusammenspiel mit der europäischen NIS-Richtlinie – kann mittlerweile als materieller „**Kern**" **des IT-Sicherheitsrechts** verstanden werden, aber eben **nicht** als systematische Grundlage oder **Allgemeiner Teil** eines IT-Sicherheitsrechts.

Anforderungen an die Sicherheit der Informationstechnik und ein dementsprechendes Verhalten der Betreiber oder Nutzer ließen sich zwar von jeher aus allgemeinen **deliktsrechtlichen Regelungen** des Zivilrechts herauslesen; konkretisiert wurden sie im Zivilrecht bislang durch den Gesetzgeber nicht.[27] Anders verhält es sich mit dem Strafrecht. Mit der Einführung des **Computerstrafrechts** ab dem Jahre 1986 und schrittweisen Erweiterung sind die strafrechtlichen Grenzen eines Handelns im Hinblick auf Nutzung und Manipulation informationstechnischer Systeme markiert und damit auch IT-sicherheitsrechtliche Wirkungen erzielt. Mit der Strafbarkeit des Hackings in Form eines Überwindens von Sicherheitsmechanismen ist ein Anreiz zur Nutzung solcher Mechanismen verbunden, will man den Schutz des Strafrechts für sich in Anspruch nehmen (näher *Singelnstein/Pech* in → § 20 Rn. 38 ff.).

Regelungen zum Schutz der IT-Sicherheit sind seit seinem Bestehen ein Teil des **Datenschutzrechtes** (→ Rn. 17). Technisch-organisatorische Maßnahmen sollen den (rechtlichen) Schutz personenbezogener Daten absichern; man spricht in diesem Zusammenhang auch von Datensicherheit oder in der DS-GVO von der „Sicherheit der Verarbeitung" (Art. 32 DS-GVO). Datenschutzrecht ist insofern nicht nur eine verwandte Querschnittsmaterie zum IT-Sicherheitsrecht, sondern weist auch einen erheblichen Überschneidungsbereich auf (→ Rn. 21). Regelungen zum Schutz der Vertraulichkeit und Integrität – seit der DS-GVO auch der Verfügbarkeit – von Systemen, mit denen persönliche Daten verarbeitet werden, stehen neben Regelungen des IT-Sicherheitsrechts zum Schutz der gleichen Systeme, nur eben mit leicht anderen Schutzzielen und Risikoprofilen. In dem Maße, in dem IT-Systeme zunehmend auch persönliche Daten verarbeiten, und in dem Maße, in dem IT-Sicherheitsrecht, beispielsweise durch das geplante IT-Sicherheitsgesetz 2.0, für weitere Arten von Systemen eingeführt wird, wird der **Überschneidungsbereich zunehmen**.

Konkrete Anforderungen für IT-Systeme und deren Einsatz sind in Deutschland und Europa zunächst **branchenspezifisch** entstanden, etwa in der Telekommunikation oder im Kreditwesen. Parallel zu den eher querschnittlichen Regulierungen wie dem Ausbau des BSI-Gesetzes, der NIS-Richtlinie oder dem EU-Rechtsakt zur Cybersicherheit wächst Jahr für Jahr auch der Bestand der bereichsspezifischen Gesetze, die Regelungen zur IT-Sicherheit enthalten. Mit Stand Herbst 2017 gab es schon 63 Gesetze und Verordnungen des Bundes und weitere Rechtsvorschriften der Länder, die dem BSI eine mitwirkende, beratende oder sonstige Rolle zuweisen, mithin für den jeweiligen Regelungsbereich IT-Sicherheits-Regelungen enthalten.[28]

Über alle IT-sicherheitsrechtlichen Regelungen hinweg lässt sich ein **Instrumentenkasten** beschreiben, mit dem der Gesetzgeber den Schutz der IT-Sicherheit erreichen will. Die erste große Abteilung des Instrumentenkastens betrifft **Anforderungen an Systeme** und alle, die mit ihnen **umgehen**. Typische Regulierungsinstrumente sind das Verbot bestimmter IT-Systeme[29] oder IT-bezogener Handlungen[30] oder ihre Erlaubnis nur unter bestimmten Auflagen. Solche Auflagen beziehen sich häufig auf einen Nachweis von Sicherheitseigenschaften oder Sicher-

---

27 S. zu den Entwicklungen in der Rspr. *Pour Rafsendjani/Bomhard* in → § 9 Rn. 73 ff. und *Spindler* in → § 10 Rn. 4 ff.
28 *Schallbruch* CR 2017, 648 (649).
29 ZB § 202c Abs. 1 S. 1 Nr. 2 StGB.
30 Etwa § 20 Abs. 3 PAuswG.

heitsmanagement durch **Zertifizierung und Auditierung**.[31] Verbreitet sind mittlerweile auch **Meldepflichten** für den Fall, dass es trotz der präventiven Bemühungen zu IT-Sicherheitsvorfällen gekommen ist.[32] Eher selten finden sich explizite Vorgaben für die innere Organisation, zB die Pflicht zur Bestellung eines IT-Sicherheitsbeauftragten.[33] Ebenfalls **unterentwickelt** ist noch das Instrument der **Haftung** als Steuerungselement im IT-Sicherheitsrecht. Die Haftung von Endnutzern ist naturgemäß sehr eingeschränkt, weil ihnen nicht allzu viel technische Expertise zugetraut werden kann, Intermediäre sind in ihrer Haftung rechtlich weitgehend privilegiert, Hersteller von IT-Produkten können nicht für jede denkbare Verwendung ihres Produkts in eine weitgehende Haftung genommen werden (s. im Einzelnen *Spindler* in → § 11 Rn. 1 ff.). Nur für die Kategorie der Betreiber riskanter Systeme, etwa der kritischen Infrastrukturen, sind Haftungsregelungen verschärft worden.[34]

39 Die Erweiterung der **Befugnisse von Behörden** ist die zweite große Abteilung des Instrumentenkastens. Vor allem spezialisierte IT-Sicherheitsbehörden wie das BSI oder die europäische Behörde ENISA wurden rechtlich und tatsächlich ausgebaut (s. näher *Gitter* in → § 15 Rn. 26 f. und 39 ff.). Diese haben erweiterte Kompetenzen erhalten, IT-Sicherheit zu beurteilen (einschließlich Untersuchungsbefugnisse wie § 7a BSIG), aber auch durchzusetzen, präventiv durch Anforderungen und Kontrollen, aber auch reaktiv durch Befugnisse bei IT-Sicherheitsvorfällen sowie durch informelles Verwaltungshandeln (v.a. Warnungen wie nach § 7 BSIG). Aber auch die „klassischen" Sicherheitsbehörden wie Polizeien und Nachrichtendienste haben ihr Instrumentarium im Hinblick auf die IT-Sicherheit erweitert, Polizeien etwa zur Abwehr von schweren Cyberangriffen oder Nachrichtendienste zur Früherkennung von IT-Sicherheitsgefahren (*Bäcker/Golla* in → § 18 Rn. 1 ff.).

40 Insgesamt leidet die Fortentwicklung des IT-Sicherheitsrechts in Deutschland und Europa an einer **mangelnden Systematisierung**. Es fehlt eine stärkere Unterscheidung zwischen allgemeinen, alle Branchen umfassenden Regelungen und bereichsspezifischem Recht – verknüpft durch eine einheitliche Begrifflichkeit und Regelungsstruktur. Dieses Defizit kann an verschiedenen Problemlagen gezeigt werden. Es beginnt mit den sehr **unterschiedlichen Begrifflichkeiten** für die zu schützenden informationstechnischen Systeme, die eine Anwendung des Rechts erschweren.[35] Begriffe wie kritische Infrastrukturen, digitale Dienste, Mediendienste, Telekommunikations- und Telemediendienste verwischen sich immer mehr. Verfahrensweisen zur Risikoabschätzung in der IT-Sicherheit differieren in den verschiedenen Gesetzen, insbesondere zwischen Datenschutz- und IT-Sicherheitsrecht mit ihren leicht unterschiedlichen Schutzgütern. Gleiches gilt für die in nahezu allen Gesetzen geforderte Einbeziehung des Standes der Technik in die Auswahl der Maßnahmen. Wünschenswert wäre eine stärkere Systematisierung in Form eines **Allgemeinen Teils zum IT-Sicherheitsrecht**.

---

31 S. zB § 8a Abs. 3–5 BSIG, § 109 Abs. 7 TKG, § 19 MsbG.
32 ZB § 8c Abs. 3 BSIG; § 109 Abs. 5 und § 109a TKG; § 11 Abs. 1c EnWG; § 44b AtG; Art. 33; 34 DS-GVO.
33 S. etwa § 109 Abs. 4 S. 1 TKG.
34 Durch sektorales Recht wie zB das ZAG für Zahlungsdienstleister.
35 Etwa die Erfassung von bestimmten Cloud-Diensten als kritische Dienstleistungen im Sinne des § 8a BSIG, als digitale Dienste nach § 8c BSIG ebenso wie als Telemediendienste nach TMG, vgl. *Raabe/Schallbruch/Steinbrück* CR 2018, 705 (708).

§ 2 IT-Sicherheit aus technischer Sicht

Literatur: *AdNovum*, Blockchain Car Dossier. Eine neue Art und Weise, die Fahrzeughistorie mit Hilfe von Blockchain zu verwalten, Medienmitteilung AdNovum, 10.10.2017, https://www.adnovum.ch/de/in novation/blockchain_car_dossier.html und https://www.cardossier.ch, 2016–2020; *Arbeitsgruppe Identitätsschutz im Internet (ai3)*, Phishing und Pharming, https://www.a-i3.org/phishing-und-pharm ing/; *Atkinson*, Security Architecture for the Internet Protocol, RFC1825, August 1995; *Atkinson*, IP Authentication Header, RFC1826, August 1995; *Atkinson*, IP Encapsulating Security Payload (ESP), RFC1827, August 1995; *Becker/Seuber*, Privatheit, kommunikative Freiheit und Demokratie, DuD 2016, 73; *Bell/LaPadula*, Secure Computer Systems: "Mathematical Foundations" (Vol.1), and "A mathematical model" (Vol. 2), ESD-TR-73–278, MTR-2547, Vols 1&2. The MITRE Corporation, Nov 1973; *Bellare/Garay/Hauser/Herzberg/Krawczyk/Steiner/Tsudik/van Herreweghen/Waidner*, Design, implementation, and deployment of the iKP secure electronic payment system, IEEE Journal on Selected Areas in Communications 18(4) 2000, 611; *Bender/Kügler/Margraf/Naumann*, Sicherheitsmechanismen für kontaktlose Chips im deutschen Personalausweis, DuD 2008, 173; *Bernstein/Buchmann/Dahmen (Hrsg.)*: Post-quantum Cryptography, 2009; *Bieker*, Die Risikoanalyse nach dem neuen EU-Datenschutzrecht und dem Standard-Datenschutzmodell, DuD 2018, 27; *Brandis/Warren*, The Right to Privacy, Harvard Law Review, Jg. 4, Nr. 5, 1890, 193; *Bundesamt für Sicherheit der Informationstechnik (BSI)*, Antispam – Strategien. Unerwünschte E-Mails erkennen und abwehren, 2005, https://www.bsi.bund.de/S haredDocs/Downloads/DE/BSI/Publikationen/Studien/Antispam/Antispam-Strategien.pdf; *Bundesamt für Sicherheit der Informationstechnik (BSI)*, IT-Grundschutz. Vorgehensweisen, IT-Grundschutz-Kompendium und konkrete Anforderungen, https://www.bsi.bund.de/DE/Themen/ITGrundschutz/itgrundschutz_ node.html; *Bundesamt für Sicherheit in der Informationstechnik (BSI)*, Nationales Cyber-Abwehrzentrum (NCAZ). Seit 2011, https://www.bsi.bund.de/DE/Themen/Cyber-Sicherheit/Aktivitaeten/Cyber-Ab wehrzentrum/cyberabwehrzentrum_node.html; ; *Bundesamt für Sicherheit in der Informationstechnik (BSI)*, Ransomware: Bedrohungslage, Prävention & Reaktion, 2020, https://www.bsi.bund.de/DE/Theme n/Cyber-Sicherheit/Empfehlungen/Ransomware/Ransomware_node.html; *Bundesministerium des Inneren (BMI)*, Nationale Strategie zum Schutz Kritischer Infrastrukturen (KRITIS-Strategie). Referat KM4, 17.6.2009; *Callas/Donnerhacke/Finney/Thayer*, OpenPGP Message Format. Internet Standard Request for Comments RFC 2440, November 1998; *Catania*, Die 10 gefährlichsten Ransomware-Varianten der letzten Jahre, 3.1.2020, https://www.internetx.com/news/die-10-gefaehrlichsten-ransomware-v arianten-der-letzten-jahre/; *Cohen*, Computer Viruses – Theory and Experiments. Computers & Security 6/1987, 22; *Comer*, Internetworking with TCP/IP. Vol. 1: Principles Protocols, and Architecture, 6th ed., 2013; *Common Criteria for Information Technology Security Evaluation (CC)*, Version 3.1, April 2017, https://www.commoncriteriaportal.org/cc/; *Cox/Miller/Bloom/Fridrich/Kalker*, Digital Watermarking and Steganography, 2007; *Dachwitz/Köver*, Richtungsstreit unter den Entwickler:innen der Corona-Tracing-Technologie, 17.04.2020, https://netzpolitik.org/2020/; *Dachwitz/Rudl/Rebiger*, FAQ: Was wir über den Skandal um Facebook und Cambridge Analytica wissen, 12.4.2018, netzpolitik.org; *Deshpande/Kumar*, Artificial Intelligence for Big Data, 2018; *Dierks/Rescorla*, The Transport Layer Security (TLS) Protocol, Version 1.2. Internet Official Protocol Standard (STD 1), RFC 5246, August 2008; *Eckert*, IT-Sicherheit. Konzepte, Verfahren, Protokolle, 10. Aufl. 2018; *Ferraiolo/Sandhu/Gavrila/Kuhn/Chandramouli*, Proposed NIST Standard for Role-Based Access Control, ACM Transactions on Information and System Security, Vol. 4, No. 3, August 2001, 224; *Fraunhofer SIT und Deutsche Telekom mit Unterstützung durch das BMBF*, Volksverschlüsselung. Offene Initiative für Ende-zu-Ende-Sicherheit, https://volks verschluesselung.de, 2019; *Freiling et al.* (GI-Sammelaufsatz), Technische Sicherheit und Informationssicherheit, Informatikspektrum, 2013; *Garfinkel*, PGP: Pretty Good Privacy. A Guide for PGP Users, 1995; *Friedewald/Bieker/Obersteller/Nebel/Martin/Rost/Hansen*, Datenschutz-Folgenabschätzung. Ein Werkzeug für einen besseren Datenschutz. White Paper. Schriftenreihe: Forum Privatheit und selbstbestimmtes Leben in der digitalen Welt, 3. Aufl. 2017; *Geschonneck*, Computer Forensik. Computerstraftaten erkennen, ermitteln, aufklären, 6. Aufl. 2014; *Gesellschaft für Informatik (GI)*, AK KRITIS, Arbeitskreis Kritische Informations- und Kommunikationsinfrastrukturen, seit 2011, https://fg-secmgt.gi.de/ak-kritis/ziele/; *Grimm/Heinemann*, Blockchain, DuD 2017, 469; *Grimm/Simic-Draws/Bräunlich/Kasten/Meletiadou*, Referenzmodell für ein Vorgehen bei der IT-Sicherheitsanalyse. Informatikspektrum, Volume 39, Issue 1, 2016, 2 (Springer Online 2014); *Habib/Alexopoulos/Islam/Heider/Marsh/Mühlhäuser*, Trust4App – Automating Trustworthiness Assessment of Mobile Applications, IEEE TrustCom 2018, 17th International Conference On Trust, Security And Privacy, 2018; *Hansen*, Privacy by Design. Vortrag auf der 5. DFN-Konferenz Datenschutz, Hamburg, 29.11.2016; *Howard/Lipner*, The Security Development Lifecycle, 2006; *Katzenbeisser/Petitcolas*, Information Hiding. Artech House Computer Security Series, 2015; *Keller/Pilz/Schulz-Forberg/Langenbach*, Technical Safety – An Attribute of Quality. An Interdisciplinary Approach and Guideline, 2018; *Khondoker/Larbig/Scheuermann/Weber/Bayarou*, Addressing Industry 4.0 Security by Software-Defined Networking, in: Zhu/Jacquin (Hrsg.), Guide to Security in SDN and NFV. Computer Communications and Networks, 2017, 229; *Kraft/Stöwer*, Kickstart für KPIs – Erfolgsversprechende Schritte zum Aufbau eines angepassten Kennzahlensystems zur Messung der Informationssicherheit, in <kes> Nr. 4, August 2018, 6; Laabs/Dukanovic, Blockchain in Industrie 4.0 – Beyond Cryptocurrency, it – Information Technology 2018, 60 (3), 143; *Lampson*, Protection. Proceedings of the 5th Annual Princeton Conference on Information. Sciences and Systems, 1971, 437. Reprinted in ACM Operating Systems Review 8, No. 1, Jan 1974, 18; *McClure/Scambray/Kurtz*, Hacking Exposed 7 – Network Security Secrets and Solutions, 2012; *Möller/Kelm*, Distributed Denial-of-Service Angriffe (DDoS), DuD 2000, 292; *Montenegro*, Sichere und Fehlertolerante Steuerungen, 1999; *OpenPGP*, Email Encrpytion, February 08, 2018, https://www.openpgp.org/software/; *Pan-European Privacy-Preserving Proximity Tracing (PEPP-PT)*, 2020, Projektseite https://www.pepp-pt.org/; *PANDA*, Parallelstrukturen, Aktivitätsformen und Nutzerverhalten im Darknet, Interdisziplinäres Forschungsprojekt, 2017–2022, https://panda-projekt.de/projekt/; *Postel*, Internet Protocol. RFC 791, September 1981; *Postel*, Transmission Control Protocol. RFC 793, September 1981; *Radius Standards*, RFC 2865 – RFC 2869, 2000; *Ramsdell (Ed.)*, S/MIME Editor: S/MIME Version 3.1 Message Specification. Internet Standard RFC 3851, July 2004; *Rasthofer/Arzt/Miltenberger/Bodden*, Harvesting Runtime Values in Android Applications That Feature Anti-Analysis Techniques, in: Network and Distributed System Security Symposium, Jan 2016; *Rid*, Mythos Cyberwar – Über digitale Spionage, Sabotage und andere Gefahren, 2018; *Recher/Traussnig*, So funktioniert eine Corona-Tracing-App, die Ihre Privatsphäre schützt, Republik, Digitales Magazin für Politik, Wirtschaft, Gesellschaft und Kultur. Zürich, 16.04.2020, https://www.republik.ch; *Roßnagel/Banzhaf/Grimm*, Datenschutz im Electronic Commerce, 2003; *Rupp et al.*, Requirements-Engineering und -Management: Aus der Praxis von klassisch bis agil, 6. Aufl. 2014; *Schneider/Enzmann/Stopczynski*, Web-Tracking-Report 2014. Fraunhofer SIT Technical Reports SIT-TR-2014–01, 2014; *Schneier*, Applied Cryptography. Protocols, Algorithms, and Source Code in C, 2nd Ed 1996; Schulten/Weber, Die zehn Regeln der Webhygiene. Und: Werkzeugkoffer, www.webhygiene.de, 2019; *Socolofsky/Kale*, A TCP/IP Tutorial. RFC 1180, January 1991; *Sommerville*, Software Engineering, 10th Edition 2018; *Sorge/Gruschka/Lo Iacono*, Sicherheit in Kommunikationsnetzen, 2013; *Steinebach/Winter/Halvani/Schöfer/Yannikos*, Big Data und Privatheit. Chancen durch Big Data und die Frage des Privatsphärenschutzes. Fraunhofer SIT Technical Reports SIT-TR-2015–06, 2015;Seubert/Grimm/Gusy/Trepte, Strukturwandel des Privaten, Interdisziplinäres Forschungsprojekt, Volkswagenstiftung, 2015–2021, https://strukturwandeldesprivaten.wordpress.com/; *Tanenbaum/Wetherall*, Computer Networks. Fifth Edition 2014 (orig. fifth ed. Prentice Hall 2011). Auf Deutsch erhältlich: Computernetzwerke, 5. Aufl. 2012; *Waidner/Bodden et al.*, Entwicklung sicherer Software durch Security by Design. Fraunhofer SIT Technical Reports SIT-TR-2013–01, 2013; *Wambach*, Retrospektive Analyse der Ausbreitung und dynamische Erkennung von Web-Tracking durch Sandboxing, 2018; *Winter/Schäfer*, Roadmap to Privacy. Amsterdam Privacy Conference 2018, 5–8 October 2018.

A. Grundlagen: Computer, Netzwerke und Sicherheit 1	I. Viren, Würmer, Trojanische Pferde 67
I. Sicherheit 1	II. SPAM, Phishing, Pharming 70
II. Offenes Internet 6	III. DDoS – Distributed Denial of Service 73
III. Risiko- und Sicherheitsanalyse 14	IV. Tracking/Tracing 76
B. Bedrohungsszenarien und ihre Handhabung 17	V. Unautorisierte Ausforschung und Big Data .. 86
I. Missbrauch personenbezogener Daten – Privatheit/Datenschutz 17	**D. Grundlegende Schutzmaßnahmen** 89
II. Lauschen und Spionage – Vertraulichkeit 22	I. Technische, organisatorische und rechtliche Maßnahmen 89
III. Fälschen – Integrität 31	II. Kryptographie 91
IV. Identitätsdiebstahl – Korrekte Herkunft (Originalität) 35	III. Digitale Signatur 97
V. Dienstverweigerung (Denial of Service) – Verfügbarkeit 42	IV. Smartcards und TPM 102
VI. Ableugnen – Nicht-Abstreitbarkeit 50	V. Digitale Wasserzeichen 110
VII. Eindringen und Hacking – Zugriffskontrolle 54	VI. Authentifizierung und Zugriffskontrolle 114
VIII. Kriminalität mit Computern und im Netz – Aufdeckung und Verfolgung 60	VII. Abwehr, Aufdeckung und Prävention 123
C. Besondere Angriffstechniken 67	VIII. „Security by Design" und "Privacy by Design" 129
	E. Entwicklungsperspektiven und aktuelle Forschung zur IT-Sicherheit 133

A. Grundlagen: Computer, Netzwerke und Sicherheit
I. Sicherheit

Menschen nutzen Computer und Netzwerke für wertvolle Zwecke, zum Beispiel zum Wissenserwerb (Google, Wikipedia), für das Management von Organisationen (Enterprise Resource Planning), zur Produktionssteuerung (Manufacturing Execution Systems), für Kommunikation (E-Mail, Interaktive Messenger, Soziale Netzwerke), für Reisebuchungen, zum Online-Einkauf, Homebanking usw. Das geht nur solange gut, wie sich die Menschen darauf verlassen können, dass Computer das – und nur das – korrekt tun, was sie sollen.

Programme setzen die zugehörigen Funktionen in den Computern und Netzwerken um. IT-Systeme mit ihren Anwendungen können aufgrund fehlerhafter Implementierung versagen oder aufgrund von Schwachstellen zulasten ihrer Nutzer angegriffen werden. Bereits in den 1970er Jahren stellte sich beim Multi-User-Betrieb von Großrechnern der freie Zugang aller Teilnehmer zu allen Daten als Schwachstelle heraus. Die erste Lösung boten Zugriffskontrollverfahren, zunächst sogenannte „Discretionary Access Control" mithilfe von User-IDs und Passwörtern.[1] Zum erweiterten Schutz von Arbeitsdaten von hierarchisch organisierten Arbeitsgruppen vor dem unautorisierten Zugriff niedrigerer Arbeitsgruppen wurde danach die sogenannte „Mandatory Access Control" entwickelt.[2] Diese Schutzstandards bestehen bis heute in den internationalen IT-Sicherheitskriterien.[3]

In den frühen 1980er Jahren tauchten die ersten Viren und Würmer auf, die sich trotz dieser bestehenden Sicherheitsstandards unter Ausnutzung von Schwachstellen verbreiten konnten.[4] Schwachstellen entstehen nicht nur durch systemische Mängel, sondern auch als Folge von fehlerhaften Implementierungen. Unter anderem deshalb wurde systematische Softwareentwicklung[5] ein frühes Entwicklungsgebiet der Informatik.

IT-Sicherheit zielt auf die Überwindung von Schwachstellen, die sich zu Funktionseinbußen oder gar zu gezielten Angriffen auf IT-Systeme und ihre Anwendungen ausnutzen lassen. Dabei unterscheidet man in der technischen Entwicklung von IT-Sicherheit zwei Herangehensweisen:

- **Safety** behandelt die funktionale Sicherheit gegen Fehler und Schwachstellen. Dabei stehen die Auswirkungen auf die Anwendungsumgebung und ihre realen Werte im Vordergrund. Salopp gesprochen bezieht sich Safety auf den „Schutz der Umwelt vor den Systemen".[6]
- **Security** behandelt die Informationssicherheit zum Schutz der Information gegen zielgerichtete Angriffe von außen, man kann das – im Kontrast und zur Ergänzung der *Safety* – als „Schutz der Systeme vor der Umwelt" bezeichnen.[7]

Es ist offensichtlich, dass sich diese beiden Entwicklungsrichtungen von Sicherheit gegenseitig ergänzen und unterstützen. Eine gute Darstellung der Terminologie der IT-Sicherheit liefert der Sammelaufsatz der Gesellschaft für Informatik „Technische Sicherheit und Informationssicherheit".[8]

---

1 *Lampson* 1971.
2 *Bell/LaPadula* 1973.
3 *Common Criteria* 2017.
4 *Cohen* 1987.
5 Software Engineering, zB *Sommerville* 2018.
6 *Montenegro* 1999, *Keller et al.* 2018.
7 *McClure et al.* 2012, *Eckert* 2018, *Schneier* 1996.
8 *Freiling et. al.* 2014.

II. Offenes Internet

6   Das Internet wurde im Jahr 2019 goldene fünfzig Jahre alt, wenn man die Zusammenschaltung der ersten vier Großrechner der University of California in Los Angeles und in Santa Barbara, des Stanford Research Institute und der University of Utah 1969 mit der ersten Internetbotschaft (nur ein einziges Wort, nämlich „Io") als Ausgangspunkt nimmt. Die Überlegungen und ersten Versuche sind dagegen älter. Dass man Computer zum Austausch von elektronischen Nachrichten in Netzen zusammenschließen kann, war zwar schon zu Beginn der Computerentwicklung in den 1940er Jahren klar. Dass man es aber in einer dezentralen Weise tun sollte, dass also das Netzwerk auch beim Ausfall einzelner Komponenten, egal welcher, weiter funktionieren sollte, wurde von der amerikanischen Forschungsagentur ARPA favorisiert und bekam durch die militärische Anforderung der Ausfallsicherheit (auch bei einem Atomschlag, so geht die Legende) ab den 1960er Jahren eine mächtige förderpolitische Unterstützung. Konkurrierende Netzarchitekturen in Europa, die auf zentrale Steuerung setzten, um Sicherheit und Qualität zu gewährleisten, verloren in den 1990er Jahren gegenüber der dezentralen Internetarchitektur, da diese schneller wachsen konnte und billiger zu betreiben war. Sicherheit und Qualitätsgarantie konnten im dezentralen Modell des Internet in den Händen der Endknoten nachwachsen.

7   So ist das Internet ab den 1990er Jahren zusammen mit den Mobilfunknetzen gewaltig angewachsen und heute Alltagstechnik in allen privaten, öffentlichen und geschäftlichen Belangen. Sicherheit ist leider nicht integraler Bestandteil des Netzes, sondern bleibt eine kontinuierliche Aufgabe seiner Nutzer.

8   Die grundlegenden Elemente des Internets sind die Router, die die Internetpakete empfangen und weiterleiten und die als „IP-Knoten" bezeichnet werden. "IP" steht für „**Internet-Protokoll**" (RFC 791, 1981). Die IP-Knoten enthalten Routing-Tabellen, die anhand der Internet-Adresse eines Pakets festlegen, an welchen anderen Router dieses Internet-Paket weitergeleitet werden soll. Da es keine globale Routensteuerung gibt, ist nicht auszuschließen, dass einige Internet-Pakete ständig im Kreis laufen. Um das zu verhindern, ist jedem Internet-Paket eine Zahl, nämlich die „Anzahl erlaubter Router-Durchgänge" als „Lebenszeit" mitgegeben, die bei jedem Durchlauf durch einen IP-Knoten um eins heruntergezählt wird. Ein IP-Knoten löscht jedes durchreisende IP-Paket mit der Lebenszeit von 0. Die Philosophie dahinter ist: Wenn ein Knoten feststellt, dass IP-Pakete aus seinem Sendebereich verloren gehen, wird er seine Routing-Tabelle schon ändern. Auf diesem Wege sorgt das Netz wie von selbst, nämlich von unten nach oben dafür, dass solche Routing-Verluste nicht auftreten, bzw. rasch beseitigt werden. Das funktioniert weltweit einwandfrei ohne jegliche zentrale Steuerung.

9   Wie aber stellt ein IP-Knoten fest, dass Pakete aus seinem Sendebereich verloren gegangen oder in der falschen Reihenfolge angekommen sind? IP-Knoten haben ja keine weitere Intelligenz als nur das Empfangen, Weiterleiten und ggf. Löschen von Paketen. Nun, darin liegt die eigentliche Genialität der Internet-Architektur:

10 Jeder IP-Knoten wird von einer intelligenten Schutzhülle umgeben, die ihren IP-Knoten nur als Ausgangs- und Endpunkt ihrer IP-Paktes beobachtet und steuert, während sie die weiterzuleitenden IP-Pakete ungeprüft durchlässt. Diese Schutzhülle heißt Transportsteuerung.[9] Sie baut für die Anfangs- und Endpunkte eines IP-Pakets (zwischen denen beliebig viele Durchgangsknoten liegen können) eine sogenannte Transport-Verbindung auf. Für jede Verbindung zerlegt die sendende Transportsteuerung die Anwendungsdaten (zum Beispiel eine E-Mail oder eine Webseite) in Transport-Einheiten, versieht diese mit Reihenfolgenummern, packt sie in IP-Pakete, so dass die empfangende Transportsteuerung dafür sorgen kann, dass die Pakete

---

9   TCP: RFC 793: Transmission Control Protocol 1981.

auch vollständig und in der richtigen Reihenfolge ankommen. Die empfangende Transportsteuerung über einem IP-Knoten stellt fest, welche Pakete für sie als Endpunkt und für welche Anwendungen sie bestimmt sind (das ist die sogenannte Socket-Adresse), ob sie in der richtigen Reihenfolge ankommen und ob auch keine fehlt. Fehlende Pakete werden dann von der sendenden Transport-Steuerung erneut angefordert. Falsche Reihenfolgen werden in der Empfangssteuerung durch Zwischenspeicherung der noch nicht fälligen Pakete wieder in die richtige Reihenfolge zurückgebracht.

Diese Organisation des Internet heißt „TCP/IP". Sie verwendet und überbrückt ganz verschiedene Basis-Netztechniken, wie das Ethernet und andere. Sie ist komplett dezentral und funktioniert erstaunlich effizient. Verlorene oder verdrehte Datenpakete werden im Internet erfreulicherweise ohne Zutun der Nutzer schnell repariert. Und außerdem erlaubt das Internet ganz verschiedenen Anwendungen, vollkommen störungsfrei miteinander die zugrundeliegende IP-Infrastruktur zu nutzen. Für eine vertiefte Einsicht in TCP/IP siehe RFC1180[10] und zahlreiche Lehrbücher.[11]

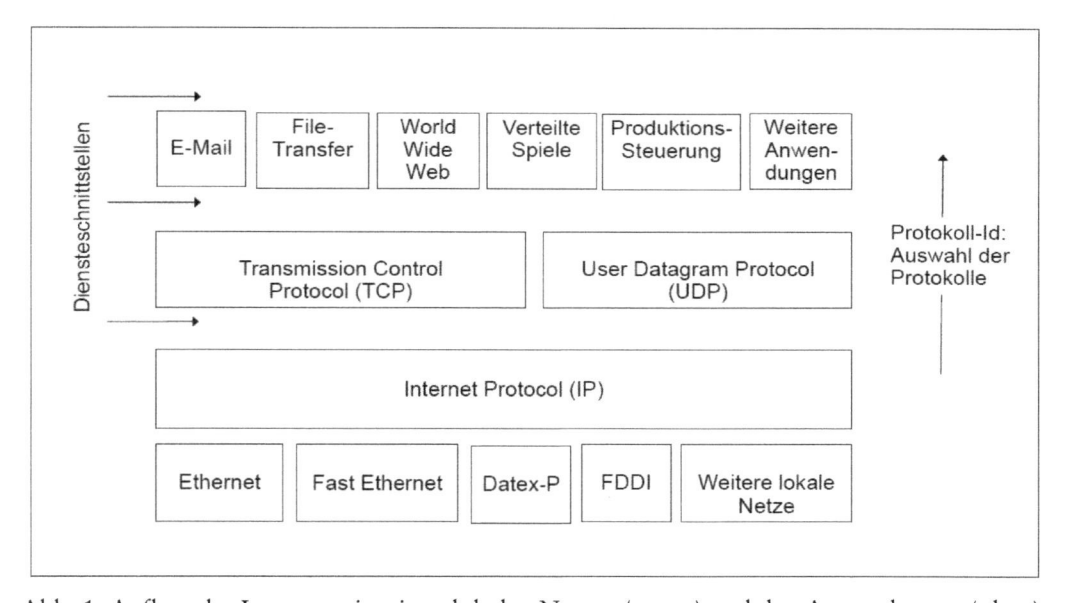

Abb. 1: Aufbau des Internet mit seinen lokalen Netzen (unten) und den Anwendungen (oben)

Die Internet-Adressierung mit ihren vierstelligen Zahlencodes ist für Maschinen perfekt, aber für Menschen nicht besonders leicht zu handhaben. Für die Anwendungen wie E-Mail und World-Wide-Web sind daher besser handhabbare Adressen erfunden worden, nämlich die uns vertrauten Domänenadressen wie zum Beispiel sit.fraunhofer.de, physik.ethz.ch, cspsc.yale.edu oder whitehouse.gov, denen im E-Mail-Gebrauch noch eine Nutzerkennung mit einem Klammeraffen davorgesetzt wird, also etwa albert.einstein@physik.ethz.ch, wenn es denn zu Einsteins Zeiten schon das Internet gegeben hätte. Eine eigene Infrastruktur von Servern, das sogenannte **Domain Name System (DNS)**, übersetzt die Domänen-Namen in die zugehörigen Internet-Adressen und umgekehrt, damit Adressen, die von Menschen verwendet werden, vom TCP/IP-Netz auch richtig umgesetzt werden. Eine Fälschung des DNS ist einer der gefährlichsten Angriffe auf das Internet, der mit „Pharming" bezeichnet wird. Er ist des-

---

10 *Socolofsky/Kale* 1991.
11 Besonders *Comer* 2013 oder *Tanenbaum/Wetherall* 2014.

halb so gefährlich, weil die Nutzer glauben müssen, die richtigen Kommunikationspartner anzusprechen (sie orientieren sich ja an den Domänennamen) und ihnen vielleicht sogar vertrauliche Informationen zukommen lassen, welche dann aber am Ende an falschen Stellen landen (→ Rn. 72).

13 Sicherheit ist im Internet nicht zentral organisiert und muss deshalb auf allen Ebenen seiner Architektur implementiert werden. Internet-Knoten können IP-Pakete verschlüsseln und signieren (IPSec[12]). Die Transporthülle kann Anwendungsservices (zum Beispiel Webseiten-Anbieter) authentifizieren und Transporteinheiten (zum Beispiel übertragene Webseiten) verschlüsseln (SSL/TLS[13]). E-Mail-Partner können ihre E-Mail „Ende-zu-Ende" authentifizieren und verschlüsseln (S/MIME[14]; PGP[15]; OpenPGP[16]). Darüber hinaus hat jede Anwendung ihre spezifischen Schwächen und entsprechend ihre spezifischen Sicherheitsanforderungen und Methodiken zu ihrer Absicherung.

III. Risiko- und Sicherheitsanalyse

14 Sicherheit ist ein Zustand von Verlässlichkeit. In einer sicheren Umgebung kann man das, was man tun möchte, zuverlässig und ohne Schaden tun und es besteht keine Gefahr eines feindlichen Angriffs. In diesem Sinne bildet „IT-Sicherheit" eine verlässliche Verbindung zwischen der Welt der realen Werte und ihren digitalisierten Ausdrucksformen elektronischer Daten.

15 Um eine Systemumgebung abzusichern, muss man die zu schützenden Werte, ihre möglichen Bedrohungen und zugehörigen Sicherheitsanforderungen kennen. Zu ihrer systematischen Herleitung stellt die Informatik Methoden des sogenannten „Requirements Engineering" zur Verfügung.[17] Beim speziellen **„Security Requirements Engineering"** geht es darum, IT-Systeme und ihre Anwendungen mit angemessenen Schutzmaßnahmen auszustatten. Das Bundesamt für Sicherheit in der Informationstechnik (BSI) hat in seinem „IT-Grundschutz" eine Methodik zur Feststellung des Schutzbedarfes von IT-Systemen entwickelt, die international üblichem Vorgehen entspricht.[18] In einem „Referenzmodell für ein Vorgehen bei der IT-Sicherheitsanalyse" wird dieses Vorgehen taxonomisch ausgeführt und begründet.[19]

---

12 *Atkinson* 1995.
13 *Dierks/Rescorla* 2008.
14 *Ramsdell* 2004.
15 *Garfinkel* 1995.
16 *Callas et al.* 1998.
17 *Rupp* 2014.
18 *BSI* 2019.
19 *Grimm et al.* 2016.

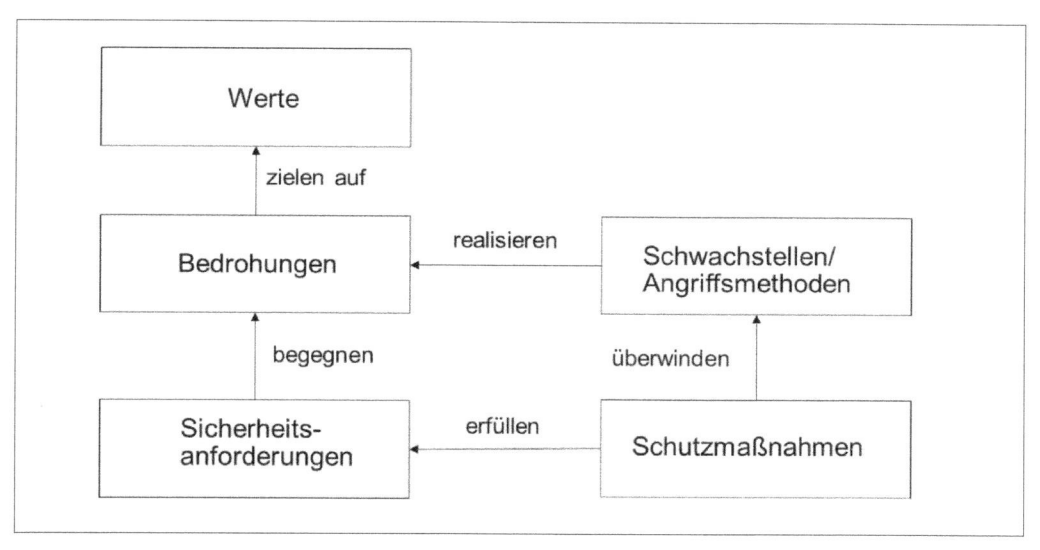

Abb. 2: Schema zum Feststellen des Schutzbedarfs (BSI 2019, Grimm et mult. al 2016)

An diesem Schema orientieren sich die folgenden Ausführungen: Den *Bedrohungen* realer *Werte*, die von *Angriffsmethoden* realisiert werden können, werden *Sicherheitsanforderungen* und zugehörige *Schutzmaßnahmen* zugeordnet.

B. Bedrohungsszenarien und ihre Handhabung

I. Missbrauch personenbezogener Daten – Privatheit/Datenschutz

Der *Wert*, um den es hier geht, ist die **Privatheit** (Privacy) natürlicher Personen. Darunter wird heute nicht nur das Recht, in Ruhe gelassen zu werden,[20] verstanden, sondern weitergehend die informationelle Selbstbestimmung.[21] Sie wird begründet durch die Würde, Freiheit und demokratische Entfaltungsfähigkeit der Menschen (Art. 2 Abs. 1 iVm Art. 1 Abs. 1 GG).[22] Die *Bedrohung* der Fremdsteuerung beruht auf dem missbräuchlichen Umgang mit personenbezogenen Daten, die berechtigt oder unberechtigt erworben wurden und jedenfalls anders als dem ursprünglichen Zweck entsprechend verwendet werden. Beispiele für missbräuchliche Nutzung sind unerwünschte Werbung, unerwünschte Bewertung der Kreditwürdigkeit oder unerwünschte Veröffentlichung von Fotos oder Adressdaten.

Es gibt viele *Angriffsmethoden* auf die Privatheit. Dazu gehören

- Zweckfremde Nutzung von Daten durch ursprünglich berechtigte Datenerheber
- Nutzerbeobachtung und Auswertung durch Serviceanbieter (zB Facebook, Google, Amazon)
- Tracking durch „Datenkraken" (→ Rn. 76 ff.).

Die zugehörige *Anforderung* nach Datenschutz ist rechtlich durch die Datenschutzgesetzgebung verbindlich formuliert (insbesondere die EU-DS-GVO 2016/679, daneben nach wie vor in erheblichem Umfang nationale Gesetze, v. a. im öffentlichen Bereich). Sie ist wesentlich an

---

20 *Brandis/Warren* 1890.
21 BVerfG Urt. v. 15.12.1983 – 1 BvR 209/83 u. a., NJW 1984, 419 – Volkszählungsurteil; zum Verhältnis zwischen IT-Sicherheit und Datenschutz s. näher *Jandt* in → § 17 Rn. 1.
22 Strukturwandel des Privaten 2019, *Becker/Seubert* 2016.

der „informationellen Selbstbestimmung" (BVerfG im Volkszählungsurteil vom 15.12.1983) orientiert.

20 Zugehörige *Schutzmaßnahmen* lassen sich nach den Kategorien **Selbstdatenschutz** und **Systemdatenschutz** ordnen.[23] Typische Selbstdatenschutzmechanismen sind Cookiefilter, Werbeblocker (zB AdBlock Plus), Anti-Tracking-Tools (zB Ghostery), aktive Pseudonymisierung (zB in Foren), Anonymisierungsnetze (zB Tor) und Ende-zu-Ende-Verschlüsselung, zB Volksverschlüsselung[24] oder OpenPGP[25]. Gute Überblicke dazu liefern zum Beispiel die Webseite des Landesdatenschutzbeauftragten Rheinland-Pfalz[26] sowie Webhygiene.de[27]. Typische Systemdatenschutzmechanismen sind Service-immanente Datensparsamkeit, pseudonyme Service-Angebote, Zweckbindungsverfahren, Löschpolicies sowie automatische Verschlüsselung im Netzwerk wie Sicherheitsverfahren des Internet-Protokolls „IPSec"[28] und Absicherung des Datentransports „TLS/SSL"[29].

21 Ein datenschutzfreundliches **Tracing** von gefährdeten Personen zu ihrem eigenen Schutz, wie es seit April 2020 zur Beherrschung der Corona-Pandemie politisch und technisch diskutiert wird,[30] muss sowohl mit Mitteln des Systemdatenschutzes als auch des Selbstdatenschutzes abgesichert sein. Das technische Mittel dazu ist eine so genannte **Corona-App**, die Begegnungsdaten mit anderen nahen App-Nutzern sammelt und aus zentral gespeicherten Begegnungsdaten infizierter Nutzer ableitet, ob ihr App-Nutzer in den letzten zwei oder drei Wochen in der Nähe einer Corona-infizierten Person gewesen ist. Im Sinne des Selbstdatenschutzes muss die Corona-App in ihrer Wirkung transparent sein und bequem an- und abgestellt werden können, um das Prinzip der Freiwilligkeit zu unterstützen. Systemtechnisch müssen die gesammelten Begegnungsdaten so pseudonym gestaltet sein, dass eine missbräuchliche De-Anonymisierung oder gar eine Erstellung von Verhaltensprofilen technisch unmöglich ist. Auch die Erzeugung von bloß behaupteten, aber nicht wirklich stattgefundenen Infizierungen muss systemtechnisch unterbunden werden. Dazu gibt es Ansätze aufgrund wohlbekannter IT-sicherheitstechnischer Verfahren.[31] In Deutschland steht seit Juni 2020 eine von der Bundesregierung offiziell autorisierte so genannte **Corona-Warn-App** zur Verfügung, die diesen Anforderungen genügt.[32]

II. Lauschen und Spionage – Vertraulichkeit

22 Die *Werte*, die es vor Lauschern zu schützen gilt, sind allgemein die Privatheit von Personen, sowie Geschäfts- und Staatsgeheimnisse. Das schließt persönliche Daten, private und geschäftliche Kommunikation, sowie eingestufte Daten aus Regierungs- und Verwaltungsarbeit ein.

23 Eine *Bedrohung* dieser Werte liegt in ihrer unautorisierten Kenntnisnahme. Die Missbrauchspotenziale von Geschäfts- und Staatsgeheimnissen in falschen Händen sind offensichtlich. Die Bedrohung der Privatheit kann zur Einschränkung der Entscheidungsfreiheit führen (BVerfG im Volkszählungsurteil 15.12.1983) und ist daher als Bedrohung freien politischen und kommerziellen Handelns anzusehen. Ein typisches Angriffsziel sind Kreditkartendaten zum Ein-

---

23 *Roßnagel et al.* 2003.
24 *SIT* 2019.
25 *Callas et al.* 1998.
26 S. https://www.datenschutz.rlp.de/de/themenfelder-themen/selbstdatenschutz/.
27 *Schulten/Weber* 2019.
28 *Atkinson* 1995.
29 *Dierks/Rescorla* 2008.
30 *Pan-European Privacy-Preserving Proximity Tracing (PEPP-PT)*, 2020, sowie *Dachwitz/Köver* 2020 über den Richtungsstreit in der Entwicklung der Corona-Tracing-Technologie.
31 ZB das Protokoll DP-3T (Decentralized Privacy-Preserving Proximity Tracing), siehe Recher/Traussnig 2020.
32 Corona-Warn-App: Unterstützt uns im Kampf gegen Corona, https://www.bundesregierung.de/breg-de/themen/corona-warn-app.

kauf auf Kosten des Kreditkarteninhabers. Ein weiteres typisches Angriffsziel sind Passwörter, mit denen man sich in fremde Konten einwählen kann. Allgemein sind Kommunikationsinhalte aus E-Mail und Webaufrufen und aus sozialen Medien (soweit dort nicht Privatsphäreneinstellungen gewählt werden, die Inhalte frei zugänglich machen) als vertraulich anzusehen.

Es gibt mehrere *Angriffsmethoden* zur unautorisierten Kenntnisnahme vertraulicher Information. Zunächst ist das Internet offen. E-Mail und Webkommunikation werden im WLAN zumeist unverschlüsselt übertragen und jeder Knoten in einem WLAN kann die gesamte WLAN-Kommunikation mitlauschen zB mit dem öffentlich zugänglichen Tool Wireshark (www.wireshark.org). Viele Passwörter werden auf diesem Wege abgehört. Ein weiterer Bereich des Ablauschens persönlicher Informationen sind die sozialen Netzwerke, in denen viele Nutzer freiwillig weitreichende persönliche Informationen ablegen, ohne sich über die Grenzen ihrer „Freundeskreise" klar zu sein. 24

Das Eindringen in geschützte Datenbestände („Hacking") wie zum Beispiel in die Kundendaten von Firmen ist eine weitere Angriffsmethode. Hacking wird besonders durch Insiderwissen und schwache Zugriffskontrollverfahren gefördert (→ Rn. 54). Für Aufregung hat in jüngerer Zeit der sogenannte „Politiker-Hack" im Dezember 2018 gesorgt, bei dem persönliche Daten von Hunderten von Politikern und Prominenten über einen gehackten Twitter-Account verlinkt worden waren, darunter Personalausweiskopien, persönliche Text-Dokumente und Chatverläufe, s. etwa bei https://www.golem.de/specials/politiker-hack/. 25

Die zugehörige *Sicherheitsanforderung* ist die Vertraulichkeit von Daten und ihrer Kommunikation. Offene Kommunikation wie etwa die Streuung öffentlicher Nachrichten erfordert keinen vertraulichen Umgang. Private und geschäftliche Kommunikation dagegen ist grundsätzlich vertraulich. Staatliche Verschlusssachen sind nach dem Grad ihrer Sensibilität als „nur für den Dienstgebrauch", vertraulich, geheim oder sogar streng geheim eingestuft (§ 2 der Verschlusssachenanweisung vom 10.8.2018). 26

Die erste Wahl unter den *Schutzmaßnahmen* zur Wahrung der Vertraulichkeit ist die Verschlüsselung, die es erlaubt, Daten selbst im offen zugänglichen, grenzüberschreitenden Internet vor unautorisierter Kenntnisnahme zu schützen. Das heißt, die verschlüsselten Daten sind dann zwar immer noch zugänglich – das Netz ist ja offen –, aber sie stellen unentwirrbaren „Datensalat" dar, so lange man die zugehörigen Entschlüsselungsschlüssel nicht kennt. Verschlüsselung, sofern sie stark genug und gut organisiert ist, verhindert den Bruch der Vertraulichkeit (→ Rn. 91). 27

Auf der Datentransportebene stellt das Internet mit SSL/TLS ein Verfahren zur Verfügung, das es Webseitenanbietern erlaubt, mit ihren Nutzern verschlüsselt zu kommunizieren, ohne dass die Nutzer dazu besondere Vorkehrungen treffen müssen.[33] Hierbei haben nur die Webseitenanbieter asymmetrische Schlüsselpaare und bieten den Nutzern beim Verbindungsaufbau ihre öffentlichen Schlüssel an, mithilfe derer Nutzer und Webseite ein symmetrisches Passwort vereinbaren, mit dem die weitere Kommunikation über dieser Verbindung verschlüsselt wird. Das zugehörige Austauschprotokoll heißt „https", das „s." darin steht für „secure", denn Webseiten, die über das „https"-Protokoll angeboten werden, sind automatisch zwischen Webnutzer und Webseite verschlüsselt. 28

Zwei Internet-Knoten können mithilfe der Erweiterung IPSec des Internetprotokolls den gesamten Datenverkehr ihrer Internetpakete verschlüsseln (IPSec, Atkinson 1995). Das ist eine gängige Methode des Schutzes von organisationsinterner Internet-Kommunikation und von Internet-Verbindungen geographisch getrennter Organisationseinheiten, zum Beispiel verschiedener Standorte einer Firma. 29

---

33 *Dierks/Rescorla* 2008.

30 Endnutzer können ebenfalls Schlüsselpaare erwerben und zertifizieren lassen, die in E-Mail-Tools integriert werden und mit denen sie E-Mails „Ende-zu-Ende" versschlüsseln können (Volksverschlüsselung oder OpenPGP). Eine weitere Maßnahme des Vertraulichkeitsschutzes ist die Passwort- oder gar Smartcard-geschützte Zugriffskontrolle auf vertrauliche Datenbestände. Interne Organisationsdaten werden den berechtigten Mitarbeitern nach ihrer Authentifizierung – etwa im Rahmen eines Login-Verfahrens – zur Verfügung gestellt und bleiben Außenstehenden dadurch unzugänglich. Zu diesem Zwecke gibt es eigens entwickelte Authentifizierungsverfahren (→ Rn. 114).

III. Fälschen – Integrität

31 Der *Wert* der Unverfälschtheit von elektronischen Daten hängt von der Anwendung ab und ist entsprechend vielfältig. Ein Kontostand enthält genau seinen Wert. Eine Verkehrssteuerung dagegen hat den faktisch unmessbaren Wert in der Unversehrtheit der betroffenen Menschen und Sachen. Das gilt ebenso für die Steuerung von Produktions- und Energiegewinnungsanlagen. Der Wert einer privaten Mitteilung mag gering oder hoch sein, je nachdem, wovon sie handelt. Wegen dieser Vielfältigkeit der Wertemöglichkeiten schreibt man der Anforderung an die Unverfälschtheit, der **Integrität,** ihren eigenen, gewissermaßen abstrakten Wert zu, der für jede Anwendung besonders konkretisiert werden muss.

32 Die Integrität ist im Internet deshalb leicht *anzugreifen*, weil das Internet offen ist. Jeder empfangende und weiterreichende IP-Knoten in der TCP/IP-Infrastruktur kann, wenn er wollte, die IP-Pakete, die er routet, verändern. Keine Instanz der Welt beherrscht alle Knoten. Deshalb kann die Integrität von Daten im Internet von den Kommunikationspartnern nicht durchgesetzt werden, aber sie kann nachgewiesen werden.

33 Diese *Sicherheitsmaßnahme* beruht auf der so genannten **Digitalen Signatur** und funktioniert wie folgt. Die zu schützenden Daten werden mit nicht nachahmbaren Integritätscodes versehen, so dass beim Empfang veränderte Daten erkannt und verworfen werden können. Auf die Nicht-Nachahmbarkeit kommt es an. Einfache Quersummen als Integritätscodes reichen zwar aus, um fehlerhafte Datenübertragung zu erkennen, aber gegen mutwillige Veränderung schützen sie nicht, da Quersummen leicht nachzuahmen sind. Ebenso wenig taugen Hashwerte als Integritätsschutz gegen mutwillige Verfälschung, denn auch diese kann jeder, auch jeder Fälscher, leicht erzeugen. Erst Verschlüsselungscodes mit unzugänglichen Schlüsseln, die nur Sender und Empfänger kennen, sind für den Integritätsschutz geeignet.

34 Im offenen Netz, bei dem man geheime Verschlüsselungsschlüssel nicht übertragen will, eignen sich daher digitale Signaturen besonders gut zum Nachweis der Integrität, → Rn. 97. Bei der digitalen Signatur wird der zu schützende Text zusammen mit einer „Signatur" versendet. Die Signatur ist eine verschlüsselte Version des Originaltextes, indem dieser zuerst mithilfe einer Hashfunktion verkleinert und dann dessen Hashwert mit dem privaten Schlüssel des Senders verschlüsselt wird. Der Empfänger entschlüsselt die Signatur mit dem zugehörigen öffentlichen Schlüssel des Senders und vergleicht sie mit dem Hashwert des Originaltextes. Stimmen sie überein, ist der Originaltext integer, andernfalls ist er gefälscht und kann verworfen werden.

IV. Identitätsdiebstahl – Korrekte Herkunft (Originalität)[34]

35 Die **Identität** einer Person oder Sache wird durch ihren Namen ausgedrückt. Wenn er auf ihr Original verweist, dann ist die Herkunft korrekt, wenn er auf etwas anderes verweist, dann ist

---

[34] Mit Originalität ist hier im etymologischen Wortsinn (lat. origo = Ursprung) die korrekte Herkunft gemeint und nicht die gesamte Echtheit; diese wird als Authentizität bezeichnet, welche sich aus Integrität und korrekter Herkunft (Originalität) zusammensetzt, s. zB *Eckert* 2018, Def. 1.4, S. 6.

er falsch. Es ist zwischen der **Originalität** (im Sinne der **korrekten Herkunft**) von handelnden Personen und von Informationen zu unterscheiden. Der *Wert* der Originalität einer handelnden Person liegt in dem Wert dessen, was die handelnde Person in ihrem Namen tun kann. Wenn es einem Angreifer zum Beispiel gelingt mit einer gestohlenen Identität Geld vom fremden Konto zu stehlen, liegt der Wert in der Summe des Geldverlusts und der Kosten, die zur Behebung des Schadens entstehen. Der Wert der Originalität einer Information, etwa in Form eines elektronischen Dokuments, hingegen ist der Wert ihrer Aussagekraft aus der originalen Quelle, die wertlos ist, wenn sie in Wahrheit von ganz anderer Seite unterschoben wurde. Ein Zeugnis, zum Beispiel, ist wertlos, wenn es nicht von der autorisierten Stelle ausgegeben wurde. Eine Information aus falscher Quelle kann einen Schaden in dem Maße ihres Wertes anrichten, den sie gehabt hätte, wenn sie wahr gewesen wäre, zum Beispiel eine denunzierende Belastung einer Person.

Identitätsdiebstahl ist ein *Angriff* auf die Originalität einer Person. Die übliche *Angriffsmethode* ist das Erlangen der Nachweismerkmale für die Identität im Internet; das ist in den allermeisten Fällen das Stehlen von User-ID und Passwort. Gängige Verfahren dafür sind Phishing (→ Rn. 71) und Pharming (→ Rn. 72). Schwache Passwörter können aber auch durch verschiedene Methoden erraten werden, unter denen der Lexikonangriff und das sture Durchprobieren aller Symbolkombinationen am bekanntesten sind. Starke Passwörter sind einigermaßen sicher gegen diese Angriffe. Eine weitere Angriffsfläche auf Passwörter bieten unsichere Aufenthaltsorte, wie etwa das Aufschreiben von Passwörtern, am ungeschicktesten zum Beispiel unter einer Tastatur oder in einer Brieftasche. Das Hacken von Passwortspeichern bei Dienstanbietern ist eine andere, leider viel zu oft erfolgreiche Angriffsmethode. 36

Eine falsche Herkunft von Dokumenten und Informationen wird dadurch vorgetäuscht, dass täuschend ähnliche Herkunftsmerkmale erstellt werden, zum Beispiel falsche Namen unter E-Mails, kopierte Logos und verführerische Inhalte der Art „Sie haben bei uns das große Los gewonnen". Elektronische Urkundenfälschung beruht auf graphischer Ähnlichkeit zu den Originalen und auf der Verwendung falscher Herkunftsbezeichnungen. Falsche digitale Signaturen sollten an der fehlerhaften Zertifikatskette erkennbar sein, was aber von vielen Anwendern nicht richtig gedeutet und daher ignoriert wird. 37

Fake News schließlich sind ein Problem modernen Lebens geworden, weil die Zunahme elektronischer Publikationsmittel wie Online-Magazine und soziale Medien das redaktionelle Handwerk an den Rand drängen und weil es deshalb für alle Menschen leicht geworden ist, mit ungeprüften Nachrichten ein Massenpublikum zu erreichen. Dass dahinter Machtinteressen stehen und durchgesetzt werden können, liegt auf der Hand und gehört zur modernen Alltagserfahrung. Es gibt Ansätze zur Erkennung und Verhinderung von Fake News. In erster Annäherung dazu gehört die Pflicht von Angebotsmedien, Fake News aus ihrem Bereich zu entfernen, wenn sie als solche erkannt worden sind. 38

Die *Sicherheitsanforderung* gegen den Identitätsdiebstahl heißt Originalität bzw. sichere Herkunft. Die Kombination aus Integrität und Originalität (Herkunft) wird als Authentizität bezeichnet. 39

Die für den Alltag der meisten Nutzer wichtigste *Schutzmaßnahme* gegen Identitätsdiebstahl ist die Verwendung sicherer Passwörter von mindestens zehn Zeichen Länge ohne semantische Bedeutung, unter denen Groß- und Kleinbuchstaben, Ziffern und Sonderzeichen sind. Dazu gehört die Pflicht von Dienstanbietern, User-Ids und Passwörter so zu speichern, dass sie nicht gehackt werden können, was bekanntlich oft sträflich leichtsinnig unterbleibt. Einen besseren Schutz als nur Passwörter bildet die so genannte „Zwei-Faktor-Authentifizierung (2FA)"[35], bei der zwei verschiedene Sicherheits„faktoren" passend zusammenkommen müssen, in der 40

---

[35] S. zB „Zwei-Faktor-Authentisierung" bei https://de.wikipedia.org/wiki/Zwei-Faktor-Authentisierung.

Regel eine PIN und eine vom angefragten Dienst aktuell erzeugte und per SMS an den Nutzer übermittelte TAN, wie das beim Homebanking heutzutage üblich ist. Eine besonders starke Form der 2FA sind Chipkarten-unterstützte Signaturen in Kombination mit PINs und Passwörtern.

41 Gegen gefälschte Informationsherkunft hilft die Sicherung von Herkunftsmerkmalen wie zum Beispiel durch digitale Signaturen mit gültiger Zertifikatskette. Dazu gehört die Aufklärung von Nutzern über die Bedeutung von Zertifikatsketten. Ein modernes, wirksames Mittel gegen die Vortäuschung falscher Herkunft sind in den Dokumenten verborgene Wasserzeichen mit Herkunftsmerkmalen[36] (→ Rn. 110).

V. Dienstverweigerung (Denial of Service) – Verfügbarkeit

42 Dienste im Netz, etwa zur Auskunft, zum Einkauf oder zum Banking erbringen den Nutzern eine Leistung, die ihren *Wert* bestimmt. Ein wesentlicher Anteil der Leistung ist die kontinuierliche Verfügbarkeit. Wenn diese unterbrochen wird, dann entfallen nicht nur die ausfallenden Leistungen. sondern der Dienst verliert außerdem seine Vertrauenswürdigkeit und in der Folge Nutzer und Kunden.

43 Einige Dienste erbringen darüber hinaus lebenswichtige Leistungen, welche deshalb offiziell zur **kritischen Infrastruktur (KRITIS)** gezählt werden. In der KRITIS-Strategie des Bundesministeriums des Innern werden die folgenden neun Bereiche genannt, die in diesem Sinne kritisch sind (BMI 2009):

- Energieversorgung
- Informations- und Kommunikationstechnologie
- Transport und Verkehr
- Wasserversorgung und -entsorgung
- Gesundheitswesen, Ernährung
- Notfall- und Rettungswesen, Katastrophenschutz
- Parlament, Regierung, öffentliche Verwaltung, Justizeinrichtungen
- Finanz- und Versicherungswesen
- Medien und Kulturgüter

Diese Überlegungen sind (aus kompetenzrechtlichen Gründen mit Ausnahme von Medien und Kultur) in die Definition Kritischer Infrastrukturen in § 2 Abs. 10 BSIG eingeflossen und haben zu der umfassenden Regulierung geführt, die in etlichen anderen Kapiteln des Handbuchs behandelt wird (→ § 3 Rn. 24, → § 5 Rn. 32, 34, 35, → § 11 Rn. 52, 98, → § 12 Rn. 31, → § 19 Rn. 10).

44 Eine Dienstverweigerung, englisch „**Denial of Service**", stellt eine *Bedrohung* der Verfügbarkeit dar. Diese kann durch *Angriffe von außen* erzwungen werden, indem ein Angriff eine entsprechende Schwachstelle so ausnutzt, dass das Dienstsystem abstürzt. Dazu gehörten früher die Angriffe „Land", „Ping of Death", „IP teardrop". Ein Dienst kann aber auch durch eine Überzahl an leeren Anfragen zum Zusammenbruch gebracht werden, zum Beispiel durch eine Überflutung mit Verbindungsanfragen, ohne auf die sich daraus ergebenden (und entsprechend offen gehaltenen) Angebote zum Verbindungsaufbau einzugehen („SYN-Flood"). Das ist bereits im Jahr 2000 so prominenten Diensten wie Yahoo, eBay und Amazon geschehen.[37]

45 **Ransomware** ist eine besondere Methode, eine Dienstverweigerung eines Computers gegenüber seinem berechtigten Nutzer zu erzwingen. Der Angreifer erreicht das dadurch, dass er auf dem Zielrechner eine Schadsoftware, etwa einen Virus (→ Rn. 67), einschleust, die zen-

---

36 *Cox et al.* 2007.
37 *Eckert* 2018.

trale Elemente des Zielrechners verschlüsselt. Er bietet dann die Herausgabe des Entschlüsselungsschlüssels gegen (anonyme) Zahlung eines Lösegeldes (englisch: *Ransom*) an. Es handelt sich also um eine digitale Form der Lösegelderpressung, die dieser Form von Schadsoftware ihren Namen gibt.[38] Besondere Aufmerksamkeit hat zum Beispiel im Mai 2017 die Ransomware **„WannaCry"** erregt, die innerhalb weniger Tage weltweit mehrere Millionen Computer befallen hatte.[39]

Bei der sogenannten „Distributed Denial of Service"-Attacke wird ein Opfer-Dienst von mehreren Knoten im Netz gleichzeitig mit Anfragen zugeladen, → Rn. 73. Ganze Netzwerke sind bereits durch sogenannte Computerwürmer lahmgelegt worden, → Rn. 69. 46

Die Motivation zu Denial-of-Service-Angriffen ist vielfältig. Einige Angreifer streben nach Prestige in ihren Kreisen und suchen sich deshalb bekannte digitale Serviceanbieter, Finanzdienstleister, öffentliche Stellen, usw aus, Hauptsache, es wird darüber berichtet. Zum anderen werden damit reiche Anbieter aus Habsucht in krimineller Weise erpresst. Bei Ransomware ist das Motiv ebenfalls Gewinn aus krimineller Erpressung von individuellen Nutzern. Ein drittes Motiv ist der sogenannte Cyberwar, bei dem nicht nur militärische Steuerungszentren, sondern ganze kritische Infrastrukturen eines gegnerischen Landes zum Angriffsziel werden (vgl. *Spies-Otto* in → § 19 Rn. 10). 47

Die zugehörige *Sicherheitsanforderung* an die Dienste ist ihre kontinuierliche und zeitangemessene Verfügbarkeit. Zu den *Schutzmaßnahmen* gehört unter anderem eine redundante Auslegung von Diensten, das heißt: wenn ein Server, der im Allgemeinen zur Diensterbringung ausreicht, zusammenbricht, dann stehen weitere Server, die ansonsten ruhen, bereit, den Dienst nahtlos zu übernehmen. Eine weitere Schutzmaßnahme besteht in einer guten Konfigurierung von Firewalls, die sich wiederholende Anfragen von derselben Quelle erkennen und dafür sorgen, dass die zugehörigen Antworten zunehmend verzögert bearbeitet werden. 48

Das Strategiepapier des Innenministeriums (BMI 2009) entwickelt ein Vorgehen zur Sicherstellung der Verfügbarkeit kritischer Infrastrukturen, dazu gehören Sicherheitsstandards und Zusammenarbeit zur Prävention, Reaktion und Nachhaltigkeit. Diese sind seitdem in der KRITIS-Gesetzgebung umgesetzt worden. 49

VI. Ableugnen – Nicht-Abstreitbarkeit

Der *Wert*, der durch Ableugnen *bedroht* wird, liegt in der Sache, die verleugnet wird. Das kann ein Schaden sein, dessen Verursachung bestritten wird. Das kann eine Vertragserfüllungsleistung sein, die ein Verpflichteter verweigert. Die zugehörige *Sicherheitsanforderung* ist die **Nicht-Abstreitbarkeit** einer Schuld, bzw. einer Verpflichtung durch den Verursacher, bzw. durch den Verpflichteten. Positiv gewendet ist der *Wert* einer nicht abstreitbaren Sache das Vertrauen, das ihrem Anbieter entgegengebracht und das mit einer entsprechenden Gegenleistung – das kann als sein Wert gelten – aufgewogen wird. 50

Die *Angriffsmethode* des Ableugnens ist einfaches Schweigen oder explizites Widersprechen: „Das war ich nicht." Ein Angriff ist erfolgreich, wenn der streitige Gegenstand von anderen mit der gleichen Wahrscheinlichkeit erzeugt worden sein kann. Entsprechend wirkt jede nachvollziehbare Zuordnung einer Sache zu ihrem Verursacher als *Sicherheitsmaßnahme* gegen das Ableugnen. In Gerichtsverfahren werden als Beweise einer Verursachung glaubwürdige Zeugenaussagen, Sachverständigenaussagen und Spuren, die einen Augenschein begründen, anerkannt. Das gilt genauso auch für Handlungen im Internet. 51

---

38 *BSI* 2020.
39 *Catania* 2020.

52 Als Zeugen können Beobachter von Handlungen dienen. Für manche Handlungen, wie zum Beispiel für einen fairen Austausch von Gütern, werden zu diesem Zweck vertrauenswürdige Dritte als Vermittler zwischengeschaltet, wie zum Beispiel Kreditkartendienste zum Bezahlen. Sachverständige können IT-Security-Experten mit IT-forensischem Sachverstand sein, die in der Lage sind, digitale Spuren zu erkennen, etwa die bestrittene Herkunft einer E-Mail zu ermitteln. Spuren, die einen Augenschein belegen, müssen so beschaffen sein, dass Personen ohne IT-Spezialwissen, also auch Richter und Anwälte, sie zuverlässig einschätzen können, etwa Serien aufeinander bezogener E-Mails, deren Fälschung mangels Wissens der Beteiligten ausgeschlossen werden kann.

53 Die digitale Signatur liefert eine besondere Schutzmaßnahme der Nicht-Abstreitbarkeit digitaler Aussagen, die ein Verursacher absichtsvoll ergreift, um Vertrauen in seine digitalen Handlungen herzustellen, → Rn. 97.

VII. Eindringen und Hacking – Zugriffskontrolle

54 Sicheres Handeln in der digitalen Welt erfordert die sichere Aufbewahrung sensibler Daten und den Schutz ihrer zuverlässigen, integren und vertraulichen Verarbeitung. Der *Wert* dieser Daten und der Dienste ihrer Verarbeitung wird durch den Zugriff unberechtigter Nutzung und sich daraus ergebender missbräuchlicher Verarbeitung gefährdet. Die *Bedrohung* liegt darin, dass unberechtigte Nutzer Zugangsprivilegien stehlen oder ihre Abfrage mithilfe von Schwachstellen im Zugriffsverfahren ganz umgehen und auf diese Weise Zugriff auf die ihnen nicht zustehenden Bereiche erhalten. Dieses Eindringen in fremde Bereiche nennt man **Hacking**.

55 Die Motivation zum Hacking ist vielfältig. Neben Prestigegewinn in Hackerkreisen und dem Aufdecken geheim gehaltener Informationen, die nach Meinung der Hacker veröffentlicht gehören, haben kriminelle Hacker das Ziel, sich fremde Werte zu verschaffen. Ethisch sauberes Hacken hingegen wird von sogenannten Penetrationstestern ausgeübt, die im Auftrag des Dienstbetreibers die Schwachstellen in ihren Zugangsverfahren herausfinden sollen, um sie für den Realbetrieb zu beseitigen.

56 Zu den *Angriffsmethoden* von Hackern gehört das Ausnutzen von Schwachstellen in Zugangsverfahren, das Stehlen und Erraten von Zugangsprivilegien und das sogenannte Social Engineering.

57 Schwachstellen in den Zugangsverfahren bieten zum Beispiel Ports von Internetanschlüssen, die für bestimmte Dienstleistungen allgemein offen sind, die aber auch zweckfremd für andere als die vorgesehenen Dienste genutzt werden können. Zum Beispiel ist Port 80 für den Zugang zu den öffentlichen Webseiten nicht dafür vorgesehen, auf andere Bereiche wie zum Beispiel auf interne Datenbanken zuzugreifen. Die indirekte ungeschützte interne Datenbankabfrage über einen trickreichen Zusatz in der Webadresse, also auf dem Umweg über den Webservice, wäre eine solche Schwachstelle. Eine andere Schwachstelle, die Berühmtheit erlangt hat, ist der sogenannte Buffer Overflow. Damit sind Speicherbereiche gemeint, die jedem Nutzer offenstehen, die aber an sensible Speicherbereiche angrenzen, die nur privilegierten Nutzern zugänglich sein sollen. Durch eine Überschreitung der Kapazitätsgrenze des erlaubten Speicherbereichs mithilfe überlanger Eingabestrings können dann nicht privilegierte Nutzer ihre Eingaben in den sensiblen Bereich hinüberfließen lassen und dort privilegierte Aktionen auslösen, sofern das nicht durch besondere Schutzmaßnahmen unterbunden wird (Eckert 2018).

58 Der Diebstahl fremder Zugangsprivilegien kann das Ergebnis von Hacking auf schlecht geschützte Speicherbereiche von Nutzerprivilegien sein. Schwache Passwörter etwa können durch Brute Force (das Ausprobieren sämtlicher Zeichenkombinationen) oder Lexikonan-

griffe (das Ausprobieren aller sinnvollen und sinnähnlichen Zeichenkombinationen) geraten werden. Unter Social Engineering schließlich versteht man das geschickte Ausforschen gutgläubiger Nutzer zum Beispiel mithilfe von SPAM-Mail (→ Rn. 70).

Die *Sicherheitsanforderung* gegen Hacking ist, wie am Anfang bereits gesagt, die sichere Aufbewahrung sensibler Daten und ihre zuverlässige, integre und vertrauliche Verarbeitung. *Schutzmaßnahmen* zur sicheren Aufbewahrung bieten Datenverschlüsselung im Speicher sowie Zugriffskontrollverfahren, → Rn. 114.

VIII. Kriminalität mit Computern und im Netz – Aufdeckung und Verfolgung

Das Internet bietet einen zeitlich und räumlich unbegrenzten Kommunikationsraum für alle Menschen der Welt. Er ist damit sowohl ein potenzielles Objekt krimineller Angriffe, als auch ein Medium zur Vorbereitung krimineller Aktivitäten innerhalb und außerhalb des Netzes (aus rechtlicher Sicht s. *Bäcker/Golla* in → § 18 Rn. 20 und *Singelnstein/Zech* in → § 20 Rn. 9 und → § 20 Rn. 18). Das Internet als Objekt krimineller Angriffe ist Untersuchungsgegenstand der IT-Security und entsprechend differenziert im gesamten vorliegenden Beitrag behandelt. In diesem Abschnitt soll deshalb nur der Fall behandelt werden, dass das Internet als **Medium zur Vorbereitung krimineller Aktivitäten** genutzt wird.

Der zu schützende *Wert* liegt in den Zielen, auf die sich die kriminellen Aktivitäten richten, und kann sowohl materieller Art sein, als sich auch auf Leib und Leben, Vertrauen und Lebenssicherheit begründen. Die *Bedrohung* für einen kriminellen Missbrauch des Internets liegt vor allem darin, dass kriminelle Inhalte nicht erkannt werden und dass Spuren krimineller Handlungen vermieden und verwischt werden. Eine besondere Schwachstelle für diese Bedrohung stellt dabei das sogenannte Darknet für anonyme Kommunikation dar.[40]

Insoweit das Internet als Medium zur Vorbereitung krimineller Aktivitäten genutzt wird, wird es selbst nicht angegriffen, sondern nur genutzt. Die *Angriffsmethoden* sind hierbei also lediglich die Nutzungsarten des Internets, die alle Kommunikationsfunktionen einschließlich E-Mail, Chats, Dokumentenaufbewahrung und -austausch umfassen, und selbstverständlich auch die Mobiltelefonie.

Die *Sicherheitsanforderung* gegen die kriminelle Nutzung des Internets ist ihre Verhinderung und, wenn sie doch stattgefunden hat, ihre Erkennung und ihr Nachweis, s. u. → Rn. 123 über Abwehr, Aufdeckung und Prävention.

Es gibt zurzeit keine allgemeinen *Schutzmaßnahmen* zur *Verhinderung* krimineller Kommunikation. Ihre Entwicklung ist Forschungsgegenstand. In Bezug auf das Darknet untersucht das interdisziplinäre Forschungsprojekt PANDA[41] unter anderem die Forschungsfrage: „Wie und zu welchen Kosten kann sich die Gesellschaft vor dem Missbrauch des Darknets schützen?"

Die Anforderung, alle Handlungen im Internet zurechenbar zu machen, insbesondere anonyme Kommunikation zu unterbinden, ist politisch unannehmbar, da es durchaus berechtigte Interessen gibt, anonyme Bereiche im Internet zu schützen, zum Beispiel zur Stärkung der Privatheit und des Datenschutzes.

In Bezug auf die *Erkennung* und den *Nachweis* von krimineller Kommunikation ist die Entwicklung deutlich weiter. Das Gebiet der IT-Forensik stellt einerseits noch herausfordernde Forschungsfragen, hat aber andererseits bereits zu praktikablen Ergebnissen geführt, die erfolgreich in Ermittlungs- und Beweisverfahren eingesetzt werden.[42]

---

40 *PANDA* 2017–2022.
41 *PANDA* 2017–2022.
42 *Geschonneck* 2014.

C. Besondere Angriffstechniken

I. Viren, Würmer, Trojanische Pferde

67 **Computerviren** sind bereits in den 1980er Jahren aufgetaucht.[43] Es handelt sich um Programmfragmente, die in andere Programme integriert sind und neben der ursprünglich vorgesehenen Funktion des Wirtsprogramms, die erhalten bleibt, weitere schädliche Wirkung ausüben („Payload"). Außerdem nisten sie sich innerhalb eines Computers und sogar über das Netzwerk hinweg auf anderen Computern in bisher unbefallene Programme ein („Proliferation"). Die schädliche Nebenwirkung kann alles sein, was programmierbar ist und die Ausführungsrechte des Wirtsprogramms ausnutzt. Viren können alles verändern oder löschen, worauf sie Zugriff erhalten, bis hin zum Absturz des Betriebssystems, dem Löschen ganzer Dateienbestände, dem Verändern der Tastatureingaben, dem Abdunkeln des Bildschirms, und so weiter. Eine besonders gefürchtete Payload ist das Trojanische Pferd.

68 Ein **Trojanisches Pferd**, oder kurz „Trojaner" genannt, ist jede ungewünschte Fremdsteuerung, die ein ansonsten gewünschtes Programm zusätzlich zu seiner originären Funktion ausübt. Ein typischer Trojaner ermöglicht das Ausspähen eines Computers, etwa durch Mitschnitt von Tastatur- und Mauseingaben und Übermittlung an unautorisierte Lauscher. Trojaner kann man sich nicht nur in Form von Viren, sondern auch mit Programmen einhandeln, die man aus dem Internet freiwillig heruntergeladen hat. Daher ist es wichtig, bei jedem Download auf die Vertrauenswürdigkeit der Quelle zu achten.

69 **Würmer** schließlich sind eigenständige Programme, die nichts anderes tun, als sich über ein Netzwerk von Computer zu Computer fortzupflanzen. Es gibt Würmer, die einfach nur das tun: ein ganzes Netzwerk zu durchreisen und dem Wurmautor eine elektronische Ansichtskarte von jeder Station zu schicken. Das hatte der Morris-Wurm 1988 vorgehabt, der allerdings durch einen Programmierfehler jeden Computer mehrfach heimsuchte, so lange, bis der Computer vor Überlastung zusammenbrach. Und da das (fast) allen Computern im Internet passierte, war binnen Stunden das gesamte Internet lahmgelegt. So ist denn auch die unautorisierte Nutzung von Computern bis hin zur Überlastung („Denial of Service", → Rn. 42) der Hauptschaden, den Würmer bei den Wirtscomputern anrichten. Jedes grundlegende Lehrbuch zu IT-Sicherheit behandelt diese elektronischen Schädlinge.[44]

II. SPAM, Phishing, Pharming

70 Mit **SPAM** wird unerwünschte und lästige E-Mail bezeichnet, wie zum Beispiel unaufgeforderte Werbung, Massenpost ohne besonderen Bezug oder Interesse des Empfängers, oder auch nur ein Übermaß an uninteressanten Details in E-Mail („Spam mich bitte nicht so zu"). Das Wort bezeichnet ursprünglich englisches langweiliges Dosenfleisch aus den 1930er Jahren, über das es einen witzigen Sketch der Comedyserie Monty Python's Flying Circus gibt. Für sich genommen ist SPAM-Mail eher eine Lästigkeit, als ein gefährlicher Angriff, die „nur" die Zeit der Empfänger stiehlt, was durch gut funktionierende SPAM-Filter einigermaßen in Grenzen gehalten wird.

71 Gefährlich wird SPAM aber in Kombination mit dem Versuch, die Empfänger zu unbedachten Handlungen anzuregen, die ihre Sicherheit gefährden. Unter **Phishing** versteht man dabei den Versuch, den E-Mail-Empfänger dazu zu verleiten, geheime Identitätsmerkmale mitzuteilen, mit denen der Angreifer dann im Namen des Opfers im Netz handeln kann, etwa auf seine Kosten einzukaufen, oder gar Geld zu transferieren. Eine typische Phishing-Technik ist die Vortäuschung einer anderen Herkunft, etwa von einer Bank, mit einer bedrohlichen Nach-

---

43 *Cohen* 1987.
44 ZB *Eckert* 2018.

richt: „Dein Konto wird in Kürze gesperrt, wenn Du dich nicht sofort „hier" einloggst". Die Webadresse von „hier" sieht zwar aus wie der Zugang zur vorgetäuschten Bank, ist aber in Wirklichkeit ein verborgener Datensammler des Angreifers.[45]

Das Opfer eines Phishing-Versuchs könnte anhand des unechten Domain-Namens, der nur so ähnlich, aber eben doch nicht exakt wie das Original lautet, den vorgetäuschten Dienst als Phishing-Versuch entlarven. Diese Verteidigung versagt beim sogenannten **Pharming**. Dieses zielt ebenfalls auf das Phishing geheimer Identitätsmerkmale, hat aber zuvor den Domain-Name-Service des Internets erfolgreich manipuliert und tritt deshalb mit dem scheinbar richtigen Domain-Namen auf. Bloß die IP-Adresse dahinter, die ein normaler Nutzer nicht durchschaut, gehört nach wie vor dem Angreifer, was dazu führt, dass der Nutzer, der dem Link mit dem scheinbar richtigen Domain-Namen folgt, in Wahrheit an die IP-Adresse und damit auf die Seite des Angreifers gerät.[46]

III. DDoS – Distributed Denial of Service

„Denial of Service" bedeutet Dienstverweigerung, → Rn. 42. Ihre Ausführung als Überlastangriff von verschiedenen Knoten im Netz gleichzeitig ist die sogenannte „**Distributed Denial of Service**"-Attacke.

Hierbei nistet ein Angreifer, der sogenannte „Handler", zunächst Schadsoftware in möglichst viele im Netz aktive Rechner ein, indem er Schwachstellen in ihnen ausnutzt und sie dadurch zu seinen „Zombies" macht. Diese sind gar nicht das eigentliche Opfer, sondern sie werden als Mittel zum Zweck missbraucht, ein anderes Opfer lahmzulegen. Sie bilden zusammen mit dem Handler ein sogenanntes **Botnetz**, also ein Netz aus Ro„bot"ern, das als solches so lange untätig bleibt, wie es vom Handler aufgebaut wird. Die eingepflanzte Schadsoftware bleibt also ruhen, bis der Steuerungs„handler" genügend Zombie-Rechner gesammelt hat und dann den Befehl an alle austeilt, zuzuschlagen. Erst dann stellen die Zombies Lastanfragen an das angestrebte Opfer, und zwar alle auf einmal. Der Angriff kann zum Beispiel darin bestehen, beim Opfer einen Verbindungsaufbau anzufragen, ohne auf das dann erfolgende Verbindungsangebot zu reagieren. Die vielen offen gehaltenen Verbindungsangebote legen das Opfer rasch lahm.

Denial-of-Service und besonders Distributed Denial-of-Service ist ein seit langem bekanntes und gut beschriebenes Phänomen, zum Beispiel bei.[47]

IV. Tracking/Tracing

„Tracking" bedeutet „Verfolgen". „Tracing" bedeutet „Spuren verfolgen". Beide Begriffe bezeichnen denselben technischen Sachverhalt, und zwar das Sammeln von Daten, die Rückschlüsse auf das Verhalten von Menschen erlauben. Web-Tracking im Besonderen ist die Sammlung von Web-Nutzungsdaten. Da nicht nur viele Einkäufe, sondern ganz allgemein alltägliche Handlungen im Internet stattfinden, ist eine nutzerorientierte Werbung, die auf der Kenntnis der Nutzerhandlungen beruht, von hohem kommerziellem Wert. Entsprechend wertvoll sind Nutzerverhaltensdaten. Diese zu erlangen und zu vermarkten ist das Ziel von Web-Tracking.[48]

Viele kostenlose Anwendungen im Internet und für Smartphones (Apps) werden über die Sammlung solcher Verhaltensdaten finanziert. Bei der Installation von Apps auf das eigene

---

45 *BSI Antispam* 2005.
46 *Ai3*: Phishing und Pharming 2019.
47 *Möller/Kelm* 2000.
48 *Schneider et al.* 2014.

Smartphone erlaubt der Nutzer den Zugriff der App auf viele persönliche Daten, die der App-Anbieter online abruft und zur Analyse des Nutzerverhaltens nutzt. Darunter sind zum Beispiel die Kontakt-, Termin- und weitere Kommunikationsdaten, sowie die Geolokation. Google und Apple sammeln regelmäßig alle Bewegungsdaten ihrer Mobiltelefonhalter und nutzen sie nicht nur zur verbesserten Lokationshilfe für ihre Nutzer, sondern auch zur lukrativen Verwertung durch Werbeanbieter.

78 Im Rahmen der weltweiten Corona-Pandemie 2020 wird weltweit die Entwicklung so genannter Corona-Apps betrieben. Ziel einer solchen App ist eine digitale Spurensicherung von Infizierten zur Blockierung von Infektionsketten: ein so genanntes „Corona-Tracing". Eine DS-GVO-kompatible Lösung für Europa wurde im Projekt PEPP-PT verfolgt, ist aber wegen der dort vorgesehenen zentralen Lösung politisch gescheitert.[49] Stattdessen gibt es in Deutschland seit Juni 2020 eine von der Bundesregierung offiziell autorisierte so genannte **Corona-Warn-App,** die einen radikal dezentralen Speicher- und Meldeansatz umsetzt.[50] Zu den technischen Aspekten der Entwicklung siehe → Rn. 139.

79 Die Ausforschung von Kaufverhalten mithilfe von Rabattsystemen und Bonusprogrammen wie Payback, an denen Kunden aktiv teilnehmen, gehört jedenfalls auch zum Bereich des Tracking. Und im erweiterten Sinne muss ebenfalls das Videoscanning von Personen in Geschäften und auf Plätzen, das die Betroffenen passiv erleben, dazu gezählt werden.

80 Eine Kombination aus allen Tracking-Bereichen, das heißt vom Web, von Smartphones, von Rabattsystemen und aus Video-Scanning, erhöht noch das Potenzial der Aussagekraft über die erfassten Nutzer. Dass Tracking nicht nur kommerziell zur Steuerung des Kaufverhaltens lukrativ ist, sondern auch die Privatsphäre bedroht und mithin politisch brisant ist, liegt auf der Hand. Im Übrigen ist es in vielen Fällen allein schon aus datenschutzrechtlichen Gründen illegal.

81 Web-Tracking beruht auf einer Reihe von Techniken. Am weitesten verbreitet sind sogenannte Web-Bugs in Verbindung mit Cookies.

82 **Cookies** sind digitale Datenelemente, die dem Webseitenanbieter erlauben, mehrere Sitzungen eines Web-Browsers mit einem Web-Service zu verknüpfen. Sie werden beim Aufruf einer Webseite vom Webseitenanbieter erzeugt, an den Browser geschickt und dort, beim Webnutzer, gespeichert. Beim nächsten Aufruf der Webseite schickt der Browser das Cookie zurück und wird auf diese Weise wiedererkannt.[51] Cookies dienen dazu, dass ein Web-Service die Anfragen von Nutzern nicht gleich wieder vergisst, sondern bei erneuten Anfragen auf die bereits erteilten Auskünfte aufbauen kann, beispielsweise bei der Nachfrage nach „früheren" oder „späteren Bahnverbindungen". Sie können aber auch dazu gebraucht werden, das Verhalten der Nutzer zu analysieren und für die Verbesserung des Web-Services zu nutzen.

83 **Web-Bugs** sind nicht wahrnehmbare Grafikelemente auf einer Webseite, die von einer Drittstelle erst geladen werden müssen, bevor die Webseite fertig aufgebaut ist. Auf diesem Wege kann die Drittstelle ein Cookie beim Nutzer setzen und abfragen und dabei feststellen, von welcher Webseite das Cookie stammt. Da Web-Bugs derselben Drittstelle in verschiedenen Webseiten platziert sind, kann die Drittstelle sogar feststellen, welche Web-Seiten verschiedener Anbieter der Nutzer in welcher Abfolge besucht hatte.

84 Eine solche kommerzielle Drittstelle ist zum Beispiel Google LLC mit ihrem Tool Google Analytics, mit dem sie Nutzerverhalten über viele verschiedenen Web-Seiten hinweg beobachtet und auswertet, und zwar in aller Regel ohne Wissen der Nutzer.

---

49 *Pan-European Privacy-Preserving Proximity Tracing (PEPP-PT)*, 2020.
50 Corona-Warn-App: Die wichtigsten Fragen und Antworten, https://www.bundesregierung.de/breg-de/themen/corona-warn-app/corona-warn-app-faq-1758392.
51 ZB *Eckert* 2018.

Eine andere Methode von Web-Seiten, einen Nutzer bei einer erneuten Anfrage wiederzuerkennen, ist der sogenannte Browser-Fingerabdruck. Jeder Browser übermittelt bei jeder Anfrage an eine Webseite bestimmte Charakteristika, dazu gehören die Browserversion, die akzeptierten Fonts, Farben und Sprachen. Einen Cookie kann ein Web-Browser erkennen und gegebenenfalls blockieren. Die Beobachtung von Fingerprints dagegen kann ein Browser nicht bemerken. Sehr wohl dagegen kann ein Browser feststellen, ob die Webseite auf eine weitere Webseite verlinkt mit dem alleinigen Ziel, dieser das Fingerprinting (oder das Setzen von Cookies) zu gestatten. Diese Methode der Erkennung des Tracking-Verhaltens ist wiederum von der Webseite aus nicht zu erkennen und daher auch nicht zu unterlaufen. Sie ist neu und deshalb noch nicht als gängiges Anti-Tracking-Verfahren etabliert.[52]

V. Unautorisierte Ausforschung und Big Data

Das Prinzip von „Treu und Glauben" ist in der Datenschutz-Grundverordnung (gültig seit Mai 2018) sehr prominent als erster Grundsatz für die Verarbeitung personenbezogener Daten verankert (Art. 5 Abs. 1 lit. a EU-DS-GVO). Der Grundsatz verlangt, dass personenbezogene Daten „auf rechtmäßige Weise, nach Treu und Glauben und in einer für die betroffene Person nachvollziehbaren Weise verarbeitet werden" müssen. Diesem Grundsatz liegt die Einsicht zugrunde, dass Daten, einmal in der Hand eines anderen, von den Betroffenen nicht mehr gesteuert werden können. Da sie keine Kontrolle mehr haben, müssen sie darauf vertrauen, dass die Daten nur nach ihrem festgelegten Zweck verarbeitet werden. Alles darüber hinaus ist demnach illegal.[53]

Technisch hindern allerdings kann man einen Datensammler nicht, wenn er die Daten erst einmal hat, sie unautorisiert über den Zweck hinausgehend zu verarbeiten. Das geschieht in der Praxis leider häufig. Ein besonders prominenter Fall war die Auswertung rechtmäßig erworbener Datensätze von 270.000 zustimmenden App-Nutzern durch Cambridge Analytica 2014, die aber über die enthaltenen Facebook-Kontakte weitere Informationen über insgesamt 87 Millionen anderer Nutzer enthielten, die keineswegs zugestimmt hatten. Die zustimmenden Nutzer ahnten davon nichts und sind daher in ihrem Treu und Glauben betrogen worden.[54]

Mit den modernen und sich stets weiter entwickelnden Analysemethoden von Big Data, vor allem mithilfe Künstlicher Intelligenz, lassen sich heute aus Datensätzen viel mehr Information und Wissen, bis hin zu treffenden Voraussagen zukünftigen Verhaltens, ableiten, als jemals zuvor[55]. Wie sich die Chancen von Big Data mit den Zielen des Datenschutzes vereinbaren lassen, ist Gegenstand aktueller Forschung (Steinbach et al. 2015, und Winter/Schäfer 2018).

D. Grundlegende Schutzmaßnahmen
I. Technische, organisatorische und rechtliche Maßnahmen

Technische Maßnahmen allein reichen in der Regel nicht aus, um einer Bedrohung wirksam zu begegnen. Sie müssen von organisatorischen und rechtlichen Maßnahmen unterstützt werden. Ein gutes Beispiel liefern Verschlüsselung und Signatur, deren Algorithmen technisch implementiert werden, zu deren Wirkung aber ein gutes Schlüsselmanagement und die rechtli-

---

52 *Wambach* 2018.
53 Art. 5 Abs. 1 lit. a EU-DS-GVO enthält eigentlich gleich drei Grundsätze, nämlich Rechtmäßigkeit, Treu und Glauben und Transparenz. An den Grundsatz des „Treu und Glaubens" sind keine Rechtsfolgen gebunden, sodass er juristisch nicht recht zu fassen ist. Klarer dagegen ist der Grundsatz der Zweckbindung selbst.
54 *Dachwitz et al.* 2018.
55 Deshpande/Kumar 2018.

che Anerkennung gehören. Datenschutz ist ein anderes Beispiel: Er ist rechtlich vorgegeben und wird durch organisatorische Maßnahmen wie die Auswahl der berechtigten Personen, die sie verarbeiten dürfen, und Löschungsregeln für nicht mehr benötigte Daten, sowie von technischen Maßnahmen wie Zugriffsschutz und Verschlüsselung sensibler Daten umgesetzt.

90 In den folgenden konkreten Beispielen von Sicherheitsmaßnahmen werden ihre technischen, organisatorischen und rechtlichen Anteile dargestellt.

II. Kryptographie

91 Kryptographie handelt vom Verschlüsseln und Signieren von Dokumenten. Kryptographischer Schutz digitaler Inhalte bildet ein zentrales Element der IT-Sicherheit. Das Ziel der Verschlüsselung ist die Verschleierung eines Dokumentes, zB eines Texts, eines Bildes, eines Videos, oder einer Audiodatei. Dazu werden die Symbole des Originaldokuments (zum Beispiel Buchstaben oder Pixel) dadurch verwirrt, dass der Symbolraum des Originaldokuments auf den Symbolraum des Kryptogramms – das ist das verschlüsselte Dokument – abgebildet wird. Jede solche Abbildungsvorschrift ist ein kryptographischer Algorithmus. Das kann durch einfaches Vertauschen von Buchstaben (Cäsar, Sparta) oder durch komplizierte mathematische Abbildungsvorschriften (Advanced Data Encryption Standard, RSA[56]) realisiert werden.

92 In jedem Fall sind dabei ein Schlüssel oder ein Schlüsselpaar beteiligt, die als Parameter den jeweiligen Verschlüsselungsalgorithmus steuern. Um ein verschlüsseltes Dokument zu entschlüsseln, muss man den zugehörigen Schlüssel kennen. Ein kryptographisches Verfahren ist stark, wenn man ohne Kenntnis des Schlüssels nicht entschlüsseln kann und wenn es schwer ist, den Schlüssel zu raten.

93 Ein typischer Schlüssel ist zum Beispiel der Parameter „+3" für den sogenannten „Cäsar-Algorithmus", der besagt, dass jeder Buchstabe des Klartexts im Alphabet um 3 Positionen nach rechts verschoben wird. Entsprechend lautet der Parameter für die Entschlüsselung „-3". Die beiden Schlüssel passen derart naheliegend zueinander, dass man dieses Verfahren zurecht als „symmetrisch" bezeichnet. „Asymmetrisch" dagegen sind Algorithmen, bei denen sich aus Kenntnis des Verschlüsselungsschlüssels der zugehörige Entschlüsselungsschlüssel nicht ohne Weiteres ergibt, selbst wenn man dazu auch Klartext und Kryptogramm kennt.

94 Zu den **symmetrischen Verfahren** gehören die leicht zu brechenden Cäsar- und Sparta-Verfahren, sowie die schwer zu brechenden Advanced Encrytion Standard und der One-Time-Pad.[57] Die in der Praxis genutzten **asymmetrischen Verfahren** sind alle schwer zu brechen, wenn sie mit genügend großen Schlüsseln verwendet werden. Dazu gehören der Diffie-Hellmann-Schlüsselaustausch und die diversen Varianten der RSA- und ElGamal-Algorithmen.[58]

95 Kryptographie entfaltet ihre Wirkung nur mit einem geeigneten Schlüsselmanagement. Symmetrische Schlüssel müssen zum Beispiel sicher zwischen den Kommunikationspartnern ausgetauscht werden, und zwar am besten außerhalb des Kommunikationskanals, etwa in einem persönlichen Treffen vorab oder durch Austausch per Brief, wie das die Banken mit den Zugangs-PINs per Brief ja bekanntlich tun. Die **asymmetrische Kryptographie** hat es da leichter, denn der Verschlüsselungsschlüssel kann offen über das Internet bekannt gegeben werden, da ja aus ihm der Entschlüsselungsschlüssel nicht abgeleitet werden kann, so dass dieser als privater Schlüssel den Heimatbereich seines Besitzers nie zu verlassen braucht. Daher sind asymmetrische Verfahren besonders für die Kommunikation im offenen Internet geeignet.

96 Verschlüsselungsverfahren werden vom „Hackerparagraphen" § 202 c StGB in dem Sinne geschützt, dass er die Verwendung von Hacker-Tools zum Brechen der Verfahren unter Strafe

---

56 S. zB bei *Schneier* 1996.
57 *Schneier* 1996.
58 *Schneier* 1996.

stellt, sofern das der Vorbereitung einer Straftat dient (s. *Singelnstein/Zech* in → § 20 Rn. 38). Weiterhin gibt es gesetzliche Vorgaben und Verwaltungsvorschriften zur Verschlüsselungspflicht, beispielsweise nach Art. 32 DS-GVO in Bezug auf die Speicherung personenbezogener Daten (s. *Jandt* in → § 17 Rn. 33).

III. Digitale Signatur

97 Eine weitere Verwendungsmöglichkeit für asymmetrische Verschlüsselungsverfahren ist die **digitale Signatur**. Der Inhaber eines privaten Schlüssels kann mit seinem privaten Entschlüsselungsschlüssel ein Kryptogramm eines zu signierenden Dokumentes herstellen – und nur der Inhaber kann das so tun! In der Praxis werden Schlüsselpaare zum Ver- und Entschlüsseln und solche zum Signieren und Verifizieren einer Signatur getrennt gehalten.

98 In den üblichen Signaturverfahren nach RSA und ElGamal[59] wird erst ein Hashwert des zu signierenden Dokuments hergestellt, und dieser wird dann mit dem privaten Signaturschlüssel des Signierenden verschlüsselt. Das resultierende Kryptogramm ist die digitale Signatur des Dokuments. Klartext und Signatur werden gemeinsam zur Verifikation angeboten. Die Signatur kann jeder mithilfe des zugehörigen öffentlichen Verifikationsschlüssels wieder entschlüsseln, das Ergebnis mit dem Hashwert des Klartexts vergleichen und so feststellen, dass das Kryptogramm, Klartext und Urheber zusammengehören. So wirkt das Kryptogramm wie eine Signatur, die die Originalität des Klartextes demonstriert.

99 Die digitale Signatur ist als **elektronische Signatur** in der EU-Verordnung Nr. 910/2014 (eIDAS-Verordnung) und dem Vertrauensdienstegesetz rechtlich abgesichert, wenn sie mit besonderen organisatorischen Maßnahmen eingesetzt wird (s. *Roßnagel* in → § 14 Rn. 8, 49). Die eIDAS-Verordnung definiert Rahmenbedingungen für eine sogenannte „elektronische Signatur", die – wenn es sich um eine qualifizierte elektronische Signatur handelt – vor Gericht zu ihrer Sicherheitsvermutung führt, auch ohne dass ein Sachverständiger dieses festzustellen braucht (s. exemplarisch § 371 a Abs. 1 ZPO). Eine qualifizierte elektronische Signatur muss zunächst die Anforderungen nach Art. 26 eIDAS erfüllen, die dort an eine „fortgeschrittene elektronische Signatur" festgelegt werden. Die Signatur muss erstens „eindeutig dem Unterzeichner zugeordnet" werden können (Art. 26 lit. a eIDAS-Verordnung), zweitens die Identifizierung des Unterzeichners ermöglichen (lit. b), drittens unter Verwendung elektronischer Signaturerstellungsdaten erstellt werden, die der Unterzeichner mit einem hohen Maß an Vertrauen unter seiner alleinigen Kontrolle verwenden kann (lit. c) und viertens „so mit den auf diese Weise unterzeichneten Daten verbunden [sein], dass eine nachträgliche Veränderung der Daten erkannt werden kann" (lit. d).

100 Die zuverlässige Zuordnung der Signatur zum Signierenden (lit. c) wird dadurch sichergestellt, dass der private kryptographische Schlüssel ausschließlich unter seiner Obhut steht, etwa indem er auf einer passwortgeschützten Smartcard gespeichert ist. Die Verbundenheit mit dem signierten Text ist durch die kryptographische Behandlung sichergestellt: ein veränderter Text würde ein anderes Kryptogramm als Signatur erzeugt haben.

101 In den Begriffsbestimmungen in Art. 3 Nr. 12 eIDAS-Verordnung wird darüber hinaus eine „qualifizierte elektronische Signatur" definiert als „eine fortgeschrittene elektronische Signatur, die von einer qualifizierten elektronischen Signaturerstellungseinheit erstellt wurde und auf einem qualifizierten Zertifikat für elektronische Signaturen beruht". Zertifikate sind hierbei von vertrauenswürdigen Dritten digital signierte Aussagen über die Zugehörigkeit eines öffentlichen Schlüssels zu einer Person. Zertifikate können von anderen Zertifikaten zertifiziert sein, so dass ganze Zertifikatsketten bis hin zu einem vertrauenswürdigen Wurzelzertifi-

---

59 *Schneier* 1996.

kat entstehen.[60] Nach der rechtlichen Definition des qualifizierten Zertifikats für elektronische Signaturen in Art. 3 Nr. 15 eIDAS-Verordnung muss das Zertifikat die technischen Anforderungen des Anhangs I erfüllen.

IV. Smartcards und TPM

102 Kryptographische Schlüssel müssen ihren Eigentümern exklusiv zur Verfügung stehen und daher vor fremdem Zugriff geschützt sein. Das kann mithilfe von passwortgeschützter Software oder mithilfe von Hardwarekomponenten wie **Smartcards** und **Trusted Platform Modules** geschehen. Der Passwortschutz in software- und hardwarebasierter Ablage beruht immer darauf, dass die Schlüsseldatei mit dem Passwort als symmetrischem Schlüssel verschlüsselt ist.

103 Softwaregeschützte Schlüssel gibt es zum Beispiel bei vielen Verfahren zur E-Mail-Verschlüsselung, wie OpenPGP[61] oder Volksverschlüsselung[62]. Hierbei sind die geheimen Schlüssel in der Software eines E-Mail-Tools oder Web-Browsers abgelegt und werden dem Eigentümer nach Eingabe des korrekten Passworts zur Verfügung gestellt. Mit Kenntnis des Passworts lässt sich der Schlüssel freischalten und mit diesem können dann eingehende E-Mails entschlüsselt und ausgehende E-Mails signiert werden.

104 Smartcards sind kleine handliche Chips auf scheckkartengroßen Plastikkarten, in denen die geheimen Schlüssel in Hardwarespeichern abgelegt sind, die ihren Eigentümern freigegeben werden, wenn die Smartcard an ein Anwendungsgerät angeschlossen und das passende Passwort eingegeben ist. Der Zugang zu dem Schlüssel erfordert also sowohl den Besitz der Smartcard, als auch die Kenntnis eines Passworts.

105 Trusted Platform Modules (TPM)[63] hingegen sind Hardware-Chips, die in einem Gerät wie einem PC, einem Notebook oder Smartphone fest verbaut sind. Sie enthalten die zu schützenden Schlüssel und überwachen den autorisierten Zugang zu ihnen. Sie bieten im Zusammenspiel mit der Hardware (TPM im Motherboard) und einem erweiterten Betriebssystem (dem sog. Trusted Software-Stack, TSS) Sicherheitsdienste wie das Erstellen und Verwalten kryptographischer Schlüssel, das sichere Booten des Systems und die Attestierung korrekter Geräteidentität und des unverfälschten Systemkerns gegenüber Dritten. Diese Art der Sicherung wird als „Trusted Computing" bezeichnet und bezieht sich in erster Linie auf das Gerät, in dem das TPM mit dem TSS integriert ist, und erst in zweiter Linie, vermittelt über den Besitz des Gerätes, auf dessen Eigentümer.

106 Trusted Computing bietet weitere Sicherheitsdienste, zum Beispiel die technische Durchsetzung von digitalem Kopierschutz (ggf. gegen den Willen des Geräteinhabers), die sichere Nutzerauthentifizierung im E-Business, ein sicheres verteiltes Rechnen (GRID) und das Signieren und Verschlüsseln von elektronischen Dokumenten zum sicheren Austausch in offenen Netzen.

107 Hierbei reicht die reine technische Implementierung nicht aus. Vielmehr müssen die Schlüssel verwaltet, zertifiziert und den Anwendungen zur Verfügung gestellt werden. Das erfordert einen erheblichen organisatorischen Aufwand, wie er etwa von OpenPGP, von der Trusted Computing Group (TCG) oder auch von dem Volksverschlüsselungsservice erbracht wird.

108 Einige Sicherungen und ihre Anwendungen bedürfen darüber hinaus einer rechtlichen Grundlage. Zum Beispiel stellt das Urheberrechtsgesetz den rechtlichen Rahmen für den technisch-organisatorischen Kopierschutz dar. Ein weiteres Beispiel liefert die Datenschutz-Grundver-

---

60 *Schneier* 1996, *Eckert* 2018.
61 *OpenPGP* 2018.
62 *Fraunhofer SIT* 2019.
63 Siehe zB *Eckert* 2018, dort Abschn. 11.3.

ordnung, welches den Missbrauch personenbezogener Daten verbindlich sanktioniert. Ein drittes Beispiel ist die Signaturgesetzgebung, zunächst durch das Signaturgesetz, seit 2014 durch die eIDAS-Verordnung, für die rechtliche Anerkennung digitaler Signaturen.

Umgekehrt gibt es rechtliche Anforderungen an die sichere Nutzung von Anwendungen, wie folgende drei Beispiele für den Kopierschutz, den Datenschutz und die digitalen Signaturen illustrieren. Der US-Senator Fritz Hollings hatte in den 1990er Jahren mehrere Gesetzesinitiativen zur pflichtgemäßen Verwendung von TPM bei der Mediennutzung (DRM – Digital Rights Management) auf den Weg gebracht, weswegen die TPM-Module auch „Fritz-Chips" genannt werden. Nach der Datenschutz-Grundverordnung müssen personenbezogene Daten gesichert aufgehoben werden, etwa ausreichend stark verschlüsselt. Und im elektronischen Rechtsverkehr sind qualifizierte, dh Smartcard-geschützte elektronische Signaturen gesetzlich vorgeschrieben, wenn bestimmte Rechtsfolgen wie der Schriftformersatz und ein hoher Beweiswert erreicht werden sollen.

V. Digitale Wasserzeichen

Ein Wasserzeichen ist ein Muster eines Dokumentes, das ihm eingewoben ist und an dem man die Originalität des Dokumentes erkennen kann. Wertvolle Papierdokumente haben materiell eingearbeitete Wasserzeichen, die erst sichtbar werden, wenn man sie gegen Licht hält. Digitale Wasserzeichen sind digitale Muster innerhalb ihres Trägerdokumentes, die den Inhalt des Dokumentes nicht stören, ja dort nicht einmal wahrnehmbar sind. Sie tragen zusätzliche Informationen, zum Beispiel bilden die sogenannten Integritätswasserzeichen den Inhalt des Dokuments in der Art eines Fingerabdrucks ab, das heißt, dass eine Veränderung des Dokumentes diesen Zusammenhang zerstört. Deshalb kann man durch Vergleich eines Dokumentes mit seinem Wasserzeichen erkennen, ob das Dokument nach Herstellung verändert worden ist.[64]

Da Wasserzeichen digitale Muster sind, können sie Herkunftsmerkmale aufweisen. Damit ein Angreifer das Wasserzeichen nicht einfach auslesen und verändern kann, ist seine Platzierung im Trägerdokument für einen Halter des Dokuments nicht ohne Weiteres erkennbar, dh zum Auffinden eines Wasserzeichens braucht man den zugehörigen geheimen Schlüssel, der den Einbringungsvorgang gesteuert hat. Um es nicht einfach zerstören zu können, muss das Wasserzeichen auch noch robust gegen einfache Änderungen des Trägerdokumentes sein.

Fragile Wasserzeichen zerbrechen selbst bei kleinsten Veränderungen des Trägerdokuments. Robuste Wasserzeichen bleiben bei inhaltlich irrelevanten Veränderungen erhalten, zum Beispiel beim Konvertieren von Bildern.[65]

Es gibt Wasserzeichenverfahren für alle möglichen Medienformate, zum Beispiel für Buchstabentexte, Bilder, Videos und Audios, aber auch für Fonts, CAD, Datenbanken, Software. Sie können zum Erkennen von Herkunft, und damit auch zum Aufdecken von Urheberrechtsverletzungen eingesetzt werden. Sie können ebenfalls dem Aufdecken von Verfälschungen dienen. Zu ihrer Realisierung spielen Technik (Mathematik, Kryptographie, Medientechnik), Organisation (Einbringen, Schlüsselverwaltung, Detektionsverfahren) und Recht (Urheberrechtsgesetz, Straftatbestände zur Betrugsbekämpfung) zusammen.

VI. Authentifizierung und Zugriffskontrolle

Um Zugang zu einem geschützten Bereich im Internet zu erhalten oder um einen Online-Dienst zu erhalten, ist es erforderlich, sich als berechtigter Nutzer zu authentifizieren. Bei-

---

64 *Cox et al.* 2007.
65 *Katzenbeisser/Petitcolas* 2015.

spiele dafür sind das Einwählen in ein geschütztes WLAN, das entfernte Login in ein Online-Kundenkonto, das Abfragen von Schufa-Daten oder die Abgabe einer elektronischen Steuererklärung. In vielen Fällen genügt ein Passwort, wie beim WLAN, oder die Kombination aus Nutzerkennung und Passwort, wie beim Login. Manche Dienste, wie die Schufa-Auskunft, setzen die eID-Funktion des Personalausweises ein, und bei der papierlosen Steuererklärung ist eine elektronische Signatur erforderlich.

115 Der kommunikative Vorgang eines Identitätsnachweises wird durch ein Authentifizierungsprotokoll geregelt. Seine Sicherheit bemisst sich nach verschiedenen Kriterien. Kann ein Angreifer mitlauschen und das Protokoll zur Vortäuschung der erlauschten Identität wiederverwenden („Replay")? Kann sich ein sogenannter „Man in the Middle" dazwischen schalten und dabei beiden Partnern vorgaukeln, er sei der jeweils andere? Erfolgt der Identitätsnachweis beidseitig oder nur einseitig? Wie stark sind die eingesetzten kryptographischen Mittel? Ist das Verfahren darüber hinaus alltagstauglich?

116 Das sogenannte „Password Authentication Protocol" (PAP) besorgt die einfache Übermittlung einer Nutzerkennung und eines Passworts. Es ist zwar leicht zu handhaben, aber als unsicher anzusehen. Stärker ist das sogenannte „Challenge Handshake Authentication Protocol" (CHAP), bei dem ein einfaches Replay nicht mehr möglich ist, weil das Passwort mit einer vom Abfrager jedes Mal neu erzeugten Zufallszahl (das ist die „Challenge") in einem Hashwert vermischt wird, so dass der übermittelte Wert bei jedem Vorgang ein anderer ist.[66] Um dabei einen Man-in-the-Middle auszuschließen, wird das „Extensible Authentication Protocol" (EAP) eingesetzt, in das signierte Elemente eingefügt sind, wie etwa die Internet-Transportabsicherung TLS.[67]

117 Die Übermittlung der Identität mithilfe der **eID-Funktion** des Personalausweises (Bender et al. 2008) ist wegen eines zusätzlich erforderlichen Kartenlesegeräts mit Anschlusssoftware nicht besonders nutzerfreundlich. Aber sie ist nach den oben genannten Kriterien sicher. Sie ist außerdem datenschutzfreundlich, weil der Ausweisinhaber darüber bestimmen kann, welche Inhalte des Ausweises übermittelt werden, zum Beispiel nur das Alter (für den Jugendschutz) oder nur die Stadt (zur Teilnahme an einer kommunalen Befragung) oder nur Name und Adresse (für eine Warenlieferung). Die **eID-Funktion** ist durch das Personalausweisgesetz rechtlich geregelt.

118 Zur Abgabe einer elektronischen Steuererklärung ohne Papierbegleitung ist aus rechtlichen Gründen eine elektronische Signatur erforderlich. Die elektronisch signierte Steuererklärung wird über einen passwort-geschützten und verschlüsselten Kommunikationskanal vom Steuerpflichtigen an sein Finanzamt vertraulich übermittelt. Die elektronische Signatur beweist außerdem die Integrität und Herkunft der Steuererklärung.

119 Ein anderes erweitertes Authentifizierungsverfahren von großer praktischer Bedeutung liefert die Familie der iKP-Protokolle zur Absicherung von Online-Einkäufen,[68] die in weiterentwickelter Form heute in praktisch jeder Kreditkartentransaktion eingesetzt werden (SET, 3D-Secure[69]). Diese Protokolle verknüpfen – je nach Ausbaustufe – Signaturen von Käufern, Händlern und Kreditkartenanbietern in der Weise miteinander, dass eine Transaktion unabstreitbar ist, aber jedem Teilnehmer nur den Anteil an Daten offenbart, der ihn angeht: Die

---

66 *Sorge et al.* 2013, Kap. 7.
67 *Sorge et al.* 2013, Kap. 7 und → Rn. 13, 28.
68 *Bellare et al.* 2000.
69 SET Secure Electronic Transactions Protocol, version 1.0 edition, May 1997. Siehe auch „Verified by Visa": https://usa.visa.com/pay-with-visa/featured-technologies/verified-by-visa.html und „3-D Secure", https://www.sparkasse.de/unsere-loesungen/privatkunden/karten/3d-secure-code.html, und „Mastercard® SecureCode™": https://mlp.de/sicher-bezahlen/.

Händler bekommen keine Information über Kreditkartendaten, und die Kreditkartenanbieter bekommen keine Informationen über den Kaufinhalt.

Die Zugriffskontrolle geschützter Bereiche im Internet ist eine Kombination aus einer initialen Authentifizierung des Nutzers, einer anschließenden Berechtigungsprüfung für den Zugriff und einer abschließenden Abrechnung der geleisteten Dienste. Die Berechtigungsprüfung erfolgt aufgrund von Regeln, die die Anwendung des operationalen Geschäfts organisatorisch festlegt und pflegt.

Dafür gibt es technische Lösungen. Die sogenannte „Discretionary Access Control" (DAC) arbeitet mit Listen aus Paaren von Subjekten und den ihnen zugänglichen Objekten.[70] Die „Mandatory Access Control" (MAC) fasst Nutzer und Objekte in passende Berechtigungsgruppen zusammen.[71] Die „Role Based Access Control" (RBAC) arbeitet mit zwei verschiedenen Listen. Die eine Liste bildet Personen auf ihre operationalen Rollen ab, die zweite bildet die operationalen Rollen auf die ihnen zugewiesenen Zugriffsobjekte ab.[72] Technisch werden die Zugriffsprotokolle und Freischaltungen über einen RADIUS-Server („Remote Authentication Dial In User Service") im geschützten Netz realisiert (Radius Standards 2000).

Wirksame Zugriffskontrollverfahren erfordern, wie gesagt, eine sichere Technik der Protokolle, eine Organisation der Zugriffsregeln und einen rechtlichen Schutz, zum Beispiel durch die eIDAS-Verordnung, das Personalausweisgesetz und den „Hackerparagraphen" § 202 c StGB.

VII. Abwehr, Aufdeckung und Prävention

Schutzmechanismen dienen der Erfüllung von Sicherheitsanforderungen. Am besten ist es, wenn Fehler umgangen und Angriffe abgewehrt werden, bevor sie wirken. Zur Vermeidung von Fehlern hilft systematische Systementwicklung (Software Engineering[73]). Zur Abmilderung der Wirkung bestehender Fehler helfen sogenannte fehlerresistente Systeme, wie sie mit *Safety*-Methoden entwickelt werden.[74] Zur erfolgreichen **Abwehr von Angriffen** gibt es eine Reihe technischer Schutzmaßnahmen. Dienstverweigerung, unautorisierte Zugriffe und unerwünschte E-Mail lassen sich erfolgreich abwehren, wenn auch leider niemals mit hundertprozentiger Wirkung, da bei allen Schutzmechanismen Restrisiken verbleiben.

Erfolgreiche *Abwehr*mechanismen liefern zum Beispiel:

- Verschlüsselung gegen Lauschen
- Redundanz gegen Überlast-Angriffe (Denial of Service)
- Verlangsamung gleichlautender Anfragen bei Überlast-Angriffen (Denial of Service)
- Firewalls, Anomalieerkennung und Ausfilterung unerwünschter Kommunikation
- Zugriffskontrolle gegen unautorisierten Zugriff
- SPAM-Filter gegen unerwünschte E-Mail

Es gibt hingegen Angriffe, die sich nicht vermeiden, aber wenigstens entdecken und verfolgen lassen. Das gilt insbesondere für Angriffe auf die Integrität von Daten und Kommunikation. Da das Internet offen ist und außerhalb geschützter Domänen keiner zentraler Kontrolle unterliegt, können Daten, die einmal aus dem eigenen Einflussbereich herausgeflossen sind, wie zum Beispiel versendete E-Mails, abgegebene Online-Formulareinträge oder hochgeladene Fotos, technisch nicht dagegen gesichert werden, nachträglich verändert zu werden. Verschlüsselte Daten können zwar nicht *sinnvoll* verändert werden, aber sehr wohl gelöscht oder

---

[70] *Lampson* 1971.
[71] *Bell/LaPadula* 1973.
[72] *Ferraiolo et al.* 2001.
[73] *Sommerville* 2018.
[74] *Keller et al.* 2018.

verstümmelt. Unverschlüsselte Daten können sogar zielgerichtet sinnentstellend verändert werden. Ebenso wenig können Kriminelle daran gehindert werden, das Internet zur Vorbereitung krimineller Aktivitäten zu verwenden.

126 Wenn diese Fehler und Angriffe zwar nicht verhindert werden können, so können sie doch wenigstens aufgedeckt werden. Es gibt sogar Aufdeckungsmechanismen, die auch gegen den Willen der Verursacher wirken. Dazu gehört die digitale Signatur zur Nicht-Abstreitbarkeit der Originalität und Integrität von elektronischen Dokumenten. Zur Aufdeckung von vergangenen Aktionen, etwa der Ursache von Fehlern oder gar krimineller Aktivitäten helfen Methoden der IT-Forensik.[75]

127 Erfolgreiche **Aufdeckungsverfahren** sind zum Beispiel:
- Digitale Signatur gegen Integritätsverletzung und Ableugnung
- Verkettete Hashlisten (Blockchain) gegen Integritätsverletzung
- Protokollierung von Aktionen
- IT-Forensik.

128 Wie Hygiene und gesunde Lebensführung der körperlichen und seelischen Gesundheit dienen, so gibt es eine Reihe **vorbeugender Maßnahmen** zur Verbesserung der IT-Sicherheit. Dazu gehören:
- Risikoanalyse
- Anforderungsanalyse
- IT-Grundschutz
- Aufklärung, Ausbildung, Awareness
- Usability
- Penetration Testing.

VIII. „Security by Design" und "Privacy by Design"

129 Treten in einem Anwendungssystem Sicherheitslücken auf, beispielsweise ein fehlender Schutz eines Zugriffs auf sensible Daten, so wird in einem Software-Update die Lücke in der nächsten Version des Systems geschlossen, in unserem Beispiel dadurch, dass vor dem Zugriff ein Schutzmechanismus etwa in Form einer Passwortabfrage eingefügt wird. Stellen sich vorhandene Sicherheitsmaßnahmen als zu schwach heraus, werden sie per Software-Update verstärkt, zum Beispiel werden Passwortabfragen durch Smartcard-Eingaben ersetzt. Sicherheitsverbesserungen durch Software-Updates sind gängige Praxis.

130 Ein Mangel allzu vieler Systeme ist, dass sich die ganze Sicherheit, die sie bieten, nur aus solchen „Lückenschließern" zusammensetzt, denen insgesamt kein robustes Sicherheitskonzept zugrunde liegt. Solche Systeme befinden sich dauerhaft auf der Hase-und-Igel-Jagd mit Angreifern, bei denen das System immer einen Schritt zu spät kommt. Im Gegensatz dazu steht die Entwicklungs- und Ausführungsstrategie „Security by Design"[76] bzw. „Privacy by Design"[77], bei denen Sicherheit- bzw. Privatheitsschutz konzeptuell und proaktiv ins System eingebracht und organisiert wird.

131 *Waidner/Bodden*[78] führen zur Strategie „Security by Design" aus: „Zur Verbesserung der Sicherheit von Anwendungssoftware ist es dringend erforderlich, dass Sicherheit von Beginn an bei der Entwicklung, also bereits in der Designphase, berücksichtigt wird und dann über dem kompletten Lebenszyklus der Softwareentwicklung betrachtet werden muss." Dazu zitie-

---

75 *Geschonneck* 2014.
76 *Waidner/Bodden et al.* 2013.
77 *Hansen* 2016.
78 *Waidner/Bodden et al.* (2013).

ren sie das in der Praxis bewährte Vorgehensmodell „Security Development Lifecycle (SDL)" von Microsoft.[79] Dieses unterteilt den Lebenszyklus von IT-Systemen in sieben Phasen, deren erste drei der Vorbereitung dienen: Training des Entwicklungsteams, Sammlung von Sicherheitsanforderungen und Systemdesign aufgrund einer Bedrohungsanalyse. Die vierte Phase ist die Implementierungsphase, das heißt, erst jetzt wird programmiert und zusammengesetzt. Vor der Auslieferung des implementierten Systems an die Anwendung (bzw. an die Kunden) kommt als fünfte Phase eine systematische Überprüfung der implementierten Sicherheit. Erst dann kommt die Auslieferung als sechste Phase. Damit ist es noch nicht vorbei, sondern es folgt als siebte Phase die Anwendung (beim Kunden), dem ein Plan für die Bewältigung von Sicherheitsvorfällen (dazu gehört auch Rückkoppelung zur Implementierung) zugrunde liegen muss. Dieser wird ebenfalls proaktiv und in Zusammenarbeit mit dem Design-Team beim Anwender entwickelt und implementiert.

Die Strategie „Privacy by Design" bezieht gleichfalls den gesamten Lebenszyklus eines Systems ein. Sie ist gesetzlich in Art. 25 Abs. 1 DS-GVO kodifiziert. Dort wird der für die Verarbeitung der personenbezogenen Daten Verantwortliche dazu verpflichtet „sowohl zum Zeitpunkt der Festlegung der Mittel für die Verarbeitung als auch zum Zeitpunkt der eigentlichen Verarbeitung geeignete technische und organisatorische Maßnahmen wie zB Pseudonymisierung [zu treffen], die dafür ausgelegt sind, die Datenschutzgrundsätze wie etwa Datenminimierung wirksam umzusetzen und die notwendigen Garantien in die Verarbeitung aufzunehmen, um den Anforderungen dieser Verordnung zu genügen und die Rechte der betroffenen Personen zu schützen" (s. *Jandt* in → § 17 Rn. 14). Das kann, so die Hoffnung der Datenschützer und Nutzer, auf die System- und Softwarehersteller einen Marktdruck ausüben, ihre Systeme bereits nach diesem Sicherheitsprinzip zu entwickeln. Als technische und organisatorische Maßnahmen, die proaktiv einzurichten und aktiv zu betreiben sind, werden Datenminimierung, Pseudonymisierung, Schnittstellen zur Transparenz für Information, Intervention und Audit, sowie die Überwachung durch Verantwortliche genannt. Ein Herzstück zur Planung von „Privacy by Design" ist die Datenschutz-Folgenabschätzung mit einer zugehörigen Risiko-Analyse für die Privatheit der Anwender des Systems (Art. 35 DS-GVO).

E. Entwicklungsperspektiven und aktuelle Forschung zur IT-Sicherheit

Die zunehmende Digitalisierung des modernen Lebens wird bestimmt durch die Durchdringung software-gestützter Anwendungen buchstäblich aller Lebensbereiche: im Privatleben, in der Produktion, in der Verwaltung, im zivilen wie im militärischen Bereich, in der Privatkommunikation wie bei den Publikationsmedien. Dabei werden nicht nur herkömmliche Verfahren ersetzt, wie das etwa bei der Schallplatte durch die CD oder das Papierbuch durch das E-Buch geschieht, sondern es entstehen ganz neue Handlungsräume, wie, um nur drei Beispiele zu nennen, die neue Öffentlichkeit über die sozialen Medien, die Neustrukturierung von Arbeit, Produktion und Verwaltung oder die neuen militärischen Bedrohungen, die unter dem Schlagwort Cyberwar diskutiert werden. Es ist keine Frage, dass die Entwicklung von IT-Sicherheit angesichts dieser Umwälzungen ebenfalls im Fluss sein muss.

Zu den Entwicklungsperspektiven sollen im Folgenden sechs markante Beispiele genannt werden.

1. Die Digitalisierung des Alltags führt zu einem „Strukturwandel des Privaten", und zwar in zwei Richtungen: zum einen verändert sich das Verhältnis der Menschen zu ihrer Privatheit und Öffentlichkeit, etwa im Umgang mit sozialen Medien und mit Kaufbonusprogrammen (Payback), und zum anderen ändern sich die Datenschutzanforderungen an

---
79 *Howard/Lipner* 2006.

Recht und Technik. Diesen Wandel untersucht ein interdisziplinäres Forschungsprojekt.[80] In Bezug auf Technik ist offenbar eine Entlastung der Nutzer erforderlich, die mit den zahlreichen Instrumenten des Selbstdatenschutzes überfordert werden und stattdessen von einem stärkeren Systemdatenschutz umgeben sein müssen. Weiterhin sind Strategien und konkrete Lösungswege zum „**Privacy by Design**" zu entwickeln. Dazu gehört eine standardisierte Vorgehensweise für Privacy-Risikoanalysen.[81] Dazu gehört beispielsweise aber auch eine Harmonisierung von Datenschutz und IT-Forensik, die eine sichere und gleichzeitig privatheitsschützende Ermittlung von Rechtsbrüchen erlaubt.[82] Eine weitere große Aufgabe, die noch viele Jahre in Anspruch nehmen wird, ist eine datenschutzkonforme Gestaltung der Dienstleistungen kleiner und mittlerer Unternehmen, insbesondere in Bezug auf Transparenz, Verarbeitungsverzeichnisse und Risikoanalyse.

135 2. Um „**Security by Design**" mit automatisierter Messung und objektiver Zusicherung von IT-Sicherheit zu erreichen, ist noch viel Entwicklungsarbeit zu leisten. Das ist umso dringender, als Internet und mobile Anwendungen einerseits, sowie öffentliche und industrielle Infrastrukturen andererseits zusammenwachsen und gerade in ihren Schnittstellen Sicherheitsprobleme aufwerfen. Eine Forschungsaufgabe lautet dabei, Fehler und Angriffsanomalien in industriellen Netzwerken automatisch, zum Beispiel mithilfe von Methoden der Künstlichen Intelligenz (Machine Learning), zu erkennen, etwa auch für das Internet of Things und Industrie 4.0.[83] Erste Erfolge gibt es bei der automatischen Sicherheitsbewertung mobiler Apps.[84] Auch für angepasste Kennzahlensysteme zur Messung der Informationssicherheit gibt es erste erfolgversprechende Schritte.[85]

136 3. Die neue Modetechnologie **Blockchain** ist daraufhin zu untersuchen, welche Anwendungen realistisch sind, und zwar sowohl in industriellen Netzwerken,[86] als auch in der öffentlichen Verwaltung oder gar in der Kombination aus beidem wie beim aussichtsreichen Schweizer Projekt „Blockchain Car Dossier",[87] welches Blockchain-basierte Datensätze mit den Lebenszyklen von Autos verbindet. Insbesondere ist festzustellen, welche Sicherheitsprobleme die Blockchaintechnologie löst und welche sie neu aufwirft.[88]

137 4. Kryptographie ist zwar theoretisch gut entwickelt, aber ihr selbstverständlicher Einsatz im Alltag und über alle Anwendungsbereiche hinweg ist noch lange nicht erreicht. Nur wenige Menschen verfügen zurzeit über Schlüsselpaare zur Ende-zu-Ende-Verschlüsselung ihrer Kommunikation und Dokumente. Und es gibt noch keine etablierte anwendungsübergreifende Infrastruktur zur Zertifizierung öffentlicher Schlüssel (sogenannte Public Key Infrastructures, PKI). Zwar ist die Welt voller Smartcards, sogar der neue Personalausweis verfügt über geeignete Kryptoschnittstellen, aber gerade zur Verschlüsselung und Signatur hat sich noch kein Verfahren durchgesetzt. Dem stehen zwei wesentliche Hindernisse entgegen: erstens die Nutzerunfreundlichkeit der Kryptofunktionen und zweitens die unterschiedlichen und inkompatiblen Infrastrukturen des Internets und der mobilen Systeme, sowie von öffentlichen und industriellen Anwendungen. Die Alltagstauglichkeit von Krypto versucht die Volksverschlüsselung zu verbessern.[89] Zahlreiche Forschungsprojekte

---

80 Strukturwandel des Privaten, 2015–2021.
81 *Bieker* 2018, *Friedewald et al.* 2017, bes. Kap. 4, S. 18 ff.
82 *Steinebach* 2015, *Winter/Schäfer* 2018.
83 *Khondoker* et al. 2017.
84 *Rasthofer* et al. 2016, *Habib et al.* 2018.
85 *Kraft/Stöwer* 2018.
86 Etwa *Laabs/Dukanovic* 2018.
87 *AdNovum* 2016–2020.
88 *Grimm* 2017.
89 *Fraunhofer SIT und Deutsche Telekom* 2019.

arbeiten an anwendungsübergreifenden PKIs und smartcardbasierter Sicherheit, zum Beispiel das Deutsche Forschungsnetz (GEANT – das pan-europäische Internet-Verbindungsnetzwerk der europäischen Forschung). Eine weitere Herausforderung ist die Resistenz der bestehenden Kryptographie gegen schnellere Rechnergenerationen. Die meisten bestehenden Kryptoverfahren halten zum Beispiel dem Architekturtyp von „Quantencomputern" nicht stand. Diesen Fragen widmet sich die Forschungsrichtung der **„Post-Quantum-Kryptographie"**[90].

5. Kritische Infrastrukturen decken zentrale Überlebensbereiche wie Energie, Ernährung, Verkehr und Gesundheit ab. Sie sind vor kriminellen und erst recht kriegerischen Angriffen zu schützen. Ob ein „Cyberwar" wirklich realistisch ist, ist Gegenstand aktueller Diskurse.[91] Dass ihr Schutz aber einer überregionalen Anstrengung auf nationaler und internationaler Ebene bedarf, ist politisch unstrittig.[92] Wie viele andere Länder hat auch Deutschland ein „Nationales Cyber-Abwehrzentrum (NCAZ)" gegründet,[93] das international vernetzt ist und in Zusammenarbeit mit anderen Institutionen, etwa den zahlreichen CERTS (Computer Emergency Response Teams) die Sicherheit kritischer Infrastrukturen stärkt. Gesetzlich werden diese Anstrengungen durch das IT-Sicherheitsgesetz 2.0 unterstützt. Zur Aufarbeitung zugehöriger informatischer Forschungsfragen hat die Gesellschaft für Informatik einen „Arbeitskreis Kritische Informations- und Kommunikationsinfrastrukturen (AK KRITIS)" gegründet.[94] Zentrale Forschungsfragen sind dabei automatisierte Fehler- und Angriffserkennung, Netzsicherheit an den Schnittstellen zwischen den verschiedenen Infrastrukturen, Aufklärung von Nutzern und die Robustheit von Systemen gegen Ausfall (Business Continuity).

6. Die weltweite Corona-Pandemie 2020 lässt den Ruf nach digitalen Lösungen zu ihrer Beherrschung laut werden. Zur Erkennung und Unterbrechung von Infektionsketten können Smartphones mit vorhandenen Grundfunktionen beitragen: sie können Zeitstempel herstellen, Geolokationen und Abstandsmessungen vornehmen und zugehörige Bewegungs- und Begegnungsdaten über Nachrichtenfunktionen untereinander und mit Servern austauschen. In 2020 werden zugehörige Lösungen entwickelt, die zu einem weltweit kompatiblen **„Corona-App"** führen sollen. Dabei werden auf europäischer Ebene datenschutzrechtliche Anforderungen nach der DS-GVO berücksichtigt.[95] Grundlegende Designprinzipien dazu sind **Pseudonymität** und **verteilte Datenspeicherung**. Das Ziel einer Corona-App besteht darin, dass ihr Nutzer im Falle einer Infektionsdiagnose alle andere App-Nutzer, denen er in den vergangenen zwei oder drei Wochen näher als zehn Meter gekommen ist, über seine Infektion informieren kann. Dazu müssen die Corona-Apps bei ihren Nutzern kontinuierlich aktiv sein und den Nah-Kommunikationskanal „Bluetooth"[96] freigeschaltet haben. Wenn eine Begegnung zweier aktiver Corona-Apps über die Bluetooth-Funktion des Smartphones festgestellt wird, dann werden die zugehörigen Begegnungsdaten pseudonym und dezentral in den Smartphones gespeichert. Ein App-Nutzer, der eine Infektionsdiagnose erhält, kann mit seiner App alle bei ihm gespeicherten Begegnungsdaten zentral auf einem Server ablegen. Die App kann ebenso die von anderen infizierten Nutzern gemeldeten Begegnungsdaten abfragen und im Falle, dass eigene Begegnungsdaten dabei sind, ihren Nutzer über Zeitpunkt und Dauer der Begegnung

---

90 Bernstein et al. 2009.
91 Rid 2018.
92 BMI 2009.
93 BSI 2011.
94 GI 2011.
95 *Pan-European Privacy-Preserving Proximity Tracing (PEPP-PT)* 2020.
96 Eckert 2018, Abschnitt 15.5.

informieren. Über den Grad der Pseudonymisierung der Begegnungsdaten, sowie über die Frage der dezentralen oder zentralen Handlungsmöglichkeiten – ob mit oder ohne Eingriffsmöglichkeiten der Gesundheitsämter –, gibt es politische und technische Auseinandersetzungen[97]. Mit dem Protokoll **DP-3T** liegt eine radikal-nutzerorientierte Lösung auf dem Tisch, die transparent und narrensicher nutzbar ist, die das Prinzip der Freiwilligkeit strikt durchsetzt und die zentrale Rückverfolgungen technisch unmöglich macht.[98] Sie enthält sogar eine Sicherung gegen falsche Infektionsbehauptungen. Die Frage ist nun, wie Smartphone-Apps zum globalen Gesundheitsschutz so gestaltet werden können, dass sie sowohl datenschutzrechtlich einwandfrei, als auch politisch durchsetzbar sind. Denn die Informationstechnik kann beides unterstützen: sowohl einen zentralen Handlungswillen der verantwortlichen Stellen und Ämter, selbst gegen den Willen und ohne Wissen der Nutzer, sowie Unabhängigkeitsanforderungen gegen jede zentrale Überwachung. Die Entscheidung über das Zusammenspiel aller Interessen muss politisch entschieden und rechtssicher festgelegt werden. In Deutschland steht seit Juni 2020 eine von der Bundesregierung offiziell autorisierte so genannte **Corona-Warn-App** zur Verfügung, die einen radikal dezentralen Speicher- und Meldeansatz verfolgt.[99]

140 Sicherheit von Informationstechnik kann bereits heute nur in einem **Zusammenspiel von rechtlichen, technischen und organisatorischen Maßnahmen** gewährleistet werden. Die Technik spielt hier zwar eine grundlegende Rolle, indem sie dem Nutzer die unmittelbare Last der Sicherung abnimmt, aber sie ist nicht ohne Risiko zu haben. Denn erstens ist Technik grundsätzlich fehleranfällig, wie man aus Messungen der „defect rates" nachweisen kann[100]. Zweitens bietet sie ihrerseits Angriffsflächen, weshalb sie schon aus Sicherheitsgründen einen kontinuierlichen Updatebedarf erzeugt. Und schließlich wird sie in einer organisatorischen Infrastruktur eines gesellschaftlichen Umfeldes hergestellt, installiert, geprüft und genutzt, auf die die Nutzer letzten Endes vertrauen müssen.

---

97 *Dachwitz/Köver* 2020.
98 DP-3T (Decentralized Privacy-Preserving Proximity Tracing), siehe etwa *Recher/Traussnig* 2020.
99 Die wichtigsten Fragen und Antworten, https://www.bundesregierung.de/breg-de/themen/corona-warn-app/corona-warn-app-faq-1758392.
100 ZB *Spacey*, How Defect Rate is Calculated, 2017, https://simplicable.com/new/defect-rate.

§ 3 IT-Sicherheit aus ökonomischer Perspektive

Literatur: Accenture (2019), The Cost of Cybercrime. Ninth Annual Cost of Cybercrime Study. Unlocking the Value of Improved Cybersecurity Protection, URL: https://www.accenture.com/_acnmedia/PDF-96/Accenture-2019-Cost-of-Cybercrime-Study-Final.pdf; *Akey/Lewellen/Liskovich* (2018), Hacking corporate reputations, Rotman School of Management Working Paper, 3143740; *Anderson* (2001), Why information security is hard: An economic perspective, In ACSAC '01: Proceedings of the 17th Annual Computer Security Applications Conference, 358, Los Alamitos, CA: IEEE Computer Society; *Anger/Neuerer* (2019), DSGVO in Zahlen: Hoher Aufwand, aber auch Ertrag, URL: https://www.handelsblatt.com/politik/deutschland/bussgeld-bilanz-dsgvo-in-zahlen-hoher-aufwand-aber-auch-ertrag/24361018.html?ticket=ST-67934435-hT9biCaffPMlHbOY14Hb-ap3; *Arcuri/Brogi/Gandolfi* (2017), How does cyber crime affect firms? The effect of information security breaches on stock returns, Proceedings of the First Italian Conference on Cybersecurity (ITASEC17), 2017; *Asghari/van Eeten/Bauer* (2016), Economics of Cybersecurity, in: *Bauer/Latzer* (eds.), Handbook on the Economics of the Internet, Edward Elgar Publishing, 2016, S. 262–287; *Bertschek/Polder/Schulte* (2019), ICT and Resilience in Times of Crisis: Evidence from Cross-Country Micro Moments Data, Economics of Innovation and New Technology, 28(8), 759–774; Bertschek/Clement/Buhr/Hirsch-Kreinsen/Falck/Heimisch/Jacob-Puchalska/Mazat (2015), Industrie 4.0: Digitale Wirtschaft – Herausforderung und Chance für Unternehmen und Arbeitswelt, ifo Schnelldienst 10, 68; BITKOM (2015), Spionage, Sabotage und Datendiebstahl – Wirtschaftsschutz im digitalen Zeitalter. Studienbericht, URL: https://www.bitkom.org/sites/default/files/pdf/noindex/Publikationen/2015/Studien/Studienbericht-Wirtschaftsschutz/150709-Studienbericht-Wirtschaftsschutz.pdf; BITKOM (2017), Wirtschaftsschutz in der digitalen Welt, URL: https://www.bitkom.org/sites/default/files/pdf/Presse/Anhaenge-an-PIs/2017/07-Juli/Bitkom-Charts-Wirtschaftsschutz-in-der-digitalen-Welt-21-07-2017.pdf; BIKTOM (2018), Spionage, Sabotage und Datendiebstahl – Wirtschaftsschutz in der Industrie. Studienbericht 2018, URL: https://www.bitkom.org/sites/default/files/file/import/181008-Bitkom-Studie-Wirtschaftsschutz-2018-NEU.pdf; BITKOM (2019), Wirtschaftsschutz in der digitalen Welt, URL: https://www.bitkom.de/sites/default/files/2019-11/bitkom_wirtschaftsschutz_2019.pdf; Bundesamt für Sicherheit in der Informationstechnik, BSI (2019), Cyber-Sicherheits-Umfrage – Cyber-Risiken & Schutzmaßnahmen in Unternehmen; Bundeskriminalamt (2019), Bundeslagebild Cybercrime 2018; *Burt* (2019), Cybersecurity is putting customer trust at the center of competition, Harvard Business Review, March 2019; *Campbell/Goldfarb/Tucker* (2015), Privacy regulation and market structure, Journal of Economics & Management Strategy, 24(1), 47–73; *Campbell/Gordon/Loeb/Zhou* (2003), The economic cost of publicly announced information security breaches: empirical evidence from the stock market, Journal of Computer Security, 11, 431–448; Capgemini (2018), Cybersecurity. The new source of competitive advantage for retailers, Capgemini Research Institute; Capgemini Research Institute (2018), Seizing the GDPR Advantage. From mandate to high-value opportunity; *Dold/Krieger* (2017), Cyber-Security aus ordnungspolitischer Sicht: Verfügungsrechte, Wettbewerb und Nudges, Wirtschaftsdienst, 8 (2017), 559–565; *Dyke, van/Vishal/Nemati* (2007), The effect of consumer privacy empowerment on trust and privacy concerns in e-commerce, Electronic Markets, 17(1), 68–81; *Eckert/Fallenbeck* (2015), Industrie 4.0 meets IT-Sicherheit: eine Herausforderung!, Informatik-Spektrum, 38(3) 2015, 217–223; Expertenkommission Forschung und Innovation (2020), Jahresgutachten zu Forschung, Innovation und technologischer Leistungsfähigkeit Deutschlands 2020, URL: https://www.e-fi.de/fileadmin/Gutachten_2020/EFI_Gutachten_2020.pdf; *von Faber* (2019), IT-Sicherheit 5.0, Datenschutz und Datensicherheit – DuD, 43(7), 397–397; *Faust/Spittka/Wybitul* (2016), Milliardenbußgelder nach der DS-GVO? Ein Überblick über die neuen Sanktionen bei Verstößen gegen den Datenschutz, ZD 2016, 120; FAZ (2019), Hacker Angriff könnte British Airways 205 Millionen Euro kosten, URL: https://www.faz.net/aktuell/wirtschaft/hacker-angriff-koennte-british-airways-205-millionen-euro-kosten-16274110.html; GDV (2018), Das leistet eine Cyberversicherung, URL: https://www.gdv.de/de/themen/news/das-leistet-eine-cyberversicherung-31152; *Goldberg/Johnson/Shriver* (2019), Regulating Privacy Online: The Early Impact of the GDPR on European Web Traffic & E-Commerce Outcomes, Working Paper, 2019; *Gordon/Loeb/Lucyshyn* (2014), Cybersecurity investments in the private sector. The role of governments, Georgetown Journal of International Affairs, 15 (2014), Special Issue, 79–88; *Henseler-Unger/Hillebrand*, Aktuelle Lage der IT-Sicherheit in KMU. Wie kann man die Umsetzungslücke schließen?, Datenschutz und Datensicherheit – DuD 11/2018, 686–690; *Jia/Jin/Wagman* (2019), The short-run effects of GDPR on technology investment, NBER Working Paper Series, 2019, 25248; *Klein-Hennig/Schmidt* (2017), Zurück auf Los – Die IT-Sicherheit zurück in der Steinzeit, Datenschutz und Datensicherheit-DuD, 41(10) 2017, 605–611; *Koc/Eckert/Flaig* (2018), Datenschutzgrundverordnung: Bewältigung der Herausforderung mit

Unternehmensarchitekturmanagement, HMD, 55 (2018), 942–963; *Körber* (2016), Ist Wissen Marktmacht? Überlegungen zum Verhältnis von Datenschutz, Datenmacht und Kartellrecht – Teil 2, Neue Zeitschrift für Kartellrecht, 2016, 8; KPMG (2019), e-Crime in der deutschen Wirtschaft 2019. Computerkriminalität im Blick; *Krempl* (2019), Datenschutzverstöße: Lieferdienst Delivery Hero muss 200.000 Euro zahlen, heise online, URL: https://www.heise.de/newsticker/meldung/Datenschutzverstoesse-Essenzusteller-Delivery-Hero-muss-200-000-Euro-zahlen-4533862.html; *Kunreuther/Heal* (2003), Interdependent security, The Journal of Risk and Uncertainty, 26(2/3), 231–249; *Martin/Friedewald* (2019), Warum Unternehmen sich (nicht) an Recht und Gesetz halten. Und was dies für den Datenschutz bedeutet, Datenschutz und Datensicherheit – DuD, 8/2019, 493–497; *Martin/Bile/Nebel/Bieker/Geminn/Roßnagel/Schöning* (2019), Das Sanktionsregime der Datenschutzgrundverordnung. Auswirkungen auf Unternehmen und Datenschutzaufsichtsbehörden, Forum Privatheit und selbstbestimmtes Leben in der digitalen Welt, Fraunhofer ISI, 2019; *Moore/Dynes/Chang* (2016), Identifying how firms manage cybersecurity investments, Workshop on the Economics of Information Security (WEIS), Berkeley, CA, June 13–14, 2016; *Niebel/Rasel/Viete* (2019), BIG data – BIG gains? Understanding the link between big data analytics and innovation, Economics of Innovation and New Technology, 28(3) 2019, 296–316; o.V. (2018), Websites not available in the European Union after GDPR, https://data.verifiedjoseph.com/dataset/websites-not-available-eu-gdpr; *Peters/Mohnen/Saam/Blandinieres/Hud/Krieger/Niebel* (2018), Innovationsaktivitäten als Ursache des Productivity Slowdowns? Eine Literaturstudie. Studie im Auftrag der Expertenkommission Forschung und Innovation, No. 10-2018; *Schricker* (2018), Wie sehen die Unternehmen die neue Datenschutzverordnung?, ifo Schnelldienst, 71(15), 35–39; *Sonnenreich/Albanese/Stout* (2006), Return on security investment (ROSI) – a practical quantitative model, Journal of Research and Practice in Information Technology, 38(1) 2006, 45–56; *Stöwer* (2011), Werte schützen, Kosten senken, Erträge steigern. Beispiele für die Wirtschaftlichkeit von Informationssicherheit. Fraunhofer Institut für sichere Informationstechnologie, 2011; TÜV SÜD (2018), Making the case for product safety. TÜV SÜD Safety Gauge: Tracking business and consumer sentiment, 2018; *Varian* (2004), System reliability and free riding, in Camp/Lewis (eds.), Economics of information security, 2004, 1–15; *Viete/Erdsiek* (2018), Trust-Based Work Time and the Productivity Effects of Mobile Information Technologies in the Workplace, ZEW Discussion Paper, 18–013, 2018; *Weber/Bertschek/Ohnemus/Ebert* (2018), Monitoring-Report Wirtschaft DIGITAL 2018, Bundesministerium für Wirtschaft und Energie, Berlin; *Wilkens* (2019), Verstoß gegen DSGVO: Deutsche Wohnen soll 14,5 Millionen Euro zahlen, heise online, URL: https://www.heise.de/newsticker/meldung/Verstoss-gegen-DSGVO-Deutsche-Wohnen-soll-14-5-Millionen-Euro-zahlen-4578269.html; *Yaqoob/Arshad/Abbas/Amjad/Shafqat* (2019), Framework for calculating Return On Security Investment (ROSI) for Security-Oriented organizations, Future Generation ComputerSystems, 2019; Zeit Online (2019), Google muss 50 Mio. Euro Strafe zahlen. URL: https://www.zeit.de/digital/datenschutz/2019-01/frankreich-datenschutzbehoerde-cnil-google-strafe-dsgvo; ZEW (2018), Branchenreport Informationswirtschaft, 4. Quartal 2017; ZEW (2019), Branchenreport Informationswirtschaft, 4. Quartal 2018.

A. Grundlagen der Digitalisierung der Wirtschaft ... 1	I. Wirtschaftliche Risiken durch betriebsinterne Kosten nach Cyberangriff 21
B. Ökonomische Charakteristika der IT-Sicherheit 8	II. Wirtschaftliche Risiken durch Reputations- und Marktwertverlust 25
C. Kosten und Wirtschaftlichkeit von IT-Sicherheitsmaßnahmen 12	III. Wirtschaftliche Risiken durch staatliche Sanktionen 27
I. Kostenfaktor und Wirtschaftlichkeit unternehmerischer IT-Sicherheitsmaßnahmen 12	E. IT-Sicherheit als Wettbewerbsfaktor 30
II. Kostenfaktor und Wirtschaftlichkeit durch Maßnahmen für Datenschutz Compliance ... 17	
D. Wirtschaftliches Risiko mangelhafter IT-Sicherheit 21	

A. Grundlagen der Digitalisierung der Wirtschaft[*]

1 Die **digitale Transformation** gilt als eine der großen Herausforderungen unserer Zeit. Schnelles Internet, mobile Endgeräte, intelligente Softwarealgorithmen und die Speicherung und Verarbeitung großer Datenmengen verändern wirtschaftliche und gesellschaftliche Prozesse. Auch

---

[*] Die Autoren danken Elisabeth Ebert, Beatrix Haberl und Maria Neubauer für die Unterstützung bei den Recherchearbeiten.

wenn die zunehmende Digitalisierung nicht in Einklang steht mit dem sich seit Jahren verlangsamenden Produktivitätswachstum (sogenanntes „productivity puzzle")[1], zeigen zahlreiche Studien, dass Digitalisierung unternehmerischen Erfolg begünstigt oder zumindest positiv und signifikant mit diesem zusammenhängt. Als sogenannte **Querschnittstechnologien** haben digitale Technologien das Potenzial, Unternehmen zu mehr Innovationen und höherer Produktivität zu verhelfen. So waren beispielsweise hoch digitalisierte Unternehmen weniger stark von der Wirtschaftskrise in den Jahren 2008 und 2009 betroffen als gering digitalisierte Unternehmen. Sowohl Produktivitätsniveau als auch Produktivitätswachstum haben sich bei diesen Unternehmen kaum verringert, während sie bei gering digitalisierten Unternehmen stark zurückgingen. Gleichzeitig waren hoch digitalisierte Unternehmen erfolgreicher darin, Prozessinnovationen umzusetzen und durch diese effizientere Gestaltung von Prozessen Kosten einzusparen.[2] Auch bei der derzeitigen Corona-Krise ist zu erwarten, dass sich digitale Unternehmen als robuster erweisen. Sie können ihre Arbeits- und Geschäftsprozesse leichter anpassen, auf Home-Office umstellen oder Produkte und Dienste online bewerben. Arbeitsformen wie Home-Office,[3] aber auch eine zunehmend online stattfindende Kommunikation erhöhen wiederum die Anforderungen an die IT-Sicherheit. Voraussetzung für die Digitalisierung und die Ausschöpfung ihrer wirtschaftlichen Potenziale ist die Verfügbarkeit von schnellem Internet als digitale Infrastruktur.[4] Dieses bietet die Möglichkeit zahlreicher Anwendungen wie Big Data oder Cloud Computing. Big Data-Analysen bergen signifikante **Innovationspotenziale**. Unternehmen, die große Datenmengen systematisch auswerten, sind eher in der Lage, Produkte und Dienste neu zu entwickeln oder wesentlich zu verbessern und einen höheren Umsatzanteil mit neuen Produkten und Diensten zu generieren.[5] Durch Digitalisierung werden Daten aus unterschiedlichen Quellen generiert und nutzbar gemacht. Hierzu zählen maschinengenerierte Daten aus Anwendungen der vernetzten Produktion (Industrie 4.0) oder Daten aus sozialen Medien wie Facebook oder Twitter. Daten können zunehmend mit kooperierenden Unternehmen, Zulieferern oder Abnehmern, ausgetauscht werden. Auch die Beschäftigten, die die Möglichkeit haben, mobil zu arbeiten, sind in der Lage, auf digitale Ressourcen wie E-Mail-Accounts, Netzwerklaufwerke, Unternehmenssoftware oder das unternehmensinterne Wiki von extern zuzugreifen. Wird die Arbeit mit mobilen Technologien durch Vertrauensarbeitszeit begleitet, so lässt sich im Dienstleistungssektor eine höhere Produktivität auf Unternehmensebene nachweisen.[6]

Obgleich die Digitalisierung zahlreiche Chancen für Innovationen und Produktivität eröffnet, nutzen Unternehmen diese Chancen in sehr unterschiedlichem Maße. In der Regel sind kleine und insbesondere mittlere Unternehmen weniger digital aufgestellt als große Unternehmen. Zudem gibt es große **Branchenunterschiede**. So gilt die IKT-Branche als Anbieter digitaler Technologien und Anwendungen als Pionierin in der Nutzung ihrer eigenen Produkte und Dienste. Im Wirtschaftsindex DIGITAL, der den Digitalisierungsgrad der deutschen Wirtschaft auf einer Skala zwischen 0 und 100 Punkten misst, erreicht sie 2018 einen Indexwert von 74.[7] Die gewerbliche Wirtschaft insgesamt liegt im Durchschnitt bei 54 Punkten, am wenigsten digitalisiert ist das Gesundheitswesen mit 37 Punkten. Die Industriebranchen wie Maschinenbau, Chemie und Pharma sowie Automobilbau haben in den letzten Jahren zwar

---

1 Siehe zum Beispiel *Peters et al.* (2018), S. 15, für mögliche Erklärungsansätze.
2 *Bertschek et al.* (2019), S. 767.
3 Zu Home-Office und IT-Sicherheit *Pour Rafsendjani/Bomhard* in → § 9 Rn. 131.
4 Siehe zum Beispiel *Bertschek et al.* (2015), S. 5.
5 *Niebel et al.* (2019), S. 305.
6 *Viete/Erdsiek* (2018), S. 13.
7 *Weber et al.*, Monitoring-Report Wirtschaft DIGITAL, S. 13.

aufgeholt, bleiben aber im Vergleich zum Dienstleistungssektor insgesamt weniger digitalisiert.

3 Während ein Viertel der Unternehmen in der deutschen gewerblichen Wirtschaft immer noch keine Notwendigkeit zur Digitalisierung sehen, nehmen die Unternehmen verschiedene **Hemmnisse** wahr, die sie bei einer erfolgreichen Digitalisierung behindern. So halten 43 Prozent der Unternehmen die mangelnde Breitbandversorgung für ein Hemmnis, für 40 Prozent ist der Zeitaufwand hinderlich. 36 Prozent der Unternehmen in den betrachteten Branchen beklagen das fehlende Wissen ihrer Mitarbeiterinnen und Mitarbeiter als Hemmnis, 30 Prozent konstatieren einen Mangel an IT-Fachkräften. Immerhin ein Drittel der Unternehmen sehen in zu strikten Datenschutzregeln und in einer unzureichenden IT-Sicherheit Faktoren, die die Digitalisierung hemmen.[8]

4 Die zahlreichen Dimensionen der Digitalisierung machen die Transformation der Wirtschaft zu einem komplexen Unterfangen und gehen mit einer gesteigerten Komplexität der eingesetzten Technologien einher.[9] Die zunehmende **technologische Vernetzung** wirtschaftlicher Akteure verbunden mit steigendem Datenvolumen und Informationsaustausch bietet Chancen für wirtschaftlichen Erfolg. Zugleich bietet sie aber auch zunehmende Angriffspunkte und stellt damit Herausforderungen an die Absicherung der IT-Systeme in Unternehmen.[10]

5 Im Jahr 2018 erfasste das Bundeskriminalamt 87.106 Fälle von **Cyberkriminalität**, ein Plus von 1,3 Prozent gegenüber dem Vorjahr.[11] In einer im Jahr 2018 vom Bundesverband Informationswirtschaft, Telekommunikation und neue Medien (BITKOM) durchgeführten Umfrage unter mehreren hundert Industrieunternehmen gaben 68 Prozent der Befragten an, in den letzten zwei Jahren Opfer von Datendiebstahl, Industriespionage oder Sabotage geworden zu sein. Der dabei entstandene **Schaden** belief sich in den beiden Jahren zuvor auf 43,4 Milliarden Euro.[12] Jedoch ist anzumerken, dass die Informationslage in Bezug auf erfolgte Angriffe aufgrund einer vermutlich hohen Dunkelziffer begrenzt ist. Dies liegt zum einen daran, dass kleinere Angriffe mit geringen direkten Auswirkungen auf die Unternehmenstätigkeit nicht identifiziert werden. Zum anderen besteht keine allgemeine Meldepflicht an eine zentrale Stelle für die Gesamtheit der deutschen Unternehmen.

6 Auch wenn die Notwendigkeit und die steigende Gefahr, Opfer eines **Cyberangriffs** zu werden, laut einer Umfrage den meisten Unternehmen bekannt ist, reagiert nur ein Teil davon mit entsprechenden Anpassungen und Änderungen ihrer **IT-Sicherheit**.[13] Besonders ausgeprägt ist diese Diskrepanz in kleinen und mittleren Unternehmen (KMU).[14]

7 Die Ausführungen zeigen, dass die IT-Sicherheit vor allem vor dem Hintergrund der ansteigenden Digitalisierung an Bedeutung gewinnt und Unternehmen auf vielfältige Weise beeinflusst und herausfordert. Laut einer Umfrage des ZEW – Leibniz-Zentrums für Europäische Wirtschaftsforschung in der Informationswirtschaft gaben Ende 2018 mehr als 60 Prozent der Unternehmen an, dass sie der IT-Sicherheit eine sehr hohe Bedeutung beimessen, fünf Prozentpunkte mehr als im Jahr 2013. Bis zum Jahr 2023 gehen fast 74 Prozent der Unternehmen in der Informationswirtschaft davon aus, dass IT-Sicherheit eine sehr wichtige Rolle spielen wird.[15] Der Wirtschaftszweig Informationswirtschaft umfasst die IKT-Branche (IKT-Hardware, IKT-Dienstleister), die Mediendienstleister sowie wissensintensive Dienstleister und

---

8 *Weber et al.*, Monitoring-Report Wirtschaft DIGITAL, S. 53.
9 *Klein-Hennig/Schmidt* (2017), S. 609; *Eckert/Fallenbeck* (2015), S. 223.
10 *von Faber* DuD (2019), S. 397; ZEW (2019), S. 3.
11 Bundeskriminalamt (2019), S. 6.
12 BITKOM (2018), S. 25.
13 KPMG (2019), S. 31 ff.
14 *Henseler-Unger/Hillebrand* DuD (2018), S. 689.
15 ZEW (2019), S. 3.

damit Branchen, in denen Informationen und Daten eine zentrale Grundlage für die Geschäftstätigkeit sind. Rund 40 Prozent der Unternehmen in diesem Wirtschaftszweig nahmen Ende 2018 eine **zunehmende Gefahr durch Cyberangriffe** wahr. Diese Wahrnehmung ist bei größeren Unternehmen deutlich stärker ausgeprägt als bei kleinen, was nicht zuletzt daran liegen dürfte, dass größere Unternehmen aufgrund ihrer erhöhten Bekanntheit und ihrer oftmals komplexeren IT-Strukturen eher Ziel von Cyberangriffen werden.

B. Ökonomische Charakteristika der IT-Sicherheit

Aus ökonomischer Perspektive zeichnet sich die IT-Sicherheit durch verschiedene Charakteristika aus[16]: In der Wirtschaft werden Investitionen in die IT-Sicherheit zwar von privaten Akteuren getätigt, die auch vom Nutzen dieser Investitionen profitieren. Allerdings hat die IT-Sicherheit Eigenschaften eines **öffentlichen Guts**. Diese äußern sich darin, dass Sicherheitsmaßnahmen auch anderen Akteuren, die dieselbe digitale Infrastruktur nutzen oder mit dieser vernetzt sind, zugutekommen. Gleichermaßen können unzureichende IT-Sicherheitsvorkehrungen weitere verbundene Akteure beeinträchtigen, die im Falle eines Angriffs oftmals ebenfalls betroffen sind. Investitionen in die unternehmenseigene IT-Sicherheit weisen somit positive, ein unzureichendes Niveau hingegen negative **Externalitäten** auf. Werden vorliegende Externalitäten nicht in private Entscheidungen einbezogen, unterliegen letztere unternehmerischen Fehlanreizen und führen zu einem Abweichen vom gesamtwirtschaftlich optimalen Niveau – hier dem der IT-Sicherheit.[17]

Darüber hinaus herrschen im IT-Sicherheitsmarkt diverse **Informationsdefizite** beziehungsweise **Informationsasymmetrien**, dh, Akteure haben wenige oder unterschiedlich umfangreiche Informationen über Sicherheitsrisiken und die Möglichkeiten diese zu reduzieren. Anwender von IT-Produkten wie Hard- oder Software haben nur begrenzt Einsicht in die vorliegenden Sicherheitsmechanismen, die von Anbietern bereitgestellt und im Produkt eingepflegt werden. Es fällt ihnen daher schwer abzuschätzen, inwieweit diese IT-Produkte zur Reduzierung von Cyberrisiken und -schäden beitragen. Zudem können Unternehmen das Risiko eines Cyberangriffs kaum quantifizieren und daraus folgende **Schäden nur schwerlich ex ante abschätzen**. Ähnlich ergeht es Versicherungsunternehmen, die im Rahmen von entsprechenden Policen Restrisiken übernehmen. Vergleichbare Unklarheiten und Informationsdefizite herrschen teilweise auch bei den Eigentumsverhältnissen und damit verbundenen Verfügungs- und Haftungsverantwortlichkeiten, wenn Handlung und Haftung nicht in ein und demselben Akteur vereint sind. Dies ist beispielsweise im Falle von Datenmissbrauch von zentraler Bedeutung.

Viele der in den letzten Jahren neu entstandenen digitalen Märkte weisen aufgrund der zuvor beschriebenen Charakteristika und hoher Systeminterdependenzen oftmals eine **Tendenz zur Monopolbildung** auf.[18] Die vorliegenden Marktversagenszustände können daher in bestimmten Bereichen staatliche Interventionen durch rechtliche Rahmenbedingungen erfordern, wie es bei der im Jahr 2018 umgesetzten Datenschutz-Grundverordnung (DS-GVO) oder dem geplanten IT-Sicherheitsgesetz 2.0 der Fall ist.

Neben den angeführten IT-spezifischen Charakteristika (→ Rn. 12 ff.) werden im Folgenden auch die ökonomischen Konsequenzen in Form von betriebsinternen Aufwendungen, Reputationsverlusten oder staatlichen Sanktionen nach dem Schadenseintritt (→ Rn. 21 ff.) sowie der Einfluss von IT-Sicherheitsstandards in Unternehmen auf deren Wettbewerbsposition (→ Rn. 30 ff.) näher beleuchtet.

---

16 *Asghari et al.* (2016), S. 264; *Moore* (2010).
17 *Gordon et al.* (2014), S. 82; *Martin/Friedewald* DuD (2019), S. 493 f.
18 *Anderson* (2001); *Asghari et al.* (2016); *Kunreuther/Heal* (2003).

C. Kosten und Wirtschaftlichkeit von IT-Sicherheitsmaßnahmen

I. Kostenfaktor und Wirtschaftlichkeit unternehmerischer IT-Sicherheitsmaßnahmen

12 Bei der Entscheidung über die Investitionen in unternehmensinterne **IT-Sicherheitsmaßnahmen** stehen Entscheidungsträger in der Regel vor **rationalen Kosten-Nutzen-Abwägungen**. Übersteigt die Gesamtheit aller mit der Maßnahme in Verbindung stehenden Kosten die Gesamtheit des daraus erzielten Nutzens, so erscheint es nicht rational, eine solche Investition zu tätigen. Eine Entscheidung über **Investitionen** in die IT-Sicherheit zu treffen ist dann schwierig, wenn die entscheidende Person Informationsdefiziten unterliegt und entscheidungsrelevante Aspekte nicht bekannt sind. So können die Kosten zu gering angesetzt werden, wenn die Gefahr eines Angriffs oder das Ausmaß seiner Folgen unterschätzt werden. Bei der Einschätzung einer Angriffswahrscheinlichkeit liegt zudem häufig eine Diskrepanz in der Wahrnehmung eigener und fremder Gefahren vor. So gehen in einer im Jahr 2019 durchgeführten Befragung unter 1.001 Unternehmensvertretenden rund drei Viertel der Befragten davon aus, dass das Risiko für deutsche Unternehmen, innerhalb der nächsten zwei Jahre Opfer eines Cyberangriffs zu werden, ansteigen wird. In Bezug auf das eigene Unternehmen hingegen trifft diese Einschätzung nur auf 51 Prozent der Befragten zu.[19] Auch lassen sich die im Falle eines Angriffs entstehenden Kosten vorab oftmals nur unzureichend einschätzen, so dass eine fundierte Kosten-Nutzen-Analyse nicht möglich ist.

13 Unabhängig davon, dass Unternehmen auftretende Kosten und auftretenden Nutzen aufgrund von **Informationsdefiziten** nicht genau abschätzen können, ist IT-Sicherheit mit positiven oder negativen **externen Effekten** verbunden. Investiert ein Unternehmen in die IT-Sicherheit, kommt dies auch den Kunden, Lieferanten und anderen mit dem Unternehmen im Austausch stehenden Akteuren zugute. Ein mit Schadsoftware infizierter Computer in einem Unternehmen kann jedoch aufgrund seiner Vernetzung mit Kunden und Lieferanten auch deren IT-Infrastruktur schädigen. Private und soziale Kosten unterscheiden sich somit. Da Entscheidungsträger in der Regel bei Dritten anfallende Kosten und Nutzen nicht in ihr Kalkül mit einbeziehen, wählen sie ein ineffizient niedriges Schutzniveau.[20] Im Extremfall ist es sogar möglich, dass in erster Linie nur Dritte von einer Sicherheitsmaßnahme profitieren. Erst die sichere Erwartung reziproken Verhaltens oder eine gesetzliche Vorgabe könnten ein entsprechendes Verhalten rational hervorrufen. Elektronische Signaturen wären ein Beispiel hierfür. Diese haben keinen direkten Nutzen für die anwendende Person, liefern jedoch dem Gegenüber eine Verbindlichkeit auch in digitaler Form.

14 Die enge Verbindung verschiedener Wirtschaftsakteure kann jedoch auch dazu führen, dass diese sich als **Trittbrettfahrer** verhalten und darauf spekulieren, dass ihr Schutz durch unternommene Sicherheitsmaßnahmen von anderen, zum Beispiel von Kooperationspartnern, sichergestellt wird. Auf diese Weise ziehen sie den Nutzen aus derartigen Schutzvorkehrungen, kommen jedoch nicht für die bei der Einrichtung entstandenen Kosten auf.[21]

15 Neben der reinen Vermeidung von Schäden durch die Etablierung von IT-Sicherheitsmaßnahmen, können letztere auch für die **Effizienzverbesserung** von Prozessen dienlich sein. Beispielsweise erhöht die Anwendung eines professionellen Systems zum Passwortmanagement nicht nur die Sicherheit, sondern vermeidet gleichzeitig Produktivitätsrückgänge und damit verbundene Kosten durch das Vergessen von Passwörtern. Darüber hinaus kann der Einsatz von IT-Sicherheitslösungen für die anwendenden Unternehmen dazu beitragen, neue Angebote zu entwickeln und damit neue Märkte oder Kundengruppen zu erschließen.[22]

---

19 KPMG (2019), S. 13.
20 *Gordon et al.* (2014), S. 82.
21 *Varian* (2004), S. 5.
22 *Stöwer* (2011), S. 20.

Um fundierte Entscheidungen über Investitionen in IT-Sicherheitslösungen und die Auswahl zwischen verschiedenen Optionen zu erleichtern, schlagen ua Sonnenschein et al. (2006) ein Modell zur Berechnung des sogenannten **Return on Security Investment (RoSI)** vor.[23] Dieser soll, analog zum üblichen Return on Investment (RoI) bei der Investitionsentscheidung, den Nutzen von verschiedenen Sicherheitsmaßnahmen quantifizieren.[24] Allerdings werden die Sicherung von IT-Systemen und der Schutz vor Angriffen in manchen Unternehmen eher als betriebsnotwendiger Kostenbestandteil betrachtet und unterliegen weniger einer Abwägung von Wertschöpfungspotenzialen und Risiken, sodass der Return on Security Investment nur begrenzt Anwendung findet. In der Praxis liegt der Fokus daher vorwiegend auf prozessorientierten Maßen und dem Erreichen erwünschter Sicherheitszustände, ohne die erwarteten Gesamtkosten oder den entstehenden Mehrwert zu evaluieren und in die Entscheidung einzubeziehen. Dies kann unzureichende Investitionen in die IT-Sicherheit zur Folge haben.[25]

II. Kostenfaktor und Wirtschaftlichkeit durch Maßnahmen für Datenschutz Compliance

Die Mechanismen, die unzureichende Investitionen in die IT-Sicherheit im Allgemeinen begünstigen, können auch auf den spezifischen Fall der **Datenschutz Compliance** übertragen werden.[26] So kann es in Unternehmen aufgrund der Nichteinbeziehung externer Effekte zu mangelnder Rechtskonformität in Bezug auf Datenschutzgesetze kommen. Diese Vorgehensweise erscheint rational, wenn der bei Nichteinhaltung zu erwartende Gewinn die Sanktionen, gewichtet mit der Aufdeckungswahrscheinlichkeit, übersteigt.[27] Dold und Krieger (2017) führen verschiedene ordnungspolitische Ansatzpunkte an, um den Herausforderungen von externen Effekten, Informationsasymmetrien und Fehlanreizen aus ökonomischer Perspektive im Kontext des Datenschutzes zu begegnen. Hierzu zählen eine exklusive Definition von Datenverfügungsrechten, die Stärkung von Marktinstitutionen sowie eine Stärkung der Verbraucherposition.

Unter exklusiver Definition der **Datenverfügungsrechte** verstehen die Autoren eine klare Zuordnung von Verfügungs- und Entscheidungsrechten über private Daten. Damit einher geht zudem die Vereinigung von Handlung und **Haftung** in einer Person. Dies bedeutet, dass diejenige Person, die über die Verwendung der Daten bestimmt, im Falle eines Missbrauchs oder Datenlecks für aufkommende Schäden haftet. So haben auch Unternehmen, an die Privatpersonen die Verfügungsrechte ihrer Daten theoretisch abtreten können, einen stärkeren Anreiz, ihre Datensicherheit im weiteren Sinne optimal auszugestalten. Problematisch ist jedoch der Umstand, dass private Informationen nach Veröffentlichung verstärkt die Eigenschaften der Nicht-Ausschließbarkeit und Nicht-Rivalität, die für öffentliche Güter charakteristisch sind, aufweisen. Dritte können nicht von der Kenntnisnahme und Verwendung abgehalten werden, beeinflussen gleichzeitig aber auch nicht die Verwendung der Daten durch andere Dritte. Um dieser Schwierigkeit Einhalt zu gebieten und die Rechtsverhältnisse eindeutig festzulegen, bedürfte es nach Ansicht der Autoren rechtlicher Rahmensetzungen vor allem im Bereich des Delikts- und Strafrechts.[28]

Einige Teilmärkte mit starker IT-Abhängigkeit unterliegen vermehrt hohen **Marktkonzentrationen**. Als Beispiel sind hier digitale Plattformen anzuführen, die durch **direkte und indirekte Netzwerkeffekte** gekennzeichnet sind. Ein einzelner Nutzer profitiert dabei sowohl von zusätzlichen Nutzern (direkt), als auch von weiteren Akteuren auf der anderen Marktseite

---

23 Der RoSI berechnet sich aus der erwarteten Schadensminderung (nach Abzug der Investitionssumme) im Verhältnis zum eingesetzten Kapital.
24 *Sonnenreich et al.* (2006), S. 1 f.; *Yaqoob et al.* (2019), S. 4 ff.
25 *Moore et al.* (2016).
26 S. zum Verhältnis zwischen IT-Sicherheit und Datenschutz umfassend *Jandt* in → § 17 Rn. 1 ff.
27 *Martin/Friedewald* DuD (2019), S. 493 f.
28 Zu den strafrechtlichen Dimensionen von IT-Sicherheitsverletzungen *Singelnstein/Zech* in → § 20 Rn. 4 ff.

(indirekt). Dadurch neigen die Märkte zur **Monopolbildung** und Konzentration auf wenige Anbieter. Damit ist auch die Entscheidung über das Ausmaß der IT-Sicherheit innerhalb des Marktes auf wenige Akteure begrenzt. Die großen Netzwerke können ein besonderes Anziehungspotenzial für Hacker bergen. Allerdings besteht dieses Anziehungspotenzial auch für IT-Sicherheitsforschende. Große Plattformen unterstützen dies, indem sie das Finden von Sicherheitslücken im Rahmen so genannter Bug Bounty-Programme belohnen. Wettbewerbsrechtliche Vorkehrungen können an dieser Stelle zwar Abhilfe schaffen, die Macht einiger weniger einzuschränken, sollten jedoch mit dem Ausnutzen positiver Netzwerkeffekte abgewogen werden. Schließlich kann eine Unterstützung der Nutzerseite durch **Sensibilisierung** für die Gefahren von IT-Systemen auch kurzfristig dafür sorgen, Schäden durch Cyberangriffe und Datenmissbrauch zu reduzieren.[29]

20 In der Praxis sind Compliance Maßnahmen für Unternehmen mit diversen direkten und indirekten Kosten verbunden. Dies kann am Beispiel der **DS-GVO** dargestellt werden. Die 2016 verabschiedete Verordnung ist am 25.5.2018 in Kraft getreten und verfolgt das Ziel, den Umgang mit personenbezogenen Daten EU-weit einheitlich zu regeln. Von Unternehmen mit Kundinnen und Kunden in der Europäischen Union (EU) oder einem Hauptsitz in der EU fordert sie ua eine möglichst geringe Datennutzung sowie eine transparente, verständliche Information über die Verwendung **personenbezogener Daten**. In einer Umfrage unter rund 1.000 Personalleitern deutscher Unternehmen gaben 40 Prozent der Befragten an, die DS-GVO habe für sie einen Kostenaufwand von 1.000 bis 10.000 Euro verursacht, für 39 Prozent waren es bis zu 50.000 Euro. Mehr als die Hälfte der Unternehmen (60 Prozent) bedurfte zudem externer Unterstützung bei der Umsetzung, 10 Prozent hiervon traten die notwendigen Tätigkeiten vollständig an unabhängige Dienstleister ab. Hierunter fällt beispielsweise die Aufgabe, einen Datenschutzbeauftragten für das eigene Unternehmen zu bestellen. Neben einmaligen Kostenausgaben entstehen bei den Unternehmen durch die DS-GVO auch fortlaufend neue Aufgaben wie Dokumentation, Neustrukturierung betriebsinterner Prozesse oder eine Anpassung der Technik, die im Rahmen der Compliance-Anpassungen berücksichtigt werden müssen.[30]

D. Wirtschaftliches Risiko mangelhafter IT-Sicherheit

I. Wirtschaftliche Risiken durch betriebsinterne Kosten nach Cyberangriff

21 Sollte es aufgrund fehlender Schutzvorkehrungen oder trotz bestehender IT-Sicherheitsmaßnahmen zu einem Cyberangriff kommen, sehen sich die betroffenen Unternehmen möglicherweise einem **hohen finanziellen Schaden** gegenüber. Umfragen und konservativen Berechnungen zufolge ist die **Gesamtschadenssumme** bei deutschen Unternehmen, die in jeweils zwei betrachteten Jahren von Datendiebstahl, Wirtschaftsspionage oder Sabotage betroffen waren, in den vergangenen Jahren gestiegen. Belief sich der Gesamtschaden in den Jahren 2013 und 2014 noch auf 102,4 Milliarden Euro[31], betrug er in den beiden darauffolgenden Jahren 2015 und 2016 bereits 109,6 Milliarden Euro[32] und nach neuesten Zahlen für 2017 und 2018 205,7 Milliarden Euro. Dies entspricht einer Steigerung von über 87 Prozent. Unter allen Betroffenen mit digitalen oder analogen Angriffen lag die Ursache bei rund 70 Prozent der Unternehmen in einem digitalen Vorgehen – zwei Jahre zuvor waren es noch 43 Prozent.[33] Allein in Industrieunternehmen summierte sich der Gesamtschaden in den Jahren 2016 und 2017 auf 43,4 Milliarden Euro.[34]

---

29 *Dold/Krieger* (2017), S. 564.
30 *Schricker* (2018); *Koc et al.* (2018).
31 BITKOM (2015), S. 17.
32 BITKOM (2017), S. 5.
33 BITKOM (2019), S. 6.
34 BITKOM (2018), S. 25.

D. Wirtschaftliches Risiko mangelhafter IT-Sicherheit

Die entstehenden Kosten setzen sich in der Regel aus verschiedenen Bestandteilen zusammen. Vor allem mit dem Diebstahl von Daten verbundene Angriffe können für das betroffene Unternehmen einen immensen Verlust an Informationen bzw. Wissen bedeuten. Aber auch **Umsatzeinbußen,** ob durch Störungen der regulären Betriebsabläufe, Plagiate oder den Verlust von Wettbewerbsvorteilen, sowie Schäden am betrieblichen Equipment stellen Betroffene vor finanzielle Herausforderungen.[35] Bei den in 2016 und 2017 angegriffenen Industrieunternehmen waren zuvorderst Imageschäden und negative Berichterstattung (8,8 Milliarden Euro), Patentrechtsverletzungen (8,5 Milliarden Euro) sowie Ausfälle und Schädigungen von Informationssystemen oder regulärer Produktions- und Betriebsabläufe ausschlaggebend.[36] Kosten entstehen auch, wenn die Bedrohung durch Cyberangriffe Innovationsaktivitäten einschränkt. Eine repräsentative Umfrage des ZEW bei Unternehmen in der Informationswirtschaft und im verarbeitenden Gewerbe im dritten Quartal 2019 zeigt, dass sich bei rund 30 Prozent der Unternehmen existierende Innovationsprojekte wegen der Gefahr eines Cyberangriffs verzögern. Bei rund 17 Prozent der Unternehmen werden geplante Innovationsprojekte durch die Gefahr eines Cyberangriffs erst gar nicht begonnen, rund 12,5 Prozent der Unternehmen planen aus diesem Grund keine neuen Innovationsprojekte.[37]

Die finanziellen Auswirkungen eines Cyberangriffs unterscheiden sich je nach Art der Attacke und deren Häufigkeit. Von besonderer Bedeutung sind Infizierungen mit **Schadsoftware** (Malware), das Ausnutzen von Software-Schwachstellen, **Phishing**-Angriffe und unternehmensinterne Angriffe. Den größten Zuwachs in der vergangenen Zeit – auch hinsichtlich des Bekanntheitsgrades – weisen Schadprogramme des Typs **Ransomware** auf. Diese werden auch als Verschlüsselungs- oder Erpressungstrojaner bezeichnet. Hierbei werden mithilfe von E-Mails entsprechende Links versendet, die beim Anklicken die sofortige Verschlüsselung der Daten auf dem betroffenen Gerät auslösen. Zur Entschlüsselung und Wiederherstellung der Daten fordern die Angreifenden in der Regel Lösegeldsummen, die für das betroffene Unternehmen eine zusätzliche finanzielle Belastung bedeuten. Eine tatsächliche Wiederherstellung durch die Täter ist aber selbst durch die Zahlung nicht gesichert.[38]

Die bestehende Unsicherheit und fehlende Informationen bezüglich des tatsächlichen Auftretens und der Schadensausmaße ähneln bekannten Vorkommnissen wie Krankheiten, Einbrüchen oder Unfällen, die heutzutage in ausgereiften Versicherungsmärkten aufgegriffen werden. Auch Unternehmen haben mittlerweile die Möglichkeit, entsprechende Versicherungen für die Kosten aufgrund von Cyberangriffen abzuschließen. In einer nach Branche und Umsatz repräsentativen Umfrage von 1.001 Vertretern deutscher Unternehmen im Jahr 2019 gaben rund 18 Prozent der Befragten an, bereits eine solche abgeschlossen zu haben, 28 Prozent prüften oder planten einen entsprechenden Abschluss. Insbesondere große Unternehmen, Finanzdienstleister und in der Vergangenheit von Cyberangriffen Betroffene griffen auf bestehende Versicherungsmöglichkeiten zurück.[39] Die in einer Standard-**Cyberversicherung** enthaltenen Leistungen umfassen in der Regel ua Entschädigungen bei Betriebsunterbrechungen, Kostenerstattungen bei Datenwiederherstellung, die Übernahme von Drittschäden oder die Bezahlung eines Krisenkommunikators.[40] Dennoch reduziert die Cyberversicherung nicht per se die bestehenden Risiken im System, sondern führt vielmehr zu einer kollektiven Risikoübernahme durch das Versicherungsunternehmen.

---

35 Accenture (2019), S. 19 f.; BITKOM (2018), S. 25.
36 BIKTOM (2018), S. 25.
37 Expertenkommission Forschung und Innovation (2020), S. 42 ff.
38 Accenture (2019), S. 21; KPMG (2019), S. 61 ff.
39 KPMG (2019), S. 55.
40 GDV (2018).

24 Insgesamt haben Cyberangriffe erhebliche finanzielle Auswirkungen auf Unternehmen. Ob in den existierenden Statistiken die aggregierten Gesamtschäden jedoch vollständig erschlossen werden können, ist aufgrund der vermuteten **Dunkelziffer** und des **Fehlens einer allgemeinen Meldepflicht** nicht abschließend festzustellen. Bislang liegt eine entsprechende Pflicht zur Meldung erheblicher IT-Störungen lediglich für Betreiber kritischer Infrastrukturen (KRITIS) und nach § 8c BSI-Gesetz bestimmter bedeutender digitaler Dienste vor.[41] Eine mögliche Ausweitung der Meldepflichten oder Definition von KRITIS-Unternehmen ist derzeit Teil der Diskussionen in Bezug auf das für 2020 erwartete IT-Sicherheitsgesetz 2.0.

II. Wirtschaftliche Risiken durch Reputations- und Marktwertverlust

25 Nicht nur offensichtliche Schäden oder Umsatzeinbußen aufgrund von Produktionsunterbrechungen nach einem Angriff auf die IT-Sicherheit eines Unternehmens können dieses schwer treffen. Auch die immaterielle Komponente durch einen tiefgreifenden **Reputations- und Marktwertverlust** kann langfristige Folgen nach sich ziehen. In einer Umfrage aus dem Jahr 2017 gaben 31 Prozent der in den vorangegangenen beiden Jahren von Datendiebstahl, Industriespionage und Sabotage betroffenen Unternehmen an, staatliche Stellen seien in die Aufklärungsarbeiten des Vorfalls eingebunden gewesen. Als Gründe, warum die weiteren Unternehmen auf ein Einbeziehen staatlicher Stellen verzichtet haben, wurden ua die Angst vor Imageschäden durch eine mögliche Veröffentlichung (41 Prozent) sowie die Angst vor negativen Konsequenzen (35 Prozent) angeführt.[42] Dass die Befürchtung von Reputationsverlusten nicht unberechtigt ist, zeigen empirische Studien. Diese belegen, dass die öffentliche Bekanntgabe eines Datenlecks den Marktwert des betroffenen Unternehmens negativ beeinflussen kann. Während die Veröffentlichung in U.S.-amerikanischen Zeitungsartikeln für börsennotierte Aktiengesellschaften vor allem im Falle vertrauenswürdiger Daten mit erhöhter statistischer Signifikanz zu negativen Effekten auf den Börsenwert führte[43], schienen in der Finanzbranche gerade nicht explizit auf vertrauliche Daten ausgerichtete Angriffe, wie zB Viren oder DoS-Angriffe, besonders schädlich für die Reputation des Unternehmens zu sein.[44]

26 Darüber hinaus zeigt eine Studie von Akey et al. (2018), dass auch die „**Corporate Social Responsibility (CSR)**"-Ausgaben von Unternehmen mit Reputationsverlusten zusammenhängen. So weisen die Autoren darauf hin, dass das Auftreten von Kursverlusten in Folge eines öffentlich bekanntgegebenen Cyberangriffs für Unternehmen, die in CSR investiert haben, schwächer ausfällt. Zudem investierten Betroffene in den Folgejahren eines Cyberangriffs vermehrt in CSR-Tätigkeiten, möglicherweise zur Kompensation des Reputationsverlusts.[45]

III. Wirtschaftliche Risiken durch staatliche Sanktionen

27 Neben den direkten Kosten durch Cyberangriffe im Unternehmen selbst oder bei Dritten müssen die Betroffenen bei vorliegenden Gesetzesverstößen mit **staatlichen Sanktionen** rechnen. Bei Angriffen mit Datendiebstahl und -missbrauch kann dies beispielsweise im Rahmen der DS-GVO und durch den Vorfall offenbarte Verstöße eintreten. Neben einem verstärkten

---

41 Unter Kritischen Infrastrukturen, kurz KRITIS, werden Einrichtungen oder Anlagen verstanden, die für das staatliche Gemeinwesen von zentraler Bedeutung sind und deren Ausfall oder Einschränkung nachhaltig wirkende Versorgungsengpässe oder elementare Beeinträchtigungen der öffentlichen Sicherheit nach sich ziehen würden. Zu den KRITIS gehören entsprechend bedeutende Einrichtungen der Branchen Energie, Gesundheit, Staat und Verwaltung, Ernährung, Transport und Verkehr, Finanz- und Versicherungswesen, Informationstechnik und Telekommunikation, Medien und Kultur, sowie Wasser. Unter die Meldeverpflichtung fallende Digitale Dienste sind Online-Marktplätze, Suchmaschinen und Cloud-Dienste.
42 BITKOM (2017), S. 10.
43 *Campbell et al.* (2003), S. 443 f.
44 *Arcuri et al.* (2017), S. 187.
45 *Akey et al.* (2018), S. 20 ff.

Fokus auf Transparenz, Security-by-Design und Rechten auf Seiten der Nutzerinnen und Nutzer geht die DS-GVO mit erheblichen **Bußgeldern** im Vergleich zum Bußgeldrahmen des bisherigen Bundesdatenschutzes im Falle eines Verstoßes einher. Betrug das maximale Bußgeld nach § 43 BDSG aF 300.000 Euro, drohen den jeweiligen Unternehmen nunmehr nach Art. 83 DS-GVO Bußgelder bis zu 20 Millionen Euro oder 4 Prozent des weltweiten Vorjahresumsatzes.[46]

Abgesehen von einigen erhöhten Bußgeldern mit Signalwirkung für internationale Konzerne fielen die Bußgelder in Deutschland bisher eher begrenzt aus.[47] So wurde beispielsweise der Konzern Google Anfang 2019 durch die französische Datenschutzbehörde mit einem Bußgeld in Höhe von 50 Millionen Euro belangt. Die Behörde begründete ihre Entscheidung mit mangelnder Transparenz, unzureichender Information sowie einer erschwerten Zugänglichkeit zu Informationen, was den Grundsätzen der DS-GVO widerspricht.[48] In Deutschland wurden sehr hohe Bußgelder ua durch die Berliner Datenschutzbehörde verhängt. Diese richteten sich an das Lieferdienstunternehmen Delivery Hero (195.407 Euro) sowie die Wohnungsgesellschaft Deutsche Wohnen (14,5 Millionen Euro).[49] Darüber hinaus ist anzumerken, dass EU-weit eine Vielzahl von laufenden Verfahren noch nicht abgeschlossen ist.

In der digitalen Welt basieren eine Vielzahl von Geschäftsmodellen auf umfassenden Datensätzen und deren Verwendung. Selbst wenn Unternehmen diese bei Einhaltung der entsprechenden Transparenzregularien und der Zustimmung der entsprechenden Personen weiterhin nutzen dürfen, bedeutete die DS-GVO-Umsetzung für die meisten zunächst die explizite Beschäftigung mit den neuen Anforderungen, was Zeit und Ressourcen beanspruchte. Einige außereuropäische Unternehmen reagierten als Konsequenz sogar mit der **temporären oder langfristigen Vorenthaltung** von Diensten und Internetseiten für europäische Nutzerinnen und Nutzer oder einem Preisaufschlag zur Kompensation, um diese Notwendigkeit zu umgehen. Hierzu zählen die Webseiten diverser US-amerikanischer Lokalnachrichten wie The Clarion News, The Independent (Livermore, California) oder The Baltimore Sun.[50]

E. IT-Sicherheit als Wettbewerbsfaktor

Einen bestimmten IT-Sicherheitsstandard in Unternehmen zu erreichen und zu halten, erfordert nicht nur die dafür notwendigen Investitionen in Sicherheitsmaßnahmen, sondern zieht auch bei der Bekämpfung von Angriffsfolgen und durch öffentliche Bußgelder eine finanzielle Belastung nach sich. Dies wird insbesondere durch die hohe Bedeutung eines angemessenen Standards für nahezu alle Unternehmensbereiche und deren Interaktion verstärkt. Darüber hinaus wird das Ausmaß der IT-Sicherheit jedoch zunehmend auch ganz direkt in Verbindung mit dem Bestehen im **Wettbewerb mit Konkurrenten** gesehen. Im Folgenden werden daher bisherige Erkenntnisse dargestellt, die in der IT-Sicherheit sowohl einen Wettbewerbsvor- als auch -nachteil erkennen lassen können.

Laut einer aktuellen Umfrage des BSI empfinden 29 Prozent der befragten Unternehmen in Deutschland Cybersicherheit als **Wettbewerbsvorteil**, 61 Prozent versprechen sich hingegen keinen Mehrwert hierdurch.[51] Ein zentraler Faktor, der Unternehmen mit herausragenden Sicherheitsmaßnahmen einen Vorteil verschaffen kann, ist das **Vertrauen** bestehender und potenzieller Kundinnen und Kunden. Aufgrund bestehender Informationsasymmetrien über

---

46 *Faust et al.* (2016), S. 122 f.; *Martin et al.* (2019), S. 13 f.
47 *Anger und Neuerer* (2019).
48 Zeit Online (2019); FAZ (2019).
49 *Krempl* (2019); *Wilkens* (2019).
50 *Körber* (2016); o.V. (2018).
51 Bundesamt für Sicherheit in der Informationstechnik, BSI (2019), S. 8.

das Vorhandensein und die Qualität von Sicherheitsmaßnahmen kann insbesondere das explizite Signalisieren oder Ausweisen eines vorgehaltenen Niveaus von Relevanz sein.[52] Einer Studie aus dem Jahr 2008 zufolge belegte die Gewährleistung von Sicherheitsstandards nach der **Produktqualität** und der Produktverfügbarkeit den dritten Rang unter den Entscheidungskriterien zur Auswahl eines geeigneten Online-Händlers.[53] Auch einer vom TÜV Süd (2018) durchgeführten, weltweiten Befragung zu Kaufentscheidungen von Konsumgütern zufolge ist ein **hohes Sicherheitsniveau das wichtigste Auswahlkriterium** für die Kundinnen und Kunden.[54] Dies legt nahe, dass die Anbieter von IT-Produkten und -Diensten, abseits interner Strukturen, bereits bei der Entwicklung und Herstellung Sicherheitskomponenten einen großen Stellenwert beimessen sollten. Dieses Vorgehen wird häufig auch mit dem Stichwort „Security-by-Design" beschrieben. Auch die im Jahr 2018 in Kraft getretene DS-GVO mag hierbei das Bewusstsein der Nutzer nochmals erhöht haben. Sie enthält überdies in Art. 42, 43 DS-GVO erstmals europaweite Vorschriften zur Datenschutzzertifizierung, auch wenn diese bisher in der Praxis noch nicht greifen.

32 Regulatorische Rahmenbedingungen – insbesondere wenn sich diese bei globaler Betrachtung zwischen einzelnen Ländern oder Staatenverbünden unterscheiden – können sich jedoch auch nachteilig auf die wirtschaftliche Entwicklung von Unternehmen aus- und indirekt auf die **Wettbewerbsregulierung** einwirken. Hinsichtlich der Anforderungen an das Datenschutzniveau lassen sich unterschiedliche Standards außerhalb der Europäischen Union und bei Unternehmen, die nicht von der DS-GVO betroffen sind, feststellen.[55] Durch den Umstand, dass letztere sich zum Zeitpunkt der Einführung keinen zusätzlichen Kosten für technische Umrüstungen, Produktanpassungen oder zusätzlichen Beschäftigtenbedarf ausgesetzt sahen, lag hierin ein Vorteil für die weniger regulierten Unternehmen.[56]

33 Der Zusammenhang zwischen Datenschutzvorgaben und IT-Sicherheitsregelungen auf der einen Seite und der Innovationstätigkeit von Unternehmen auf der anderen Seite ist bislang nicht abschließend geklärt. In einer Ende 2017 durchgeführten Befragung durch das ZEW gaben 22,9 Prozent der befragten Unternehmen in der Informationswirtschaft an, die Einführung der **DS-GVO werde Innovationen bremsen**.[57]

34 Die zusätzlichen Kosten zur Einhaltung vorgeschriebener Standards der IT-Sicherheit wirken weiterhin als Verstärkung von **Markteintrittsbarrieren**, insbesondere für kleine Unternehmen und Start-ups. Dies wiederum hemmt die Zunahme des Wettbewerbs und die Markteinführung neuer Produkte und Dienstleistungen.[58] Ende 2017 und damit vor der Umsetzung der DS-GVO rechnete nur ein Bruchteil der Unternehmen in der deutschen Informationswirtschaft mit Wettbewerbsvorteilen für EU-Unternehmen auf internationalen Märkten (10,1 Prozent) oder damit, dass sich die Verordnung positiv auf die eigene Geschäftsentwicklung auswirken werde (5,0 Prozent).[59] Erste Analysen zu den Auswirkungen der DS-GVO zeigen zudem, dass im Bereich von Venture Capital **die Investitionen in der von der neuen Gesetzgebung betroffenen Region deutlich reduziert** wurden.[60]

---

52 *Burt* (2019); *van Dyke et al.* (2007), S. 78 f.
53 *Capgemini* (2018), S. 4; Capgemini Research Institute (2018).
54 TÜV SÜD (2018).
55 Die Vorgaben der DS-GVO gelten nach Art. 3 Abs. 2 auch für jene Unternehmen mit Hauptsitz außerhalb der Europäischen Union, wenn die Datenverarbeitung im Zusammenhang damit steht, Nutzerinnen und Nutzern, die sich innerhalb der Union aufhalten, Waren und Dienstleistungen anzubieten (lit. a, sog. Marktortprinzip) bzw. das Verhalten der Nutzerinnen und Nutzer zu beobachten, soweit das Verhalten in der Union erfolgt (lit. b).
56 *Körber* (2016), S. 349 f.; *Goldberg et al.* (2019), S. 23 f.
57 ZEW (2018), S. 3.
58 *Campbell et al.* (2015), S. 59 f.
59 ZEW (2018).
60 *Jia et al.* (2019), S. 17 ff.

§ 4 IT-Sicherheit aus Nutzerinnen- und Nutzersicht

Literatur: *Willomitzer/Heinemann/Margraf*, Zur Benutzbarkeit der AusweisApp2, 2016; ISO 9241; *Garfinkel/Lipford*, Usable Security, 2014; ISO/IEC 2382–8; *Cavoukian/others*, Information and Privacy Commissioner of Ontario, 2009; *Hoepman*, Privacy Design Strategies, 2014; *Marsh/Dibben*, Annual Review of Information Science and Technology, 2003; *Patrick/Briggs/Marsh*, Security and Usability, 2005; *Ruoti/Kim/Burgon/van der Horst Seamons*, Confused Johnny: When Automatic Encryption Leads to Confusion and Mistakes, 2013; *Zurko/ Simon*, User-centered Security, 1996; *Whitten/Tygar*, Why Johnny Can't Encrypt: A Usability Evaluation of PGP 5.0., 1999; *Saltzer/Schroeder*, Proceedings of the IEEE, 1975; *Adams/Sasse*, Commun. ACM 1999; *Zeier/ Wiesmaier/Heinemann*, API Usability of Stateful Signature Schemes, 2019; *Benenson/Lenzini/Oliveira/Parkin/Uebelacker*, Maybe Poor Johnny Really Cannot Encrypt: The Case for a Complexity Theory for Usable Security, 2015; *Wölbling/Krämer/Buss/ Dribbisch/LoBue et al.*, in: Software for People: Fundamentals, Trends and Best Practices, 2012; *Kujat*, Storytelling für User Experience Designer. Methoden und Beispiele für den Einsatz von User Stories im UX Design Prozess, 2013; *Hwang/Salvendy*, Commun. ACM 2010; *Deutschen Instituts für Vertrauen und Sicherheit im Internet (DIVSI)*, in: DIVSI Internet-Milieus 2016, Die digitalisierte Gesellschaft in Bewegung, 2016.

A. Einführung 1	I. Abgrenzung zu reiner Usability 21
B. Begrifflichkeiten Usability, Security, Privacy und Trust 4	II. Entwicklung von „Usable Privacy and Security" 31
I. Usability 5	III. „Design Thinking" als Instrument zur Entwicklung von Systemen mit Usable Privacy and Security 40
II. Security 8	
III. Privacy 11	
IV. Trust 16	D. Zusammenfassung 57
C. „Usable Privacy and Security" (UPS) 21	

A. Einführung

Computer, Tablets oder Smartphones werden nicht erworben, um Personal Firewalls, VPN-Zugänge, Virenscanner zu konfigurieren, Zertifikate für eine sichere Kommunikation zu installieren oder sich Backup-Strategien nebst Umsetzung zu überlegen. Nutzer*innen wollen im Internet surfen, Urlaubsfotos teilen, E-Mails empfangen und versenden, Texte schreiben und jederzeit Zugriff auf ihre Daten haben. Aus ihrer Sicht ist Informationssicherheit also immer ein **sekundäres Ziel**. Im Vordergrund stehen die funktionalen Anforderungen. Aus diesem Grund sind Nutzer*innen auch wenig motiviert, sich Kenntnisse auf dem Gebiet der IT-Sicherheit anzueignen, um ihre Daten zu schützen. Auf der anderen Seite erwarten sie aber, dass sie an den Sicherheitsmechanismen in irgendeiner Form beteiligt werden, da sie sonst nicht erkennen können, dass überhaupt Sicherheitsmaßnahmen umgesetzt wurden und damit kein Vertrauen in die Umsetzung entwickeln können.

Eines der wesentlichen Probleme heutiger IT-Sicherheitsprodukte und -dienste ist, dass die Bedürfnisse, Kenntnisse und Fähigkeiten der angedachten Nutzer*innen nicht schon zu Beginn, sondern im besten Fall erst am Ende der Konzeptionsphase berücksichtigt werden – oft jedoch überhaupt nicht. Heute ist es im Softwareentwicklungsprozess in der Regel üblich, zunächst die **Sicherheitsziele** („was muss geschützt werden?") und daraus abgeleitet das **Sicherheitsmodell** („wie soll geschützt werden?") festzulegen. Da das gewählte Sicherheitsmodell aber bereits wesentliche Teile des Funktionsumfangs und der möglichen Interaktionsabläufe beeinflusst, führt dies in der Regel zu deutlichen Schwächen hinsichtlich der Benutzbarkeit. Beispiele sind die Online-Ausweisfunktion des Personalausweises[1] oder das von der Telekom im Auftrag des BSI entwickelte Kryptotelefon.[2]

---

[1] Jörg Willomitzer/Andreas Heinemann/Marian Margraf, Zur Benutzbarkeit der AusweisApp2 (2016), S. 6–7.
[2] Telekom stoppt Entwicklung von Kanzlerinnen-Handy, <https://www.sueddeutsche.de/digital/kanzlerinnen-handy-der-hohe-preis-der-sicherheit-1.2162460>, Stand 01.11.2019.

3 IT-Sicherheit aus Nutzer*innensicht ist daher stark geprägt von einem Spannungsverhältnis zwischen den Sicherheits- und Datenschutzanforderungen an IT-Systeme und den Anforderungen der Nutzer*innen nach einfach benutzbaren Systemen (Usability). Die Entwicklung von Sicherheitsmechanismen, die die Nutzer*innen verstehen und bedienen können und die die Sicherheitsanforderungen angemessen umsetzen, ist daher von großer Bedeutung für die effektive IT-Sicherheit. Hier hat sich der *Begriff Usable Privacy and Security* (UPS) in der Wissenschaft etabliert.

B. Begrifflichkeiten Usability, Security, Privacy und Trust

4 Bevor wir das Thema *Usable Privacy and Security* tiefergehend behandeln, wollen wir in diesem Abschnitt die wichtigsten, im Folgenden benötigten Begriffe definieren und ihre Ausprägung erläutern.

I. Usability

5 Nach der Norm ISO 9241 (Ergonomics of Human System Interaction) ist **Usability** „the extent to which a product can be used by specified users to achieve specified goals with effectiveness, efficiency, and satisfaction in a specified context of use".[3]

6 *Garfinkel* und *Lipford*[4] nennen die auf *Shneiderman* zurückgehenden folgenden Anforderungen an benutzbare Systeme:
   1. Learnability: The time for typical users to learn the actions relevant to a set of tasks
   2. Efficiency: How long it takes users to perform typical tasks
   3. Errors: The rate of errors users make when performing tasks
   4. Memorability: How users can retain their knowledge of the system over time
   5. Subjective Satisfaction: How users like the various aspects of the system.

7 Für Sicherheitsprodukte (z.B. Soft- und Hardware zur Umsetzung der Sicherheitsziele Vertraulichkeit, Authentizität und Datenschutz) ist aber eine reine Betrachtung der Usability nicht ausreichend.

II. Security

8 Sicherheit ist der Schutz vor negativen Konsequenzen aus berechtigen oder unberechtigten Handlungen (letzteres sind typischerweise, aber nicht zwingend Straftaten) sowie sonstigen, nicht zwingend menschlich verursachten Ereignissen. Wir unterscheiden zwei Arten von Sicherheit: **Funktionssicherheit** oder **Betriebssicherheit** (engl. Safety) ist der Schutz vor negativen Konsequenzen aus berechtigten Handlungen. Informationssicherheit (engl. IT-Security oder Cybersecurity) ist demgegenüber der Schutz vor negativen Konsequenzen aus vorsätzlichen, typischerweise strafbaren oder jedenfalls zivilrechtlich unzulässigen aber auch fahrlässigen Handlungen. Im Folgenden interessieren wir uns für den zweiten Sicherheitsbegriff.

9 Klassische Schutzziele in diesem Bereich sind **Vertraulichkeit** (engl. Confidentiality), **Integrität** (engl. Integrity) und **Verfügbarkeit** (engl. Availability).[5] Häufig wird das Schutzziel Integrität weiter aufgeteilt in **Authentizität** (von Daten oder Entitäten) und **Nichtabstreitbarkeit**. Weitere Schutzziele, gerade in Bezug auf Privacy, sind **Anonymität** und **Pseudonymität**.

10 ISO/IEC 2382-8 fasst die obigen Definitionen wie folgt zusammen. **Security** ist „the protection of data and resources from accidental or malicious acts, usually by taking appropriate

---

3 ISO 9241.
4 *Garfinkel/Lipford*, Usable Security (2014), S. 9.
5 S. näher *Grimm/Waidner* in → § 2 Rn. 43.

actions.", und ergänzt: „NOTE: these acts may be modification, destruction, access, disclosure, or acquisition if not authorized".[6]

III. Privacy

Unter Datenschutz, auch Schutz der **Privatsphäre** oder **Privacy**, wird allgemein der Schutz personenbezogener Daten verstanden, dh jeder muss selbst entscheiden können, wem wann welche seiner persönlichen Daten zugänglich sind. Dabei sind personenbezogene Daten nach Art. 4 Nr. 1 der europäischen Datenschutz-Grundverordnung „[...] alle Informationen, die sich auf eine identifizierte oder identifizierbare natürliche Person (im Folgenden „betroffene Person") beziehen; als identifizierbar wird eine Person angesehen, die direkt oder indirekt, insbesondere mittels Zuordnung zu einer Kennung wie einem Namen, zu einer Kennnummer, zu Standortdaten, zu einer Online-Kennung oder zu einem oder mehreren besonderen Merkmalen, die Ausdruck der physischen, physiologischen, genetischen, psychischen, wirtschaftlichen, kulturellen oder sozialen Identität dieser natürlichen Person sind, identifiziert werden kann". 11

Die Schutzziele der beiden Bereiche Security und Privacy sind teilweise identisch.[7] So kann sich bspw. im Kontext einer Anwendung das Schutzziel Vertraulichkeit sowohl aus Security- als auch aus Privacy-Gründen ergeben. In einigen Anwendungsfällen, wenn es z.B. aus Sicht der Security erforderlich ist, eine Person eindeutig zu identifizieren und damit keine Anonymität mehr möglich ist, können sich die Anforderungen widersprechen. 12

Ähnlich wie beim Thema **Usable Security**, gibt es auch für den Bereich Privacy Ansätze, die Nutzer*innen beim Erreichen ihrer Ziele zu unterstützen. Ein Ansatz, *Privacy by Design*, wurde in den 1990er Jahren von Ann Cavoukian in ihrer Rolle als Information & Privacy Commissioner der kanadischen Provinz Ontario entwickelt.[8] Ziel ist, die persönliche Kontrolle über die eigenen Daten zu behalten. Dieses Ziel soll durch die Anwendung der folgenden sieben Grundprinzipien erreicht werden, die seit 2018 in Europa teilweise auch durch die DS-GVO vorgegeben werden (insbesondere Art. 25 DS-GVO): 13

1. Proaktiv, nicht reaktiv; als Vorbeugung und nicht als Abhilfe: Der Privacy-by-Design-Ansatz sieht mögliche Verletzungen der Privatsphäre voraus und verhindert sie, bevor sie geschehen können.
2. Datenschutz als Standardeinstellung: Ein IT-System bietet systemimmanent als Standardeinstellung den Schutz der personenbezogenen Daten (nunmehr rechtsverbindlich verankert in Art. 25 Abs. 2 DS-GVO).
3. Datenschutz ist in das Design eingebettet: Datenschutz wird bereits in der Entwurfsphase eines IT-Systems, einer Software oder einer Geschäftspraktik berücksichtigt.
4. Volle Funktionalität – eine Positivsumme, keine Nullsumme: Sowohl Datenschutz als auch Sicherheit können gleichzeitig realisiert werden, nicht nur das eine auf Kosten des anderen. Die gleichzeitige Umsetzung von Sicherheit und Datenschutz bringt Vorteile für alle Beteiligten (eine Positivsumme).
5. Durchgängige Sicherheit – Schutz während des gesamten Lebenszyklus: Personenbezogene Daten sind von der Erfassung bis zur Vernichtung im gesamten Lebens- und Verarbeitungszyklus innerhalb einer Software bzw. eines Systems mittels starker Sicherheitsmaßnahmen geschützt.

---

6 ISO/IEC 2382–8.
7 Ausführlich zum Verhältnis von IT-Sicherheit und Datenschutz *Jandt* in → § 17 Rn. 47.
8 *Cavoukian/others*, Information and Privacy Commissioner of Ontario, 2009, S. 2.

6. Sichtbarkeit und Transparenz – für Offenheit sorgen: Komponenten und Verfahren eines IT-Systems können unabhängigen Prüfungen unterzogen werden. Sie sind einsehbar und für alle Beteiligten (Nutzer*innen und Anbieter) transparent.
7. Wahrung der Privatsphäre der Nutzer*innen – für eine nutzer*innenzentrierte Gestaltung sorgen: Betreiber*innen und Architekt*innen von IT-Systemen stellen Nutzer*innen und ihre Interessen bzgl. Personenbezogener Daten und Privatsphäre in den Mittelpunkt. Voreinstellungen sind datenschutz- und benutzer*innenfreundlich. Darüber hinaus bieten IT-Systeme angemessene Benachrichtigungen bzgl. Personenbezogener Daten an.

14 Ausgehend von den Vorschlägen von Cavoukian, den damals (2014) bestehenden Datenschutzbestimmungen sowie Standardisierungsbemühungen (ISO/IEC JTC 1/SC 27) schlägt Hoepman[9] acht sogenannte **Privacy-Design-Strategien** vor. Diese lassen sich in datenorientierte und prozessorientierte Strategien unterscheiden und sollten in der ersten Phase eines Softwareentwicklungsprozesses zum Einsatz kommen. Die acht Strategien sollen hier kurz vorgestellt werden; sie sind – in Europa – teilweise in der DS-GVO verankert und damit keine „nur" anzustrebenden Entwicklungsziele, sondern verbindliches Recht:

1. *Minimize*: Der Umfang der verarbeiteten Daten mit Personenbezug sollte so gering wie möglich sein (Grundsatz der Datenminimierung, Art. 5 Abs. 1 lit. c DS-GVO).
2. *Hide*: Daten mit Personenbezug und Zusammenhänge von Datensätzen mit Personenbezug sollten nicht leicht und ungeschützt anzeigbar sein.
3. *Separate*: Daten mit Personenbezug sollten möglichst verteilt und separat auf unterschiedlichen Komponenten verarbeitet werden.
4. *Aggregate*: Daten mit Personenbezug sollten möglichst aggregiert verarbeitet und gespeichert werden und Details verworfen werden, solange man noch mit den aggregierten Daten sinnvoll arbeiten kann.
5. *Inform*: Betroffene Personen sollten in angemessener Art und Weise über die Verarbeitung ihrer persönlichen Daten informiert werden (diese bei Hoepman eher weich formulierte Vorgabe ist in Art. 12 ff. DS-GVO wie bisher rechtsverbindlich, aber deutlich detaillierter geregelt als bisher).
6. *Control*: Betroffene Personen sollten die Verarbeitung ihrer persönlichen Daten steuern und ggf. einschränken können.
7. *Enforce*: Eine Privacy Policy, die konform zu gegebenen rechtlichen und regulativen Anforderungen ist, sollte vom System unterstützt und durchsetzbar sein.
8. *Demonstrate*: Die datenverarbeitende Entität muss den Nachweis über die Einhaltung von Privacy Policies und rechtlichen Anforderungen erbringen können (Prinzip der Rechenschaftspflicht, Art. 5 Abs. 2 DS-GVO).
9. Für die technische Umsetzung dieser Strategien wird dann in der späteren Implementierung auf geeignete *Privacy-enhancing Technologies* (PETs) gesetzt, deren Einsatz Art. 25 DS-GVO nunmehr ebenfalls vorgibt.

15 An dieser Stelle sei erwähnt, dass nicht für alle Strategien bereits technische Lösungen vorliegen, z.B. für die Strategie *Control* fehlen diese noch.

IV. Trust

16 Nutzer*innen reagieren sehr sensibel auf tatsächliche oder auch nur vermutete Sicherheitslücken. Gerade für Nutzer*innen mit geringem technischem Sachverstand sind daher **Datenschutzzertifizierungen** nach Art. 42, 43 DS-GVO oder Zertifizierungen nach z.B. **IT-Grundschutz** nicht ausreichend. Diesen muss darüber hinaus auch das Gefühl vermittelt werden,

---

[9] *Jaap-Henk Hoepman*, Privacy Design Strategies (2014), S. 452–456.

dass der Dienst sicher und der Dienstanbieter vertrauenswürdig ist. Dies gilt im Besonderen für Sicherheitsprodukte. Wesentliche Voraussetzung für die Akzeptanz (und damit auch für die Nutzung) ist das Vertrauen in diese Produkte. Für unsere Zwecke ist die Aufteilung in die folgenden drei einander überlagernden Ebenen hilfreich:[10]

Dispositional Trust ist das Resultat charakterlicher Eigenschaften, welche über das grundlegende Maß an Vertrauen bestimmen, das jemand aufzubringen bereit ist. Diese Ebene des Vertrauens kann im Rahmen der Betrachtung als unveränderliche Randbedingung angesehen werden, da sie weder beeinflusst noch für die Ableitung konkreter Richtlinien zu Rate gezogen werden kann.

Learned Trust bezeichnet eine erlernte Tendenz, im Allgemeinen oder unter bestimmten Bedingungen ein gewisses Maß an Vertrauen aufzubringen. Dies kann bedeuten, bspw. einer bestimmten Marke zu vertrauen, weil damit positive Erfahrungen gemacht wurden, oder aber bestimmte Kennzeichen einer Situation als vertrauenswürdig zu erkennen, bspw. eine zertifizierte, sichere Verbindung im Webbrowser, oder ein bestimmtes Gütesiegel.

Situational Trust ergibt sich direkt aus den Gegebenheiten einer bestimmten Situation, bedarf keiner besonderen Vorbildung oder Fähigkeiten und läuft in der Regel vollständig intuitiv ab. Dies ist der primäre Ansatzpunkt für die Interaktion mit Benutzer*innen ohne fachliches Vorwissen, da diese über keine anderen Mittel verfügen, die Vertrauenswürdigkeit einer Software einzuschätzen. Für die situationsbedingte Ebene des Vertrauens spielen insbesondere „Oberflächlichkeiten" wie Webdesign, Rechtschreibung und Gesamtbild eine große Rolle.

Wie die Untersuchung eines kanadischen Teams zum Surfverhalten von Internetbenutzer*innen zeigt, wird der erste Eindruck innerhalb von 50 Millisekunden gefällt.[11] Patrick, Marsh und Briggs formulierten 2005 die folgenden 15 Grundsätze,[12] um bei Nutzer*innen Vertrauen in Systeme und Produkte zu erzeugen. Einige dieser Punkte sollten schon durch entsprechende Usability-Vorgaben umgesetzt werden und sind unabhängig davon, ob der Fokus auf Sicherheit liegt:

1. Ensure good ease of use.
2. Use attractive design.
3. Create a professional image – avoiding spelling mistakes and other simple errors.
4. Don't mix advertising and content – avoid sales pitches and banner adverts.
5. Convey a »real world« look and feel.
6. Maximize the consistency, familiarity, and predictability of an interaction both in terms of process and visually.
7. Include seals of approval – such as TRUSTe.
8. Provide explanations – justifying the advice or information given.
9. Include independent peer evaluation such as references from past and current users and independent message boards.
10. Provide clearly stated security and privacy statements and also rights to compensation and returns.
11. Include alternative views, including good links to independent sites within the same business area.
12. Include background information such as indicators of expertise and patterns of past performance.
13. Clearly assign responsibilities (to the vendor and the customer).

---

10 *Marsh/Dibben*, Annual Review of Information Science and Technology 2003, S. 469.
11 First impressions count for web, <http://news.bbc.co.uk/2/hi/technology/4616700.stm>, Stand 1.11.2019.
12 *Patrick/Briggs/Marsh*, Security and Usability 2005, S. 16.

14. Ensure that communication remains open and responsive and offer order tracking or alternative means of getting in touch.
15. Offer a personalized service which takes account of each client's needs and preferences and reflects their social identity.

C. „Usable Privacy and Security" (UPS)

I. Abgrenzung zu reiner Usability

21 Für das Verständnis des Themas *Usable Privacy and Security* (UPS) ist es wichtig zu verstehen, dass es einen wichtigen Unterschied zwischen Usability und eben **Usable Privacy and Security** gibt. Eine wichtige Anforderung an benutzbare Systeme ist es, dass Nutzer*innen mit möglichst wenig Interaktion ihr Ziel erreichen und dabei möglichst effizient, effektiv und für das eigene Empfinden der Nutzer*in zufriedenstellend vorgehen können. Überspitzt formuliert: Ein System völlig ohne Nutzer*inneninteraktion ist aus Sicht der Usability perfekt.

22 Aus UPS-Sicht ist dies aber nicht immer möglich bzw. sinnvoll. So erfordern rechtsverbindliche Vorgänge, zB bei der Vertragsunterzeichnung oder Einwilligung, ein aktives Einbinden der Nutzer*innen. Darüber darf die Interaktion mit technischen Systemen nur bis zu dem Punkt minimiert und optimiert werden, an dem das Vertrauen (Trust) in das System nicht abnimmt und die Nutzer*innen nicht unsicher über den Systemzustand zurückbleiben. So haben Ruoti et al[13] gezeigt, dass eine vollständige automatisierte Verschlüsselung von E-Mails sich negativ auf sein Vertrauen in das System auswirkt.

23 Drei Lösungsansätze werden von Zurko et. al diskutiert und bewertet:[14]
1. Applying Usability to Secure Systems,
2. Applying Security to Usable Systems und
3. User-centered Design of Security.

24 Die ersten beiden Lösungsansätze erscheinen auf den ersten Blick vielversprechend und Zurko et. al führen einige Beispiele auf. Neuere Arbeiten weisen jedoch darauf hin, dass die Lösungsansätze 1.) und 2.) in der Regel nicht zum Erfolg führen (siehe auch die untenstehenden Erläuterungen). Den Ansatz 3.) diskutieren wir in Abschnitt III.

25 Beispielhaft für den ersten Lösungsansatz betrachten wir an dieser Stelle die Software **Pretty Good Privacy** (PGP). Diese Lösung soll das Schutzziel Vertraulichkeit und Authentizität umsetzen (Sicherheitsziele). Um Informationen, z.B. E-Mails, zu verschlüsseln und deren Authentizität zu gewährleisten, werden in PGP **Public-Key Verfahren** genutzt (Sicherheitsmodell). Dazu muss eine Nutzer*in zunächst ein Schlüsselpaar (öffentlicher Schlüssel zum Verschlüsseln, geheimer Schlüssel zum Entschlüsseln, öffentlicher Schlüssel zur Verifizierung, geheimer Schlüssel zur Berechnung der für die Authentizität notwendigen Prüfsumme) generieren und den anderen Kommunikationspartner*innen ihre öffentlichen Schlüssel bekannt geben, damit die Kommunikationspartner*innen für sie Informationen verschlüsseln bzw. ihre Prüfsummen verifizieren können. Den Nutzer*innen müssen somit das Konzept der **Public-Key Kryptographie** (welche Schlüsselanteile werden für welche Aufgaben genutzt) zumindest im Ansatz erläutert werden. Whitten und Tygar haben die Lösung PGP 5.0 hinsichtlich ihrer Benutzbarkeit untersucht.[15] Sie stellten zwölf Proband*innen die Aufgaben, Schlüsselpaare zu generieren, die für die Verschlüsselung notwendigen Schlüssel an die anderen Proband*innen zu versenden, E-Mails zu verschlüsseln und zu entschlüsseln. Im Ergebnis haben

---

13 *Scott Ruoti/Nathan Kim/Ben Burgon/Timothy van der Horst/Kent Seamons*, Confused Johnny: When Automatic Encryption Leads to Confusion and Mistakes (2013), S. 11–12.
14 *Mary Ellen Zurko/Richard T. Simon*, User-centered Security (1996), S. 28–29.
15 *Alma Whitten/J Doug Tygar*, Why Johnny Can't Encrypt: A Usability Evaluation of PGP 5.0. (1999), S. 679–702.

drei Proband*innen ihren geheimen Schlüssel verschickt, sieben ihren eigenen öffentlichen Schlüssel zum Verschlüsseln genutzt und keiner der Proband*innen konnte alle Aufgaben erfüllen.

Eine naheliegende Lösung ist, die Nutzer*innen umfassender über die zugrundeliegenden Konzepte zu informieren. Wie aber bereits in der Einleitung beschrieben, ist die Motivation der Nutzer*innen eher gering, umfassende Informationen zum gewählten Sicherheitsmodell zu studieren. Solange es deutlich einfacher ist, eine E-Mail unverschlüsselt als verschlüsselt zu übertragen, werden Nutzer*innen mit hoher Wahrscheinlichkeit den einfacheren, also unsicheren Weg beschreiten.

Whitten und Tygar identifizierten fünf Eigenschaften, die die Umsetzung benutzbarer Sicherheit erschweren:[16]

1. *The Unmotivated User Property*: Die Menschen setzen sich in der Regel nicht an ihren Computer, um die IT-Sicherheit ihres Systems zu verwalten; vielmehr wollen sie E-Mails empfangen oder versenden, auf Webseiten surfen oder Software herunterladen und sie wollen, dass sie während diesen Tätigkeiten ausreichend geschützt sind, ohne sich aktiv darum kümmern zu müssen.
2. *The Abstraction Property*: Sicherheits-Policies folgen abstrakten Regeln und Modellen. Die Erstellung und Verwaltung solcher Regeln ist eine Tätigkeit, die für Programmierer und Administratoren eine Selbstverständlichkeit ist, die aber für reine Anwender*innen befremdlich und nicht intuitiv sein kann.
3. *The Lack of Feedback Property*: Die Notwendigkeit, gefährliche Bedienfehler zu vermeiden, macht es unerlässlich, der Benutzerin bzw. dem Benutzer ein gutes Feedback zu geben, z.B. in Form von Warnungen, Hinweisen etc. Dies ist allerdings ein schwieriges Problem, gerade im Hinblick auf die Kommunikation von Risiken.
4. *The Barn Door Property*: Wenn vertrauliche Daten einmal versehentlich, und sei es auch nur für kurze Zeit, ungeschützt gelassen wurden, kann man nicht sicher sein, dass sie nicht bereits von einem Angreifer ausgelesen wurden.
5. *The Weakest Link Property*: Sobald ein Angreifer einen einzigen Fehler ausnutzen konnte (und sei es nur ein unbedachter Bedienfehler), so ist das Spiel vorbei. Das bedeutet, dass die Benutzer angeleitet werden müssen, sich um alle Aspekte ihrer IT-Sicherheit zu kümmern.

Eine zweite, ebenfalls naheliegende Lösung, die Verschlüsselung vollständig automatisiert von einem vertrauenswürdigen Dritten durchführen zu lassen (Security as a Service, Lösungsansatz „Applying Security to Usable Systems"), ist ebenfalls problematisch. Als Beispiel sei hier die Untersuchung von Ruoti, Kim, Burgon, van der Horst und Seamons zitiert.[17] Die Autoren haben einen sicheren E-Mail-Dienst (Private Web Mail (PWM)) konzipiert und hinsichtlich Benutzbarkeit untersucht. Der Dienst soll E-Mails Ende-zu-Ende verschlüsseln und Ende-zu-Ende authentisieren, ohne dass Nutzer*innen vorab Zertifikate oder öffentliche Schlüssel austauschen müssen. Die Nutzer*innen sollen lediglich über einen Button bestimmen, ob eine E-Mail sicher übertragen werden soll.[18] Das Ergebnis der Untersuchung lässt sich kurz wie folgt zusammenfassen: Der Dienst ist hinsichtlich Benutzbarkeit „zu gut". Die Proband*innen haben die Usability des Dienstes zunächst mit hoch bewertet, vergaßen aber bei wiederholter

---

16 Alma Whitten/J Doug Tygar, Why Johnny Can't Encrypt: A Usability Evaluation of PGP 5.0. (1999), S. 682–683.
17 Scott Ruoti/Nathan Kim/Ben Burgon/Timothy van der Horst/Kent Seamons, Confused Johnny: When Automatic Encryption Leads to Confusion and Mistakes (2013), S. 1–12.
18 Auch wenn wir im Folgenden die Möglichkeiten konkreter technischer Realisierungen nicht behandeln, sei an dieser Stelle erwähnt, dass eine solche Lösung z.B. so umgesetzt werden kann, dass zwei Kommunikationspartner eine Diffie-Hellman-Schlüsseleinigung durchführen und ein vertrauenswürdiger Dritter lediglich für die Authentizität der ausgetauschten Schlüsselanteile sorgt.

29 Nutzung die Verschlüsselung einzuschalten, glaubten nicht, dass tatsächlich verschlüsselt wird (weil es zu einfach ist) und nahmen an, dass jeder entschlüsseln kann (wenn sie als Laie es selbst können, dann auch beliebige Dritte).

29 Als eine der Herausforderungen im Sinne der Benutzbarkeit ist also zu untersuchen, wie den Nutzer*innen der gegenwärtige Zustand des Systems (wird verschlüsselt, ist eine E-Mail verschlüsselt eingegangen, ist eine Authentisierung erforderlich usw.) angezeigt werden können, ohne sie mit ungewohnten Begriffen oder Handlungen zu überfordern. Nutzer*innen wollen und müssen wissen, wann sie z.B. verschlüsseln, sich authentisieren oder Dokumente unterschreiben, also die Schutzziele Vertraulichkeit, Authentizität und Nichtabstreitbarkeit umsetzen.

30 Diese beiden Beispiele zeigen exemplarisch, dass die beiden Lösungsansätze „Applying Usability to Secure Systems" und „Applying Security to Usable Systems" nicht einfach umsetzbar sind. Vielmehr muss, wie bereits oben erläutert, die Zielgruppe schon zu Beginn berücksichtigt werden, also der Ansatz „**User-centered Design of Security**" verfolgt werden.

II. Entwicklung von „Usable Privacy and Security"

31 Wissenschaftliche Arbeiten im Bereich *Usable Privacy and Security* werden erst seit den 1990er Jahren intensiv betrieben, vgl. z.B. die Übersichtsarbeit von *Garfinkel* und *Lipford*.[19] Dennoch wurde dem Thema Usability schon mit Begründung der Kryptologie als wissenschaftliche Disziplin Aufmerksamkeit beigemessen.

32 So hat der niederländische Linguist und Kryptologe *Auguste Kerckhoffs* bereits in seiner 1883 erschienenen Schrift „La cryptographie militaire" sechs Grundsätze zur Konstruktion sicherer Verschlüsselungsverfahren formuliert. Der heute wohl bekannteste Grundsatz, auch **Kerckhoffs'sches Prinzip** genannt, lautet: Das System darf keine Geheimhaltung erfordern. Gemeint ist, dass die Sicherheit eines Verschlüsselungsverfahrens allein auf der Geheimhaltung des eingesetzten Schlüssels beruht und nicht etwa darauf, den eingesetzten kryptographischen Algorithmus zu verschleiern (**security by obscurity**). Weniger bekannt ist, dass auch schon *Kerckhoffs* das Thema Benutzbarkeit adressierte. So lautet der sechste Grundsatz: Das System muss einfach anwendbar sein.

33 Die Motivation hinter diesem Grundsatz ist offensichtlich: Schon *Kerckhoffs* war bekannt, dass schwierig zu benutzende Sicherheitssysteme schlechthin nicht benutzt werden oder sich bei der Benutzung Fehler ergeben können, die zu Sicherheitslücken führen.

34 Ein weiterer wichtiger Schritt ist die Arbeit von *Saltzer* und *Schroeder* aus dem Jahr 1975 zum Thema Computersicherheit. Sie gilt allgemein als die erste Arbeit, in der beobachtet wurde, dass IT-Systeme benutzbar sein müssen, um sicher zu sein. *Saltzer* und *Schroeder* identifizierten, neben weiteren sieben Designprinzipien zur Konstruktion sicherer Systeme das folgende, in Hinblick auf unser Thema Usable Privacy and Security wichtige Prinzip:

35 **Psychological Acceptability**: „It is essential that the human interface be designed for ease of use, so that users routinely and automatically apply the protection mechanisms correctly. Also, to the extent that the user's mental image of his protection goals matches the mechanisms he must use, mistakes will be minimized. If he must translate his image of his protection needs into a radically different specification language, he will make errors."[20]

36 Hier spielen also zwei Aspekte eine Rolle: 1) Ein User Interface, dass einfach zu nutzen ist und 2) die internen Mechanismen des Systems müssen mit den Erwartungen der Nutzer*innen übereinstimmen.

---

19 *Garfinkel/Lipford*, Usable Security (2014), S. 14–15.
20 *Saltzer/Schroeder*, Proceedings of the IEEE 1975, S. 1283.

Im Jahr 1996 führten *Zurko* und *Simon* den Begriff **User-Centered Security** ein. Die Autoren schlugen in ihrer Arbeit drei Forschungsschwerpunkte vor, um zukünftig die Benutzbarkeit (und damit auch die Sicherheit) zu erhöhen:[21]

1. Applying usability testing and techniques to secure systems,
2. developing security models and mechanisms for user-friendly systems and
3. considering user needs as a primary design goal at the start of secure system development.

Die Benutzbarkeit und die Bedürfnisse der Nutzer*innen sollten also schon während der Designphase nicht nur berücksichtigt werden, sondern im Vordergrund stehen. Die zuvor bereits besprochene Arbeit von *Whitten* und *Tygar*[22] zur Benutzbarkeit von PGP 5.0 sowie die Arbeit von *Adams* und *Sasse*[23] über die Verwendung von Passwörtern in Unternehmen, beide aus dem Jahr 1999, sind heute vielzitierte Arbeiten, die der Usable Security zu mehr Sichtbarkeit in der Wissenschaft verhalfen. Spätestens seit 2005 ist mit der Einrichtung des „Symposiums on Usable Privacy and Security"[24] durch *Cranor* und *Zurko* die benutzbare Sicherheit ein eigenständiges Forschungsgebiet.

Während sich die Forschung die ersten Jahre vornehmlich um die Endnutzer*innen gekümmert hat und sich hier diverser Themen annahm, wie z.B. User Authentication, E-Mail Security und Anti-Phishing-Ansätzen, werden zunehmend auch Softwareentwickler*innen und IT-Systemadministrator*innen als Betrachtungsgegenstand gewählt. So kümmern sich aktuelle Forschungsprojekte z.B. darum, wie das Design von Sicherheitsbibliotheken und APIs Entwickler*innen davor schützt, die Sicherheitsfunktionen falsch anzuwenden und damit letztendlich unsichere Anwendungen zu bauen.[25]

III. „Design Thinking" als Instrument zur Entwicklung von Systemen mit Usable Privacy and Security

Wie eben erwähnt, diskutiert die Wissenschaft vermehrt auch über die Zielgruppen Entwickler*innen und IT-Administrator*innen für die Umsetzung von Usable Privacy and Security. Wir beschränken uns in diesem Abschnitt auf die Nutzer*innen von IT-Systemen. Wie bereits in Abschnitt C.I aufgeführt, gibt es folgende Lösungsansätze[26]

1. Applying Usability to Secure Systems,
2. Applying Security to Usable Systems und
3. User-centered Design of Security.

Wir haben bereits diskutiert, dass die Ansätze 1) und 2) in der Regel nicht erfolgreich sind. Für den Ansatz 3) – und für die Zielgruppe Nutzer*innen – wurden ebenfalls von *Zurko* und *Simon* folgende Vorschläge aufgeführt[27] (siehe auch Abschnitt C.II):

1. Applying usability testing and techniques to secure systems,
2. Developing security models and mechanisms for user-friendly systems and
3. Considering user needs as a primary design goal at the start of secure system development.

---

21 *Mary Ellen Zurko/Richard T. Simon*, User-centered Security (1996), S. 32.
22 *Alma Whitten/J Doug Tygar*, Why Johnny Can't Encrypt: A Usability Evaluation of PGP 5.0. (1999).
23 *Adams/Sasse*, Commun. ACM 1999.
24 Symposium on Usable Privacy and Security – SOUPS 2019, <https://www.usenix.org/conference/soups2019>, Stand 02.11.2019.
25 *Alexander Zeier/Alexander Wiesmaier/Andreas Heinemann*, API Usability of Stateful Signature Schemes (2019), S. 222–223.
26 *Mary Ellen Zurko/Richard T. Simon*, User-centered Security (1996), S. 28–29.
27 *Mary Ellen Zurko/Richard T. Simon*, User-centered Security (1996), S. 32.

42 Zwar gibt es für den zweiten Punkt, insbesondere zu der Fragestellung, ob das gewählte Sicherheitsmodell benutzbar umgesetzt werden kann, erste Ansätze,[28] wir wählen im Folgenden aber einen eher praktischen Ansatz, der die oben angeführten Punkte 1) und 3) abdeckt.

43 Eine Möglichkeit, Nutzer*innen schon zu Beginn der Konzeption einzubeziehen, ist, Methoden aus dem **Design Thinking** zu verwenden, die von der Stanford University entwickelt wurde und in Deutschland vom Hasso-Plattner-Institut an der Design School of Design Thinking erforscht und in vielen Projekten angewandt wird. Design Thinking ist eine Methode, in der ein in der Regel interdisziplinäres Team neue innovative Lösungen für Probleme erarbeitet, wobei die Nutzer*innen in allen Schritten einbezogen werden.[29] Das Vorgehen ist in der folgenden Abbildung graphisch dargestellt.

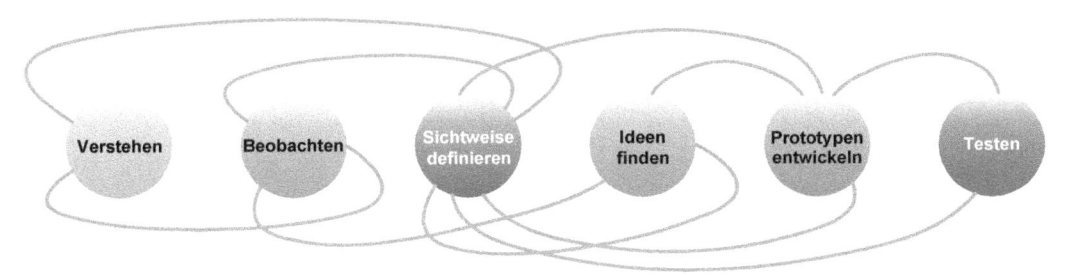

Abb. 1: Design Thinking

44 Wichtig hier ist zu verstehen, dass zwar die Bedürfnisse der Nutzer*innen berücksichtigt werden, aber eben nicht, indem diese nur nach den Lösungsmöglichkeiten befragt werden. Vielmehr ist das Ziel, die eigentlichen Probleme zu erkennen und daraus Lösungen zu erarbeiten. Oder um es mit *Henry Ford* zu sagen: „Wenn ich die Menschen gefragt hätte, was sie wollen, hätten sie gesagt: schnellere Pferde". Hier geht es also darum, die Bedürfnisse der Nutzer*innen zu erkennen (schneller von A nach B zu kommen) und darauf basierend eine Lösung zu entwickeln (das Auto). Viele der heutigen erfolgreichen Lösungen sind sicherlich ohne die Methode des Design Thinking entwickelt worden, allerdings in Form von Trial-and-Error. Wir sehen heute nur die erfolgreichen Lösungen.

45 Wir beschreiben im Folgenden die in der Abbildung oben aufgeführten Schritte. Dabei bedeuten die Verbindungen, dass jederzeit auf einen der vorherigen Schritte zurückgegangen werden muss, wenn im aktuellen Schritt keine Lösung gefunden werden kann. Im schlimmsten Fall hat man nach der Feststellung, dass die Tests fehlgeschlagen sind, das eigentliche Problem nicht verstanden und muss mit der Arbeit neu beginnen.

46 **Verstehen:** In diesem ersten Schritt des Prozesses wird das zu lösende Problem möglichst genau definiert, und alle Teilnehmer am Prozess sollen ein tieferes Verständnis des Problems erlangen. Im Idealfall sind alle Akteure am Ende Experten für das Problem. Gemeinsam mit dem zweiten Schritt „Beobachten" soll das Problem möglichst umfassend von allen verstanden worden sein.

47 **Beobachten:** Hier wird das Problem aus Sicht der Nutzer*innen erforscht, und auch die Nutzer*innen selbst sind Gegenstand der Betrachtung. Ihre Vorlieben, Wünsche aber auch Fähigkeiten und Wissen werden hier über diverse Methoden der Nutzer*innenforschung erarbeitet

---

28 *Zinaida Benenson/Gabriele Lenzini/Daniela Oliveira/Simon Parkin/Sven Uebelacker*, Maybe Poor Johnny Really Cannot Encrypt: The Case for a Complexity Theory for Usable Security (2015).
29 *Wölbling/Krämer/Buss/Dribbisch/LoBue u. a.*, in: Software for People: Fundamentals, Trends and Best Practices (2012).

und aufbereitet. So helfen bspw. Techniken des **Storytellings**[30] die Ergebnisse allen im Team leicht zugänglich zu machen.

Sichtweise definieren: Die ersten zwei Schritte können zu vielen und u.U. auch widersprüchlichen Informationen führen. Deshalb ist es in diesem Schritt wichtig, eine Antwort auf die zentrale Frage „Welches Problem muss gelöst werden und für wen?" zu finden. Oft wird versucht, dies in Form eines einzigen Satzes festzuhalten, der die Nutzer*innen, ihre Bedürfnisse und die vorher gewonnen Erkenntnisse berücksichtigt.

Ideen finden: In diesem Schritt werden mittels Brainstorming Ideen entwickelt, wie das vorher identifizierte Problem für die angedachten Nutzer*innen gelöst werden kann. Hierbei sollte noch nicht über die technische Realisierbarkeit gesprochen werden, um möglichst unbefangen Lösungsoptionen zu entwickeln.

Später werden diese Lösungsoptionen geclustert und hinsichtlich Machbarkeit und Zeithorizont bewertet. Für die vielversprechendsten Ideen sollen dann im nächsten Schritt Prototypen entwickelt werden.

Prototypen entwickeln: Die Entwicklung von Prototypen, basierend auf den zuvor entwickelten Ideen, ist ein wichtiger Schritt, um unter allen Teammitgliedern ein gemeinsames Verständnis der Lösung zu kommunizieren. Hierbei können Prototypen ganz unterschiedliche Grade der Realisierung aufweisen, angefangen von einfachen **Papierprototypen** bis hin zu mit Teilfunktionalität ausgebildeten **Klick-Prototypen**. Oft werden parallel mehrere Prototypen entwickelt, die dann vergleichend gegenübergestellt werden können. Ebenfalls sind Verfeinerungen, Veränderungen und Verbesserungen der Prototypen innerhalb dieses Schrittes möglich.

Testen: Sobald die Prototypen aus Sicht des Teams zufriedenstellend sind, müssen diese mit den angedachten Nutzer*innen evaluiert werden. Hier kommen dann vornehmlich klassische Usability-Tests zum Einsatz, bspw. hilft die **Thinking-Aloud**-Methode dabei zu überprüfen, ob der Prototyp im Sinne des angedachten Designs funktioniert.

Wie bereits eingangs beschrieben, können schlechte Testergebnisse dazu führen, dass im besten Fall der Prototyp überarbeitet werden muss und im schlimmsten Fall der Prozess von vorn beginnt. Insbesondere für Sicherheitslösungen müssen die durchzuführenden Tests nicht nur die reine Usability des Prototypens testen, sondern auch, ob der angedachte Entwurf sich positiv auf das Vertrauen der Nutzer*innen in das System auswirkt. Selbstverständlich muss an dieser Stelle auch überprüft werden, ob die gewünschten Sicherheitsziele durch die Interaktion nicht gefährdet werden. Als Beispiel seien hier Dialoge zur Fallback- und Backup-Authentifizierung genannt. Hat eine Nutzer*in bspw. das Passwort vergessen, benötigt sie eine **Fallback-Authentifizierungsmöglichkeit**. Da diese selten genutzt wird, hat diese i.d.R. höhere Anforderungen an die Benutzbarkeit. Diese könnten jedoch aus diesem Grund für einen Angreifer leichter zu überwinden sein als der **primäre Authentifizierungsmechanismus**.

Groß angelegte Feldtests mit sehr vielen Nutzer*innen, die dann nur über Fragebögen ausgewertet werden können, sind hier also nicht hilfreich. Vielmehr bietet es sich an, Usability-Tests durchzuführen, bei denen Usability-Expert*innen die Nutzer*innen bei der Benutzung beobachten. Solche Usability-Tests benötigen auch keine große Anzahl von Testpersonen. Nach *Hwang* und *Salvendy* genügen ca. zehn Proband*innen, um 80 Prozent der schweren Usability-Probleme zu erkennen.[31]

---

30 *Kinga Kujat*, Storytelling für User Experience Designer. Methoden und Beispiele für den Einsatz von User Stories im UX Design Prozess. (2013).
31 *Hwang/Salvendy*, Commun. ACM 2010.

55 Ein weiteres Problem stellt die große Heterogenität der Nutzer*innen hinsichtlich des Vertrauens dar. Die Studie „DIVSI Internet-Milieus 2016: Die digitalisierte Gesellschaft in Bewegung" des Deutschen Instituts für Vertrauen und Sicherheit im Internet[32] klassifiziert Bürgerinnen und Bürger in sieben sogenannte Internet-Milieus:
- Verantwortungsbedachte Etablierte
- Vorsichtige Skeptiker
- Internetferne Verunsicherte
- Unbekümmerte Hedonisten
- Netz-Enthusiasten
- Souveräne Realisten
- Effizienzorientierte Performer.

56 In der Studie findet sich eine genaue Beschreibung der Milieus. Bei der Durchführung von Usability-Tests sollte vorab analysiert werden, welche der Probanden welchem Internet-Milieus zugeordnet werden können und es sollten möglichst alle Internet-Milieus berücksichtigt werden.

D. Zusammenfassung

57 Mit der fortschreitenden Durchdringung des Alltags mit IT-Technologie werden auch Fragestellungen der IT-Sicherheit weiter an Bedeutung gewinnen. Wie ausgeführt, kann der Umgang mit Sicherheitslösungen nicht vollständig vor den Nutzer*innen verborgen werden. Es ist daher immens wichtig, die Kenntnisse, Fähigkeiten und Bedürfnisse der angedachten Nutzer*innen schon von Beginn an zu verstehen und im gesamten Entwicklungsprozess einer Sicherheitslösung zu berücksichtigen. Hier können User-centered Design Ansätze, die interdisziplinäre Design-Thinking-Methode und Usability-Tests aus dem Gebiet der Mensch-Maschine-Interaktion helfen. Insgesamt ist das Forschungsgebiet Usable Privacy and Security jedoch noch recht jung und es besteht weiterer Forschungsbedarf, um IT-Sicherheit für den Menschen zugänglicher zu gestalten.

---

[32] *Deutschen Instituts für Vertrauen und Sicherheit im Internet (DIVSI)*, in: DIVSI Internet-Milieus 2016 Die digitalisierte Gesellschaft in Bewegung (2016).

§ 5 IT-Sicherheit aus gesamtgesellschaftlicher Sicht

Literatur: *Arquilla/Ronfeldt*, Cyberwar is Coming!, Comparative Strategy, Vol. 12, No. 2, Spring 1993, 141; BITKOM, Pressemitteilung vom 13.9.2018, abrufbar unter https://www.bitkom.org/Presse/Presseinformation/Attacken-auf-deutsche-Industrie-verursachen-43-Milliarden-Euro-Schaden.html; *Bündnis 90/Die Grünen*, IT-Sicherheit stärken, Freiheit erhalten, Frieden sichern, Antrag im Deutschen Bundestag vom 21.3.2018, Drs. 19/1238, 5; *Bundesamt für Sicherheit in der Informationstechnik*, Die Lage der IT-Sicherheit in Deutschland, 2015, 6; *Bundesamt für Sicherheit in der Informationstechnik*, Die Lage der IT-Sicherheit in Deutschland, 2018; Bundeskriminalamt, Lagebild Cybercrime 2010, 2011; *Bundeskriminalamt*, Lagebild Cybercrime 2017, 2018; Bundesministerium der Verteidigung, Abschlussbericht Aufbaustab Cyber- und Informationsraum, April 2016; *Bundesministerium des Innern*, Cyber-Sicherheitsstrategie für Deutschland, 2011; *Bundesministerium des Innern*, Cyber-Sicherheitsstrategie für Deutschland, 2016; Bundesministerium des Innern, Nationaler Plan zum Schutz der Informationsinfrastrukturen, 2015; *Bundesministeriums des Innern, für Bau und Heimat*, Referentenentwurf für ein IT-Sicherheitsgesetz 2.0, Stand: 27.3.2019, abrufbar unter http://intrapol.org/wp-content/uploads/2019/04/IT-Sicherheitsgesetz-2.0-_-IT-SiG-2.0.pdf; *Bundesnetzagentur*, Eckpunkte zusätzlicher Sicherheitsanforderungen für Telekommunikationsnetze, 2019, abrufbar unter https://www.bundesnetzagentur.de/SharedDocs/Pressemitteilungen/DE/2019/20190307_ITsicherheitskatalog.html; *Bundesregierung*, Eckpunkte der deutschen Kryptopolitik, Kabinettbeschluss vom 2.6.1999, abrufbar unter https://www.bundesrat.de/IMK/DE/termine/to-beschluesse/2002-06-06/anlage-15.pdf; *Bundesregierung*, Weißbuch zur Sicherheitspolitik und zur Zukunft der Bundeswehr, 2016; Bundesverband der Deutschen Industrie (BDI), Die Digitalisierung im Mittelstand, 2018, abrufbar unter https://bdi.eu/publikation/news/die-digitalisierung-im-mittelstand/; *CDU/CSU und SPD*, Deutschlands Zukunft gestalten, Koalitionsvertrag für die 18. Legislaturperiode, 2013, abrufbar unter https://www.cdu.de/sites/default/files/media/dokumente/koalitionsvertrag.pdf; *Clark/Berson/Lin* (eds.), At the Nexus of Cybersecurity and Public Policy. Some Basic Concepts and Issues. National Research Council of the National Academies, 2014; D21/TNS infratest, (N)Onliner-Atlas 2007, 82; *Demchak/Dombrowski*, Rise of a Cybered Westphalian Age: The Coming Decades, The Global Politics of Science and Technology, Vol. 1, 2014, 91; *Deutsches Institut für Sicherheit und Vertrauen im Internet (DIVSI)*, Digitalisierung – Deutsche fordern mehr Sicherheit, 2017, abrufbar unter https://www.divsi.de/publikationen/studien/digitalisierung-deutsche-fordern-mehr-sicherheit-was-bedeutet-das-fuer-vertrauen-und-fuer-kommunikation/; *DsiN-Sicherheitsindex 2019*, abrufbar unter https://www.sicher-im-netz.de/dsin-sicherheitsindex-2019; *ETH Zürich*, Center for Security Studies, Nationale Cybersicherheitsstrategien im Vergleich – Herausforderungen für die Schweiz. 2019, abrufbar unter https://css.ethz.ch/content/dam/ethz/special-interest/gess/cis/center-for-securities-studies/pdfs/MELANI%20Studie_final_AW_18März2019.pdf; *Europarat*, Vertrag Nr. 185, Übereinkommen über Computerkriminalität, Budapest, 23.11.2001, in Kraft getreten zum 1.7.2004, abrufbar unter https://www.coe.int/de/web/conventions/full-list/-/conventions/treaty/185; *Europol/Eurojust*, Common Challenges in Combating Cybercrime, 2019, abrufbar unter https://www.europol.europa.eu/sites/default/files/documents/common_challenges_in_combating_cybercrime_2018.pdf; *Fischerkeller/Harknett*, Persistent Engagement and Tacit Bargaining, lawfare Blog vom 9.11.2018, abrufbar unter https://www.lawfareblog.com/persistent-engagement-and-tacit-bargaining-path-toward-constructing-norms-cyberspace; *FZI/Accenture/BITKOM*, Kompetenzen für eine digitale Souveränität, Studie für das BMWi, 2017, abrufbar unter https://www.bmwi.de/Redaktion/DE/Publikationen/Studien/kompetenzen-fuer-eine-digitale-souveraenitaet.pdf; *Goldacker*, Digitale Souveränität, Kompetenzzentrum Öffentliche IT, November 2017, abrufbar unter https://www.oeffentliche-it.de/documents/10181/14412/Digitale+Souveränität; *Greenberg*, How an Entire Nation Became Russia's Test Lab for Cyberwar, Wired Magazine, 20.6.2017, abrufbar unter https://www.wired.com/story/russian-hackers-attack-ukraine/; Initiative D21/TNS Emnid, (N)Onliner-Atlas 2002, 61; Initiative D21, Digitalindex 2013, 70; *Initiative D21*, D21 Digitalindex 2018/2019, 18; *National Institute of Standards and Technology (NIST)*, National Vulnerability Database, Statistics, abrufbar unter https://nvd.nist.gov/vuln/search/statistics?adv_search=false&form_type=basic&results_type=statistics&search_type=all; *Interpol*, Global Policing Goals, abrufbar unter https://www.interpol.int/Who-we-are/Strategy/Global-Policing-Goals; *LKA Niedersachsen*, Befragung zu Kriminalität und Sicherheit in Niedersachsen 2017, abrufbar unter https://www.lka.polizei-nds.de/download/73539/Kernbefundebericht_2017.pdf.pdf, 43; *Rid*, Think Again: Cyberwar, Foreign Policy vom 27.2.2012; *Rudesill*, Trump's Secret Order on Pulling the Cyber Trigger, lawfare Blog vom 29.8.2018, abrufbar unter https://www.lawfareblog.com/trumps-secret-order-pulling-cyber-trigger; *Ruus*, Cyber War I: Estonia Attacked from Russia, European Affairs, Vol. 9, No. 1–2, 2008; *Sackmann*, Enzyklopädie der Wirtschaftsinformatik, abrufbar unter http://www.enzyklopaedie-der-wirtschaftsinformatik.de/lexikon/technologien-methoden/Informatik--Grundlagen/IT-Sicherheit/index.html; *Sanger*, Confront and Conceal: Obama's Secret Wars and Surprising Use of American Power, 2012; *Schallbruch*, Schwacher Staat im Netz, 2018; *Schallbruch*, Digitale Souveränität durch rechtliche Gestaltung von Technik?, in: Lühr (Hrsg.), Brauchen wir eine neue Staatskunst?, 2019, S. 182; *Schallbruch/Skierka*, Cybersecurity in Germany, 2018; *Schily* in Bundesamt für Sicherheit in der Informationstechnik, Jahresbericht 2004, 4; *Schmitt/Vihuul*, Respect for Sovereignty in Cyberspace, 95 Tex. L. Rev. 2017, 1639; *Smeets*, The Strategic Promises of Offensive Cyber Operations, Strategic Studies Quarterly, Fall 2018, 90; *SPD-Bundestagsfraktion*, Stärkung des digitalen Immunsystems, 2016, abrufbar unter https://www.spdfraktion.de/system/files/documents/16-06-21_digitales-immunsystem_beschluss_spd-btf.pdf; *Tallin Manual 2.0*, 2017; *Shackelford/Kastelic*, Toward a State-Centric Cyber Peace. Analyzing the Role of National Cybersecurity Strategies in Enhancing Global Cybersecurity. New York University J. of Legislation and Public Policy, 4/2015, 895; *TÜV Rheinland*, Cyber-Security Trends 2018, https://www.tuv.com/de/deutschland/ueber_uns/presse/meldungen/newscontentde_372224.html; *VOICE/TeleTrusT*, Das Manifest zur IT-Sicherheit, 2017, abrufbar unter https://voice-ev.org/wp-content/uploads/2018/09/IT-Manifest-Final-96dpi_3-1.pdf, 11 f.; *Weber/Reith et. al.*, Sovereignty in Information Technology, Whitepaper V1.0, 2018, abrufbar unter http://www.itas.kit.edu/pub/v./2018/weua18a.pdf.

A. Begriffe IT-Sicherheit und Cybersicherheit 1	I. Strategien der IT- und Cybersicherheit 32
B. Wahrnehmung der IT-Sicherheit 8	II. Digitale Souveränität – Akteure der IT-Sicherheit 39
I. IT-Sicherheitslage 8	1. Individuelle Nutzerinnen und Nutzer 41
II. Datenschutz und IT-Sicherheit 11	2. Anwenderunternehmen 46
III. Cybercrime – Kriminalitätsphänomen IT-Sicherheit 15	3. IT-Unternehmen........................... 51
IV. Cyberwar – IT-Sicherheit zwischen Krieg und Frieden 24	4. Staat und Verwaltung 53
C. Politikfeld IT-Sicherheit 32	III. Konflikte der IT-Sicherheit 62

A. Begriffe IT-Sicherheit und Cybersicherheit

1 Der Begriff der IT-Sicherheit wird in der Informatik im Allgemeinen als der Schutz der Verfügbarkeit, Integrität und Vertraulichkeit informationstechnischer Systeme definiert.[1] Unter Verfügbarkeit wird verstanden, dass das jeweilige System funktionsfähig ist und seine Aufgabe wahrnehmen kann. Integrität bedeutet, dass die Funktionalität des Systems, die Abläufe und Ergebnisse seiner Verarbeitung, nicht manipuliert sind. Vertraulichkeit schließlich meint den Schutz vor unbefugter Einsicht in das System und die dort verarbeiteten und gespeicherten Informationen.

2 Legal definiert ist IT-Sicherheit in § 2 Abs. 1 BSIG als „Einhaltung bestimmter Sicherheitsstandards, die die Verfügbarkeit, Unversehrtheit oder Vertraulichkeit von Informationen betreffen, durch Sicherheitsvorkehrungen 1. in informationstechnischen Systemen, Komponenten oder Prozessen oder 2. bei der Anwendung von informationstechnischen Systemen, Komponenten oder Prozessen". Diese Definition deutet darauf hin, dass mit der IT-Sicherheit zwar die Absicherung von IT-Systemen bezweckt wird, das dahinterliegende Schutzziel aber die mit den Systemen verarbeiteten Informationen sind. IT-Sicherheit wird insoweit fachlich als Teil des weiteren Begriffs der **Informationssicherheit** verstanden, der auch nicht-technische Systeme umfasst.

3 Die Definition des BSIG zeigt auch auf, dass Maßnahmen zum Schutz der IT-Sicherheit über reine Technik hinausgehen und auch nicht-technische Maßnahmen meinen, etwa organisatorische, personelle oder auch rechtliche Maßnahmen. Durch die Gründung des **Bundesamtes für Sicherheit in der Informationstechnik** als zentrale deutsche IT-Sicherheitsbehörde im Jahr 1991 wurde die IT-Sicherheit zu einer staatlichen Aufgabe, wenngleich zunächst weitgehend beschränkt auf den Schutz der Systeme des Staates.

---

[1] → § 4 Rn. 9; vgl. zB auch *Sackmann*, Enzyklopädie der Wirtschaftsinformatik.

Spätestens seit der Jahrtausendwende und der Neuordnung der nationalen Sicherheitspolitik nach den Anschlägen vom 11.9.2001 wurde IT-Sicherheit auch Politikziel; eine IT-Sicherheitspolitik entstand.[2] „IT-Sicherheit ist daher fester Bestandteil der Inneren Sicherheit Deutschlands"[3] formulierte es 2004 der damalige Bundesinnenminister **Otto Schily**. Mit dem Herauswachsen des Begriffs der IT-Sicherheit aus einem nur technischen Bezugsraum verändert sich nicht nur seine Bedeutung, er wird auch schwerer mit konsensualem Inhalt zu füllen sein. Während beispielsweise technische Maßnahmen der Verfügbarkeit eines IT-Systems noch messbar sind, ist IT-Sicherheit auf gesamtgesellschaftlicher Ebene schwieriger zu bestimmen.

In der politischen Auseinandersetzung führt das gelegentlich zu Konstellationen, in denen technische IT-Sicherheit und politische IT-Sicherheit in einem Spannungsverhältnis zueinanderstehen. Ein besonders ausgeprägtes Beispiel ist das Zurückhalten von Informationen über Schwachstellen in IT-Systemen durch staatliche Stellen, um mithilfe der Schwachstellen in IT-Systeme krimineller Akteure eindringen zu können. Angesichts der Kriminalitätsentwicklung im digitalen Raum müssen Sicherheitsbehörden solche Instrumente nutzen können, um IT-Sicherheit im weiteren Sinne zu gewährleisten. Sie gefährden damit aber die IT-Sicherheit derjenigen Nutzer, die ihre Systeme mangels Kenntnis der geheim gehaltenen Schwachstellen nicht ausreichend schützen können.

Durch die Herausbildung des Begriffs der **Cybersicherheit** seit spätestens 2010 wird der Begriff der IT-Sicherheit gemeinhin wieder stärker technisch verstanden. Cyber- und IT-Sicherheit haben in der Verwendung der Begrifflichkeit große Überschneidungen, sind aber nicht identisch. Cybersicherheit nimmt weniger das IT-System als solches in den Blick und mehr die vernetzte Welt unzähliger Systeme, den **digitalen Raum** oder **Cyberraum**. Die erste deutsche Cybersicherheits-Strategie definierte 2011: „Cyber-Sicherheit in Deutschland ist demnach der anzustrebende Zustand der IT-Sicherheitslage, in welchem die Risiken des deutschen Cyber-Raums auf ein tragbares Maß reduziert sind."[4] Mit der neuen Definition in der 2016 erschienen Nachfolgestrategie „Cyber-Sicherheit ist die IT-Sicherheit der im Cyber-Raum auf Datenebene vernetzten bzw. vernetzbaren informationstechnischen Systeme."[5] wird Cybersicherheit scheinbar wieder etwas enger gefasst und die hohe Überschneidung mit der IT-Sicherheit nochmals deutlich gemacht.

Tatsächlich werden die Begriffe in der öffentlichen Wahrnehmung und der politischen Diskussion weitgehend synonym verwendet. Cybersicherheit hat die IT-Sicherheit hierbei ein Stück weit verdrängt, was unter anderem mit der internationalen Vernetzung der Thematik zu tun hat. **IT Security** als Begriff hat beispielsweise in der US-amerikanischen Literatur niemals eine nennenswerte Rolle gespielt (sondern **Information Security** oder **Computer Security**), **Cybersecurity** ist heute der relevante globale Terminus auf technischer wie auf politischer Ebene. „Security in cyberspace (i.e., cybersecurity) is about technologies, processes, and policies that help to prevent and/or reduce the negative impact of events in cyberspace that can happen as the result of deliberate actions against information technology by a hostile or malevolent actor."[6] ist eine für die internationale Sicht gut passende Definition.

---

2 *Schallbruch/Skierka*, Cybersecurity in Germany, S. 16 ff.
3 *Schily* in Bundesamt für Sicherheit in der Informationstechnik, Jahresbericht 2004, S. 4.
4 Bundesministerium des Innern, Cyber-Sicherheitsstrategie für Deutschland, 2011, S. 15.
5 *Bundesministerium des Innern*, Cyber-Sicherheitsstrategie für Deutschland, 2016, S. 46.
6 *Clark/Berson/Lin* (eds.), At the Nexus of Cybersecurity and Public Policy. Some Basic Concepts and Issues. National Research Council of the National Academies, S. 9; eine schöne Übersicht der unterschiedlichen Definitionen in den verschiedenen nationalen Strategien von Cybersicherheit findet sich bei *Lujif/Besseling/de Graaf*, Nineteen National Cyber Security Strategies, Int. J. Critical Infrastructures, Vol. 19, No. 1/2 2013, 3 (6).

B. Wahrnehmung der IT-Sicherheit
I. IT-Sicherheitslage

8 In der allgemeinen Öffentlichkeit wurde die IT-Sicherheit in Deutschland erstmals in den 1980er Jahren wahrgenommen, ohne dass der Begriff selbst damals schon gängig war.[7] Der Coup des Chaos Computer Clubs im Jahr 1984, den Bildschirmtext (Btx)-Auftritt der Hamburger Sparkasse zu hacken, war der erste öffentlich berichtete **IT-Sicherheitsvorfall**. In der medialen Wahrnehmung ist die Lage der IT-Sicherheit seitdem durch eine stetige Aneinanderreihung von Berichten über neue IT-Sicherheitsvorfälle geprägt. Auch die jährlich erscheinenden Berichte des BSI zur Lage der IT-Sicherheit in Deutschland wachsen Jahr für Jahr in Quantität und Vielfalt der beschriebenen Phänomene. Anders als die Sicherheitslage im Straßenverkehr, die mit der Anzahl der Unfälle, Art und Umfang der Personen- und Sachschäden und verhängten Sanktionen relativ messbar ist, erscheint die Darstellung der Lage der IT-Sicherheit stets als wenig systematisierte, volatile und ein Stück weit dramatisierende Situationsbeschreibung. Vorfälle mit geringem Schaden aber großer Prominenz der Betroffenen (etwa Bundestag oder Bundesregierung) werden als Beispiele für die Situation der IT-Sicherheit schlechthin genommen, während Vorfälle mit hohen Schäden (etwa bei der Industriespionage) unbeachtet bleiben. Sicherheitsmaßnahmen wie der Einsatz von Online-Durchsuchungen durch die Polizei, deren Anwendung auf besondere Einzelfälle begrenzt bleibt, werden politisch intensiv diskutiert, während andere Maßnahmen, deren Auswirkungen alle Menschen in Deutschland betreffen würden, etwa die 2-Faktor-Authentisierung beim Login, von Politik und Medien nicht aufgegriffen werden.

9 Die Lage der IT-Sicherheit hängt von zu vielen Faktoren ab, als dass es gelingen kann, in der öffentlichen und gesellschaftlichen Wahrnehmung eine belastbare und allgemein akzeptierte Beschreibung zu finden. Die meisten der Einflussfaktoren entwickeln sich überdies hochgradig dynamisch:

- **Innovation**: Digitale Innovationen entwickeln sich schnell weiter, sowohl in ihren Funktionalitäten wie in ihrer Anwendung. Immer mehr technische Systeme, vom Kühlschrank bis zur Produktionsanlage, werden softwarebasiert weiterentwickelt („Software-defined Everything")[8] oder nutzen Cloud-Dienste. Damit ist eine schnellere Implementierung neuer Funktionen, eine schnellere Verbreitung im Markt und damit verbunden eine mühsame Kontrollierbarkeit der IT-Sicherheit verbunden.
- **Komplexität**: Ein Großteil der Innovationen im technischen Bereich entsteht durch die Vernetzung von Systemen. Ob es die Vernetzung zahlreicher Geräte im Haushalt (**Smart Home**), die Vernetzung der Produktionsanlagen (**Industrie 4.0**) oder die branchen- und sektorübergreifende Vernetzung in Städten und Gemeinden (**Smart City**) ist, mit jeder dieser Anwendungen steigt die Komplexität – und damit der Aufwand für die Prüfung der IT-Sicherheit.
- **Abhängigkeit**: Mit der intensiven Nutzung digitaler Systeme in allen gesellschaftlichen Bereichen ist die Abhängigkeit von ihrer Verfügbarkeit, Integrität und Vertraulichkeit erheblich gestiegen. Ob es kritische Infrastrukturen wie die Energieversorgung oder das Verkehrswesen sind oder auch die Nutzung von Smartphones und Tablets im Privathaushalt: Einschränkungen in der Funktionsfähigkeit der Systeme haben gravierende Auswirkungen, mithin ist das Schadenspotential von IT-Sicherheitsvorfällen größer.
- **Technische Qualität**: Die hohe Innovationsgeschwindigkeit und die damit einhergehende Marktdynamik sorgen dafür, dass der Fokus der Softwareentwicklung auf neuen Funktionen liegt – und nicht auf die Qualitätsverbesserung bestehender Lösungen. Die Qualität

---
[7] *Schallbruch/Skierka*, Cybersecurity in Germany, S. 6 f.
[8] Bundesamt für Sicherheit in der Informationstechnik, Die Lage der IT-Sicherheit in Deutschland, 2015, S. 6.

der entwickelten und eingesetzten Software nimmt seit vielen Jahren insgesamt nicht zunimmt. Die Anzahl der Schwachstellen, also IT-Sicherheitslücken, in Software steigt seit 1999 kontinuierlich.[9] Auch wenn durch die höhere Anzahl von Sicherheitsforschern in Unternehmen und Hochschulen die Entdeckung von Schwachstellen wahrscheinlicher geworden ist, so bedeutet doch jede weitere Schwachstelle eine neue Möglichkeit zur Entwicklung von Angriffswerkzeugen.

- **Angriffsvektoren:** Die höhere Komplexität von IT-Systemen und höhere Abhängigkeit von diesen Systemen hat Art und Umfang der möglichen Angriffe auf die IT-Sicherheit der Systeme schrittweise erweitert. Die Anzahl der möglichen Angriffsvektoren nimmt schon auf technischer Ebene zu,[10] verknüpft mit der interpersonalen Ebene entstehen immer neue Kriminalitätsphänomene (wie zB der **CEO Fraud**, bei dem Finanztransaktionen durch gefälschte E-Mails von Vorgesetzten bewirkt werden).
- **Motivlagen der Angreifer:** Der breite und intensive Einsatz digitaler Technik hat IT-Angriffe oder -Manipulationen für eine größere Zahl von Urhebern attraktiv gemacht. Kleinkriminelle arbeiten mit fremden Identitäten im Netz. Organisierte Banden erpressen Unternehmen mit der Drohung einer Zerstörung von Daten. Nachrichtendiensten betreiben Industriespionage oder manipulieren öffentliche Meinungen. Angriffe auf IT-Systeme gehören daneben auch zum militärischen Repertoire – als Bestandteil, Vorstufe oder Ersatz kriegerischer Auseinandersetzungen.

Im Ergebnis lassen sich allgemeine Aussagen über die IT-Sicherheitslage nur sehr schwer abgeben. Typischerweise können nur Ausschnitte und Teilbereiche belastbar beschrieben werden, wie es beispielsweise das BSI mit seinen Lageberichten versucht. Erschwert wird die öffentliche Wahrnehmung der IT-Sicherheitslage zudem durch die Vielzahl interessengeleiteter Lagebeschreibungen, etwa regelmäßige „Lageberichte" von IT-Sicherheitsunternehmen, die auf dieser Basis ihre Produkte und Dienstleistungen verkaufen wollen.

II. Datenschutz und IT-Sicherheit

In der gesamtgesellschaftlichen Wahrnehmung und Debatte ist IT-Sicherheit in Deutschland eng mit dem Datenschutz verknüpft. Datenschutz und IT-Sicherheit werden häufig synonym verwendet. In Fällen, in denen Unbefugte in ein IT-System eindringen, handelt es sich um einen IT-Sicherheitsvorfall, der typischerweise auch persönliche Daten betrifft, wie etwa Zugangskennungen oder die auf dem System gespeicherten Daten. IT-Sicherheitsvorfälle erfahren ihre persönliche Ebene, die Betroffenheit von Menschen, häufig durch den Umfang der gestohlenen oder manipulierten Daten. Datenschutz und IT-Sicherheit als Politikfelder verschwimmen dementsprechend in der öffentlichen Wahrnehmung (zum Verhältnis von Datenschutz und IT-Sicherheit ausführlich *Jandt* in → § 17 Rn. 1 ff.).

Das ist auch deshalb naheliegend, weil das **Politikfeld Datenschutz** in Deutschland eine längere Geschichte hat. Die schon in den 1970er Jahren begonnene Debatte um die Risiken der Informationstechnik war die ersten Jahrzehnte von den Risiken der Verarbeitung persönlicher Daten geprägt. Im Zentrum der politischen und rechtlichen Diskussion stand die Frage, in welchem Umfang eine Behörde oder ein Betrieb Daten über eine Person sammeln und verarbeiten darf. Weniger relevant war die der Frage, wie diese Daten vor Unbefugten geschützt werden konnten. Denn rein praktisch war der unbefugte Zugriff mangels Vernetzung der Systeme weit schwieriger als heute, IT-Sicherheit verhältnismäßig leicht herzustellen. Indes wurde der Schutz vor dem Zugriff durch Unbefugte – als Unterfall des Datenschutzes – schon früh

---

9 National Institute of Standards and Technology (NIST), National Vulnerability Database.
10 Bundesamt für Sicherheit in der Informationstechnik, Die Lage der IT-Sicherheit in Deutschland, 2018, S. 50.

rechtlich gefasst. Bereits das erste Bundesdatenschutzgesetz von 1977,[11] mehr als zehn Jahre vor der Gründung des BSI, enthielt in § 6 eine Verpflichtung der Daten verarbeitenden Stellen, ihre IT-Systeme mit IT-Sicherheitsmaßnahmen zu schützen, um unter der Begrifflichkeit **Datensicherheit** den Datenschutz auch technisch-organisatorisch zu gewährleisten. In einer Anlage zum Gesetz wurden zehn Maßnahmen genauer definiert.[12]

13 Diese „Hilfsfunktion" der IT-Sicherheit für den Datenschutz zieht sich bis heute durch die gesellschaftliche Wahrnehmung der IT-Sicherheit in Deutschland. Datenschutz- und Sicherheitsbedenken bei der Informationstechnik werden in der Betrachtung der Bürgerinnen und Bürger vermischt. In nahezu allen Befragungen zur Relevanz dieser Aspekte für das Handeln im digitalen Raum sowie die Nutzung von eCommerce- und eGovernment-Angeboten liegen Datenschutz und IT-Sicherheit in der Problemwahrnehmung nah beieinander.[13]

14 Ausnahmen von der engen Verknüpfung von IT-Sicherheit und Datenschutz in der öffentlichen Wahrnehmung finden sich bei zwei Phänomenbereichen: Angriffe auf kritische Infrastrukturen mit Auswirkungen auf die Gesellschaft („Blackout") werden als reines IT-Sicherheitsphänomen wahrgenommen, ebenso Angriffe auf Unternehmen mit dem Ziel des Knowhow-Abflusses, der Wirtschaftsspionage. Diese Art von IT-Sicherheitsvorfällen wird getrennt vom Datenschutz diskutiert. Der Schutz kritischer Infrastrukturen mit der zugrundeliegenden besonderen Gefährdungslage ist daher der ursprüngliche Kern der politischen Cybersicherheitsstrategien.[14]

III. Cybercrime – Kriminalitätsphänomen IT-Sicherheit

15 Unbefugte Verletzungen der IT-Sicherheit ohne Rechtfertigung sind in der Regel Straftaten. Schon 1986 wurde das Strafgesetzbuch entsprechend ergänzt. Unbefugtes Hacken von Systemen und Daten (Ausspähen von Daten – § 202 a StGB), Manipulation der Integrität von IT-Systemen zu betrügerischen Zwecken (Computerbetrug – § 263 a StGB), Manipulation von Daten oder IT-Systemen (Datenveränderung/Computersabotage – §§ 303 a, 303 b StGB) und weitere Vorbereitungs- und Nebenstraftatbestände wurden schon damals in das Strafgesetzbuch aufgenommen. Seitdem wurden diese Straftatbestände des **Computerstrafrechts** mehrfach angepasst und ergänzt, zuletzt durch die Aufnahme des § 202 d StGB – Datenhehlerei.[15] Ausführlich zu den Straftatbeständen des Computerstrafrechts *Singelnstein/Zech* in → § 20 Rn. 1 ff.

16 Diese Straftatbestände des Computerstrafrechts definieren einen neuen Phänomenbereich der Kriminalität, die Cyberkriminalität (kurz: Cybercrime). Das **Bundeskriminalamt** betrachtet die oben genannten Straftatbestände und einige weitere, bei denen die Manipulation eines IT- oder Telekommunikationssystems im Mittelpunkt steht, als **Cybercrime im engeren Sinne**. In Abgrenzung dazu ist nach diesem Verständnis **Cybercrime im weiteren Sinne** die Menge der Straftaten, bei denen das Internet oder digitale Systeme Tatmittel waren, etwa Betrügereien über das Internet, bei denen keine Manipulation von Systemen vorliegt, sondern Menschen unter Nutzung des Internets getäuscht werden. Cybercrime-Delikte im engeren Sinne werden

---

11 Gesetz zum Schutz vor Mißbrauch personenbezogener Daten bei der Datenverarbeitung (Bundesdatenschutzgesetz – BDSG) vom 27.1.1977, BGBl. I S. 201.
12 Anlage zu § 6 Abs. 1 Satz 1 BDSG 1977, auch „Zehn Gebote" genannt.
13 Initiative D21/TNS Emnid, (N)Onliner-Atlas 2002, 61; Initiative D21, Digitalindex 2013, S. 70; Initiative D21, D21 Digitalindex 2018/2019, S. 18.
14 Bundesministerium des Innern, Nationaler Plan zum Schutz der Informationsinfrastrukturen.
15 Eingefügt durch das Gesetz zur Einführung einer Speicherpflicht und einer Höchstspeicherfrist für Verkehrsdaten vom 10.12.2015 (BGBl. I S. 2218).

in der Polizeilichen Kriminalstatistik (PKS) erfasst, Cybercrime-Delikte im weiteren Sinne sind dort erkennbar, wenn und soweit „Tatmittel Internet" bei dem Delikt erfasst wurden.[16]

Von den Polizeibehörden (und der Öffentlichkeit) wird Cybercrime international seit etwa Anfang des Jahrtausends als neuer Kriminalitätsbereich wahrgenommen und entsprechend bearbeitet. Grundlage hierfür ist das Übereinkommen des Europarats zur Computerkriminalität vom 23.11.2011 (**Cybercrime Convention**).[17] Es beschreibt zum einen die Art der Verstöße gegen IT-Sicherheit, die als Straftatbestand zu werten sind, zum anderen die notwendigen strafprozessualen Maßnahmen zur Verfolgung von Cybercrime sowie die Art der internationalen Zusammenarbeit der Strafverfolgungsbehörden. Auf dieser Basis hat sich eine relativ einheitliche Sicht auf Kerndelikte des Cybercrime entwickelt. Die Bekämpfung von Cybercrime ist eines der sieben globalen Polizeiziele, auf die sich die Generalversammlung von Interpol 2017 verständigt hat.[18]

Im **Bundeslagebild Cybercrime 2017** berichtet das Bundeskriminalamt auf Basis der PKS 2017 von etwa 86.000 angezeigten Delikten des Cybercrime im engeren Sinne in Deutschland. Davon entfallen drei Viertel auf Computerbetrug, je etwa 10.000 auf das Ausspähen bzw. Fälschen von Daten, der Rest auf Computersabotage und andere Delikte.[19] Gegenüber 2016 stieg die Fallzahl um 4 %. Im ersten **Bundeslagebild Cybercrime** 2010 hatte die Fallzahl noch etwa 60.000 angezeigte Delikte betragen,[20] wobei die Zahlen nicht direkt vergleichbar sind, weil zwischenzeitlich die Erfassungssystematik geändert wurde.

Jedenfalls ist von einem deutlichen Zuwachs der registrierten Fälle in den letzten zehn Jahren auszugehen. Gleichzeitig wachsen auch die Schäden durch Cybercrime, von 2016 auf 2017 allein um 40 % auf 71 Millionen EUR.[21]

Die Zahlen der polizeilichen Kriminalstatistik vermögen die Cybercrime-Lage jedoch nur eingeschränkt wiederzugeben. So werden beispielsweise Vorfälle mit einer großen Zahl geschädigter Betroffener nur einmal erfasst. Als Beispiel nennt das BKA die Manipulation von DSL-Routern der Deutschen Telekom durch einen Hacker im Jahr 2016. Damals waren 1,3 Millionen Nutzerinnen und Nutzer betroffen; der Fall wird in der PKS allerdings nur als ein Delikt erfasst. Zudem gibt es im Cybercrime nach Ansicht der Polizeibehörden und anderer Experten ein erhebliches **Dunkelfeld**. So weist das BKA auf eine Studie des Fachverbandes BITKOM hin, nach der im Jahr 2017 jeder zweite Internetnutzer Geschädigter von Cybercrime gewesen sei, nur 18 % hätten Anzeige erstattet.[22] Diese Zahlen sind mit großer Vorsicht zu genießen – theoretisch müssten den Polizeibehörden nach diesen Angaben 9 Millionen Geschädigte bekannt geworden sein,[23] was erheblich von der PKS abweicht. Gleichwohl weisen sie auf ein deutliches Dunkelfeld hin. Eine qualifiziertere Dunkelfeldstudie des LKA Niedersachsen ergibt, dass immerhin fast 14 % der Menschen in Niedersachsen 2016 Opfer einer Cybercrime-Tat wurden.[24] Die Anzeigequote lag bei nur 15 %, immerhin mit steigender Tendenz gegenüber den Vorjahren.[25]

---

16 Bundeskriminalamt, Lagebild Cybercrime 2017, S. 5 f.
17 Europarat, Vertrag Nr. 185, Übereinkommen über Computerkriminalität, Budapest, 23.11.2001, in Kraft getreten zum 1.7.2004, mittlerweile ratifiziert von 44 Staaten des Europarats und 19 weiteren Staaten, darunter Australien, Israel, Japan und die USA. China und Russland haben das Abkommen nicht ratifiziert.
18 Interpol, Global Policing Goals.
19 Bundeskriminalamt, Lagebild Cybercrime 2017, S. 6 f.
20 Bundeskriminalamt, Lagebild Cybercrime 2010, S. 6.
21 Bundeskriminalamt, Lagebild Cybercrime 2017, S. 30.
22 Bundeskriminalamt, Lagebild Cybercrime 2017, S. 7.
23 Der Initiative D21, Digitalindex 2017/2018, verzeichnet 54 Millionen Internetnutzer in Deutschland.
24 LKA Niedersachsen, Befragung zu Kriminalität und Sicherheit in Niedersachsen 2017, S. 43.
25 LKA Niedersachsen, Befragung zu Kriminalität und Sicherheit in Niedersachsen 2017, S. 53 ff.

Schallbruch

21 Ein Grund für die niedrige Anzeigebereitschaft aus der Bevölkerung sind die vergleichsweise geringen Schäden durch manche Delikte der Cyberkriminalität. So fällt beispielsweise die Manipulation von Systemen durch Schadprogramme unter die §§ 303a oder 303b StGB, wird aber wegen der allenfalls mittelbaren monetären Schäden besonders selten angezeigt. Computerstraftaten sind aus Sicht der Betroffenen im Vergleich zu anderen Straftaten weder finanziell noch emotional besonders belastend.[26] Eine höhere Anzeigebereitschaft ist bei Computerbetrug mit unmittelbaren monetären Schäden zu verzeichnen, wie etwa dem Phishing bei Bankkonten. Doch auch hier liegen die Anzeigequoten unter 20 %, was vor allem damit zu erklären ist, dass Banken und Kreditkartenunternehmen die Kunden für ggf. eingetretene widerrechtliche Belastungen entschädigen, so dass aus Sicht der Betroffenen keine Notwendigkeit einer Anzeige gesehen wird.

22 Anders stellt sich die Lage bei Unternehmen dar. Angriffe auf die IT-Systeme können erhebliche Auswirkungen haben und große Schäden verursachen. Produktionsstörungen, der Verlust von Geschäftsgeheimnissen oder Maßnahmen zur Wiederherstellung angegriffener IT-Systeme verursachen erhebliche finanzielle Schäden. Auch Reputationsschäden für Unternehmen durch IT-Sicherheitsvorfälle, insbesondere bei Betroffenheit von Kundendaten, fallen hier ins Gewicht. Nach einer Umfrage von BITKOM sind 68 % der Unternehmen Opfer von Cyberdelikten geworden. Dadurch sei ein Schaden von über 40 Milliarden EUR entstanden.[27] Auch hier sind die Zahlen der Umfrage mit Vorsicht zu genießen, die bekannt gewordenen Einzelfälle bestätigen aber die Größenordnung. So teilte die Großreederei Mærsk 2017 mit, durch den Angriff des Trojaners NotPetya einen Schaden in Höhe von 200–300 Millionen EUR erlitten zu haben, vor allem für die Wiederherstellung von Systemen.[28]

23 Cybercrime ist insofern ein zahlenmäßig wachsendes Kriminalitätsphänomen, das wegen des gewaltigen Dunkelfeldes schwer einzuschätzen und zu bekämpfen ist.

IV. Cyberwar – IT-Sicherheit zwischen Krieg und Frieden

24 Die Nutzung digitaler Technik in allen Lebensbereichen bringt es mit sich, dass Fragen der Verteidigungsfähigkeit digitaler Infrastrukturen und der Angriffsmöglichkeiten auf digitale Systeme auch für Militärs eine hohe Relevanz haben. Die Nutzung digitaler Operationen zur Kriegsführung wird seit 1993 diskutiert, als erste Studien und Aufsätze den Begriff **Cyberwar** prägten.[29] Richard Clarke, der frühere Sonderbeauftragte des US-Präsidenten George W. Bush für Sicherheitsfragen, machte den Begriff 2009 mit seinem Buch „Cyber War: The Next Threat to National Security and What to Do About It"[30] populär. Darin beschreibt er die Möglichkeiten der Kriegsführung im virtuellen Raum und ihre strategischen und taktischen Vor- und Nachteile.

25 Seitdem beschäftigen sich Militärs und Verteidigungsexperten weltweit mit den Möglichkeiten digitaler Kriegsführung. Viele Staaten haben entsprechende Truppen aufgestellt, zumeist **Cyber Command** genannt. Sie sollen digitale Systeme des Militärs oder ganzer Länder verteidigen und aktive Cyberoperationen ausführen – innerhalb und außerhalb der Kriegsführung. Auch Deutschland hat 2017 ein **Kommando Cyber- und Informationsraum (CIR)** der Bundeswehr eingerichtet. „Mit dem Aufbau des militärischen Organisationsbereiches CIR soll der

---

26 LKA Niedersachsen, Befragung zu Kriminalität und Sicherheit in Niedersachsen 2017, S. 68.
27 BITKOM, Pressemitteilung vom 13.9.2018.
28 Berichterstattung bei Heise Newsticker, 16.8.2017, abrufbar unter https://www.heise.de/newsticker/meldung/NotPetya-Maersk-erwartet-bis-zu-300-Millionen-Dollar-Verlust-3804688.html (Zugriff: 13.8.2019).
29 Erste Veröffentlichung war *Arquilla/Ronfeldt*, Cyberwar is Coming!, Comparative Strategy, Vol. 12, No. 2, Spring 1993, 141–165.
30 Auf Deutsch erschienen als „World Wide War", 2011.

Cyber- und Informationsraum als Operationsraum bzw. militärische Dimension angemessen abgebildet werden.", heißt es in dem entsprechenden Bericht des Verteidigungsministeriums.³¹

Mit der Debatte um die militärische Nutzung des Cyberraums und die Einrichtung entsprechender Organisationseinheiten geht eine öffentliche Diskussion von Angriffen gegen IT-Systeme als Akte des „Cyberwar" einher. Ob die aus Russland heraus verursachte Störung von IT-Systemen in Estland 2007,³² der als STUXNET bekannt gewordene amerikanisch-israelische Angriff auf die iranische Urananreicherungsanlage Natanz³³ oder die fortwährenden Angriffe mutmaßlich russischen Ursprungs auf Infrastrukturen der Ukraine³⁴ – all diese neuartigen Operationen werden von manchen Autoren als Cyberwar bezeichnet. Andere sehen in ihnen erfolgreiche Geheimdienstoperationen, die gerade keinen Krieg darstellen, möglicherweise sogar einen weitergehenden, kriegerischen Mitteleinsatz vermeiden helfen.

Cyberwar ist – wiewohl in Sicherheitspolitik, Militär und Öffentlichkeit intensiv erörtert – kein definierter Begriff. Internationale wissenschaftliche Experten, die im Nachgang zu der Attacke auf Estland 2004 zur Beratung der Natur von Cyberangriffen und ihrer völkerrechtlichen Interpretation zusammengekommen sind, haben sich bei der Abfassung des **Tallin Manual on International Law Applicable to Cyber Warfare**³⁵ nicht auf eine klare Definition einigen können, welche Arten von Angriffen gegen die IT-Sicherheit eines Staates durch einen anderen Staat oder von dessen Territorium als kriegerischer Akt zu bezeichnen sind. Insofern hat sich die internationale fachliche Debatte vom „Cyberkrieg" mehr zu der Frage hin bewegt, welche Art von Cyberoperationen außerhalb der eigenen Grenzen unter welchen Umständen akzeptabel sind.³⁶ Ausführlich zu der deutschen Debatte *Spies-Otto* in → § 19 Rn. 1 ff.

Viele Experten lehnen den Begriff des Cyberkriegs mittlerweile aus verschiedenen Gründen ab.³⁷ Weder erscheinen nach den bisherigen Erfahrungen die vorausgesagten Schäden von IT-Angriffen realistisch – etwa ein Szenario wie das von Clarke befürchtete landesweite Ausschalten der Energieversorgung. Noch können „Cyberwaffen" in der Art und Güte hergestellt werden, dass sie für Angriffe beliebiger Art aus dem Waffenschrank geholt werden können. Vielmehr basieren IT-Angriffe typischerweise auf sehr speziell für einen bestimmten Gegner und ein bestimmtes Angriffsszenario zusammengestellten Werkzeugen.

Andererseits ist die Nutzung von IT-basierten Angriffsformen aus dem Arsenal der Militärs nicht mehr wegzudenken. Sei es die Störung gegnerischer militärischer Systeme, etwa der Flugabwehr, oder auch die begleitende Durchführung von IT-Angriffen gegen zivile Ziele während eines kriegerischen Konflikts bzw. im Vorfeld einer solchen Auseinandersetzung. Gerade weil die internationalen Regeln für den Umgang mit IT-Angriffen so schwach entwickelt sind und eine Unterscheidung zwischen „Krieg" und „Frieden" im Cyberraum schwer möglich ist, werden Cyberoperationen alltäglich. Wir erleben „cybered conflicts", die alle Arten militäri-

---

31 Bundesministerium der Verteidigung, Abschlussbericht Aufbaustab Cyber- und Informationsraum, April 2016, 2; zur Entwicklung militärischer Fähigkeiten für Cyberoperationen in Deutschland *Schallbruch/Skierka*, Cybersecurity in Germany, S. 36 ff.
32 *Ruus*, Cyber War I: Estonia Attacked from Russia, European Affairs, Vol. 9, No. 1–2, 2008.
33 Gut beschrieben in *Sanger*, Confront and Conceal: Obama's Secret Wars and Surprising Use of American Power, 2012.
34 Gut dargestellt in *Greenberg*, How an Entire Nation Became Russia's Test Lab for Cyberwar, Wired Magazine, 20.6.2017, abrufbar unter https://www.wired.com/story/russian-hackers-attack-ukraine/ (Zugriff: 13.8.2019).
35 Kurz „Tallin Manual", entstanden 2009–2012, mittlerweile als fortgeschriebene Version Tallin Manual 2.0 erhältlich, Cambridge 2017. Ausführlich *Lahmann* in → § 6 Rn. 13.
36 Vgl. bspw. die Diskussion zwischen den maßgeblichen Autoren des Tallin Manual und dem US-Verteidigungsministerium zu der Frage, wann ein IT-Angriff die Souveränität eines Staates verletzt, *Schmitt/Vihuul*, Respect for Sovereignty in Cyberspace, 95 Tex. L. Rev. 2017, 1639.
37 Gut zusammengefasst bei *Rid*, Think Again: Cyberwar, Foreign Policy vom 27.2.2012.

scher oder sonstiger Konflikte begleiten.[38] Moderne Konfliktlagen stellen sich als **hybride Konflikte** dar, die auch Cyber-Anteile enthalten (*Spies-Otto* in → § 19 Rn. 9 ff.).

30 Offensive Cyberoperationen bieten aus Sicht der Militärs eine Vielzahl strategischer Vorteile, auch wenn die damit verbundenen Risiken, insbesondere einer Eskalation von Konflikten, erheblich sind.[39] Vor allem die US-Regierung hat in den letzten Jahren die Anforderungen an die Rechtfertigung und Durchführung solcher Operationen gesenkt. Das U.S. Cyber Command hat 2018 eine Strategie des „**Persistent Engagement**" veröffentlicht. Darunter versteht das US-Militär eine ständige Auseinandersetzung mit gegnerischen Kräften im Cyberraum, um deren Manövrierfähigkeit zu beeinträchtigen.[40] US-Präsident Trump hat zudem in einer geheim gehaltenen Anordnung die Befugnis zur Entscheidung über Cyberoperationen auf die einzelnen Kommandeure delegiert;[41] zuvor war das Weiße Haus in jedem Einzelfall einzubinden.

31 Es ist wahrscheinlich, dass andere Staaten dem Vorbild der USA folgen werden. IT-basierte Operationen in ausländischen Systemen unterhalb der Schwelle eines bewaffneten Angriffs werden eine neue Normalität.

C. Politikfeld IT-Sicherheit
I. Strategien der IT- und Cybersicherheit

32 IT-Sicherheitspolitik als eigenständiges und sichtbares Politikfeld ist mit der Jahrtausendwende entstanden. Dem vorausgegangen war eine nur technische, wenig gesellschaftliche Betrachtungsweise der IT-Sicherheit. Das 1991 gegründete Bundesamt für Sicherheit in der Informationstechnik war demzufolge für rein technisch-organisatorische Fragen der Absicherung von Systemen des Bundes und für die Zertifizierung von IT-Sicherheit zum Zwecke des Einsatzes in staatlich regulierten Bereichen zuständig. Mit dem Schutz der IT-Sicherheit kritischer Infrastrukturen erhielt das Gebiet einen erweiterten Fokus. Beginnend in den USA und mit der dortigen **President's Commission on Critical Infrastructure Protection** 1997 geriet die Abhängigkeit lebenswichtiger Infrastrukturbereiche von IT-Systemen in den Fokus der Politik, auch in Deutschland.[42]

33 Die erste politische IT-Sicherheitsstrategie in Deutschland, der **Nationale Plan zum Schutz der Informationsinfrastrukturen (NPSI)**, den die Bundesregierung im Jahr 2005 beschloss, hat seinen Schwerpunkt dementsprechend bei dem Infrastrukturschutz.[43] Der NPSI legt die Grundlage für die sehr zivile und sehr präventive IT-Sicherheitspolitik Deutschlands, die bis heute weitgehend fortgesetzt wird. Die Maßnahmenbereiche dieser Strategie umfassen präventive Maßnahmen zum Schutz der IT-Infrastrukturen, Maßnahmen zur schnellen Reaktion auf IT-Sicherheitsvorfälle mit dem Ziel des Stoppens eines Angriffs und der Wiederherstellung der Systeme sowie Maßnahmen zum Aufbau und Erhalt der nötigen technologischen und personellen Fähigkeiten, um die genannten Ziele erreichen zu können. Der Zusammenarbeit zwischen Staat und Wirtschaft wird hierbei ein großer Stellenwert zugemessen.

34 Mit der **Cyber-Sicherheitsstrategie für Deutschland** von 2011 weitet die Bundesregierung den Blick auf das Politikfeld etwas und löst sich von der eher technischen Betrachtung der Funktionsfähigkeit von Infrastrukturen hin zu der wirtschaftlichen und gesellschaftlichen Rolle der

---

38 ZB *Demchak/Dombrowski*, Rise of a Cybered Westphalian Age: The Coming Decades, The Global Politics of Science and Technology, Vol. 1, 2014, 91 (107 f.).
39 *Smeets*, The Strategic Promises of Offensive Cyber Operations, Strategic Studies Quarterly, Fall 2018, 90–113.
40 *Fischerkeller/Harknett*, Persistent Engagement and Tacit Bargaining, lawfare Blog vom 9.11.2018.
41 *Rudesill*, Trump's Secret Order on Pulling the Cyber Trigger, lawfare Blog vom 29.8.2018.
42 Überblick zu der Entstehung bei *Schallbruch/Skierka*, Cybersecurity in Germany, S. 16 ff.
43 Bundesministerium des Innern, Nationaler Plan zum Schutz der Informationsinfrastrukturen.

vernetzten Systeme.⁴⁴ Fragen der Vertrauenswürdigkeit von Komponenten oder der Zusammenarbeit von Sicherheitsbehörden zur Abwehr von Cyberangriffen spielen erstmals eine Rolle. Auch die militärische Komponente wird nun erwähnt. Der Fokus der Strategie bleibt aber sehr deutlich bei dem eher ingenieurtechnisch ausgerichteten präventiven und sehr zivilen Ansatz Deutschlands.⁴⁵ Die Schwerpunkte bei kritischen Infrastrukturen und Verantwortungsverteilung zwischen Staat und Wirtschaft bleiben erhalten.

Die genannten Ziele entsprachen 2011 weitgehend den Strategien anderer Staaten. Der Schutz kritischer Infrastrukturen und die enge Zusammenarbeit zwischen Staat und Wirtschaft sind eine Gemeinsamkeit nahezu aller IT- oder Cybersicherheitsstrategien dieses Zeitraums.⁴⁶ Das deutsche **IT-Sicherheitsgesetz** von 2015⁴⁷ und die Europäische Richtlinie zum Schutz der Netz- und Informationssicherheit von 2016⁴⁸ kodifizieren diesen Politikansatz für Deutschland und die EU.

Mit dem **Weißbuch zur Sicherheitspolitik und zur Zukunft der Bundeswehr** (2016) und der zweiten **Cyber-Sicherheitsstrategie für Deutschland** (ebenfalls 2016) findet die globale sicherheitspolitische Cyberdebatte Eingang in die deutsche politische Strategie. Zwar bleibt es bei einer zivilen Federführung (durch das Innenministerium) für IT- und Cybersicherheit. Doch nunmehr bekommt auch die Bundeswehr eine prominente, wenngleich unscharf definierte Rolle: „Verteidigungsaspekte der gesamtstaatlichen Cybersicherheit sind originäre Aufgaben des Bundesministeriums der Verteidigung und der Bundeswehr".⁴⁹ Entsprechend dem erweiterten Verständnis umfasst die neue Cyber-Sicherheitsstrategie auch von Infrastrukturschutz und klassischer IT-Sicherheit losgelöste Zielbereiche wie eine gesamtstaatliche Cybersicherheitsarchitektur oder eine aktive Positionierung Deutschlands in der internationalen Cybersicherheitspolitik.⁵⁰

Weiterhin aber bleibt die IT- und Cybersicherheitspolitik Deutschlands primär präventiv und defensiv ausgerichtet. Zu aktiven Cyberabwehrmaßnahmen findet sich lediglich ein Prüfauftrag,⁵¹ die Cyber-Verteidigung wird nur im Kontext einer weiterentwickelten NATO angesprochen, der genaue Auftrag an die Bundeswehr nicht definiert.

Auch seit 2016 befindet sich Deutschlands IT- und Cybersicherheitsstrategie weitgehend im Gleichklang mit anderen Staaten. Ein aktueller Vergleich der Strategien von Deutschland, Finnland, Frankreich, Italien, Israel und den Niederlanden ergibt weitgehende Übereinstimmung in den Zielsetzungen und wesentlichen Handlungsfeldern.⁵² Lediglich die Niederlande betonen die Bedeutung aktiver Cyberabwehrmaßnahmen (wie im Übrigen auch Großbritannien und die USA).

---

44 Bundesministerium des Innern, Cyber-Sicherheitsstrategie für Deutschland, 2011.
45 *Schallbruch/Skierka*, Cybersecurity in Germany, 2018, 8.
46 *Shackelford/Kastelic*, Toward a State-Centric Cyber Peace. Analyzing the Role of National Cybersecurity Strategies in Enhancing Global Cybersecurity. New York University J. of Legislation and Public Policy, 4/2015, 895 (913 f.).
47 Gesetz zur Erhöhung der Sicherheit informationstechnischer Systeme (IT-Sicherheitsgesetz) vom 17.7.2015 (BGBl. I S. 1324).
48 Richtlinie (EU) 2016/1148 des Europäischen Parlaments und des Rates vom 6.7.2016 über Maßnahmen zur Gewährleistung eines hohen gemeinsamen Sicherheitsniveaus von Netz- und Informationssystemen in der Union, ABl. L194, S. 1, im Folgenden zitiert als *NIS-Richtlinie*.
49 Bundesregierung, Weißbuch zur Sicherheitspolitik und zur Zukunft der Bundeswehr, S. 38. Zu den Aufgaben der Bundeswehr ausführlich *Spies-Otto* in → § 19 Rn. 1 ff.
50 Bundesministerium des Innern, Cyber-Sicherheitsstrategie für Deutschland, 2016, S. 27 ff., 39 ff.
51 „Die Bundesregierung wird daher prüfen, unter welchen rechtlichen Rahmenbedingungen und mit welchen technischen Möglichkeiten in diesen Fällen durch staatliche Stellen Netzwerkoperationen durchgeführt werden könnten." – Bundesministerium des Innern, Cyber-Sicherheitsstrategie für Deutschland, 2016, S. 29.
52 *ETH Zürich, Center for Security Studies*, Nationale Cybersicherheitsstrategien im Vergleich – Herausforderungen für die Schweiz, S. 8 f.

II. Digitale Souveränität – Akteure der IT-Sicherheit

39 IT-Sicherheit betrifft die Wirtschaft und den Staat ebenso wie die einzelnen Bürgerinnen und Bürger – sie sind für die Sicherheit der von ihnen betriebenen IT-Systeme verantwortlich. Staat und Wirtschaft trifft jedoch noch eine weitergehende Verantwortung: Viele Unternehmen sind als Hersteller von IT-Systemen oder Anbieter digitaler Dienste maßgeblich für deren IT-Sicherheit und damit indirekt auch den Schutz der Nutzerinnen und Nutzer verantwortlich. Staatliche Stellen tragen Verantwortung für Rahmenbedingungen der IT-Sicherheit und die Arbeit der Sicherheitsbehörden und Justiz im digitalen Raum.

40 Eine der zentralen gesellschaftlichen Diskussionen im Zusammenhang mit der IT-Sicherheit ist die Aufteilung der Verantwortung zwischen diesen verschiedenen Beteiligten. Übernahme von Verantwortung erfordert immer auch die nötige Beurteilungs- und Handlungsfähigkeit, die Verantwortung auch wahrnehmen zu können. Ob sie bei allen Bevölkerungsgruppen, bei Unternehmen oder auch beim Staat gegeben ist, wird häufig unter dem Schlagwort der „digitalen Souveränität" diskutiert. Eine allgemeine Definition hierfür lautet: „Digitale Souveränität ist die Summe aller Fähigkeiten und Möglichkeiten von Individuen und Institutionen, ihre Rolle(n) in der digitalen Welt selbstständig, selbstbestimmt und sicher ausüben zu können".[53] Technisch etwas enger gefasst, aber mit gleicher Stoßrichtung, kann man digitale Souveränität auch definieren als „die Fähigkeit von Staaten, Gesellschaften und Gemeinschaften, die wesentlichen Funktionskriterien der von ihnen genutzten Informationstechnik zu kontrollieren".[54]

1. Individuelle Nutzerinnen und Nutzer

41 Individuellen Nutzerinnen und Nutzern von IT-Systemen ist bewusst, dass sie Verantwortung für ihre eigenen Systeme tragen. Bei der Frage nach der Verantwortung für die Sicherheit im Internet antworteten – Mehrfachantworten möglich – schon 2007 etwa die Hälfte der Nutzer, sie selbst trügen Verantwortung. Ebenfalls die Hälfte der Nutzer sah eine Verantwortung der Internetprovider, ein Drittel eine Verantwortung der Hardware- und Softwarehersteller und nur 11 % eine Verantwortung des Staates.[55] Zehn Jahre später war das Bild hinsichtlich der Unternehmen sowie der Nutzerinnen und Nutzer selbst nicht viel anders: Befragt nach der Verantwortung für Sicherheit im Internet und dem Auftrag, die Sicherheit zu verbessern, sahen 84 % die Pflicht bei Internet-Anbietern und 83 % die Pflicht bei den Nutzern selbst. Neu war eine stärkere Verantwortungszuweisung an den Staat: 85 % der Befragten äußerten die Ansicht, der Staat solle sich stärker um Internetsicherheit kümmern.[56]

42 Die Bereitschaft zur **Übernahme von Verantwortung für die eigenen Systeme** ist erkennbar gegeben. Fraglich ist nur, welche Fähigkeiten und Möglichkeiten jede und jeder Einzelne hat, um die relevanten Sicherheitsmaßnahmen zu ergreifen. Zwar ist das Bewusstsein für Sicherheitsgefahren im digitalen Raum über die Jahre kontinuierlich gestiegen, auch das Wissen um die nötigen Sicherheitsmaßnahmen hat sich nach den vorliegenden Untersuchungen verbessert. Allein das Sicherheitsverhalten, also die tatsächliche Nutzung von Sicherheitsmechanismen, das Ergreifen von Sicherheitsmaßnahmen, von der Festplattenverschlüsselung über die

---

53 *Goldacker*, Digitale Souveränität, Kompetenzzentrum Öffentliche IT, S. 3.
54 *Weber/Reith et. al.*, Sovereignty in Information Technology, Whitepaper V1.0, S. 8; Übersetzung zitiert nach *Weber/Reith et. al.* DuD 2018, 291 (292).
55 D21/TNS infratest, (N)Onliner-Atlas 2007, 82.
56 Deutsches Institut für Sicherheit und Vertrauen im Internet (DIVSI), Digitalisierung – Deutsche fordern mehr Sicherheit, S. 11.

2-Faktor-Authentisierung bis zur Durchführung regelmäßiger Backups, bleibt deutlich dahinter zurück.[57]

Digitale Souveränität der Nutzerinnen und Nutzer bedeutet insoweit mehr als das reine Wissen um Sicherheitsgefahren und Schutzmaßnahmen. Die Betroffenen müssen auch die praktische Möglichkeit haben, sich selbst zu schützen. Angesichts der Komplexität der mittlerweile im Haushalt eingesetzten IT-Systeme bestehen hieran große Zweifel. Schon 2017 wurde geschätzt, dass bis 2021 die durchschnittliche Anzahl vernetzter Geräte im Haushalt auf zehn Geräte pro Einwohner anwachsen werden.[58] Andere Studien gehen von 500 internetfähigen Geräten und Komponenten pro Haushalt bis 2022 aus[59] – von Fenstersicherungen über Rauchmelder bis zu Heizkörperthermostatventilen, nicht zu vergessen die Notebooks, Tablets, Smartphones, eBook-Reader, Musikplayer und intelligenten Lichtsysteme. 43

Unabhängig von der Belastbarkeit dieser Zahlen ist jetzt schon festzustellen, dass die meisten Nutzerinnen und Nutzer mit der Komplexität und Interdependenz der digitalen Systeme in Tasche und Haushalt überfordert sind. Allein die Menge an Konfigurations- und Update-Möglichkeiten und -Notwendigkeiten einschließlich der dafür erforderlichen Informationen über Authentisierung und Autorisierung sind schwer überschaubar. Auch werden zunehmend Funktionalitäten von vernetzten Geräten nicht vor Ort, sondern durch herstellereigene Dienste aus der Cloud bereitgestellt, die bei der Absicherung ebenfalls berücksichtigt werden müssen. 44

Die Verbesserung der Fähigkeiten und Möglichkeiten der Nutzerinnen und Nutzer, die Stärkung ihrer digitalen Souveränität, war immer schon Bestandteil der deutschen IT-Sicherheitsstrategie, vom Nationalen Plan zum Schutz der Informationsinfrastrukturen 2005 bis zur Cybersicherheitsstrategie 2016. Ob angesichts der Innovationsgeschwindigkeit, Komplexitätssteigerung und Bedrohungsverschärfung hierbei ein nennenswerter Erfolg im Hinblick auf die digitale Souveränität der Bürgerinnen und Bürger erzielt werden konnte, kann bezweifelt werden. Ausführlich zur IT-Sicherheit in Privathaushalten *Hansen* in → § 26 Rn. 1 ff. 45

2. Anwenderunternehmen

Unternehmen als Anwender der IT stellen sich ähnliche Herausforderungen wie private Nutzerinnen und Nutzern. Die komplexe IT-Landschaft im Unternehmen zu kontrollieren ist eine zunehmend schwierige Aufgabe. Über die in den Büros eingesetzte IT hinaus sind auch Produktionsanlagen miteinander und mit den übrigen IT-Systemen vernetzt. Hinzu kommt sogenannte **OT (Operational Technology)**, digitale Technik, die physikalische Prozesse direkt steuert, von Pumpen über Roboter bis zu Lasern. All diese Systeme sind attraktive Ziele für IT-basierte Angriffe, wie das Beispiel STUXNET gezeigt hat. Dort hatte eine amerikanisch-israelische Nachrichtendienst-Operation durch Manipulation von Steuerungssoftware dafür gesorgt, dass digital gesteuerte Zentrifugen in der iranischen Urananreicherung unbrauchbar wurden.[60] 46

Für Unternehmen ergibt sich aus dieser Lage ein Zielkonflikt: Einerseits wachsen mit jedem Einsatz digitaler Technik die Komplexität und die Sicherheitsrisiken. Andererseits sind Investitionen in Digitalisierung zwingend erforderlich, um in der jeweiligen Branche wettbewerbsfähig zu bleiben. Daraus folgt, dass beides gleichermaßen vorangetrieben wird: Investitionen in 47

---

57 Vgl. die jährlichen Sicherheitsindizes von Deutschland sicher im Netz eV (DsiN), zuletzt DsiN-Sicherheitsindex 2019; die Anwendung von Sicherheitsmaßnahmen geht demzufolge in 2019 gegenüber 2018 sogar leicht zurück.
58 Zitiert nach *Schallbruch*, Schwacher Staat im Netz, S. 187.
59 TÜV Rheinland, Cyber-Security Trends 2018.
60 *Schallbruch*, Schwacher Staat im Netz, S. 69 f.

Digitalisierung und Investitionen in IT-Sicherheit sind gegenwärtig die beiden wichtigsten Bereiche, in die etwa der deutsche Mittelstand investiert.[61]

48 Hieraus ergibt sich eine hohe Anforderung an die digitale Souveränität, verstanden als die Beurteilungs- und Steuerungsfähigkeit hinsichtlich der IT und OT im Unternehmen. Eine zentrale Bedeutung kommt hierbei der **IT-Lieferkette** (IT Supply Chain) zu, den Produkten und Dienstleistungen, die ein Unternehmen für Digitalisierung und IT-Betrieb nutzt. Eine starke Abhängigkeit von Lieferanten ist nahezu unvermeidlich. Durch die fortschreitende Virtualisierung aller Arten von IT-Produkten, also softwarebasierte Weiterentwicklung in Verbindung mit der Nutzung von Cloud-Diensten, verlagern sich zudem relevante IT-Funktionalitäten aus dem Unternehmen heraus und sind schwieriger kontrollierbar.

49 Für industrielle Anwenderunternehmen von IT erfordert der Erhalt digitaler Souveränität in dieser Situation vor allem die Investition in den Aufbau eigener Fähigkeiten zur Beurteilung und Steuerung der IT, sei es der eigenen IT-Architektur und IT-Systeme oder auch der Vertrauenswürdigkeit und Sicherheit von Produkten und Diensten der Lieferkette. Voraussetzung ist es, dass entsprechende Kompetenzen vorhanden sind und eine Überprüfung der Sicherheit von Produkten und Dienstleistungen überhaupt möglich ist. Angesichts der Vielfalt und Komplexität der Sicherheitslücken in Hardware und Software der globalen IT-Lieferkette[62] können Unternehmen diese Aufgabe nicht mehr allein bewältigen. Zu diesem Ergebnis kommt auch eine Studie „Kompetenzen für eine digitale Souveränität", die das Bundeswirtschaftsministerium 2017 in Auftrag gegeben hat und die den Kompetenzbestand und die Defizite für die verschiedenen Technologiebereiche untersucht.[63] Ein Hilfsmittel für die Verbesserung der Beurteilungsfähigkeit ist ein Ausbau **unabhängiger Sicherheitsbewertungen:** „Digital sovereignty can be supported by employing a continuously growing share of validated IT components with verified – and ideally proven and certified – quality and security assurances."[64] formulieren es die IT-Sicherheitsexperten mehrerer deutscher Hochschulen und Forschungsinstitute (ausführlich zur Evaluierung und Zertifizierung von IT-Sicherheit *Skierka* in → § 8 Rn. 1 ff.).

50 Einer der Problembereiche für den kompetenten Umgang mit IT-Produkten und IT-Systemen ist die Tatsache, dass viele Angebote nicht aus Europa stammen. US-Unternehmen dominieren den Software- und Plattformmarkt, asiatische Unternehmen den Markt der Hardwarekomponenten. Sowohl die USA wie auch China verfolgen eine Strategie aktiver und offensiver Cyberoperationen – Grund genug für eine Skepsis gegenüber den Sicherheitseigenschaften von Herstellern aus den entsprechenden Ländern. Immer wieder wird daher auch von Unternehmensseite der Aufbau europäischer IT-Sicherheitsinfrastrukturen gefordert, etwa von VOICE, dem Bundesverband der deutschen CIO.[65]

3. IT-Unternehmen

51 Wenn Unternehmen selbst IT-Produkte oder IT-Dienste herstellen und vertreiben, haben sie hinsichtlich der IT-Sicherheit eine besondere Rolle. Einerseits stellt sich für sie die gleiche Problematik wie für IT-Anwenderunternehmen, die Beherrschbarkeit der eigenen IT und der **Lieferkette**, die eigene digitale Souveränität. Andererseits haben diese Unternehmen eine darüber hinaus gehende Verantwortung für die Sicherheit im digitalen Raum. Durch die Berücksichtigung von IT-Sicherheitsanforderungen schon im Entwicklungsprozess, sicherheitsorientierte

---

61 Bundesverband der Deutschen Industrie (BDI), Die Digitalisierung im Mittelstand, S. 12.
62 Gut illustriert in *Weber/Reith et. al.*, Sovereignty in Information Technology, Whitepaper V1.0, S. 17 ff.
63 FZI/Accenture/BITKOM, Kompetenzen für eine digitale Souveränität, Studie für das BMWi.
64 *Weber/Reith et. al.*, Sovereignty in Information Technology, Whitepaper V1.0, S. 5.
65 VOICE/TeleTrusT, Das Manifest zur IT-Sicherheit, abrufbar unter https://voice-ev.org/wp-content/uploads/2018/09/IT-Manifest-Final-96dpi_3-1.pdf; *Weber/Reith et. al.*, Sovereignty in Information Technology, S. 11 f.

Voreinstellungen in ihren Produkten, eine transparente Ausgestaltung von Sicherheitsprozessen wie den Umgang mit Schwachstellen oder die zügige Bereitstellung von Sicherheitsupdates können sie einen Beitrag zur Sicherheit der Lieferkette leisten.

IT-Hersteller und Anbieter digitaler Dienste werden zunehmend auch von der Politik in Anspruch genommen, um die Sicherheit der Nutzerinnen und Nutzer ihrer Angebote zu verbessern. Das gilt beispielsweise für Router-Hersteller oder auch für Internet-Provider. Die Überforderung der Endkunden im Umgang mit ihrer komplexer werdenden IT-Landschaft kann reduziert werden, wenn Hersteller und Provider zum besseren Schutz der Endkunden verpflichtet sind und für Mängel stärker haften.[66] Ausführlich zur Frage der Haftung von IT-Herstellern für die IT-Sicherheit ihrer Produkte *Spindler* in → § 11 Rn. 1 ff.)

4. Staat und Verwaltung

Vergleicht man die IT-Sicherheit mit der Verkehrssicherheit im Straßenverkehr, so lassen sich eine Reihe von Gemeinsamkeiten erkennen – etwa die nötige Mischung aus technischen Maßnahmen und umsichtigem Verhalten. Einen gravierenden Unterschied aber stellt die Rolle des Staates dar. Während Bund, Länder und Kommunen die Straßeninfrastruktur in eigener Verantwortung haben, Sicherheitsziele baulich oder durch unmittelbares Eingreifen in Form polizeilicher Kontrollen durchsetzen können, ist die IT-Infrastruktur ganz überwiegend in privatem Eigentum. Staatliche Einwirkungsmöglichkeiten bestehen nur indirekt etwa durch Regulierung wie bei der Telekommunikation, durch Haftungsregeln oder durch Straftatbestände. Wiewohl also der direkte staatliche Einfluss auf die Sicherheit im Netz eher gering ist, sind die Erwartungen an eine staatliche Verantwortungsübernahme in der IT-Sicherheit groß. 85 % der Bürgerinnen und Bürger erwarten, dass der Staat mehr für die IT-Sicherheit tut.[67]

Die Umsetzung staatlicher IT-Sicherheitspolitik ist eine vielschichtige Aufgabe. Die Breite der Maßnahmen der **Cyber-Sicherheitsstrategie für Deutschland** 2016 zeigt, dass dem Staat sehr unterschiedliche Hebel zur Verfügung stehen, die zur Stärkung der IT-Sicherheit nutzbar sind, es in der Praxis vor allem auf eine koordinierte Kombination der Instrumente ankommt. Angefangen bei der Aus- und Fortbildung über die gezielte Forschungsförderung bis zur Verstärkung von Behörden kann der Staat in Kompetenzaufbau investieren. Durch Einführung von **Zertifizierungsverfahren** (durch den 2019 verabschiedeten EU Cybersecurity Act) oder **IT-Sicherheitskennzeichnen** (durch das geplante IT-Sicherheitsgesetz 2.0) kann der Staat Anreize für bessere IT-Sicherheit setzen. Durch staatliche Regulierung können Sicherheitsanforderungen an Produkte, an Betreiber bestimmter Systeme, an Nutzer von IT-Systemen, an Intermediäre und andere Gruppen gestellt werden – ggf. ergänzt durch verstärkte Haftung für Fehlverhalten. Durch Lenkung der staatlichen Nachfrage in Richtung sicherer IT kann der Markt Einfluss nehmen, so dass die Entwicklung entsprechender Produkte gefördert wird. Durch neue oder verschärfte Straftatbestände und Ausbau der Ermittlungs- und Verfolgungskapazitäten von Polizei und Justiz kann Kriminalität im Netz stärker bekämpft werden. Daneben stehen eine Fülle organisatorischer Instrumente zur Verfügung, in der Zusammenarbeit staatlicher Stellen auf Bundes- und/oder Landesebene, die Förderung von Partnerschaften mit der Wirtschaft, die bessere internationale Kooperation.

Die richtige Auswahl, Verknüpfung und Implementierung dieser unterschiedlichen Maßnahmen ist eine der großen Schwierigkeiten der IT-Sicherheitspolitik und der IT-Sicherheitsorganisation des Staates. Die anderen beiden großen Herausforderungen sind die **begrenzte digitale**

---

[66] Vgl. etwa die politischen Forderungen der SPD-Bundestagsfraktion, Stärkung des digitalen Immunsystems, S. 2 f., und von Bündnis 90/Die Grünen, IT-Sicherheit stärken, Freiheit erhalten, Frieden sichern, Antrag im Deutschen Bundestag vom 21.3.2018, Drs. 19/1238, 5.

[67] Deutsches Institut für Sicherheit und Vertrauen im Internet (DIVSI), Digitalisierung – Deutsche fordern mehr Sicherheit, S. 11.

Souveränität des Staates und die **zersplitterte Zuständigkeit** innerhalb der staatlichen Organisation.

56 Digitale Souveränität, also die Kontrolle der wesentlichen Funktionen der IT, hat für Staaten eine besondere Relevanz. Neben der für Individuen und Unternehmen bereits erörterten Frage der Fähigkeiten und Möglichkeiten zum Umgang mit der komplexen Technologie steht hierbei die Frage der staatlichen Souveränität im digitalen Raum. Hochaktuell wurde diese Fragestellung 2013, als durch die von Edward Snowden veröffentlichten Unterlagen deutlich wurde, dass der US-amerikanische Nachrichtendienst NSA den globalen digitalen Raum umfassend überwacht und manipuliert. Warum der deutsche Staat es nicht vermochte, die Bürgerinnen und Bürger, Unternehmen, selbst die eigene Bundeskanzlerin, vor Überwachung durch die NSA zu schützen, war in der Folge Gegenstand einer intensiven politischen Diskussion und eines Untersuchungsausschusses des Deutschen Bundestages.[68]

57 Die Debatte hatte Auswirkungen auf den Bundestagswahlkampf 2013 und die Bildung der neuen Regierungskoalition. Im Koalitionsvertrag von CDU/CSU und SPD werden erstmals das politische Ziel der „technologischen Souveränität" genannt und eine Reihe von Maßnahmen vereinbart, vertrauenswürdige IT aus und in Deutschland und Europa zu fördern.[69] Seitdem sind eine Vielzahl von Studien und anderen Veröffentlichungen erschienen, die sich mit der Notwendigkeit, der Definition und der Umsetzung von technologischer oder digitaler Souveränität Deutschlands und Europas beschäftigen. Bis heute gibt es jedoch weder eine allgemein akzeptierte Definition noch eine Einigkeit über notwendige und machbare Umsetzungsschritte. Digitale Souveränität des Staates wird mal stärker völkerrechtlich aufgeladen im Hinblick auf die Verletzung staatlicher Souveränität im Cyberraum, mal industriepolitisch aufgeladen im Hinblick auf die Förderung der Herstellung bestimmter Technologie und die Verhinderung von Unternehmensübernahmen, mal sicherheitspolitisch im Hinblick auf die Vertrauenswürdigkeit von digitalen Diensten und Produkten.

58 Im Zusammenhang mit dem Einsatz von Komponenten des chinesischen Herstellers Huawei beim Ausbau der **Mobilfunknetze** nach dem 5G-Standard wurde die Diskussion 2018/19 erneut aufgegriffen. Während Staaten wie die USA und Australien Huawei wegen Sicherheitsbedenken ausschlossen, sahen andere westliche Staaten wie Spanien dazu keine Notwendigkeit. Deutschland verfolgt nach derzeitigem Stand einen Mittelweg der verschärften Sicherheitsanforderungen an Hersteller und Produkt, nachzuweisen durch Vertrauenswürdigkeitserklärungen und Zertifizierungen, vor allem aber für die Vorgabe einer Dual-Vendor-Strategie, also der Forderung an die Telekommunikationsunternehmen, Produkte zweier Hersteller einzusetzen. Im Falle des Ausfalls oder der Störung der Systeme des einen Herstellers stehen Teile des Netzes trotzdem zur Verfügung.[70]

59 Digitale Souveränität in Form ausreichender Beurteilungs- und Steuerungsfähigkeit Deutschlands und Europas hat hierbei enge Grenzen. Die globale IT-Wertschöpfungskette ist hochgradig vernetzt, weshalb das Bestreben nationaler oder europäischer Autonomie jenseits einzelner eng umrissener Produktbereiche kaum realistisch ist. Scheinbar vertrauenswürdige Geräte mittelständischer deutscher Hersteller werden in der Regel schon aus Gründen der globalen Wettbewerbsfähigkeit mit Hardwarekomponenten aus China ausgestattet sein und Clouddienste US-amerikanischer Unternehmen nutzen. Transparenz, Standardisierung, Zertifizierung, stärkere Nutzung von Open Source-Lösungen, gezielte Unterstützung europäischer Sicherheitstechnologien – mit einem Mix solcher Instrumente kann jedenfalls aber der Grad

---

68 Nachgezeichnet wird die Diskussion in *Schallbruch/Skierka*, Cybersecurity in Germany, S. 9 ff. Der Abschlussbericht des 1. Untersuchungsausschusses der 18. Wahlperiode des Deutschen Bundestages (NSA-Untersuchungsausschuss) vom 23.6.2017 ist als Drs. 18/12850 veröffentlicht worden.
69 CDU/CSU und SPD, Deutschlands Zukunft gestalten, Koalitionsvertrag für die 18. Legislaturperiode, S. 103 f.
70 Bundesnetzagentur, Eckpunkte zusätzlicher Sicherheitsanforderungen für Telekommunikationsnetze.

der Abhängigkeit reduziert und die digitale Souveränität gesteigert werden, ohne sich digital einzuigeln. Auch die Regulierung von Technologie bietet viele Anknüpfungspunkte, digitale Souveränität auszubauen.[71]

Mit der SARS-CoV-2-Pandemie (Corona-Pandemie) 2020 hat die Diskussion um Cybersicherheit und vor allem auch das Streben nach digitaler Souveränität einen neuen Schub erhalten. Während der mit der Pandemie verbundenen Einschränkungen (Lockdown) hat die Verbreitung digitaler Geschäftsmodelle und die Nutzung digitale Arbeitsmittel enorm zugenommen. Mit diesem Digitalisierungsschub gehen vielfältige IT-Sicherheitsprobleme einher, sei es wegen der Schnelligkeit der Einführung digitaler Technologie, sei es wegen der zunehmenden Digitalisierung kritischer Unternehmens- und Behördenfunktionen. Gleichzeitig hat die Pandemie zu einem wachsenden Bedürfnis nach **Resilienz** von gesellschaftlichen und wirtschaftlichen Funktionen geführt. Dabei wird bei medizinischer Technik, aber auch darüber hinaus bei digitaler Technik auf eine stärker deutsche oder europäische Liefer- und Leistungsfähigkeit, mithin eine erweiterte digitale Souveränität abgehoben.

Die Förderung der digitalen Souveränität bleibt eine schwierige Aufgabe für die Politik. Dies bestätigt sich auch durch die internationale Entwicklung. In dem Maße, in dem der digitale Raum ein Ort der Austragung von Konflikten geworden ist, wächst das Bedürfnis der Staaten, Kontrolle auszuüben, um den Schutz ihrer Bürgerinnen und Bürger, Wirtschaft und staatlichen Interessen zu gewährleisten. Durch das bisherige Versagen internationaler Foren, verbindliche Regeln für staatliches Verhalten im Cyberraum zu setzen, befinden wir uns in einer Art Übergangszeitraum, der von den verschiedenen Staaten unterschiedlich genutzt wird. Die deutschen Überlegungen und Aktivitäten zur Förderung der digitalen Souveränität fügen sich hier nahtlos ein.[72]

Zersplitterte Zuständigkeiten sind eine zweite große Problematik beim Handeln des Staates zur Förderung der IT-Sicherheit. Schon die Diskussion um die Einordnung eines IT-Angriffs als Angelegenheit der inneren Sicherheit oder des Militärs zeigt die Schwierigkeit, IT-Sicherheit eindeutig zu verankern. Weitere Problembereiche sind die Abgrenzung zwischen Bund und Ländern sowie die Abgrenzung zwischen Nachrichtendiensten, Strafverfolgung und IT-Sicherheitsbehörden. Auflagen zur IT-Sicherheit können von spezialisierten Behörden wie dem BSI entwickelt und gesetzt werden oder den vielfältigen branchenspezifischen Regulierern von der Bundesnetzagentur bis zum Kraftfahrtbundesamt. IT-Sicherheitspolitik ist Verteidigungspolitik, Politik der Inneren Sicherheit, Justiz- und Wirtschaftspolitik zugleich. Viele der staatlichen Initiativen zur Förderung der IT-Sicherheit leiden daher unter komplizierten Abstimmungsprozessen oder Parallelarbeit. Das gilt für Deutschland ebenso wie für andere liberale Demokratien, die typischerweise eine völlig andere, aber ebenfalls hochkomplexe Zuständigkeitsverteilung haben.[73] Eine neue **Cybersicherheitsarchitektur** für Deutschland ist noch zu entwickeln,[74] eine Bündelung von Zuständigkeiten in einem **Digitalministerium** wäre ein erster Schritt.[75]

III. Konflikte der IT-Sicherheit

IT-Sicherheit ist aus einer technischen Domäne zu einem Politikfeld erwachsen. Die ursprünglichen Ansätze zur IT-Sicherheit waren ingenieurtechnisch geprägt und gingen noch davon aus, dass IT-Sicherheit im Wesentlichen durch definierbare und prüfbare technische Maßnah-

---

71 *Schallbruch* in Lühr, Brauchen wir eine neue Staatskunst?, 2019 S. 182 ff.
72 *Demchak/Dombrowski*, Rise of a Cybered Westphalian Age: The Coming Decades, S. 109 f.
73 Zusammenstellung und Vergleich für DE, FI, FR, IL, IT und NL durch ETH Zürich, Center for Security Studies, Nationale Cybersicherheitsstrategien im Vergleich – Herausforderungen für die Schweiz, S. 9 f.
74 *Schallbruch/Skierka*, Cybersecurity in Germany, S. 52 ff.
75 *Schallbruch*, Schwacher Staat im Netz, S. 244 ff.

men hergestellt werden kann. Ergänzt wurde und wird dieser Ansatz durch den stark datenschutzrechtlich geprägten Gedanken einer Detailregulierung von Verantwortlichkeiten in der IT-Sicherheit, der dem IT-Sicherheitsgesetz und noch viel stärker dem geplanten Nachfolger zu Grunde liegt. An der Steigerung der Fallzahlen im Cybercrime, der Zunahme militärischer und nachrichtendienstlicher Cyberoperationen und der seit 2013 aufkommenden Debatte um die digitale Souveränität von Menschen, Organisationen und Staaten zeigt sich, dass IT-Sicherheit in der Gestalt der Cybersicherheit weitergehende Konzepte braucht. Wer unterstützt die Nutzerinnen und Nutzer im Umgang mit ihrer persönlichen digitalen Komplexität? Wie können Unternehmen die über ihre Fähigkeiten und Möglichkeiten hinausgehenden Kompetenzen erhalten? Wie operieren demokratische Staaten im Cyberraum: Wieviel Abgrenzung ist nötig, wieviel Verflechtung sinnvoll, welche aktiven Operationen vorteilhaft?

63 Diese sehr viel weiter gefasste Aufgabenstellung der Cybersicherheitspolitik führt zu gesellschaftlichen und politischen Konflikten, die rund um politische Maßnahmen zur IT-Sicherheit ausgetragen werden. Einige typische Konflikte begleiten die IT-Sicherheitspolitik nun schon seit längerem und finden sich auch in den Diskussionen um gesetzliche Regelungen zur IT-Sicherheit wieder.

64 Eine zentrale technische und ökonomische Fragestellung ist die **Abwägung zwischen Innovation und Sicherheit**. Ein erheblicher Anteil wirtschaftlicher Innovation und damit zukünftiger Wertschöpfung der deutschen Wirtschaft kommt aus der Digitalisierung. IT-Sicherheitsmaßnahmen bremsen die Digitalisierung und verlangsamen die Etablierung von Innovationen am Markt. Die starke Regulierung der IT-Sicherheit im Gesundheitswesen hat beispielsweise die Nutzung neuer digitaler Angebote lange Zeit ausgebremst. Auch die hohen Sicherheitsanforderungen bei der elektronischen Signatur, der eID-Funktion des neuen Personalausweises oder der Einführung digitaler Stromzähler verlangsamen die Adaption der Technologie.[76] Auf der anderen Seite schafft die Regulierung einen Rahmen für gesamtgesellschaftliche Akzeptanz der Technologie – gerade im Angesicht des in Deutschland sehr hohen Datenschutz- und IT-Sicherheitsbewusstseins.

65 Der älteste politische Konflikt bei der IT-Sicherheit ist die sogenannte **Kryptokontroverse**. Seit mittlerweile dreißig Jahren wird über die Frage diskutiert, ob der Staat Sicherheitsmaßnahmen gezielt schwächen soll, um Sicherheitsbehörden einen leichteren Zugriff zu gewähren.[77] Dafür spricht die von Polizeien und Nachrichtendiensten festgestellte erhebliche Zunahme digital gesicherter Kommunikation durch Kriminelle („going dark").[78] Dagegen spricht die dadurch erfolgende Schwächung der IT-Sicherheit gängiger Systeme, die ihrerseits von Kriminellen zum Nachteil der Bürgerinnen und Bürger ausgenutzt werden kann. Deutschland hatte 1999 in einem Grundsatzbeschluss der Bundesregierung die gezielte Schwächung von Kryptografie ausgeschlossen.[79] Derzeit wird die Kontroverse jedoch in vielfältiger Form fortgesetzt, etwa zu der Frage, ob Messenger-Dienste Zwangsschnittstellen für Sicherheitsbehörden einbauen sollten oder ob der Staat ihm bekanntwerdende Schwachstellen in Hardware und Software umgehend an die Hersteller weitergibt oder in bestimmten Fällen im Interesse der Sicherheitsbehörden zurückhält.

66 **Bürgerrechtliche Fragen** der IT-Sicherheit spielen nicht nur in die Kryptokontroverse hinein, sie haben auch darüber hinaus Relevanz erlangt. Die Überwachung von IT-Sicherheit erfor-

---

76 *Schallbruch*, Schwacher Staat im Netz, S. 200 ff.
77 *Schallbruch*, Schwacher Staat im Netz, 79 ff.
78 Vgl. die Problemzusammenfassung aus Sicht der Sicherheitsbehörden bei Europol/Eurojust, Common Challenges in Combating Cybercrime.
79 Bundesregierung, Eckpunkte der deutschen Kryptopolitik, Kabinettbeschluss vom 2.6.1999. Der Beschluss ist nur als Anlage zu einem Fortschrittsbericht der Bundesregierung von 2002 amtlich veröffentlicht, abrufbar unter https://www.bundesrat.de/IMK/DE/termine/to-beschluesse/2002-06-06/anlage-15.pdf (Zugriff: 14.8.2019).

dert in zunehmendem Maße die Speicherung und Auswertung von Daten, beispielsweise durch Unternehmen an der Schnittstelle ihrer Firmennetze, um Eindringlinge zu erkennen und Datenabflüsse zu verhindern. Auch Provider sind berechtigt, in ihren Datennetzen nach Schädlingen zu suchen. Staatliche Stellen wie Nachrichtendienste haben ein Interesse zur Auswertung von Internetkommunikation, um Cyberangriffe im In- und Ausland zu erkennen. Datenschutz und IT-Sicherheit, wiewohl überlappend und ergänzend entstanden, geraten zunehmend in ein Spannungsverhältnis.

Nicht abschließend geklärt ist schließlich die **Grundausrichtung deutscher IT-Sicherheitspolitik**. Im Kern ingenieurtechnisch geprägt, rechtlich-organisatorisch verankert, präventiv und zivil ausgerichtet, hat die deutsche IT-Sicherheitspolitik in den letzten Jahren Schritte hin zu einer stärker industrie- und sicherheitspolitisch motivierten, aktiveren Politik getan, die auch das Militär stärker einbezieht. Doch gerade die Fragen offensiver Operationen und industriepolitischer Maßnahmen sind bislang mehr angedeutet als ausgeplant. Rechtsgrundlagen für aktive **Cyberabwehroperationen** fehlen, effektive Maßnahmen zur Stärkung der deutschen **IT-Sicherheitswirtschaft** sind bislang nicht zu verzeichnen. Die zaghafte Debatte um die Grundausrichtung und die Konkurrenz der unterschiedlichen Zuständigkeiten behindern eine kohärente Weiterentwicklung deutscher IT-Sicherheitspolitik.

Teil 2
Grundlagen und Querschnittsfragen des IT-Sicherheitsrechts

§ 6 Die völkerrechtliche Dimension der IT-Sicherheit

Literatur: *Barkham*, Information Warfare and International Law on the Use of Force (2001) 34 New York University Journal of International Law & Politics 57; *Bendiek*, Due Diligence in Cyberspace: Guidelines for International and European Cyber Policy and Cybersecurity Policy, SWP Research Paper, 2016; *Bendiek ua*, Drei Prioritäten für die Cyberdiplomatie unter dem deutschen OSZE-Vorsitz 2016, SWP, 5.11.2015, abrufbar unter https://www.swp-berlin.org/kurz-gesagt/drei-prioritaeten-fuer-die-cyber diplomatie-unter-dem-deutschen-osze-vorsitz-2016/; *Bratus ua*, Why Wassenaar Arrangement's Definitions of 'Intrusion Software' and 'Controlled Items' Put Security Research and Defense at Risk, 23.7.2014, S. 5; *Brownlie*, International Law and the Use of Force by States, 1963; *De Tomas Colatin*, A Surprising Turn of Events: UN Creates Two Working Groups on Cyberspace, CCDCOE, 2018, abrufbar unter https://ccdcoe.org/incyder-articles/a-surprising-turn-of-events-un-creates-two-working-groups-on-cybersp ace/; *Dinstein*, War, Aggression and Self-Defence, 5. Aufl. 2012; *Dörr*, Use of Force, Prohibition of, in: Wolfrum (Hrsg.), Max Planck Encyclopedia of Public International Law, 2012; *Dupuy/Hoss*, Trail Smelter and Terrorism: International Mechanisms to Combat Transboundary Harm, in: Bratspies/Miller (Hrsg.), Transboundary Harm in International Law. Lessons from the Trail Smelter Arbitration, 2006, S. 225; *Egan*, International Law and Stability in Cyberspace (2017) 35 Berkeley Journal of International Law 169; *Ermert*, Viel Kritik an Microsofts Plänen für eine „Digitale Genfer Konvention", heise.de, abrufbar unter https://www.heise.de/newsticker/meldung/Viel-Kritik-an-Microsofts-Plaenen-fuer-eine-Di gitale-Genfer-Konvention-3923066.html; *Grigsby*, The End of Cyber Norms (2017) 59 Survival 109; *Guay/Rudnick*, What the Digital Geneva Convention Means for the Future of Humanitarian Action, UNHCR Innovation Service, 25.6.2017, abrufbar unter https://www.unhcr.org/innovation/digital-geneva -convention-mean-future-humanitarian-action/; *Heathcote*, State Omissions and Due Diligence: Aspects of Fault, Damage and Contribution to Injury in the Law of State Responsibility, in: Bannelier ua (Hrsg.), The ICJ and the Evolution of International Law. The Enduring Impact of the Corfu Channel Case, 2012, S. 295; *Heintschel von Heinegg*, Die völkerrechtlichen Verträge als Hauptrechtsquelle des Völkerrechts, in: Ipsen (Hrsg.), Völkerrecht, 6. Aufl. 2014, S. 390; *ders./Epping*, Friedenssicherung und friedliche Streitbeilegung, in Ipsen (Hrsg.), Völkerrecht, 6. Aufl. 2014, S. 1055; *Henriksen*, The End of the Road for the UN GGE Process: The Future Regulation of Cyberspace (2019) 5 Journal of Cybersecurity 1; *Herr*, Malware Counter-Proliferation and the Wassenaar Arrangement, Proceedings of the 8th International Conference on Cyber Conflict, 4.1.2016; *Hollis*, Why States Need an International Law for Information Operations (2007) 11 Lewis & Clark Law Review 1023; *Jensen*, Computer Attacks on Critical National Infrastructure: A Use of Force Invoking the Right of Self-Defense (2002) 38 Stanford Journal of International Law 207; *Jensen*, The Tallinn Manual 2.0: Highlights and Insights (2017) 48 Georgetown Journal of International Law 735; *Joyner/Lotrionte*, Information Warfare as International Coercion: Elements of a Legal Framework (2011) 12 European Journal of International Law 825; *Keber/Roguski*, Ius Ad Bellum Electronicum? Cyberangriffe im Lichte der UN-Charta und aktueller Staatenpraxis (2011) 49 Archiv des Völkerrechts 399; *Kilovaty*, Doxfare: Politically Motivated Leaks and the Future of the Norm on Non-Intervention in the Era of Weaponized Information (2018) 9 Harvard National Security Journal 146; *Kunig*, Intervention, Prohibition of, in: Wolfrum (Hrsg.), Max Planck Encyclopedia of Public International Law, 2012; *Lahmann ua*, Wer regiert das Internet?, Friedrich-Ebert-Stiftung, 2. Aufl. 2019; *Lahmann*, Unilateral Remedies to Cyber Operations: Self-Defence, Countermeasures, Necessity, and the Question of Attribution, 2020; *ders.*, Cyberattacks against Hospitals during a Pandemic and the Case for an Emergency Regime for Cyberspace, Fifteen Eighty-Four, 20.04.2020, http://www.cambridgeblog.org/ 2020/04/cyberattacks-against-hospitals-during-a-pandemic-and-the-case-for-an-emergency-regime-for-cy berspace/; *Li*, When Does Internet Denial Trigger the Rights of Armed Self-Defense? (2013) 38 The Yale Journal of International Law 179; *Loudrain*, Avoiding a World War Web: The Paris Call for Trust and Security in Cyberspace, Lawfare, 4.12.2018, abrufbar unter https://www.lawfareblog.com/avoiding-worl d-war-web-paris-call-trust-and-security-cyberspace; *Mattesich*, Digital Destruction: Applying the Principle of Non-Intervention to Distributed Denial of Service Attacks Manifesting No Physical Damage (2016) 54 Columbia Journal of Transnational Law 873; *Melnitzky*, Defending America against Chinese Cyberespionage Through the Use of Active Defenses (2012) 20 Cardozo Journal of International & Comparative Law 537; *Olson*, Cyberspace as Place and the Limits of Metaphor (2005) 11 Convergence: The Journal of Research into New Media Technologies 10; *Perler*, Tech-Unternehmen unterzeichnen digitale Genfer Konvention, Com-Magazin, 20.4.2018, abrufbar unter https://www.com-magazin.de/ne ws/sicherheit/tech-unternehmen-unterzeichnen-digitale-genfer-konvention-1532580.html; *Rid/Buchanan*, Attributing Cyber Attacks (2015) 38 Journal of Strategic Studies 4; *Roscini*, World Wide Warfare – Jus

Ad Bellum and the Use of Cyber Force (2010) 14 Max Planck United Nations Yearbook 85; *Roscini*, Cyber Operations and the Use of Force in International Law, 2014; *Roscini*, Evidentiary Issues in International Disputes Related to State Responsibility for Cyber Operations, in: Ohlin ua (Hrsg.), Cyberwar: Law & Ethics for Virtual Conflicts, 2015, S. 215; *Schmahl*, Zwischenstaatliche Kompetenzabgrenzung im Cyberspace (2009) 47 Archiv des Völkerrechts 284; *Schmitt*, Computer Network Attack and the Use of Force in International Law: Thoughts on a Normative Framework (1999) 37 Columbia Journal of Transnational Law 885; *ders.*, Cyber Operations and the Jus as Bellum Revisited (2011) 56 Villanova Law Review 569; *ders.*, In Defense of Due Diligence in Cyberspace (2015) The Yale Law Journal Forum 68; *ders.* (Hrsg.), Tallinn Manual 2.0 on the International Law Applicable to Cyber Operations, 2017; *ders.*, 'Virtual' Disenfranchisement: Cyber Election Meddling in the Grey Zones of International Law (2018) 19 Chicago Journal of International Law 30; *ders./Vihul*, Respect for Sovereignty in Cyberspace (2017) 95 Texas Law Review 1639; *Schneier*, Click Here to Kill Everybody, 2018; *Schulze*, Hacking Back? Technische und politische Implikationen digitaler Gegenschläge, SWP-Aktuell, 2017; *Sharp*, Cyberspace and the Use of Force, 1999; *Soesanto/D'Incau*, The UN GGE Is Dead: Time to Fall Forward, European Council on Foreign Relations, 15.8.2017, abrufbar unter https://www.ecfr.eu/article/comment ary_time_to_fall_forward_on_cyber_governance; *Stadnik*, Discussing State Behaviour in Cyberspace: What Should We Expect?, Diplo, 20.3.2019, abrufbar unter https://www.diplomacy.edu/blog/discussing-state-behaviour-cyberspace-what-should-we-expect; *Stein/Marauhn*, Völkerrechtliche Aspekte von Informationsoperationen (2000) 60 Zeitschrift für ausländisches öffentliches Recht und Völkerrecht 1; *Stoutland*, The Paris Call: A Step toward Greater Global Cybersecurity, Atomic Pulse, 31.1.2019, abrufbar unter https://www.nti.org/analysis/atomic-pulse/paris-call-step-toward-greater-global-cybersecurity/; *Voelsen*, Risse im Fundament des Internets: Die Zukunft der Netz-Infrastruktur und die globale Internet-Governance, SWP-Studie, 2019; *Waxman*, Cyber-Attacks and the Use of Force: Back to the Future of Article 2(4) (2011) 36 The Yale Journal of International Law 421; *Woltag*, Cyberwarfare. Military Cross-Border Computer Network Operations under International Law, 2014; *ders.*, Cyberwarfare, in: Wolfrum (Hrsg.), Max Planck Encyclopedia of Public International Law, 2012; *Wolter*, The UN Takes a Big Step Forward on Cybersecurity (2013) 43 Arms Control Today 25; *Xinmin*, Key Issues and Future Development of International Cyberspace Law (2016) 2 China Quarterly of International Strategic Studies 119; *Zimmermann*, International Law and 'Cyber Space' (2014) 3 ESIL Reflections 1; *Ziolkowski*, Ius ad Bellum in Cyberspace – Some Thoughts on 'Schmitt Criteria' or Use of Force, in: Czosseck/Ottis/Ziolkowski (Hrsg.), 2012 4th International Conference on Cyber Conflict – Proceedings, 2012, S. 295.

A. Einleitung	1		II. Interventionsverbot	33
B. Multilaterale Rechtsfindungsprozesse	2		III. Schutz der Souveränität	42
I. UN Governmental Group of Experts	3		IV. Attributionsproblem und Verhinderungspflichten	46
II. UN Open-Ended Working Group	6		V. Schlussfolgerung	50
C. Unilaterale und nichtstaatliche Initiativen	9	E.	IT-Sicherheit durch Internet-Governance und internationales Exportkontrollrecht	51
I. Paris Call	10			
II. Digital Geneva Convention	12		I. IT-Sicherheitsaspekte der Internet-Governance	52
III. Tallinn Manual	13			
D. Anwendbarkeit friedensvölkerrechtlicher Regelungen	14		II. Internationales Exportkontrollrecht	58
I. Das völkerrechtliche Gewaltverbot	15	F.	Fazit und Ausblick	61

A. Einleitung*

1 Internationale IT-Sicherheit bewegt sich im **Spannungsfeld** politischer und rechtlicher Beziehungen auf zwischenstaatlicher Ebene einerseits und transnationaler Bemühungen zu umfassender Internet-Governance andererseits. Obwohl es in diesem Bereich in den vergangenen zehn Jahren auch und gerade in internationalen Organisationen viel Bewegung gegeben hat und selbst internationale Großunternehmen Initiativen gestartet haben, um das Niveau der IT-Sicherheit weltweit zu erhöhen, sind viele Normen noch immer im Fluss. Bis auf Weiteres herrscht kein Mangel an **Klärungs- oder Rechtsfortbildungsbedarf**. Das gilt im Besonderen für die Frage, ob und unter welchen Umständen staatlich durchgeführte Cyberoperationen, die in

---

* Mein Dank gilt meinem Mitarbeiter Alexander Gerberich für die umfangreiche Assistenz bei der Recherche für dieses Kapitel.

rechtlich geschützte Güter eines anderen Staates eingreifen, völkerrechtlich gerechtfertigt werden können. Nach einer kurzen Darstellung transnationaler Verfahren fokussiert das vorliegende Kapitel auf drei Bereiche auf internationaler Ebene, die jeweils einen für sich getrennten Bereich der IT-Sicherheit regeln: Normen des zwischenstaatlichen Friedensvölkerrechts, Internet-Governance und Exportkontrollrecht.

B. Multilaterale Rechtsfindungsprozesse

Auf Ebene der Vereinten Nationen existieren inzwischen gleich zwei Prozesse nebeneinander, die sich mit der Frage befassen, ob und in welcher Weise bestehende völkerrechtliche Vorschriften auf staatliches Verhalten im Cyberraum Anwendung finden und inwieweit sich die Staaten auf bestimmte, womöglich rechtlich zunächst einmal unverbindliche, Verhaltensregeln einigen können: die UN Governmental Group of Experts und die UN Open-Ended Working Group.

I. UN Governmental Group of Experts

Die UN Group of Governmental Experts on Developments in the Field of Information and Telecommunications in the Context of International Security (UN GGE) wurde 2013 auf Initiative der UN-Vollversammlung gegründet, nachdem 2011 eine entsprechende Resolution verabschiedet worden war.[1] Mitglieder der Gruppe waren zunächst die fünf ständigen Mitglieder des UN-Sicherheitsrates China, Frankreich, das Vereinigte Königreich, Russland und die Vereinigten Staaten, sowie weitere zehn Länder: Argentinien, Australien, Ägypten, Deutschland, Estland, Indien, Indonesien, Japan, Kanada und Weißrussland. Ziel des ersten Expertenprozesses war es, mögliche **Kooperationsmaßnahmen** im Zusammenhang mit Bedrohungen für die internationale IT-Sicherheit zu eruieren. Zwischen 2012 und 2013 fanden zu diesem Zweck drei jeweils einwöchige Arbeitstreffen statt.[2] Die erste Phase der UN GGE fand im August 2013 ihren Abschluss.

Noch im gleichen Jahr beschloss die UN-Vollversammlung eine Verlängerung des Mandats bis 2015.[3] Das Ziel, transnationale Kooperationen und **vertrauensbildende Maßnahmen** herauszuarbeiten, sollte weiterverfolgt werden. Zugleich ging es in der zweiten Phase verstärkt um die Frage, in welcher Hinsicht internationales Recht auf die Nutzung von IKT anwendbar ist und welche Regelungen, Normen und Prinzipien für staatliches Handeln im Cyberraum denkbar sind.[4] An der Arbeit beteiligt waren neben den fünf ständigen Mitgliedern des UN-Sicherheitsrates diesmal 16 weitere Länder.[5] Auf insgesamt vier Treffen zwischen 2014 und 2015 erarbeitete die Gruppe einen **Abschlussbericht,** der im Juni 2015 veröffentlicht wurde. Im Dezember 2015 wurde er von der Vollversammlung den Vereinten Nationen verabschiedet, zusammen mit dem Aufruf an die Mitgliedsstaaten, ihre Informations- und Kommunikationstechnologien mit den Ergebnissen des Berichts in Einklang zu bringen und sich in ihrer zukünftigen Arbeit davon leiten zu lassen.

Gleichzeitig wurde erneut eine Resolution zu einer weiteren Arbeitsphase verabschiedet. Der dritte Bericht sollte Handlungsempfehlungen dahin gehend enthalten, wie Völkerrecht im Cyberraum anzuwenden ist, mit einem Fokus auf dem Recht der Selbstverteidigung, von

---

1 Vgl. *Wolter*, The UN Takes a Big Step Forward on Cybersecurity (2013) 43 Arms Control Today 25.
2 Vgl. https://www.nti.org/learn/treaties-and-regimes/united-nations-groups-governmental-experts/#communications.
3 Vgl. https://www.nti.org/learn/treaties-and-regimes/united-nations-groups-governmental-experts/#communications.
4 Vgl. *Xinmin*, Key Issues and Future Development of International Cyberspace Law (2016) 2 China Quarterly of International Strategic Studies 119.
5 Vgl. https://ict4peace.org/wp-content/uploads/2017/02/CPI-UN-GGE-Members-2004-2017.pdf.

Gegenmaßnahmen sowie der Geltung des humanitären Völkerrechts.[6] Der Kreis der Staaten wurde noch einmal auf nun insgesamt 25 Teilnehmer erweitert.[7] Doch obwohl sich die UN GGE zwischen 2015 und 2017 fünfmal traf, konnte **kein abschließender Konsens** gefunden werden. Ein Abschlussbericht wurde nicht veröffentlicht.[8] Letztlich scheiterte die UN GGE daran, dass gerade in Bezug auf die rechtlichen Fragen kein einheitlicher Standpunkt unter den Experten gefunden werden konnte. So äußerte beispielsweise der Vertreter Kubas die Sorge, dass das Selbstverteidigungsrecht oder das Recht zu Gegenmaßnahmen von mächtigen Staaten dazu missbraucht werden könnten, ohne ausreichende Beweise unilaterale Sanktionen oder militärische Operationen gegen andere Staaten zu rechtfertigen.[9] Dies hätte eine weitere **Militarisierung des Cyberraums** zur Folge. Insbesondere brachten auch China und Russland gleichlautende Bedenken zum Ausdruck. Trotz dieses Scheiterns ist die UN GGE inzwischen um eine weitere Arbeitsphase verlängert worden, die 2019 begann und bis 2021 laufen soll.

II. UN Open-Ended Working Group

6   Die UN Open-Ended Working Group (UN OEWG) wurde auf russischen Vorschlag hin bei der 73. UN-Vollversammlung im Dezember 2018 ins Leben gerufen.[10] Sie hat wie die UN GGE das Ziel, Normen für staatliches Verhalten sowie **vertrauensbildende Maßnahmen** im Cyberspace zu erarbeiten. Der Abschlussbericht der UN OEWG soll im Herbst 2020 zur 75. UN-Vollversammlung vorgelegt werden.

7   Während die UN OEWG auf russische Initiative zurückgeht, liegt dem jüngsten Mandat der UN GGE 2019/20 ein US-amerikanischer Vorschlag zugrunde. Beide Vorschläge standen in der UN-Vollversammlung 2018 zur Abstimmung, wobei sich das Abstimmungsverhalten der anderen Staaten hauptsächlich an militärischen und politischen Allianzen orientierte.[11] Die Sinnhaftigkeit zweier parallel zum gleichen Themenkomplex arbeitender Gremien auf UN-Ebene ist, kaum überraschend, **hoch umstritten**. Während von manchen die Effektivität der Prozesse bezweifelt wird, äußern andere die Erwartung, dass sich die Arbeitsgruppen sogar sinnvoll ergänzen könnten.[12]

8   Ein grundlegender Unterschied ist die **Mitgliederstruktur**. Während die UN OEWG offen für alle UN-Mitgliedsstaaten sowie weitere zivilgesellschaftliche, wirtschaftliche und akademische Akteure ist,[13] ist die UN GGE eher auf zwischenstaatliche Regierungskooperation ausgerichtet und weist nur eine beschränkte Mitgliederzahl auf.[14] Bezüglich der UN OEWG ist insoweit auf die Gefahr verwiesen worden, dass beispielsweise die Vereinigten Staaten oder andere westliche Länder nur aus strategischen Gründen Mitglieder sein könnten, um Entscheidungen innerhalb der UN OEWG im Hinblick auf eigene Interessen blockieren zu können. Ein potenzieller Nachteil der UN GGE hingegen ist die relativ lange Zeit bis zur Veröffentlichung des

---

6   Vgl. *Grigsby*, The End of Cyber Norms (2017) 59 Survival 109.
7   Vgl. https://ict4peace.org/wp-content/uploads/2017/02/CPI-UN-GGE-Members-2004-2017.pdf.
8   *Soesanto/D'Incau*, The UN GGE Is Dead: Time to Fall Forward, European Council on Foreign Relations, 15.8.2017, https://www.ecfr.eu/article/commentary_time_to_fall_forward_on_cyber_governance.
9   *Henriksen*, The End of the Road for the UN GGE Process: The Future Regulation of Cyberspace (2019) 5 Journal of Cybersecurity 1.
10 Vgl. https://internet-governance-radar.de/aktuelles/blogpost/x-un-cybersecurity-groups-oewg-un-gge.
11 *Stadnik*, Discussing State Behaviour in Cyberspace: What Should We Expect?, Diplo, 20.3.2019, https://www.diplomacy.edu/blog/discussing-state-behaviour-cyberspace-what-should-we-expect.
12 *De Tomas Colatin*, A Surprising Turn of Events: UN Creates Two Working Groups on Cyberspace, CCDCOE, https://ccdcoe.org/incyder-articles/a-surprising-turn-of-events-un-creates-two-working-groups-on-cyberspace/.
13 https://www.un.org/disarmament/open-ended-working-group/.
14 *Stadnik*, Discussing State Behaviour in Cyberspace: What Should We Expect?, Diplo, 20.3.2019, https://www.diplomacy.edu/blog/discussing-state-behaviour-cyberspace-what-should-we-expect.

Abschlussberichts. Hier ist die UN OEWG im Hinblick auf Aktualität und die Möglichkeit einer schnelleren Umsetzung der Ergebnisse potenziell im Vorteil.

C. Unilaterale und nichtstaatliche Initiativen

Neben den multilateralen Prozessen auf Ebene der Vereinten Nationen sind in jüngerer Zeit weitere Prozesse zur Verbesserung der internationalen IT-Sicherheit initiiert worden, von denen die wichtigsten hier kurz dargestellt werden.

I. Paris Call

Der „Paris Call for Trust and Security in Cyberspace" wurde von Frankreich im Rahmen des Paris Peace Forum im November 2018 ins Leben gerufen.[15] Mittlerweile haben sich 67 Staaten, 139 internationale und zivilgesellschaftliche Organisationen und 358 Akteure aus dem privaten Bereich bzw. der Industrie, namentlich Unternehmen wie Facebook, Daimler und Oracle, der Initiative angeschlossen (Stand: August 2019).[16] Allerdings gehören die Cyber-Großmächte China, Russland und die USA nicht zu den Unterzeichnern.

Der Paris Call bringt die **freiwillige Selbstverpflichtung** der teilnehmenden Akteure zum Ausdruck, den Cyberraum friedlich zu nutzen sowie verantwortungsvoll und im Einklang mit geltendem Völkerrecht zu handeln.[17] Die Initiative soll dazu dienen, die Zusammenarbeit verschiedener Akteursgruppen im Bereich der Cybersicherheit zu stärken und eine gemeinsame Erarbeitung von Sicherheitslösungen, einheitlichen Standards und Schutzmechanismen auf den Weg zu bringen. Die Unterzeichner einigten sich dahin gehend, sich gegenseitig zu unterstützen und Maßnahmen durchzuführen, die zu einer **umfassenden Cybersicherheit** beitragen sollen. Dazu gehören unter anderem das Verhindern von Cyberaktivitäten, die absichtlich und in erheblichem Maße den Zugriff auf das öffentliche Internet gefährden, der Ausbau von Kapazitäten gegen Wahlmanipulation, die Vermeidung IKT-basierter Urheberrechtsverletzungen und die Förderung der Akzeptanz und Umsetzung internationaler Normen für ein verantwortungsvolles Verhalten im Cyberraum.[18] Zudem sollen Opfer von Cyberangriffen universell unterstützt und die Proliferation gefährdender IKT-Anwendungen und -praktiken vermieden werden.

II. Digital Geneva Convention

Die Digital Geneva Convention geht auf eine Initiative von Microsoft zurück. Sie greift die Idee der Genfer Konventionen zum humanitären Völkerrecht auf und adressiert die Notwendigkeit der Entwicklung und Etablierung neuer völkerrechtlicher Regeln im Cyberraum.[19] Mit ihr soll ein **rechtlich bindendes Rahmenwerk** geschaffen werden, welches das Verhalten von Staaten und anderen Akteuren im Cyberraum steuert und damit zur Konfliktprävention bei-

---

15 *Loudrain*, Avoiding a World War Web: The Paris Call for Trust and Security in Cyberspace, Lawfare, 4.12.2018, https://www.lawfareblog.com/avoiding-world-war-web-paris-call-trust-and-security-cyberspace.
16 France Diplomatie, Cybersecurity: Paris Call of 12 November for Trust and Security in Cyberspace, https://www.diplomatie.gouv.fr/en/french-foreign-policy/digital-diplomacy/france-and-cyber-security/article/cybersecurity-paris-call-of-12-november-2018-for-trust-and-security-in.
17 *Stoutland*, The Paris Call: A Step toward Greater Global Cybersecurity, Atomic Pulse, 31.1.2019, https://www.nti.org/analysis/atomic-pulse/paris-call-step-toward-greater-global-cybersecurity/.
18 Paris Call for Trust and Security in Cyberspace, 12.11.2018, https://www.diplomatie.gouv.fr/IMG/pdf/paris_call_cyber_cle443433-1.pdf.
19 *Guay/Rudnick*, What the Digital Geneva Convention Means for the Future of Humanitarian Action, UNHCR Innovation Service, 25.6.2017, https://www.unhcr.org/innovation/digital-geneva-convention-mean-future-humanitarian-action/.

trägt.[20] Inhaltlich knüpft die Konvention an die Berichte der UN GGE an, allerdings wird IT-Unternehmen eine zentrale Rolle eingeräumt, um gemeinsam mit zivilgesellschaftlichen Gruppen **Menschenrechte** im digitalen Kontext zu definieren. Unmittelbare Adressaten des Rahmenwerks sind die Cyber-Großmächte. Diese Blickrichtung steht allerdings in der Kritik. Einerseits wird bezweifelt, dass sich Regierungen einem solchen privaten Regelwerk unterwerfen werden.[21] Andererseits wird die Effektivität des Ansatzes grundsätzlich in Frage gestellt. Konkrete Pläne zur Umsetzung der Digital Geneva Convention gibt es bislang noch nicht.[22]

III. Tallinn Manual

13 Das Tallinn Manual geht auf eine Initiative des NATO Cooperative Defence Centre of Excellence (CCD COE) zurück und hat zum Ziel, Aspekte des Völkerrechts, die staatliche Aktivitäten im Cyberraum betreffen, herauszuarbeiten und zu interpretieren.[23] Es wurde seit 2009 durch eine **International Group of Experts** (IGE) bearbeitet, bestehend aus 20 internationalen Rechtsexperten. Die erste Version des Manuals wurde 2013 veröffentlicht. Während sich dieses noch auf Cyberoperationen während bewaffneter Konflikte fokussierte, legt das 2017 fertig gestellte Tallinn Manual 2.0 den Schwerpunkt auf das **Friedensvölkerrecht**. Vor der Veröffentlichung wurden Staaten dazu eingeladen, auf mehreren Treffen den Text zu kommentieren und Vorschläge für die finale Version einzubringen.[24] Auf die Ergebnisse des Tallinn Manual, das sich trotz des begrenzten Autorenkreises bislang im Vergleich zu den UN-Arbeitsgruppen und den übrigen Initiativen als am einflussreichsten für die weitere Ausprägung der Staatenpraxis im Cyberraum erwiesen hat, wird im folgenden Abschnitt näher eingegangen.

D. Anwendbarkeit friedensvölkerrechtlicher Regelungen

14 Trotz der beschriebenen Normfindungsprozesse auf internationaler Ebene wie der UN GGE oder des Tallinn Manuals ist die konkrete Anwendbarkeit völkerrechtlicher Regeln auf Fragen zwischenstaatlicher IT-Sicherheit bis heute **nicht vollständig geklärt**. Einigkeit dahin gehend, dass das Völkerrecht auf „den Cyberraum" Anwendung findet, also auf staatliches Verhalten in Bezug auf die weltweiten Netze und angeschlossenen IT-Systeme, beantwortet noch nicht die Frage des „Wie" – insbesondere in Bezug auf tatsächliche **staatliche Praxis**. Ob und inwieweit **normative Lücken** bestehen oder völkerrechtliche Vorschriften einer **Klärung bedürfen**, ist unter den Staaten weiterhin umstritten. Die folgenden Abschnitte beschränken sich daher auf eine allgemeine Darstellung der wichtigsten völkerrechtlichen Rechtsinstitute, die allgemein für eine rechtliche Abbildung internationaler IT-Sicherheit als relevant anerkannt sind: das Gewaltverbot, das Verbot der Intervention sowie der Respekt für die Souveränität aller Staaten. Es folgt eine kurze Beschreibung des sogenannten Attributionsproblems sowie staatlicher Vorsorgepflichten hinsichtlich der IT-Infrastruktur auf ihrem eigenen Territorium bzw. unter ihrer Kontrolle.

---

20 A Digital Geneva Convention to Protect Cyberspace, Microsoft Policy Papers, https://query.prod.cms.rt.microsoft.com/cms/api/am/binary/RW67QH.
21 *Ermert*, Viel Kritik an Microsofts Plänen für eine „Digitale Genfer Konvention", heise.de, 19.12.2017, https://www.heise.de/newsticker/meldung/Viel-Kritik-an-Microsofts-Plaenen-fuer-eine-Digitale-Genfer-Konvention-3923066.html.
22 *Perler*, Tech-Unternehmen unterzeichnen digitale Genfer Konvention, Com-Magazin, 20.4.2018, https://www.com-magazin.de/news/sicherheit/tech-unternehmen-unterzeichnen-digitale-genfer-konvention-1532580.html.
23 *Schmitt*, In Defense of Due Diligence in Cyberspace (2015) The Yale Law Journal Forum 68.
24 Vgl. *Jensen*, The Tallinn Manual 2.0: Highlights and Insights (2017) 48 Georgetown Journal of International Law 735, 738 ff.

I. Das völkerrechtliche Gewaltverbot

Die bisherige völkerrechtswissenschaftliche Diskussion hat sich insbesondere auf die Frage konzentriert, ob und unter welchen Umständen eine die IT-Sicherheit eines anderen Landes beeinträchtigende Handlung eines Staates das völkerrechtliche Gewaltverbot verletzen kann. Das Gewaltverbot ist eines der **fundamentalen Prinzipien** der modernen internationalen Rechtsordnung[25] und findet sich prominent in Artikel 2(4) UN-Charta wieder: „Alle Mitglieder unterlassen in ihren internationalen Beziehungen jede gegen die territoriale Unversehrtheit oder die politische Unabhängigkeit eines Staates gerichtete oder sonst mit den Zielen der Vereinten Nationen unvereinbare Androhung oder Anwendung der Gewalt".

Neben seiner positiven Niederlegung in der UN-Charta ist die Norm auch unbestritten Teil des **Völkergewohnheitsrechts**[26] und darüber hinaus als **zwingendes Recht** (*ius cogens*) im Sinne des Artikel 53 des Wiener Übereinkommens über das Recht der Verträge anerkannt. Das Gewaltverbot gilt allumfassend und lässt nur zwei Ausnahmetatbestände zu, zum einen das allen Staaten inhärente **Recht zur Selbstverteidigung**, das in Artikel 51 UN-Charta positivrechtlich niedergelegt ist, sowie durch den UN-Sicherheitsrat beschlossene kollektive Zwangsmaßnahmen gemäß Kapitel VII der UN-Charta (*Spies-Otto* in → § 19 Rn. 9 ff.).

Das entscheidende Tatbestandsmerkmal der Norm ist das der „Gewalt". Allgemein anerkannt ist, dass hierunter ausschließlich **Waffen- bzw. militärische Gewalt** zu verstehen ist.[27] Zwar war während der Gründungskonferenz der Vereinten Nationen in San Francisco noch wirtschaftlicher Zwang als *Gewaltanwendung* in diesem Sinne erörtert worden, jedoch wurde dieses weite Verständnis zugunsten einer engeren Definition aufgegeben.[28] Mit der Verabschiedung der sogenannten *Friendly Relations Declaration* der UN-Vollversammlung 1970 wurde dieses Verständnis bestätigt.[29] Entgegen dem ausdrücklichen Wortlaut des Artikel 2(4) UN-Charta ist das Verbot der Gewaltanwendung umfassend dahin gehend, dass **jede Art zwischenstaatlichen Rückgriffs auf gewaltsame militärische Mittel** untersagt ist, nicht lediglich solche, die eine bestimmte **Erheblichkeitsschwelle** überschreiten oder solche, die sich tatsächlich „gegen die territoriale Unversehrtheit oder die politische Unabhängigkeit" eines anderen Staates richten.[30]

Darüber hinaus deckt die Vorschrift auch indirekte Formen der Gewaltanwendung in den zwischenstaatlichen Beziehungen ab, so beispielsweise die **Bewaffnung oder militärische Ausbildung nichtstaatlicher Gruppierungen**, die sich dann gewaltsam gegen einen anderen Staat wenden. Diese Interpretation des Gewaltverbots ist wiederholt vom Internationalen Gerichtshof bestätigt worden.[31] Die gerichtlich entschiedenen Fälle zeigen zudem, dass das Merkmal der Gewaltanwendung flexibel ist und damit fähig, an neue tatsächliche Gegebenheiten durch **evolutionäre Auslegung** angepasst zu werden, insbesondere wenn neue Arten und Methoden der Gewaltausübung in den zwischenstaatlichen Beziehungen beobachtet werden.[32] Vor diesem Hintergrund stellt sich die Frage, inwieweit staatliches Handeln in Bezug auf die IT-Infra-

---

25 *Dörr* in *Wolfrum*, Max Planck Encyclopedia of Public International Law, 2012, Rn. 1.
26 Case Concerning Military and Paramilitary Activities in and against Nicaragua (Nicaragua v. USA) (Merits) (1986) ICJ Rep 65, Rn. 187–190; Legal Consequences of the Construction of a Wall in the Occupied Palestinian Territory (Advisory Opinion) (2004) ICJ Rep 136, Rn. 87.
27 *Dinstein*, War, Aggression and Self-Defence, S. 87 ff.
28 *Dörr* in *Wolfrum*, Max Planck Encyclopedia of Public International Law, 2012, Rn. 11.
29 Declaration on Principles of International Law concerning Friendly Relations and Co-operation among States in accordance with the Charter of the United Nations, UN GA 2625 (XXV), 24.10.1970.
30 *Dörr* in *Wolfrum*, Max Planck Encyclopedia of Public International Law, 2012, Rn. 14.
31 Nicaragua v. USA, Case Concerning Military and Paramilitary Activities in and against Nicaragua (Nicaragua v. USA) (Merits) (1986) ICJ Rep 65, para. 187–190; Case Concerning Armed Activities on the Territory of the Congo (Democratic Republic of the Congo v. Uganda) (2005) ICJ Rep 168, Rn. 163 ff.
32 *Heintschel von Heinegg* in Ipsen, Völkerrecht, 2014, S. 390.

strukturen und -Systeme anderer Staaten als völkerrechtlich verbotene Anwendung von Gewalt in diesem Sinne verstanden werden kann.

19 Die intensive wissenschaftliche Debatte in Bezug auf diese Angelegenheit kann hier nur kursorisch wiedergegeben werden.[33] Nach anfänglicher Zurückhaltung, was die grundsätzliche Anwendbarkeit des Gewaltverbots auf **staatliches Verhalten im Cyberraum** betrifft,[34] haben sich inzwischen einige Leitlinien der Auslegung herausgebildet. Von der Prämisse ausgehend, dass die Norm in erster Linie militärische Gewalt adressiert, wurde zunächst ein intrinsischer Zusammenhang mit der Freisetzung **kinetischer Energie** als Voraussetzung für die Erfüllung des Tatbestandsmerkmales angenommen.[35] Dagegen wurde die Verursachung tatsächlicher Schäden für sich allein als nicht ausschlaggebend erachtet.[36] Aus dieser Sicht folgte, dass eine staatliche Cyberoperation, die darauf abzielt, **mittels Datenübermittlung** oder dem **Auslösen elektromagnetischer Impulse** Schaden anzurichten, das Merkmal der Gewaltanwendung im Sinne des Artikel 2(4) UN-Charta nicht erfüllen könnte.[37]

20 Ein solch enges Verständnis des Tatbestandsmerkmals hat sich in der völkerrechtlichen Wissenschaft letztlich nicht durchsetzen können und ist auch von Vertretern der Staaten so gut wie nicht aufgegriffen worden. Zum einen ist eine solche Interpretation nicht mit der grundlegenden Regel des Artikels 31(1) des Wiener Übereinkommens über das Recht der Verträge in Einklang zu bringen, wonach ein Merkmal „in Übereinstimmung mit der gewöhnlichen, seinen Bestimmungen in ihrem Zusammenhang zukommenden Bedeutung" auszulegen ist, schließt der Begriff der *Gewalt* doch für sich genommen nicht-kinetische Formen keineswegs aus und bezieht sich insbesondere nicht auf bestimmte Arten von Waffen. Dies hatte der Internationale Gerichtshof bereits 1996 in seinem Gutachten zum Einsatz nuklearer Waffen bestätigt.[38] Insofern ist es nicht möglich, aus der **Modalität einer staatlichen Cyberoperation** selbst eine Antwort auf die Frage zu finden, ob die Schwelle zur Gewaltanwendung überschritten wurde (sogenannter *instrument-based approach*).[39] Dem ist von einigen Autoren entgegengehalten worden, dass nur dieser Ansatz verhindern könnte, dass die Konturen des Tatbestandsmerkmals verwischt würden.[40]

21 Andere Autoren wählen das Ziel einer staatlichen Cyberoperation als entscheidenden Referenzpunkt für die rechtliche Einordnung der Maßnahme (sogenannter *target-based approach*). Diesem Ansatz zufolge ist staatliches Handeln im Cyberspace als Gewalt im Sinne des Artikel 2(4) UN-Charta zu erachten, wenn es sich gegen die kritische Infrastruktur eines anderen Staates richtet.[41] Doch obwohl der **Schutz kritischer Infrastrukturen** vor Gefahren aus dem Cyberraum als **zentrales Ziel staatlicher Sicherheitspolitik** heute allgemein anerkannt ist, ist die Ansicht, jede einzelne Operation, die sich in irgendeiner Weise gegen sie richtet, als

---

33 Für frühe wissenschaftliche Auseinandersetzungen mit dem Thema siehe zB *Woltag*, Cyberwarfare. Military Cross-Border Computer Network Operations under International Law, S. 135 ff.; *Roscini*, Cyber Operations and the Use of Force in International Law, S. 43 ff.
34 *Dörr* in *Wolfrum*, Max Planck Encyclopedia of Public International Law, 2012, Rn. 12.
35 *Stein/Marauhn*, Völkerrechtliche Aspekte von Informationsoperationen (2000) 60 Zeitschrift für ausländisches öffentliches Recht und Völkerrecht 1 (4); *Waxman*, Cyber-Attacks and the Use of Force: Back to the Future of Article 2(4) (2011) 36 The Yale Journal of International Law 421 (427 ff.); *Benatar*, The Use of Cyber Force: Need for Legal Justification? (2009) 1 Goettingen Journal of International Law 375 (389).
36 *Woltag* in Wolfrum, Max Planck Encyclopedia of Public International Law, 2012, Rn. 8.
37 *Hollis*, Why States Need an International Law for Information Operations (2007) 11 Lewis & Clark Law Review 1023, 1041.
38 Legality of the Threat or Use of Nuclear Weapons (Advisory Opinion) (1996) ICJ Rep 226, Rn. 39.
39 Siehe aber *Roscini*, Cyber Operations and the Use of Force in International Law, S. 49 ff.
40 Vgl. *Schmitt*, Computer Network Attack and the Use of Force in International Law: Thoughts on a Normative Framework (1999) 37 Columbia Journal of Transnational Law 885, 911.
41 Vgl. *Sharp*, Cyberspace and the Use of Force, 1999, S. 129 ff.; *Jensen*, Computer Attacks on Critical National Infrastructure: A Use of Force Invoking the Right of Self-Defense (2002) 38 Stanford Journal of International Law 207, 226.

Gewaltanwendung im völkerrechtlichen Sinne zu werten, als zu weitgehend kritisiert worden.[42] Maßnahmen als „Gewalt" zu qualifizieren, die – gleichwohl mit böswilliger Absicht durchgeführt – kaum über die Schwelle der Belästigung hinausgehen, missachtet den im Wiener Vertragsrechtsübereinkommen festgelegten Interpretationsstandard des **natürlichen Wortlauts**. Darüber hinaus sprechen auch sicherheitspolitische Erwägungen gegen eine solch weite Auslegung, würde dies doch eine erhebliche **Eskalationsgefahr** in sich bergen.[43]

Neben den zwei genannten Ansätzen hat sich eine dritte Ansicht herausgebildet, der sich inzwischen die meisten Vertreter sowohl der Wissenschaft als auch der Staaten angeschlossen haben. Es handelt sich um den sogenannten *effects-based approach*, wonach entscheidend für die Einordnung als Gewaltanwendung die Auswirkungen der Cyberoperation sind. Dass nicht-kinetische Mittel einen Schaden anzurichten in der Lage sind, der vergleichbar ist mit dem, der durch traditionelle militärische Waffen verursacht wird, ist bereits in Bezug auf **biologische und chemische Kampfstoffe** festgehalten worden. Bei diesen Waffen sind die schwerwiegenden Konsequenzen gerade keine Folge des Freisetzens kinetischer Energie, und trotzdem bestand nie ein Zweifel daran, dass der staatliche Einsatz solcher Mittel als eine Gewaltanwendung im Sinne des Artikel 2(4) UN-Charta zu qualifizieren ist.[44] Wie der einflussreiche britische Völkerrechtler Ian Brownlie bereits vor mehr als einem halben Jahrhundert feststellte, ist entscheidend, dass biologische und chemische Kampfstoffe mit dem Ziel eingesetzt werden, Menschen zu töten und sonstige Zerstörung anzurichten.[45] Demzufolge taugt grundsätzlich jedes Mittel dazu, das Merkmal der Gewaltanwendung zu erfüllen, wenn es entsprechenden Schaden anrichtet. Um den Tatbestand nicht zu umfassend werden zu lassen, schlug Brownlie vor, nicht *allein* auf die Konsequenzen einer staatlichen Handlung abzustellen, sondern diese mit dem eingesetzten Mittel in einen **wertenden Zusammenhang** zu stellen, um zu einer **abwägenden Gesamtqualifikation** zu gelangen.[46] Die Frage ist, was dies für die Einordnung offensiver Cyberoperationen im Einzelnen bedeutet: (1) Was für Auswirkungen einer Cyberoperation bringen diese in den Anwendungsbereich des völkerrechtlichen Gewaltverbots und was sind die Wertungskriterien hierfür? (2) Welcher Zusammenhang muss zwischen der Handlung und ihren Konsequenzen bestehen, um eine Qualifikation als Gewaltanwendung zu rechtfertigen?

Bezüglich der ersten Frage vertreten die meisten Autoren die Ansicht, die Auswirkungen einer offensiven staatlichen Cyberoperation müssten denen **eines Angriffs mit konventionellen Waffen vergleichbar** sein. Das bedeutet insbesondere, dass die Operation **Konsequenzen außerhalb der Netzwerke und betroffenen Computersysteme** selbst zeitigen muss, zum Beispiel durch physische Zerstörung oder Beschädigung von Sachen oder durch die Verletzung oder gar Tötung von Personen.[47] Dem schließt sich auch das Tallinn Manual an, indem es festlegt, eine

---

42 *Roscini*, Cyber Operations and the Use of Force in International Law, S. 47; *Woltag*, Cyberwarfare. Military Cross-Border Computer Network Operations under International Law, S. 151.
43 *Li*, When Does Internet Denial Trigger the Rights of Armed Self-Defense? (2013) 38 The Yale Journal of International Law 179, 187.
44 *Woltag* in Wolfrum, Max Planck Encyclopedia of Public International Law, 2012, Rn 8; *Schmitt*, Computer Network Attack and the Use of Force in International Law: Thoughts on a Normative Framework (1999) 37 Columbia Journal of Transnational Law 885, 911 (913).
45 *Brownlie*, International Law and the Use of Force by States, S. 362.
46 *Brownlie*, International Law and the Use of Force by States, S. 362.
47 Vgl. nur *Stein/Maruhn*, Völkerrechtliche Aspekte von Informationsoperationen (2000) 60 Zeitschrift für ausländisches öffentliches Recht und Völkerrecht 1 (7); *Woltag* in Wolfrum, Max Planck Encyclopedia of Public International Law, 2012, Rn 8; *Joyner/Lotrionte*, Information Warfare as International Coercion: Elements of a Legal Framework (2011) 12 European Journal of International Law 825, 863; *Waxman*, Cyber-Attacks and the Use of Force: Back to the Future of Article 2(4) (2011) 36 The Yale Journal of International Law 421, 431 ff.; *Keber/Roguski*, Ius Ad Bellum Electronicum? Cyberangriffe im Lichte der UN-Charta und aktueller Staatenpraxis (2011) 49 Archiv des Völkerrechts 399, 408 ff.

Cyberoperation sei dann als Gewaltanwendung zu qualifizieren, wenn ihr Ausmaß und ihre Folgen („scale and effects") denen einer staatlichen Handlung gleichkommen, die als Gewaltanwendung zu werten wäre.[48] Ein typisches Beispiel für eine solche Operation, das in diesem Zusammenhang immer wieder herangezogen wird, ist der durch einen Cyberangriff ausgelöste **Bruch eines Staudamms**, der eine zerstörerische Flutwelle zur Folge hat. Dies verweist auf die zweite Frage nach dem notwendigen Zusammenhang zwischen Ursache und Wirkung. Hier ist eine einschränkend wertende Gesamtbetrachtung schon deshalb notwendig, als praktisch jede gegen einen anderen Staat gerichtete Handlung über lange Sicht physisch zerstörerische Folgen haben kann – gerade auch wirtschaftlicher Zwang, der beispielsweise in Form von Sanktionen ausgeübt wird.[49] Eine solche Handlungsweise soll jedoch gerade, wie gezeigt, nicht unter den Begriff der Gewaltanwendung im völkerrechtlichen Sinne fallen.

24 Um bei der Bewertung von offensiven staatlichen Cyberoperationen zwischen solchen, die die Schwelle zur Gewaltanwendung überschreiten, und weniger schwerwiegenden besser unterscheiden zu können, hatte der Völkerrechtler Michael Schmitt bereits 1999 eine Reihe von Kriterien vorgeschlagen, die sowohl dem Merkmal der Gleichwertigkeit als auch dem Zusammenhang zwischen Handlung und Auswirkungen mehr Detailschärfe verleihen sollen. Die ursprünglich sechs Kriterien haben sich inzwischen zu einem weithin zitierten Referenzmaßstab entwickelt, um feindselige Cyberaktivität rechtlich zu beurteilen:

(1) Schwere („severity"), also der Grad des Schadens an Personen oder Sachen;
(2) Unmittelbarkeit („immediacy"), womit der zeitliche Zusammenhang zwischen der Cyberoperation und ihren Auswirkungen gemeint ist;
(3) Direktheit („directness"), was auf den Kausalzusammenhang zwischen Handlung und Wirkung verweist;
(4) Grad des Eindringens („invasiveness") in die Netzwerke und Systeme des Zielstaates;
(5) Messbarkeit („measurability"), womit die Offensichtlichkeit und die Quantifizierbarkeit der Folgen der Handlung gemeint sind;
(6) Mutmaßliche Legitimität („presumptive legitimacy"), worunter Schmitt die angebliche Unterscheidung zwischen den Folgen einer bewaffneten Zwangshandlung, die „mutmaßlich unzulässig" sein sollen, und den Folgen anderer Zwangshandlungen meint, auf die das nicht zutreffe.[50]

25 Das unter Schmitts Federführung verfasste Tallinn Manual 2.0 hat die sechs Kriterien zur rechtlichen Bewertung von Cyberoperationen übernommen und zwei weitere Aspekte hinzugefügt:

(7) Militärischer Charakter („military character"), womit impliziert sein soll, dass Handlungen, die durch die Streitkräfte eines Staates durchgeführt werden, von anderen eher als Gewaltanwendung qualifiziert würden als Operationen anderer Organe;
(8) Staatliche Beteiligung („state involvement"), was unterstellt, dass eine klare und beachtliche Beteiligung staatlicher Stellen an der Cyberoperation eher zur Folge hat, dass andere Staaten die Handlung als Gewaltanwendung betrachten.[51]

26 Im Tallinn Manual ist das Kriterium der „mutmaßlichen Legitimität" zudem in „mutmaßliche Legalität" geändert worden. Obwohl die Autoren des Manuals betonen, dass die aufgezählten Aspekte **keineswegs als formale rechtliche Kriterien** gemeint sind, sondern lediglich der wer-

---

48 *Schmitt (Hrsg.)*, Tallinn Manual 2.0 on the International Law Applicable to Cyber Operations, Rule 69.
49 *Barkham*, Information Warfare and International Law on the Use of Force (2001) 34 New York University Journal of International Law & Politics 57, 86.
50 *Schmitt*, Computer Network Attack and the Use of Force in International Law: Thoughts on a Normative Framework (1999) 37 Columbia Journal of Transnational Law 885, 914 ff.
51 *Schmitt (Hrsg.)*, Tallinn Manual 2.0 on the International Law Applicable to Cyber Operations, Rule 69, Rn. 9.

tenden Gesamtbetrachtung durch betroffene oder dritte Staaten einen **Leitfaden** zur Hand geben sollen⁵² und zudem keineswegs als abschließend aufzufassen sind,⁵³ ist der Ansatz in der Literatur kritisiert worden.

So lehnen einige Autoren insbesondere den Faktor „mutmaßliche Legitimität/Legalität" ab, da er zu der Bestimmung, ob es sich faktisch um Gewaltanwendung handelt, nichts beitragen kann. Vielmehr verweise er lediglich auf die Frage nach der Rechtmäßigkeit der staatlichen Handlung, also danach, ob eine Gewaltausübung als Selbstverteidigung im Sinne des Artikel 51 UN-Charta gerechtfertigt werden kann; dies betreffe entweder eine andere Ebene der rechtlichen Untersuchung⁵⁴ oder führe zu einem Zirkelschluss.⁵⁵ Auch weitere Kriterien wie der „Grad des Eindringens" und „Messbarkeit" sind als wenig hilfreich zurückgewiesen worden.⁵⁶

27

Insbesondere die ersten drei Faktoren sind dennoch gerade im Hinblick auf Versuche nützlich, das Merkmal der Gewaltanwendung für staatliche Handlungen im Cyberraum zu erweitern.⁵⁷ Zum Beispiel sollten Cyberoperationen, die **Menschenleben kosten** – ob schon ein Toter ausreichend wäre, ist fraglich, wobei als ungeklärt gelten muss, wo genau die Schwelle zu verorten ist – oder die **körperliche Unversehrtheit einer großen Zahl von Personen** beeinträchtigen, unproblematisch als Gewaltanwendung eingeordnet werden.⁵⁸ Die gleiche Wertung lässt sich auf eine **beträchtliche Beschädigung oder Zerstörung von Sachen** übertragen. Dagegen ist es zweifelhaft, den Sachenbegriff auch auf Daten selbst anzuwenden und somit die Beeinträchtigung ihrer Integrität ausreichen zu lassen. Eine solche Folge einer Cyberoperation als „Gewalt" anzusehen, würde den Begriff **überdehnen**. Zwar mag es richtig sein, dass Daten in der heutigen digitalen Gesellschaft eine entscheidende Bedeutung zukommt.⁵⁹ Daraus folgt aber gerade noch nicht, dass deshalb die Zerstörung einer Datenbank mit der Bombardierung einer Fabrik gleichgesetzt werden könne, weil doch in beiden Fällen Eigentum zu Schaden komme.⁶⁰ Generell lässt sich festhalten, dass Folgen, die den „virtuellen Raum" nicht verlassen, nicht den Schweregrad erreichen können, um als Gewaltanwendung qualifiziert zu werden.⁶¹

28

In diesem Zusammenhang ist das Merkmal der „Messbarkeit" insofern hilfreich, als damit **Sichtbarkeit und Offensichtlichkeit** der Folgen gemeint sind. Ein weiterer Vergleich mit wirtschaftlicher Zwangsausübung zeigt, dass die Völkerrechtsdoktrin Fälle kennt, in denen Eigentum im weiteren Sinne zu Schaden kommt, ohne dass von einer Verletzung des Gewaltverbotes ausgegangen wird. Dies muss eben auch für Cyberoperationen gelten, die vornehmlich Wirtschaftsgüter zum Ziel haben, sonst aber keine physischen Schäden anrichten. So wurde 2007 – mutmaßlich durch russische Hacker – unter anderem das Bankensystem Estlands mit

29

---

52 *Schmitt (Hrsg.)*, Tallinn Manual 2.0 on the International Law Applicable to Cyber Operations, Rule 69, Rn. 9.
53 *Schmitt (Hrsg.)*, Tallinn Manual 2.0 on the International Law Applicable to Cyber Operations, Rule 69, Rn. 10.
54 *Woltag*, Cyberwarfare. Military Cross-Border Computer Network Operations under International Law, S. 151.
55 *Ziolkowski* in Czosseck/Ottis/Ziolkowski (Hrsg.), 2012 4th International Conference on Cyber Conflict – Proceedings (2012) 295, 305.
56 *Ziolkowski* in Czosseck/Ottis/Ziolkowski (Hrsg.), 2012 4th International Conference on Cyber Conflict – Proceedings (2012) 295, 304.
57 Für weitergehende Kritik siehe nur *Woltag*, Cyberwarfare. Military Cross-Border Computer Network Operations under International Law, S. 151; *Roscini*, Cyber Operations and the Use of Force in International Law, 48 f.
58 Vgl. die offizielle Rechtsposition der Regierung des Vereinigten Königreichs, *Wright*, Cyber and International Law in the 21st Century, 23.5.2018, https://www.gov.uk/government/speeches/cyber-and-international-law-in-the-21st century.
59 Vgl. *Barkham*, Information Warfare and International Law on the Use of Force (2001) 34 New York University Journal of International Law & Politics 57, 88.
60 *Barkham*, Information Warfare and International Law on the Use of Force (2001) 34 New York University Journal of International Law & Politics 57, 88.
61 Vgl. dagegen *Li*, When Does Internet Denial Trigger the Rights of Armed Self-Defense? (2013) 38 The Yale Journal of International Law 179, 191.

einer **DDoS-Attacke** über Wochen angegriffen. Ziel der Aktion war es, die estnische Regierung dazu zu zwingen, die Entscheidung, ein sowjetisches Ehrenmal aus dem Zentrum der Hauptstadt Tallinn zu entfernen, rückgängig zu machen. Obwohl die ökonomischen Folgen erheblich waren, wird der Fall zurecht nicht als Beispiel für eine Gewaltanwendung im Sinne des Artikels 2(4) UN-Charta gesehen. Ebenso ist der Fall des Cyberangriffs auf die saudische staatliche Ölgesellschaft Aramco im Jahr 2012 zu werten.[62] Solche Handlungen, sofern sie von Staaten ausgehen, mögen das Interventionsverbot verletzen (→ Rn. 37 ff.); das Gewaltverbot ist jedoch nicht berührt. Das gilt selbst dann, wenn man der Behauptung folgt, in der heutigen Wirtschaftsordnung könnten solche Cyberoperationen leicht Folgen in einer Schwere nach sich ziehen, die durch einen klassischen Militärschlag mit konventionellen Waffen überhaupt nicht zu erzielen wären.[63]

30 Einige Autoren gehen sogar noch einen Schritt weiter und wollen sämtliche Cyberoperationen, die auf einen **nicht bloß kurzfristigen Ausfall von IT-Infrastrukturen** abzielen, als Gewaltanwendung qualifizieren, indem sie solche Aktionen mit **Seeblockaden** gleichsetzen,[64] deren Einordnung als Gewalt völkerrechtlich anerkannt ist. Das solle jedenfalls stets dann gelten, wenn die disruptive Operation, beispielsweise eine DDoS-Attacke, erhebliche wirtschaftliche Schäden zur Folge hat.[65] Dieser Analogschluss wird allerdings in der Wissenschaft mehrheitlich als zu weitgehend abgelehnt.[66] Ebenso kaum vertreten wird die gelegentlich geäußerte Ansicht, aufgrund der wirtschaftlichen Bedeutung von Daten sei selbst „Datendiebstahl", zum Beispiel durch staatliche Wirtschaftsspionage, ab einer gewissen Größenordnung als Gewalt im völkerrechtlichen Sinne anzusehen.[67] Sogar mit seinem eher restriktiven Ansatz geht auch Schmitt davon aus, dass Umstände denkbar sind, in denen das gezielte Ausleiten von Daten so schwerwiegend sei, dass eine Qualifikation als Gewalt in Betracht zu ziehen ist.[68]

31 Roscini vertritt die Ansicht, dass disruptive Cyberoperationen jedenfalls dann als Gewaltanwendung gelten könnten, wenn sie die **Sicherheit des Zielstaates gefährden** oder **kritische Infrastrukturen funktionsunfähig** werden lassen. Es komme wiederum auf eine **wertende Gesamtbetrachtung** an, bei der insbesondere Faktoren wie **Schwere und Dauer der Beeinträchtigung** sowie die Abhängigkeit des angegriffenen Staates von den gestörten Systemen die entscheidende Rolle spielen sollten.[69] In diesem Zusammenhang ist bemerkenswert, dass einige Staaten in jüngerer Zeit offizielle Erklärungen veröffentlicht haben, die entsprechend proklamieren, dass sie solche disruptiven, gegen kritische Infrastrukturen gerichtete Cyberoperationen **auch ohne physische Folgeschäden** unter bestimmten Umständen als Verstoß gegen das völkerrechtliche Gewaltverbot zu qualifizieren bereit wären.[70] Auch wenn die Staatenpraxis in dieser Hinsicht noch keineswegs als gefestigt gelten kann, ist es immerhin auffällig zu beob-

---

62 *Perlroth*, In Cyberattack on Saudi Firm, US Sees Iran Firing Back, New York Times, 23.10.2012.
63 *Waxman*, Cyber-Attacks and the Use of Force: Back to the Future of Article 2(4) (2011) 36 The Yale Journal of International Law 421, 436.
64 Vgl. *Heintschel von Heinegg* in Wolfrum (Hrsg.), Max Planck Encyclopedia of Public International Law, 2012, Rn. 1.
65 *Li*, When Does Internet Denial Trigger the Rights of Armed Self-Defense? (2013) 38 The Yale Journal of International Law 179, 191.
66 Vgl. *Woltag*, Cyberwarfare. Military Cross-Border Computer Network Operations under International Law, S. 151.
67 *Melnitzky*, Defending America against Chinese Cyberespionage Through the Use of Active Defenses (2012) 20 Cardozo Journal of International & Comparative Law 537, 566.
68 *Schmitt*, Cyber Operations and the Jus as Bellum Revisited (2011) 56 Villanova Law Review 569, 577.
69 *Roscini*, Cyber Operations and the Use of Force in International Law, 55 ff.
70 Siehe zB für die Niederlande die jüngste Erklärung des Verteidigungsministers *Bijleveld*, We Have to Steer the Cyber Domain, Before It Steers Us, https://puc.overheid.nl/mrt/doc/PUC24813711/1/; noch 2007 kam für Estland Berichten zufolge eine solche Rechtsansicht nicht in Betracht, vgl. *Tikk* ua, International Cyber Incidents: Legal Considerations, https://ccdcoe.org/publications/books/legalconsiderations.pdf, S. 25 f.

achten, dass einige Staaten scheinbar beginnen, sich vorsichtig von einer **restriktiven Auslegung des Merkmals der Gewaltanwendung** zu distanzieren.

Die vorhergehenden Ausführungen lassen folgende Schlussfolgerungen bezüglich des gegenwärtigen Standes des Völkerrechts im Hinblick auf das Gewaltverbot im Cyberraum zu. Eine Cyberoperation, die **physische Zerstörung an Sachen oder Personenschäden** zur Folge hat, ist als Gewaltanwendung im Sinne des Artikel 2(4) UN-Charta anzusehen.[71] Grundsätzlich kann dies auch durch auf reine Disruption abzielende Angriffe geschehen, etwa wenn eine **DDoS-Attacke auf ein Krankenhaus zum Ausfall kritischer, lebenserhaltender medizinischer Systeme** führt. Eine solche Möglichkeit ist in Wissenschaft und Politik insbesondere im Zusammenhang mit der COVID-19-Pandemie und der daraus folgenden Überlastung der Gesundheitssysteme einiger Staaten wieder verstärkt diskutiert worden, nachdem es kurz nach Beginn der Krise zu Cyberangriffen gegen Krankenhäuser in der Tschechischen Republik, Frankreich und Spanien gekommen war.[72] Demgegenüber bleiben Cyberangriffe, die sich **nur gegen Daten selbst richten**, stets unterhalb der Schwelle des Artikel 2(4) UN-Charta. Gegenteilige Überlegungen überdehnen den Wortlaut des Begriffs der „Gewalt" in dogmatisch unzulässiger Weise. Das gilt in besonderem Maße für sämtliche Formen der **Cyberspionage**. Zwischen diesen Polen existiert eine beachtliche **Grauzone**. Die Bewertung offensiver Cyberoperationen, die in diese Kategorie fallen, bleibt bis auf Weiteres der **Einzelfallentscheidung** überlassen. In dieser Hinsicht ist abzuwarten, ob und inwieweit sich weiter ausprägende Staatenpraxis in den kommenden Jahren zu einer grundsätzlicheren Klärung wird beizutragen vermögen.

II. Interventionsverbot

Obwohl es kaum Erwähnung in der UN-Charta findet – abgesehen von Artikel 2(7), der sich auf die Beziehung der Organe der internationalen Organisation mit ihren Mitgliedstaaten selbst beschränkt – ist das Interventionsverbot ohne Zweifel **integraler Bestandteil des Völkergewohnheitsrechts**[73] und regelt das Recht eines jeden souveränen Staates, seine eigenen Angelegenheiten **ohne Einmischung von außen** zu betreiben.[74] Es folgt unmittelbar aus der souveränen Gleichheit der Staaten als einem der **Ordnungsprinzipien der modernen Völkerrechtsordnung**.[75] Entscheidend für die Qualifikation einer staatlichen Handlung als untersagte Einmischung in die Angelegenheiten eines anderen Staates ist das **Merkmal des *domaine réservé***: Nur wenn sich die Intervention auf einen innerstaatlichen Regelungsbereich bezieht, der **ausschließlich dem Verantwortungsbereich des Staates zugewiesen** ist, kann es sich grundsätzlich um einen völkerrechtswidrigen Akt handeln. Außerdem muss die Eimischung darauf abzielen, den Zielstaat zu einem bestimmten Verhalten oder einem Unterlassen zu bewegen.[76] Da gegenseitige Einmischung in der heutigen Weltgesellschaft die Regel ist und nicht die Ausnahme, ist das **Element des Zwangs** entscheidend: Wie vom Internationalen Gerichtshof im Nicaragua-Urteil festgehalten und durch Staatenpraxis bestätigt, muss die äußere Einwirkung, die zur Verhaltensänderung des Zielstaates geführt hat, durch solchen Zwang erfolgt sein;

---

71 *Roscini*, Cyber Operations and the Use of Force in International Law, 53.
72 Vgl. *Lahmann*, Cyberattacks against Hospitals during a Pandemic and the Case for an Emergency Regime for Cyberspace, Fifteen Eighty-Four, 20.04.2020, http://www.cambridgeblog.org/2020/04/cyberattacks-against-hospitals-during-a-pandemic-and-the-case-for-an-emergency-regime-for-cyberspace/.
73 *Shaw*, International Law, S. 1147.
74 Case Concerning Military and Paramilitary Activities in and against Nicaragua (Nicaragua v. USA), Merits, (1986) ICJ Rep 65, Rn. 202.
75 Case Concerning Military and Paramilitary Activities in and against Nicaragua (Nicaragua v. USA), Merits, (1986) ICJ Rep 65, Rn. 202.
76 *Kunig* in Wolfrum (Hrsg.), Max Planck Encyclopedia of Public International Law, 2012, Rn. 1.

dies sei gerade die „**Essenz**" des Interventionsverbots.[77] Mit anderen Worten muss die Handlung den Staat dazu nötigen, etwas zu tun oder zu unterlassen, was dieser ohne die fragliche Handlung nicht unternommen hätte.[78] Welche zwischenstaatlichen Handlungsformen hierunter gefasst werden können, lässt sich allerdings kaum abstrakt bestimmen und ist Gegenstand kontroverser Debatten. Unstrittig ist insoweit lediglich, dass Gewalthandlungen im Sinne des Artikel 2(4) UN-Charta **stets zugleich** auch als verbotene Interventionshandlungen zu werten sind.[79] Davon abgesehen soll beispielsweise **Subversion** in der Form von Propaganda zur Beeinflussung der Politik in einem anderen Staat dann unter das Interventionsverbot fallen, wenn sie darauf abzielt, einen Aufstand oder vergleichbare gewaltsame Handlungen durch die Zivilbevölkerung auszulösen.[80] Ebenso soll die militärische, finanzielle oder logistische Unterstützung bewaffneter Rebellengruppen in einem anderen Staat eine verbotene Zwangshandlung darstellen.[81]

34 Es stellt sich damit die Frage, wann eine **die IT-Sicherheit in einem anderen Staat gefährdende oder beeinträchtigende offensive Cyberoperation** als Zwang in diesem Sinne und damit als Verstoß gegen das völkerrechtliche Interventionsverbot zu qualifizieren ist. Zu Beginn der wissenschaftlichen Debatte um die Anwendbarkeit des geltenden Völkerrechts auf staatliche Cyberoperationen wurde gelegentlich infrage gestellt, ob es „im Cyberraum" überhaupt so etwas wie **souveräne Räume** geben könnte, also abgegrenzte Bereiche, die sich im **exklusiven Zuständigkeitsbereich eines Staates** befinden. Wäre dies nicht der Fall, dann, so das Argument, könnte überhaupt nicht gegen das Interventionsverbot verstoßen werden. Diese Auffassung beruht allerdings auf einer **missverstandenen Konzeption** der globalen IT-Netzstrukturen und -Systeme und wird inzwischen nicht mehr ernsthaft vertreten. Während „der Cyberraum" als metaphorische Umschreibung[82] tatsächlich einen transnationalen, also staatliche Grenzen transzendierenden logischen Raum kennzeichnen mag,[83] sind die physischen Infrastrukturen, ohne die er nicht existieren könnte, sehr wohl an klar bestimmbaren Orten verankert und **keineswegs bloß „virtuell"**.[84] Selbst die Daten, die durch die globalen Netze geleitet werden, haben stets eine physisch feststellbare Repräsentation, und sei es bloß in Form elektromagnetischer Impulse.[85] Es bestehen also auch „im Cyberraum" voneinander rechtlich und tatsächlich abgegrenzte, der Jurisdiktion einzelner Staaten zugeordnete Bereiche.[86] Konsequenterweise hält auch das Tallinn Manual fest, dass kein Staat seine Souveränität auf den Cyberraum „als solchen" ausweiten darf,[87] und dass dementsprechend jeder Staat in Bezug auf diejenige Cyberinfrastruktur, Personen und Cyberaktivitäten Souveränität ausübt, die sich auf seinem Staatsgebiet befinden.[88]

35 Daraus folgt, dass das völkerrechtlich zulässige Verhalten eines jeden Staates in Bezug auf andere Staaten inhärent limitiert ist. Handlungen, die sich auf die IT-Infrastruktur anderer

---

77 Case Concerning Military and Paramilitary Activities in and against Nicaragua (Nicaragua v. USA), Merits, (1986) ICJ Rep 65, Rn. 205.
78 *Schmitt (Hrsg.)*, Tallinn Manual 2.0 on the International Law Applicable to Cyber Operations, Rule 66, Rn. 21.
79 Vgl. insoweit die Resolution der UN-Vollversammlung Declaration on Principles of International Law Concerning Friendly Relations and Co-operation among States, UN GA Res 2625 (XXV), 24.10.1970.
80 *Kunig* in Wolfrum (Hrsg.), Max Planck Encyclopedia of Public International Law, 2012, Rn. 24.
81 *Heintschel von Heinegg/Epping* in Ipsen (Hrsg.), Völkerrecht, 2014, S. 1055.
82 *Olson*, Cyberspace as Place and the Limits of Metaphor (2005) 11 Convergence: The Journal of Research into New Media Technologies 10.
83 *Melnitzky*, Defending America against Chinese Cyberespionage through the Use of Active Defenses (2012) 20 Cardozo Journal of International & Comparative Law 537, 557.
84 *Schmahl*, Zwischenstaatliche Kompetenzabgrenzung im Cyberspace (2009) 47 Archiv des Völkerrechts 284.
85 *Zimmermann*, International Law and 'Cyber Space' (2014) 3 ESIL Reflections 1, 2.
86 Vgl. schon 2006 die entsprechende Erklärung der Volksrepublik China, UN Doc A/61/161, 18.7.2006, 4.
87 *Schmitt (Hrsg.)*, Tallinn Manual 2.0 on the International Law Applicable to Cyber Operations, Rule 1, Rn. 7.
88 *Schmitt (Hrsg.)*, Tallinn Manual 2.0 on the International Law Applicable to Cyber Operations, Rule 2.

Staaten auswirken bzw. diese zum Mittel nehmen, um anhand von Zwangsmaßnahmen Einfluss auf die inneren Angelegenheiten dieses Staates zu nehmen, sind damit grundsätzlich als **Verstoß gegen das Interventionsverbot** einzuordnen.[89] Dabei kommt es zudem grundsätzlich nicht darauf an, ob sich die betroffenen IT-Infrastrukturen in privater oder öffentlicher Hand befinden.[90] Eine präzisere Bestimmung, welche Arten von Cyberoperationen als verbotene Zwangshandlungen zu gelten haben, ist darüber hinaus nur im Wege von **Einzelfallentscheidungen** möglich.

Disruptive Cyberoperationen, zum Beispiel mittels einer **DDoS-Attacke**, erfüllen den Tatbestand des Zwangs, wenn sie zum **Ziel** haben, das Verhalten eines anderen Staates zu ändern. Das offensichtlichste Beispiel dafür waren die gegen Estland gerichteten Angriffe 2007. Insoweit für diese DDoS-Attacken ein Staat verantwortlich gemacht werden kann, ist davon auszugehen, dass sie darauf abzielten, die Behörden Tallinns dazu zu bewegen, das sowjetische Ehrenmal an seinen ursprünglichen Platz zurückzubringen. Ein Gegenbeispiel ist die Operation des US-amerikanischen Cyber Command gegen die in Sankt Petersburg ansässige private Internet Research Agency im November 2018.[91] Obwohl die Aktion, durch die die IT-Infrastruktur der Agency über mehrere Stunden zum Erliegen kam, insoweit einen klaren Zwangscharakter aufwies, als sie darauf abzielte, die „**Troll-Farm**" davon abzuhalten, die an dem Tag stattfindenden Wahlen in den Vereinigten Staaten zu beeinflussen, richtete sich dieser Zwang gerade **nicht gegen den russischen Staat**. Das Interventionsverbot konnte somit nicht verletzt werden.

Einige Autoren vertreten die Auffassung, dass selbst ohne weitergehende Ziele eine Cyberoperation schon dann als Zwangsmaßnahme im Sinne des Interventionsverbotes zu qualifizieren ist, wenn sie den Zielstaat dazu **nötigt**, defensive Maßnahmen zum Schutz seiner IT-Infrastrukturen zu ergreifen, die es ohne die Operation nicht unternommen hätte. Es sei also beispielsweise im Fall Estlands bereits ausreichend gewesen, dass die estnischen Behörden als Abwehrmaßnahme gegen die DDoS-Attacken die nationalen Netze vom übrigen Internet abkoppelten, **um die Angriffe zu unterbinden**.[92] Diese Auslegung des Tatbestandsmerkmals des Zwangs ist allerdings **zu weitgehend**. Zwar kann nur schwerlich bestritten werden, dass ein **unmittelbarer Kausalzusammenhang** zwischen Cyberoperation und staatlicher Abwehrmaßnahme besteht. Wäre in einem solchen Fall aber stets eine Zwangsmaßnahme im Sinne des Interventionsverbotes anzunehmen, dann würde praktisch jede offensive, gegen einen anderen Staat gerichtete Aktion im Netz einen Verstoß gegen das Verbot darstellen – selbst **Cyberspionage**, jedenfalls sobald sie vom Zielstaat entdeckt wurde und dieser daraufhin **Abwehrmaßnahmen** einleitet. Jedenfalls ist eine solch extensive Interpretation nicht von der gegenwärtigen Staatenpraxis gedeckt.

Auch bei Cyberoperationen, die zur Veränderung oder Löschung von Daten auf Servern führt, die sich auf fremdem Staatsgebiet befinden, kommt es entscheidend auf den **Nexus zwischen Konsequenzen und Intention des Angreifers** an. So ist es jedenfalls nicht fernliegend, davon auszugehen, dass die Cyberattacke gegen Saudi Aramco 2012, die die Löschung aller Daten auf Tausenden von Rechnern des Staatsunternehmens zur Folge hatte, darauf abzielte, eine **Änderung der regionalen Außenpolitik** Saudi-Arabiens zu erzwingen, nicht zuletzt im Verhältnis zum Iran. In einem solchen Fall wäre **das Merkmal des Zwangs** im Sinne des Interventi-

---

89 *Roscini*, Cyber Operations and the Use of Force in International Law, 65.
90 *Schmitt (Hrsg.)*, Tallinn Manual 2.0 on the International Law Applicable to Cyber Operations, Rule 2, Rn. 3.
91 *Brandom*, US Cyber Command Attacked Russian Troll Farm on Election Day 2018, The Verge, 26.2.2019, https://www.theverge.com/2019/2/26/18241600/us-cyber-command-russian-troll-farm-attack-election-day-2018.
92 *Woltag* in Wolfrum (Hrsg.), Max Planck Encyclopedia of Public International Law, 2012, Rn. 6; *Mattesich*, Digital Destruction: Applying the Principle of Non-Intervention to Distributed Denial of Service Attacks Manifesting No Physical Damage (2016) 54 Columbia Journal of Transnational Law 873, 893 f.

onsverbotes zu bejahen. Ob die Veränderung oder Löschung von Daten für sich selbst genommen stets als verbotene Intervention einzuordnen sind, wie von manchen Stimmen in der Literatur vertreten,[93] ist aus den genannten Gründen hingegen **zweifelhaft**.

39 Nichts anderes muss für das Kopieren von Daten gelten. Auch hier kommt es auf die **Absicht des angreifenden Staates** an, was er mit den so gewonnen Daten bzw. Informationen plant. Spionage, also das Sammeln von Informationen über andere Staaten, wird vom geltenden Völkerrecht **nicht adressiert**, ist völkerrechtlich also weder verboten noch erlaubt, egal ob über IT-Infrastrukturen durchgeführt oder auf andere Weise.[94] Beispiele für Cyberspionage gibt es inzwischen zuhauf, so etwa die sogenannte Flame-Malware, die 2012 in iranischen Systemen entdeckt wurde,[95] aber auch die hochkomplexe US-amerikanische Operation in den IT-Systemen russischer Stromnetze zum **Auskundschaften möglicher Angriffsvektoren**, die im Sommer 2019 an die Öffentlichkeit kam.[96] Eine andere Wertung drängt sich freilich dann auf, wenn die extrahierten Daten in einem nächsten Schritt dazu genutzt werden, beispielsweise Repräsentanten des Zielstaates im Vorfeld von Vertragsverhandlungen **zu erpressen**. Das gilt aber wiederum nur dann, wenn das Ziel der Aktion dem Staat zuzurechnen ist und es sich nicht lediglich um einen privatwirtschaftlichen Akteur handelt. Als sich die Sony Corporation 2014 nach einem groß angelegten, mutmaßlich durch Nordkorea durchgeführten Cyberangriff auf ihre Server und der anschließenden Veröffentlichung vertraulicher Unternehmensdaten und Emails dazu entschied, den Film „The Interview" vor seiner Premiere zurückzuziehen,[97] war der Tatbestand der völkerrechtswidrigen Intervention gerade nicht erfüllt. Hätte sich hingegen die US-Regierung selbst genötigt gesehen, den Film zu verbieten, um weiteren Schaden von US-Interessen abzuwenden, hätte wiederum von einer **rechtswidrigen Zwangsmaßnahme** gesprochen werden können.

40 Die in den vergangenen Jahren am kontroversesten diskutierten IT-Sicherheitsvorfälle vor dem Hintergrund der Frage des Interventionsverbots waren solche im Zusammenhang mit **Wahlen und ihrer möglichen Beeinflussung durch andere Staaten**. So wurden seit 2015 in mehreren westlichen Ländern, so unter anderem in Deutschland,[98] den Vereinigten Staaten[99] und Frankreich[100] im zeitlichen Umfeld von Wahlentscheidungen Systeme von Regierungseinrichtungen oder politischen Parteien von russischen Hackern angegriffen, um mithilfe der extrahierten Informationen **in die öffentliche Meinungsbildung einzugreifen**. Auch hier kommt es für die Frage nach einer völkerrechtswidrigen Intervention wiederum allein darauf an, ob die Eingriffe als Zwangshandlungen qualifiziert werden können. Die Beeinträchtigung der IT-Sicherheit der Systeme allein ist nicht hinreichend.[101] Und obwohl sich solche Vorfälle als Folge der digitalen Transformation der Gesellschaft zu häufen scheinen, ist hierzu erst einmal nüchtern festzuhalten, dass es Wahlbeeinflussung durch andere Staaten schon immer gegeben hat.[102]

---

93 *Woltag*, Wolfrum (Hrsg.), Max Planck Encyclopedia of Public International Law, 2012, S. 127.
94 *Schmitt (Hrsg.)*, Tallinn Manual 2.0 on the International Law Applicable to Cyber Operations, Rule 66, Rn. 33.
95 *Hopkins*, Computer Worm That Hit Iran Oil Terminals 'Is Most Complex Yet', The Guardian, 28.5.2012.
96 *Sanger/Perlroth*, US Escalates Online Attacks on Russia's Power Grid, New York Times, 15.6.2019.
97 *Laughland*, Christmas Release of The Interview Cancelled by Sony, The Guardian, 18.12.2014.
98 *Biermann*, Bundestag kann Cyberangriff nicht stoppen, Die Zeit, 21.5.2015.
99 *Sanger/Corasaniti*, D.N.C. Says Russian Hackers Penetrated Its Files, Including Dossier on Donald Trump, New York Times, 14.6.2016.
100 *Borger*, As France Becomes Latest Target, Are Election Hacks the New Normal?, The Guardian, 6.5.2017.
101 So aber wohl *Roscini*, World Wide Warfare – Jus Ad Bellum and the Use of Cyber Force (2010) 14 Max Planck United Nations Yearbook 85, 103; *Keber/Roguski*, Ius Ad Bellum Electronicum? Cyberangriffe im Lichte der UN-Charta und aktueller Staatenpraxis (2011) 49 Archiv des Völkerrechts 399, 410 f.
102 *Schmitt (Hrsg.)*, Tallinn Manual 2.0 on the International Law Applicable to Cyber Operations, Rule 66, Rn. 21.

Überzeugender ist in dieser Hinsicht das Argument, dass sich diese Wertung jedenfalls dann ändert, wenn nicht lediglich Daten extrahiert werden, sondern die **zur Wahl genutzten IT-Infrastrukturen** selbst mittels einer Cyberoperation angegriffen werden, um den Wahlausgang unmittelbar zu beeinflussen. So lässt sich jedenfalls vertreten, dass ein Staat dazu „genötigt" wird, eine bestimmte Person zum Wahlgewinner zu erklären, die eigentlich nicht die notwendige Anzahl an Stimmen bekommen hatte, wenn durch den Angriff auf Wahlsysteme wie etwa **elektronische Wahlurnen** das Ergebnis direkt manipuliert worden war.[103] Da ein solches Szenario voraussetzt, dass die Manipulation vor Verkündung des Ergebnisses **unbemerkt** geblieben war, muss allerdings auch in einem solchen, scheinbar rechtlich eindeutigen, Fall ein sehr weites Verständnis von „Zwangshandlung" zugrunde gelegt werden, handelt es sich doch streng genommen **eher um Betrug als um Nötigung**. Dennoch ist festzuhalten, dass einige Staaten begonnen haben, sich mit öffentlichen Erklärungen dieser Rechtsauffassung anzuschließen.[104]

41

III. Schutz der Souveränität

Wie gezeigt, setzen sowohl das Gewaltverbot als auch das Interventionsverbot hohe Schwellen, die jeweils einen beachtlichen Spielraum für antagonistisches Verhalten zwischen Staaten im Cyberraum lassen. Aus diesem Grund spricht sich eine **wachsende Anzahl an Experten** dafür aus, Verletzungen der Souveränität als weiteren Tatbestand zuzulassen, der unterhalb der beschriebenen Schwellen offensive Cyberoperationen für völkerrechtswidrig erklärt und damit für eine **dichtere Verrechtlichung der IT-Sicherheit auf zwischenstaatlicher Ebene** sorgt.[105]

42

Die Frage, ob staatliche Souveränität lediglich ein völkerrechtliches Grundprinzip darstellt, von dem sich Normen wie insbesondere das **Interventionsverbot** oder die **diplomatische Immunität** ableiten, oder aber für sich selbst genommen eine **eigenständige Regel des Völkergewohnheitsrechts**, die verletzt und eigenständig durchgesetzt werden kann, ist hoch umstritten. In einem vielbeachteten Statement sprach sich ein Regierungsvertreter des Vereinigten Königreichs 2018 gegen die Annahme einer solchen Norm aus, insbesondere hinsichtlich staatlicher Handlungen im Cyberraum.[106] Seitdem haben allerdings andere westliche Staaten ausdrücklich die gegenteilige Position eingenommen, so insbesondere Frankreich[107] und die Niederlande.[108] Weitere Staaten scheinen, wenn auch bislang nicht ausdrücklich, ebenfalls Souveränität als eigenständige Regel anzusehen.[109] Die britische Rechtsposition ist in der Literatur auf **Kritik** gestoßen,[110] und das Tallinn Manual 2.0 spricht sich klar, wenn auch vorsichtig, für die Annahme einer solchen Regel aus.[111] Insgesamt ist allerdings festzuhalten, dass

43

---

103 *Schmitt (Hrsg.)*, Tallinn Manual 2.0 on the International Law Applicable to Cyber Operations, Rule 66, Rn. 25.
104 Für das Vereinigte Königreich siehe *Wright*, Cyber and International Law in the 21st Century, 23.5.2018, https://www.gov.uk/government/speeches/cyber-and-international-law-in-the-21stcentury.
105 Vg. zB *Schmitt/Vihul*, Respect for Sovereignty in Cyberspace (2017) 95 Texas Law Review 1639; *Kilovaty*, Doxfare: Politically Motivated Leaks and the Future of the Norm on Non-Intervention in the Era of Weaponized Information (2018) 9 Harvard National Security Journal 146, 168.
106 *Wright*, Cyber and International Law in the 21st Century, 23.5.2018, https://www.gov.uk/government/speeches/cyber-and-international-law-in-the-21stcentury.
107 Ministère des Armées de la République Française, Droit International Appliqué aux Opérations dans le Cyberspace, 2019.
108 Government of the Netherlands, Ministry of Foreign Affairs, Letter to the Parliament on the International Legal Order in Cyberspace, 26.9.2019.
109 *Biller/Schmitt*, Un-caging the Bear? A Case Study in Cyber Opinio Juris and Unintended Consequences (2018) EJIL Talk, https://www.ejiltalk.org/un-caging-the-bear-a-case-study-in-cyber-opiniojuris-and-unintended-consequences/.
110 Vgl. nur *Schmitt/Vihul*, Respect for Sovereignty in Cyberspace (2017) 95 Texas Law Review 1639.
111 *Schmitt (Hrsg.)*, Tallinn Manual 2.0 on the International Law Applicable to Cyber Operations, Rule 4, Rn. 2.

sich bis heute unter den Staaten noch **keine einheitliche und verfestigte** *opinio iuris* herausgebildet hat.[112]

44 Neben der Existenz der Regel selbst sind auch ihre möglichen **inhaltlichen Konturen** bislang wenig bestimmt. Es ist insbesondere in Bezug auf den hier untersuchten Zusammenhang staatlicher offensiver Cyberoperationen fraglich, was für Handlungen bzw. Auswirkungen als Verletzung der Souveränität des Zielstaates zu qualifizieren wären. Das Tallinn Manual 2.0 hat insoweit zwei Arten der Verletzung im Cyberraum vorgeschlagen. Einerseits sollen solche Operationen wegen einer Verletzung staatlicher Souveränität völkerrechtswidrig sein, die negativ auf die **territoriale Integrität des Zielstaates als elementarem Teilaspekt der Souveränität** einwirken. Diese umfasse die gesamte IT-Infrastruktur, die sich auf dem Gebiet eines Staates befindet. Sobald ein Teil dieser Infrastruktur in ihrer Funktionsfähigkeit durch eine offensive Cyberoperation beeinträchtigt würde, sei die Souveränität verletzt, wobei eine **Erheblichkeitsschwelle** zu vernachlässigende Einwirkungen als rechtlich irrelevant ausschließen solle. Allerdings ist nicht klar, wo genau diese Schwelle liegen sollte.[113] Die Aktion des US Cyber Command gegen die private russische Internet Research Agency im November 2018 mag als Anschauungsbeispiel dienen: Da sich die Handlung lediglich gegen einen **stark umgrenzten, kleinen Teil der russischen IT-Infrastruktur** richtete und die Netze innerhalb der Agency nach einem Tag wieder einwandfrei funktionierten, ist nicht von einer Verletzung der russischen territorialen Souveränität auszugehen. Argumente, die zu einem gegenteiligen Schluss gelangen, können allerdings kaum von vornherein als fernliegend abgewiesen werden.

45 Weiterhin soll die Souveränität eines Staates verletzt sein, wenn eine Cyberoperation dazu führt, dass sich der offensive Staat **inhärente staatliche bzw. behördliche Kompetenzen des Zielstaates** anmaßt, zum Beispiel, indem er Aufgaben der **Strafverfolgung** oder **Rechtsdurchsetzung** auf dem Gebiet des Zielstaates durchführt.[114] Dass hierin ein Verstoß gegen Völkerrecht liegen kann, wird durch frühe internationale Rechtsprechung bestätigt.[115] Insoweit man den Fall Cyber Command vs. Internet Research Agency überzeugend in der Weise konstruieren kann, dass es das Ziel der Vereinigten Staaten war, eine rechtswidrige Handlung der Agency verhindern, lässt sich eine **Verletzung der Souveränität Russlands** wohl begründen. Denn die Aktion lässt sich dann als staatliche Gefahrenabwehrmaßnahme (*Bäcker/Golla* in → § 18 Rn. 1 ff.) beschreiben, für die allein Russland zuständig gewesen wäre. Insgesamt ist für den Rechtskomplex staatlicher Souveränität und ihrer Verletzung im Cyberraum abzuwarten, ob und in welcher Richtung sich die Staatenpraxis in den kommenden Jahren weiter konsolidiert.

IV. Attributionsproblem und Verhinderungspflichten

46 Eines der größten Hindernisse für die Anwendung völkerrechtlicher Regeln auf internationale IT-Sicherheitsvorfälle ist das sogenannte **Attributionsproblem** (*Spies-Otto* in → § 19 Rn. 17 ff.). Trotz beachtlicher technologischer Fortschritte im Hinblick auf die **Fähigkeit, offensive Cyberoperationen zu ihrem Ursprungsort zurückzuverfolgen**, ist es weiterhin mit **signifikanten Schwierigkeiten** verbunden, Angriffe sicher einem bestimmten Akteur zuzurechnen.

---

112 Es gibt Anzeichen, dass die Rechtsposition der Vereinigten Staaten mit der des Vereinigten Königreichs übereinstimmt, siehe *Schmitt*, 'Virtual' Disenfranchisement: Cyber Election Meddling in the Grey Zones of International Law (2018) 19 Chicago Journal of International Law 30, 41 f.; *Egan*, International Law and Stability in Cyberspace (2017) 35 Berkeley Journal of International Law 169, 174.
113 *Schmitt* (Hrsg.), Tallinn Manual 2.0 on the International Law Applicable to Cyber Operations, Rule 4, Rn. 13.
114 *Schmitt* (Hrsg.), Tallinn Manual 2.0 on the International Law Applicable to Cyber Operations, Rule 4, Rn. 15 f.
115 Island of Palmas Arbitration (Netherlands v. USA) (1928) RIAA ii. 829 (838).

D. Anwendbarkeit friedensvölkerrechtlicher Regelungen

Das Problem ist Gegenstand intensiver akademischer und politischer Debatten, die bis heute anhalten, und kann an dieser Stelle nur in Umrissen dargestellt werden.[116] Zunächst einmal ist festzuhalten, dass es entgegen früherer Behauptungen einiger Kommentatoren **keineswegs stets unmöglich** sein wird, die Verantwortlichkeit eines Staates für eine völkerrechtswidrige offensive Cyberoperation klar festzustellen. Auch wegen technischer Fortschritte ist es in jüngerer Zeit immer häufiger auch zu **öffentlichen und offiziellen Erklärungen** in dieser Hinsicht gekommen.[117] Schwierigkeiten bereitet es allerdings noch immer, eine rechtlich hinreichend sichere Zurechnung **zeitnah** zu leisten, was sich auf das Recht auswirken kann, zum Beispiel mit **Selbstverteidigungs- oder Gegenmaßnahmen** auf einen Angriff zu reagieren. Zuverlässige und letztlich „gerichtsfeste" Attribution erfordert eine gründliche Untersuchung, deren Beweissicherung sich nicht bloß auf **forensische Evidenz** verlässt, die sich noch immer relativ leicht fälschen lässt, sondern stets weitere **nachrichtendienstliche Quellen** hinzuzieht. Je mehr Beweisstücke letztlich zur Verfügung stehen, desto glaubwürdiger wird eine öffentlich erklärte Zurechnung einer Aktion zu einem Staat sein – als Faustformel gilt daher, dass die Qualität der Attribution mit der verfügbaren Zeit steigt.[118] Aber auch außerhalb von zeitkritischen Situationen, die eine **unverzüglich ausgeführte Abwehrmaßnahme** des betroffenen Staates verlangen, wird die Zurechnung offensiver Cyberoperationen bis auf weiteres ein nicht zu vernachlässigendes Problem bleiben, das sich auf die **Anwendbarkeit völkerrechtlicher Regelungen auf den Cyberraum** und damit auf die Erhöhung der internationalen IT-Sicherheit durch Völkerrecht insgesamt auswirkt.[119] Das Attributionsproblem als Folge der technischen Beschaffenheit des Cyberraums ist letztlich strukturell und wird es staatlichen Akteuren deshalb auch weiterhin häufig ermöglichen, sich rechtlicher Verantwortlichkeit zu entziehen.

Als ein möglicher Ausweg aus dem Attributionsdilemma wird von immer mehr Autoren und auch Staatsvertretern die rechtliche Konstruktion ins Spiel gebracht, unter bestimmten Umständen Staaten wegen einer **Verletzung positiver Vorsorge- und Verhinderungspflichten** völkerrechtlich zur Verantwortung zu ziehen, so sie es in vorwerfbarer Weise versäumt haben,[120] offensive Cyberoperationen, die von ihrem Staatsgebiet ausgingen, entweder **zu verhindern oder nach ihrem Beginn zu stoppen**.[121] Eine solche Verpflichtung ist im Völkerrecht zuerst im Zusammenhang mit dem Schutz der Umwelt bei grenzüberschreitender Verschmutzung diskutiert worden und gilt in diesem Bereich inzwischen als relativ gefestigt. Im Kontext transnationaler Sicherheit wurde die Debatte insbesondere im Anschluss an die Terroranschläge des 11.9.2001 auf das Problem des internationalen Terrorismus übertragen. So wurde zum Beispiel die bis heute andauernde militärische Mission gegen die Taliban in Afghanistan zum großen Teil damit begründet, dass das *de facto*-Regime in Kabul bewusst zugelassen hatte, dass die nichtstaatliche Terrororganisation al-Qaida von afghanischem Territorium aus Ziele in den Vereinigten Staaten angreifen konnte. Die Taliban wurden also nicht für die

---

116 Vgl. für eine detailliertere Darstellung zB *Lahmann*, Unilateral Remedies to Cyber Operations: Self-Defence, Countermeasures, Necessity, and the Question of Attribution, 2020, S. 65 ff.; *Roscini* in Ohlin ua (Hrsg.), Cyberwar: Law & Ethics for Virtual Conflicts, 2015, S. 215 ff.
117 Vgl. *Schneier*, Click Here to Kill Everybody, S. 54 f.
118 *Schulze*, Hacking Back? Technische und politische Implikationen digitaler Gegenschläge, SWP-Aktuell, S. 2; *Rid/Buchanan*, Attributing Cyber Attacks (2015) 38 Journal of Strategic Studies 4, 32.
119 *Dickow*, Stellungnahme zur öffentlichen Anhörung des Verteidigungsausschusses des Deutschen Bundestages am 22.2.2016, Ausschussdrucksache 18(12)640.
120 *Heathcote*, State Omissions and Due Diligence: Aspects of Fault, Damage and Contribution to Injury in the Law of State Responsibility, in Bannelier ua (Hrsg.), The ICJ and the Evolution of International Law. The Enduring Impact of the Corfu Channel Case, 2012, S. 295.
121 Vgl. *Lahmann*, Unilateral Remedies to Cyber Operations: Self-Defence, Countermeasures, Necessity, and the Question of Attribution, 2020, S. 146 ff.; *Bendiek*, Due Diligence in Cyberspace: Guidelines for International and European Cyber Policy and Cybersecurity Policy, SWP Research Paper, 2016.

Anschläge selbst völkerrechtlich verantwortlich gemacht, sondern für **ihr eigenes schuldhaftes Unterlassen**.[122]

49 Auf die IT-Sicherheit gefährdende oder beeinträchtigende Handlungen im Cyberraum übertragen bedeutet diese Konstruktion, dass Staaten grundsätzlich eine **Pflicht** haben, Maßnahmen zu ergreifen, um gegen andere Staaten gerichtete Operationen **zu verhindern bzw. zu unterbinden**. Das Attributionsproblem wird dadurch insoweit umgangen, als es rechtlich gesehen nicht darauf ankommt, ob die Operation durch eine staatliche Stelle oder einen nichtstaatlichen Akteur durchgeführt wird. Es ist vielmehr ausreichend zu zeigen, wo sie ihren **territorialen Ursprung** hatte – was freilich noch immer eine gewisse Zeit in Anspruch nehmen kann – und dass der Territorialstaat seinen Pflichten in dieser Hinsicht nicht nachgekommen ist. Während sich diese Sichtweise langsam dem Grunde nach durchzusetzen beginnt,[123] ist es abgesehen vom grundsätzlichen **völkerrechtlichen Sorgfaltsmaßstab** der *due diligence* noch zu früh, um präzise ausbuchstabieren zu können, worin diese positiven Vorsorge- und Verhinderungspflichten im Einzelnen bestehen sollen.[124]

V. Schlussfolgerung

50 Obwohl heute nicht mehr bestritten wird, dass völkerrechtliche Regeln auf staatliches Verhalten im Cyberraum anwendbar sind und das Völkergewohnheitsrecht damit grundsätzlich in der Lage ist, einen substantiellen Beitrag zur Erhöhung der internationalen IT-Sicherheit zu leisten, sind im Detail und vor allem bei der konkreten Anwendung **noch viele Fragen offen**. Es bleibt zu hoffen, dass multilaterale, möglichst inklusive Rechtsfindungsprozesse auf Ebene der Vereinten Nationen oder in anderen geeigneten Foren mittel- bis langfristig eine Konsolidierung der rechtlichen Ordnung im transnationalen Cyberraum erreichen können, die auf dem Konsens des Großteils der Staaten beruht.

E. IT-Sicherheit durch Internet-Governance und internationales Exportkontrollrecht

51 Auf transnationaler Ebene sind neben den Bestimmungen des Friedensvölkerrechts noch weitere Regelungskomplexe für die Sicherstellung der IT-Sicherheit relevant, die hier kurz angeschnitten werden sollen. Dabei handelt es sich einerseits um bestimmte Aspekte der Internet-Governance, andererseits um internationales Exportkontrollrecht.

I. IT-Sicherheitsaspekte der Internet-Governance

52 Unter dem Begriff Internet-Governance wird die **Gesamtheit der Arrangements verstanden, die die Verwaltung und Regulierung des Internets als globaler technischer, logischer und politisch-gesellschaftlicher Infrastruktur** betreffen. Als Folge der historischen Entwicklung des ‚Netzwerks der Netzwerke' und der inhärent dezentralen Struktur ist an der Internet-Governance eine Reihe ganz unterschiedlicher Akteure maßgeblich beteiligt. Nur einige von ihnen befassen sich mit sicherheitsrelevanten technischen Teilbereichen der Gesamtstruktur. Diese befinden sich zum einen auf der **infrastrukturellen Ebene des Internets**, die die Hardware als Grundlage des Netzes umfasst, also beispielsweise sämtliche Router, Switches, Server sowie die datenleitenden Vorrichtungen wie Kupfer- oder Glasfaserkabel. Zum anderen ist die sogenannte **logische Ebene** in diesem Kontext von Bedeutung, also der Komplex der technischen Normen und Standards, die Voraussetzung dafür sind, dass die Kommunikation in glo-

---

122 Vgl. *Dupuy/Hoss*, Trail Smelter and Terrorism: International Mechanisms to Combat Transboundary Harm, in Bratspies/Miller (Hrsg.), Transboundary Harm in International Law. Lessons from the Trail Smelter Arbitration, 2006, S. 225.
123 Siehe nur den UN GGE Report 2015, 28(e).
124 *Schmitt*, In Defense of Due Diligence in Cyberspace (2015) The Yale Law Journal Forum 68.

E. IT-Sicherheit durch Internet-Governance und internationales Exportkontrollrecht 6

balem Maßstab überhaupt möglich ist. Dazu gehören beispielsweise Ressourcen wie das **Internet-Protokoll (IP)**, aber auch die Webadressen und Domain-Namen sowie das dazugehörige **Domain Name System (DNS)**.[125]

Die Frage, wer für die Regulierung und Verwaltung dieses Teils der globalen Internet-Infrastruktur zuständig sein soll, ist seit einiger Zeit zum Streitpunkt zwischen den globalen Cyber-Mächten wie vor allem den Vereinigten Staaten auf der einen und China und Russland auf der anderen Seite geworden. Die Klärung des Streits, der sich an der **Richtungsentscheidung** hinsichtlich der beiden Governance-Modelle des **Multistakeholder-Ansatzes** auf der einen und des **intergouvernementalen Ansatzes** auf der anderen Seite entzündet hat, wird sich langfristig auf die IT-Sicherheitsstruktur des Internets auswirken. Das intergouvernementale Modell, das von autoritativ geführten Ländern wie China oder Russland, aber zum Beispiel auch von Indien favorisiert wird, ist insbesondere durch die **Internationale Fernmeldeunion (ITU)**, eine Unterbehörde der UN, verkörpert. Es belässt Staaten den größten Einfluss auf sämtliche Entscheidungen. Der Multistakeholder-Ansatz hingegen versucht, **alle betroffenen Akteure gleichberechtigt** in die Entscheidungsfindung einzubeziehen, also insbesondere auch privatwirtschaftliche Unternehmen oder NGOs. Im Bereich der Internet-Governance findet sich dieses Modell in erster Linie bei der US-amerikanischen **Internet Corporation for Assigned Names and Numbers (ICANN)** wieder. Obwohl sich die ITU seit Anfang des Jahrhunderts darum bemüht, auf dem Gebiet der Regulierung des Internets Fuß zu fassen und sie durchaus mit technisch-infrastrukturellen Fragen befasst ist, bleibt die ICANN bislang deutlich einflussreicher bei der Administration der Grundstrukturen des Netzes, was **sicherheitsrelevante Aspekte** mit umfasst. 53

Ein Kernproblem in diesem Zusammenhang ist der Umstand, dass die Basisinfrastruktur des Internets einschließlich der grundlegenden Protokolle noch immer aus der **Anfangszeit des Netzes** zusammengesetzt ist. Da der Grad der Entwicklung der Digitalisierung und Vernetzung zum damaligen Zeitpunkt nicht absehbar war oder jedenfalls nicht vorhergesehen wurde, sind viele dieser Grundkomponenten aus der Perspektive der IT-Sicherheit den heutigen Anforderungen **nicht mehr gewachsen**. Hinzu kommt das strukturelle Problem, dass die geltenden Vereinbarungen schnelle technische Korrekturen, die zu einer Erhöhung des Sicherheitsniveaus führen könnten, zum großen Teil verhindern. 54

Zwei Beispiele sollen dies kurz veranschaulichen. Die ICANN als private gemeinnützige Organisation verwaltet im Auftrag des US-amerikanischen Handelsministeriums unter anderem das Domain Name System. Das DNS ist ein **globales Netzwerk von Datenbanken**, das die Domain Names und die ihnen zugeordneten IP-Adressen verzeichnet. Dieses System kann mit der Methode des sogenannten „**DNS poisoning**" manipuliert werden; in einem solchen Fall führt die Eingabe eines Domain-Namens durch einen Nutzer in der Adresszeile des Browsers dazu, dass die Anfrage bei einer anderen IP-Adresse als der eigentlich mit dem Domain-Namen verknüpften landet. Auf diese Weise kann der Angreifer zum Beispiel mittels einer gefälschten Internetseite **Schadsoftware** in das System des Nutzers einschleusen. Die **Nutzung verschlüsselter Zertifikate** als Gegenmaßnahme krankt daran, dass existierende SSL-Zertifikatssysteme, soweit sie überhaupt bereits zum Einsatz kommen, ebenfalls Sicherheitslücken aufweisen.[126] Aufgrund der bestehenden Strukturen der transnationalen IT-Sicherheits-Governance im Netz ist es bislang nicht gelungen, für dieses Problem Abhilfe zu schaffen, obwohl mögliche technische Lösungswege seit Längerem bekannt sind: Viele Staaten haben **kein wirkliches Interesse daran**, die Sicherheit des Domain Name Systems substantiell zu ver- 55

---

125 *Lahmann ua*, Wer regiert das Internet?.
126 *Voelsen*, Risse im Fundament des Internets: Die Zukunft der Netz-Infrastruktur und die globale Internet-Governance, S. 15.

bessern, weil ihnen eher daran gelegen ist, die bekannten Lücken **für Zwecke der Strafverfolgung** auszunutzen oder bestimmte Domains mit nicht genehmen Inhalten gezielt blockieren zu können.[127]

56 Auch das **dezentrale Routing-System**, dessen Grundlagen ebenfalls seit der Anfangszeit des Internets praktisch unverändert fortbestehen, ist anfällig für Manipulationen, die sich negativ auf die transnationale IT-Sicherheit auswirken.[128] Aufgrund der Tatsache, dass das Routing der globalen Datenströme von der **Vertrauenswürdigkeit der Betreiber der Teilnetze** in den verschiedenen Staaten abhängig ist, ist es entsprechend motivierten Akteuren möglich, den Datenverkehr zwecks **Überwachung** (*Bäcker/Golla* in → § 18 Rn. 1 ff.) oder Auswertung über ihr Territorium bzw. ihre Systeme umzuleiten. In den vergangenen Jahren sind einige Fälle dieser Praxis bekannt geworden.[129] Auch hier sind technische Lösungsvorschläge schon seit Längerem öffentlich bekannt, und es stellen sich einige Staaten quer, weil sie sich die Möglichkeit bewahren wollen, die **bestehenden Sicherheitsschwächen für eigene Zwecke auszunutzen**.[130] Da es an einer übergeordneten Instanz fehlt, die insoweit für alle Akteure bindendes Recht setzen und auf diese Weise Änderungen zugunsten eines höheren Sicherheitsniveaus durchsetzen könnte, ist nicht davon auszugehen, dass sich an diesem Zustand in näherer Zukunft etwas ändern wird.

57 Anhand der Geschichte des Internets und der Internet-Governance, deren Strukturen sich bis heute nicht grundlegend geändert haben, lässt sich erklären, warum es so schwierig ist, Sicherheitsschwächen in den Grundstrukturen der globalen Netze zu beseitigen. **Ohne autoritative Institutionen für Regelung und Normensetzung** von oben herab sind zu viele staatliche wie auch private politische und wirtschaftliche Interessen im Spiel, die verhindern, dass die IT-Sicherheit in den Internet-Infrastrukturen verbessert wird. Prinzipiell könnte eine **stärkere Rolle einer zwischenstaatlichen Organisation** wie der ITU daran etwas ändern. Aus nachvollziehbaren Gründen wehren sich insbesondere freiheitlich-demokratisch verfasste Staaten aber dagegen, der Organisation mehr Befugnisse zuzuweisen. Das Unbehagen beginnt schon damit, dass nicht einmal Einigkeit dahin gehend besteht, was alles unter Informationssicherheit zu verstehen sein soll. So geht es China und Russland zum Beispiel bei dieser Fragestellung stets auch darum, „Propaganda" und oppositionelle Bestrebungen im Netz zu unterdrücken.[131] Insgesamt sprechen die besseren Argumente dafür, das **Multistakeholder-Modell der Internet-Governance**, für das in erster Linie die ICANN einsteht, trotz der strukturellen Unzulänglichkeiten langfristig aufrechtzuerhalten. Insoweit ist zwar einzuräumen, dass die IT-Sicherheit zurzeit als Folge von gegensätzlichen Interessen der Stakeholder mitunter zu kurz kommt, ein **tragfähiges alternatives globales Verwaltungsmodell** ist bislang aber noch nicht in Sicht.

II. Internationales Exportkontrollrecht

58 Das dritte Regelungsgebiet, durch das auf internationaler Ebene eine Erhöhung der IT-Sicherheit gewährleistet werden soll, ist das Exportkontrollrecht. Die Begrenzung des Außenhandels

---

127 *Voelsen*, Risse im Fundament des Internets: Die Zukunft der Netz-Infrastruktur und die globale Internet-Governance, S. 16.
128 *Zetter*, Revealed: The Internet's Biggest Security Hole, Wired, 26.8.2008, https://www.wired.com/2008/08/revealed-the-in/.
129 *Voelsen*, Risse im Fundament des Internets: Die Zukunft der Netz-Infrastruktur und die globale Internet-Governance, S. 17.
130 *Voelsen*, Risse im Fundament des Internets: Die Zukunft der Netz-Infrastruktur und die globale Internet-Governance, S. 18.
131 *Bendiek ua*, Drei Prioritäten für die Cyberdiplomatie unter dem deutschen OSZE-Vorsitz 2016, SWP, 5.11.2015, https://www.swp-berlin.org/kurz-gesagt/drei-prioritaeten-fuer-die-cyberdiplomatie-unter-dem-deutschen-osze-vorsitz-2016/.

mit „**Cyberwaffen**" – verstanden als „malicious code"[132] – verfolgt das Ziel, die **globale Proliferation** von Software einzuhegen, die für offensive Cyberoperationen sowohl durch Staaten als auch durch private Akteure genutzt werden kann. Das Regelungsgebiet hat sich entlang der Linien des bereits bestehenden **vertraglichen Rechts** der Waffen- und Proliferationskontrollen entwickelt, stößt aber bislang auf inhärente Grenzen, die der technischen Beschaffenheit der fraglichen Software-Tools als Regelungsgegenstand geschuldet sind. Aber auch andere Initiativen, wie insbesondere der oben beschriebene **Paris Call**, bemühen sich inzwischen um eine Einhegung der Proliferation von „Cyberwaffen".[133]

Von den existierenden multilateralen Regimen, die sich auf völkerrechtlicher Ebene mit Ausfuhrkontrollen befassen, ist für den Kontext der IT-Sicherheit lediglich das **Wassenaar-Abkommen** relevant. Es trat 1996 als Nachfolger des Coordinating Committee on Multilateral Export Controls (COCOM) der NATO in Kraft. Ihm gehören momentan 42 Vertragsstaaten an.[134] Zweck des Abkommens ist die **Harmonisierung der Ausfuhrkontrollen** in Bezug auf konventionelle Waffen und Technologien mit doppeltem Verwendungszweck (**Dual Use**), also solche, die sowohl für zivile als auch für militärische Zwecke verwendet werden können. Es umfasst dementsprechend zwei Listen für zu kontrollierende Güter: eine für Munition und konventionelle Waffen, eine zweite für Dual Use-Güter. Letztere umfasst auch Technologien und **Software**.

Das Abkommen ist allerdings nicht bindend. Um Geltung zu erlangen, müssen die Regelungen einschließlich der Güterlisten mittels entsprechender Gesetzgebungsverfahren **in innerstaatliches Recht transformiert** werden. Innerhalb der Europäischen Union ist das anhand der Dual Use-Verordnung geschehen. Diese hat die im Abkommen aufgeführten Güter übernommen und stellt somit die entscheidende **Rechtsgrundlage für die Kontrolle der Ausfuhr, Verbringung, Vermittlung und Durchfuhr von Software** dar, die für offensive Cyberoperationen genutzt werden kann.[135] Darüber hinaus ist es den Wassenaar-Vertragsstaaten unbenommen, strengere Vorgaben zu erlassen als vom Abkommen selbst vorgesehen. Trotz seiner grundsätzlichen Unverbindlichkeit und seines sehr beschränkten Regelungsbereichs sieht sich das Abkommen anhaltender Kritik ausgesetzt, da es in erster Linie legitime Akteure wie IT-Sicherheitsforscher behindere, sonst aber **nichts Substantielles** zur transnationalen IT-Sicherheit beitrage.[136]

F. Fazit und Ausblick

Wie die Darstellung verdeutlicht hat, ist der rechtliche Rahmen der transnationalen IT-Sicherheit bislang noch zu einem großen Teil Stückwerk, trotz sich intensivierender Bemühungen der betroffenen Stakeholder in den unterschiedlichen Foren in den vergangenen Jahren. Inwieweit aber eine weitergehende Verrechtlichung des Cyberraums tatsächlich das Verhalten der Staaten nachhaltig wird steuern können, bleibt aufgrund der technischen und politischen Hindernisse abzuwarten. Aus diesem Grund erscheint es sinnvoll, sich neben Bemühungen um Rechtsetzung zugleich darauf zu fokussieren, **effektive vertrauens- und sicherheitsbildende Maßnahmen** (**VSBM**) im zwischenstaatlichen Verhältnis zu etablieren, um der **steigenden**

---

132 *Herr*, Malware Counter-Proliferation and the Wassenaar Arrangement, Proceedings of the 8th International Conference on Cyber Conflict, 4.1.2016.
133 *Loudrain*, Avoiding a World War Web: The Paris Call for Trust and Security in Cyberspace, Lawfare, 4.12.2018, https://www.lawfareblog.com/avoiding-world-war-web-paris-call-trust-and-security-cyberspace.
134 S. https://www.wassenaar.org/about-us/.
135 S. https://eur-lex.europa.eu/legal-content/DE/TXT/PDF/?uri=CELEX:32009R0428&from=DE.
136 *Herr*, Malware Counter-Proliferation and the Wassenaar Arrangement, Proceedings of the 8th International Conference on Cyber Conflict, 4.1.2016; *Bratus ua*, Why Wassenaar Arrangement's Definitions of 'Intrusion Software' and 'Controlled Items' Put Security Research and Defense at Risk, 23.7.2014, S. 5.

Eskalationsgefahr von Staatenkonflikten im Cyberraum frühzeitig zu begegnen. Obwohl es an der Umsetzung bislang noch hapert, wurde zum Beispiel auf Ebene der Organisation für Sicherheit und Zusammenarbeit in Europa (OSZE) im Rahmen des **VSBM-Maßnahmenkatalogs 2013,** der unter anderem einen verbesserten Austausch über Informationen zu Cyberangriffen und **gegenseitige Unterstützung** beim Aufbau nationaler IT-Sicherheitskapazitäten vorsieht, ein erster positiver Schritt in diese Richtung bereits getan.[137]

---

[137] *Bendiek ua*, Drei Prioritäten für die Cyberdiplomatie unter dem deutschen OSZE-Vorsitz 2016, SWP, 5.11.2015, https://www.swp-berlin.org/kurz-gesagt/drei-prioritaeten-fuer-die-cyberdiplomatie-unter-dem-deutschen-osze-vorsitz-2016/.

§ 7 Verfassungsrechtliche Dimensionen der IT-Sicherheit

Literatur: *Albrecht/Poscher*, Evaluationsbericht zu den §§ 4a, 20j, 20k des Bundeskriminalamtgesetzes, 2017, BT-Drs. 18/13031; *Armbrüster*, § 134, in: MüKoBGB, 8. Aufl. 2018; *Baumgartner/Gausling*, ZD 2017, 308; *Buchberger*, § 3 BSIG, in: Schenke/Graulich/Ruthig, Sicherheitsrecht des Bundes, 2. Aufl. 2019; *Dannecker*, BB 1996, 1285; *Derin/Golla*, NJW 2019, 1111; *Djeffal*, MMR 2019, 289; *Gröpl*, Art. 91c, in: Maunz/Dürig, GG, 87. EL 2019; *Härtel*, LKV 2019, 49; *Heckmann*, Staatliche Schutz- und Förderpflichten zur Gewährleistung von IT-Sicherheit – Erste Folgerungen aus dem Urteil des Bundesverfassungsgerichts zur „Online-Durchsuchung", in: Rüßmann (Hrsg.), Festschrift für Gerhard Käfer, 2009, S. 129; *Höhne/Pöhls*, DSRI-Tagungsband 2010, S. 827; *Hornung*, Grundrechtsinnovationen, 2015; *Hornung*, NJW 2015, 3334; *Kingreen/Poscher*, Grundrechte, 36. Aufl. 2020; *Kipker/Scholz*, MMR 2019, 431; *Korioth*, Das Bundesverfassungsgericht und der Gesetzgeber, in: Schlaich/Korioth, Das Bundesverfassungsgericht, 11. Aufl. 2018; *Korioth*, Art. 30, in: Maunz/Dürig, GG, 87. EL 2019; *Lassahn*, Rechtsprechung und Parlamentsgesetz, 2017; *Lassahn*, AöR 2018, 471; *Luhmann*, Rechtssoziologie, 4. Aufl. 2008; *Martini*, JA 2009, 839; *Möllers*, Zentrale Stelle für Informationstechnik im Sicherheitsbereich (ZITiS), in: Möllers (Hrsg.), Wörterbuch der Polizei, 2018; *Poscher*, Grundrechte als Abwehrrechte, 2003; *Poscher*, Die Zukunft der informationellen Selbstbestimmung als Recht auf Abwehr von Grundrechtsgefährdungen, in: Gander/Perron/Poscher u.a. (Hrsg.), Resilienz in der offenen Gesellschaft, 2012, S. 167; *Poscher*, Rechtsdogmatik als hermeneutische Disziplin, in: Nolte/Poscher/Wolters (Hrsg.), Freundesgabe für Bernhard Schlink, 2014, S. 203; *Poscher/Buchheim*, DVBl 2015, 1273; *Poscher*, Ratio Juris 2016, 311; *Poscher*, The Hermeneutic Character of Legal Construction, in: Glanert/Girard (Hrsg.), Law's Hermeneutics, 2017, S. 207; *Poscher*, The Right to Data Protection, in: Miller (Hrsg.), Privacy and Power, 2017, S. 129; *Roßnagel/Schnabel*, NJW 2008, 3534; *Sackmann*, IT-Sicherheit, http://www.enzyklopaedie-der-wirtschaftsinformatik.de/lexikon/technologien-methoden/Informatik--Grundlagen/IT-Sicherheit/index.html (Stand 2014); *Schliesky*, NVwZ 2019, 693; *Schmidl*, NJW 2010, 476; *Schmidl*, Recht der IT-Sicherheit, in: Hauschka/Moosmayer/Lösler (Hrsg.), Corporate Compliance, 3. Aufl. 2016, § 28; *Schneider*, MMR 2019, 485; *Scholz*, Art. 20a, in: Maunz/Dürig, GG, 87. EL 2019; *Siegel*, NVwZ 2009, 1128; *Specht*, NJW 2018, 3686; *Suerbaum*, Art. 91c, in: Epping/Hillgruber (Hrsg.), GG, 41. Ed. 2019; *Taeger*, NJW 2016, 3764; *Voigt/Gehrmann*, ZD 2016, 355; *Voßkuhle*, NVwZ 2013, 1; *Wagner*, § 823, in: MüKoBGB, 7. Aufl. 2017; *Weber*, Wirtschaft und Gesellschaft, Teilbd. 3, 2010 [1921/1922]; *Wischmeyer*, DV 2017, 155.

A. Einleitung	1
B. Was ist IT-Sicherheit?	5
I. Anliegen und Ziel der IT-Sicherheit	6
II. Gegenstand	9
III. Einordnung und Abgrenzung	11
C. Besonderheiten und Herausforderungen der IT-Sicherheit	14
I. Vernetzung, Verbreitung, Durchdringung	15
II. Komplexität	17
III. Geschwindigkeit	19
D. Verfassungsrechtliche Fragestellungen	22
I. Grundrechte	25
1. Bestandsaufnahme: Überwiegen des Schutzes von Datenvertraulichkeit und Persönlichkeitsrecht	26
2. Staatliches Handeln mit Auswirkungen auf private IT-Sicherheit	29
a) Abwehrrechtliche Dimension	30
aa) Grundrechtlicher Schutz von Daten und IT-Systemen als dogmatische Erweiterung des Eingriffsbegriffs, nicht als eigenständiges Recht	31
bb) Keine notwendige Kopplung an personenbezogene Daten	37
cc) Die Gefährlichkeit konturenlosen Schutzes von Daten und IT-Sicherheit	39
b) Schutzpflichtdimension	40
c) Eigenständiges Grundrecht auf IT-Sicherheit?	43
d) Zur Terminologie des grundrechtlichen Schutzes von Daten und IT-Systemen	45
3. Staatliche Einwirkungen zur Verbesserung der IT-Sicherheit	46
4. Anforderungen an die Sicherheit von IT-Systemen im Zusammenhang mit anderweitigen Grundrechtseingriffen	47
II. IT-Sicherheit als Staatsaufgabe?	48
III. Kompetenzrecht	50
1. Vertikale Gewaltenteilung	51
a) Gesetzgebung	52
b) Verwaltung	53
2. Horizontale Gewaltenteilung	57
IV. Finanzverfassungsrecht	58
E. Fazit und Ausblick	60

A. Einleitung[*]

1 Spätestens seitdem das Bundesverfassungsgericht im Jahre 2008 dem allgemeinen Persönlichkeitsrecht aus Art. 2 Abs. 1 iVm Art. 1 Abs. 1 GG die grundrechtliche „Gewährleistung der Integrität und Vertraulichkeit informationstechnischer Systeme" entnommen hat,[1] haben Informationstechnologie (IT) und IT-Sicherheit[2] einen prominenten Platz auf der verfassungsrechtlichen Landkarte. Eine weitere und systematische Aufarbeitung der grundgesetzlichen Dimensionen der IT-Sicherheit ist schon deshalb wünschenswert, weil das Thema eine zentrale Stellung nicht nur im täglichen Leben nahezu aller Grundrechtsträger, sondern auch in den politischen und rechtlichen Diskussionen unserer Zeit einnimmt. Mit der immer weiter voranschreitenden, immer umfangreicheren Durchdringung aller Lebensbereiche durch IT hat unsere Existenz eine neue Dimension erhalten, die für viele einen wesentlichen Teil ihrer Lebenswelt ausmacht. IT wird so zu einem eigenen Existenzraum menschlichen Lebens; sie schafft ihre eigene, digitale Welt, in der ganz andere Gesetzmäßigkeiten gelten als in der analogen Welt, in der wir Menschen uns seit Jahrtausenden bewegen. Logiken, die der Gewährleistung von Sicherheit in der analogen Welt zu Grunde liegen, lassen sich nur bedingt auf Fragen der IT-Sicherheit übertragen.

2 Das stellt die normative Debatte vor fundamental neue Herausforderungen und Unsicherheiten. Es ist zu beobachten, dass einerseits eine Angst vor staatlichen Übergriffen nie gekannten Ausmaßes durch neue Mittel der IT grassiert (Vorratsdatenspeicherung, Online-Durchsuchung usw).[3] Paradoxerweise wird der Staat angesichts der rasanten technologischen Entwicklung und der ohne absehbares Ende wachsenden Möglichkeiten der IT andererseits zugleich für ohnmächtig gehalten, im digitalen Raum, der staatliche Grenzen weitgehend ignoriert, sein Recht zur Geltung bringen zu können.[4] Daraus folgt eine zweite Angst, die zu der ersten zwar in gewissem Widerspruch stehen müsste, sich mit ihr jedoch eigentümlich vermengt, nämlich die vor dem Chaos des digitalen Raumes und vor seiner Unbeherrschbarkeit für den Einzelnen ebenso wie für Staat und Verfassung.[5]

3 Das Recht sucht seinem Gegenstand zu folgen und hat auf die Herausforderungen unter anderem damit reagiert, dass viele IT-spezifische Themen gar nicht mehr auf der Ebene eines einzelnen Staates, sondern supranational oder durch internationale Kooperation aufgegriffen werden. Da die Informationsströme über das Internet Staatsgrenzen mühelos durchfließen, bemüht sich auch das Recht, grenzüberschreitende Regelungen zu finden. So werden die technischen Standards für die IT bereits durch internationale Verträge, Absprachen und Standardisierungsorganisationen geprägt (s. *Lahmann* in → § 6 Rn. 1 ff.).[6] Der Datenschutz ist mit der DS-GVO nunmehr für weite Bereiche der Rechtsordnung durch unmittelbar geltendes Unionsrecht geregelt (vgl. *Jandt* in → § 17 Rn. 10 ff.), ebenso Teile der IT-Sicherheit mit der Cybersicherheitsverordnung (s. *Schallbruch* in → § 5 Rn. 45; *Gitter* in → § 15 Rn. 26 f.; *Bäcker/Golla* in → § 18 Rn. 18, 45 ff.). Dies heißt jedoch nicht, dass die nationalen Verfas-

---

[*] Der Autor *Poscher* ist Direktor am Max-Planck-Institut zur Erforschung von Kriminalität, Sicherheit und Recht in Freiburg i. Br. und dort Leiter der Abteilung „Öffentliches Recht". Der Autor *Lassahn* ist Regierungsrat des Bundes in Berlin und vertritt in diesem Beitrag ausschließlich seine privaten Ansichten. Die Autoren danken dem studentischen Mitarbeiter *Severin Burkart* für wertvolle Unterstützung.
[1] BVerfGE 120, 274.
[2] Der Begriff „Cybersicherheit" kann synonym gebraucht werden.
[3] Zur Praxis der Anwendung des Online-Durchsuchungstools des BKA nach § 20 k BKAG aF vgl. *Albrecht/Poscher*, Evaluationsbericht zu den §§ 4 a, 20 j, 20 k des Bundeskriminalamtgesetzes, 2017, BT-Drs. 18/13031, insbesondere S. 36 ff.
[4] Zur Entwicklung vgl. auch BT-Drs. 18/4096, 1.
[5] S. etwa *Schliesky* NVwZ 2019, 693 (694). Vgl. auch *Höhne/Pöhls*, DSRI-Tagungsband 2010, 827 (827 ff.). Vgl. auch etwa bereits *Dannecker* BB 1996, 1285.
[6] So etwa in der Standardgruppe ISO/IEC 27000 und durch das International Committee for Information Technology Standards (INCITS).

sungsordnungen ihre Bedeutung für die IT-Sicherheit verloren hätten. Zum einen beziehen die supra- und internationalen Regulierungen ihre Legitimation letztlich aus den nationalen Verfassungsordnungen; zum anderen erfassen sie noch längst nicht alle Fragen der IT-Sicherheit und sind zudem für ihre Um- und Durchsetzung auf die nationalen Rechtsordnungen angewiesen. Im Folgenden soll daher ein Überblick über diejenigen Vorgaben für die rechtliche und administrative Ausgestaltung der „IT-Sicherheit" gegeben werden, die sich bereits aus dem Grundgesetz ableiten. Dazu sind zunächst Begriff und Grundanliegen der IT-Sicherheit zu präzisieren: Es gilt, diejenigen Besonderheiten herauszuarbeiten, die Auswirkungen auf die rechtliche Analyse haben. Auf diese Grundlage kann schließlich eine Untersuchung der verfassungsrechtlichen Dimensionen von IT-Sicherheit gestützt werden.

Es wird sich zeigen, dass es zwar kein eigenständiges Grundrecht auf IT-Sicherheit gibt, Belange der IT-Sicherheit aber sehr wohl grundrechtlich erfasst und geschützt sein können. Mit Blick auf das grundgesetzliche Kompetenzrecht wird sich herausstellen, dass die staatliche Gewährleistung von IT-Sicherheit die föderale Zuständigkeitsverteilung vor gewisse Herausforderungen stellt und dass insofern über Anpassungen nachzudenken ist.

B. Was ist IT-Sicherheit?

Das Grundgesetz selbst legt keinen verfassungsrechtlichen Begriff von IT-Sicherheit oder dem Recht der IT-Sicherheit fest. Jenseits des 2009 eingeführten Art. 91 c GG[7] wird IT im Grundgesetz vielmehr überhaupt nicht erwähnt, schon weil es zum Zeitpunkt seiner Entstehung keine IT-Systeme im heutigen Sinne gab. Worum also soll es gehen, wenn man nach den verfassungsrechtlichen Dimensionen der IT-Sicherheit fragt?

I. Anliegen und Ziel der IT-Sicherheit

Ist von IT-Sicherheit die Rede, geht es in aller Regel um den Schutz der Vertraulichkeit, der Integrität und der Verfügbarkeit von Informationen, die in IT-Systemen vorhanden sind.[8] Ziel von IT-Sicherheit ist es, das bestimmungsgemäße Funktionieren von IT-Systemen zu gewährleisten und Schäden durch bestimmungswidrige Verwendungen zu verhindern.[9] Das Schutzbedürfnis kann sich gegen staatliche und private, in- und ausländische Eingriffe gleichermaßen richten.[10]

Dabei ist das Aufrechterhalten des bestimmungsgemäßen Funktionierens von IT-Systemen kein Selbstzweck. IT-Systeme haben stets eine dienende Funktion. Gesellschaften konnten auch ohne IT-Systeme existieren. Allerdings ist aktuell bereits ein technologisches Niveau erreicht, in dem ein Alltag ohne Kontakt mit und Abhängigkeiten von IT-Systemen kaum mehr denkbar ist. Die Entwicklung scheint unaufhaltsam in Richtung einer allumfassenden Vernetzung und Durchwirkung unseres Lebens mit IT-Systemen zu laufen. Die dienende Funktion von IT-Systemen verschiebt sich in Richtung eines wechselseitigen Abhängigkeitsverhältnisses zwischen Mensch und IT. IT-Systeme bewirken nicht nur, dass staatliche, gesellschaftliche und private Vorgänge erleichtert, beschleunigt und verbessert werden, sondern

---

7 Hierzu s. etwa *Siegel* NVwZ 2009, 1128; *Berger* DÖV 2018, 799; *Schliesky* NVwZ 2019, 693 (695). Eingehender noch unten → Rn. 50 ff.
8 Vgl. *Sackmann*, IT-Sicherheit, http://www.enzyklopaedie-der-wirtschaftsinformatik.de/lexikon/technologien-methoden/Informatik--Grundlagen/IT-Sicherheit/index.html. Es geht also nur um *elektronisch* arbeitende Systeme und in ihnen gespeicherte Daten. Vgl. auch § 2 Abs. 2 BSIG; *Höhne/Pöhls*, DSRI-Tagungsband 2010, 827 (833 f.).
9 S. aus technischer Sicht *Grimm/Waidner* in → § 2 Rn. 17 ff.
10 Je nachdem ist vorrangig die Abwehrrechts- oder die Schutzpflichtdimension der Grundrechte betroffen, → Rn. 29 ff.

werden immer mehr zur Voraussetzung dafür, dass diese überhaupt ablaufen können.[11] In den technologisch entwickelten Gesellschaften der Gegenwart ist die IT-Infrastruktur gleichsam der Blutkreislauf, der den Gesamtorganismus mit dem notwendigen Datensauerstoff versorgt. Das bedeutet aus staatsrechtlicher Sicht insbesondere, dass die Gefahren, die im Zusammenhang mit IT-Systemen entstehen können, zwar nicht schon deshalb von großer Bedeutung sind, weil sie die Funktionsfähigkeit von IT-Systemen als solche bedrohen, sehr wohl aber, weil Schäden an IT-Systemen mit immer weiter steigender Wahrscheinlichkeit auch Schäden an anderen Rechtsgütern verursachen werden, die aufgrund hochgradiger Interdependenzen und Kaskadeneffekten schnell erhebliche, wenn nicht gar katastrophale Ausmaße annehmen können.

8 Das Ziel von IT-Sicherheit besteht in erster Linie im Schutz *von* IT-Systemen. Der Schutz *vor* IT-Systemen (etwa vor einer Urheberrechtsverletzung durch Veröffentlichung eines Werks im Internet oder vor einer Verwendung von IT-gesteuerten Haushaltsgeräten gegen den Eigentümer) dagegen ist zwar nicht Zielsetzung der IT-Sicherheit im engeren Sinne, kann aber mit erklären, welche Gefahren bei Beeinträchtigungen der IT-Sicherheit drohen und welche Schutzziele IT-Sicherheit letztlich verfolgt.

II. Gegenstand

9 Den Gegenstand des Schutz*anliegens* von IT-Sicherheit bilden IT-Systeme und die in ihnen vorhandenen Daten. Als IT-System lässt sich aus rechtlicher Sicht jede Funktionseinheit verstehen, die der elektronischen Datensammlung oder -verarbeitung dient.[12] Der Begriff ist denkbar weit und entspricht damit der heutigen Ubiquität von automatisierten Datenverarbeitungsvorgängen.[13] Die Daten, die durch IT-Sicherheit geschützt werden sollen, können Angaben aller Art sein. Insbesondere geht es nicht allein um den Schutz personenbezogener Daten. Vielmehr bezieht sich IT-Sicherheit auch auf solche Systeme, bei denen personenbezogene Daten keine wesentliche Rolle spielen – etwa elektronische Steuerungssysteme von Kernkraftwerken oder die Stromversorgungssoftware von Krankenhäusern.

10 Den Gegenstand der Schutz*wirkung* von IT-Sicherheit machen Software und Hardware gleichermaßen aus. Auch das physische oder organisatorische Absichern von Datenträgern gegen Manipulation, Diebstahl, Unterschlagung o.ä. gehört zur IT-Sicherheit.

III. Einordnung und Abgrenzung

11 IT-Sicherheit ist ein Aspekt des Gesamtkomplexes „IT". Das Recht der IT-Sicherheit ist damit ein Teilbereich des gesamten Rechts der IT (IT-Recht), zu dem auch Bereiche wie das IT-Vertragsrecht oder das IT-Vergaberecht zählen.[14] Das Recht der IT-Sicherheit ist gleichsam das Sicherheitsrecht des IT-Rechts, was sowohl öffentlich-rechtliche, strafrechtliche als auch privatrechtliche Funktionen umfasst.[15] Die hier untersuchte Frage nach den verfassungsrechtlichen Dimensionen wiederum betrifft einen (grundlegenden) Teilbereich des Rechts der IT-Sicherheit.

12 Wenn im Unterschied zu IT-Sicherheit von „Datenschutz" oder „Datensicherheit" die Rede ist, handelt es sich um Themen, die sich mit Anliegen und Gegenstand der IT-Sicherheit zwar

---

11 S. zu den gesellschaftlichen Dimensionen der IT-Sicherheit *Schallbruch* in → § 5 Rn. 1 ff.
12 Vgl. etwa BVerfGE 120, 274.
13 Demnach können auch Daten-Clouds oder das Internet in seiner Gesamtheit „IT-Systeme" sein; ebenso BVerfGE 120, 274 (276).
14 Vgl. etwa *Specht* NJW 2018, 3686 zu weiteren Bereichen und Thematiken.
15 Zum rechtlichen Begriff der IT-Sicherheit vgl. auch *Hornung/Schallbruch* in → § 1 Rn. 1 ff.

überschneiden, aber nicht deckungsgleich sind.[16] Datenschutz ist sowohl in seinem Gegenstand als auch in seiner Zielrichtung zugleich enger und weiter als IT-Sicherheit. Gegenständlich enger ist Datenschutz, weil es nicht um Daten aller Art geht, sondern ausschließlich um personenbezogene Daten. Gegenständlich weiter ist er insofern, als auch solche (personenbezogenen) Daten erfasst werden, die jenseits von IT-Systemen – dh in nicht elektronischer Form – verarbeitet werden, also etwa in physischen Akten. In der Zielrichtung ist Datenschutz enger als IT-Sicherheit, weil es um den Schutz vor den abstrakten Gefahren geht,[17] die von *Daten*sammlungen ausgehen[18] – das Funktionieren eines *IT-Systems*, dessen Bestandteil die betroffenen Daten sind, steht nicht im Vordergrund[19]. Weiter als diejenige der IT-Sicherheit ist die Zielrichtung des Datenschutzes, weil jeglicher Umgang mit (personenbezogenen) Daten rechtfertigungsbedürftig gemacht wird. Datenschutz setzt also inhaltliche Verarbeitungsanforderungen (und damit auch Verarbeitungsverbote) auch für solche Daten, die integer, authentisch und vertraulich bleiben. Die Vorgaben gelten außerdem unabhängig davon, ob die Daten für das Funktionieren irgendeines IT-Systems relevant sind. Erfasst würde etwa auch das rein optische Ausspähen von Daten, die auf einem Computerbildschirm abgebildet werden. Dem Datenschutz ist es mit anderen Worten in erster Linie um Daten zu tun, der IT-Sicherheit um Systeme.[20] IT-Sicherheit und Datenschutz können bisweilen gegenläufige (Zwischen-)Ziele verfolgen, etwa wenn staatliche Behörden Zugriff auf verschlüsselte Kommunikationswege und -daten erhalten sollen, um die Entwicklung von Schadprogrammen zu verhindern oder nachverfolgen zu können.[21]

Das Feld der „Datensicherheit" wiederum liegt zwischen und quer zu den beiden Komplexen IT-Sicherheit und Datenschutz. Datensicherheit erfasst erstens im Unterschied zur IT-Sicherheit auch solche Daten, die jenseits von IT-Systemen vorgehalten werden, und zweitens im Unterschied zum Datenschutz auch solche Daten, die nicht personenbezogen sind. So könnte etwa die Gewährleistung der Vertraulichkeit eines geheimen Strategiepapiers einer Kleinunternehmerin, das diese lediglich in Papierform abgefasst hat, eine Frage der Datensicherheit sein, mangels elektronischer Form nicht aber der IT-Sicherheit und mangels Personenbezogenheit auch nicht des Datenschutzes. Der grundrechtliche Schutz würde dann über Art. 12 Abs. 1 GG und nicht über Art. 2 Abs. 1 iVm Art. 1 Abs. 1 GG gewährleistet.

C. Besonderheiten und Herausforderungen der IT-Sicherheit

Im Streben nach IT-Sicherheit – und damit auch in der Analyse derjenigen verfassungsrechtlichen Maßgaben, die die Grundlage und Rahmenbedingungen für dieses Streben bilden – sind einige Charakteristika und Besonderheiten zu beachten, die das Phänomen der IT und damit auch den Gegenstand und das Betätigungsfeld der IT-Sicherheit prägen.

I. Vernetzung, Verbreitung, Durchdringung

Erstens und vor allem liegt das zentrale Charakteristikum von IT in ihrem Drang nach Vernetzung, weitflächiger Verbreitung und Durchdringung der Gesellschaft. IT beruht auf der Erfassung, Verarbeitung und Nutzung von Daten. Sie ist daher stets darauf angewiesen, Daten

---

16 S. umfassend zum Verhältnis zwischen Datenschutz und IT-Sicherheit *Jandt* in → § 17 Rn. 1 ff.
17 Zu diesem Verständnis des Datenschutzes *Poscher* in Miller (Hrsg.), Privacy and Power, 2017, S. 129 ff.
18 Das Datenschutzrecht will umfassend vor der „Verarbeitung" von Daten schützen. Der Begriff der Verarbeitung wird im Datenschutzrecht regelmäßig denkbar weit verstanden und erfasst alle Vorgänge von der Erhebung bis zur Vernichtung von Daten, s. Art. 4 Nr. 2 Verordnung (EU) 2016/679 (DS-GVO).
19 Vgl. aber auch Art. 32 DS-GVO.
20 Zum Verhältnis von Fragen des Datenschutzes und der Gestaltung von IT-Systemen vgl. etwa *Baumgartner/Gausling* ZD 2017, 308 (309).
21 S. *Kipker/Scholz* MMR 2019, 431 (432).

zu sammeln und wird ihre bestimmungsgemäßen Funktionen desto besser ausführen können, je mehr relevante Daten gesammelt werden. Zugleich ist sie Schlüsseltechnologie[22] und kann ihr Potential in fast beliebigen Verwendungen entfalten. Die Kombination dieser beiden Aspekte führt dazu, dass IT inzwischen fast alle Bereiche unseres Alltags ergreift und prägt sowie die ubiquitäre Vernetzung, Verbreitung und Durchdringung erlangt hat, die uns heute so selbstverständlich erscheint.

16 Diese Entwicklung führt neben der Verbesserung und Beschleunigung einer Vielzahl von Vorgängen und Abläufen in unserem Leben auch dazu, dass die Herrschaft über IT zu einer der wichtigsten Ressourcen der Gegenwart avanciert. Das wirft nicht nur Fragen der Ressourcenteilhabe auf, sondern bedeutet auch, dass ein neues Einfallstor für weitflächige und intensive Schädigungen und Rechtsverletzung entstanden ist. Die Kenntnis um eine mechanische Schwachstelle in einem Kfz mag eine leichte Sabotagemöglichkeit eröffnen, es bleibt jedoch eine körperliche Einwirkung auf einzelne Kfz erforderlich, um etwaige Sabotageabsichten zu verwirklichen. Die Kenntnis über eine Schwachstelle in einer weitflächig verwendeten Kfz-Software dagegen eröffnet die Möglichkeit zur Sabotage gleich ganzer Kfz-Flotten oder gar des gesamten Straßenverkehrs.[23] Schwachstellen in der IT-Sicherheit können in ganz anderer Weise skalieren als Schwachstellen in mechanischen Systemen. Während es vor der Erfindung des Smartphones in der Regel allenfalls für spezialisierte Sicherheitsbehörden vorstellbar war, Überwachungen vorzunehmen, die an den Kernbereich der privaten Lebensgestaltung rührten, werden heute täglich millionenfach intimste Geheimnisse über Messaging-Apps ausgetauscht, über deren Betreiber sich die Nutzer in aller Regel kaum Gedanken machen. Auch die Penetration aller Lebensbereiche erreicht mit der IT ein neues Niveau. Mit anderen Worten: Der IT wohnt – gleichsam als Kehrseite zu ihrem immensen Potential zur Beschleunigung des menschlichen Lebens und zur Erweiterung seines Optionenraums – ein beispielloses Potential zur Manipulation und Schädigung inne.

II. Komplexität

17 Daneben ist IT insbesondere durch ihre Komplexität gekennzeichnet. Der Anteil derjenigen Nutzer, die tatsächlich die Hintergründe der Technologie verstehen und die Technologie nicht nur anwenden, sondern auch ändern und fortentwickeln können, ist nach wie vor relativ gering. Die IT-Abläufe hinter der Benutzeroberfläche sind nicht nur für den Anwender überwiegend undurchschaubar und unverständlich, sondern lassen sich beim Einsatz bestimmter Formen der künstlichen Intelligenz aufgrund der internen Komplexität und Rekursivität der Algorithmen auch von Experten kaum mehr vollständig rekonstruieren geschweige denn vorhersehen. Die grundsätzliche Tendenz der Gesellschaft zur immer weiteren Ausdifferenzierung und Spezialisierung wird hier noch einmal gesteigert.[24] Eine Technologie wird lediglich von einer relativ kleinen Gruppe von Spezialisten entwickelt, kann aber von weiten Teilen der Gesellschaft angewendet werden. Schließlich wird sie so komplex, dass auch die Spezialisten die Produktion von Ergebnissen nicht mehr vollständig rekonstruieren können. Das führt zum einen dazu, dass der Nutzer Manipulationen oft nicht oder erst zu spät erkennen kann. In Kombination mit dem aus der immensen Verbreitung, Vernetzung und Durchdringung folgen-

---

22 Vgl. etwa https://www.bundesbericht-forschung-innovation.de/de/Digitalisierung-Schlusseltechnologien-1692.html.
23 Weiterführend zu Herausforderungen und Gefahren der Automotive IT etwa *Taeger* NJW 2016, 3764 (3764 ff.); *Djeffal* MMR 2019, 289 (293, dort Fn. 33); s. aus rechtlicher Sicht näher zu den IT-sicherheitsrechtlichen Fragen des vernetzten Automobils *Geminn/Müller* in → § 22 Rn. 46 ff.
24 Vgl. etwa *Weber*, Wirtschaft und Gesellschaft, S. 510 ff., 615 ff.; *Luhmann*, Rechtssoziologie, S. 135–141, 145–205.

den Einflusspotential der IT führt ihre Komplexität zum anderen dazu, dass sich Machtpositionen und -optionen in der Gesellschaft mitunter problematisch verteilen können.

Die Partizipation an neuen Technologien lässt sich besonders gut zentralisiert und demokratisch kontrollieren, wenn die Technologie einen besonderen Eintrittsaufwand mit sich bringt. Die effektive Nutzung von Kernkraft etwa dürfte einer Privatperson schon wegen fehlender materieller Mittel kaum möglich sein.[25] Für die IT dagegen gilt das nicht. Hier sind lediglich ein Computer und ausreichende kognitive und zeitliche Ressourcen vonnöten. So kann bereits eine Gruppe Freiberufler in einem kleinen Start-up ganze Branchen revolutionieren oder ein einzelner jugendlicher Hacker durch tausendfachen Datenmissbrauch die innere Sicherheit eines ganzen Staates gefährden.[26] Die Kombination aus Komplexität der Technologie und geringen materiellen Eintrittshürden führt dazu, dass sich der digitale Raum besonders schwer ordnen lässt.[27]

III. Geschwindigkeit

Ein weiteres Merkmal der IT ist – wie bei vielen neuartigen Technologien – die Geschwindigkeit, in der sie sich fortentwickelt. Die Entwicklungsgeschwindigkeit erhöht zwar die Chancen, die die Technologie mit sich bringt, in Verbindung mit der Komplexität der IT verstärkt sie zugleich aber auch die Problematik der Ungleichverteilung von Herrschaftswissen und Teilhabemöglichkeiten.[28] Darüber hinaus führt die Kombination aus Schnelllebigkeit und Komplexität auch zu einer Überforderung klassischer rechtlicher Normierung. Weil die Setzung allgemein verbindlicher Normen gerade in demokratischen Systemen einen aufwändigen Prozess erfordert[29] und weil zudem eine gewisse Beständigkeit ein Charakteristikum rechtlicher Normen ist,[30] gerät das Recht bei der Regulierung der IT an Grenzen.

Aus diesem Grund erfolgt die Normierung in diesem Bereich – wie für die Regulierung neuartiger Technologien typisch – auch nicht nur durch die Festsetzung inhaltlicher Standards auf Ebene von Gesetz- oder Verordnungsgeber.[31] Vielmehr baut die deutsche IT-Sicherheitsgesetzgebung neben einer Vielzahl von bereichsspezifischen Regelungen[32] nicht unwesentlich darauf, mit dem Bundesamt für Sicherheit in der Informationstechnik (BSI) eine zentrale Stelle zu schaffen, die dann – besonders durch Bündelung und Einbeziehung der nötigen Fachkompetenz[33] – die näheren inhaltlichen Vorgaben für die Gewährleistung angemessener IT-Sicherheit erstellt und permanent überarbeitet (etwa über den sog. IT-Grundschutz des BSI[34]). Ähnlichen Zwecken dient – auf europäischer Ebene – die Agentur der Europäischen Union für

---

25 Vgl. aber auch https://sz-magazin.sueddeutsche.de/-81098.
26 Zum Fall des jugendlichen Hackers aus Hessen, der eine Vielzahl privater Daten ua von Politikern im Internet veröffentlichte, vgl. etwa *Schliesky* NVwZ 2019, 693 (693). Zum Fall eines zur Tatzeit 18-jährigen Hackers aus Neuseeland vgl. https://www.faz.net/-1669893.html.
27 Vgl. *Schliesky* NVwZ 2019, 693 (694), mit einem Vergleich zum (analogen) Raumordnungsrecht.
28 Eine solche Ungleichverteilung kann etwa entlang unterschiedlicher Lebensalter entstehen. Da es sich bei der Teilhabeproblematik vorrangig um IT als solche und weniger um die IT-Sicherheit geht, wird sie in diesem Beitrag nicht eingehender betrachtet.
29 Vgl. *Lassahn*, Rechtsprechung und Parlamentsgesetz, S. 155 ff.
30 S. *Lassahn*, Rechtsprechung und Parlamentsgesetz, S. 131 ff.
31 Vgl. die recht grobkörnige Normierung in den §§ 8 a, 8 c BSIG, aber auch etwa § 13 Abs. 7 TMG oder die §§ 19 ff. MsbG; vgl. auch die §§ 202 a ff., §§ 303 a f. StGB. Für die europäische Ebene vgl. die Richtlinie (EU) 2016/1148 (NIS-Richtlinie), die ebenfalls einige grobe inhaltliche IT-Sicherheitsstandards ähnlich zum BSIG formuliert; hierzu etwa *Voigt/Gehrmann* ZD 2016, 355.
32 Vgl. insbesondere § 10 a Abs. 5, § 11EnWG oder § 109 TKG sowie auch die BSI-KRITISV (dort nicht zuletzt § 5 und Anhang 4).
33 Vgl. auch die zahlreichen Einvernehmens- und Benehmensvorschriften im BSIG, etwa § 5 a Abs. 8, § 8 Abs. 1 S. 2, § 8 a Abs. 2 und Abs. 3, § 10.
34 Beim IT-Grundschutz des BSI handelt es sich im Wesentlichen um einen nicht rechtsverbindlichen Leitfaden für die Praxis. Zur rechtlichen Relevanz des IT-Grundschutzes des BSI vgl. *Djeffal* MMR 2019, 289 (292).

Netz- und Informationssicherheit (ENISA).³⁵ Die Zentrale Stelle für Informationstechnik im Sicherheitsbereich (ZITiS) hat hingegen die geradezu gegenläufige Aufgabe, für die Sicherheitsbehörden Instrumente zu entwickeln, die es ua erlauben, Schwachstellen der IT-Sicherheit für die Informationsbeschaffung der Sicherheitsbehörden zu nutzen.³⁶

21 Weitere zentrale Bausteine der staatlichen Gewährleistung von IT-Sicherheit können in der Schaffung und Unterstützung von Forschungs- und Entwicklungseinrichtungen und in der Bereitstellung förderlicher Rechtsrahmen für private Beiträge zur IT-Sicherheit (etwa über urheber- oder haftungsrechtliche Mechanismen) liegen. Insgesamt spielen Forschung und Entwicklung im Bereich der IT-Sicherheit eine überragende Rolle. Wo der Anschluss an die technische Entwicklung verloren geht, drohen Einbußen an Sicherheit. Noch weniger als in anderen Bereichen kann Gefahrenabwehr durch das Bewahren eines status quo gelingen; in der IT ist Sicherheit immer auf Forschung angewiesen.

D. Verfassungsrechtliche Fragestellungen

22 Damit IT-Sicherheit erfolgreich gewährleistet werden kann, muss das Verfassungsrecht als Grundlage unserer Rechtsordnung ein taugliches Gerüst bereitstellen, um den aufgezeigten Besonderheiten und Herausforderungen des Phänomens gerecht zu werden.

23 Auch wenn das Grundgesetz sie lediglich in Art. 91c GG ausdrücklich behandelt, bedeutet das nicht, dass es in Bezug auf die Komplexe IT und Digitalisierung keine Vorgaben bereithält.³⁷ Das Grundgesetz ist ein auf Zukunft angelegtes Werk, und die methodischen Standards des Verfassungsrechts erlauben, ihm nicht nur dort Regelungen zu entnehmen, wo ein Phänomen explizit adressiert wird, sondern auch dann, wenn neuartige Probleme zu bearbeiten sind. Es ist ureigenste Aufgabe von Rechtsprechung und wissenschaftlicher Dogmatik, das Recht durch Rechtsfortbildung weiterzuentwickeln und es für die Entwicklung der modernen Gesellschaft fruchtbar zu machen.³⁸ So lassen sich dem Grundgesetz Antworten auf Fragen der IT-Sicherheit ebenso entnehmen wie Maßgaben zur Volkszählung³⁹ oder zum Schwangerschaftsabbruch⁴⁰.

24 Vor dem Hintergrund der dargelegten Struktur des Phänomens lassen sich die verfassungsrechtlichen Dimensionen der IT-Sicherheit ausleuchten, indem das Grundgesetz anhand seiner Teilgehalte zu denjenigen Bedürfnissen nach fundamentalen rechtlichen Maßgaben in Bezug gesetzt wird, die sich aus den aufgezeigten Eigenheiten und Anforderungen ergeben. Es ist insbesondere zu untersuchen, auf welche Weise die Grundrechte dem Einzelnen in seinem Interesse an IT-Sicherheit Schutz vermitteln können (unten I.), inwiefern es Aufgabe des Staates ist, für IT-Sicherheit zu sorgen (unten II.), und welchen kompetenzrechtlichen (unten III.) und finanzverfassungsrechtlichen (unten IV.) Ordnungsrahmen er dabei zu beachten hat.

---

35 S. die Verordnung (EG) 460/2004 sowie die Verordnung (EU) 526/2013 und die Verordnung (EU) 2019/881; näher zur ENISA *Gitter* in → § 15 Rn. 26.
36 Für eine Kurzbeschreibung der ZITiS s. *Möllers* in Möllers (Hrsg.), Wörterbuch der Polizei, 2018, Zentrale Stelle für Informationstechnik im Sicherheitsbereich (ZITiS).
37 *Schliesky* NVwZ 2019, 693 (694), dagegen sieht das Grundgesetz ein Stück weit „sprachlos" angesichts der Herausforderungen der IT.
38 S. etwa bereits BVerfGE 34, 269 (287); aus der jüngeren Rechtsprechung BVerfGE 149, 126 Rn. 73 ff. Zum Methodenverständnis der Autoren vgl. *Poscher* in Nolte/Poscher/Wolters (Hrsg.), Freundesgabe für Bernhard Schlink, 2014, S. 203 ff.; *ders.* in Glanert/Girard (Hrsg.), Law's Hermeneutics, 2017, S. 207 ff.; *Lassahn*, Rechtsprechung und Parlamentsgesetz, S. 9 ff.
39 Vgl. BVerfGE 65, 1.
40 Vgl. BVerfGE 88, 203.

D. Verfassungsrechtliche Fragestellungen

I. Grundrechte

Während in der grundrechtlichen Diskussion von Problemen, die mit IT-Sicherheit zusammenhängen, bislang überwiegend der Schutz von Datenvertraulichkeit und Persönlichkeitsrecht im Vordergrund steht, wird sich zeigen, dass IT-Sicherheit tatsächlich für beinahe jedes Grundrecht relevant werden und im Anwendungsbereich des jeweils betroffenen Grundrechts zu einer Vorverlagerung des Grundrechtsschutzes führen kann. 25

1. Bestandsaufnahme: Überwiegen des Schutzes von Datenvertraulichkeit und Persönlichkeitsrecht

In der Diskussion um verfassungsrechtliche Aspekte der IT-Sicherheit bildet überwiegend der Schutz der Vertraulichkeit personenbezogener privater Daten vor staatlichen Zugriffen den Dreh- und Angelpunkt. So wird als „IT-Grundrecht" umgangssprachlich das Grundrecht auf Gewährleistung der Vertraulichkeit und Integrität informationstechnischer Systeme bezeichnet, dessen vorrangiges Ziel die Abwehr von Zugriffen auf IT-Systeme mit dem Ziel ist, die dort vorhandenen personenbezogenen Daten geheim zu halten und vor Manipulationen zu schützen.[41] Daneben spielt vor allem das Recht auf informationelle Selbstbestimmung eine Rolle. Beide Rechte versteht das Bundesverfassungsgericht als „Ausprägungen" des allgemeinen Persönlichkeitsrechts aus Art. 2 Abs. 1 und Art. 1 Abs. 1 GG.[42] In denjenigen Sachverhalten mit Bezug zur IT-Sicherheit, die das Bundesverfassungsgericht bislang entschieden hat, ging es regelmäßig[43] um staatliche Zugriffe auf informationstechnische Systeme des Bürgers und den dagegen gewendeten grundrechtlichen Daten- und Persönlichkeitsschutz. Informationelle Selbstbestimmung soll eine Befugnis des Einzelnen ausdrücken, grundsätzlich selbst über die Preisgabe und Verwendung seiner persönlichen Daten zu bestimmen.[44] Die Gewährleistung der Vertraulichkeit und Integrität informationstechnischer Systeme soll diese Befugnis flankieren und weiter vorverlagern, so dass der Bürger bereits davor geschützt wird, dass auf die von ihm verwendeten IT-Systeme überhaupt zugegriffen wird, unabhängig davon, ob sich nachweisen lässt, dass einzelne Daten auch tatsächlich ausgelesen werden – jedenfalls, soweit es sich um solche IT-Systeme handelt, „die allein oder in technischen Vernetzungen personenbezogene Daten des Betroffenen in einem Umfang und in einer Vielfalt enthalten können, dass ein Zugriff auf das System es ermöglicht, einen Einblick in wesentliche Teile der Lebensgestaltung einer Person zu gewinnen oder gar ein aussagekräftiges Bild der Persönlichkeit zu erhalten".[45] Der Schutz vor Zugriffen auf Daten und IT-Systeme wird in der aktuellen Verfassungsrechtsprechung also im Kern als Frage von verschiedenen Ausprägungen des allgemeinen Persönlichkeitsrechts nach Art. 2 Abs. 1 und Art. 1 Abs. 1 GG verhandelt. Dem entspricht auch eine überwiegende Konzentration des rechtswissenschaftlichen Diskurses auf den Datenschutz 26

---

41 S. *Härtel* LKV 2019, 49 (53): „Der sachliche Schutzumfang des IT-Rechts erstreckt sich auf die Vertraulichkeit und Integrität eines informationstechnischen Systems. Geschützt wird das Interesse des Nutzers, dass die von einem informationstechnischen System erzeugten, verarbeiteten und gespeicherten Daten vertraulich bleiben". Zum Gebrauch der Bezeichnung „IT-Grundrecht" vgl. exemplarisch etwa *Schmidl* in Hauschka/Moosmayer/Lösler (Hrsg.), Corporate Compliance, 2016, § 28 Rn. 383. Mitunter ist auch vom „Computergrundrecht" die Rede, s. etwa *Martini* JA 2009, 839 (840). Zur Entstehung vgl. BVerfGE 120, 274 (313).
42 Vgl. BVerfGE 120, 274; 133, 277 (317); 141, 220 (264). Zu privatrechtlichen Entwicklungslinien des allgemeinen Persönlichkeitsrechts vgl. etwa MüKo/*Wagner* BGB § 823 Rn. 364 mwN. Verfassungen der Länder kennen inzwischen explizit eigenständige Grundrechte auf Datenschutz, s. etwa Art. 11 BbgVerf oder Art. 4 Abs. 2 NRWVerf. Die Hessische Verfassung normiert in ihrem Art. 12 a S. 2 sogar ein Grundrecht auf Gewährleistung der Vertraulichkeit und Integrität informationstechnischer Systeme.
43 Eine Verfassungsbeschwerde gegen § 202 c Abs. 1 StGB (Ausspähen von Daten), die unter dem Aspekt der Gewährleistung von Daten- und IT-Sicherheit *durch* den Staat hätte verhandelt werden können, nahm das Gericht nicht zur Entscheidung an, vgl. BVerfGK 15, 491.
44 BVerfGE 65, 1 (43); 78, 77 (84).
45 BVerfGE 120, 274 (314).

und das allgemeine Persönlichkeitsrecht, wo immer die grundrechtlichen Dimensionen der IT-Sicherheit diskutiert werden.[46]

27 Diese Fokussierung liegt in der Linie der Erkenntnis, dass Daten zu den zentralen Rohstoffen und gesellschaftlichen Funktionsgrößen unserer Zeit zählen[47] und der Befürchtung, dass neue Technologien wie die IT insbesondere den Staat in die Lage zu versetzen drohen, seine Bürger eines Tages vollumfänglich und effizient durchleuchten und überwachen zu können. Die daraus in der juristischen Analyse und in der verfassungsdogmatischen Konstruktion folgende Beschränkung auf Art. 2 Abs. 1 iVm Art. 1 Abs. 1 GG ist ebenso verständlich – häufig betreffen Datenerhebungen tatsächlich das allgemeine Persönlichkeitsrecht. Eingriffsphänomenologisch naheliegend wird entweder am Zielobjekt der Zugriffshandlungen (informationelle Selbstbestimmung) oder an ihrem Gegenstand angesetzt (Gewährleistung der Vertraulichkeit und Integrität informationstechnischer Systeme). Beide Ansatzpunkte weisen letztlich nicht über das personenbezogene Datum als scheinbar Allerheiligstes des grundrechtlichen Persönlichkeitsschutzes hinaus.[48]

28 Die folgenden Überlegungen sollen dagegen zeigen, dass die grundrechtsdogmatische Untersuchung von IT-Sicherheit helfen kann, die Verengung IT-verfassungsrechtlicher Diskurse auf Anliegen des Persönlichkeitsschutzes zu hinterfragen und zu einem angemesseneren Verständnis dessen zu gelangen, was die Grundrechte zu Nutzen, Gefahren und Sicherheit von Datenverarbeitung und IT zu sagen haben.

2. Staatliches Handeln mit Auswirkungen auf private IT-Sicherheit

29 Nach welcher Logik also funktioniert grundrechtlicher Schutz gegen Beeinträchtigungen von IT-Sicherheit? Dies lässt sich einmal mit Blick auf den Schutz vor staatlichen Eingriffen untersuchen, dh für die Abwehrrechtsdimension der Grundrechte (→ Rn. 30 ff.). Daneben ist auch der Schutz gegen Beeinträchtigungen von dritter Seite relevant; insofern können die Grundrechte in ihrer Schutzpflichtdimension eine Rolle spielen (→ Rn. 40 ff.). Schließlich stellt sich auch die Frage, ob die Verfassung sogar ein eigenständiges Grundrecht auf IT-Sicherheit kennt oder ob ein solches ggf. eingeführt werden sollte (→ Rn. 43 f.).

a) Abwehrrechtliche Dimension

30 Die Grundrechte werden im Bereich der IT-Sicherheit zum Einen in ihrer klassischen Rolle als gegen staatliche Eingriffsbestrebungen gewendete Abwehrrechte relevant.[49] Wenn staatliche Stellen die Sicherheit von IT-Systemen kompromittieren, um ihre Zwecke zu erreichen – dh wenn sie die Vertraulichkeit, Integrität oder Verfügbarkeit von privaten IT-Systemen oder der dort vorhandenen Daten beeinträchtigen –, kann darin ein Grundrechtseingriff liegen. Handelt es sich bei dem betroffenen Grundrecht also letztlich stets um das allgemeine Persönlichkeitsrecht aus Art. 2 Abs. 1 iVm Art. 1 Abs. 1 GG – sei es in seiner Ausprägung als informationelle Selbstbestimmung oder als Gewährleistung der Vertraulichkeit und Integrität infor-

---

[46] Vgl. (vielfach freilich auch mit differenzierenden Ansätzen) etwa *Siegel* NVwZ 2009, 1128; *Schmidl* NJW 2010, 476 (478 ff.); *Kort* NZA 2011, 1319 (1319 f.); *Hornung* NJW 2015, 3334 (3334); *Schmidl* in Hauschka/Moosmayer/Lösler (Hrsg.), Corporate Compliance, 2016, § 28 Rn. 383; *Derin/Golla* NJW 2019, 1111; *Kipker/Scholz* MMR 2019, 431 (432) (zum Verhältnis von Datenschutz und IT-Sicherheit); *Schneider* MMR 2019, 485 (486) („organische Verbundenheit" von IT- und Datenschutzrecht).
[47] Auch die Bundesregierung sieht Daten als „Rohstoff der Zukunft", s. https://www.bmi.bund.de/SharedDocs/pressemitteilungen/DE/2017/01/open-data-gesetz.html.
[48] Zum Siegeszug der informationellen Selbstbestimmung seit dem Volkszählungsurteil des Bundesverfassungsgerichts aus dem Jahre 1983 vgl. auch *Poscher/Buchheim* DVBl 2015, 1273 (1273). Vgl. auch *Hornung*, Grundrechtsinnovationen, 2015, S. 266 ff., S. 296 ff., aus innovationstheoretischer Perspektive.
[49] Zu den Funktionen und Dimensionen der Grundrechte grundsätzlich vgl. *Poscher*, Grundrechte als Abwehrrechte, 2003.

mationstechnischer Systeme? Dies scheint auf den ersten Blick nahezuliegen: Wenn der Staat Eingriffshandlungen vornimmt, die die private IT-Sicherheit beeinträchtigen, wird es ihm in aller Regel darum gehen, in IT-Systemen vorhandene Daten zu erfassen, zu verändern oder zu löschen. Dennoch kann sich aus zwei Gründen der grundrechtliche Schutz im Bereich der IT-Sicherheit nicht auf das allgemeine Persönlichkeitsrecht aus Art. 2 Abs. 1 iVm Art. 1 Abs. 1 GG beschränken.

aa) Grundrechtlicher Schutz von Daten und IT-Systemen als dogmatische Erweiterung des Eingriffsbegriffs, nicht als eigenständiges Recht

Von zentraler Bedeutung ist erstens, dass es sich weder bei der informationellen Selbstbestimmung noch bei der Gewährleistung der Vertraulichkeit und Integrität informationstechnischer Systeme um eigenständige Grundrechte handelt und dass ihr Anliegen auch nicht auf Art. 2 Abs. 1 iVm Art. 1 Abs. 1 GG beschränkt ist.[50] Auch wenn es in den Formulierungen des Bundesverfassungsgerichts anders klingt, hat das Gericht keine eigenständigen neuen Grundrechtstatbestände geschaffen. Das Grundgesetz kennt keinen Schutz von Daten oder IT-Systemen um ihrer selbst willen, etwa nach Art eines eigentumsähnlichen Ausschluss- und Nutzungsrechts des Dateninhabers oder Systemverwenders.[51] Einen solchen Schutz gewährt insbesondere auch Art. 2 Abs. 1 iVm Art. 1 Abs. 1 GG nicht.[52]

31

Die vermeintlich eigenständigen „Rechte" sind vielmehr als *Funktionen* oder *Wirkungsweisen* der Grundrechte zu verstehen. Weder informationelle Selbstbestimmung noch die Vertraulichkeit und Integrität informationstechnischer Systeme sind Letztgründe des Grundrechtsschutzes. Sie dienen lediglich dazu, Beeinträchtigungen der im Verfassungstext explizierten Grundrechte für den Bereich des hoheitlichen Zugriffs auf Daten und IT-Systeme zu konturieren und haben insofern einen instrumentellen Charakter. Die genaue Wirkungsweise liegt vor allem in einer *Vorverlagerung* des Grundrechtsschutzes auf den Schutz bereits vor abstrakten Gefährdungen, und zwar indem der Eingriffsbegriff erweitert wird.[53] Diese Vorverlagerung verlangt im Gegenzug nach einer *Präzisierung* der im Raume stehenden Grundrechtsgefährdungen.

32

Die Vorverlagerung bewirkt, dass ein staatlicher Zugriff auf Daten oder IT-Systeme bereits dann als abstrakte Grundrechtsgefährdung erfasst werden kann, wenn sich noch keine konkrete Gefährdung einer durch die im Verfassungstext des Grundgesetzes niedergelegten Grundrechte geschützten Freiheitsbetätigung aufzeigen lässt. Aus diesem Grund könnte etwa die Infiltration eines elektronischen Tagebuchs bereits einen Eingriff in das allgemeine Persönlichkeitsrecht nach Art. 2 Abs. 1 iVm Art. 1 Abs. 1 GG darstellen, auch wenn überhaupt noch keine einzelnen Einträge ausgeleitet wurden und staatlichen Stellen noch nicht zur Kenntnis gelangt sind.[54] Mit diesem Mechanismus reagiert die Grundrechtsdogmatik auf die Zweischneidigkeit der technologischen Entwicklung: Einerseits kann der Staat seine Aufgaben in einer digital vernetzten Welt nicht mehr erfüllen, ohne permanent eine Vielzahl privater personenbezogener Daten zu sammeln oder zu verwenden. Andererseits kann die dadurch erlangte Position es dem Staat theoretisch ermöglichen, Grundrechtsverletzungen in einem bei Schaffung des Grundgesetzes nicht gekannten Ausmaß vorzunehmen und die vernetzte Gesellschaft

33

---

50 Hierzu und insgesamt zum Folgenden *Poscher* in Gander/Perron/Poscher ua (Hrsg.), Resilienz in der offenen Gesellschaft, 2012, S. 167 ff.; *ders.* in Miller (Hrsg.), Privacy and Power, 2017, S. 129 ff.; s. auch *Poscher/Buchheim* DVBl 2015, 1273 (1278 ff.) mwN.
51 Veränderungen in der Substanz der Hardware freilich können von Art. 14 Abs. 1 GG erfasst werden.
52 Vgl. aber BVerfG NJW 2019, 827, zur informationellen Selbstbestimmung.
53 Vgl. zum Recht auf informationelle Selbstbestimmung *Poscher* in Gander ua (Hrsg.), Resilienz in der offenen Gesellschaft, Bd. 1, 2012, S. 167 (167 ff.); *ders.* in Miller (Hrsg.), Privacy and Power, 2017, S. 129 (129 ff.).
54 Ähnliches kann für Kontrollen weit im Vorfeld einer Versammlung (Art. 8 GG) oder für bestimmte auch kommerzielle Aspekte des Wirkbereichs von Kunstwerken (Art. 5 Abs. 3 S. 1 Var. 1 GG) gelten. Zu sonstigen klassischen Vorsorgekonstellationen vgl. etwa *Hornung* NJW 2015, 3334 (3334).

mit nicht geahnter Effektivität zu kontrollieren. Um gleichwohl einen dem Ansinnen des Verfassungsgebers gleichwertigen Grundrechtsschutz zu erreichen, müssen die Grundrechte auch einen vorverlagerten, vorbeugenden Schutz bereits gegen abstrakte Grundrechtsgefährdungen durch hoheitlichen Umgang mit privaten Daten erlauben.[55] Die Belange der IT-Sicherheit können eine Vorverlagerung sogar noch über die bisherige Gewährleistung der Vertraulichkeit und Integrität informationstechnischer Systeme hinaus erfordern: So könnten – noch über die bislang durch das Bundesverfassungsgericht beurteilten Kontexte hinaus – bereits das optische Ausspähen eines Passworts oder die Manipulation von betrieblichen Verhaltensstandards, die der IT-Sicherheit dienen, erfasst werden, wenn diese Maßnahmen letztlich zu weiteren grundrechtsrelevanten Beeinträchtigungen genutzt werden sollen.

34   Gegenstück dieser Vorverlagerung muss freilich eine Präzisierung und Engführung sein. Ziel ist nicht die Schaffung eigenständiger neuer Grundrechte, sondern eine jeweils bereichsspezifische Ausgestaltung der Grundrechtsdogmatik als Fortschreibung der historischen Grundrechtszwecke in das Stammbuch der gegenwärtigen IT-Gesellschaft. Das bedeutet, dass es für die Bestimmung, ob ein staatlicher Umgang mit privaten Daten oder IT-Systemen einen Grundrechtseingriff darstellt oder nicht, darauf ankommen muss, ob sich durch die in Rede stehende hoheitliche Maßnahme bei abstrakter Betrachtung das grundrechtliche Gefährdungspotential in relevantem Ausmaß erhöht und damit das sich durch die Verwendung des jeweiligen Datums oder IT-Systems ohnehin ergebende Alltagsrisiko überschritten wird.[56] Einzurechnen sind dabei auch Abschreckungseffekte[57]; wesentlich wird etwa auch sein, wie leicht und in welchem Umfang staatliche Stellen einmal geschaffene Zugriffe auf private Daten und IT-Systeme für andere Zwecke ausnutzen könnten. Maßgeblicher Anknüpfungs- und Bezugspunkt für diese Prüfung ist stets dasjenige Grundrecht, in dessen Realbereich die geschützte Verhaltensweise liegt, die durch das betroffene Datum oder IT-System gefördert oder umgekehrt bei bestimmungswidriger Verwendung des Datums oder IT-Systems beeinträchtigt zu werden droht.[58] Häufig wird es auf das allgemeine Persönlichkeitsrecht nach Art. 2 Abs. 1 iVm Art. 1 Abs. 1 GG hinauslaufen – das ist aber eben keineswegs zwingend. Noch einmal: Es kommt zwar modal zu einer Vorverlagerung des Schutzes, es werden aber keine neuen eigenständigen Grundrechte geschaffen. Für die Bestimmung von Schutzbereich und Eingriff bleiben letztlich stets die im Verfassungstext eigenständig gewährten Grundrechte maßgeblich, die insofern auch in ihrer vollen Bandbreite offenstehen.[59] Die ursprüngliche Fokussierung auf das allgemeine Persönlichkeitsrecht mag daran liegen, dass IT-Systeme in ihrer historischen Entwicklung zunächst vorrangig Speichermedien waren und für staatliche (Strafverfolgungs- und Gefahrenabwehr-)Stellen zunächst insbesondere der Zugriff auf die in diesen Medien

---

55   Zu dieser Ratio vgl. auch BVerfG NJW 2019, 827 (828).
56   Aspekte der IT-Sicherheit können dabei auf unterschiedlichen Stufen und in mehrfacher Funktion eine Rolle in der Prüfung spielen. So war eines der Argumente in der Diskussion um die Vorratsdatenspeicherung, dass es Bedenken gab, ob der Staat die einmal erlangten privaten Daten in einer sicheren IT-Umgebung speichern und so vor dem Zugriff unbefugter Dritter hinreichend schützen könnte, s. https://www.faz.net/-1594032.html. Die aus Sicht des BVerfG ungenügenden Regelungen zur Sicherheit der gespeicherten Daten waren sodann einer der maßgeblichen Gründe für die Unverhältnismäßigkeit des Eingriffs, s. BVerfGE 125, 260 (325 ff.).
57   Zu diesen im US-Diskurs als „chilling effects" bezeichneten Wirkungen vgl. *Poscher/Buchheim* DVBl 2015, 1273 (1279).
58   Es sollte dabei für die Annahme eines Grundrechtseingriffs ausreichen, wenn sich eine abstrakte Grundrechtsgefährdung plausibilisieren lässt. Das Einfordern des Beweises einer konkreten Grundrechtsgefährdung ist vor dem Hintergrund des Schutzanliegens der Vorverlagerung des Grundrechtsschutzes nicht leistungsfähig, s. *Poscher/Buchheim* DVBl 2015, 1273 (1279). Von diesen Fragen zunächst unberührt bleibt freilich die Prüfung auf der Rechtfertigungsebene.
59   Für Grundrechtskataloge, die explizit niedergelegte Grundrechte auf Datenschutz kennen, wie Art. 8 GRC, gelten die hiesigen Gedanken entsprechend. Forensische Bestätigung erhalten sie dadurch, dass Art. 8 GRC in der Rechtsprechung des Europäischen Gerichtshofs immer nur in Verbindung mit einem anderen Grundrecht und gerade nicht als eigenständiges Grundrecht herangezogen wird, dazu *Poscher,* in Miller (Hrsg.), Privacy and Power, 2017, S. 129 (135 ff.).

gespeicherten personenbezogenen Daten Einzelner von Interesse war. Mit der immer weiter zunehmenden Verbreitung, Vernetzung und Zweckerweiterung von IT-Systemen jedoch zeigt sich, dass staatliche Beeinträchtigungen von IT- oder Datensicherheit letztlich jedes Grundrecht betreffen können, weil IT-Systeme heute eben beinahe jedem erdenklichen Zweck dienen können.

Zur Prüfung sowohl des jeweils maßgeblichen Grundrechts als auch der Frage, ob eine hinreichende abstrakte Gefährdungslage plausibilisiert werden kann, wird das klassische Eingriffskriterium der Finalität regelmäßig eine besondere Rolle spielen. Wenn sich aufzeigen lässt, dass der Staat mit der jeweiligen Beeinträchtigung der IT-Sicherheit einen bestimmten Zweck verfolgt, der wiederum grundrechtlich unmittelbar geschützte Belange oder Verhaltensweisen gefährdet, kann ein Eingriff in das jeweils einschlägige Grundrecht vorliegen. Solange es dagegen etwa um die bloß beiläufige Kenntnisnahme von Daten oder die unbeabsichtigte Einwirkung auf IT-Systeme geht, steht eine Beeinträchtigung der durch die im Verfassungstext verankerten Grundrechtsformulierungen geschützten Verhaltensweisen meist nicht zu befürchten. Es genügt also nicht der von jeglichen Verwendungszwecken losgelöste Zugriff als solcher. Alles andere würde auf einen isolierten Schutz von Daten und IT-Systemen hinauslaufen, den das Grundgesetz gerade nicht kennt – anders als etwa den Schutz der menschlichen Gesundheit als solcher (Art. 2 Abs. 2 S. 1 GG), Meinungsäußerungen (Art. 5 Abs. 1 S. 1 GG) oder inländischen Reisebewegungen als solchen (Art. 11 Abs. 1 GG).

Grundsätzlich unzulässig wäre etwa der finale Eingriff in einzelne IT-Systeme zu späteren *beliebigen* Zwecken auf Vorrat.[60] Es wäre daher auch nicht erlaubt, anlasslos beliebige IT-Systeme mit sog. Staatstrojanern zu versehen, die eine spätere Manipulation der Systeme zu beliebigen Zwecken ermöglicht.[61]

bb) Keine notwendige Kopplung an personenbezogene Daten

Der zweite Grund dafür, dass sich der grundrechtliche Schutz in Belangen der IT-Sicherheit nicht im allgemeinen Persönlichkeitsrecht nach Art. 2 Abs. 1 iVm Art. 1 Abs. 1 GG erschöpfen kann, ist, dass vielfältige Szenarien denkbar sind, in denen personenbezogene Daten für die bestimmungsgemäße Funktion eines IT-Systems keine wesentliche Rolle spielen. Daher kann die instrumentelle Vorverlagerung des grundrechtlichen Schutzes im Bereich der IT-Sicherheit nicht zwingend mit dem allgemeinen Persönlichkeitsschutz nach Art. 2 Abs. 1 iVm Art. 1 Abs. 1 GG verkoppelt sein, sondern ist auf den gesamten Grundrechtskatalog auszuweiten. Sinn und Zweck der Vorverlagerung des Schutzes greifen unabhängig davon, ob personenbezogene Daten überhaupt in Rede stehen. IT-Sicherheit hat ganz grundsätzlich keinen inhaltlichen Schutzbereich, der einem oder mehreren bestimmten Grundrechten spezifisch zuzuordnen wäre. Sie gilt in ihrer grundrechtlichen Dimension weniger dem Inhalt der IT-Systeme denn ihrer jeweiligen Funktion. IT-Sicherheit geht es um den Schutz von IT-Systemen – nicht als Selbstzweck, sondern als Mittel, um diejenigen Belange zu schützen, denen das bestimmungsgemäße Funktionieren des jeweiligen IT-Systems dient und die durch Lücken in der IT-Sicherheit Schaden zu nehmen drohen. Insofern ähnelt sie zB der Straßenverkehrssicherheit. Beide Bereiche zielen darauf, die bestimmungsgemäße und förderliche Nutzung einer zentralen technologischen Errungenschaft zu sichern und Gefahren, die von der Nutzung der Technologie ausgehen, zu mindern. Die geschützten Belange können dabei so mannigfaltig sein wie der weite Kreis aller IT-gestützten gesellschaftlichen oder privaten Vorgänge und Abläufe

---

60 Zur in der Rechtsprechung angenommenen grundsätzlichen Unzulässigkeit der Vorratsdatenspeicherung s. EuGH C-203/15 (19.7.2016); BVerfGE 125, 260.
61 So sollen in China etwa bestimmte Bevölkerungsgruppen mittels auf ihren IT-Systemen standardmäßig installierter staatlicher Spionagesoftware bzw. mit sog. Exploits überwacht werden, vgl. https://www.spiegel.de/netzwelt/gadgets/iphone-spionage-angeblich-gegen-uiguren-gerichtet-a-1284798.html.

selbst: Wo IT-Systeme etwa Beatmungsmaschinen in Krankenhäusern steuern, ist das Recht auf Leben und körperliche Unversehrtheit betroffen (Art. 2 Abs. 2 S. 1 GG); wo politische Demonstrationen über Messaging-Dienste oä koordiniert werden, kann es auch unabhängig von der Erfassung personenbezogener Daten – etwa bei einem rein physischen Einwirken auf die Server – um das Recht auf Versammlungsfreiheit (Art. 8 GG) gehen, usw.[62]

38 Dabei kann es freilich zu einer mehrfachen Vorverlagerung kommen. Schließlich werden Maßnahmen der IT-Sicherheit regelmäßig verfolgt, *um* den Zugriff auf ein IT-System zu verhindern, *um* das Auslesen von Daten zu verhindern, *um* eine für den Einzelnen nachteilige Verwertung der Daten zu verhindern. So könnte sich die Polizei das Passwort eines Computers verschaffen, *um* sich dort einzuloggen, *um* auf dem Computer gespeicherte Tagebucheinträge zu erlangen (Art. 2 Abs. 1 iVm Art. 1 Abs. 1 GG), *um* darauf eine Wohnungsdurchsuchung (vgl. Art. 13 GG) zu stützen.

cc) Die Gefährlichkeit konturenlosen Schutzes von Daten und IT-Sicherheit

39 Die voranstehenden Überlegungen zeigen, dass die Grundrechtsdogmatik auf die Herausforderungen der IT-Gesellschaft angemessen reagieren kann. Erforderlich ist ein Schutz, der einerseits hinreichend früh und hinreichend robust ansetzt, sich andererseits aber zugleich um die notwendige Präzision und Konturenschärfe bemüht. Insbesondere gilt es, der häufig zu beobachtenden Tendenz entgegenzutreten, den verfassungsrechtlichen Schutz von Daten- und IT-Sicherheit von den explizit und eigenständig gewährleisteten Grundrechten zu lösen und Daten und IT-Systeme um ihrer selbst willen eigentumsähnlich vor jeder staatlichen Beeinträchtigung abzuschotten.[63] Andernfalls droht eine gefährliche Trivialisierung grundrechtlicher Schutzanliegen im Bereich der IT- und Datensicherheit, die letztlich zu Schutzlücken gerade dort führen muss, wo es wirklich darauf ankommt.

b) Schutzpflichtdimension

40 Ähnlich verhält es sich hinsichtlich der Schutzpflichtdimension der Grundrechte. Auch hier kann IT-Sicherheit eine Rolle spielen.[64] Wenn sich unter den heutigen gesellschaftlichen Bedingungen, dh insbesondere eingedenk der sehr weitreichenden Verbreitung und Vernetzung von IT, ein Mindestmaß an Grundrechtsschutz in bestimmten Bereichen nur noch durch staatliche Maßnahmen der IT-Sicherheit erreichen lässt, kann dies die Frage aufwerfen, ob das jeweils betroffene Grundrecht in seiner Schutzpflichtdimension den Staat – insbesondere den Gesetzgeber[65] – verpflichtet, geeignete Grundlagen zu schaffen, um die gebotenen IT-Sicherheitsmaßnahmen ins Werk zu setzen und Zugriffe und Manipulationen Dritter zu verhindern.[66] Hier handelt es sich um eine echte Schutzpflichtenkonstellation. Es geht nicht um die staatliche Zuordnung von Rechten, die sich jedenfalls auch abwehrrechtlich einordnen lässt, sondern um darüber hinausgehende Maßnahmen des Staates zum Schutz gegenüber rechtswidrigen

---

62 IT-Sicherheit wird deshalb auch als „Querschnittsbedingung für die Grundrechtsausübung" bezeichnet, s. *Heckmann* in Rüßmann (Hrsg.), FS Käfer, 2009, S. 129 (135); zust. *Derin/Golla* NJW 2019, 1111 (1115).
63 In diese Richtungen könnte man Teile der Formulierungen etwa bei *Roßnagel/Schnabel* NJW 2008, 3534 (3535), verstehen.
64 Zu dieser Grundrechtsfunktion vgl. *Poscher*, Grundrechte als Abwehrrechte, 2003, S. 380 ff.
65 Grundrechtliche Schutzpflichten sollen dabei wohl zuvörderst den Gesetzgeber treffen, vgl. etwa BVerfG NJW 1998, 2961 (2962); *Voßkuhle* NVwZ 2013, 1 (6); Maunz/Dürig/*Scholz* GG Art. 20a Rn. 46. Zur Wirkung von Schutzpflichten im Zivilrecht vgl. MüKo/*Armbrüster* BGB § 134 Rn. 34.
66 S. *Derin/Golla* NJW 2019, 1111 (1115), mwN; vgl. auch *Roßnagel/Schnabel* NJW 2008, 3534 (3535), zur Frage einer Schutzpflicht auf Grundlage des Grundrechts auf informationelle Selbstbestimmung.

Beeinträchtigungen der IT-Sicherheit durch Dritte, die sich nicht mehr abwehrrechtlich erfassen lassen.[67]

Spiegelbildlich zur Abwehrrechtsdimension (→ Rn. 30 ff.) gilt, dass es im Kontext von IT- und Datensicherheit zu einer *Vorverlagerung* der staatlichen Schutzpflichten kommen muss. Verbreitungs- und Vernetzungsgrad von IT führen dazu, dass die spezifischen Gefahren für den Einzelnen derart omnipräsent und massiv zugleich sind, dass nur ein bereits im Vorfeld ansetzender Grundrechtsschutz dem historischen Anliegen des Grundrechtskatalogs noch gerecht werden kann. Auch zur Begründung einer grundrechtlichen Schutzpflicht muss es im Ausgangspunkt also genügen, dass eine abstrakte Gefährdung für ein grundrechtliches Schutzgut plausibilisiert wird. Diese muss aber von hinreichender Erheblichkeit sein.[68] Sie muss sich zudem in der Sache stets auf ein bestimmtes Grundrecht beziehen lassen; auch in der Schutzpflichtdimension gilt, dass Belange der IT- und Datensicherheit keine eigenständigen neuen Grundrechtstatbestände erschaffen, sondern lediglich zu einer spezifischen Ausformung der Grundrechtsdogmatik führen können, die den grundrechtlichen Schutz bereits gegenüber einer abstrakten Gefährdung aktiviert. Wenn etwa immer mehr kritische Infrastruktur im Gesundheitswesen IT-gestützt funktioniert – man denke auch an die Verwendung von „Tracing"- oder „Tracking"-Apps bei der Bekämpfung der Corona Pandemie – und falls zugleich ohne hoheitliches Tätigwerden eklatante IT-Sicherheitslücken mit Auswirkungen auf Leben und Gesundheit von Patienten drohten, könnte der Staat aus Art. 2 Abs. 2 S. 1 GG – nicht aber aus einem eigenständigen „IT-Grundrecht" – verpflichtet sein, solchen Gefahren auch durch Verbesserung des IT-Sicherheitsniveaus zu begegnen.[69] 41

Der Gestaltungsspielraum des Staates, insbesondere des Gesetzgebers, bei der Ausfüllung grundrechtlicher Schutzpflichten ist freilich groß.[70] Er ist zwar grundsätzlich verpflichtet zu verhindern, dass eine insgesamt unsichere IT-Infrastruktur besteht, die Zugriffen und Manipulationen Dritter schutzlos ausgeliefert ist, Verpflichtungen zu ganz konkreten Einzelmaßnahmen dürften aber in aller Regel kaum zu begründen sein. Dies gilt umso mehr, als eingedenk der Schnelllebigkeit von IT und IT-Sicherheit das Festlegen inhaltlicher Standards durch Gesetz- oder Verordnungsgeber kaum ein probates Mittel ist, um ein jeweils aktuelles und ausreichendes Niveau an IT-Sicherheit zu erreichen. Neben der Schaffung geeigneter strafrechtlicher Vorschriften[71] kann der Gesetzgeber seinen Schutzpflichten also auch nachkommen, indem er Stellen wie das BSI einrichtet und ihnen die Aufgabe überträgt, materielle Standards und Orientierungslinien der IT-Sicherheit zu erarbeiten.[72] Einen wichtigen Baustein in der Erfüllung grundrechtlicher Schutzpflichten kann darüber hinaus die staatliche For- 42

---

67 Zu der Unterscheidung zwischen „echten" und „unechten" Schutzpflichtkonstellationen *Kingreen/Poscher*, Grundrechte, S. 48 ff.
68 Zu den hohen Anforderungen und zum Spielraum des Gesetzgebers bei der Ausfüllung vgl. BVerfGE 56, 54 (80); 125, 39 (78 f.) sowie etwa *Korioth* in Schlaich/Korioth, Das Bundesverfassungsgericht, 2018, Rn. 530 f.
69 In der Welt der „Internet of Things" drohen inzwischen auch Gefahren aus der Verwendung von IT-gesteuerten Haushaltsgeräten gegen den Eigentümer, vgl. auch *Djeffal* MMR 2019, 289 (293). Im Zuge der immer weiteren Vernetzung wird sich in der Zukunft ein effektiver Schutz vor IT-bezogenen Beeinträchtigungen von Grundrechten womöglich nicht mehr allein durch sektorale oder auf den Schutzbereich nur einzelner Grundrechte beschränkter Maßnahmen verwirklichen lassen. Es erscheint denkbar, dass sich angesichts drohender Gefährdungen einer Vielzahl von Grundrechten durch Manipulationen umfassend vernetzter, multifunktionaler Systeme im Ergebnis auch aus der Gesamtheit der potentiell betroffenen Grundrechte eine Schutzpflicht des Staates zu einem umfassenden IT-Sicherheits-Basisschutz ergibt.
70 Vgl. BVerfGE 56, 54 (80); 125, 39 (78 f.) sowie etwa *Korioth* in Schlaich/Korioth, Das Bundesverfassungsgericht, 2018, Rn. 530 f.
71 Zur strafrechtlichen Absicherung von Datenschutzbelangen vgl. die §§ 202 a ff., §§ 303 a f. StGB.
72 Zum IT-Grundschutz des BSI: Vgl. die recht grobkörnige Normierung in den §§ 8 a, 8 c BSIG; vgl. auch die §§ 202 a ff., §§ 303 a f. Für die europäische Ebene vgl. die Richtlinie (EU) 2016/1148 (NIS-Richtlinie), die ebenfalls einige grobe inhaltliche IT-Sicherheitsstandards ähnlich zum BSIG formuliert; hierzu etwa *Voigt/Gehrmann* ZD 2016, 355.

schungs- und Entwicklungspolitik bilden. Denn wie gesagt gilt im Bereich der IT, dass Sicherheit in besonderem Maße Forschung und Fortschritt voraussetzt.[73]

c) Eigenständiges Grundrecht auf IT-Sicherheit?

43 Wie gesehen kennt das Grundgesetz kein eigenständiges Grundrecht auf IT-Sicherheit. Auch das „Grundrecht auf die Gewährleistung der Vertraulichkeit und Integrität informationstechnischer Systeme" ist kein neuer Grundrechtstatbestand, sondern Teil einer IT- und datenschutzspezifischen Ausformung der allgemeinen Schutzbereichs- und Eingriffsdogmatik.[74] Es handelt sich nicht um einen neuen Rechtsinhalt, sondern um eine Präzisierung der Wirkweise bereits bestehender Grundrechte.

44 Daneben erscheint auch *de constitutione ferenda* die Schaffung eines Grundrechts auf IT-Sicherheit auf Bundesebene nicht angezeigt.[75] IT-Sicherheit ist stets Mittel zum Zweck; sie soll die bestimmungsgemäße und förderliche Verwendung einer Technologie sichern, die ihrerseits lediglich ein Mittel zu vielgestaltiger Freiheitsverwirklichung ist, nicht aber ein normativ tauglicher Gegenstand eigenständigen Freiheitsschutzes.

d) Zur Terminologie des grundrechtlichen Schutzes von Daten und IT-Systemen

45 Die Wendung vom „Grundrecht auf die Gewährleistung der Vertraulichkeit und Integrität informationstechnischer Systeme" ist in dem Sinne zu verstehen, dass damit die oben beschriebene systematische Vorverlagerung des Schutzes hinsichtlich potenziell aller Grundrechte gemeint ist. Diese Vorverlagerung dient der Abwehr bereits der abstrakten Gefahren, die sich aus der Manipulierbarkeit von IT-Systemen ergeben können. Es geht letztlich um eine phänomenspezifische Ausformung der allgemeinen grundrechtlichen Eingriffs- und Schutzdogmatik, nicht um ein eigenständiges Grundrecht. Ebenso wenig wie es ein Grundrecht auf Straßenverkehrssicherheit braucht, um den Schutz von Grundrechten wie das auf Leben und Gesundheit nach Art. 2 Abs. 2 S. 1 GG auch im Straßenverkehr zu gewährleisten, braucht es ein Grundrecht auf IT-Sicherheit, um zB den Schutz des allgemeinen Persönlichkeitsrechts nach Art. 2 Abs. 1 iVm Art. 1 Abs. 1 GG im Umgang mit IT-Systemen zu gewährleisten.

3. Staatliche Einwirkungen zur Verbesserung der IT-Sicherheit

46 Neben der Frage, ob und inwiefern IT-Sicherheit grundrechtlich geschützt wird, ist noch an eine weitere Konstellation zu denken, in der IT-Sicherheit grundrechtliche Relevanz zukommt: Gemeint sind solche Grundrechtseingriffe, zu deren Rechtfertigung der Topos „IT-Sicherheit" herangezogen wird. Denn schon weil der Staat aus verschiedenen Gründen ein erhebliches Interesse daran hat, ein insgesamt hinreichendes Maß an IT-Sicherheit zu gewährleisten, wird er vielfach zu Eingriffen in Grundrechte gezwungen sein, die das Ziel haben, die IT-Sicherheit zu erhöhen. So kann etwa der Gesetzgeber die Betreiber kritischer Infrastrukturen oder Anbieter digitaler Dienste zur Einhaltung organisatorischer und technischer Vorkehrungen verpflichten (vgl. §§ 8a, 8c BSIG), um bestimmten Sicherheitsrisiken vorzubeugen. In diesen Konstellationen ergeben sich keine wesentlichen grundrechtsdogmatischen Besonderheiten.

---

[73] S. o. → Rn. 21. Die Erfüllung der Schutzpflicht erfolgt daher auch durch die Einrichtung und Förderung dezentraler öffentlicher oder privater Stellen wie etwa entsprechender Bereiche der Fraunhofer Gesellschaft oder auch universitärer Stellen der IT-Sicherheits-Forschung (bspw. des Horst-Görtz-Instituts an der Ruhr-Universität Bochum).

[74] Der dogmatische Mechanismus wie gezeigt nicht allein auf das allgemeine Persönlichkeitsrecht (Art. 2 Abs. 1 iVm Art. 1 Abs. 1 GG) beschränkt, s. o. → Rn. 30 ff. Zum europäischen Datenschutzgrundrecht aus Art. 8 GRCh vgl. etwa Kühling/Buchner/*Buchner* DS-GVO/BDSG Art. 1 DS-GVO Rn. 9 ff.

[75] Zu der grundsätzlichen Frage, wann der verfassungsändernde Gesetzgeber „neue" Grundrechte schaffen sollte, vgl. mit Blick auf Verfassungsfunktionen und verfassungspolitische Dimensionen *Hornung*, Grundrechtsinnovationen, 2015, S. 507 ff.

Regelmäßig werden Eingriffe in Art. 2 Abs. 1 oder Art. 12 Abs. 1 GG im Raum stehen. Dass es sich bei der IT-Sicherheit um ein im Sinne der Verhältnismäßigkeitsprüfung legitimes staatliches Ziel handelt, steht nicht in Frage. Der demokratische Verfassungsstaat ist in der Wahl seiner Zwecke im Rahmen der wenigen positiven und negativen verfassungsrechtlichen Vorgaben frei. Allenfalls im Bereich der präventiven militärischen Cyber-Angriffe gegen ausländische Server könnten sich Grenzen aus dem Verbot des Angriffskriegs nach Art. 26 GG ergeben.[76]

4. Anforderungen an die Sicherheit von IT-Systemen im Zusammenhang mit anderweitigen Grundrechtseingriffen

In noch einer weiteren Kategorie der grundrechtlichen Relevanz von IT-Sicherheit lassen sich solche Fälle erfassen, in denen der Staat Grundrechtseingriffe vornimmt und sich dabei bestimmten Anforderungen an die Sicherheit derjenigen IT-Systeme ausgesetzt sieht, die im Zusammenhang mit dem Eingriff genutzt werden. Das könnte etwa die (nicht zwingend IT-gestützte) Erfassung von Daten und ihr anschließendes Einpflegen in polizeiliche Informationssysteme betreffen, aber auch jede andere staatliche Nutzung von IT-Systemen im Kontext von Grundrechtseingriffen.[77] Die sich ergebenden Anforderungen an die IT-Sicherheit werden sich dabei nach Art und Intensität der in Rede stehenden Grundrechtseingriffe, Manipulationsmöglichkeiten und -auswirkungen usw. richten. Ähnliche Mechanismen greifen auch, wenn Grundrechtseingriffe nur unter der Voraussetzung für verfassungskonform erklärt werden, dass bestimmte verfahrensmäßige Absicherungen zu Gunsten der Grundrechtsträger vorgesehen sind.[78]

II. IT-Sicherheit als Staatsaufgabe?

Vor dem Hintergrund der besonderen Bedeutung und Verbreitung, die IT-Systeme heute erreicht haben, fragt sich, ob und inwiefern die Gewährleistung hinreichender Sicherheit nicht inzwischen zur Staatsaufgabe avanciert ist.[79] Da der Staat – in den Grenzen der grundgesetzlichen Vorgaben – über eine potenzielle Allzuständigkeit verfügt, soweit es um die Förderung des Allgemeininteresses geht, kann er selbst bestimmen, was Staatsaufgabe sein soll und was nicht.[80] *Staatsaufgabe* in diesem Sinn ist jede Aufgabe, deren Erfüllung der Staat anstrebt.[81] Dies lässt sich für die IT-Sicherheit bejahen, wie sich an der Schaffung von BSIG und BSI zeigt. Auch in der Terminologie des Bundesverfassungsrechts erscheint die Gewährleistung der IT-Sicherheit als Staatsaufgabe. Denn ihre Erfüllung nimmt der Staat selbst und durch eigene Behörden (vor allem das BSI) wahr.[82]

Um eine *notwendige Staatsaufgabe* würde es sich bei der Gewährleistung von IT-Sicherheit dagegen nur handeln, wenn sie allein durch den Staat wahrgenommen werden könnte. Dies ist der Fall, wenn die zur Erfüllung der Aufgabe erforderlichen Mittel notwendigerweise hoheitlicher Natur sind, vor allem wenn sie auf den Einsatz genuin staatlicher Handlungsfor-

---

76 S. Schmidt-Bleibtreu/Hofmann/Henneke/*Gramm/Wittenberg* GG Art. 115a Rn. 13a; *Marxsen* JZ 2017, 543; vgl. auch *Hector* ZaöRV 2016, 513; s. näher *Lahmann* in → § 6 Rn. 15 ff.; vgl. auch *Bäcker/Golla* in → § 18 Rn. 29.
77 Zur Vorratsdatenspeicherung s. wiederum BVerfGE 125, 260 (325 ff.).
78 Vgl. hierzu etwa die Beurteilung einzelner Vorschriften des BKAG in BVerfGE 141, 220.
79 Zum Verständnis von IT-Sicherheit als regulatorische Aufgabe vgl. auch *Wischmeyer* DV 2017, 155 (157 ff.).
80 Maunz/Dürig/*Korioth* GG Art. 30 Rn. 9 mwN. Insbesondere Art. 30 GG, der von „staatlichen Aufgaben" spricht, enthält insofern keine näheren Vorgaben.
81 Zu den unterschiedlichen Erfüllungsmodi zwischen Erfüllungsverantwortung und Auffangverantwortung vgl. Maunz/Dürig/*Korioth* GG Art. 30 Rn. 9 mwN.
82 Zur Terminologie des Bundesverfassungsgerichts vgl. BVerfGE 107, 59 (90f., 93); 41, 205 (218); 38, 281 (299); 32, 54 (65); 20, 56 (113); 17, 371 (376); 10, 89 (102f.); BVerfG NVwZ 2002, 335.

men oder Gewaltmittel angewiesen ist.[83] In der Folge wäre besonders eine Privatisierung der Aufgabenerfüllung weitgehend ausgeschlossen. Auch dies trifft mit Blick auf die IT-Sicherheit in gewissem Umfang zu. Jedenfalls soweit der Staat aus grundrechtlichen Schutzpflichten heraus verpflichtet ist, Sorge für ein hinreichendes Niveau an IT-Sicherheit zu gewährleisten (→ Rn. 40) und soweit er dieser Pflicht nur mit genuin hoheitlichen Mitteln nachkommen kann, liegt eine notwendige Staatsaufgabe vor. Dies ist insbesondere insofern denkbar, als es darum geht, dass die Betreiber kritischer Infrastrukturen bestimmten Anforderungen der IT-Sicherheit unterworfen werden sollen. In der Wahl seiner Mittel jedenfalls ist der Staat wiederum weitgehend frei – neben der Form abstrakt-genereller Verpflichtungen durch Gesetz (vgl. §§ 8a, 8c BSIG) erscheint auch eine Regulierung bspw. über die Rechtsprechung zum allgemeinen Vertrags- (*Pour Rafsendjani/Bomhard* in → § 9 Rn. 1 ff.) und Deliktsrecht (*Spindler* in → § 10 Rn. 1 ff.) nicht ausgeschlossen.

III. Kompetenzrecht

50 Da IT-Sicherheit zu den Staatsaufgaben zählt, stellt sich die Frage, welche staatlichen Akteure zuständig sind. In der vertikalen Dimension ist zu bestimmen, ob und ggf. für welche Aspekte der IT-Sicherheit Bund, Länder oder Kommunen zuständig sind. In horizontaler Hinsicht ist zu klären, wohin die Besonderheiten der IT-Sicherheit bei der Aufteilung der Kompetenzen zwischen Gesetzgebung, Verwaltung und Rechtsprechung führen.

1. Vertikale Gewaltenteilung

51 In der Dimension der vertikalen Gewaltenteilung sind Gesetzgebungs- und Verwaltungskompetenzen zu unterscheiden.

a) Gesetzgebung

52 Bei der vertikalen Zuständigkeitsverteilung im Bereich der Gesetzgebung fällt zunächst ins Auge, dass es keine Bundeskompetenz für den Gesamtbereich der IT-Sicherheit gibt. Es bleibt vielmehr auch hier bei der Grundregel des Art. 30 GG, dass die „staatlichen Aufgaben" im Ausgangspunkt den Ländern zugewiesen sind. Das gilt nach Art. 70 Abs. 1 GG auch für die Gesetzgebung und führt etwa dazu, dass für Schaffung und Reformen des BSIG Konglomerate aus verschiedenen Kompetenztiteln der Art. 72 und 73 GG zusammengelesen werden mussten.[84] Dieser Zustand wird dem Phänomen der IT und der Bedeutung von IT-Sicherheit nicht gerecht. Wenn der Schutz und die Regulierung der universal vernetzten und verbreiteten Technologie schlechthin in Rede steht, kann auf innerstaatlicher Ebene die Gesetzgebungszuständigkeit nicht im Zweifel bei den Ländern liegen. Der Gedanke an die Schaffung eines eigenen Kompetenztitels zur Regelung der IT-Sicherheit durch den Bund, der über sektorale Annexkompetenzen für das Eisenbahnwesen (Art. 73 Abs. 1 Nr. 6a GG), die Telekommunikation (Art. 73 Abs. 1 Nr. 7 GG) uä hinausgeht, drängt sich auf.[85] Andererseits weist der Regelungsgegenstand weit über die nationale Rechtsordnung hinaus. Europäische Lösungen sind daher angezeigt und zum Teil auch bereits ins Werk gesetzt.[86]

---

83 Zur Kategorie der notwendigen Staatsaufgabe s. Maunz/Dürig/*Korioth* GG Art. 30 Rn. 12 mwN. Weiterführend zum staatlichen Gewaltmonopol *Poscher* Ratio Juris 2016, 311; *Lassahn* AöR 2018, 471.
84 S. BT-Drs. 11/7029, S. 7, 16/11967, S. 10, und vor allem 18/4096, S. 19 (dort Heranziehung von Art. 73 Abs. 1 Nr. 6, Nr. 6a, Nr. 7, Nr. 8, Nr. 14, Nr. 19, Nr. 21, Nr. 23, Art. 72 Abs. 2 iVm Art. 74 Abs. 1 Nr. 11). Mit Blick auf die Erweiterung der Kompetenzen des BKA greift Art. 73 Abs. 1 Nr. 10 GG.
85 In diese Richtung ging auch der Vorschlag der Bundesregierung in der Föderalismuskommission II; vgl. hierzu Epping/Hillgruber/*Suerbaum* GG Art. 91c Rn. 2 mN.
86 Vgl. die RL (EU) 2016/1148 (NIS-Richtlinie) sowie bereits oben Fn. 36. Die EU stützt ihre Normierungstätigkeit in diesem Bereich im Wesentlichen auf Art. 114 AEUV.

b) Verwaltung

In Hinblick auf die IT-Sicherheitsstandards der Verwaltungen gilt zunächst der Grundsatz der Art. 83 ff. GG. Demnach sind die Landesbehörden für die Bestimmung und Umsetzung ihrer eigenen IT-Sicherheitsstandards grundsätzlich selbst zuständig. Das IT-Sicherheitsmanagement der Behörden ist zuvörderst nicht Frage der Gesetzgebung, sondern der verwaltungsinternen Organisation. Darüber hinaus ist in Art. 91c Abs. 1 GG in Durchbrechung des grundsätzlichen Verbots der Mischverwaltung[87] geregelt, dass Bund und Länder bei der Planung, der Errichtung und dem Betrieb der für ihre Aufgabenerfüllung benötigten informationstechnischen Systeme zusammenwirken können. In Art. 91c Abs. 2 S. 1 GG ist vorgesehen, dass Bund und Länder aufgrund von Vereinbarungen die für die Kommunikation zwischen ihren informationstechnischen Systemen notwendigen Standards und Sicherheitsanforderungen festlegen können. Solche Vereinbarungen bedürfen allerdings nach Art. 91c Abs. 2 S. 3 GG der Zustimmung des Bundestages und der Volksvertretungen der beteiligten Länder. In Art. 91c Abs. 3 GG ist zudem klargestellt, dass die Länder auch ohne den Bund und inhaltlich weitergehend zusammenwirken können. Art. 91c Abs. 4 GG erlaubt dem Bund zudem die Einrichtung eines Verbindungsnetzes und weist ihm die hierfür erforderliche Gesetzgebungskompetenz zu. Dieser Kompetenztitel umfasst notwendigerweise auch die auf dieses Verbindungsnetz bezogenen Vorschriften und Maßnahmen der IT-Sicherheit.

Kooperations*pflichten* statuiert Art. 91c GG unmittelbar nicht.[88] Jedoch kann über Art. 91c Abs. 5 GG durch Bundesgesetz der Rückgriff auf bestimmte IT-Komponenten im Zusammenhang mit der Eröffnung informationstechnischen Zugangs zu Verwaltungsleistungen von der Einhaltung von Sicherheitsstandards abhängig gemacht werden, wodurch sich faktische Kooperationszwänge ergeben.[89] Von den in Art. 91c GG eröffneten Möglichkeiten haben Bund und Länder bislang vor allem durch Abschluss eines Staatsvertrags Gebrauch gemacht, der zum 1.4.2010 in Kraft getreten ist und im Wesentlichen zum Inhalt hat, dass die Aufgabe der Koordinierung der IT-Zusammenarbeit von Bund und Ländern einem IT-Planungsrat übertragen wird.[90]

Unabhängig von Art. 91c GG kommt in Fragen der IT-Sicherheit auch eine Unterstützung von Landesbehörden durch Bundesbehörden wie das BSI nach den allgemeinen Grundsätzen der Amtshilfe (Art. 35 Abs. 1 GG) in Betracht; dem BSI sind entsprechende Aufgaben in § 3 Abs. 1 S. 2 Nr. 13 a, 14, Abs. 2 BSIG übertragen.[91]

Eingedenk der stetig voranschreitenden Potentiale der IT und der Bedeutung von IT-Sicherheit ist fraglich, ob die beschränkten und fakultativen Kooperationsmöglichkeiten, die Art. 91c GG eröffnet, der faktischen Bedarfslage noch gerecht werden. Es erscheint jedenfalls geboten, künftig Möglichkeiten und Bedürfnisse weitergehender Verwaltungskooperation zu ermitteln und sorgfältig auszuloten (näher dazu *Schardt* in → § 25 Rn. 1 ff.).

2. Horizontale Gewaltenteilung

Mit Blick auf die horizontale Gewaltenteilung stellt sich insbesondere die Frage, ob und welche Entscheidungen im Bereich der IT-Sicherheit dem Vorbehalt des Gesetzes unterfallen, dh

---

87 Vgl. BVerfGE 63, 1 (41); 119, 331 (365); Epping/Hillgruber/*Suerbaum* GG Art. 91c Rn. 3 ff.
88 Epping/Hillgruber/*Suerbaum* GG Art. 91c Rn. 10 mwN.
89 Für eine einfachgesetzlich statuierte Verpflichtung zur Einhaltung von Standards der IT-Sicherheit durch alle Stellen, die bestimmte IT-Komponenten nutzen, vgl. § 5 OZG.
90 S. BT-Drs. 17/427, 9 ff.; Epping/Hillgruber/*Suerbaum* GG Art. 91c Rn. 11 mwN. Zum KONSENS-Gesetz, das die koordinierte Software-Entwicklung in der Steuerverwaltung zum Gegenstand hat, s. Maunz/Dürig/*Gröpl* GG Art. 91c Rn. 77. Zu den Akteuren und Gremien der föderalen Zusammenarbeit *Schardt* in → § 25 Rn. 1 ff.; vgl. auch *Gitter* in → § 15 Rn. 30 ff.
91 S. auch BT-Drs. 18/11242, S. 37 sowie Schenke/Graulich/Ruthig/*Buchberger* § 3 BSIG Rn. 12, 14, 17.

der Regelung durch ein Parlamentsgesetz bedürfen.[92] Der Vorbehalt des Gesetzes dient dem Schutz des Gesetzgebers vor der Exekutive, in der parlamentarischen Demokratie des Grundgesetzes damit auch und vor allem dem Schutz der politischen Opposition. Dieser wird durch die zwingende Verortung bestimmter Fragen im Parlament die Möglichkeit effektiver Teilhabe an der Entscheidungsfindung des Staates eingeräumt.[93] Der Vorbehalt des Gesetzes weist alle solche Fragen der ausschließlichen und undelegierbaren Entscheidungszuständigkeit der Legislativgewalt zu, die für die staatlich verfasste Gemeinschaft wesentlich ist.[94] Das wiederum betrifft jedenfalls die Thematiken, die für die Grundrechtsverwirklichung von zentraler Bedeutung sind. Auf den Bereich der IT-Sicherheit gemünzt, bedeutet dies, dass jedenfalls dort, wo Grundrechtseingriffe in Rede stehen, der Vorbehalt des Gesetzes regelmäßig greifen wird. Das gilt etwa bezüglich der gezielten staatlichen Beeinträchtigungen der IT-Sicherheit, soweit diese mit abstrakten Gefährdungen von Grundrechtspositionen einhergehen, außerdem auch im Hinblick auf Grundrechtseingriffe mit dem Ziel einer Verbesserung der IT-Sicherheit – etwa in der Verpflichtung Privater zur Beachtung bestimmter Standards der IT-Sicherheit.[95] Die Einzelheiten sind von der näheren Ausgestaltung der jeweiligen Grundrechtseingriffe abhängig.

IV. Finanzverfassungsrecht

58 In finanzverfassungsrechtlicher Hinsicht stellt sich schließlich die Frage, welche hoheitlichen Ebenen und Stellen für welche Bestandteile und Aspekte von IT-Sicherheit finanziell aufzukommen haben. Im Ausgangspunkt gilt dabei in der Linie des Art. 104a Abs. 1 GG der Grundsatz, dass eine Verwaltungseinheit, die Maßnahmen der IT-Sicherheit zu treffen hat, diese auch finanzieren muss. Zu bedenken ist zwar, dass Forschung und Entwicklung im Bereich der universalen IT-Sicherheit ihrerseits universal verwendbar sind. Wenn also eine bundeseigene Stelle wie das BSI Maßnahmen und Standards der IT-Sicherheit entwickelt,[96] kommt dies den Ländern gleichermaßen zu Gute, auch wenn sie sich nicht unmittelbar an den Kosten des BSI beteiligen. Allerdings ist dieser Effekt, der durch die Möglichkeit des faktischen Zugriffs auf den vom BSI herausgegebenen IT-Grundschutz entsteht, ein bloßer Reflex der Erfüllung eigener Aufgaben des Bundes. Er unterscheidet sich nicht von anderen Fällen, in denen Bundesbehörden Ratgeber oä veröffentlichen. Schließlich nimmt das BSI auch keine sonstige unentgeltliche Unterstützung von Stellen der Länder vor.[97]

59 Für die Kooperation von Bund und Ländern nach Art. 91c GG enthält Art. 91c Abs. 2 S. 4 GG eine Sonderregelung gegenüber Art. 104a GG.[98] Demnach kann die nach Art. 91c Abs. 2 GG mögliche Kooperationsvereinbarung auch die Frage der Kostentragung (abweichend von Art. 104a GG) regeln. Der für die IT-Sicherheit praktisch weit bedeutsamere Aspekt ist der in einigen Landesverfassungen angelegte Konnexitätsgrundsatz, wonach die Kommunen bei der

---

92 Davon zu trennen ist die Frage, ob den einzelnen Organen der unterschiedlichen Staatsgewalten – Gerichte, Parlamente usw. – für die Regelung ihrer jeweils eigenen IT und IT-Sicherheit eine eigenständige Kompetenz zustehen müsste. Aus verfassungsrechtlicher Sicht liegt dies jedenfalls für die unabhängige Justiz nahe, vgl. Art. 97 GG sowie § 2 Abs. 3 BSIG.
93 Ausführlich zu Anliegen und Reichweite des Vorbehalts des Gesetzes *Lassahn*, Rechtsprechung und Parlamentsgesetz, 2017, S. 139 ff.
94 Zur Berechtigung des Grundkriteriums der Wesentlichkeit *Lassahn*, Rechtsprechung und Parlamentsgesetz, 2017, S. 168 ff.
95 Vgl. die §§ 8a, 8c BSIG.
96 Zum IT-Grundschutz des BSI: §§ 8a, 8c BSIG; vgl. auch die §§ 202a ff., §§ 303a f. Für europäische Ebene vgl. die Richtlinie (EU) 2016/1148 (NIS-Richtlinie), die ebenfalls einige grobe inhaltliche IT-Sicherheitsstandards ähnlich zum BSIG formuliert; hierzu etwa *Voigt/Gehrmann* ZD 2016, 355.
97 Zu Amtshilfekonstellationen s. BT-Drs. 18/11242, S. 37 sowie Schenke/Graulich/Ruthig/*Buchberger* § 3 BSIG Rn. 12, 14, 17.
98 S. Epping/Hillgruber/*Suerbaum* GG Art. 91c Rn. 8.

Auferlegung bestimmter Aufgaben einen Erstattungsanspruch haben (Konnex von Aufgabenübertragung und Kostenverantwortlichkeit).[99] Dieser finanzverfassungsrechtliche Hintergrund hat letztlich dazu geführt, dass die auf Grund der Ermächtigung in Art. 91c Abs. 2 GG durch den IT-Planungsrat beschlossene IT-Sicherheitsleitlinie nicht für die Kommunen gilt. Die Länder hätten der Leitlinie andernfalls nicht zugestimmt, weil sie eine Kostentragungspflicht nach dem Konnexitätsgrundsatz befürchteten.

E. Fazit und Ausblick

Die Untersuchung hat gezeigt, dass sich dem Grundgesetz durchaus Maßgaben zur Ordnung der digitalen Welt und zur IT-Sicherheit entnehmen lassen. Das Grundgesetz kennt zwar kein eigenständiges „Grundrecht auf IT-Sicherheit". Allerdings können Belange der IT-Sicherheit in der Abwehrrechtsdimension der Grundrechte bewirken, dass der Schutz der existierenden Grundrechte vorverlagert wird. Dies gilt, soweit Beeinträchtigungen der IT-Sicherheit drohen, und sich plausibilisieren lässt, dass diese Beeinträchtigungen eine erhebliche zumindest abstrakte Gefährdung für den Schutzgehalt der im Verfassungstext niedergelegten Grundrechte bedeuten. Diese phänomenspezifische Ausformung der grundrechtlichen Eingriffsdogmatik firmiert in der Rechtsprechung als „Grundrecht auf Gewährleistung der Integrität und Vertraulichkeit informationstechnischer Systeme". Ebenso kann der Staat aus der Schutzpflichtdimension der Grundrechte heraus verpflichtet sein, Maßnahmen der IT-Sicherheit zu ergreifen. Solche Verpflichtungen kann er besonders auch dadurch erfüllen, dass er Einrichtungen schafft, die der Entwicklung und Verbreitung von IT-Sicherheitsstandards dienen, und dadurch, dass er private Forschung und Beiträge zur IT-Sicherheit fördert. Die Gewährleistung von IT-Sicherheit lässt sich heute als Staatsaufgabe klassifizieren. Das grundgesetzliche Kompetenzgerüst stellt dabei eine noch auszubauende Grundlage für die Bewältigung dieser Aufgabe dar. Insofern bietet sich die Schaffung klarer Kompetenzregeln für Fragen der IT-Sicherheit an, um den grundlegenden Ordnungsrahmen unserer Gesellschaft noch besser für die komplexen Phänomene der IT und IT-Sicherheit zu wappnen.

60

---

99 S. etwa Art. 71 Abs. 3 BWVerf, Art. 97 Abs. 3 BbgVerf, Art. 57 Abs. 4 NdsVerf, Art. 78 Abs. 3 NRWVerf, Art. 87 Abs. 3 LSAVerf.

§ 8 Messung, Prüfung und Nachweis von IT-Sicherheit

Literatur: *Aizuddin*, The Common Criteria ISO/IEC 15408 – The Insight, Some Thoughts, Questions and Issues. SANS Institute, 2001, abrufbar unter https://www.sans.org/reading-room/whitepapers/standards/paper/545; *Baldini/Giannopoulos*, Analysis and Recommendations for a European certification and labelling framework for cybersecurity in Europe. Luxembourg: European Commission Joint Research Centre, 2017; *Bartels/Backer/Schramm*, Der „Stand der Technik" im IT-Sicherheitsrecht. Bundesamt für Sicherheit in der Informationstechnik, 2017; *BITKOM*, Kompass der IT-Sicherheitsstandards Leitfaden und Nachschlagewerk, abrufbar unter https://www.kompass-sicherheitsstandards.de/, 2013; *Bundesamt für Sicherheit in der Informationstechnik*, Hinweise für Antragsteller für die IT-Sicherheitszertifizierung von Produkten, Schutzprofilen und Standorten; *Bundesamt für Sicherheit in der Informationstechnik*, German eID based on Extended Access Control v2 – LoA mapping: Mapping of the characteristics of the German eID scheme to the eIDAS Level of Assurance, 2017; *Bundesamt für Sicherheit in der Informationstechnik*, Anforderungen an Antragsteller zur Anerkennung als Prüfstelle im Bereich Common Criteria, Version 1.2, [VB-CC-Prüfstellen], 2018; *Bundesamt für Sicherheit in der Informationstechnik*, Verfahrensbeschreibung zur Zertifizierung von Auditoren, Version 1.0, [VB- Auditoren], 2019; *Bundesamt für Sicherheit in der Informationstechnik*, Verfahrensbeschreibung Kompetenzfeststellung und Zertifizierung von Personen, Version 3.0, [VB-Personen], 2019; *Bundesamt für Sicherheit in der Informationstechnik*, Verfahrensbeschreibung Anerkennung von Prüfstellen und Zertifizierung von IT-Sicherheitsdienstleistern, Version 3.4, [VB-Stellen], 2019; *Bundesamt für Sicherheit in der Informationstechnik*, Verfahrensbeschreibung zur Anerkennung von Prüfstellen und Zertifizierung von IT-Sicherheitsdienstleistern, Version 3.4, [VB-Stellen], 2019; *Bundesamt für Sicherheit in der Informationstechnik*, Zertifizierungsschema nach ISO 27001 auf der Basis von IT-Grundschutz, Version 2.1, 2019; *Bundesamt für Sicherheit in der Informationstechnik*, IT-Grundschutz Standards, 20.1.2020, abrufbar unter https://www.bsi.bund.de/DE/Themen/ITGrundschutz/ITGrundschutzStandards/ITGrundschutzStandards_node.html; *Bundesamt für Sicherheit in der Informationstechnik*, Fragen und Antworten zum Inkrafttreten des IT-Sicherheitsgesetzes, abrufbar unter https://www.bsi.bund.de/DE/Themen/KRITIS/IT-SiG/FAQ/FAQ_IT_SiG/faq_it_sig_node.html#faq6636766; *Bundesamt für Sicherheit in der Informationstechnik*, Schutzprofile im Kontext elektronische Ausweise, abrufbar unter https://www.bsi.bund.de/DE/Themen/DigitaleGesellschaft/ElektronischeIdentitaeten/Schutzprofile/schutzprofile_node.html; *Bundesamt für Sicherheit in der Informationstechnik*, Übersicht der Schutzprofile und der Technische Richtlinien für "eHealth VSDM", abrufbar unter https://www.bsi.bund.de/DE/Themen/DigitaleGesellschaft/eHealth/Schutzprofile_TR/schutzprofile_tr_node.html; *Bundesamt für Sicherheit in der Informationstechnik*, Übersicht über die Schutzprofile und Technischen Richtlinien nach § 22 Abs. 2 Satz 1 MsbG, abrufbar unter https://www.bsi.bund.de/DE/Themen/DigitaleGesellschaft/SmartMeter/UebersichtSP-TR/uebersicht_no; *Bundesamt für Sicherheit in der Informationstechnik*, Verzeichnisse – als Nachschlagewerk für Interessenten und Beteiligte an Zertifizierungs- und Anerkennungsverfahren, Version 2.1; *Bundesministerium des Innern, für Bau und Heimat*, Handreichung zum Erlass an das Beschaffungsamt des BMI (BeschA) (Erlass vom 30.4.2014, O4–11032/23#14); *CIO der Bundesregierung*, Handreichung zur „technischen no-spy-Klausel, 1.2.2018, abrufbar unter https://www.cio.bund.de/SharedDocs/Publikationen/DE/IT-Beschaffung/evb_it_handreichung_z_techn_no_spy_klausel_download.pdf?__blob=publicationFile; *Deutsche Akkreditierungsstelle GmbH*, Akkreditierungsurkunde D-ZE-19615–01–00 nach DIN EN ISO/IEC 17065:2013, 2019; *Ernsthaler/Strübbe/Bock*, Zertifizierung und Akkreditierung technischer Produkte, 2017; *European Commission*, Commission Staff Working Document Impact Assessment, Accompanying the document Proposal for a Regulation of the European Parliament and of the Coucil of ENISA, the "EU Cybersecurity Agency"; *European Union Agency for Cybersecurity*, ENISA Baseline Security Recommendations for IoT, 2018; *European Union Agency for Cybersecurity*, Ad-hoc Working Groups calls, 2020, abrufbar unter: https://www.enisa.europa.eu/topics/standards/adhoc_wg_calls; *Hänninen/Hansson/Thane/Saadatmand*, Inadequate Risk Analysis Might Jeopardize The Functional Safety of Modern Systems, 2016; *Hasso-Plattner-Institut*, Studie zur Messbarkeit von Sicherheit in SOA. Bundesamt für Sicherheit in der Informationstechnik, 2010; *Hofmann*, Dynamische Zertifizierung – Datenschutzrechtliche Zertifizierung nach der Datenschutz-Grundverordnung am Beispiel des Cloud Computings. 2019; *International Society of Automation*, ISA99, Industrial Automation and Control Systems Security, abrufbar unter https://www.isa.org/isa99/; *IoT Security Foundation*, Security Compliance Framework, 2016; *Kersten/Klett/Reuter/Schröder*, IT-Sicherheitsmanagement nach der neuen ISO 27001, 2020; *Krcmar/Eckert/Roßnagel/Sunyaev/Wiesche*, Management sicherer Cloud-Services: Entwicklung und Evaluation dynamischer Zertifikate, 2018; *Kriaa*, Joint Safety and Security Modeling for Risk Assessment in Cyber

Physical Systems, 2016; *Leverett/Clayton/Anderson*, Standardisation and certification in the 'Internet of Things'. 16th Annual Workshop on the Economics of Information Security (WEIS), 2017; *National Institute of Standards and Technology NIST*, Special Publication 800–30, Revision 1, Guide For Conducting Risk Assessments, 2012; *National Institute of Standards and Technology NIST*, Special Publication 800–160 – Systems Security Engineering: Considerations for a Multidisciplinary Approach in the Engineering of Trustworthy Secure Systems, 2018; *NIS Cooperation Group*, Cybersecurity of 5G networks EU Toolbox of risk mitigating measures, 1.2020; *Raabe/Schallbruch/Steinbrück*, Empfehlungen zur Systematisiernug des IT-Sicherheitsrechts, 2018; *Rannenberg*, Zertifizierung mehrseitiger IT-Sicherheit: Kriterien und organisatorische Rahmenbedingungen, 1998; *Refsdal/Solhaug/Stolen*, Cyber-Risk Management, 2015; *Röhl/Schreiber*, Konformitätsbewertung in Deutschland, 2006; *TeleTrusT Bundesverband IT-Sicherheit e.V.*, Handreichung zum Stand der Technik in der IT-Sicherheit, 2020; *TÜViT*, Whitepaper Industiral Security based on IEC 62443, Version 1.0, abrufbar unter https://www.tuvit.de/fileadmin/Content/TUV_IT/pdf/Downloads/WhitePaper/whitepaper-iec-62443.pdf; *Voigt*, IT-Sicherheitsgesetz 2.0 – Referentenentwurf von März 2019, 11.4.2019, abrufbar unter https://www.cr-online.de/blog/2019/04/11/it-sicherheitsgesetz-2-0-referentenentwurf-von-maerz-2019/; *Zentralverband Elektrotechnik- und Elektronikindustrie ZVEI*, Orientirungsleitfaden für Hersteller zur IEC 62443, 2017, abrufbar unter https://www.zvei.org/presse-medien/publikationen/orientirungsleitfaden-fuer-hersteller-zur-iec-62443/.

A. Einleitung	1
B. Grundlagen der Prüfung und Bewertung von IT-Sicherheit	8
C. IT-Sicherheit in Institutionen	23
I. Grundlegende Standards und Normen	24
1. ISO/IEC 27000er Normenreihe und IT-Grundschutz	25
2. IEC 62443 Normenreihe	29
II. Messung und Bewertung von IT-Sicherheit in Institutionen	31
1. Risikoanalyse	33
2. Messung und Bewertung der Effektivität von Sicherheitsmaßnahmen	44
3. Schranken des IT-Risikomanagements	46
III. Prüfung und Nachweis von IT-Sicherheit in Institutionen	47
IV. Anwendung im IT-Sicherheitsrecht	51
1. Betreiber Kritischer Infrastrukturen nach dem BSI-Gesetz	51
2. Betreiber und Anbieter von IT-Systemen in fachspezifischen Bereichen	56
3. Verarbeiter personenbezogener Daten	57
V. Zusammenfassung	58
D. IT-Sicherheit von Software und Hardware	59
I. Evaluationskriterien für die IT-Sicherheitseigenschaften von Software und Hardware	60
1. Common Criteria	62
2. Weitere IT-Sicherheitskriterien	70
II. Prüfung und Nachweis von IT-Sicherheit von Software und Hardware	74
1. Zertifizierung von IT-Produkten, Komponenten und Systemen	74
2. Anerkennung von Zertifizierungen	79
a) CCRA	80
b) SOG-IS MRA	83
III. Gesetzliche Regelungen zur Bewertung, Prüfung und dem Nachweis von IT-Sicherheit von IT-Produkten, Diensten und Prozessen	84
1. Fachspezifische Regelungen	85
2. Identifizierungsdienste und Vertrauensdienste	89
3. Allgemeines Rahmenwerk zur Zertifizierung von IT-Produkten, Diensten und Prozessen nach dem Rechtsakt zur Cybersicherheit der Europäischen Union	91
4. Ergänzungen aus dem Entwurf für ein IT-Sicherheitsgesetz 2.0	99
IV. Zusammenfassung und Ausblick	104

A. Einleitung

Moderne Gesellschaften sind mittlerweile fast vollständig von funktionsfähigen Informations- und Kommunikationstechnologien (IKT) abhängig. Daraus ergibt sich eine zunehmende Anzahl von Anforderungen an die IT-Sicherheit von Komponenten, Systemen und Prozessen, die in die Steuerung alltäglicher und kritischer Prozesse involviert sind. Betreiber Kritischer Infrastrukturen, Anbieter von Online-Diensten, Verarbeiter personenbezogener Daten und zunehmend auch Hersteller von Informations- und Kommunikationstechnologien (IKT) unterliegen einer wachsenden Anzahl von gesetzlichen Verpflichtungen zur Gewährleistung von IT-Sicherheit. Im Sinne der **Legaldefinition** aus § 2 Abs. 2 BSIG bedeutet **IT-Sicherheit** „die Einhaltung bestimmter Sicherheitsstandards, die die Verfügbarkeit, Unversehrtheit oder Vertraulichkeit von Informationen betreffen, durch Sicherheitsvorkehrungen

1. in informationstechnischen Systemen, Komponenten oder Prozessen oder
2. bei der Anwendung von informationstechnischen Systemen, Komponenten oder Prozessen."

2 Das **IT-Sicherheitsrecht** umfasst dementsprechend alle rechtlichen „Anforderungen an die IT-Sicherheit von Systemen, Diensten und Produkten und diejenigen, die sie herstellen, vertreiben und benutzen".[1]

3 Um die **Umsetzung und Effektivität** der Maßnahmen zu kontrollieren, erfordern die meisten Gesetze Bewertungen und Prüfungen von IT-Sicherheit, sowie Nachweise darüber, beispielsweise in Form von Zertifikaten. Sowohl das allgemeine IT-Sicherheitsrecht, wie beispielsweise das BSI-Gesetz, die Datenschutz-Grundverordnung[2] oder die Verordnung über die ENISA (Agentur der Europäischen Union für Cybersicherheit) und über die Zertifizierung der Cybersicherheit von Informations- und Kommunikationstechnik[3] der EU, wie auch das fachspezifische IT-Sicherheitsrecht, beispielsweise im Bereich des Messwesens (§ 22 MsbG)[4] oder des Gesundheitswesens (§ 291 b SGB V), umfassen Vorschriften für Betreiber, Anbieter und Hersteller zu Prüfungen und Nachweisen von IT-Sicherheit.

4 Ziel dieses Kapitels ist es, Verfahren zur Messung, Prüfung und dem Nachweis von IT-Sicherheit zur Erfüllung von rechtlichen Anforderungen zu erläutern. Der erste Abschnitt gibt einen Überblick über Prüf-, Bewertungs- und Nachweisverfahren, sowie rechtliche Grundlagen und Zuständigkeiten im IT-Sicherheitsrecht. Anschließend unterscheidet das Kapitel systematisch zwischen unterschiedlichen Prüf- und Bewertungsebenen bzw. -gegenständen im Sinne der Sicherheit von IT-Systemen in Institutionen und der IT-Sicherheit von Software und Hardware.

5 Der zweite Abschnitt erläutert die Messung, Prüfung und den Nachweis von IT-Sicherheit in Institutionen. Er fasst die einschlägigen Standards für Systeme zum Management von Informationssicherheit zusammen, benennt Methoden zur Messung von IT-Sicherheit innerhalb von Risikoanalysen und erläutert Audits und Zertifizierungen. Der letzte Teil des Abschnitts zeigt, in welchen Bereichen des IT-Sicherheitsrechts diese Methoden verlangt werden.

6 Der dritte Abschnitt widmet sich der Messung, Prüfung und dem Nachweis von IT-Sicherheit von Software und Hardware, einschließlich IT-Produkten, -Diensten und -Prozessen. Er bietet eine Übersicht über Kriterien zur Messung, Evaluation und Prüfung von Software und Hardware und über Zertifizierungsverfahren. Darauf aufbauend erläutert der Abschnitt, wie diese Verfahren bei der Prüfung und Zertifizierung von IT-Produkten, -Diensten und -Prozessen im allgemeinen und fachspezifischen IT-Sicherheitsrecht zum Einsatz kommen.

7 Ein kurzer abschließender Abschnitt zeigt die Grenzen der bestehenden Ansätze und zukünftige Herausforderungen auf.

B. Grundlagen der Prüfung und Bewertung von IT-Sicherheit

8 IT-Sicherheitsanforderungen können sich auf IT-Systeme, Managementprozesse und Personen innerhalb einer Institution beziehen oder auf die Software und Hardware von IT-Komponenten und -Produkten. Dementsprechend unterscheiden sich auch die Verfahren zur Messung, Bewertung und Prüfung von IT-Sicherheit je nach **Prüf- bzw. Bewertungsgegenstand**.

---

1 *Raabe/Schallbruch/Steinbrück*, 2018, S. 7.
2 Verordnung (EU) 2016/679 des Europäischen Parlaments und des Rates vom 27.4.2016 zum Schutz natürlicher Personen bei der Verarbeitung personenbezogener Daten und zum freien Datenverkehr und zur Aufhebung der Richtlinie 95/46/EG (Datenschutz-Grundverordnung – DS-GVO), ABl. Nr. L 119/1.
3 Verordnung (EU) 2019/881 des Europäischen Parlaments und des Rates vom 17.4.2019 über die ENISA (Agentur der Europäischen Union für Cybersicherheit) und über die Zertifizierung der Cybersicherheit von Informations- und Kommunikationstechnik und zur Aufhebung der Verordnung (EU) Nr. 526/2013 (Rechtsakt zur Cybersicherheit).
4 Dazu näher *Singler* in → § 24 Rn. 1 ff. in → § 24 Rn. 1 ff.

Die meisten gesetzlichen Vorschriften zur Gewährleistung von IT-Sicherheit durch technische und/oder organisatorische Maßnahmen enthalten sich konkreter technischer Vorgaben und Kriterien zur **Ausgestaltung** der allgemeinen Anforderungen. Indes verweisen viele Gesetze, wie beispielsweise § 8 a Abs. 1 und § 8 c Abs. 2 BSIG, Art. 32 DS-GVO, § 13 Abs. 7 TMG, § 291 b Abs. 1 SGB V, auf den **„Stand der Technik"**. Grund dafür ist, dass sich Technologien und Bedrohungslage sehr viel dynamischer verändern als die rechtlichen Regeln diese Entwicklungen abbilden können.

Der **„Stand der Technik"** ist zwischen dem innovativeren Technologiestand „Stand der Wissenschaft und Forschung" und dem bewährten Technologiestand „allgemein anerkannte Regeln der Technik" angesiedelt.[5] Er umfasst die „verfügbaren Verfahren, Einrichtungen oder Betriebsweisen, deren Anwendung die Erreichung der jeweiligen gesetzlichen Schutzziele am wirkungsvollsten gewährleisten kann".[6] Jedoch ist er nie eindeutig definiert. Das für IT-Sicherheit in Deutschland zuständige Bundesamt für Sicherheit in der Informationstechnik (BSI) stellt fest, dass es nicht möglich sei, den „Stand der Technik" allgemeingültig und abschließend zu beschreiben. Er lasse sich jedoch „anhand existierender nationaler oder internationaler Standards und Normen von beispielsweise DIN, ISO, DKE oder ISO/IEC oder anhand erfolgreich in der Praxis erprobter Vorbilder für den jeweiligen Bereich ermitteln".[7] Einige Gesetze verweisen auch auf konkrete Standards, Normen oder technische Richtlinien, oder geben Betroffenen die Möglichkeit, Standards selbst zu bestimmen. Die Betreiber Kritischer Infrastrukturen und ihre Branchenverbände beispielsweise haben zur Bestimmung des „Standes der Technik" nach § 8 a Abs. 2 BSIG die Möglichkeit, branchenspezifische Standards zu erarbeiten. Bis zu einem gewissen Grad ist eine subjektive Bewertung des Standes der Technik jedoch nicht vermeidbar. Auch die darauf aufbauenden Sicherheitsmaßnahmen müssen individuellen Schutzanforderungen und dem Risikoumfeld entsprechen.[8]

Weltweit existieren zahlreiche **Standards und Normen**, welche Sicherheitsanforderungen an IT-Produkte und -Systeme über Entwicklungsverfahren bis hin zu Managementprozessen auf Organisationsebene definieren. Sie liefern Methoden für ein leistungsfähiges IT-Sicherheitsmanagement oder definieren die IT-Sicherheit von ausgewiesenen Produkten.[9] Außerdem dienen sie als Prüf- und Bewertungsgrundlage für IT-Sicherheit.

In den Grundzügen folgen Verfahren zur Bewertung, Prüfung und zum Nachweis von IT-Sicherheit einem System der **Konformitätsbewertung**, welches auch in anderen Bereichen der Produktsicherheit oder des Qualitätsmanagements eingesetzt wird – insbesondere im Rahmen der EU-Richtlinien des „New Legislative Framework" (NLF). Die NLF-Richtlinien legen grundlegende Anforderungen an die Sicherheit und Leistungsfähigkeit von bestimmten Produktgruppen wie Maschinen, Spielzeugen, elektrischen Betriebsmitteln, Medizinprodukten oder Bauprodukten fest. Gemäß der Definition aus der Norm DIN EN ISO/IEC 17000:2004 dient eine Konformitätsbewertung der „Darlegung, dass festgelegte Anforderungen bezogen auf ein Produkt, einen Prozess, ein System, eine Person oder eine Stelle erfüllt sind"[10]. Diese Anforderungen können sich aus gesetzlichen Regelungen ergeben, aus vertraglichen Vereinbarungen zwischen Hersteller und seinen Zulieferern bzw. Anwendern und Herstellern, oder

---

5 *TeleTrusT*, 2020, S. 11. In der Rechtswissenschaft ist diese Unterscheidung weithin üblich, seit das BVerfG sie in der grundlegenden Kalkar-Entscheidung vom 8.8.1978 verwendet hat, s. BVerfGE 47, 89 (135 ff.); näher zB *Seibel* NJW 2013, 3000.
6 *Bartels/Backer/Schramm*, 2017, S. 503.
7 Bundesamt für Sicherheit in der Informationstechnik, „Fragen und Antworten zum Inkrafttreten des IT-Sicherheitsgesetzes", abrufbar unter https://www.bsi.bund.de/DE/Themen/KRITIS/IT-SiG/FAQ/FAQ_IT_SiG/faq_it_sig_node.html#faq6636766.
8 *Raabe/Schallbruch/Steinbrück*, 2018, S. 10 f.
9 Für eine Übersicht vgl. *Bitkom/DIN*, 2013, S. 5 ff.
10 DIN EN ISO/IEC 17000:2004 – Konformitätsbewertung – Allgemeine Begriffe und Grundlagen.

auch aus Verbraucher- bzw. Anwendererwartungen. Sie umfasst die Ermittlung und Messung bestimmter Eigenschaften sowie die Bewertung und Bestätigung der Einhaltung vorgegebener Anforderungen.[11]

13 Bewertungen und Prüfungen können von unterschiedlichen Parteien vorgenommen werden:[12]

- durch eine „erste Seite": eine Person oder Organisation, die den Prüfgegenstand (beispielsweise ein Produkt oder eine Dienstleistung) herstellt, anbietet oder, wie im Fall eines internen Betriebsprozesses, durchführt. Meist reicht als Nachweis eine (Eigen-)Erklärung des Herstellers bzw. des Anbieters oder Betreibers aus.
- durch eine „zweite Seite": eine Person oder Organisation, die als Anwender ein Interesse an dem Produkt haben könnte, zum Beispiel ein Kunde.
- durch eine „dritte Seite": eine von beiden Seiten unabhängige „Konformitätsbewertungsstelle.

14 **Konformitätsbewertungsstellen** können unter anderem Laboratorien, Inspektionsstellen und Zertifizierungsstellen (für Personen, für Managementsysteme oder für Produkte, Prozesse und Dienstleistungen) sein. Die Qualität und Kompetenz von Konformitätsbewertungsstellen wiederum werden im Rahmen einer formalen **Akkreditierung** durch eine unabhängige Stelle bestätigt.[13] Sie kann nur durch spezifische Akkreditierungsstellen auf Landes- oder Bundesebene vergeben werden.[14]

15 Eine oft eingesetzte Form der Konformitätsbewertung ist die **Zertifizierung** oder die „Maßnahme durch einen unparteiischen Dritten, die aufzeigt, dass ein angemessenes Vertrauen besteht, dass ein ordnungsgemäß bezeichnetes Erzeugnis, Verfahren oder eine ordnungsgemäß bezeichnete Dienstleistung in Übereinstimmung mit einer bestimmten Norm oder einem bestimmten anderen normativen Dokument ist."[15]

16 Eine am Ende des Prüfverfahrens ausgestellte **Konformitätserklärung** des Betreibers, Anbieters oder Herstellers oder das **Zertifikat** einer Zertifizierungsstelle dienen als **Nachweis**, dass ein Produkt, eine Dienstleistung, ein System, eine Person oder eine Organisation zu definierten Kriterien und Anforderungen konform ist. Ein Nachweis, insbesondere ein allgemein anerkanntes Zertifikat, kann Vertrauen in die Sicherheit und/oder Qualität von Produkten, Dienstleistungen oder Personen schaffen, die Verbraucherakzeptanz fördern und den Marktzugang erleichtern. Zudem kann er gegenüber dem Gesetzgeber die Erfüllung gesetzlicher Anforderungen oder gegenüber Versicherungen und Kapitalgebern angemessene Vorkehrungen zur Kontrolle von Sicherheitsrisiken bestätigen.[16]

17 Im Bereich der IT-Sicherheit ist in Deutschland gemäß § 3 Abs. 1 Satz 4–6 BSIG das **Bundesamt für Sicherheit in der Informationstechnik (BSI)** die zentrale zuständige Behörde für

- die Entwicklung von Kriterien, Verfahren und Werkzeugen für die Prüfung und Bewertung der Sicherheit von IT-Systemen oder Komponenten,
- die Erteilung von Sicherheitszertifikaten,
- die Prüfung und Bewertung der Konformität im Bereich der IT-Sicherheit, einschließlich der Prüfung und Bestätigung der Konformität von IT-Systemen und Komponenten mit technischen Richtlinien des Bundesamtes,

---

11 *Ensthaler/Strübbe/Bock*, 2007, S. 7.
12 Vgl. *Röhl/Schreiber*, 2006, S. 6 f.
13 DIN EN ISO/IEC 17011:2018–03 — Konformitätsbewertung — Anforderungen an Akkreditierungsstellen, die Konformitätsbewertungsstellen akkreditieren.
14 Die Anforderungen, welche die Konformitätsbewertungsstellen für eine Akkreditierung erfüllen müssen, sind in der DIN EN ISO/IEC 17000er-Normenreihe erläutert.
15 DIN EN ISO/IEC 17000:2004 – Konformitätsbewertung – Allgemeine Begriffe und Grundlagen.
16 *Ensthaler/Strübbe/Bock*, 2007, S. 191 ff.

- die Prüfung, Bewertung und Zulassung von IT-Systemen oder Komponenten, die für die Verarbeitung amtlich geheim gehaltener Informationen nach § 4 des Sicherheitsüberprüfungsgesetzes eingesetzt werden sollen.

Die **Zertifizierung** ist eine der Hauptaufgaben des BSI. Eine Zertifizierung im Verantwortungsbereich des BSI kann laut § 2 Abs. 7 BSIG vorgenommen werden, um festzustellen, dass ein Produkt, ein System, ein Schutzprofil (Sicherheitszertifizierung), eine Person (Personenzertifizierung) oder ein IT-Sicherheitsdienstleister bestimmte Anforderungen erfüllen. Die Kompetenzen des Bundesamtes im Bereich der Zertifizierung regelt § 9 BSIG. Nach § 9 Abs. 2 BSIG kann das BSI für bestimmte Produkte oder Leistungen eine Sicherheits- oder Personenzertifizierung oder eine Zertifizierung für IT-Sicherheitsdienstleister ausstellen. Außerdem ist das BSI nach § 9 Abs. 1 BSIG die nationale Zertifizierungsstelle der Bundesverwaltung für IT-Sicherheit.

Die Prüfung und Bewertung können gemäß § 9 Abs. 3 BSIG entweder durch das BSI selbst oder eine anerkannte sachverständige Stelle erfolgen. **Prüfungen** werden in Form von Audits und/oder Zertifizierungen durchgeführt. **Audits** sind Untersuchungsverfahren, die meist im Rahmen eines Qualitätsmanagements erfolgen. Ein **Zertifikat** wird nach § 9 Abs. 4 Nr. 1 BSIG dann erteilt, wenn IT-Systeme, Komponenten, Produkte oder Schutzprofile den vom BSI festgelegten Kriterien entsprechen. Eine Bedingung für Zertifizierungen ist zudem gemäß § 9 Abs. 4 Nr. 2 BSIG immer, dass keine überwiegenden öffentlichen Interessen, insbesondere sicherheitspolitische Belange, dieser Erteilung entgegenstehen.

Nach § 9 Abs. 6 BSIG verantwortet das BSI die **Anerkennung bzw. Akkreditierung von Prüfstellen** und die Zertifizierung als IT-Sicherheitsdienstleister. Voraussetzung für die Anerkennung als Prüfstelle ist die Umsetzung und Aufrechterhaltung der Norm DIN EN ISO/IEC 17025:2018 „Allgemeine Anforderungen an die Kompetenz von Prüf- und Kalibrierlaboratorien" für den entsprechenden Geltungsbereich. Ziel der Anerkennung ist die Sicherstellung der Fachkompetenz, Qualität und Vergleichbarkeit der Konzepte, Vorgehensweisen und Arbeitsergebnisse der Stellen.[17] Zudem kann das BSI **IT-Sicherheitsdienstleister** zertifizieren, welche beispielsweise Audits durchführen.[18] Das BSI selbst ist von der Deutschen Akkreditierungsstelle (DAkkS) nach DIN EN ISO/IEC 17065 als **Zertifizierungsstelle** für IT-Produkte (Software und Hardware) akkreditiert.[19]

Außerdem führt das BSI im Bereich der Konformitätsbewertung **Zertifizierungen von Personen** durch. Das BSI kann im Rahmen eines Verfahrens zur Kompetenzfeststellung Mitarbeiter, die bei anerkannten Prüfstellen und zertifizierten IT-Sicherheitsdienstleistern beschäftigt sind, prüfen. Diese Prüfung erfolgt jedoch im Rahmen des Verfahrens zur **Anerkennung von Prüfstellen** und **Zertifizierungen von IT-Sicherheitsdienstleistern**. Außerdem können sich natürliche Personen vom BSI auf Grundlage des BSI-Gesetzes zertifizieren lassen. Im Rahmen des Verfahrens müssen sie ihre Fachkompetenz nachweisen. Das BSI stellt entsprechende Informationen in Verfahrensbeschreibungen zur Verfügung.[20]

Generell ist die Bestätigung von Konformität mit Normen und Standards jedoch nicht gleichzusetzen mit **tatsächlicher Sicherheit oder Qualität**. Eine Konformitätsbestätigung einschließlich eines Zertifikats trifft lediglich eine Aussage darüber, wie gut ein Produkt, eine Dienstleis-

---

17 Das Verfahren zur Anerkennung von Prüfstellen ist in dem Dokument „[VB-Stellen] Verfahrensbeschreibung zur Anerkennung von Prüfstellen und Zertifizierung von IT-Sicherheitsdienstleistern" des BSI beschrieben. Prozessbezogene Anforderungen für die Evaluierung durch Stellen sind in dem Dokument „Anforderungen an Antragsteller zur Anerkennung als Prüfstelle im Bereich Common Criteria" des BSI dargelegt.
18 Vgl. *BSI*, 2019, [VB-Stellen].
19 *Deutsche Akkreditierungsstelle*, 2019, „Akkreditierungsurkunde D-ZE-19615–01–00".
20 *BSI*, 2019, „[VB-Personen] Verfahrensbeschreibung Kompetenzfeststellung und Zertifizierung von Personen, Version 3.0"; *BSI*, 2019, „[VB-Auditoren] Verfahrensbeschreibung zur Zertifizierung von Auditoren, Version 1.0".

tung, ein System, oder eine Organisation die als relevant definierten Sicherheitsanforderungen erfüllen, jedoch nicht darüber, wie sicher sie de facto sind.

C. IT-Sicherheit in Institutionen

23 Da die in Organisationen eingesetzten IKT-Einrichtungen typischerweise immer auch technische Schwachstellen enthalten, reichen rein technische Maßnahmen zur Absicherung von Systemen bzw. der Einsatz von zertifizierten IT-Produkten und Systemen nicht aus. Die Gewährleistung von IT-Sicherheit in Organisationen erfordert einen Ansatz, welcher sowohl **technische, organisatorische als auch personelle Maßnahmen** zum Management der betrieblichen IT-Sicherheit zusammenfasst. Dafür wird meistens ein **Informationssicherheitsmanagementsystems (ISMS)** angewendet.[21]

I. Grundlegende Standards und Normen

24 Für die Planung und Umsetzung eines ISMS existieren mehrere Standards und Normen, welche als Grundlage für den „Stand der Technik" herangezogen werden können. Die ISO/IEC-27000er-Normenreihe bildet den Kern für den Aufbau der meisten ISMS und ist in der Anwendung am weitesten verbreitet. Auf ihr basiert auch der in Deutschland und einigen anderen Ländern genutzte IT-Grundschutz des BSI.

1. ISO/IEC 27000er Normenreihe und IT-Grundschutz

25 Laut der **ISO/IEC 27000er-Reihe** ist ein ISMS „ein systematischer Ansatz für die Einrichtung, Implementierung, den Betrieb, die Überwachung, die Überprüfung, die Wartung und die Verbesserung der Informationssicherheit einer Organisation, um die Geschäftsziele zu erreichen"[22]. Ein ISMS umfasst die Planung, Steuerung und Kontrolle von Sicherheitsmaßnahmen, die Erstellung eines Sicherheitskonzepts, die Festlegung von Verantwortlichkeiten und die Analyse von Bedrohungspotenzialen, Schwachstellen und Risiken.[23] Es bezieht sich auf IT-Systeme, Prozesse, sowie Personen und ist sektorübergreifend anwendbar. Die grundlegende Norm ISO/IEC 27001 definiert die Anforderungen an ein ISMS. Andere Normen der Reihe beschreiben konkretere Empfehlungen für Kontrollmechanismen (ISO/IEC 27002), einen Leitfaden zur Umsetzung der ISO 27001 (ISO/IEC 27003), die Bewertung der Effektivität des ISMS (ISO/IEC 27004), ein Risikomanagementsystem (ISO/IEC 27005), oder das Security Incident Management (Vorfalls- und Notfallmanagement) (ISO/IEC 27035). Die Normenreihe beschreibt ebenfalls Anforderungen an branchenspezifische Anwendungen, wie die von Telekommunikationsanbietern (ISO/IEC 27011), Cloud-Computing-Diensten (ISO/IEC 27017) oder Energieversorgungsunternehmen (ISO/IEC TR 27019). Eine Zertifizierung ist nur nach der ISO 27001 möglich, wobei die anderen Normen der Reihe als Ergänzung hinzugezogen werden können.

26 Auf der ISO 27000er-Normenreihe basiert auch der **IT-Grundschutz** des BSI, welcher in den BSI-Standards 200–1, 200–2, 200–3 und 100–4 festgehalten ist.[24] Der IT-Grundschutz ermöglicht ein pauschalisiertes Vorgehen zur Minimierung von IT-Sicherheitsrisiken. Die Standards definieren bereits typische Gefährdungen und empfehlen technische Schutzmaßnahmen sowie organisatorische, infrastrukturelle und personelle Sicherheitsmaßnahmen, welche einer Orga-

---

21 *TeleTrusT*, 2020, S. 60.
22 DIN EN ISO/IEC 27000:2017–10 – Informationstechnik – Sicherheitsverfahren – Informationssicherheits-Managementsysteme – Überblick und Terminologie.
23 *Hasso-Plattner-Institut*, 2010, S. 16.
24 *BSI*, IT-Grundschutz Standards, https://www.bsi.bund.de/DE/Themen/ITGrundschutz/ITGrundschutzStandards/ITGrundschutzStandards_node.html.

nisation als Grundlage für einen Basisschutz verwenden kann. Daher ist der IT-Grundschutz mit über 4.000 Seiten auch sehr viel umfangreicher als allgemeinere Standards.

Der IT-Grundschutz umfasst drei an dem Schutzbedarf einer Organisation orientierten **Absicherungskategorien**: die Basis-Absicherung, die Standardabsicherung und die Kernabsicherung. Letztere bezieht sich auf den Schutz besonders schützenswerter Daten einer Institution. Eine individuelle Risikoanalyse ist nur für Organisationen bzw. Teile von Organisationen mit hohem Schutzbedarf nach dem Standard 200–3 vorgesehen. Das Vorgehen zum Notfallmanagement ist in dem BSI-Standard 100–4 definiert.

ISMS nach ISO/IEC 27001 und dem IT-Grundschutz folgen einem **zyklischen Prozessansatz**, welcher sich in die Phasen „Plan, Do, Check, Act" (PDCA) unterteilen lässt. In der Phase „Plan" konzipiert die Organisation das ISMS und das gewünschte Maß an Sicherheit, in „Do" setzt sie das Konzept um, in „Check" findet eine Überprüfung statt und in „Act" wertet sie die Prüfergebnisse aus und erfasst gegebenenfalls einen Änderungsbedarf. Mit den sich aus dem Änderungsbedarf ergebenden Anforderungen steigt die Organisation wieder bei „Plan" in den Zyklus ein.[25] Der zyklische Ansatz der Norm ermöglicht somit die dynamische Messung, Bewertung und Gewährleistung von IT-Sicherheit innerhalb einer sich stetig verändernden Organisation.

2. IEC 62443 Normenreihe

Im Bereich der industriellen Steuerungs- und Automatisierungstechnik gewinnt die noch junge Normenreihe IEC 62443 „Industrielle Kommunikationsnetze – IT-Sicherheit für Netze und Systeme" zunehmend an Bedeutung. Sie gilt als führende Norm für die Prüfung und Zertifizierung von Produkten, Prozessen und Dienstleistungen im Bereich der **industriellen IT-Sicherheit**. Die IEC 62443 befasst sich mit der IT-Sicherheit von Industrial Automation Control Systemen (IACS), die als IT-Systeme, bestehend aus mehreren Komponenten wie zB Aktoren und Sensoren, der Steuerung von Produktionsstraßen und Prozessstrecken dienen. Des Weiteren bezieht die IEC 62443 auch Anforderungen an die Produktentwicklung sowie Sicherheitsanforderungen an IACS Produkte mit ein.[26] Dieser Leitfaden gilt für Anwender (dh Eigentümer von Anlagen), Systemintegratoren, Sicherheitspraktiker und Hersteller von Steuerungssystemen, die für die Herstellung, das Design, die Implementierung oder das Management von industriellen Automatisierungs- und Steuerungssystemen verantwortlich sind. Die Normenreihe gliedert sich in vier Teile: Allgemeines, Policies und Prozesse, Systeme und Komponenten/Produkte. Unter Policies und Prozesse beschreibt die Norm ein ISMS für industrielle Automatisierungssysteme, welches sich an der ISO 27000-Reihe orientiert. Auf der Systemebene beschreibt es Sicherheitsanforderungen und Risikobewertungen für IT-Systeme, die in einem IACS-Umfeld eingesetzt werden.[27] Der letzte Teil zu Komponenten und Produkten enthält Anforderungen für Hersteller von IKT-Produkten, die in IACS-Umgebungen eingesetzt werden.

Die IEC 62443 dient zunehmend als Grundlage für die Umsetzung von IT-Sicherheitsanforderungen durch KRITIS-Betreiber für die Absicherung vernetzter Steuerungs- und Automatisierungstechnik. Auch andere Branchen, in denen entsprechende Normen für industrielle IT-Sicherheit fehlen, wenden diese Normenreihe an, beispielsweise für Medizinprodukte.

---

25 *Kersten/Klett/Reuter/Schröder*, 2020, S. 12.
26 *ZVEI*, 2017, S. 9 ff; *TÜViT*, S. 8 ff.
27 ISA, n.d.

II. Messung und Bewertung von IT-Sicherheit in Institutionen

31 Jeder Betreiber, Anbieter oder Hersteller von IT-Systemen muss im Rahmen der Auswahl und Implementierung von IT-Sicherheitsmaßnahmen eine **Risikoanalyse** vornehmen. Dieser Prozess umfasst laut der Definition des BSI die Beurteilung von Risiken im Sinne deren Identifikation, Einschätzung und Bewertung sowie die Behandlung von Risiken.[28] Sie dient als Grundlage für die Auswahl technischer und organisatorischer Maßnahmen zur Risikobewältigung. Innerhalb der Risikobeurteilung ist eine **Messung** und **Bewertung der Risiken** bzw. des IT-Sicherheitsniveaus anhand der Schutzziele und des Schutzbedarfs erforderlich. Das Messen von Sicherheitsaktivitäten in Institutionen ist ein kontinuierlicher Prozess mit dem Ziel, die Sicherheit durch gezielte Maßnahmen kontinuierlich zu verbessern.[29]

32 Die **IT-Grundschutz**-Kataloge des BSI enthalten bereits Standard-Sicherheitsmaßnahmen, die bei normalen Sicherheitsanforderungen eine angemessene organisatorische, technische und personelle Absicherung für Institutionen sicherstellen. Sie basieren auf der Annahme pauschalisierter Risiken. Für Bereiche und Institutionen mit hohem oder sehr hohem Schutzbedarf sowie für spezifische Einsatzszenarien ist jedoch die Durchführung einer individuellen Risikoanalyse nach BSI-Standard 200–3 notwendig, welcher auf dem Standard ISO/IEC 27005 basiert. Innerhalb eines ISMS helfen Methoden zur Messung von IT-Sicherheit bei der Erfassung des vorhandenen Risikos und der Bewertung der zu schützenden Assets (Informationen, Systeme, Applikationen, Prozesse, Gebäude etc.).

1. Risikoanalyse

33 Ein **Risiko** kann allgemein als der mögliche Eintritt eines Schadens definiert werden. In der Grundform wird es aus der Kombination (Multiplikation) der Wahrscheinlichkeit des Eintritts mit dem Ausmaß des Schadens berechnet.[30] Für die Bestimmung von Risiken existieren darüber hinaus zahlreiche quantitative und qualitative Verfahren. Auf Grundlage der Analyse und Bewertung von Risiken kann das Risikomanagement Maßnahmen entwickeln, welche die Wahrscheinlichkeit des Eintretens der Risiken und die möglichen Auswirkungen auf die Organisation reduzieren.

34 Jeder Risikoanalyse geht die Analyse des **Schutzbedarfs** in einer Organisation voraus. Der Schutzbedarf bezieht sich auf die Ressourcen, die geschützt werden müssen (**Assets oder Informationswerte**), welche sowohl materielle als auch immaterielle Eigenschaften umfassen können. Informationswerte können durch unterschiedliche Ansätze ausgedrückt werden, zum Beispiel durch eine (qualitative) Klassifizierung von Schutzbedarfsklassen, durch ein Ranking der Informationswerte oder durch quantitative Ansätze wie Kosten-, Markt- oder Gewinnbewertungen.[31] Am häufigsten wird eine Klassifizierung von Informationswerten verwendet, welche auch immaterielle Werte in die Bewertung mit einbeziehen kann. Auch der IT-Grundschutz verwendet Klassifizierungen, nach denen der Schutzbedarf beispielsweise als „normal, hoch, sehr hoch" dargestellt wird, je nachdem ob die Schadensauswirkungen begrenzt, beträchtlich oder katastrophal wären.[32]

---

28 BSI 200–3, S. 6. Nach den einschlägigen internationalen Standards ISO/IEC 31000 und ISO/IEC 27005 bezeichnet die Risikoanalyse nur einen Teilprozess im Rahmen der Risikobeurteilung, welche aus Identifikation, Analyse und Evaluation oder Bewertung von Risiken besteht. Im deutschen Sprachgebrauch hat sich allerdings der Begriff „Risikoanalyse" für den kompletten Prozess der Risikobeurteilung und -behandlung etabliert. In diesem Sinne verwendet auch der IT-Grundschutz den Begriff.
29 *Hasso-Plattner-Institut*, 2010, S. 33.
30 Vgl. *NIST SP 800–30*, 2012, S. B-9; *Refsdal/Solhaug/Stolen*, 2015, S. 9.
31 *NIST SP 800–30*, S. 14 f.; *Hasso-Plattner-Institut*, 2010, S. 3 ff.
32 BSI 200–1, S. 42.

In der Risikoanalyse wird dann die **Gefährdungslage** in Hinblick auf einen spezifischen Informationswert analysiert. Mit einbezogen werden daher der Schutzbedarf des Informationswerts, der Umfang der Gefährdung, der ein Wert ausgesetzt ist, sowie die Wahrscheinlichkeit einer potenziellen Schwachstelle, die von einem Angreifer ausgenutzt werden kann.[33]

Anschließend können das Risiko und seine Faktoren mithilfe von verschiedenen Methoden bewertet werden, unter anderem quantitativ, qualitativ oder semi-quantitativ. **Quantitative** Ansätze nutzen numerische Werte zur Berechnung und Klassifikation von Risiken. Dazu müssen die Risikofaktoren (Informationswert, Eintrittswahrscheinlichkeit, Schadenhöhe) zahlenmäßig bestimmbar sein. Diese Art der Bewertung unterstützt insbesondere Kosten-Nutzen-Analysen von IT-Sicherheitsmaßnahmen zur Risikobewältigung. Eine Quantifizierung der Eintrittswahrscheinlichkeit und des Schadenausmaßes ist eine Voraussetzung für die Berechnung eines Risikos und der darauf basierenden Errechnung eines Budgets, das für potenzielle Sicherheitsmaßnahmen bereitgestellt werden kann.

In der quantitativen Risikoanalyse sind vor allem drei **Formeln** gebräuchlich: Die Single Loss Expectancy (SLE) oder Einzelverlusterwartung, die Annualized Loss Expectancy (ALE) oder jährliche Verlusterwartung, und der Return on Security Invest (ROSI).[34]

- SLE: Das Risiko wird anhand einer Multiplikation von Informationswert (asset value) und Gefährdungsfaktor (exposure factor) berechnet. So lässt sich der erwartete Verlust im Fall eines einzelnen Zwischenfalls berechnen. Der Gefährdungsfaktor stellt den prozentualen Verlust des Informationswertes beim Eintreten der Bedrohung dar.
- ALE: Das Risiko wird anhand von einer Multiplikation des SLE und der zu erwartenden jährlichen Eintrittsrate eines Risikos berechnet. Die jährliche Eintrittsrate wiederum – also die Wahrscheinlichkeit des Eintritts eines Risikos und dessen Häufigkeit – kann nur anhand von statistischen Daten berechnet werden.
- ROSI: Das Risiko wird berechnet anhand der Reduzierung der jährlichen Schadenerwartung (die Differenz zwischen der ALE vor und der ALE nach der Installation von Sicherheitsmechanismen) abzüglich der jährlichen Kosten zur Implementierung der Sicherheitsmechanismen.

Quantitative Ansätze haben einige Vorteile. Nach einer bestimmten Messgröße quantifizierte Risiken sind vergleichbar und finanziell bewertbar. Darauf aufbauend lässt sich beispielsweise anhand des Budgets einer Organisation berechnen, in welche Sicherheitsmaßnahmen zur Risikobewältigung investiert werden sollte (siehe ROSI). Ein bedeutender Nachteil ist jedoch, dass quantitative Risikoanalysen höchst komplex und mit hohem Kosten- und Zeitaufwand verbunden sind.[35] In der Praxis lassen sich Risiken in der IT-Sicherheit zudem oft nicht rein quantitativ berechnen. Meistens liegen nicht ausreichend genaue Daten vor, um exakte Einschätzungen zu Informationswert, Eintrittswahrscheinlichkeit, Gefährdungspotenzial, Schwachstellen oder Schadensausmaß vornehmen zu können. Da IT-Sicherheit höchst dynamisch ist, ändern sich diese Faktoren zudem stetig, was den Aufbau eines Datenpools sehr komplex macht. Die Wahrscheinlichkeit eines IT-Sicherheitsvorfalls (verursacht durch einen Angriff oder eine Fehlfunktion) lässt sich nur selten akkurat quantifizieren.[36] Zudem können nicht alle Schäden beziffert werden (beispielsweise langfristige Folgen eines Reputationsverlusts oder der Verlust von Privatsphäre). Oft fließen in scheinbar objektive Werten auch sub-

---

33 *Hasso-Plattner-Institut*, 2010, S. 40 ff.
34 Vgl. *Hasso-Plattner-Institut*, 2010, S. 40 ff.; *Refsdal/Solhaug/Stolen*, 2015, S. 107 ff.
35 BSI 200–3, 26.
36 *Refsdal/Solhaug/Stolen*, 2015, S. 117 ff.; *Kersten/Klett/Reuter/Schröder*, 2020, S. 56.

jektive Einschätzungen ein.[37] Daher sehen viele Verfahren semi-quantitative oder qualitativ-quantitative Mischformen vor.

39 **Qualitative** Risikobeurteilungen basieren auf nichtnumerischen Kategorien oder Risikostufen (zB „sehr gering, niedrig, mittel, hoch, sehr hoch"). Informationswerte und Bedrohungspotenziale werden in solchen Verfahren durch qualitative Methoden, wie die Befragung von Experten und Mitarbeitern, ermittelt. Darauf aufbauend können Kosten abgeschätzt und Sicherheitsmaßnahmen bestimmt werden.

40 Zu den Vorteilen qualitativer Verfahren zählt, dass sie weniger aufwändig als quantitative Verfahren sind, weniger von statistischen Daten abhängen und auch immaterielle Faktoren in die Analyse mit einbeziehen. Sie basieren jedoch meist auf subjektiven Bewertungen, was ein Nachteil sein kann. Die methodischen Anforderungen an klare Definitionen der untersuchten Werte sind daher innerhalb qualitativer Verfahren sehr hoch. Sind diese unklar definiert und nicht mit aussagekräftigen Beispielen unterlegt, können verschiedene Experten, die sich auf ihre individuellen Erfahrungen stützen, zu signifikant unterschiedlichen Bewertungsergebnissen kommen. Die Wiederholbarkeit und Reproduzierbarkeit von qualitativen Bewertungen erfordern eine präzise Annotation der Werte (zB Gründe, warum sich ein spezifischer Wert ergibt) und die Verwendung von klar definierten Funktionen zur Kombination qualitativer Werte. Eine eindeutige Kosten-Nutzen-Analyse und eine Entscheidung über die Zuteilung von finanziellen Ressourcen auf Grundlage qualitativer Ergebnisse sind weniger eindeutig als auf Grundlage quantitativer Risikobewertungen.[38]

41 **Semi-quantitative** Methoden zur Risikobewertungen verwenden oft Skalen oder repräsentative Zahlen. Werteskalen oder -bereiche (zB 1–10 % oder 90–95) lassen sich leicht in qualitative Begriffe übersetzen, die die Risikokommunikation für die Entscheidungsträger in Klassifizierungen wie „niedrig" oder „sehr hoch" unterstützen und gleichzeitig relative Vergleiche zwischen Werten in verschiedenen Wertebereichen ermöglichen. Wenn die Skalen oder Kategorien eine ausreichende Granularität bieten, wird zudem die relative Priorisierung der Ergebnisse besser unterstützt als bei einem rein qualitativen Ansatz. Auch in diesen Ansätzen gilt es, das Einfließen subjektiver Urteile, ungenauer Kategorien und Bezeichnungen zu vermeiden.[39]

42 Das **BSI** empfiehlt im Standard 200–3 für die Einschätzung von Schadenshöhe und Eintrittshäufigkeit eine Kombination von qualitativen und quantitativen Bewertungsschritten, weist aber auf die Schwierigkeiten der quantitativen Risikobetrachtung hin. Zur Abschätzung von Risiken empfiehlt es daher als Ausgangspunkt ein System der qualitativen Klassifikation und Kombination.[40]

43 Auf Grundlage einer Risikoanalyse kann eine Institution adäquate Maßnahmen zur **Bewältigung von Risiken** auswählen. Allgemein sieht das Risikomanagement dafür unterschiedliche Optionen vor. Je nach Risikoeinschätzung und Kontext kann ein Risiko vermieden, kontrolliert, mitigiert, reduziert, akzeptiert, oder an eine dritte Partei übertragen werden. Für die Kontrolle, Mitigation oder Reduktion von Risiken wählt und implementiert eine Institution entsprechende technische und organisatorische Sicherheitsmaßnahmen. Eine Übertragung eines Risikos auf eine dritte Partei könnte zum Beispiel ein „Outsourcing" des finanziellen Risikos durch eine Versicherung bedeuten.

---

37 NIST SP 300–69; BSI 200–3.
38 NIST SP 800–30, 2012, S. 14.
39 NIST SP 800–30, 2012, S. 14.
40 BSI 200–3, 26 ff.

2. Messung und Bewertung der Effektivität von Sicherheitsmaßnahmen

Nach der Implementierung von Sicherheitsmaßnahmen sieht ein ISMS die kontinuierliche Messung und Bewertung der Effektivität dieser Maßnahmen vor. Der ISO/IEC 27001 Standard schreibt vor, dass die Wirksamkeit des ISMS konstant überwacht, gemessen und bewertet werden muss. Zu diesem Zweck müssen Organisationen geeignete **Metriken** entwickeln, welche ebenfalls als Grundlage für interne und externe Audits dienen können.

Die notwendigen Messungen und Kennzahlen müssen aus den Kontrollzielen für die jeweiligen Sicherheitskriterien (wie physische Sicherheit, personelle Sicherheit, operationale Sicherheit, technische IT-Sicherheitsmechanismen etc) abgeleitet werden. Konkretere Richtlinien mit generischen Kennzahlen gibt der Standard ISO/IEC 27004 vor.[41] Auch der Standard Cobit[42], welcher im IT Governance-Bereich zur Anwendung kommt, stellt allgemeine Richtlinien zur Messung von Effektivität und Effizienz von IT-Prozessen zur Verfügung.[43]

3. Schranken des IT-Risikomanagements

Die Durchführung einer Risikoanalyse und nachfolgende Erstellung eines Risikomanagementplans sowie die Implementierung von Sicherheitsmaßnahmen bieten jedoch kein Patentrezept gegen IT-Sicherheitsbedrohungen. Die **inhärente Beschränkung** von IT-Risikomanagement ist, dass Risiken zwar reduziert, aber nie eliminiert werden können. Ein gewisses Sicherheitsrisiko wird immer bleiben, selbst wenn eine Organisation Sicherheitsmaßnahmen für den höchsten Schutzbedarf anwendet. Wichtige Faktoren bei der Durchführung von Risikoanalysen und der Implementierung von Sicherheitsmaßnahmen sind ebenfalls die „Angemessenheit" und „Wirtschaftlichkeit". Die Maßnahmen müssen immer im Verhältnis zu der Größe und den finanziellen Möglichkeiten eines Unternehmens oder einer Organisation stehen. Aus diesem Grund sieht zum Beispiel der IT-Grundschutz ein pauschalisiertes Vorgehen vor, welches zumindest ein auch für kleinere Unternehmen implementierbares grundlegendes Niveau an Sicherheit schaffen kann. Selbst das Vorgehen nach IT-Grundschutz ist jedoch sehr umfangreich. Aufgrund dieser Schranken des IT-Risikomanagements sind Organisationen dazu verpflichtet, Vorsorge für den Eintritt des nicht auszuschließenden Restrisikos zu ergreifen. Dazu gehören reaktive IT-Sicherheitsmaßnahmen wie ein IT-Notfallmanagement und eine Planung zur Wiederherstellung der Systeme und Informationen.[44]

III. Prüfung und Nachweis von IT-Sicherheit in Institutionen

Die **Überprüfung der Einhaltung und Effektivität von IT-Sicherheitsmaßnahmen** kann je nach Gesetz freiwillig oder verpflichtend sein. KRITIS-Betreiber sind beispielsweise nach § 8a Abs. 3 BSIG dazu verpflichtet, die Einhaltung von Maßnahmen durch eine Prüfung bzw. ein Sicherheitsaudit und gegebenenfalls ein Zertifikat nachzuweisen.

Die Prüfung der Umsetzung von technischen und organisatorischen IT-Sicherheitsmaßnahmen erfolgt meist durch ein **Audit** eines ISMS. Audits können intern in Organisationen durch eigenes Personal und/oder extern durch ein qualifiziertes Auditteam vorgenommen werden.

Sowohl die **Testierung** der IT-Grundschutz-Basis-Absicherung als auch die **Zertifizierung des IT-Grundschutzes** erfordern eine Prüfung durch einen durch das BSI zertifizierten Grundschutz-Auditor, im Falle einer Zertifizierung auch ein qualifiziertes Auditteam. Das Audit

---
41 *Kersten/Klett/Reuter/Schröder*, 2020, S. 64 ff.
42 Control Objectives for Information Related Technology (Cobit).
43 *Hasso-Plattner-Institut*, 2010, S. 17 f.; S. 45 ff.
44 So zB empfohlen in *BSI*, 2019, „Orientierungshilfe zu Nachweisen gemäß § 8a Absatz 3 BSIG, Version 1.0", S. 20.

besteht aus einer Dokumentenprüfung und einer Umsetzungsprüfung vor Ort, welche im Rahmen einer Zertifizierung umfangreicher ist als im Rahmen einer Testierung. Die Ergebnisse eines Audits müssen immer in einem schriftlichen Auditbericht festgehalten werden.[45] Zusätzliche Normen und Standards der ISO/IEC 27000er Reihe, ITIL oder andere spezifizieren die Ausgestaltung. Details für interne und externe Audits beschreibt die Norm ISO/IEC 27007, technische Audits bei IT-Systemen und Netzwerken beschreibt die Norm ISO/IEC 27008. Als **Nachweis** für die Umsetzung des IT-Grundschutzes dient entsprechend entweder ein Testat nach der Basis-Absicherung oder das IT-Grundschutz-Zertifikat nach der Standard- bzw. Kernabsicherung durch das BSI. Für kleinere Organisationen bietet sich die kostengünstigere Basis-Absicherung an.

50 Eine **Zertifizierung** nach ISO/IEC 27001 auf Basis des IT-Grundschutz können Institutionen beim BSI beantragen. Die **Zertifizierungsstelle des BSI** übernimmt die Rolle einer unabhängigen dritten Instanz, welchen den Auditbericht prüft und bei positivem Prüfergebnis ein ISO/IEC 27001-Zertifikat erteilt. Dieses ist in der Regel drei Jahre lang gültig. Darin integriert sind jährliche Überwachungsaudits. Nach drei Jahren wird eine Re-Zertifizierung erforderlich,[46] allerdings kann nach anderen Vorgaben ein kürzerer Zeitraum erforderlich sein (zB im KRITIS-Bereich nach zwei Jahren, s. § 8 a Abs. 3 Satz 1 BSIG). Eine Zertifizierung nach der Normenreihe IEC 62443 wird international bisher nur vereinzelt angeboten.

IV. Anwendung im IT-Sicherheitsrecht

1. Betreiber Kritischer Infrastrukturen nach dem BSI-Gesetz

51 **KRITIS-Betreiber** gem. § 2 Abs. 10 BSIG und den konkretisierenden Bestimmungen der KritisV[47] unterliegen umfassenden Pflichten zur Bewertung, Prüfung und dem Nachweis von IT-Sicherheit. Laut § 8 a Abs. 1 BSIG sind sie dazu verpflichtet, „angemessene organisatorische und technische Vorkehrungen zur Vermeidung von Störungen der Verfügbarkeit, Integrität, Authentizität und Vertraulichkeit ihrer informationstechnischen Systeme, Komponenten oder Prozesse zu treffen, die für die Funktionsfähigkeit der von ihnen betriebenen Kritischen Infrastrukturen maßgeblich sind." Dabei soll der „Stand der Technik" eingehalten werden. Gem. § 8 a Abs. 3 Satz 1 BSIG haben die Betreiber dem BSI gegenüber mindestens alle zwei Jahre einen Nachweis über die Erfüllung der rechtlichen Anforderungen zu erbringen, welcher „durch Sicherheitsaudits, Prüfungen oder Zertifizierungen" erfolgen kann (§ 8 a Abs. 3 Satz 2 BSIG). Auf welche in § 8 a Abs. 3 BSIG genannte „geeignete Weise" ein solcher Nachweis zu erbringen ist und welche Anforderungen konkret zu erfüllen sind, definiert das BSI in einer 2019 veröffentlichten „Orientierungshilfe zu Nachweisen gemäß § 8 a Absatz 3 BSIG".[48]

52 Die gem. § 8 a Abs. 3 BSIG notwendige **Prüfung** muss durch eine prüfende Stelle durchgeführt und das Prüfergebnis in Form des Prüfberichts dem Betreiber vorgelegt werden. Die Prüfung muss dabei den vollen Geltungsbereich der Kritischen Infrastruktur (dh der jeweiligen Anlage

---

45 Vgl. *Kersten/Klett/Reuter/Schröder*, 2020, S. 75 ff.
46 *BSI*, 2019, „Zertifizierungsschema nach ISO 27001 auf der Basis von IT-Grundschutz, Version 2.1".
47 Kritische Infrastrukturen umfassen die Sektoren Energie, Informationstechnik und Telekommunikation, Transport und Verkehr, Gesundheit, Wasser, Ernährung sowie Finanz- und Versicherungswesen. Die betroffenen Unternehmen sind in der KritisV bestimmt. Laut dem Entwurf für ein IT-Sicherheitsgesetz 2.0 ist die Ausweitung der adressierten Unternehmen vorgesehen. Eine neue Kategorie der „Infrastrukturen im besonderen öffentlichen Interesse", welche Unternehmen aus der Rüstungswirtschaft, dem Bereich Kultur und Medien, börsliche Infrastrukturen sowie höchstwahrscheinlich auch aus der Automobil- und Chemiebranche umfasst, soll denselben Anforderungen wie KRITIS-Betreiber unterliegen. Zu den KRITIS nach § 2 Abs. 10 BSIG sollen gem. Art. 1 Nr. 1 lit. D RefE zukünftig auch Einrichtungen des Entsorgungs-Sektors zählen, wenn sie von „hoher Bedeutung für das Funktionieren des Gemeinwesens sind". Ebenso soll das BSI gem. Art. 1 Ziff. 16 RefE in einem neuen § 8 g BSIG Betreibern mit „Cyberkritikalität" im Einzelfall die Pflichten von KRITIS-Betreibern auferlegen können.
48 *BSI*, 2019, „Orientierungshilfe zu Nachweisen gemäß § 8 a Absatz 3 BSIG, Version 1.0".

gemäß BSI-KritisV) umfassen. Zum Prüfgegenstand gehören sowohl die Anlage, Dienstleistungen und damit verbundene Systeme und Schnittstellen als auch alle IT-Systeme, Komponenten, Prozesse, Rollen, Personen und Organisationseinheiten, die für die Funktionsfähigkeit der erbrachten Dienstleistung erforderlich sind.[49]

Die Prüfgrundlage kann ein **branchenspezifischer Sicherheitsstandard (B3S)** nach § 8 a Abs. 2 BSIG sein, der im Vorfeld von Betreibern oder Verbänden kritischer Infrastrukturen erarbeitet und vom BSI für den jeweiligen Geltungsbereich als geeignet befunden wurde. Liegt kein B3S vor, müssen Betreiber und Prüfstelle sicherstellen, dass die Anforderungen nach § 8 a Abs. 1 BSIG auf andere Weise erfüllt sind. Als Orientierungshilfe zur Erarbeitung von B3S hat das BSI gemeinsam mit dem UP KRITIS und dem Bundesamt für Bevölkerungsschutz und Katastrophenhilfe (BBK) einen Leitfaden für Autoren von B3S entwickelt.[50]

Eine Prüfgrundlage kann dann aufgrund der B3S-Orientierungshilfe oder aufgrund einschlägigen Standards (zB Zertifizierungsschemata für den IT-Grundschutz, nach der Norm ISO/IEC 27001) erstellt werden.[51] Für die Bereiche des Energiewirtschaftsgesetzes (EnWG)[52] sowie des Telekommunikationsgesetzes (TKG)[53] gelten spezifische Anforderungen, für die die Bundesnetzagentur (BNetzA) als Aufsichtsbehörde zuständig ist. Sie hat zwei Sicherheitskataloge[54] für den Geltungsbereich des EnWG und einen überarbeiteten Entwurf des Sicherheitskatalogs für den Geltungsbereich des TKG herausgegeben (*Hornung/Schindler* in → § 21 Rn. 53 ff., *Guckelberger* in → § 23 Rn. 9). Laut den Sicherheitskatalogen für den Bereich Energie ist die Einrichtung eines ISMS nach ISO 27001 und die Zertifizierung Pflicht, unter Berücksichtigung der ISO 27002 und ISO 27019. Für weitere Sektoren hat das BSI bereits B3S als geeignet beurteilt.[55]

Zur **Nachweiserbringung** gegenüber dem BSI übermitteln die Betreiber dem BSI nach § 8 a Abs. 3 Satz 3 BSIG Informationen über Art und Umfang sowie die Ergebnisse der durchgeführten Audits, Prüfungen oder Zertifizierungen wie auch die dabei aufgedeckten Sicherheitsmängel. Das Bundesamt kann gemäß Satz 4 die Vorlage der vollständigen Dokumentation, die der Überprüfung zugrunde gelegt wurde, verlangen. Bei Sicherheitsmängeln kann es nach Satz 5 – im Einvernehmen mit der zuständigen Aufsichtsbehörde – die Beseitigung der Sicherheitsmängel verlangen. Bleiben offene Fragen zur Umsetzung der Sicherheitsvorkehrungen bestehen, kann das BSI gem. § 8 a Abs. 4 BSIG außerdem selbst eigene Prüfungen der Sicherheitsvorkehrungen des Betreibers vor Ort vornehmen.[56]

2. Betreiber und Anbieter von IT-Systemen in fachspezifischen Bereichen

Abgesehen von allgemeinen Gesetzen, wie dem BSIG, schreiben einige fachspezifische Gesetze Prüf- und Nachweisverfahren von IT-Sicherheit für Diensteanbieter vor. Darunter sind bei-

---

49 *BSI*, 2019, „Orientierungshilfe zu Nachweisen gemäß § 8 a Absatz 3 BSIG, Version 1.0", S. 7 f.
50 *BSI*, 2017, „Orientierungshilfe zu Inhalten und Anforderungen an branchenspezifische Sicherheitsstandards (B3S) gemäß § 8 a (2) BSIG, Version 1.0".
51 *BSI*, 2019, „Orientierungshilfe zu Nachweisen gemäß § 8 a Absatz 3 BSIG".
52 S. näher *Guckelberger* in → § 23 Rn. 1 ff. und *Singler* in → § 22 Rn. 1 ff.
53 S. näher *Hornung/Schindler* in →§ 21 Rn. 1 ff.
54 IT-Sicherheitskatalog gemäß § 11 Absatz 1 a Energiewirtschaftsgesetz, Bundesnetzagentur, August 2015; IT-Sicherheitskatalog gemäß § 11 Absatz 1 b Energiewirtschaftsgesetz, Bundesnetzagentur, August 2015.
55 Branchen, für die Anfang 2020 bereits B3S als geeignet festgestellt wurden, umfassen Wasser und Abwasser (Wasserversorgung, Abwasserbeseitigung), Ernährung (Ernährungswirtschaft, Lebensmittelhandel), Informationstechnik, Energie (Strom, Fernwärme), Gesundheit (Medizinische Versorgung, Arzneimittel und Impfstoffe, Labore), Transport und Verkehr (Straßenverkehr), Finanz- und Versicherungswesen (Versicherungen). Vgl. BSI, Übersicht über Branchenspezifische Sicherheitsstandards (online), https://www.bsi.bund.de/DE/Themen/KRITIS/IT-SiG/Was_tun/Stand_der_Technik/B3S/B3S.html.
56 *BSI*, Orientierungshilfe zu Nachweisen gemäß § 8 a Absatz 3 BSIG, Version 1.0, 15.5.2019.

spielsweise § 29 Abs. 2 PAuswV für die Zertifizierung von **Identifizierungsdiensteanbietern**, § 25 MsbG für die Zertifizierung der Umsetzung eines spezifischen ISMS durch **Smart-Meter-Gateway (SMG) Administratoren**[57], § 17 De-Mail-G für die Akkreditierung von **De-Mail Anbietern**[58] und § 109 TKG für die **Betreiber öffentlicher Telekommunikationsnetze und die Erbringer öffentlich zugänglicher Telekommunikationsdienste**.

3. Verarbeiter personenbezogener Daten

57 Aus der DS-GVO[59] ergeben sich angepasste Regelungen über die **Datensicherheit**[60]. Auf technischer Ebene überschneiden sich die Anforderungen an Datensicherheit und IT-Sicherheit, ihre Erfüllung erfordert jedoch teilweise andere Bewertungskriterien und -verfahren.[61] Art. 32 DS-GVO zur Sicherheit der Verarbeitung verpflichtet die für die Datenverarbeitung Verantwortlichen (und auch die Auftragsverarbeiter) zu technisch-organisatorischen Maßnahmen zum Schutz der IT-Systeme, die personenbezogene Daten verarbeiten. Dabei ist der „Stand der Technik" zu berücksichtigen. Dazu zählt Art. 32 Abs. 1 DS-GVO einige Beispiele auf, definiert den „Stand der Technik" jedoch nicht abschließend. Unter den Beispielen legt die Norm fest, dass die Maßnahmen zur Gewährleistung eines angemessenen Schutzniveaus unter anderem ein Verfahren zur regelmäßigen Überprüfung, Bewertung, Evaluierung der Wirksamkeit der technischen und organisatorischen Maßnahmen zur Gewährleistung der Sicherheit der Verarbeitung einschließen können (Art. 32 Abs. 1 lit. d) DS-GVO). Zum Nachweis der Einhaltung der Anforderungen nach Art. 32 Abs. 1 kann gemäß Abs. 4 auch eine Zertifizierung gem. Art. 42 DS-GVO herangezogen werden. Aufgrund der starken Überschneidungen in der Ermittlung des Standes der Technik im Datenschutz- und IT-Sicherheitsrecht empfiehlt es sich, die Maßnahmen gemeinschaftlich zu betrachten, wie es beispielsweise durch die Arbeitshilfe wie die Handreichung zum „Stand der Technik" des TeleTrusT e.V. – Bundesverband IT-Sicherheit (2020) getan wird.

V. Zusammenfassung

58 Die Umsetzung von technischen und organisatorischen IT-Sicherheits-Maßnahmen in Institutionen erfordert in den meisten Fällen den Aufbau eines ISMS. Die Messung von IT-Sicherheit ist bis zu einem gewissen Grad mithilfe von qualitativen und, wo möglich, quantitativen Verfahren der Risikoanalyse möglich. Entsprechende Methoden bilden auch einen Teil der Prüf- und Nachweisverfahren im Rahmen von Audits und Zertifizierungen ab. Aufgrund der hohen Komplexität von IT-Systemen und der Dynamik von IT-Sicherheitsbedrohungen und Umfeld ist eine genaue Messung oder eine Eliminierung der Risiken jedoch nie abschließend möglich. Eine Prüfung und/oder Zertifizierung kann insofern je nach Prüftiefe eine Absicherung gegen die Ausnutzung bekannter Schwachstellen und Angriffsverfahren bieten, jedoch nicht gegen hoch entwickelte neuartige Angriffe. Zur Abwehr dieser Angriffe müssen Institutionen zusätzliche Sicherheitsmaßnahmen und organisatorische Prozesse implementieren, was aufgrund des hohen Aufwandes jedoch meist nur für größere Organisationen und Unternehmen möglich ist.

---

57 S. *Singler* in → § 24 Rn. 1 ff.
58 S. *Roßnagel* in → § 14 Rn. 1 ff.
59 Verordnung (EU) 2016/679 des Europäischen Parlaments und des Rates vom 27.4.2016 zum Schutz natürlicher Personen bei der Verarbeitung personenbezogener Daten und zum freien Datenverkehr und zur Aufhebung der Richtlinie 95/46/EG (Datenschutz-Grundverordnung – DS-GVO), ABl. Nr. L 119/1.
60 *Raabe/Schallbruch/Steinbrück*, DSI IPR (2).
61 Ausführlich zum Verhältnis zwischen IT-Sicherheit und Datenschutz *Jandt* in → § 17 Rn. 1 ff.

D. IT-Sicherheit von Software und Hardware

Die Funktionsfähigkeit und Sicherheit von Software und Hardware in IT-Komponenten und Systemen machen die wesentlichen Grundlagen für die Sicherheit von Infrastrukturen und der Gesellschaft aus. Aufgrund der zunehmenden Komplexität von IT-Systemen ist eine Beurteilung ihrer Sicherheit durch „einfache" Verfahren wie statische Quellcodeansichten in der Regel unmöglich und erfordern eingehende Prüfungen. Dieses Kapitel gibt einen Überblick über die Kriterien und Verfahren zur Evaluierung und Prüfung bzw. Zertifizierung von IT-Sicherheit von Software und Hardware.

I. Evaluationskriterien für die IT-Sicherheitseigenschaften von Software und Hardware

Zur methodischen Bewertung der Sicherheit von Soft- und Hardware-Komponenten und Systemen wurden seit den 1980er Jahren **Kriterienkataloge** entwickelt. Beispiele sind die europäischen ITSEC- (Information Technology Security Evaluation Criteria), die US-amerikanischen TCSEC- (Trusted Computer System Evaluation Criteria, auch als „Orange Book" bekannt) und die Common Criteria for Information Technology Security Evaluation, welche unter anderem aus den TCSEC-, ITSEC-Kriterien hervorgegangen sind. Die ITSEC-und TCSEC-Kriterien werden jedoch heute in der Regel nicht mehr angewendet oder aktualisiert. Die ITSEC-Kriterien sind nur noch für „spezifische Sonderfälle" in Anwendung.[62] Daher werden sie in diesem Kapitel nicht eingehender betrachtet.

Die Kriterienkataloge umfassen Bewertungsschemata für IT-Sicherheitseigenschaften von Produkten und gewährleisten, dass die Sicherheitsniveaus unterschiedlicher Systeme, die eine ähnliche Funktionalität haben, vergleichbar sind. Sie eignen sich zur Beschreibung, Prüfung und Bewertung von Sicherheitseigenschaften von Produkten sowie zur Spezifikation von Sicherheitsvorgaben. Darüber hinaus schaffen die Kriterien Leitlinien zur Entwicklung sicherer, vertrauenswürdiger Systeme selbst.[63] Eine Zertifizierung auf Grundlage von Common Criteria-Schutzprofilen oder anderen Kriterien ist eine verbreitete Methode, um die IT-Sicherheit eines Produkts nachzuweisen. Jedoch stellen sich zunehmend Herausforderungen für die Bewertung und Prüfung von IT-Sicherheit von Produkten, Diensten und Prozessen, welche dieser Abschnitt ebenfalls beleuchten wird.

1. Common Criteria

Die **Common Criteria** (CC), die gemeinsamen Kriterien für die Prüfung und Bewertung der Sicherheit von Informationstechnik, bilden die international am weitesten verbreitete Grundlage für die Bewertung und Prüfung der Sicherheitseigenschaften von IT-Produkten und -Systemen. Sie sind seit 1999 weltweit einheitlich als internationaler Standard ISO/IEC 15408 anerkannt und seit 2006 in der CC Version 3.1 verfügbar.

Im Kern ermöglichen die CC eine unabhängige technische Evaluation der Funktionalität und Vertrauenswürdigkeit eines sogenannten **Evaluationsgegenstandes** (EVG). Der EVG kann praktisch jedes IT-Produkt oder System sein, Software, Firmware und/oder Hardware. Bei einer Evaluierung nach CC werden zunächst die funktionalen Sicherheitsanforderungen und dann die Anforderungen an die Vertrauenswürdigkeit geprüft.

Für grundsätzliche Anforderungen an eine Kategorie von Produkten können auf der Basis von CC **Schutzprofile** (protection profiles) erstellt werden. Sie bilden gemäß der CC verallgemeinerte und implementierungsunabhängige Sicherheitsziele und -anforderungen. Laut BSI ist ein

---
62 *BSI*, IT-Sicherheitskriterien und Evaluation nach ITSEC, https://www.bsi.bund.de/DE/Themen/Zertifizierungund Anerkennung/Produktzertifizierung/ZertifizierungnachCC/ITSicherheitskriterien/ITSEC/itsec_node.html.
63 *Eckert*, 2009, S. 211; *Rannenberg*, 1998, S. 3.

Schutzprofil „eine implementierungsunabhängige Menge von Sicherheitsanforderungen, die eine identifizierbare Teilmenge von Sicherheitszielen abdeckt."[64] Anwender können daher durch Erstellung eines Schutzprofils oder Verweis auf ein solches ihre IT-Sicherheitsbedürfnisse ausdrücken, ohne Bezug auf einen konkreten EVG zu nehmen.

65 Schutzprofile existieren etwa für Datenbanken, Smartcards, Schlüsselmanagement, Betriebssysteme und Produkte zur Erstellung digitaler Signaturen. Das deutsche BSI hat beispielsweise ein Schutzprofil für maschinenlesbare Reisedokumente (EVG: kontaktloser Chip) und für die elektronische Gesundheitskarte (EVG: Smartcard) festgelegt.[65]

66 Innerhalb einer konkreten Evaluierung werden die Schutzprofile auf einen EVG abgebildet. Mit Beginn der Evaluierung werden die Sicherheitsvorgaben des Schutzprofils in ein **Sicherheitsziel** (Security Target) für einen bestimmten EVG überführt. Das Sicherheitsziel drückt aus, welche spezifischen Sicherheitsanforderungen eines oder mehrerer Schutzprofile in der Evaluierung erfüllt werden. In einem Sicherheitsziel einer spezifischen Evaluation werden über die Informationen eines Schutzprofils hinaus noch weitere Informationen und Beschreibungen über die genaue Einsatzumgebung und den Gegenstand der Evaluierung hinzugefügt. Liegt für das EVG kein Schutzprofil vor, können Sicherheitsvorgaben auch direkt formuliert werden.

67 Bei der Evaluierung sind die Tiefe und Ausführlichkeit der Prüfung entscheidend. Die Analyse von Schwachstellen und deren Ausnutzbarkeit sowie potenzielle Gefährdungen durch Angreifer, einschließlich des Angriffspotenzials (erforderliche Fachkenntnisse, Ressourcen, Motivation etc), ist bei den meisten Evaluierungsaspekten ein zentrales Ziel.[66] Die Prüftiefe wird durch **Evaluierungsstufen**, sogenannte Evaluation Assurance Level (EAL), ausgedrückt. Es gibt sieben hierarchisch geordnete EALs, die in Bezug auf die Sicherheit zunehmen und dazu dienen, allgemeine Sicherheitspakete anzubieten. Mit wachsenden EAL-Stufen erhöht sich der Analyse- und Prüfaufwand und damit das evaluierte Sicherheitsniveau. Wenn das Gefährdungspotenzial als eher gering angesehen wird und der Evaluationsgegenstand vor allem verlässlich funktionieren sollte, ist eine Evaluation nach EAL 1 ausreichend. Ab der Stufe EAL 2 ist ein niedriges bis moderates Niveau von „security assurance" erforderlich. Ab EAL 4 muss beispielsweise der Quellcode mit analysiert werden, ab EAL 5 kommen formale Spezifikations- und Verifikationsmethoden hinzu.[67] Die Evaluierungsstufen der CC sind an die Stufen der ITSEC-Kriterien angelehnt, weshalb die Ergebnisse von ITSEC-Evaluierungen vergleichbar mit denen von CC-Evaluierungen sind.[68]

68 Zur Unterstützung der Evaluierung und Zertifizierung von Produkten können auch **Entwicklungs- und Produktionsstandorte** separat nach CC evaluiert und zertifiziert werden. Die Evaluierung von Standorten erfolgt entsprechend im Rahmen einer „Life-Cycle"-Klasse der CC-Evaluierung.[69]

69 Ziel einer Evaluierung nach CC ist die Bestätigung, dass die vom Hersteller behauptete Sicherheitsfunktionalität wirksam ist (im Englischen wird dies oft als „assurance" bezeichnet). Dazu ist eine Prüfung notwendig, welche → Rn. 74 ff. erläutern.

---

64 *BSI*, „Verzeichnisse – als Nachschlagewerk für Interessenten und Beteiligte an Zertifizierungs- und Anerkennungsverfahren, Version 2.1, S. 26.
65 *Eckert*, 2009, S. 228 ff.
66 *Aizuddin*, 2001, S. 4 f.
67 *BSI*, CC Evaluation Assurance Level (EAL), online abrufbar unter: https://www.bsi.bund.de/DE/Themen/ZertifizierungundAnerkennung/Produktzertifizierung/ZertifizierungnachCC/ITSicherheitskriterien/CommonCriteria/eal_stufe.html.
68 *Eckert*, IT-Sicherheit, S. 222.
69 *BSI*, „[BSI 7138] Hinweise für Antragsteller für die IT-Sicherheitszertifizierung von Produkten, Schutzprofilen und Standorten".

2. Weitere IT-Sicherheitskriterien

In Deutschland können bestimmte IT-Produkte auf Grundlage von **Technischen Richtlinien (TR) des BSI** geprüft und zertifiziert werden. Eine TR ist ein Kriterienwerk und eine technische Prüfvorschrift des BSI für Konformitätsprüfungen. TR existieren beispielsweise für Smart Card Leser, ID Clients, „De-Mail"-Infrastrukturen und -Dienste, Gesundheitskarten und andere. In einer Prüfung nach TR führt eine anerkannte dritte Stelle eine Evaluation des EVG durch, welche eine anwendungsorientierte Risikoanalyse in einer definierten Einsatzumgebung beinhaltet. In dieser Hinsicht unterscheiden sich TR von CC-Schutzprofilen, welche verallgemeinerte und implementierungsunabhängige Sicherheitsziele und -anforderungen umfassen. 70

Abgesehen von den CC existieren weitere internationale IT-Sicherheitsstandards zur Bewertung der Sicherheit von Hard- und Software. Die **Federal Information Processing Standards FIPS-140** US-amerikanischen Ursprungs legen die Anforderungen an kryptografische Module fest und werden vom US-amerikanischen National Institute for Standards and Technology (NIST) zertifiziert. Der Standard identifiziert vier Sicherheitsstufen und elf „Anforderungsbereiche", für welche jeweils Anforderungen auf jeder Sicherheitsebene spezifiziert sind. Je höher das Sicherheitsniveau, desto höher die Anforderungen an die physischen Sicherheitsvorkehrungen und Authentifizierungsmechanismen. 2001 wurde die aktuelle Version, FIPS-140–2, veröffentlicht. Diese war eine wichtige Grundlage für die internationale Norm ISO/IEC 19790:2006 zu Sicherheitsanforderungen für kryptografische Module. 71

Das **ISASecure Zertifizierungsprogramm** bündelt Zertifizierungs- und Konformitätsbewertungsaktivitäten im Automatisierungsbereich. Es ist ein Schema für die Evaluierung und Zertifizierung von Systemen der industriellen Automatisierung und Steuerung. Es soll gewährleisten, dass die Systeme robust gegen Netzwerkangriffe abgesichert und frei von bekannten Schwachstellen sind. Es orientiert sich an dem Standard IEC 62443 für Automatisierungssysteme (→ Rn. 29 f.) und umfasst den gesamten Lebenszyklus von Systemen. Die Secure Development Lifecycle Assurance Zertifizierung soll die Sicherheit des Entwicklungsprozesses und damit die Qualität und Sicherheit der IAC Systeme selbst gewährleisten. ISASecure zertifiziert nur kommerzielle „off-the-shelf" (seriengefertigte) Systeme, jedoch keine Angebote zur Überprüfung von umgebungsspezifischen Systemen oder deren Installation. 72

Mit der zunehmenden Vernetzung von alltäglichen Geräten im „Internet der Dinge" (IoT) wächst auch die Nachfrage an **Bewertungsschemata für IoT-Geräte**, insbesondere im „Consumer" bzw. Verbraucher-Bereich. Das Consumer IoT umfasst Produkte wie vernetzte Spielzeuge, Türschlösser, smarte Kameras, Fernseher, Fitnessgeräte und Wearables, Home-Automation und Alarmsysteme, vernetzte Weißware wie Kühlschränke und Waschmaschinen und Smart Home Assistenten. Diese sollten weniger aufwendige Prüfungen als die CC-Evaluierungen und ein Basis-Niveau an IT-Sicherheit ermöglichen. Hierfür existieren bisher jedoch noch keine einschlägigen Standards oder Kriterienkataloge. Verschiedene Organisationen, darunter das European Telecommunications Standards Institute (ETSI)[70], das US-amerikanische National Institute for Standards and Technology (NIST)[71], die IoT Security Foundation[72], die European Union Agency for Cybersecurity (ENISA)[73], das Open Web Application Security Project (OWASP)[74] und weitere arbeiten an Richtlinien und Standards für die sichere Entwicklung und Bewertung von IT-Produkten und Systemen, die in den Consumer-IoT Bereich fallen. 73

---

70 *ETSI*, Technical Specification 103 645: Cyber Security for Consumer Internet of Things.
71 *NIST*, 2018, "Special Publication 800–160 – Systems Security Engineering: Considerations for a Multidisciplinary Approach in the Engineering of Trustworthy Secure Systems".
72 *IoT Security Foundation*, 2016.
73 *European Union Agency for Cybersecurity*, 2018.
74 OWASP IoT Security Guidance. Abrufbar unter: https://www.owasp.org/index.php/IoT_Security_Guidance.

II. Prüfung und Nachweis von IT-Sicherheit von Software und Hardware
1. Zertifizierung von IT-Produkten, Komponenten und Systemen

74 Nach dem BSI-Gesetz, insbesondere § 9 BSIG, und der BSI-ZertV[75] hat das BSI die Aufgabe, **Zertifizierungen von IT-Produkten, Komponenten und Systemen** durchzuführen. Eine Zertifizierung von IT-Produkten nach technischen Richtlinien des BSI oder CC-Schutzprofilen kann ausschließlich von Herstellern, Vertreibern oder Entwicklern von IT-Produkten beantragt werden. Die Bewertung und Evaluation bzw. Prüfung der IT-Sicherheit von Produkten und Diensten kann anhand der oben genannten oder anderer Bewertungsschemata durch den Hersteller bzw. Anbieter selbst oder von dritter Seite durchgeführt werden. Analog zu dem in → Rn. 12 ff. beschriebenen Verfahren kann der Hersteller als Nachweis eine Herstellererklärung abgeben oder den Prüfbericht einer dritten Stelle bzw. ein IT-Sicherheitszertifikat präsentieren. Die Prüfung durch eine dritte Stelle im Bereich der CC kann nach dem oben beschriebenen Verfahren vorgenommen werden.

75 Für die **Zertifizierung von IT-Produkten** nach CC muss grundsätzlich ein vom BSI zertifiziertes oder als geeignet anerkanntes **Schutzprofil** im Zertifizierungsverfahren angewandt werden. Neben den Anforderungen aus dem Schutzprofil können zusätzliche Funktionalitäten und Anforderungen berücksichtigt und je nach EAL angepasst werden. Auch **CC-Schutzprofile** selbst können im Rahmen einer Konformitätsbewertung mit dem CC-Standard zertifiziert werden. **Standorte** können ebenfalls auf Antrag nach CC zertifiziert werden.[76] Prüfgrundlage für Zertifizierungen von IT-Produkten nach **TR** sind entsprechend die unmittelbar in der TR dargelegten Kriterien.

76 Die Prüfung kann gem. § 9 Abs. 3 BSIG durch eine anerkannte sachverständige Stelle erfolgen. Die Zertifizierungsstelle des BSI muss die von der Prüfstelle durchgeführte Evaluierung begleiten. Ein **Zertifikat** wird gem. § 9 Abs. 4 BSIG dann erteilt, wenn IT-Systeme, Komponenten, Produkte oder Schutzprofile sowie Personen oder IT-Sicherheitsdienstleister, den vom BSI festgelegten Kriterien entsprechen. Eine Bedingung ist außerdem immer, dass das Bundesministerium des Innern, für Bau und Heimat festgestellt hat, dass keine überwiegenden öffentlichen Interessen, insbesondere sicherheitspolitische Belange, dieser Erteilung entgegenstehen.

77 Im Rahmen von Zertifizierungen von IT-Produkten bestimmt das BSI gem. § 4 BSI-ZertV technische Geltungsbereiche und bedarfsgerechte Prüfkriterien (Sicherheitskriterien, Schutzprofile, Technische Richtlinien und BSI-Standards). Zertifizierungen können für ein **fertiges Produkt** gelten, **entwicklungsbegleitend** (im Rahmen einer entwicklungsbegleitenden Zertifizierung) erfolgen oder als **Re-Zertifizierung** eines bereits zertifizierten Produkts durchgeführt werden. Ein Zertifikat kann sich nie auf einen gesamten Produkttyp beziehen, sondern gilt entweder für eine bestimmte Version oder für ein Release eines Produktes. Das Ergebnis der Evaluierung ist ein Zertifizierungsbericht. Der Bericht beschreibt die Sicherheitseigenschaften des EVG relativ zu den aufgeführten Bedrohungen, bewertet die Wirksamkeit der eingesetzten Sicherheitsmechanismen und vergibt eine Evaluierungsstufe, um den Grad des Vertrauens in die Korrektheit der Funktionalität des Produkts zu bescheinigen. Zudem enthält der Bericht Anforderungen an die Installation und Einsatzumgebung des Evaluierungsgegenstandes sowie eine Beschreibung der inhärenten Schwachstellen und mögliche Gegenmaßnahmen.[77]

78 IT-Sicherheitszertifikate für Produkte sind grundsätzlich fünf Jahre lang gültig. Bei sicherheitsrelevanten Änderungen am Produkt oder den Entwicklungs- oder Produktionsprozessen oder anderen umfangreichen Änderungen („major change") ist eine **Re-Zertifizierung** erforderlich.

---

75 BSI-Zertifizierungs- und -Anerkennungsverordnung vom 17.12.2014 (BGBl. I S. 2231), die durch Art. 40 des Gesetzes vom 29.3.2017 (BGBl. I 626) geändert worden ist.
76 Übersicht vgl. *BSI*, [VB-Produkte].
77 *Eckert*, 2009, S. 237 f.

Diese kann unterschiedlich aufwendig ausfallen, die Angriffsresistenz muss jedoch in jedem Fall nach dem aktuellen Stand der Technik neu bewertet werden und auch Audits der Entwicklungs- und Produktionsumgebung müssen nach zwei Jahren erneut durchgeführt werden. Handelt es sich um eine Änderung mit überschaubarem Umfang („minor change"), kann ein bestehendes Zertifikat auf die neue Version erweitert werden.[78]

2. Anerkennung von Zertifizierungen

In Deutschland regelt § 9 Abs. 7 BSIG, dass das BSI grundsätzlich Sicherheitszertifikate anderer anerkannter Zertifizierungsstellen aus der EU anerkennt, „soweit sie eine den Sicherheitszertifikaten des Bundesamtes gleichwertige Sicherheit ausweisen und die Gleichwertigkeit vom Bundesamt festgestellt worden ist." Hier kommen die internationalen Abkommen SOG-IS MRA und CCRA (→ Rn. 80 ff.) zum Tragen, welche das BSI unterzeichnet hat. Die Anerkennung eines Zertifikats kann das BSI verwehren, wenn das Bundesministerium des Innern, für Bau und Heimat festgestellt hat, dass der Anerkennung überwiegende öffentliche Interessen – insbesondere sicherheitspolitische Belange der Bundesrepublik Deutschland – entgegenstehen (§ 9 Abs. 4 Satz 2 BSIG). Standortzertifikate unterliegen grundsätzlich nicht der Anerkennung durch das BSI.

a) CCRA

Das Common Criteria Recognition Arrangement (CCRA) ist eine internationale Vereinbarung, die die **gegenseitige Anerkennung gemeinsam entwickelter CC Schutzprofile** (collaborative Protecion Profiles, ccP) und Zertifikate für IT-Produkte gewährleistet. In der Vereinbarung erklären sich die unterzeichnenden Staaten bereit, die Ergebnisse der CC-Bewertungen durch andere CCRA-Mitglieder zu akzeptieren.

Einige Mitglieder **stellen Zertifikate aus und erkennen sie an** („Authorizing"). Dazu gehören unter anderem Australien, Frankreich, Großbritannien, Deutschland, Japan, Kanada, die Niederlande, Großbritannien oder die USA. Andere Mitglieder erkennen Zertifikate an, stellen aber selbst keine aus und führen keine Zertifizierungen durch („Consuming"). Dazu gehören unter anderem Österreich, die Tschechische Republik, Dänemark, Finnland, Ungarn, Israel, Katar und Singapur.[79]

Innerhalb der CCRA werden jedoch nur Bewertungen bis zum **niedrigen EAL 2 gegenseitig anerkannt**. Die europäischen Länder erkennen im Rahmen des früheren ITSEC-Abkommens in der Regel auch höhere EALs an.

b) SOG-IS MRA

Auf europäischer Ebene kooperieren die im Rahmen der IT-Sicherheit kompetenten Stellen von Mitgliedstaaten der EU und der European Free Trade Association (EFTA), beispielsweise das deutsche BSI oder das französische ANSSI, innerhalb der Senior Officials Group Information Systems Security (SOG-IS). Die Behörden arbeiten innerhalb des SOG-IS MRA zusammen, um die Standardisierung von CC-Schutzprofilen und Zertifizierungsrichtlinien zwischen den europäischen Zertifizierungsstellen zu koordinieren und dadurch einen gemeinsamen Standpunkt innerhalb der internationalen CCRA-Gruppe zu vertreten. Außerdem empfiehlt das SOG-IS MRA sogenannte „empfohlene" Schutzprofile, die im Interesse aller Mitglieder und untereinander abgestimmt sind und von der EU verpflichtend vorgeschrieben werden

---

78 *BSI*, [VB-Produkte].
79 *Common Criteria Portal*, abrufbar unter https://www.commoncriteriaportal.org/index.cfm.

können, zum Beispiel im Rahmen einer EU-Richtlinie. Zertifikatserzeugende Nationen erkennen untereinander Zertifikate bis EAL4 an, also zwei Stufen höher als innerhalb des CCRA.[80]

III. Gesetzliche Regelungen zur Bewertung, Prüfung und dem Nachweis von IT-Sicherheit von IT-Produkten, Diensten und Prozessen

84 Hersteller und Anbieter von **IKT-Produkten und Diensten** sind in mehreren Bereichen zur Einhaltung und zum Nachweis technischer Maßnahmen für die IT-Sicherheit verpflichtet. Gesetzliche Anforderungen an die IT-Sicherheit von IKT-Produkten und Diensten ergaben sich bisher meistens aus bereichsspezifischen Gesetzen, etwa § 22 MsbG für intelligente Stromzähler, § 291 b SGB V für die Telematikinfrastruktur im Gesundheitsbereich oder § 3 PAuswV für den elektronischen Personalausweis. Auf EU-Ebene gelten seit 2014 zudem IT-Sicherheitsanforderungen für Identifizierungssysteme und Vertrauensdienste.[81] Der im Juni 2019 in Kraft getretene Rechtsakt zur Cybersicherheit der Europäischen Union schafft als erstes Gesetz ein allgemeines Rahmenwerk für die Zertifizierung der IT-Sicherheit von IKT-Produkten, Diensten und Prozessen.

1. Fachspezifische Regelungen

85 Im deutschen IT-Sicherheitsrecht existieren zahlreiche bereichsspezifische Regelungen, die IT-Sicherheitsanforderungen und darauf basierende Konformitätsbewertungen für IT-Produkte und Dienste vorschreiben.

86 Nach § 22 Abs. 1 und 2 MsbG müssen **Hersteller** von **Smart-Meter-Gateways** Mindestanforderungen an die IT-Sicherheit umsetzen und diese nach entsprechenden CC-Schutzprofilen und Technischen Richtlinien (TR) des BSI zertifizieren lassen[82]. Das Zertifikat müssen Hersteller dem Smart-Meter-Gateway Administrator vorlegen. Auch für die Interoperabilität des Smart-Meter-Gateways besteht eine Zertifizierungspflicht zum Nachweis der Konformität mit entsprechenden Technischen Richtlinien des BSI.

87 Für die **elektronische Gesundheitskarte und die Telematikinfrastruktur** bestehen laut § 291 b SGB V IT-Sicherheitsanforderungen, deren Einhaltung durch eine Zertifizierung nachzuweisen ist. Laut § 291 b Abs. 1a SGB V werden die Komponenten und Dienste der Telematikinfrastruktur von der Gesellschaft für Telematik zugelassen. Die Gesellschaft für Telematik prüft die Funktionsfähigkeit und Interoperabilität. Der Nachweis der IT-Sicherheit erfolgt nach den Vorgaben des BSI. Für die Gesundheitskarte und Telematikinfrastruktur hat das BSI entsprechend CC-Schutzprofile sowie TR entwickelt, nach denen die einzelnen Komponenten von anerkannten Prüfstellen evaluiert und darauf aufbauend vom BSI zertifiziert werden[83].

88 Bestimmte **Systemkomponenten der Personalausweisbehörden, des Ausweisherstellers und der Diensteanbieter und ihrer Auftragnehmer** müssen nach § 3 PAuswV ebenfalls nach TR des BSI zertifiziert werden. Für elektronische Ausweisdokumente sowie die Lesegeräte, dazugehörigen Prozesse und Protokolle bestehen mehrere Schutzprofile und TRs des BSI.[84]

---

80 SOG-IS, abrufbar unter: https://www.sogis.eu/.
81 S. näher *Roßnagel* in → § 14 Rn. 1 ff.
82 Bundesamt für Sicherheit in der Informationstechnik, Übersicht über die Schutzprofile und Technischen Richtlinien nach § 22 Abs. 2 Satz 1 MsbG, abrufbar unter: https://www.bsi.bund.de/DE/Themen/DigitaleGesellschaft/SmartMeter/UebersichtSP-TR/uebersicht_node.html; s. näher *Singler* in → § 24 Rn. 1 ff.
83 Bundesamt für Sicherheit in der Informationstechnik, Übersicht der Schutzprofile und der Technische Richtlinien für "eHealth VSDM", abrufbar unter: https://www.bsi.bund.de/DE/Themen/DigitaleGesellschaft/eHealth/Schutzprofile_TR/schutzprofile_tr_node.html.
84 Bundesamt für Sicherheit in der Informationstechnik, Schutzprofile im Kontext elektronische Ausweise, https://www.bsi.bund.de/DE/Themen/DigitaleGesellschaft/ElektronischeIdentitaeten/Schutzprofile/schutzprofile_node.html.

2. Identifizierungsdienste und Vertrauensdienste

Auf EU-Ebene ist die Sicherheit von **Identifizierungsdiensten und Vertrauensdiensten** im Rahmen der **eIDAS Verordnung** (EU) Nr. 910/2014 geregelt, welche ebenfalls Konformitätsbewertungsverfahren vorsieht.[85] Die Sicherheitsniveaus elektronischer **Identifizierungssysteme** (eID-Systeme) klassifiziert die eIDAS-VO auf Grundlage eines **risikobasierten Ansatzes** in die Stufen „niedrig", „substanziell" und „hoch" (Art. 8 eIDAS-VO). Das BSI hat die Ausgestaltung der Sicherheitsniveaus in einem offiziellen „Mapping"[86] spezifiziert und entsprechende TR[87] erlassen, welche als Prüf- und Bewertungsgrundlage für Identifizierungsdienste durch das BSI dienen. Im Rahmen der **Notifizierung** eines eID-Systems muss ein Mitgliedstaat gemäß Art. 9 eIDAS-VO relevante Informationen über das eID-System, dessen Sicherheitsniveau sowie über die Aufsichtsstrukturen an die EU-Kommission übermitteln. Die EU-Kommission kann darauf basierend eine Konformitätsbestätigung vornehmen. Ist ein eID-System auf dem Vertrauensniveau substanziell oder hoch notifiziert, muss der jeweilige Mitgliedstaat auch alle anderen europäischen notifizierten Systeme mit dem gleichen Sicherheitsniveau für die Authentifizierung für öffentliche Dienstleistungen akzeptieren. Somit soll die gegenseitige Anerkennung nationaler eID-Systeme gewährleistet werden.

89

Qualifizierte Vertrauensdiensteanbieter wie zum Beispiel Anbieter elektronischer Signaturen müssen gemäß Art. 20 eIDAS-VO ebenfalls eine Konformitätsprüfung durchlaufen, die mindestens alle zwei Jahre wiederholt wird. Die Prüfung bezieht sich auf die Implementierung der technischen und organisatorischen IT-Sicherheitsmaßnahmen nach dem jeweils neuesten Stand der Technik und muss gemäß Art. 20 eIDAS-VO von einer staatlich akkreditierten Konformitätsbewertungsstelle durchgeführt werden. Relevante Normen hat die EU-Kommission in einem Durchführungsbeschluss spezifiziert.[88] **Qualifizierte elektronische Signaturerstellungseinheiten** müssen gemäß Art. 30 eIDAS-VO durch eine von dem Mitgliedstaat öffentliche oder private benannte Stelle zertifiziert werden. Nach Erwägungsgrund 55 eIDAS-VO soll die Zertifizierung möglichst auf Grundlage der CC erfolgen. Die Anforderungen an Vertrauensdienste beschreibt *Roßnagel* in → § 14 Rn. 7 ff.

90

3. Allgemeines Rahmenwerk zur Zertifizierung von IT-Produkten, Diensten und Prozessen nach dem Rechtsakt zur Cybersicherheit der Europäischen Union

Mit dem im Juni 2019 verabschiedeten Rechtsakt zur Cybersicherheit der Europäischen Union VO (EU) Nr. 881/2019, auch EU Cybersicherheitsakt (CSA-VO) genannt[89], haben die EU Institutionen und Mitgliedsstaaten erstmals einen Rahmen für die Ausarbeitung spezifi-

91

---

85 Dazu umfassend *Roßnagel* in → § 14 Rn. 45.
86 Bundesamt für Sicherheit in der Informationstechnik, German eID based on Extended Access Control v2 – LoA mapping: Mapping of the characteristics of the German eID scheme to the eIDAS Level of Assurance, 20.2.2017.
87 TR-03107–1 und TR-03107–2.
88 Durchführungsbeschluss (EU) 2016/650 der Kommission vom 25.4.2016 zur Festlegung von Normen für die Sicherheitsbewertung qualifizierter Signatur- und Siegelerstellungseinheiten gemäß Artikel 30 Absatz 3 und Artikel 39 Absatz 2 der Verordnung (EU) Nr. 910/2014 des Europäischen Parlaments und des Rates über elektronische Identifizierung und Vertrauensdienste für elektronische Transaktionen im Binnenmarkt.
89 Verordnung (EU) 2019/881 des Europäischen Parlaments und des Rates vom 17.4.2019 über die ENISA (Agentur der Europäischen Union für Cybersicherheit) und über die Zertifizierung der Cybersicherheit von Informations- und Kommunikationstechnik und zur Aufhebung der Verordnung (EU) Nr. 526/2013 (Rechtsakt zur Cybersicherheit).

scher Zertifizierungsschemata für bestimmte IKT-Produkte[90], -Dienste[91] und -Prozesse[92] errichtet (Art. 43–54 CSA-VO). Mit der Schaffung von einheitlichen Anforderungen soll der CSA den Markt für zertifizierte Produkte stärken. Die Zertifizierungsschemata folgen einem **risikobasierten Ansatz** und sollen überprüfbare IT-Sicherheits-Anforderungen auf **drei unterschiedlichen Vertrauenswürdigkeitsstufen** definieren: niedrig, mittel und hoch (Art. 46 CSA-VO). Die Stufe „niedrig" beschränkt sich auf die Minimierung von bekannten Cybersicherheitsrisiken und -vorfällen und eine Bewertung anhand mindestens einer Durchsicht einer technischen Dokumentation (Art. 52 Abs. 5 CSA-VO). Für diese Stufe ist eine Selbstbewertung der Konformität durch den Hersteller möglich (Art. 53 CSA-VO). Auf der Stufe „mittel" sollen bekannte Cyberrisiken, Cybervorfälle und Cyberangriffe von Akteuren mit begrenzten Fähigkeiten und Ressourcen minimiert sein und eine Angreifbarkeit über öffentlich bekannte Schwachstellen ausgeschlossen werden können (Art. 52 Abs. 5 CSA-VO). Für das Vertrauenswürdigkeitsniveau „mittel" ist eine Zertifizierung durch eine anerkannte Konformitätsbewertungsstelle erforderlich (Art. 56 Abs. 4 CSA-VO). Ein Zertifikat, welches der Stufe „hoch" entspricht, bietet Gewissheit, dass das jeweilige Produkt, der Dienst oder der Prozess einer Bewertung unterzogen wurde, die darauf ausgerichtet ist, das Risiko von dem neuesten Stand der Technik entsprechenden Cyberangriffen durch Akteure mit umfangreichen Fähigkeiten und Ressourcen möglichst gering zu halten. Eine Prüfung in diesem Rahmen erfordert zum Beispiel neben der Prüfung des Produktes oder Dienstes auf bekannte Schwachstellen und Sicherheitsfunktionalitäten nach dem Stand der Technik auch Penetrationstests (Art. 52 Abs. 7 CSA). Diese Stufe kann für Komponenten Kritischer Infrastrukturen (nach Definition der EU-Richtlinie zur Gewährleistung einer hohen Netzwerk- und Informationssicherheit, in Deutschland umgesetzt durch das IT-Sicherheitsgesetz) genutzt werden. Für die Stufe „hoch" ist eine Zertifizierung durch eine nationale Cybersicherheits-Zertifizierungsbehörde oder eine Konformitätsbewertungsstelle erforderlich (Art. 56 Abs. 6 CSA).

92 Die Zertifizierungsschemata sollen durch die EU-Cybersicherheitsbehörde **ENISA** in **Konsultation** mit den relevanten **Stakeholdern**, insbesondere den nationalen Cybersicherheitsbehörden wie dem BSI, erarbeitet werden. Die EU-Kommission entscheidet über die Annahme der Schemata und erlässt dazu einen entsprechenden **Durchführungsrechtsakt** nach Art. 49 Abs. 7 CSA.

93 Die Zertifizierung von Produkten, Diensten und Prozessen nach einem Schema ist **freiwillig**, sofern nicht anderweitig im Unionsrecht oder nationalem Recht festgelegt. Innerhalb jedes Zertifizierungsschemas soll die Höchstdauer der Zertifikate definiert werden, typischerweise sollte diese für die Dauer von einem bis drei Jahren reichen. Nach Ablauf der Frist sind die Zertifikate verlängerbar. Zertifizierungsverfahren und Datenschutzsiegel gemäß der DS-GVO bleiben vom CSA gemäß dessen Erwägungsgrund 74 unberührt.

94 **Nationale Schemata** für die IT-Sicherheitszertifizierung und die zugehörigen Verfahren für die IKT-Produkte, -Dienste und -Prozesse, die unter ein europäisches Schema für die Cybersicherheitszertifizierung fallen, werden nach Erlass eines entsprechenden Durchführungsrechtsaktes für das europäische Schema **unwirksam** (Art. 57 CSA).

95 Obwohl der CSA die Zertifizierung reguliert, setzt er **keine gemeinsamen Regeln für die Marktüberwachung** von Produkten, Diensten und Prozessen auf – mit Ausnahme einer Web-

---

90 „IKT-Produkt" bezeichnet jedes Element oder jede Gruppe von Elementen von Netz- und Informationssystemen (Art. 2 Nr. 12 CSA-VO).
91 „IKT-Dienst" bezeichnet jeden Dienst, der ganz oder überwiegend aus der Übertragung, Speicherung, dem Abruf oder der Verarbeitung von Informationen über ein Netzwerk und Informationssysteme besteht (Art. 2 Nr. 13 CSA-VO).
92 „IKT-Prozess" bezeichnet eine Reihe von Tätigkeiten, die zur Entwicklung, Bereitstellung und Wartung eines IKT-Produkts oder -Dienstes durchgeführt werden (Art. 2 Nr. 14 CSA-VO).

site, auf der Informationen zu den Zertifikaten erscheinen sowie einer von den jeweiligen Herstellern betriebene Website mit Sicherheitsinformationen (Art. 44 CSA). Laut dem CSA obliegt die Marktüberwachung jeweils den nationalen Cybersicherheitsbehörden. Im Cybersicherheitsbereich fallen unter die zu beaufsichtigten Tätigkeiten zum Beispiel das Schließen von Sicherheitslücken durch den Hersteller sowie die Sanktionierung im Fall einer Nichteinhaltung der Anforderungen.

Der CSA schafft zwar die Voraussetzung für die Erarbeitung von Zertifizierungs-Schemata. Noch ist unklar, welche **Kategorien von Produkten und Diensten** unter dem CSA zertifiziert werden sollen. Stand Frühjahr 2020 wurden erste Ad-hoc Arbeitsgruppen für die Erarbeitung von Zertifizierungsschemata für die Transposition des SOGIS-MRA sowie für Cloud-Dienste gebildet.[93] Die Erarbeitung von Zertifizierungsschemata für 5G-Netzwerktechnik ist ebenfalls von EU Kommission, ENISA und den Mitgliedstaaten beabsichtigt.[94] Es könnten weitere Schemata für das Consumer IoT, aber auch für industrielle Kontrollsysteme oder Komponenten von Kritischen Infrastrukturen geschaffen werden. Der CSA eignet sich insbesondere dazu, grundlegende Security-Anforderungen an IKT-Produkte, Dienste und Prozesse zu stellen, die für einen Vertrieb auf dem EU-Binnenmarkt eingehalten werden müssen. In diesem Kontext stellt sich ebenfalls die Frage, ob die Schemata auf bereits im Rahmen der Regulierungen des **New Legislative Framework** (NLF, → Rn. 12) regulierte Produkte und Dienste angewandt werden, beispielsweise Medizinprodukte.

96

Des weiteren ist bisher unklar, wie der „**Stand der Technik**" für die Anforderungen der Sicherheitsniveaus **ausgestaltet** werden soll und **wie die Sicherheitsniveaus international vergleichbar** sein werden. Um internationale Vergleichbarkeit zu gewährleisten, müssten die in den Sicherheitsniveaus definierten Anforderungen auf internationalen Standards basieren und die Entstehung von parallelen, markthinderlichen heterogenen Sicherheitsstandards vermeiden. Dies wird die ENISA bei der Erarbeitung der Schemata zu berücksichtigen haben.

97

Damit hängt ebenfalls die Frage zusammen, ob der CSA die Zertifizierung von Diensten, Produkten und Systemen **skalierbarer** gestalten können wird. Den mit einer Produktzertifizierung, insbesondere nach CC, verbundenen hohen finanziellen und zeitlichen Aufwand können nur wenige Hersteller und Anbieter leisten. Im „Internet der Dinge" mit Millionen heterogener Geräte ist dieses Modell der Konformitätsbewertung nur schwer skalierbar. Daher stellt sich die Frage, inwiefern der CSA auf weniger aufwändige Bewertungskriterien und -verfahren zurückgreifen wird. Alternativ könnten, wie die europäische Cybersicherheitsagentur ENISA vorschlägt, modulare Prüf- und Zertifizierungsverfahren angewendet werden, in denen einzelne Sicherheitselemente zertifiziert sind, welche in vielen unterschiedlichen Produkten und Systemen eingesetzt werden.[95] Die überarbeiteten Common Criteria (Normenreihe ISO/IEC 15408) bieten bereits einen flexiblen Ansatz für die Bewertung von IoT-Produkten, die „composite evaluation" oder „zusammengesetzte Bewertung", welche auch die ENISA in ihrer Analyse von IoT Standards vorschlägt.

98

4. Ergänzungen aus dem Entwurf für ein IT-Sicherheitsgesetz 2.0

Aus dem zweiten Entwurf des BMI für ein IT-Sicherheitsgesetz 2.0[96] (Stand Mai 2020) ergeben sich neue Anforderungen für die Sicherheit von IT-Produkten und -Diensten. Gemäß Art. 1 Ziff. 19 RefE plant das BMI im Rahmen des IT-Sicherheitsgesetzes 2.0 die Einführung

99

---

93 *European Union Agency for Cybersecurity*, 2020.
94 Vgl. *NIS Cooperation Group*, 2019, S. 7.
95 Vgl. *European Union Agency for Cybersecurity*, 2017.
96 Referentenentwurf des Bundesministeriums des Innern, für Bau und Heimat (BMI) v. 7.5.2020, abrufbar unter: http://intrapol.org/wp-content/uploads/2020/05/200507_BMI_RefE_IT-SiG20.pdf.

eines **freiwilligen IT-Sicherheitskennzeichens**, welches in einem neuen § 9 a BSIG geregelt werden soll. Demnach soll das BSI nach Maßgabe einer Rechtsverordnung auf Antrag ein einheitliches IT-Sicherheitskennzeichen für verschiedene Produktkategorien erteilen. Die Nutzung des IT-Sicherheitskennzeichens soll für Hersteller und Produkte freiwillig sein.

100 Laut Gesetzentwurf soll das Kennzeichen beinhalten

- „eine Erklärung des Herstellers der jeweiligen Produkte, in welcher dieser das Vorliegen bestimmter IT-Sicherheitseigenschaften des Produkts für zutreffend erklärt (Herstellererklärung), und
- eine Information des Bundesamtes über Sicherheitslücken oder sonstige Informationen über sicherheitsrelevante IT-Eigenschaften (BSI-Sicherheitsinformation)."

101 Grundlage für die Erklärung sollen die jeweilige Produktkategorie umfassenden Technische Richtlinien des BSI sein – soweit solche vorliegen. Auch branchenabgestimmte IT-Sicherheitseigenschaften können im Rahmen der **Herstellererklärung** nach einer Eignungsfeststellung durch das BSI verwendet werden. Das BSI würde laut (dem neuen) § 9 a Abs. 3 BSIG auf Antrag die Freigabe zur Nutzung des Kennzeichens erteilen. Die **Prüfung des Herstellerversprechens** soll auch durch einen **qualifizierten Dritten** erfolgen können. Laut (dem neuen) § 9 a Abs. 6 BSIG soll das BSI in regelmäßigen Abständen sowie anlassbezogen prüfen können, ob die Vorgaben des IT-Sicherheitskennzeichens eingehalten werden. Bei Feststellung von Abweichungen vom Herstellerversprechen oder Sicherheitslücken kann das BSI Informationen darüber in geeigneter Weise darstellen (BSI-Sicherheitsinfo) oder die Freigabe zur Nutzung des IT-Sicherheitskennzeichens widerrufen.

102 Wie dieses Kennzeichen und die dazugehörigen Anforderungen mit den in dem **EU-Rechtsakt zur Cybersicherheit** vorgesehenen Zertifizierungsschemata zusammenhängen werden, wird im Gesetzentwurf und der Begründung nicht thematisiert. Um Parallelstrukturen zu vermeiden, wird in dieser Hinsicht eine Abstimmung erforderlich sein.

103 Zudem ergeben sich neue Anforderungen an **KRITIS-Kernkomponenten**. Gemäß des geplanten § 2 Abs. 13 BSIG sind diese IT-Produkte, die in KRITIS eingesetzt werden und von hoher Bedeutung für das Funktionieren des Gemeinwesens sind (Art. 1 Ziff. 1 lit. e RefE). Laut einem neuen § 9 b BSIG KRITIS müssen Betreiber dem BMI den Einsatz von KRITIS-**Kernkomponenten**, für welche auf Grund einer spezialgesetzlichen Regelung eine Zertifizierungspflicht besteht – beispielsweise Telekommunikationsausrüstung –, anzeigen (Art. 1 Ziff. 19 RefE). Die Hersteller dieser Komponenten wiederum sind zu einer **Garantieerklärung** über ihre **Vertrauenswürdigkeit** gegenüber dem Betreiber verpflichtet. Diese Erklärung erstreckt sich über die gesamte Lieferkette des Herstellers. Die Vertrauenswürdigkeit des Herstellers, einschließlich seines Personals und des Entwicklungsprozesses, kann durch ein Zertifizierungsverfahren für die Komponenten nicht überprüft werden. Daher schlägt die Bundesregierung dieses Instrument vor, welches aus der Zeit nach den Enthüllungen über die Tätigkeiten ausländischer Nachrichtendienste durch Edward Snowden stammt. Diese hat im Kontext der Debatte um den Einsatz von Netzwerkkomponenten chinesischer Hersteller wie Huawei in Mobilfunknetzen der nächsten Generation erneut an politischer Bedeutung gewonnen. Die Mindestanforderungen für die Erklärung soll das BMI unter Berücksichtigung überwiegender öffentlicher Interessen und insbesondere sicherheitspolitischer Belange bestimmen (Art. 1 Ziff. 19 RefE). Als Orientierung können „no-spy-Klauseln" für Vergabeverfahren[97] der Bundesregierung und eine Handreichung einer „technischen no-spy-Klausel"[98] aus den vergangenen Jahren dienen. Ist der Hersteller nicht vertrauenswürdig, da er beispielsweise die in der

---

97 *Bundesministerium des Innern, für Bau und Heimat*, Handreichung zum Erlass an das Beschaffungsamt des BMI (BeschA) (Erlass vom 30.4.2014, O4–11032/23#14).
98 *CIO der Bundesregierung*, 2018, Handreichung zur „technischen no-spy-Klausel".

Garantieerklärung eingegangenen Verpflichtungen verletzt oder die Komponente vorsätzliche Schwachstellen enthält, kann das BMI den Einsatz der Komponenten untersagen.

IV. Zusammenfassung und Ausblick

Für die Evaluierung und Bewertung der IT-Sicherheitseigenschaften von Software und Hardware existieren mehrere Kriterienkataloge. Die am weitesten verbreitete Grundlage bilden die Common Criteria. Das BSI kann gemäß § 9 BSIG Zertifikate für die IT-Sicherheit von IT-Produkten, Systemen und Diensten erteilen. Voraussetzung dafür ist eine erfolgreiche Prüfung durch eine anerkannte Prüfstelle. Gesetzlich war die IT-Sicherheit von IT-Produkten, Diensten und Prozessen lange nicht übergreifend, sondern nur fachspezifisch reguliert. Seit 2019 stellt der EU-Rechtsakt zur Cybersicherheit ein Rahmenwerk für die Erstellung von Zertifizierungsschemata auf EU-Ebene zur Verfügung, die je nach weiterem Vorgehen der EU-KOM die nationalen Kriterienkataloge sukzessive ersetzen könnten.

Die Zertifizierung hat sich über Jahre hinweg als Instrument zur Qualitätssicherung von Produkten und Systemen bewährt. Die wachsende **Komplexität** von IT-Produkten und Systemen, deren zunehmende Verbreitung im Alltag und der hohe mit der Zertifizierung verbundene Aufwand stellen sie als taugliches Instrument jedoch zunehmend in Frage. Dies gilt insbesondere im Zeitalter des „Internet der Dinge", in dem alltägliche Nutzgegenstände und Infrastrukturen vernetzt werden. Grenzen zwischen IT-Produkten, -Diensten und -Prozessen verschwimmen zunehmend durch die **Virtualisierung** von Funktionalitäten, welche vorher an Hardware gebunden war.

Zudem sind „Safety" (also funktionale Sicherheit) und **IT-Sicherheit** immer enger miteinander verflochten. Die Methoden zur Bewertung und Prüfung von Safety und IT-Sicherheit von Systemen haben sich im Laufe der Zeit separat entwickelt. Safety-Mechanismen befassen sich hauptsächlich mit unbeabsichtigten Bedrohungen, die durch Naturkatastrophen, technische Ausfälle oder menschliches Versagen verursacht werden. IT-Sicherheitsmechanismen adressieren vorsätzliche Bedrohungshandlungen, die beispielsweise Systemschwachstellen ausnutzen. Das Ausmaß der Bedrohung hängt dabei von den Bedrohungsakteuren und ihren Fähigkeiten, Absichten und ihrer Motivation sowie von den Schwachstellen im System ab. Daher sind Cyberbedrohungen höchst dynamisch – sie entwickeln sich ständig weiter. Jederzeit kann eine neue Schwachstelle gefunden oder eine neue Angriffstechnik bekannt werden. IT-Sicherheitsangriffe nutzen oft die Existenz von unspezifiziertem Verhalten aus.

Daher können IT-Sicherheitsrisiken nicht nur durch statische Risikobewertungs- und -management-Methoden, wie zB Funktionstests, auf das Vorhandensein von einem spezifischen Verhalten sowie statische Ausfallratenberechnungsmethoden, erfasst und kontrolliert werden. Eine zentrale Herausforderung ist daher – für Safety-relevante Produkte – die **Kombination von Safety und Security in Prüf- und Zertifizierungsverfahren**.[99] Dies wird in besonderem Maße bedeutsam für IT-Systeme, deren Betrieb mit Gefahren für Leib und Leben verbunden ist, wie etwa autonome Fahrzeuge oder vernetzte Medizinprodukte.

Eine fundamentale Herausforderung der Zertifizierung ist außerdem, dass Software dynamisch ist und kontinuierlich Updates zum Schließen von Schwachstellen oder zur Verbesserung von ihrer Funktionalität erfordert. Da Zertifizierung im Grundsatz statisch ist, dh die Erfüllung von Anforderungen zu einem bestimmten Zeitpunkt feststellt, muss die Wartung von Produkten und Diensten durch Updates anders gehandhabt werden. Die wiederholte Prüfung oder Re-Zertifizierung eines Produkts nach jedem Software-Update ist wegen des damit verbundenen Aufwandes nicht skalierbar. Diese Herausforderungen muss ein auf IKT ausge-

---

[99] Vgl. *Leverett/Clayton/Anderson*, 2017; vgl. *Kriaa*, 2016; vgl. *Hänninen/Hansson/Thane/Saadatmand*, 2016.

richtetes Zertifizierungs-Rahmenwerk bewältigen. Zukünftige Prüf- und Nachweismechanismen müssen diesen Konflikt zwischen einmaliger Zertifizierung und der konstanten Softwareentwicklung auflösen. Daher werden Ansätze benötigt, die die Aussagekraft von Zertifikaten über die gesamte Produktlebensdauer erhalten und die wachsende Komplexität von Technologien abbilden kann. Entsprechende Ansätze existieren bereits in der Fachliteratur.[100]

---

[100] Vgl. *Krcmar/Eckert/Roßnagel/Sunyaev/Wiesche* (Hrsg.) Management sicherer Cloud-Services. Entwicklung und Evaluation dynamischer Zertifikate, 2018; aus rechtlicher Sicht außerdem *Hofmann* Dynamische Zertifizierung – Datenschutzrechtliche Zertifizierung nach der Datenschutz-Grundverordnung am Beispiel des Cloud Computings, 2019.

§ 9 IT-Sicherheit im Zivilrecht und in der Vertragsgestaltung

Literatur: *Achenbach*, Die Cyber-Versicherung – Überblick und Analyse, VersR, 2017, 1493; *Ahlberg/ Götting* (Hrsg.), BeckOK Urheberrecht, 26. Aufl. 2019; *Auer-Reinsdorff/Conrad* (Hrsg.), Handbuch IT- und Datenschutzrecht, 3. Aufl. 2019; *Baum/Appt/Schenk*, Die vernetze Fabrik. Rechtliche Herausforderungen in der Industrie 4.0, DB 2017, 1888; *Bensinger/Kozok*, Kampf gegen Cyber Crime und Hacker-Angriffe, CB 2015, 376; *Beucher/Utzerath*, Cybersicherheit – Nationale und internationale Regulierungsinitiativen. Folgen für die IT-Compliance und die Haftungs-maßstäbe, MMR 2013, 362; *Bussche v.d./ Voigt*, Konzerndatenschutz, 2. Aufl. 2019; Bräutigam, IT-Outsourcing und Cloud-Computing, Eine Darstellung aus rechtlicher, technischer, wirtschaftlicher und vertraglicher Sicht, 3. Aufl. 2013; *Bräutigam/ Klindt*, Industrie 4.0, das Internet der Dinge und das Recht, NJW 2015, 1137 ff.) *Brox/Walker*, Allgemeines Schuldrecht, 43. Auflage, München 2019; *Deusch/Eggendorfer*, DSRI Tagungsband Herbstakademie 2015, S. 833ff; *Dickmann*, Angriffspfad Drucker und Schäden durch Datenabfluss – Aspekte von Deckung und Haftung unter der Cyberversicherung r+s 2020, 131 ff.; *Eiselt/Sawadka*, Cybercrime und Cybersecurity als Gegenstand der Corporate Governance Managementaufgaben zwecks Schutz vor IT-Risiken, ZCG 2019, 161; *Fandrich/Karper* (Hrsg.), Münchner Anwaltshandbuch Bank- und Kapitalmarktrecht Bank- und Kapitalmarktrecht, 2. Aufl. 2018; *Foerste/Graf von Westphalen* (Hrsg.), Produkthaftungshandbuch,3. Aufl. 2012; *Fortmann*, Cyberversicherung: ein gutes Produkt mit noch einigen offenen Fragen, r+s 2019, 429; *Gabel/Heinrich/Kiefner* (Hrsg.), Rechtshandbuch Cyber-Security. IT-Sicherheit, Datenschutz, Gesellschaftsrecht, Compliance, M&A, Versicherungen, Aufsichtsrecht, Arbeitsrecht, Litigation, 1. Aufl. 2019; *Goette/Goette*, Managerhaftung: Abgrenzung unternehmerischer Entscheidungen nach Maßgabe der Business Judgement Rule von pflichtverletzendem Handeln, DStR 2016, 815; *Guckelberger*, Rechtsfragen kritischer Infrastrukturen, DVBl 2019, 525; *Hauschka/Moosmayer/Lösler/Schmidl*, Corporate Compliance. Handbuch der Haftungsvermeidung im Unternehmen, 3. Aufl. 2016; *Holleben/Menz*, IT Risikomanagement – Pflichten. der Geschäftsführung, CR 2010, 63; *Jauernig* (Hrsg.), Bürgerliches Gesetzbuch: BGB, 17. Aufl. 2018; *Kirn/Müller-Hengstenberg*, Überfordert die digitale Welt der Industrie 4.0 die Vertragstypen des BGB?, NJW 2017, 433; *Köhler/Bornkamm/Feddersen/Alexander*, Gesetz gegen den unlauteren Wettbewerb, 38. Aufl. 2020; *Koreng/Lachenmann*, Formularhandbuch Datenschutzrecht, 2. Aufl. 2018; Kramer, IT-Arbeitsrecht, 2. Aufl. 2019; *Leupold/Glossner* (Hrsg.), Münchener Anwaltshandbuch IT-Recht, 3. Aufl. 2013; *Malek/Schilbach*, Versichertes Risiko in der Cyber-Versicherung – Umfang und Grenzen des Deckungsschutzes, VersR 2019, 1321; *Marly*, Praxishandbuch Softwarerecht, 7. Auflage 2018; *Mann*, Vertragsgestaltung beim IT-Outsourcing Besonderheiten und Fallstricke, MMR 2012, 499; *Medicus/ Petersen*, Bürgerliches Recht. Eine nach Anspruchsgrundlagen geordnete Darstellung zur Examensvorbereitung, 27. Aufl. 2019; Nolte/Becker, IT-Compliance BB Special 5/2008; *Oppenheim*, Die Pflicht des Vorstands zur Einrichtung einer auf Dauer angelegten Compliance-Organisation - Zugleich Besprechung von LG München I, Urteil vom 10. 12. 2013, 5 HK 1387/10, DStR 2014. 1063; *Palandt* (Bgr.), Bürgerliches Gesetzbuch, 79. Aufl. 2020; *Preußner/Becker*, Ausgestaltung von Risikomanagementsystemen durch die Geschäftsleitung, Zur Konkretisierung einer haftungsrelevanten Organisationspflicht, NZG 2002, 846; *Rath/Heetkamp*, IT-Sicherheit ist Chefsache. Bei der Abwehr von Cyberkriminalität sind Unternehmensleiter in der Pflicht, Deutscher AnwaltSpiegel, Ausgabe 04, 11.2.2017; *Rockstroh/Kunkel*, IT-Sicherheit in Produktionsumgebungen, Verantwortlichkeit von Herstellern für Schwachstellen in ihren Industriekomponenten, MMR 2017, 77; *Säcker/Rixecker/Oetker/Limperg* (Hrsg.), Münchener Kommentar zum Bürgerlichen Gesetzbuch, 8. Aufl. 2018; *Schmidl*, Aspekte des Rechts der IT-Sicherheit, NJW 2010, 476; *Schmidt-Versteyl*, Cyber Risks – neuer Brennpunkt Managerhaftung?, NJW 2019, 1637; *Schulze* (Hrsg.), Bürgerliches Gesetzbuch, 10. Aufl. 2019; *Schraud*, Compliance in der Aktiengesellschaft – Mysterium Compliance vor dem Hintergrund der Vorstands- und Aufsichtsratsverantwortung, 2019; *Spindler*, Haftung der Geschäftsführung für IT-Sachverhalte, CR 2017, 715; *Thalhofer*, Vertragspraxis und IT-Sicherheit, 16. Deutscher IT-Sicherheitskongress des BSI, 467; *Tonner*, Auswirkungen von Krieg, Epidemie und Naturkatastrophe auf den Reisevertrag, NJW 2003, 2783; *Weber/Buschermöhle*, Rechtssicherheit durch Technische Sicherheit: IT-Compliance als dauerhafter Prozess, CB 9/2016, 339; *Wendehorst*, Die Digitalisierung und das BGB, NJW 2016, 2609 (2610); *Weitnauer/Mueller-Stöfen* (Hrsg.), Beck'sches Formularbuch IT-Recht, 5. Aufl. 2020; *Wirth*, Versicherung von Cyber-Risiken – eine Bestandsaufnahme unter besonderer Berücksichtigung von M&A-Transaktionen. Handlungsnotwendigkeiten und Gestaltungsoptionen aus Unternehmenssicht, BB 2018, 200; *Witte*, Testmanagement und Softwaretest: Theoretische Grundlagen und praktische Umsetzung, 2015; *Wybitul*, E-Mail-Auswertung in der betrieblichen Praxis. Handlungsempfehlungen für Unternehmen, NJW 2014, 3605; *Zerres*, Bürgerliches Recht. Eine Einführung in das Zivilrecht und die Grundzüge des Zivilprozessrechts, 8. Aufl. 2016.

9 IT-Sicherheit im Zivilrecht und in der Vertragsgestaltung

A. Einleitung	1
I. Cyberrisiken – Zielscheibe deutsche Wirtschaft	1
II. Schäden für deutsche Unternehmen	6
III. Relevanz der IT-Sicherheit für die Vertragsgestaltung	7
IV. Begriff der IT-Sicherheitspflicht	10
B. IT-Sicherheit: ein Fall der Unmöglichkeit nach § 275 Abs. 1 BGB?	11
I. Verhältnis von technischer Unmöglichkeit und Unmöglichkeit im Rechtssinne	11
II. Anknüpfungspunkt/Relevante Leistung	14
III. Ergebnis	17
C. Cyberrisiko als höhere Gewalt?	19
I. Gesetzeslage	22
II. Rechtsprechung	23
III. Cyberrisiko als höhere Gewalt	24
IV. Unterlassene IT-Sicherheitsmaßnahme als relevanter Anknüpfungspunkt	25
V. Ergebnis	27
D. IT-Sicherheit und Bestimmbarkeitsgrundsatz des Zivilrechts	29
I. Bestimmbarkeit als rechtliche Voraussetzung für Schuldverhältnisse	30
II. Inhaltliche Anforderungen an die Bestimmbarkeit vertraglicher Regelungen	32
III. Tatsächliche Bestimmbarkeit der IT-Sicherheitsanforderungen	34
1. Spezialgesetzliche Regelungen – Abstellen auf den Stand der Technik	34
2. Technische Normen	39
3. Praxisleitfäden	46
4. EU-Warenkaufsrichtlinie 2019	49
IV. Ergebnis	50
E. Bedürfnis für eine vertragliche Gestaltung der IT-Sicherheit	52
I. Sektorale Anwendung spezialgesetzlicher Regelungen	53
II. Vertraglicher Gestaltungsbedarf trotz zwingender Regulatorik	54
1. „Durchreichen" von regulatorischen Anforderungen	58
2. Nachweisregelungen	61
III. Vertragsgestaltung zur Vermeidung eines strafrechtlichen Risikos	63
1. Berufsgeheimnisschutz	64
2. Illegales Filesharing	66
IV. Gesetzliche Notwendigkeit einer vertraglichen Gestaltung der IT-Sicherheit	68
1. Datenschutzrecht	69
2. Geschäftsgeheimnisgesetz	70
3. EBA-Leitlinien zu Auslagerungen	71
V. Fehlen einer etablierten Rechtsprechung bzgl. Haftung für Cyberrisiken	73
1. Schuldrechtliche Haftung wegen Verletzung der IT-Sicherheitspflicht	75
2. Deliktische Haftung eines Vertragspartners	81
3. Ergebnis	88
F. Vertragsrechtliche Implementierung von IT-Sicherheit als notwendiger Bestandteil des Cyberrisiko-Managements	91
I. Spezialgesetzlich vorgeschriebenes IT-Sicherheitsmanagement	92
II. Business Judgement Rule	93
III. Haftung der Unternehmensleitung	95
IV. Vertragliche Gestaltung als notwendiger Bestandteil des Cyberrisiko-Managements	99
V. Ergebnis	101
G. Zivilrechtliche Einordnung der IT-Sicherheitspflicht	102
I. Obliegenheit	103
1. Begriff	103
2. Beispiel für IT-Sicherheit als Obliegenheit: Klausel A1-16.2 AVB Cyber	104
II. Leistungspflicht	105
1. Hauptleistungspflicht	106
2. Nebenleistungspflicht	107
III. Rücksichtspflicht	108
IV. Nebenpflicht	112
V. IT-Sicherheit als Kardinalpflicht	113
1. Relevanz für Standardverträge	113
2. Begriff der Kardinalpflicht bzw. vertragswesentlichen Pflicht	115
3. Nebenpflichten als Kardinalpflichten	116
4. Ergebnis	117
H. Inhaltliche Ausgestaltung von Vertragsklauseln zur IT-Sicherheit	118
I. Vorgeschaltete Risikoanalyse	120
II. Kernpunkte einer IT-Sicherheitsregelung	123
III. Orientierung am typischen Risikomanagement	125
1. Preparedness	126
2. Response	129
3. Nachbearbeitung eines Cybervorfalls	130
4. Orientierung am Vertragstyp	131
5. IT-Sicherheit im Bereich der kauf- oder werkvertraglichen Gewährleistung	132
IV. Cyberrisiken in Arbeitsverträgen	136
1. Risikofaktor Mensch	136
2. Cyber-Security-Leitfaden	137
3. Privatnutzung von Arbeitgeber-IT	138
4. Verbot der eigenmächtigen Installation von Programmen	139
5. Home-Office	140
V. IT-Sicherheitsklauseln beim IT-Outsourcing	141
1. Einführung	141
2. Vereinbarung konkreter Leistungseigenschaften	145
3. Definition von technischen und organisatorischen Maßnahmen	148
4. Verweis auf technische IT-Sicherheitsbestimmungen	153
5. Vereinbarung besonderer Kontrollrechte	155
6. Sicherstellung der Vertraulichkeit	159
7. Sicherstellung der Verfügbarkeit	162
VI. Cyberrisiken in Due Diligence und M&A	166
1. Cyberrisiken als Prüfgegenstand in Unternehmenstransaktionen	166
2. Mögliche Regelungen in Unternehmenskaufverträgen	167
a) Vor Signing unerkannte bzw. nicht offengelegte Risiken	169
b) Zwischen Signing und Closing auftretende Cyberrisiken	170
I. Zusammenfassung und Ausblick	171

A. Einleitung

I. Cyberrisiken – Zielscheibe deutsche Wirtschaft

Cyberrisiken sind **omnipräsente Bedrohungen,** die jedes Unternehmen angehen. Diese Risiken müssen Unternehmen managen, nicht nur durch technisch-organisatorische Maßnahmen, sondern auch durch rechtliche, insbesondere vertragliche Maßnahmen. Einerseits beruhen diese Risiken auf menschlichem Fehlverhalten (zB Datenverlust wegen Fehlbedienung von IT-Systemen). Andererseits können Risiken auch aus Systemfehlern der IT-Infrastruktur resultieren (zB Hardwaredefekt, Software-Bugs). Weiterhin gibt es auch externe Ursachen (zB Stromausfall oder Überspannungsschäden).[1]

Hinzu kommt **Cyberkriminalität.** Es vergeht kaum ein Tag, an dem kein neuer Cyberangriff auf Unternehmen der deutschen Wirtschaft stattfindet. So gab es schwerwiegende Attacken auf RWE und Pilz (ein schwäbischer Spezialist für Automatisierung).[2] Die Deutsche Telekom registrierte im April 2019 allein an einem Tag 46 Millionen Cyberangriffe.

Steigende Risiken ergeben sich insbesondere durch den zunehmenden Einsatz internetfähiger Geräte und von Home-Office-Konzepten (zB während der Corona-Krise) sowie durch mobile und dezentrale Anwendungen (zB Cloud-Computing, Informationsplattformen für Arbeitnehmer und Kunden, Big-Data-Analysen, Zuliefererketten), die über eine Plattform organisiert werden und die auf Produktions- und Vertriebsprozesse einwirken.

Mit der steigenden Anzahl an vernetzten Geräten steigen die Eintrittswahrscheinlichkeit und die Höhe eines möglichen Schadens aufgrund von IT-Schwachstellen, insbesondere durch fehlerhafte oder veraltete Firmware auf diesen Geräten.[3] Zudem **verschmilzt** vor allem die **Produktionsumgebung** zunehmend mit IT-Systemen aus dem Büroumfeld. In vielen Bereichen der Industrie kommen zum Messen, Steuern und Regeln von Abläufen sog. **Industrial Control Systems** (industrielle Steuerungssysteme) zum Einsatz. Während diese in der Vergangenheit physisch von anderen IT-Systemen und Netzen entkoppelt und damit vor äußeren Einflüssen geschützt waren, ist nun seit mehreren Jahren sowohl eine zunehmende Vernetzung als auch ein fortschreitender Einzug von IT-Systemen aus dem Büroumfeld in industrielle Umgebungen zu beobachten.[4]

Denkt man noch die Cyberangriffe hinzu, die tagtäglich stattfinden, **ohne der Öffentlichkeit oder gar dem betroffenen Unternehmen selbst bekannt zu werden**, wird deutlich, dass kein Unternehmen vor solchen Angriffen sicher ist. Im Gegenteil: Die Anzahl und die **Hartnäckigkeit der Angriffe** nahmen über die letzten Jahre hinweg kontinuierlich zu. Gemäß einer Erhebung des Digitalverbands Bitkom, die im November 2019 veröffentlicht wurde, erleidet die Wirtschaft allein in Deutschland durch Datendiebstahl, Sabotage und Spionage einen Schaden von inzwischen 102,9 Milliarden EUR pro Jahr.[5] Schätzungen zufolge waren im Jahre 2019 ca. 75 Prozent der Unternehmen von derartigen Cyberattacken betroffen. Laut Bitkom-Präsident Achim Berg wird der Industriestandort Deutschland zunehmend zur Zielscheibe von Hackern, so dass IT-Sicherheitsmaßnahmen unabdingbar werden.[6] Ähnliches konstatierte das

---
1 *Wirth* BB 2018, 200; Achenbach VersR 2017, 1493 (1494 f.).
2 S. https://www.zeit.de/wirtschaft/2018-09/rwe-hackerangriff-internetseite-hambacher-forst; https://www.handelsblatt.com/25117634.html?.
3 Der durch das aus mehr als 300.000 IoT-Geräten bestehende Botnet „Mirai" entstandene Schaden wurde im Jahr 2016 auf ca. US-$ 100 Mio. geschätzt (https://www.gdatasoftware.com/blog/2018/09/31124-botnet-no-jailtime-for-mirai-creators).
4 *Rockstroh/Kunkel* MMR 2017, 77.
5 S. https://www.bitkom.org/Presse/Presseinformation/Angriffsziel-deutsche-Wirtschaft-mehr-als-100-Milliarden-Euro-Schaden-pro-Jahr; zu den einzelnen Kategorien der wirtschaftlichen Risiken mangelhafter IT-Sicherheit s. *Bertschek/Janßen/Ohnemus* in → § 3 Rn. 21 ff.
6 Bitkom-Studienbericht zum Wirtschaftsschutz in der deutschen Industrie von 2018, S. 12.

Bundeskriminalamt (BKA) in seinem Cybercrime-Bundeslagebild 2018.[7] Ausgehend vom Bericht zur Lage der IT-Sicherheit des Bundesamts für Sicherheit in der Informationstechnik (BSI) von 2019 ist mit einer drastischen Zunahme von Cyberangriffen in den nächsten Jahren zu rechnen, nicht zuletzt aufgrund der fortschreitenden Vernetzung im Zuge der Digitalisierung.[8]

II. Schäden für deutsche Unternehmen

6 Im Ergebnis sehen sich Unternehmen jeder Art und Größe deshalb mit einem enormen **Gefährdungs- und Schadenpotenzial** konfrontiert. Zu nennen sind beispielsweise Imageschäden und Produktionsausfälle. Durch Cyberkriminalität kann es zudem zu unerwünschtem Abfluss von geistigem Eigentum, Geschäftsgeheimnissen sowie Kundendaten, zum Verlust von Wettbewerbsvorteilen (zB durch nachgemachte Produkte oder Patentrechtsverletzungen) sowie zu erheblichen Ermittlungskosten, **Kosten** für die Wiederherstellung von Betriebssystemen, Rechtverfolgungskosten, aber auch zu drakonischen Bußgeldern kommen. Im Ernstfall kann fehlende IT-Sicherheit Unternehmenswerte insgesamt beeinträchtigen.[9]

III. Relevanz der IT-Sicherheit für die Vertragsgestaltung

7 Angesichts zahlreicher bekanntgewordener Datenlecks rückt das Thema **IT-Sicherheit** nicht nur in den Fokus von Politik, Justiz und öffentlicher Wahrnehmung. IT-Sicherheit ist auch für die Wirtschaft und folglich auch für die **anwaltliche Beratung von zunehmender Bedeutung**. Teil der anwaltlichen Tätigkeit ist daher vermehrt auch die Beratung von Unternehmen im Hinblick auf die Gestaltung und Formulierung von IT-Sicherheitsanforderungen in Verträgen sowie die Prüfung der Kompensation von Schäden, die infolge unzureichender IT-Sicherheit bei Unternehmen entstehen (zB wenn aufgrund eines Hackerangriffs auf ein Logistikunternehmen Pakete der Kunden nicht mehr ausgeliefert werden).

8 Dies wirft zunehmend die Frage auf, ob und wie IT-Sicherheit **Eingang in die Vertragsgestaltung** finden kann oder muss. Ist IT-Sicherheit respektive ein Cyberrisiko überhaupt zivilrechtlich adressierbar oder ist dies ein Fall der Unmöglichkeit? Welche Regelungen sind erforderlich, um (Haftungs-)Risiken zu allozieren und zu mitigieren, aber auch Compliance-Verstößen vorzubeugen? Ist die vertragliche Gestaltung von IT-Sicherheit nur ein „nice to have" oder haben Unternehmen gar eine Pflicht, sich vertraglich gegen Cyberrisiken wie zB Cyberangriffe zu schützen? Wenn ja, wie ist diese Pflicht zivilrechtlich einzuordnen? Besteht vor dem Hintergrund bestehender IT-Sicherheitsgesetze, technischer Normen und Praxisleitfäden überhaupt noch ein Bedürfnis für vertragliche Gestaltung? Wenn ja, welche Regelungen müssen IT-Sicherheitsklauseln beinhalten?

9 In dem vorliegenden § 9 werden diese Fragen beantwortet und **Möglichkeiten der vertraglichen Absicherung von IT-Sicherheit** aufgezeigt und diskutiert. Je nach Rechtsgebiet und Vertragstyp kommen unterschiedliche Vertragsgestaltungen im Betracht.

IV. Begriff der IT-Sicherheitspflicht

10 Der Begriff der IT-Sicherheitspflicht bedeutet nach seinem Wortsinn zunächst die rechtsverbindliche Aufgabe eines Rechtssubjekts (= Verpflichtung), für IT-Sicherheit (engl. *Cyber Secu-*

---

7 BKA – Bundeslagebild Cybercrime 2018, S. 53.
8 BSI Lagebericht zur IT-Sicherheit in Deutschland 2019, S. 75.
9 Der Angriff auf Yahoo!, bei dem loп Milliarden von Nutzerdaten entwendet wurden, hatte zur Folge, dass sich der Kaufpreis für Yahoo beim Verkauf an Verizon im Jahr 2016 um 350 Million US-Dollar reduzierte; dazu FAZ vom 4.10.2017 https://www.faz.net/aktuell/wirtschaft/unternehmen/yahoo-drei-milliarden-accounts-von-datenklau-betroffen-15229889.html.

rity) zu sorgen. Die inhaltlich-thematischen Anforderungen oder Prägungen der IT-Sicherheitspflicht hängen wiederum von den Umständen des Einzelfalles und den sich daraus ergebenden technisch-organisatorischen Bedürfnissen ab. Der Begriff der IT-Sicherheit und die technisch-organisatorischen Anforderungen ergeben sich einerseits aus Gesetz (zu den spezialgesetzlichen Regelungen wie zB § 2 Abs. 2 BSIG → Rn. 37). Andererseits bestimmt sich das Verständnis und der Inhalt der IT-Sicherheitspflicht aus dem, was die Parteien hierzu vereinbaren. Selbst wenn die Parteien nichts ausdrücklich vereinbaren und auch keine spezialgesetzlichen Regelungen Anwendung finden, ergibt sich im Zivilrecht jedenfalls nach derzeitiger herrschender Auffassung ein Mindestverständnis der IT-Sicherheitspflicht als „Rücksichtnahmepflicht" nach § 241 Abs. 2 BGB (→ Rn. 108).

B. IT-Sicherheit: ein Fall der Unmöglichkeit nach § 275 Abs. 1 BGB?

I. Verhältnis von technischer Unmöglichkeit und Unmöglichkeit im Rechtssinne

Unbestreitbar ist derzeit und vermutlich auch zukünftig eine **hundertprozentige IT-Sicherheit technisch nicht möglich**. Aus technischer Sicht – das zeigen zahlreiche IT-Sicherheitsvorfälle – gibt es in jedem Computersystem immer mindestens eine IT-Schwachstelle, und damit mindestens ein Einfallstor oder Wurmloch für Hacker.

Demgemäß stellt sich die Frage, ob **vertragliche Regelungen bezüglich IT-Sicherheit überhaupt rechtlich durchsetzbar** sind. Denkbar ist insofern der Einwand, aufgrund einer technischen Unmöglichkeit läge auch eine rechtlich „unmögliche" Leistung vor. Rechtlicher Anknüpfungspunkt ist hier § 275 BGB. Der Leistungsschuldner muss nämlich nach § 275 Abs. 1 BGB keine Leistung erbringen, die für ihn selbst oder für jede Person unmöglich ist. Ein Grundsatz, der bereits im römischen Recht galt: *Impossibilium nulla obligatio est* (sinngemäße Übersetzung: Unmögliches kann keine Verpflichtung sein).[10]

Objektive Unmöglichkeit liegt insbesondere dann vor, wenn die Leistung *nach dem Stand von Wissenschaft und Technik* gar nicht erfüllt werden kann.[11] Mit anderen Worten: Wäre jeglicher Ansatz zum Schutz von Dateien, Rechenzentren, Cloud-Diensten, etc bereits von vornherein vollständig technisch unmöglich und damit aus technischen Gründen von Anfang an zum Scheitern verurteilt, dann wäre IT-Sicherheit nur eine technische Illusion und damit keiner belastbaren vertraglichen Gestaltung zugänglich, auch wenn rechtlich betrachtet Verträge über unmögliche Leistungen geschlossen werden können.[12]

II. Anknüpfungspunkt/Relevante Leistung

Ob die IT-Sicherheit ein Fall der Unmöglichkeit im Rechtssinne hängt auch davon ab, an welche Leistung man anknüpft. Für die Subsumtion des § 275 Abs. 1 BGB muss man daher auf die konkret vereinbarte **Leistungspflicht nach dem übereinstimmenden Parteiwillen** abstellen:

Bestünde die Leistungspflicht darin, das Auftreten von Cyberattacken hundertprozentig zu verhindern (im Sinne eines werkvertraglich geschuldeten Erfolgs), dürfte diese Leistungspflicht meist schon aus technischen Gründen objektiv unmöglich sein. Aus technischer Sicht ist es nahezu ausgeschlossen, dass sämtliche theoretischen denkbaren (dh bekannte und unbekannte) Cyberattacken bereits von vornherein mit IT-Sicherheitsmaßnahmen ausgeschlossen

---

10 Digesten 50, 17, 185.
11 Schulze/*Reiner*/*Schulze* HK-BGB § 275 Rn. 10.
12 Palandt/*Grüneberg* BGB § 275 Rn. 4.

werden können. Das gilt nicht nur für Online-, sondern auch für Offline-Systeme, wie die Störungen des iranischen Atomprogramms durch den Computerwurm Stuxnet gezeigt haben.[13]

16 Wenn die Leistungspflicht jedoch – wie in den allermeisten Fällen – schlichtweg darin besteht, bereits präventiv geeignete sowie dem Stand der Technik entsprechende IT-Sicherheitsmaßnahmen zur Abwehr potenzieller Cyberattacken zu implementieren, liegt kein Fall der Unmöglichkeit vor. Solche dem Stand der Technik entsprechenden IT-Sicherheitsmaßnahmen sind dem Leistungsschuldner grundsätzlich möglich. Es geht dann nicht um die vollständige Abwesenheit von Cyberrisiken oder Cyberangriffen, sondern richtigerweise um die **Pflicht zur Implementierung von Maßnahmen zum Schutz der IT-Infrastruktur**. Eine solche Leistung ist regelmäßig möglich.

III. Ergebnis

17 Im Ergebnis kann sich eine Partei also dann **nicht auf Unmöglichkeit ihrer Leistungspflicht nach § 275 Abs. 1 BGB berufen**, wenn die von ihr abverlangte IT-Sicherheitspflicht darin besteht, geeignete Maßnahmen zum Schutz der IT-Infrastruktur gegen Cyberangriffe und andere Cyberrisiken als **Vorsorgepflicht** zu ergreifen.

18 Sollte hingegen nach Absprache der Parteien ein werkvertraglich geschuldeter Erfolg dahin gehend vereinbart worden sein, dass eine Vertragspartei dafür einsteht, dass keine Cyberattacke bei ihr stattfindet, könnte sich zwar die betreffende Partei auf die Unmöglichkeit nach § 275 Abs. 1 BGB berufen. Im Weiteren wäre dann aber zu prüfen, ob sich die betreffende Vertragspartei nach §§ 275 Abs. 4 BGB iVm §§ 280, 283–285, 311a und 326 BGB schadenersatzpflichtig gemacht hat. Eine Schadensersatzpflicht wegen anfänglicher Unmöglichkeit nach § 311a Abs. 2 BGB wäre ausgeschlossen, wenn der Schuldner das Leistungshindernis bei Vertragsschluss nicht kannte und seine Unkenntnis auch nicht zu vertreten hat. § 311a Abs. 2 S. 2 BGB formuliert insoweit eine Vermutungsregel zulasten des Schuldners. Eine Exkulpation des Schuldners, welcher die IT-sicherheitsrechtliche Verpflichtung eingegangen ist, scheint nicht von vornherein ausgeschlossen zu sein. Etwas anderes gilt, wenn der Schuldner eine verschuldensunabhängige Erfolgsgarantie abgegeben hat; insofern gibt es auch keine Exkulpationsmöglichkeit.[14]

C. Cyberrisiko als höhere Gewalt?

19 Nach § 276 Abs. 1 S. 1 BGB hat eine Partei nur Vorsatz und Fahrlässigkeit zu vertreten, wenn eine strengere oder mildere **Haftung** weder bestimmt noch aus dem sonstigen Inhalt des Schuldverhältnisses, insbesondere aus der Übernahme einer Garantie oder eines Beschaffungsrisikos zu entnehmen ist. Im Grundsatz haftet ein Unternehmen also (sofern es keine Garantien abgegeben hat) nicht für Zufall oder höhere Gewalt.

20 In einem Rechtsstreit könnte daher der Einwand erhoben werden, dass keine Haftung zB für eine **Cyberattacke** bestehe, weil insoweit ein **Ereignis höherer Gewalt** vorliege. Die meisten Akteure – die nur in Ausnahmefällen versierte Programmierer sind – können IT-Sicherheitsprobleme nicht eigenhändig beheben oder gar kontrollieren. Aufgrund dieser (für den Durchschnittsmenschen) gefühlten Willkürlichkeit bzw. Unkontrollierbarkeit von IT-Sicherheit scheint es auf den ersten Blick naheliegend, dass ein Cyberangriff als ein Fall von höherer

---

13 Bis heute ist nicht restlos aufgeklärt, wie der Computerwurm Stuxnet den Sprung in die iranischen Atomanlagen machte; dazu https://www.datensicherheit.de/stuxnet-kaspersky-lab-identifiziert-opfer.
14 Zur Feststellung, ob tatsächlich ein verschuldens*un*abhängiges Vertretenmüssen vereinbart wurde, kommt es entscheidend auf die genauen Garantiebedingungen an.

Gewalt eingestuft wird[15], für den der Schuldner dann grundsätzlich nicht vertraglich einzustehen hätte.

Ein **Unternehmen, das selbst oder dessen Kunden Opfer eines Cyberangriffs** werden, wird sich typischerweise darauf berufen, dass ein Dritter durch seinen Hacking-Angriff eigenmächtig dazwischengetreten ist und damit einen etwaigen Zurechnungszusammenhang zum Unternehmen aufgehoben hat. Dieses Argument ist einerseits nachvollziehbar, andererseits auch zu kurz gegriffen.

I. Gesetzeslage

Der Begriff „**höhere Gewalt**" oder „**force majeure**" ist nicht gesetzlich legal definiert. Der Tatbestand der höheren Gewalt wird allerdings in einigen Normen rechtlich vorausgesetzt. Beispiele sind zB § 206 BGB, wonach höhere Gewalt als Grund für die Hemmung der Verjährung zu qualifizieren ist. Im internationalen Kaufvertragsrechts stößt man auf Art. 79 Abs. 1 CISG, wonach die Haftung des Verkäufers ausgeschlossen ist, wenn die Nichterfüllung auf einem außerhalb des Einflussbereichs des Verkäufers liegenden Hinderungsgrund beruht und von ihm vernünftigerweise nicht erwartet werden konnte, den Hinderungsgrund in Betracht zu ziehen oder den Hinderungsgrund oder seine Folgen zu vermeiden oder zu überwinden.

II. Rechtsprechung

Bereits das Reichsgericht hatte in einer Entscheidung zur höheren Gewalt Stellung genommen und diese als Begriff erwähnt.[16] Es gibt aber auch eine Reihe von BGH-Entscheidungen, die mehrheitlich das Haftpflichtrecht, das Reisevertragsrecht[17] sowie auch die Verjährungshemmung nach § 206 BGB betreffen. Gemeinsam ist diesen Entscheidungen, dass sie die höhere Gewalt definieren als „*betriebsfremdes, von außen durch elementare Naturkräfte oder durch Handlungen dritter Personen herbeigeführtes Ereignis, das nach menschlicher Einsicht und Erfahrung unvorhersehbar ist, mit wirtschaftlich erträglichen Mitteln auch durch äußerste, nach der Sachlage vernünftigerweise zu erwartende Sorgfalt nicht verhütet oder unschädlich gemacht werden kann und auch nicht wegen seiner Häufigkeit vom Betriebsunternehmen in Kauf zu nehmen ist.*"[18] Mit dieser Definition sollen diejenigen Risiken von der Haftung ausgeschlossen werden, die bei einer rechtlichen Bewertung nicht mehr dem jeweiligen Schuldner, sondern allein dem Drittereignis zugerechnet werden können.[19]

III. Cyberrisiko als höhere Gewalt

Typische und anerkannte Fälle höherer Gewalt sind Krieg, Unruhen und Naturkatastrophen sowie Epidemien.[20] Fraglich ist indessen, ob zB **Cyberattacken oder andere Cyberrisiken unter den Begriff höherer Gewalt fallen**. Soweit ersichtlich existieren Entscheidungen dazu nicht. Zu beachten ist aber eine neuere Entscheidung zum Reisevertragsrecht, in welcher der BGH hervorhob, dass das von außen herrührende Ereignis keinen betrieblichen Zusammenhang haben darf.[21] Dh dass die Ursache nicht selbst in der (Risiko-)Sphäre des Unternehmers liegen darf. Mit dem Rechtsinstitut der höheren Gewalt soll der Schuldner also in ganz besonders gelager-

---

15 Vgl. dazu etwa *Eiselt/Sawadka* ZCG 2019, 161.
16 RG JW 31, 865.
17 BGH NJW 2002, 3700; eingehend *Tonner* NJW 2003, 2783.
18 BGH NJW 1953, 184; BGH NJW 1997, 3164; BGH NJW 2017, 2677.
19 BGH NJW-RR 1988, 986.
20 Vgl. zB Begr. z. GE der BReg. über den Reiseveranstaltungsvertrag, BT-Drs. 8/786, 21 re Sp.
21 BGH NJW 2017, 2677.

ten Einzelfällen von Risiken befreit werden, die aus rechtlich-wertender Sicht nicht mehr dem Schuldner, sondern allein einem von ihm nicht beeinflussbaren (oder anders formuliert: nicht abwendbaren) Natur- oder Drittereignis zugerechnet werden müssen.[22] Daher ist bereits fraglich, ob ein Cyberrisiko wie zB eine Cyberattacke nicht bereits deshalb als Fall der höheren Gewalt ausscheidet, weil die Funktionsfähigkeit der IT-Infrastruktur in den Risikobereich des sie betreibenden Unternehmens fällt. Der IT-Betreiber steuert im Regelfall die technischen Maßnahmen, die zur Vermeidung von IT-Sicherheitslücken ergriffen werden und kontrolliert damit (auch) das Risiko von Cyberangriffen. Die pauschale Einordnung von Cyberattacken als höhere Gewalt würde zwangsläufig zur Vernachlässigung der IT-Sicherheit führen, da der IT-Betreiber mangels Haftungsrisiken keinen ausreichenden Anreiz hätte, dem Stand der Technik entsprechende Sicherheitsvorkehrungen zu treffen.

IV. Unterlassene IT-Sicherheitsmaßnahme als relevanter Anknüpfungspunkt

25 Relevanter **Anknüpfungspunkt der Haftungsfrage ist, welche vertraglich geschuldete Leistung verletzt wurde.** Denn eine Haftung kommt durchaus in Betracht, wenn das Unternehmen durch die Unterlassung bzw. die nicht ordnungsgemäße Durchführung der vertraglich geschuldeten IT-Sicherung eigene Pflichten verletzt und somit eine Ursache für das Risiko des Hackerangriffs gesetzt hat. Sind keine adäquaten IT-Sicherheitsmaßnahmen im Unternehmen implementiert worden, kann im Einzelfall viel dafür sprechen, dass sich zB durch den Cyberangriff lediglich ein Risiko realisiert, das das Unternehmen selbst gesetzt hat. In solchen Fällen liegt ein Vertretenmüssen des Unternehmens nahe. Die Annahme höherer Gewalt scheidet jedenfalls dann aus, wenn der eingetretene Schaden durch die Risiken einer fehlenden IT-Sicherheitsinfrastruktur (mit-)verursacht wurde. Zumindest in diesen Fällen kann sich das betroffene Unternehmen also nicht auf höhere Gewalt berufen.

26 Relevant ist dabei, ob der gegebenenfalls vertraglich formulierte **Stand der Technik im Zeitpunkt des vorgeworfenen Handels bzw. Unterlassens eingehalten** wurde. Freilich kann es in der Praxis schwierig sein, den anwendbaren Stand der Technik zu definieren und zu beweisen. Wer hierfür die Beweislast trägt, hängt wiederum von der Vertragsgestaltung und dem Vertragstyp ab; hieran zeigt sich bereits die zunehmende Relevanz der Vertragsgestaltung im Bereich IT-Sicherheit. Nach der Rosenbergschen Formel muss grundsätzlich der Geschädigte darlegen und beweisen, dass sein Vertragspartner eine Vertragsverletzung begangen hat, indem er den vertraglich vorausgesetzten Stand der Technik nicht eingehalten hat. Denkbar sind jedoch auch vertragliche Regelungen zur Beweislastumkehr. Eine formularmäßige Umkehr der Beweislast zum Nachteil des anderen Vertragsteils für Umstände, die im Verantwortungsbereich des Verwenders liegen, ist hingegen nach § 309 Nr. 12 BGB unwirksam. Dies gilt auch im unternehmerischen Verkehr.[23]

V. Ergebnis

27 Es lässt sich also festhalten, dass sich ein Unternehmen in den meisten Fällen **nicht auf das Vorliegen höherer Gewalt berufen** kann; wer IT-Sicherheitspflichten schuldet, erfährt in den meisten Fällen keine Haftungserleichterung wegen höherer Gewalt.[24]

28 Die Verantwortlichkeit des Verpflichteten endet grundsätzlich dort, wo ein Dritter vorsätzlich und rechtswidrig missbräuchlich eingreift und es dadurch zum Schaden kommt. Eine Haftungsbefreiung kommt aber dann nicht in Betracht, wenn es gerade ein Merkmal der vertragsgegenständlichen Komponente ist, gegen derartige Eingriffe gesichert zu sein. Ergreift der zur

---

22 BGH Urt. v. 15.3.1988 – VI ZR 115/87, NJW-RR 1988, 986.
23 Vgl. BGH NJW 2006, 47; BGH NJW-RR 2014, 456; MüKoBGB/*Wurmnest* § 309 Rn. 22.
24 S. https://www.it-daily.net/analysen/19036-rechtliche-konsequenzen-von-cyberattacken (Abruf: 20.2.2020).

Gewährung von IT-Sicherheit Verpflichtete nicht alle ihm möglichen und zumutbaren Maßnahmen, kann er daher in die Verantwortung genommen werden. Was möglich und zumutbar ist, muss anhand des jeweiligen Einzelfalls beurteilt oder vertraglich geregelt werden.[25]

D. IT-Sicherheit und Bestimmbarkeitsgrundsatz des Zivilrechts

Aufgrund der **hohen Dynamik technischer Innovationen** ändern sich die Anforderungen an IT-Sicherheit kontinuierlich. Fraglich ist daher, ob sich IT-Sicherheit überhaupt in zivilrechtlich ausreichendem Maße bestimmen lässt.

I. Bestimmbarkeit als rechtliche Voraussetzung für Schuldverhältnisse

Zivilrechtliche Voraussetzung für das Bestehen einer einklagbaren Pflicht ist, dass der Inhalt des Anspruchs **bestimmt** oder jedenfalls **eindeutig bestimmbar** ist. Insbesondere muss der Inhalt der vertraglichen Vereinbarung einer Leistung so konkret sein, dass Gegenstand und Dauer der geschuldeten Leistung zumindest bestimmbar sind.[26] Andernfalls fehlt es an einer wirksamen Bindung der Vertragsparteien; insoweit ist das Schuldverhältnis dann unwirksam.[27] Es handelt sich bei der Bestimmbarkeit um ein ungeschriebenes Wirksamkeitserfordernis des Vertragsrechts.

Für **formularmäßige Regelungen** sieht das **Transparenzgebot des § 307 Abs. 1 S. 2 BGB** ein erhöhtes Maß an Bestimmbarkeit vor. Danach kann sich eine unangemessene Benachteiligung des Vertragspartners schon daraus ergeben, dass eine vertragliche Regelung nicht klar und verständlich ist, was infolge einer AGB-rechtlichen Inhaltskontrolle zwangsläufig zur Unwirksamkeit der Regelung führt (§ 307 Abs. 1 S. 1 BGB). Dies gilt auch im unternehmerischen Verkehr. Darüber hinaus kann die Intransparenz einer Regelung bereits ein Einbeziehungshindernis nach § 305 Abs. 2 Nr. 2 BGB (keine Möglichkeit der Kenntnisnahme) bzw. § 305c Abs. 1 BGB (überraschende Klausel) darstellen und sich zudem auch auf die Auslegung zulasten des Verwenders (§ 305c Abs. 2 BGB) auswirken.[28]

II. Inhaltliche Anforderungen an die Bestimmbarkeit vertraglicher Regelungen

Schuldrechtlich genügt bereits die Bestimmbarkeit der Leistung. Hinreichende Bestimmbarkeit liegt nach hM vor, wenn der Leistungsinhalt nach objektiv nachprüfbaren Maßstäben eindeutig ermittelt werden kann.[29] Dieser schuldrechtliche Maßstab ist weit weniger streng als der sachenrechtliche Bestimmtheitsgrundsatz, welcher eine eindeutige Individualisierung des Gegenstands der sachenrechtlichen Verfügung verlangt – und zwar zeitlich bereits *bei* Vertragsschluss.[30] Maßstab für das Schuldrecht ist letztendlich, ob die rechtliche Verpflichtung so formuliert ist, dass sie eine spätere gerichtliche Durchsetzung der Forderung ermöglicht.[31]

Das **Transparenzgebot** des § 307 Abs. 1 S. 2 BGB verpflichtet Verwender von Allgemeinen Geschäftsbedingungen, Rechte und Pflichten seines Vertragspartners möglichst klar und verständlich, also einfach und präzise darzustellen.[32] Nach der Rechtsprechung des BGH und des EuGH muss die betreffende Klausel die wirtschaftlichen Nachteile und Belastungen für einen

---

25 Zur Haftung für die Wirkungslosigkeit von Sicherungsmitteln vgl. BGH NJW 1981, 1603 und BGH NJW 1981, 1606.
26 NJW-RR 1990, 270 (271).
27 Vgl. BGHZ 55, 250; BGH NJW-RR 1990, 270 (271).
28 MüKoBGB/*Wurmnest* § 307 Rn. 57.
29 Palandt/*Grüneberg* BGB § 315 Rn. 1.
30 *Hofmann* in Fandrich/Karper, MAH Bank- und Kapitalmarktrecht, § 7 Rn. 593 mwN.
31 Vgl. MüKoBGB/*Bachmann* § 241 Rn. 13.
32 BGH NJW 2018, 1544.

durchschnittlichen Vertragspartner soweit erkennen lassen, wie dies nach den Umständen des Einzelfalls gefordert werden kann.³³ Damit soll verhindert werden, dass vertragliche Interpretationsspielräume in ungerechtfertigter Weise zulasten der anderen Vertragspartei verwendet bzw. missbraucht werden können.³⁴ Abgestellt wird hierfür also auf den typischen Kunden, unabhängig von seiner Spezialkenntnis. Der BGH betont allerdings, dass die Transparenzanforderungen nicht überspannt werden dürfen. Das Transparenzgebot besteht nur im Rahmen des Möglichen.³⁵ Fachbegriffe, die keine fest umrissene Verwendung in der Rechtssprache haben, können allerdings mit dem Transparenzgebot unvereinbar sein und bedürfen der näheren Erläuterung.³⁶

III. Tatsächliche Bestimmbarkeit der IT-Sicherheitsanforderungen

1. Spezialgesetzliche Regelungen – Abstellen auf den Stand der Technik

34   Nahezu alle **spezialgesetzlichen Regelungen** im Bereich **IT-Sicherheit** haben gemeinsam, dass sie aufgrund der kurzen technischen Innovationszyklen und der notwendigen Anpassungsfähigkeit – vergleichbar dem Umweltrecht – hochgradig konkretisierungsbedürftige Rechtsbegriffe verwenden.³⁷

35   Diese Konkretisierungsbedürftigkeit zeigt sich bereits an der gesetzlichen **Definition von IT-Sicherheit**:

36   So definiert Art. 2 Nr. 1 des Cybersecurity Act (VO (EU) 2019/881) den Begriff der **Cybersicherheit** als „alle Tätigkeiten, die notwendig sind, um Netz- und Informationssysteme, die Nutzer solcher Systeme und andere von Cyberbedrohungen betroffene Personen zu schützen", ohne diese notwendigen Tätigkeiten im Detail zu regeln.

37   § 2 Abs. 2 BSIG versteht unter der **Sicherheit in der Informationstechnik** „die Einhaltung bestimmter Sicherheitsstandards, die die Verfügbarkeit, Unversehrtheit oder Vertraulichkeit von Informationen betreffen" durch bestimmte Sicherheitsvorkehrungen, ohne die Verfügbarkeit, Unversehrtheit oder Vertraulichkeit näher zu definieren. Dabei stellt das BSIG in § 2 Abs. 6 auf sog. „Sicherheitslücken" ab und definiert diese als Eigenschaften von Programmen oder sonstigen informationstechnischen Systemen, durch deren Ausnutzung es möglich ist, dass sich Dritte gegen den Willen des Berechtigten Zugang zu fremden informationstechnischen Systemen verschaffen oder die Funktion der informationstechnischen Systeme beeinflussen können.

38   Eine besondere sprachliche Konvergenz lässt sich insoweit feststellen, als zahlreiche Spezialgesetze bei der Festlegung von IT-Sicherheitspflichten in letzter Konsequenz ganz maßgeblich auf den „Stand der Technik" abstellen, ohne diesen Begriff weiter zu konkretisieren:

- § 8 a Abs. 1 BSIG: „Betreiber Kritischer Infrastrukturen sind verpflichtet, […] angemessene organisatorische und technische Vorkehrungen […] zu treffen […] Dabei soll der **Stand der Technik** eingehalten werden."
- Art. 32 Abs. 1 Hs. 1 DS-GVO: „Unter Berücksichtigung des **Stands der Technik**, […] treffen der Verantwortliche und der Auftragsverarbeiter geeignete technische und organisatorische Maßnahmen […]"
- § 109 Abs. 1 TKG: „Jeder Diensteanbieter hat erforderliche technische Vorkehrungen und sonstige Maßnahmen zu treffen […]. Dabei ist der **Stand der Technik** zu berücksichtigen."

---

33 BGH NJW 2017, 2034; EuGH NJW 2014, 2335.
34 BGH Urt. v. 1.2.1996 – I ZR 44/94, NJW 1996, 2374; BGH Urt. v. Urt. v. 3.3.2004 – VIII ZR 149/03, NJW 2004, 1738; BGH Urt. v. 5.3.2008 – VIII ZR 95/07, NJW 2008, 1438; Jauernig/*Stadler* § 307 Rn. 6 f.
35 BGH NJW 2018, 1544.
36 BGH NJW 2013, 2739.
37 *Guckelberger* DVBl 2019, 534.

- § 13 Abs. 7 S. 2 TMG (Pflichten des Diensteanbieters): „Vorkehrungen nach Satz 1 [ua zum Schutz vor äußeren Angriffen] müssen den **Stand der Technik** berücksichtigen."
- Art. 52 Abs. 7 S. 1 des Cybersecurity Act (VO (EU) 2019/881): „Ein europäisches Cybersicherheitszertifikat für die Vertrauenswürdigkeitsstufe ‚hoch' bietet die Gewissheit, dass die IKT-Produkte, -Dienste und -Prozesse […] einer Bewertung unterzogen wurden, die darauf ausgerichtet ist, das Risiko von dem neuesten **Stand der Technik** entsprechenden Cyberangriffen […] möglichst gering zu halten."

2. Technische Normen

Entscheidend für die hinreichende Bestimmbarkeit von IT-Sicherheit ist mithin die **Bestimmung** des jeweiligen **Stands der Technik**. Die Rechtsprechung teilt insoweit die Sicherheitsanforderung in die Kategorien der „anerkannten Regeln der Technik", den „Stand der Technik" sowie den „Stand von Wissenschaft und Technik" ein. Im Produktsicherheitsrecht wird ein äußerst hohes Maß an „Produktsicherheit" gefordert. Danach muss ein Hersteller den nach dem im Zeitpunkt des Inverkehrbringens des Produkts vorhandenen „**neuesten Stand der Wissenschaft und Technik**" einhalten, der konstruktiv möglich ist und als geeignet und genügend erscheint, um Schäden zu verhindern.[38]

Der Stand der Technik ist hingegen nicht die beste zur Verfügung stehende Technologie (also nicht der „Stand von Wissenschaft und Technik"), sondern solche Technologie, die in **hinreichendem Maße zur Verfügung** steht und auf gesicherten Erkenntnissen von Wissenschaft und Technik beruht.[39]

Damit offenbart sich gegenwärtig ein unterschiedlicher Maßstab von Sicherheit im Bereich der Produkthaftung und Produktsicherheit und der IT-Sicherheit. Ansprüche aus § 823 Abs. 1 BGB bestehen erst dann, wenn das Sicherheitsproblem für die IT (Sicherheitslücke oder Schwachstelle) zum Sicherheitsproblem (dh zu einer Gefahr) für die nach § 823 Abs. 1 BGB geschützten Rechtsgüter wird. Der Begriff „Sicherheit" in der Informationstechnik ist dementsprechend nicht identisch mit dem Begriff „Produktsicherheit" des Produkthaftungsrechts. *Bräutigam/Klindt* schlagen daher vor, die IT-Sicherheit und die Produktsicherheit zu einem gemeinsamen Schutzkonzept zu entwickeln.[40]

Orientierung bietet sog. Soft Law in Form von „branchenüblichen Normen und Standards", die an Unternehmen bestimmte Anforderungen im Hinblick auf IT-Sicherheit stellen.[41] Eine Reihe deutscher wie auch internationaler technischer Normen, Best Practices und vergleichbarer Standards wurden zur Bewertung und Zertifizierung der Sicherheit von IT-Systemen entwickelt und aufgestellt (→ § 8 Rn. 11 ff.), DIN-Normen beispielsweise vom Deutschen Institut für Normung (DIN). Europäische Standards werden von der CEN *(Comité Européen de Normalisation)* und der CENELEC *(European Committee for Electrotechnical Standards)* veröffentlicht. Die ISO *(International Organisation for Standardization)* stellt wiederum auf internationaler Ebene industrielle Standards und technische Regeln auf.

Die vorstehend erwähnten Standards stellen keine per se verbindliche Rechtsnormen dar. Vielmehr handelt es sich bei diesen **technisch geprägten Normen** um „private Regelwerke mit Empfehlungscharakter"[42], die aber die **anerkannten Regeln der Technik** wiedergeben. Sie sind

---

38 BGH NJW 2009, 2952, 2953 mwN.
39 *Bussche v.d./Voigt*, Konzerndatenschutz, Kap. 3 Rn. 22; s. in Bezug auf Herstellerpflichten nach der Produzentenhaftung § 11 Rn. 49 ff.
40 *Bräutigam/Klindt* NJW 2015, 1137 (1141),.
41 *Weber/Buschermöhle* CB 9/2016, 341.
42 BGH Urt. v. 22.8.2019 – III ZR 113/18 = RDG 2019, 308 ff. (DIN Normen); BGHZ 139, 16 (19 f.); BGHZ 172, 346 Rn. 32; BGH NJW 2010, 3088 Rn. 14; BGH NJW 2013, 2271 Rn. 26.

nach Auffassung des BGH zur Bestimmung des nach der Verkehrsauffassung Gebotenen in besonderer Weise geeignet und können regelmäßig zur Feststellung von Inhalt und Umfang bestehender Verkehrssicherungspflichten herangezogen werden.[43]

44 Technische Normen können durch Bezugnahme oder Aufnahme in eine Anlage zum Vertrag wirksam Vertragsbestandteil werden.[44] Im Grundsatz tragen technische Normen die widerlegliche Vermutung in sich, den aktuellen Stand der allgemein anerkannten Regeln der Technik wiederzugeben. Hat ein Unternehmen die betreffenden technischen Standards beachtet, so ist es naheliegend, dass im Hinblick auf IT-Sicherheitsrisiken die im Verkehr erforderliche Sorgfalt nicht missachtet wurde.[45]

45 Nachfolgend eine Auswahl von technischen Normen im Bereich IT-Sicherheit[46]:
- DIN ISO 19600 – beinhaltet Richtlinien für den Einsatz von Compliance Management Systemen
- ISO 20000 – beinhaltet Richtlinien für IT Service Management (ITSM)
- ISO/IEC 27000-Reihe – beinhaltet Bestimmungen zum Aufstellen, Umsetzen und Betrieb, sowie zur Überwachung, Bewertung, Wartung und Verbesserung von dokumentierten Informationssicherheit-Managementsystemen.
- ISO/IEC 27018 – legt die datenschutzrechtlichen Anforderungen für Cloud-Anbieter fest und formuliert Kontrollmechanismen für den Schutz von personenbezogenen Daten in der Cloud-Umgebung.
- **IEC 62443.** Der IEC 62443 kommt im Bereich IT-Sicherheit für industrielle Systeme der Steuerungs- und Leittechnik besondere Bedeutung zu. Auch das BSI orientiert sich bei seinen Best Practice-Empfehlungen an der IEC 62443.[47] Die IEC 62443 besteht aus *vier* Teilen. Der erste Teil gibt einen generellen Überblick über die Normen und enthält die Begriffsdefinitionen. Im zweiten Teil wird ein Managementsystem für IT-Sicherheit für Anlagen der Steuerungs- und Leittechnik beschrieben, das analog zum Informationssicherheitsmanagement der ISO/IEC 27001 aufgebaut ist. In Teil drei werden die technischen Vorgaben für die IT-Sicherheit konkret auf ICS bezogen. Teil vier konkretisiert die Anforderungen für die einzelnen im System verwendeten Komponenten. Teil 4-1 stellt Anforderungen an die Produktentwicklung, Teil 4-2 enthält Sicherheitsanforderungen an die Komponenten selbst.[48]

3. Praxisleitfäden

46 Bezüglich des konkreten Umfangs spezialgesetzlicher Normen können sich Rechtsanwender insbesondere an Stellungnahmen der zuständigen Aufsichtsbehörden orientieren, beispielsweise an den Rundschreiben und Merkblättern der Bundesanstalt für Finanzdienstleistungsaufsicht (BaFin),[49] Leitlinien der Europäische Bankenaufsichtsbehörde (EBA), Positionspapieren der deutschen oder europäischen Datenschutzbehörden und Orientierungshilfen des BSI.[50]

---

43 BGH NJW 2013, 2271 Rn. 25.
44 Vgl. bereits BGH Urt. v. 1.2.1996 – I ZR 44/94, NJW 1996, 2374 zur Einbeziehung eines technischen Bastelanleitungshefts.
45 *Nolte/Becker* BB Special 5/2008, 26; *Beucher/Utzerath* MMR 2013, 367.
46 Weiterführend Auer-Reinsdorff/Conrad/*Conrad*, Handbuch IT- und Datenschutzrecht, § 33 Rn. 362 mit einer umfassenden Auflistung von technischen Normen im IT-Bereich.
47 BSI, ICS-Security-Kompendium, 2013, S. 53.
48 Instruktiv hierzu *Rockstroh/Kunkel* MMR 2017, 77.
49 Etwa die im November 2018 veröffentlichte BaFin-Orientierungshilfe zu Auslagerungen an Cloud-Anbieter, https://www.bafin.de/SharedDocs/Downloads/DE/Merkblatt/BA/dl_181108_orientierungshilfe_zu_auslagerungen_an_cloud_anbieter_ba.pdf.
50 Vgl. etwa „Orientierungshilfe zu Nachweisen gemäß § 8 a Absatz 3 BSIG" vom 15.5.2019, https://www.bsi.bund.de/SharedDocs/Downloads/DE/BSI/IT_SiG/Orientierungshilfe_8a_3_v10.pdf.

Von zunehmender Bedeutung sind außerdem die Praxisleitfäden von Interessenverbänden. Zu nennen sind insbesondere folgende Praxisleitfäden:

- IT-Grundschutz-Kompendium[51] sowie Leitfaden zur Basis-Absicherung nach IT-Grundschutz[52] des BSI
- 10 Steps to Cyber Security: Britisches National Security Center[53]
- Framework for Improving Critical Infrastructure Cyber Security: National Institute of Standards and Technology (NIST) (USA)[54]
- Bitkom-Kompass der IT-Sicherheitsstandards.[55]

Besonders hervorzuheben ist auch die 81-seitige Handreichung[56] des TeleTrusT Bundesverband IT-Sicherheit eV, der sich mit den Beurteilungsdimensionen „Grad der Bewährung in der Praxis" und „Grad der Anerkennung" an den aktuellen **Best Practices im Bereich IT-Sicherheit** orientiert. In dieser Handreichung werden nach dem Prinzip der Beantwortung von Leitfragen für spezifische technische Anwendungsfälle ganz konkrete Empfehlung gegeben. Die Feinkörnigkeit dieser Empfehlungen lässt sich beispielsweise an einem Auszug zum Thema „Verschlüsselung von E-Mails" illustrieren. Dort heißt es auf S. 29: 47

„[...] Im E-Mail-Verkehr sollte zur Transportverschlüsselung TLS (Transport Layer Security) in der aktuellen Version 1.2 (definiert in RFC 5246) eingesetzt werden. Zum Einsatz kommen müssen sichere Verschlüsselungsverfahren (aktuell zB AES-256), die Verwendung unsicherer Verschlüsselungsverfahren (zB RC4) muss ausgeschlossen werden. Forward Secrecy sollte generell aktiviert werden. [...] Ende-zu-Ende Verschlüsselung empfiehlt sich zum Schutz besonders schützenswerter Daten. Dazu haben sich zwei Standards etabliert: S/MIME (Secure/Multipurpose Internet Mail Extensions, definiert in RFC 5751) und OpenPGP (Pretty Good Privacy, definiert in RFC 4880). [...]"

Dieser beispielhafte Auszug zeigt eindrucksvoll, dass zum Stand der Technik zum Thema „Verschlüsselung von E-Mails" die meisten technischen Detailfragen bereits durch reine Lektüre beantwortet werden können. Soweit im Einzelfall trotz sämtlicher Praxisleitfäden noch Unklarheiten zum Stand der Technik bestehen sollten, lassen sich diese in der Praxis durch Sachverständige auflösen – gerade hierfür sieht die Zivilprozessordnung den **Beweis durch Sachverständige** vor (§§ 402–414 ZPO). 48

4. EU-Warenkaufsrichtlinie 2019

Art. 7 Abs. 3 der bis zum 1.1.2022 umzusetzenden Warenkaufrichtlinie (Warenkauf-RL),[57] die für den Verkauf von Waren an Verbraucher gilt, verpflichtet den Verkäufer von Waren mit digitalen Elementen unter anderem dazu, Sicherheitsaktualisierungen bereitzustellen. Dies gilt bei Einmalkäufen nach Art. 7 Abs. 3 lit. a Warenkauf-RL während des gesamten *„Zeitraums, den der Verbraucher auf Grund der Art und des Zwecks der Waren und der digitalen Elemente und unter Berücksichtigung der Umstände und der Art des Vertrags vernünftigerweise erwarten kann"*. Allerdings soll es den Verbrauchern frei stehen, die bereitgestellten Aktuali- 49

---

51 S. https://www.bsi.bund.de/SharedDocs/Downloads/DE/BSI/Grundschutz/Kompendium/IT_Grundschutz_Kompendium_Edition2020.html.
52 S. https://www.bsi.bund.de/DE/Themen/ITGrundschutz/ITGrundschutzStandards/Leitfaden_Basisabsicherung/Leitfaden_Basisabsicherung_node.html.
53 S. https://www.ncsc.gov.uk/collection/10-steps-to-cyber-security.
54 S. https://nvlpubs.nist.gov/nistpubs/CSWP/NIST.CSWP.04162018.pdf.
55 S. https://www.bitkom.org/sites/default/files/file/import/140311-Kompass-der-IT-Sicherheitsstandards.pdf.
56 S. https://www.teletrust.de/fileadmin/docs/fachgruppen/ag-stand-der-technik/2020-01_TeleTrusT_Handreichung_Stand_der_Technik_in_der_IT-Sicherheit_DEU.pdf.
57 RL (EU) 2019/771 v. 20.5.2019 über bestimmte vertragsrechtliche Aspekte des Warenkaufs, zur Änderung der Verordnung (EU) 2017/2394 und der RL 2009/22/EG sowie zur Aufhebung der RL 1999/44/EG (Warenkauf-RL).

sierungen zu installieren.[58] Tun sie dies innerhalb einer angemessenen Frist nicht und ist der Verkäufer seinen weiteren Verpflichtungen nachgekommen, haftet der Verkäufer nach Art. 7 Abs. 4 Warenkauf-RL nicht für eine etwaige Vertragswidrigkeit, die allein auf das Fehlen der entsprechenden Aktualisierung zurückzuführen ist.

IV. Ergebnis

50 IT-Sicherheit ist zwar facettenreich, im Grundsatz aber **hinreichend bestimmbar**. Dass das spezialgesetzliche IT-Sicherheitsrecht konkretisierungsbedürftige Rechtsbegriffe verwendet, mag zwar die Rechtsfindung erschweren,[59] hindert diese allerdings nicht. Spezialgesetzliche Rechtsbegriffe – und insbesondere der „Stand der Technik" – lassen sich im konkreten Anwendungsfall jedenfalls durch technische Normen und Praxisleitfäden eindeutig bestimmen. Im Ergebnis ist es ohne weiteres möglich, IT-Sicherheitspflichten so eindeutig zu formulieren, dass sie einer späteren gerichtlichen Durchsetzung zugänglich sind. Von diesem Ergebnis geht insbesondere auch der Gesetzgeber aus, indem er zentrale Begriffe entweder selbst definiert (siehe zB Definition von „Sicherheit in der Informationstechnik" in § 2 Abs. 2 BSIG) oder indem er Möglichkeiten zur verbindlichen Konkretisierung von IT-Sicherheit eröffnet (zB in § 8 a: „*Betreiber Kritischer Infrastrukturen und ihre Branchenverbände können branchenspezifische Sicherheitsstandards [...] vorschlagen.*").

51 **Daraus folgt**: IT-Sicherheit ist der **Vertragsgestaltung zugänglich**, kann also im Grundsatz zum Inhalt einer wirksamen schuldrechtlichen Vereinbarung gemacht werden. Für die vertragliche Ausgestaltung von IT-Sicherheitsklauseln kann und sollte zunächst auf spezialgesetzliche Regelungen, technische Normen und Praxisleitfäden zurückgegriffen werden.

E. Bedürfnis für eine vertragliche Gestaltung der IT-Sicherheit

52 Angesichts der Vielzahl gesetzlicher Regelungen und technischer Normen, kann man sich die Frage stellen, ob eine **vertragliche Regelung der IT-Sicherheit** wirklich **erforderlich** oder ob eine solche lediglich deklaratorischer Natur und somit überflüssig ist. Im Ergebnis kann sowohl die Erforderlichkeit als auch die Zweckmäßigkeit der **vertraglichen Regelung der IT-Sicherheit bejaht** werden. Auch wenn es dezidierte gesetzliche Regelungen und technische Normen gibt, die spezifisch die IT-Sicherheit betreffen sowie konkrete Maßnahmen für die Implementierung eines IT-Sicherheitskonzepts enthalten, und sogar schuldrechtlich wie deliktsrechtlich probate Haftungsgrundlagen bestehen, bleibt ein Bedürfnis für vertragliche Gestaltung der IT-Sicherheit. Dies ergibt sich aus folgenden Erwägungen:

I. Sektorale Anwendung spezialgesetzlicher Regelungen

53 Der historische Gesetzgeber hat die heutige IT-Entwicklung nicht vorhersehen können. Naturgemäß gibt es zB im Bürgerlichen Gesetzbuch (Inkrafttreten am 1.1.1900) kaum Regelungen, die spezifisch die IT-Sicherheit betreffen. Der Gesetzgeber hat bislang überwiegend sektoral bezogene IT-Sicherheitsgesetze erlassen. Die bekannten spezialgesetzlichen Regelungen decken nicht alle Bereiche und Situationen ab, in denen es zwischen Vertragsparteien auf IT-Sicherheit ankommt. Viele der Regelungen betreffen zudem nur einen bestimmten Kreis an Normadressaten wie zB Betreiber kritischer Infrastrukturen oder die Finanz- und Versicherungsbranche.[60] Zwar gibt es Generalklauseln, die in eine übergreifende Richtung gehen und teilweise schon sehr lange existieren (zB die datenschutzrechtlichen IT-Sicherheitspflichten, deren Vor-

---

58 Erwägungsgrund 30 S. 3 der Warenkauf-RL.
59 Auer-Reinsdorff/Conrad/*Conrad*, Handbuch IT- und Datenschutzrecht, § 33 Rn. 212.
60 *Rath/Heetkamp* Deutscher AnwaltSpiegel, Ausgabe 04, 11.2.2017, 3.

läufer bereits im BDSG 1977 enthalten waren und nunmehr durch Art. 32 DS-GVO geregelt werden), jedoch besteht derzeit kein übergreifendes, für alle Rechtsbereiche gültiges Rechtskonzept für IT-Sicherheit. So gilt die DS-GVO zwar branchenübergreifend und enthält technische IT-Schutzanforderungen, schützt aber nicht reine Unternehmens- und Maschinendaten ohne Personenbezug. Nach Art. 1 Abs. 2 DS-GVO werden insofern lediglich personenbezogene Daten natürlicher Personen geschützt. Außerdem enthält Art. 32 DS-GVO keine generischen Anforderungen an die IT-Sicherheit, sondern gibt Verantwortlichen und Auftragsverarbeitern auf, in Abhängigkeit des jeweils bestehenden Risikos für Rechte und Freiheiten der betroffenen Personen differenzierten Schutzmechanismen zu implementieren.[61] Ein **allgemeinverbindliches Anforderungsprofil im Kontext einer Cyberattacke lässt sich hieraus nur schwer ermitteln.** Insbesondere soweit Parteien beteiligt sind, die keinen oder unterschiedlichen spezialgesetzlichen Anforderungen unterliegen, ergibt sich das Bedürfnis nach eigenständigen Vertragsregelungen zum Thema IT-Sicherheit.

II. Vertraglicher Gestaltungsbedarf trotz zwingender Regulatorik

Insbesondere bei der Allokation von regulatorischen Risiken im Bereich IT-Sicherheit **gewinnt die Vertragsgestaltung zunehmend an Relevanz.** Wer aufgrund der Inanspruchnahme von IT-Diensten besonderen IT-sicherheitsrechtlichen Vorgaben unterliegt, wird stets versuchen, diese an seinen IT-Dienstleister „durchzureichen", also seinen Vertragspartner im vertraglichen Innenverhältnis zur strengen Einhaltung dieser IT-sicherheitsrechtlichen Vorgaben zu verpflichten.[62]

Zwar lassen sich zwingende **regulatorischen Anforderungen an die IT-Sicherheit** nicht durch Vertrag einschränken oder gar abbedingen. Der Normadressat einer öffentlich-rechtlichen IT-Sicherheitspflicht kann sich im Verhältnis zum Staat nicht durch privatrechtliche Verträge seiner spezialgesetzlichen Pflicht entledigen. Beispiel: Ob ein Verantwortlicher (im Sinne von Art. 4 Nr. 7 DS-GVO) geeignete technische und organisatorische IT-Sicherheitsmaßnahmen gemäß den Anforderungen von Art. 32 Abs. 1 DS-GVO getroffen hat und dass dieser Verantwortliche nach Art. 83 Abs. 4 lit. a DS-GVO im Fall eines Verstoßes hiergegen Geldbußen von bis zu 10.000.000 EUR bzw. 2 % des weltweit erzielten Jahresumsatzes des vorangegangenen Geschäftsjahrs zahlen muss, steht nicht zur vertraglichen Disposition.

Jedoch kann und sollte der Normadressat in der Praxis probate technische und vertragliche Vorkehrungen treffen, um jene Risiken, die mit seiner öffentlich-rechtlichen Pflicht einhergehen, zu minimieren und – zumindest wirtschaftlich – auf andere Akteure zu verteilen.

Im Ergebnis lassen sich mit vertraglicher Gestaltung die regulatorischen Risiken des Normadressaten vielschichtig minimieren:

1. „Durchreichen" von regulatorischen Anforderungen

Zunächst bietet sich eine **vertragliche Spiegelung der regulatorischen Anforderungen** an, dh der Vertragspartner wird *inter partes* dazu verpflichtet, (mindestens) die besonderen IT-sicherheitsrechtlichen Vorgaben – beispielsweise die Anforderungen nach Art. 32 Abs. 1 DS-GVO – einzuhalten.

In der Praxis wird diese Pflichtenspiegelung oft durch vertragliche **Haftungs- und Freistellungsregelungen** abgesichert. Im Innenverhältnis sind dann etwaige Bußgelder und sonstige Schäden (zB entgangener Gewinn wegen Betriebsuntersagung) vom IT-Dienstleister zu tragen,

---

61 Näher → § 17.
62 *Thalhofer*, Vertragspraxis und IT-Sicherheit, 16. Deutscher IT-Sicherheitskongress des BSI, S. 467.

so dass der Normadressat durch seinen Vertragspartner wirtschaftlich so zu stellen ist, als ob er seine spezialgesetzlichen IT-Sicherheitspflichten erfüllt hätte.

60 Teilweise kann es zudem vorkommen, dass spezialgesetzliche Regelung und technische Normen für den **Rechtsanwender mit gewissen Unschärfen einhergehen**, etwa bei Individualsoftware, Nischenprodukten oder völlig neuen Technologien, für die (noch) keine passenden Praxisleitfäden zur Verfügung stehen. In diesen Fällen können die Anforderungen einer regulatorischen IT-Sicherheitspflicht erst mithilfe eines **gerichtlichen Sachverständlichen vollständig geklärt** werden. Bis dahin besteht zulasten des jeweiligen Normadressaten eine **Rechtsunsicherheit**, weil er beispielweise (noch) nicht weiß, welche konkreten technischen und organisatorischen Maßnahmen von ihm zu treffen sind. Diese Rechtsunsicherheit kann insofern beim IT-Dienstleister allokiert werden, als dieser zu IT-Sicherheitsmaßnahmen verpflichtet wird, die jedenfalls höher sind als die (noch unklaren) gesetzlichen Anforderungen.

2. Nachweisregelungen

61 Vielen öffentlich-rechtlichen **IT-Sicherheitspflichten** ist gemein, dass der Normadressat die **Einhaltung selbst nachweisen** können muss. Eine solche Rechenschaftspflicht findet sich etwa in Art. 5 Abs. 2 DS-GVO. Daher wird das vertragliche „Durchreichen" von regulatorischen Sicherheitspflichten in der Regel durch besondere vertragliche Nachweispflichten abgesichert. Insbesondere kann zB der IT-Dienstleister im Innenverhältnis dazu verpflichtet werden, die Einhaltung der jeweiligen IT-Sicherheitsanforderungen laufend gegenüber dem Normadressaten nachzuweisen. Damit soll der Normadressat in die Lage versetzt werden, seine Rechenschaftspflichten auch gegenüber der jeweiligen Behörde zu erbringen.

62 Mit vertraglichen Nachweisregelungen lässt sich zudem die regelmäßige Durchführung von Audits und Compliance-Maßnahmen besser dokumentieren. Insbesondere im Datenschutzrecht kann sich der **Nachweis von Compliance-Maßnahmen bußgeldmindernd** auswirken (Art. 83 Abs. 2 S. 2 lit. c DS-GVO).[63]

III. Vertragsgestaltung zur Vermeidung eines strafrechtlichen Risikos

63 Schließlich kann sich ein Bedürfnis zur IT-sicherheitsrechtlichen Vertragsgestaltung auch aus strafrechtlichen Gesichtspunkten[64] ergeben:

1. Berufsgeheimnisschutz

64 Nach § 203 Abs. 1 StGB macht sich strafbar, wer unbefugt ein fremdes Geheimnis, namentlich ein zum persönlichen Lebensbereich gehörendes Geheimnis oder ein Betriebs- oder Geschäftsgeheimnis, offenbart, das ihm in seiner Eigenschaft als **Berufsgeheimnisträger** (zB Ärzte, Rechtsanwälte, Sozialpädagogen, Versicherer) anvertraut oder sonst bekannt geworden ist. Ein Berufsgeheimnisträger kann sich zudem nach § 203 Abs. 4 S. 2 Nr. 1 StGB strafbar machen, wenn er nicht dafür Sorge trägt, dass eine sonstige mitwirkende Person, die unbefugt ein fremdes, ihr bei der Ausübung oder bei Gelegenheit ihrer Tätigkeit bekannt gewordenes Geheimnis offenbart, zur Geheimhaltung verpflichtet wurde.

65 Daher müssen Berufsgeheimnisträger vor allem den zur Mitwirkung in der beruflichen Tätigkeit herangezogenen externen IT-Dienstleister (zB Outsourcing-Anbieter) zur Geheimhaltung verpflichten, noch bevor etwaige Berufsgeheimnisse offenbart werden. Die Geheimhaltungsverpflichtung sollte auch die Sicherstellung angemessener personeller, **technischer und organisatorischer Maßnahmen** umfassen, um zu verhindern, dass Dritte unbefugt Zugriff auf die

---

63 Vgl. Auer-Reinsdorff/Conrad/*Conrad*, Handbuch IT- und Datenschutzrecht, § 33 Rn. 211.
64 Näher zu den strafrechtlichen Dimensionen der IT-Sicherheit *Singelnstein/Zech* in → § 20 Rn. 1 ff.

Daten erlangen. Zur Vermeidung von Strafbarkeitsrisiken ist also eine IT-sicherheitsrechtliche Vertragsgestaltung erforderlich, die den Anforderungen des § 203 StGB genügt. Diese Regelung sollte auch vorsehen, dass der externe IT-Dienstleister eigene Mitarbeiter sowie unterbeauftragte Dienstleister gleichermaßen zur Verschwiegenheit verpflichtet. Insbesondere wenn es sich um ärztliche Berufsgeheimnisträger handelt, bietet die Formulierung in § 9 der (Muster-)Berufsordnung für die in Deutschland tätigen Ärztinnen und Ärzte[65] eine Hilfestellung bei der vertraglichen Formulierung der Schweigepflichten.

2. Illegales Filesharing

Nach § 106 Abs. 1 UrhG macht sich strafbar, wer in anderen als den gesetzlich zugelassenen Fällen ohne Einwilligung des Berechtigten ein Werk oder eine Bearbeitung oder Umgestaltung eines Werkes vervielfältigt, verbreitet oder öffentlich wiedergibt. Betreiber von IT-Anlagen setzen sich daher einem hohen staatsanwaltschaftlichen Ermittlungsrisiko und unter Umständen (bei Eventualvorsatz) auch einem Strafbarkeitsrisiko aus, wenn sie es zulassen, dass Mitarbeiter oder sonstige Dritte auf ihren Servern **illegales Filesharing** durchführen, etwa durch Betreiben von **Peer-to-Peer-Tauschbörsen**.[66] Hinzu kommt, dass für die Annahme von Eventualvorsatz bei § 106 Abs. 1 UrhG eine niedrige Schwelle angesetzt wird.[67]

Zur Vermeidung eines strafrechtlichen Risikos müssen Betreiber von Internetservern ausreichende IT-Sicherheitsmaßnahmen ergreifen und diese vertraglich absichern. Insbesondere kommen hier **vertragliche Zugangs- und Nutzungsbeschränkungen** (zB gegenüber Mitarbeitern in Betracht). Angemessene Sicherheitsmaßnahmen können zudem darin bestehen, den jeweiligen IT-Provider zur Rationierung von Speichermengen, zur laufenden Traffic-Überwachung, zur Netzwerkverschlüsselung oder zur regelmäßigen Überprüfung laufender Serverprogramme und Netzwerkauslastung zu verpflichten.[68]

IV. Gesetzliche Notwendigkeit einer vertraglichen Gestaltung der IT-Sicherheit

In vielen Bereichen ergibt sich das vertragliche Regelungsbedürfnis zudem aus einer spezialgesetzlichen Anforderung oder Pflicht, IT-Sicherheit vertraglich zu gestalten.

1. Datenschutzrecht

Solche Pflichten finden sich beispielsweise im Datenschutzrecht: Gemäß **Art. 28 Abs. 2 DS-GVO** muss die Verarbeitung von personenbezogenen Daten durch einen Auftragsverarbeiter auf der Grundlage eines Vertrags erfolgen. Hier finden sich auch sehr weitreichende inhaltliche Anforderungen an den **Auftragsverarbeitungsvertrag**. Insbesondere muss der Auftragsverarbeiter für seine technischen und organisatorischen Maßnahmen hinreichende Garantien bieten (Art. 28 Abs. 1 DS-GVO) und sich vertraglich dazu verpflichten, den Verantwortlichen mit geeigneten technischen und organisatorischen Maßnahmen zu unterstützen (Art. 28 Abs. 2 S. 2 lit. e DS-GVO).

2. Geschäftsgeheimnisgesetz

Die gesetzliche Notwendigkeit einer vertraglichen Gestaltung zur IT-Sicherheit ergibt sich auch aus dem Geschäftsgeheimnisgesetz (GeschGehG): Voraussetzung für die Annahme eines Geschäftsgeheimnisses im Sinne von § 2 Nr. 1 GeschGehG ist, dass der rechtmäßige Inhaber

---

65 S. https://www.bundesaerztekammer.de/fileadmin/user_upload/downloads/pdf-Ordner/MBO/MBO-AE.pdf.
66 Auer-Reinsdorff/Conrad/*Conrad*, Handbuch IT- und Datenschutzrecht, § 33 Rn. 234.
67 Einzelheiten bei BeckOK Urheberrecht/*Sternberg-Lieben* § 106 Rn. 36 ff.
68 Vgl. Auer-Reinsdorff/Conrad/*Conrad*, Handbuch IT- und Datenschutzrecht, § 33 Rn. 234.

den Umständen nach „**angemessener Geheimhaltungsmaßnahmen**" getroffen hat. Für diese „angemessenen Geheimhaltungsmaßnahmen" kommen nach der Gesetzesbegründung[69] ausdrücklich auch vertragliche Sicherungsmechanismen (zB Non-Disclosure Agreements, Zugangssicherung durch Verschlüsselungstechniken)[70] in Betracht. Hier besteht die gesetzliche Anforderung also ua darin, hinreichende vertragliche Sicherheitsvorkehrungen zu etwaigen Cyberrisiken zu treffen, um die Offenbarung des Geschäftsgeheimnisses zu verhindern.

3. EBA-Leitlinien zu Auslagerungen

71 In besonderem Maße nimmt auch die Europäische Bankenaufsichtsbehörde (EBA) Institute und Zahlungsinstitute bei der Gestaltung von Auslagerungsvereinbarungen in die Pflicht. So heißt es etwa in Ziffern 81 und 82 der **EBA-Leitlinien zu Auslagerungen** vom 25.2.2019 (EBA/GL/2019/02):

„*81. Die Institute und Zahlungsinstitute sollten **sicherstellen**, dass die Dienstleister sofern notwendig geeignete **IT-Sicherheitsstandards** erfüllen.*

*82. Sofern notwendig (zB im Rahmen von Cloud-Outsourcing oder sonstigen Auslagerungen im IT-Bereich), sollten die Institute und Zahlungsinstitute Anforderungen an die **Daten- und Systemsicherheit im Rahmen der Auslagerungsvereinbarung** festlegen [...].*"

72 Institute und Zahlungsinstitute, die wesentliche oder kritische Funktionen auslagern, sind also dazu gezwungen, detaillierte vertragliche Regelung zur IT-Sicherheit zu treffen.

V. Fehlen einer etablierten Rechtsprechung bzgl. Haftung für Cyberrisiken

73 Die technischen, betrieblichen und wirtschaftlichen Folgen von **IT-Unsicherheit** können uferlos sein. Ein Klick kann genügen, um weltweit Betriebe lahmzulegen. Der potenzielle Kreis der Betroffenen und Geschädigten lässt sich meist nicht im Voraus auf bestimmte Personen eingrenzen. Gleiches gilt für die Schadenshöhe und die Schwere des Risikos. Niemand kann sicher vorhersehen, wie groß der Schaden einer IT-Sicherheitslücke in der Praxis wirklich werden kann. Daher besteht tatsächlich ein zunehmendes Bedürfnis, Rechtssicherheit über die rechtlichen Folgen von IT-Unsicherheit zu gewinnen.

74 In der rechtswissenschaftlichen Literatur wird zwar eine schuldrechtliche wie auch deliktische **Schadensersatzhaftung** infolge **ungenügend gesicherter IT-Infrastruktur** diskutiert und auch befürwortet. Eine etablierte, höchstrichterliche, Judikatur dazu fehlt jedoch noch. Der BGH hat lediglich vereinzelt und nur zu sehr spezifischen Fällen IT-sicherheitsrechtliche Schutzpflichten und Verkehrssicherungspflichten diskutiert.[71]

1. Schuldrechtliche Haftung wegen Verletzung der IT-Sicherheitspflicht

75 In der Literatur gibt es zahlreiche Stimmen, wonach die **Nichteinhaltung von Sicherheitsstandards** (unterlassene oder mangelnde IT-Sicherheit) durch einen Vertragspartner zu einer (vertragsrechtlichen) **Schadensersatzhaftung** des Unternehmens führen kann.[72]

76 Es könne nicht einfach auf jede Form von IT-Sicherheit verzichtet werden, zumal Eigen- und Fremdschutz ineinandergreifen. Wer ein Netzwerk betreibe oder sich mit diesem verbinde, schaffe diverse Risiken. Regelmäßig sei daher wenigstens **der Stand der Technik zum Schadenszeitpunkt** im Rahmen des Zumutbaren vertraglich wie deliktisch zu beachten. Ein Ver-

---

69 BT-Drucksache 19/4724, 24.
70 Köhler/Bornkamm/Feddersen/*Alexander* UWG § 2 GeschGehG Rn. 61, 63.
71 BGH NJW 2018, 3779 – Filesharing – Haftung wg. fehlenden Passwortschutzes; BGH NJW 2012, 2422 – Haftung eines Kunden wg. fehlerhafter TAN-Eingabe wg. Verletzung girovertraglicher Sorgfaltspflicht.
72 *Spindler* CR 2017, 722; *Schmidt-Versteyl* NJW 2019, 1640; *Rath/Heetkamp* Deutscher AnwaltSpiegel, Ausgabe 04, 11.2.2017, 5; Hauschka/Moosmayer/Lösler/*Schmidl*, Corporate Compliance, § 28 Rn. 131.

zicht auf die Durchführung von dem Stand der Technik entsprechenden Sicherungsmaßnahmen müsse sachlich begründet werden. Werden entsprechende Überlegungen nicht einmal angestellt, sei die Haftung diesbezüglich zwangsläufig gegeben.[73]

Rechtsdogmatisch wird die **IT-Sicherheitspflicht jedenfalls als eine Schutzpflicht** im Sinne des § 241 Abs. 2 BGB angesehen, bei deren Verletzung ein Anspruch auf Schadensersatz aus § 280 Abs. 1 BGB besteht.[74] Diese Schutzpflicht korrespondiert vielfach mit der deliktischen Verkehrssicherungspflicht In einigen Fällen kann die IT-Sicherheitspflicht allerdings auch als Hauptleistungspflicht (zB bei der individuellen Softwareentwicklung, wenn konkrete IT-Sicherheitskomponenten als Abnahmekriterium festgelegt sind) ausgestaltet sein, deren Verletzung natürlich gleichfalls einen Schadensersatzanspruch nach § 280 Abs. 1 BGB begründen kann (→ Rn. 108–112). 77

Von Cyberrisiken (zB Cyberattacken) betroffene Unternehmen können daher nach Auffassung der Literatur grundsätzlich gemäß §§ 280 Abs. 1 und Abs. 2, 286 BGB für Schäden in Anspruch genommen werden, die ihren Kunden und Lieferanten infolge von **Lieferausfällen, Verzug und Datenverlusten** erleiden.[75] Im Fall von Datenverlust oder Datendiebstahl sollen Vertragspartner des angegriffenen Unternehmens auch Ansprüche gemäß § 280 Abs. 1 BGB wegen Verletzung von Vertraulichkeitspflichten geltend machen können.[76] 78

Den Unternehmen obliegt dabei die **Darlegungs- und Beweislast**, dass sie ihren IT-Sicherheitspflichten nachgekommen sind (Vermutung des Vertretenmüssens nach § 280 Abs. 1 S. 2 BGB). 79

Unternehmen bedienen sich wiederum spezialisierter IT-Dienstleister, deren Aufgabe es ist, für IT-Sicherheit im Unternehmen zu sorgen. Insoweit wird diskutiert, ob ein etwaiges **Verschulden** solcher IT-Dienstleister über § 278 BGB zurechenbar sein soll. Dazu müsste der betreffende Dienstleister „Erfüllungsgehilfe" sein.[77] Im Grundsatz haftet ein Auftragnehmer auch für die von ihm eingesetzten Subunternehmer gemäß § 664 Abs. 1 S. 3 BGB; das Verschulden der von ihm (mit Zustimmung des Auftraggebers) eingesetzten Gehilfen wird dem Auftraggeber nach § 278 BGB zugerechnet. Indessen gibt es Stimmen in der Literatur, die Zweifel anmelden und darauf hinweisen, dass der BGH den Lieferanten eines Verkäufers bzw. Händlers nicht als Erfüllungsgehilfen nach § 278 BGB ansieht.[78] Auch der Werklieferant ist grundsätzlich kein Erfüllungsgehilfe nach § 278 BGB.[79] Die Anbieter von „standardisierten IT-Leistungen" als Erfüllungsgehilfen iSv § 278 BGB haftbar machen zu wollen, soll daher nach einer Auffassung in der Literatur vor allem bei Anbietern von Cloud-Infrastrukturen problematisch sein.[80] 80

2. Deliktische Haftung eines Vertragspartners

Denkbar ist auch, dass ein Vertragspartner neben seinen vertraglichen Ansprüchen auch deliktische Ansprüche geltend machen kann. Vertragliche Ansprüche und deliktische Ansprüche stehen in **Anspruchskonkurrenz**, vorausgesetzt, die betreffende Verletzung der vertraglichen Pflicht erfüllt zugleich auch den Tatbestand einer unerlaubten Handlung.[81] Diskutiert wird insoweit, ob Hersteller von Produkten verpflichtet sind, ihre Produkte so herzustellen, dass sie 81

---

73 *Dickmann* r+s 2020, 131 ff.
74 Ausführlich und instruktiv: *Schmidt-Versteyl* NJW 2019, 1638.
75 *Schmidt-Versteyl* NJW 2017, 1637 ff.
76 *Schmidt-Versteyl* NJW 2017, 1637 ff.
77 *Marly*, Praxis-HdB Softwarerecht, Rn. 1137; s. auch *Wendehorst* NJW 2016, 2609 (2610).
78 BGH Urt. v. 15.07. 2008 – VIII ZR 211/07, NJW 2008, 2837 Rn. 29; BGH Urt. v. 2.4.2014 – VIII ZR 46/13, NJW NJW 2014, 2183 Rn. 31–33; *Kirn/Müller-Hengstenberg* NJW 2017, 436 (mwN).
79 Palandt/*Grüneberg* BGB § 278 Rn. 14; *Kirn/Müller-Hengstenberg* NJW 2017, 436.
80 *Kirn/Müller-Hengstenberg* NJW 2017, 436.
81 Palandt/*Sprau* BGB § 823 Rn. 8 mwN.

gemäß dem jeweiligen Stand der Technik vor Cyberattacken abgesichert sind,⁸² und Dienstleister wiederum verpflichtet sind, die von ihnen eingesetzten IT-Systeme vor Cyberattacken zu sichern.

82 Es gibt eine Vielzahl **spezialgesetzlicher deliktischer Rechtsgrundlagen**, wie zB § 44 Abs. 1 TKG oder Art. 82 Art. 1 DS-GVO, § 1 Abs. 1 ProdHaftG. Daneben sind aber auch die **allgemeinen zivilrechtlichen Rechtsgrundlagen** des § 823 Abs. 1 sowie § 823 Abs. 2 BGB in Verbindung mit einem Schutzgesetz zu beachten, wenn dieses individualschützende IT-Sicherheitspflichten enthält (*Spindler* in → § 10 Rn. 8).

83 Von zunehmender Bedeutung im Bereich IT-Sicherheit ist die von der Judikatur auf Basis des § 823 Abs. 1 BGB entwickelte **Produzentenhaftung**, die vor allem für Hersteller von Produkten eine Rolle spielt.⁸³ Hierbei geht es auch um den Schaden Dritter infolge eines mangelhaften Produkts, wenn – als Resultat eines Cyberrisikos (zB Cyberattacke) – eine nicht funktionierende IT zu Mängeln des verkauften Produkts führt.⁸⁴

84 Hier stellt sich die Frage, ob die IT-Sicherheitspflicht als **Verkehrssicherungspflicht** einzustufen ist. Im Ergebnis ist dies zu bejahen.

85 Nach stRspr. des BGH ist derjenige, der eine Gefahrenlage – gleich welcher Art – schafft, grundsätzlich verpflichtet, die notwendigen und zumutbaren Vorkehrungen zu treffen, um eine Schädigung anderer möglichst zu verhindern.⁸⁵ Die **rechtlich gebotene Verkehrssicherung** umfasst diejenigen Maßnahmen, die ein umsichtiger und verständiger, in vernünftigen Grenzen vorsichtiger Mensch für notwendig und ausreichend hält, um andere vor Schäden zu bewahren.⁸⁶

86 Die Tatsache, dass es, wie oben beschrieben, eine derart große Anzahl von spezialgesetzlichen Regelungen, technischen Normen und Leitfäden gibt, belegt für sich bereits das Bestehen von Risiken über alle Branchen hinweg.⁸⁷ Deshalb ist auch nach diesseitiger Auffassung der Autoren mit dem Betrieb oder Einsatz einer **IT-Infrastruktur** denknotwendigerweise auch **eine entsprechende Verkehrssicherungspflicht verbunden**.

87 Allerdings **führt nicht jede Schwachstelle in der IT zwangsläufig zu einer Haftung** nach § 823 Abs. 1 BGB.⁸⁸ Vielmehr ist hierfür notwendig, dass die Sicherheitslücke in der IT ein in § 823 Abs. 1 BGB genanntes Rechtsgut verletzt.⁸⁹ Vermögensschäden im Zusammenhang mit der Verletzung von IT-Sicherheitspflichten sind deliktsrechtlich hingegen nur dann ersatzfähig, wenn eine IT-Sicherheitspflicht verletzt wurde, die aus einem Schutzgesetz im Sinne des § 823 Abs. 2 BGB resultiert.

3. Ergebnis

88 Auch wenn es **probate Rechtsgrundlagen für eine Haftung des Vertragspartners** wegen sich bei ihm realisierender Cyberrisiken geben mag und die hM in der Literatur insoweit auch eine Haftung des von einem Cyberrisiko betroffenen Unternehmens annimmt,⁹⁰ verbleibt eine gewisse **Rechtsunsicherheit**. Bestehende Gesetze und technische Normen sind teilweise sehr

---

82 Zu den produktbezogenen Pflichten *Spindler* in → § 11 Rn. 1 ff.
83 *Rockstroh/Kunkel* MMR 2017, 79; näher *Spindler* in → § 11 Rn. 6 ff.
84 *Nolte/Becker* BB Special 5/2008, 26; *Beucher/Utzerath* MMR 2013, 367.
85 BGH VersR 1990, 498 499; BGH VersR 2002, 247 (248); BGH VersR 2003, 1319; BGH VersR 2006, 233 f.; BGH VersR 2006, 1083 f.; BGHZ 121, 367, 375; BGH VersR 1997, 109 und BGH VersR 2010, 544.
86 BGH VersR 2010, 544.
87 Ähnlich BGH VersR 2019, 1381 – Pflegeheim.
88 *Rockstroh/Kunkel* MMR 2017, 79.
89 *Rockstroh/Kunkel* MMR 2017, 79.
90 *Spindler* CR 2017, 722; *Schmidt-Versteyl* NJW 2019, 1640; *Rath/Heetkamp* Deutscher AnwaltSpiegel, Ausgabe 04, 11.2.2017, 5; Hauschka/Moosmayer/Lösler/*Schmidl*, Corporate Compliance, § 28 Rn. 131.

generisch. Spezialgesetzliche Regelungen erfassen zudem nur einen bestimmten Adressatenkreis, der kritische Infrastrukturen betreibt. Zudem gibt es kaum Rechtsprechung in Bezug auf konkrete Cyberrisiken. Soweit ersichtlich hat bislang auch noch kein Gericht darüber entschieden, ob und unter welchen Voraussetzungen einem Unternehmen nach einer Cyberattacke ein Schadensersatzanspruch gegenüber seiner Geschäftsleitung zusteht.[91]

Darüber hinaus spielen auch andere Aspekte der IT-Sicherheit eine Rolle, wie zB Auditrechte, Informationsrechte, Durchführung von im Einzelfall speziell zu definierenden IT-Sicherheitsmaßnahmen, Haftungsbegrenzungen, Haftungsverschärfungen, Kostentragung bei Anpassung an IT-Standards. Es gilt hier der Grundsatz: „**Vertragliche Rechte sind die stärksten Rechte.**" Zur gerichtlichen und außergerichtlichen Klärung eines Streitfalls werden in der Praxis primär vertragliche Regelungen herangezogen. Vertragliche Regelungen – sofern wirksam formuliert – sind daher das sicherste Mittel, um bestehende Rechtsunsicherheiten zu vermeiden oder zumindest erheblich zu reduzieren.

Für sämtliche Wirtschaftsakteure besteht somit ein hohes Bedürfnis nach **vertraglicher Gestaltung der IT-Sicherheit**. Dieses Regelungsbedürfnis ist nicht etwa auf den Kern der IT-Branche beschränkt und daher nicht nur für IT-Verträge im engeren Sinne von Relevanz. Vielmehr bestehen diese Regelungsbedürfnisse auch für sämtliche Branchen und Sparten, die im Kern keinen Austausch von IT-Leistungen zum Gegenstand haben (zB Logistikdienstleister wird von einer Cyberattacke getroffen, weshalb der Auftraggeber über einen gewissen Zeitraum die vertraglich vereinbarten Dienstleistungen seines Vertragspartners nicht in Anspruch nehmen kann).

F. Vertragsrechtliche Implementierung von IT-Sicherheit als notwendiger Bestandteil des Cyberrisiko-Managements

Unbestreitbar gehört **Cyberrisiko-Management zu den notwendigen Aufgaben** des modernen Unternehmensmanagements. Dafür bestehen probate Rechtsgrundlagen und eine etablierte Judikatur. Notwendiger Bestandteil eines solchen Cyberrisiko-Managements ist auch die vertragliche Umsetzung von IT-Sicherheit.

I. Spezialgesetzlich vorgeschriebenes IT-Sicherheitsmanagement

Teilweise ist das IT-Sicherheitsmanagement als Unternehmensaufgabe **spezialgesetzlich vorgeschrieben** für bestimmte kritische Branchen (Telekommunikation, Versicherungen, Banken, sonstige Finanzdienstleistungsunternehmen, Energie, sonstige kritische Infrastrukturen). Aber auch die **DS-GVO** verlangt generell und abstrakt die Ergreifung technischer Maßnahmen zur Gewährleistung von IT-Sicherheit.

II. Business Judgement Rule

Für sonstige Fälle außerhalb regulierter Industrien und des Anwendungsbereiches der DS-GVO kommt die **Business Judgement Rule** zur Anwendung. Danach verfügt das Unternehmensmanagement grundsätzlich über einen Ermessensspielraum im Hinblick auf das „Ob und Wie" von Sicherheitsmaßnahmen im Hinblick auf Cyberrisiken.[92] Verankert ist die Business Judgement Rule in § 93 Abs. 1 S. 2 AktG, wonach eine Pflichtverletzung nicht vorliegen soll, „*wenn das Vorstandsmitglied bei einer unternehmerischen Entscheidung vernünftigerweise annehmen durfte, auf der Grundlage angemessener Informationen zum Wohl der Gesellschaft*

---

91 *Rath/Heetkamp* Deutscher AnwaltSpiegel, Ausgabe 04, 11.2.2017, 4; *Schmidt-Versteyl* NJW 2019, 1638.
92 *Bensinger/Kozok* CB 2015, 378; *von Holleben/Menz* CR 2010, 67; *von Baum/Appt/Schenk* DB 2017, 1889; *Rath/ Heetkamp* Deutscher AnwaltSpiegel, Ausgabe 04, 11.2.2017, 4.

zu handeln." Typische Fälle sind zB Entscheidungen über die Hinzuziehung eines Experten, der Zeitpunkt der Benachrichtigung von Behörden oder sonstige Kommunikation nach innen und außen.[93]

94 Jedoch kann sich je nach Gefährdungslage das **Ermessen des Managements auf Null reduzieren** und zu einer Pflicht der Einführung und des Aufbaus eines Cyberrisiko-Managements führen, wenn sich bei der Analyse der Gefährdungen ein Risikopotenzial herausstellt – beispielsweise weil es bereits zum Eintritt von Schäden kam.[94] In diesem Fall ist die Unternehmensleitung verpflichtet, ein formalisiertes Compliance Management System im Unternehmen einzurichten.[95]

III. Haftung der Unternehmensleitung

95 Das **Fehlen eines Cyber Risk Managements** führt zu einer Sorgfaltspflichtverletzung der Unternehmensleitung, die wiederum ihrerseits zu einer entsprechenden **Haftung** für Schäden des Unternehmens führt.[96] Haftungsgrundlage ist **§ 93 Abs. 2 S. 1 AktG** für die Aktiengesellschaft. Für die GmbH findet sich eine vergleichbare Regelung in § 43 Abs. 2 GmbHG.[97] Diese Haftungsgrundlagen gelten aber auch **analog für andere Unternehmensformen**.[98]

96 Auch der **Aufsichtsrat** kann haftbar sein, denn es ist seine Aufgabe, den Vorstand einer AG zu kontrollieren, im Rahmen dieser Kontrollfunktion trifft den Aufsichtsrat demnach ebenso eine auf IT-Sicherheit bezogene (Überwachungs-)Pflicht.[99]

97 Beachtenswert ist dabei die Tatsache, dass der Vorstand bzw. die Unternehmensleitung die **Beweislast** für eine fehlende Pflichtwidrigkeit im Hinblick auf diskutable IT-Sicherheit trägt. Das Unternehmen ist am Ende lediglich beweispflichtig dafür, dass und inwieweit dem Unternehmen durch ein möglicherweise pflichtwidriges Verhalten des Geschäftsleiters ein Schaden entstanden ist.[100] Beachtenswert ist auch, dass die Rechtsprechung seit nunmehr 20 Jahren fordert, dass Schadensersatzansprüche des Unternehmens zu verfolgen sind, was auch die Ersatzpflicht von Unternehmensorganen einschließt.[101] Dabei gelten die allgemeinen Verjährungsfristen (§ 195 BGB). Bei Banken und börsennotierten Gesellschaften betragen die Verjährungsfristen hingegen fünf bzw. zehn Jahre (§ 93 Abs. 6 AktG).

98 Umgekehrt kann die Unternehmensleitung **Haftungsrisiken entgehen** oder solche mitigieren, wenn sie **Risikomanagementmaßnahmen** im Hinblick auf Cyberrisiken im Unternehmen implementiert.[102]

---

93 Weiterführend hierzu: *Spindler* CR 2017, 717 (mwN); *Goette/Goette* DStR 2016, 818 (mwN); *Schraud*, Compliance in der Aktiengesellschaft – Mysterium Compliance vor dem Hintergrund der Vorstands- und Aufsichtsratsverantwortung, 1. Aufl. 2019, Baden-Baden, 71 f.; *Oppenheim* DStR 2014. 1064 f.
94 *Schraud*, Compliance in der Aktiengesellschaft – Mysterium Compliance vor dem Hintergrund der Vorstands- und Aufsichtsratsverantwortung, S. 71 f.; *Oppenheim* DStR 2014, 1064 f.
95 *Schraud*, Compliance in der Aktiengesellschaft – Mysterium Compliance vor dem Hintergrund der Vorstands- und Aufsichtsratsverantwortung, S. f.; *Oppenheim* DStR 2014, 1064 f.; instruktiv *Schmidt-Versteyl* NJW 2019, 1640 mwN.
96 *Rath/Heetkamp* Deutscher AnwaltSpiegel, Ausgabe 04, 11.2.2017, 5; *Schmidt-Versteyl* NJW 2019, 1640.
97 *Rath/Heetkamp* Deutscher AnwaltSpiegel, Ausgabe 04, 11.2.2017, 5; *Schmidt-Versteyl* NJW 2019, 1640.
98 *Schmidt-Versteyl* NJW 2019, 1640.
99 Hauschka/Moosmayer/Lösler/*Schmidl*, Corporate Compliance, § 28 Rn. 46; *Schmidt-Versteyl* NJW 2019, 1642.
100 BGH NJW-RR 2008, 905 f.
101 BGH NJW 2019, 596.
102 *Schmidt-Versteyl* NJW 2019, 1641.

IV. Vertragliche Gestaltung als notwendiger Bestandteil des Cyberrisiko-Managements

Mit Blick auf die frühzeitige Erkennung bestandsgefährdender Entwicklungen sind geeignete **Vorkehrungen** zu treffen (Risikoanalyse/Prepardeness, Response, Nachbearbeitung von Cyberangriffen oder IT-Ausfällen aufgrund eines Cyberrisikos).[103] In Bezug auf Cyberrisiken kommt die Geschäftsleitung ihrer gesetzlich vorgeschriebenen Sorgfaltspflicht nach, indem sie die IT-Sicherheit im Unternehmen **so organisiert, dass Schäden vorgebeugt wird und Risiken kontrolliert** werden.[104] Die Pflicht zur Implementierung und Überwachung eines IT-Sicherheitskonzepts gilt dabei für den **gesamten Vorstand** bzw. sämtliche Mitglieder der Geschäftsführung, nicht nur für dasjenige Mitglied des Vorstands, dem das Ressort IT übertragen wurde.[105]

Eine **Übertragung von Aufgaben** an IT-Fachpersonal (zB den IT-Sicherheitsbeauftragten des Unternehmens) ist zwar möglich, entbindet die Geschäftsleitung aber nicht von ihrer Pflicht zur Kontrolle.[106] Cyberrisiko-Management erfordert daher auch die Einrichtung eines ausführlichen Reporting-Systems durch das Cyberrisiken an die Geschäftsleitung kommuniziert werden.[107] Zu einem solchen Risikomanagement gehört insbesondere aber auch die **vertragliche Regelung von dezidierten Anforderungen** an Vertragspartner im Hinblick auf erkannte oder mögliche Cyberrisiken. Aus beweisrechtlichen Gründen ist es ratsam, dass die Geschäftsführung die von ihr eingeleiteten IT-Sicherheitsmaßnahmen in ausreichendem Maße dokumentiert. Nur so kann sich die Geschäftsleitung exkulpieren, sollte es zu einem Cybervorfall kommen.[108]

V. Ergebnis

Wer **IT-Infrastruktur nutzt** (und das ist heutzutage nahezu jedes Unternehmen), ist in der Regel **Cyberrisiken ausgesetzt**, die den Bestand eines Unternehmens gefährden können.[109] Ein Cyberangriff kann ein Unternehmen fundamental schädigen.[110] Dies gilt vor allem für Unternehmen, deren Funktionieren ohne intakte IT undenkbar ist.[111] Umgekehrt gilt dies aber auch für Unternehmen, deren Lieferanten und sonstige Vertragspartner auf eine intakte IT angewiesen sind (zB in der Logistik, Versicherungen, Banken). Die **vertragliche Niederlegung von dezidierten Anforderungen** an Vertragspartner im Hinblick auf erkannte oder mögliche Cyberrisiken ist somit ein integraler **Bestandteil eines erfolgreichen Cyberrisiko-Managements**. Aufgrund der rasanten Digitalisierung der Wirtschaft wird der Aspekt der IT-Sicherheit bei der Vertragsanbahnung und Vertragsgestaltung zunehmend eine entscheidende Rolle spielen.

---

103 *Schmidl* NJW 2010, 480; *Schmidt-Versteyl* NJW 2019, 1641; *Rath/Heetkamp* Deutscher AnwaltSpiegel, Ausgabe 04, 11.2.2017, S. 4f.; Gabel/Heinrich/Kiefner/*Kiefner*, Rechtshandbuch Cyber-Security, Kap. 2 Rn. 33; *Schmidl* NJW 2010, 480.
104 LG München I Urt. v. 10.12.2013 – 5 HK O 1387/10 (NZG 2014, 345); *Schmidt-Versteyl* NJW 2019, 1640 mwN; Hauschka/Moosmayer/Lösler/*Schmidl*, Corporate Compliance, § 28 Rn. 47.
105 Hauschka/Moosmayer/Lösler/*Schmidl*, Corporate Compliance, § 28 Rn. 46 mwN; *Schmidt-Versteyl* NJW 2019, 1640.
106 BGH Urt. v. 6.11.2018 – II ZR 11/17, NJW 2019, 1068.
107 *Rath/Heetkamp* Deutscher AnwaltSpiegel, Ausgabe 04, 11.2.2017, 5.; Bankaufsichtliche Anforderungen an die IT (BAIT) der Bundesanstalt für Finanzdienstleistungsaufsicht (BaFin) Rn. 14.
108 *Bensinger/Kozok* CB 2015, 378.
109 *Rath/Heetkamp* Deutscher AnwaltSpiegel, Ausgabe 04, 11.2.2017, 4; *Schmidt-Versteyl* NJW 2019, 1640.
110 *Spindler* CR 2017, 722; *Beucher/Utzerath* MMR 2013, 366; *Schmidt-Versteyl* NJW 2019, 1640.
111 Hauschka/Moosmayer/Lösler/*Schmidl*, Corporate Compliance, § 28 Rn. 47 ff.; *von Baum/Appt/Schenk* DB 2017, 1886; *Spindler* CR 2017, 722; *Schmidt-Versteyl* NJW 2019, 1640.

G. Zivilrechtliche Einordnung der IT-Sicherheitspflicht

102 Von hoher Relevanz ist die zivilrechtliche Einordnung der Rechtsnatur der IT-Sicherheitspflicht (zum Verständnis der IT-Sicherheitspflicht → Rn. 10). Hiervon abhängig ist beispielsweise auch die Frage, ob bei einer Verletzung Erfüllungs- und/oder Schadensersatzansprüche bestehen.

I. Obliegenheit

1. Begriff

103 Obliegenheiten sind von vollkommenen und unvollkommenen Verbindlichkeiten zu unterscheiden. Sie begründen weder einen Erfüllungsanspruch noch bei Verletzung einen Schadensersatzanspruch.[112] Die **Befolgung einer Obliegenheit ist Gebot des eigenen Interesses**, da der Belastete bei ihrer Verletzung einen Rechtsverlust, also einen rechtlichen Nachteil erleidet. Bekannt sind Obliegenheiten vor allem im Versicherungsrecht, aber auch im BGB (zB Organisationspflicht des Unternehmers zur Entdeckung von arglistig verschwiegenen Mängeln nach § 634a Abs. 3 BGB, Untersuchung und Rüge nach § 377 HGB). **IT-Sicherheitspflichten können als bloße Obliegenheit zu qualifizieren sein**, wenn dies vertraglich so geregelt ist.

2. Beispiel für IT-Sicherheit als Obliegenheit: Klausel A1-16.2 AVB Cyber

104 **Paradebeispiel** für die Einhaltung von IT-Sicherheit als Obliegenheit ist die in den Musterbedingungen des Gesamtverbands der Deutschen Versicherungswirtschaft (GDV) enthaltene Obliegenheit A1-16.2 a) **AVB Cyber**. Danach **scheidet eine Versicherungsdeckung aus**, wenn dem Versicherungsnehmer ein Verstoß gegen gesetzliche Sicherheitsvorschriften vorgeworfen werden kann. Allerdings wird die Wirksamkeit dieser Regelung hinterfragt. Diskutiert wird insoweit, ob die betreffende Obliegenheitsklausel hinreichend bestimmt im Sinne des § 307 Abs. 1 S. 2 BGB ist, da sie keinen (abschließenden oder wenigstens beispielhaften) Normenkatalog enthält oder referenziert.[113] Im Bereich der Sachversicherung wurde die Obliegenheit der generellen Beachtung von rechtlichen anwendbaren Verpflichtungen als wirksam eingestuft.[114] Für die Wirksamkeit spricht, dass es schlicht unmöglich ist, für sämtliche in Betracht kommenden Kunden die jeweils anwendbaren gesetzlichen Bestimmungen einzeln aufzuzählen, da beispielsweise für einen Versicherungskunden andere Anforderungen gelten als für ein Logistikunternehmen. Eine (abschließende) Auflistung einzelner Paragrafen oder Artikel wäre zudem wenig praktikabel, schnell obsolet, überholt oder unvollständig und würde nicht zu mehr Klarheit führen, zumal im Einzelfall weiterhin der Schutzzweck zu prüfen ist.[115]

II. Leistungspflicht

105 Die IT-Sicherheitspflicht kann in vielen Fällen aber auch als Leistungspflicht qualifiziert werden. Auch hier kommt es darauf an, ob und gegebenenfalls was die Parteien dazu im Vertrag festgehalten haben. Leistungspflichten resultieren aus einem „konkreten Schuldverhältnis".[116] Sie sind Pflichten im Sinne des § 241 Abs. 1 S. 1 BGB und geben dem Gläubiger das Recht, von dem Schuldner eine Leistung zu fordern. Leistungspflichten können selbstständig eingeklagt werden.[117] Die Leistungspflicht kann in einem Tun oder Unterlassen bestehen (§ 241

---

[112] BGH NJW 1995, 402.
[113] *Dickmann* r+s 2020, 131.
[114] BGH VersR 1997, 485; BGH r+s 2002, 292 f.; LG Kassel r+s 2011, 27 f.
[115] *Fortmann* r+s 2019, 429 (436); *Dickmann* r+s 2020, 131.
[116] Palandt/*Grüneberg* BGB § 241 Rn. 1.
[117] *Zerres*, Bürgerliches Recht, S. 102.

Abs. 1 S. 2 BGB). Da es bei **IT-Sicherheit im Kern um Risikovorsorge** geht, wird der Schwerpunkt der **IT-Sicherheitspflicht** auf dem **aktiven Tun** liegen.

1. Hauptleistungspflicht

Hauptleistungspflichten sind diejenigen Leistungspflichten, die für das **konkrete Schuldverhältnis wesentlich** sind und ihm sein rechtliches Gepräge geben. Im Rahmen von vertraglichen Schuldverhältnissen ergeben sich Hauptleistungspflichten alleine aus dem, **was die Parteien vereinbart haben.**[118] Typische Hauptleistungspflichten sind beispielsweise die Zahlungspflicht des Käufers (§ 433 Abs. 2 BGB)[119] oder die Pflicht des Mieters zur Entrichtung der Miete (§ 535 Abs. 2 BGB).[120] Entscheidend ist hier wiederum, was die Parteien in einem Vertrag niedergelegt haben. Die IT-Sicherheitspflicht kann beispielsweise im Rahmen von IT-Outsourcing-Verträgen als Hauptleistungspflicht zu qualifizieren sein (→ Rn. 145).[121]

2. Nebenleistungspflicht

Als **Nebenleistungspflichten** kann man **alle anderen, selbstständig einklagbaren Pflichten** bezeichnen. Sie können auf die ordnungsgemäße Erbringung und Nutzung der Hauptleistung (daher auf das Erfüllungsinteresse des Gläubigers) bezogen sein, aber auch einen anderen, selbstständigen Zweck (zB den Schutz des Integritätsinteresses des Gläubigers) verfolgen.[122] Ob und in welchem Umfang solche Nebenleistungspflichten bestehen, hängt maßgeblich vom konkreten Schuldverhältnis ab. Relevant ist wiederum, was die Parteien vereinbart haben. Ob eine Nebenleistungspflicht vorliegt, muss ggf. durch Auslegung (§§ 133, 157 BGB) ermittelt werden. Einige Nebenleistungspflichten sind ausdrücklich im Gesetz genannt (zB § 407 BGB und § 666 BGB).[123] Sie können sich aber auch aus Treu und Glauben (§ 242 BGB) ergeben. Sinn und Zweck einer Nebenleistungspflicht kann es sein, die Hauptleistung vorzubereiten, durchzuführen oder die Hauptleistung zu sichern.[124] Die Hauptleistungspflicht wird durch sie dann ergänzt und zwar in Bezug auf die „Herbeiführung des Leistungserfolgs".[125] Die Nebenleistungspflicht kann aber auch einen eigenständigen Zweck haben.[126] Nebenleistungspflichten sind jedenfalls selbstständig einklagbar.[127] In der rechtswissenschaftlichen Literatur gibt es Stimmen, die die allgemeine IT-Sicherheitspflicht auch als Nebenleistungspflicht einordnen.[128]

III. Rücksichtspflicht

Das deutsche Schuldrecht begründet neben den Leistungspflichten auch **Verhaltens- oder Schutzpflichten**. Diese sind ausdrücklich im BGB in § 241 Abs. 2 BGB angesprochen: *„Das Schuldverhältnis kann nach seinem Inhalt jeden Teil zur Rücksicht auf die Rechte, Rechtsgüter und Interessen des anderen Teils verpflichten."* Rücksichtspflichten existieren **zusätzlich** zu

---

118 Palandt/*Grüneberg* BGB § 241 Rn. 5; Brox/*Walker*, Schuldrecht AT, § 2 Rn. 5.
119 Palandt/*Weidenkaff* BGB Einf. § 433 Rn. 1; *Zerres*, Bürgerliches Recht, S. 102.
120 Palandt/*Weidenkaff* BGB Einf. § 535 Rn. 73.
121 *Beucher/Utzerath* MMR 2013, 367.
122 Brox/*Walker*, SchuldR AT, § 2 Rn. 8.
123 *Zerres*, Bürgerliches Recht, S. 103.
124 Palandt/*Grüneberg* BGB § 241 Rn. 5; *Zerres*, Bürgerliches Recht, S. 103.
125 Palandt/*Grüneberg* BGB § 241 Rn. 5; *Zerres*, Bürgerliches Recht, S. 103.
126 *Zerres*, Bürgerliches Recht, S. 103.
127 Medicus/Petersen/*Petersen*, Bürgerliches Recht, § 11 Rn. 207 mwN; *Zerres*, Bürgerliches Recht, S. 103.
128 *Beucher/Utzerath* MMR 2013, 367 mwN.

den Leistungspflichten.¹²⁹ Rücksichtspflichten können indessen **nicht selbstständig eingeklagt** werden.¹³⁰

109 Derartige Rücksichtspflichten bestehen bereits **vor Vertragsschluss**.¹³¹ Wird ein Vertrag angebahnt, so bilden sich schon die Rücksichtspflichten. Somit kann die Verletzung einer Rücksichtnahmepflicht zu einer Haftung aus *culpa in contrahendo* nach §§ 280 Abs. 1, 241 Abs. 2, 311 Abs. 2 BGB führen.¹³²

110 Der genaue Inhalt von Rücksichtspflichten **wird** indessen **nicht gesetzlich** definiert. § 241 Abs. 2 BGB ist eine „Blankettnorm".¹³³ Was Rücksichtspflichten beinhalten und welche Ausmaße sie annehmen, bestimmt sich daher nach „*Vertragszweck, der Verkehrssitte und den Anforderungen des redlichen Geschäftsverkehrs*".¹³⁴

111 Die herrschende Ansicht in der Literatur qualifiziert die **IT-Sicherheitspflicht**, soweit sie nicht bereits durch die Parteien (ausdrücklich oder konkludent) als Hauptpflicht vereinbart wurde, zumindest als Schutzpflicht im Sinne des § 241 Abs. 2 BGB (→ Rn. 108, 112).¹³⁵

IV. Nebenpflicht

112 Wie beschrieben, besteht die Rücksichtspflicht bereits vor Abschluss eines Vertrages. Eine Rücksichtspflicht wird dann aber zur Nebenpflicht, sobald der Vertrag zustande kommt.¹³⁶ Auch hier ist dann ein Schadensersatzanspruch wegen Verletzung von Rücksichtnahmepflichten gemäß § 280 Abs. 1 BGB möglich.¹³⁷ In der Literatur wird die allgemeine **IT-Sicherheitspflicht überwiegend als eine Nebenpflicht in Form einer Schutzpflicht** qualifiziert.¹³⁸ Wird eine solche Schutzpflicht verletzt, kann das einen Schadensersatzanspruch gemäß § 280 Abs. 1 BGB oder ein Rücktrittsrecht nach § 324 BGB begründen.¹³⁹

V. IT-Sicherheit als Kardinalpflicht

1. Relevanz für Standardverträge

113 Eine weitere Pflichtenkategorie sind die sog. „Kardinalpflichten". Relevant ist diese Pflichtenkategorie im Rahmen von **Standardverträgen**, und zwar im Zusammenhang mit der Frage, ob ein **Haftungsausschluss oder Haftungsmilderung** bei Verletzung von bestimmten Pflichten standardmäßig zulässig ist. Insoweit stellt sich die Frage, ob IT-Sicherheitspflichten als Kardinalpflichten einzustufen sind.

114 **Ausgangspunkt** ist § 309 Nr. 7 lit. b BGB, der eigentlich eine Haftungsbeschränkung für eine einfach fahrlässige Pflichtverletzung zulässt. Die **Rechtsprechung** schränkt diese Freizeichnungsmöglichkeit jedoch auf der Grundlage des § 307 Abs. 1 BGB ein. Danach können Unternehmen ihre Haftung für einfach fahrlässige Pflichtverletzungen gerade nicht einschränken, wenn es sich bei der verletzten Pflicht um eine vertragswesentliche Pflicht (**Kardinalpflicht**)

---

129 Palandt/*Grüneberg* BGB § 241 Rn. 6; *Zerres*, Bürgerliches Recht, S. 103.
130 *Zerres*, Bürgerliches Recht, S. 103; Palandt/*Grüneberg* BGB § 241 Rn. 7.
131 Palandt/*Grüneberg* BGB § 241 Rn. 7.
132 Palandt/*Grüneberg* BGB § 241 Rn. 7.
133 Palandt/*Grüneberg* BGB § 241 Rn. 7.
134 Palandt/*Grüneberg* BGB § 241 Rn. 7.
135 *Spindler* CR 2017, 722; *Schmidt-Versteyl* NJW 2019, 1640; *Rath/Heetkamp* Deutscher AnwaltSpiegel, Ausgabe 04, 11.2.2017, 5; Hauschka/Moosmayer/Lösler/*Schmidl*, Corporate Compliance, § 28 Rn. 131.
136 Palandt/*Grüneberg* BGB § 241 Rn. 7.
137 Palandt/*Grüneberg* BGB § 241 Rn. 7.
138 Hauschka/Moosmayer/Lösler/*Schmidl*, Corporate Compliance, § 28 Rn. 129; *Schmidt-Versteyl* NJW 2019, 1640 mwN.
139 *Zerres*, Bürgerliches Recht, S. 103.

handelt.[140] Das Verbot der Freizeichnung für „Kardinalpflichten" ist ständige Rechtsprechung und geht zurück bis zum Reichsgericht.[141]

2. Begriff der Kardinalpflicht bzw. vertragswesentlichen Pflicht

Der bereits vom Reichsgericht geprägte Begriff der „Kardinalpflicht" wurde in der Zeit nach Inkrafttreten des AGBG vom BGH durch den Begriff der „wesentlichen (Vertrags-)Pflicht" ergänzt bzw. ersetzt.[142] Hiernach ist die Haftung für Verpflichtungen, deren Beachtung erst die Voraussetzung für eine korrekte Vertragserfüllung schaffen, grundsätzlich nicht beschränkbar.

3. Nebenpflichten als Kardinalpflichten

Nach der Rechtsprechung des BGH sind jedenfalls **Hauptleistungspflichten** stets als Kardinalpflichten einzustufen.[143] Da aber die **IT-Sicherheitspflicht in vielen Fällen auch als Nebenpflicht** angesehen werden kann, könnte man daran denken, dass sie keine „Kardinalpflicht" ist und somit ein Haftungsausschluss oder eine Haftungsbeschränkung für die einfach fahrlässige Verletzung für IT-Sicherheitspflichten selbst in Standardverträgen denkbar sein kann. Nach der Rechtsprechung des BGH[144] können aber **auch Nebenpflichten Kardinalpflicht** im Sinne des § 307 Abs. 2 Nr. 2 BGB sein, sofern sie für die Erreichung des Vertragszwecks von besonderer Bedeutung sein können. Im konkreten Fall ist daher zu ermitteln, ob die IT-Sicherheitspflicht von besonderer Bedeutung für die Erreichung des Vertragszwecks ist.

4. Ergebnis

Zwar ist die Haftungsbegrenzung in Standardverträgen bei **nicht vertragswesentlichen Pflichten** zulässig. Wann dies der Fall ist und welche Pflichten konkret in den Bereich einer nicht wesentlichen – und daher eine Freizeichnung zugänglichen – Pflicht einzuordnen sind, lässt sich nicht allgemein sagen; es gibt bislang insoweit keine belastbare Rechtsprechung für IT-Sicherheitsklauseln.

H. Inhaltliche Ausgestaltung von Vertragsklauseln zur IT-Sicherheit

Bei der vertraglichen Gestaltung geht es um den **Aufbau einer möglichst umfassenden Schutzsphäre**. Mit vertraglichen Regelungen sollen im Innenverhältnis zwischen zwei oder mehreren Vertragsparteien IT-Sicherheitsrisiken allokiert und Rechtsunsicherheiten verringert werden.

Im Rahmen der **Vertragsgestaltung lässt sich der Aspekt der IT-Sicherheit nicht auf eine einzige Vertragsklausel** reduzieren. Zudem ergeben sich Unterschiede abhängig davon, ob es sich um IT-nahe Verträge oder um Verträge außerhalb der IT-Branche handelt. Bei IT-nahen Verträgen (wie zB Softwareentwicklung, IT-Outsourcing oder Cloud Computing) wird die IT-Sicherheit eher als ausdifferenzierte Hauptleistungspflicht gestaltet sein, während bei Verträ-

---

140 StRspr. seit RGZ 106, 386 und später grundlegende Entsch. BGH Urt. v. 20.7.2005 – VIII ZR 121/04, ZIP 2005, 1797.
141 RGZ 106, 386 (388); BGH NJW 1956, 1065 (1066); BGH NJW 1963, 99 (100); BGH MDR 1966, 914; BGH WM 1969, 561; BGH VersR 1973, 1060 (1062); BGH NJW 1973, 2107 (2108); BGH MDR 1976, 29 (30); BGH NJW 1968, 1567 (1568); BGH NJW 1976, 672 (673).
142 OLG Hamburg VersR 1985, 57 (58) (Kardinalpflicht); BGH NJW 1985, 623 (627); BGH NJW-RR 1986, 271 (272); BGH NJW 1985, 2258 (2261); BGH NJW-RR 1988, 559 (561); BGH NJW 1990, 255; BGH NJW 1991, 2630 (2623); BGH NJW 1992, 2016 (2017); BGH NJW 1993, 335; BGH NJW 1999, 1031 (1032). Interessanterweise hält der BGH aber auch den Begriff der „vertragswesentlichen Pflicht" isoliert betrachtet für konturlos sowie intransparent iSd § 307 Abs. 2 Nr. 2 BGB, vgl. BGH NJW 2016, 2101.
143 BGH Urt. v. 15.11.2001 – I ZR 122/99, TranspR 2002, 450.
144 BGH Urt. v. 20.6.1984 – VIII ZR 137/83, NJW 1985, 914.

gen außerhalb der IT-Branche die IT-Sicherheit eher als Nebenpflicht formuliert wird (→ Rn. 112). Unterschiedliche Detailliierungsgrade an Formulierungen sind denkbar, je nach Bedeutung des Vertrages und des damit verbundenen Sicherheitsrisikos.

I. Vorgeschaltete Risikoanalyse

120 Der Vertragsgestaltung geht idealerweise eine **Risikoanalyse,** dh eine Identifizierung und Bewertung von Cyberrisiken, voraus. Dazu müssen die Parteien zunächst die **reale Betroffenheit** des Unternehmens und seinen **Schutzbedarf feststellen** und das **anzustrebende Sicherheitsniveau definieren.** Zu den typischen kautelarjuristischen Aufgaben zählt die Regelung – erkannter und/oder unerkannter oder noch nicht erkennbarer – Risiken, insbesondere auch die Verteilung von Risiken zwischen den Vertragsparteien. Eine Risikoverteilung ist etwa bei folgenden Themen relevant:
- Regulatorische Pflichtenlage (Compliance): Wer muss welche Maßnahmen in welchem Umfang ergreifen, um sektorale Gesetzesvorgaben einzuhalten?
- Haftungslage: Wer haftet dem Grunde nach und in welchem Umfang für verwirklichte Risiken (= materielle und immaterielle Schäden)?
- Beweislage: Wer muss im Streitfall das Einhalten oder Nicht-Einhalten bestimmter Tatsachen, wie etwa der IT-Sicherheit, beweisen?

121 Im Rahmen der Analyse der Risiken sind die Infrastruktur, Daten und Prozesse des gesamten Unternehmens zu untersuchen, insbesondere für welche wesentlichen Unternehmenswerte welche Risiken drohen, respektive welche Anpassungen vorzunehmen sind, wenn sich Risikoszenarien durch die Zusammenarbeit mit einem Vertragspartner verändern.

122 Die **Risikoanalyse** erfolgt auch vor dem Hintergrund der dem **IT-Sicherheitsrecht zugrundeliegenden Schutzziele:** Vertraulichkeit, Verfügbarkeit und Integrität von Daten und informationstechnischen Systemen. Dabei wird auch der Wert der Daten und Prozesse sowie die Attraktivität für potenzielle Angreifer zu bewerten sein.

II. Kernpunkte einer IT-Sicherheitsregelung

123 Der **Mehrwert vertraglicher Gestaltung** im Bereich der IT-Sicherheit liegt einerseits in der Reduktion und im Idealfall der Beseitigung von Rechtsunsicherheiten, andererseits aber auch in der Möglichkeit, maßgeschneidert potenzielle IT-Sicherheitsrisiken (Haftungs-, Compliance- und Beweisrisiken) zwischen den Vertragsparteien zu allokieren.

124 Gewisse Aspekte lassen sich quasi für sämtliche Vertragsarten als Kernpunkte einer Regelung feststellen: Jede Regelung von IT-Sicherheit enthält grundsätzlich stets die Pflicht der Verwendung einer sicheren IT-Infrastruktur sowie die Implementierung und Unterhaltung einer auf das Management von Cyberrisiken ausgerichteten Unternehmensorganisation.[145] Vertraglich wird dabei zu regeln sein, wer für welche Schnittstellen, Daten und Geräte verantwortlich ist. Zudem wird regelmäßig vereinbart, dass der jeweils aktuelle Stand der Technik einzuhalten ist; dieser ist – branchenübergreifend – nach der Rechtsprechung im Rahmen des Zumutbaren vertraglich wie deliktisch zu beachten.[146] Neben der vorstehend genannten Pflicht zur Verwendung eines sicheren IT-Infrastruktur und Vorhaltung einer Unternehmensorganisation, die Cyberrisiken angemessen managt, können **zusätzliche Regelungen eine Rolle spielen,** wie zB

---

[145] *Schmidl* NJW 2010, 480.
[146] Vgl. zuletzt BGH VersR 2019, 1381 (für technische Anlage in einem Pflegeheim), VersR 2010, 544 = r+s 2010, 300 mwN; zur Bestimmung des Technologiestandes vgl. Bundesverband IT-Sicherheit eV (TeleTrust), Handreichung zum „Stand der Technik", 2019, S. 11 ff. abrufbar unter https://teletrust.de.; vgl. hierzu auch D § 9 III, Rn. 31 ff.

Auditrechte, Haftungserweiterung, Haftungsmilderung oder -ausschlüsse sowie Preisanpassungsregelungen für den Fall der Änderung oder Intensivierung der IT-Sicherungsmaßnahmen.

III. Orientierung am typischen Risikomanagement

Der Inhalt und Aufbau der IT-Sicherheitsklauseln orientiert sich sinnvollerweise am klassischen Risikomanagement: *Preparedness*, *Response* und Nachbearbeitung.[147]

1. Preparedness

Im Rahmen der *Preparedness* geht es darum, auf potenzielle Cyberrisiken bestmöglich vorbereitet und für die Digitalisierung adäquat gerüstet zu sein.[148] Die betreffenden vertraglichen Regelungen werden daher darauf ausgerichtet sein, dass der Vertragspartner über eine entsprechende *Cyber-Security-Governance* verfügen muss.[149] Gerade hier kommt eine vertragliche Einbeziehung von Praxisleitfäden (→ Rn. 46) in Betracht.

Vereinbart werden können zB die Implementierung bestimmter technischer Maßnahmen, wie etwa die Einrichtung einer Firewall, die Nutzung von Virenschutz-Software, Software zur Identifizierung von nicht autorisierten Zugriffen, Software zur Beobachtung von Datenströmen, von Vorrichtungen, die bei festgestellten Angriffen noch nicht betroffene Systeme absichern und Software zur *Network Behaviour Anomaly Detection* oder zur Verschlüsselung von Daten. Auch ein unter Umständen gemeinsam zu besetzendes Cyber Risk Committee ist denkbar.

Auch die Verpflichtung des Vertragspartners zum Abschluss einer Cyberrisiko-Versicherung kann hierunter fallen.[150] Allerdings ist es in den gegenwärtig existierenden Versicherungsbedingungen regelmäßig nicht möglich, Cyberrisiken vollständig nur mit einer Versicherung abzudecken.[151] Der Gesamtverband der Deutschen Versicherungswirtschaft (GDV) hat für die Cyber-Versicherung unverbindliche Musterbedingungen zur Absicherung gegen Cyberrisiken zu entwickelt. Diese wurden im April 2017 bekanntgegeben und zwischenzeitlich von einigen Marktteilnehmern – mit mehr oder weniger großen Abweichungen – übernommen. Nach wie vor existieren aber eine Vielzahl verschiedener Bedingungskonzepte, die sich sowohl in Aufbau als auch in Bezug auf die Beschreibung des versicherten Risikos, den Versicherungsfall, Ausschlüsse und einzelne Leistungsbausteine unterscheiden.[152] Gegenstand der Cyberrisiko-Versicherung sind Vermögensschäden und Kostenpositionen, die durch eine Informationssicherheitsverletzung iSv Nr. A1–2 der Allgemeinen Versicherungsbedingungen für die Cyberrisiko-Versicherung (AVB-Cyber) verursacht worden sind (vgl. Nr. A1–1 AVB-Cyber). Die AVB-Cyber weichen insoweit von dem insbesondere die Haftpflichtversicherung beherrschenden Grundsatz der Allgefahrendeckung ab, indem sie nicht allgemein Versicherungsschutz für Vermögensschäden infolge einer Informationssicherheitsverletzung, sondern nur für im Einzelnen beschriebene Gefahren *(„named perils")* bieten (vgl. Nr. A1–2.4 AVB-Cyber).[153]

---

147 Ausführlich hierzu: *Preußner/Becker* NZG 2002, 848 f.; in Gabel/Heinrich/Kiefner/*Kiefner*, Rechtshandbuch Cyber-Security, Kap. 2 Rn. 4.
148 Gabel/Heinrich/Kiefner/*Kiefner*, Rechtshandbuch Cyber-Security, Kap. 2 Rn. 13.
149 *Schmidt-Versteyl* NJW 2019, 1642; Gabel/Heinrich/Kiefner/*Kiefner*, Rechtshandbuch Cyber-Security, Kap. 2 Rn. 13.
150 Eine Pflicht zum Absichern von Cyberrisiken durch eine Versicherung besteht nur dann, wenn im Rahmen der Business Judgement Rule von einer Ermessensreduzierung auf Null ausgegangen werden müsste. Dies wird allerdings nur in den seltensten Fällen vorkommen; vgl. *Achenbach* VersR 2017, 1493 (1497).
151 *Dickmann* r+s 2020, 131 ff.
152 *Malek/Schilbach* VersR 2019, 1321.
153 *Malek/Schilbach* VersR 2019, 1321.

2. Response

129 Der Begriff der **Response** betrifft die **Reaktion auf sich realisierende Risiken** (wie zB einem Cyberangriff). Der Vertragspartner kann hier beispielsweise zur unverzüglichen Dokumentation und Information über den eingetretenen Cyber-Vorfall und die ergriffenen Maßnahmen verpflichtet werden. Cyberattacken sind ohnehin in vielen Fällen den zuständigen Aufsichtsbehörden anzuzeigen (zB nach § 8 b Abs. 4 BSI-Gesetz, § 33 Abs. 1 DS-GVO, Art. 17 MAR[154], KWG oder BAIT). Gegebenenfalls sind zudem Strafverfolgungsbehörden, Versicherungen und Vertragspartner zu informieren. Das Unternehmen muss, idealerweise bereits bevor es zu einem Cybervorfall kommt, festgelegt haben, wie es in einem solchen Fall vorgeht und welche Maßnahmen im Rahmen einer konkret festgelegten Vorgehensweise einzuleiten sind, um nachteilige Folgen eines Cybervorfalls so gering wie möglich zu halten.[155] Dem liegt die Intention zugrunde, Produktionsausfälle oder andere das Funktionieren des Unternehmens gefährdende Auswirkungen durch den Vorfall schnellstmöglich zu beheben.[156]

3. Nachbearbeitung eines Cybervorfalls

130 Schließlich ist die **Nachbearbeitung eines Cybervorfalls** von nicht zu unterschätzender Bedeutung. Hierbei geht es insbesondere darum, aus dem Vorfall zu lernen und mögliche Fehler im Umgang mit dem Angriff zu eruieren und zu analysieren, um erneuten Vorfällen angemessen vorzubeugen.[157] Hier können beispielsweise Regelungen aufgenommen werden, ob und wie eine **Anpassung des Sicherheitskonzepts** eingefordert werden kann bzw. wie erlittene Schäden (zB durch Haftungserweiterungen, -milderungen oder -ausschlüsse) allokiert und kompensiert werden sollen.

4. Orientierung am Vertragstyp

131 Der **Aufbau und Inhalt der IT-Sicherheitsklauseln** orientiert sich am jeweils vorliegenden **Vertragstyp**. Jeder Vertragstyp bedarf hierbei unterschiedlicher Formulierungserfordernisse. Vertragstypen können dabei zB Smart Contracts, Blockchain-Agreements, Outsourcing-Verträge, Arbeitsverträge, Unternehmenskaufverträge etc sein.

5. IT-Sicherheit im Bereich der kauf- oder werkvertraglichen Gewährleistung

132 IT-Sicherheit hat Relevanz vor allem auch im Bereich der Gewährleistung. Der Käufer oder auch Auftraggeber eines Werkunternehmers (Werkvertrag oder Werklieferungsvertrag) hat Anspruch auf die Verschaffung von Komponenten (zB einer Software), die frei von Sach- und Rechtsmängeln sind.

133 Zur Festlegung des geschuldeten IT-Schutzniveaus können die Parteien eine **Beschaffenheitsvereinbarung** schließen. Ein Mangel liegt dann in erster Linie vor, wenn eine im Vertrag vereinbarte Beschaffenheit zum Zeitpunkt des Gefahrübergangs fehlt. Beschaffenheit ist dabei jede Eigenschaft und jeder der Sache anhaftende tatsächliche, wirtschaftliche oder rechtliche Umstand. Die Beschaffenheit kann positiv oder negativ beschrieben werden. Der Verkäufer

---

154 Market Abuse Regulation der BaFin: Die MAR verpflichtet alle Emittenten von Finanzinstrumenten, Insiderinformationen an den Markt weiterzugeben, damit die anderen Marktteilnehmer nicht gegenüber Unternehmensinsidern benachteiligt werden; sind Cyberrisiken kursrelevant und handelt es sich deshalb um Insiderinformationen iSd Art. 7 MAR, müssen die betroffenen Emittenten die Kapitalmarktöffentlichkeit grundsätzlich nach Art. 17 MAR über die Angriffe informieren vgl. *Berninger/Lauster/Schierek* BKR 2019, 581 ff.
155 Gabel/Heinrich/Kiefner/*Kiefner*, Rechtshandbuch Cyber-Security, Kap. 2 Rn. 70.
156 Gabel/Heinrich/Kiefner/*Kiefner*, Rechtshandbuch Cyber-Security, Kap. 2 Rn. 70.
157 Gabel/Heinrich/Kiefner/*Kiefner*, Rechtshandbuch Cyber-Security, Kap. 2 Rn. 105.

oder Werkunternehmer kann folglich mit dem Käufer vereinbaren, über welche IT-Schutzmaßnahmen der betreffende Gegenstand verfügt und über welche nicht.[158]

Soweit die Parteien weder eine Beschaffenheit vereinbart noch einen besonderen Verwendungszweck vorausgesetzt haben, kommt es darauf an, ob sich der betreffende Gegenstand für die **gewöhnliche Verwendung** eignet. Dieser ist danach vertragsgemäß, wenn er sich für Zwecke eignet, für die Güter der gleichen Art gewöhnlich gebraucht werden, und wenn sie eine Beschaffenheit aufweist, die bei Sachen gleicher Art üblich ist und die ein durchschnittlicher Kunde nach der Art der Sache mit Recht erwarten kann.[159] Nach der Rechtsprechung kommt es auf die **objektiv berechtigte Kundenerwartung** an, die sich im Regelfall an der üblichen Beschaffenheit gleichartiger Sachen orientiert. Abzustellen ist dabei auf den Empfängerhorizont eines Durchschnittskäufers. Der Käufer darf aber grundsätzlich nicht mehr als den jeweiligen Stand der Technik erwarten.[160] Bei Fehlen einer Beschaffenheitsvereinbarung ist hingegen unerheblich, welche Beschaffenheit der Kunde (subjektiv) tatsächlich erwartet.[161]

Im Bereich der Softwareverträge ist hinsichtlich der Bestimmung der objektiv berechtigten Kundenerwartung nach einer weit verbreiteten Auffassung der Literatur stets zu berücksichtigen, dass (aktuell) fehlerfreie Software aus betriebswirtschaftlichen und technischen Gründen in der Praxis oftmals unmöglich zu erstellen ist; anzustreben sei daher eine möglichst geringe, zu den Anwendungsbereichen der Software passende Fehlerrate.[162]

IV. Cyberrisiken in Arbeitsverträgen

1. Risikofaktor Mensch

Eine **Sondersituation gilt für Arbeitsverträge**, weil der Arbeitnehmer in der Regel nicht eigene IT-Infrastrukturen nutzt, sondern die seines Arbeitgebers. Hierbei geht es um den Risikofaktor Mensch. Der Schwerpunkt der vertraglichen Gestaltung liegt auf der Sensibilisierung für IT-Risiken und der sicheren Verwendung der IT-Infrastruktur des Arbeitgebers. Der Umgang mit Cyberrisiken ist nicht nur Chefsache, so dass auch die einzelnen Mitarbeiter entsprechende Pflichten zum Schutz des Unternehmens treffen sollten.[163] Üblicherweise werden IT-relevante Regelungen in Form von IT-Richtlinien verfasst, auf welche die Arbeitsverträge verweisen. Zu beachten ist allerdings, dass auch Arbeitsverträge der AGB-Kontrolle unterliegen. Denkbar sind natürlich auch Betriebsvereinbarungen im Hinblick auf IT-Sicherheit.[164]

2. Cyber-Security-Leitfaden

Ein derartiger Cyber-Security-Leitfaden sollte daher Regelungen von Maßnahmen vor, während und nach einem Angriff enthalten. *Eiselt/Sawadka*[165] schlagen beispielsweise folgende Aspekte vor:

---

158 Instruktiv: *Rockstroh/Kunkel* MMR 2017, 77.
159 BGH NJW 2008, 53.
160 BGH NJW 2009, 2056.
161 BGH NJW 2007, 1351 (1353).
162 *Rockstroh/Kunkel* MMR 2017 mit Verweis auf *Witte*, Testmanagement und Softwaretest, S. 103; *Deusch/Eggendorfer* in: DSRI Tagungsband Herbstakademie 2015, S. 833: Software enthält durchschnittlich 3 bis 10 Fehler pro 1.000 Zeilen Code; *Foerste* in: Foerste/Graf von Westphalen, 3. Aufl. 2012, § 24 Rn. 173; Witte geht davon aus, dass bei Software, deren Ausfall Menschenleben kosten kann, eine Fehlerrate von < 0,5 Fehlern, bei kaufmännischen Softwareanwendungen von < 2 Fehlern pro 1.000 Zeilen Code anzustreben ist.
163 Vgl. LAG Sachsen Urt. v. 13.6.2017 – 3 Sa 556/16, BeckRS 2017,127707 (CEO-Fraud).
164 Gabel/Heinrich/Kiefner/*Röger*, Rechtshandbuch Cyber-Security, Kap. 6 Rn. 4.; BSI, IT-Grundschutz 2017, S. 29; Hauschka/Moosmayer/Lösler/*Schmidl*, Corporate Compliance, § 28 Rn. 27 und 216.
165 *Eiselt/Sawadka* ZGG 2019, 161 ff.

1. Jeder Arbeiter muss bei jedem Verlassen des Arbeitsplatzes seinen Computer manuell sperren und Informationen vor Dritten sichern (sog. Clean Desk Policy). Ist das Zeitfenster der Abwesenheit größer, so ist der Computer auszuschalten.[166]
2. Die Passwort Policy ist zwingend zu beachten. Passwörter dürfen weder analog noch digital notiert werden.
3. Zugangskennungen oder Zugangskarten dürfen niemals weitergegeben werden.
4. Die Installation von Programm ist ohne Freigabe der IT-Abteilung nicht erlaubt.
5. Hyperlinks, die in E-Mails unbekannter Absender enthalten sind, dürfen nicht benutzt werden.
6. Trotz zeitlichen oder emotionalen Drucks dürfen sich Arbeitnehmer nicht dazu bewegen lassen, die Cyber Security Richtlinie zu ignorieren.
7. Vorsicht bei der Nutzung öffentlicher Netzwerke mit Dienst-Desktops oder dienstlichen Mobiltelefonen.
8. Keine Zahlungen aufgrund eines Telefonats.
9. Bei Zahlungsanweisung per E-Mail ist telefonisch Rücksprache mit dem Auftraggeber zu halten.
10. Eingehende Informationen über abgeänderte Bankverbindungen der Lieferanten sind an die Einkaufsabteilung weiterzuleiten oder durch telefonische Rücksprache zu überprüfen.

3. Privatnutzung von Arbeitgeber-IT

138 Ein großes IT-Sicherheitsrisiko stellt die Nutzung des Internets durch Arbeitnehmer aus privaten Beweggründen dar.[167] Empfehlenswert ist es daher, in der **IT-Richtlinie auch klar zu umreißen, ob und wie die IT-Infrastruktur des Unternehmens privat genutzt werden darf**.[168] Ein Unternehmen kann die Nutzung seiner IT-Infrastruktur aus privater Veranlassung auch komplett untersagen.[169] Ein Nebeneffekt ist, dass auch die bisweilen mühselige Differenzierung in private und dienstliche E-Mails im Falle eines berechtigten Zugriffs des Unternehmens auf das E-Mail-Postfach des Arbeitnehmers entfällt.[170]

4. Verbot der eigenmächtigen Installation von Programmen

139 Verboten werden kann auch die **Installation eines Programms auf IT-Infrastruktur** des Unternehmens dahingehend, dass Installationen ausschließlich durch die unternehmensinterne IT-Abteilung erfolgen dürfen.[171] Damit wird verhindert, dass auf diese Weise Schadsoftware auf die Firmenrechner gelangt. In der Praxis tritt häufig das Problem auf, dass Mitarbeiter eigenmächtig Messenger-Dienste aufspielen. Zudem besteht das Problem, dass diese Programme vielfach Zugriff auf das Adressbuch des Nutzers verlangen, das vielfach vertrauliche Daten enthält.

5. Home-Office

140 Bei Home-Office-Konzepten (zB während der Corona-Krise) sind Daten und IT-Systeme oft der unmittelbaren Kontrolle des Arbeitgebers entzogen, so dass eine besondere Gefahr von

---

166 Hauschka/Moosmayer/Lösler/*Schmidl*, Corporate Compliance, § 28 Rn. 244; BSI, IT-Grundschutz-Kompendium 2020, INF.7.A6.
167 Hauschka/Moosmayer/Lösler/*Schmidl*, Corporate Compliance, § 28 Rn. 212.
168 *Wybitul* NJW 2014, 3609; Hauschka/Moosmayer/Lösler/*Schmidl*, Corporate Compliance, § 28 Rn. 229; *Wybitul* NJW 2014, 3609.
169 Hauschka/Moosmayer/Lösler/*Schmidl*, Corporate Compliance, § 28 Rn. 231.
170 Hauschka/Moosmayer/Lösler/*Schmidl*, Corporate Compliance, § 28 Rn. 231.
171 *Eiselt/Sawadka* ZCG 2019, 167; Hauschka/Moosmayer/Lösler/*Schmidl*, Corporate Compliance, § 28 Rn. 241.

unberechtigten Zugriffen durch Betriebsfremde besteht.[172] Zur Begrenzung solcher Risiken sollte eine gesonderte **Home-Office-Vereinbarung**[173] abgeschlossen werden, die den Mitarbeiter zur Einhaltung spezifischer technischer und organisatorischer Sicherheitsmaßnahmen verpflichtet und damit Kontrollmöglichkeiten für den Arbeitgeber (und etwaige Aufsichtsbehörden) gewährleistet. *Hoppe* schlägt hierzu beispielsweise folgende Regelungsthemen vor:[174]

- Schaffung von Zugangshindernissen zu Datenträgern und Dokumenten;
- Einhaltung von Passwortregelungen und Verschlüsselungstechniken sowie Bildschirmsperrung bei Abwesenheit;
- Zugriffsberechtigungskonzept;
- Regelungen zum sicheren Transport von Dokumenten und Datenträgern;
- Trennung privater und dienstlicher Anwendungen.

V. IT-Sicherheitsklauseln beim IT-Outsourcing

1. Einführung

Die **besondere Herausforderung** für die **vertragliche Gestaltung von IT-Sicherheit** ist das **Spannungsverhältnis** zwischen individuellen (ggf. regulatorisch bedingten) Kundenanforderungen und standardisierten Prozessen und Vertragsbedingungen des IT-Dienstleisters:[175]

Einerseits sind Unternehmen bestimmter regulierter Branchen dazu gezwungen, konkrete IT-Sicherheitsklauseln **im Outsourcing-Vertrag** umzusetzen. Dies gilt insbesondere für den Finanzsektor. Auslagernde Kredit-, Zahlungs- und Finanzdienstleistungsinstitute müssen ua die Anforderungen gemäß §§ 25 a, 25 b KWG, EBA-Leitlinien zu Auslagerungen[176], MaRisk[177], BAIT[178] einhalten. Für Versicherungsunternehmen gelten vergleichbare Anforderungen gemäß § 32 VAG, Solency II,[179] Art. 274 DVO[180] MaGO,[181] VAIT[182]. Für die Vertragsgestaltung und -verhandlung kommt erschwerend hinzu, dass sich die Interpretation und Auslegung der konkreten regulatorischen Anforderungen auf Kunden- und IT-Dienstleisterseite stark unterscheiden kann.[183] In der Praxis kann eine Lösung darin bestehen, die jeweilige Aufsichtsbehörde (zB BaFin) frühzeitig in die konkrete Vertragsgestaltung einzubinden, insbesondere bei der erstmaligen **Einführung von neuartigen (Cloud-)Technologien**.

Andererseits ist der **Bereich des IT-Outsourcings zunehmend ein Massengeschäft**. Dies gilt im Besonderen für die meisten Cloud-Geschäftsmodelle. Um hinreichend skalierbare Cloud-Leistungen anbieten zu können, müssen die zugrundeliegenden technischen Prozesse des IT-

---

172 Kramer/*Hoppe*, IT-Arbeitsrecht, Rn. 644.
173 Formulierungsvorschlag für eine Home-Office-Vereinbarung bei, in: Koreng/Lachenmann/*Bergt*, Formularhandbuch Datenschutzrecht, D. III. 2.
174 Kramer/*Hoppe*, IT-Arbeitsrecht, Rn. 648.
175 *Thalhofer*, Vertragspraxis und IT-Sicherheit, 16. Deutscher IT-Sicherheitskongress des BSI, S. 468.
176 EBA/GL/2019/02, Inkrafttreten am 30.9.2019, Übergangsfrist für bestehende Auslagerungsvereinbarungen bis zum 31.12.2021.
177 Das BaFin-Rundschreiben 09/2017 „Mindestanforderungen an das Risikomanagement" (in der Fassung vom 27.10.2017) gibt auf der Grundlage des § 25 a Abs. 1 KWG einen Rahmen für die Ausgestaltung des Risikomanagements der Institute vor. Es präzisiert ferner die Anforderungen des § 25 a Abs. 3 KWG (Risikomanagement auf Gruppenebene) sowie des § 25 b KWG (Auslagerung).
178 Das BaFin-Rundschreiben 10/2017 (BA) „Bankaufsichtliche Anforderungen an die IT" (in der Fassung vom 14.9.2018) interpretiert – ebenso wie die MaRisk – die gesetzlichen Anforderungen des § 25 a KWG und § 25 b KWG.
179 Richtlinie 2009/138/EG ist seit Januar 2016 in Kraft.
180 Die Delegierte Verordnung (EU) 2015/35 ergänzt die Solvency-II-Verordnung.
181 BaFin-Rundschreiben 2/2017 „ Aufsichtsrechtliche Mindestanforderungen an die Geschäftsorganisation von Versicherungsunternehmen" (geändert am 2.3.2018).
182 BaFin-Rundschreiben 10/2018 „Versicherungsaufsichtliche Anforderungen an die IT" (in der Fassung vom 20.3.2019) interpretiert § 32 VAG unter besonderer Berücksichtigung der Anforderungen an die IT-Sicherheit.
183 *Thalhofer*, Vertragspraxis und IT-Sicherheit, 16. Deutscher IT-Sicherheitskongress des BSI, S. 468.

Dienstleisters grundsätzlich standardisiert und somit kundenneutral sein. Daher sind Anbieter von Cloud-Leistungen besonders bestrebt, standardisierte Vertragsbedingungen zu verwenden.[184] Soweit die allgemeinen Geschäftsbedingungen des IT-Anbieters zum Einsatz kommen, unterliegen diese einer **strengen Angemessenheitskontrolle gemäß §§ 305 ff. BGB**. Die besondere Herausforderung für den IT-Anbieter liegt also in der AGB-konformen Ausgestaltung seiner Vertragsbedingungen.

144 Für die Vertragsgestaltung wie für die AGB-Kontrolle der IT-Sicherheitsklausel ist zudem die **vertragstypologische Einordnung**[185] der zugrundeliegenden Outsourcing-Leistung von besonderer Relevanz. Einerseits können die einschlägigen Regelungen des besonderen Schuldrechts helfen, um im Bedarfsfall Vertragslücken auszufüllen.[186] Andererseits ist nach § 307 Abs. 2 Nr. 1 BGB eine unangemessene Benachteiligung des Vertragspartners im Zweifel anzunehmen, wenn eine AGB-Bestimmung mit wesentlichen Grundgedanken der gesetzlichen Regelung, von der abgewichen wird, nicht zu vereinbaren ist. Der BGH ordnet Access-Provider-Leistungen dem Dienstvertragsrecht (§§ 611 ff. BGB) zu,[187] die Softwareüberlassung im Rahmen von Application-Service-Providing dem Mietvertragsrecht (§§ 535 ff. BGB)[188] und Internet-System-Verträge dem Werkvertrag (§§ 631 ff.).[189] Beachtung gefunden hat auch ein Urteil des LG Essen aus dem Jahre 2016, das bei einer SaaS-Leistungen einen typengemischten (Werk-, Dienst- und Miet-)Vertrag angenommen hat, dessen Schwerpunkt jedoch im Werkvertragsrecht, nämlich in der Gewährleistung des Zugriffs auf die Softwareleistung lag.[190] Soweit es sich bei der **IT-Sicherheitsleistung um Softwareentwicklung** handelt, richtet sich die zivilrechtliche Einordnung danach, ob der jeweilige **Leistungsgegenstand eher leistungsbezogen (dann Dienstvertrag) oder erfolgsbezogen (dann Werkvertrag)** ist.[191] Gleiches gilt für die beim IT-Outsourcing notwendige Entwicklung von Softwareschnittstellen, die Migration und die Parametrisierung.

2. Vereinbarung konkreter Leistungseigenschaften

145 IT-Sicherheit kann Inhalt von **synallagmatischen Hauptleistungspflichten** sein. Fehlende IT-Sicherheit bedeutet hier einen Leistungsmangel, der die Erfüllung gemäß § 362 Abs. 1 BGB verhindern kann und zudem später (nach der Leistungserbringung) vertragliche und gesetzliche Gewährleistungsrechte auslösen kann. Wegen des im IT-Recht bewährten modularen Vertragsaufbaus[192] empfiehlt es sich, den Katalog der vom IT-Dienstleister zu erfüllenden IT-Sicherheitseigenschaften, insbesondere wenn es sich um echte Hauptleistungspflichten handelt, in einer separaten Anlage (der **Leistungsbeschreibung**) auszunehmen.

146 Dies gilt beispielsweise für einen **Firewall-Vertrag**, dessen Gegenstand die Installation und Betrieb einer Firewall zum Zwecke der Absicherung des lokalen Kundennetzes zum Internet ist,[193] oder einen **Kaufvertrag**, in dem konkrete IT-Sicherheitseigenschaften der Kaufsache aufgelistet werden. Bei **Softwareverträgen** gewährleisten IT-Dienstleister häufig, dass sämtliche Vertragsleistungen frei von Viren, Trojanern, Würmern, Spy-Software und ähnlichen Schadprogrammen sind und dass die insoweit relevanten Vertragsleistungen bei der Bereitstellung

---

184 Auer-Reinsdorff/Conrad/*Strittmatter*, Handbuch IT- und Datenschutzrecht, § 22 Rn. 10.
185 Eingehend zur rechtlichen Einordnung des IT-Outsourcings *Pour Rafsendjani*, Bräutigam IT-Outsourcing, Teil 3.
186 *Pour Rafsendjani*, Bräutigam IT-Outsourcing, Teil 3 Rn. 28 ff.
187 BGH NJW 2005, 2076 (2076), kritische Betrachtung von *Kirn/Müller-Hengstenberg* NJW 2017, 435.
188 BGH NJW 2007, 2394, eingehend *Kirn/Müller-Hengstenberg* NJW 2017, 435.
189 BGH NJW 2010, 1449.
190 MMR 2017, 196.
191 Palandt/*Sprau* BGB Einf. § 631 Rn. 25.
192 Eingehend zum modularen Vertragsaufbau im IT-Outsourcing *Bräutigam*, IT-Outsourcing, Rn. 2 ff.
193 *Missling*, Beck'sches Formularbuch IT-Recht, S. 451.

zur Abnahme mit aktuellen und am besten dafür geeigneten Tools vollständig und sorgfältig auf Schadprogramme getestet werden und, falls sich entsprechende Funde zeigen, diese ohne Beeinträchtigung der Anforderungen an die jeweiligen Vertragsleistungen beseitigt werden.

Konkrete IT-Sicherheitseigenschaften können auch in Form von **werkvertraglichen Abnahmekriterien** vereinbart werden. Dies kommt insbesondere bei Softwareentwicklungs-, Migrations- oder Installationsleistungen in Betracht, deren Werkerfolg auch in der Herstellung oder Förderung von IT-Sicherheit bestehen kann. In der Praxis werden hier häufig Zahlungs-Meilensteine vereinbart, deren Erreichen an die erfolgreiche Abnahme von vorab definierten IT-Sicherheitseigenschaften geknüpft ist. Aufgrund der hohen technischen Dynamik und wandelnder regulatorischer Anforderungen können die für den Kunden notwendigen IT-Sicherheitsparameter häufig nicht abschließend im Voraus definiert werden. Die Praxis behilft sich hier mit **agiler Programmierung** (zB Scrum),[194] bei der die vom IT-Anbieter zu erbringenden IT-Sicherheitseigenschaften erst während des Projekts in iterativen Schritten (sog. Sprints) konkretisiert werden. Diese adaptive Planung und ihre iterative Umsetzung ermöglichen eine zeitnahe Umsetzung wandelnder Sicherheitsstandards. Bei agilen Projekten besteht die Herausforderung der Vertragsgestaltung darin, ein für den Kunden ausreichendes Maß an vertraglicher Erfolgs-, Qualitäts- und ggf. Budget- und Terminsicherheit zu erreichen, ohne dabei die gewünschten Vorteile der Agilität zu gefährden. Zur vertraglichen Gestaltung von Scrum-Projekten haben sich in der Praxis **hybride Verträge** (zB Gewerk nach Aufwand) bewährt, die dem Kunden besondere Kontroll- und Ausstiegsrechte einräumen.

3. Definition von technischen und organisatorischen Maßnahmen

Zahlreiche spezialgesetzliche Normen verpflichten ihren Adressaten dazu, bestimmte **technische und organisatorische Maßnahmen (TOMs)** zu ergreifen, um **hinsichtlich seiner IT-Sicherheit ein angemessenes Schutzniveau** zu gewährleisten. Daher ist es regelmäßig im Interesse des Kunden, den IT-Dienstleister vertraglich zu konkreten TOMs zu verpflichten, deren Einhaltung der Kunde dann kontrollieren und ggf. gegenüber der Aufsichtsbehörde nachweisen kann. Hingegen sind IT-Anbieter häufig bestrebt, die TOMs möglichst flexibel zu halten und sich insbesondere das Recht vorzubehalten, TOMS nachträglich einseitig ändern zu können.[195] In der Praxis besteht ein häufiger Kompromiss darin, dem IT-Dienstleister die Flexibilität zur Änderung von TOMs einzuräumen, unter der Voraussetzung, dass die gesetzlichen Mindestanforderungen nicht unterschritten werden und Änderungen laufend dokumentiert und dem Kunden mitgeteilt werden.[196] Zusätzlich kommt auch die Vereinbarung eines Widerspruchs- oder Sonderkündigungsrechts des Kunden für den Fall von wesentlichen Änderungen von TOMs in Betracht.

Die vertragliche Einführung und Gestaltung von TOMs erfolgt üblicherweise in drei Schritten:

Zunächst verpflichtet sich der IT-Dienstleister **abstrakt**, (sämtliche) technische und organisatorische Maßnahmen **zu ergreifen**, die in Übereinstimmung mit dem aktuellen Stand der Technik zur Gewährleistung eines angemessen hohen Niveaus an IT-Sicherheit in Bezug auf die Vertragsleistungen und die IT-Systeme des Kunden erforderlich sind.

Sodann erfolgt eine **konkrete Festlegung von Einzelmaßnahmen**, beispielsweise Netzwerkmanagement, Passwortmanagement, biometrische Benutzeridentifikation, Einsatz von Firewalls und Anti-Viren-Tools, Datensicherheitskonzept, Business-Continuity-Plan, effektive Zugangskontrolle, festgelegte Intervalle zur Stichprobenprüfungen, Zugangs- und Zugriffskontrollen,

---

194 S. https://www.scrumguides.org/docs/scrumguide/v1/Scrum-Guide-DE.pdf.
195 *Thalhofer*, Vertragspraxis und IT-Sicherheit, 16. Deutscher IT-Sicherheitskongress des BSI, S. 469.
196 *Thalhofer*, Vertragspraxis und IT-Sicherheit, 16. Deutscher IT-Sicherheitskongress des BSI, S. 469.

physische Sicherung von Servern, Data-Loss-Prevention-Systeme oder Mitarbeiterschulungen. In der Praxis hängt die Granularität der festzulegenden Einzelmaßnahmen stark von den einschlägigen regulatorischen Anforderungen ab. So fordert beispielsweise Art. 32 Abs. 1 lit. a bis c DS-GVO die Pseudonymisierung und Verschlüsselung personenbezogener Daten, die Fähigkeit, Vertraulichkeit, Integrität, Verfügbarkeit und Belastbarkeit der Systeme und Dienste im Zusammenhang mit der Verarbeitung auf Dauer sicherzustellen sowie die Fähigkeit, die Verfügbarkeit der personenbezogenen Daten und den Zugang zu ihnen bei einem physischen oder technischen Zwischenfall rasch wiederherzustellen. Diese Anforderungen sollten dann vertraglich (zB im Fall des Art. 28 DS-GVO in der Auftragsverarbeitungsvereinbarung) verbindlich konkretisiert werden.

152 Schließlich werden im Outsourcingvertrag oft konkrete Rechte und Prozesse zur regelmäßigen Überprüfung, Bewertung und Evaluierung der technischen und organisatorischen Maßnahmen festgelegt (vgl. auch die Vorgaben nach Art. 32 Abs. 1 lit. d DS-GVO).

4. Verweis auf technische IT-Sicherheitsbestimmungen

153 In der **Vertragspraxis werden häufig technischen Normen und Praxisleitfäden in die Outsourcingverträge einbezogen**, etwa um die IT-sicherheitsrechtlichen Schutzpflichten zu konkretisieren. Beispielsweise kann sich der IT-Anbieter gegenüber dem Kunden dazu verpflichten, bei der Erbringung der Vertragsleistungen mindestens die Mindeststandards gemäß ISO/IEC 27001 bzw. die IT-Grundschutz-Kataloge des Bundesamts für Sicherheit in der Informationstechnik in ihrer jeweils geltenden Fassung einzuhalten. Richtigerweise ist eine solche dynamische Einbeziehung von anerkannten und öffentlich zugänglichen IT-Sicherheitsstandards im Grundsatz nicht zivilrechtlich zu beanstanden,[197] solange eindeutig bestimmbar ist, welche ganz konkreten technischen Normen und Praxisleitfäden einbezogen wurden (→ Rn. 39, 46).

154 Insbesondere beim Einsatz von Individual- und Nischenprodukten sowie bei speziellen regulatorischen Vorgaben kommt es vor, dass die Bestimmungen in allgemeinen technischen Normen und Praxisleitfäden nicht passen oder nicht genügen. Der Kunde wird hier bestrebt sein, den IT-Dienstleister zur Einhaltung seiner unternehmensinternen IT-Sicherheitsrichtlinien zu verpflichten. Diese sind häufig als allgemeine Geschäftsbedingungen des Kunden einzustufen. Den Nachweis, dass sich der Vertragspartner von den allgemeinen Geschäftsbedingungen Kenntnis verschaffen konnte, trägt der Verwender. Bei einer Einbeziehung per Hyperlink muss das Unternehmen nachweisen, dass hinter dem Link zum Zeitpunkt des Vertragsschlusses auch tatsächlich die entsprechende IT-Policy zu finden war. Nicht unproblematisch ist die – in der Praxis häufig praktizierte – Einbeziehung einer dynamischen IT-Policy, insbesondere wenn dies mithilfe von Hyperlinks geschieht. Bei der **Vertragsgestaltung gilt daher der erfolgreichen Einbeziehung und Inhaltskontrolle der jeweils aktuellen IT-Sicherheitsrichtlinien ein besonderes Augenmerk.**[198]

5. Vereinbarung besonderer Kontrollrechte

155 Die effektive Einhaltung von IT-Sicherheitspflichten kann mit vertraglichen **Nachweispflichten** sichergestellt werden. Insbesondere sehen spezialgesetzliche Normen (zB Art. 5 Abs. 2 DS-GVO) vor, dass der Normadressat die Einhaltung der IT-Sicherheitspflichten selbst nachweisen können muss. Der Kunde sollte bestrebt sein, den IT-Anbieter dazu zu verpflichten, die

---

[197] Vgl. bereits BGH Urt. v. 1.2.1996 – I ZR 44/94, NJW 1996, 2374 zur Einbeziehung eines technischen Bastelanleitungshefts.
[198] Eingehend zur Änderung von AGB in bestehenden Verträgen MüKoBGB/*Basedow* § 305 Rn. 68.

vereinbarten IT-Sicherheitsmaßnahmen detailliert darzulegen und den zugehörigen Nachweis durch entsprechende Konzepte, Zertifikate und Prüfberichte zur Verfügung zu stellen.[199]

In Betracht kommen auch weitergehende **Zugangs- und Auditrechte**, insbesondere wenn regulierte Unternehmen beteiligt sind. Beispiel: Nach Ziffer 87 lit. a der EBA-Leitlinien zu Auslagerungen müssen Institute und Zahlungsinstitute vertraglich sicherstellen, dass der IT-Dienstleister ihnen und den zuständigen Aufsichtsbehörden (in Deutschland: BaFin) den vollständigen Zugang zu allen relevanten Geschäftsräumen (zB Hauptsitze und Betriebszentren), einschließlich des gesamten Spektrums an relevanten Geräten, Systemen, Netzwerken, Informationen und Daten, die für die Wahrnehmung der ausgelagerten Funktion eingesetzt werden, gewährt.

156

Zudem kann der IT-Anbieter den Kunden vertraglich dazu berechtigen, zu jeder Zeit das vertragsgegenständliche Softwaresystem einem **Sicherheits- und Penetrationstest** zu unterziehen oder einen Dritten hiermit zu beauftragen. Bei einem Penetrationstest können häufige Angriffsmuster nachgebildet werden, so dass Schwachstellen des gefährdeten Systems sehr schnell erkannt und geschlossen werden können. Zur effektiven Durchführung des Sicherheitstest lassen sich zudem technische Unterstützungsleistungen des IT-Anbieters regeln.

157

Regelmäßig wird zudem vereinbart, dass die **Kontrollrechte** des Unternehmens (und ggf. der Aufsichtsbehörde) auch noch für einen bestimmten Zeitraum nach Beendigung der Leistungsbeziehung weiterbestehen. Damit soll auch eine spätere Nachprüfung regulatorischer Anforderungen ermöglicht werden.

158

6. Sicherstellung der Vertraulichkeit

Vertraulichkeit[200] von IT-System ist gegeben, wenn schützenswerten Daten nur in der zulässigen Art und Weise **ausschließlich an die Befugten verfügbar** gemacht werden.[201]

159

Besonderes Augenmerk einer Vertraulichkeitsvereinbarung sollte auf der genauen Definition von vertraulichen Informationen und den Fällen der zulässigen Informationsoffenlegung liegen. In der Praxis werden IT-Dienstleister häufig dazu verpflichtet, die vertraulichen Informationen bei der Vertragserfüllung nur im notwendigen Umfang zu verwenden und nur soweit sich der jeweils **betroffene Mitarbeiter** gegenüber dem IT-Dienstleister einer hinreichenden Geheimhaltungsverpflichtung unterworfen hat.

160

Auch der Einsatz von **Subunternehmern** steht in einem natürlichen Spannungsverhältnis zum Schutzziel der Vertraulichkeit. Der Kunde kann mangels Vertragsbeziehung zum Subunternehmer oft die Reichweite der Weiterverlagerung nicht überblicken. Zur Verbesserung der IT-Sicherheit wird der Einsatz von Subunternehmern meist an vertragliche Voraussetzung bzw. Zustimmungen geknüpft. Insbesondere sollte der Kunde bestrebt sein, vertraglich zu vereinbaren, dass der IT-Dienstleister sämtliche IT-Sicherheitsvorgaben, denen er selbst unterliegt (zB Geheimhaltungspflichten, Prüfungs- und Kontrollrechte), vertraglich an seinen Subunternehmer „durchreichen" muss. Teilweise gehen die sektoralen Vorgaben an den Auslagerungsvertrag, beispielsweise für Institute[202] oder datenschutzrechtlich Verantwortliche,[203] noch sehr viel weiter, was folglich auch vertraglich umgesetzt werden muss.

161

---

199 Näher zu Messung, Prüfung und Nachweis von IT-Sicherheit → § 8.
200 Vgl. § 2 Abs. 2 BSIG, der die Vertraulichkeit als besonderes Schutzziel definiert.
201 Definition aus TeleTrust- Handreichung zum „Stand der Technik", Stand 2020, S. 14.
202 Zur den Anforderungen an die Auslagerungsvereinbarung bei Weiterverlagerung von kritischen oder wesentlichen Funktionen vgl. Ziffer 76 ff. der EBA-Leitlinien zu Auslagerungen (EBA/GL/2019/02).
203 Vgl. Art. 28 Abs. 2, Abs. 3 lit. d, Abs. 4 DS-GVO zur Inanspruchnahme eines weiteren Auftragsverarbeiters durch den Auftragsverarbeiter.

7. Sicherstellung der Verfügbarkeit

162 Ein besonderes **Schutzziel von IT-Sicherheit ist die Verfügbarkeit von informationstechnischen Systemen**.[204] Diese liegt vor, wenn die informationstechnischen Systemen und deren Komponenten stets gemäß ihrem Zweck und Funktionsumfang genutzt werden können.[205] Werden Funktionen eines Unternehmens ausgelagert, kann dies nicht nur dazu führen, dass das Unternehmen in diesem Bereich Kompetenzen verliert,[206] vielmehr begibt sich das Unternehmen in eine besondere Abhängigkeit zu seinem IT-Dienstleister. Durch vertragliche Gestaltung sollte daher insbesondere verhindert werden,

- dass durch (abrupte) IT-Unterbrechungen der Geschäftsbetrieb des Unternehmens nicht aufrechterhalten werden kann,[207] zB weil Unternehmens-Know-how (zB Kundenstammdaten) nicht greifbar ist; und
- dass der IT-Dienstleister das Abhängigkeitsverhältnis zur späteren Durchsetzung eigener Interessen (zB unverhältnismäßigen Preissteigerungen) missbrauchen kann.

163 Vertraglich lässt sich die notwendige Verfügbarkeit mithilfe von **verbindlichen Leistungsparametern (sog. Key Performance Indicators – KPIs), Service Level Agreement (SLAs)** und Supportverpflichtungen absichern. Besonderes Augenmerk gilt bei der Vertragsgestaltung der präzisen technischen Definition von Verfügbarkeit und Reaktionszeiten.[208] Besondere Verbindlichkeit gewinnen solche Zusagen durch die Vereinbarung entsprechender Vertragsstrafen (zB Service Level Credits, Pönalen), deren entscheidender Vorteil darin besteht, dass für deren Auszahlung kein konkret entstandener Schaden im Sinne von § 249 Abs. 1 BGB nachzuweisen ist.

164 Darüber hinaus ist bei betriebskritischen IT-Leistungen oft ein vertraglich abgesichertes **Exit Management** unerlässlich, das dem Unternehmen den Wechsel des IT-Anbieters erleichtert. Hierbei verpflichtet sich der IT-Dienstleister ua zur rechtzeitigen Herausgabe von Daten und Unterlagen, um das Unternehmen in die Lage zu versetzen, die bislang ausgelagerten Leistungen selbst zu erbringen oder von einem Folgeauftragnehmer erbringen zu lassen. Weitere Verpflichtungen des IT-Dienstleisters können darin bestehen, die Vertragsleistungen auch nach Vertragsende während einer sog. Grace Period weiterzuerbringen und den Übergang von Personal und Softwarelizenzen auf den Kunden zu ermöglichen bzw. zu fördern. Vertraglich sollte auch vereinbart werden, wie lange Daten des Unternehmens nach Vertragsbeendigung vorzuhalten sind und wann eine Löschung erfolgen muss.[209] Sektoral bestehen teilweise sehr weitreichende Anforderungen, zB mit Ausstiegsstrategien für den Fall einer unerwarteten Dienstleistungsunterbrechung vorzusorgen;[210] solche Anforderungen sind vertraglich abzusichern.

165 Die Verfügbarkeit von betriebskritischer Standardsoftware ist besonders im Fall der Insolvenz des IT-Dienstleisters gefährdet. Zur Risikominimierung bietet sich hier die Hinterlegung des Software-Quellcodes samt Dokumentation (sog. Software Escrow) bei einem unabhängigen Dritten (sog. Escrow Agent) an. In der Praxis wird hierzu meist eine dreiseitige **Hinterlegungsvereinbarung** geschlossen. Von zentraler Bedeutung bei der Vertragsgestaltung ist die genaue Festlegung der Voraussetzungen, unter denen der Software-Quellcode an den Lizenznehmer

---

204 Vgl. § 2 Abs. 2 BSIG, der die Verfügbarkeit als besonderes Schutzziel definiert.
205 Definition aus TeleTrust- Handreichung zum „Stand der Technik", Stand 2020, S. 14.
206 *Mann* MMR 2012, 499 (502).
207 *Thalhofer*, Vertragspraxis und IT-Sicherheit, 16. Deutscher IT-Sicherheitskongress des BSI, S. 471.
208 *Bräutigam*, IT-Outsourcing und Cloud-Computing, Teil 13, Rn. 443.
209 Münchener Anwaltshandbuch IT-Recht, Teil 1. IT-Vertragsgestaltung Rn. 398.
210 Vgl. etwa für Ziffer 106 ff. der EBA-Leitlinien zu Auslagerungen (EBA/GL/2019/02).

herauszugeben ist,[211] sowie die genauen Nutzungs- und Weiterentwicklungsrechte des Unternehmens im Herausgabefall. Zudem sollte exakt festgelegt werden, wann und in welchem genauen Umfang der Escrow Agent die Qualität der hinterlegten Software verifizieren muss.

VI. Cyberrisiken in Due Diligence und M&A

1. Cyberrisiken als Prüfgegenstand in Unternehmenstransaktionen

Im Rahmen einer **Due Diligence** (auch einer Vendor Due Diligence) werden auch Cyberrisiken überprüft. Dabei geht es nicht nur um die Integrationsfähigkeit der IT-Infrastruktur selbst, sondern auch um das Schutzniveau des betreffenden Zielunternehmens, das erworben werden soll. Insbesondere wird geprüft, ob es Vorfälle in der Vergangenheit gab, welche Risikovorsorge das Unternehmen getroffen hat, ob ggf. gesetzlich geforderte Risikovorsorge-Maßnahmen getroffen wurden (bei Unternehmen mit kritischer Infrastruktur), ob eine Cyberrisiko-Versicherung besteht und ob eine auf Cyberrisiken ausgerichtete Compliance Organisation existiert. Cyber-Vorfälle können auch anhand der Bilanz entdeckt werden.[212]

2. Mögliche Regelungen in Unternehmenskaufverträgen

In der Due Diligence erkannte Risiken, aber auch noch nicht erkennbare Cyberrisiken, können vertraglich in einem Unternehmenskaufvertrag reflektiert werden. Cybervorfälle können dabei zu unterschiedlichen Zeitpunkten auftreten.

Folgende **Risikokonstellationen** sind denkbar:

a) Vor Signing unerkannte bzw. nicht offengelegte Risiken

Derartige Risiken werden üblicherweise über **selbstständige Garantien** abgebildet. Mit Garantien werden üblicherweise *Umstände* abgesichert, die der Käufer als Grundlage für seine Entscheidung erachtet. Das Verlangen von Garantien übt in der Regel Druck auf die Verkäuferseite aus, relevante Umstände offenzulegen. Die betreffende Garantieklausel kann daher beispielsweise folgende Regelungsgegenstände enthalten:

- keine laufenden oder (ggf. in einem bestimmten Zeitraum) zurückliegenden Cyber-Vorfälle;
- sollte das Zielunternehmen mit einem externen Dienstleister arbeiten: Vorhandensein wirksamer Vereinbarungen mit externen Dienstleistern zum Schutz vor Cyberrisiken inklusive Freistellungen;
- Vorhandensein ausreichender technisch-organisatorischer Maßnahmen zum Schutz vor Cyberangriffen;
- Einhaltung regulatorischer Rahmenbedingungen, behördlicher Vorgaben sowie definierter Standards in den Bereichen Datenschutz und IT-Sicherheit.

b) Zwischen Signing und Closing auftretende Cyberrisiken

Derartige Risiken, die Auswirkungen auf das Vermögen oder die Ertragslage des Zielunternehmens haben, werden üblicherweise durch sogenannte **Material Adverse Change Klauseln** abgebildet. Üblicherweise werden in solchen Fällen Kaufpreisanpassungen, Freistellungen oder aber auch Drittrechte vereinbart.

---

211 Eingehend zur Gestaltung der Herausgabefälle Auer-Reinsdorff/Conrad/*Auer-Reinsdorff/Kast/Dressler*, Handbuch IT- und Datenschutzrecht, § 38 Rn. 140 ff.
212 Instruktiv hierzu *Wirth* BB 2018, 200 ff.

I. Zusammenfassung und Ausblick

171 Aufgrund steigender Schadenssummen und zunehmender Regulierung im Bereich IT-Sicherheit gewinnt auch die Vertragsgestaltung zu diesem Thema immer weiter an Bedeutung. Der deutsche und europäische Gesetzgeber hat allerdings auf die Bedrohung durch IT-Sicherheitslücken bereits reagiert. Allerdings erfassen diese spezialgesetzlichen Regelungen nicht alle Konstellationen und Unternehmen; sie wirken vielfach nur sektoral. Bis dato gibt es zudem zu zivilrechtlichen und sektoralen IT-Sicherheitspflichten kaum Rechtsprechung. Durch Verträge können die bestehenden Rechtsunsicherheiten reduziert und sämtliche Haftungs-, Compliance- und Beweisrisiken sinnvoll zwischen Vertragspartnern alloziert werden. Regelungsbedarf gibt es für Unternehmen, die Opfer von Cyberrisiken ihres Vertragspartners werden, vor allem aber auch für den Leistungspflichtigen, da ansonsten eine unbeschränkte Haftung für die Verletzung von IT-Sicherheitspflichten droht. Hinzu kommt, dass vertraglich abgesichertes Cyberrisiko-Management im Zeitalter der Digitalisierung auch aus Sicht der Unternehmensleitung unerlässlich ist.

172 Vertragliche Regelungen im Bereich IT-Sicherheit sind für nahezu alle denkbaren Vertragstypen und sämtliche zivilrechtlichen Pflichtenarten von zunehmender Relevanz. Derzeit ist zu beobachten, dass sich eine Art *Best Practice* von IT-Sicherheitsklauseln in den verschiedenen Bereichen entwickeln. Wichtige Orientierungshilfen für die Kautelarpraxis bilden insbesondere spezialgesetzliche Vorgaben, technische Normen sowie Praxisleitfäden zu IT-Sicherheit. Daneben kann auch auf vertragliche Best-Practices zurückgegriffen werden. So haben sich beispielsweise für Arbeits-, Outsourcing-, Cloud- sowie M&A-Verträge anerkannte Regelungskonzepte für zahlreiche Cyberthemen herausgebildet.

§ 10 Grundlagen deliktsrechtlicher Sicherheitspflichten

Literatur: *Anders*, Die berechtigte Sicherheitserwartung, PHi 2009, 230; *Arbeitsgruppe „Digitaler Neustart" der Konferenz der Justizministerinnen und Justizminister der Länder*, Bericht v. 15.5.2017, abrufbar unter https://www.justiz.nrw.de/JM/schwerpunkte/digitaler_neustart/zt_bericht_arbeitsgruppe/bericht_ag_dig_neustart.pdf; *Arndt/Fetzer/Scherer/Graulich* (Hrsg.), TKG, 2. Aufl. 2015; *Artikel 29-Datenschutzgruppe*, Arbeitsunterlage 02/2013 mit Leitlinien für die Einholung der Einwilligung zur Verwendung von Cookies, 2013; *von Bar*, Die Grenzen der Haftung des Produzenten, in: Produktverantwortung und Risikoakzeptanz – Kriterien der Risikoverteilung, wissenschaftliches Symposion der Bayer-Stiftung für Deutsches und Internationales Arbeits- und Wirtschaftsrecht am 28. und 29. November 1996 in Leverkusen, 1998, S. 29; *Bartl*, Produkthaftung nach neuem EG-Recht, Landsberg/Lech, 1998; *Bartsch*, Computerviren und Produkthaftung, CR 2000, 721; *ders.*, Daten als Rechtsgut nach § 823 Abs. 1 BGB, in: Conrad/Grützmacher (Hrsg.), Recht der Daten und Datenbanken im Unternehmen Jochen Schneider zum 70. Geburtstag, 2014. S. 297; *ders.*, Die „Vertraulichkeit und Integrität informationstechnischer Systeme" als sonstiges Recht nach § 823 I BGB, CR 2008, 613; *ders.*, Software als Rechtsgut, CR 2010, 553; *ders.*, Software als Schutzgegenstand absoluter Rechte, in: Leible/Lehmann/Zech (Hrsg.), Unkörperliche Güter im Zivilrecht, 2011, S. 247; *ders.*, Software und das Jahr 2000: Haftung und Versicherungsschutz für ein technisches Großproblem, 1998; *Bauer*, Produkthaftung für Software nach geltendem und künftigem deutschen Recht, PHi 1989, 38; *ders.*, Produkthaftung für Software nach geltendem und künftigem deutschen Recht (Teil 2), PHi 1989, 98; *Bayerlein*, Zur rechtlichen Bedeutung von technischen Normen, DS 2008, 49; *Beckmann/Müller*, Online übermittelte Informationen – Produkte im Sinne des Produkthaftungsgesetzes?, MMR 1999, 14; *Berberich*, Anmerkung zu einer Entscheidung des BGH, Urt. v. 18.01.2012 (I ZR 187/10; MMR 2012, 307) – Zur Frage der Begründung absoluter Rechte an einer Domain sowie deren deliktischen Schutzes, MMR 2012, 310; *ders.*, Virtuelles Eigentum, 2010; *Bewersdorf*, Zulassung und Haftung bei Fahrerassistenzsystemen im Straßenverkehr, 2005; *von Bodungen/Hoffmann*, Autonomes Fahren – Haftungsverschiebung entlang der Supply Chain? (2. Teil), NZV 2016, 503; *Boehm*, Herausforderungen von Cloud Computing-Verträgen: Vertragstypologische Einordnung, Haftung und Eigentum an Daten, ZEuP 2016, 358; *Boos/Fischer/Schulte-Mattler*, KWG CRR-VO, 5. Aufl. 2016; *Borges/Meents*, Cloud Computing, 2016; *Bräutigam/Leupold* (Hrsg.), Online-Handel betriebswirtschaftliche und rechtliche Grundlagen, einzelne Erscheinungsformen des E-Commerce, 2003; *Bräutigam/Wilmer*, Big brother is watching you? – Meldepflichten im geplanten IT-Sicherheitsgesetz, ZRP 2015, 38; *Briner*, Die Rechtsstellung des Access Providers, in: Hilty (Hrsg.), Information Highway, 1996, S. 498; *Brüggemeier*, Produktfehler und Produkthaftung bei implantierten Medizinprodukten, ZEuP 2016, 502; *ders.*, Produkthaftung und Produktsicherheit, ZHR (152) 1988, 511; *ders.*, Schadensersatz für implantierte fehlerhafte Medizinprodukte – Zwei Vorlagenbeschlüsse des Bundesgerichtshofs, MedR 2014, 537; *Bundesamt für Sicherheit in der Informationstechnik*, BSI-Standards, abrufbar unter https://www.bsi.bund.de/DE/Themen/ITGrundschutz/ITGrundschutzStandards/ITGrundschutzStandards_node.html, 2017; *Bundesamt für Sicherheit in der Informationstechnik*, Schutzprofile nach Common Criteria (CC) für IT-Produkte, abrufbar unter https://www.bsi.bund.de/DE/Themen/ZertifizierungundAnerkennung/Produktzertifizierung/ZertifizierungnachCC/SchutzprofileProtectionProfiles/schutzprofileprotectionprofiles_node.html, 2017; *Bundesamt für Sicherheit in der Informationstechnik*, Zertifizierte IT-Sicherheit Bewährte Säule der Digitalisierung, abrufbar unter https://www.bsi.bund.de/SharedDocs/Downloads/DE/BSI/Publikationen/Broschueren/Zertifizierte-IT-Sicherheit.pdf?__blob=publicationFile, 2017; Bundesanstalt für Finanzdienstleistungsaufsicht, Rundschreiben BaFin Nr. 09/2017 (BA) – „Mindestanforderungen an das Risikomanagement – MaRisk" vom 27.10.2017, abrufbar unter https://www.bundesbank.de/resource/blob/598724/15fc93f88b8319a9430afdb3ee543437/mL/2017-10-27-rundschreiben-data.pdf, 2017; *Bundesregierung*, in: Europäische Kommission, Communications Committee Working Document: Questionnaire on the implementation of the Article 5(3) of the ePrivacy Directive, COCOM 11–20, 2011, S. 3; *Burg/Gimnich*, Illegale Dialer im Internet, DRiZ 2003, 381; *Byok*, Informationssicherheit von Kritischen Infrastrukturen im Wettbewerbs- und Vergaberecht, BB 2017, 451; *Calabresi*, The Cost of Accidents: A Legal and Economic Analysis, 1970; *Canaris*, Schutzgesetze – Verkehrspflichten – Schutzpflichten, in: Canaris/Diederichsen (Hrsg.), Festschrift für Karl Larenz zum 80. Geburtstag am 23. April 1983, 1983, S. 27; *Conrad*, Wege zum Quellcode, ITRB 2005, 12; *Diederichsen*, Ausbau des Individualschutzes gegen Umweltbelastungen als Aufgabe des bürgerlichen und des öffentlichen Rechts, in: 56. Deutscher Juristentag, Band 2, 1986, L 48 ff.; *Diederichsen*, Schadensersatz und Entschädigung im Umweltschutz, in: Natur- und Umweltschutzrecht, 1989, S. 19; *Dieffal*, Neue Sicherungspflicht für Telemediendiensteanbieter, MMR 2015, 716; *Dietborn/Müller*, Beschränkung der deliktischen Herstellerpflichten: Kein Produktrückruf und kostenloser Austausch, BB 2007, 2358; *Dietrich*, Produktbeobachtungspflicht und Schadenverhütungspflicht der Produzenten, 1994; *Dorner*, Big Data und „Dateneigentum", CR 2014, 617; *Dreier/Schulze* (Hrsg.), Urheberrechtsgesetz, 6. Aufl. 2018; *Droste*, Produktbeobachtungspflichten der Automobilhersteller bei Software in Zeiten vernetzten Fahrens, CCZ 2015, 105; *Dustmann*, Die privilegierten Provider Haftungseinschränkungen im Internet aus urheberrechtlicher Sicht, 2001; *Eckert*, IT-Sicherheit: Konzepte – Verfahren – Protokolle, 9. Aufl. 2014; *EG-Kommission*, Ein Globales Konzept für Zertifizierung und Prüfwesen – Instrument zur Gewährleistung der Qualität bei Industrieerzeugnissen – KOM(89) 209 endg. – SYN 208, Mitteilung Nr. 89/C 267/03 der Kommission an den Rat, vorgelegt am 15.6.1989, Abl. EG Nr. C 267/3; *Ehlen/Brandt*, Die Schutzfähigkeit von Daten – Herausforderungen und Chancen für Big Data Anwender, CR 2016, 570; *Ehmann/Selmayr*, Datenschutz-Grundverordnung, 2. Aufl. 2018; *Eichberger*, Rechte an Daten, VersR 2019, 709; *ders.*, Sasser, Blaster, Phatbot & Co. – alles halb so schlimm? Ein Überblick über die strafrechtliche Bewertung von Computerschädlingen, MMR 2004, 594; *Epple*, Der Einsatz von EDV und die ärztliche Haftung, 1994; *Erman* (Hrsg.), Bürgerliches Gesetzbuch, Band 2, 15. Aufl. 2017; *Ernst*, Die Verfügbarkeit des Source Codes, MMR 2001, 208; *ders.*, Hacker und Computerviren im Strafrecht, NJW 2003, 3233; *Eßer/Kramer/Lewinski* (Hrsg.), DSGVO/BDSG: Datenschutzgrundverordnung/Bundesdatenschutzgesetz und Nebengesetze, 6. Aufl. 2018; *Faust*, Digitale Wirtschaft – Analoges Recht – Braucht das BGB ein Update? Gutachten zum 71. DJT, 2016, S. 16 ff.; *Faustmann*, Der deliktische Datenschutz, VuR 2006, 260; *Fezer*, Dateneigentum der Bürger, ZD 2017, 99; *Finke*, Die Auswirkungen der europäischen Normen und des Sicherheitsrechts auf das nationale Haftungsrecht, 2001; *Foerste*, Neues zur Produkthaftung – Passive Beobachtungspflicht und Äquivalenzinteresse, NJW 1994, 909; *ders.*, Zur Rückrufpflicht nach § 823 BGB und § 9 ProdSG – Wunsch und Wirklichkeit, DB 1999, 2199; *Foerste/Westphalen*, Produkthaftungshandbuch, 2. Aufl. 1997; *dies.*, Produkthaftungshandbuch, 3. Aufl. 2012; *Forgó/Helfrich/Schneider*, Betrieblicher Datenschutz, 3. Aufl. 2019; *Freise*, Rechtsfragen des automatisierten Fahrens, VersR 2019, 65; *Fuchs*, Arbeitsteilung und Haftung, JZ 1994, 533; *Gehrmann/Voigt*, IT-Sicherheit – Kein Thema nur für Betreiber Kritischer Infrastrukturen, CR 2017, 93; *Geppert/Schütz* (Hrsg.), Beck'scher TKG-Kommentar, 4. Aufl. 2013; *Gerlach*, Sicherheitsanforderungen für Telemediendienste – der neue § 13 VII TMG, CR 2015, 581; *Gersdorf/Paal* (Hrsg.), BeckOK Informations- und Medienrecht, 26. Edition 2019; *Giebel/Malten*, Schadensersatz bei Ausfällen von TK-Netzen, MMR 2014, 302; *Gierschmann*, Positionsbestimmung der DSK zur Anwendbarkeit des TMG, ZD 2018, 297; *Gitter/Meißner/Spauschus*, Das IT-Sicherheitsgesetz, DuD 2016, 7; *Gola*, Datenschutz-Grundverordnung, 2. Aufl. 2018; *Grassmuck*, Freie Software zwischen Privat- und Gemeineigentum, 2. Aufl. 2004; *Grünvogel/Dörrenbächer*, Smartere Anforderungen an smarte Hausgeräte? – Der Maßstab für die Produktbeobachtungspflicht bei vernetzten Hausgeräten im Wandel, ZVertriebsR 2019, 87; *Grützmacher*, Open Source Software und Embedded Systems, ITRB 2009, 184; *Grzesick*, Freie Software: Eine Widerlegung der Urheberrechtstheorie?, MMR 2000, 412; *Gsell/Krüger/Lorenz/Reymann* (Hrsg.), beck-online.Grosskommentar Bürgerliches Gesetzbuch (BGB), 2020; *Günther*, Produkthaftung für Informationsgüter, 2001; *Hager*, Die Kostentragung bei Rückruf fehlerhafter Produkte, VersR 1984, 799; *ders.*, Die Produktbeobachtungspflicht und die Kosten des Rückrufs, in: Armbrüster u.a. (Hrsg.), Recht genau Liber Amicorum für Jürgen Prölss zum 70. Geburtstag, 2009, S. 71; *ders.*, Zum Schutzbereich der Produzentenhaftung, AcP (184) 1984, 413; *Hanloser*, Geräte-Identifier im Spannungsfeld von DS-GVO, TMG und ePrivacy-VO Mögliche Schranken bei zielgruppenspezifischer Online-Werbung, ZD 2018, 213; *Härting*, Internetrecht, 6. Aufl. 2017; *Härting/Schirmbacher*, Dialer: Das Urteil fällt und viele Fragen offen, CR 2004, 334; *Hartmann*, Der Kfz-Hersteller im Spannungsfeld zwischen Produkthaftungsrecht und UWG, BB 2012, 267; *Hasselblatt*, Die Grenzziehung zwischen verantwortlicher Fremd- und eigenverantwortlicher Selbstgefährdung im Deliktsrecht, 1997; *Hauschka/Klindt*, Eine Rechtspflicht zur Compliance im Reklamationsmanagement?, NJW 2007, 2726; *Hecht*, Verantwortlichkeit für Benutzerkonten im Internet, K&R 2009, 462; *von Heintschel-Heinegg* (Hrsg.), Beck'scher Online-Kommentar StGB, 45. Edition 2020; *Herberger/Martinek/Rüßmann/Weth/Würdinger* (Hrsg.), jurisPK-BGB, Band 1, 8. Aufl. 2017; *Herberger/Martinek/Rüßmann/Weth/Würdinger* (Hrsg.), jurisPK-BGB, Band 2, 9. Aufl. 2020; *Heussen*, „Danaergeschenke, Dereliktion oder Haftung im Verein?", Offene Rechtsfragen um Free-Software, in: Taeger/Wiebe (Hrsg.), Informatik – Wirtschaft – Recht: Regulierung in der Wissenschaft; Festschrift für Wolfgang Kilian zum 65. Geburtstag, 2004, S. 323 ff.; *Hinsch*, Eigentumsverletzungen an neu hergestellten und an vorbestehenden Sachen durch mangelhafte Einzelteile, VersR 1992, 1053; *Hoeren*, Datenbesitz statt Dateneigentum. Erste Ansätze zur Neuausrichtung der Diskussion um die Zuordnung von Daten, MMR 2019, 5; *ders.*, Dateneigentum Versuch einer Anwendung von § STGB § 303 a StGB im Zivilrecht, MMR 2013, 486; *ders.*, Die Pflicht zur Überlassung des Quellcodes, CR 2004, 721; *ders./Bensinger* (Hrsg.), Haftung im Internet. Die Neue Rechtslage, 2014; *ders./Sieber/Holznagel* (Hrsg.), Handbuch Multimedia-Recht, 50. EL 2019; *Hötitzsch/May*, Rechtliche Problemfelder beim Einsatz automatisierter Systeme im Straßenverkehr, in: Hilgendorf, Robotic im Kontext von Recht und Moral, 2014, S. 189; *Hofmann*, Dynamische Zertifizierung datenschutzrechtliche Zertifizierung nach der Datenschutz-Grundverordnung am Beispiel des cloud computing, 2019; *Hollmann*, Die EG-Produkthaftungsrichtlinie (I), DB 1985, 2389; *Hölzlwimmer*, Produkthaftungsrechtliche Risiken des Technologietransfers durch Lizenzverträge, 1995; *Honsell*, Produkthaftungsgesetz und allgemeine Deliktshaftung, JuS 1995, 211; *Horner/Kaulartz*, Haftung 4.0, CR 2016, 7; *Hornung*, Neue Pflichten für Betreiber kritischer Infrastrukturen: Das IT-Sicherheitsgesetz des Bundes, NJW 2015, 3334; *ders.*, Stellungnahme zur öffentlichen Anhörung des Innenausschusses des Deutschen Bundestags am 20. April 2015 zum Gesetzentwurf der Bundesregierung für Gesetz zur Erhöhung der Sicherheit informationstechnischer Systeme (IT-Sicherheitsgesetz) vom 25.02.2015, BT-Innenausschuss Protokoll Nr. 18/44 Anlage A, 2015, S. 128; *Hübner*, Haftungsprobleme der technischen Kontrolle, NJW 1988, 441; *Imhof/Wahl*, Das Jahr-2000-Problem – Auf der Suche nach der verlorenen Zeit Haftungsfragen bei Softwareausfällen aufgrund eines Jahr-2000-Fehlers der Software, WpK-Mitt. 1998, 136; *Jaeger/Metzger*, Open Source Software: Rechtliche Rahmenbedingungen der freien Software, 5. Aufl. 2020; *Janal*, Rechtliche Fragen rund um das R-Gespräch, K&R 2006, 272; *Jänich/Schrader/Reck*, Rechtsprobleme des autonomen Fahrens, NZV 2015, 313; *Joecks/Miebach* (Hrsg.), Münchener Kommentar zum Strafgesetzbuch, Band 4, §§ 185–262, 3. Aufl. 2017; *Joecks/Miebach* (Hrsg.), Münchener Kommentar zum Strafgesetzbuch, Band 5, §§ 263–358, 3. Aufl. 2019; *dies.*, Münchener Kommentar zum Strafgesetzbuch, Band 7, Nebenstrafrecht II, 3. Aufl. 2019; *Kapoor/Klindt*, Das neue deutsche Produktsicherheitsgesetz (ProdSG), NVwZ 2012, 719; *Kaufmann/Seehafer*, Produkthaftung für Medizinprodukte nach dem Boston-Scientific Urteil des EuGH, MedR 2017, 369; *Kindhäuser/Neumann/Paeffgen* (Hrsg.), Strafgesetzbuch, Band 3, §§ 232–358, 5. Aufl. 2017; *Kiparski/Sassenberg*, DSGVO und TK-Datenschutz – Ein komplexes europarechtliches Geflecht – Welche bereichsspezifischen Datenschutzregelungen im TKG werden durch die DS-GVO verdrängt?, CR 2018, 324; *Klickermann*, Virtuelle Welten ohne Rechtsansprüche?, MMR 2007, 766; *Klindt*, Produktrückrufe und deren Kostenerstattung nach der Pflegebetten-Entscheidung des BGH, BB 2009, 792; *ders.*, Produktsicherheitsgesetz Kommentar, 3. Aufl. 2018; *ders./Handorn*, Haftung eines Herstellers für Konstruktions- und Instruktionsfehler, NJW 2010, 1105; *Klinger*, Die Produktbeobachtungspflicht bezüglich Fremdzubehörteilen, 1998; *Kloos/Wagner*, Vom Eigentum zur Verfügbarkeit, CR 2002, 865; *Koch, F.*, Zivilrechtliche Anbieterhaftung für Inhalte in Kommunikationsnetzen, CR 1997, 193; *Koch, R.*, „Mängelbeseitigungsansprüche" nach den Grundsätzen der Produzenten-/Produkthaftung, AcP (203) 2003, 603; *ders.*, Haftung für die Weiterverbreitung von Viren durch E-Mails, NJW 2004, 801; *ders.*, Versicherung im IT-Bereich, in: Lorenz/Spindler/Koch (Hrsg.): Karlsruher Forum 2010: Haftung und Versicherung im IT-Bereich, S. 113, 2011; *Köhntopp/Köhntopp/Pfitzmann*, Sicherheit durch Open Source? Chancen und Grenzen, Datenschutz und Datensicherheit, DuD 2000, 508; *König*, Software (Computerprogramme) als Sache und deren Erwerb als Sachkauf, NJW 1993, 3121; *Kötz/Wagner*, Deliktsrecht, 13. Aufl. 2016; *Kraftfahrtbundesamt*, Jahresbericht 2013/2014, abrufbar unter: http://www.kba.de/SharedDocs/Publikationen/DE/Jahresberichte/jahresbericht_2013_14_pdf.pdf?__blob=publicationFile&v.=5, 2015; *Kühling/Buchner*, Datenschutz-Grundverordnung, 2. Aufl. 2018; *Kullmann*, Die Rechtsprechung der BGH zum Produkthaftpflichtrecht in den Jahren 2000 und 2001, NJW 2002, 30; *ders.*, Die Rechtsprechung des BGH zum Produkthaftpflichtrecht in den Jahren 1989/90, NJW 1991, 675; *ders.*, Die Rechtsprechung des BGH zum Produkthaftpflichtrecht in den Jahren 1994–1995, NJW 1996, 18; *ders./Pfister*, Produzentenhaftung, 2019; *Kunz*, Die Produktbeobachtungs- und die Befundsicherungspflicht als Verkehrssicherungspflichten des Warenherstellers, BB 1994, 450; *ders.*, Rechtsfrage des Ausschlusses aus Internetforen, in: Recht der Neuen Medien, Band 23, 2005; *Lackner/Kühl* (Hrsg.), Strafgesetzbuch, 29. Aufl. 2018; *Lange/Schiemann*, Schadensersatz, 3. Aufl. 2003; *Larenz/Canaris*, Schuldrecht Besonderer Teil, Teilband 2, 13. Aufl. 1994; *Laufs/Kern* (Hrsg.), Handbuch des Arztrechts, 5. Aufl. 2019; *Leupold/Glossner* (Hrsg.), Münchener Anwaltshandbuch IT-Recht, 3. Aufl. 2013; *Libertus*, Zivilrechtliche Haftung und strafrechtliche Verantwortlichkeit bei unbeabsichtigter Verbreitung von Computerviren, MMR 2005, 507; *Liggesmeyer*, Software-Qualität – Testen, Analysieren und Verifizieren von Software, 2. Aufl. 2009; *Lippert/Ratzel/Tag* (Hrsg.), Kommentar zum Medizinproduktegesetz (MPG), 3. Aufl. 2018; *Littbarski*, Herstellerpflichten ohne Ende – ein Segen für den Verbraucher?, NJW 1995, 217; *ders.*, Kapriolen um die Instruktionspflichten des Herstellers, NJW 2000, 1161; *Lutz*, Autonome Fahrzeuge als rechtliche Herausforderung, NJW 2015, 119; *ders./Tang/Lienkamp*, Die rechtliche Situation von teleoperierten und autonomen Fahrzeugen, NZV 2013, 57; *Mankowski*, Die Beweislastverteilung in „0190er-Prozessen", CR 2004, 185; *ders.*, Kein Telefonentgeltanspruch für Verbindungen durch ein heimlich installiertes Anwahlprogramm – Dialer, MMR 2004,

312; *ders.*, Rechte (insbesondere Schadensersatzansprüche) des Geschädigten, in: Ernst (Hrsg.), Hacker, Cracker & Computerviren, 2004, S. 147; *Marburger*, Die Regeln der Technik im Recht, 1979; *ders.*, Herstellung nach zwingenden Rechtsvorschriften als Haftungsausschlußgrund im neuen Produkthaftungsrecht, in: Leßmann (Hrsg.), Festschrift für Rudolf Lukes zum 65. Geburtstag, 1989, S. 65; *ders.*, Waldschäden als Rechtsproblem, UTR 1989, S. 109; *Markendorf*, Recht an Daten in der deutschen Rechtsprechung, ZD 2018, 409; *Marly*, Praxishandbuch Softwarerecht, 7. Aufl. 2018; *Martinek/Semler/ Habermeier/Flohr* (Hrsg.), Handbuch des Vertriebsrechts, 3. Aufl. 2010; *Maume*, Bestehen und Grenzen des virtuellen Hausrechts, MMR 2007, 620; *Mayer*, Produkthaftung und Gefahrbeseitigungsanspruch, DB 1985, 319; *Meier/Wehlau*, Die zivilrechtliche Haftung für Datenlöschung, Datenverlust und Datenzerstörung, NJW 1998, 1589; *dies.*, Produzentenhaftung des Softwareherstellers, CR 1990, 95; *Michalski*, Produktbeobachtung und Rückrufpflicht des Produzenten, BB 1998, 961; *Moelle/Dockhorn*, Anmerkung zu EuGH, Urteil vom 5.3.2015 (C-503/13, C-504/13) – Zur Produkthaftung für ein potenziell fehlerhaftes medizinisches Produkt, NJW 2015, 1165; *Molitoris*, Deutschland – Praktische Erfahrungen und rechtliche Überlegungen zur Produktbeobachtungspflicht (Teil 1), PHi 1999, 214; *ders.*, Kehrtwende des BGH bei Produktrückrufen? Keine generelle Verpflichtung zur kostenfreien Nachrüstung/ Reparatur von mit sicherheitsrelevanten Fehlern behafteten Produkten NJW 2009, 1049; *Möllers*, Rechtsgüterschutz im Umwelt- und Haftungsrecht, 1996; *ders.*, Verkehrspflichten gegenüber Kindern – Zugleich Anmerkung zum Urteil des BGH vom 14. 3. 1995 (VI ZR 34/94), VersR 95, 672; *Müller-Hengstenberg*, Computersoftware ist keine Sache, NJW 1994, 3128; *ders./Kirn*, Intelligente (Software-)Agenten: Eine neue Herausforderung unseres Rechtssystems?, MMR 2014, 307; *Musielak/Voigt* (Hrsg.), ZPO, 16. Aufl. 2019; *Niebling*, Gewährleistung und Produkthaftung bei fehlender CE-Kennzeichnung, DB 1996, 80; *Omsels*, Open Source und das deutsche Vertrags- und Urheberrecht, in: Schertz/Omsels (Hrsg.), Festschrift für Paul W. Hertin zum 60. Geburtstag am 15. November 2000, 2000, S. 141; *Orthwein/Obst*, Embedded Systems – Updatepflichten für Hersteller hardwarenaher Software, CR 2009, 1; *Ortner/Daubenbüchel*, Medizinprodukte 4.0 – Haftung, Datenschutz, IT-Sicherheit, NJW 2016, 2918; *Paal/Pauly*, Datenschutz-Grundverordnung Bundesdatenschutzgesetz, 2. Aufl. 2018; *Palandt* (Begr.), Bürgerliches Gesetzbuch mit Nebengesetzen, 79. Aufl. 2019; *Paschke/Berlit/Meyer* (Hrsg.), Hamburger Kommentar Gesamtes Medienrecht, 3. Aufl. 2016; *Paschke/Halder*, Auskunftsansprüche bei digitalen Persönlichkeitsrechtsverletzungen, MMR 2016, 723; *Pauli*, Die Produktbeobachtungspflicht in der verbraucherpolitischen Auseinandersetzung, PHi 1985, 134; *Peschel/Rockstroh*, Big Data in der Industrie, MMR 2014, 571; *Pieper*, Verbraucherschutz durch Pflicht zum „Rückruf" fehlhafter Produkte?, BB 1991, 985; *Podehl*, Internetportale mit journalistisch-redaktionellen Inhalten, MMR 2001, 17; *Probst*, Datenschutzbeauftragte fordern vertrauenswürdige Informationstechnik, DSB 2003, Heft 5, S. 10; *Prütting*, Darlegungs- und Beweislast im Produkthaftpflichtrecht, insbesondere im Hinblick auf die Kausalität, in: Produktverantwortung und Risikoakzeptanz, Kriterien der Risikoverteilung; wissenschaftliches Symposion der Bayer-Stiftung für Deutsches und Internationales Arbeits- und Wirtschaftsrecht am 28. und 29. November 1996 in Leverkusen, 1998, S. 49; *Prütting/Wegen/Weinreich* (Hrsg.), Bürgerliches Gesetzbuch Kommentar, 14. Aufl. 2019; *Raue*, Haftung für unsichere Software, NJW 2017, 1841; *Redeker*, Informationen als eigenständiges Rechtsgut, CR 2011, 634; *ders.*, IT-Recht, 6. Aufl. 2017; *ders.*, Wer ist Eigentümer von Goethes Werther?, NJW 1992, 1739; *Reese*, Produkthaftung und Produzentenhaftung für Hard- und Software, DStR 1994, 1121; *Rettenbeck*, Die Rückrufpflicht in der Produkthaftung: zugleich ein Betrag zur EG-Richtlinie über die allgemeine Produktsicherheit vom 29. Juni 1992, 1994; *Rockstroh*, Die Verantwortlichkeit der Hersteller für Schwachstellen in Industriekomponenten, DSRITB 2016, 279; *Rockstroh/Kunkel*, IT-Sicherheit in Produktionsumgebungen, MMR 2017, 77; *Rösler*, Zur Zahlungspflicht für heimliche Dailereinwahlen, NJW 2004, 2566; *Ross*, Das IT-Sicherheitsgesetz Wegbereiter oder Tropfen auf den heißen Stein?, MMR 2015, 636; *ders.*, Der neue Entwurf eines IT-Sicherheitsgesetzes Bewegung oder Stillstand?, MMR 2014, 723; *Roßnagel*, Das IT-Sicherheitsgesetz, DVBl. 2015, 1206; *Roth/Schneider*, IT-Sicherheit und Haftung, ITRB 2005, 19; *Rothe*, Brennende Pflegebetten – Besteht eine Pflicht zum Rückruf? Besprechung des Urteils des OLG Hamm vom 16.05.2007 – 8 U 4/06, MPR 2007, 117; *Rudkowski*, Aktuelle Herausforderungen für die Rückrufkostenhaftpflichtversicherung, VersR 2018, 65; *Säcker* (Hrsg.), TKG, 3. Aufl. 2013; *Säcker/ Rixecker/Oetker/Limperg* (Hrsg.), Münchener Kommentar zum Bürgerlichen Gesetzbuch, Band 6, §§ 705–853, 7. Aufl. 2017; *Säcker/Rixecker/Oetker/Limperg* (Hrsg.), Münchener Kommentar zum Bürgerlichen Gesetzbuch, Band 2, §§ 241–310, 8. Aufl. 2019; *Sackmann*, Die Beschränkung datenschutzrechtlicher Schadensersatzhaftung in Allgemeinen Geschäftsbedingungen, ZIP 2017, 2450; *Sander/Hollering*, Strafrechtliche Verantwortlichkeit im Zusammenhang mit automatisiertem Fahren, NStZ 2017, 193; *Sandl*, „Open Source"-Software: Politische, ökonomische und rechtliche Aspekte., CR 2001, 346;

Schäfer/Ott, Lehrbuch der ökonomischen Analyse des Zivilrechts, 2012; *Schallbruch*, IT-Sicherheitsrecht – Abwehr von IT-Angriffen, Haftung und Ausblick, CR 2018, 215; *Schiffner*, Open Source Software: freie Software im deutschen Urheber- und Vertragsrecht, München 2003; *Schlechtriem*, Angleichung der Produkthaftung in der EG – Zur Richtlinie des Rates der Europäischen Gemeinschaften vom 25–7–1985, VersR 1986, 1033; *Schlegel*, R-Gespräche – Haftung der Eltern für Minderjährige, MDR 2006, 1021; *Schmidl*, Recht der IT-Sicherheit, in: Hauschka (Hrsg.), Corporate Compliance Handbuch der Haftungsvermeidung im Unternehmen, 2. Aufl. 2010, S. 701; *Schmidt, K.* (Hrsg.), Münchener Kommentar zum Handelsgesetzbuch, Band 5, 4. Aufl. 2018; *ders.*, Die Gesellschafterhaftung bei der Gesellschaft bürgerlichen Rechts als gesetzliches Schuldverhältnis Zum Stand der nach den BGH-Urteilen vom 24. 2. 2003 und vom 7. 4. 2003, NJW 2003, 1897; *Schmidtbauer*, Schadenersatz wegen Viren?, abrufbar unter http://www.i4j.at/news/aktuell36.htm, 2003; *Schmidt-Salzer*, Produkthaftung, Band 3: Deliktsrecht/Vertragsrecht Teil 1, 2. Aufl. 1990; *Schneider*, Handbuch des EDV-Rechts, 5. Aufl. 2017; *ders.*, Softwareerstellung und Softwareanpassung – Wo bleibt der Dienstvertrag?, CR 2003, 317; *Schneider/Günther*, Haftung für Computerviren, CR 1997, 389; *Schönke/Schröder* (Hrsg.), Strafgesetzbuch Kommentar, 30. Aufl. 2019; *Schöttler/Diekmann*, Typische Haftungsklauseln in IT-AGB, ITRB 2012, 84; *Schrader*, Haftung für fehlerhaft zugelieferte Dienste in Fahrzeugen, NZV 2018, 489; *ders.*, Haftungsfragen für Schäden beim Einsatz automatisierter Fahrzeuge im Straßenverkehr, DAR 2016, 242; *ders./Engstler*, Anspruch auf Bereitstellung von Software-Updates? Unklare Begründung eines eingeschränkt notwendigen Anspruchs, MMR 2018, 356; *Schricker/Loewenheim/Leistner* (Hrsg.), Urheberrecht, 5. Aufl. 2017; *Schucht*, Entwicklungsrichtlinien im deutschen Produktsicherheitsrecht, DVBl. 2013, 760; *Schuhr*, Neudefinition tradierter Begriffe (Pseudo-Zurechnungen an Roboter), in: Hilgendorf (Hrsg.), Robotic im Kontext von Recht und Moral, 2014, S. 13; *Schuster* (Hrsg.), Vertragshandbuch Telemedia, München, 2001; *Schütz/Gostomzyk*, Sind von Minderjährigen angenommene R-Gespräche vergütungspflichtig?, MMR 2006, 7; *Schwarz/Peschel-Mehner* (Hrsg.), Recht im Internet der große Rechtsberater für die Online Praxis, 2002; *Schwenzer*, Rückruf- und Warnpflichten des Warenherstellers, JZ 1987, 1059; *Seffer/Horter*, Nebenleistungspflichten des Erstellers von Individualsoftware Zu den Installations- und Lieferpflichten des Software-Erstellungsvertrags, ITRB 2005, 169; *Seitz/Thiel*, Cyber Liability – virtuell oder real?, PHi 2013, 42; *Sester*, Open-Source-Software: Vertragsrecht, Haftungsrisiken und IPR-Fragen, CR 2000, 797; *Shavell*, Foundations of Economic Analysis of Law, 2004; *Simitis/Hornung/Spieker gen. Döhmann* (Hrsg.), Datenschutzrecht: DSGVO mit BDSG, 2019; *Singler*, Die Kfz-Versicherung autonomer Fahrzeuge, NZV 2017, 353; *Sodtalbers*, Softwarehaftungen im Internet: die außervertragliche Produkthaftung für online in Verkehr gegebene Computerprogramme, 2006; *Soergel (Begr.)*, Bürgerliches Gesetzbuch mit Einführungsgesetz und Nebengesetzen, Band 1, Allgemeiner Teil 1. §§ 1–103 BGB, 13. Aufl. 2000; *ders. (Begr.)*, Bürgerliches Gesetzbuch mit Einführungsgesetz und Nebengesetzen, Band 12, Schuldrecht 10: §§ 823–853 BGB; ProdHG, UmweltHG, 2005; *Sosnitza*, Das Internet der Dinge – Herausforderung oder gewohntes Terrain für das Zivilrecht?, CR 2016, 764; *Spickhoff*, Der Schutz von Daten durch das Deliktsrecht, in: Leible/Lehmann/Zech (Hrsg.), Unkörperliche Güter im Zivilrecht, 2011, S. 219; *Spickhoff*, Gesetzesverstoß und Haftung, 1998; *Spindler*, Das Jahr 2000-Problem in der Produkthaftung: Pflichten der Hersteller und der Softwarenutzer, Deliktsrechtliche Haftung im Internet – nationale und internationale Rechtsprobleme, NJW 1999, 3737; *ders.*, Daten im Deliktsrecht, in: Hilbig-Lugani (Hrsg.), Zwischenbilanz Festschrift für Dagmar Coester-Waltjen zum 70. Geburtstag am 11. Juli 2015, 2015, S. 1183; *ders.*, Expertensysteme und Medizin – Haftungsrelevante Bereiche im Schnittfeld zwischen Medizin- und IT-Recht, in: Huber (Hrsg.), Festschrift für Lothar Jaeger zum 75. Geburtstag, 2014, S. 135; *ders.*, Haftpflicht- und Elektronikversicherung für IT -Risiken, in: Beckmann/Matusche-Beckmann (Hrsg.), Versicherungsrechts-Handbuch, 3. Aufl. 2015, S. 2635; *ders.*, Haftung für den eigenen Kommunikationsanschluss und eigene Netze, in: Wandt (Hrsg.), Versicherungsrecht, Haftungs- und Schadensrecht: Festschrift für Egon Lorenz zum 80. Geburtstag, 2014, S. 721; *ders.*, Haftung und Verantwortlichkeit im IT-Recht, CR 2005, 741; *ders.*, IT-Sicherheit und kritische Infrastrukturen – Öffentlich-rechtliche und zivilrechtliche Regulierungsmodelle, in: Kloepfer (Hrsg.), Schutz kritischer Infrastrukturen: IT und Energie, 2010, S. 85; *ders.*, IT-Sicherheit und Produkthaftung – Sicherheitslücken, Pflichten der Hersteller und der Softwarenutzer, NJW 2004, 3145; *ders.*, IT-Sicherheitsgesetz und zivilrechtliche Haftung, CR 2016, 297; *ders.*, Medizin und IT, insbesondere Arzthaftung und IT-Sicherheitsrecht, in: Festschrift für Hart (im Erscheinen); *ders.*, Rechtsfragen bei Open Source, 2004; *ders.*, Rechtsgeschäftliche Haftung des Anschlussinhabers – Friktionen zwischen Telekommunikationsrecht und Internetrecht, in: Hadding/Schlick/Herrmann/Krämer (Hrsg.), Festschrift für Wolfgang Schlick zum 65. Geburtstag, 2015, S. 327; *ders.*, Risiko der heimlichen Installation eines automatischen Einwahlprogramms (Dialer), JZ 2004, 1128; *ders.*, Roboter, Automation, künstliche Intelligenz, selbst-steuernde Kfz – Braucht das

Recht neue Haftungskategorien?, CR 2015, 766; *ders.*, Unternehmensorganisationspflichten, 2013; *ders.*, Verantwortlichkeiten von IT-Herstellern, Nutzern und Intermediären – Studie im Auftrag des BSI durchgeführt von Prof. Dr. Gerald Spindler, Universität Göttingen, 2007; *ders.*, Verschuldensunabhängige Produkthaftung im Internet, MMR 1998, 119; *ders./Klöhn*, Fehlerhafte Informationen und Software – Die Auswirkungen der Schuld und Schadensrechtsreform – Teil II: Deliktische Haftung, VersR 2003, 410; *ders./Schmitz*, Telemediengesetz, 2. Aufl. 2018; *ders./Schuster*, Recht der elektronischen Medien, 4. Aufl. 2019; *ders./Thorun*, Eckpunkte einer digitalen Ordnungspolitik, abrufbar unter https://sriw.de/fileadmin/sriw/files/20150612_Studie_Eckpunkte-einer-digitalen-Ordnungspolitik_Spindler-Thorun_SRIW-ConPolicy.pdf, 2015; *Staudinger (Begr.)*, Kommentar zum Bürgerlichen Gesetzbuch mit Einführungsgesetz und Nebengesetzen, Buch 2. Recht der Schuldverhältnisse, Unerlaubte Handlungen I – Teilband 2, 2009; *ders. (Begr.)*, Kommentar zum Bürgerlichen Gesetzbuch mit Einführungsgesetz und Nebengesetzen, Buch 1. Allgemeiner Teil, 2019; *Steffen*, Haftung im Wandel, ZfVersWiss (82) 1993, 13; *Taeger*, Außervertragliche Haftung für fehlerhafte Computerprogramme, 1995; *ders.*, Produkt- und Produzentenhaftung bei Schäden durch fehlerhafte Computerprogramme, CR 1996, 257; *ders./Pohle* (Hrsg.), *Kilian/Heussen*, Computerrechts Handbuch, 34. Edition Mai 2018; *Taschner/Frietsch*, Produkthaftungsgesetz mit EG-Produkthaftungsrichtlinie, München, 2. Aufl. 1990; *Taupitz*, Berufsständische Satzungen als Schutzgesetze i. S. des § 823 II BGB, in: Deutsch (Hrsg.), Festschrift für Erwin Steffen zum 65. Geburtstag am 28. Mai 1995: der Schadensersatz und seine Deckung, 1995, S. 489; *ders.*, Haftung für Energieleiterstörungen durch Dritte, 1981; *ders.*, Zivilrechtliche Verantwortlichkeit für Abfall im Zusammenwirken von Kreislaufwirtschaftsgesetz, Deliktsrecht und Sachenrecht, in: Jahrbuch für Umwelt- und Technikrecht, 1997, S. 237; *Tiedke*, Die Haftung des Produzenten für die Verletzung von Warnpflichten, in: Lange (Hrsg.), Gestschrift für Joachim Gernhuber zum 70. Geburtstag, 1993, S. 471; *Timke*, Erhöhtes Ausfallrisiko von Medizinprodukten als Produktfehler, NJW 2015, 3060; *Torvalds/Diamond*, Just for Fun, wie ein Freak die Computerwelt revolutionierte, 2001; *Uhlenbruck*, Buchbesprechung zu Epple, G., Der Einsatz von EDV und die ärztliche Haftung, MedR 1995, 147; *Ulmer*, Die Haftungsverfassung der BGB-Gesellschaft, ZIP 2003, 1113; *ders.*, Produktbeobachtungs-, Prüfungs- und Warnpflichten eines Warenherstellers in Bezug auf Fremdprodukte? Delikts-, wettbewerbs- und kartellrechtliche Bemerkungen zum Honda-Urteil BGHZ 99, 167, ZHR (152) 1988, 564; *Uskenbayeva*, Produkthaftung für Software im Internet, 2008; *Veltins*, Instruktion, Produktbeobachtung, Produktrückruf, in: Hauschka (Hrsg.), Corporate Compliance Handbuch der Haftungsvermeidung im Unternehmen, 2. Aufl. 2010, S. 551; *Vieweg*, Produkthaftung, in: Schulte (Hrsg.), Handbuch des Technikrechts, 2. Aufl. 2011, S. 337 ff.; *Wagner*, Der Regressanspruch des Unternehmers gegen seinen Zulieferer im Falle eines Produktrückrufs, BB 2009, 2050; *ders.*, Produkthaftung für autonome Systeme, AcP (217) 2017, 707; *ders.*, Produkthaftung für verkörperte geistige Leistung, NJW 1996, 2899; *Wendt/Oberländer*, Produkt- und Produzentenhaftung bei selbstständig veränderlichen Systemen – Ein Überblick, InTer 2016, 58; *von Westphalen*, Warn- oder Rückrufaktion bei nicht sicheren Produkten: §§ 8, 9 ProdSG als Schutzgesetz i.S. von § 823 Abs. 2 BGB – Rechtliche und versicherungsrechtliche Konsequenzen, DB 1999, 1369; *ders./Thüsing*, Vertragsrecht und AGB-Klauselwerke, 43. Aufl. 2019; *ders./Langheid/Streitz*, Der Jahr-2000-Fehler, 1999; *Wiebe*, Produktsicherheitsrechtliche Pflicht zur Bereitstellung sicherheitsrelevanter Software-Updates, NJW 2019, 625; *Wilrich*, Das neue Produktsicherheitsgesetz, 2012; *ders.*, Geräte- und Produktsicherheitsgesetz (GPSG), 2004; *Zagouras*, Eltern haften für ihre Kinder? – R-Gespräche zwischen Anscheinsvollmacht, Widerruf und Wucher, NJW 2006, 2368; *Zech*, Künstliche Intelligenz und Haftungsfragen, ZfPW 2019, 198; *Zeuner*, Zum Verhältnis zwischen Fremd- und Eigenverantwortlichkeit im Haftungsrecht, in: Beuthien, Festschrift für Dieter Medicus zum 70. Geburtstag, 1999; S. 693; *Zöller* (Hrsg.), Zivilprozessordnung, 33. Aufl. 2020.

A. Pflichtenbestimmungen	1
I. Berechtigte Sicherheitserwartungen des Verkehrs im IT-Bereich – Grundsätze	4
II. Pflichtiger	8
1. Schaffung und Unterhaltung einer Gefahrenquelle	9
2. Bereichshaftung	10
3. Eröffnung eines Verkehrs und Inverkehrgabe von Sachen	12
4. Mehrere Pflichtige	14
III. Die verschiedenen Verkehrspflichten	16
1. Verkehrs- und Sicherheitserwartungen ...	17
2. Zumutbarkeit	21
3. Selbstschutz des Dritten	25
4. Vertrauensgrundsatz	27
5. Haftung für Fehlverhalten und Missbräuche Dritter	28
6. Verkehrspflichten gegenüber Minderjährigen	30
IV. Die Bedeutung technischer Regelwerke	32
B. Öffentlich-rechtliche Anforderungen und zivilrechtliche Haftung	34
I. IT-Sicherheitsgesetze als Schutzgesetze?	35
1. Grundsätze	35

2. BSIG	36
3. Pflichten der Webseitenanbieter, § 13 Abs. 7 TMG	39
4. TKG	47
II. Konkretisierung der Verkehrspflichten durch öffentlich-rechtliche Normen	48
1. Allgemeine (Verkehrs-)Pflichten der Betreiber von kritischen Infrastrukturen	48
2. Pflichten von Telemedienanbietern (§ 13 Abs. 7 TMG) und Anbietern elektronischer Dienste (§ 8 c BSIG)	52
3. Pflichten von IT-Herstellern	56
4. Pflichten der Nutzer	57
III. Darlegungs- und Beweislast	61
1. Auskunftsverlangen gegenüber BSI als Abhilfe?	61
2. Einfluss der Auditierung und Zertifizierung	63
IV. Sonstige relevante Schutzgesetze, insbesondere strafrechtliche Normen (StGB)	64
C. Mitverschulden und Eigenschutz des Betroffenen	67

A. Pflichtenbestimmungen

Die klassischen Kriterien für die Bestimmung des Ob und des Wie von **Verkehrspflichten**[1] können auf die spezifischen Probleme im IT-Recht und insbesondere der IT-Sicherheit heruntergebrochen werden. Für die Konkretisierung dieser durch richterliche Rechtsfortbildung entwickelten Pflichten sind insbesondere die berechtigten **Sicherheitserwartungen** des Verkehrs und der zumutbare Aufwand maßgeblich.[2]

Dabei ist zwischen den verschiedenen Beteiligten zu trennen, auch wenn sie uU als Gesamtschuldner haften. Betreiber etwa von kritischen IT-Infrastrukturen können anderen Pflichten unterworfen sein als Produzenten von an sich „harmlosen" IT-Produkten, die aber im Zusammenwirken Risiken generieren. An sich „harmlose" Nutzer können sich zu Gefahrenquellen entwickeln, wenn ihre ungesicherten Geräte zum Teil eines Bot-Netzes werden. Die Liste ließe sich beliebig verlängern, es stehen aber immer die Grundbausteine der Bestimmung deliktischer **Verkehrspflichten** im Zentrum, zusammen mit der Haftung wegen Schutzgesetzverletzungen.

Im Folgenden sollen zunächst die allgemeinen **Grundsätze** kurz erörtert werden, um sie sodann in concreto bezogen auf die IT-Sicherheit für die Hersteller (Produzenten), sowie entlang der Wertschöpfungskette und der Zusammenarbeit für die verschiedenen Komponenten bzw. Beteiligten, wie Betreiber, Intermediäre, aber auch Endnutzer anzuwenden.

I. Berechtigte Sicherheitserwartungen des Verkehrs im IT-Bereich – Grundsätze[3]

Verkehrspflichten dienen sowohl dazu, die Haftung bei unterlassenen Handlungen zu begründen, als auch die Haftung bei mittelbaren Rechtsgutsverletzungen zu beschränken. Sie setzen die Verantwortlichkeit des Pflichtigen für eine bestimmte **Gefahrenquelle** voraus. Vom Pflichtigen wird gefordert, sein Verhalten gegenüber anderen in zumutbarer Weise so zu gestalten, dass es nicht zu vermeidbaren (mittelbaren) Verletzungen von in § 823 Abs. 1 BGB beschriebenen Rechtsgütern und Rechten kommt. Damit fehlen indes noch brauchbare **Abwägungskriterien**, um sowohl die Verantwortlichkeit für Gefahrenquellen zu bestimmen als auch zu konkreten Pflichtenmaßstäben zu gelangen. Daher bedarf es Leitlinien („Prinzipien mittlerer Reichweite"), um die Verkehrspflichten nicht ausufern zu lassen.

---

1 Vgl. zu den Kriterien der Bestimmung der im Verkehr erforderlichen Sorgfalt BeckOGK BGB/*Lorenz* § 276 Rn. 20 ff.; MüKoBGB/*Grundmann* § 276 Rn. 55 ff., sowie den Kriterien zur Bestimmung der deliktischen Verkehrspflichten BeckOGK BGB/*Spindler* § 823 Rn. 387 ff.; Palandt/*Sprau* BGB § 823 Rn. 45 ff.; MüKoBGB/*Wagner* § 823 Rn. 380 ff., der in den Rn. 394 ff. dezidiert für eine Gleichsetzung von deliktischer Verkehrspflichtverletzung und Außerachtlassung der im Verkehr erforderlichen Sorgfalt plädiert.
2 BGH 7.6.1988 – VI ZR 91/87, VersR 1988, 930 (931); BGH 3.6.2008 – VI ZR 223/07, NJW 2008, 3775; BGH 17.3.2009 – VI ZR 176/08, NJW 2009, 1669 Rn. 6 ff.; BGH 2.3.2010 – VI ZR 223/09, NJW 2010, 1967 Rn. 5; OLG Düsseldorf 7.11.2014 – I-24 U 155/14, BeckRS 2015, 13094; OLG Frankfurt/M. 24.7.2015 – 24 U 108/14, BeckRS 2015, 12940; OLG Hamm 24.3.2015 – 9 U 114/14, BeckRS 2015, 06842; BeckOGK BGB/*Spindler* § 823 Rn. 397 mwN; *Libertus* MMR 2005, 507 (509).
3 Die folgenden Ausführungen beruhen auf der Kommentierung BeckOGK BGB/*Spindler* § 823 Rn. 615 ff.

5   Die Ableitung der Verantwortlichkeit und des geforderten Umfangs an Verkehrspflichten hat sich an mehreren, durch Interessenabwägung ins Gleichgewicht zu bringende Kriterien zu orientieren: die **Gefahrbeherrschung** und **-eröffnung**, den Möglichkeiten des **Selbstschutzes** der Dritten sowie der **Vorteilsziehung** des Pflichtigen aus bestimmten Aktivitäten, den berechtigten **Sicherheitserwartungen** der betroffenen Verkehrskreise, der wirtschaftlichen Zumutbarkeit für den Pflichtigen, **Vorhersehbarkeit** der Risiken, Art und Umfang der drohenden Gefahren und der betroffenen Rechtsgüter und Rechte. Der dogmatische Ort der Verkehrspflichten ist dabei der (objektive) Tatbestand in § 823 Abs. 1 BGB, wobei die Verkehrspflichtverletzung die Rechtswidrigkeit indiziert.

6   Die Begründung der Verantwortlichkeit (**Verkehrssicherungspflichtigkeit**) lässt sich in einerseits die Schaffung und Unterhaltung einer Gefahrenquelle und andererseits die Übernahme einer Pflicht aufteilen. Stets ist die inhaltliche Abwägung der genannten Kriterien im Auge zu behalten; eine schematische Einordnung in eine Fallgruppe scheitert von vornherein an der Vielgestaltigkeit der Fälle und der fließenden Grenzen zwischen ihnen, so dass sie nur Anhaltspunkte für die Abwägung bieten können.

7   Diese grundlegenden Kriterien lassen sich selbstredend auf die Haftung für mangelnde IT-Sicherheit anwenden: Auch hier ist danach zu fragen, ob jemand für eine Gefahrenquelle, die aus **IT-Risiken** herrührt, verantwortlich ist und wenn ja, in welchem Ausmaß.

II. Pflichtiger

8   Mangels genereller Verantwortlichkeit für den Schutz fremder Rechtsgüter muss stets eine konkrete Pflichtenlage zum Schutz eines Dritten bestehen. Dies gilt auch für den Bereich der IT-Sicherheit: Nicht jede noch so banale Software löst bei ihrem Einsatz **IT-Sicherheitspflichten** und eine entsprechende Haftung aus.

1. Schaffung und Unterhaltung einer Gefahrenquelle

9   Wer eine **Gefahrenquelle** eröffnet oder beherrscht bzw. andauern lässt, ist verpflichtet, Dritte vor den Gefahren, die von ihr ausgehen, zu schützen. Stets muss es sich aber um eine Erhöhung des allgemeinen Lebensrisikos gerade infolge der vom Pflichtigen eröffneten oder beherrschten Gefahrenquelle handeln. Dazu zählt auch der IT-Bereich: Durch Vernetzung oder durch hohe Komplexität, erst recht bei selbstlernenden Systemen („**Künstliche Intelligenz**"), erhöht sich das allgemeine Lebensrisiko signifikant gegenüber dem durchschnittlichen Niveau, so dass grundsätzlich von der Schaffung einer zusätzlichen Gefahrenquelle gesprochen werden kann – ohne dass deswegen die positiven Aspekte auch der Gefahrverringerungen (zB bei **Fahrerassistenzsystemen**) zu leugnen wären.[4]

2. Bereichshaftung

10 Die Beherrschung und Unterhaltung der Gefahrenquelle, aus der ein Nutzen gezogen wird, begründen die Verantwortung für diese, nicht jedoch das bloße Vorhandensein einer Gefahr als solcher. Der **Zustandsverantwortliche** muss dabei nicht identisch mit demjenigen sein, der die Gefahrenquelle geschaffen hat und aus diesem Grund ebenfalls zur Haftung herangezogen werden kann. Der Pflichtige ist auch für Gefahren verantwortlich, die von anderen – selbst vorsätzlich – geschaffen wurden und andauern, gegen die der Pflichtige aber fahrlässigerweise nichts unternimmt. Vor allem für die Verantwortlichkeit für die von Grundstücken, Gebäuden und Anlagen ausgehenden Gefahren ist die Bereichshaftung ausschlaggebendes Kriterium.

---

[4] Zur Gefahrenverringerung *Notthoff* r+s 2019, 496 (500 f.); zu Risiken durch KI und deren Bewältigung *Zech* ZfPW 2019, 198 (209); dazu welche Pflichten verletzt werden könnten *Wendt/Oberländer* InTeR 2016, 58 (60 ff.); eine Gefahrverringerung durch Assistenzsysteme abl. dagegen *Singler* NZV 2017, 353 (356).

Dies kann auch für Fragen der deliktischen Haftung bei IT-Sicherheitsproblemen eine bedeutende Rolle spielen: Auch wenn zB ein Nutzer eines Routers nicht selbst die Gefahr (Bot-Netz-Teilnahme infolge von **Malware** auf seinem Router) verursacht, kann er verkehrssicherungspflichtig sein, wenn sein Router nicht vor Attacken aus dem Netz geschützt ist.

3. Eröffnung eines Verkehrs und Inverkehrgabe von Sachen

Eng mit der Bereichshaftung verwandt ist die Eröffnung eines allgemeinen Verkehrs, zu der auch die für die **Produzentenhaftung** wichtige Gruppe der **Inverkehrgabe** von gefährlichen Sachen zählt. Ausschlaggebend für die Haftung sind die für die Bereichshaftung bereits genannten Kriterien, insbesondere der Vorteil aus der Unterhaltung einer Gefahrenquelle und der Nähe zu ihr bzw. ihre Beherrschbarkeit. Hinzu kommen die **Sorgfaltsvorkehrungen** des Opfers und die **Sicherheitserwartungen** des Verkehrs, der mit der Gefahrenquelle in Kontakt kommt.

Auch die IT macht hiervon keine Ausnahme: In Verkehr gebrachte IT-Produkte wie Hard- oder Software unterfallen den gleichen Anforderungen aus der Produzentenhaftung wie sonstige Produkte (s. auch → § 11 Rn. 6 ff.), wenngleich sie bestimmte Besonderheiten aufweisen, wie Multifunktionalität, Komplexität etc – dies führt nur zu **Modifikationen** der **Verkehrspflichten**, nicht dazu, keinerlei Haftung anzunehmen. Umgekehrt können abgesenkte Sicherheitserwartungen des Verkehrs zB bei unentgeltlich abgegebener Software (ua **Open Source**, dazu → § 11 Rn. 77 ff.) zu entsprechend geringeren Haftungsanforderungen führen.

4. Mehrere Pflichtige

Wie bereits erwähnt, werden gerade im IT-Bereich oft mehrere Akteure neben- oder miteinander aufgrund der Vernetzung der IT-Produkte tätig. Hier gilt, dass derjenige, der eine Gefahr schafft, neben dem, der sie beherrscht, verantwortlich ist, so dass es **mehrere Verkehrspflichtige** geben kann. Die Sicherungspflichtigen können sich nicht darauf berufen, dass der jeweils andere oder ein Dritter selbst zum Einschreiten verpflichtet ist; sie müssen von sich aus die gebotenen (möglichen und zumutbaren) Maßnahmen ergreifen.[5] Erst wenn sichergestellt ist, dass der nachfolgende Beherrscher einer Gefahrenquelle die Gefahr erkannt hat und vernünftigerweise anzunehmen ist, dass dieser **Sicherungsmaßnahmen** einleitet, enden die Verkehrspflichten für denjenigen, der die Gefahr geschaffen hat.[6] Auch können die Sicherungspflichten auf die verschiedenen Pflichtigen aufgeteilt werden.[7] In diesem Rahmen muss danach differenziert werden, wer für welche Gefahrenbereiche zuständig ist, insbesondere wer sie beherrschen kann.

Demgemäß gilt auch für den IT-Sektor, dass Pflichten bzw. eine Haftung nur dort entstehen kann, wo der Pflichtige tatsächlich **Einfluss** auf die Gefahr nehmen kann, zB durch Kontrolle von Servern oder der eingesetzten Software; ein Nutzer wird zB kaum jemals in der Lage sein, den Code einer Software zu untersuchen (im Rahmen von § 69 d UrhG).

III. Die verschiedenen Verkehrspflichten

Die konkreten Anforderungen an den Verkehrspflichtigen müssen in einer am Einzelfall orientierten Abwägung verschiedener Kriterien festgelegt werden. So ist zwischen Warn- und

---

[5] BGH 21.11.1989 – VI ZR 236/89, NJW 1990, 905 (906); BGH 25.9.1967 – III ZR 95/66, VersR 1967, 1155 (1156); OLG Köln 23.11.1994 – 2 U 91/94, VersR 1995, 674 (675).
[6] BGH 12.11.1996 – VI ZR 270/95, NJW 1997, 582 (583); s. auch BGH 31.1.2002 – 4 StR 289/01, NJW 2002, 1887 (1888 f.) – Wuppertaler Schwebebahn.
[7] BGH 2.10.1984 – VI ZR 125/83, NJW 1985, 270 (270 f.) betr. der Räumpflicht einer breiten Treppe, die zu einem Restaurant und zu einem öffentlichen Schwimmbad führt, hier kann die Pflicht räumlich geteilt werden.

Instruktionspflichten, die Dritten den Selbstschutz vor einer Gefahr ermöglichen, und Gefahrenverhütungs-, Gefahrenvermeidungs- und -beseitigungspflichten zu unterscheiden. Diese **Pflichtenkomplexe** können noch weiter in Gefahrenkontrollpflichten, Organisationspflichten, Auswahl- und Aufsichtspflichten, Benachrichtigungspflichten, etc unterteilt werden. Zwischen den jeweiligen Pflichten besteht kein Rangverhältnis; so können Gefahrbeseitigungspflichten unzumutbar sein und stattdessen Warnpflichten genügen, umgekehrt können Warnpflichten unzureichend sein, insbesondere wenn damit zu rechnen ist, dass Dritte die Warnungen nicht verstehen oder in den Wind schlagen.

1. Verkehrs- und Sicherheitserwartungen

17 Die Festlegung der **Verkehrserwartungen** ist keine rein empirisch festzustellende Tatsache; vielmehr fließen in die Bestimmung der berechtigten Sicherheitserwartungen auch wertende Kriterien ein, vor allem der **Rang** der bedrohten Rechtsgüter und das **Ausmaß** des drohenden Schadens. Je höherrangiger die Rechtsgüter sind, wie Leib und Leben, und je schwerwiegender der drohende Schaden ist, desto höhere Anforderungen werden an die Verkehrspflichten gestellt, auch gegen relativ unwahrscheinliche Risiken (s. auch → § 11 Rn. 5). Maßgeblich ist nach einer oft verwandten Formel der Rechtsprechung, ob „diejenigen Maßnahmen (getroffen wurden), die ein umsichtiger und verständiger, in vernünftigen Grenzen vorsichtiger Mensch für notwendig und ausreichend hält, um andere vor Schäden zu bewahren". Dabei ist die jeweilige Technologie (zB ein KI-Algorithmus) nicht etwa mit den Erwartungen an eine menschliche Sorgfalt zu messen; vielmehr geht es um den **Stand der Technik** (s. auch *Skierka* in → § 8 Rn. 9 ff.) bzw. die berechtigten Verkehrserwartungen beim Einsatz von zB KI. Andernfalls würde jede Technologie, die zwar zu einer Verbesserung der Sicherheit führt, aber durchaus auch Risiken enthält, niemals zu einer Haftung führen, da sie stets eine rein von Menschen gesteuerte Handlung wäre.

18 Der Pflichtige muss seine Vorkehrungen auch nach der Gefahr nicht ganz fernliegender **bestimmungswidriger Benutzung** ausrichten. Andererseits hat der Verkehrspflichtige nicht jeglichem Fehlgebrauch oder Missbrauch Dritter durch Sicherungsmaßnahmen vorzubeugen.[8] Vielmehr kann auf den ordnungsgemäßen Gebrauch Dritter idR vertraut werden. Anders ist es, wenn offenkundig ist, dass der Normalgebrauch auch unsorgfältiges Handeln des Nutzers beinhaltet. Gerade im IT-Sektor kann diese Abwägung Bedeutung erlangen, zB hinsichtlich des Missbrauchs von Software oder der Ausnutzung von Sicherheitslücken (exploits) in Systemen.

19 In die berechtigten Sicherheitserwartungen fließt aber auch die konkrete Situation ein, in der der Dritte nicht stets von einer vollständigen Gefahrenbeseitigung ausgehen und sich in zumutbarer Weise selbst schützen kann. Auch dies kann mutatis mutandis im IT-Bereich herangezogen werden, zB dem zumutbaren **Selbstschutz** durch Virenscanner oder Firewalls.

20 Eng damit verknüpft ist die Frage, ob eine Gefahr **objektiv erkennbar** war. Allerdings muss sich der Pflichtige bei Zweifeln über eine Gefahr sachkundig machen. Wenn allgemein mit dem Auftreten von Gefahren zu rechnen ist, hat der Pflichtige für Kontrollmaßnahmen und für eine entsprechende Organisation zu sorgen, um schnellstmöglich bei Gefahreneintritt diese erkennen und darauf reagieren zu können. Wiederum gilt im IT-Sektor, dass im Rahmen der Zumutbarkeit auftretende **Sicherheitslücken** schnellstmöglich erkannt, davor gewarnt und diese geschlossen werden müssen.

---

8 *Horner/Kaulartz* CR 2016, 7 (10).

2. Zumutbarkeit

Das Ausmaß an Pflichten wird durch das Kriterium der **Zumutbarkeit** begrenzt: Nur solche Maßnahmen können vom Pflichtigen verlangt werden, die in einem vernünftigen und zumutbaren **Verhältnis** zum drohenden Schaden an einem Rechtsgut stehen. Nicht jede Gefahr muss abgewehrt oder beherrscht werden, da ein vollkommer Schutz unmöglich ist. Vollkommen perfekte Produkte können nicht erwartet werden.[9] Auch hier spielt der Rang des bedrohten Rechtsgutes und das Ausmaß sowie die Eintrittswahrscheinlichkeit der Gefahr eine entscheidende Rolle: Wenn die Gefahr groß und die Kosten gering sind, sind derartige Maßnahmen dem Pflichtigen in jedem Falle zumutbar. Ebenso kann das Ausmaß an wirtschaftlicher Nutzziehung aus einer Gefahrenquelle die Anforderungen an die Zumutbarkeit erhöhen.

Dabei spielt sowohl die wirtschaftliche als auch die technische Zumutbarkeit eine gewichtige Rolle.[10] Gerade im Hinblick auf IT-Produkte und -Dienste ist die technische Zumutbarkeit im Sinne von technologisch überhaupt möglichen und wirtschaftlich noch vertretbaren Kontrollen und Sicherheitsmaßnahmen einer der Dreh- und Angelpunkte im IT-Recht.

Indes sind auch bei völliger **Unentgeltlichkeit** Mindeststandards der Sicherheit einzuhalten, die sich maßgeblich danach richten, inwieweit sich der Dritte selbst vor Gefahren schützen kann. In diesen Fällen kommen zudem eher Warnhinweise in Betracht. Hat allerdings der Dritte keine Möglichkeit, sich selbst zu schützen, so erhöht dies die Zumutbarkeit für den Pflichtigen. Für den IT-Sektor spielt dies insbesondere bei unentgeltlich zur Verfügung gestellter Software wie Open Source eine Rolle (→ § 11 Rn. 77 ff.). Nicht dazu zählen auf den ersten Blick unentgeltlich erbrachte Dienste, sofern diese gegen Hingabe von Daten erbracht werden, da hier die Daten als Quasi-Entgelt anzusehen sind, wie Art. 3 Abs. 1 der RL 2019/770 über die Bereitstellung digitaler Inhalte und digitaler Dienstleistungen[11] hervorhebt.

Dagegen spielt die individuelle **finanzielle Leistungsfähigkeit** des Pflichtigen keine Rolle. Denn der Verkehr kann sich nicht auf die ihm sowieso unbekannte Finanzsituation des Pflichtigen und die dadurch bedingte Absenkung eines Sicherheitsstandards einstellen. Er muss vielmehr auf die Einhaltung eines **Mindeststandards** vertrauen dürfen.

3. Selbstschutz des Dritten

Die Anforderungen an die Verkehrspflicht stehen in einem engen Verhältnis zu den dem Dritten abzuverlangenden Bemühungen um vernünftigen **Eigenschutz**:[12] Je mehr dem Nutzer an Eigenschutz zugemutet werden kann, desto eher wird der Verkehrspflichtige nur zu Warnhinweisen verpflichtet sein. Maßgeblich ist die Erkennbarkeit der Gefahr.[13] Nicht gegen jedes Risiko kann Schutz verlangt werden, wenn der Nutzer einfacher und mit geringerem Aufwand eine Schädigung als der Pflichtige vermeiden kann.[14] Allerdings darf nicht jede Mög-

---

9 BGH 5.2.2013 – VI ZR 1/12, NJW 2013, 1302 (1303).
10 BeckOGK BGB/*Spindler* § 823 Rn. 633; MüKoBGB/*Wagner* § 823 Rn. 809; Palandt/*Sprau* BGB § 1 ProdHaftG Rn. 21; MüKoHGB/*Mankowski* Art. 79 CISG Rn. 26; *Foerste*/v. Westphalen, Produkthaftungshandbuch, § 24 Rn. 16 ff.
11 Richtlinie (EU) 2019/770 des Europäischen Parlaments und des Rates vom 20. Mai 2019 über bestimmte vertragsrechtliche Aspekte der Bereitstellung digitaler Inhalte und digitaler Dienstleistungen, Abl. L 136/1.
12 BGH 7.6.1988 – VI ZR 91/87, VersR 1988, 930 (932); BGH 17.10.1989 – VI ZR 258/88, NJW 1990, 906; BGH 7.10.1986 – VI ZR 187/85, NJW 1987, 372 f.; *Kullmann* Kza 1520, S. 3 f.; MüKoBGB/*Wagner* § 3 ProdHaftG Rn. 6 ff.
13 BGH 3.6.2015 – VI ZR 223/07, NJW 2008, 3775 Rn. 10.
14 Dies ist die Kernaussage der von der Lehre der ökonomischen Analyse des Rechts entwickelten Argumentationsfigur des *cheapest cost avoider*, wonach die Sicherheitspflichten demjenigen zugewiesen werden, der den eingetretenen Schaden mit dem geringsten Aufwand zu vermeiden vermag (s. dazu ausführlicher: *Schäfer/Ott*, Lehrbuch der ökonomischen Analyse des Zivilrechts, S. 227 f.; *Calabresi*, The Cost of Accidents, S. 136 ff.; von „least-cost-avoiding" sprechend *Shavell*, Foundations of Economic Analysis of Law, Kap. 8. Rn. 2.11.

lichkeit des Eigenschutzes dazu führen, dass die Grenze zum **Mitverschulden** gem. § 254 BGB verschwimmt.[15] Vielmehr muss die Prüfung eindeutig ergeben, dass der Nutzer ohne großen Aufwand die Verletzung vollständig vermeiden kann, während dem Pflichtigen selbst mit hohen Kosten die vollständige Gefahrenbeherrschung nicht möglich ist. So hat die Rechtsprechung anerkannt, dass der Verkehrspflichtige darauf vertrauen kann, dass der Betroffene bei einer Gefahr, die mit Händen zu greifen ist und der ohne Weiteres ausgewichen werden kann, diese erkennt und sich selbst schützt.[16] Bei **jedermann erkennbaren und bekannten Gefahren** muss auf diese nicht besonders hingewiesen oder vor ihnen geschützt werden.[17] Erst recht sind Sicherungspflichten nicht gegenüber denjenigen angebracht, die gerade selbst zur Gefahrenkontrolle oder -beseitigung bestellt oder beauftragt wurden.[18]

26 Für den IT-Sektor muss je nach den betroffenen **Nutzerkreisen** und dem Grad des allgemeinen **Gefahrenbewusstseins** differenziert werden. Nicht zu unterschätzen und rechtlich zu respektieren ist aber in diesem Rahmen die **begrenzte Fähigkeit von Nutzern, eingesetzte IT-Technologien zu beherrschen**. Die Komplexität und manchmal auch Unverständlichkeit von Handlungsanweisungen an Nutzer im IT-Bereich sind bekannt. Aus rechtlicher Sicht steckt hinter der Frage, welche Anforderungen man an den durchschnittlichen Nutzer von IT-Systemen und an seinen Selbstschutz stellt, nichts anderes als eine Interessenabwägung. Einerseits ist der Einsatz von IT-Systemen als „gefährlicher", aber sozialadäquater Technologie, die allerdings vom Nutzer nicht vollständig beherrscht werden kann, zu berücksichtigen; andererseits werden damit auch Gefahren für Dritte hervorgerufen, zB in Gestalt der Schädigung durch Viren oder Trojaner, die über Bot-Netze verteilt werden, ebenso wie die Verletzung von Rechten Dritter, zB Urheberrechte. Je höher die Anforderungen an den Nutzer hinsichtlich der Wahrung seiner eigenen Sicherheit ausfallen, desto größer werden ceteris paribus die Risiken für den durchschnittlichen Nutzer, was sich negativ auf die Nutzung der neuen Technologien auswirkt.

4. Vertrauensgrundsatz

27 Grundsätzlich kann der Pflichtige darauf vertrauen, dass sich andere im Rahmen ihrer **Pflichtenkreise** ordnungsgemäß verhalten, sofern keine greifbaren Zweifel daran bestehen. Demgemäß können auch im IT-Sektor die Beteiligten von der Einhaltung der Pflichten prima vista ausgehen. Allerdings fließen hier wiederum Faktoren der ständigen Vernetzung in die Bestimmung der Pflichten ein: Eine ständige Verbindung mit einem IT-Dienstleister etwa führt dazu, dass dieser wesentlich eher für Sicherheitsprobleme sensibilisiert sein muss, als dies in der klassischen Wertschöpfungskette der Fall ist.

---

15 Insoweit zutr. *Möllers* VersR 1996, 153 (158); *Hasselblatt*, Die Grenzziehung zwischen verantwortlicher Fremd- und eigenverantwortlicher Selbstgefährdung im Deliktsrecht, S. 131 ff.; BeckOGK BGB/*Spindler* § 823 Rn. 405; für eine stärkere Überlappung von Fremd- und Eigenverantwortlichkeit dagegen *Zeuner* in: FS Medicus, 1999, S. 693, 699 ff.
16 BGH 7.6.1988 – VI ZR 91/87, VersR 1988, 930 (931 f.); BGH 18.10.1988 – VI ZR 94/88, NJW-RR 1989, 219 (220); OLG Stuttgart 9.2.2010 – 12 U 214/08, NJW-RR 2011, 313; OLG Köln 26.5.1993 – 11 U 3/93, VersR 1993, 1494 f.; MüKoBGB/*Wagner* § 823 Rn. 426; Staudinger/*Hager* BGB § 823 E Rn. 32.
17 BGH 7.6.1988 – VI ZR 91/87, VersR 1988, 930 (931 f.) – Getränkeflasche; BGH 18.5.1999 – VI ZR 192/98, NJW 1999, 2815 (2816); BGH 9.7.1985 – VI ZR 71/84, NJW 1986, 52 (53) – Feuerwerk Silvesternacht; BGH 11.12.1984 – VI ZR 218/83, NJW 1985, 1076 (1077) – Nicht fertig gestellte Loggia; OLG Stuttgart 9.2.2010 – 12 U 214/08, NJW-RR 2011, 313 (314); MüKoBGB/*Wagner* § 823 Rn. 426.
18 OLG Köln 10.1.1992 – 19 U 198/91, VersR 1992, 470 (471) – Feuerwehr; OLG Zweibrücken 12.11.1993 – 1 U 155/92, BauR 1994, 781 (782), Rev. nicht angenommen; OLG Jena 22.7.1997 – 3 U 1571/96, VersR 1998, 903 (904), Rev. nicht angenommen.

5. Haftung für Fehlverhalten und Missbräuche Dritter

Auch wenn erfahrungsgemäß mit einem Fehlverhalten Dritter zu rechnen ist, treffen den Beherrscher der Gefahrenquelle Sicherungspflichten. Selbst bei **missbräuchlichem Verhalten** Dritter muss der Verkehrssicherungspflichtige Vorkehrungen treffen, sofern das Verhalten nicht völlig fernliegend ist. 28

Gerade im IT-Sektor spielt dies aufgrund des Ausnutzens von **Sicherheitslücken** durch Dritte (Hacker etc) eine besondere Rolle: Ein IT-Softwarehersteller kann sich nicht darauf berufen, dass seine Software vorsätzlich durch Dritte missbraucht wurde, wenn er gegen derartige Angriffe keine Vorsorge, auch nicht after-sale, getroffen hat. 29

6. Verkehrspflichten gegenüber Minderjährigen

Die vorstehenden Pflichten können verschärft werden, wenn mit der Benutzung der Gefahrenquelle durch **Kinder** zu rechnen ist: Hierbei gilt es zu differenzieren, ob die Kinder als sog. „digital natives" mitunter über bessere Kenntnisse als (ältere) Erwachsene verfügen, wodurch die **technische Versiertheit** des Minderjährigen im Rahmen des § 254 Abs. 1, Abs. 2 S. 1 iVm § 828 Abs. 3 BGB zu berücksichtigen wäre, oder ob besondere Sicherheitsvorkehrungen getroffen werden müssen (s. dazu → § 11 Rn. 26). Besondere Sicherheitsvorkehrungen sind etwa dann zu treffen, wenn die Kinder trotz ihrer technischen Versiertheit vor den Folgen ihrer **Unerfahrenheit** und **Unbesonnenheit** zu schützen sind, unabhängig davon, ob sie sich befugterweise in einen Gefahrenbereich begeben oder Vorschriften und Anordnungen bewusst missachten. So könnten verschärfte Verkehrspflichten zB an die Betreiber sozialer Netzwerke zum Schutz vor bspw. Cyber-Grooming oder jugendgefährdenden Inhalten zu stellen sein, da auch technisch versierte Kinder diesbezüglich vor ihrer Unerfahrenheit zu schützen sind. Denn Kinder vermögen, anders als Erwachsene, nur in beschränktem Ausmaß Gefahren zu erkennen und sich selbst zu schützen. Dabei sind die Verkehrspflichten nicht auf die Gefahren beschränkt, die die Kinder nicht erkennen können, sondern erstrecken sich auch auf diejenigen Gefahren, bei denen Verbote oder Warnungen typischerweise in den Wind geschlagen werden; denn gerade der besonderen Gefährdung der Kinder, die auch durch deren Leichtsinn bedingt ist, soll mit den Verkehrspflichten Rechnung getragen werden. 30

Für den IT-Sektor sind hier vor allem diejenigen Apps und Angebote im Internet, wie etwa Online-Spiele, relevant, die sich besonders an Kinder und Jugendliche richten, aber auch soziale Netzwerke oder Messenger-Dienste. Allerdings wird es hier in aller Regel um den Schutz der Jugendlichen vor **betrügerischen Diensten** oder Inhalten sowie den nötigen **Jugendmedienschutz** gehen, weniger um IT-sicherheitsrelevante Schutzlücken, die bei der Nutzung sowohl durch Erwachsene als auch Minderjährige auftreten. 31

IV. Die Bedeutung technischer Regelwerke

Besonders bedeutsam für die Konkretisierung der geschuldeten Verkehrspflichten ist in diesem Zusammenhang der Stand der Technik, mitunter sogar der **Stand von Technik und Wissenschaft**, zB hinsichtlich der Sicherheit des Produktes.[19] Maßgeblich sind die Erkenntnisse, die zum Zeitpunkt der erforderlichen Gefahrenabwehr verfügbar waren.[20] In diesem Rahmen stellen öffentlich-rechtliche Vorschriften und Regelwerke privater Gremien, wie **DIN-Normen** oder **ISO-Normen**, wichtige, aber keineswegs abschließende Konkretisierungen des Standes der Technik im zivilrechtlichen Sinne dar,[21] da im Einzelfall eine höhere Sicherheit erforder- 32

---

19 Ausführlich Foerste/v. Westphalen/*Foerste*, Produkthaftungshandbuch, § 24 Rn. 40 ff.
20 BGH 17.3.1981 – VI ZR 191/79, BGHZ 80, 186 (192).
21 Zum öffentlich-rechtlichen Verständnis ausführlich *Spindler*, Unternehmensorganisationspflichten, S. 505 ff.

lich sein mag oder die technische Entwicklung die Normen überholt hat.²² Ist für den Verkehrspflichtigen trotz Einhaltung der technischen Regeln und Wahrung etwaiger behördlicher Zulassungsvoraussetzungen eine von seinem Erzeugnis ausgehende Gefahr erkennbar, so hat er die darüber in Unkenntnis befindlichen Benutzer zumindest zu warnen.²³

33 Auch **Zertifizierungen** und Prüfungen berühren hinsichtlich der materiellrechtlichen Pflichten grundsätzlich nicht die zivilrechtliche Haftung.²⁴ Sie können nur die Risiken und damit die Wahrscheinlichkeit eines Schadens mindern, nicht aber weitergehende Sicherheitserwartungen des Verkehrs beschränken.²⁵ Sie können jedoch auf der Ebene der Entlastung für bestimmte Pflichten, insbesondere Auswahlpflichten, eine Rolle spielen.²⁶

B. Öffentlich-rechtliche Anforderungen und zivilrechtliche Haftung

34 Die öffentlich-rechtlichen Anforderungen an die IT-Sicherheit können in zweierlei Hinsicht zivilrechtlich relevant werden: zum einen, wenn sie als **Schutzgesetz** zu qualifizieren sind, zum anderen, wenn sie zur Konkretisierung der Verkehrspflichten herangezogen werden, oftmals als **Mindeststandard**.

I. IT-Sicherheitsgesetze als Schutzgesetze?²⁷

1. Grundsätze

35 Hinsichtlich der vom BSIG, TMG, TKG und anderen Gesetzen normierten Sicherungs- und Meldepflichten liegt der Gedanke nahe, sie als Schutzgesetze zugunsten einzelner von Sicherheitsvorfällen Betroffener zu qualifizieren. Um als **Schutzgesetz** gem. § 823 Abs. 2 BGB eingeordnet werden zu können, muss die Rechtsnorm den Schutz eines anderen bezwecken. Normen, die nur dem Schutz der Allgemeinheit dienen,²⁸ sind keine Schutzgesetze iSd Abs. 2. Ein Schutzgesetz liegt aber dann vor, wenn die Norm den Schutz Einzelner oder Mitgliedern einer Gruppe über einen bloßen Reflex²⁹ hinaus bezweckt, selbst wenn dieser Schutz nur neben dem Interesse der Allgemeinheit verwirklicht wird.³⁰ Die Rechtsprechung stellt hierbei häufig

---

22 BGH 14.5.1998 – VII ZR 184/97, NJW 1998, 2814 (2815); BGH 27.9.1994 – VI ZR 150/93, NJW 1994, 3349 (3350); OLG Hamm 20.3.2012 – 21 U 144/09, BeckRS 2014, 17228; OLG Hamm 21.12.2010 – I-21 U 14/08, VersR 2011, 1195 (1196); MüKoBGB/*Wagner* § 823 Rn. 731; Staudinger/*Hager* BGB § 823 F Rn. 10; *Kullmann* NJW 1996, 18 (22).
23 BGH 9.12.1986 – VI ZR 65/86, BGHZ 99, 167 (176) – Honda; BGH 9.6.1998 – VI ZR 238/97, BGHZ 139, 79 (83) – Feuerwerkskörper II; BGH 18.5.1999 – VI ZR 192/98, NJW 1999, 2815 (2816); BGH 9.9.2008 – VI ZR 279/06, NJW 2008, 3778 Rn. 16; krit. dazu *Littbarski* NJW 2000, 1161 (1162).
24 MüKoBGB/*Wagner* § 823 Rn. 651.
25 Darauf deuten auch die Ausführungen der EG-Kommission hin, vgl. ein Globales Konzept für Zertifizierung und Prüfwesen – Instrument zur Gewährleistung der Qualität bei Industrieerzeugnissen – KOM(89) 209 endg. – SYN 208, Mitteilung Nr. 89/C 267/03 der Kommission an den Rat, vorgelegt am 15.6.1989, Abl. EG Nr. C 267/3 vom 19.10.1989, S. 12 Kapitel II Ziff. 4; Präambel der Richtlinie 92/59/EWG des Rates vom 29.6.1992 über die allgemeine Produktsicherheit, Abl. EG Nr. L 228, S. 24; ebenso *Niebling* DB 1996, 80 (81), allerdings nicht für sog. C-Normen des höchsten Sicherheitsstandards; auch nach § 1 Abs. 2 Nr. 4 ProdHaftG liegt wegen der Beschränkung auf Mindeststandards kein Zwangstatbestand vor, vgl. *Marburger* in: FS Lukes, 1989, S. 97, 100.
26 *Kullmann* NJW 1991, 675 (678 f.).
27 Näher zum Folgenden *Spindler* CR 2016, 297.
28 BGH 14.6.2005 – VI ZR 185/04, NJW 2005, 2923 (2924) mwN.
29 S. etwa BGH 3.2.1987 – VI ZR 32/86, BGHZ 100, 13 (18); BGH 24.1.1984 – VI ZR 37/82, BGHZ 89, 383 (400 f.).
30 StRspr., vgl. BGH 14.5.2013 – VI ZR 255/11, BGHZ 197, 225; BGH 13.12.2011 – XI ZR 51/10, BGHZ 192, 90 Rn. 21; BGH 28.3.2006 – VI ZR 50/05, NJW 2006, 2110 (2112); BGH 13.4.1994 – II ZR 16/93, BGHZ 125, 366 (374); BGH 26.2.1993 – V ZR 74/92, BGHZ 122, 1 (3 f.); BGH 13.12.1988 – VI ZR 235/87, BGHZ 106, 204 (206 f.); BGH 3.2.1987 – VI ZR 32/86, BGHZ 100, 13 (14 f.); BGH 29.6.1982 – VI ZR 33/81, BGHZ 84, 312 (314); BGH 27.11.1963 – V ZR 201/61, BGHZ 40, 306 (306 f.); BGH 8.6.1976 – VI ZR 50/75, BGHZ 66, 388 (390); Soergel/*Spickhoff* BGB § 823 Rn. 195; *Taupitz* in: FS Steffen, 1995, S. 489, 499, alle mwN der älteren Rspr.

darauf ab, ob im Rahmen des haftungsrechtlichen Gesamtsystems die Anerkennung eines individuellen Schadensersatzanspruches sinnvoll und im Lichte des haftpflichtrechtlichen Gesamtsystems tragbar erscheint, insbesondere im Hinblick auf die grundsätzlich nicht erstattungsfähigen Vermögensschäden, was durch eine umfassende Würdigung des gesamten Regelungszusammenhangs der Norm zu entscheiden ist.[31] Sofern der Geschädigte anderweitig abgesichert ist, soll außerhalb strafbewehrter Normen[32] kein Schutz nach Abs. 2 gewährt werden.[33] Vor diesem Hintergrund muss auf die einzelnen Normen der **IT-Sicherheitsgesetze** eingegangen werden.

2. BSIG

Das BSIG zielt nach § 8 a Abs. 1 S. 1 primär auf den **Schutz der kritischen Infrastrukturen** ab, insbesondere der Authentizität, Integrität und Vertraulichkeit der Systeme.[34] Wie aus § 2 Abs. 10 BSIG aber auch deutlich wird, gilt dies nur für solche Systeme, die von hoher Bedeutung für das „**Funktionieren des Gemeinwesens**" sind. Ein unmittelbarer Bezug auf den einzelnen Nutzer fehlt; dieser wird als Teil des Gemeinwesens nur reflexhaft und mittelbar geschützt, so dass schon aus diesem Gesichtspunkt eine Qualifizierung als Schutzgesetz hinsichtlich der Sicherungspflichten nach § 8 a Abs. 1 S. 1 BSIG ausscheidet.[35] Schließlich haften die Betreiber ihren Nutzern gegenüber zumindest bereits über vertragliche Ansprüche.

Aber auch im Hinblick auf Betreiber anderer kritischer Infrastrukturen scheidet ein solcher Schutz aus: Zwar wird dies vereinzelt für möglich gehalten;[36] doch gilt hier wiederum, dass das Gesetz primär den Schutz kritischer Infrastrukturen bezweckt, aber nicht den **individuellen Schutz** anderer Betreiber, auch nicht im Hinblick auf die Mindestanforderungen. Würde man § 8 a Abs. 1 BSIG als Schutzgesetz qualifizieren, müssten die Betreiber auch für Vermögensschäden anderer Betreiber einstehen; ein weitergehender Schutzbereich auch Dritter würde die Haftung mangels Vorhersehbarkeit zu sehr ausdehnen. Hätte der Gesetzgeber einen solchen **zivilrechtlichen mittelbaren Schutz** intendiert, hätte es angesichts des enormen Haftungsrisikos nahegelegen, zumindest im Gesetzgebungsverfahren hierauf einzugehen. Entsprechende Anhaltspunkte lassen sich aber weder den Begründungen zum BSIG noch den entsprechenden Beratungen entnehmen. Auch in systematischer Hinsicht deutet nichts darauf hin, dass die Sicherungspflichten des BSIG als **drittschützend** angesehen werden können: Dies zeigen deutlich etwa die netzbezogenen (und insoweit durchaus vergleichbaren) Haftungsgrundlagen, aber auch Begrenzungen in §§ 44, 44 a TKG.

Dagegen sollen jedoch die **Meldepflichten** der Betreiber kritischer Infrastrukturen gegenüber anderen Betreibern als Schutzgesetz zu qualifizieren sein, da die Frühwarnungen des BSI gerade dem Schutz aller Betreiber kritischer Infrastrukturen dienen sollen, was aber nur durch

---

31 StRspr., BGH 13.12.2011 – XI ZR 51/10, BGHZ 192, 90 Rn. 21; BGH 19.2.2008 – XI ZR 170/07, BGHZ 175, 276; BGH 22.6.2010 – VI ZR 212/09, BGHZ 186, 58 Rn. 26; BGH 13.4.1994 – II ZR 16/93, BGHZ 125, 366 mwN; dies soll jedoch nicht für strafrechtliche Normen gelten, BGH 21.10.1991 – II ZR 204/90, BGHZ 116, 7 (13); ausf. *Spickhoff*, Gesetzesverstoß und Haftung, S. 125 ff.; *Canaris* in: FS Larenz, 1983, S. 27, 47.
32 Vgl. BGH 29.6.1982 – VI ZR 33/81, BGHZ 84, 312 (317); auch BGH 21.10.1991 – II ZR 204/90, BGHZ 116, 7 (14) für § 264 a StGB.
33 BGH 13.4.1994 – II ZR 16/93, BGHZ 125, 366 (374); BGH 21.10.1991 – II ZR 204/90, BGHZ 116, 7 (14); BGH 29.6.1982 – VI ZR 33/81, BGHZ 84, 312 (317).
34 Näher zu den damit verbundenen Pflichten *Skierka* → § 8 Rn. 51 ff.
35 Zutr. *Roos* MMR 2015, 636 (641); *Spindler* CR 2016, 297 (306); ebenso *Hornung* NJW 2015, 3334 (3339); *Hornung* Stellungnahme zum IT-SiG-E, S. 137; *Rockstroh/Kunckel* MMR 2017, 77 (82); aA: *Byok* BB 2017, 451 (455), welcher insbesondere auf den Wortlaut der Gesetzesbegründung und die Auswirkungen der IT-Sicherheit auf die Schutzgüter anderer Netzteilnehmer abstellt; offengelassen hingegen *Ortner/Daubenbüchel* NJW 2016, 2918 (2922) und *Forgó/Helfrich/Schneider*, Betr. Datenschutz, Teil VII. Kapitel 5. Rn. 90.
36 So ohne nähere Begründung *Roos* MMR 2015, 636 (641).

entsprechende Meldungen möglich sei.[37] Dem stehen jedoch ähnliche Erwägungen wie zuvor entgegen: Sicherlich sind korrekte Meldungen an das BSI unerlässlich für die Umsetzung von Frühwarnungen. Andererseits zeigt schon die Abstufung der Meldepflichten, dass zumindest für die **pseudonyme Meldung** kein solcher Drittschutz (der schon bei Fahrlässigkeit eingreifen würde) angenommen werden kann, da gerade Reputations- und Haftungsrisiken im Gesetzgebungsverfahren eine große Rolle spielten, die mit diesem Verfahren minimiert werden sollten, um Anreize für die Wirtschaft zu setzen. Allenfalls für die **identifizierende Meldung** könnte daher ein Drittschutz in Erwägung gezogen werden. Aber auch diesem Gedanken wurde spätestens mit Umsetzung der NIS-RL im BSIG der Boden entzogen – in Art. 14 Abs. 3 S. 3 der Richtlinie heißt es, dass den Meldenden keine Haftungsrisiken entstehen dürfen[38], so dass die in § 8 b Abs. 4 BSIG umgesetzte Meldepflicht im Rahmen einer zivilrechtlichen Haftung gerade nicht als Schutzgesetz eingestuft werden kann.

3. Pflichten der Webseitenanbieter, § 13 Abs. 7 TMG

39 Im Gegensatz zu §§ 8 a, 8 b BSIG stellt § 13 Abs. 7 TMG ausdrücklich auf den Schutz des Einzelnen bzw. dessen **personenbezogener Daten** ab.[39] Daher könnte § 13 Abs. 7 TMG als Schutzgesetz qualifiziert werden.[40]

40 Eine andere Bewertung könnte sich hingegen auf Grundlage der DS-GVO ergeben, die als zentraler datenschützender Rechtsakt gem. Art. 94 ff. DS-GVO zu einer Verdrängung des (seinerseits datenschützenden) § 13 Abs. 7 TMG führen könnte. Entscheidend ist in diesem Rahmen die Frage, ob es sich bei § 13 Abs. 7 TMG um eine **Umsetzung** von Vorgaben der **ePrivacy-RL 2002/58** handelt, so dass die Kollisionsnorm des Art. 95 DS-GVO ggf. den Fortbestand der telemedienrechtlichen Regelung sicherstellt, oder ob die Regelungen der DS-GVO diese ersetzen.[41]

41 So vertritt die Datenschutzkonferenz (DSK) den Standpunkt, dass die §§ 11 ff. TMG seit dem 25.5.2018 insgesamt unanwendbar seien: Da die §§ 11 ff. TMG keine Umsetzung der ePrivacy-RL darstellten, komme es auf eine Einbeziehung der **Kollisionsnorm** des Art. 95 DS-GVO[42] nicht an,[43] allein die DS-GVO käme demnach zum Tragen.

42 Anders als die DSK vertrat die Bundesregierung 2011 die Auffassung, dass jedenfalls Art. 5 Abs. 3 ePrivacy-RL durch die bestehenden Vorschriften der §§ 12 TMG umgesetzt worden sei.[44] Sowohl die EU-Kommission als auch die Art. 29-Datenschutzgruppe sahen ebenfalls Art. 5 Abs. 3 ePrivacy-RL durch §§ 12 ff. TMG in nationales Recht umgesetzt.[45] Nicht zuletzt scheint auch der BGH von einer Umsetzung des Art. 5 Abs. 3 ePrivacy-RL durch die §§ 12 ff. TMG auszugehen: In der Rechtssache „Planet 49" legte der BGH dem EuGH die Frage vor, ob

---

37 So *Roos* MMR 2015, 636 (641).
38 S. dazu *Spindler* CR 2016, 297.
39 S. zu § 13 Abs. 7 TMG näher *Hornung/Schindler* in § 21 Rn. 89 ff.
40 Ähnlich *Gerlach* CR 2015, 581 (589); *Roos* MMR 2015, 636 (643); *Djeffal* MMR 2015, 716 (719); anders ohne Begründung *Borges*/Meents, Cloud Computing, § 12 Rn. 61.
41 Allg. zu Art. 95 DS-GVO, s. *Spindler*/Schuster/*Horváth*, Elektron. Medien, Art. 95 DS-GVO.
42 Art. 95 DS-GVO besagt, dass die DS-GVO Verantwortlichen keine zielgleichen, (über die in der ePrivacy-RL genannten Pflichten) hinausgehenden Pflichten auferlegen dürfe.
43 Orientierungshilfe der Aufsichtsbehörden für Anbieter von Telemedien, März 2019, abrufbar unter www.datenschutzkonferenz-online.de/media/oh/20190405_oh_tmg.pdf, S. 2 ff.; ebenso Spindler/Schuster/*Nink* Elektron. Medien § 15 TMG Rn. 1 ff.
44 S. Antwort der Bundesregierung in Communications Committee Working Document, COCOM11–20, S. 3 ff.; hierzu *Gierschmann* ZD 2018, 297 (298).
45 Article 29 Data Protection Working Party, Working Document 02/2013 providing guidance on obtaining consent for Cookies, S. 3, s. ebenfalls *Gierschmann* ZD 2018, 297 (298).

es einer (ePriv-)richtlinienkonforme Auslegung des § 15 Abs. 3 TMG bedarf.[46] Damit wären entgegen der Ansicht der DSK zumindest einige telemedienrechtliche Vorschriften der §§ 11 ff. TMG (namentlich §§ 12 und 13 Abs. 1 TMG) Umsetzungsakte der ePrivacy-RL.[47] Allerdings lässt sich dies der Entscheidung des Senats nicht klar entnehmen, da er auch davon spricht, dass § 15 Abs. 3 TMG gerade keine Umsetzung der ePrivacy-RL sei.[48] Nach der Entscheidung des EuGH hält jedoch die in § 15 Abs. 3 TMG vorgesehene „opt-out" Lösung, die die Erstellung von Nutzungsprofilen, in der Praxis durch die Verwendung sog. „Cookies", so lange erlaubt, wie der Nutzer dem nicht widerspricht, nicht den Anforderungen des Art. 5 Abs. 3 ePrivacy-RL stand und ist damit keine wirksame Umsetzung dieser Richtlinie.[49] Eine Einwilligung hat nach Art. 2 lit. f.) ePrivacy-RL, Art. 4 Nr. 11 DS-GVO informiert und freiwillig zu erfolgen; dies kann aber nur gewährleistet werden, wenn ein Nutzer aktiv tätig werden muss, um seine Einwilligung zu erteilen, ein vorangekreuztes Kästchen reicht dafür nicht aus. Dies alles spricht letztlich für eine Unanwendbarkeit der §§ 12 ff. TMG, denn wie der BGH in seinem Vorlagebeschluss deutlich machte, handelt es sich bei §§ 12 ff., insbesondere bei § 15 Abs. 3 TMG, gerade nicht um eine Umsetzung der ePrivacy-RL.[50] Gewisse Inkonsistenzen ergeben sich allerdings auch dann, denn eine europarechtskonforme Auslegung wäre dann nicht mehr möglich; vielmehr würde die DS-GVO uneingeschränkt eingreifen.

§ 13 Abs. 7 TMG basiert anders als § 13 Abs. 1 TMG nicht auf Art. 5 Abs. 3 ePrivacy-RL, sondern ähnelt im Wortlaut vielmehr Art. 4 ePrivacy-RL.[51] Die Begründung zum Gesetz zur Erhöhung der Sicherheit informationstechnischer Systeme (IT-Sicherheitsgesetz), im Rahmen dessen § 13 Abs. 7 TMG erlassen wurde, enthält keinen Hinweis darauf, dass § 13 Abs. 7 TMG zur Umsetzung von Vorgaben des Art. 4 ePrivacy-RL diene.[52] Daher ist anzunehmen, dass auch § 13 Abs. 7 TMG als datenschützende – aber nicht die ePrivacy-RL umsetzende – telemedienrechtliche Norm durch die Regelungen der DS-GVO (zB Art. 32 DS-GVO) verdrängt wird.[53]

Im Ergebnis ist daher die Frage, ob § 13 Abs. 7 TMG ein **Schutzgesetz** iSd § 823 Abs. 2 BGB darstellt, mit Geltung und Durchsetzbarkeit der DS-GVO (wenn auch bis zu einer umfassenden Entscheidung des EuGH nicht zweifelsfrei) zu verneinen; allein die DS-GVO findet hier Anwendung.

Inhaltsgleiche Verpflichtungen ergeben sich seit dem 25.5.2018 für **Anbieter von Telemedien** (als Verantwortliche im datenschutzrechtlichen Sinne) aus der DS-GVO, wobei die Geschäftsmäßigkeit nicht länger ein Haftungskriterium darstellt: Gem. Art. 32 Abs. 1 DS-GVO (Sicherheit der Verarbeitung) iVm Art. 25 Abs. 1 DS-GVO (Datenschutz durch Technikgestaltung) sind Verantwortliche verpflichtet, geeignete technische und organisatorische Maßnahmen (TOMs) zu ergreifen, um Betroffene vor Datenschutzverletzungen dauerhaft und angemessen zu schützen.[54] Dabei haben Verantwortliche (und Auftragsverarbeiter) den Stand der Technik, die Implementierungskosten und die Eingriffsintensität der Verarbeitung zu berücksichtigen.

---

46 BGH 5.10.2017 – I ZR 7/16, GRUR 2018, 96, s. Vorlagefrage 1a-c.; wie hier *Gierschmann* ZD 2018, 297 (298).
47 AA Spindler/Schuster/*Nink* Elektron. Medien § 15 Rn. 1 ff.
48 BGH 5.10.2017 – I ZR 7/16, GRUR 2018, 96, Rn. 16.
49 EuGH 1.10.2019 – C-673/17, ECLI:EU:C:2019:801, Rn. 44 ff.
50 BGH 5.10.2017 – I ZR 7/16, GRUR 2018, 96, Rn. 16.
51 Eine ausführliche Untersuchung der §§ 11 ff. TMG als Umsetzungen der ePrivacy-RL in *Hanloser* ZD 2018, 213 (217).
52 RegE. eines Gesetzes zur Erhöhung der Sicherheit informationstechnischer Systeme (IT-Sicherheitsgesetz), BT-Drs. 18/4096; eine Umsetzung des Art. 4 ePrivacy-RL findet sich vielmehr in § 109 a TKG, s. u.
53 Spindler/*Schmitz* TMG § 13 Rn. 22 ff.; Gola/*Plitz* DS-GVO Art. 95 Rn. 19; *Kühling*/Buchner/*Raab* DS-GVO BDSG § 95 Rn. 11.
54 Ausf. zur Angemessenheit des Schutzniveaus, s. Ehmann/Selmayr/*Hladjik* DS-GVO Art. 32 Rn. 11; Kühling/Buchner/*Jandt* DS-GVO BDSG Art. 32 Rn. 31.

Was die Verordnung konkret unter dem „Stand der Technik" versteht bleibt unklar, jedoch hebt Erwägungsgrund 84 S. 3 im Kontext der Datenschutzfolgeabschätzung hervor, dass Verantwortliche „geeignete Maßnahmen in Bezug auf verfügbare Technik und Implementierungskosten" zu ergreifen haben – mithin bewährte Technologien den Stand der Technik kennzeichnen.[55] Über die von Art. 13 Abs. 7 TMG genannte Verschlüsselung hinaus, enthält die DS-GVO in Art. 32 Abs. 1 eine nicht abschließende Liste möglicher TOMs. Dazu zählen die Pseudonymisierung von Daten, Vorkehrungen, die die Verfügbarkeit von personenbezogenen Daten garantieren und raschen Zugang zu ihnen bei (physischen oder technischen) Zwischenfällen gewährleisten sowie Maßnahmen zur Sicherstellung der Wirksamkeit der TOMs.[56] Dabei kommt es auf die Frage, ob die DS-GVO ein Schutzgesetz darstellt, nicht an, da Art. 82 DS-GVO selbst entsprechende Schadensersatzansprüche (abschließend) normiert.

45 Aus diesen datensicherheitsrechtlichen Vorgaben resultieren indes erhebliche **Folgeprobleme** bzw. nicht abschätzbare **Haftungsrisiken**: Anders als im TKG (§ 44a TKG) kennt die DS-GVO keine gesetzliche Haftungsbegrenzung. Insbesondere der Schadensersatzanspruch aus Art. 82 DS-GVO ist nicht dispositiv – eine vertragliche Abbedingung oder Modifikation ist nicht zulässig.[57] Haftungsbegrenzungsklauseln sind lediglich in sehr engen Grenzen denkbar, wie etwa in Form von Begrenzungen auf vorhersehbare Schäden.[58] Ebenso lässt sich die Sicherheit der Verarbeitung selbst (Art. 32 DS-GVO) nicht vertraglich abbedingen, zumal auch im Falle einer Abbedingung ein Verstoß gegen die zwingenden Datenschutzprinzipien (konkret Art. 5 Abs. 1 lit. f DS-GVO) vorläge.[59]

46 Einen Ausweg bieten die Verweise auf eine „**Verhältnismäßigkeit**" in Art. 32 Abs. 1 DS-GVO und Art. 25 Abs. 1 DS-GVO: Demnach sind die Implementierungskosten und die Angemessenheit des Schutzes in Relation zum Verletzungsrisiko zu betrachten.[60] Drohen nur Datenschutzverletzungen mit (sehr) geringer Intensität, kann das Ergreifen leichter Sicherungsmaßnahmen genügen.[61] Ferner verweist die DS-GVO mehrfach darauf, den Belangen von kleinen und mittleren Unternehmen besondere Rechnung zu tragen[62] – Art und Umfang technisch-organisatorischer Sicherheitsmaßnahmen sollten sich daher in vertretbarem Rahmen auch an der wirtschaftlichen Zumutbarkeit orientieren.[63]

4. TKG

47 Die Pflicht nach § 109a Abs. 4 S. 1 TKG des TK-Anbieters, den Nutzer über Störungen, die von ihm ausgehen, zu informieren, dient expressis verbis dessen Schutz und ist somit individualschützend.[64] Dies gilt erst recht für die Pflicht nach § 109a Abs. 4 S. 2 TKG, den Nutzer auch auf Hilfsmittel hinzuweisen, mit denen er die Störung ermitteln und beseitigen kann. An

---

55 Zutr. Gola/*Piltz* DS-GVO § 32 Rn. 15 ff.; Ehmann/Selmayr/*Hladjik* DS-GVO Art. 32 Rn. 5; Kühling/Buchner/*Jandt* DS-GVO BDSG Art. 32 Rn. 10.
56 S. dazu auch *Jandt* in → § 17 Rn. 24, 37 ff., 57.
57 Spindler/Schuster/*Horváth* Elektron. Medien Art. 82 Rn. 12; Kühling/Buchner/*Bergt* DS-GVO BDSG Art. 82 Rn. 56; Simitis/Hornung/Spiecker gen. Döhmann/*Boehm* DS-GVO Art. 82 Rn. 25; aA *Sackmann* ZIP 2017, 2450 (2452) der a majore ad minus von der Möglichkeit der Einwilligung auf die Abbedingbarkeit schließt.
58 Spindler/Schuster/*Horváth* Elektron. Medien Art. 82 Rn. 12 DS-GVO.
59 Kühling/Buchner/*Jandt* DS-GVO BDSG Art. 32 Rn. 40.
60 Ehmann/Selmayr/*Hladjik* DS-GVO Art. 32 Rn. 11.
61 Paal/Pauly/*Martini* DS-GVO BDSG Art. 32 Rn. 60 ist sogar der Ansicht, dass das Fehlen von Sicherheitsmaßnahmen wirtschaftlich gerechtfertigt sein kann, dies widerspricht jedoch fundamental dem risikobasierten Ansatz der DS-GVO und ist abzulehnen, wie hier Eßer/Kramer/Lewinski/*Kramer/Meints* DS-GVO BDSG Art. 32 Rn. 40; Kühling/Buchner/*Jandt* DS-GVO BDSG Art. 32 Rn. 11.
62 S. die Erwägungsgründe 13 S. 4, 98 S. 1, 132, 167 sowie Art. 42 Abs. 1 S. 2 DS-GVO.
63 Paal/Pauly/*Martini* DS-GVO BDSG Art. 32 Rn. 60.
64 Wobei hierbei den Anbietern nicht die Pflicht einer individuellen Beratung auferlegt wird, so schon *Roos* MMR 2014, 723 (727); ebenfalls *Gitter/Meißner/Spauschus* DuD 2016, 7 (10).

der Anwendbarkeit des § 109a Abs. 4 TKG ändert sich, anders als bei § 13 Abs. 7 TMG, auch nach Geltung der DS-GVO nichts: § 109a Abs. 1 und Abs. 4 dienen der Umsetzung von Art. 4 Abs. 3 und 4 ePrivacy-RL,[65] so dass **keine Verdrängung des § 109a TKG** erfolgt.[66] Allerdings bedarf es der **Qualifizierung als Schutzgesetz** schon wegen der **allgemeinen Haftungsnorm des § 44 Abs. 1 TKG** nicht, der sich auf Unternehmen und alle Pflichten des TKG bezieht. Hieraus resultiert eine Schadensersatzpflicht auch für Verstöße gegen § 109a TKG.[67] Aber auch vertragsrechtlich ergeben sich entsprechende Ansprüche. Hinsichtlich der Haftungsbegrenzungen nach § 44a TKG → § 12 Rn. 3 ff.

II. Konkretisierung der Verkehrspflichten durch öffentlich-rechtliche Normen

1. Allgemeine (Verkehrs-)Pflichten der Betreiber von kritischen Infrastrukturen

Bleiben solche Pflichten sowohl öffentlich-rechtlich als auch zivilrechtlich noch abstrakt, kommt es wie so oft im technischen Sicherheitsrecht, aber auch im Deliktsrecht, auf die **Konkretisierung** durch **technische Standards** an. Die zivilrechtliche Rechtsprechung nimmt in diesem Rahmen häufig Bezug auf die Kategorien der „anerkannten Regeln der Technik", den „Stand der Technik" sowie den „Stand von Wissenschaft und Technik",[68] ohne die Verwendung dieser Begriffe näher zu erläutern (→ § 11 Rn. 49 ff.).

Zumindest für den IT-Sicherheitsbereich könnten dagegen die im BSIG vorgesehenen technischen Standards, allen voran die in § 8b Abs. 2 BSIG erwähnten, vom BSI als geeignet festgestellten Branchenstandards eine erhebliche Rolle spielen.[69] So wird oft vertreten, dass die vom BSI als geeignet festgestellten **Branchenstandards** als Maßstab zur Bestimmung der Verkehrspflichten herangezogen werden könnten.[70] Allerdings können diese nicht die Verkehrspflichten bindend konkretisieren, da zivilrechtlich immer die konkrete Gefahrenlage maßgeblich ist, um die zumutbaren Pflichten zu bestimmen; selbst wenn man der Feststellung des BSI eine **öffentlich-rechtliche Außenwirkung** beimessen wollte, ist diese zivilrechtlich nicht bindend. Sie können allenfalls als Indiz für den tatsächlichen Stand der Technik herangezogen werden, diesen aber nicht abschließend konkretisieren. Schließlich darf nicht vergessen werden, dass diese Standards ohne Beteiligung anderer Interessengruppen von den Branchenverbänden vorgeschlagen werden, ihnen daher eine größere Bindungswirkung schon aus rechtsstaatlichen Gründen nicht beigemessen werden darf.[71] Technische Normen können auch nicht mehr aktuell oder den konkreten Gefahren nicht angemessen sein.[72] Bei Bestehen eines technischen Standards muss dann der Schädiger darlegen, dass er trotz Nichteinhaltung des Standards wirksame Sicherheitsvorkehrungen getroffen hat.[73]

---

65 Begr. Reg.E. BT Drs. 17/5707, 83.
66 Spindler/Schuster/*Eckhardt* Elektron. Medien § 109a TKG Rn. 2, 44 f.; Forgó/Helfrich/Schneider/*Fechtnerm*, Betr. Datenschutz, Teil VIII Kap. 3 C Rn. 75; *Kiparski/Sassenberg* CR 2018, 324 (329); Paal/*Pauly* DS-GVO BDSG Art. 95 Rn. 2; vormals wohl auf einem Missverständnis beruhend aA BeckTKG/*Eckardt* § 109a Rn. 7.
67 Arndt/Fetzer/Scherer/Graulich/*Scholz* TKG § 44 Rn. 17: jedes Tun oder Unterlassen, das gegen das TKG verstößt.
68 BGH 20.4.1971 – VI ZR 232/69, NJW 1971, 1313 – anerkannte Regeln der Technik; BGH 17.5.1972 – VIII ZR 98/71, DB 1972, 1335 – Stand der Technik; BGH 17.3.1981 – VI ZR 191/79, BGHZ 80, 186 – Stand von Wissenschaft und Technik; ausführlich zur Abgrenzung der Begriffe *BVerfG* 8.8.1978 – 2 BvL 8/77, NJW 1979, 359 (362) – Kalkar I; *Marburger*, Die Regeln der Technik im Recht, §§ 14–16.
69 S. zu den technischen Standards im IT-Bereich → § 11 Rn. 49 ff.
70 *Roos* MMR 2015, 636 (641).
71 *Spindler/Thorun*, Eckpunkte einer digitalen Ordnungspolitik, abrufbar unter https://sriw.de/fileadmin/sriw/files/20150612_Studie_Eckpunkte-einer-digitalen-Ordnungspolitik_Spindler-Thorun_SRIW-ConPolicy.pdf, S. 24 f. und S. 41 ff. zu den Mindestanforderungen hinsichtlich der Standardsetzung.
72 BGH 27.9.1994 – VI ZR 150/93, NJW 1994, 3349 (3350); Schulze/*Staudinger* BGB § 823 Rn. 173; *Bayerlein* DS 2008, 49 (52).
73 BeckOGK BGB/*Seibl* § 1 ProdHaftG Rn. 147; ähnlich schon in BT-Drs. 11/2447, 19.

50 In diesem Rahmen können die in § 8 a Abs. 1 BSIG beschriebenen Pflichten zumindest zur Konkretisierung der allgemeinen (Verkehrs-) Pflichten der Betreiber von kritischen Infrastrukturen herangezogen werden. Eine gewisse Klärung greift hinsichtlich der Ausrichtung am Stand der Technik ein, so dass nur die Einhaltung allgemein anerkannter Regeln der Technik nicht genügen würde. **Öffentlich-rechtlich statuierte Pflichten** können Anhaltspunkte für die Konkretisierung von Verkehrspflichten bieten. In der Regel legen sie einen auf jeden Fall einzuhaltenden Mindestumfang an Verkehrspflichten fest, der nicht unterschritten werden darf.[74] So kann die Verkehrspflicht sich an anderen rechtlichen Gesichtspunkten ausrichten und zum Schutze bedrohter Rechtsgüter höhere Anforderungen stellen und mehr an Sorgfalt verlangen, als in öffentlich-rechtlichen Bestimmungen normiert ist.[75]

51 Mittelbar ergeben sich allerdings weitere Auswirkungen durch das **Melde- und Vorwarnsystem** des BSIG: Wird der Betreiber kritischer Infrastrukturen vom BSI über Sicherheitsrisiken nach § 8 b BSIG informiert, ist er quasi „bösgläubig" und muss unverzüglich seine technischen und organisatorischen Vorkehrungen überprüfen.

2. Pflichten von Telemedienanbietern (§ 13 Abs. 7 TMG) und Anbietern elektronischer Dienste (§ 8 c BSIG)

52 Ein ähnliches Bild ergibt sich für Telemedienanbieter: § 13 Abs. 7 TMG normierte hier Pflichten, die vor der Einführung des § 13 TMG bereits vertrags- und deliktsrechtlich abgeleitet wurden. Mit der hier vertretenen Unanwendbarkeit des § 13 Abs. 7 TMG (→ Rn. 43 f.) muss wieder auf die Ableitung der Pflichten aus allgemeinem Recht zurückgegriffen werden. Unter Umständen lassen sich zu § 13 Abs. 7 TMG inhaltsgleiche vertragliche Pflichten oder Verkehrssicherungspflichten ableiten,[76] die schon vorher bestanden und bisher nur durch das TMG konkretisiert wurden.[77]

Mit § 13 Abs. 7 TMG vergleichbar sind die Pflichten von Anbietern elektronischer Dienste im Sinne von § 2 Abs. 11 BSIG, unter die insbesondere Online-Marktplätze, Online-Suchmaschinen und Cloud-Computing-Dienste fallen. Nach § 8 c Abs. 1 BSIG müssen diese „geeignete und verhältnismäßige technische und organisatorische Maßnahmen (…) treffen, um Risiken für die Sicherheit der Netz- und Informationssysteme, die sie zur Bereitstellung der digitalen Dienste innerhalb der Europäischen Union nutzen, zu bewältigen. Sie haben Maßnahmen zu treffen, um den Auswirkungen von Sicherheitsvorfällen auf innerhalb der Europäischen Union erbrachte digitale Dienste vorzubeugen oder die Auswirkungen so gering wie möglich zu halten." Diese generalklauselartig gehaltene Norm sieht aber zunächst nur eine allgemeine Pflicht

---

74 Für die deliktsrechtliche Umwelthaftung BGH 16.12.1977 – V ZR 91/75, BGHZ 70, 102 (110 f.) zur TA-Luft; für die Produkthaftung BGH 9.6.1988 – VI ZR 238/97, BGHZ 139, 79 (83); BGH 9.12.1986 – VI ZR 65/86, BGHZ 99, 167 (177) – Honda; BGH 5.5.1964 – VI ZR 72/63, VersR 1964, 825; BGH 16.2.2006 – III ZR 68/05, NVwZ-RR 2006, 469; BGH 18.5.1999 – VI ZR 192/98, NJW 1999, 2815; BGH 7.10.1986 – VI ZR 187/85, NJW 1987, 372 (373); s. auch OLG Hamm 11.1.2005 – 9 U 173/04, VersR 2006, 855 (857) betr. Richtlinien für Sicherung von Arbeitsstellen an Straßen; OLG Schleswig 23.2.2007 – 1 U 108/06, VersR 2008, 80 (81) Sicherung von Bahnübergängen; OLG Brandenburg 8.8.2007 – 4 U 23/07, (nicht veröffentlicht), Kehr-, Überprüfungs- und Gebührenordnung; *Canaris* in: FS Larenz, 1983, S. 799 ff., 856; *Staudinger/Hager* BGB § 826 Rn. E 34; *Steffen* ZfVersWiss 82 (1993), 13 (24 f.); *Taupitz* IUTR 1997, 237 (256 f.); krit. *MüKoBGB/Wagner* § 823 Rn. 447 ff., insbes. 451.

75 BGH 9.6.1998 – VI ZR 238/97, BGHZ 139, 79 (83) – Feuerwerkskörper II; BGH 26.5.1998 – VI ZR 183/97, BGHZ 139, 43 (46 f.) – Feuerwerkskörper I; BGH 4.5.1999 – VI ZR 379/98, NJW 1999, 2364; OLG Düsseldorf 20.12.2002 – 14 U 99/02, VersR 2003, 912 (914); s. auch *Canaris* in: FS Larenz, 1983, S. 799 ff., 855 f.; *Diederichsen*, 56. DJT, 1986, L 48, 59, 63; *ders.*, Natur- und Umweltschutzrecht, S. 19, 26 f.; *Marburger*, Waldschäden als Rechtsproblem, S. 109, 118 f., 133; *Hübner* NJW 1988, 441 (450).

76 ZB die Pflicht, ein Passwort gut zu verwahren, BGH 11.3.2009 – I ZR 114/06, MMR 2009, 391 – Halzband; zu Prüfpflichten eines Diensteanbieters BGH 19.4.2007 – I ZR 35/04, ZUM 2007, 646 – Internet-Versteigerung II; BGH 11.3.2004 – I ZR 304/01, GRUR 2004, 860 – Internet-Versteigerung I.

77 *Djeffal* MMR 2015, 716 (719).

zur Risikovorsorge vor, bezieht sich aber nicht auf den Schutz konkreter Nutzer (→ Rn. 37). Das BSI kann von Anbietern nach § 8 c Abs. 4 Nr. 2 BSIG verlangen, Mängel abzustellen bzw. zu beseitigen.

§ 8 c Abs. 2 BSIG zieht zur Konkretisierung den Stand der Technik heran, insbesondere hinsichtlich „1. der Sicherheit der Systeme und Anlagen, 2. der Erkennung, Analyse und Eindämmung von Sicherheitsvorfällen, 3. dem Betriebskontinuitätsmanagement, 4. der Überwachung, Überprüfung und Erprobung, 5. Der Einhaltung internationaler Normen," wobei natürlich als Umsetzung der NIS-Richtlinie die Durchführungsrechtsakte der Kommission nach Artikel 16 Absatz 8 der Richtlinie (EU) 2016/1148 die Vorgaben weiter spezifizieren. Zudem müssen Sicherheitsvorfälle gem. § 8 c Abs. 3 BSIG gemeldet werden, was aber wiederum nicht auf den Schutz Dritter ausgerichtet ist.

Für die zivilrechtliche Konkretisierung der Pflichten lassen sich jedoch auch aus § 8 c Abs. 2 BSIG und den relevanten Sicherheitsanforderungen Anhaltspunkte ableiten, die fruchtbar gemacht werden können – auch wenn sie nicht unmittelbar zivilrechtlich anwendbar sind.

Wendet man sich den deliktischen Pflichten (bzw. den Sicherungspflichten allgemein) der **IT-Intermediäre** zu, lassen sich drei Bereiche des Schutzes des Nutzers und anderer Internet-Teilnehmer unterscheiden (→ § 12 Rn. 6 ff.):

- der Schutz des Eigentums, insbesondere an Daten,
- der Schutz der Privat- und Intimsphäre,
- der Schutz des Rechts am eingerichteten und ausgeübten Gewerbebetrieb.

Von diesen drei Bereichen adressiert Art. 32 Abs. 1 DS-GVO iVm Art. 25 Abs. 1 DS-GVO explizit nur den Schutz der personenbezogenen Daten – die Pflichten zur Sicherung vor Angriffen und vor Malware etc sind indes für alle drei Bereiche gleich. So treffen einen **Host Provider** neben vertraglichen Pflichten[78] auch deliktische Verkehrspflichten zum Schutz des Nutzers, etwa diejenigen Daten, die in seiner Einflusssphäre liegen, auf Virenbefall zu kontrollieren oder davor zu schützen. Generell trifft den Provider die Pflicht, grundlegende Anforderungen an die Sicherheit seiner Rechner und der dort gespeicherten Kundendaten gegenüber Ausspähversuchen oder Missbräuchen seitens Dritter einzuhalten.[79] Geht allerdings die Gefahr von einer Information/Datei aus, die ein Dritter auf den Rechnern des Host-Providers gespeichert hat, greift grundsätzlich die Haftungsprivilegierung nach § 10 TMG ein; demgemäß muss grundsätzlich zwischen von außen kommenden Angriffen (Hacking) und vom Provider zugelassenen Informationsspeicherungen unterschieden werden.

Auch Betreiber von in der **Übermittlung von Daten zwischengeschalteten Rechnern** (die eine Zwischenstellung zwischen Telekommunikationsanbietern und Telemedien einnehmen) müssen dafür Sorge tragen, dass ihr Transportgut nicht in ihrer Einflusssphäre mit Viren befallen werden kann und die transportierten Daten „verseucht" werden. In gleicher Weise müssen die Betreiber für die notwendigen Sicherungsmaßnahmen sorgen, die verhindern, dass ihre Rechner für Angriffe auf andere Internet-Teilnehmer missbraucht werden können (**Vorkehrungen gegen Botnetze**). Diese Pflichten entsprechen sowohl dem bisherigen § 13 Abs. 7 TMG als auch dem weiterhin geltenden § 109 Abs. 1, ggf. auch Abs. 2 TKG.

Eine bislang wenig ausgelotete Fallgruppe betrifft die Störung von **kommunikativen Außenbeziehungen**, insbesondere von Unternehmen, etwa durch Denial-of-Service-Attacken etc. Aus

---

[78] BGH 15.8.2013 – I ZR 80/12, NJW 2013, 3245 (3247); BGH 12.7.2012 – I ZR 18/11, CR 2013, 190 ff. – Alone in the Dark; *OLG Hamburg* 2.7.2008 – 5 U 73/07, NJOZ 2008, 4927 (4933 ff.); OLG Düsseldorf 30.12.2014 – I-22 U 130/14, MMR 2015, 237; LG Duisburg 25.7.2014 – 22 O 102/12, MMR 2014, 735; *LG Hamburg* 24.1.2014 – 324 O 264/11, MMR 2015, 61 (64 ff.); dazu aus schweizerischer Sicht Hilty/*Briner*, Information Highway, S. 489, 511 f.

[79] Kloepfer/*Spindler*, Schutz kritischer Infrastrukturen, S. 85, 104, Hoeren/Sieber/Holznagel/*Redeker*, MMR-HdB, Teil 12 Rn. 19; Schuster/*Schmitz/v.Netzer*, Vertragshandbuch Telemedia, Kap. 12 Rn. 21 f.

juristischer Perspektive ist hier neben einem möglicherweise vertraglichen Anspruch vor allem das Recht am eingerichteten und ausgeübten Gewerbebetrieb durch die Sperrung eines Internet-Zugangs betroffen. Die daraus dem Unternehmen entstehenden Schäden können beträchtlich sein, zB wenn wichtige Nachrichten nicht empfangen werden konnten oder verloren gingen. In entsprechender Anwendung der **Energiezufuhr-Fälle**[80] könnte hier an einen deliktsrechtlichen Schutz des Nutzers gedacht werden, indem der freie Zugang zum Unternehmen gewahrt wird, etwa per E-Mail und Web-Seite. Zwar hat der BGH es bisher abgelehnt, die Unterbrechung der Energiezufuhr als einen Eingriff in das **Recht am eingerichteten und ausgeübten Gewerbebetrieb** anzusehen.[81] Auch für unterbrochene Telefon- und Telefaxkabel hat die Rechtsprechung einen deliktsrechtlichen Schutz ebenso wenig gewährt[82] wie für unterbrochene Zugangswege.[83] Eine Verletzung des deliktisch geschützten sonstigen Rechts des eingerichteten und ausgeübten Gewerbebetriebs soll nur dann vorliegen, wenn der Betrieb in seinen Grundlagen bedroht oder gerade der Funktionszusammenhang der Betriebsmittel auf längere Zeit aufgehoben sei.[84] Hängt aber das Eigentum in seinem Wert ganz wesentlich von den ausübbaren Funktionen ab, beeinflussen die Beziehungen einer Sache, insbesondere eines Unternehmens, zu seiner Außenwelt erheblich dessen Wert.[85] Trotzdem dürfte in aller Regel die **Betriebsbezogenheit** des Eingriffs und die Vorhersehbarkeit für den IT-Intermediär zweifelhaft sein, zumindest bei Telekommunikationsunternehmen bzw. Access-Providern. Ein betriebsbezogener Eingriff ließe sich höchstens bei einer zielgerichteten Denial-of-Service-Attacke gegenüber einer speziellen Website annehmen, da derartige Angriffe die Grundlage eines gesamten Betriebes bedrohen können.[86]

3. Pflichten von IT-Herstellern

56 Völlig anders stellt sich dagegen die Lage für IT-Hersteller dar: Wie an späterer Stelle noch erläutert wird (→ § 11 Rn. 50 f.), räumt das BSIG dem BSI nur en passant Befugnisse gegenüber den Herstellern von IT-Produkten ein, die zudem notwendigerweise territorial beschränkt sind. Allgemeine, präventiv wirkende Pflichten der **IT-Hersteller**, etwa zur ständigen Produktbeobachtung und zur Bereitstellung von **Patches**, sehen weder das BSIG noch das TMG oder TKG vor.[87] Vielmehr werden die eigentlichen Adressaten wie Betreiber kritischer Infrastrukturen oder Telemedien hier verpflichtet, für solche Updates etc zu sorgen. In diesem Bereich kann nur die „normale" Produzentenhaftung helfen (→ § 11 Rn. 39 ff.).

---

80 BGH 9.12.1958 – VI ZR 199/57, BGHZ 29, 65 ff.; BGH 4.2.1964 – VI ZR 25/63, BGHZ 41, 123 (125 f.), der allerdings im konkreten Fall eine Eigentumsverletzung annimmt; anders BGH 24.4.1990 – VI ZR 358/89, NJW 1992, 41 f.; MüKoBGB/*Wagner* § 823 Rn. 257, der Produktionseinbußen aufgrund der Unterbrechung der Stromzufuhr sowie Umsatzverluste einer Spedition infolge eines Staus auf der Autobahn als diffuse Schadensbilder vom betriebsbezogenen Eingriff ausklammert; Foerste/v. Westphalen/*Foerste*, Produkthaftungshandbuch, § 21 Rn. 135 f.
81 Zu den sog. Stromkabelfällen s. *BGH* 9.12.1958 – VI ZR 199/57, BGHZ 29, 65 ff.; BGH 8.6.1976 – VI ZR 50/7, BGHZ 66, 388 (391); BGH 12.7.1977 – VI ZR 136/76, NJW 1977, 2208 (2209).
82 BGH 25.1.1977 – VI ZR 29/75, VersR 1977, 616 (617); s. auch OLG Düsseldorf 12.7.1996 – 22 U 44/96, VersR 1997, 589: kein betriebsbezogener Eingriff in den eingerichteten und ausgeübten Gewerbebetrieb bei unterlassener Eintragung einer Telefonnummer in die „Gelben Seiten".
83 Vgl. BGH 15.11.1982 – II ZR 206/81, BGHZ 86, 152: Im entschiedenen Fall ging es um einen infolge eines verschuldeten Dammbruchs trockengelaufenen Kanal, der zu einem Umschlagbetrieb führte. Der BGH lehnte einen Anspruch ab, weil der Dammbruch nicht zu einem Eingriff in die Sachsubstanz der Lagerei- und Umschlaganlagen geführt habe.
84 BGH 18.1.1983 – VI ZR 270/80, NJW 1983, 812 (813) – Hebebühne; zust. Foerste/v. Westphalen/*Foerste*, Produkthaftungshandbuch, § 21 Rn. 136.
85 S. bereits *Taupitz*, Haftung für Energieleiterstörungen durch Dritte, S. 120.
86 *Sodtalbers*, Softwarehaftung im Internet, Rn. 523; s. auch die Ausführungen von BGH 18.1.1983 – VI ZR 270/80, NJW 1983, 812 (813) – Hebebühne.
87 Für den Fall, dass der IT-Hersteller als datenschutzrechtlich Verantwortlicher zu klassifizieren ist, → Rn. 45.

4. Pflichten der Nutzer

Zwar kann auch ein IT-Nutzer haftpflichtig sein für Schäden, die von seiner IT ausgehen, etwa bei Teilnahme an Botnetzen. Doch würde ein **privater IT-Nutzer** außerhalb des kommerziellen Sektors unzumutbar belastet, wenn ihm die Pflicht auferlegt würde, die Netzwerksicherheit fortlaufend dem neuesten Stand der Technik anzupassen.[88] Wenn schon ein Diensteanbieter nach § 109 Abs. 1 Satz 2 TKG nur dazu verpflichtet ist, den Stand der Technik zu „berücksichtigen", muss dies für einen privaten, nicht kommerziell tätigen Nutzer umso mehr gelten. 57

Gerade hier kann sich aber durch die in § 109 a Abs. 4 TKG vorgesehene Pflicht zur **Mitteilung des TK-Anbieters** an den Nutzer, dass auf seinem System Störungen vorliegen, eine **Haftungsverschärfung** für den Nutzer ergeben. Denn in diesem Fall wird der Nutzer quasi „bösgläubig" gemacht, so dass er verpflichtet ist, seine Systeme zu kontrollieren. Dies gilt erst recht im Hinblick auf die ebenfalls geforderte Information durch den Telekommunikationsdiensteanbieter im Hinblick auf mögliche Abhilfen,[89] wenn sie dem Nutzer einfach zugänglich sind. 58

Allerdings gelten diese Mitteilungspflichten gegenüber dem Nutzer nur für den Bereich des Telekommunikationsrechts; in anderen Fällen sind solche Pflichten nicht explizit normiert, können aber als **nebenvertragliche Pflichten** ohne Weiteres von dem Diensteanbieter geschuldet sein. 59

Anders ist gegenüber den **kommerziellen Betreibern von IT-Systemen** zu urteilen; hier können die vom BSIG normierten Pflichten bei kritischen Infrastrukturen auch zivilrechtlich herangezogen werden. Sofern der kommerzielle Betreiber daher die nötigen Sicherungspflichten nicht einhält, kann er bei Schäden, die Rechtsgüter nach § 823 Abs. 1 BGB verletzen, selbst zur Haftung herangezogen werden. 60

III. Darlegungs- und Beweislast

1. Auskunftsverlangen gegenüber BSI als Abhilfe?

Dem Geschädigten obliegt der **Beweis** der Rechtsgutsverletzung, des Produktfehlers[90] sowie der Nachweis, dass der Produktfehler im Organisationsbereich des Schädigers entstand.[91] Gerade dies ist im Fall von IT-Sicherheitsproblemen häufig nicht möglich. Hier liegt es nahe, auf die beim BSI gesammelten Informationen zurückzugreifen, die indes von vornherein nicht für Telemedienanbieter greifen, da diese keiner Meldepflicht unterfallen (anders als die Anbieter elektronischer Dienste nach Art. 15 ff. NSI-Rl[92] bzw. Anbieter digitaler Dienste im Sinne von §§ 2 Abs. 11, 8 c BSIG). 61

Dennoch bietet das BSI nur wenig Hilfe für den Geschädigten: Zwar greift auch hier grundsätzlich das IFG (Informationsfreiheitsgesetz)[93] ein; auch gibt § 8 d Abs. 1 S. 1 BSIG dem Dritten (jedermann!) die Möglichkeit, auf Antrag **Auskunft zu Störungsmeldungen** nach § 8 b Abs. 4 BSIG vom BSI zu erhalten. Doch steht diese Auskunftserteilung im Ermessen des BSI, das zudem die Auskunft nur erteilen darf, wenn schutzwürdige Interessen des Betreibers nicht 62

---

88 *Härting*, Internetrecht, Teil J. Rn. 2734.
89 Offen *Hornung*, NJW 2015, 3334 (3338 f.).
90 OLG Schleswig 24.4.2012 – 11 U 123/11, NJOZ 2013, 1366 (1367); BeckOGK BGB/*Spindler* § 823 Rn. 452; Foerste/v. Westphalen/*Foerste*, Produkthaftungshandbuch, § 30 Rn. 30.
91 BeckOGK BGB/*Spindler* § 823 Rn. 452; MüKoBGB/*Wagner* § 823 Rn. 860; Foerste/v. Westphalen/*Foerste*, Produkthaftungshandbuch, § 30 Rn. 29 ff., 43 f.; Staudinger/*Hager* BGB § 823 F Rn. 39.
92 S. *Spindler* CR 2016, 297.
93 S. auch *Bräutigam/Wilmer* ZRP 2015, 38 (41), die bemängeln, dass der Dritte kein Interesse darlegen müsse – genau das aber ist der Kern des IFG, dass es keines besonderen rechtlichen Interesses an der Auskunft bedarf.

entgegenstehen oder keine Beeinträchtigung wesentlicher Sicherheitsinteressen zu erwarten ist. Ob § 8 d Abs. 1 S. 1 BSIG einschränkend dahin gehend ausgelegt werden kann,[94] dass etwa befürchtete Haftungsrisiken nicht zu den schutzwürdigen Interessen des Betreibers zählen, erscheint zweifelhaft; denn das BSIG versucht gerade die Meldebereitschaft der Betreiber durch Pseudonymität etc zu befördern, so dass die potenzielle Inanspruchnahme durch Dritte wohl eher zu den gegenläufigen Interessen gezählt werden müsste. Darauf deutet auch Art. 14 Abs. 2 der NIS-RL hin, der Haftungsrisiken durch Meldungen vermeiden will.

2. Einfluss der Auditierung und Zertifizierung

63 Nach § 8 a Abs. 3 BSIG muss von Betreibern kritischer Infrastrukturen alle zwei Jahre die Einhaltung der Sicherheitsanforderungen durch geeignete Maßnahmen nachgewiesen werden, wobei das BSIG **Sicherheitsaudits, Zertifizierungen** oder **Prüfungen** nennt. Fraglich ist, ob derartige Zertifizierungen oder Audits den Betreiber entlasten, insbesondere die **Darlegungs-** und **Beweislast** modifizieren können. Indes berühren Zertifizierungen und Prüfungen grundsätzlich nicht die zivilrechtliche Haftung. Selbst öffentlich-rechtliche Kontrollen oder Produktabnahmen können nicht abschließend zivilrechtliche Verkehrspflichten konkretisieren.[95] Zertifizierungen und Audits können immer nur Momentaufnahmen darstellen, die nicht für den fraglichen Schädigungszeitpunkt gelten müssen. Dem könnte allerdings zukünftig durch die Einführung dynamischer Zertifizierungen abgeholfen werden, welche auf kontinuierlicher Überwachung und Evaluation durch die zuständigen Stellen basieren.[96] Derartige Verfahren sind in doppelter Hinsicht begrüßenswert, da sie nicht nur für den Betreiber, sondern auch für den Nutzer zu einer erhöhten (Rechts-)Sicherheit führen, aktuell ist diese Form der Zertifizierung jedoch noch nicht vorgesehen.[97]

IV. Sonstige relevante Schutzgesetze, insbesondere strafrechtliche Normen (StGB)

64 Auch im **Strafrecht** finden sich Normen, die über den § 823 Abs. 2 BGB zivilrechtlich Geltung erlangen können. Hier ist insbesondere § 303 b StGB zu nennen, wonach bestraft wird, wer eine für einen anderen wesentliche **Datenverarbeitung nicht unerheblich stört**. Dies kann entweder durch die Löschung von Daten (§ 303 b Abs. 1 Nr. 1 StGB), zB durch den Einsatz von Viren und Trojanern[98] oder durch die Eingabe von Daten (Abs. 1 Nr. 2) geschehen, womit insbesondere Denial-of-Service Attacken umfasst sind.[99] Weiterhin durch die Beschädigung oder Unbrauchbarmachung der Hardware (Abs. 1 Nr. 3). Unter die letzte Nummer werden sowohl analoge Eingriffe gefasst, zB das Entwenden von Festplatten oder Verbindungskabeln, als auch die digitale Unbrauchbarmachung, zB indem durch den Einsatz von „Keyloggern" oder anderer digitaler Programmsperren Passwörter ausgespäht und anschließend geändert werden.[100] § 303 b StGB schützt jedermann individuell und ist deshalb ein Schutzgesetz iSd § 823

---

94 Für eine einschränkende Auslegung generell zugunsten von betroffenen Nutzern *Roßnagel* DVBl. 2015, 1206 (1210), allerdings ohne die Frage der Haftung zu diskutieren; genau in die andere Richtung wegen der Interessen der Betreiber *Bräutigam/Wilmer* ZRP 2015, 38 (41).
95 BGH 31.5.1994 – VI ZR 233/93, NJW 1994, 2232 (2233); OLG Karlsruhe 12.4.2006 – 1 U 102/05, NJW-RR 2006, 1167 (1168 f.); *OLG Jena* 6.10.2005 – 4 U 882/05, NJW 2006, 624 (625).
96 Zur aktuellen Forschung und Umsetzungsmodellen bezüglich dynamischer Zertifizierung s. *Hofmann*, Dynamische Zertifizierung, 2019, S. 42 ff., 323 ff.
97 Ausf. zu gegenwärtigen Zertifizierungsverfahren *Hofmann*, Dynamische Zertifizierungen, 2019, S. 257 ff.
98 *Ernst* NJW 2003, 3233 (3239); Schönke/Schröder/*Hecker* StGB § 303 a Rn. 5; *Eichelberger* MMR 2004, 594 (595).
99 BT-Drs. 16/3656, S. 13; Spindler/Schuster/*Gercke* Elektron. Medien StGB § 303 a Rn. 5; MüKoStGB/*Wieck-Noodt* § 303 b Rn. 12.
100 MüKoStGB/*Wieck-Noodt* § 303 b Rn. 13, 17; zu Keyloggern BeckOK StGB/*Weidemann* Lexikon des Strafrechts B I Rn. 3.1.

Abs. 2 BGB. Daneben schützt § 303 a StGB die Interessen eines Berechtigten an Daten und ist damit ebenso ein Schutzgesetz.[101] Durch ähnliche Handlungen können auch die §§ 202 a ff. StGB (**Ausspähen von Daten, Abfangen von Daten und Datenhehlerei**) verwirklicht werden. Unter § 202 a StGB fällt insbesondere auch das Hacking, um an sensible Informationen, zB Passwörter oder Kontodaten, zu kommen.[102] Strafzweck dieser Normen ist unter anderem die **Verletzung** des **persönlichen Lebensbereiches** des Betroffenen, so dass es sich auch bei diesen Normen um drittschützende Schutzgesetze handelt.[103]

All diese Delikte setzen allerdings **Vorsatz** des Handelnden voraus, § 15 StGB. Nutzer oder Telemedienanbieter, die durch die Verletzung von Verkehrssicherungspflichten solche Handlungen ermöglichen, werden sie in den wenigsten Fällen selbst aktiv ausführen. Es kommt höchstens eine Strafbarkeit als **Gehilfe** oder **Mittäter** in Betracht, für die aber ebenfalls Vorsatz vorausgesetzt wird, an dem es bei Nutzern und Telemedienanbietern regelmäßig fehlen dürfte. Es wird vielmehr regelmäßig ein Fall der (straflosen) **fahrlässigen Nebentäterschaft** vorliegen.[104]

65

Einzig § 148 TKG ist in diesem Zusammenhang als Strafnorm zu nennen, der in Abs. 2 iVm § 90 TKG die fahrlässige Herstellung oder Inverkehrgabe von **Abhörvorrichtungen** unter Strafe stellt. In Betracht kann sie in Fällen kommen, in denen durch Ausnutzen von Sicherheitslücken, die ein Softwarehersteller fahrlässig hinterlassen hat, es Hackern gelingt, Abhörsoftware auf einem Smartphone zu installieren.

66

C. Mitverschulden und Eigenschutz des Betroffenen

Schließlich kann eine Anspruchskürzung gem. § 254 BGB (im Bereich der Produkthaftung iVm § 6 ProdHaftG) eingreifen, sofern der Geschädigte den erforderlichen **Eigenschutzmaßnahmen** wie bspw. regelmäßigen Sicherungen seiner Daten (Back-Up) nicht nachgekommen ist.[105] Für das Ausmaß an Selbstschutz- und Schadensabwendungspflichten des Geschädigten können im Rahmen von § 254 BGB die zuvor erörterten Pflichten quasi spiegelbildlich herangezogen werden.[106] Schädiger und Geschädigter sind im Grunde der gleichen Risikosituation ausgesetzt. Setzen beide keine entsprechenden Schutzmaßnahmen ein, so hängt es lediglich vom Zufall ab, welches System zuerst infiziert wird.[107]

67

So wird etwa der IT-Anwender gehalten sein, die allgemein üblichen Vorkehrungen zum **Viren- und Wurmschutz** zu treffen, indem er Virenscanner bei sich einsetzt und auf dem Laufenden hält.[108] Unter Berücksichtigung dieses Maßstabs wird angesichts des allgemein bekannten Risikos von Computerviren und der geringen Kosten für die Einrichtungen eines aktuellen Virenschutzprogramms teilweise ausdrücklich auch für Privatpersonen die Zumut-

68

---

101 Vgl. Kindhäuser/Neumann/Paeffgen/*Zaczyk* StGB § 303 b Rn. 1; Lackner/Kühl/*Heger* StGB § 303 b Rn. 1: „Interessen von Wirtschaft [..] an der Funktionstüchtigkeit ihrer Datenverarbeitung".
102 *Ernst* NJW 2003, 3233 (3236); MüKoStGB/*Graf* § 202 a Rn. 56 f.
103 S. schon die Überschrift des 15. Abschnitts des StGB „Verletzung des persönlichen Lebens- und Geheimbereichs".
104 Dazu näher MüKoBGB/*Wagner* § 830 Rn. 18 f.
105 Hoeren/Sieber/Holznagel/*Redeker*, MMR-HdB, Teil 12 Rn. 829.
106 Zum Mitverschulden des Telefon- bzw. Internetinhabers bei handfesten Hinweisen auf Missbrauch seines Anschlusses durch Dritte s. BGH 19.7.2012 – III ZR 71/12, NJW 2012, 2878 ff.; s. zu den Schadensabwendungspflichten des Softwarebenutzers *Spindler* NJW 2004, 3145 (3149 f.).
107 *Spindler* CR 2005, 741 (744); *Schneider/Günther* CR 1997, 389 (394); *Libertus* MMR 2005, 507 (511); *R. Koch* NJW 2004, 801 (804); *Schmidbauer*, Schadensersatz wegen Viren, abrufbar unter: http://www.i4j.at/news/aktuell36.htm; iErg Ernst/*Mankowski*, Hacker, Cracker & Computerviren, Rn. 530 f.
108 *Burg/Gimnich* DRiZ 2003, 381 (384 f.); *Günther*, Produkthaftung für Informationsgüter, S. 303 f.; *Schneider/Günther* CR 1997, 389 (394); *R. Koch* NJW 2004, 801 (804 ff.); *Schmidbauer*, Schadensersatz wegen Viren, abrufbar unter: http://www.i4j.at/news/aktuell36.htm.

barkeit von Selbstschutzmaßnahmen bejaht und eine **Schadensbegrenzungsobliegenheit** angenommen.[109] Für eine solche Obliegenheit privater IT-Nutzer spricht insbesondere der Umstand, dass das Ausmaß des drohenden Schadens entscheidend von der dem IT-Hersteller regelmäßig unbekannten Tatsache abhängt, welche Daten sich auf der verwendeten Hardware befinden und wofür diese benutzt werden.[110] Der IT-Anwender kann folglich das Schadensrisiko wesentlich besser abschätzen und durch entsprechende Vorkehrungen auffangen.

69 Richtigerweise ist allerdings unter Bezugnahme auf das Kriterium der Zumutbarkeit der Gefahrenvermeidung zwischen den **verschiedenen IT-Anwendern** zu differenzieren: Während professionellen IT-Anwendern bei entsprechenden Kenntnissen und Ressourcen derartige Selbstschutzmaßnahmen zumutbar sind,[111] sind die Anforderungen an private IT-Nutzer weniger streng. Der **Einsatz von Virenscannern** ist ihnen aber zuzumuten. Beim heutigen Kenntnisstand über die Virenproblematik ist Fahrlässigkeit anzunehmen, wenn auf einen Virenschutz gänzlich verzichtet wird[112], zumal ein Virengrundschutz für den privaten IT-Nutzer auf einschlägigen Websites kostenlos zum Download bereitsteht. Neben dem Zumutbarkeitskriterium kann hier als maßgeblicher Anknüpfungspunkt für diese Differenzierung auch der Gedanke der Vorteilsziehung herangezogen werden. Diese Rechtsauffassung hat der BGH auch in seinem Urteil zu Mehrwertdiensten hinsichtlich einer Pflicht zum Einsatz von Dialerschutzprogrammen deutlich zum Ausdruck gebracht, indem er ausgeführt hat, dass privaten IT-Nutzern eine routinemäßige Überprüfung auf Dialer ohne besondere Verdachtsmomente sowie die Überwachung des Aufbaus von Verbindungen ins Internet nicht obliege.[113] Des Weiteren hat er klargestellt, dass privaten IT-Nutzern keine Pflicht zur Verwendung und Aktualisierung eines Dialerschutzprogrammes obliegt.[114] Anderseits hat der I. Zivilsenat im WLAN-Urteil verdeutlicht, dass verkehrsübliche Sicherungsmaßnahmen auch zu nutzen sind.[115] Demgemäß entfällt die Pflicht zu Selbstschutzmaßnahmen zumindest bei privaten Softwarenutzern, wenn nicht Problem und Lösung bekannt und die Ergreifung technisch und wirtschaftlich zumutbar ist. Bei **Programmen mit bekannten Sicherheitslücken** muss der Nutzer, insbesondere ein Unternehmen, dieses Programm sperren und darf es nicht mehr einsetzen. Benutzt er dennoch sehenden Auges die fehlerhafte Software und entstehen hierdurch aufgrund von Hackerangriffen Schäden, so kann sich ein völliger Ausschluss des Schadensersatzanspruchs ergeben.[116]

70 Grundsätzlich sind Nutzer auch zum Einspielen von kostenlos zur Verfügung gestellten **Patches** verpflichtet. Der Hersteller (bzw. Pflichtige) kann sich in der Regel auf ein Mitverschulden des Geschädigten berufen, wenn der Nutzer einen bereitgestellten Patch nicht verwandt hat. Schließlich sind dank des fortgeschrittenen Entwicklungsstands des Internets auch umfangreiche Patches über die mittlerweile etablierten, breitbandigen Internetzugänge herunterladbar. Im Rahmen der Abwägung darf auch nicht verkannt werden, dass Patches üblicher-

---

109 So bezüglich der Risiken im E-Mail-Verkehr: *R. Koch* NJW 2004, 801 (807): In Anlehnung an die Rechtsfigur der Betriebsgefahr im Straßenverkehr will der Autor einen Mitverschuldensanteil von 25 % bei ungenügenden Virenschutzvorkehrungen veranschlagen.
110 *R. Koch* NJW 2004, 801 (804 f.); *Libertus* MMR 2005, 507 (509).
111 S. dazu BeckOGK BGB/*Spindler* § 823 Rn. 403 ff.
112 So *Eckert*, IT-Sicherheit, S. 67 f., der für eine allgemeine rechtliche Verpflichtung zur Vorsorge angesichts der großen Verbreitung von Viren plädiert.
113 BGH 4.3.2004 – III ZR 96/03, JZ 2004, 1124 (1127) mAnm *Spindler*; s. auch die parallelen Erwägungen des BGH im Fall der R-Gespräche, BGH 16.3.2006 – III ZR 152/05, NJW 2006, 1971 Rn. 22 ff., in concreto Zumutbarkeit von Eigenschutzmaßnahmen abgelehnt.
114 Zust. *Spindler* JZ 2004, 1128 ff.; *Rösler* NJW 2004, 2566 ff.; *Mankowski* MMR 2004, 312 f.; *ders.* CR 2004, 185 (188).
115 BGH 12.5.2010 – I ZR 121/08, GRUR 2010, 633 (635) – Sommer unseres Lebens; dazu *Spindler* CR 2010, 592 (596 f.).
116 *Bartsch*, Software und das Jahr 2000, S. 86.

weise kostenlos zur Verfügung gestellt werden, was sich ebenfalls negativ auf das Schutzbedürfnis der Endnutzer auswirken muss und den für diese zumutbaren Aufwand erhöht. Dies zeigt, dass auch die Marktbedingungen unmittelbar Auswirkungen auf die Zumutbarkeitsprüfung haben.

Nicht zuzumuten ist dem Softwarenutzer dagegen, zur Schadensabwendung stets die **neueste Version einer Software** zu kaufen, die keine IT-Sicherheitslücken mehr aufweist. Ein in der Praxis offenbar weit verbreitetes Phänomen ist in diesem Zusammenhang die zeitliche Verzögerung, mit der Firmennetzwerke durch das Einspielen von Patches gesichert werden. Dies ermöglicht Dritten wiederum, in der Zwischenzeit entsprechende Angriffe auf das Firmennetzwerk vorzunehmen. Auch hier ist zu berücksichtigen, dass gerade Unternehmen eine Organisationspflicht trifft, auftretende Sicherheitsprobleme möglichst schnell zu bewältigen, um den Schaden gering zu halten. Natürlich können Sicherheitspatches nicht unbesehen auf alle PCs eines Netzwerkes aufgespielt werden; dennoch muss der unternehmerische Nutzer von Software seinerseits alles Zumutbare veranlassen, um Sicherheitslücken mithilfe von Sicherheitsupdates zu schließen. Dies umfasst auch die durch den Einsatz von ungesicherten Laptops drohende Gefahr für Netzwerke; hier sind Netzwerkbetreiber gehalten, entsprechende Vorkehrungen gegen den Anschluss nicht gesicherter Notebooks zu treffen, sei es durch Kontrollen oder Sicherung solcher Geräte oder des Netzwerks.

§ 11 Verantwortung der IT-Hersteller (produktbezogene Pflichten)

Literatur: Siehe § 10.

A. Überblick 1	V. Beweislast 53
B. Verschuldensabhängige Produzentenhaftung 6	C. Produkthaftung infolge Schutzgesetzverletzung
I. Verletzung personenbezogener Rechtsgüter .. 7	(§ 823 Abs. 2 BGB): öffentlich-rechtliche
II. Verletzungen des Eigentums 8	Produktsicherheitsnormen 59
1. Substanzverletzungen, insbesondere	D. Verschuldensunabhängige Produkthaftung
Weiterfresserschäden 9	(ProdHaftG) 63
2. Daten 12	I. Produktbegriff 64
a) Verletzung der Datenintegrität und	1. Verkörperte und online übertragene Software 65
-verfügbarkeit 12	2. Standard- und Individualsoftware 68
b) Daten als sonstiges Recht 17	II. Produktfehler 70
3. Beeinträchtigung der bestimmungsgemäßen Verwendung 22	III. Geschützte Rechtsgüter 75
III. Verantwortlichkeit für von Dritten verursachte Verletzungen? 24	E. Haftung bei Open Source Produkten 77
IV. Pflichten 25	I. Verschuldensabhängige Produkthaftung 78
1. Grundsätze 25	II. Verschuldensunabhängige Produkthaftung ... 82
2. Pflichten vor Inverkehrgabe: IT-Sicherheitslücken als Konstruktionsfehler 27	III. Haftungseinschränkung aufgrund vertraglicher Haftungsbeschränkungen 86
3. Pflichten nach Inverkehrgabe: Produktbeobachtungs- und Warnpflichten 30	IV. Haftungsadressaten (Softwarehersteller, -lieferanten und -händler) 89
4. Produktbeobachtung für Fremdsoftware 35	V. Haftung der Verwender von Open Source
5. Rückrufpflichten; Pflicht zu Patches? 39	Software 95
6. Herstellerpflichten und technische Standards 49	

A. Überblick

1 An erster Stelle in der Wertschöpfungskette stehen die **Produzenten** von Hardware und Software. Folgerichtig gelten für Hersteller von IT-Produkten im Grundsatz dieselben Anforderungen wie für andere Hersteller auch, in erster Linie die Grundsätze der deliktischen **Produzentenhaftung** und des verschuldensunabhängigen ProdHaftG. Neben diese Ansprüche können im Einzelfall vertragliche Ansprüche gegen den Hersteller treten.

2 Zunächst sind die **Äquivalenz- von den Integritätsinteressen** abzugrenzen: Das Allgemein- bzw. Verkehrsinteresse an einer sicheren IT kann sich nur auf den Schutz der Daten gegenüber Angriffen Dritter beziehen, nicht aber auf „funktionierende" IT, die allein das Äquivalenzinteresse des jeweiligen Nutzers betrifft, mithin das Vertragsverhältnis, auch wenn diese die Funktionsfähigkeit sog. kritischer Infrastrukturen beeinträchtigen kann. **Systemstörungen,** wie etwa beim Ausfall ganzer Systeme für den Ticketverkauf bei Verkehrsunternehmen, können daher allein vertragsrechtlich, ggf. öffentlich-rechtlich bewältigt werden (durch spezifische Vorgaben für die IT-Infrastruktur).[1] Beispiele für derartige öffentlich-rechtliche Regulierungen von Branchen zur Sicherstellung von IT-Funktionalitäten enthalten die Neufassungen der MaRisk und MaRisk VA für den Banken- und Versicherungssektor.[2]

3 Überlagert werden die zivilrechtlichen Anforderungen durch öffentlich-rechtliche Regulierungen im Bereich der **Produktsicherheit,** zB durch das Gesetz über die Bereitstellung von Produkten auf dem Markt (Produktsicherheitsgesetz – ProdSG).[3] Hauptinstrument der Gewähr-

---

[1] S. hierzu das am 25.7.2015 in Kraft getretene Gesetz zur Erhöhung der Sicherheit informationstechnischer Systeme (IT-Sicherheitsgesetz) bzw. den neu gefassten § 8 a BSIG.
[2] Rundschreiben BaFin Nr. 09/2017 (BA) – „Mindestanforderungen an das Risikomanagement – MaRisk" vom 27.10.2017, abrufbar unter https://www.bundesbank.de/resource/blob/598724/15fc93f88b8319a9430afdb3ee5434 37/mL/2017-10-27-rundschreiben-data.pdf; dazu Boos/Fischer/Schulte-Mattler/*Braun* KWG § 25 a; im Einzelnen dazu (noch bezüglich der Vorgängerfassung der MaRisk) *Spindler,* Studie Verantwortlichkeiten von IT-Herstellern, Nutzern und Intermediären.
[3] BGBl. 2011 I 2178.

leistung von Sicherheit sind hier in materiell-rechtlicher Hinsicht bestimmte Grundpflichten der Hersteller, in verfahrensrechtlicher Hinsicht Zertifikate für sichere Produkte, gegebenenfalls auch die Genehmigungsbedürftigkeit von Produkten. Typisch für das deutsche und europäische Produktsicherheitsrecht ist dabei der Rückgriff auf bestimmte, in einem den Vorschriften des Gesetzes entsprechenden Verfahren erlassene technische Normen, an die sich unter Umständen sogar Vermutungswirkungen knüpfen können.[4] Hinzu treten spezielle Produktsicherheitsgebiete wie etwa das Medizinproduktegesetz (MPG), ab 2020 abgelöst durch die Medizinprodukte-VO.[5] Allerdings normieren weder das MPG noch die Medizinprodukte-VO eigene Haftungstatbestände; vielmehr verweist die Medizinprodukte-VO auf die Haftung nach nationalem Recht.[6]

Einfluss auf die berechtigten Sicherheitserwartungen haben ferner vor allem der **Preis**[7] – was insbesondere für kostenlose Internetangebote von Bedeutung ist – und die **Bestimmung des Produktes**, einschließlich dessen allgemeiner Anpreisung in der Werbung (ähnlich wie im Kaufrecht, s. § 434 Abs. 1 S. 3 BGB).[8] Im Rahmen einer gewissen Bandbreite kann ein niedrigerer Preis auch ein niedrigeres Sicherheitsniveau als das des Standards implizieren, sofern dies offenbar wird.[9] Stets ist jedoch eine **Basissicherheit** zu gewährleisten, deren Einhaltung der Verkehr auf jeden Fall annimmt.[10] Gerade für kostenlose IT-Produkte wie Open Source-Software (dazu auch → Rn. 77 ff.) oder Dienste, wie sie im Internet häufig ohne Gebühren angeboten werden, ist dies von Relevanz.

Erheblich ist ferner, ab welcher Schwelle der Bedrohung von Rechtsgütern Dritter der Verkehrspflichtige Maßnahmen zur Sicherung ergreifen muss. Die Pflicht zum Eingreifen wird umso eher ausgelöst, je höherrangiger die bedrohten Rechtsgüter sind.[11] Daraus folgt, dass der Verkehrspflichtige bei **Bedrohung von Gesundheit und Leben** bereits bei ernstlichen Verdachtsmomenten tätig werden muss; er kann nicht bis zum ersten Schadensfall abwarten.[12] Generell sind dem Hersteller bei erheblichen Gefahren für Leben und Gesundheit von Menschen weitergehende Maßnahmen zumutbar als in Fällen, in denen nur Eigentums- oder Besitzstörungen oder kleinere körperliche Beeinträchtigungen zu befürchten sind.[13] Er muss die einschlägigen Veröffentlichungen zu Bedrohungen und Gefahrenquellen auswerten[14] und

---

4 Ausführlicher dazu BeckOGK BGB/*Spindler* § 823 Rn. 628 ff.
5 Verordnung (EU) 2017/745 des europäischen Parlaments und des Rates vom 5.4.2017 über Medizinprodukte, Abl. L 117/1.
6 Art. 10 Abs. 16 Medizinprodukte-VO, ErwGr. 31.
7 Kilian/Heussen/*Littbarski*, Computerrechts-Handbuch 1. Abschnitt Teil 18 Rn. 61.
8 Ausführlich dazu Foerste/v. Westphalen/*Foerste*, Produkthaftungshandbuch, § 24 Rn. 4, 11, 55.
9 BGH 17.10.1989 – VI ZR 258/88, NJW 1990, 906 (907); BGH 21.11.1989 – VI ZR 350/88, NJW 1990, 908 (909); OLG Naumburg 21.11.2013 – 1 U 38/12, BeckRS 2014, 05588; MüKoBGB/*Wagner* § 823 Rn. 813; Kötz/*Wagner*, Deliktsrecht, Rn. 183; für Verkehrssicherungspflichten; Staudinger/*Hager* BGB § 823 F Rn. 8.
10 BGH 21.11.1989 – VI ZR 350/88, NJW 1990, 908 (909); OLG Naumburg 21.11.2013 – 1 U 38/12, BeckRS 2014, 05588; Staudinger/*Oechsler* BGB § 3 ProdHaftG Rn. 109; Foerste/v. Westphalen/*Foerste*, Produkthaftungshandbuch, § 24 Rn. 11; *Kullmann* Kza 1520, S. 5; Staudinger/*Hager* BGB § 823 F Rn. 8; MüKoBGB/*Wagner* § 823 Rn. 813; Kötz/*Wagner*, Deliktsrecht, Rn. 185.
11 BGH 17.3.2009 – VI ZR 176/08, VersR 2009, 649 (650); BGH 17.3.1981 – VI ZR 191/79, BGHZ 80, 186 (192); vgl. BGH 7.6.1988 – VI ZR 91/87, BGHZ 104, 323 (329); OLG Stuttgart 13.8. 2015–13 U 28/15, BeckRS 2015, 14624; OLG Saarbrücken 21.8.2013 – 2 U 32/13, NJW 2014, 1600 (1601); MüKoBGB/*Wagner* § 823 Rn. 809; Palandt/*Sprau* BGB § 823 Rn. 176.
12 BGH 24.1.1989 – VI ZR 112/88, BGHZ 106, 273 (283); BGH 17.3.1981 – VI ZR 191/79, BGHZ 80, 186 (192).
13 BGH 17.3.2009 – VI ZR 176/08, VersR 2009, 649 (650); BGH 16.6.2009 – VI ZR 107/08, VersR 2009, 1125 (1126).
14 BGH 17.3.1981 – VI ZR 286/78, NJW 1981, 1606 (1608); BGH 18.10.1960 – VI ZR 8/60, VersR 1960, 1095 (1096).

den **Stand von Wissenschaft und Technik**[15] berücksichtigen.[16] Andererseits muss er sich nicht mit vereinzelt gebliebenen Auffassungen zu Gefahrenmomenten auseinandersetzen, sondern kann sich idR auf die **vorherrschende Überzeugung in Fachkreisen** verlassen.[17] Sind Gefahren bekannt, aber nicht die Möglichkeiten zu ihrer Vermeidung, kann ein Produkt nur in Verkehr gebracht werden, wenn der Verkehr eine entsprechend reduzierte Sicherheit erwartet,[18] wobei dem Hersteller ein Anpassungsermessen bei **Wandel des Gefahrenbewusstseins**[19] und bei neuen technischen Entwicklungen[20] zugestanden wird. Der Weg der größeren Vorsicht muss gewählt werden, wenn Unsicherheiten über die Sicherheitsvorkehrungen bestehen.[21]

B. Verschuldensabhängige Produzentenhaftung

6 Bei der **Produkthaftung** nach §§ 823 ff. BGB kommt es nicht darauf an, ob Software als Produkt bzw. Sache zu qualifizieren ist (im Gegensatz zum ProdHaftG, → Rn. 63 ff.);[22] vielmehr genügt das Vorhandensein einer **Gefahrenquelle**. Die verschuldensabhängige Produkthaftung kann dabei grob nach ihren Anspruchsgrundlagen in zwei Bereiche unterteilt werden, zum einen der Rechts- und Rechtsgutsverletzung nach § 823 Abs. 1 BGB, zum anderen der Schutzgesetzverletzung nach § 823 Abs. 2 BGB:

I. Verletzung personenbezogener Rechtsgüter

7 Verletzungen der Rechtsgüter Leben, Körper und Gesundheit durch Softwarefehler sind vor allem mittelbar infolge von Fehlfunktionen oder Ausfällen denkbar.[23] Die Relevanz von durch Softwarefehler verursachten Personenschäden wird zunehmen, je mehr Steuerungsaufgaben im alltäglichen Bereich auf IT-Produkte und Dienste übertragen werden. Dies gilt für den gesamten Bereich der softwaregesteuerten Industrie, aber auch der Steuerung von Verkehrsströmen (zB Flugsicherung, Verkehrsleitsysteme) oder Software, die im medizinischen

---

15 Der Begriff des „Standes der Wissenschaft und Technik" wie er in § 1 Abs. 2 Nr. 5 ProdhaftG verwendet wird, ist nicht als Verweis auf das nationale Recht zu verstehen, sondern aufgrund des unionalen Ursprungs autonom auszulegen. Dies führt im Hinblick auf die nationale Auslegung allerdings nicht zu divergierenden Ergebnissen, da die angelegten Maßstäbe im Wesentlichen identisch sind; ausf. dazu: Foerste/v. Westphalen/*Foerste*, Produkthaftungshandbuch, § 46 Rn. 70 ff. mwN.; dazu auch: *Pour Rafsendjani/Bomhard* in → § 9 Rn. 36 ff.
16 Dies ergibt sich schon aus der amtl. Begr. zum E des ProdhaftG, BT-Drs. 11/2447, 15, wonach grundsätzlich für Fehler aller Art gehaftet wird, außer für solche, die nach dem Stand von Wissenschaft und Technik nicht erkannt werden konnten; BGH 8.2.1977 – VI ZR 217/74; VersR 1977, 543 (545); BGH 2.3.1977 – VIII ZR 209/75, VersR 1977, 571 (572); BGH 9.5.1995 – VI ZR 158/94, NJW 1995, 2162; BGH 17.3.1981 – VI ZR 286/78, NJW 1981, 1606 (1608); BGH 16.06. 2009 – VI ZR 107/08, NJW 2009, 2952 (2953); OLG Schleswig 7.4.2005 – 11 U 132/98, ZfS 2006, 442 (443).
17 BGH 16.6.2009 – VI ZR 107/08, VersR 2009, 1125 (1126), wonach der maßgebliche Stand von Technik aber nicht mit Branchenüblichkeit gleichzusetzen ist; s. auch OLG Hamm 31.1.1994 – 11 W 74/93, NJW-RR 1995, 406; dazu auch: *Pour Rafsendjani/Bomhard* in → § 9 Rn. 41.
18 BGH 16.6.2009 – VI ZR 107/08, VersR 2009, 1125 (1127), wonach der Verwender vor dem Gebrauch vor denjenigen Gefahren gewarnt werden muss, die bei bestimmungsgemäßen Gebrauch oder naheliegendem Fehlgebrauch drohen und nicht zum allgemeinen Gefahrenwissen des Benutzerkreises gehören, damit er eigenverantwortlich entscheiden kann, ob er sich den Gefahren aussetzt; Foerste/v. Westphalen, Produkthaftungshandbuch, § 24 Rn. 109 ff.; *Kullmann* Kza 1520, S. 4 f.
19 Insbesondere bei uneinheitlichen Verbrauchererwartungen wie zB bei Kopfstützen, ABS-Bremssystemen oder Airbags in Kfz, vgl. Foerste/v. Westphalen/*Foerste*, Produkthaftungshandbuch, § 24 Rn. 120 ff.; ähnl. *Hollmann* DB 1985, 2389 (2392); *Spindler* NJW 2004, 3145; BeckOGK BGB/*Spindler* § 823 Rn. 627; *Schlechtriem* VersR 1986, 1033 (1036); abl. gegenüber dem Kriterium der Verbrauchererwartung *Möllers*, Rechtsgüterschutz im Umwelt- und Haftungsrecht, S. 254 ff.
20 *Kullmann* Kza 1520, S. 15 f.; BeckOGK BGB/*Spindler* § 823 Rn. 627.
21 *Kullmann* Kza 1520, S. 15 unter Verweis auf BGH 17.10.1989 – VI ZR 258/88, NJW 1990, 906 (907) – und Berufung auf arzthaftungsrechtliche Grundsätze, wie zB BGH 27.11.1952 – VI ZR 25/52, BGHZ 8, 138 (140); weniger restriktiv BGH 7.7.1987 – VI ZR 146/86, NJW 1987, 2927.
22 *Spindler* NJW 2004, 3145 (3145 aE); *Marly*, Praxishandbuch Softwarerecht, Rn. 1828.
23 *R. Koch* NJW 2004, 801 (802); *Taeger*, Außervertragliche Haftung für fehlerhafte Computerprogramme, S. 259 f.

Bereich[24] eingesetzt wird.[25] Hinzu kommt etwa der Softwareeinsatz im privaten Pkw (zB Anti-Blockier-System [ABS], elektronisches Stabilitätsprogramm [ESP], automatische Fahrabstandsregelung, elektronischer Bremskraftverstärker), in Zukunft von Robotern, Fahrerassistenzsystemen und **autonom oder teleoperiert** (bei letzterem „[...] [steuert] ein Operator das Fahrzeug von einer Zentrale aus [fern]"[26] **gesteuerten Kfz** (s. dazu → Rn. 76).[27] Als zu erfüllende technische Normen sind IEC/EN 61508 und DIN/ISO 26262 zu nennen.[28] Ferner können alle durch künstliche Intelligenz gesteuerten Systeme zu den Softwarefehlern zählen, etwa Industrie- oder Pflegeroboter.

II. Verletzungen des Eigentums

Mindestens ebenso wahrscheinlich wie Personenschäden sind Beeinträchtigungen in Form eines Eingriffs in die Sachsubstanz (Hardware), Beeinträchtigungen der Verfügbarkeit und Integrität von Daten, sowie das Verursachen von System- und Betriebsausfällen. Allerdings fehlt es bei Daten auf den ersten Blick an einer Verletzung der Sachsubstanz, so dass der Funktion des **Eigentums** (§ 903 S. 1 BGB) und ihrer Behandlung nach § 823 Abs. 1 BGB eine besondere Bedeutung zukommt (dazu → Rn. 12 ff.). 8

1. Substanzverletzungen, insbesondere Weiterfresserschäden

Führt der Softwarefehler zu einer Beschädigung oder Zerstörung einer Anlage etc, stellt sich das Problem des sog. **Weiterfresserschadens**.[29] Nach gefestigter Rechtsprechung des BGH sind Schäden an einem ansonsten fehlerfreien Produkt, welche durch ein integriertes fehlerhaftes Teilprodukt verursacht wurden, nach § 823 Abs. 1 BGB wegen Verletzung des Eigentums am fehlerfreien Rest zu ersetzen.[30] Nachdem der BGH eine Eigentumsverletzung zunächst bei funktionaler Abgrenzbarkeit des fehlerhaften Teils bejahte, stellt er nunmehr auf die Unterscheidung zwischen dem vertraglich geschützten **Äquivalenz-** und dem deliktisch geschützten 9

---

24 Zur Abwehr von Risiken im Verkehr oder in Betrieb befindlicher Medizinprodukte hat der Gesetzgeber auf der Grundlage der §§ 29, 37 Abs. 7 Medizinproduktegesetz (MPG) die Medizinprodukte-Sicherheitsplanverordnung (MPSV) geregelt. Nach Ansicht des OLG Düsseldorf 14.3.2012 – 15 v U 122/10, NJOW 2012, 1404 (1411), konkretisieren die Regelungen der MSPV die Produktbeobachtungs- und die Reaktionspflichten für Medizinprodukte; regelmäßig sei daher nur dann eine Verkehrssicherungsverletzung anzunehmen, wenn den Vorschriften der MPSV nicht Genüge getan werde. Die Verordnung normiert für den Hersteller iSd § 5 MPG in §§ 3, 14 MPSV Melde- und Reaktionspflichten für den Fall eines Vorkommnisses oder eines Rückrufs. Gem. § 2 Nr. 1 MSPV ist ein Vorkommnis eine Funktionsstörung, ein Ausfall oder eine Änderung der Merkmale oder der Leistung oder eine Unsachgemäßheit der Kennzeichnung oder der Gebrauchsanweisung eines Medizinprodukts, die unmittelbar oder mittelbar zum Tod oder zu einer schwerwiegenden Verschlechterung des Gesundheitszustands eines Patienten, eines Anwenders oder einer anderen Person geführt hat, geführt haben könnte oder führen könnte.
25 BGH 9.6.2015 – VI ZR 327/12, NJW 2015, 2507; EuGH 5.3.2015 – C-503/13, C-504/13, MPR 2015, 91 (96); zur abstrakten Gefährlichkeit von Herzschrittmachern, OLG Hamm 26.10.2010 – I-21 U 163/08, VersR 2011, 637 (640); vgl. *Schneider/Günther* CR 1997, 389 (392); zu Expertensystemen ausführlich *Spindler* in: FS Jaeger, 2014, S. 135 ff.; *Redeker*, IT-Recht, Rn. 824; Kilian/Heussen/R. *Koch*, Computerrechts – Handbuch, 1. Abschnitt Teil 12 Rn. 4, der als Beispiel im medizinischen Bereich die Fehlmedikation bei einem Krankenhauspatienten aufgrund eines Software-Fehlers nennt.
26 *Lutz/Tang/Lienkamp* NZV 2013, 57; s. auch dazu https://de.wikipedia.org/wiki/Telerobotik.
27 *Spindler* CR 2015, 766 ff.; grundlegend *Bewersdorf*, Zulassung und Haftung bei Fahrerassistenzsystemen im Straßenverkehr, S. 33 ff.; *Jänich/Schrader/Reck* NZV 2015, 313 (317 f.); *Lutz/Tang/Lienkamp* NZV 2013, 57 (61); *Müller-Hengstenberg/Kirn* MMR 2014, 307 (312 f.); Hilgendorf/Hötitzsch/May, Robotik im Kontext von Recht und Moral, S. 189 ff.; *Droste* CCZ 2015, 105; dazu auch *Lutz* NJW 2015, 119; zur Zurechnungsproblematik Hilgendorf/*Schuhr*, Robotik im Kontext von Recht und Moral, S. 13, 17 f.
28 *Freise* VersR 2019, 65 (70); *Sander/Hollering* NStZ 2017, 193; *Lutz/Tang/Lienkamp* NZV 2013, 57 (61); *Jänich/Schrader/Reck* NZV 2015, 313 (317).
29 *Marly*, Praxishandbuch Softwarerecht, Rn. 1820; *Sodtalbers*, Softwarehaftung im Internet, Rn. 513 ff.
30 BGH 24.11.1976 – VIII ZR 137/75, BGHZ 67, 359 (364 f.); BGH 18.1.1983 – VI ZR 310/79, BGHZ 86, 256 (258); BGH 31.3.1998 – VI ZR 109/97, VersR 1998, 855 (857); ausführlich BeckOGK BGB/*Spindler* § 823 Rn. 148 ff.

Integritätsinteresse ab. Eine Eigentumsverletzung liegt demnach vor, wenn der Minderwert, welcher der Sache von Anfang an anhaftete, nicht mit dem eingetretenen Schaden „stoffgleich" ist.[31] Dies wird man regelmäßig dann bejahen können, wenn ein Softwarefehler nicht lediglich die Software selbst zerstört,[32] sondern zur Beschädigung oder Zerstörung **der Sache** (zB Maschine, Fahrzeug usw) führt, in die sie eingebaut ist.[33] Führt das Versagen des Programmes zur Zerstörung der gesteuerten Maschine, wird aufgrund der nicht bestehenden Stoffgleichheit des Softwarefehlers mit dem eingetretenen Schaden das Eigentum verletzt;[34] zerstört sich das fehlerhafte Programm aber selbst, indem es sich zB löscht, so liegt keine Eigentumsverletzung vor, auch wenn gleichzeitig die gesamte Anlage zerstört wird.[35]

10 Vor allem bei „**embedded systems**"[36], also von der Anlage nicht trennbarer Software, die fest in einer Hardware installiert ist „[…] und dort die Aufgabe der Steuerung, Regelung oder Überwachung technischer Geräte […] verrichte[t]"[37], wird man in der Regel von einer Stoffgleichheit ausgehen müssen. Allerdings ist einzuräumen, dass diese Trennung gerade aufgrund der häufig fließenden Übergänge von „embedded systems" zu Fernsteuerungen von Maschinen und Anlagen („remote control") zweifelhaft erscheint.

11 Insbesondere bei **autonomen Fahrsystemen** stellt sich das gleiche Problem. Das Allgemein- bzw. Verkehrsinteresse an sicheren Robotersystemen kann sich nicht auf das Interesse an einem funktionierenden Roboter beziehen, was allein das Äquivalenzinteresse betrifft. Systemstörungen können daher nur vertragsrechtlich bewältigt werden. Schäden am eigenen selbst fahrenden Kfz aufgrund von Fehlfunktionen des eingesetzten IT-Systems dürften in aller Regel das Äquivalenzinteresse betreffen, auf jeden Fall dann, wenn das Steuerungssystem sich funktional nicht mehr vom Kfz trennen lässt („weiterfressender Mangel"). Ob dem so ist, hängt allerdings stark von der technischen Ausgestaltung des Systems ab: Lassen sich die Steuerungselemente vom Rest des Kfz trennen, insbesondere ohne dessen Funktionsfähigkeit zu beeinträchtigen, dürfte es sich um funktional abgrenzbare Teile handeln, so dass in diesen Fällen doch das Integritätsinteresse berührt wäre. Teile der Literatur plädieren jedoch dafür die Steuerungssoftware solcher Fahrsysteme generell als eigene Sache zu qualifizieren, da diese faktisch gesehen nur „intelligente Lenkräder" seien.[38]

2. Daten
a) Verletzung der Datenintegrität und -verfügbarkeit[39]

12 Wesentlich problematischer ist dagegen der Fall, dass die defekte Software andere Daten zerstört (oder deren Zerstörung ermöglicht, zB durch Viren), ohne dass letztlich die Sachsubstanz verändert würde.[40] Denn an sich weisen Daten keine Sachsubstanz auf, es handelt sich bei

---

31 So BGH 27.1.2005 – VII ZR 158/03, BGHZ 162, 86 (94), der Stoffgleichheit bejaht, wenn sich der Mangelunwert mit dem erlittenen Eigentumsschaden deckt. Dieser Schaden ist dann allein auf die enttäuschte Vertragserwartung zurückzuführen (Äquivalenzinteresse); BGH 16.12.2008 – VI ZR 170/07, BGHZ 179, 157 Rn. 25; BGH 28.10.2010 – VII ZR 172/09, NJW 2011, 594 Rn. 26.
32 *Foerste*/v. Westphalen/, Produkthaftungshandbuch, § 21 Rn. 67; *Marly*, Praxishandbuch Softwarerecht, Rn. 1820; *Sodtalbers*, Softwarehaftung im Internet, Rn. 518.
33 *Sodtalbers*, Softwarehaftung im Internet, Rn. 513 ff., 518; *Taeger*, Außervertragliche Haftung für fehlerhafte Computerprogramme, S. 260 f.; BeckOGK BGB/*Spindler* § 823 Rn. 149; *Foerste*/v. Westphalen, Produkthaftungshandbuch, § 21 Rn. 67; *Marly*, Praxishandbuch Softwarerecht, Rn. 1820.
34 *Sodtalbers*, Softwarehaftung im Internet, Rn. 518.
35 *Sodtalbers*, Softwarehaftung im Internet, Rn. 518.
36 Dazu *Orthwein/Obst* CR 2009, 1.
37 *Orthwein/Obst* CR 2009, 1.
38 *Wagner* AcP 217 (2017), 707 (723); *Sosnitza* CR 2016, 764 (770); nach technischen Gegebenheiten differenzierend *Spindler* CR 2015, 766 (768).
39 Zum Folgenden s. eingehend *Spindler* in: FS Coester-Waltjen, 2015, S. 1183 ff.
40 Die Frage einer Eigentumsverletzung offenlassend *Redeker*, IT-Recht, Rn. 824.

ihnen folglich nicht um körperliche Gegenstände iSd §§ 903 S. 1, 90 BGB,[41] sie erhalten ihren Wert vielmehr erst durch die Verarbeitung der Daten und Informationen beim Nutzer. Werden Daten zerstört, bleibt die Sachsubstanz der Hardware, auf der sie gespeichert sind, unverändert. Dennoch kann im ersten Zugriff eine Verletzung des Eigentums **an den Datenträgern** angenommen werden, da sich der elektromagnetische Zustand des Speichermediums ändert, mithin das Eigentum durchaus verändert wird; maßgeblich wäre dann allerdings stets die Verkörperung der Daten auf einem konkreten Datenträger.[42] Die Löschung oder Veränderung von Daten auf einem physischen und abgegrenzten Datenträger kann daher eine Eigentumsverletzung aufgrund der damit zwangsläufig einhergehenden Veränderung der magnetischen Oberfläche eines Datenträgers darstellen.[43]

Überzeugender erscheint es indes von einer **Nutzungsbeeinträchtigung am Datenträger** auszugehen. Der BGH hatte bereits frühzeitig der inneren Ordnung eines Archivs eine Eigentumsqualität zugesprochen, so dass die Zerstörung der systematischen Sortierung deliktisch geschützt wurde, obwohl keinerlei Verletzungen der Substanz an sich damit einhergingen.[44] Da aber auch jeder physische Datenträger hinsichtlich der gespeicherten Daten eine innere Ordnung voraussetzt, muss schon die Zerstörung dieser Ordnung und der damit verbundene Verlust von Daten unabhängig von Substanzeingriffen zur Eigentumsverletzung führen;[45] durch jedwede Datenveränderung bzw. -Löschung wird damit die (durch die systematische Ordnung bestimmte) Nutzung des Datenträgers zu seinem Gebrauch, nämlich der Sicherung und Bereitstellung von konkreten Daten, beeinträchtigt.[46] 13

Auch wenn über das Eigentum am Datenträger ein mittelbarer, reflexartiger Schutz der Daten besteht,[47] kann dies dem notwendigen Schutz von Daten im Angesicht der neueren Entwicklung der informationstechnischen Systeme nicht (mehr) genügen.[48] Dafür spricht bereits die Einschlägigkeit der eigentumsrechtlichen Nutzungs- und Ausschlussfunktion gem. § 903 S. 1 Alt. 1, Alt. 2 BGB.[49] Zudem setzt der über das Eigentum am Datenträger vermittelte Schutz der Daten entsprechende Rechte am Datenträger voraus.[50] Dies ist insbesondere dann nicht der Fall, wenn der Benutzer fremde Server nutzt oder sich virtueller Datenträger im Rahmen etwa des **Cloud Computings** bedient, zu denen er nur auf schuldrechtlicher Grundlage 14

---

41 BGH 13.10.2015 – VI ZR 271/14, GRUR 2015, 315 Rn. 20; MüKoBGB/*Wagner* § 823 Rn. 219; Leible/Lehmann/Zech/*Spickhoff*, Unkörperliche Güter im Zivilrecht, S. 233, 236; dazu auch Lorenz/*R. Koch*, Karlsruher Forum 2010: Haftung und Versicherung im IT-Bereich, S. 113, 119 ff.; *Seitz/Thiel* PHi 2013, 42 (43 f.).
42 OLG Oldenburg 24.11.2011 – 2 U 98/11, BeckRS 2011, 28832; *Meier/Wehlau* NJW 1998, 1585 (1588 f.); *Taeger*, Außervertragliche Haftung für fehlerhafte Computerprogramme, S. 261; Staudinger/*Hager* BGB § 823 B Rn. 60; Leible/Lehmann/Zech/*Bartsch*, Unkörperliche Güter im Zivilrecht, S. 247, 248; stets auf die Verkörperung durch Datenträger abstellend: BGH 14.7.1993 – VIII ZR 147/92, NJW 1993, 2436 (2437 f.), bei Software; OLG Karlsruhe 24.10.1995 – 3 U 15/95, NJW 1996, 200 (201); *Foerste*/v. Westphalen, Produkthaftungshandbuch, § 21 Rn. 13; MüKoBGB/*Wagner* § 823 Rn. 219; *König* NJW 1993, 3121 (3124); nur zur konkreten Schadensbemessung bei Verlust von Daten: BGH 9.12.2008 – VI ZR 173/07, NJW 2009, 1066 Rn. 11.
43 So etwa Leible/Lehmann/Zech/*Bartsch*, Unkörperliche Güter im Zivilrecht, S. 236; MüKoBGB/*Wagner* § 823 Rn. 220, 294 f.; *Faustmann* VuR 2006, 260, der die Veränderung der molekularen Oberfläche ausreichen lässt.
44 BGH 26.2.1980 – VI ZR 53/79, BGHZ 76, 216 (220); zustimmend Leible/Lehmann/*Spickhoff*, Unkörperliche Güter im Zivilrecht, S. 236.
45 *Spindler* NJW 2004, 3145 (3146).
46 Ebenso *Zech*, Information als Schutzgegenstand, S. 269; einschränkend *Faustmann* VuR 2006, 261: nur bei Beschränkung oder Aufhebung der Gebrauchsfähigkeit.
47 *Bartsch* in: FS Schneider, 2014, S. 297, 298; *Zech*, Information als Schutzgegenstand, S. 269; Leible/Lehmann/Zech/*Spickhoff*, Unkörperliche Güter im Zivilrecht, S. 236.
48 IErg wie hier Leible/Lehmann/Zech/*Spickhoff*, Unkörperliche Güter im Zivilrecht, S. 236 unter Betonung der Funktion der Daten sowie der Ausschlussfunktion des Eigentums gem. § 903 S. 1 Alt. 2 BGB.
49 Leible/Lehmann/Zech/*Spickhoff*, Unkörperliche Güter im Zivilrecht, S. 236 unter Verweis auf die Ausschlussfunktion.
50 Ebenso *Zech*, Information als Schutzgegenstand, S. 386; *Bartsch* in: FS Schneider, 2014, S. 297, 298 ff.; *Faustmann* VuR 2006, 260 (262).

Zugang hat.⁵¹ Dies kann aber auch schon dann der Fall sein, wenn ein Arbeitnehmer private Daten auf einem Dienstrechner speichert.⁵² Ansprüche nach Abs. 1 wären in solchen Fällen zu versagen, da der „Daten*eigentümer*" keinerlei Rechte an den jeweiligen Datenträgern hat, er wäre allenfalls auf eine Drittschadensliquidation angewiesen, welche zumindest im Schrifttum teilweise abgelehnt wird.⁵³ Zudem bedürfte es einer zufälligen Schadensverteilung, die hier deshalb nicht vorliegt, da dem Cloudbetreiber selber ein Schaden entsteht, etwa dadurch, dass er die geschuldete Leistung nicht mehr erbringen kann.⁵⁴ Sie ist jedoch nicht vorschnell von der Hand zu weisen, genauerer Überprüfung bedarf die in Betracht kommende Fallgruppe der Obhutspflichten.⁵⁵

15 Auch wegen des schwachen Schutzes der Daten über die „Brücke" des Datenträgers wurde viel über ein **Eigentumsrecht an Daten** diskutiert.⁵⁶ Ausgangspunkt ist dabei das Bedürfnis eines absoluten Schutzrechts an den Daten selbst, unabhängig von der Speicherart. Damit sollen die oben genannten Probleme vermieden und § 823 BGB flexibel an die neuen technischen Entwicklungen angepasst werden.⁵⁷ Zudem wird vorgetragen, durch die Einführung des § 303 a StGB sei ein Dateneigentum vom Gesetzgeber anerkannt worden.⁵⁸ Dagegen ist einzuwenden, dass es Daten an wesentlichen Charakteristika, die ein absolutes Recht ausmachen, fehlt. Daten sind nicht rivalisierend in ihrer Nutzbarkeit, nutzen sich nicht ab und können beliebig vervielfältigt werden.⁵⁹ Außerdem sind Daten nach inzwischen allgemeiner Ansicht keine Sachen iSd § 90 BGB, so dass sie keine Sachen im eigentumsrechtlichen Sinne (vgl. § 903 BGB) sein können.⁶⁰ Auch eine teilweise versuchte analoge Anwendung des § 903 BGB⁶¹ ist abzulehnen; in Anbetracht der Fülle an datenschutzrechtlichen Vorschriften kann eine planwidrige Regelungslücke kaum begründet werden.⁶² Eine Verletzung des Eigentums scheidet für Daten also aus.

16 Da die Daten aber jedenfalls in der Einflusssphäre der Teilnehmer bzw. „Eigentümer" der virtuellen Gegenstände stehen, etwa ihr Zustand durch die „Eigentümer" verändert werden kann, ist auch der **Besitz** an ihnen betroffen, der seinerseits nach § 823 Abs. 1 BGB geschützt wird.⁶³ In diese Richtung weist auch die Entscheidung des BGH zum Application Service Providing, der die Inanspruchnahme von Software auf fremden Servern als Mietvertrag qualifiziert – allerdings in concreto einen (sachenrechtlich definierten) Besitz ablehnt.⁶⁴ Zwar kann der Begriff der unmittelbaren Sachherrschaft hier nicht angewandt werden, da die „Eigentü-

---

51 *Borges*/*Meents*, Cloud Computing, Kap. 4 § 12 Rn. 31.
52 *Zech*, Information als Schutzgegenstand, S. 386.
53 Zweifelnd auch *Faustmann* VuR 2006, 260 (262 aE); abl. *Bartsch* in: FS Schneider, 2014, S. 297, 299.
54 *Faust*, Gutachten zum 71. DJT, 2016, S. 47 f.
55 Allg. dazu MüKoBGB/*Oetker* § 249 Rn. 305.
56 Dazu etwa *Boehm* ZEuP 2016, 358 (379); *Hoeren* MMR 2013, 486; für eine Notwendigkeit de lege ferenda *Fezer* ZD 2017, 99; *Markendorf* ZD 2018, 409.
57 So MüKoBGB/*Wagner* § 823 Rn. 294.
58 So MüKoBGB/*Wagner* § 823 Rn. 295; ähnlich noch *Hoeren* MMR 2013, 486 f.
59 Vgl. Arbeitsgruppe „Digitaler Neustart" der Konferenz der Justizministerinnen und Justizminister der Länder, Bericht v. 15.5.2017, S. 30; ausführend dazu *Faust*, Gutachten zum 71. DJT, 2016, S. 54; zustimmend jetzt auch *Hoeren* MMR 2019, 5.
60 OLG Dresden 5.9.2012 – 4 W 961//12, NJW-RR 2013, 27 (28); *Faust*, Gutachten zum 71. DJT, 2016, S. 46 f.; *Dorner* CR 2014, 617 (620); *Ehlen*/*Brandt* CR 2016, 570 (571); *Eichberger* VersR 2019, 709 (710).
61 So noch *Hoeren* MMR 2013, 486 mwN.
62 *Ehlen*/*Brandt* CR 2016, 570 (571); *Peschel*/*Rockstroh* MMR 2014, 571 (572).
63 In diese Richtung nun auch *Hoeren* MMR 2019, 5; So im Rahmen des „virtuellen Hausrechts" *Kunz*, Rechtsfrage des Ausschlusses aus Internetforen, S. 124 f.; LG München 25.10.2006 – 30 O 11973/05, CR 2007, 264; *Klickermann* MMR 2007, 766 (767); *Maume* MMR 2007, 620 (622).
64 BGH 15.11.2006 – XII ZR 120/04, NJW 2007, 2394 (2395); so nun auch BGH 13.10.2015 – VI ZR 271/14, GRUR 2016, 315 Rn. 20.

mer" der Daten keinen körperlich-physischen Zugang zu den Rechnern haben;[65] doch ist entscheidend, ob die Teilnehmer bzw. „Eigentümer" der Daten darüber bestimmen können, ob und wie diese genutzt werden etc – und damit auch über die entsprechenden Datensätze und deren physische Existenz und Beschaffenheit.[66] Hier ähnelt der Schutz dem deliktsrechtlichen Schutz eines Mieters, der trotz seiner eigentlich nur obligatorischen Berechtigung über das Recht zum Besitz auch absolut geschützt wird. Dem steht auch nicht entgegen, dass sachenrechtlich gesehen der jeweilige Provider (bzw. **Cloud Operator**) als Besitzer zu qualifizieren ist, da die funktionale Sachherrschaft und Befugnis zur Veränderung der Daten genügen sollte.[67] Allerdings hilft diese Konstruktion dann nicht mehr, wenn die Daten in Fragmenten über mehrere Server verteilt sind, ihr genauer Aufenthaltsort per se sich nicht feststellen lässt und dieser sich zudem ständig ändern kann – was gerade im Cloud Computing durchaus der Fall sein kann. Erkennt man allerdings grundsätzlich die „Sachherrschaft" über Daten an, sollte dies auch für Fragmente gelten, solange der Nutzer die Belegenheit bestimmen kann – bei Sub-Cloud-Computing, bei dem der Nutzer nicht mehr weiß, wo die Daten belegen sind, erscheint dies aber zweifelhaft.

b) Daten als sonstiges Recht

Würde man den Schutz auf den Besitz an Daten beschränken, würden diese schlechter behandelt als ihr Pendant in der analogen Welt, etwa ein Brief mit darin enthaltenen Informationen oder ein Buch; der Schutz des § 823 Abs. 1 BGB hinge letztlich davon ab, ob diese Informationen auf einem eigenen Datenträger verkörpert und lozierbar sind[68], was nicht recht nachvollziehbar ist[69]. Die hM sieht demgegenüber kein Bedürfnis für eine Ausdehnung des Schutzes, da ein „Recht am eigenen Datenbestand"[70] inhaltlich schwer zu präzisieren sei.[71] Zudem könne sich der „Dateneigentümer" vor Datenverlust durch die Anfertigung von Sicherungskopien schützen.[72] Des Weiteren vermittle der Eingriff in den Datenträger bereits den nötigen Schutz.[73] Gerade dies genügt aber wie gezeigt nicht, insbesondere beim Cloud Computing.[74] Ebenfalls nicht hinreichend wäre der Schutz des Datums über das Allgemeine Persönlichkeitsrecht, da nicht stets die Privatsphäre betroffen ist, ebenso wenig über das Recht am eingerichteten und ausgeübten Gewerbebetrieb, wenn es am betriebsbezogenen Eingriff fehlt.[75] Auch der urheberrechtliche Schutz des Datenbankherstellers nach §§ 87 a ff. UrhG reicht nicht aus, da über diesen nur die Datenbankstruktur geschützt wird und nicht ihr Inhalt, also nicht das einzelne Datum.[76]

17

---

65 Darauf stellt in seiner Kritik maßgeblich *Berberich*, Virtuelles Eigentum, S. 161 ff. ab.
66 Ähnlich *Hoeren* MMR 2019, 5 (7): entscheidend ist, nach Belieben mit der Sache verfahren zu können; MüKoBGB/*Joost* § 854 Rn. 5 verlangt zwar ein räumliches Verhältnis, allerdings nur um den Gebrauch der Sache zu gewährleisten, dieser ist aber beim Zugriff auf den Rechner gewährleistet.
67 Im Ergebnis ebenso *Redeker* CR 2011, 634 (639).
68 So aber MüKoBGB/*Wagner* § 823 Rn. 219, der nur den Datenträger selbst als Sache und damit als Rechtsgut ansehen will; Staudinger/*Hager* BGB § 823 B Rn. 192; ablehnend auch Leible/Lehmann/Zech/*Spickhoff*, Unkörperliche Güter im Zivilrecht, S. 233, 244.
69 Ebenso *Bartsch* in: FS Schneider, 2014, S. 297, 300.
70 MüKoBGB/*Wagner* § 823 Rn. 219.
71 MüKoBGB/*Wagner* § 823 Rn. 219.
72 Leible/Lehmann/Zech/*Spickhoff*, Unkörperliche Güter im Zivilrecht, S. 244; MüKoBGB/*Wagner* § 823 Rn. 219 aE.
73 So Staudinger/*Hager* BGB § 823 B Rn. 192; Foerste/v. Westphalen/*Foerste*, Produkthaftungshandbuch, § 21 Rn. 13 aE; Leible/Lehmann/Zech/*Spickhoff*, Unkörperliche Güter im Zivilrecht, S. 243 ff.; MüKoBGB/*Wagner* § 823 Rn. 219.
74 *Bartsch* in: FS Schneider, 2014, S. 297; *Berberich* MMR 2012, 310; bereits 1998 andeutend: *Meier/Wehlau* NJW 1998, 1585 (1589); *Faustmann* VuR 2006, 260 (262 f.).
75 S. dazu auch → Rn. 23; vgl. auch *Faustmann* VuR 2006, 260 (262); dazu auch *Seitz/Thiel* PHi 2013, 42, (44 f.) mwN.
76 Dreier/Schulze/*Dreier* UrhG § 87 a Rn. 3; Spindler/Schuster/*Wiebe* Elektron. Medien § 87 a UrhG Rn. 1.

18 Zwar sollten neue „sonstige Rechte" iSd § 823 Abs. 1 BGB nur mit Zurückhaltung angenommen werden, um die grundsätzliche Entscheidung des Gesetzgebers gegen den reinen Vermögensschutz in § 823 Abs. 1 BGB nicht zu unterlaufen.[77] Dennoch sprechen wichtige Gründe für die Annahme eines solchen Rechts: Zu beachten sind in diesem Zusammenhang zunächst die etwaigen Wertentscheidungen der Verfassung.[78] So betont das BVerfG in seiner Entscheidung zum **Grundrecht auf Gewährleistung der Vertraulichkeit und Integrität informationstechnischer Systeme**[79] die zentrale, mittlerweile alltägliche und gesteigerte Gefahr für den Persönlichkeitsschutz des Einzelnen durch die Nutzung informationstechnischer Systeme und nimmt daher ein erhebliches Schutzbedürfnis an, das der eigentlichen Persönlichkeitsrechtsverletzung vorgelagert ist.[80] Auch wenn die Entscheidung in erster Linie nur das Verhältnis der Bürger zum Staat und entsprechender Überwachungsinstrumente betrifft, gibt sie doch Anlass, auch im Zivilrecht die Schutzmöglichkeiten auszudehnen.[81] So könnte die Verletzung der Vertraulichkeit und Integrität informationstechnischer Systeme und damit die Verletzung eines sonstigen Rechts iSv § 823 Abs. 1 BGB bei der rechtswidrigen Beschaffung von Datenbeständen oder der Manipulation von Systemen angenommen werden – mit der regelmäßigen Folge eines Unterlassungs- bzw. Beseitigungsanspruchs seitens der Betroffenen.[82] Allerdings kann es sich stets nur um eine Art Auffangrecht handeln, bei dem sorgsam die Interessen abzuwägen sind,[83] da einerseits bereits über die strafrechtlichen Schutznormen für informationstechnische Systeme auch ein entsprechender über § 823 Abs. 2 BGB wirkender Schutz Eingang ins Zivilrecht findet und dieses Grundrecht zum anderen seinen Ursprung in den Persönlichkeitsrechten hat und daher die entsprechenden Überlegungen zur nötigen Abwägung auch hier gelten.

19 Hinzu treten der **wirtschaftliche Wert von Daten** und Datenbeständen[84] sowie die Virtualisierung und damit zunehmende Loslösung der Informationen von Datenträgern.[85] Aus Wertungsgesichtspunkten verdienen diese digitalen Ersatzstücke denselben Schutz, wie ihre analogen Pendants.[86] Die Gesamtheit an Daten geht weit über einen reinen Vermögensgegenstand hinaus, verkörpern sie doch Informationen über bestimmte Vorgänge, die nicht völlig frei und losgelöst wie eine Idee oder wie Energie[87] sind, sondern stets der physischen Verbindung bedürfen.[88] Die für ein sonstiges Recht zu verlangende Zuweisung ergibt sich aus dem **hinreichend verfestigten Zugang zum Datenbestand**.[89] Es kann aber nur um den Schutz der Daten gehen, ohne dass allerdings diese genau lokalisiert und bestimmt sein müssten (Cloud); dagegen werden nicht die in den Daten enthaltenen Ideen etc geschützt, da dies allein dem Immaterialgüterrecht überlassen bleibt.

---

77 *Bartsch* CR 2008, 613 (614) bzgl. Recht auf Integrität und Vertraulichkeit informationstechnischer Systeme als sonstiges Recht iSd § 823 Abs. 1; mahnend auch Leible/Lehmann/Zech/*Spickhoff*, Unkörperliche Güter im Zivilrecht, S. 233, 244.
78 S. auch *Bartsch* CR 2008, 613 (614).
79 BVerfG 27.2.2008 – 1 BvR 370/07 und 1 BvR 595/07, BVerfGE 120, 274 ff.
80 BVerfG 27.2.2008 – 1 BvR 370/07 und 1 BvR 595/07, BVerfGE 120, 274 Rn. 171 ff., 181.
81 In diese Richtung auch *Zech*, Informationen als Schutzgegenstand, S. 383: „neue Impulse"; Prütting/Wegen/Weinreich/*Schaub* BGB § 823 Rn. 80.
82 *Bartsch* CR 2008, 613 (615 f.).
83 *Zech*, Informationen als Schutzgegenstand, S. 387; *Bartsch* CR 2008, 613 (616).
84 Insofern auch Leible/Lehmann/Zech/*Spickhoff*, Unkörperliche Güter im Zivilrecht, S. 233, 244.
85 *Zech*, Informationen als Schutzgegenstand, S. 386.
86 *Bartsch* in: FS Schneider, 2014, S. 297, 300; vgl. *Bartsch* CR 2010, 553 (557).
87 S. dazu Leible/Lehmann/Zech/*Spickhoff*, Unkörperliche Güter im Zivilrecht, S. 233, 236.
88 *Berberich*, Virtuelles Eigentum, S. 96 weist darauf hin, dass Daten in ihrer Form als magnetische, optische oder elektrische Zustände denknotwendig eines körperlichen Speichermediums bedürfen; so auch Soergel/*Marly* BGB § 90 Rn. 4; *Kloos/Wagner* CR 2002, 865 (866).
89 *Zech*, Informationen als Schutzgegenstand, S. 386.

Auch wenn man Daten daher nicht wie Eigentum behandeln möchte, liegt zumindest ihre Anerkennung als **"sonstiges Recht"** nahe. Es erscheint somit geboten, Daten einen nicht nur reflexartigen, mittelbaren Schutz über § 823 Abs. 1 BGB zuzusprechen, sondern diese als sonstiges Recht iSd § 823 Abs. 1 BGB zu behandeln.[90] Auch die Möglichkeit des Einzelnen sich vor Datenverlust durch Sicherheitskopien zu schützen, spricht nicht gegen die Annahme eines sonstigen Rechts iSd § 823 Abs. 1 BGB an Daten.[91] Dies ist vielmehr eine Frage des Mitverschuldens gem. § 254 BGB im Rahmen der Schadensbestimmung,[92] kann aber nicht etwa über das Bestehen oder Nichtbestehen eines Rechts entscheiden.

20

In Erwägung gezogen wird aber die Beschränkung des Schutzes auf solche Datenbestände mit erheblicher Bedeutung für den Dateninhaber; entscheidend solle insoweit ein schwerwiegender Nachteil im Falle der Verletzung, nicht aber etwa die zuvor getätigten Investitionen, sein. Damit soll der deliktische Schutz an den tatsächlichen technischen Wandel angepasst werden, ohne diesen Schutz über das notwendige Maß hinaus uferlos auszudehnen.[93] Da Daten als sonstiges Recht aber eher den Eigentumsrechten nahestehen und nicht wie das Allgemeine Persönlichkeitsrecht ein Rahmenrecht mit offenen Tatbestand darstellen, überzeugt diese Begrenzung auf **schwerwiegende Nachteile** nicht; sie würde letztlich wieder zu einer Unterscheidung zwischen genau spezifizierbaren, lokalisierbaren und schwer zu ortenden Daten führen, mithin zwischen normalen Datenträgern und der Speicherung in der Cloud.[94]

21

3. Beeinträchtigung der bestimmungsgemäßen Verwendung

Softwarefehler können gerade im unternehmerischen Bereich zu hohen Schäden, vor allem durch **Betriebsstörungen** und **Produktionsausfälle**, führen. Besondere Bedeutung hat daher die Frage, ob das Eigentum in Gestalt der Beeinträchtigung der bestimmungsgemäßen Verwendung verletzt wird.[95] Bei der Annahme einer Eigentumsverletzung ist indes Vorsicht geboten, da die Grenze zum nach § 823 Abs. 1 BGB nicht ersatzfähigen primären Vermögensschaden nicht überschritten werden darf,[96] wobei allerdings schon die erhebliche Beeinträchtigung der bestimmungsgemäßen Verwendung einer Sache als Eigentumsverletzung genügt.[97] Gerade bei einem Systemausfall erschöpft sich die Funktionsuntauglichkeit der Sache (Hardware), die mit der Software gesteuert wird, in der Regel in einem temporären Vorgang. Auch bei einem Trojaner auf dem Rechner wird die Gebrauchstauglichkeit des Computers nicht in einer zu einer Eigentumsverletzung führenden Weise beeinträchtigt.

22

Da die meisten relevanten Schäden eher im geschäftlichen Sektor auftreten, liegt es nahe, bei fahrlässigen Datenlöschungen an eine Verletzung des als sonstiges Recht iSd § 823 Abs. 1

23

---

90 OLG Dresden 5.9.2012 – 4 W 961/12, NJW-RR 2013, 27; *Redeker* CR 20110, 634 (638); *Faustmann* VuR 2006, 260 (262); *Bartsch* in: FS Schneider, 2014, S. 297, 298 ff.; *Hoeren* MMR 2013, 486 (491); Prütting/Wegen/Weinreich/*Schaub* BGB § 823 Rn. 80; *Zech*, Informationen als Schutzgegenstand, S. 386 f., 401.
91 So aber wohl: LG Konstanz 10.5.1996 – 1 S 292/95, NJW 1996, 2662; Leible/Lehmann/Zech/*Spickhoff*, Unkörperliche Güter im Zivilrecht, S. 244; MüKoBGB/*Wagner* § 823 Rn. 219 aE.
92 So auch Leible/Lehmann/Zech/*Spickhoff*, Unkörperliche Güter im Zivilrecht, S. 237, 244.
93 In diese Richtung *Bartsch* in: FS Schneider, 2014, S. 297, 301.
94 Ähnlich auch *Faustmann* VuR 2006, 260 (263), allerdings bezogen auf die Häufigkeit vorsätzlicher Eingriffe in Datenbestände.
95 Grundlegend BGH 21.12.1970 – II ZR 133/68, BGHZ 55, 153 (159) – Fleetfall; OLG Köln 5.9.2014 – 3 U 32/14, BeckRS 2015,00923; ausführlich BeckOGK BGB/*Spindler* § 823 Rn. 50 ff.; MüKoBGB/*Wagner* § 823 Rn. 236 ff.
96 BGH 15.11.1982 – II ZR 206/81, BGHZ 86, 152 (155); BeckOGK BGB/*Spindler* § 823 Rn. 51; MüKoBGB/*Wagner* § 823 Rn. 241.
97 BGH 21.12.1970 – II ZR 133/68, BGHZ 55, 153 (159 ff.); BGH 25.10.1988 – VI ZR 344/87, BGHZ 105, 346 (350); BGH 21.4.1993 – IV ZR 33/92, NJW 1994, 517 (518); BGH 6.12.1994 – VI ZR 229/93, NJW-RR 1995, 342 (342 f.); BGH 11.6.1996 – VI ZR 202/95, NJW 1996, 2507 (2508); Rheinschifffahrtsobergericht Köln 5.9.2014 – 3 U 32/14, NJW 2015, 129 (131); *Larenz/Canaris*, Schuldrecht BT II Bd. 2/2, § 76 II 3 b, S. 387; Erman/*Schiemann* BGB § 823 Rn. 31; Staudinger/*Hager* BGB § 823 D Rn. 98; ebenfalls auf die „Intensität der Nutzungsbeeinträchtigung" abstellend MüKoBGB/*Wagner* § 823 Rn. 242.

BGB anerkannten **Rechts am eingerichteten und ausgerichteten Gewerbebetrieb** zu denken. Voraussetzung für eine Verletzung dieses Rechts ist aber das Korrektiv der Betriebsbezogenheit. Das bedeutet, dass sich der Eingriff gegen den Betrieb als solchen richten muss und nicht lediglich vom Gewerbebetrieb ablösbare Rechtspositionen beeinträchtigen darf.[98] Bei fahrlässigen Datenlöschungen, die zB aufgrund von Stromunterbrechungen erfolgen, fehlt es daher in der Regel an der Betriebsbezogenheit, so dass dem Recht am eingerichteten und ausgeübten Gewerbebetrieb in Bezug auf Daten wenig Bedeutung zukommt.[99] Gleiches gilt für Lücken in der IT-Sicherheit, die etwa durch fahrlässige geschaffene Schwachstellen in der Software bzw. sich dadurch eröffnende Möglichkeiten für Hacker („Exploits") entstehen.

III. Verantwortlichkeit für von Dritten verursachte Verletzungen?

24 Im Gegensatz zur normalen Produkthaftung sind bei IT-Produkten und gerade bei der IT-Sicherheit oftmals Einflüsse Dritter im Spiel, die **Zurechnungsfragen** aufwerfen: Grundsätzlich treffen den Beherrscher der Gefahrenquelle Sicherungspflichten auch dann, wenn erfahrungsgemäß mit einem **Fehlverhalten Dritter** zu rechnen ist.[100] Demgemäß ist sowohl im allgemeinen Deliktsrecht[101] als auch in der Produkthaftung anerkannt, dass der Beherrscher der Gefahrenquelle – hier der Software – auch für Schäden einstehen muss, die erst durch das vorsätzliche Ausnutzen der durch das Produkt entstandenen latenten Gefahr durch Dritte entstehen.[102] Die Verantwortlichkeit von Softwareproduzenten bei IT-Sicherheitslücken ihrer Programme wird daher nicht dadurch ausgeschlossen, dass Dritte, wie Programmierer von Viren oder Würmern oder Hacker, die Schäden verursachen. Eine solche latente Gefahr besteht insbesondere bei Sicherheitslücken, die von Hackern ausgenutzt werden können.[103]

IV. Pflichten

1. Grundsätze

25 Im Bereich der Produkthaftung richten sich die Pflichten nicht nach individuellen besonderen Sicherheitserwartungen[104] oder Schadensanfälligkeiten.[105] Ebenso wenig müssen Produkte, deren Gefahren jedermann bekannt sind, gegen Missbrauch gesichert werden; auch vor deren Fehlgebrauch muss nicht gewarnt werden.[106] Bei der Bestimmung des Pflichtenumfangs des

---

98 StRspr. BGH 14.6.1951 – IV ZR 42/50, NJW 1951, 643 (644); BGH 26.10.1951 – I ZR 8/51, NJW 1952, 660 (661) – Constanze I; BGH 9.12.1958 – VI ZR 199/57, NJW 1959, 479 (481) – Stromkabel; BGH 18.1.1983 – VI ZR 310/79, BGHZ 86, 256; BGH 14.5.1987 – III ZR 159/86, VersR 1998, 1038; BGH 11.1.2005 – VI ZR 34/04, VersR 2005, 515 (517); BeckOGK BGB/*Spindler* § 823 Rn. 207 f.; MüKoBGB/*Wagner* § 823 Rn. 323.
99 BGH 9.12.1958 – VI ZR 199/57, NJW 1959, 479 (481); *Meier/Wehlau* NJW 1998, 1589; *Faustmann* VuR 2006, 262; LG Konstanz 5.10.1995 – 22 U 175/94, NJW 1996, 2662; *Bartsch*, Software und das Jahr 2000, S. 159; s. dagegen für Virenbefall *R. Koch* NJW 2004, 801 (803).
100 BGH 28.5.1962 – III ZR 38/6, BGHZ 37, 165 (170); BGH 19.12.1989 – VI ZR 182/89, NJW 1990, 1236 (1237); OLG Stuttgart 18.6.2015 – 2 U 140/14, BeckRS 2015, 15028; OLG Köln 5.2.1992 – 13 U 236/91, VersR 1992, 1241; AG Bremen 23.10.2014 – 9 C 5/14, 9 C 0005/14, NJW-RR 2015, 349 (350); dazu auch: *Pour Rafsendjani/Bomhard* in → § 9 Rn. 78; s. zur Verantwortlichkeit für das Fehlverhalten Dritter auch → § 10 Rn. 14 ff.
101 BeckOGK BGB/*Spindler* § 823 Rn. 408 mwN; MüKoBGB/*Wagner* § 823 Rn. 436 f.
102 BGH 19.12.1989 – VI ZR 182/89, NJW 1990, 1236 (1237); MüKoBGB/*Wagner* § 823 Rn. 436 f.
103 Ernst/*Mankowski*, Hacker, Cracker & Computerviren, Rn. 442; *Bartsch* CR 2000, 721 (721 ff.).
104 *V. Bar*, Produktverantwortung und Risikoakzeptanz – Kriterien der Risikoverteilung, S. 29, 31 f.; BGH 5.2.2013 – VI ZR 1/12, NJW 2013, 1302; BGH 16.6. 2009 – VI ZR 107/08, BGHZ 181, 253; OLG Koblenz 31.10.2008 – 10 U 1268/07, BeckRS 2009, 00578; OLG Schleswig 19.10.2007 – 17 U 43/07, BeckRS 2008, 00058.
105 OLG Hamm 19.1.2000 – 3 U 10/99, NJW-RR 2001, 1248 (1249) – Osteoporosegeschädigter Benutzer eines Sprungbootes.
106 BGH 17.10.1989 – VI ZR 258/88, NJW 1990, 906; BGH 16.6.2009 – VI ZR 107/08, VersR 2009, 1125; OLG Hamm 4.6.2004 – 3 U 16/04, VersR 2005, 1139; BeckOGK BGB/*Looschelders*, § 254 Rn. 202 f.; Staudinger/*Oechsler* BGB § 3 ProdHaftG Rn. 56 ff.; BeckOGK BGB/*Spindler* § 823 Rn. 623.

Herstellers ist zu berücksichtigen, dass es sich bei den Nutzern grundsätzlich um eigenverantwortliche Personen handelt.[107] **Eigenschutzmaßnahmen** sind daher durchaus zu verlangen, sofern es um erkennbare Gefahren geht, etwa Virenscanner oder Firewalls.[108] Die Pflichten des Produzenten, insbesondere zur Instruktion und Warnung, werden weiter eingeschränkt, wenn die Abnehmer selbst fachkundigen Kreisen angehören und daher die Gefahren des Produktes weitestgehend selbst beurteilen können.[109] Kommerzielle IT-Anwender bedürfen daher im Prinzip weniger Instruktionen als Private.

Andererseits haftet der Produzent auch für Schäden infolge eines nicht bestimmungsgemäßen Gebrauchs, sofern dieser sich noch im Rahmen der allgemeinen Zweckbestimmung des Produktes hält[110] und vom Hersteller objektiv vorhergesehen werden kann oder nahe liegt.[111] Ist für den Hersteller erkennbar, dass die Produktnutzer nicht die Fähigkeit zu Eigenschutzmaßnahmen besitzen, erhöht sich dessen Pflichtenumfang entsprechend.[112] Gerade bei IT-Produkten wird indes allein die Minderjährigkeit (sofern dem Hersteller überhaupt bekannt) nicht zwangsläufig die Pflichten des Herstellers intensivieren,[113] da gerade hier Minderjährige als sog. „digital natives"[114] mitunter über bessere Kenntnisse als (ältere) Erwachsene verfügen. Dogmatisch ist die technische Versiertheit des Minderjährigen im Rahmen des § 254 Abs. 1, Abs. 2 S. 1 iVm § 828 Abs. 3 BGB zu berücksichtigen. Die Herstellerpflichten können jedoch bei einer Produktnutzung durch Minderjährige dahingehend verschärft sein, dass besondere Vorkehrungen zum Schutz von Minderjährigen vor solchen Gefahren, die sich aus ihrer jugendlichen Unerfahrenheit ergeben und nicht durch die technische Versiertheit kompensiert werden können, getroffen werden müssen (s. dazu auch → § 10 Rn. 30 f.).

2. Pflichten vor Inverkehrgabe: IT-Sicherheitslücken als Konstruktionsfehler

„Ein Konstruktionsfehler liegt vor, wenn das Produkt schon seiner Konzeption nach unter dem gebotenen Sicherheitsstandard bleibt […]."[115] Für **Software** spielt der Konstruktionsfehler die maßgebliche Rolle, wenn bei der Inverkehrgabe des Produktes nicht der Stand von

---

107 OLG Düsseldorf 20.12.2002 – 14 U 99/02, VersR 2003, 912 (914 ff.); Foerste/v. Westphalen/*Foerste*, Produkthaftungshandbuch, § 24 Rn. 5.
108 BGH 3.6.2008 – VI ZR 223/07, NJW 2008, 3775 Rn. 10; MüKoBGB/*Wagner* § 823 Rn. 426, 811.
109 BGH 5.5.1992 – VI ZR 188/91, VersR 1992, 1011 (1012); s. aber auch BGH 14.5.1996 – VI ZR 158/95, VersR 1996, 979 (982); OLG Stuttgart 13.8.2015 – 13 U 28/15, BeckRS 2015, 14624; OLG Saarbrücken 23.3.2012 – 8 U 570/10, NJW-RR 2012, 797; OLG Bamberg 26.10.2009 – 4 U 250/08, NJW-RR 2010, 902; OLG Koblenz 31.10.2008 – 10 U 1268/07, BeckRS 2009, 00578; Kilian/Heussen/*Littbarski*, Computerrechts-Handbuch, 1. Abschnitt Teil 18 Rn. 66.
110 BGH 25.10.1988 – VI ZR 344/87, BGHZ 105, 346 (351); BGH 12.11.1991 – VI ZR 7/91, BGHZ 116, 60 (65 ff.); OLG Oldenburg 24.5.1996 – 6 U 31/96, NJW-RR 1997, 1520 (1521); BGH 16.6.2009 – VI ZR 107/08, VersR 2009, 1125 (1127); OLG Saarbrücken 21.8.2013 – 2 U 32/13, NJW 2014, 1600 (1601); BeckOGK BGB/*Spindler* § 823 Rn. 623; MüKoBGB/*Wagner* § 823 Rn. 811, 426; Staudinger/*Hager* BGB § 823 F Rn. 36; dagegen *Littbarski* NJW 1995, 217 (219).
111 BGH 25.10.1988 – VI ZR 344/87, BGHZ 105, 346 (351); BGH 24.1.1989 – VI ZR 112/88, BGHZ 106, 273 (283); BGH 12.11.1991 – VI ZR 7/91, BGHZ 116, 60 (65 ff.); BGH 9.6.1998 – VI ZR 238/97, BGHZ 139, 79 (84); OLG Karlsruhe 27.3.1996 – 7 U 61/94, VersR 1998, 63; BGH 5. 2. 2013 – VI ZR 1/12, NJW 2013, 1302 (1303); OLG Naumburg 21.11.2013 – 1 U 38/12, BeckRS 2014, 05588; *OLG Nürnberg* 20.5.2014 – 4 U 206/14, NJW-RR 2014, 1304 (1305); OLG Stuttgart 13.8.2015 – 13 U 28/15, BeckRS 2015, 14624; OLG Saarbrücken 21.8.2013 – 2 U 32/13, NJW 2014, 1600 (1601); BeckOGK BGB/*Looschelders*, § 254 Rn.; MüKoBGB/ *Wagner* § 823 Rn. 343, 650, 662; Foerste/v. Westphalen/*Foerste*, Produkthaftungshandbuch, § 24 Rn. 90.
112 MüKoBGB/*Wagner* § 823 Rn. 347 ff.
113 Für das allgemeine Deliktsrecht MüKoBGB/*Wagner* § 823 Rn. 348.
114 KG 24.1.2012 – 5 W 10/12, MMR 2012, 316 (317); aA im Zusammenhang mit der Erkennbarkeit von Werbung: Leupold/*Glossner*, Münchener Anwaltshandbuch IT-Recht, Teil 2 A Rn. 109.
115 BGH 16.6.2009 – VI ZR 107/08, NJW 2009, 2952 Rn. 15; BGH 5.2.2013 – VI ZR 1/12, NJW 2013, 1302 Rn. 13; Foerste/v. Westphalen/*Foerste*, Produkthaftungshandbuch, § 24 Rn. 71.

Wissenschaft und Technik[116] berücksichtigt wurde, da der gesamten Serie der Software derselbe Fehler anhaftet.[117] Konstruktionsfehler sind solche, die ihren Ursprung im Rahmen „[...] der Programmkonzeption, der Programmierung oder der Kompilierung [...]"[118] haben.[119] Denn (anders als bei Hardware) dürfte nur in seltenen Fällen eine fehlerhafte Fabrikation (im Sinne der Reproduktion des Codes) ursächlich für eine Rechtsgutsverletzung sein, zB wenn Software-CDs/DVDs fehlerhaft kopiert wurden; bei reinen Download-Vorgängen ist dies schwer vorstellbar.

28 Ähnlich der Produktbeobachtungspflicht ist der Hersteller gehalten, alle allgemein oder ihm speziell zugänglichen Erkenntnisquellen auszuschöpfen.[120] Entscheidend ist demnach, ob dem Softwarehersteller die Sicherheitslücken bereits bei der Inverkehrgabe[121] bekannt sein mussten. Die Kenntnis wird dabei schon durch eine einzelne Mitteilung über eine **Sicherheitslücke** begründet, selbst wenn sie geheim gehalten wird. Umgekehrt führen Sicherheitslücken, die erst später bekannt wurden, nicht dazu, dass dem Hersteller ein Konstruktionsfehler anzulasten wäre; hier handelt es sich vielmehr um einen Entwicklungsfehler, so dass allein nachträgliche Pflichten im Rahmen der Produktbeobachtung (→ Rn. 30 ff.) eingreifen können. Auch wenn Software ein äußerst komplexes Produkt darstellt, dessen Fehlerbehebung erheblichen Aufwands bedarf, führt dies nicht daran vorbei, dass bekannte Sicherheitsprobleme unverzüglich beseitigt werden müssen, bevor das Produkt auf den Markt gebracht wird.[122]

29 Fraglich kann daher nur sein, wie viel **Zeit** dem Hersteller zur Anpassung (**Patch**) eingeräumt werden kann, um die Sicherheitslücke zu beseitigen. Dabei kann der Softwarehersteller sich nicht darauf berufen, dass ihm die nötigen Ressourcen zur Anpassung fehlen, da er zumindest in den letzten Jahren angesichts sich häufender Sicherheitslücken und aufgrund des Umstandes, dass hochkomplexe Software offenbar keiner fehlerfreien Programmierung zugänglich ist,[123] allgemein damit rechnen muss, dass neue Probleme auftauchen. Aufgrund der hohen Komplexität bei der Programmierung von Software wird jedoch teilweise davon ausgegangen, dass zumindest bei sachkundigen Softwarebenutzern in Bezug auf Softwareeigenschaften, die der Hersteller nicht zugesichert habe, eine verminderte Sicherheitserwartung bestehen könne.[124] Welcher Zeitraum hier angemessen ist, kann nur im Einzelfall beurteilt werden; dabei werden als Ausgangspunkt die in der Branche üblichen Anpassungszeiten, aber auch eine „best practice" herangezogen werden müssen, da ein niedriger Sicherheitsstandard nicht maßgeblich sein kann. Zudem sind Schadensumfang und -ausmaß sowie die Bedeutung der Software einschließlich der Vorteilsziehung für den Softwarehersteller im Sinne einer Kosten-Nutzen-Abwägung in die Beurteilung einzubeziehen.

---

116 Zur Relevanz des Standes von Wissenschaft und Technik für die Produkthaftung bei fehlerhaften Computerprogrammen Kilian/Heussen/*Littbarski*, Computerrechts-Handbuch, 1. Abschnitt Teil 18 Rn. 53.
117 Eingehend zum Konstruktionsfehler als Programmierfehler *Taeger*, Außervertragliche Haftung für fehlerhafte Computerprogramme, S. 244 ff.; *Günther*, Produkthaftung für Informationsgüter, S. 300 f.; *Meier/Wehlau* CR 1990, 95 (96); *Reese* DStR 1994, 1121 (1123).
118 *Marly*, Praxishandbuch Softwarerecht, Rn. 1824; *Sodtalbers*, Softwarehaftung im Internet, Rn. 236.
119 Kilian/Heussen/*Littbarski*, Computerrechts-Handbuch, 1. Abschnitt Teil 18 Rn. 63; *Taeger*, Außervertragliche Haftung für fehlerhafte Computerprogramme, S. 244 ff.
120 BGH 12.11.1991 – VI ZR 7/91, BGHZ 116, 60 (70 f.); BGH 17.10.1989 – VI ZR 258/88, NJW 1990, 906 (907 f.); BGH 5.6.1952 – III ZR 151/51, NJW 1952, 1091; *Kullmann* NJW 2002, 30 (32); *Kullmann* Kza 1520, 7; BeckOGK BGB/*Spindler* § 823 Rn. 494 mwN.
121 Foerste/v. Westphalen/*Foerste*, Produkthaftungshandbuch, § 24 Rn. 174.
122 *Meier/Wehlau* CR 1990, 95 (97); *Bauer* PHi 1989, 38 (47); s. auch *Schneider/Günther* CR 1997, 389 ff.; *Bartsch* CR 2000, 721 (722 ff.).
123 Foerste/v. Westphalen/*Foerste*, Produkthaftungshandbuch, § 24 Rn. 173, § 47 Rn. 45; Staudinger/*Oechsler* BGB § 2 ProdHaftG Rn. 70; krit. aber *Marly*, Praxishandbuch Softwarerecht, Rn. 1823: „[...] seitens der Softwareindustrie stereotyp wiederholte Einschätzung [...]"; krit. aufgrund der Weite des unbestimmten Rechtsbegriffs MüKoBGB/*Wagner* § 3 ProdHaftG Rn. 5: „[...] wenig mehr als eine Leerformel [...]."
124 Foerste/v. Westphalen/*Foerste*, Produkthaftungshandbuch, § 24 Rn. 173.

3. Pflichten nach Inverkehrgabe: Produktbeobachtungs- und Warnpflichten

Nach Inverkehrgabe wird der Hersteller nicht vollständig von seiner Verantwortung für das Produkt frei. Vielmehr muss er bei Kenntnis von Schäden durch das Produkt die zu diesem Zeitpunkt erforderlichen und ihm zumutbaren Gefahrenabwehrmaßnahmen ergreifen. Unterschieden wird zwischen einer **aktiven** und einer **passiven Produktbeobachtungspflicht**, wobei sich die aktive Beobachtung auf die Auswertung medialer Berichte über sein Produkt bezieht, wohingegen die passive Beobachtung die Pflichten des Herstellers bezeichnet, an ihn gerichteten Beschwerden über Probleme mit seinem Produkt nachzugehen.[125] Im Rahmen der aktiven Produktbeobachtungspflicht ist im Softwarebereich neben Fachzeitschriften die Auseinandersetzung mit Berichten in Internetforen von großer Bedeutung.[126] 30

Da **Programmierungsfehler**(„Bugs") objektiv unvermeidbar sind,[127] trifft den Hersteller eine Pflicht zur **besonders sorgfältigen Produktbeobachtung**.[128] Dies gilt umso mehr für Künstliche Intelligenz bzw. Systeme, deren zukünftiges Verhalten nur eingeschränkt vorhersehbar ist; hier kann sogar eine laufende Produktbeobachtungspflicht eingreifen. Bei drohenden Gefahren für Leib und Leben werden dem Hersteller umfassendere Pflichten abverlangt, als bei der Gefährdung des Eigentums,[129] so dass hier sogar bereits ein ernstzunehmender Verdacht hinreichend ist, um **Warnpflichten** auszulösen[130]; bei Sachschäden und nicht akuter Bedrohung kann sich der Produzent im Falle eines Verdachts zunächst auf eigene Ermittlungen und aktive Beobachtung des Produktes beschränken, ohne vor dem Produkt oder dessen spezifische Verwendung warnen zu müssen.[131] Häufig werden IT-Sicherheitslücken durch Dritte festgestellt und öffentlich bekannt gemacht; ab diesem Zeitpunkt kann sich der Hersteller nicht mehr nur auf eine passive Beobachtung beschränken, sondern muss selbst tätig werden. Allerdings ist bei der Pflichtenbestimmung auch zu berücksichtigen, dass **öffentliche Warnungen** Dritte herausfordern können, eine IT-Sicherheitslücke zu nutzen. Sind die Lücken nur dem Hersteller bekannt geworden, etwa aufgrund eigener Tests oder aufgrund einer vertraulichen Mitteilung eines Dritten, muss ihm ein Ermessen zugestanden werden, ob er eine öffentliche Warnung ausspricht oder versucht, über **Sicherheitspatches**, die die Lücke nicht offenlegen, das Sicherheitsproblem zu beseitigen. Insbesondere wenn der Hersteller aufgrund seiner Vertriebsstrukturen die Möglichkeit hat, die Verwender seiner Software individuell anzusprechen, ist eine öffentliche Warnung nicht geboten, sogar unter Umständen pflichtwidrig. Mehren sich jedoch die Hinweise Dritter, so dass anzunehmen ist, dass die Kenntnis von der Lücke sich verbreiten könnte, oder kann der Hersteller den Weg seines Produktes nicht nachverfolgen, ist der Hersteller gehalten, eine **öffentliche Warnung** auszusprechen, da nicht mehr auszuschließen ist, 31

---

125 JurisPK-BGB/*J. Lange/Schmidbauer* § 823 Rn. 131; Foerste/v. Westphalen/*Foerste*, Produkthaftungshandbuch, § 24 Rn. 376 ff.
126 *Hauschka/Klindt* NJW 2007, 2726 (2729); Foerste/v. Westphalen/*Foerste*, Produkthaftungshandbuch, § 24 Rn. 174, 378.
127 Foerste/v. Westphalen/*Foerste*, Produkthaftungshandbuch, § 47 Rn. 45, der meint, dabei handele es sich sogar „[...] wohl [um eine] unbestrittene Erkenntnis [...]", Foerste/v. Westphalen/*Foerste*, Produkthaftungshandbuch, § 24 Rn. 173 f.; zustimmend Staudinger/*Oechsler* BGB § 2 ProdHaftG Rn. 70; eher abl. dazu *Marly*, Praxishandbuch Softwarerecht, Rn. 1823: „[...] seitens der Softwareindustrie stereotyp wiederholte Einschätzung [...]"; krit. aufgrund der Weite der unbestimmten Rechtsbegriffe MüKoBGB/*Wagner* § 3 ProdHaftG Rn. 5: „[...] wenig mehr als eine Leerformel [...]."
128 AA LG Köln 21.7.1999 – 20 S 5–99, NJW 1999, 3206: keine Pflicht zur Warnung bei nachträglichen Erkenntnissen über Virenbefall einer Diskette.
129 BGH 9.12.1986 – VI ZR 65/86, BGHZ 99, 167 – Honda; jurisPK-BGB/*J. Lange/Schmidbauer* § 823 Rn. 131.
130 BGH 16.6.2009 – VI ZR 107/08, VersR 2009, 1125 (1126); BGH 17.3.1981 – VI ZR 191/79, BGHZ 80, 186 (192); OLG Stuttgart 13.8.2015 – 13 U 28/15, BeckRS 2015, 14624; OLG Naumburg 21.11.2013 – 1 U 38/12, BeckRS 2014, 05588; OLG Frankfurt/M. 11.11.1993 – 1 U 254/88, NJW-RR 1995, 406 (408); OLG Frankfurt/M. 29.9.1999 – 23 U 128/98, NJW-RR 2000, 1268 (1270); OLG Karlsruhe 27.3.1996 – 7 U 61/94, VersR 1998, 63 (64 f.).
131 BGH 17.3.1981 – VI ZR 191/79, BGHZ 80, 186 (192); *Kullmann* NJW 1996, 18 (23).

dass die Sicherheitslücke in erheblichem Umfang ausgenutzt wird und dadurch Schäden bei Nutzern entstehen. Denn der Hersteller kann nicht mehr davon ausgehen, dass seine Sicherheitspatches Beachtung finden oder der Nutzer sich genügend lang im Netz befindet, damit etwa eine automatische Updateerkennung eingreift.

32 Dies gilt erst recht im IT-Sicherheitsbereich: Auch wenn dem **BSI** entsprechende Meldungen zugeleitet werden, kann sich der IT-Hersteller nicht darauf berufen, dass das BSI entsprechende **Warnungen** herausgibt; er muss eigenverantwortlich tätig werden. Umgekehrt muss es zivilrechtlich von Bedeutung sein, wenn das BSI einem Hersteller untersagen kann, bestimmte Störungen öffentlich zu machen, um einen Trittbrettfahrereffekt zu verhindern. Eine solche Befugnis ist allerdings nicht explizit im BSIG geregelt. Sie könnte sich allgemein durch teleologische Auslegung des § 7 Abs. 1 S. 4 iVm § 7 Abs. 1 S. 1 BSIG ergeben: Wenn schon das BSI für Warnungen die Hilfe Dritter in Anspruch nehmen kann, so kann es Dritte a majore ad minus auch für das unter Verschlusshalten mit einbeziehen. Gegenüber den Betreibern kritischer Infrastrukturen kann sich eine solche Berechtigung aus § 8 b Abs. 6 BSIG ergeben, wenn man die Warnung bzw. die Nicht-Warnung als Minus oder gar als Beitrag zur Beseitigung der Störung begreift.

33 Der Hersteller von weit verbreiteten Produkten muss gerade im IT-Bereich **zahlreiche Kommunikationskanäle** gleichzeitig zur Warnung nutzen,[132] allein Warnhinweise auf einer Homepage genügen nicht. Bei gewerblichen Abnehmern mit Kenntnissen im EDV-Bereich treffen den Hersteller die Warnpflichten von vornherein nicht in derselben Intensität wie bei anderen Abnehmern, da diesen die Problematik grundsätzlich vertraut ist.[133]

34 Da die **Produktzyklen** bei IT-Produkten sehr kurz sein können, ist fraglich, wann die **Produktbeobachtungspflicht endet**. Die Produktbeobachtungspflicht kann jedoch selbst nach längerer Bewährung eines Produktes nur dann enden, wenn keine Langzeitschäden zu befürchten sind. Insoweit kann allerhöchstens von einer graduellen Abschwächung der Beobachtungspflichten und Orientierung an anderen Arten von Schäden, wie Spätschäden, ausgegangen werden.[134] Beabsichtigt der Hersteller, seiner Produktbeobachtungspflicht einzustellen, muss er rechtzeitig über seine Vorgehensweise und den entsprechenden Zeitraum aufklären, damit die Nutzer sich auf entstehende Gefahren einstellen können. Als Beispiel lässt sich hier die längerfristige Ankündigung der Firma Microsoft nennen, für das Betriebssystem Windows XP oder Windows 7 keine Sicherheitsupdates mehr zur Verfügung zu stellen. Diese Vorgehensweise kann im Ergebnis – auch wenn dabei nicht zuletzt wirtschaftliche Interessen im Raum stehen dürften – darauf hinauslaufen, sich von der Produktbeobachtungspflicht zu befreien, sofern nicht nur die Patches damit gemeint sind. Auch wenn indes ein Produkt inzwischen überaltert ist,

---

132 Ausführlich dazu *Marly*, Praxishandbuch Softwarerecht, Rn. 1824, 1829; Beispiele zur Durchführung der Warnung bei Foerste/v. Westphalen/*Foerste*, Produkthaftungshandbuch, § 24 Rn. 318 ff.

133 Vgl. etwa zu abgeschwächten Instruktionspflichten gegenüber gewerblichen Abnehmern BGH 14.5.1996 – VI ZR 158/95, VersR 1996, 979 (980 ff.); OLG Stuttgart 13.8.2015 – 13 U 28/15, BeckRS 2015, 14624; OLG Saarbrücken 1.8.2013 – 2 U 32/13, NJW 2014, 1600 (1601 ff.); OLG Bamberg 26.10.2009 – 4 U 250/08, VersR 2010, 403 (404); Staudinger/*Oechsler* BGB § 3 ProdHaftG Rn. 50; MüKoBGB/*Wagner* § 823 Rn. 666; Foerste/v. Westphalen/*Foerste*, Produkthaftungshandbuch, § 24 Rn. 173.

134 Zutr. Foerste/v. Westphalen/*Foerste*, Produkthaftungshandbuch, § 24 Rn. 385 f.; *Hölzlwimmer*, Produkthaftungsrechtliche Risiken des Technologietransfers durch Lizenzverträge, S. 40; *v. Bar*, Produktverantwortung und Risikoakzeptanz – Kriterien der Risikoverteilung, S. 29, 40; Staudinger/*Hager* BGB § 823 F Rn. 21; Hauschka/*Veltins*, Corporate Compliance, § 24 Rn. 9, dauerhafte Beobachtung erforderlich; Martinek/Semler/Habermeier/Flohr/*Hess*, Vertriebsrecht, Rn. 61, Abschwächung nur bei Produkten mit gegen Null tendierendem Gefahrenpotential; aA LG Frankfurt/M. 15.2.1977 – 18 O 378/76, NJW 1977, 1108; *Löwe* DAR 1978, 288 (290); *Dietrich*, Produktbeobachtungspflicht und Schadenverhütungspflicht der Produzenten, S. 121 f.: Produktbeobachtungspflicht endet spätestens nach 10 Jahren; diff. *Pauli* PHi 1985, 134 (139), der von einem späteren Wiederaufleben der Produktbeobachtungspflicht bei Schäden ausgeht; diff. auch, *Molitoris* PHi 1999, 214 ff., aktive Beobachtungspflicht endet mit durchschnittlicher Lebensdauer des Produkts, passive spätestens nach 30 Jahren.

ändert dies nichts daran, dass nach wie vor von ihm Gefahren ausgehen können; der Hersteller kann sich daher nicht einseitig von seinen produkthaftungsrechtlichen Pflichten befreien.

4. Produktbeobachtung für Fremdsoftware

Wesentlich schwieriger als für sonstige Produkte ist die **Beobachtungspflicht** im Hinblick auf das Zusammenwirken der eigenen mit **fremder Software** zu beurteilen – in Übertragung der von der Rechtsprechung entwickelten Haftung des Herstellers für fremd produziertes Zubehör, die hier zumindest eine Produktbeobachtungspflicht annimmt.[135] Für mangelnde Kompatibilität mit einzelnen Fremdprodukten kann keinesfalls die deliktische Haftung eingreifen, da damit der Bereich des deliktisch geschützten Integritätsinteresses verlassen würde.[136]

35

Zwar soll sich die Produktbeobachtungspflicht nach der Rechtsprechung auch auf Gefahren erstrecken, die durch **die Kombination des eigenen mit fremden Produkten**, insbesondere mit auf dem Markt angebotenen Zubehörteilen, entstehen können.[137] Der BGH[138] hat entschieden, dass sich „[d]iese Verpflichtung [...] auf fremdes Zubehör [erstreckt], (1) das für die Inbetriebnahme des eigenen Produkts notwendig ist; oder (2) das der Hersteller selbst empfohlen hat; oder (3) dessen Verwendung er durch entsprechende Anbauvorrichtungen ermöglicht hat; oder (4) das aufgrund entsprechender Verbrauchergewohnheiten allgemein gebräuchlich ist, auch ohne dass der Hersteller irgendeinen konkreten Anlass zum Einsatz des Zubehörteils gegeben hätte."[139]

36

Die Rechtsprechung schießt indes **über ihr Ziel hinaus**: Eine generelle Ausdehnung der Beobachtungspflichten auf Zubehörteile oder Kombinationsgefahren kann nicht allein damit begründet werden, dass der Hersteller ohnehin zur Beobachtung der Produkte verpflichtet ist. Grundsätzlich ist der Hersteller nur für die Gefahren verantwortlich, die er selbst geschaffen hat, nicht aber für Gefahrenerhöhungen, die durch Dritte verursacht werden,[140] erst recht, wenn die Zubehörprodukte wesentlich später nach Entwicklung, Konstruktion und Fabrikation auf den Markt gebracht werden. Jedenfalls muss es als ausreichend angesehen werden, wenn der Hersteller den Produktbenutzer allgemein dahin gehend instruiert, dass nur von ihm selbst freigegebene bzw. als unbedenklich eingestufte Zubehörteile gefahrlos benutzt werden können und dass die Benutzung nicht autorisierten Zubehörs auf Gefahr des Benutzers erfolgt.[141] Gerade für den IT-Sektor wird daher allenfalls für hochspezialisierte IT-Produkte eine solche Produktbeobachtungspflicht anzunehmen sein, etwa im Medizinproduktebereich,

37

---

135 Grundlegend dazu BGH 9.12.1986 – VI ZR 65/86, BGHZ 99, 167 – Honda; *Marly*, Praxishandbuch Softwarerecht, Rn. 1829; dazu *Ulmer* ZHR 1988, 564 (570 ff.); Foerste/v. Westphalen/*Foerste*, Produkthaftungshandbuch, § 25 Rn. 178 ff.; *Droste* CCZ 2015, 105 (106); Staudinger/*Hager* BGB § 823 F Rn. 22, gesteigerte Pflicht zur Überprüfung fremder Produkte bei konkreter Gefährdung.
136 BGH 18.1.1983 – VI ZR 310/79, BGHZ 86, 256 (258 ff.); BGH 7.11.1985 – VII ZR 270/83, BGHZ 96, 221 (228); BGH 24.3.1992 – VI ZR 210/91, VersR 1992, 758; BGH 12.12.2000 – VI ZR 242/99, NJW 2001, 1346 (1347) – Grundstück mit Schlacke führt zur Beschädigung von darauf stehenden Bauwerken; BeckOGK BGB/*Spindler* § 823 Rn. 660 mwN; Staudinger/*Hager* BGB § 823 F Rn. 22; Soergel/*Spickhoff* BGB Vor § 823 Rn. 49; *Hinsch* VersR 1992, 1053.
137 BGH 9.12.1986 – VI ZR 65/86, BGHZ 99, 167 (172 ff.) – Honda; BGH 31.1.1995 – VI ZR 27/94, NJW 1995, 1286 (1287 f.); ausführlich dazu *Ulmer* ZHR 152 (1988), 564 (575 ff.), der sich allerdings dogmatisch auf die Herausforderungsfälle im Schadensrecht stützt; dem BGH zust. *Kunz* BB 1994, 450 (451); *Droste* CCZ 2015, 105 (106); *Hartmann* BB 2012, 267 (268); *Dietrich*, Produktbeobachtungspflicht und Schadenverhütungspflicht der Produzenten, S. 76 ff.; ausführlich *Klinger*, Die Produktbeobachtungspflicht bezüglich Fremdzubehörteilen, S. 56 ff.
138 BGH 9.12.1986 – VI ZR 65/86, BGHZ 99, 167 (174) – Honda.
139 MüKoBGB/*Wagner* § 823 Rn. 663.
140 Foerste/v. Westphalen/*Foerste*, Produkthaftungshandbuch, § 25 Rn. 222; ähnlich *Ulmer* ZHR 152 (1988), 564 (579); zust. *v. Bar*, Produktverantwortung und Risikoakzeptanz – Kriterien der Risikoverteilung, S. 29, 36.
141 In der Tendenz auch BGH 9.12.1986 – VI ZR 65/86, BGHZ 99, 167 (174) – Honda.

wenn der Kreis der interagierenden IT-Produkte überschaubar ist. Je multifunktioneller dagegen ein IT-Produkt ist, desto geringer müssen die Anforderungen ausfallen.

38 Anders ist dies analog zur Entscheidung des BGH[142] zu beurteilen, wenn der Hersteller etwa selbst **Schnittstellen für andere Programme** vorsieht oder es sich um allgemein gebräuchliche Programme handelt, mit denen der Hersteller von vornherein rechnen muss. Demgemäß ist die Haftung für fremde Software weitgehend ausgeschlossen; sie kann allenfalls in Betracht kommen, wenn die fremde Software, wie Plug-Ins, Add-Ons etc spezifisch auf das Produkt des Herstellers zugeschnitten ist. Nur dann wird man überhaupt von einer solchen Produktbeobachtungspflicht ausgehen können.

5. Rückrufpflichten; Pflicht zu Patches?

39 Rückrufaktionen nehmen seit Jahren konstant zu, was sich bspw. für Kfz aus dem Jahresbericht des Kraftfahrtbundesamtes 2013/2014 ablesen lässt.[143] Ob eine solche Pflicht besteht und unter welchen Bedingungen, ist nicht endgültig geklärt: In besonderen Fällen, in denen eine Warnung als nicht ausreichend für die Beseitigung der Gefährdung erscheint, kann eine **Rückrufpflicht** bis hin zur Pflicht zur kostenlosen Beseitigung der Gefährdung bestehen, etwa in Gestalt eines kostenlosen Austauschs.[144]

40 Auch wenn in den Grundzügen größtenteils anerkannt,[145] wenn auch nicht unumstritten,[146] fehlt bislang eine klare dogmatische Grundlage für die deliktsrechtliche Pflicht, das Produkt zurückzunehmen und gegen ein funktionstüchtiges auszutauschen,[147] da sie das vertragsrechtlich geregelte Äquivalenzinteresse berührt.[148] **Rückrufansprüche** des Produktnutzers werden vielfach verneint.[149] Ob die Rechtsprechung allgemein eine solche Pflicht annimmt, wird unterschiedlich eingeschätzt: Zumindest fehlt es bislang an einer *generellen* Anerkennung und Ausgestaltung von Rückrufpflichten.[150] Eine Entscheidung des BGH jüngeren Datums verneint zwar eine Rückrufpflicht unter Betonung der unterschiedlichen, dem Vertrags- und

---

142 BGH 9.12.1986 – VI ZR 65/86, BGHZ 99, 167 (174) – Honda.
143 S. http://www.kba.de/SharedDocs/Publikationen/DE/Jahresberichte/jahresbericht_2013_14_pdf.pdf?__blob=publicationFile&v.=5, S. 62 f. (11.10.2019). AaO, S. 63 werden 235 Rückruffälle für 2014 ausgewiesen.
144 *Marly*, Praxishandbuch Softwarerecht, Rn. 1829.
145 OLG Düsseldorf 16.3.2007 – 17 U 11/06, NJW-RR 2008, 411; Staudinger/*Hager* BGB § 823 F Rn. 25, der eine Rückrufpflicht „[…] bei allen gefährlichen Gütern, wenn die Gefahr durch eine Reparatur gebannt werden kann" bejaht; jurisPK-BGB/*J. Lange/Schmidbauer* § 823 Rn. 136; *Hager* in: FS Prölss, 2009, S. 71, 79; ausführlich BeckOGK BGB/*Spindler* § 823 Rn. 664 ff.
146 Eine deliktsrechtliche Rückrufpflicht wird mit dem Argument abgelehnt, dass der Hersteller die Gefahr mittels entsprechender Warnungen abwenden könnte, dazu: LG Frankfurt/M. 1.8.2006 – 2-19 O 429/04, VersR 2007, 1575; *Brüggemeier* ZHR 152 (1988), 511 (525 f.).
147 Neuere Rspr.: BGH 16.12.2008 – VI ZR 170/07, BGHZ 179, 157, der weder einen Anspruch auf Aufwendungsersatz noch auf Schadensersatz anerkennt, da Rückruf und Nachrüstung von Produkten nur in ausnahmsweise gebotenen Fällen gefordert sind (Gefahrabwendungspflicht); dazu auch *Molitoris* NJW 2009, 1049; die Vorinstanz OLG Hamm 16.5.2007 – 8 U 4/06, BB 2007, 2367; dazu *Rothe* MPR 2007, 117; LG Frankfurt/M. 1.8.2006 – 2-19 O 429/04, VersR 2007, 1575; *Dietborn/Müller* BB 2007, 2358; zusammenfassend MüKoBGB/*Wagner* § 823 Rn. 848 ff.; Staudinger/*Hager* BGB § 823 F Rn. 20 f.; BeckOGK BGB/*Spindler* § 823 Rn. 664 ff.
148 OLG Düsseldorf 16.3.2007 – I-17 U 11/06, NJW-RR 2008, 411; LG Frankfurt/M. 1.8.2006 – 2-19 O 429/04, VersR 2007, 1575; *Brüggemeier* ZHR 152 (1988), 511 (525 f.); ausführlich Foerste/v. Westphalen/*Foerste*, Produkthaftungshandbuch, § 24 Rn. 326 ff.; zum Streitstand MüKoBGB/*Wagner* § 823 Rn. 851 ff., der das Argument der die deliktischen Rückrufpflichten ablehnenden Auffassung, das vertragliche Gewährleistungsrecht werde durch die Anerkennung von Rückruf- und Kostenübernahmepflichten berührt, in dieser generellen Form ablehnt, da Vertrags- und Deliktsrecht grds. unabhängig nebeneinander stünden; Staudinger/*Hager* BGB § 823 F Rn. 26; kritisch gegenüber einer scharfen Differenzierung von Äquivalenz- und Integritätsinteresse im Bereich der Produzentenhaftung *Hager* in: FS Prölss, 2009, S. 71, 75 ff., insbes. in Fällen des präventiven Schutzes gegenüber Dritten, dürften Käufer nicht schlechter stehen als ein unbeteiligter Dritter.
149 Foerste/v. Westphalen/*Foerste*, Produkthaftungshandbuch, § 39 Rn. 1 ff. mwN zur Gegenauffassung; so auch *Schrader/Engstler* MMR 2018, 356 (360).
150 MüKoBGB/*Wagner* § 823 Rn. 849.

Deliktsrecht zugrunde liegenden Interessenlagen (Äquivalenz- und Integritätsinteresse).[151] Allerdings wird die Entscheidung unterschiedlich eingeordnet und vielfach nicht als generelle Ablehnung der Rückrufpflichten durch den BGH verstanden.[152] Der BGH ließ in der Tat explizit offen, „[w]elche Konsequenzen sich aus diesen Grundsätzen für die Rückrufpflichten von Herstellern im Allgemeinen ergeben […].“[153] Vereinzelt wird eine Pflicht zum Rückruf und zur Reparatur auf Rechnung des Herstellers jedenfalls bejaht, soweit es sich um die Verletzung der Pflicht zur gefahrlosen Konstruktion und Fabrikation handelt.[154] Daran ist richtig, dass eine entsprechende Fehlerbehebung[155] anstelle eines Warnhinweises nur dann in Betracht kommen kann, wenn erhebliche Folgen für Gesundheit und Eigentum zu befürchten sind und Warnhinweise entsprechende Schäden nicht ohne Weiteres verhindern können.[156] Generell kann man Rückrufpflichten nicht einfach unter Verweis auf das Gewährleistungsrecht ablehnen, da beide Anspruchssysteme grundsätzlich unabhängig nebeneinander stehen. Zumindest dann, wenn der Hersteller seine Sorgfaltspflichten schon bei Inverkehrgabe des Produkts verletzt, wird man eine bloße Warnung nicht genügen lassen können.[157]

Im **IT-Bereich** bzw. **Softwarebereich** unterscheidet sich der Umfang der den Hersteller treffenden Pflicht nach der Art des Produkts bzw. der Möglichkeit, den Fehler zu beseitigen. Für Software, deren Fehlerfreiheit nicht einfach durch einen aus dem Internet herunterladbaren Patch nutzerseitig hergestellt werden kann, kommt eine Rückrufpflicht in Betracht.[158] Hier ist etwa Software zu nennen, die in Kfz zum Einsatz kommt, insbesondere bei selbststeuernden Kfz bzw. bei künstlicher Intelligenz.[159] Bei zahlreichen Programmen kommt dagegen keine herstellerseitige Rückrufpflicht in Frage, sondern allenfalls eine Pflicht, Patches anzubieten. In der Regel genügt es aber, eine Schädigung anderer Rechtsgüter des Softwarenutzers abzuwenden, was allein schon durch den **Nichtgebrauch**[160] **der Software** erreicht wird. Eine Pflicht zur fortdauernden Softwarepflege kann deliktisch nicht abgeleitet werden.

Dies gilt auch für **Patches**: Zielen diese lediglich darauf ab, die Funktionsfähigkeit der Software herzustellen oder zu optimieren, sind sie im Rahmen des deliktsrechtlich nicht geschützten Äquivalenzinteresses zu verorten.[161] Soll mit dem Patch dagegen ein Fehler beseitigt werden, aufgrund dessen ein Risiko für die Rechtsgüter (Leben, Körper, Gesundheit) und Rechte

---

151 BGH 16.12.2008 – VI ZR 170/07, BGHZ 179, 157 Rn. 19.
152 Offenlassend MüKoBGB/*Wagner* § 823 Rn. 853; Foerste/v. Westphalen/*Foerste*, Produkthaftungshandbuch, § 24 Rn. 328 aE geht davon aus, dass der BGH in der Entscheidung eine generelle Rückrufpflicht verneint habe; zu der Entscheidung auch *Molitoris* NJW 2009, 1049 (1050 ff.).
153 BGH 16.12.2008 – VI ZR 170/07, BGHZ 179, 157 Rn. 20.
154 MüKoBGB/*Wagner* § 823 Rn. 852.
155 *Bartsch*, Software und das Jahr 2000, S. 157 f.; *Imhof/Wahl* WpK-Mitt. 1998, 136 (139) weisen zutreffend darauf hin, dass eine Deinstallation der Software im Sinne eines physischen Rückrufs wenig Sinn ergeben würde.
156 BGH 16.12.2008 – VI ZR 170/07, BGHZ 179, 157 (160 f.): Warnung unzureichend, wenn Benutzer Gefahr nicht richtig einschätzen kann, Pflicht das Produkt aus dem Verkehr zu ziehen, weitergehende Pflicht zur Nachrüstung nur, wenn dies zur Gefahrenabwehr erforderlich ist; dazu auch *Wagner* BB 2009, 2050 ff.; vgl. OLG Frankfurt/M. 29.9.1999 – 23 U 128/98, NJW-RR 2000, 1268 (1272); OLG München 18.2.1998 – 7 U 6173/95, NJW-RR 1999, 1657; BGH 6.7.1990 – 2 StR 549/89, NJW 1990, 2560; *Foerste* DB 1999, 2199 (2199 f.); *Schwenzer* JZ 1987, 1059 (1061 f.); *Kullmann* Kza 1520, 62 f.; *v. Bar*, Produktverantwortung und Risikoakzeptanz – Kriterien der Risikoverteilung, S. 29, 40 f.
157 MüKoBGB/*Wagner* § 823 Rn. 852 f.
158 *Redeker*, IT-Recht, Rn. 826: Pflicht zum Rückruf bei mit Virus infizierter Software, wenn bekannt werde, dass die betreffende Software von einem Computervirus infiziert sei.
159 Zur Haftung für Softwarefehler in Fahrzeugen *Schrader* NZV 2018, 489 (491 ff.), der überwiegend eine Warnung und Sanktionen als ausreichend betrachtet.
160 S. zur Nichtbenutzung auch *Molitoris* NJW 2009, 1049 (1050 f.); *Klindt* BB 2009, 792 (793); Foerste/v. Westphalen/*Foerste*, Produkthaftungshandbuch, § 24 Rn. 344 ff.
161 Dazu sowie allg. zu Ansprüchen bei Software-Schwachstellen: *Rockstroh/Kunkel* MMR 2017, 77 (81); *Raue* NJW 2017, 1841 (1843 ff.); *Rockstroh* DSRITB 20167, 279 (291); zum produkthaftungsrechtlichen Anspruch auf Updates/Patches s. *Wiebe* NJW 2019, 625.

(Eigentum und sonstige Rechte, insbesondere an (für die Software fremden) Daten) des Softwarenutzers besteht, geht es nicht lediglich um die Funktionstüchtigkeit der Software, sondern auch um den Schutz des Integritätsinteresses, so dass eine Pflicht zu Patches in diesem Fall durchaus deliktsrechtlich begründet werden kann.[162]

43 Zudem sieht § 8 b Abs. 6 BSIG eine Befugnis des BSI zur Verpflichtung der Hersteller von IT-Produkten und IT-Diensten an der Beseitigung bzw. Vermeidung von Störungen ihrer Produkte und Dienste mitzuwirken vor. Mit dieser Norm beabsichtigte der Gesetzgeber die Softwarehersteller zur **stetigen Aktualisierung** der Software durch die Bereitstellung von Patches zu verpflichten.[163] Die extensive Auslegung, dies berechtige das BSI zur allein durch das Zumutbarkeitskriterium begrenzten präventiven Aktualisierungsverpflichtung der Hersteller,[164] übersieht die sich aus § 8 b Abs. 6 BSIG ergebende, einschränkende Notwendigkeit des Vorliegens einer Störung von IT-Systemen von KRITIS-Betreibern iSd § 8 b Abs. 4 BSIG.[165]

44 Eine Pflicht zur Herausgabe des **Quellcodes** lässt sich deliktsrechtlich[166] nicht begründen.[167]

45 Unklar ist auch nach wie vor, ob mit der Rückrufpflicht auch eine **Pflicht zur kostenlosen Beseitigung der Gefahr** einhergeht[168] und welche Kosten ersetzt verlangt werden können: Die Rechtsprechung tendierte bisher dazu, den Schaden auf die Kosten des Ausbaus der fehlerhaften Teile zu beschränken, nicht jedoch die Kosten für den Einbau neuer, fehlerloser Teile zu erstatten.[169]

46 Der EuGH hat jedoch im Rahmen der Produkthaftung für Herzschrittmacher bzw. implantierbare Cardioverten-Defibrillatoren auf Vorlage des BGH[170] entschieden, dass die Art. 1 und 9 S. 1 lit. a RL 85/374/EWG[171] dahin gehend „[...] auszulegen sind, dass es sich bei dem durch eine chirurgische Operation zum Austausch eines fehlerhaften Produkts wie eines Herzschritt-

---

162 *Orthwein/Obst* CR 2009, 1 (3); ausführlich *Raue* NJW 2017, 1841 (1843 ff.); *Grünvogel/Dörrenbächer* ZVertriebsR 2019, 87 (90); zust. *Schrader* DAR 2016, 242; *von Bodungen/Hoffmann* NZV 2016, 503 (506); *Droste* CCZ 2015, 105 (108, 110); abl. *Schrader/Engstler* MMR 2018, 356 (358 ff.); auch *Redeker*, IT-Recht, Rn. 826 aE bejaht, allerdings ohne die hiesige Differenzierung, anstelle einer Rückrufpflicht die Möglichkeit, Patches bereitzustellen. Dabei geht er wohl davon aus, dass dieser Pflicht nicht durch die Downloadmöglichkeit genügt werden könne; aA *Schrader/Engstler* MMR 2018, 365, die einen Anspruch auf Updates/Patches generell verneinen.
163 BT-Drs. 18/5121, 16.
164 So *Hornung* NJW 2015, 3334 (3337).
165 So *Gehrmann/Voigt* CR 2017, 93 (97); ebenso *Schallbruch* CR 2018, 215 (218 f.); auch *Spindler* CR 2016, 297 (301), durch Vergleich mit dem BImSchG, das anders als das BSIG eine Vorsorgepflicht enthält.
166 Zu Ausnahmen im Werkvertragsrecht vgl. BGH 16.12.2003 – X ZR 129/01, NJW-RR 2004, 782; BGH 30.1.1986 – I ZR 242/83, NJW 1987, 1259 f.; LG Köln 15.4.2003 – 85 O 15/03, CR 2003, 484: grundsätzlich Übergabe des Quellcodes weder bei Individual- noch bei Standardsoftware Leistungspflicht des Herstellers; LG Köln 3.5.2000 – 20 S 21/99, CR 2000, 505: Herausgabe bei Individualsoftware, wenn kein Wartungsvertrag besteht; OLG Karlsruhe 14.5.1998 – 11 U 39/96, CR 1999, 11: Herausgabepflicht, wenn Dokumentation zur Bedienung und Wartung geschuldet ist; abl. für Standardsoftware OLG München 16.7.1991 – 25 U 2586/91, CR 1992, 208 (209): ohne Vereinbarung grundsätzlich keine Herausgabe des Quellcodes; *Schneider* CR 2003, 317 (318 f.); *Ernst* MMR 2001, 208 (211); *Schneider*, Handbuch des EDV-Rechts, D Rn. 747, 750, H Rn. 24 f., 76 ff., J Rn. 328; *Seffer/Horter* ITRB 2005, 169; *Conrad* ITRB 2005, 12; *Hoeren* CR 2004, 721; ebenso wohl *Marly* Praxishandbuch Softwarerecht, Rn. 1829.
167 AA *v. Westphalen*/Langheid/Streitz, Der Jahr-2000-Fehler, Rn. 829.
168 Etwa durch Reparatur oder Austausch des Produktes, so OLG Düsseldorf 31.5.1996 – 22 U 13/96, NJW-RR 1997, 1344 (1345); dazu auch BGH 16.12.2008 – VI ZR 170/07, BGHZ 179, 157 (161 f.); *Klindt* BB 2009, 792 (794); *Dietborn/Müller* BB 2007, 2358 (2361 f.); OLG Karlsruhe 2.4.1993 – 15 U 293/91, NJW-RR 1995, 594 (597); *J. Hager* VersR 1984, 799 (800); *Mayer* DB 1985, 319 (320); *G. Hager* AcP 184 (1984), 413 (423 ff.) mit dem Hinweis, dass auch in der Praxis so verfahren wird; ausführlich *R. Koch* AcP 203 (2003), 603 ff.
169 OLG Stuttgart 29.7.1966 – 10 U 1/66, NJW 1967, 572 (573); zust. OLG Düsseldorf 31.5.1996 – 22 U 13/96, NJW-RR 1997, 1344 (1346); anders hingegen *Hager* in: FS Prölss, 2009, S. 71 ff., der im Falle von Konstruktions- bzw. Fabrikationsfehlern die Kosten für Rückruf und Reparatur dem Hersteller auferlegen will.
170 BGH 30.7.2013 – VI ZR 327/12, VersR 2013, 1451.
171 Richtlinie 85/374/EWG des Rates vom 25.7.1985 zur Angleichung der Rechts- und Verwaltungsvorschriften der Mitgliedstaaten über die Haftung für fehlerhafte Produkte, ABl. Nr. L 210 v. 7.8.1985, 29.

machers oder eines implantierbaren Cardioverten-Defibrillators verursachten Schaden um einen ‚durch Tod und Körperverletzungen verursachten Schaden' handelt, für den der Hersteller haftet."[172] Bei bestimmten iSd Art. 6 Abs. 1 der Richtlinie **fehlerhaften medizinischen Geräten** erstreckt der EuGH den Umfang des Schadensersatzes auch auf „[...] die Kosten im Zusammenhang mit dem Austausch [...]".[173] Dabei kommt es aber auf die Einzelfallumstände und auf den Produktfehler selbst an, wenn dieser auch auf anderem Wege, bspw. durch schlichte Unterlassung der weiteren Benutzung oder die Deaktivierung bestimmter Funktionen beseitigt werden kann.[174] Diese Einschränkung entspricht der Wertentscheidung, dass über das Produkthaftungsrecht lediglich das Integritätsinteresse geschützt wird.[175] Für **IT-Produkte** bedeutet dies, dass auch weiterhin eine aktive Pflicht zur Beseitigung von Fehlern kaum auf deliktsrechtliche Tatbestände gestützt werden kann, da Ausnahmesituationen wie im Fall des Herzschrittmachers selten vorliegen dürften (natürlich außer bei IT-gesteuerten Implantaten).

Der BGH hat ferner in seiner **Pflegebetten-Entscheidung** Kostentragungspflichten abgelehnt, da das Gericht im entschiedenen Streitfall eine deliktsrechtliche Pflicht zur Nachrüstung verneint hat.[176] Jedoch ist der Hersteller verpflichtet, Gefahren für von § 823 Abs. 1 BGB geschützte Rechtsgüter zu vermeiden, so dass zumindest ein Anspruch analog § 1004 Abs. 1 S. 1 BGB anzunehmen ist.[177] Daher hat der Hersteller die **Kosten** in vollem Umfang[178] jedenfalls für die **Rücknahme des Produktes** zu **tragen**, wenn von dem Produkt Gefahren für andere Rechtsgüter drohen.[179]

47

Bejaht man die Kostentragungspflicht des Herstellers, so ist auch ein Anspruch des Produktnutzers auf **Aufwendungsersatz** zu bejahen, wenn dieser die Gefährdung selbst beseitigt. Als Anspruchsgrundlage kommt dafür die **echte berechtigte Geschäftsführung ohne Auftrag** gem. §§ 683 S. 1, 677, 670 in Betracht, da der die Gefahr Beseitigende aufgrund seines Anspruchs auf Kostenübernahme ein Geschäft des Unternehmers führt.[180] Auf diesem Wege wird dem Produktnutzer kein gegen die Grundsätze des Kaufrechts verstoßendes Recht zur Selbstvornahme eingeräumt, da und wenn die eigens beseitigte Gefährdung für dessen Integritätsinteresse bestand. Bei einem drohenden Schaden allein am Produkt selbst genügt eine Warnung des

48

---

172 EuGH 5.3.2015 – C-504/13 NJW 2015, 1163 Rn. 44 mAnm *Moelle/Dockhorn*; neuere Anm. bei *Brüggemeier* ZEuP 2016, 502; *Kaufmann/Seehafer* MedR 2017, 369; *Rudkowski* VersR 2018, 65 -Boston Scientific Medizintechnik GmbH/AOK Sachsen-Anhalt ua.
173 EuGH 5.3.2015 – C-504/13, NJW 2015, 1163 Rn. 50, 52 mAnm *Moelle/Dockhorn*; s. auch die Anm. von *Brüggemeier* ZEuP 2016, 502; *Kaufmann/Seehafer* MedR 2017, 369; *Rudkowski* VersR 2018, 65 – Boston Scientific Medizintechnik GmbH/AOK Sachsen-Anhalt ua.
174 EuGH 5.3.2015 – C-504/13, NJW 2015, 1163 Rn. 53 f. mAnm *Moelle/Dockhorn*; s. auch die Anm. von *Brüggemeier* ZEuP 2016, 502; *Kaufmann/Seehafer* MedR 2017, 369; *Rudkowski* VersR 2018, 65 – Boston Scientific Medizintechnik GmbH/AOK Sachsen-Anhalt ua.
175 *Moelle/Dockhorn* NJW 2015, 1165 (1165 aE); *Brüggemeier* ZEuP 2016, 502 (509 ff.); *Kaufmann/Seehafer* MedR 2017, 369 (374 f.); *Rudkowski* VersR 2018, 65 (66 ff.).
176 BGH 16.12.2008 – VI ZR 170/07, BGHZ 179, 157 Rn. 9 ff.
177 Nach Palandt/*Sprau* BGB § 823 Rn. 176 komme eine Kostentragungspflicht analog § 1004 Abs. 1 S. 1 BGB ausnahmsweise in Frage.
178 *Dietrich*, Produktbeobachtungspflicht und Schadenverhütungspflicht der Produzenten, S. 223 f.; abw. Foerste/v. Westphalen/*Foerste*, Produkthaftungshandbuch, § 24 Rn. 326, 367: ausnahmsweise Kostenteilung.
179 OLG Karlsruhe 2.4.1993 – 15 U 293/91, NJW-RR 1995, 594 (597); MüKoBGB/*Wagner* § 823 Rn. 653; Staudinger/*Hager* BGB § 823 F Rn. 26; *G. Hager* AcP 184 (1984), 413 (423 ff.); *J. Hager* VersR 1984, 799 (802); *Mayer* DB 1985, 319 (320); *Dietrich*, Produktbeobachtungspflicht und Schadenverhütungspflicht der Produzenten, S. 236; nur bei Gefahren für Leib und Leben: *Schwenzer* JZ 1987, 1059 (1063); *Michalski* BB 1998, 961 (965).
180 Abl. demgegenüber, da kein Fremdgeschäft mangels Rückrufpflicht bestehe Foerste/v. Westphalen/*Foerste*, Produkthaftungshandbuch, § 39 Rn. 25 ff.

Produktbenutzers, da ansonsten das Äquivalenzinteresse und die Erwartung, das Produkt nutzen zu können, geschützt würde.[181]

6. Herstellerpflichten und technische Standards

49 Art und Umfang der Pflichten von IT-Herstellern werden auch maßgeblich vom Erkenntnisstand von Wissenschaft und Technik mitbestimmt. Die Rechtsprechung nimmt in diesem Rahmen häufig Bezug auf die Kategorien der „anerkannten Regeln der Technik", den **Stand der Technik**" sowie den „Stand von Wissenschaft und Technik",[182] ohne die Verwendung dieser Begriffe näher zu erläutern. In der Literatur wird zwischen beiden Rechtsbegriffen danach unterschieden, ob sie bereits praktisch erprobt sind („anerkannte Regeln der Technik") oder nicht, bei denen es sich also um den neuesten Forschungsstand handelt („Stand von Wissenschaft und Technik").[183] Beiden Kategorien hat der Hersteller nachzukommen, da die „anerkannten Regeln der Technik" zwangsläufig hinter dem aktuelleren Forschungsstand („Stand von Wissenschaft und Technik") zurückbleiben.[184]

50 Im Ergebnis ausschlaggebend für die Pflichtenbestimmung ist aufgrund der dogmatischen Einordnung der Produkthaftung als Verletzung einer Verkehrssicherungspflicht das **konkrete Gefährdungspotential** eines Produkts.[185] Die Untergrenze der Sorgfaltsanforderungen bilden die anerkannten Regeln der Technik, dh die in den Kreisen der betreffenden Techniker bekannten und als richtig anerkannten Regeln, welche in der Praxis erprobt, dort verbreitet und bewährt sind.[186] Nach oben werden die Sorgfaltsanforderungen begrenzt durch den Stand von Wissenschaft und Technik im Zeitpunkt des Inverkehrbringens des Produkts,[187] welcher das realisierbare Ergebnis neuester naturwissenschaftlicher Forschung und ingenieurwissenschaftlicher Erfahrungssätze, deren Akzeptanz durch die Mehrheit der Praktiker noch aussteht, widerspiegelt.[188] Für danach nicht voraussehbare Gefahren (**Entwicklungsfehler**) haftet der Hersteller nicht.[189] Für die Ausfüllung dieser unbestimmten Rechtsbegriffe und damit die Pflichtenbestimmung im Bereich der Produkthaftung von herausragender Bedeutung sind Standards, welche in **überbetrieblichen technischen Normen** niedergelegt sind (DIN- und VDE-Normen).[190] Aber auch Vorgaben nach dem ProdSG kommen zur Konkretisierung

---

181 Zutr. *Foerste* DB 1999, 2199 (2200); *Taschner/Frietsch*, ProdHaftG, Einführung Rn. 89; ähnl. *Pieper* BB 1991, 985 (988) mit dem Hinweis, dass andernfalls eine „deliktische Gewährleistung" entstünde; anders *v. Westphalen* DB 1999, 1369 (1370); *R. Koch* AcP 203 (2003), 603 (624 ff., 631 f.), will Ersatz der Aus- und Einbaukosten unter Ausschluss von Materialkosten gewähren.
182 BGH 20.4.1971 – VI ZR 232/69, NJW 1971, 1313 – anerkannte Regeln der Technik; BGH 17.5.1972 – VIII ZR 98/71, DB 1972, 1335 – Stand der Technik; BGH 17.3.1981 – VI ZR 191/79, BGHZ 80, 186 – Stand von Wissenschaft und Technik; ausführlich zur Abgrenzung der Begriffe BVerfG 8.8.1978 – 2 BvL 8/77, NJW 1979, 359 (362) – Kalkar I; *Marburger*, Die Regeln der Technik im Recht, §§ 14–16.
183 Foerste/v. Westphalen/*Foerste*, Produkthaftungshandbuch, § 24 Rn. 18.
184 Foerste/v. Westphalen/*Foerste*, Produkthaftungshandbuch, § 24 Rn. 23 aE.
185 Dazu ausführlich *Finke*, Die Auswirkungen der europäischen Normen und des Sicherheitsrechts auf das nationale Haftungsrecht, S. 9 ff.; Foerste/v. Westphalen/*Foerste*, Produkthaftungshandbuch, § 24 Rn. 37; Staudinger/*Hager* BGB § 823 F Rn. 2; BeckOGK BGB/*Spindler* § 823 Rn. 626 mwN.
186 *Marburger*, Die Regeln der Technik im Recht, S. 157, 162 f., 439; Foerste/v. Westphalen/*Foerste*, Produkthaftungshandbuch, § 24 Rn. 16; *Wilrich*, GPSG, § 2 GPSG Rn. 107; Schulte/*Vieweg*, Handbuch des Technikrechts, S. 353.
187 Foerste/v. Westphalen/*Foerste*, Produkthaftungshandbuch, § 24 Rn. 18 f.; *Spindler*, Unternehmensorganisationspflichten, S. 796.
188 BVerfG 8.8.1978 – 2 BvL 8/77, NJW 1979, 359 (362) – Kalkar I; OLG Köln 6.5.1991 – 12 U 130/88, NJW-RR 1991, 1077 (1079); *Marburger*, Die Regeln der Technik im Recht, S. 164 f.; Foerste/v. Westphalen/*Foerste*, Produkthaftungshandbuch, § 24 Rn. 16.
189 BeckOGK BGB/*Spindler* § 823 Rn. 633; MüKoBGB/*Wagner* § 823 Rn. 810; Foerste/v. Westphalen/*Foerste*, Produkthaftungshandbuch, § 24 Rn. 20, 103 ff.
190 Ausführlich dazu BeckOGK BGB/*Spindler* § 823 Rn. 628 ff.; Foerste/v. Westphalen/*Foerste*, Produkthaftungshandbuch, § 24 Rn. 40 f.; dazu auch: *Pour Rafsendjani/Bomhard* in → § 9 Rn. 36 ff.

in Betracht.[191] Allerdings ist zu beachten, dass diese Standards zivilrechtlich gesehen nicht rechtsverbindlich sind, sondern nur ein Indiz zur Konkretisierung der Verkehrspflichten sind.

Für den IT-Bereich bestehen indes noch immer **keine allgemeingültigen Sicherheitsstandards**, so dass hinsichtlich der Sicherheitserwartungen des Verkehrs praktisch keine Konkretisierung durch technische Normen erfolgt.[192] Vor allem der rasante Fortschritt in der Softwareentwicklung behindert dabei die Versuche zur Festlegung eines allgemeingültigen Sicherheitsstandards, der nicht sofort wieder überholt ist.[193] Zunehmend werden IT-Produkte allerdings nach den sog. **Common Criteria-Standards** zertifiziert und vom BSI im Rahmen der gem. § 4 BSIG erforderlichen Zertifizierungsprüfung geprüft,[194] die sich als internationaler Standard für IT-Produkte herausgebildet haben.[195] Im Zusammenhang mit sog. **Protection Profiles**, die halbstandardisiert für Sicherheitsbedürfnisse von IT-Anwendungen erstellt werden, können diese Produktstandards (mittelbar) rechtliche Wirkung entfalten, indem sie die nötige Mindestsicherheit für bestimmte Bereiche konkretisieren. Protection Profiles stellen produktunabhängige Profile zur Bewertung bestimmter IT-Produkte dar. In ihnen „[…] sind generische Anforderungen an eine Produktkategorie festgeschrieben."[196] Mit ihnen „[…] kann das BSI […] Mindeststandards für bestimmte Produktgruppen setzen."[197] Aus ihnen kann für konkrete Produkte ein sogenanntes Security Target, sprich spezielle Sicherheitsvorgaben, erstellt werden, gegen das dann die Evaluation durchgeführt werden kann.[198] Ein Protection Profile besteht ua aus der Beschreibung des Sicherheitsproblems, der Spezifizierung von Sicherheitszielen sowie der notwendigen Anforderungen an das Produkt, um den Sicherheitszielen genügen zu können.[199] Damit kommt den Protection Profiles im Zusammenspiel mit den Common Criteria aber auch eine erhebliche Bedeutung hinsichtlich der Konkretisierung der im Verkehr erwarteten Sicherheit zu – was sich im Bereich der mit der Einhaltung (oder Verletzung) der allgemein anerkannten Regeln der Technik verknüpften Vermutungswirkungen auswirkt.[200]

51

Dies gilt erst recht für den Bereich der **kritischen IT-Infrastrukturen**, für die nach § 8a Abs. 2 BSIG die Industrie bzw. Branchenverbände Standards entwickeln können, für die nach § 8a Abs. 2 S. 2 BSIG durch das Bundesamt auf Antrag festgestellt wird, ob diese geeignet sind, die Anforderungen nach § 8b Abs. 1 BSIG gewährleisten. Diese Standards sind zivilrechtlich allerdings nicht abschließend, auch wenn das BSI eine entsprechende Feststellung treffen sollte (dazu → § 10 Rn. 50). So können im Einzelfall bei außergewöhnlichen Gefahren höhere Standards gelten. Solche **Mindeststandards** gibt es bereits für etliche Bereiche, etwa Wasser und

52

---

191 MüKoBGB/*Wagner* § 823 Rn. 815.
192 *Sodtalbers*, Softwarehaftung im Internet, Rn. 273; v. Westphalen/Thüsing/*Hoeren*, IT-Verträge, 43. EL April 2019, Rn. 82.
193 Bereits in der Begründung zum ProdHaftG wird auf das Problem veralteter Normen hingewiesen: BT-Drs. 11/2447, 19; ferner *Bartl* ProdHaftG § 3 Rn. 43.
194 Hauschka/*Schmidl*, Corporate Compliance, § 29 Rn. 85 ff.
195 Näheres dazu abrufbar unter https://www.bsi.bund.de/DE/Themen/ZertifizierungundAnerkennung/Stellen/ITSEC_CC/cc_itsec_node.html; https://www.bsi.bund.de/SharedDocs/Downloads/DE/BSI/Publikationen/Broschueren/Zertifizierte-IT-Sicherheit.pdf?__blob=publicationFile, S. 8 (11.10.2019). Ausführlich zu Verfahren der Messung, Prüfung und des Nachweises von IT-Sicherheit *Skierka* → § 8 Rn. 60 ff.
196 S. https://www.bsi.bund.de/DE/Themen/ZertifizierungundAnerkennung/Produktzertifizierung/Zertifizierungnach CC/SchutzprofileProtectionProfiles/schutzprofileprotectionprofiles_node.html.
197 S. https://www.bsi.bund.de/DE/Themen/ZertifizierungundAnerkennung/Produktzertifizierung/Zertifizierungnach CC/SchutzprofileProtectionProfiles/schutzprofileprotectionprofiles_node.html.
198 S. https://www.bsi.bund.de/DE/Themen/ZertifizierungundAnerkennung/Produktzertifizierung/Zertifizierungnach CC/zertifizierungnachcc_node.html.
199 S. https://www.bsi.bund.de/EN/Topics/ElectrIDDocuments/TRprotect/protect_node.html (11.10.2019); dazu auch *Probst* DSB 2003, Heft 5, 10 ff.
200 *Spindler*, Studie „Verantwortlichkeiten von IT-Herstellern, Nutzern und Intermediären", Rn. 174 ff.

Abwasser etc.[201] Allerdings können durch andere Bestimmungsfaktoren, etwa der Preis eines Produktes, durchaus auch geringere Sicherheitserwartungen gelten.

V. Beweislast

53 Auch für IT-Produkte greifen die von der Rechtsprechung entwickelten Regeln zur **Beweislastumkehr** zugunsten des Geschädigten ein. Danach obliegt dem Geschädigten der Beweis der Rechtsgutsverletzung, des Produktfehlers[202] sowie der Nachweis, dass der Produktfehler im Organisationsbereich des Herstellers entstand und bereits im Zeitpunkt des Inverkehrbringens vorlag.[203] Auch wenn für einen IT-Laien der Nachweis eines Fehlers des IT-Produkts schwerfallen dürfte, greift hier bislang keine Beweiserleichterung ein; allenfalls mit **sekundären Darlegungs- und Beweislasten** kann die Rechtsprechung hier jenseits einer Rechtsfortbildung Abhilfe schaffen.

54 Hinsichtlich der **objektiven Verkehrspflichtverletzung** als auch des Verschuldens greift zugunsten des Geschädigten eine Beweislastumkehr ein,[204] wonach sich der Hersteller in Bezug auf alle seine Hilfskräfte zu entlasten hat.[205] Keine Beweiserleichterung greift dagegen hinsichtlich des Umstandes, dass bei ordnungsgemäßer Instruktion der Schaden nicht eingetreten wäre.[206] Dies gilt mutatis mutandis auch für IT-Hersteller.

55 Der Rechtsprechung zufolge trifft die Beweislast dafür, dass sich der Schaden bei Wahrung der Warnhinweise nicht realisiert hätte, den Geschädigten.[207] Er muss des Weiteren nachweisen, dass der Hersteller seine Instruktionspflichten nicht gewahrt hat.[208] Vorzugswürdig ist es jedoch zugunsten des **Geschädigten** entgegen der Rechtsprechung eine **Beweislastumkehr** anzunehmen.[209] Dafür spricht auch die Parallele zwischen der produkthaftungsrechtlichen Instruktions- und der arztrechtlichen Aufklärungspflicht[210] (jetzt: § 630 e BGB), die es dem Geschädigten erst ermöglichen soll, eine autonome Risikobewertung treffen und sich auf diese mit entsprechenden Eigenschutzmaßnahmen einstellen zu können.[211]

56 Auch bei Verletzungen der **Produktbeobachtungspflicht** tritt **keine Beweislastumkehr** zugunsten des Geschädigten hinsichtlich des objektiven Pflichtverstoßes ein, da hier nur allgemein

---

201 Standards aufrufbar unter https://www.bsi.bund.de/DE/Themen/KRITIS/IT-SiG/Was_tun/Stand_der_Technik/B3 S/B3S_node.html.
202 OLG Schleswig 24.4.2012 – 11 U 123/11, NJOZ 2013, 1366 (1367); BeckOGK BGB/*Spindler* § 823 Rn. 714 ff.; Foerste/v. Westphalen/*Foerste*, Produkthaftungshandbuch, § 30 Rn. 30.
203 BeckOGK BGB/*Spindler* § 823 Rn. 714; MüKoBGB/*Wagner* § 823 Rn. 860; Foerste/v. Westphalen/*Foerste*, Produkthaftungshandbuch, § 30 Rn. 29 ff., 43 ff.; jurisPK-BGB/*J. Lange* § 823 Rn. 141; *Redeker*, IT-Recht, Rn. 834; Staudinger/*Hager* BGB § 823 F Rn. 39.
204 Vgl. BGH 17.3.1981 – VI ZR 191/79, BGHZ 80, 186 (196 f.); bestätigt wiederum in BGH 11.6.1996 – VI ZR 202/95, NJW 1996, 2507 (2508); BGH 2.2.1999 – VI ZR 392/97, VersR 1999, 456; Foerste/v. Westphalen/ *Foerste*, Produkthaftungshandbuch, § 30 Rn. 29 ff., 43 ff.; Musielak/Voit/*Foerste* ZPO § 286 Rn. 49; Staudinger/ *Hager* BGB § 823 F Rn. 43.
205 BGH Urt. v. 17.10.1967 – VI ZR 70/66, NJW 1968, 247 ff.; MüKoBGB/*Wagner* § 823 Rn. 858.
206 Vgl. BGH 2.3.1999 – VI ZR 175/98, DB 1999, 891 (891); OLG Frankfurt/M. 11.3.1998 – 23 U 55/97, NJW-RR 1999, 27 (30).
207 BGH 9.12.1986 – VI ZR 65/86, BGHZ 99, 167 (181) – Honda; BeckOGK BGB/*Spindler* § 823 Rn. 718 mwN.
208 LG Köln 20.4.2011 – 25 O 312/06, BeckRS 2012, 05072; BeckOGK BGB/*Spindler* § 823 Rn. 718.
209 BeckOGK BGB/*Spindler* § 823 Rn. 718 mwN.
210 Dazu BeckOGK BGB/*Spindler* § 823 Rn. 718.
211 BeckOGK BGB/*Spindler* § 823 Rn. 718 mwN; aA Foerste/v. Westphalen/*Foerste*, Produkthaftungshandbuch, § 30 Rn. 98 ff.

zugängliche Informationen in Rede stehen, zu denen der Geschädigte notfalls durch Sachverständigengutachten ebenso Zugang wie der Hersteller hat.[212]

Die von der Rechtsprechung entwickelte **Befundsicherungspflicht**[213] des Herstellers, sich vor Inverkehrgabe seiner Produkte über den Status bzw. Befund seiner Produkte und deren etwaige Fehlerhaftigkeit zu vergewissern, und der damit verbundenen Beweislastumkehr hinsichtlich des Vorliegens eines Fehlers bei Inverkehrgabe des Produktes[214] spielt dagegen für den IT-Bereich keine besondere Rolle. Denn diese Pflicht beschränkt sich auf diejenigen Produkte, deren erhebliche Risiken für den Verbraucher „in der Herstellung geradezu angelegt sind und deren Beherrschung deshalb einen Schwerpunkt des Produktionsvorganges darstellt, so dass über die übliche Warenendkontrolle hinaus besondere Befunderhebungen des Herstellers erforderlich sind".[215] Gerade daran fehlt es aber zumindest bei den stets identischen Produkten im Bereich der Software.[216] 57

Besonders wichtig für den IT-Bereich ist ferner die Beweislast für die **Kausalität** des Produktfehlers bzw. der Verkehrspflichtverletzung des Herstellers für die eingetretene Rechtsgutsverletzung; diese trägt der Geschädigte.[217] Eine Beweislastumkehr greift grundsätzlich nicht ein.[218] Der Geschädigte muss daher bspw. den Einwand des Herstellers, der Schaden sei auf einen Fehlgebrauch des Produktnutzers zurückzuführen, widerlegen.[219] Damit tritt aber gerade im IT-Bereich eines der kardinalen Probleme zum Vorschein, dass nämlich häufig der Schaden auf anderen Einflüssen beruhen kann, sei es andere Software, Hackerangriffe oder eben Fehlbenutzung. Doch kann im Einzelfall ein **Beweis des ersten Anscheins** in Betracht kommen, wenn es beispielsweise im Zusammenhang mit der Verwendung des betreffenden Produkts zu parallelen Schadensfällen gekommen ist.[220] 58

C. Produkthaftung infolge Schutzgesetzverletzung (§ 823 Abs. 2 BGB): öffentlich-rechtliche Produktsicherheitsnormen

Eine bislang allerdings eher theoretische Rolle spielt ferner die Haftung nach § 823 Abs. 2 BGB, insbesondere im Hinblick auf das **ProdSG**[221] **als Schutzgesetz**. Im Schrifttum wird für die Frage des Schutzgesetzcharakters der einzelnen Vorschriften des ProdSG zum Teil sehr genau differenziert. Auf die entsprechenden Ausführungen muss an dieser Stelle verwiesen 59

---

212 Vgl. die in BGH 17.3.1981 – VI ZR 191/79, BGHZ 80, 186 (195 ff.); s. auch die vom BGH 12.11.1991 – VI ZR 7/91, BGHZ 116, 69 (72 f.) aufgestellten Grundsätze, wonach ab Inverkehrgabe der Geschädigte die Verletzung der Pflicht zu beweisen hat; *Prütting*, Produktverantwortung und Risikoakzeptanz, S. 49, 52; krit. demgegenüber Foerste/v. Westphalen/*Foerste*, Produkthaftungshandbuch, § 30 Rn. 109; MüKoBGB/*Wagner* § 823 Rn. 862; *Tiedtke* in: FS Gernhuber, 1993, S. 471, 480 f.
213 Ausführlich dazu demgegenüber Foerste/v. Westphalen/*Foerste*, Produkthaftungshandbuch, § 30 Rn. 51 ff.; BeckOGK BGB/*Spindler* § 823 Rn. 643 f.
214 BGH 7.6.1988 – VI ZR 91/87, BGHZ 104, 323 (332 ff.); BGH 8.12.1992 – VI ZR 24/92, NJW 1993, 528 (529); bestätigt in BGH 9.5.1995 – VI ZR 158/94, BGHZ 129, 353 (361 f., 365 f.); ausführlicher dazu BeckOGK BGB/*Spindler* § 823 Rn. 643 f. mwN.
215 So BGH 8.12.1992 – VI ZR 24/92, NJW 1993, 528 (529); OLG Dresden 28.8.1997 – 4 U 770/97, VersR 1999, 456, Rev. vom BGH nicht angenommen, 26.5.1998 – VI ZR 294/97.
216 Ausführlicher dazu *Spindler* NJW 1999, 3737 (3741 f.).
217 BGH 24.1.1989 – VI ZR 112/88, BGHZ 106, 273 (283); BGH 12.11.1991 – VI ZR 7/91, BGHZ 116, 60 (72 f.); MüKoBGB/*Wagner* § 823 Rn. 864 ff.
218 *LG Stuttgart* 10.4.2012 – 26 O 466/10, NJW-RR 2012, 1169 (1170).
219 Foerste/v. Westphalen/*Foerste*, Produkthaftungshandbuch, § 30 Rn. 115.
220 Foerste/v. Westphalen/*Foerste*, Produkthaftungshandbuch, § 30 Rn. 118 ff.; MüKoBGB/*Wagner* § 823 Rn. 864; Staudinger/*Hager* BGB § 823 F Rn. 39.
221 Allg. zum ProdSG MüKoBGB/*Wagner* § 823 Rn. 868 ff.

werden.²²² Der Produktbegriff aus § 2 Abs. 1 GPSG wurde im jetzigen § 2 Nr. 22 ProdSG erweitert,²²³ wobei unklar ist, ob diese Ausdehnung dazu führt, dass **Software** unter den **Produktbegriff** des ProdSG fällt. Die Diskussion weist hier Parallelen zur Frage des Produktbegriffs im ProdHaftG auf: So wird die Verkörperung der Software auf einem Datenträger verlangt, um ein Produkt annehmen zu können.²²⁴ Begründet wird diese Auffassung mit dem Ziel einer Gleichbehandlung mit dem Produktbegriff des ProdHaftG (dazu → Rn. 63 ff.).²²⁵ Abgesehen davon, dass viel dafür spricht, Software unter den Produktbegriff des ProdHaftG zu subsumieren, kann allein das Anliegen einer Gleichbehandlung nicht dazu führen, dass nicht verkörperte Software aus dem Produktbegriff des ProdSG ausgeschlossen und der Anwendungsbereich des ProdSG somit eingeschränkt wird. Aus dem Gesetz ergibt sich kein Anhalt dafür, die Produktbegriffe des ProdSG und des ProdHaftG einheitlich auszulegen. Der Gesetzgeber hat dem Produktbegriff des § 2 Nr. 22 ProdSG auch nicht denjenigen der Produkthaftungs-RL²²⁶, sondern den des Art. 15 Abs. 4 VO (EG) Nr. 765/2008²²⁷ zugrunde gelegt.²²⁸ Die Tatbestände der §§ 1 ProdHaftG, 2 Nr. 22 ProdSG unterscheiden sich deutlich voneinander. Die Definitionen beschränken sich zudem auf das jeweilige Gesetz (§ 2 Nr. 22 ProdSG: „Im Sinne *dieses* [Hervorhebung durch Verf.] Gesetzes [...]"; ebenso § 1 ProdHaftG). Die eine Verkörperung von Software verlangende Auffassung verweist zudem zur Begründung darauf, dass bei Fehlen einer Verkörperung nichts für einen Fertigungsprozess iSd § 2 Nr. 22 ProdSG erkennbar sei.²²⁹ Dagegen ist jedoch einzuwenden, dass die Art und Weise der „Herstellung" von Software nicht davon abhängt, wie diese letztlich übertragen wird und ob diese in verkörperter Form vorliegt. Des Weiteren ergibt sich aus dem Begriff „Fertigungsprozess" iSd § 2 Nr. 22 ProdSG nicht zwingend der Ausschluss von Programmierleistungen, da nach dem natürlichen Sprachgebrauch unter „Fertigung" ein „industrieller oder handwerklicher Produktionsprozess"²³⁰ bzw. eine „Herstellung"²³¹ verstanden wird.

60 Ein Anspruch des Produktbenutzers besteht aufgrund des eingeschränkten Schutzbereichs des ProdSG jedoch nur bei Verletzungen der Rechtsgüter Leben und Gesundheit,²³² so dass der Anwendungsbereich des ProdSG bei fehlerhaften IT-Produkten am ehesten im Bereich von **selbststeuernden Robotern** zu suchen sein dürfte, ua auch selbststeuernde Kfz; für diese können allerdings auch uU die Zulassungsbedingungen und technischen Anforderungen als Schutzgesetze eingestuft werden. Besondere Vorteile gegenüber der Haftung aus § 823 Abs. 1 BGB, die hier ebenfalls eingreift, ergeben sich allerdings nicht.

---

222 Ausführlich zum Schutzgesetzcharakter der einzelnen Normen des ProdSG BeckOGK BGB/*Spindler* § 823 Rn. 672 ff. mwN; Foerste/v. Westphalen/*Foerste,* Produkthaftungshandbuch, § 32 Rn. 19; MüKoBGB/*Wagner* § 823 Rn. 868 ff.; Palandt/*Sprau* BGB § 823 Rn. 68: § 3 ProdSG ist Schutzgesetz.
223 *Klindt/Schucht,* Produktsicherheitsgesetz, § 2 Rn. 151; *Schucht* DVBl. 2013, 760 (762); krit. dazu *Kapoor/Klindt* NVwZ 2012, 719 (720) mwN.
224 *Klindt/Schucht,* Produktsicherheitsgesetz, § 2 Rn. 164 f.; *Wilrich,* Das neue Produktsicherheitsgesetz, Rn. 69.
225 *Klindt/Schucht,* Produktsicherheitsgesetz, § 2 Rn. 165 aE; zum ProdHaftG Foerste/v. Westphalen/*v. Westphalen,* Produkthaftungshandbuch, § 47 Rn. 44.
226 Richtlinie 85/374/EWG des Rates vom 25.7.1985 zur Angleichung der Rechts- und Verwaltungsvorschriften der Mitgliedstaaten über die Haftung für fehlerhafte Produkte, ABl. Nr. L 210 v. 7.8.1985, 29.
227 Verordnung (EG) Nr. 765/2008 des Europäischen Parlaments und des Rates v. 9.7.2008 über die Vorschriften für die Akkreditierung und Marktüberwachung im Zusammenhang mit der Vermarktung von Produkten und zur Aufhebung der Verordnung (EWG) Nr. 339/93 des Rates (Text von Bedeutung für den EWR), ABl. Nr. L 218 vom 13.8.2008, 30.
228 BT-Drs. 17/6276, 41.
229 *Klindt/Schucht,* Produktsicherheitsgesetz, § 2 Rn. 165.
230 http://www.duden.de/rechtschreibung/Fertigung, unter 1. a.
231 http://www.duden.de/rechtschreibung/Fertigung, unter 1. a.
232 Palandt/*Sprau* BGB § 823 Rn. 68. Noch zum früheren GPSG: *Klindt,* Produktsicherheitsgesetz, § 4 GPSG Rn. 8; BeckOGK BGB/*Spindler* § 823 Rn. 678.

Bei fehlerhaften **Medizinprodukten** mit Softwaresteuerung (s. § 3 Nr. 1 MPG) können zudem die Vorschriften des MPG bzw. der neuen Medizinprodukte-Verordnung der EU als Schutzgesetz zur Anwendung gelangen.[233] Darunter können etwa auch Pflegeroboter fallen. 61

Daneben ist auf die strafrechtlichen Vorschriften der §§ 202a-202c StGB zu verweisen, bei denen es sich ebenfalls um Schutzgesetze iSd § 823 Abs. 2 S. 1 BGB handelt (→ Rn. 18).[234] 62

D. Verschuldensunabhängige Produkthaftung (ProdHaftG)

Die praktische Bedeutung des **ProdHaftG** für IT-Schäden ist eher gering. Strittig ist schon, ob Software unter den **Produktbegriff** nach § 2 ProdHaftG fällt. 63

I. Produktbegriff

Während Software überwiegend vom Grundsatz her als Produkt eingeordnet wird,[235] bleibt umstritten, ob eine Differenzierung nach **Standard- und Individualsoftware** vorzunehmen ist und wie online übertragene Software einzuordnen ist.[236] 64

1. Verkörperte und online übertragene Software

Zwar wird die Produkteigenschaft von Software selbst immer noch verneint, da es sich hierbei um keine bewegliche Sache (vgl. § 2 ProdHaftG),[237] sondern um ein immaterielles Gut handele[238] oder der Dienstleistungscharakter im Vordergrund stehe.[239] Die wohl überwiegende Meinung bejaht dagegen zu Recht die **Produkteigenschaft** von auf einem **Datenträger** CD- und DVD-ROM, Festplatten, sonstigen Datenträgern wie USB-Sticks uä gespeicherter und damit **verkörperter Software**.[240] Diese Ansicht stimmt mit der vertragsrechtlichen Rechtsprechung des BGH[241] zur Sacheigenschaft von Software iSd § 90 BGB überein,[242] wobei diesem Argument aufgrund der erforderlichen unionsrechtlichen Auslegung des Sachbegriffs in § 2 ProdHaftG[243] allenfalls indizielle[244] Bedeutung zukommen kann, während sie andererseits 65

---

233 Zum MPG s. Lippert/Ratzel/Tag/*Deutsch*, MPG-Kommentar, Haftung Rn. 21 ff.
234 Beckmann/Matusche-Beckmann/*Spindler*, Versicherungsrechts-Handbuch, § 40 Rn. 36; Leible/Lehmann/Zech/ *Spickhoff*, Unkörperliche Güter im Zivilrecht, S. 233, 238; MüKoBGB/*Wagner* § 823 Rn. 525.
235 *Taeger*, Außervertragliche Haftung für fehlerhafte Computerprogramme, S. 160; für Standardsoftware bejahend, offenlassend für Individualsoftware Palandt/*Sprau* BGB § 2 ProdHaftG Rn. 1.
236 *Taeger*, Außervertragliche Haftung für fehlerhafte Computerprogramme, S. 160.
237 *Redeker*, IT-Recht, Rn. 278 ff., 830.
238 So *Redeker* NJW 1992 (1739f.); *Müller-Hengstenberg* NJW 1994, 3128 (3131); *Honsell* JuS 1995, 211 (212); *Taschner/Frietsch* ProdHaftG § 2 Rn. 22; *Beckmann/Müller* MMR 1999, 14 (15); *Bauer* PHi 1989, 98 (101); *Marly*, Praxishandbuch Softwarerecht, Rn. 712 ff.
239 Foerste/*v. Westphalen*, Produkthaftungshandbuch, § 47 Rn. 44 aE.
240 *Spindler/Klöhn* VersR 2003, 410 (412); *Spindler* MMR 1998, 119 (120); Ernst/*Mankowski*, Hacker, Cracker & Computerviren, Rn. 441; *Sodtalbers*, Softwarehaftung im Internet, Rn. 161; v. Westphalen/Thüsing/*Hoeren*, IT-Verträge, 43. EL April 2019, Rn. 8; *Taschner/Frietsch* ProdHaftG § 2 Rn. 23; Foerste/*v. Westphalen*, Produkthaftungshandbuch, § 47 Rn. 42; Palandt/*Sprau* BGB § 2 ProdHaftG Rn. 1; Erman/*Schiemann* BGB § 2 ProdHaftG Rn. 2; Staudinger/*Oechsler* BGB § 2 ProdHaftG Rn. 64; ohne zwischen verkörperter und nicht-verkörperter Software zu unterscheiden; die Produkteigenschaft bejahend *Marly*, Praxishandbuch Softwarerecht, Rn. 715 ff.; noch weiter *Taeger*, Außervertragliche Haftung für fehlerhafte Computerprogramme, S. 160 ff., insbesondere S. 169; restriktiver und schon den Bezug zu dem Streit, ob Individualsoftware erfasst wird herstellend (dazu sogleich), dagegen MüKoBGB/*Wagner* § 2 ProdHaftG Rn. 17 ff.
241 BGH 14.7.1993 – VIII ZR 147/92, NJW 1993, 2436 (2437); BGH 18.10.1989 – VIII ZR 325/88, BGHZ 109, 97 (99).
242 MüKoBGB/*Wagner* § 2 ProdHaftG Rn. 12; *Spindler* MMR 1998, 119 (120).
243 MüKoBGB/*Wagner* § 2 ProdHaftG Rn. 2, 20.
244 Trotz des Anwendungsvorrangs des Unionsrechts zieht Foerste/v. Westphalen/*v. Westphalen*, Produkthaftungshandbuch, § 47 Rn. 4 die Auslegungsgrundsätze zu § 90 BGB „ergänzend" heran; MüKoBGB/*Wagner* § 2 ProdHaftG Rn. 2.

auch der Verkehrsauffassung Rechnung trägt, welche den Datenträger unter Einschluss der Software als bewegliche Sache ansieht.²⁴⁵ Insgesamt werden Fallgruppen²⁴⁶ gebildet. Auch die Europäische Kommission vertritt offenbar die Auffassung, dass Software als Produkt im Sinne der Richtlinie anzusehen ist.²⁴⁷

66 Ungeklärt ist in diesem Zusammenhang nach wie vor die Einordnung von **online zur Verfügung gestellter Software** als Produkt.²⁴⁸ Die Ablehnung des Produktbegriffs kann hier nicht vorschnell als Konsequenz der obigen Weichenstellung, eine Verkörperung von Software für den Produktbegriff zu fordern, gezogen werden, da dies unberücksichtigt ließe, dass eine andere Behandlung der nichtverkörperten, online übertragenen Software aufgrund der unionsrechtlichen, in § 2 ProdHaftG umgesetzten Entscheidung, Elektrizität dem Produktbegriff zu unterstellen, nicht völlig fernliegend ist.²⁴⁹ Allerdings ist zu berücksichtigen, dass die Einbeziehung der Elektrizität weder einen Anknüpfungspunkt für eine Subsumtion von online übertragener Software unter den Produktbegriff noch für eine Analogie zu § 2 ProdHaftG²⁵⁰ bietet.²⁵¹ Einige Autoren bejahen die Produkteigenschaft mit der Begründung, dass die für den Produktbegriff erforderliche Verkörperung deshalb vorliege, weil bei demjenigen, der die Software zum Onlineabruf anbiete, eine Speicherung der Daten gegeben sei und der Download ebenso zu einer Speicherung der Daten auf dem Nutzermedium führe.²⁵² Im Hinblick auf den verbraucherschützenden Zweck des ProdHaftG kann die Frage der Anwendbarkeit der verschuldensunabhängigen Haftung nicht davon abhängen, ob bereits die Übertragung in körperlicher Form erfolgte. Entscheidend sei vielmehr, dass zumindest beim Nutzer der Software eine dauerhafte Verkörperung durch Speicherung auf einem Datenträger erfolgt.²⁵³

67 Für die Anwendbarkeit des ProdHaftG ist demnach danach zu differenzieren, ob die Software lediglich zeitweise während der Benutzung der Dienste des Service Providers genutzt werden kann, zB im Rahmen von **Application Service Providing oder Cloud Computing,** oder ob der

---

245 *Taschner/Frietsch* ProdHaftG § 2 Rn. 23.
246 Foerste/v. Westphalen/*v. Westphalen,* Produkthaftungshandbuch, § 47 Rn. 8 ff.; MüKoBGB/*Wagner* § 2 ProdHaftG Rn. 12 ff.
247 Stellungnahme der Kommission der Europäischen Gemeinschaften auf die Schriftliche Anfrage Nr. 706/88 von Herrn Gijs de Vries an die Kommission: Produkthaftung für Computerprogramme v. 8.5.1989, ABl. EG Nr. C 114, 42.
248 Dafür *Spindler/Klöhn* VersR 2003, 410 (412); *Spindler* MMR 1998, 119 (121); *Spindler,* Studie „Verantwortlichkeiten von IT-Herstellern, Nutzern und Intermediären", Rn. 189 ff.; Beckmann/Matusche-Beckmann/*Spindler,* Versicherungsrechts-Handbuch, § 40 Rn. 37; *C. Wagner* NJW 1996, 2899 (2904); *Taeger* CR 1996, 257 (261 f.); *Sodtalbers,* Softwarehaftung im Internet, Rn. 164 ff.; Ernst/*Mankowski,* Hacker, Cracker & Computerviren, Rn. 441; so auch noch Foerste/v. Westphalen/*v. Westphalen,* Produkthaftungshandbuch, Band 2, 2. Auflage 1997, § 73 Rn. 40; MüKoBGB/*Wagner* § 2 ProdHaftG Rn. 17; Prütting/Wegen/Weinreich/*Schaub* BGB § 2 ProdHaftG Rn. 2; *Redeker,* IT-Recht, Rn. 830; dagegen jetzt Foerste/v. Westphalen/*v. Westphalen,* Produkthaftungshandbuch, § 47 Rn. 44; Erman/*Schiemann* BGB § 2 ProdHaftG Rn. 2; Staudinger/*Oechsler* BGB § 2 ProdHaftG Rn. 65; *Taschner/Frietsch* ProdHaftG § 2 Rn. 22.
249 Foerste/v. Westphalen/*v. Westphalen,* Produkthaftungshandbuch, § 47 Rn. 44; *Spindler* MMR 1998, 119 (120); anders noch Foerste/v. Westphalen/*v. Westphalen,* Produkthaftungshandbuch, § 73 Rn. 40, der unter Rekurs auf die Zuordnung der Elektrizität unter den Produktbegriff noch die gegenteilige Auffassung vertrat und ein Produkt bejahte.
250 In diese Richtung noch Foerste/v. Westphalen/*v. Westphalen,* Produkthaftungshandbuch, Band 2, 2. Auflage 1997, § 73 Rn. 40, der von der Begründung einer Analogie ausgeht, aber eine „Parallele" zu § 2 ProdHaftG ziehen will; unter Aufgabe seiner vormaligen Ansicht jedoch inzwischen eine Analogie zu § 2 ProdHaftG verneinend Foerste/v. Westphalen/*v. Westphalen,* Produkthaftungshandbuch, § 47 Rn. 44.
251 Staudinger/*Oechsler* BGB § 2 ProdHaftG Rn. 67; *Spindler* MMR 1998, 119 (120 f.); Soergel/*Krause* BGB § 2 ProdHaftG Rn. 2.
252 MüKoBGB/*Wagner* § 2 ProdHaftG Rn. 17.
253 *Wagner* NJW 1996, 2899 (2900); *Spindler/Klöhn* VersR 2003, 410 (412); *Spindler* MMR 1998, 119 (120); Ernst/*Mankowski,* Hacker, Cracker & Computerviren, Rn. 441; *Taeger,* Außervertragliche Haftung für fehlerhafte Computerprogramme, S. 160 ff.; MüKoBGB/*Wagner* § 2 ProdHaftG Rn. 17; Foerste/v. Westphalen/*v. Westphalen,* Produkthaftungshandbuch, § 47 Rn. 44.

Nutzer sie durch **Download** auf seinem eigenen Rechner dauerhaft verwenden kann.[254] Beim dauerhaften Download liegt das entscheidende Moment der Inverkehrgabe des Produktes „Software" in der vom Anbieter offerierten Möglichkeit, die Software herunterzuladen.[255] Ab diesem Zeitpunkt kann der Kunde das Produkt jederzeit wiederbenutzen, wobei er nicht mehr auf die Netzverbindung angewiesen ist. Die Rechtslage kann hier nicht anders beurteilt werden, als wenn dem Kunden nur noch eine unwesentliche Fertigungshandlung obliegt, um das Endprodukt „herzustellen", etwa bei zusammenschraubbaren Fertigmöbeln. Allerdings verfängt dieses Argument dann nicht mehr, wenn die Software zum Teil in der Cloud verbleibt, da hier der Nutzer nicht vollumfänglich ohne die Cloud die Software offline nutzen kann.

2. Standard- und Individualsoftware

Unterschiedlich beurteilt wird auch die Frage, ob **Standard- und Individualsoftware** einer einheitlichen Einordnung unter den Produktbegriff zugänglich ist.[256] Dieser Streit fußt maßgeblich auf einer Betrachtung des unterschiedlichen **Herstellungsprozesses** und der Verkehrsanschauung. Der Unterschied zwischen Standard- und Individualsoftware liege danach darin begründet, dass „[...] bei Individualsoftware nicht der Waren-, sondern der Dienstleistungscharakter überwiegt."[257] Dies führe dazu, dass der Produktbegriff bei Individualsoftware unabhängig davon zu verneinen sei, ob diese in verkörperter Form vorliege oder nicht.[258] Bei vorliegender Verkörperung bejahen demgegenüber manche Autoren die Produkteigenschaft.[259] Diese Auffassung rekurriert ua auf die Gesetzesbegründung, wonach der Gesetzgeber für die Produkthaftung gerade nicht danach habe differenzieren wollen, wie das Produkt hergestellt wurde.[260] Allerdings spricht der Gesetzgeber nur davon, „[...] daß eine handhabbare Abgrenzung zwischen industrieller und nicht industrieller Fertigung nicht vorhanden ist [...]"[261]. Zwar ist dem zu entnehmen, dass es nicht auf die Herstellungsart ankommt; dennoch ist das Kriterium der „(nicht-)industriellen" Herstellung für Software ungeeignet. Aus dem Umstand einer „industriellen" Herstellung folgt nicht im Umkehrschluss, dass es sich nicht um Individualsoftware handeln kann, sondern nur, dass es sich nicht um „handwerkliche" Herstellung handeln darf.

68

---

254 *Spindler*, Rechtsfragen bei Open Source, 2004, Kap. E Rn. 11 f.; *Spindler* MMR 1998, 119 (121); MüKoBGB/*Wagner* § 2 ProdHaftG Rn. 17.
255 MüKoBGB/*Wagner* § 2 ProdHaftG Rn. 17.
256 Differenzierung sei irrelevant: *Taeger*, Außervertragliche Haftung für fehlerhafte Computerprogramme, S. 160 ff., insbesondere S. 169; Produktbegriff für beide „Herstellungsformen" bejahend *Marly*, Praxishandbuch Softwarerecht, Rn. 715 ff.; den Anwendungsbereich des ProdHaftG für Individualsoftware verneinend v. Westphalen/Thüsing/*Hoeren*, Vertragsrecht und AGB-Klauselwerke, IT-Verträge, 43. EL April 2019, Rn. 81; Foerste/v. Westphalen/*v. Westphalen*, Produkthaftungshandbuch, § 47 Rn. 43; offenlassend Palandt/*Sprau* BGB § 2 ProdHaftG Rn. 1.
257 So noch MüKoBGB/*Wagner*, 6. Auflage 2013, § 2 ProdHaftG Rn. 15 aE.
258 Foerste/v. Westphalen/*v. Westphalen*, Produkthaftungshandbuch, § 47 Rn. 43 mit gewisser Sympathie jedoch für die Einordnung verkörperter Standardsoftware als Produkt („dafür spricht einiges"), iErg jedoch aufgrund der beschriebenen Verkehrsanschauung und mit teilweise unklarer Begründung („Denn es fehlt in diesen Fällen an der für die Annahme einer Sache/eines Produkts erforderlichen Verkörperung") die Produkteigenschaft verneinend; iErg auch MüKoBGB/*Wagner* § 2 ProdHaftG Rn. 17 ff., der ohne eine Differenzierung zwischen verkörperter und nicht-verkörperter Individualsoftware diese generell von dem Produktbegriff des § 2 ProdHaftG ausnimmt.
259 Staudinger/*Oechsler* BGB § 2 ProdHaftG Rn. 69; iErg die Produkteigenschaft bejahend *Taeger*, Außervertragliche Haftung für fehlerhafte Computerprogramme, S. 160 ff., insbesondere S. 169; ohne Begründung aber iErg ebenso *Marly*, Praxishandbuch Softwarerecht, Rn. 715 ff. aE.
260 *Taeger*, Außervertragliche Haftung für fehlerhafte Computerprogramme, S. 168; Staudinger/*Oechsler* BGB § 2 ProdHaftG Rn. 69.
261 BT-Drs. 11/5520, 12.

69 Entscheidend ist aber vor allem, dass der nationale Gesetzgeber aufgrund des Erfordernisses der **unionsrechtskonformen Auslegung**[262] nicht das letzte Wort haben kann. Aus Erwägungsgrund 3 der Richtlinie[263] ergibt sich gerade, dass es dem Richtliniengeber auf die industrielle Fertigung des Produktes ankam.[264] Dies spricht aber – wie soeben gezeigt – nicht gegen die Einbeziehung von Individualsoftware. Als stärkstes Argument gegen eine Differenzierung zwischen Individual- und Standardsoftware ist auf Art. 1 der Änderungsrichtlinie[265] sowie § 2 ProdHaftG zu verweisen, die beide den Produktbegriff definieren. Diese Definitionen geben keinen Anlass dafür, eine entsprechende Differenzierung vorzunehmen; eine solche liegt auch bereits nach dem natürlichen Sprachgebrauch fern. Dem Sinn und Zweck der verschuldensunabhängigen Produkthaftung, den Verbraucherschutz zu gewährleisten,[266] widerspricht die Auslegung des Produktbegriffs. Denn Individualsoftware dürfte nicht weniger fehleranfällig und daher nicht weniger gefährlich für den Verbraucher sein als Standardsoftware.[267] Dies gilt erst recht für parametrisierte Software, die auf Standardsoftware aufbaut.

II. Produktfehler

70 Unklar ist ferner, wann bei Software ein **Produktfehler** iSd § 3 ProdHaftG angenommen werden kann. Die Beurteilung gestaltet sich schwierig, weil § 3 ProdHaftG mehrere unbestimmte Rechtsbegriffe zugrunde liegen,[268] indem § 3 Abs. 1 ProdHaftG nicht nur auf die Erwartungshaltung abstellt, sondern diese auch berechtigter Natur sein muss. Subjektive Sicherheitserwartungen des individuellen Benutzers sind jedenfalls nicht maßgeblich.[269]

71 Strittig ist insbesondere, auf wessen **Erwartungshaltung** hier abzustellen ist.[270] Einige nennen hier den „verständigen Verbraucher" als Beurteilungsmaßstab.[271] Andere stellen auf die Erwartungshaltung derer ab, die von dem Produktfehler tangiert bzw. gefährdet werden.[272] Allerdings ist nicht ersichtlich, warum das normative Tatbestandsmerkmal der „berechtigten" Erwartungshaltung anhand eines zusätzlichen normativen Begriffs einzuschränken ist. Es ist vielmehr **eine objektive Beurteilung** geboten,[273] so dass mit der Rechtsprechung „[…] objektiv darauf [abzustellen ist], ob das Produkt diejenige Sicherheit bietet, die die in dem entsprechenden Bereich herrschende Verkehrsauffassung für erforderlich hält."[274] Der BGH zieht aus

---

262 MüKoBGB/*Wagner* Einleitung zum ProdHaftG Rn. 8; Foerste/v. Westphalen/*v. Westphalen*, Produkthaftungshandbuch, § 44 Rn. 8.
263 Richtline 85/374/EWG.
264 AA Staudinger/*Oechsler* BGB § 2 ProdHaftG Rn. 8 mwN.
265 Richtlinie 1999/34/EG.
266 Dieser findet sich in nahezu allen Erwägungsgründe wieder, bspw. in den Erwägungsgründen 1, 4 der Richtlinie 85/374/EWG sowie in den Erwägungsgründen 1, 4 der Änderungsrichtlinie 1999/34/EG.
267 So auch *Taeger*, Außervertragliche Haftung für fehlerhafte Computerprogramme, S. 168; *Marly*, Praxishandbuch Softwarerecht, Rn. 715 ff.; Staudinger/*Oechsler* BGB § 2 ProdHaftG Rn. 64, 69; aA und gegen die Anwendung des ProdHaftG auf Individualsoftware v. Westphalen/Thüsing/*Hoeren*, Vertragsrecht und AGB-Klauselwerke, IT-Verträge, 43. EL April 2019, Rn. 81.
268 MüKoBGB/*Wagner* § 3 ProdHaftG Rn. 6 f.; Foerste/v. Westphalen/*v. Westphalen*, Produkthaftungshandbuch, § 48 Rn. 10 ff.
269 BGH 16.6.2009 – VI ZR 107/08, NJW 2009, 2952 Rn. 12 – Fehlauslösung von Airbags; MüKoBGB/*Wagner* § 3 ProdHaftG Rn. 8 ff.
270 Nach MüKoBGB/*Wagner* § 3 ProdHaftG Rn. 8 soll es sich hier nicht um eine Meinungsstreitigkeit handeln, vielmehr „[…] [besteht] in der Sache […] weitgehend Einigkeit."
271 Erman/*Schiemann* BGB § 3 ProdHaftG Rn. 2.
272 Staudinger/*Oechsler* BGB § 3 ProdHaftG Rn. 15, 22; Soergel/*Krause* BGB § 3 ProdHaftG Rn. 3.
273 BT-Drs. 11/ 2447, 18; Foerste/v. Westphalen/*v. Westphalen*, Produkthaftungshandbuch, § 48 Rn. 11; Staudinger/ *Oechsler* BGB § 3 ProdHaftG Rn. 15.
274 BGH 16.6.2009 – VI ZR 107/08, BGHZ 181, 253 Rn. 12 – Fehlauslösung von Airbags; BGH 17.3.2009 – VI ZR 176/08, NJW 2009, 1669 Rn. 6 – Kirschtaler; zustimmend Staudinger/*Oechsler* BGB § 3 ProdHaftG Rn. 15 aE.

Gründen der Rechtssicherheit die zur Verkehrssicherungspflichtverletzung gem. § 823 Abs. 1 BGB entwickelten Kriterien als Beurteilungsmaßstäbe heran.[275] Auch Dritte, die durch das Produkt geschädigt werden, sog. „**innocent bystanders**"[276], genießen demnach Schutz.[277] Ferner wird richtigerweise darauf hingewiesen, dass die Meinungsstreitigkeiten in diesem Bereich nicht überbewertet werden sollten, da die Auffassungen in der Regel zu demselben Ergebnis führen werden.[278]

Dennoch ist unklar, was nach **Verkehrsanschauung** objektiv „berechtigterweise" von einem Produkt erwartet wird und ob diese Erwartungshaltung ihrerseits berechtigt ist, weshalb auch der Gesetzgeber auf die Beurteilung im Einzelfall verweist.[279] Der EuGH führt hierzu aus: „Die Sicherheit, die zu erwarten man nach dieser Bestimmung berechtigt ist, ist [...] vor allem unter Berücksichtigung des Verwendungszwecks und der objektiven Merkmale und Eigenschaften des in Rede stehenden Produkts sowie der Besonderheiten der Benutzergruppe, für die es bestimmt ist, zu beurteilen."[280]

Speziell im **Softwarebereich** ist für die Frage der berechtigten Erwartungshaltung zu berücksichtigen, dass vielfach davon ausgegangen wird, dass sich Softwarefehler nicht gänzlich vermeiden ließen.[281] Teilweise wird vertreten, dass Nutzer „zumindest Basissicherheit im Hinblick auf diejenigen zentralen Funktionen erwarten dürfen, die den wirtschaftlichen Gegenstand eines Computerprogramms ausmachen"[282]. Entsprechend dem allgemeinen Ansatz im Produkthaftungsrecht, das nach dem Rang der Rechtsgüter unterscheidet, muss nach dem Anwendungsbereich, in dem das Produkt „Software" zum Einsatz kommt,[283] differenziert werden, in diesem Rahmen auch nach Gefahrenbereichen.[284] So muss im medizinischen Bereich eine hundertprozentige Sicherheit gegeben sein.[285] Zwar wird eine solche Sicherheit letztlich nie erreichbar sein (s. auch *Pour Rafsendjani/Bomhard* in → § 9 Rn. 9), doch ist einzuräumen, dass sie sich möglichst weitgehend dem Ziel der hundertprozentigen Sicherheit nähern sollte. Gleiches gilt für solche Produkte, welchen gerade ein Sicherungszweck

---

[275] BGH 16.6.2009 – VI ZR 107/08, BGHZ 181, 253 Rn. 12 – Fehlauslösung von Airbags; BGH 17. 3. 2009 – VI ZR 176/08, NJW 2009, 1669 (1670) – Kirschtaler; OLG Schleswig 19.10.2007 – 17 U 43/07, NJW-RR 2008, 691 (692); *Marly*, Praxishandbuch Softwarerecht, Rn. 1823; MüKoBGB/*Wagner* § 3 ProdHaftG Rn. 8 f.; Soergel/*Krause* BGB § 3 ProdHaftG Rn. 2: „Sachlich besteht daher kaum ein Unterschied zur Haftung nach BGB § 823 Abs. 1 [...]"; Hinweise zur Heranziehbarkeit deliktsrechtlicher Grundsätze können auch BT-Drs. 11/ 2447, S. 17 aE, f. entnommen werden; so auch Staudinger/*Oechsler* BGB § 3 ProdHaftG Rn. 19.
[276] Soergel/*Krause* BGB § 3 ProdHaftG Rn. 1.
[277] BT-Drs. 11/2447, 17 aE; Staudinger/*Oechsler* BGB § 3 ProdHaftG Rn. 15, 17; Soergel/*Krause* BGB § 3 ProdHaftG Rn. 1; MüKoBGB/*Wagner* § 3 ProdHaftG Rn. 9; nach MüKoBGB/*Wagner* § 3 ProdHaftG Rn. 11 sei der Schutz Dritter in der Praxis von geringer Bedeutung; krit. zu dieser Feststellung Staudinger/*Oechsler* BGB § 3 ProdHaftG Rn. 17.
[278] MüKoBGB/*Wagner* § 3 ProdHaftG Rn. 9; Foerste/v. Westphalen/*v. Westphalen*, Produkthaftungshandbuch, § 48 Rn. 13.2.
[279] BT-Drs. 11/2447, 18.
[280] EuGH 5.3.2015 – C-503/13, NJW 2015, 1163 (1164) mAnm *Moelle/Dockhorn*; s. auch die Anm. von *Brüggemeier* ZEuP 2016, 502; *Kaufmann/Seehafer* MedR 2017, 369; *Rudkowski* VersR 2018, 65 – Boston Scientific Medizintechnik GmbH/AOK Sachsen-Anhalt ua.
[281] Foerste/v. Westphalen/*v. Westphalen*, Produkthaftungshandbuch, § 47 Rn. 45: „[...] wohl unbestrittene Erkenntnis [...]"; Foerste/v. Westphalen/*Foerste*, Produkthaftungshandbuch, § 24 Rn. 173 f.; zustimmend Staudinger/ *Oechsler* BGB § 2 ProdHaftG Rn. 70; eher ablehnend *Marly*, Praxishandbuch Softwarerecht, Rn. 1823: „[...] seitens der Softwareindustrie stereotyp wiederholte Einschätzung [...]"; krit. MüKoBGB/*Wagner* § 3 ProdHaftG Rn. 7: „[...] wenig mehr als eine Leerformel [...]."
[282] Staudinger/*Oechsler* BGB § 2 ProdHaftG Rn. 70.
[283] In diese Richtung BGH 16.6.2009 – VI ZR 107/08, BGHZ 181, 253 Rn. 19 – Fehlauslösung von Airbags; Foerste/v. Westphalen/*v. Westphalen*, Produkthaftungshandbuch, § 47 Rn. 45.
[284] Foerste/v. Westphalen/*Foerste*, Produkthaftungshandbuch, § 24 Rn. 173, allerdings zum Bereich der verschuldensabhängigen Produzentenhaftung.
[285] Foerste/v. Westphalen/*v. Westphalen*, Produkthaftungshandbuch, § 47 Rn. 45; *Taeger*, Außervertragliche Haftung für fehlerhafte Computerprogramme, S. 187 ff.; s. auch *Spindler/Klöhn* VersR 2003, 410 (412).

zukommt. Paradigmatisch werden hier „Schwimmwesten, Alarmanlagen, Bremsen beim PKW"[286] genannt. Dies lässt sich unproblematisch auf Software übertragen, die zu Sicherungszwecken, insbesondere der Steuerung bei lebenswichtigen Gütern und Funktionen eingesetzt wird. Ferner haben auch hier **technische Standards** entsprechende Bedeutung, indem sie die berechtigten Verkehrserwartungen mitbestimmen.

74 Besonderheiten ergeben sich, wenn nur der **Verdacht auf einen Fehler** besteht (**potenzieller Fehler**). Der EuGH hat zum ProdHaftG auf Vorlage des BGH[287] iSd Art. 267 AEUV für **bestimmte Medizinprodukte** Grundsätze zur Auslegung des Art. 6 ProduktshaftungsRL im Lichte von deren Erwägungsgründen 2, 7 für das Vorhandensein potenzieller Fehler aufgestellt.[288] Diese Frage war und ist in Rechtsprechung und Schrifttum stark umstritten,[289] dürfte für die Praxis aber damit geklärt sein – auch wenn die Reichweite der Entscheidung noch offen ist.[290] Dabei beschränkt der EuGH seine Ausführungen auf bestimmte Medizinprodukte, indem er ausführt: „Bei medizinischen Geräten wie den in den Ausgangsverfahren in Rede stehenden Herzschrittmachern und implantierbaren Cardioverten-Defibrillatoren sind die Anforderungen an ihre Sicherheit, die die Patienten zu erwarten berechtigt sind, in Anbetracht ihrer Funktion und der Situation besonderer Verletzlichkeit der diese Geräte nutzenden Patienten besonders hoch."[291] „[…] im Fall der Feststellung eines **potenziellen Fehlers** [Hervorhebung durch Verf.] solcher Produkte derselben Produktgruppe oder Produktionsserie [können] alle Produkte dieser Gruppe oder Serie als fehlerhaft eingestuft werden, ohne dass ein Fehler des betreffenden Produkts nachgewiesen zu werden braucht."[292] Der BGH hat diese Grundsätze mittlerweile umgesetzt.[293] Bei **besonders hochrangingen Rechtsgütern** genügt daher auch ein **Fehlerverdacht**. Ob dies generell aber auf alle Produkte übertragen werden kann, erscheint fraglich.[294] Für den IT-Sektor ist die Frage des potenziellen Fehlers indes vermutlich eher irrelevant: Hat sich ein kritischer Fehler in ein IT-Produkt eingeschlichen (außer bei Hardware) dürfte aufgrund der Identität der Produkte (Software etc) kaum ein reiner Fehlerverdacht vorliegen, da Fehlerverdacht hier meint, dass ein Produkt aus einer Serie einen Fehler aufweist, aber unklar ist, ob auch andere Produkte aus der Serie von dem Fehler erfasst sind. Für den IT-Bereich ist dagegen ein andersartiger Fehlerverdacht relevant, nämlich dass ein konkreter Fehler des IT-Produkts (noch) nicht festgestellt werden kann, aber eine hohe Wahrscheinlichkeit besteht, dass ein Fehler bezogen auf die gesamte Produktserie (die

---

286 Foerste/v. Westphalen/*v. Westphalen*, Produkthaftungshandbuch, § 48 Rn. 17.
287 BGH 30.7.2013 – VI ZR 284/12, MPR 2013, 208.
288 EuGH 5.3.2015 – C-503/13, NJW 2015, 1163 Rn. 38 ff. mAnm *Moelle/Dockhorn*; s. auch die Anm. von *Brüggemeier* ZEuP 2016, 502; *Kaufmann/Seehafer* MedR 2017, 369; *Rudkowski* VersR 2018, 65 – Boston Scientific Medizintechnik GmbH/AOK Sachsen-Anhalt ua.
289 *Timke* NJW 2015, 3060 ff.; OLG Hamm 26.10.2010 – 21 U 163/08, BeckRS 2010, 28859 – VersR 2011, 637 mAnm *Schultze-Zeu*; OLG München 21.7.2009 – 18 U 1549/09, BeckRS 2010, 18785; OLG Frankfurt/M. 20.5.2010 – 1 U 99/09, MPR 2010, 211; differenzierend Staudinger/*Oechsler* BGB § 3 ProdHaftG Rn. 121; MüKoBGB/*Wagner* § 3 ProdHaftG Rn. 47 ff.; *Schaub* LMK 2015, 368607; aA *Brüggemeier* MedR 2014, 537 (538); Foerste/v. Westphalen/*Foerste*, Produkthaftungshandbuch, § 30 Rn. 31.
290 *Timke* NJW 2015, 3060 (3061 ff.).
291 EuGH 5.3.2015 – C-503/13, NJW 2015, 1163 Rn. 39 mAnm *Moelle/Dockhorn*; s. auch die Anm. von *Brüggemeier* ZEuP 2016, 502; *Kaufmann/Seehafer* MedR 2017, 369; *Rudkowski* VersR 2018, 65 – Boston Scientific Medizintechnik GmbH/AOK Sachsen-Anhalt ua.
292 EuGH 5.3.2015 – C-503/13, NJW 2015, 1163 Rn. 41 mAnm *Moelle/Dockhorn*; s. auch die Anm. von *Brüggemeier* ZEuP 2016, 502; *Kaufmann/Seehafer* MedR 2017, 369; *Rudkowski* VersR 2018, 65 – Boston Scientific Medizintechnik GmbH/AOK Sachsen-Anhalt ua.
293 BGH 9.6.2015 – VI ZR 284/12, NJW 2015, 3096 Rn. 9 ff.; BGH 9.6.2015 – VI ZR 327/12, NJW 2015, 2507 Rn. 18 ff.; aA die zum ProdHaftG ergangene Entscheidung des OLG Hamm 26.10.2010 – 21 U 163/08, BeckRS 2010, 28859 – VersR 2011, 637 mAnm *Schultze-Zeu* für den Fall eines Herzschrittmachers; diese Auffassung zu Recht abl. Foerste/v. Westphalen/*Foerste*, Produkthaftungshandbuch, § 30 Rn. 31.
294 Restriktiv *Timke* NJW 2015, 3060 (3064).

immer identisch ist) vorliegen könnte – darauf bezieht sich die vorgenannte Rechtsprechung aber nicht.

III. Geschützte Rechtsgüter

Die entscheidende Einschränkung, die das ProdHaftG in seiner Bedeutung für die Praxis reduziert, liegt (bislang) allerdings in der Einschränkung der Rechtsgüter: Nur wenn ein Mensch getötet, Körper oder Gesundheit verletzt oder eine Sache beschädigt wird, kommt die Haftung in Betracht (§ 1 Abs. 1 Satz 1 ProdHaftG). Primäre Vermögensschäden, welche nicht an eine Rechtsgutsverletzung anknüpfen, werden nicht ersetzt. Eine bedeutsame Einschränkung erfährt der sachliche Schutzbereich des ProdHaftG im Bereich der Sachschäden durch § 1 Abs. 1 Satz 2 ProdHaftG ferner dadurch, dass eine andere Sache als das fehlerhafte Produkt beschädigt sein muss und diese anderen Sachen ihrer Art nach gewöhnlich für den **privaten Ge- und Verbrauch** bestimmt und hierzu von dem Geschädigten hauptsächlich verwendet worden sind.[295]

Damit fällt der große Bereich der **IT-Schäden** im geschäftlichen Bereich aus dem Anwendungsbereich des ProdHaftG heraus. Diese Situation kann sich aber fundamental ändern, wenn IT bzw. Software zunehmend in Bereichen eingesetzt wird, die Auswirkungen auf die geschützten Rechtsgüter haben kann, etwa bei selbststeuernden Kfz, Flugsicherungen, Pflegerobotern etc. Im Einzelfall ist eine genaue Abgrenzung dahin gehend vorzunehmen. Bspw. ist bei autonom fahrenden Kfz nicht unproblematisch, ob man das Kfz als „eine andere Sache als das fehlerhafte Produkt" (§ 1 Abs. 1 S. 2 ProdHaftG), namentlich die Fahrsoftware, ansieht.[296] Der Softwarehersteller kann zwar Teilhersteller sein, doch kann die eingebaute Software auch gleichzeitig Teil des Produktes und damit nicht „andere Sache" iSd § 1 Abs. 2 S. 2 ProdHaftG sein. Andernfalls würde ein Produzent nur wegen seiner Stellung als Teilhersteller schärfer haften als jemand, der ein Produkt alleine produziert hat.[297] Zudem würde man sich ansonsten in den Bereich der „Weiterfresserschäden" begeben, die nach hM richtigerweise nicht auf das ProdHaftG übertragbar sind, da dies ansonsten dem § 1 Abs. 1 S. 2 ProdHaftG jeglichen Anwendungsbereich entzöge.[298]

E. Haftung bei Open Source Produkten[299]

Der entscheidende Unterschied zwischen freier Software[300] und herkömmlicher Software besteht in der umfassenden Einräumung urheberrechtlicher Nutzungsrechte, die das freie Kopieren, Bearbeiten, Untersuchen und Verbreiten ermöglichen.[301] Open Source Software zeichnet sich durch die **Offenlegung des Quellcodes** aus.[302] Dritte können somit in die Lage versetzt werden, am Code und somit an der Software Veränderungen vorzunehmen oder den offenen Quellcode in eigene Software einzufügen und diese wiederum zu vertreiben, soweit dies die lizenzrechtlichen Bestimmungen zulassen.[303] Fehlerhafte Programmierungen können durch die Offenlegung des Quellcodes einen hohen Verbreitungsgrad erreichen, was wiede-

---
295 Dazu ausführlich *Foerste/v. Westphalen/v. Westphalen*, Produkthaftungshandbuch, § 46 Rn. 1 ff.
296 *Jänich/Schrader/Reck* NZV 2015, 313 (316 aE).
297 *MüKoBGB/Wagner* § 1 ProdHaftG Rn. 12; *Wagner* AcP 2017, 707 (723); iErg ebenso *Schrader* NZV 2018, 489 (491 f.).
298 OLG Stuttgart 11.9.2018 – 6 U 6/15, BeckRS 2018, 27412; *MüKoBGB/Wagner* § 1 ProdHaftG Rn. 9 f.; BeckOGK/*Seibl* § 1 ProdHaftG Rn. 37 ff. je mwN.
299 Die folgenden Ausführungen führt *Spindler*, Rechtsfragen bei Open Source, Kap. E Rn. 1 ff. fort.
300 Zur Entwicklungsgeschichte, s. *Jaeger/Metzger*, Open Source Software, Rn. 4.
301 *Jaeger/Metzger*, Open Source Software, Rn. 3.
302 Schricker/Loewenheim/Leistner/Ohly/*Spindler* Urheberrecht Vor §§ 69 a ff. UrhG Rn. 26; *Marly*, Praxishandbuch Softwarerecht, Rn. 909 mwN; *Jaeger/Metzger*, Open Source Software, Rn. 2.
303 Dazu grundsätzlich *Spindler*, Rechtsfragen bei Open Source, Kap. B Rn. 1 ff., Kap. C Rn. 23 ff.

rum zu erheblichen Gefahren führen kann. Zu berücksichtigen ist aber auch, dass diese Transparenz des Softwarecodes erheblich zur Auffindung und Behebung von Bugs beitragen kann.

I. Verschuldensabhängige Produkthaftung

78 Hersteller von Open Source Software unterliegen grundsätzlich allen Pflichten aus der deliktischen **Produzentenhaftung**, insbesondere zur sorgfältigen Konstruktion, Fabrikation und Instruktion.[304] Das Ausmaß dieser Pflichten richtet sich wiederum nach den berechtigten Erwartungen der Verkehrskreise, die das Produkt verwenden oder mit ihm in Berührung kommen. Dies gilt erst recht im Hinblick auf die IT-Sicherheit im Rahmen eingesetzter Open Source Software.

79 Da zu den berechtigten Erwartungen auch das Preis-Leistungs-Verhältnis zählt,[305] ist fraglich, ob sich durch **die unentgeltliche Abgabe der Open Source Software** eine Herabstufung der berechtigten Sicherheitserwartungen ergeben kann.[306] Selbst bei kostenlos abgegebenen Produkten muss jedoch ein Minimum an Sicherheit gewährleistet sein, etwa hinsichtlich der Virenfreiheit des Programms oder der Sicherheit vor Malware, zumal der Verkehr bei massenhaft verteilten Produkten, die Ähnlichkeit mit entgeltlichen Produkten aufweisen, in der Regel von einem vergleichbaren Sicherheitsstandard ausgehen kann. Bei professionellen Anwendern wird hingegen ein wesentlich geringerer Pflichtenkanon zum Tragen kommen, da diese aufgrund ihrer Fachkunde die Risiken einer Software selbst einschätzen und durch die Offenlegung des Quellcodes Fehler der Software grundsätzlich selbst überprüfen können.[307]

80 Allerdings sind Betroffene einer fehlerhaften Software nicht nur die unmittelbaren Nutzer und Anwender, sondern auch **Dritte**, die sog. **innocent bystander**, die keinerlei Kenntnis von der Unentgeltlichkeit des Produkterwerbs haben können – etwa bei einer in einem Krankenhaus oder einer Flugsicherung eingesetzten Open Source Software.[308] In diesem Zusammenhang ist bislang allerdings wenig geklärt, inwiefern überhaupt gegenüber solchen betroffenen Dritten bezüglich der Konkretisierung des Pflichtenumfangs das Preis-Leistungs-Kriterium eine Rolle spielen kann, da es im Grundsatz einer vertragsrechtlichen Betrachtungsweise entstammt. Zweifel an einer vollständigen Reduktion der Pflichten ergeben sich schließlich aus dem Umstand, dass je nach Distributionsform mit der Abgabe der Software durchaus kommerzielle Interessen verbunden sein können, etwa der Verkauf von Support-Leistungen – allerdings beziehen sich dann die deliktischen Pflichten auf den Händler. Auch die Tatsache, dass auf der Ebene der innocent bystander häufig noch andere vertragliche Beziehungen oder deliktische Rechtsverhältnisse eine Rolle spielen können (etwa der Behandlungsvertrag zwischen Patient und Krankenhausträger), ändert nichts an der deliktischen, mit der Haftung der anderen

---

304 MüKoBGB/*Wagner* § 823 Rn. 818 ff.; BGH 7.3.1997 – 10 U 25/96, NJW-RR 1999, 25 (26); BGH 21.4.1956 – VI ZR 36/55, VersR 1956, 410 (411); BGH 19.2.1975 – VIII ZR 144/73, BGHZ 64, 46 (49); BGH 12.11.1991 – VI ZR 7/91, BGHZ 116, 60 (65 ff.); BGH 7.10.1986 – VI ZR 187/85, NJW 1987, 372; BGH 9.6.1998 – VI ZR 238/97, BGHZ 139, 79 (83) – Feuerwerkskörper II; BGH 18.5.1999 – VI ZR 192/98, NJW 1999, 2815; *Marly*, Praxishandbuch Softwarerecht, Rn. 1828; *Taeger*, Außervertragliche Haftung für fehlerhafte Software, S. 244 ff.; *Michalski* BB 1998, 961 (962); s. dazu auch → § 11 Rn. 25 ff.
305 BGH 17.10.1989 – VI ZR 258/88, NJW 1990, 906 (907); BGH 21.11.1989 – VI ZR 350/88, NJW 1990, 908 (909); MüKoBGB/*Wagner* § 823 Rn. 813; *Kötz/Wagner*, Deliktsrecht, Rn. 448; Staudinger/*Hager* BGB § 823 F Rn. 8; *Schiffner*, Open Source Software, Rn. 250.
306 In diese Richtung *Sester* CR 2000, 797 (806 f.): Wer sich auf ein solches Konzept einlasse, der sei im Fall einer gewöhnlichen Fehlentwicklung kein Geschädigter, sondern ein schlichter Verlierer.
307 Grundlegend BGH 5.5.1992 – VI ZR 188/91, NJW 1992, 2016 (2018); s. aber auch BGH 14.5.1996 – VI ZR, NJW 1996, 2224 (2226); darauf weist im Zusammenhang von Open Source zutreffend auch *Heussen* in: FS Kilian, 2004, S. 323 ff. hin.
308 *Jaeger/Metzger*, Open Source Software, Rn. 230, wonach der Hersteller der Software nur für Personenschäden und solche Sachschäden hafte, die an einer anderen Sache als dem fehlerhaften Produkt eintreten; krit. *Schiffner*, Open Source Software, S. 251.

Schädiger (etwa Krankenhausträger) gesamtschuldnerischen Haftung der Softwarehersteller.[309]

So entsteht eine Pflicht zur **Produktbeobachtung** nach Überlassung der Software sowohl aufgrund **nachwirkender Treuepflichten** aus dem Schenkungsvertrag als auch aus § 823 Abs. 1 BGB.[310] Bei einem unentgeltlichen Downloadangebot dürfte eine schuldhafte Verletzung von Produktbeobachtungspflichten nur im Ausnahmefall vorliegen, etwa wenn dem Anbieter ein besonderes Schädigungsrisiko bekannt ist oder hätte bekannt sein müssen und er dennoch nicht auf seiner Downloadseite auf dieses hinweist.[311] Der konkrete Umfang der Pflichten bestimmt sich anhand des Grades der Gefahr und der wirtschaftlichen Möglichkeit und Zumutbarkeit der Beobachtungsmaßnahmen.[312]

II. Verschuldensunabhängige Produkthaftung

Erkennt man überhaupt eine Haftung nach dem **ProdHaftG** für Software an,[313] kommt es darauf an, ob § 1 Abs. 2 Nr. 3 ProdHaftG bzw. die dort enthaltenen Beschränkungen der Produkthaftung eingreifen können. Danach haftet der Hersteller eines Produktes nur, wenn er es für den Kauf oder eine andere Form des Vertriebs mit **wirtschaftlichem Zweck** hergestellt hat oder der Vertrieb bzw. die Herstellung im Rahmen seiner **beruflichen Tätigkeit** erfolgt ist.[314] So soll beim kostenlosen Download aus dem Internet kein Vertrieb mit wirtschaftlichen Zwecken vorliegen, selbst wenn der Hersteller später kostenpflichtigen Support anbietet, da der wirtschaftliche Zweck schon bei der Herstellung verfolgt werden müsse.[315] Anders ist es jedoch, wenn Open Source Software innerhalb einer Unternehmensstruktur entwickelt wird: Dann greift der Ausschluss des § 1 Abs. 2 Nr. 3 ProdHaftG gerade nicht.[316]

Die Frage nach dem **wirtschaftlichen Zusammenhang** wird nicht pauschal beantwortet werden können, da es von den Umständen des Einzelfalls abhängt, ob noch ein enger sachlicher und zeitlicher Zusammenhang mit dem Angebot kostenpflichtigen Supports vorliegt. Die Haftung zum Schutz des Produktbenutzers kann aber nicht schon daran scheitern, dass ein Produzent zunächst Software verschenkt, nur um später den zum Einsatz der Software typischerweise erforderlichen Support kostenpflichtig anzubieten. Damit könnte das Ziel der Produkthaftung durch die Wahl geschickter Vertriebsstrategien leicht unterlaufen werden. Entscheidend muss daher eine wertende Gesamtbetrachtung des Vertriebsablaufs sein, sodass auch bei zeitlich auseinanderliegenden Sachverhalten noch die nötige Zweckverfolgung angenommen werden kann, sofern sich dies für einen verständigen Dritten als eine einheitliche wirtschaftliche Strategie darstellt.[317]

Dagegen wird Software, die von einem Programmierer in seiner **Freizeit** hergestellt und auf seiner privaten Website zum Download angeboten wird, wegen § 1 II Nr. 3 ProdHaftG nicht von der verschuldensunabhängigen Produkthaftung erfasst. Allerdings kann dies nicht gelten, wenn die Software von einem **Berufsprogrammierer** zwar privat und in der Freizeit, aber mit

---

309 Unklar in diesem Zusammenhang *Heussen* in: FS Kilian, 2004, S. 329 ff., der anscheinend andere Rechtsbeziehungen zur Pflichtenabsenkung der Softwarehersteller heranziehen möchte.
310 *Jaeger/Metzger*, Open Source Software, Rn. 225 a.
311 *Jaeger/Metzger*, Open Source Software, Rn. 225 a ff.
312 MüKoBGB/*Wagner* § 823 Rn. 838.
313 Ausf. zur Produkteigenschaft von Software und künstlicher Intelligenz: *Spindler* in: FS Hart, im Erscheinen; auch § 10 b Rn. 65 ff.
314 *Jaeger/Metzger*, Open Source Software, Rn. 229.
315 So *Jaeger/Metzger*, Open Source Software, Rn. 229 unter Verweis auf *Taschner/Frietsch* ProdHaftG § 1 Rn. 79; *Schiffner*, Open Source Software, S. 258.
316 *Schiffner*, Open Source Software, S. 258.
317 In diesem Sinne letztlich wohl auch *Jaeger/Metzger*, Open Source Software, Rn. 229, die bei der Verfolgung sonstiger kommerzieller Interessen ebenfalls einen wirtschaftlichen Zweck annehmen.

wirtschaftlicher Zielsetzung[318], oder etwa als Nebenprodukt zu seiner beruflichen Tätigkeit entwickelt wurde oder die Software im Rahmen seiner beruflichen Selbstdarstellung angeboten wird.[319] Damit die Herstellung als „im Rahmen der beruflichen Tätigkeit" angesehen werden kann, muss ein enger inhaltlicher Zusammenhang mit der beruflichen Tätigkeit vorliegen;[320] dafür genügt auch das lediglich formale Element der Programmierung am Arbeitsplatz nicht, da der Ort der Programmierung nicht ausschlaggebend für die Beurteilung sein kann – obwohl darin ein Indiz zu sehen ist.[321]

85 Schwierig einzuordnen ist in diesem Zusammenhang die Tatsache, dass Programmierer wegen der Verbesserung ihrer Arbeitsmarktchancen motiviert sind, regelmäßig an der Weiterentwicklung von Open Source Software mitzuarbeiten, um so ihre Reputation auf den relevanten Arbeitsmärkten und damit ihren Marktpreis zu erhöhen. Ein **unmittelbarer wirtschaftlicher Zweck** lässt sich hier allein durch den Vertrieb des Produktes nicht feststellen, doch ist die Mitarbeit an dem Produkt nicht völlig altruistisch. Für eine Einbeziehung derartiger Motive und ihre Einordnung als wirtschaftlicher Zweck spricht, dass das ProdHaftG typischerweise dann von der strengen Haftung absieht, wenn der Benutzer kein professionell erstelltes Produkt erwartet und eine Haftung wegen einer aus rein privaten Zwecken veranlassten Herstellung, die dem Hersteller auch mittelbar keinerlei monetären Vorteile bietet, unangemessen wäre. Daran können aber bei Open Source Software durchaus Zweifel angemeldet werden, da das „Produkt" Open Source Software bis auf die Tatsache der Unentgeltlichkeit in allen Belangen einem klassischen Software-Produkt ähnelt, insbesondere hinsichtlich seiner Bestimmung zu einem nicht nur vereinzelten bzw. rein privaten Einsatz. Das Ziel der Ausnahmebestimmungen in § 1 Abs. 2 Nr. 3 ProdHaftG ist aber der Ausschluss der nur privat, nicht für den massenhaften Gebrauch hergestellten Güter, aus denen der Hersteller selbst keinen Nutzen zieht.[322] Denn hier treten typischerweise weder die Gefahren auf, die bei einer industriellen Produktion auftauchen und vor denen der Konsument geschützt werden soll, noch dürften vergleichbare Erwartungen der Konsumenten wie an ein professionelles Produkt vorhanden sein.[323] Auch kann ein Privater das Haftungsrisiko nicht wie ein industrieller Hersteller durch entsprechende Kalkulation oder durch Versicherungen abwälzen.[324] Allerdings greift das letztgenannte Kriterium bei Open Source und einer weitläufigen Gemeinschaft von Entwicklern nicht unbedingt ein, da diese nicht wie ein „normaler" Hersteller in der Lage sind, entsprechenden Versicherungsschutz zu erlangen. Im Ergebnis wird daher außer bei eindeutigen Kriterien, die auf einen rein privaten Zweck hindeuten, wie etwa die Abgabe in einem kleinen privaten Kreis, im Zweifel eher ein beruflich-wirtschaftlicher Zweck anzunehmen sein.

III. Haftungseinschränkung aufgrund vertraglicher Haftungsbeschränkungen

86 Open Source Software ist in aller Regel mit entsprechenden Lizenzen verknüpft, von denen die bekanntest, die **GNU General Public License** (GPL),[325] in Art. 15, 16 erhebliche Haftungs-

---

318 *Uskenbayeva*, Produkthaftung für Software im Internet, S. 32.
319 Vgl. *Jaeger/Metzger*, Open Source Software, Rn. 229.
320 *Jaeger/Metzger*, Open Source Software, Rn. 229.
321 *Taschner/Frietsch* ProdHaftG § 1 Rn. 80.
322 Foerste/v. Westphalen/*v. Westphalen*, Produkthaftungshandbuch, § 46 Rn. 41.
323 Auch *Schiffner*, Open Source Software, S. 250, wonach der Kunde wisse, dass er kein kommerziell entwickeltes und umfangreich getestetes Programm, sondern ein teilweise unter Mitarbeit von Hobbyprogrammierern geschaffenes, nicht unbedingt unprofessionelles, aber zumindest unprofessionell entwickeltes Produkt erwerbe.
324 MüKoBGB/*Wagner* § 1 ProdHaftG Rn. 38 mwN; Erman/*Schiemann* BGB § 1 ProdHaftG Rn. 8.
325 Übersicht über die GPL, die am weitesten verbreitete frei Copy-left-Lizenz, unter http://www.gnu.de/documents/gpl.de.html.

einschränkungen enthält,³²⁶ die aber von vornherein nur zwischen den Vertragspartnern wirken können,³²⁷ nicht aber Dritte betreffen können. Die Haftungseinschränkungen sind zudem nach europäischen und deutschen Recht rechtswidrig, da sie selbst für Vorsatz entsprechende Haftungsausschlüsse statuieren.³²⁸ Allerdings greifen dann aufgrund der unentgeltlichen Weitergabe der Software die Haftungsprivilegierungen etwa des Schenkungsrechts.

Der Charakter der Software als unentgeltlich überlassenes Wirtschaftsgut vermag die deliktische Haftung nur im Verhältnis zwischen Schenker und Beschenkten einzuschränken, da hier die Haftungsprivilegierungen des **Schenkungsrecht** das Deliktsrecht überlagern.³²⁹ Demgemäß haftet der Hersteller, der gleichzeitig in schenkungsvertraglicher Beziehung zum Geschädigten steht, etwa beim direkten Download von der Website, im Rahmen von § 521 BGB nur für Vorsatz oder grobe Fahrlässigkeit³³⁰ – vorausgesetzt, dass Schenkungsrecht insgesamt anzuwenden und nicht von einem gemischten Vertrag auszugehen ist. Grundsätzlich jedoch wirken diese Haftungsmodifizierungen nicht gegenüber Dritten (**innocent bystander**), die etwa durch den Einsatz von mangelhafter Open Source Software geschädigt werden.³³¹ Hier bleibt es bei der Haftung sowohl des Herstellers der Software als auch – je nach den Einzelfallumständen – des Anwenders. 87

Im Bereich des ProdHaftG kann aufgrund des absoluten Verbotes nach § 14 ProdHaftG keinerlei vertragliche Haftungsbeschränkung eingreifen. Weder schenkungsvertragliche Modifizierungen (§ 521 BGB) noch solche in Allgemeinen Geschäftsbedingungen, wie der GPL, vermögen hier die Haftung einzuschränken oder zu begrenzen. 88

IV. Haftungsadressaten (Softwarehersteller, -lieferanten und -händler)

Aufgrund der weitgehend dezentralen Entwicklung der Open Source Software kann nicht, wie in industriellen Produktions- und Wertschöpfungsketten üblich, ein einzelner Hersteller eines Produktes ausgemacht werden. In Betracht kommen hier vielmehr die bereits im Urheberrecht skizzierten **Gemeinschaften**, insbesondere der einzelnen Entwickler, als gesamtschuldnerisch Haftende:³³² 89

Die Haftung nach dem Produkthaftungsgesetz betrifft gem. §§ 1 Abs. 1, 4 Abs. 1 ProdHaftG grundsätzlich den **Hersteller** eines Produkts. Problematisch erscheint in diesem Zusammenhang zunächst, wer Hersteller eines Open Source Programms ist; insbesondere wenn man die **dezentrale Entwicklungsstruktur** mit verschiedensten Beteiligten berücksichtigt, wird sich ein einzelner Hersteller iSd § 4 Abs. 1 S. 1 ProdHaftG in den meisten Fällen nicht finden lassen.³³³ 90

---

326 Die Haftungs- und Mängelhaftungsklauseln nach Ziff. 15 und 16 GPL Vers. 3 enthalten – wie schon Ziff. 11 und 12 GPL Vers. 2 – einen vollständigen Mängelhaftungs- und Haftungsausschluss. Auch der Klauseltext bleibt im Vergleich zur Vorgängerversion nahezu unverändert, obwohl diese Regelungen in Deutschland und auch in anderen Ländern unwirksam sind, dazu bereits *Spindler*, Rechtsfragen bei Open Source, Kap. E Rn. 20 f.; dem zust. *Marly*, Praxishandbuch Softwarerecht, Rn. 983 ff.
327 S. dazu *Jaeger/Metzger*, Open Source Software, Rn. 219 ff.; *Spindler*, Rechtsfragen bei Open Source, Kap. D. Rn. 17 ff.
328 V. Westphalen/Thüsing/*Hoeren*, 43. EL. 2019, IT-Verträge Rn. 211; *Schöttler/Diekmann* ITRB 2012, 84 (87 f.); *Grützmacher* ITRB 2009, 184 (188); allg. MüKoBGB/*Wurmnest* § 309 Nr. 7 Rn. 20.
329 BGH 20.11.1984 – IVa ZR 104/83, BGHZ 93, 23 (27 f.); OLG Saarbrücken 28.8.2013 – 1 U 97/12, NJW-RR 2014, 139 (141); BeckOGK BGB/*Harke* § 521 Rn. 16; MüKoBGB/*Koch* § 521 Rn. 6; zu den Wirkungen vertraglicher Haftungserleichterungen im Rahmen des Deliktsrechts s. BeckOGK BGB/*Spindler* Vor § 823 Rn. 40 ff.
330 Ebenso *Schiffner*, Open Source Software, S. 255; *Jaeger/Metzger*, Open Source Software Rn. 225.
331 Dies wäre als eine Haftungsmodifizierung zulasten Dritter nicht mit dem Grundsatz der Privatautonomie vereinbar; vgl. MüKoBGB/*Gottwald* § 328 Rn. 282; vgl. auch Foerste/v. Westphalen/*v. Westphalen*, Produkthaftungshandbuch, § 17 Rn. 1 ff.
332 Die folgenden Ausführungen führen die Überlegungen aus Spindler, Rechtsfragen bei Open Source, Kap E fort.
333 *Schiffner*, Open Source Software, S. 249.

91 Die Herstellereigenschaft hängt zunächst davon ab, wie die Software entwickelt wurde: Handelte es sich um eine **BGB-Gesellschaft**, so ist diese letztlich als Hersteller des Produktes Software zu qualifizieren, mit der Konsequenz, dass jeder einzelne BGB-Gesellschafter nach der neueren Rechtsprechung akzessorisch für die Verbindlichkeiten aus Produkthaftung der Gesellschaft einzustehen hat.[334] Entscheidet über die Einbindungen von Verbesserungen ein „**Komitee**" oder ein technischer Ausschuss, wie dies etwa beim Debian-Linux-Kernel der Fall ist,[335] kommen auch dieses Komitee und seine Mitglieder als Haftungsadressaten in Betracht, da diese letztlich darüber entscheiden, welches Produkt in den Verkehr gebracht wird. Der Fall ist den Montage- bzw. Assembling-Systemen vergleichbar, bei denen verschiedene Lieferanten ein Produkt zusammen erstellen, die Aufsicht aber beim eigentlichen Hersteller verbleibt.[336]

92 Bei **sukzessiver Erstellung der Software** wird dagegen nur jeder Entwickler für seinen Teil verantwortlich gemacht werden können; hier liegen Parallelen zum Verhältnis zwischen Hersteller und Lieferanten nahe. Allerdings muss der Entwickler in diesem Fall sicherstellen, dass die Software, die er bearbeitet, zuverlässig ist, insbesondere aus zuverlässigen Quellen stammt.[337] Wie in der industriellen Herstellung auch, hat der Softwareentwickler eine Pflicht zu einer „Wareneingangskontrolle", etwa auf Lauf- und Funktionsfähigkeit der Software.[338]

93 Neben dem eigentlichen Hersteller können auch weitere, in den Vertrieb eingeschaltete Akteure als Haftungsadressaten in Betracht kommen: So haften nach § 4 Abs. 1 S. 2 ProdHaftG auch **Quasi-Hersteller**, die ihren Namen auf der Software anbringen, und damit den Eindruck hervorrufen, sie selbst seien Hersteller; in eingeschränkter Form gelten die Grundsätze auch für ihre Haftung nach §§ 823 ff. BGB.[339] Für Open Source Software wird eine derartige Haftungserstreckung indes nur in Betracht kommen, wenn die Software mit der Marke eines Distributors derart verknüpft wird, dass der Verkehr davon ausgeht, dass die Software von diesem stammt.[340]

---

334 Zur Haftung der Gesellschafter nach § 128 HGB analog BGH 26.10.2018 – V ZR 279/1, NZG 2017, 98 Rn. 23; BGH 12.7.2016 – II ZR 74/14, ZIP 2016, 1627 Rn. 9; BGH 17.5.2011 – II ZR 285/09, NJW 2011, 2355 Rn. 12; auch für deliktische Verbindlichkeiten der Gesellschaft durch analoge Anwendung von § 31 BGB bestätigt in BGH 3.5.2007 – IX ZR 218/05, NJW 2007, 2490 (2491); BGH 24.2.2003 – II ZR 385/99, NJW 2003, 1445 ff.; zust. MüKoBGB/*Leuschner* § 31 Rn. 20; jurisPK-BGB/*Otto* § 31 Rn. 8 ff.; Staudinger/*Weick* BGB § 31 Rn. 45; *K. Schmidt* NJW 2003, 1897; *Ulmer* ZIP 2003, 1113 ff.

335 Vgl. § 6 der Debian-Verfassung, abrufbar unter https://www.debian.org/devel/constitution.de.html#item-6; dies war zu Beginn der 00er Jahre auch bei den offiziellen Linux-Entwicklerkernels der Fall s. dazu *Torvalds/Diamond*, Just for Fun – Wie ein Freak die Computerwelt revolutionierte, S. 180 f.; *Grzeszick* MMR 2000, 412 (414).

336 Zur Ersatzpflicht eines Unternehmers, der mit der Endmontage eines Gerätes betraut ist, dessen Teile ihm allerdings ein anderer Unternehmer nebst Montageplänen geliefert hat, vgl. Foerste/v.Westphalen/*Foerste*, Produkthaftungshandbuch, § 25 Rn. 79 ff.; *Schmidt-Salzer*, Produkthaftung III/1, Rn. 4.354 ff.

337 *Schmidt-Salzer*, Produkthaftung III/1, Rn. 4.38 ff.; ausführlich zu den Verkehrspflichten im Hinblick auf die Verarbeitung von zugelieferten Produkten Foerste/v. Westphalen/*Foerste*, Produkthaftungshandbuch, § 25 Rn. 48 ff.; *Spindler*, Unternehmensorganisationspflichten, S. 719 ff.; BeckOGK BGB/*Spindler* § 823 Rn. 682 ff.

338 Vgl. Foerste/v. Westphalen/*Foerste*, Produkthaftungshandbuch, § 25 Rn. 63; *Kullmann*, Kza 3250, S. 10 f.; *Schmidt-Salzer*, Produkthaftung III/1, Rn. 4.346; MüKoBGB/*Wagner* § 823 Rn. 788; allgemein zur „Wareneingangskontrolle" BeckOGK BGB/*Spindler* § 823 Rn. 686.

339 So soll der Quasi-Hersteller nach geltendem Deliktsrecht nicht uneingeschränkt für Konstruktions- und Fabrikationsfehler der von ihm vertriebenen Erzeugnisse haften, da er über keinen eigenen Einfluss auf Fabrikation und Konstruktion verfügt; er soll aber eine Instruktionsverantwortung tragen: BGH 7.10.1986 – VI ZR 187/85, NJW 1987, 372 (373 f.); BGH 6.12.1994 – VI ZR 229/93, NJW-RR 1995, 342 (343); OLG Hamm 15.11.2011 – 28 W 36/11, BeckRS 2011, 26651; BeckOGK BGB/*Spindler* § 823 Rn. 649; MüKoBGB/*Wagner* § 823 Rn. 793; *Foerste* NJW 1994, 909 (910); *Fuchs* JZ 1994, 533 (540); *Rettenbeck*, Die Rückrufpflicht in der Produkthaftung, S. 42 f.; Foerste/v. Westphalen/*Foerste*, Produkthaftungshandbuch, § 25 Rn. 12 f.

340 So etwa die Bezeichnung als „SuSE Linux" (http://www.suse.de/de/private/products/suse_linux/i386/index.html) oder als „Red Hat Linux" (https://www.redhat.com/de/technologies/linux-platforms/enterprise-linux).

Sowohl nach den Grundsätzen der Produkthaftung nach §§ 823 ff. BGB als auch nach § 4 Abs. 2 ProdHaftG erstreckt sich die Haftung zudem auf **Importeure** und **Lieferanten** von Produkten, sofern das Produkt aus einem Staat außerhalb des EU- bzw. EWR-Raums stammt. Als Import kann auch der Vertrieb über die Web-Seite eines Distributors von Software mit Sitz in der EU bzw. dem EWR[341] anzusehen sein, der Software aus Drittstaaten zum Download bereithält; dies allerdings nur, sofern er aktiv in den Vertrieb eingeschaltet ist. Denn es genügt die Inverkehrgabe des Produktes im Raum der EU bzw. des EWR[342] durch einen hier ansässigen Importeur, um die Prozess- und Vollzugsprobleme eines Verbrauchers bei der Geltendmachung von Ansprüchen außerhalb der EU bzw. des EWR zu vermeiden. Erforderlich ist indes, dass der Importeur bzw. Lieferant selbst das „Sortiment" an Open Source Software zusammenstellt, da er nur dann für die weitere Inverkehrgabe und damit die Steigerung des Gefahrenpotentials des Produkts verantwortlich gemacht werden kann. Bei Organisationen wie etwa der Free Software Foundation, die Software zum Download bereithält und ausführlich beschreibt,[343] ist schon angesichts dieser Produktanleitungen von einer Auswahl und damit auch von der Lieferanten- bzw. Händlereigenschaft auszugehen. Ein reines **Hosting** oder gar eine **Spiegelung von Software auf einem Server** dürfte dagegen nicht mehr dem Begriff des Imports unterfallen. 94

V. Haftung der Verwender von Open Source Software

Wenig behandelt ist die **Haftung der Verwender** von Open Source Software. Denn aufgrund des Charakters der Open Source Software als geschenktes Vermögensgut und des gesondert einzukaufenden Supports muss jeder Nutzer im Hinblick auf das seiner Aufsicht unterstehende Gefahrenpotential entsprechende Vorkehrungen gegenüber Aus- und Störfällen der Software treffen. So trifft etwa auch § 8a BSIG keinerlei Unterscheidung hinsichtlich der Art der eingesetzten IT-Produkte, so dass den Betreiber auch die Pflichten hinsichtlich Open Source Software treffen. 95

Als einer der wichtigsten Vorteile der Verwendung von Open Source Software wird oft die bessere Überprüfbarkeit der Software auf Sicherheitslücken genannt, da der Quellcode offenliegt.[344] Dadurch werde die eigenständige, auch von mehreren unabhängigen Entwicklern durchgeführte Durchforstung der Software auf mögliche Hintertüren, Viren etc – ganz im Gegensatz zu proprietärer Software – ermöglicht.[345] Richtig ist, dass die Wahrscheinlichkeit der Entdeckung von Fehlern durch die Beteiligung zahlreicher externer Programmierer erhöht wird. Andererseits ist aber unklar, inwieweit dieser Vorteil mit dem gleichzeitigen Nachteil erkauft wird, dass durch die Offenlegung auch neue **Missbrauchsmöglichkeiten** durch Tools, die auf dem offengelegten Code aufbauen, erleichtert werden. Ob im Vergleich mit proprietärer Software insgesamt im Hinblick auf mehr Sicherheit tatsächlich Open Source Software vorteilhafter ist, erscheint bislang noch ungeklärt. 96

Dies vorausgeschickt, werden die Pflichten, die den Verwender von Open Source Software selbst treffen, umso bedeutsamer, als bei Eintritt etwaiger Schäden – wie dargelegt – nur 97

---

341 *Sodtalbers*, Softwarehaftung im Internet, S. 231; *Taeger*, Außervertragliche Haftung für fehlerhafte Software, S. 215; auf den Serverstandort kann es nicht ankommen, da dieser beliebig austausch- und wählbar ist.
342 MüKoBGB/*Wagner* § 4 ProdHaftG Rn. 27; Taschner/*Frietsch* ProdHaftG § 4 Rn. 52; Foerste/v. Westphalen/ *v.Westphalen*, Produkthaftungshandbuch, 2. Aufl. 1997, § 26 Rn. 60 ff.
343 Siehe etwa http://www.fsf.org/about.
344 Siehe etwa *Sandl* CR 2001, 346 (348 f.) mwN; Hoeren/Sieber/Holznagel/*Redeker*, MMR-HdB, Teil 12 Rn. 90; in einer Trendstudie zu Open Source gaben über 60 % der Teilnehmer „Sicherheit" als Grund für die Nutzung von Open Source an: Trendstudie Open Source, (https://www.heise.de/ct/artikel/Trendstudie-Open-Source-221696.html?hg=1&hgi=6&hgf=false).
345 Siehe auch *Köhntopp/Köhntopp/Pfitzmann* DuD 2000, 508 (512); *Grassmuck*, Freie Software zwischen Privat- und Gemeineigentum, S. 365 ff.

bedingt Hersteller und Händler in Regress genommen werden können: Da bei Open Source Software – jedenfalls beim isolierten Erwerb – nur **rudimentäre Gewährleistungspflichten** bestehen, kann der Nutzer je nach Gefahrenpotential, in dessen Zusammenhang Open Source Software eingesetzt wird, verpflichtet sein, entsprechende **externe Beratungsleistungen und Service** einzukaufen, wenn er sich nicht eines **Organisationsmangels** schuldig machen möchte. Welche Risiken dies im Einzelnen sind, lässt sich nur in Abhängigkeit von dem jeweiligen Einsatzgebiet und den konkret gefährdeten Rechtsgütern beantworten: Während in Krankenhäusern, Luftsicherungssystemen etc umfassende Sicherheitsvorkehrungen im Hinblick auf mögliche Programmfehler beim Einsatz von Open Source Software beispielsweise im Bereich der ärztlichen Diagnose oder Therapie zu treffen sind,[346] können andere Maßstäbe dort gelten, wo nicht derart hochrangige Rechtsgüter betroffen sind.

98 Gleiches gilt für andere sensible Bereiche bzw. Betreiber **kritischer IT-Infrastrukturen**, wie Financial Services, bei denen schon unter Verwendung klassischer Software redundante Sicherheitssysteme verlangt werden. Wie dargelegt, findet das komplette Pflichtenprogramm des § 8 a Abs. 1 BSIG hier Anwendung.

---

[346] MüKoBGB/*Wagner* § 823 Rn. 632; zust. *Laufs/Kern*, Handbuch Arztrecht, § 98 Rn. 28; näher *Epple*, Der Einsatz von EDV und die ärztliche Haftung, S. 156 ff. Gleichwohl kann die IT nur der Unterstützung der Entscheidungsfindung dienen, nicht jedoch die ärztliche Entscheidung ersetzen, vgl. *ders.*, Der Einsatz von EDV und die ärztliche Haftung, S. 74 f.; *Uhlenbruck* MedR 1995, 147.

§ 12 Verantwortung der Intermediäre, Betreiber und Nutzer

Literatur: Siehe § 10.

A. Haftung der Intermediäre 1	I. Die Verantwortlichkeit für den Account 17
I. Haftungsprivilegierungen 3	II. Verantwortung von privaten Nutzern gegenüber Dritten 21
1. Telekommunikationsgesetz (TKG) 3	1. Vorsätzliche Verletzungshandlungen 22
2. Telemediengesetz (TMG) 5	2. Sicherheitspflichten privater IT-Nutzer gegenüber Dritten 23
II. Deliktische Verantwortlichkeit 8	III. Einsatz von IT bei kommerziellen Unternehmen als Nutzer 28
1. Haftung von Host Providern 11	
2. Haftung von Betreibern von Router-Rechnern und Access Providern 13	
B. Haftung der Betreiber und Nutzer 16	

A. Haftung der Intermediäre

Quasi zwischen IT-Hersteller und IT-Nutzer stehen in einer **Vermittlerfunktion** die IT-Intermediäre, die Dienstleistungen über elektronische Kommunikationsnetze erbringen. Ohne Vernetzung sind viele sog. Internet-of-Things-Produkte (IoT) nicht mehr denkbar, bis hin zum vernetzten automatisierten Fahren. Über Netze abgerufene Software steuert Produkte und macht Daten verfügbar, die erst den Mehrwert der IoT-Produkte ergeben. IT-Intermediäre sind daher notwendiger Bestandteil dieser Zusammenhänge.

IT-Intermediäre können, ebenso wie andere IT-Nutzer, zahlreichen Gefahren ausgesetzt sein, die auf ihre IT-Nutzer durchschlagen können. Demgemäß greifen für IT-Intermediäre zahlreiche Pflichten in ähnlicher Weise wie für kommerzielle IT-Nutzer ein, allerdings modifiziert durch ihre jeweilige Funktion und durch eingreifende besondere **Haftungsprivilegierungen** zu ihren Gunsten, die ihr Verantwortlichkeitsrisiko sowohl straf- als auch zivilrechtlich teilweise signifikant reduzieren.

I. Haftungsprivilegierungen

1. Telekommunikationsgesetz (TKG)

Für alle Anbieter von Leistungen, die als öffentlich zugängliche Telekommunikationsdienste (§ 3 Nr. 17a, 24 TKG) qualifiziert werden können, greift – im Gegensatz zum sonstigen Zivilrecht – die **Haftungsbegrenzung** nach § 44a TKG[1] ein, wonach für Vermögensschäden die Haftung insgesamt auf 12.500 EUR pro Anspruch beschränkt ist. Dies gilt selbst bei grober und gröbster Fahrlässigkeit,[2] ohne dass es auf den Rechtsgrund des Schadensersatzanspruchs ankäme.[3] Allerdings gilt die Begrenzung ausdrücklich nur für **primäre Vermögensschäden**; Folgeschäden aus Sach- und Personenschäden werden von der Vorschrift nicht erfasst.[4] Infolge der im „B2B-Verhältnis" bestehenden Möglichkeit der einzelvertraglichen Abbedingung gem. § 44a S. 5 TKG wird darauf hingewiesen, dass die Praxisrelevanz der Vorschrift nicht überbewertet werden darf.[5] Ein Ausschluss in den AGB ist ausweislich des Gesetzeswortlauts nicht möglich.[6]

---

1 S. Gesetz zur Änderung telekommunikationsrechtlicher Vorschriften v. 18.2.2007 (BGBl. I 106 ff.).
2 BeckOK InfoMedienR/*Lueg* TKG § 44a Rn. 1, 3; Säcker/*Rugullis* TKG § 44a Rn. 6.
3 BT-Drs. 15/5213, 21; Beck TKG/*Ditscheid/Rudloff* § 44a Rn. 5; BeckOK InfoMedienR/*Lueg* TKG § 44a Rn. 13; Säcker/*Rugullis* TKG § 44a Rn. 11 ff.
4 BT-Drs. 15/5213, 21; BT-Drs. 16/2581, 24; Paschke/Berlit/Meyer/*Klaes* Hamburger Kommentar Gesamtes Medienrecht, 12. Abschnitt Rn. 39; Spindler/Schuster/*Sodtalbers* Elektron. Medien TKG § 44a Rn. 5.
5 AA *Giebel/Malten* MMR 2014, 302 (306).
6 Spindler/Schuster/*Sodtalbers* Elektron. Medien TKG § 44a Rn. 8; Säcker/*Rugullis* TKG § 44a Rn. 34.

4 § 44a TKG kann auch für **Schäden Dritter** eingreifen, die **keine** vertragliche Beziehung zu dem Telekommunikationsunternehmen haben.[7] Zwar könnte man annehmen, dass sich der Anwendungsbereich der §§ 43a ff. TKG auf „Kunden" beschränkt, da die Teilbereichsüberschrift des Teils 3 TKG „Kundenschutz" lautet. Jedoch erstreckt sich § 44a TKG auf den tatbestandlich weiteren Begriff des „Endnutzers" (§ 3 Nr. 8 TKG).[8]

2. Telemediengesetz (TMG)

5 Abgesehen von dieser speziellen Haftungsprivilegierung finden für Diensteanbieter (**Anbieter** von **Telemedien**, § 2 Nr. 1 TMG) ferner die §§ 7 ff. TMG Anwendung. Sie sind zwar nicht vollständig, aber weithin in Umsetzung von Art. 12 ff. E-Commerce-Richtlinie ergangen und entbinden nach der ausgeübten Funktion des Diensteanbieters diesen von der Verantwortung für fremde Inhalte. Für die Anwendung der **Verantwortlichkeitsprivilegierungen** müssen die verschiedenen Risiken für IT-Intermediäre und ihre unterschiedlichen Funktionen unterschieden werden:

6 Zum einen kann der IT-Intermediär selbst Opfer eines IT-Angriffs werden, etwa durch eine Denial-of-Service-Attacke oder das Hacken in das System mit der Folge der Datenausspähung oder Sabotage etc. In diesem Fall ist die **Sicherheit des IT-Systems** des Intermediärs selbst betroffen; von dem System selbst geht die Gefahr für Dritte aus. In dieser Konstellation finden die allgemeinen Verkehrspflichten, je nach Funktion modifiziert, Anwendung (s. dazu → § 10 Rn. 53 ff.). Zum anderen können Intermediäre in die Verantwortung genommen werden, wenn sie als Zwischenstelle für fremde Daten agieren, die anschließend beim Nutzer einen Schaden hervorrufen. Der Intermediär stellt also auch nicht mittelbar diese Daten selbst bereit, sondern leitet diese nur in irgendeiner Form weiter, wobei sich die Frage stellt, ob ihn eine Prüfungspflicht hinsichtlich der Gefährlichkeit der Daten trifft. Typisches Beispiel ist die Weiterleitung von virenbefallenen E-Mails an andere Nutzer.

7 Anders als bei den Verantwortlichkeitsprivilegierungen nach §§ 7 ff. TMG, deren Rechtsgrund die Unmöglichkeit einer Kontrolle durch die schiere Datenmenge, die Automatisierung und entgegenstehende Rechte bildet,[9] kann dieser Gedanke für die Sicherungen des eigenen Systems nicht verfangen, wie § 7 Abs. 1 TMG schon für eigene Informationen klarstellt. Die Haftungsmodifizierungen der §§ 8–10 TMG finden hier nur eingeschränkt Anwendung, da sie nur die Haftung für *Informationen* betreffen, nicht aber die Haftung für die **Funktionstüchtigkeit** und die **Sicherheit** der von Service Providern angebotenen Dienste.[10] Handelt es sich daher um einen „Hacker", der sich unberechtigterweise Zugang zu den Rechnern des Providers verschafft hat, kann § 10 TMG nicht eingreifen. Werden die Daten und Informationen daher erst beim Intermediär schadhaft, so kann ihn grundsätzlich eine Haftung aus der Verletzung von Sicherungspflichten treffen.[11] Befand sich der Virus bzw. die „Malware" dagegen in einer weitergeleiteten Datei, greifen die §§ 7 ff. TMG ein, da es sich hier um fremde Informationen handelt.[12]

---

7 Beck TKG/*Ditscheid/Rudloff* § 44a Rn. 4; Spindler/Schuster/*Sodtalbers* Elektron. Medien TKG § 44a Rn. 4.
8 Beck TKG/*Ditscheid/Rudloff* § 44a Rn. 4; Säcker/*Säcker/Rugullis* TKG § 44a Rn. 9; Spindler/Schuster/*Sodtalbers* Elektron. Medien TKG § 44a Rn. 4.
9 Erwägungsgrund Nr. 42 ECRL; Spindler/Schmitz/*Spindler* TMG § 7 Rn. 2.
10 Anders offenbar *Schneider/Günther* CR 1997, 389 (391), die Haftungseinschränkungen nach TDG/MDStV – ohne nähere Begründung – auch bei virenverseuchten Online-Diensten annehmen.
11 Spindler/Schmitz/*Spindler* TMG Vor § 7 Rn. 32; Hoeren/Sieber/Holznagel/*Sieber/Höfinger*, MMR-HdB, Teil 18.1 Rn. 38; Spindler/Schuster/*Hoffmann/Volkmann* Elektron. Medien § 7 TMG Rn. 13; Bräutigam/Leupold/*Pelz*, Online-Handel, Kap. B 1 Rn. 72; *R. Koch* NJW 2004, 801 (805 f.); *Dustmann*, Die privilegierten Provider, S. 136 f.; *Podehl* MMR 2001, 17 (21); aA wohl MüKoStGB/*Altenhain* vor §§ 7 ff. TMG Rn. 14; *Schwarz/Poll*, JurPC Web-Dok. 73/2003, Rn. 72.
12 Hoeren/Sieber/Holznagel/*Sieber/Höfinger*, MMR-HdB, Teil 18.1 Rn. 38.

II. Deliktische Verantwortlichkeit

Wendet man sich den deliktischen Pflichten (bzw. den Sicherungspflichten allgemein) der IT-Intermediäre zu, lassen sich drei Bereiche des Schutzes des Nutzers und anderer Internet-Teilnehmer unterscheiden:
- der Schutz des Eigentums, insbesondere an Daten,
- der Schutz der Privat- und Intimsphäre,
- der Schutz des Rechts am eingerichteten und ausgeübten Gewerbebetrieb.

Grundlage der Beurteilung ist auch hier eine Abwägung zwischen dem bestehenden Risiko sowie der wirtschaftlichen **Zumutbarkeit der Ergreifung von Sicherungsmaßnahmen**. Im Rahmen der wirtschaftlichen Zumutbarkeit ist Raum für eine konkrete Einzelfallbetrachtung, die auch die Umstände der Leistungserbringung einzubeziehen hat, einschließlich der Frage, welchen Preis ein Nutzer für einen Dienst aufbringt.[13]

Das Eigentum eines Nutzers kann außerhalb des Bereichs der Übertragung von Inhalten, zu denen – wie oben dargelegt – grundsätzlich auch Software zählt, insbesondere dann verletzt sein, wenn sein Datenbestand durch einen „Angriff aus dem Netz", etwa durch Viren, vernichtet oder jedenfalls teilweise beschädigt wird. Der Virenbefall über die Plattform des IT-Intermediärs oder andere Arten von Angriffen, die zur Vernichtung von Daten des Nutzers auf seinem Rechner führen, zB während eines offenen Kommunikationsvorgangs mit dem IT-Intermediär, sind daher grundsätzlich geeignet, einen Anspruch aus § 823 Abs. 1 BGB zu begründen – allerdings in den bereits aufgezeigten Grenzen (dazu → § 11 Rn. 8 ff.). Sind indes Daten des Nutzers zerstört worden, die auf dem Server des Providers abgelegt worden sind, scheidet eine **Eigentumsverletzung** zulasten des Nutzers aus, da die Verkörperung der Daten eben nicht auf dem Eigentum des Nutzers – seiner Festplatte –, sondern auf dem Eigentum des Providers erfolgt. Hier kann die Verletzung des **Besitzes an Daten** oder als sonstiges Recht (→ § 11 Rn. 17 ff.) in Betracht kommen, soweit der Nutzer über den Verbleib der Daten im Prinzip entscheiden konnte.

1. Haftung von Host Providern

Entscheidend für die Haftung des Host Providers ist daher, ob und gegebenenfalls wie weit er **Verkehrspflichten zum Schutz des Eigentums** des Nutzers unterliegt. Abgesehen von den vertraglichen Pflichten des Host Providers gegenüber dem Nutzer ist er verpflichtet, diejenigen Daten, die in seiner Einflusssphäre liegen, auf **Virenbefall** zu kontrollieren. In diesem Sinne trifft den Provider jedenfalls die Pflicht, grundlegende Anforderungen an die Sicherheit seiner Rechner und der dort gespeicherten Daten seiner Kunden gegenüber Ausspähversuchen oder Missbräuchen seitens Dritter einzuhalten.[14] Da der Host Provider eine Gefahrenquelle betreibt,[15] können die Überlegungen zu den Verkehrspflichten hinsichtlich der erforderlichen Abwehr von Viren, wie sie für die Produkthaftung entwickelt wurden, und Angriffen aus dem Netz, aber auch hinsichtlich anderer technischer Sicherungspflichten, hier entsprechend herangezogen werden. Es ist aber auch zu berücksichtigen, inwieweit dem Nutzer kostenlose

---

[13] BGH 17.10.1989 – VI ZR 258/88, NJW 1990, 906 (907) – Pferdeboxen; BGH 21.11.1989 – VI ZR 350/88, NJW 1990, 908 (909) – Weinkorken; BeckOGK BGB/*Spindler* § 823 Rn. 403; MüKoBGB/*Wagner* § 823 Rn. 424, wonach der Pflichtige diejenigen Sorgfaltsmaßnahmen zu ergreifen hat, deren Kosten geringer als die Summe der Schäden sind, die durch sie vermieden werden sollen; Foerste/v. Westphalen/*Foerste*, Produkthaftungshandbuch, § 24 Rn. 55; *Klindt*/*Handorn* NJW 2010, 1105 (1106 ff.); *Anders* PHi 2009, 230 ff.
[14] Hoeren/Sieber/Holznagel/*Redeker*, MMR-HdB, Teil 12 Rn. 243; Schuster/*Schmitz/v.Netzer*, Vertragshandbuch Telemedia, Kap. 12 Rn. 21 f.; zurückhaltender wohl noch Hoeren/Sieber/Holznagel/*Komarnicki*, MMR-HdB, 25. EL 2010, Teil 12 Rn. 72: in der Regel nur gegen zusätzliche Vergütung.
[15] So explizit BGH 12.7.2007 – I ZR 18/04, BGHZ 173, 188 – Jugendgefährdende Medien bei eBay; *Spindler* ZUM 1996, 533 (536).

Virenscanner-Programme zur Verfügung gestellt werden. Geht allerdings die Gefahr von einer Information/Datei aus, die ein Dritter auf den Rechnern des Host-Providers gespeichert hat, greift grundsätzlich die Haftungsprivilegierung nach § 10 TMG ein; demgemäß muss zwischen von außen kommenden Angriffen (Hacking) und vom Provider zugelassener Informationsspeicherung unterschieden werden.

12 Hier können jedoch nicht mehr die den **Hostprovidern** auferlegten Pflichten aus **§ 13 Abs. 7 TMG** zur Konkretisierung herangezogen werden.[16] Der § 13 TMG ist nämlich seit Geltung der DS-GVO nicht mehr anwendbar (dazu → § 10 Rn. 43; *Hornung/Schindler* in → § 21 Rn. 89). Es bleibt für die Bestimmung der Pflichten also bei den oben genannten Grundsätzen der Produkthaftung, namentlich einer Abwägung der betroffenen Interessen und einer Zumutbarkeit, orientiert am Stand der Technik.[17]

2. Haftung von Betreibern von Router-Rechnern und Access Providern

13 Davon zu unterscheiden ist die Haftung der Betreiber von im Internet-Verkehr zwischengeschalteten Rechnern. In Betracht könnten hier höchstens technische Sicherungspflichten kommen, wie sie zB auch für einen Spediteur bestünden, der fremde Güter transportiert.[18] Auszuscheiden hat beispielsweise eine Haftung für die Weiterleitung von Viren, da die Router-Rechner die eingegangenen Datenmengen so weiterleiten, wie sie ankommen, und die Daten in der Regel in verschiedene Pakete unterteilt verschiedene Rechner passieren können. Der Access-Provider selbst hat keinen Einfluss auf die im Internet bereitgestellten Inhalte, sondern „beherrscht" nur die Telekommunikationsverbindungen, deren Zustand für sich betrachtet ungefährlich ist; Access-Provider sind derart weit von den über das Internet ausgetauschten Inhalten entfernt, dass die Vorwerfbarkeit ihres Tuns nicht mehr mit einer rechtswidrigen Handlung ihrer Kunden in Zusammenhang gebracht werden kann und lediglich einen inhaltsneutralen, rein technischen Bezug aufweist.[19] Insoweit konsequent wurde mit der Novellierung des TMG nun in § 8 Abs. 1 S. 2 TMG eine Störerhaftung für Access Provider expressis verbis ausgeschlossen. Anders ist dies hingegen für Sicherungsmaßnahmen gegenüber dem Eingriff Dritter (**Hacker**) zu beurteilen; auch hier können die im **TKG niedergelegten Sicherungspflichten** zivilrechtlich herangezogen werden, insbesondere nach § 109 a Abs. 4–6 TKG.

14 Dagegen müssen auch die Betreiber der zwischengeschalteten Rechner dafür Sorge tragen, dass ihr Transportgut nicht **in ihrer Einflusssphäre** mit Viren befallen werden kann und die transportierten Daten „verseucht" werden. Allerdings ist zu berücksichtigen, dass es sich hier stets um nur mittelbare Rechtsgutverletzungen handelt, da an den verschickten Datenpaketen selbst kein Eigentum besteht. Selbst wenn man Daten als eigentumsfähiges Recht betrachtet, setzt dies doch in irgendeiner Weise eine Verkörperung, zB auf einer Festplatte voraus, deren Substanz oder Funktionsfähigkeit verletzt werden kann. Mit der Zwischenspeicherung auf dem Router-Rechner wird aber gerade nicht fremdes Eigentum durch Verkörperung begründet. Vielmehr werden nur zugeleitete Daten abgelegt.

15 Die Betreiber der Router-Rechner müssen aber für die notwendigen Sicherungsmaßnahmen sorgen, die verhindern, dass ihre Rechner zu Angriffen auf andere Internet-Teilnehmer miss-

---

16 So noch vor der DS-GVO möglich *Dieffal* MMR 2015, 716 (719).
17 Eingehend Borges/Mentes/*Borges*, Cloud Computing, § 12 Rn. 41 ff.
18 Zu diesem Vergleich s. *F. Koch* CR 1997, 193 (199); aufgrund der Vielzahl von Rechtsverletzungen im Internet hätte eine Vorsorgepflicht des Access-Providers allerdings zur Folge, dass er eine Vielzahl von technischen Sicherheitsvorkehrungen in Form von Datenfiltern einrichten müsste, die wiederum immer neuen Gegebenheiten und neuen Verletzungsformen angepasst werden müsste; von Access-Providern, die lediglich die technische Infrastruktur für den Internetzugang zur Verfügung stellen, ist das aber nicht zu leisten: dazu noch ausführlich Spindler/Schuster/*Spindler*/Volkmann Elektron. Medien BGB § 1004 Rn. 34.
19 Spindler/Schuster/*Volkmann* Elektron. Medien BGB § 1004 Rn. 33; vgl. auch Hoeren/Sieber/Holznagel/*Hoeren*, MMR-HdB, Teil 18.2 Rn. 39; Hoeren/Bensinger/*Brinkel/Osthaus*, Haftung im Internet, Kap. 3 Rn. 94.

braucht werden können (**Vorkehrungen gegen Botnetze**). Die Situation ist hier nicht anders als in den oben diskutierten Fällen zu bewerten, wenn Dritten der Missbrauch einer Gefahrenquelle leichtfertig eröffnet wird.[20] In beiden Fällen liegt eine fehlende Sicherung des Gefahrenherdes vor, für deren Missbrauch der Betreiber einstehen muss.

B. Haftung der Betreiber und Nutzer

Für Nutzer ergibt sich häufig eine **janusköpfige Rolle** und damit auch eine entsprechende Pflichtensituation: Sie sind zwar einerseits Nutzer der Produkte und Dienste, gleichzeitig häufig aber auch Anbieter eigener Dienste und Produkte, die auf die IT-Produkte und -Dienste Dritter aufbauen. Typische Beispiele hierfür sind etwa Ticketing-Systeme, Online-Banking, aber auch private Angebote des „Web 2.0" wie beispielsweise Blogs. Gerade über Bot-Netze und Exploits in IT-Produkten können Gefahren für Dritte entstehen, wenn über die ungesicherten Rechner von Nutzern Schadsoftware verbreitet wird. In diesem Rahmen sind Differenzierungen je nach den Gruppen der verschiedenen IT-Nutzer geboten, insbesondere ob es sich um private oder kommerzielle IT-Nutzer handelt, wobei diese im Prinzip wiederum nach ihren unterschiedlichen Risikopotentialen unterteilt werden müssen, so dass etwa für den Finanzsektor oder für den medizinischen Bereich höhere Anforderungen als für andere Berufsgruppen zu stellen sind. Selbst für private Nutzer ist indes deren Qualifikation in der Regel komplexer, da sie zum einen als Endverbraucher auftreten können, zum anderen als Arbeitnehmer selbst mit IT-Anwendungen zu tun haben können.[21]

I. Die Verantwortlichkeit für den Account[22]

Die Rechtsprechung hat von mehreren Seiten aus Grundzüge einer **Haftung des Anschlussinhabers** für Aktivitäten über seinen Anschluss/Account entwickelt: Zum einen etwa im vertraglichen Bereich (der hier nicht näher zu vertiefen ist) für einen Telefonanschluss abgewickelte R-Gespräche, für die der III. Zivilsenat des BGH eine Art Anscheinswillenserklärung angenommen hat,[23] während für den von einem Dritten missbrauchten Internet-Account der VIII. Zivilsenat, trotz Verletzung vertraglich vereinbarter Geheimhaltungspflichten, explizit eine rechtsgeschäftliche Haftung sowohl über die Grundsätze der Anscheinsvollmacht als auch über die des Vertrags mit Schutzwirkung zugunsten Dritter angenommen hat.[24] Zum anderen hat für deliktische Ansprüche auf derselben Internet(auktions)plattform der I. Zivilsenat des BGH eine deliktische Haftung des Inhabers des Accounts angenommen, über den durch Missbrauch deliktische Handlungen durchgeführt wurden.[25]

Sicherungs- und Geheimhaltungspflichten im deliktischen, insbesondere im immaterialgüterrechtlichen Bereich werden vom I. Zivilsenat des BGH für den Accountinhaber grundsätzlich

---

20 Vgl. BGH 30.9.1980 – VI ZR 38/79, NJW 1981, 113 für die Haftung des Kfz-Halters eines nicht ausreichend gesicherten abgestellten Kfz, das von Dritten zu deliktischen Handlungen verwendet wurde; BGH 3.2.2004 – VI ZR 95/03, NJW 2004, 1449 (1450) zur Sicherung einer Wasserrutsche bei missbräuchlicher Benutzung durch Kinder und Jugendliche; OLG Düsseldorf 11.5.2009 – 20 W 146/08, BeckRS 2009, 28627 zum Missbrauch eines ungesicherten WLAN-Anschlusses durch Dritte; OLG Koblenz 28.1.2002 – 12 U 1295/00, NVwZ-RR 2002, 745 zur Fahrbahnbeschmutzung durch Sand.
21 Ausführlicher dazu *Spindler*, Studie „Verantwortlichkeiten von IT-Herstellern, Nutzern und Intermediären", Rn. 259 ff., zur Doppelrolle von privaten Nutzern, insbesondere Arbeitnehmern dort Rn. 267 ff.
22 Die Ausführungen beruhen auf einem Beitrag von *Spindler* in: FS Schlick, 2015, S. 327.
23 BGH 16.3.2006 – III ZR 152/05, JZ 2006, 1073 mAnm *Lobinger*; s. auch *Zagouras* NJW 2006, 2368; *Schütz/Gostomzyk* MMR 2006, 7; *Janal* K&R 2006, 272; *Schlegel* MDR 2006, 1021; sowie die Anm. von *Mankowski* MMR 2006, 458; aA AG Gelsenkirchen-Buer 28.9.2004 – 27 C 187/04, MMR 2004, 825.
24 BGH 11.5.2011 – VIII ZR 289/09, BGHZ 189, 346.
25 BGH 11.3.2009 – I ZR 114/06, BGHZ 180, 134 – Halzband.

angenommen.[26] Der Senat begründet hier einen eigenen Zurechnungsgrundsatz, den er von der Störerhaftung ebenso wie von den Verkehrspflichten im Wettbewerbsrecht abgrenzt.[27] In seiner Entscheidung hat der BGH ausgeführt, dass den Inhaber eines Mitgliedskontos bei eBay eine generelle Verantwortung sowie Verpflichtung trifft, seine Zugangsdaten so unter Verschluss zu halten, dass von ihnen niemand Kenntnis erlangt. Der Senat meint, dass der Haftungsgrund für die ungesicherte Verwahrung von Kontaktdaten „in der von ihm geschaffenen Gefahr (besteht), dass für den Verkehr Unklarheiten darüber entstehen können, welche Person unter dem betreffenden Mitgliedskonto bei eBay gehandelt hat, und dadurch die Möglichkeiten, den Handelnden zu identifizieren und gegebenenfalls (rechtsgeschäftlich oder deliktisch) in Anspruch zu nehmen, erheblich beeinträchtigt werden".[28] Letztlich stellt der Senat damit auf die **Probleme der Identifizierung und Anspruchsverfolgung** ab, zu denen der Kontoinhaber Vorschub leiste, wenn er die Kontaktdaten nicht ordnungsgemäß geheim hält. Denn es werde nur „der Grundsatz fortgeschrieben, dass derjenige, dem ein rechtlich geschützter Bereich zur Nutzung und gegebenenfalls auch zur Gewinnerzielung zugewiesen ist, im Rahmen seiner Verantwortlichkeit für diesen Bereich für Rechtsverletzungen haftet, wenn er pflichtwidrig Sicherungen unterlässt, die im Interesse Dritter oder der Allgemeinheit bestehen".[29]

19   Bedenken erweckt hier zwar schon die Hervorhebung der **vertragsrechtlich** (!) begründeten **Geheimhaltungspflichten**, die dann aber deliktische Verkehrspflichten begründen sollen. Die Divergenz gegenüber dem VIII. Zivilsenat ist evident: Denn hier wird lediglich vertraglich begründeten Pflichten, die zudem vertragsrechtlich noch nicht einmal den anderen Vertragsteilnehmern einen Schutz vermitteln sollen, eine allseitige Wirkung beigemessen. Umgekehrt sind die Parallelen zur Rechtsprechung des III. Zivilsenats, der auf die Beherrschung der Risikosphäre für Telekommunikationsgeschäfte abstellt, ebenso deutlich. Insgesamt ist die Annahme deliktischer, jedermann gegenüber geltenden Pflichten abzulehnen, solange es keine entsprechend allgemein geltenden Geheimhaltungspflichten gibt.[30]

20   Für Fragen der **zivilrechtlichen Haftung** für IT-Sicherheit gilt jedenfalls nach Auffassung der Rechtsprechung, dass der **Accountinhaber** für missbräuchliche Eingriffe Dritter über seinen Account grundsätzlich einstehen muss, insbesondere dann, wenn er seine Zugangskenndaten nicht geheim gehalten hat.

II. Verantwortung von privaten Nutzern gegenüber Dritten

21   Vor diesem Hintergrund treffen private Nutzer im Bereich der IT-Sicherheit regelmäßig deliktische Pflichten, die allerdings je nach Rolle des Nutzers (kommerziell – privat) unterschiedlich ausgeprägt sind.

1. Vorsätzliche Verletzungshandlungen

22   Als **vorsätzliche Schädigungshandlungen** kommen im Bereich der IT-Sicherheit vor allem Hacking, Denial-of-Service-Attacken und die bewusste Weiterverbreitung von Viren in Betracht.[31] Gegenüber dem privaten Nutzer als Täter sind in diesen Fällen Schadensersatzansprüche wegen der Verletzung von Schutzgesetzen (§ 823 Abs. 2 BGB) und wegen vorsätzlich sittenwidriger Schädigung (§ 826 BGB) möglich, so dass ohne Rücksicht auf eine Rechtsgut-

---

26 BGH 11.3.2009 – I ZR 114/06 – BGHZ 180, 134 – Halzband; dazu *Hecht* K&R 2009, 462; *Rössel* CR 2009, 453.
27 BGH 11.3.2009 – I ZR 114/06, BGHZ 180, 134 Rn. 16 – Halzband.
28 BGH 11.3.2009 – I ZR 114/06, BGHZ 180, 134 Rn. 18 – Halzband.
29 BGH 11.3.2009 – I ZR 114/06, BGHZ 180, 134 Rn. 23 – Halzband.
30 Näher dazu *Spindler* in: FS Lorenz, 2014, S. 729 ff.
31 Ausführlich Ernst/*Mankowski*, Hacker, Cracker und Computerviren, Rn. 500 ff., 512 ff.

verletzung im Sinne von § 823 Abs. 1 BGB auch primäre Vermögensschäden ersatzfähig sind. Relevante Schutzgesetze in diesem Bereich sind vor allem strafrechtliche Normen, wie beispielsweise § 202a StGB[32] (Ausspähen von Daten) oder § 303a StGB (Datenveränderung).[33] Zudem kann bei Verletzung von personenbezogenen Daten ein Anspruch aus Art. 82 DS-GVO bestehen und die einschlägige Norm der DS-GVO zusätzlich ein Schutzgesetz i.S.d. § 823 Abs. 2 BGB sein.[34]

2. Sicherheitspflichten privater IT-Nutzer gegenüber Dritten

Fehlt es aber an einer solchen kriminellen Aktivität, wird eine Haftung privater Nutzer nur auf die **Verletzung deliktischer Verkehrspflichten** gestützt werden können, und zwar zum einen bei der Schädigung Dritter infolge unterlassener Sicherungsmaßnahmen, zum anderen spiegelbildlich im Rahmen des Mitverschuldens. Regelmäßig wird der Privatnutzer fahrlässig zur Schädigung Dritter beitragen, etwa indem er Viren und andere Schadprogramme über seinen Rechner weiterverbreitet (**Botnetze**). Besondere Bedeutung erlangt zudem die Haftung für Unterlassen, wenn der private Nutzer seinen PC nicht im Rahmen des Zumutbaren gegen Angriffe geschützt hat und Angreifer die Sicherheitslücke zur Schädigung Dritter ausnutzen, indem sie seinen Rechner als Werkzeug instrumentalisieren. Anknüpfungspunkt für die Haftung wird damit im Regelfall entweder eine sog. **mittelbare Verletzungshandlung** oder ein **Unterlassen** des Privatnutzers sein, was in den Wertungen eng beieinander liegt.[35] Da der Verletzungserfolg in beiden Fällen nicht unmittelbar durch die Handlung des Schädigers, sondern durch eine Reihe von Zwischenursachen vermittelt wird, ist Voraussetzung der Haftung jeweils die Verletzung einer Verkehrspflicht.[36]

Allerdings ist gerade das Bestehen von Verkehrspflichten von privaten, nicht kommerziell tätigen IT-Nutzern noch ungeklärt: Eine Zurechnung von Verkehrspflichten kommt grundsätzlich bei der Beherrschung einer besonderen Gefahrenquelle sowie bei der Schaffung einer besonderen Gefahrenlage aus vorangegangenem Tun in Betracht.[37] Der IT-Nutzer hat als Besitzer die Verfügungsgewalt über sein Computersystem.[38] Ist der Computer durch einen vorherigen Angriff kompromittiert und führt selbst entsprechende Angriffe aus, sei es durch Versendung von E-Mails mit Viren oder aber durch die Teilnahme an Denial-of-Service-Attacken,[39] so geht von dieser Computeranlage eine Gefährdung für die Computer und Daten und ggf. weitere Rechtsgüter Dritter aus. Damit besteht hier durchaus ein Anknüpfungspunkt in Gestalt der **Beherrschung einer Gefahrenquelle**.[40] Allerdings ist zweifelhaft, ob der Nutzer für alle möglichen Schäden einstehen sollte, die von seinem Computer ausgehen, etwa im Rahmen eines Bot-Netzes und davon ausgehenden Denial-of-Service-Attacken oder einer Virenverbreitung. Denn für den Nutzer ist es im Rahmen des Internets praktisch nicht vorhersehbar, wer durch die jeweiligen Handlungen bzw. Viren geschädigt werden kann. Anders formuliert kann

---

32 *Spickhoff*, Gesetzesverstoß und Haftung, S. 233, 238; MüKoBGB/*Wagner* § 823 Rn. 525.
33 Näher zum Inhalt dieser Straftatbestände *Singelnstein* in → § 20 Rn. 37 ff.; 65 ff.
34 Gola/*Gola/Piltz* DS-GVO Art. 82 Rn. 26; Paal/Pauly/*Frenzel* DS-GVO Art. 82 Rn. 20.
35 Dazu BeckOGK BGB/*Spindler* § 823 Rn. 73 ff.; 387.
36 BeckOGK BGB/*Spindler* § 823 Rn. 387 f.
37 BeckOGK BGB/*Spindler* § 823 Rn. 391 ff.; *R. Koch* NJW 2004, 801 (803); ähnl. auch *Libertus* MMR 2005, 507 (508).
38 Dabei werden zunächst entsprechende Admin-Rechte unterstellt. Der reine Nutzer ohne Berechtigung, Software zu installieren, hat in der Regel keine Möglichkeit, auf die Konfiguration des Systems Einfluss zu nehmen, damit auch nicht auf dessen Sicherheitsniveau.
39 S. dazu *Spindler*, Studie „Verantwortlichkeiten von IT-Herstellern, Nutzern und Intermediären", Rn. 52 ff.; zur Verteilung des Risikos zwischen Serverinhaber und -vermieter bei DoS-Attacken AG Gelnhausen 6.10.2005 – 51 C 202/05, CR 2006, 208.
40 Ebenso *R. Koch* NJW 2004, 801 (803); *Libertus* MMR 2005, 507 (509); implizit auch *Schmidbauer*, Schadensersatz wegen Viren, 2008, abrufbar unter http://www.i4j.at/news/aktuell36.htm.

die Haftung hier unabsehbar ausufern. Im deutschen Recht ergibt sich eine erste Eingrenzung durch die bei gewerblich Geschädigten erforderliche Betriebsbezogenheit des Eingriffs, die bei derartigen Gefährdungen nicht vorliegen wird. Dennoch verbleibt bei der Schädigung von Daten ein für den Einzelnen fast unübersehbares Haftungsrisiko, das sich in praxi wohl nur aufgrund des erforderlichen Kausalitätsnachweises relativiert – denn das deutsche Haftungsrecht verlangt ansonsten keinen Vorsatz oder Pflichtwidrigkeit hinsichtlich des Schadens selbst bzw. bezüglich des haftungsausfüllenden Tatbestandes.

25 Grundsätzlich lassen sich gegen die vielen Bedrohungen **Gegenmaßnahmen** ergreifen. Zur genaueren Konkretisierung des Inhalts und Umfangs der Verkehrspflicht ist in erster Linie auf die **berechtigten Sicherheitserwartungen der betroffenen Verkehrskreise** abzustellen,[41] zu deren Bestimmung die Möglichkeit und Zumutbarkeit der Gefahrenvermeidung einerseits auf der Versenderseite, andererseits auf der Empfängerseite gegeneinander abzuwägen sind.[42] Für die Bestimmung der Reichweite der Pflichten des Nutzers kommt es auf eine objektivierte Betrachtung anhand einer Nutzergruppe an und gerade nicht auf die individuellen Fähigkeiten und Ressourcen des individuellen Nutzers. Berücksichtigt werden sollte aber auch, dass nicht jede Gefahr abgewehrt und vollumfänglich beherrscht werden kann.[43] Ein vollkommener Schutz ist insbesondere im sich stetig wandelnden IT-Sektor kaum realisierbar. Es gilt daher auch für diesen Bereich der allgemeine Grundsatz, dass nur solche Maßnahmen vom privaten IT-Nutzer verlangt werden können, die in einem vernünftigen und zumutbaren Verhältnis zum drohenden Schadenseintritt stehen.[44] Angesichts der Entwicklung des Internets zum Massenphänomen wird man sich indes vor überspannten Sorgfaltsanforderungen an einen vermeintlich „typischen Internetnutzer" hüten müssen, da das Wissen um Einstellungen, Softwareverwendungen und Risiken bei privaten Nutzern (insbesondere zwischen den Altersgruppen) zum Teil erheblich variiert.[45] Ebenso ist im schnelllebigen IT-Sektor stets zu berücksichtigen, dass sich die Verkehrserwartungen mit zunehmender Verbreitung eines Risikobewusstseins und der Kenntnis möglicher Gegenmaßnahmen wandeln können.[46]

26 Im Einzelnen ist daher in einem ersten Schritt darauf abzustellen, ob das Problem überhaupt weithin bekannt ist.[47] Für die Beurteilung der **Zumutbarkeit** kann in einem zweiten Schritt zwischen der technischen und der wirtschaftlichen Zumutbarkeit unterschieden werden. Die Einzelheiten sind indes hier noch weitgehend ungeklärt, geschweige denn ist eine einschlägige Rechtsprechung dazu zu verzeichnen. Die Linie dürfte indes auf der Argumentation des BGH in der ergangenen Entscheidung zu zumutbaren Sicherungsmaßnahmen bei **ungesicherten**

---

41 BGH 4.12.2001 – VI ZR 447/00, NJW-RR 2002, 525 (526); BGH 21.2.1978 – VI ZR 202/76, NJW 1978, 1629; BGH 17.10.1989 – VI ZR 258/88, NJW 1990, 906 (907); BeckOGK BGB/*Spindler* § 823 Rn. 397; Schwarz/Peschel-Mehner/*Schwerdtfeger/Gottschalck* Recht im Internet, 2002, Kap. 2 Rn. 246.
42 *R. Koch* NJW 2004, 801 (804); *Libertus* MMR 2005, 507 (509); BeckOGK BGB/*Spindler* § 823 Rn. 403.
43 BGH 1.10.1959 – III ZR 96/58, BGHZ 31, 73; BGH 13.7.1989 – III ZR 122/88, BGHZ 108, 273 (274); BGH 20.9.1994 – VI ZR 162/93, NJW 1994, 3348; BeckOGK BGB/Spindler § 823 Rn. 403.
44 BGH 7.6.1988 – VI ZR 91/87, BGHZ 104, 323 (329); BGH 8.2.1972 – VI ZR 155/70, BGHZ 58, 149 (158); BGH 5.7.1990 – III ZR 217/89, BGHZ 112, 74 (75 f.); BGH 19.12.1989 – VI ZR 182/89, NJW 1990, 1236 (1237); BeckOGK BGB/*Spindler* § 823 Rn. 403.
45 Dazu bereits *Spindler* JZ 2004, 1128 (1129).
46 *Spindler* JZ 2004, 1128 (1129).
47 *Leible/Wildemann* K&R 2004, 288 (289); vgl. *Schmidbauer*, Schadensersatz wegen Viren, 2008, abrufbar unter: http://www.i4j.at/news/aktuell36.htm; BGH 20.10.1971 – VIII ZR 164/70, VersR 1972, 70 (71); *Härting/Schirmbacher* CR 2004, 334 (337); dem hat sich der BGH 4.3.2004 – III ZR 96/03, BGHZ 158, 201 jedoch nicht angeschlossen, sondern hat im konkreten Fall eine ergänzende Vertragsauslegung vorgenommen.

WLANs sowie gewerblicher und privater WLAN-Hotspots dergestalt zu suchen sein,[48] dass bei letzterer nur bereits vorinstallierte, verkehrsübliche und ohne großes Zutun zu aktivierende Sicherungsmaßnahmen, wie ein individuelles, ausreichend langes und sicheres, ggf. voreingestelltes, WLAN-Passwort,[49] verlangt werden können – wobei es auf die Zumutbarkeit zum Zeitpunkt des Erwerbs des jeweiligen Mediums, der Hard- oder Software ankommt. Angesichts des rasanten technischen Fortschritts kann eine anfänglich ausreichende bzw. angemessene Sicherungsmaßnahme jedoch bereits innerhalb der durchschnittlichen Nutzungsdauer eines WLAN-Routers überholt sein, mit der Folge, dass das WLAN keine ausreichende Sicherheit mehr bietet.[50] Daher würde es den privaten IT-Nutzer unzumutbar belasten, wenn ihm die Pflicht auferlegt würde, die Netzwerksicherheit fortlaufend dem neuesten Stand der Technik anzupassen.[51] Neben die Pflicht zur Vornahme zumutbarer Sicherungspflichten tritt bei Überlassung des Zugangs an Dritte und konkreten Anhaltspunkten für eine Rechtsgutsverletzung durch diese eine dauerhafte Kontrollpflicht.[52] Gegenüber minderjährigen Kindern bestehen auch ohne solche Anhaltspunkte Belehrungspflichten bzgl. der Rechtswidrigkeit von Urheberrechtsverletzungen, bspw. durch Internettauschbörsen,[53] jedoch keine zusätzlichen Sperr- und Filterpflichten.[54]

Auch wenn ein **privater Nutzer** eindeutig als **Verursacher** des Schadens identifiziert ist, hat der Geschädigte den Beweis einer Pflichtverletzung durch den Nutzer zu führen. Hierbei handelt es sich um Vorgänge, welche sich in der Sphäre des privaten Nutzers abspielen, in welche der Geschädigte keinen Einblick hat. Der Nachweis, dass ein privater Nutzer unter Verletzung von Sorgfaltspflichten einen E-Mail-Anhang geöffnet und so die Installation eines Virus oder Trojaners ermöglicht hat, wird daher nur schwer zu führen sein. Möglich wäre hier aber eine Untersuchung des Computers des Schädigers, auf dem sich die E-Mail noch befindet. Hierzu kann das Gericht die Vorlage des Computers zur Einnahme des Augenscheins sowie die Begutachtung durch einen Sachverständigen anordnen (§§ 144 Abs. 1 Satz 2, 371 Abs. 2 ZPO). Zudem können im Einzelfall das Vorhandensein und die regelmäßige Aktualisierung des Virenschutzes überprüft werden. Dies hilft aber dann nicht weiter, wenn der Rechner neu

---

48 BGH 12.5.2010 – I ZR 121/08, BGHZ 185, 330 – Sommer unseres Lebens; dazu *Spindler* CR 2010, 592 ff. mwN; s. dazu auch EuGH 15.9.2016 – Rs. C-484/14, GRUR 2016, 1146 – McFadden; BGH 8.1.2014 – I ZR 169/12, GRUR 2014, 657 ff. – BearShare; OLG Frankfurt/M. 22.3.2013 – 11 W 8/13, GRUR-RR 2013, 246 f.; OLG Köln 16.5.2012 – Az. 6 U 239/11, ZUM 2012, 579 ff.; BGH 26.7.2018 – I ZR 64/17, GRUR 2018, 1044 – Dead Island; OLG Düsseldorf 16.3.2017 – I-20 U 17/16, GRUR 2017, 811; zum Ganzen ausführlich *Spindler* in: FS Lorenz, 2014, S. 721.
49 BGH, Urt. v. 24.11.2016 – I ZR 220/15 – GRUR 2017, 617 Rn. 14 – WLAN-Schlüssel.
50 S. dazu AG Frankfurt/M., Urt. v. 14.6.2013 – 30 C 3078/12 – MMR 2013, 605 ff., dass in seiner Entscheidung der BGH-Linie folgt, indem es eine WLAN-Verschlüsselung nach WEP-Standard noch für ausreichend hielt um eine Störerhaftung des Bekl. zu verneinen, obwohl die WEP bereits zum Zeitpunkt der erfolgten Rechtsverletzung im Jahr 2009 als unsicher galt.
51 BGH, Urt. v. 12.5.2010 – I ZR 121/08 – BGHZ 185, 330 = GRUR 2010, 633.
52 OLG Düsseldorf Urt. v. 5.3.2013 – I-20 U 63/12, ZUM 2014, 406; LG Mannheim Urt. v. 9.9.2006 – 7 O 62/06, ZUM-RD 2007, 252 (254); aA *Mühlberger* GRUR 2009, 1022 (1026); *Volkmann* CR 2008, 232 (237); differenzierend *Peter* K&R 2007, 371 (373); LG München I Urt. v. 4.10.2007 – 7 O 2827/07, CR 2008, 49 (51) mzustAnm *Mantz*; krit. dazu *Leistner/Stang* WRP 2008, 533 (551).
53 BGH Urt. v. 11.6.2015 – I ZR 7/14, GRUR 2016, 184 Rn. 32 – Tauschbörse II; BGH Urt. v. 15.11.2012 – I ZR 74/12, GRUR 2013, 511 Rn. 22 – Morpheus; dazu *Schaub* GRUR 2013, 515; *Bernau* FamRZ 2013, 1521 (1524 f.); ebenso OLG Frankfurt/M. Beschl. v. 20.12.2007 – 11 W 58/07, GRUR-RR 2008, 73 (74); *Grosskopf* CR 2007, 122; *Peter* K&R 2007, 371 (373); *Leistner/Stang* WRP 2008, 533 (549); *Mühlberger* GRUR 2009, 1022 (1025 f.); zu den geringeren Sicherungspflichten bei volljährigen Kindern BGH Urt. v. 8.1.2014 – I ZR 169/12, GRUR 2014, 657 ff. – BearShare; BGH, Urt. v. 12.5.2016 – I ZR 86/15, GRUR 2016, 1289 – Silver Linings Playbook; OLG Frankfurt/M. Beschl. v. 20.12.2007 – 11 W 58/07, MMR 2008, 169 (170 f.); *Schaub* GRUR 2016, 152 (153); aA OLG Köln Beschl. v. 4.6.2012 – 6 W 81/12, WRP 2012, 1148 (1149).
54 BGH Urt. v. 15.11.2012 – I ZR 74/12, GRUR 2013, 511 Rn. 24 – Morpheus; BGH Urt. v. 11.6.2015 – I ZR 7/14, GRUR 2016, 184 Rn. 32 – Tauschbörse II; ebenso OLG Hamburg Urt. v. 7.11.2013 – 5 U 222/10, ZUM-RD 2014, 282 (285).

aufgesetzt wurde oder gar keine Protokolle über die Aktualisierung des Betriebssystems oder des Virenschutzes geführt wurden. Nur in den Fällen der Beweisvereitelung kann die Behauptung des Geschädigten gemäß § 371 Abs. 3 ZPO als bewiesen angesehen werden.[55] Beim Beweis des Mitverschuldens des Geschädigten stellen sich spiegelbildlich dieselben Probleme. Denn sowohl die herrschende Meinung, als auch die ständige Rechtsprechung bürden dem Schädiger die Beweislast für das Mitverschulden auf.[56]

III. Einsatz von IT bei kommerziellen Unternehmen als Nutzer

28 An den **kommerziellen Nutzer** hingegen sind wesentlich höhere Anforderungen zu stellen. Für bestimmte Bereiche existieren hier auch ausdrückliche Regelungen.

29 Ausgangspunkt ist zunächst wiederum, dass derjenige, der eine **Gefahrenquelle** schafft oder beherrscht, nach § 823 Abs. 1 BGB grundsätzlich verpflichtet ist, die notwendigen und zumutbaren Vorkehrungen zu treffen, um eine Schädigung anderer zu vermeiden.[57] Wie bereits dargelegt, ist zur genaueren Konkretisierung des Inhalts und Umfangs der Verkehrssicherungspflicht in erster Linie auf die berechtigten Sicherheitserwartungen der betroffenen Verkehrskreise abzustellen.[58] Ferner ist auf die Möglichkeit und Zumutbarkeit der Gefahrenvermeidung abzustellen. Das gilt gleichermaßen für die Versender- und die Empfängerseite.[59] Die Unterschiede liegen vor allem in **den zumutbaren Verkehrssicherungspflichten für kommerzielle IT-Nutzer**, vor allem hinsichtlich des zumutbaren für den Schutz einzusetzenden Aufwandes, den Sicherheitserwartungen des betroffenen Kreises gegenüber kommerziellen IT-Nutzern sowie der Bekanntheit der Problemlage und möglichen Gegenmaßnahmen. Zwar ist einem kommerziellen IT-Nutzer nicht wie einem IT-Hersteller zuzumuten, jedes Problem umgehend zu erkennen und sich ständig durch Fachzeitschriften oder Expertenberatung zu informieren. Es ist jedoch zu verlangen, dass er regelmäßig auch Probleme beim Einsatz von Computern beobachtet und, sofern er von Gefahren erfährt, diesbezüglich über die üblichen Informationskanäle, wie eben Fachzeitschriften oder Internetquellen, Erkundungen einholt. Je höherrangiger die Rechtsgüter sind, die in Kontakt mit IT-Produkten des kommerziellen IT-Nutzers kommen bzw. je größer das Vertrauen Dritter in den Einsatz der IT-Produkte durch den IT-Nutzer ist, desto intensiver werden diese Kontrollen und diese Pflicht zur Erkundigung ausfallen. Diese Maßstäbe entscheiden auch darüber, ob dem IT-Nutzer gar noch weitergehende Pflichten aufzubürden sind, etwa zur eigenständigen Bewältigung von bekannt gewordenen Sicherheitslücken. Im Rahmen der Zumutbarkeitsprüfung sind allerdings die technischen Grenzen weniger relevant als die wirtschaftlichen Einschränkungen: Denn der kommerzielle IT-Nutzer kann immer darauf verwiesen werden, technischen Sachverstand einzukaufen, so dass im Wesentlichen die wirtschaftliche Seite ausschlaggebend ist.

30 Wie schon für private IT-Nutzer finden sich diese Pflichten quasi spiegelbildlich sowohl hinsichtlich des Schutzes Dritter als auch der zumutbaren **Eigenschutzpflichten** (§ 254 BGB) wieder – wenngleich für den Schutz Dritter bestimmte besondere Verkehrserwartungen eine andere Rolle spielen mögen, so dass in diesen Situationen die Pflichtenstandards unterschiedlich ausfallen können. Anders formuliert wird der Verkehr generell (nicht nur die Vertrags-

---

[55] Dazu Zöller/*Greger* ZPO § 371 Rn. 5; Musielak/Voit/*Huber* ZPO § 371 Rn. 20.
[56] BGH 30.5.2001 – VIII ZR 70/00, NJW-RR 2001, 1542 (1543); BGH 18.11.1999 – IX ZR 402/97, NJW 2000, 664 (667); BGH 19.9.1998 – VI ZR 296/97, NJW 1998, 3706 (3707); BGH 26.1.1984 – III ZR 216/82, BGHZ 90, 17 (32 f.); BGH 22.5.1984 – III ZR 18/83, BGHZ 91, 243 (260); RG 30.11.1938 – VI 131/38 – RGZ 159, 257 (261); *Lange/Schiemann*, Schadensersatz, 10 XIX; MüKoBGB/*Oetker* § 254 Rn. 145.
[57] BGH 15.7.2003 – VI ZR 155/02, NJW-RR 2003, 1459; BGH 19.12.1989 – VI ZR 182/89, NJW 1990, 1236; BGH 4.12.2001 – VI ZR 447/00, NJW-RR 2002, 525 mwN.
[58] BGH 4.12.2001 – VI ZR 447/00, NJW-RR 2002, 525 (526); BGH 21.2.1978 – VI ZR 202/76, NJW 1978, 1629; BGH 17.10.1989 -VI ZR 258/88 – NJW 1990, 906 (907); BeckOGK BGB/*Spindler* § 823 Rn. 397.
[59] *R. Koch* NJW 2004, 801 (804); *Libertus* MMR 2005, 507 (509); BeckOGK BGB/*Spindler* § 823 Rn. 403.

partner) von einem professionellen IT-Nutzer (zB einer Onlinebank) wesentlich höhere Sicherheitsmaßnahmen erwarten.

Im Falle **kritischer IT-Infrastrukturen** sind die Betreiber nach § 8 a Abs. 1 S. 1 BSIG sogar zur Prüfung der eingesetzten Software und Hardware auf IT-Sicherheitsprobleme verpflichtet. Diese Pflichten sind zwar – wie oben dargelegt (vgl. → § 10 Rn. 35 ff.) – keine Schutzgesetze, strahlen aber auf die im Zivilrecht abzuleitenden Verkehrspflichten aus, so dass sie bei den jeweiligen Anspruchsgrundlagen, insbesondere § 823 Abs. 1 BGB, entsprechend heranzuziehen sind.[60]

Bislang praktisch kaum geklärt sind etwa die sog. **Vorsorgekosten für Schadensfälle** im Rahmen von §§ 249, 254 BGB für IT-Systeme. Bei dieser Frage treten die üblichen schadensrechtlichen Probleme auf, wonach die Vorsorgekosten nicht kausal auf der Schädigung beruhen.[61] Grundsätzlich können Vorhaltekosten, dh solche Kosten, die für eine eigene Betriebsreserve entstehen, vom Schädiger ersetzt werden, wenn diese zur Schadensminderung beitragen.[62] Im IT-Bereich wäre es denkbar, dass die Vorhaltung **redundanter Systeme** oder die Installation besonderer Sicherheitsmaßnahmen zur Schadensminderung beiträgt, insbesondere wenn es sich um umsatzintensive Unternehmen handelt, die auf funktionierende Technik angewiesen sind. Daher erscheint es in diesen Fällen angemessen, auch Vorhaltekosten geltend machen zu können. Denkbar wäre auch das Geltendmachen von angemessenen „Kopfgeldern" als Schaden, vergleichbar mit den Fangprämien bei Kaufhausdiebstählen.[63] Dies würde konkreten Schadensfällen entgegenwirken, zumal das Kopfgeld auch erst im Fall der Aufdeckung fällig würde bzw. die Forderung erst dann entstünde.[64]

Daneben können sich vor allem **IT-Risikomanagementpflichten**, die hier im Einzelnen nicht aufgefächert werden können, sowohl aus allgemeinen gesellschafts- und wirtschafts- wie zivilrechtlichen Vorschriften als auch aus datenschutzrechtlichen Regelungen ergeben. Dies gilt insbesondere im Hinblick auf den finanzwirtschaftlichen Sektor (→ § 11 Rn. 3).[65] Zu den vom Risikomanagement – und für § 254 BGB auch relevanten – abzudeckenden Bereichen gehören jedenfalls auch der Einkauf, die Implementierung und die regelmäßige Kontrolle von Software, deren Risikopotentiale abgeschätzt und gesteuert werden müssen. Versagt die Software oder darf sie nicht eingesetzt werden, können einem Unternehmen (aber auch anderen Verwendern wie Behörden) erhebliche Schäden drohen, die bis hin zur fast völligen Lahmlegung eines Unternehmens gehen können. Unter diesen Umständen droht mithin eine Bestandsgefährdung. Der Vorstand sollte daher die Risiken, die sich aus dem IT-Einsatz ergeben, in die Risikoabschätzung zur Erkennung von Veränderungen einfließen lassen. Insbesondere der Ausfall von IT-gestützten Steuerungs- oder Buchführungssystemen kann bereits innerhalb weniger Tage zu einem größeren Schaden für das Unternehmen führen. Als Anhaltspunkte für die Erforschung der Gefahren im Unternehmen können die folgenden Punkte dienen:

- die Bedeutung des EDV-Systems für die Geschäftstätigkeit des Unternehmens,
- die Beschaffenheit und Stabilität der eingesetzten EDV-Systeme,
- die Komplexität der Geschäftsprozesse,

---

60 *Spindler* in: FS Hart, VI. B., im Erscheinen.
61 MüKoBGB/*Oetker* § 249 Rn. 178 f., 199 f.; differenzierend Staudinger/*Schiemann* BGB § 249 Rn. 109 f.
62 BGH 14.10.1975 – VI ZR 255/74, NJW 1976, 286; Erman/*Ebert* BGB § 249 Rn. 67; BeckOGK BGB/*J. W. Flume* § 249 Rn. 352; MüKoBGB/*Oetker* § 249 Rn. 178.
63 BGH 11.6.1979 – VI ZR 154/77, BGHZ 75, 230 ff.
64 Dazu MüKoBGB/*Oetker* § 249 Rn. 202 f.; aA und gegen die Ersatzfähigkeit von Fangprämien BeckOGK BGB/*J. W. Flume* § 249 Rn. 352.
65 *Spindler*, Studie „Verantwortlichkeiten von IT-Herstellern, Nutzern und Intermediären", Rn. 434 ff., insbesondere Rn. 445; s. auch die Novellierungen der MaRisk und MaRiskVA: Rundschreiben BaFin Nr. 09/2017 (BA) – „Mindestanforderungen an das Risikomanagement – MaRisk" vom 27.10.2017, abrufbar unter https://www.bundesbank.de/resource/blob/598724/15fc93f88b8319a9430afdb3ee543437/mL/2017-10-27-rundschreiben-data.pdf.

- die Abhängigkeit der Funktionsfähigkeit der EDV-Systeme von Dritten (Software-Lieferanten),
- die Gefährdung der Geschäftsabläufe durch den Ausfall einzelner Softwarekomponenten bis hin zum Ausfall des kompletten IT-Systems mit der Aufteilung in Steuerungs- und Datenverarbeitungssoftware, sowie Hardware,
- die Abhängigkeit des Geschäftsbetriebs von EDV-Dienstleistern im Falle ausgelagerter Systeme,
- die Abhängigkeit des Geschäftsbetriebs von der Ordnungsmäßigkeit des Geschäftsbetriebes Dritter (Zulieferer, Kunden etc).

34 Eine gewisse Normierung hat der IT-Bereich ähnlich den Qualitätsmanagementsystemen in Gestalt der 2017 aktualisierten **ISO 27001**[66] erfahren. In Deutschland wird neben der **Zertifizierung** nach ISO 27001[67] vor allem die Prüfung nach dieser Norm zuzüglich des vom BSI standardisierten Grundschutzes im IT-Sektor durchgeführt;[68] nur durch letztere wird die Einhaltung materieller Standards gewährleistet, da ein reines Managementsystem ohne jegliche Sicherheitsvorgaben nicht den Anforderungen an die Früherkennung von Risiken im IT-Bereich gerecht werden dürfte[69].

---

66 Inzwischen ISO/IEC 27001, v. 06.2017, „Informationstechnik – Sicherheitsverfahren – Informationssicherheitsmanagementsysteme – Anforderungen"; zur Berücksichtigung verschiedener ISO- und DIN-Normen im Rahmen von Verkehrspflichten zur Qualitätssicherung ausführlich *Liggesmeyer*, Software-Qualität – Testen, Analysieren und Verifizieren von Software, S. 378 ff.
67 Zertifizierung nach ISO 27001 auf der Basis von IT-Grundschutz, Zertifizierungsschema – Stand 2019, abrufbar unter https://www.bsi.bund.de/SharedDocs/Downloads/DE/BSI/Grundschutz/Zertifikat/ISO27001/Zertifizierungsschema_Kompendium.pdf?__blob=publicationFile&v=3.
68 *Roth/Schneider* ITRB 2005, 19; https://www.bsi.bund.de/DE/Themen/ITGrundschutz/ITGrundschutzStandards/ITGrundschutzStandards_node.html.
69 Ausführlich zu ISO 27001 *Skierka* in → § 8 Rn. 27.

§ 13 IT-Sicherheitsanforderungen an Kritische Infrastrukturen und digitale Dienste

Literatur: *Dürig/Fischer*, Cybersicherheit in Kritischen Infrastrukturen Europäische und deutsche Regulierung – ein Überblick, DuD 2018, 209; *Witt/Freudenberg*, Die Richtlinie über Maßnahmen zur Gewährleistung einer hohen gemeinsamen Netz- und Informationssicherheit (NIS) in der Union, CR 2016, 657; *Gitter/Meißner/Spauschus*, Das neue IT-Sicherheitsgesetz, IT-Sicherheit zwischen Digitalisierung und digitaler Abhängigkeit, ZD 2015, 512; *Hornung*, Neue Pflichten für Betreiber kritischer Infrastrukturen: Das IT-Sicherheitsgesetz des Bundes, NJW 2015, 3334; *Kipker/Pfeil*, IT-Sicherheitsgesetz in Theorie und Praxis, DuD 2016, 810; *Gehrmann/Voigt*, IT-Sicherheit – Kein Thema nur für Betreiber Kritischer Infrastrukturen, Entwurf zur Umsetzung der NIS-Richtlinie erweitert den Kreis ungeklärter IT-sicherheitsrechtlicher Fragen, CR 2017, 93; *Ritter/Schulte*, Rechtliche Anforderungen an Anbieter digitaler Dienste, die zugleich kritische Infrastrukturen sind, CR 2019, 617; *Schallbruch*, IT-Sicherheitsrecht – Schutz digitaler Dienste, Datenschutz und Datensicherheit, CR 2017, 798; *Schallbruch*, Die EU-Richtlinie über Netz- und Informationssicherheit: Anforderungen an digitale Dienste. Wie groß ist der Umsetzungsbedarf der NIS-Richtlinie in deutsches Recht im Bereich digitaler Dienste?, CR 2016, 663.

A. Kritische Infrastrukturen 1	a) Stand der Technik nach § 8 a BSIG ... 66
I. Einführung und Entwicklung des Begriffs Kritische Infrastrukturen im Bereich der IT-Sicherheit 1	b) Branchenspezifische Sicherheitsstandards 72
1. NPSI und Umsetzungsplan KRITIS 4	c) Sicherheitskataloge nach § 11 Abs. 1 a, 1 b EnWG und § 109 Abs. 6 TKG 77
2. KRITIS-Strategie 2009 14	aa) Betreiber von öffentlichen TK-Netzen nach TKG 78
3. Cybersicherheits-Strategie 2011 20	bb) Betreiber von Energieversorgungsnetzen nach EnWG 79
II. Gesetzlicher Rahmen zur Bestimmung Kritischer Infrastrukturen im Bereich der IT-Sicherheit 21	cc) Betreiber von Energieerzeugungsanlagen nach EnWG 80
1. NIS-Richtlinie 22	2. Nachweispflicht und Kontrolle durch das BSI nach § 8 a Abs. 3 und Abs. 4 BSIG ... 82
2. IT-Sicherheitsgesetz 27	3. Meldepflicht nach § 8 b BSIG 88
a) Kriterien Qualität und Quantität, § 2 Abs. 10 und § 10 Abs. 1 BSIG 32	B. Digitale Dienste 92
b) Betreiberpflicht zur Bestimmung der Kritikalität 36	I. Gesetzlicher Rahmen zur Bestimmung Digitaler Dienste 93
3. BSI-Kritisverordnung 39	1. NIS-Richtlinie 93
a) Kompetenzverteilung zur Bestimmung Kritischer Infrastrukturen zwischen Bund, Ländern und Kommunen 40	a) Digitale Infrastrukturen – NIS-Richtlinie Anhang II – BSI KritisV 94
b) Bestimmungssystematik der Verordnung 42	b) Digitale Dienste – NIS Vollharmonisierung, Anhang III NIS-RL 96
c) Versorgungsgrad und branchenspezifischer Schwellenwert 44	2. NIS-Umsetzungsgesetz 100
d) Betreiberbegriff 51	3. Telemediengesetz 101
e) Anlagenbegriff 57	II. IT-Sicherheitsanforderungen an Digitale Dienste 102
f) Anforderungen zur Bestimmung der Kritikalität durch den Betreiber 61	1. Digitale (kritische) Infrastrukturen, § 8 a BSIG 102
III. IT-Sicherheitsanforderungen an Kritische Infrastrukturen 65	2. Digitale Dienste, § 8 c BSIG 103
1. Organisatorische und technische Vorkehrungen, § 8 a BSIG 65	3. Umsetzungsrechtsakte der EU-KOM 105
	4. Telemediengesetz 108

A. Kritische Infrastrukturen

I. Einführung und Entwicklung des Begriffs Kritische Infrastrukturen im Bereich der IT-Sicherheit

Staat und Wirtschaft messen dem Schutz sogenannter **Kritischer Infrastrukturen** eine sehr hohe Bedeutung zu. Dies lässt sich anhand verschiedener strategischer und letztlich auch gesetzlicher Maßnahmen seit dem Jahre 2005 festmachen und beruht auf der Erkenntnis, dass die Wirtschaftskraft und Stabilität der Bundesrepublik Deutschland maßgeblich von der **Funktionsfähigkeit hochleistungsfähiger Infrastrukturen** abhängen. Die Bundesregierung begreift die Gewährleistung des Schutzes Kritischer Infrastrukturen als Kernaufgabe **staatlicher Sicherheitsvorsorge**.[1]

2 Die Handlungsformen der Bundesregierung zielen letztlich darauf ab, das Risiko von **erheblichen Unterbrechungen oder gar Störungen** der Erbringung von Dienstleitungen Kritischer Infrastrukturen zu vermindern. Dabei folgen sowohl die strategischen als auch die gesetzlichen Handlungsformen in ihrer Fortentwicklung seit Mitte der 2000er Jahre dem Zusammenhang von **hinreichend wahrscheinlichem Gefährdungsszenario** und den jeweils daraus abzuleitenden **Schutzmaßnahmen**. Der Schutz Kritischer Infrastrukturen zur Aufrechterhaltung der **Versorgung der Allgemeinheit** folgt demnach keinem statischen Ansatz, sondern ist vielmehr ein fortlaufender Prozess, der sich angesichts stetig verändernder Bedrohungspotentiale von einer ursprünglich freiwilligen Zusammenarbeit von Betreibern und Wirtschaft zu einem **ordnungsrechtlichen** Regulierungsrahmen weiterentwickelt hat.

3 Unabhängig vom Gefährdungsszenario sind den nachfolgend erläuterten strategischen und gesetzlichen Maßnahmen die **sektorübergreifende Betrachtungsweise, der All-Gefahrenansatz und der kooperative Ansatz zwischen Staat und Wirtschaft** gemein. Kern der sektorübergreifenden Betrachtungsweise ist, dass unterschiedliche Sektoren Kritischer Infrastrukturen zwar jeweils spezifischen Gefährdungen unterliegen können, zwischen Sektoren aber Interdependenzen bestehen und daher ein sektorenübergreifender Ansatz erforderlich ist, insbesondere zur Gewährleistung eines Mindestschutzniveaus.[2]

1. NPSI und Umsetzungsplan KRITIS

4 Lag der Fokus beim Schutz Kritischer Infrastrukturen vor der Digitalisierung auf Gefährdungen durch physische Einflussnahme auf den Betrieb der Infrastruktur, zB durch Sabotage, zielte der **Nationale Plan zum Schutz der Informationsinfrastrukturen (NPSI)** der Bundesregierung aus dem Jahr 2005 erstmals auch auf den **Schutz der informationstechnischen Systeme Kritischer Infrastrukturen** ab.[3] Dies war angesichts der **zunehmenden IT-Abhängigkeit** von für die Funktionsfähigkeit von Infrastrukturen essentiellen Systemen und Prozessen und des damit einhergehenden neuen Gefährdungspotentials konsequent. Als Zielbestimmungen legte der NSPI Prävention, Reaktion und Nachhaltigkeit beim Schutz der IT-Systeme von Kritischen Infrastrukturen fest[4] und definierte diese erstmals als

„*Organisationen und Einrichtungen mit wichtiger Bedeutung für das staatliche Gemeinwesen, bei deren Ausfall oder Beeinträchtigung nachhaltig wirkende Versorgungsengpässe, erhebliche Störungen der öffentlichen Sicherheit oder andere dramatische Folgen einträten.*"[5]

5 Demnach deutete bereits diese **frühe Definition** im Rahmen des NPSI als strategischer, aber nicht-gesetzlicher Handlungsform der Bundesregierung den Zusammenhang zwischen der Kritikalität einer Infrastruktur und deren Bedeutung für das staatliche Gemeinwesen im Sinne ihrer **Versorgungsleistung**, weil bei deren Ausfall **Versorgungsengpässe oder Störungen der öffentlichen Sicherheit** eintreten würden.

6 Ferner führte der NPSI auch bereits im Jahr 2005 **acht Infrastrukturbereiche**[6] auf, die aus Sicht der Bundesregierung als kritisch anzusehen sind:

---

1 Nationale Strategie zum Schutz Kritischer Infrastrukturen 2009, S. 2.
2 Vgl. auch Begründung zum Gesetz zur Erhöhung der Sicherheit informationstechnischer Systeme (IT-Sicherheitsgesetz) v. 17.7.2015 (BGBl. I 1324), BT-Drs. 18/4096.
3 Nationaler Plan zum Schutz der Informationsinfrastrukturen (NPSI), Juli 2005, S. 8.
4 S. https://www.kritis.bund.de/SubSites/Kritis/DE/Aktivitaeten/Nationales/UPK/upk_node.html.
5 Nationaler Plan zum Schutz der Informationsinfrastrukturen (NPSI), Juli 2005, S. 21.
6 In den nachfolgenden strategischen und gesetzlichen Instrumenten der Bundesregierung werden die Infrastrukturbereiche als Sektoren bezeichnet.

- Transport und Verkehr
- Energie (Elektrizität, Öl und Gas)
- Gefahrenstoffe (Chemie- und Biostoffe, Gefahrguttransporte, Rüstungsindustrie)
- Informationstechnik und Telekommunikation
- Finanz-, Geld- und Versicherungswesen
- Versorgung (Gesundheits-, Notfall- und Rettungswesen, Katastrophenschutz, Lebensmittel- und Wasserversorgung, Entsorgung)
- Behörden, Verwaltung und Justiz (einschließlich Polizei, Zoll und Bundeswehr)
- Sonstiges (Medien, Großforschungseinrichtungen sowie herausragende oder symbolträchtige Bauwerke, Kulturgut).

Bemerkenswert ist insoweit zum einen, dass bereits im Rahmen des NPSI „**Informationstechnik und Telekommunikation**" als **selbstständiger Bereich** Kritischer Infrastrukturen benannt war und nicht etwa lediglich als zu schützendes Betriebsmittel zur Funktionsfähigkeit einer Kritischen Infrastruktur im Sinne deren informationstechnischer Systeme. Zum anderen beinhalteten bereits einige Infrastrukturbereiche Konkretisierungen, welche jeweiligen **Unterbereiche** als **kritisch** gelten (zB Benennung von Elektrizität, Öl und Gas im Infrastrukturbereich Energie).

Schließlich waren im NPSI Infrastrukturbereiche als kritisch benannt, die weder in der Fortentwicklung der strategischen Handlungsformen der Bundesregierung (→ Rn. 11, 20) noch im nachfolgenden regulatorischen Rahmen (→ Rn. 21) Berücksichtigung fanden. Dies betrifft insbesondere den Infrastrukturbereich **Gefahrenstoffe**, der aber möglicherweise zukünftig in einem IT-Sicherheitsgesetz 2.0 in den Anwendungsbereich des IT-Sicherheits-Rechtsrahmens fallen könnte.[7]

Darüber hinaus enthielt der NPSI **keine weiteren Konkretisierungen oder Kriterien,** anhand derer Behörden oder Betreiber die Kritikalität einer individuellen Infrastruktur bestimmen konnten.

Zu Ausgestaltung der im NPSI von der Bundesregierung festgelegten Ziele mittels konkreter Maßnahmen und Empfehlungen für den Bereich der Kritischen Infrastrukturen erstellte die Bundesregierung im Jahr 2007 mit Beteiligung der Betreiber Kritischer Infrastrukturen den **Umsetzungsplan KRITIS**.[8] Dieser fokussierte sich auf die Informationstechnik und die entsprechenden Schutzmaßnahmen für privatwirtschaftliche Betreiber Kritischer Infrastrukturen und bot erstmals eine strategische **Grundlage zur Zusammenarbeit von Staat und Wirtschaft** im Bereich IT-Sicherheit in Kritischen Infrastrukturen. Diese Zusammenarbeit erfolgte in verschiedenen Arbeitsgruppen.

Während die Definition Kritischer Infrastrukturen im Umsetzungsplan KRITIS keine Fortentwicklung erfuhr, wurden die Infrastrukturbereiche aus dem NPSI nunmehr als **Sektoren** und die Unterbereiche als **Branchen** bezeichnet und weiter konkretisiert. So wurden im **Sektor Transport und Verkehr** bereits im Jahr 2007 die einzelnen **Verkehrsträger sowie das Postwesen** als kritische Branchen benannt. Diese Ebenenstruktur behielt auch in den nachfolgenden regulatorischen Instrumenten des **IT-Sicherheitsgesetzes** (→ Rn. 27 ff.), der **BSI-Kritisverordnung** (→ Rn. 39 ff.) sowie der **NIS-Richtlinie** (→ Rn. 22 ff.) grundsätzlich seine Gültigkeit.

---

[7] S. https://netzpolitik.org/2019/it-sicherheitsgesetz-2-0-wir-veroeffentlichen-den-entwurf-der-das-bsi-zur-hackerbehoerde-machen-soll/.
[8] Umsetzungsplan KRITIS des Nationalen Plans zum Schutz der Informationsinfrastrukturen, abrufbar unter https://www.bmi.bund.de/SharedDocs/downloads/DE/publikationen/themen/it-digitalpolitik/umsetzungsplan-kritis.pdf.

13 IT-Sicherheitsanforderungen an Kritische Infrastrukturen und digitale Dienste

Sektoren und Branchen der Kritischen Infrastrukturen			
Transport und Verkehr	**Energie**	**Gefahrstoffe**	**Informationstechnik/ Telekommunikation**
• Luftfahrt • Seeschifffahrt • Bahn • Nahverkehr • Binnenschifffahrt • Straße • Postwesen	• Elektrizität • Kernkraftwerke • Gas • Mineralöl	• Chemie und Biostoffe • Gefahrguttransporte • Rüstungsindustrie	• Telekommunikation • Informationstechnologie
Finanz-, Geld- und Versicherungswesen	**Versorgung**	**Behörden, Verwaltung und Justiz**	**Sonstiges**
• Banken • Versicherungen • Finanzdienstleister • Börsen	• Gesundheit, Notfall- und Rettungswesen • Katastrophenschutz • Lebensmittelversorgung • Wasserversorgung • Entsorgung	• staatliche Einrichtungen	• Medien • Großforschungseinrichtungen • herausragende oder symbolträchtige Bauwerke, Kulturgut

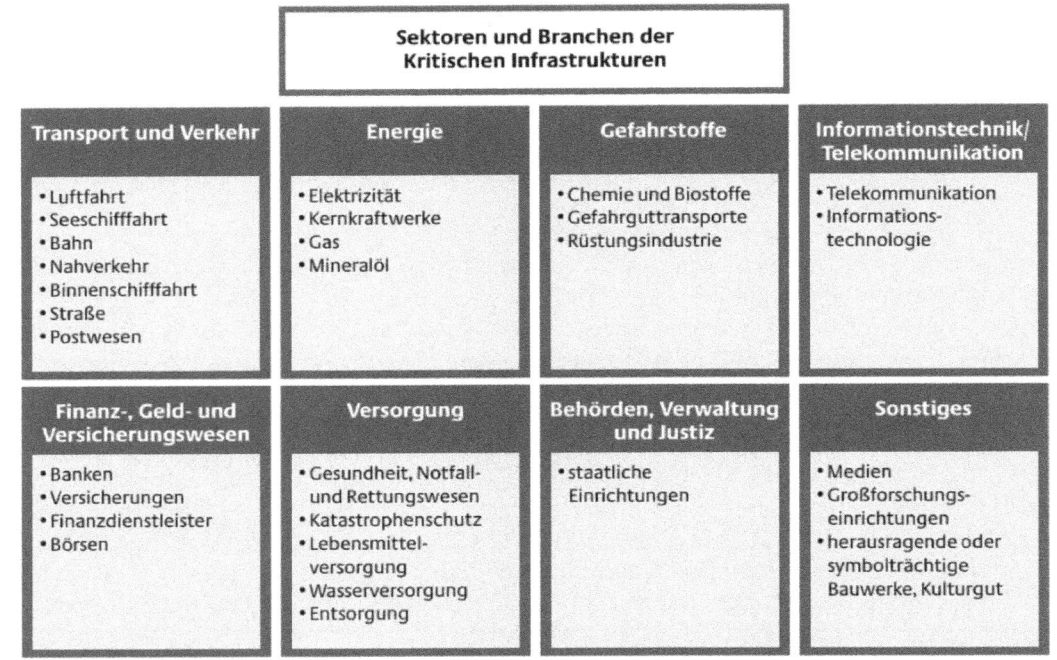

Abb. 1: Strukturierung Kritischer Infrastrukturen, Umsetzungsplan KRITIS 2007, S. 7.

12 In Ermangelung spezifischer Kriterien folgten der Umsetzungsplan KRITIS sowie alle nachfolgenden strategischen Handlungsformen zum Schutz Kritischer Infrastrukturen (KRITIS-Strategie 2009, → Rn. 14 ff.; Cybersicherheitsstrategie 2011, → Rn. 20 ff.) dem Grundsatz, dass die Bestimmung der **Kritikalität** einer individuellen Infrastruktur der **Bewertung des jeweiligen Betreibers** oblag und **freiwillig** erfolgte.

13 Ferner beinhaltete der **Umsetzungsplan KRITIS** den Hinweis, dass die Bundesregierung für die Einrichtungen der Bundesverwaltung einen eigenen **Umsetzungsplan Bund** erstellt. Somit manifestierte sich bereits im Umsetzungsplan KRITIS 2007 der Vorbehalt der Bundesregierung, die IT-Sicherheit der eigenen Verwaltungseinrichtungen gesondert zu regeln. Dies führte dazu, dass **Verwaltungseinrichtungen** aus dem **Anwendungsbereich Kritischer Infrastrukturen ausgenommen** sind, auch im Rahmen der IT-Sicherheitsgesetzes und der BSI-Kritisverordnung (→ Rn. 56; zu den IT-Sicherheitsanforderungen für die öffentliche Verwaltung ausführlich → § 25 Rn. 1 ff.).

2. KRITIS-Strategie 2009

14 Die „Nationale Strategie zum Schutz Kritischer Infrastrukturen" (**KRITIS-Strategie**) aus dem Jahr 2009 fungierte als Weiterentwicklung des NPSI, basierte eher auf einem übergreifenden strategischen Ansatz und fokussierte – im Gegensatz zu NPSI und dem Umsetzungsplan KRITIS – nicht spezifisch auf den Schutz der Informationstechnik Kritischer Infrastrukturen.

15 In definitorischer Hinsicht stützte sich die KRITIS-Strategie zwar auf die bereits im NPSI und im Umsetzungsplan KRITIS verwendete KRITIS-Definition (→ Rn. 4), unternahm aber auf dieser Grundlage einen ersten Versuch, **Grundzüge eines Kriteriums** zur **Bestimmung der Kritikalität** einer einzelnen Infrastruktur einzuführen. Kritikalität ist demnach das

Relative (…) Maß für die Bedeutsamkeit einer Infrastruktur in Bezug auf die Konsequenzen, die eine Störung oder ein Funktionsausfall für die Versorgungssicherheit der Gesellschaft mit wichtigen Gütern und Dienstleistungen hat.[9]

Diese Definition verfolgt erstmals den Ansatz hin zu einer **Messbarkeit der Kritikalität** einer einzelnen Infrastruktur anhand deren Bedeutung zur **Versorgung der Gesellschaft mit wichtigen Gütern und Dienstleistungen**. Dabei unterscheidet die bislang nicht erneuerte KRITIS-Strategie zwischen systemischer oder symbolischer Kritikalität. Eine Infrastruktur besitzt demnach vor allem dann eine **systemische Kritikalität**,[10] wenn sie aufgrund ihrer strukturellen, funktionellen und technischen Positionierung im Gesamtsystem der Infrastrukturbereiche von besonders hoher interdependenter Relevanz ist. Als Beispiele werden Elektrizitäts- sowie Informations- und Telekommunikationsinfrastrukturen genannt, die aufgrund ihrer Vernetzungsgröße und Vernetzungsstärke besonders relevant sind und bei großflächigem und lange anhaltendem Ausfall zu gravierenden Störungen der gesellschaftlichen Abläufe sowie der öffentlichen Sicherheit führen können.

Eine **symbolische Kritikalität** kann eine Infrastruktur dann besitzen, wenn aufgrund ihrer kulturellen oder identitätsstiftenden Bedeutung ihre Zerstörung eine Gesellschaft emotional erschüttern und psychologisch nachhaltig aus dem Gleichgewicht bringen kann.

Zwar fand die Unterscheidung zwischen sogenannten unverzichtbaren technischen Basisinfrastrukturen (systemische Kritikalität) und unverzichtbaren sozioökonomische Dienstleistungsinfrastrukturen (symbolische Kritikalität) im nachfolgenden Regulierungsrahmen keinen Niederschlag. Der Grundsatz aber, wonach die Kritikalität einer Infrastruktur anhand ihrer **Bedeutung zur Versorgung der Gesellschaft** zu messen und zu bestimmen ist, fand sowohl Eingang in das **IT-Sicherheitsgesetz** (→ Rn. 29) als auch in die **NIS-Richtlinie** (→ Rn. 22).

Als rein **strategische Handlungsform** der Bundesregierung sah auch die KRITIS-Strategie vor, dass die Bewertung der **Kritikalität** der einzelnen Infrastruktur durch den jeweiligen **Betreiber** durch eine **Selbsteinschätzung** erfolgte. Mangels objektiver und messbarer Kriterien war eine Überprüfung durch die staatliche Seite nicht vorgesehen und konnte mangels Rechtsgrundlage auch nicht verpflichtend, sondern nur freiwillig sein. Die KRITIS-Strategie beinhaltete jedoch bereits im Jahr 2009 den Vorbehalt der Bundesregierung, durch geänderte oder neue Rechtsetzung den Schutz der betreffenden Infrastrukturen zu optimieren.

3. Cybersicherheits-Strategie 2011

Als Weiterentwicklung des Umsetzungsplans KRITIS zielte die **Cybersicherheitsstrategie** der Bundesregierung 2011 auf den besseren Schutz der Informationsinfrastrukturen als zentraler und in ihrer Bedeutung wachsender Bestandteil nahezu aller Kritischen Infrastrukturen.[11] Im Hinblick auf die Bestimmung Kritischer Infrastrukturen nahm die Strategie Bezug auf die Definition des NPSI und des Umsetzungsplans KRITIS und legte für die Bundesebene die **Sektoreneinteilung** erstmals politisch verbindlich fest.[12] Bis auf die Sektoren Staat und Verwaltung und Medien und Kultur fand die Sektoreneinteilung aus der Cybersicherheitsstrategie Berücksichtigung bei der gesetzlichen Bestimmung Kritischer Infrastrukturen im nachfolgenden Regulierungsrahmen:

- Energie
- Informationstechnik und Telekommunikation
- Transport und Verkehr

---

9 Nationale Strategie zum Schutz Kritischer Infrastrukturen (KRITIS-Strategie) 2009, S. 5.
10 Nationale Strategie zum Schutz Kritischer Infrastrukturen (KRITIS-Strategie) 2009, S. 5.
11 Cybersicherheits-Strategie der Bundesregierung 2011, S. 6.
12 Cybersicherheits-Strategie der Bundesregierung 2011, S. 15.

- Gesundheit
- Wasser
- Ernährung
- Finanz- und Versicherungswesen
- Staat und Verwaltung
- Medien und Kultur.

II. Gesetzlicher Rahmen zur Bestimmung Kritischer Infrastrukturen im Bereich der IT-Sicherheit

21 Aufgrund der zunehmenden Bedrohungslage wurde sowohl seitens der EU-Kommission als auch seitens Bundesregierung spätestens ab 2014 die Notwendigkeit für einen Schritt von der strategisch angelegten, freiwilligen Verbesserung des Schutzes der IT-Systeme von Kritischen Infrastrukturen hin zu einem verpflichtenden **regulatorischen Rahmen** erkannt.[13]

1. NIS-Richtlinie

22 Die **NIS-Richtlinie**[14] zielt als europäisches Rahmenwerk darauf ab, in allen EU-Mitgliedstaaten ein hohes gemeinsames Sicherheitsniveau von Netz- und Informationssystemen zu erreichen.[15] Kern der NIS-Richtlinie ist die Einführung von **IT-Sicherheitsanforderungen und Meldepflichten** für die sogenannten **Betreiber wesentlicher Dienste**. Dabei lässt die Richtlinie den Mitgliedstaaten bei der nationalen Umsetzung im Hinblick auf die Bestimmung der Betreiber wesentlicher Dienste einen großen Umsetzungsspielraum.

23 Im Sinne einer **Mindestharmonisierung** gibt die NIS-Richtlinie den Mitgliedstaaten in Art. 5 Abs. 2 iVm Art. 6 Abs. 1 lediglich ein Zusammenspiel von Kriterien zur Ermittlung der Betreiber vor. Voraussetzung ist nach Art. 5 Abs. 2 lit. a bis c die Bereitstellung eines Dienstes, der für die Aufrechterhaltung kritischer gesellschaftlicher und/oder wirtschaftlicher Tätigkeiten unerlässlich ist, der abhängig von Netz- und Informationssystemen ist und bei dem ein Sicherheitsvorfall eine erhebliche Störung bei der Bereitstellung bewirken würde.

24 Für die Beurteilung, ob ein Sicherheitsvorfall geeignet sein kann, eine erhebliche Störung bei der Bereitstellung eines Dienstes zu bewirken, beinhalten Art. 6 Abs. 1 lit. a bis f **sektorübergreifende quantitative Faktoren** wie zB die **Zahl der Nutzer des Dienstes** oder die Bedeutung der Einrichtung für die Aufrechterhaltung des Dienstes in ausreichendem Umfang, unter Berücksichtigung der Verfügbarkeit von **alternativen Mitteln** für die Bereitstellung des jeweiligen Dienstes.

25 Ferner gibt Anhang II vor, welche Sektoren und Subsektoren mindestens zu erfassen sind. Danach sind öffentliche oder private Einrichtungen in den Sektoren **Energie, Verkehr, Bankwesen, Finanzmarktinfrastrukturen, Gesundheitswesen, Trinkwasserlieferung und -versorgung** sowie **Digitaler Infrastruktur** (→ Rn. 102) bei der Ermittlung wesentlicher Dienste zu berücksichtigen. Insgesamt elf EU-Mitgliedstaaten haben wesentliche Dienste in Sektoren ermittelt, die nicht in den Anwendungsbereich von Anhang II der Richtlinie fallen und im Ergebnis 157

---

13 *Dürig/Fischer* DuD 2018, 209 (209).
14 Richtlinie (EU) 2016/1148 des Europäischen Parlaments und des Rates vom 6.7.2016 über Maßnahmen zur Gewährleistung eines hohen gemeinsamen Sicherheitsniveaus von Netz – und Informationssystemen in der Union, ABl. L 194 vom 19.7.2016, im folgenden NIS-RL genannt; ausführlich dazu *Witt/Freudenberg* CR 2016, 657; *Schallbruch* CR 2016, 663.
15 Vgl. *Dürig/Fischer* DuD 2018, 209 (209); vgl. ausführlich dazu *Witt/Freudenberg* CR 2016, 657.

Betreiber über den Anwendungsbereich von Anhang II hinaus verpflichtet, so zB die Lebensmittelerzeugung in Deutschland.[16]

Die Bundesregierung hatte die Regelungen zur Bestimmung der Betreiber wesentlicher Dienste mit der **BSI-KritisV** (→ Rn. 39 ff.) teilweise sogar bereits vor Inkrafttreten der NIS-Richtlinie im Jahr 2016 umgesetzt. Bei der Umsetzung hat sich Deutschland indes nicht für eine völlig neue Methodik zur Bestimmung von Betreibern wesentlicher Dienste entschieden, sondern – wie andere EU-Mitgliedstaaten[17] – **richtlinienkonform** das seit 2005 fortentwickelte **Konzept der Kritischen Infrastrukturen** verwendet. In diesen Mitgliedstaaten gelten die Betreiber Kritischer Infrastrukturen entsprechend als Betreiber wesentlicher Dienste im Sinne der NIS-Richtlinie.

2. IT-Sicherheitsgesetz

Kern des 2015 als Artikelgesetz in Kraft getretenen IT-Sicherheitsgesetzes[18] ist der verbesserte Schutz der informationstechnischen Systeme Kritischer Infrastrukturen, der durch **zwei Kardinalpflichten für die Betreiber** erreicht werden soll. Zum einen ist in präventiver Hinsicht nach § 8a Abs. 1 BSIG ein **Mindestniveau an IT-Sicherheit** einzuhalten, um die für die Erbringung der kritischen Dienstleistungen erforderlichen IT-Systeme Kritischer Infrastrukturen wirksamer zu schützen (→ Rn. 65).[19] Zum anderen wurde mit § 8b Abs. 4 S. 1 BSIG eine **Meldepflicht** für Betreiber für den Fall eingeführt, dass erhebliche Störungen der Verfügbarkeit, Integrität, Authentizität und Vertraulichkeit ihrer informationstechnischen Systeme, Komponenten und Prozesse zu einem Ausfall oder einer Beeinträchtigung der Funktionsfähigkeit der von ihnen betriebenen Kritischen Infrastrukturen führen können oder geführt haben.

Da bis zum Inkrafttreten des IT-Sicherheitsgesetzes die Bewertung des „Ob" und „Wie" der **Kritikalität** einer Infrastruktur der **freiwilligen Entscheidung des Betreibers** oblag, ergab sich aus den neuen öffentlich-rechtlichen Pflichten für die Betreiber aus Gründen der hinreichenden Bestimmtheit oder Bestimmbarkeit des Adressatenkreises der zwingende Bedarf für die Schaffung einer **Rechtsgrundlage** zur – erstmaligen – **gesetzlichen Festlegung von Kriterien** zur Bestimmung von Kritischen Infrastrukturen.

Hierzu hat der Gesetzgeber mit § 2 Abs. 10 BSIG zunächst eine **zweistufige Legaldefinition** geschaffen, die sich in Nummer 1 der Sektoreneinteilung aus der Cybersicherheitsstrategie bedient, jedoch den Sektor „Staat und Verwaltung" nicht erfasst. Danach sind Kritische Infrastrukturen Einrichtungen, Anlagen oder Teile davon, die den sieben Sektoren Energie, Informationstechnik und Telekommunikation, Transport und Verkehr, Gesundheit, Wasser, Ernährung sowie Finanz- und Versicherungswesen zuzuordnen sind.

Kumulativ zur Zuordnung einer Infrastruktur zu den in Nummer 1 benannten Sektoren setzt Nummer 2 für deren **Kritikalität** voraus, dass Infrastrukturen von hoher Bedeutung für das Funktionieren des Gemeinwesens sind, weil durch ihren Ausfall oder ihre Beeinträchtigung **erhebliche Versorgungsengpässe oder Gefährdungen für die öffentliche Sicherheit** eintreten

---

16 Bericht der EU-KOM über die Bewertung der Kohärenz der Ansätze der Mitgliedstaaten für die Ermittlung der Betreiber wesentlicher Dienste gemäß Artikel 23 Absatz 1 der Richtlinie (EU) 2016/1148 zur Netz- und Informationssicherheit, S. 17; abrufbar unter https://eur-lex.europa.eu/legal-content/DE/TXT/PDF/?uri=CELEX:52019DC0546&from=EN.

17 Bericht der EU-KOM über die Bewertung der Kohärenz der Ansätze der Mitgliedstaaten für die Ermittlung der Betreiber wesentlicher Dienste gemäß Artikel 23 Absatz 1 der Richtlinie (EU) 2016/1148 zur Netz- und Informationssicherheit, S. 6; abrufbar unter https://eur-lex.europa.eu/legal-content/DE/TXT/PDF/?uri=CELEX:52019DC0546&from=EN.

18 Gesetz zur Erhöhung der Sicherheit informationstechnischer Systeme (IT-Sicherheitsgesetz) v. 17.7.2015, BGBl. I 1324. Vgl. ausführliche Darstellung zum IT-Sicherheitsgesetz *Gitter/Meißner/Spauschus* ZD 2015, 512 ff.; *Hornung* NJW 2015, 3334; *Kipker/Pfeil* DuD 2016, 810.

19 *Schallbruch* CR 2017, 648 (650).

würden. Damit baut der Gesetzgeber auf der KRITIS-Definition aus dem **NPSI**, dem **Umsetzungsplan KRITIS**, der **KRITIS-Strategie** sowie der **Cybersicherheitsstrategie** von 2011 auf und bietet **tatbestandlich zwei Alternativen** für die Kritikalität der einzelnen Infrastruktur mit Blick auf die Folgen eines Ausfalls oder einer Beeinträchtigung; das **Auftreten erheblicher Versorgungsengpässe** oder eine **Gefährdung der öffentlichen Sicherheit**.

31 Den definitorischen Rahmen ergänzte und konkretisierte der Gesetzgeber mit einer **Verordnungsermächtigung** für das Bundesministerium des Innern zur Bestimmung Kritischer Infrastrukturen in § 10 Abs. 1 BSIG, wobei das Einvernehmen von nicht weniger als neun anderen Bundesministerien erforderlich ist. Danach wird durch Rechtsverordnung

*(...) unter Festlegung der in den jeweiligen Sektoren im Hinblick auf § 2 Absatz 10 Satz 1 Nummer 2 wegen ihrer Bedeutung als **kritisch anzusehenden Dienstleistungen** und deren als **bedeutend anzusehenden Versorgungsgrads** [bestimmt], welche Einrichtungen, Anlagen oder Teile davon als Kritische Infrastrukturen im Sinne dieses Gesetzes gelten. Der nach Satz 1 als bedeutend anzusehende Versorgungsgrad ist anhand von **branchenspezifischen Schwellenwerten** für jede wegen ihrer Bedeutung als kritisch anzusehende Dienstleistung im jeweiligen Sektor zu bestimmen.*

a) Kriterien Qualität und Quantität, § 2 Abs. 10 und § 10 Abs. 1 BSIG

32 Nach der Vorgabe des Gesetzgebers ist der Verordnungsgeber somit gehalten, die Kritikalität einer Infrastruktur nach den Kategorien **Qualität und Quantität** vorzunehmen.[20] Der Gesetzgeber sieht in § 10 Abs. 1 S. 1 BSIG eine zumindest zweistufige Prüfung bei der Festlegung der Kriterien zur Bestimmung der Kritikalität vor: erstens die Festlegung, welche **Dienstleistungen innerhalb der genannten Sektoren in dem Sinne kritisch sind**, dass sie von hoher Bedeutung für das Funktionieren des Gemeinwesens sind (Qualität), und zweitens, ob eine Infrastruktur bei der Erbringung dieser kritischen Dienstleistung einen als **bedeutend anzusehenden Versorgungsgrad** erreicht (Quantität).

33 Bereits aus der Gesetzesbegründung ergibt sich für den Verordnungsgeber eine **hinreichende Konkretisierung**, welche Dienstleistungen nach dem Willen des Gesetzgebers in den sieben Sektoren als kritisch zu bewerten sind. Beispielhaft sind das im Sektor Finanz- und Versicherungswesen:[21]

- Zahlungsverkehr, Zahlungsdienstleistungen durch Überweisung, Zahlungskarten und E-Geld
- Bargeldversorgung
- Kreditvergabe
- Geld- und Devisenhandel
- Wertpapier- und Derivatehandel
- Versicherungsleistungen.

34 In § 10 Abs. 1 S. 2 BSIG hat der Gesetzgeber konkretisiert, dass der als bedeutend anzusehende Versorgungsgrad anhand eines **quantitativen Kriteriums**, in concreto anhand eines **branchenspezifischen Schwellenwertes**, für die entsprechende kritische Dienstleistung zu bestimmen ist. Nach der Vorstellung des Gesetzgebers sollte der Verordnungsgeber möglichst spezifische, passgenaue Schwellenwerte bilden mit der Möglichkeit, dass die jeweils maßgeblichen Schwellenwerte unter Berücksichtigung der Spezifika von Sektoren/Branchen oder Dienstleistungen festgelegt werden können.[22]

---

20 Begründung zum IT-Sicherheitsgesetz, BT-Drs. 18/4096, 30 f.
21 Begründung zum IT-Sicherheitsgesetz, BT-Drs. 18/4096, 31.
22 Begründung zum IT-Sicherheitsgesetz, BT-Drs. 18/4096, 32.

Aus der Gesetzesbegründung lassen sich darüber hinaus weitere **Vorgaben für die Bestimmungsmethodik** in der entsprechenden Verordnung ableiten, die vom Verordnungsgeber in der **BSI-Kritisverordnung**[23] (→ Rn. 29 ff.) umgesetzt wurden. So geht der Gesetzgeber davon aus, dass in der Rechtsverordnung bzw. in **Anhängen** in **abstrakter Form** die als Kritische Infrastrukturen einzuordnenden **Einrichtungen, Anlagen oder Teile** davon benannt werden. Dies wurde vom Verordnungsgeber in Gestalt von Anlagenkategorien in der **BSI-KritisV** umgesetzt (→ Rn. 29).

b) Betreiberpflicht zur Bestimmung der Kritikalität

Auch im Hinblick auf die Handlungsform zur Bestimmung der Kritikalität macht der Gesetzgeber deutlich, dass die Rechtsverordnung ein gesetzlich verbindliches Kriterienwerk bilden soll, mittels dessen der Betreiber die Bestimmung der Kritikalität der von ihm betriebenen Infrastruktur selbst vornimmt.[24] Die **Bestimmung der Kritikalität** erfolgt nach der Vorstellung des Gesetzgebers somit **nicht** wie sonst in vergleichbaren subordinationsrechtlichen Konstellationen im öffentlichen Wirtschaftsverwaltungsrecht **durch behördliche Entscheidung mittels Verwaltungsakt**, sondern durch eine **eigene Handlungsverpflichtung** für den Betreiber in der BSI-KritisV (→ Rn. 61).

Die Pflicht zur Prüfung und Bestimmung der Kritikalität der betriebenen Infrastruktur ist dabei zwingende Voraussetzung zur Erfüllung der Pflicht für den Betreiber, dem BSI eine Kontaktstelle für die von ihm betriebene Kritische Infrastruktur zu benennen, § 8 b Abs. 3 S. 1 BSIG. Es handelt sich somit um einen **vorverlagerten Bestandteil der Benennungspflicht einer Kontaktstelle**.

Die Betreiberpflicht zur Bestimmung der Kritikalität der eigenen Infrastruktur hat einen entscheidenden Vorteil. Der Gesetzgeber erspart dem BSI als zuständiger Verwaltungsbehörde hohen und unnötigen Verwaltungsaufwand. Statt Verwaltungsakte für geschätzt 1.700 Infrastrukturen zu erlassen, kann sich das BSI verwaltungsverfahrensrechtlich insoweit auf wenige Betreiber konzentrieren, die der Pflicht zur Bestimmung nicht nachkommen. Auch der Weg über eine gesetzliche Auflistung erfasster Infrastrukturen in der Rechtsverordnung scheidet richtigerweise aus Sicherheitsgründen aus.[25] Dennoch besteht bei einer **Betreiberpflicht zur Bestimmung der Kritikalität eine gewisse Informationsasymmetrie**. Während der Betreiber die Leistungsdaten seiner Anlage kennt und somit den Versorgungsgrad am jeweils geltenden Schwellenwert prüfen kann, sind Fälle denkbar, in denen dem BSI die Leistungsdaten nicht vorliegen. Kommt der Betreiber der Verpflichtung zur Bestimmung der Kritikalität und Benennung einer Kontaktstelle nicht nach, würde zumindest eine **Auskunftslast des Betreibers** zum Versorgungsgrad seiner Anlage nach § 26 Abs. 2 VwVfG bestehen.[26] Spätestens aber im verwaltungsgerichtlichen Verfahren wäre der Betreiber schon aus eigenem Interesse gehalten, die Leistungsdaten der Anlage offenzulegen. Im 2. Referentenentwurf zu einem „IT-Sicherheitsgesetz 2.0" beabsichtigt der Gesetzgeber, in einem neuen § 8 b Abs. 3 a BSIG nF dem Betreiber zur Klarstellung eine **fachgesetzliche Auskunftsverpflichtung** im Sinne einer echten Mitwirkungsverpflichtung aufzuerlegen.[27]

---

23 Verordnung zur Bestimmung Kritischer Infrastrukturen nach dem BSI-Gesetz (BSI-Kritisverordnung – BSI-KritisV) v. 22.4.2016 (BGBl. I 958), die durch Artikel 1 der Verordnung v. 21.6.2017 (BGBl. I 1903) geändert worden ist, nachfolgend: BSI-KritisV.
24 Begründung zum IT-Sicherheitsgesetz, BT-Drs. 18/4096, 32.
25 Vgl. hierzu *Schallbruch* CR 2017, 648 (651).
26 Zur Mitwirkung der Verfahrensbeteiligten im Verwaltungsverfahren allgemein: *Kallerhoff/Fellenber* in: Stelkens/Bonk/Sachs VwVfG § 26 Rn. 46 ff.
27 S. http://intrapol.org/wp-content/uploads/2020/05/200507_BMI_RefE_IT-SiG20.pdf.

3. BSI-Kritisverordnung

39 Die **Verordnungsermächtigung** des § 10 Abs. 1 BSIG hat das damalige Bundesministerium des Innern durch den Erlass der BSI-KritisV im Jahr 2016 und der 1. Änderungsverordnung der BSI-KritisV[28] im Jahr 2017 ausgefüllt und umgesetzt.

a) Kompetenzverteilung zur Bestimmung Kritischer Infrastrukturen zwischen Bund, Ländern und Kommunen

40 Mit dem IT-Sicherheitsgesetz und der BSI-KritisV hat der Bundesgesetzgeber unter Berücksichtigung seiner **ausschließlichen Gesetzgebungszuständigkeit** in speziellen Bereichen wie zB dem Post und Telekommunikationswesen nach Art 73 Abs. 1 Nr. 7 GG und im Übrigen gestützt auf das **Recht der Wirtschaft nach Art. 74 Abs. 1 Nr. 11 GG** im Hinblick auf den neuen Regulierungsbereich Cybersicherheit Kritischer Infrastrukturen abschließend von seiner **konkurrierenden Gesetzgebungszuständigkeit** Gebrauch gemacht. Dies betrifft nicht nur die Regelung der IT-Sicherheitsanforderungen, sondern auch die Festlegung der Kriterien zur Bestimmung von aus Bundessicht Kritischer Infrastrukturen in diesem Regulierungsbereich. Der Bund hat somit die aus Bundessicht hinreichend bedeutsamen Anlagen zur Versorgung der Allgemeinheit abschließend bestimmt.

41 Für Länder und Kommunen besteht zwar folglich **kein Raum zur Festlegung eigener Kriterien** zur Bestimmung Kritischer Infrastrukturen im Bereich Cybersicherheit. In anderen Bereichen wie zB der **Katastrophenvorsorge** bleibt es Ländern oder Kommunen indes unbenommen, entsprechende eigene Festlegungen zu treffen. Diese Kompetenzverteilung erscheint sinnvoll, weil eine Infrastruktur im Sinne ihrer Versorgung für Bund, Länder oder Kommunen von unterschiedlicher Bedeutung sein kann. Während ein klassisches Kreiskrankenhaus für eine Kommune im ländlichen Raum hohe Versorgungsbedeutung haben wird, wird dies aus Bundes- oder auch Landessicht eher nicht zutreffen. Örtliche Rechtspflichten für Betreiber derartiger Anlagen sind damit grundsätzlich möglich in anderen Regelungsbereichen wie der Katastrophenvorsorge, wenn diese nicht in Konkurrenz zu den bundeseinheitlichen Pflichten im Bereich der IT-Sicherheit treten. Dementsprechend wären zB Meldepflichten analog derjenigen im BSIG unzulässig.

b) Bestimmungssystematik der Verordnung

42 Der methodische Ansatz der BSI-KritisV basiert auf einer **rein infrastruktur- und systembezogenen Perspektive**. Die Festlegungen (Sektoren, Bereiche, Anlagenkategorien, Bemessungskriterien und Schwellenwerte) der BSI-KritisV geben Kriterien vor, anhand derer der Betreiber die Kritikalität der von ihm betriebenen Anlage zu ermitteln hat. Es werden indes keine Kriterien für die Identifikation des Betreibers als solchem (Unternehmen) selbst vorgegeben, wie es etwa der Ansatz der NIS-Richtlinie in Annex II vorsieht. Die BSI-KritisV folgt somit bei der Bestimmung der Kritikalität – im Gegensatz zur NIS-Richtlinie – einem strikten Anlagenbezug.

43 Die Systematik zur Bestimmung Kritischer Infrastrukturen ist von § 10 Abs. 1 BSIG vorgegeben und beruht auf **drei aufeinander aufbauenden Schritten**:
- Für die Sektoren Energie, Wasser, Informationstechnik und Telekommunikation, Ernährung, Gesundheit, Finanz- und Versicherungswesen sowie Transport und Verkehr ist festgelegt, welche **Dienstleistungen** wegen ihrer Bedeutung als **kritisch** anzusehen sind. Hierbei orientiert sich die Festlegung der kritischen Dienstleistungen an den in der Gesetzesbegründung zum **IT-Sicherheitsgesetz** (→ Rn. 29) benannten Dienstleistungen sowie an den

---

28 Erste Verordnung zur Änderung der BSI-Kritisverordnung vom 21.06.2017 BGBl. I 1903 (Nr. 40);.

Ergebnissen von Studien, die das BSI beauftragt hatte, um eine umfassende Analyse der KRITIS-Sektoren und der darin erbrachten kritischen Dienstleistungen in Deutschland zu erlangen.[29] In der BSI-KritisV werden die kritischen Dienstleistungen nochmals in die Elemente ihrer **Wertschöpfungskette in Bereiche** untergliedert.

- In dem Anhang für den jeweiligen Sektor werden sodann diejenigen **Kategorien von Anlagen** festgelegt, die für die Erbringung der kritischen Dienstleistungen erforderlich sind.
- Lässt sich eine konkrete Anlage einer Anlagenkategorie zuordnen, ist schließlich zu prüfen, ob diese einen aus gesamtgesellschaftlicher Sicht hinreichend bedeutenden Versorgungsgrad aufweist. Die Bestimmung erfolgt anhand **des branchenspezifischen Schwellenwertes**, der jeder Anlagenkategorie in den Anhängen der BSI-KritisV zugeordnet wurde. Anlagen oder Teile davon gelten demnach als kritisch, wenn sie den im jeweiligen Anhang aufgeführten Schwellenwert nach § 10 Abs. 1 S. 2 BSIG erreichen oder überschreiten.

c) Versorgungsgrad und branchenspezifischer Schwellenwert

Anhand des Versorgungsgrades wird nach § 1 Nr. 4 BSI-KritisV ermittelt, welchen Beitrag eine konkrete Anlage oder Teile davon im jeweiligen Bereich zur Erbringung einer kritischen Dienstleistung erbringen. Der **Versorgungsgrad** ist im Sinne des § 10 Abs. 1 BSIG somit als Versorgungsbeitrag einer Infrastruktur zu verstehen, mithin wie viele Personen von einer Anlage oder Teilen davon im jeweiligen Bereich mit einer kritischen Dienstleistung versorgt werden. Gemessen wird der Versorgungsgrad für die jeweiligen Anlagekategorien anhand eines **spezifischen Bemessungskriteriums,** das sich jeweils Teil 3 Spalte C der Anhänge 1 bis 7 entnehmen lässt.

Lässt sich die Anzahl der durch eine Anlage versorgten Personen nicht direkt erheben, wird der **Versorgungsgrad** näherungsweise bestimmt. Dies erfolgt anhand von Bemessungskriterien, die **Kapazität oder Erzeugungsmenge** einer Infrastruktur unter Berücksichtigung des durchschnittlichen jährlichen Verbrauchs einer versorgten Person beschreiben.

Beispielhaft gilt für die Anlagenkategorie Heizwerk nach Anhang 1 Teil 2 Nr. 13 iVm Teil 3 Spalte C Nr. 4.1.1. BSI-KritisV als Ausgangwert die durchschnittliche Wärmeenergie zur Versorgung einer Person mit Fernwärme von 4.528 kWh pro Jahr und als Bemessungskriterium für den Versorgungsgrad der konkreten Anlage die durchschnittlich ausgeleitete Wärmeenergie in GWh pro Jahr.

Der **branchenspezifische Schwellenwert** wird unter Berücksichtigung der technischen Gegebenheiten der jeweiligen Anlagenkategorie grundsätzlich durch die Anzahl der mit einer kritischen Dienstleistung versorgten Personen bestimmt. Der Versorgungsgeber geht hierzu davon aus, dass der Versorgungsgrad nach § 10 Abs. 1 S. 2 BSIG hinreichend bedeutsam ist, wenn **500.000 oder mehr Personen** durch die jeweilige Anlage mit einer kritischen Dienstleistung versorgt werden. Dieser **sektorübergreifende Regelschwellenwert** wird unter Berücksichtigung des jeweils für eine Anlagenkategorie geltenden Bemessungskriteriums dann auf anlagenspezifische Werte umgerechnet, die häufig für Anlagenkategorien eines Bereichs oder einer Dienstleistung gleichsam gelten.

Für die kritische Dienstleistung Fernwärmeversorgung gilt beispielhaft für den Bereich Erzeugung von Fernwärme folgende Schwellenwertberechnung:

Annahme eines Durchschnittsverbrauchs einer Person pro Jahr von 4,528 MWh und Regelschwellenwert von 500.000 versorgten Personen:

$$2.300 \text{ GWh/Jahr} \approx 4{,}528 \text{ MWh/Jahr} \times 500.000.$$

---

[29] BSI Sektorstudien, abrufbar unter https://www.kritis.bund.de/SubSites/Kritis/DE/Publikationen/Sektorstudien/Sektorstudien_node.html.

49 Den Regelschwellenwert von 500.000 versorgten Personen stützt der Verordnungsgeber auf die **mangelnde Substituierbarkeit** eines Ausfalls einer Anlage, die mehr als 500.000 versorgt.[30] Ab einem Versorgunggrad von 500.000 geht der Verordnungsgeber auf der Grundlage von Erfahrungswerten davon aus, dass Ausfälle einer Anlage nicht einmal mehr über Notfallkapazitäten in eingeschränkter Form substituiert werden können, geschweige denn durch Kapazitäten von Anlagen anderer Betreiber („**too big to fail**"). Daraus resultiert eine besondere Bedeutung für Kritische Infrastrukturen, die hinsichtlich ihres Versorgungsgrads die Ersatzkapazitäten der Notfallvorsorge und natürlich zuvor der Regelversorgung durch eine andere Anlage übersteigen. Hier sind folglich mehrere Bemessungskriterien aus Art. 6 der NIS-Richtlinie bei der Bildung des Regelschwellenschwellenwertes eingeflossen, insbesondere Art. 6 Abs. 1 lit. f.

50 Der **Begriff der Branche** ist grundsätzlich mit dem Begriff der Kritischen Dienstleistungen deckungsgleich, da in der Gesetzesbegründung zum IT-Sicherheitsgesetz den im jeweiligen Sektor als kritisch identifizierten Dienstleistungen jeweils eine Branche zugeordnet ist. Da der Verordnungsgeber dieser Einteilung der **kritischen Dienstleistungen** weitgehend gefolgt ist, ist grundsätzlich jeder kritischen Dienstleistung nach § 1 Nr. 3 BSI-KritisV eine Branche nach § 8 a Abs. 2 BSIG zuzuordnen. Etwas anderes gilt lediglich für den Sektor Transport und Verkehr, weil die kritische Dienstleistung Personen- und Güterverkehr nach § 8 Abs. 2 BSI-KritisV von verschiedenen Verkehrsträgern erbracht wird und jeder Verkehrsträger eine eigene Branche im Sinne des § 8 a Abs. 2 BSIG bildet.

d) Betreiberbegriff

51 Betreiber der Anlage ist nach § 1 Nr. 2 BSI-KritisV jede natürliche oder juristische Person, die unter Berücksichtigung der rechtlichen, wirtschaftlichen und tatsächlichen Umstände **bestimmenden Einfluss** auf die Beschaffenheit und den Betrieb einer Anlage oder Teilen davon ausübt. Die Vorschrift stellt für die Betreibereigenschaft demnach darauf ab, wer die **Verfügungsgewalt** in eigener Verantwortung, also die tatsächliche Sachherrschaft über die Anlage ausübt. Dabei ist eine **Gesamtschau der rechtlichen, wirtschaftlichen und tatsächlichen Umstände** vorzunehmen. Da sich die BSI-KritisV an den immissionsschutzrechtlichen Betreiberbegriff anlehnt, sind die dort entwickelten Grundsätze anzuwenden.[31]

52 Schwierigkeiten kann der Betreiberbegriff insbesondere bei sogenannten **Auslagerungskonstellationen** (Outsourcing) bereiten. Grundsätzlich gilt, dass es für die Betreibereigenschaft und somit die Pflicht nach den §§ 8 a und 8 b BSI-Gesetz unbeachtlich ist, wenn sich der Betreiber beim Betrieb der Anlage oder der hierfür erforderlichen informationstechnischen Systeme Dritter (IT-Dienstleister) bedient, ohne den bestimmenden Einfluss über die Kritische Infrastruktur selbst zu verlieren. So lange der Betreiber beim Outsourcing somit ein **Weisungs- und Durchgriffsrecht** und damit die Verfügungsgewalt über den technischen Betrieb behält, gilt er als Betreiber nach § 1 Nr. 2 BSI-KritisV.

53 Eine davon **abweichende Regelung** trifft lediglich § 7 Abs. 8 BSI-KritisV. Danach kommt es für den bestimmenden Einfluss und damit die Betreibereigenschaft für Anlagen des **Finanzwesens** lediglich auf die tatsächliche Sachherrschaft an. Rechtliche und wirtschaftlichen Umstände bleiben insoweit unberücksichtigt. Damit ist Betreiber in der Auslagerungssituation im Finanzwesen im Zweifel eher das Auslagerungsunternehmen, nicht aber das auslagernde Kreditinstitut, auch wenn ein weitgehendes **Weisungsrecht beim Kreditinstitut** verbleibt. Würden die rechtlichen Umstände bei der Bewertung der Betreibereigenschaft Berücksichtigung finden, wäre hingegen ggf. das Kreditinstitut Betreiber. Dies ist vom Verordnungsgeber aber

---

30 Referentenentwurf einer Verordnung zur Bestimmung Kritischer Infrastrukturen nach dem BSI-Gesetz, S. 28.
31 Vgl. ausführlich zum immissionsschutzrechtlichen Betreiberbegriff: *Jarass* in: Jarass BImSchG § 3 Rn. 87.

gerade nicht intendiert. Regulierungsadressat soll das Auslagerungsunternehmen, die sogenannte **Kopfstelle**, sein. Dies wird mit einer effektiven Durchsetzung der Pflichten nach §§ 8a und 8b des BSI-Gesetzes begründet.[32]

Da § 7 Abs. 8 BSI-KritisV lediglich die Anlagenkategorien des Finanzwesens erfasst, führt dies zu einer unterschiedlichen Behandlung von Auslagerungskonstellationen im Finanzwesen und im **Versicherungswesen**. Ein **Versicherungsunternehmen** dürfte auch im Falle der Auslagerung in der Regel als Betreiber der Kritischen Infrastruktur anzusehen sein.[33] Die unterschiedliche Behandlung dürfte in den strukturellen Unterschieden des **Zahlungsverkehrssystems** und des Versicherungswesens begründet liegen.

Im Zusammenhang mit Auslagerungskonstellationen wird zudem diskutiert,[34] ob die BSI-KritisV auch dann noch zur Anwendung kommt, wenn die tatsächliche Sachherrschaft ausschließlich bei einem **Auslagerungsunternehmen außerhalb Deutschlands** – und damit außerhalb des Hoheitsbereichs des deutschen Gesetzgebers – liegt. Dies ist nicht eindeutig zu beantworten. Eine Umgehung des Regelungszwecks durch Auslagerung von Systemen dürfte zumindest mit dem Argument ausgeschlossen sein, dass die BSI-KritisV und das BSIG zumindest soweit greifen, als damit kritische Dienstleistungen zur Versorgung der Allgemeinheit in Deutschland angeboten werden. Da die Ausnahmeregelung des § 7 Abs. 8 BSI-KritisV lediglich Auslagerungskonstellationen für Anlagekategorien in Deutschland erfasst, kann sich das BSI in diesem Fall nach der Regel des § 1 Abs. 2 BSI-KritisV an das auslagernde Unternehmen halten. Sollte sich die Systeminfrastruktur im EU-Ausland befinden, bietet auch der **Konsultationsmechanismus** nach Art. 5 Abs. 4 NIS-RL zwischen den NIS-Behörden (in Deutschland das BSI) die Gelegenheit, die Kritikalität einer Anlage oder eines Systems auf dem Hoheitsgebiet eines anderen Mitgliedstaats für die eigene Versorgung berücksichtigen zu lassen.

Unmaßgeblich für die **Betreibereigenschaft** ist die **Art der Rechtspersönlichkeit** des Betreibers. Die Betreiberpflichten gelten gleichermaßen für Betreiber, die natürliche Personen, juristische Personen des öffentlichen Rechts oder des Privatrechts sind, wenn deren Anlagen von den Regelungen der BSI-KritisV erfasst sind. Eine Unterscheidung oder unterschiedliche Behandlung von **juristischen Personen des öffentlichen Rechts** oder des Privatrechts ist weder dem BSIG noch der BSI-KritisV zu entnehmen, noch wäre es mit dem Regelungszweck vereinbar. Es kann für die IT-Sicherheitsanforderungen nach den §§ 8a BSIG ff. und die damit intendierte Gewährleistung der störungsfreien Versorgung mit Kritischen Dienstleistungen nicht darauf ankommen, welche Rechtspersönlichkeit ein Betreiber hat. Auch der Hinweis auf die **Nichterfassung des Sektors Staat und Verwaltung** in § 2 Abs. 10 Nr. 1 BSIG geht ins Leere. Der **Sektor Staat und Verwaltung** ist zwar in der Tat nicht als eigener Sektor erfasst. Dies gilt aber nur, soweit es eigene IT-Systeme der Bundesverwaltung nach § 8 Abs. 1 BSIG zur Erbringung genuiner Verwaltungsaufgaben des Bundes betrifft. Sofern Bundesbehörden, sonstige Verwaltungsbehörden oder Körperschaften des öffentlichen Rechts hingegen Anlagen zur Erbringung kritischer Dienstleistungen zur Versorgung der Allgemeinheit nach § 2 Abs. 10 BSIG iVm der BSI-KritisV erbringen, stehen diese auch als Hoheitsträger wie eine juristische Person des Privatrechts in einem Unterordnungsverhältnis zum BSI.[35] Folgerichtig beinhaltet daher insbesondere der Sektor Transport und Verkehr nach § 8 Abs. 2 iVm Anhang 7 der BSI-KritisV Verkehrsträger wie den Luftverkehr, die Binnenschifffahrt oder auch den ÖPNV,

---

32 Referentenentwurf der 1. Änderungsverordnung einer Verordnung zur Bestimmung Kritischer Infrastrukturen nach dem BSI-Gesetz, S. 61.
33 *Thalhofer/Ždanowiecki* in: Auer-Reinsdorff/Conrad, IT-R-HdB, § 19 Rn. 271.
34 *Thalhofer/Ždanowiecki* in: Auer-Reinsdorff/Conrad, IT-R-HdB, § 19 Rn. 271.
35 Vgl. hierzu ausführlich: *von Alemann/Scheffczyk* in: BeckOK VwVfG § 35 Rn. 233; entsprechend zur Vollzugszuständigkeit der Immissionsschutzbehörde gegen hoheitliche Betreiber nach dem BImSchG, *Schulte/Michalk* in: BeckOK UmweltR BImSchG § 2 Rn. 15.

deren Anlagen typischerweise von Betreibern in öffentlicher oder teilweise öffentlicher Hand betrieben werden.

e) Anlagenbegriff

57 Auch beim Anlagenbegriff orientiert sich die BSI-KritisV in § 1 Nr. 1 eng am immissionsschutzrechtlichen Begriffsverständnis des § 3 Abs. 5 BImSchG. Der Begriff der Anlage umfasst nach § 1 Nr. 1 lit. a und b BSI-KritisV sowohl ortsfeste als auch ortsveränderliche Einrichtungen. Der Begriff ist – wie im Immissionsschutzrecht – nach dem Willen des Verordnungsgebers entsprechend weit zu verstehen[36] und wird nur insoweit eingegrenzt, als eine Anlage im Sinne der BSI-KritisV zur Versorgung der Allgemeinheit mit einer kritischen Dienstleistung notwendig sein muss, § 1 Nr. 1 BSI-KritisV am Ende. Damit sind im Umkehrschluss Anlagen, die ausschließlich der **Selbstversorgung** betriebsinterner Prozesse zB innerhalb eines Konzernverbunds dienen, nicht erfasst.

58 Einer Anlage sind alle **Anlagenteile** und **Verfahrensschritte**, die zur Erbringung der kritischen Dienstleistung **betriebsnotwendig** sind, zuzurechnen. Die betriebsnotwendigen Anlagenteile und Verfahrensschritte bilden die Haupteinrichtung der Anlage, deren Umfang sich maßgeblich durch die Benennung in Spalte B in den Anhängen bestimmt. Als Beispiel nennt der Verordnungsgeber, dass **einzelnen Kraftwerksblöcke** einer Energieerzeugungsanlage bei der Ermittlung des Versorgungsgrads nicht einzeln, sondern als **Teil einer Anlage** zu berücksichtigen sind.

59 Schwieriger ist die Frage, ob im Einzelfall einzelne Anlagen eines Betreibers bei der Ermittlung der Versorgungsgrades und der Prüfung gegen den jeweils geltenden Schwellenwert im Sinne einer **gemeinsamen Anlage** zusammenzurechnen sind. Nach der Legaldefinition in den Anhängen Nr. 1 bis 7 jeweils in Teil 2 der BSI-KritisV setzt die gemeinsame Anlage voraus, dass mehrere Anlagen **derselben Art** in einem engen **räumlichen und betrieblichen Zusammenhang** stehen. Die **kumulativen** Voraussetzungen für den räumlichen und betrieblichen Zusammenhang ergeben sich aus den jeweiligen Anhängen der BSI-KritisV, orientieren sich aber grundsätzlich an den Voraussetzungen des § 1 Abs. 1 S. 4 und Abs. 3 S. 2 Nr. 1 bis 3 der 4. BImSchV (Anlagen derselben Art, auf demselben Betriebsgelände, mit gemeinsamen Betriebseinrichtungen verbunden, vergleichbarer technischer Zweck und gemeinsame Leitung). Entsprechend gelten auch die von der Rechtsprechung für das Immissionsschutzrecht herausgebildeten Auslegungsgrundsätze für die gemeinsame Anlage nach der BSI-KritisV.[37]

60 Obwohl der Begriff des **Standorts** oder des **Betriebsstandorts** von der BSI-KritisV nicht als Begriff verwendet wird und Identifizierungsobjekt ausschließlich die Anlage ist, kann das Vorliegen eines Betriebsstandortes als ein tatsächliches Kriterium bei der Bewertung von Bedeutung sein, ob es sich um eine **gemeinsame Anlage** handelt. Daraus folgt aber nicht, dass ein Betriebsstandort zwingend in Gänze als Kritische Infrastruktur iSd BSI-KritisV gilt. Maßgeblich sind insoweit ausschließlich die in den Anhängen benannten Voraussetzungen für das Vorliegen einer **gemeinsamen Anlage**.

f) Anforderungen zur Bestimmung der Kritikalität durch den Betreiber

61 In Teil 1 der Anhänge der BSI-KritisV sind jeweils die konkreten Anforderungen für die Pflicht der Betreiber zur Ermittlung der Kritikalität der jeweiligen Anlage enthalten. Diese **Betreiberpflicht zur Bestimmung der Kritikalität** (→ Rn. 36) gilt **ausnahmslos für alle Betrei-**

---

[36] Referentenentwurf einer Verordnung zur Bestimmung Kritischer Infrastrukturen nach dem BSI-Gesetz, S. 25; vgl. auch *Jarass* in: Jarass BImSchG § 3 Rn. 72.
[37] Hierzu übersichtlich auch *Jarass* in: Jarass BImSchG § 4 Rn. 27 ff.

ber von Infrastrukturen, die eine Anlage oder Teile davon betreiben, die sich einer Anlagenkategorie der Anhänge 1 bis 7 zuordnen lassen.

Die Anforderungen der §§ 8 a ff. BSIG hingegen gelten nur für solche Betreiber, deren Anlage den jeweils geltenden **Schwellenwert erreicht** oder übersteigt.

Um dies festzustellen, sind die Betreiber nach Teil 1 Nr. 4 des jeweiligen Anhangs der BSI-KritisV verpflichtet, den Versorgungsgrad ihrer Anlage für das zurückliegende Kalenderjahr jeweils bis zum 31. März des Folgejahres zu ermitteln. Die BSI-KritisV sieht somit eine **jährliche Bestimmung** der Kritikalität einer Anlage vor. Dies ist nach dem Grundsatz der **Verhältnismäßigkeit** einer Regelung vorzuziehen, die etwa die Kritikalität zu einem **Stichtag ohne zeitliche Beschränkung** festlegt und den Nachweis der im zeitlichen Verlauf nicht mehr vorliegenden Kritikalität dem Betreiber auferlegt. Der Bemessungszeitraum für die Ermittlung der Versorgung ist das abgelaufene Kalenderjahr, **Bestimmungszeitpunkt** ist spätestens der **31. März des darauffolgenden Kalenderjahrs**.

Nach Teil 1 Nr. 4 des jeweiligen Anhangs der BSI-KritisV gilt eine Anlage als Kritische Infrastruktur ab dem 1. April des Kalenderjahres, das auf das Kalenderjahr folgt, in dem ihr **Versorgungsgrad** den in Teil 3 Spalte D genannten **Schwellenwert erstmals erreicht oder überschreitet**. Der jeweilige Betreiber ist somit ab diesem Zeitpunkt den Pflichten der §§ 8 a ff. BSIG unterworfen, allerdings jeweils nur **bis zum 31. März des Folgejahres**. Bis zu diesem Zeitpunkt ist abermals die Kritikalität der Anlage zu ermitteln. Bei Anlagen mit konstantem Versorgungsgrad werden sich hier durch die jährliche Bestimmung keine Änderungen in der Kritikalität ergeben, bei Anlagen mit volatilem Versorgungsgrad knapp unter oder über dem Schwellenwert allerdings schon.

III. IT-Sicherheitsanforderungen an Kritische Infrastrukturen
1. Organisatorische und technische Vorkehrungen, § 8 a BSIG

Mit dem IT-Sicherheitsgesetz wurde in § 8 a Abs. 1 S. 1 BSIG neu geregelt, dass Betreiber Kritischer Infrastrukturen als erste Kardinalpflicht angemessene **organisatorische und technische Vorkehrungen** zur Vermeidung von Störungen der **Verfügbarkeit, Integrität, Authentizität und Vertraulichkeit** der informationstechnischen Systeme, **Komponenten und Prozesse** zu treffen haben, die für die Funktionsfähigkeit der von ihnen betriebenen Kritischen Infrastrukturen maßgeblich sind. Damit hat der Betreiber nicht nur die informationstechnischen Systeme abzusichern, sondern gleichsam auch informationstechnische Komponenten, die darin oder in sonstigen Systemen Verwendung finden, sowie auch informationstechnische Prozesse, also die Vorgänge der Informationsverarbeitung. Der Betreiber hat somit überall dort Absicherungsmaßnahmen zu ergreifen, wo Informationstechnik Einfluss auf die Erbringung seiner kritischen Dienstleistungen hat.[38] Die Regelung ist in ihrer Zielrichtung § 8 Abs. 1 BSIG nachempfunden, der **Mindeststandards** für die Sicherheit der Informationstechnik des Bundes formuliert. Daher wird in der Praxis für die organisatorischen und technischen Vorkehrungen nach § 8 a BSIG auch die Begrifflichkeit **Mindestsicherheitsstandards** verwendet.

a) Stand der Technik nach § 8 a BSIG

§ 8 a Abs. 1 S. 2 BSIG konkretisiert, dass bei Implementierung der organisatorischen und technischen Vorkehrungen von den Betreibern Kritischer Infrastrukturen der **Stand der Technik** eingehalten werden soll.

Der **unbestimmte und gerichtlich uneingeschränkt überprüfbare Rechtsbegriff** „Stand der Technik" wird grundsätzlich beschrieben als technologischer Entwicklungsstand fortschrittli-

---

38 Begründung zum IT-Sicherheitsgesetz, BT-Drs. 18/4096, 26.

cher Verfahren, Einrichtungen und Betriebsweisen, der nach herrschender Auffassung führender Fachleute das Erreichen des gesetzlich vorgegebenen Zieles gesichert erscheinen lässt. Verfahren, Einrichtungen und Betriebsweisen oder vergleichbare Verfahren, Einrichtungen und Betriebsweisen müssen sich in der Praxis bewährt haben oder sollten – wenn dies noch nicht der Fall ist – möglichst im Betrieb mit Erfolg erprobt worden sein.[39] Der Gesetzgeber greift zur Implementierung sicherheitstechnischer Anforderungen auf unbestimmte Rechtsbegriffe wie den **Stand der Technik** typischerweise in solchen (technischen) Regelungsbereichen zurück, in denen der **technische Erkenntnisstand und Entwicklungsstand nicht abgeschlossen** sein kann, weil durch die rasche technische Entwicklung ständig mit Neuerungen zu rechnen ist. Würde der Gesetzgeber in sich dynamisch verändernden technischen Bereichen detaillierte Regelungen für organisatorische und technische Sicherheitsanforderungen treffen, müssten diese laufend auf den jeweils neuesten Stand gebracht werden.[40]

68 Die Sicherheitsanforderungen an den Betreiber liegen beim Stand der Technik oberhalb der „**allgemein anerkannten Regeln der Technik**", aber unterhalb des „**Standes von Wissenschaft und Technik**". Die Wahl des Standes der Technik als Anforderungsniveau für Betreiber Kritischer Infrastrukturen in § 8 a Abs. 1 S. 2 BSIG ist folgerichtig, da das **erwartete Gefährdungspotential** angesichts einer Störung oder Beeinträchtigung für die Versorgung und dessen weitreichenden gesellschaftliche Auswirkungen[41] erheblicher ist als bei Anlagen, für die allgemein anerkannte Regeln der Technik ausreichen. Dennoch liegt das Gefährdungspotential von Kritischen Infrastrukturen noch unterhalb des Gefährdungsniveaus zB von Kernenergieanlagen (für deren Genehmigung gemäß § 7 Abs. 2 Nr. 3 AtG der Stand von Wissenschaft und Technik als Maßstab gilt).

69 Die Anforderung zur Einhaltung des Standes der Technik ist im Laufe des Gesetzgebungsverfahrens von einer Muss-Vorschrift in eine **Soll-Vorschrift** für die Betreiber abgeschwächt worden. „Soll" impliziert dabei eine Verpflichtung, von der die Betreiber nur in begründeten Ausnahmefällen abweichen dürfen – zB weil sonst das Ziel der Versorgungssicherheit überhaupt erst gefährdet würde. Dies könnte etwa der Fall sein, wenn ein **Sicherheitsupdate** einer veralteten operation technology (OT)-Komponente nach dem Stand der Technik **unabsehbare Auswirkungen** auf deren Betriebsfähigkeit haben und daher selbst zu einer Gefährdung führen würde.

70 Bei der konkreten Ausfüllung des unbestimmten Rechtsbegriffs Stand der Technik für eine bestimmte Anlagenkategorie sind insbesondere einschlägige **internationale, europäische und nationale Normen und Standards** heranzuziehen. Dabei kann sich der Betreiber zB auf technische Richtlinien des BSI, den BSI Grundschutz, auf ISO- und auf DIN-Normen stützen. Ferner hat auch der Bundesverband IT-Sicherheit e. V. (**TeleTrusT**) eine Handreichung[42] zum „Stand der Technik" in der IT-Sicherheit zur Verfügung gestellt. Dem Betreiber kommt bei der Umsetzung ein gewisses Maß an Flexibilität zu und schließt die Möglichkeit zum **Einsatz anderer Vorkehrungen** nicht aus, die einen **ebenso effektiven Schutz** wie die anerkannten Vorkehrungen nach dem Stand der Technik bieten.[43]

71 Eine gewisse Abkehr von der grundsätzlichen **Verantwortungsverlagerung auf den Betreiber** bei der Bestimmung des für die Absicherung seiner IT-Systeme anzuwendenden Standes der Technik würde ein Regelungsvorschlag aus einem 2. Referentenentwurf für ein Zweites

---

39 Handbuch der Rechtsförmlichkeit des Bundesministeriums der Justiz, Rn. 256.
40 Vgl. BVerfG Beschl. v. 8.8.1978 – 2 BvL 8/77, BVerfGE 49, Rn. 97 – Schneller Brüter.
41 Begründung zum IT-Sicherheitsgesetz, BT-Drs. 18/4096, 26.
42 S. https://www.teletrust.de/fileadmin/docs/fachgruppen/ag-stand-der-technik/2020-01_TeleTrusT_Handreichung_Stand_der_Technik_in_der_IT-Sicherheit_DEU.pdf.
43 Begründung zum IT-Sicherheitsgesetz, BT-Drs. 18/4096, 26.

Gesetz zur Erhöhung der Sicherheit informationstechnischer Systeme bedeuten.[44] Der Entwurf sieht den Einsatz von **Systemen zur Angriffserkennung** im BSIG und dem TKG für Betreiber Kritischer Infrastrukturen vor, was eine **konkrete Mindestanforderung** an die nach § 8 a Abs. 1 BSIG zu treffenden organisatorischen und technischen Vorkehrungen und auch den anzuwendenden Stand der Technik bedeuten würde.

b) **Branchenspezifische Sicherheitsstandards**

Einen weiteren Weg der Konkretisierung des anzuwenden Standes der Technik bietet § 8 a Abs. 2 S. 1 BSIG. Danach wird den Betreibern Kritischer Infrastrukturen und ihren Branchenverbänden ermöglicht, sogenannte **branchenspezifische Sicherheitsstandards** zur Gewährleistung der organisatorischen und technischen Vorkehrungen vorzuschlagen. Die Formulierung branchenspezifischer Sicherheitsstandards ist **keine Verpflichtung**, sondern lediglich eine **Möglichkeit für Betreiber** zur Beteiligung und Mitwirkung an spezifisch für die jeweilige Branche zugeschnittenen Standards. Dies ist einzigartig und Ausdruck des sogenannten **kooperativen Ansatzes**,[45] wird doch typischerweise im technischen Sicherheitsrecht auf Technologiestände verwiesen, nicht aber gesetzlich die Möglichkeit zur aktiven Gestaltung eigener, branchenspezifischer Standards geschaffen. **Branchenspezifisch** bedeutet, dass der Standard die **Besonderheiten einer Branche**, wie zB die dort typischerweise eingesetzte (OT), berücksichtigen und beinhalten muss. Der branchenspezifische Sicherheitsstandard soll ein Konzept sein, das von Branchenvertretern gemeinsam definiert wurde und das die Umsetzung von § 8 a Abs. 1 BSIG bei den Betreibern Kritischer Infrastrukturen unterstützt und geeignete Sicherheitsanforderungen bzw. Sicherheitsvorkehrungen definiert. Diese Voraussetzung und Zielsetzung wird ein **Standard einer Normungsorganisation wie DIN oder ISO** (zB ISO/IEC 27001) nicht hinreichend leisten können.

Setzen die Betreiber der jeweiligen Branche die organisatorischen und technischen Vorkehrungen nach dem entsprechenden branchenspezifischen Sicherheitsstandard um, können diese damit gegenüber dem BSI rechtssicher den **Nachweis** nach § 8 a Abs. 3 BSIG führen, dass sie den Anforderungen des § 8 a Abs. 1 BSIG genügen. Die Betreiber gewinnen durch den branchenspezifischen Sicherheitsstandard an **Rechtssicherheit** bzgl. der Auslegung der unbestimmten Rechtsbegriffe wie „angemessen", „geeignet" und „Stand der Technik". Diese sind unter anderem vom **Schutzbedarf und den Gefahren der jeweiligen Branche** sowie von der in den Anlagen der Kritischen Infrastruktur verwendeten Technik abhängig.

Zuvor ist nach § 8 a Abs. 2 S. 2 BSIG in einem **gesonderten Verwaltungsverfahren** gewährleistet, dass das BSI die **Geeignetheit** des jeweiligen branchenspezifischen Sicherheitsstandards per Verwaltungsakt feststellt.[46] Durch das Antragsverfahren wird sichergestellt, dass das BSI als zuständige Behörde unter Beteiligung weiterer staatlicher Stellen seine **behördliche Kontrollfunktion** vor Implementierung des branchenspezifischen Sicherheitsstandards ausüben kann und die Anwender somit Handlungssicherheit erhalten. Das BSI stellt die **Eignung** eines branchenspezifischen Sicherheitsstandards im Allgemeinen für **zwei Jahre** fest; danach ist dieser für eine fortbestehende Aussage über seine Eignung dem BSI erneut vorzulegen. Die Gültigkeit ist auf zwei Jahre begrenzt, da über einen längeren Zeitraum die Gefahr wächst, dass sich die Gefährdungslage, die Prozesse einer Kritischen Infrastruktur oder die Wirksamkeit von Maß-

---

44 S. http://intrapol.org/wp-content/uploads/2020/05/200507_BMI_RefE_IT-SiG20.pdf.
45 *Dürig/Fischer* DuD 2018, 209 (211).
46 Übersicht über die abgeschlossenen und laufenden Eignungsfeststellungen: https://www.bsi.bund.de/DE/Themen/KRITIS/IT-SiG/Was_tun/Stand_der_Technik/B3S/B3S_node.html;jsessionid=42836CC0E7D921D2883646246C54354E.1_cid360.

nahmen zu stark ändern, um die getroffene Aussage über eine Eignung fortbestehen zu lassen.[47]

75 Auch wenn in einer Branche ein spezifischer Sicherheitsstandard ausgearbeitet und vom BSI als geeignet festgestellt wurde, steht es dem einzelnen Betreiber indes frei, abweichend davon auch eigene, den Stand der Technik einhaltende Maßnahmen umzusetzen.

76 Ein als **geeignet festgestellter branchenspezifischer Sicherheitsstandard** wird in seiner Reichweite zumindest **mittelbar** deutlich über die nach BSI-KritisV verpflichteten Betreiber Kritischer Infrastrukturen hinauswirken. Denn im Falle einer Beeinträchtigung oder Störung der Anlage wird ein Zivilgericht den branchenspezifischen Sicherheitsstandard auch für Betreiber der entsprechenden Branche, die aufgrund ihres geringen Versorgungsgrades nicht den Pflichten nach § 8 a BSIG unterfallen, bei der Ermittlung des **objektiven Sorgfaltspflichtmaßstabs** zu Klärung **haftungsrechtlicher Fragestellungen** heranziehen.

c) Sicherheitskataloge nach § 11 Abs. 1 a, 1 b EnWG und § 109 Abs. 6 TKG

77 Nach § 8 d Abs. 2 BSIG gilt § 8 a BSIG zur **Vermeidung einer Doppelregulierung** zB nicht für Betreiber Kritischer Infrastrukturen, soweit sie ein **öffentliches Telekommunikationsnetz** betreiben, **öffentlich zugängliche Telekommunikationsdienste** erbringen oder für Betreiber von **Energieversorgungsnetzen oder Energieanlagen** im Sinne des Energiewirtschaftsgesetzes. Für diese Betreiber hat die Bundesnetzagentur (BNetzA) Kataloge mit Sicherheitsanforderungen erstellt, die mit den organisatorischen und technischen Vorkehrungen nach § 8 a BSIG vergleichbar sind.

aa) Betreiber von öffentlichen TK-Netzen nach TKG

78 Für alle Betreiber von **Telekommunikations- und Datenverarbeitungssystemen sowie für die Verarbeitung personenbezogener Daten** gilt ein **Katalog von Sicherheitsanforderungen** nach § 109 Abs. 6 S. 1 TKG als Grundlage für das **Sicherheitskonzept** nach § 109 Abs. 4 TKG und für die zu treffenden technischen Vorkehrungen und sonstigen Maßnahmen nach § 109 Abs. 1 und 2 TKG (ausführlich zur IT-Sicherheit in der Telekommunikation → § 21 Rn. 1 ff.).

bb) Betreiber von Energieversorgungsnetzen nach EnWG

79 Für alle **Betreiber von Energieversorgungsnetzen** gilt ein **IT-Sicherheitskatalog** gemäß § 11 Abs. 1 a EnWG, der dem Schutz gegen Bedrohungen der für einen **sicheren Netzbetrieb** notwendigen Telekommunikations- und elektronischen Datenverarbeitungssysteme dient (ausführlich zur IT-Sicherheit in der Energiewirtschaft → § 23 Rn. 1 ff.).

cc) Betreiber von Energieerzeugungsanlagen nach EnWG

80 Für **Energieerzeugungsanlagen**, die gem. § 2 Abs. 10 iVm der BSI-KritisV als Kritische Infrastrukturen gelten, gilt gemäß § 11 Abs. 1 b EnWG ein **IT-Sicherheitskatalog**, der dem Schutz gegen Bedrohungen der für einen sicheren Anlagenbetrieb notwendigen Telekommunikations- und elektronischen Datenverarbeitungssysteme dient.

81 Der Gesetzgeber hat somit als **Ausnahme von der Regel des § 8 a BSIG**, wonach nur Betreiber Kritischer Infrastrukturen nach § 2 Abs. 10 iVm den Festlegungen der BSI-KritisV organisatorische und technische Vorkehrungen nach dem Stand der Technik treffen müssen, **alle Betreiber** von öffentlichen Telekommunikationsnetzen oder öffentlich zugänglichen Telekommunikationsdienstleistungen sowie von Energieversorgungsnetzen verpflichtet, die entsprechenden

---

47 BSI-Orientierungshilfe zu Inhalten und Anforderungen an branchenspezifische Sicherheitsstandards (B3S) gemäß § 8 a (2) BSIG, S. 9 (Stand: 15.2.2020).

Vorgaben der Sicherheitskataloge umzusetzen, unabhängig von deren Versorgungsgrad. Dies dürfte sicherlich in der besonderen Bedeutung einer unterbrechungsfreien Telekommunikation und Energieversorgung für alle anderen Kritischen Infrastrukturen begründet liegen.

2. Nachweispflicht und Kontrolle durch das BSI nach § 8 a Abs. 3 und Abs. 4 BSIG

Betreiber Kritischer Infrastrukturen im Sinne des BSIG sind gemäß § 8 a Abs. 3 S. 1 BSIG verpflichtet, alle **zwei Jahre** die Umsetzung organisatorischer und technischer Vorkehrungen gemäß § 8 a Abs. 1 BSIG **nachzuweisen**. Zwar hat das BSI bisher von seinem Recht nach § 8 a Abs. 5 BSIG, formelle Anforderungen an die Nachweisführung festzulegen, keinen Gebrauch gemacht. Gleichwohl bietet die Orientierungshilfe des BSI zu Nachweisen gemäß § 8 a Abs. 3 BSIG Anhaltspunkte bei der Rechtsauslegung.[48]   82

Das **Nachweisverfahren** gliedert sich in mehrere Verfahrensschritte. Es beginnt mit der Überprüfung. Der Nachweis kann nach § 8 a Abs. 3 S. 2 BSIG durch **Sicherheitsaudits, Prüfungen oder Zertifizierungen** erfolgen. Dabei erfordert eine Zertifizierung nach nationalen und internationalen Maßstäben die Überprüfung der IT-Sicherheitsmaßnahmen durch eine **unabhängige dritte Stelle**.[49] Audits oder Prüfungen können hingegen auch durch eine betriebsinterne Stelle wie die interne Revision erfolgen. Durch die Verwendung einer **Kann-Vorschrift** hat der Betreiber zwar **Handlungsspielraum, welcher Art der Überprüfung** er seine Anlage unterzieht. Die Verpflichtung hierzu als Grundlage und Voraussetzung für den Nachweis nach § 8 a Abs. 3 S. 1 BSIG ergibt sich aber bereits aus dem Wortlaut von § 8 a Abs. 3 S. 4 BSIG, der eine Überprüfung zwingend voraussetzt.   83

Die Überprüfung hat nach dem Wortlaut des § 8 a Abs. 5 BSIG von einer **prüfenden Stelle** zu erfolgen. Diese hat nach der Vorstellung des Gesetzgebers über die hierfür **notwendige Qualifikation und Eignung** zu verfügen.[50] Das BSI hat für die Eignung der prüfenden Stelle und den Nachweis hierfür Anforderungen formuliert. Als geeignete Prüfstellen kommen **akkreditierte Zertifizierungsstellen der Deutschen Akkreditierungsstelle GmbH (DAkkS), zertifizierte IT-Sicherheitsdienstleister oder anerkannte Prüfstellen** des BSI, aber auch die **interne Revision** des Betreibers in Betracht.[51]   84

Nach erfolgter Überprüfung hat der Betreiber dem Bundesamt die Ergebnisse der durchgeführten Audits, Prüfungen oder Zertifizierungen einschließlich der dabei aufgedeckten Sicherheitsmängel, mithin **das Prüftestat** als Teil der sogenannten **Nachweisdokumente** zu übermitteln, die in ihrer Gesamtheit den Nachweis bilden. Hierfür hat das BSI ein Formular-Kompendium zur Verfügung gestellt. Für jede als Kritische Infrastruktur geltende Anlage müssen Betreiber Nachweisdokumente beim BSI einreichen. Das BSI kann gemäß § 8 a Abs. 3 S. 4 BSIG die **Vorlage der Dokumentation**, die der Überprüfung zugrunde gelegt wurde, mithin den **gesamten Prüfbericht** als solchen verlangen. Es kann bei **Sicherheitsmängeln** ggf. im Einvernehmen mit der zuständigen Aufsichtsbehörde des Bundes oder ggf. im Benehmen mit der sonst zuständigen Aufsichtsbehörde die **Beseitigung** der Sicherheitsmängel verlangen.   85

Zudem kann das BSI sich durch eigene **Vor-Ort-Prüfungen** entsprechend § 8 a Abs. 4 BSIG einen eigenen Eindruck von Sicherheitsvorkehrungen des Betreibers verschaffen. Unter Berücksichtigung des **Verhältnismäßigkeitsgrundsatzes** dürfte dies nur dann in Betracht kommen, wenn die Nachweisdokumentation und der Prüfbericht erhebliche Mängel vorweisen   86

---

48 Orientierungshilfe des BSI zu Nachweisen nach § 8 a Abs. 3 BSIG, abrufbar unter https://www.bsi.bund.de/SharedDocs/Downloads/DE/BSI/IT_SiG/Orientierungshilfe_8a_3_v10.pdf;jsessionid=AF0F1144B74AB57D9A378A5425C3F365.2_cid341?__blob=publicationFile&v.=4.
49 Vgl. Definition der International Organisation für Standardisation, abrufbar unter https://www.iso.org/certification.html.
50 Begründung zum IT-Sicherheitsgesetz, BT-Drs. 18/4096, 27.
51 Orientierungshilfe des BSI zu Nachweisen nach § 8 a Abs. 3 BSIG, S. 12 ff.

oder der Betreiber der Beseitigung eines Sicherheitsmangels nach Aufforderung nicht nachkommt. In diesem Fall hat das BSI oder eine hiermit beauftragten Stelle ein **Betretungsrecht und einen umfassenden Auskunftsanspruch** gegenüber dem Betreiber.

87 Die Prüfungs-, Nachweis- und Dokumentationspflichten für Betreiber von TK-Netzen, Energieversorgungsnetzen sowie von Energieerzeugungsanlagen und die Überprüfungsrechte durch die BNetzA ergeben sich aus den §§ 11 Abs. 1a, 1b sowie § 109 TKG und sind mit dem Nachweisrecht des § 8a Abs. 4 vergleichbar.

3. Meldepflicht nach § 8b BSIG

88 Zweite **Kardinalpflicht** neben der Umsetzung organisatorischer Maßnahmen nach dem Stand der Technik ist für die Betreiber Kritischer Infrastrukturen die **Pflicht zur Meldung von IT-Störungen** an das BSI nach § 8b Abs. 4 BSIG. Das BSI fungiert gem. § 8b Abs. 1 BSIG als zentrale Meldestelle für Betreiber Kritischer Infrastrukturen, indem es u. a. die Meldungen der Betreiber aufnimmt und auf dieser Grundlage Informationsprodukte wie Warnungen an die Betreiber verteilt. Beim BSI soll auf diese Weise ein **umfassendes Lagebild über die Cybersicherheitslage** im Bereich Kritischer Infrastrukturen in Deutschland entstehen.

89 Eine Meldepflicht besteht gestuft nach § 8b Abs. 4 BSIG:

- nach Nr. 1 für Störungen der Verfügbarkeit, Integrität, Authentizität und Vertraulichkeit der informationstechnischen Systeme, Komponenten oder Prozesse der Betreiber, die zu einem Ausfall oder zu einer erheblichen Beeinträchtigung der Funktionsfähigkeit der von ihnen betriebenen Kritischen Infrastrukturen geführt haben. Im Fall einer **bereits eingetretenen Störung oder erheblichen Beeinträchtigung der Funktionsfähigkeit der Kritischen Infrastruktur** ist somit **jede ursächliche Störung** der informationstechnischen Systeme, Komponenten oder Prozesse zu melden. Dies gilt für sowohl für IT-Sicherheitsvorfälle, als auch für sonstige Störungen der IT durch äußere Einwirkung wie zB ein durchtrenntes Kabel oder einen überhitzter Server. **Erheblich kann eine Beeinträchtigung der Funktionsfähigkeit der Kritischen Infrastruktur** nach einer Auslegungshilfe des BSI sein, wenn eine große Anzahl von Nutzern oder von Geschäftsprozessen betroffen ist oder die Auswirkungen die öffentliche Aufmerksamkeit auf sich ziehen.[52]
- nach Nr. 2 für erhebliche Störungen der Verfügbarkeit, Integrität, Authentizität und Vertraulichkeit der informationstechnischen Systeme, Komponenten oder Prozesse der Betreiber, die zu einem Ausfall oder zu einer erheblichen Beeinträchtigung der Funktionsfähigkeit der von ihnen betriebenen Kritischen Infrastrukturen **führen können**. In diesem Fall verlagert sich die **Erheblichkeitsprüfung** bereits auf die Störung der informationstechnischen Systeme, Komponenten und Prozesse. Ist diese Störung bereits erheblich, muss für den kausalen Ausfall oder die erhebliche Beeinträchtigung der Funktionsfähigkeit lediglich eine **hinreichende Wahrscheinlichkeit** vorliegen. Von einem meldepflichtigen Vorfall nach Nr. 2 ist im Falle eines sogenannten **APT-Angriffs** (advanced persistent threat) auszugehen. Denn bei einem neuartigen, außergewöhnlichen, zielgerichteten oder aus technischer Sicht bemerkenswerten Angriff wie bei einer APT-Attacke liegt eine erhebliche Störung der informationstechnischen Systeme vor, die zu einer Störung oder erheblichen Beeinträchtigung der Funktionsfähigkeit der Kritischen Infrastruktur führen kann, sobald sich die Angreifer dazu entschließen.[53]

---

[52] FAQ des BSI zur Meldepflicht, abrufbar unter https://www.bsi.bund.de/DE/Themen/KRITIS/IT-SiG/FAQ/FAQ_zur_Meldepflicht/faq_meldepflicht_node.html.
[53] FAQ des BSI zur Meldepflicht, abrufbar unter https://www.bsi.bund.de/DE/Themen/KRITIS/IT-SiG/FAQ/FAQ_zur_Meldepflicht/faq_meldepflicht_node.html.

Die Meldeverpflichtungen für alle Betreiber von öffentlich zugänglichen Telekommunikationsnetzen und Energieversorgungsnetzen sowie von Kritischen Energieerzeugungsanlagen an die BNetzA bzw. das BSI ergibt sich aus § 109 Abs. 5 TKG bzw. aus § 11 Abs. 1 c EnWG.

Das weitere Meldeverfahren (Meldung über die Kontaktstelle und Meldeumfang) erfolgt auf einer vom BSI teilautomatisierten **Melde- und Informationsplattform** für registrierte Betreiber Kritischer Infrastrukturen. Um den Betreibern die Bedenken im Hinblick auf mögliche Reputationsschäden im Falle von IT-Störungen zu nehmen, ermöglicht § 8 b Abs. 4 S. 3 BSIG eine **Meldung in anonymisierter Form**, sofern die Störung nicht zu einem Ausfall oder einer Beeinträchtigung der Funktionsfähigkeit der Kritischen Infrastruktur geführt hat.

B. Digitale Dienste

Da es sich bei digitalen Diensten grundsätzlich um Dienste handelt, die grenzübergreifend allen Verbrauchern in der EU angeboten werden und damit **Binnenmarktrelevanz** entfalten, finden sich Regelungen zur Bestimmung dieser Dienste und deren IT-Sicherheitsanforderungen folgerichtig im Recht der EU, konkret in der NIS-Richtlinie. Allerdings war die Aufnahme von Sicherheitsanforderungen für digitale Dienste im EU-Gesetzgebungsvorhaben nicht unumstritten und hat im Ergebnis dazu geführt, dass im Vergleich zu den entsprechenden Vorgaben für Kritische Infrastrukturen die **Regulierung digitaler Dienste in der NIS-Richtlinie uneinheitlich und im Ergebnis auch unvollständig** wirkt.[54] Insbesondere fällt auf, dass der europäische Gesetzgeber für die häufig genutzten sozialen Netzwerke und **Messengerdienste wie WhatsApp oder Telegramm** bisher keinen Regelungsbedarf gesehen hat.

I. Gesetzlicher Rahmen zur Bestimmung Digitaler Dienste

1. NIS-Richtlinie

Der Terminus „digital" wird in der NIS-Richtlinie sowohl im **mindestharmonsierten** Anhang II für den Sektor **digitale Infrastruktur** als auch im **vollharmonisierten** Anhang III für **digitale Dienste** an sich verwendet. Regelungssystematisch erfolgt somit in der NIS-Richtlinie eine strikte **Trennung** von digitalen Infrastrukturen und digitalen Diensten. Dies bedeutet als Rechtsfolge, dass digitale Infrastrukturen als wesentliche Dienste (in Deutschland Kritische Infrastrukturen) der IT-Sicherheitsregulierung der Mitgliedstaaten unterfallen. Die Bestimmung und die Anforderungen für digitale Dienste werden indes im Sinne einer Vollharmonisierung von der EU-KOM im Rahmen von **Durchführungsrechtsakten** verbindlich geregelt.

a) Digitale Infrastrukturen – NIS-Richtlinie Anhang II – BSI KritisV

Die NIS-Richtlinie benennt in Anhang II den Sektor digitale Infrastruktur als Sektor, den die Mitgliedstaaten bei der Ermittlung der Betreiber wesentlicher Dienste mindestens zu berücksichtigen haben (→ Rn. 63). Der EU-Gesetzgeber bewertet somit bestimmte Einrichtungen und Dienste als so **kritisch und infrastrukturnah**, dass sie im Rahmen der Regulierung wesentlicher Dienste erfasst werden (**Internet-Austauschpunkte-IXP**, DNS-Dienste **sowie TLS-Name-Registries**).[55]

Dieser systematischen Trennung zwischen digitalen Infrastrukturen und sonstigen digitalen Diensten ist auch der deutsche Gesetzgeber gefolgt. Für den **Sektor Informationstechnik und Telekommunikation** hat der Verordnungsgeber für die Erbringung der kritischen Dienstleistungen Sprach- und Datenübertragung sowie Datenspeicherung und -verarbeitung gem. § 5 Abs. 4 iVm Anhang 4 Teil 3 BSI-KritisV eine Reihe von Anlagenkategorien benannt, die noch

---

54 *Schallbruch* CR 2017, 798 (801) spricht in diesem Zusammenhang von einem „Flickenteppich".
55 *Schallbruch* CR 2017, 798.

über **Mindestanforderung für den Sektor digitale Infrastruktur der NIS-Richtlinie** hinausgehen. Dies betrifft zB Serverfarmen oder Content Delivery Networks. Nach der Verordnungsbegründung zielt die BSI-KritisV darauf ab, die technische Basisinfrastruktur für die kritischen Dienstleistungen Sprach- und Datenübertragung sowie Speicherung und Verarbeitung von Daten für Dritte abzusichern.[56] Diese **technische Basisinfrastruktur** wird von der Allgemeinheit für vielfältige IT-Dienste und -Anwendungen genutzt und bildet nach der Vorstellung des Verordnungsgebers somit die **infrastrukturelle Grundlage für digitale Dienste**.

b) **Digitale Dienste – NIS Vollharmonisierung, Anhang III NIS-RL**

96 Als digitalen Dienste benennt die NIS-Richtlinie in Art. 4 Nr. 5 i. V. m Anhang III abschließend **Online-Marktplätze, Online-Suchmaschinen und Cloud-Computing-Dienste**. Dies müssen in der Regel gegen **Entgelt** erbracht werden. Erfasst werden auch außerhalb der EU angesiedelte Unternehmen, sofern sie ihre Dienste auch in der EU anbieten.[57]

97 Den **Online-Marktplatz** beschreibt die NIS-Richtlinie in Art. 4 Nr. 17 als Dienst, der es Verbrauchern oder Unternehmern ermöglicht, **Online-Kaufverträge oder Online-Dienstleistungsverträge mit Dritten** entweder auf der Website des Online-Marktplatzes oder auf der Website eines Unternehmers, die von dem Online-Marktplatz bereitgestellte Rechendienste verwendet, abzuschließen. Der Betreiber des Marktplatzes ist somit nicht selbst Vertragspartei, sondern ermöglicht mit seinem Dienst den Vertragsschluss. Der klassische Dienst von **eBay** ist somit erfasst, reine **Vergleichsportale** aber nicht, sofern hier nur der Zugang zum Rechendienst des Vertragspartners ermöglicht wird.[58]

98 **Online-Suchmaschine** ist nach Art. 4 Nr. 18 ein Dienst, der es Nutzern ermöglicht, Suchen grundsätzlich auf **allen Websites oder auf Websites** anhand spezifischer Kriterien vorzunehmen, und der daraufhin Links anzeigt, über die Informationen im Zusammenhang mit dem angeforderten Inhalt gefunden werden können. Erfasst sind somit die gängigen Suchmaschinen wie **Google** oder **Yahoo**.

99 **Cloud-Computing-Dienste** definiert Art. 4 Nr. 19 als Dienste, die den Zugang zu einem skalierbaren und elastischen Pool gemeinsam nutzbarer Rechenressourcen ermöglichen. Der Anwendungsbereich ist überaus weitgehend und besticht durch eine große definitorische Unschärfe. Erfasst sind jedenfalls nicht nur die klassischen Cloud-Anbieter wie **Amazon Web Services** oder **iCloud**, sondern auch viele weitere Internetdienste, etwa das Angebot virtueller Instanzen von Standardsoftware (wie zB Microsoft Office 365). **Unschärfen** ergeben sich gerade dort, wo eine Unterscheidung zwischen infrastrukturnahem Dienst und sonstigem digitalem Dienst im Einzelfall nur schwer möglich ist, weil die technische Basisinfrastruktur und der IT-Dienst nur schwer trennbar sind. Die Unterscheidung hat in der Rechtsfolge erhebliche Auswirkungen, entweder die strengere Regulierung über die wesentlichen Dienste (Kritischen Infrastrukturen) durch die Mitgliedstaaten oder die Regulierung über die digitalen Dienste durch die EU-KOM. So kann es beispielsweise für **Serverfarmen** oder **Content Delivery Netzwerke** zu **Abgrenzungsschwierigkeiten** kommen.[59] Serverfarmen iSd BSI-KritisV sind die **technische Grundlage** für **Cloud-Computing-Dienste**. Ab Erreichen des Schwellwertes ist jeder Cloud-Computing-Dienst eine Serverfarm iSd BSI-KritisV, da diese die Grundlage für seine skalierbaren und elastischen gemeinsamen Rechenressourcen darstellt. In der Konsequenz unterfällt ein Cloud-Dienste-Anbieter damit sowohl dem Begriff des Anbieters digitaler Dienste als auch dem des Betreibers Kritischer Infrastruktur. In Überschneidungsfällen wird es mit

---

56 Referentenentwurf einer Verordnung zur Bestimmung Kritischer Infrastrukturen nach dem BSI-Gesetz, S. 40.
57 *Gehrmann/Voigt* CR 2017, 93 (94).
58 So auch *Schallbruch* CR 2016, 663 (666).
59 *Schallbruch* CR 2016, 663 (666) und ausführlich zur CDN-Zuordnung in: *ders.* CR 2017, 798 (800).

Blick auf Sinn und Zweck der NIS-Richtlinie indes **ausreichen, die Anforderungen an KRITIS zu erfüllen,** da deren Absicherungspflichten graduell strenger sind und die Meldeverpflichtung idR früher einsetzt – nämlich vor dem Ausfall.[60]

2. NIS-Umsetzungsgesetz

Der Unterscheidung zwischen digitalen Infrastrukturen und digitalen Diensten ist der deutsche Gesetzgeber mit den Festlegungen in der BSI-KritisV und auch im NIS-Umsetzungsgesetz[61] gefolgt. In § 2 Abs. 11 BSIG werden die Definitionen der NIS-Richtlinie für die drei Gruppen digitaler Dienste weitestgehend übernommen. § 8 c Abs. 1 BSIG gilt nach Maßgabe des § 8 d Abs. 4 Satz 1 BSIG nicht für **Kleinstunternehmen und kleine Unternehmen** im Sinne der Empfehlung 2003/361/EG, also für solche, die weniger als 50 Personen beschäftigen und deren Jahresumsatz bzw. Jahresbilanz 10 Mio. EUR nicht übersteigt.

3. Telemediengesetz

Durch die Änderung von § 13 Abs. 7 Telemediengesetz (TMG) im Rahmen des IT-Sicherheitsgesetz werden Dienstanbieter zu Sicherheitsmaßnahmen bei der **geschäftsmäßigen Zurverfügungstellung ihrer Telemediendienste** verpflichtet. Dienstanbieter ist nach § 2 Satz 1 Nr. 1 TMG jede natürliche oder juristische Person, die eigene oder fremde Telemedien zur Nutzung bereithält oder den Zugang zur Nutzung vermittelt. Der **Anwendungsbereich von Telemedien nach § 1 TMG ist sehr weitgehend.** Erfasst werden alle IuK-Dienste, die nicht Telekommunikationsdienste oder telekommunikationsgestützte Dienste nach § 3 TKG sind. Beispiele für Telemedien sind Onlineangebote von Waren/Dienstleistungen mit unmittelbarer Bestellmöglichkeit (zB Angebot von Verkehrs-, Wetter-, Umwelt- oder Börsendaten, News-Groups, Chat-Rooms, elektronische Presse, Fernseh-/Radiotext, Teleshopping), Online-Dienste, die Instrumente zur Datensuche, zum Zugang zu Daten oder zur Datenabfrage bereitstellen (zB Internetsuchmaschinen) sowie die kommerzielle Verbreitung von Informationen über Waren-/Dienstleistungsangebote mit elektronischer Post (zB Werbemails). **Auch soziale Netzwerke (zB Facebook) oder Nachrichtendienste (zB Twitter)** werden vom TMG erfasst.[62] Geschäftsmäßig ist die Erbringung von Telemediendiensten aufgrund nachhaltiger Tätigkeit, also beim Vorliegen einer planmäßigen und dauerhaften Tätigkeit. Einzig private, unregelmäßige Gelegenheitsdienste nicht dem Anwendungsbereich von § 13 Abs. 7 TMG unterfallen.[63] Der Versuch einer Abgrenzung zwischen Anbietern digitaler Dienste nach Art. 4 Nr. 5 NIS-Richtlinie und § 8 c BSIG und Teledienstanbietern nach § 13 Abs. 7 TMG muss zu dem Ergebnis kommen, **dass jeder Anbieter digitaler Dienste auch gleichzeitig als Telemediendiensteanbieter** anzusehen sein wird.[64] Erfasst werden über § 13 Abs. 7 TMG auch Messengerdienste wie **WhatsApp oder Facebook Messenger**. Damit ist diese Regelungslücke der NIS-Richtlinie im Hinblick auf entsprechende Sicherheitsanforderungen zumindest durch den deutschen Gesetzgeber adressiert worden.

---

60 *Ritter/Schulte* CR 2019, 617 (624).
61 Gesetz zur Umsetzung der Richtlinie (EU) 2016/1148 des Europäischen Parlaments und des Rates vom 6. Juli 2016 über Maßnahmen zur Gewährleistung eines hohen gemeinsamen Sicherheitsniveaus von Netz- und Informationssystemen in der Union, BGBl. 2017 I 1885.
62 *Ricke* in: Spindler/Schuster § 1 TMG Rn. 12 f.
63 *Gehrmann/Voigt* CR 2017, 93 (94).
64 *Gehrmann/Voigt* CR 2017, 93 (94); *Schallbruch* CR 2017, 798 (800).

II. IT-Sicherheitsanforderungen an Digitale Dienste

1. Digitale (kritische) Infrastrukturen, § 8 a BSIG

102 Für die digitalen kritischen Infrastrukturen nach § 5 iVm Anhang 4 Teil 3 BSI-KritisV gelten die Sicherheitsanforderungen nach § 8 a BSIG, mithin organisatorische und technische Vorkehrungen unter Einhaltung des **Standes der Technik** (→ Rn. 65, 66). Für die Anlagenkategorien **Rechenzentrum, Serverfarm und Content Delivery Netzwerk** hat die Branche einen vom BSI bis Mai 2020 anerkannten branchenspezifischen Sicherheitsstandard erstellt (→ Rn. 72).[65]

2. Digitale Dienste, § 8 c BSIG

103 Die Sicherheitsanforderungen für Anbieter digitaler Dienste nach § 8 c BSIG sind materiell Art. 16 Abs. 1 NIS-Richtlinie nachgebildet. **IT-Sicherheitsmaßnahmen** für digitale Dienste müssen **risikoangemessen** sein und nach § 8 c Abs. 2 S. 1 BSIG den **Stand der Technik** berücksichtigen, der vom Gesetzgeber durch folgende Elemente näher konkretisiert wird:

- Sicherheit der Systeme und Anlagen,
- Erkennung, Analyse und Eindämmung von Sicherheitsvorfällen,
- Betriebskontinuitätsmanagement,
- Überwachung, Überprüfung und Erprobung,
- Einhaltung internationaler Normen.

104 Die weitere Ausgestaltung der IT-Sicherheitsanforderungen ist im Sinne der **Vollharmonisierung** über einen **Durchführungsrechtsakt** an die EU-KOM delegiert. In Anlehnung an die **zweite Kardinalpflicht** für Betreiber Kritischer Infrastrukturen sind auch die Anbieter digitaler Dienste nach § 8 c Abs. 3 BSIG verpflichtet, **jeden Sicherheitsvorfall, der erhebliche Auswirkungen auf die Bereitstellung** eines von ihnen innerhalb der EU erbrachten digitalen Dienstes hat, unverzüglich dem BSI **zu melden**. § 8 c Abs. 3 BSIG konkretisiert, in welchen Fällen diese Voraussetzungen erfüllt sind. Kriterien wie die Anzahl der betroffenen Nutzer, Dauer und Ausmaß des Ausfalls und die Auswirkungen über den einzelnen Anbieter hinaus sollen berücksichtigt werden bei der Beurteilung, ob ein erheblicher Ausfall vorliegt. Die weitere Ausgestaltung dieser Kriterien erfolgt ebenfalls über einen **Durchführungsrechtsakt** der EU-KOM.

3. Umsetzungsrechtsakte der EU-KOM

105 Zur weiteren Konkretisierung der Sicherheitsanforderungen und der Meldepflicht hat die EU-KOM mittlerweile einen für die Anbieter direkt verbindlichen Durchführungsrechtsakt erlassen.[66] Im Hinblick auf die in § 8 c Abs. 2 BSIG genannten Aspekte für IT-Sicherheitsmaßnahmen regelt Art. 2 Abs. 1 der Durchführungsverordnung (EU) 2018/151, welche Elemente der Anbieter zur **Gewährleistung der Sicherheit der Systeme und Anlagen** umzusetzen hat. Diese Tätigkeiten sollten das **systematische Management der Netz- und Informationssysteme, die physische Sicherheit und die Sicherheit des Umfelds, die Versorgungssicherheit und die Kontrolle des Zugangs** umfassen.

106 Beispielsweise sieht Art. 2 Abs. 1 lit. d der Durchführungsverordnung (EU) 2018/151 bei der **Zugangskontrolle** vor, dass die Kontrolle des Zugangs zu Netz- und Informationssystemen,

---

65 BSI, Übersicht über Branchenspezifische Sicherheitsstandards (B3S), abrufbar unter https://www.bsi.bund.de/DE/Themen/KRITIS/IT-SiG/Was_tun/Stand_der_Technik/B3S/B3S.html.
66 Durchführungsverordnung (EU) 2018/151 der Kommission vom 30. Januar 2018 über Vorschriften für die Anwendung der Richtlinie (EU) 2016/1148 des Europäischen Parlaments und des Rates hinsichtlich der weiteren Festlegung der von Anbietern digitaler Dienste beim Risikomanagement in Bezug auf die Sicherheit von Netz- und Informationssystemen zu berücksichtigenden Elemente und der Parameter für die Feststellung erheblicher Auswirkungen eines Sicherheitsvorfalls, ABl. L 26 v. 31.1.2018, 48.

dh das Vorhandensein einer Reihe von Vorkehrungen, die gewährleisten, dass der physische und logische Zugang zu Netz- und Informationssystemen, einschließlich der administrativen Sicherheit der Netz- und Informationssysteme, auf der Grundlage von Geschäfts- und Sicherheitsanforderungen genehmigt bzw. eingeschränkt wird. Die Regelungen des Durchführungsakts erinnern stark an **IT-Sicherheitsmanagementstandards wie ISO 270001** und dürften die Umsetzung der Anforderungen durch die Anbieter erleichtern. Auch wenn der Anbieter bei der Umsetzung der Maßnahmen im Sinne einer Risikoabwägung einen **Entscheidungsspielraum** besitzt, wird den Anbieter für den Fall eines Sicherheitsvorfalls gegenüber der Aufsichtsbehörde eine **Begründungspflicht** treffen, warum seine Risikoabwägung bezüglich der im Durchführungsrechtsakt genannten Aspekte zu genau den getroffenen Maßnahmen geführt hat und nicht zu anderen.[67]

Gleiches gilt für die Konkretisierungen zur Meldepflicht nach Art. 4 der Durchführungsverordnung (EU) 2018/151 durch **zum Teil quantitative Kriterien**. Ein Sicherheitsvorfall gilt danach als mit erheblichen Auswirkungen verbunden, wenn mindestens einer der folgenden Fälle eingetreten ist:

- Der von einem Anbieter digitaler Dienste bereitgestellte Dienst war mehr als 5.000.000 Nutzerstunden lang nicht verfügbar, wobei sich der Begriff Nutzerstunde auf die Zahl der Nutzer in der EU bezieht, die während einer Dauer von sechzig Minuten betroffen waren;
- der Sicherheitsvorfall hat zu einem Verlust der Integrität, Authentizität oder Vertraulichkeit gespeicherter oder übermittelter oder verarbeiteter Daten oder der entsprechenden Dienste, die über ein Netz- und Informationssystem des Anbieters digitaler Dienste angeboten werden bzw. zugänglich sind, geführt, von dem mehr als 100.000 Nutzer in der EU betroffen sind;
- durch den Sicherheitsvorfall ist eine öffentliche Gefahr oder ein Risiko für die öffentliche Sicherheit entstanden oder es sind Menschen ums Leben gekommen;
- der Sicherheitsvorfall hat für mindestens einen Nutzer in der EU zu einem Sachschaden in Höhe von mehr als 1.000.000 EUR geführt.

4. Telemediengesetz

Die Regelung des § 13 Abs. 7 TMG verpflichtet Anbieter von geschäftsmäßig erbrachten **Telemediendiensten**, ihre IT-Systeme gegen **unerlaubte Zugriffe, Verletzungen des Schutzes personenbezogener Daten und Störungen zu sichern** und hierfür nach Satz 2 Maßnahmen nach dem Stand der Technik zu ergreifen. § 13 Abs. 7 TMG dient nicht allein dem Schutz der Vertraulichkeit, sondern – wie auch die IT-Sicherheitsanforderungen zu Kritischen Infrastrukturen und digitalen Diensten – auch deren Verfügbarkeit. Die Absicherung der Systeme hat nach dem **Stand der Technik** zu erfolgen, wobei die Anbieter abzuwägen haben zwischen dem Risiko eines Angriffs und der technischen Möglichkeit und wirtschaftlichen Zumutbarkeit von Sicherheitsmaßnahmen. Das BSI hat zur Auslegung und Einhaltung des Standes der Technik eine **nicht verbindliche Empfehlung** für Telemediensteanbieter veröffentlicht.[68] Als Maßnahme ausdrücklich genannt wird in § 13 Abs. 7 TMG der Einsatz von als sicher anzusehenden **Verschlüsselungsverfahren**. Dies ist bemerkenswert, da der deutsche Gesetzgeber bislang sowohl bei Kritischen Infrastrukturen als auch bei den digitalen Diensten darauf verzichtet hat, spezifische technologische Maßnahmen zur Gewährleistung von IT-Sicherheit nach dem Stand der Technik vorzugeben.

---

67 *Schallbruch* CR 2017, 798 (801).
68 BSI, Empfehlung zur Absicherung von Telemediendiensten nach Stand der Technik, abrufbar unter https://www.allianz-fuer-cybersicherheit.de/ACS/DE/_/downloads/BSI-CS/BSI-CS_125.pdf?__blob=publicationFile&v=7.

§ 14 IT-Sicherheitsinfrastrukturen und -dienste

Literatur: *Bechtolf/Vogt*, Datenschutz in der Blockchain, ZD 2018, 66; *Bieser*, Bundesregierung plant Gesetz zur digitalen Signatur, CR 1996, 564; *Blocher*, The next big thing: Blockchain – Bitcoin – Smart Contracts, AnwBl 2016, 612; *Börner*, Das geplante Gesetz und die Verordnung zur digitalen Signatur, ZUM 1997, 245; *Bundesamt für Sicherheit in der Informationstechnik (BSI)*, TR-02102–1: Kryptographische Verfahren, Empfehlungen und Schlüssellängen, Version 2018–01; *dasselbe*, Blockchain sicher gestalten – Konzepte, Anforderungen, Bewertungen, 2019; *Bundesnetzagentur*, Empfehlungen zur technischen Umsetzung von Signaturdiensten, 2018; *Bundesregierung*, Blockchain-Strategie der Bundesregierung, 2019; *Conrad*, Die Verantwortlichkeit in der Realität, DuD 2019, 563; *Dietrich/Keller-Herder*, DeMail – verschlüsselt, authentisch, nachweisbar, DuD 2010, 301; *Eckert*, IT-Sicherheit: Konzepte – Verfahren – Protokolle, 10. Aufl. 2018; *Eckhardt*, Berufsspezifische Regelungen, Recht der elektronischen Signaturen, elektronischer Personalausweis, DE-Mail, in: Auer-Reinsdorff/Conrad (Hrsg.), Handbuch IT- und Datenschutzrecht, 3. Aufl. 2019, § 30, S. 1494; *Engel-Flechsig/Maennel/Tettenborn*, Das neue Informations- und Kommunikationsdienste-Gesetz, NJW 1997, 2989; *Erbguth*, Datenschutzkonforme Verwendung von Hashwerten auf Blockchains, MMR 2019, 654; *Fuhrmann*, Vertrauen im Electronic Commerce, 2001; *Gravesen/Dumortier/van Eecke*, Die europäische Signaturrichtlinie, MMR 1999, 577; *Grigorjew*, Beweiseignung fortgeschrittener elektronischer Signaturen, 2015; *Hoffmann*, EU-Verordnung über elektronische Identifizierung auf nationale Angebote, DuD 2014, 765; *Hornung/Möller*, PassG/PersAuswG, 2011; *Jandt*, Beweissicherheit im elektronischen Rechtsverkehr, NJW 2015, 1205; *Janicki/Saive*, Privacy by Design in Blockchain-Netzwerken. Verantwortlichkeit und datenschutzkonforme Ausgestaltung von Blockchains, ZD 2019, 251; *Johannes*, Elektronische Formulare in Verwaltungsverfahren, MMR 2013, 694; *Knopp/Wilke/Hornung/Laue*, Grunddienste für die Rechtssicherheit elektronischer Kommunikation, MMR 2008, 723; *Kaulartz*, Die Blockchain in der öffentlichen Verwaltung, in: Seckelmann (Hrsg.), Digitalisierte Verwaltung – Vernetztes E-Government, 2. Aufl. 2019, 689; *Kuner*, Das Signaturgesetz aus internationaler Sicht, CR 1997, 643; *Lapp*, Berufsspezifische Regelungen, Recht der elektronischen Signaturen, elektronischer Personalausweis, DE-Mail, in: Auer-Reinsdorff/Conrad (Hrsg.), Handbuch IT- und Datenschutzrecht, 3. Aufl. 2019, § 30, S. 1494; *Lapp*, Brauchen wir De-Mail und Bürgerportale?, DuD 2009, 651; *Miedbrodt*, Signaturregulierung im Rechtsvergleich, 2001; *Pohlmann*, Bedrohungen und Herausforderungen des E-Mail-Dienstes, DuD 2010, 607; *Quiring-Kock*, Entwurf EU-Verordnung über elektronische Identifizierung und Vertrauensdienste, DuD 2013, 20; *Rieß*, Digitale Signaturen – Schutz des elektronischen Geschäftsverkehrs, DuD 1997, 284; *Roßnagel*, Elektronische Schriftkommunikation (De-Mail, Vertrauensdienste), in: Veit/Reichard/Wewer (Hrsg.), Handbuch zur Verwaltungsreform, 5. Aufl. 2019, S. 617; *ders.*, Das Vertrauensdienstegesetz, MMR 2018, 31; *ders.* (Hrsg.), Das neue Datenschutzrecht, 2018; *ders.*, Das Recht der Vertrauensdienste – Die eIDAS-Verordnung in der deutschen Rechtsordnung, 2016; *ders.*, Die digitale notarielle Form, in: 29. Deutscher Notartag Berlin 2016, DNotZ-Sonderheft 2016, 142; *ders.*, Beweiswirkungen elektronischer Vertrauensdienste, MMR 2016, 647; *ders.*, Der Anwendungsvorrang der eIDAS-Verordnung, MMR 2015, 359; *ders.*, Neue Regeln für sichere elektronische Transaktionen – Die EU-Verordnung über elektronische Identifizierung und Vertrauensdienste, NJW 2014, 3686; *ders.*, Einleitung ins SigG, in: Recht der Telemediendienste, 2013; *ders.*, Das De-Mail-Gesetz – Grundlage für mehr Rechtssicherheit im Internet, NJW 2011, 1473; *ders.*, Technikneutrale Regulierung: Möglichkeiten und Grenzen, in: Eifert/Hoffmann-Riem (Hrsg.), Innovationsfördernde Regulierung, 2009, S. 323; *ders.*, Fremderzeugung von qualifizierten Signaturen? – Ein neues Geschäftsmodell und seine Rechtsfolgen, MMR 2008, 24; *ders.*, Fremdsignieren elektronischer Rechnungen: Vorsteuerabzug gefährdet, BB 2007, 1233; *ders.*, Elektronische Signaturen mit der Bankkarte, NJW 2005, 387; *ders.*, Die elektronische Verwaltung, NJW 2003, 469; *ders.*, Die Europäische Signatur-Richtlinie und Optionen ihrer Umsetzung, MMR 1999, 261; *ders.*, Neues Recht für Multimediadienste – Informations- und Kommunikationsdienste-Gesetz und Mediendienste-Staatsvertrag, NVwZ 1998, 1; *ders.*, Elektronische Signaturen in Europa – Der Richtlinienvorschlag der Europäischen Kommission, MMR 1998, 331; *ders.*, Das Signaturgesetz – kritische Bemerkungen zum Entwurf der Bundesregierung, DuD 1997, 75; *ders./Hornung/Knopp/Wilke*, De-Mail und Bürgerportale – Eine Infrastruktur für Kommunikationssicherheit, DuD 2009, 728; *ders./Johannes*, Entwurf einer EU-Verordnung über elektronische Identifizierung und Vertrauensdienste, ZD 2013, 65; *ders./Nebel*, Beweisführung mittels ersetzend gescannter Dokumente, NJW 2014, 886; *ders./Pfitzmann*, Der Beweiswert von E-Mail, NJW 2003, 1209; *ders./Schmücker* (Hrsg.), Beweiskräftige elektronische Archivierung, 2006; *Rupp*, Die Beweisführung mit privaten elektronischen Dokumenten, 2018; *Saive*, Rückabwicklung von Blockchain-Transaktionen, DuD 2018, 764; *Schlechter*, Sicherheit im Internet – Grundzüge einer europäischen Rechtspolitik, K&R 1998, 147; *Schulz*, Rechtsprobleme des Identitätsmanagements, DuD 2009, 601; *Schumacher*, Digitale Signaturen in Deutschland, Europa und den U.S.A. Ein Problem, zwei Kontinente, drei Lösungen?, CR 1998, 758; *ders.*, Akkreditierung und Zertifizierung von De-Mail-Diensteanbietern, DuD 2010, 302; *Seckelmann*, Elektronischer Identitätsnachweis, in: Veit/Reichard/ Wewer (Hrsg.), Handbuch zur Verwaltungsreform, 5. Aufl. 2019, S. 629; *Seegebarth*, Perspektiven aus der eIDAS-Verordnung, DuD 2014, 675; *Stach*, Mit Bürgerportalen für einfach sichere, vertrauliche und verbindliche elektronische Kommunikation, DuD 2008, 184; *Werner/Wegener*, Bürgerprotale, CR 2009, 31; *Wilhelm*, Rechtssichere elektronische Kommunikation, in: Seckelmann (Hrsg.), Digitalisierte Verwaltung – Vernetztes E-Government, 2. Aufl. 2019, S. 285; *Wilke*, Die rechtssichere Transformation von Dokumenten, 2011; *Wüst/Gervais*, Do you Need a Blockchain?, abrufbar unter https://eprint.iacr.org/2017/375.pdf.

A. Sicherheitsbedarf	2
B. Sicherheitsinfrastrukturen und -dienste	7
I. Elektronische Signaturen	8
1. Asymmetrische Verschlüsselung und öffentliche Schlüsselsysteme	9
2. Zertifikate und Zertifizierungsdienste	15
3. Sicherheitsgewährleistungen	20
II. Sichere und nachweisbare Übermittlung	22
1. Übermittlung	23
2. Übermittlungsdienste	24
III. Dezentrale Registerdienste	26
C. Recht der Sicherheitsinfrastrukturen und -dienste	28
I. Regelungssysteme	30
1. Regelungen von Infrastrukturen für Signaturdienste	31
2. Regelungen von Infrastrukturen für Vertrauensdienste	33
3. Regelungen von Infrastrukturen für Übermittlungsdienste	35
II. Vertrauensdienste	37
1. Anwendungsbereich	39
2. Anforderungen an Vertrauensdienste	40
3. Anforderungen an qualifizierte Vertrauensdienste	43
a) Anforderungen an das Dienstangebot	44
b) Anforderungen an Zertifikate	46
c) Anforderungen an technische Komponenten	48
4. Anforderungen an spezifische Vertrauensdienste	49
a) Qualifizierte elektronische Signaturen	50
b) Qualifizierte elektronische Siegel	57
c) Qualifizierte elektronische Zeitstempel	58
d) Qualifizierte Zertifikate für die Website-Authentifizierung	59
III. Übermittlungsdienste	60
1. Dienste für die Zustellung elektronischer Einschreiben	61
a) Anforderungen an Dienste für die Zustellung elektronischer Einschreiben	62
b) Anforderungen an die Sicherheitsinfrastruktur für elektronische Einschreiben	64
2. De-Mail	65
a) Anforderungen an Diensteanbieter	66
b) De-Mail-Dienste-Nutzung	75
c) Akkreditierung und Kontrolle	76
IV. Dezentrale Registerdienste	77
V. Rechtswirkungen	82
1. Formerfüllung	84
2. Beweiswirkungen	90
a) Zulässigkeit als Beweismittel	91
b) Beweiserleichterung für qualifiziert signierte Erklärungen	92
c) Beweiserleichterungen für bestimmte Vertrauensdienste	98
d) Keine Beweiserleichterungen für Blockchain-Verfahren	103
D. **Zusammenfassung und Ausblick**	104

Das Erstellen und Austauschen **elektronischer Erklärungen** hat viele Vorteile. Unter anderem kann man elektronische Erklärungen schnell und einfach austauschen. Dies nutzen viele, obwohl ihre Integrität und Authentizität sowie ihre Zustellung weder gewährleistet noch nachgewiesen werden können. Bei formbedürftigen und beweisrelevanten Erklärungen ist dies aber nicht möglich. Sie haben einen **spezifischen Sicherheitsbedarf** hinsichtlich Integrität, Authentizität und sicherer Zustellung (I.). Um diesen zu befriedigen, bieten Sicherheitsinfrastrukturen und -dienste technisch-organisatorische Lösungen an (II.). Für diese bedarf es jedoch der rechtlichen Rahmensetzung, um als Vertrauensanker für den rechtssicheren Austausch und Beweis elektronischer Erklärungen dienen zu können. Sie müssen die notwendigen Anforderungen an Sicherheitsinfrastrukturen und -dienste enthalten, auf deren überprüfter Erfüllung Regelungen zu Rechtsfolgen aufsetzen können (III.). Die Sicherheitsinfrastrukturen und -dienste haben allerdings noch nicht die Verbreitung erfahren, die für einen sicheren Rechtsverkehr notwendig wäre, weil die rechtlichen Regelungen sie als Marktgut und nicht als notwendige Infrastruktur des elektronischen Rechtsverkehrs betrachten (IV.).

A. Sicherheitsbedarf

2 Jahrhunderte war **Papier** die materielle, aber kaum wahrgenommene Grundlage der Rechtsordnung. Nahezu jede rechtlich relevante Erklärung wurde auf Papier festgehalten. Von Geldscheinen, Schecks und Wechsel über Verträge, Bestellungen, Rechnungen, Quittungen, Formulare, Anträge, Ausweise, Zeugnisse und Bescheide, Fahrscheine und Eintrittskarten, Grundbuch und Handelsregister, Klagen, Urkunden und Urteile bis hin zum Bundesgesetzblatt gründete alles auf Papier. Max Weber hat die papierne Aktenführung sogar als Wesensmerkmal der unser Leben zutiefst prägenden öffentlichen und privaten Bürokratie erkannt.[1]

3 Dies hat sich grundlegend verändert. Statt Papier werden Bits und Bytes ausgetauscht. Die Digitalisierung aller Lebensbereiche führt dazu, dass rechtsrelevante Erklärungen zunehmend in elektronischer Form erfolgen. Dies gilt nicht nur für Erklärungen, die bis dahin auf Papier festgehalten worden sind, sondern auch für mündliche Erklärungen. Sie werden digital erhoben und in Text-, Sprach- und Videodateien oder Streamings übertragen. Hinzu kommen neue Formen von Erklärungen wie beispielsweise in Messenger-Diensten. Durch Austausch dieser vielfältigen Formen elektronischer Erklärungen werden Verträge geschlossen und Verwaltungsverfahren durchgeführt und damit insgesamt ein **elektronischer Rechtsverkehr** ermöglicht.

4 Papier weist einige Nachteile auf, die mit seiner physischen Existenz zusammenhängen: Als Original ist es nur einmal vorhanden, kann nur jeweils an einer Stelle von einer Person bearbeitet werden, benötigt viel Speicherplatz, wird mit mehreren Medienbrüchen erzeugt und verarbeitet, muss – mit entsprechender Zeitdauer – physisch transportiert und kann nicht automatisch weiterverarbeitet werden. Demgegenüber bieten elektronische Erklärungen als körperlose elektromagnetische Spannungszustände die spiegelbildlichen **Vorteile**: Da sie nicht auf einen physischen Träger angewiesen sind, können sie ohne Medienbruch erstellt und verarbeitet, quasi ohne Zeitverlust um die ganze Erde transportiert und automatisch weiterverarbeitet werden. Sie sind für viele Bearbeiter[2] gleichzeitig im Original verfügbar und benötigen nahezu keinen Raum zur Aufbewahrung.

5 Den Vorteilen der Körperlosigkeit elektronischer Erklärungen entsprechen allerdings auch drei entscheidende **Nachteile**:[3]

- Die *Integrität* digitaler Daten ist nicht zu gewährleisten: Sie haben keine Geschichte. Daher können „elektronisch übertragene oder gespeicherte Daten [...] verändert werden, ohne dass dies Spuren hinterlässt und nachgewiesen werden kann".[4] Dies gilt nicht nur für Texte, sondern ebenso für Bilder und Töne.[5]
- Die *Authentizität* des Erklärenden ist weder gesichert noch nachvollziehbar. Mit geringem Aufwand kann sich jeder als ein bestimmter Aussteller oder Sender digitaler Erklärungen ausgeben.[6]
- Die *Zustellung* elektronischer Erklärungen ist weder gesichert noch nachweisbar. Der Empfänger elektronischer Erklärungen kann jederzeit abstreiten, die Erklärung erhalten zu

---

1 *Weber*, Wirtschaft und Gesellschaft, 1922, 5. Aufl. – revidiert von *Winckelmann* – Studienausgabe, 1980, S. 126 ff., 552.
2 Zur besseren Lesbarkeit des Textes wird auf die Aufzählung mehrerer Geschlechter verzichtet. Die generische männliche Bezeichnung umfasst immer auch alle Personen anderer Geschlechter.
3 S. hierzu *Roßnagel* in Roßnagel, Einleitung ins SigG, Rn. 7 ff.
4 S. Begründung zum SigG, BR-Drs. 966/96, 28.
5 S. näher *Grimm/Waidner* in → § 2 Rn. 30 ff.
6 S. näher Grimm/Waidner in → § 2 Rn. 34 ff.

haben, ohne dass der Sender dies widerlegen kann.[7] Umgekehrt kann der Empfänger nicht nachweisen, dass ihm der angebliche Sender die Erklärung zugestellt hat.[8]

Diese Nachteile verhindern zwar nicht, formlose Erklärungen in digitaler Form rechtsverbindlich abzugeben und elektronisch zu übermitteln. Sie verhindern jedoch belastbare **Rechtssicherheit** und begründen für viele Situationen des Rechtslebens ein Vertrauensproblem. Dies schließt nicht aus, dass diese Nachteile in vielen Fällen wegen der genannten Vorteile hingenommen werden. Vielfach wird auch versucht, mit unterschiedlichsten Hilfsmitteln – wie etwa Passwörtern und PINs – die rechtlichen Risiken zu reduzieren. Dennoch: Wegen der Manipulationsmöglichkeiten ist die Beweiskraft elektronischer Erklärungen und ihrer Zustellung äußerst gering. Formanforderungen, die die Rechtsordnung für bestimmte Willenserklärungen aufstellt, können nicht erfüllt werden. Für wichtige Willenserklärungen bleibt daher das Problem, dass für elektronischen Erklärungen wegen der mangelnden Nachweisbarkeit von Integrität, Authentizität und Zustellung ein Vertrauensdefizit besteht.[9]

B. Sicherheitsinfrastrukturen und -dienste

Sollen Integrität, Authentizität und Zustellung elektronischer Erklärungen gesichert werden, um eine ausreichende Rechtssicherheit zu erreichen, kommen grundsätzlich mehrere technisch-organisatorische Sicherheitsinfrastrukturen und -dienste in Betracht.

I. Elektronische Signaturen

Eine zentrale technisch-organisatorische Lösung der beschriebenen Vertrauensprobleme bieten elektronische **Vertrauensdienste**. Sie basieren letztlich alle auf den Konzepten asymmetrischer Verschlüsselung, öffentlicher Schlüsselsysteme und elektronischer Signaturen. Für die Anwendung elektronischer Signaturen gibt es verschiedene Ausprägungen mit unterschiedlichem Sicherheitsstandard.

1. Asymmetrische Verschlüsselung und öffentliche Schlüsselsysteme

Asymmetrische Verschlüsselung und **öffentliche Schlüsselsysteme** ermöglichen technisch, prinzipiell die Probleme mangelnder Integrität, Authentizität und Zustellung elektronischer Erklärungen zu lösen.[10] Sie arbeiten mit asymmetrischen Schlüsselpaaren. Für das Verschlüsseln wird ein anderer Schlüssel verwendet als für das Entschlüsseln. Diese Schlüssel passen zwar zueinander, doch kann man aus dem einen den anderen nicht berechnen. Dieser könnte nur durch Ausprobieren gefunden werden. Durch die Wahl der Schlüssellänge kann der durchschnittliche Zeitaufwand, dies zu erreichen, so erhöht werden, dass dies auch mit viel Rechenkapazität nicht in praktisch relevanten Zeiträumen zu leisten ist. Asymmetrische Verschlüsselungsverfahren gelten dann als praktisch sicher, wenn mit diesem Ergebnis die Schlüssellänge immer wieder den Fortschritten der Rechnertechnik angepasst wird.[11]

Da **asymmetrische Verschlüsselung** verschiedene Schlüssel verwendet und einer aus dem anderen nicht zu berechnen ist, kann einer der beiden Schlüssel – möglichst breit – veröffentlicht und von jedem Kooperationspartner genutzt werden. Nur der andere Schlüssel muss geheim

---
7 S. näher *Grimm/Waidner* in → § 2 Rn. 48 ff.
8 S. näher *Roßnagel/Pfitzmann* NJW 2003, 1209; *Werner/Wegener* CR 2009, 310; *Roßnagel/Hornung/Knopp/Wilke* DuD 2009, 728; *Pohlmann* DuD 2010, 607.
9 S. Erwägungsgrund 1 eIDAS-VO. S. hierzu bereits *Fuhrmann*, Vertrauen im Electronic Commerce.
10 S. näher *Grimm/Waidner* in → § 2 Rn. 88 ff.
11 S. hierzu den SOG-IS Kryptokatalog, SOG-IS, SOG-IS Crypto Evaluation Scheme: Agreed Cryptographic Mechanisms, 2016. Retrieved from https://www.sogis.org/documents/cc/crypto/SOGIS-Agreed-Cryptographic-Mechanisms-1.0.pdf; Bundesnetzagentur, Empfehlungen zur technischen Umsetzung von Signaturdiensten, 2018; BSI TR-02102–1: Kryptographische Verfahren, Empfehlungen und Schlüssellängen.

bleiben. Ein Schlüssel kann zum Verschlüsseln und der andere zum Entschlüsseln verwendet werden. Diese öffentlichen asymmetrischen Schlüsselsysteme erfordern daher nicht – wie symmetrische Verfahren – den gleichen geheimen Schlüssel zwischen den Kooperationspartnern auszutauschen und zwingen nicht zu einer umfangreichen Schlüsselverwaltung, in der für jede Beziehung mit einem anderen Partner ein anderer Schlüssel verwendet werden muss. Vielmehr genügt ein Schlüsselpaar, um alle Kommunikationsbeziehungen zu sichern. Öffentliche Schlüsselsysteme sind daher geeignet, mehrseitige Sicherheit in offenen Netzen gegenüber jedem beliebigen Partner zu gewährleisten.

11 Öffentliche Schlüsselsysteme bieten die Möglichkeit, **elektronische Signaturen** zu erzeugen und zu prüfen:[12] Das Signierprogramm erzeugt eine elektronische Signatur, indem es mit einer sogenannten Hash-Funktion eine Kurzfassung der Erklärung herstellt und diese mit dem geheimen Schlüssel des Erklärenden verschlüsselt. Dieses Kryptogramm wird als elektronische Signatur an die Daten der Erklärung angehängt. Signiert werden können alle digitalen Daten unabhängig von ihrer Interpretation – nicht nur Texte, sondern auch Sprache, Musik, Bilder, Software.

12 Mithilfe des öffentlichen Schlüssels des Erklärenden kann der Empfänger die **Integrität** signierter Daten überprüfen. Das Prüfprogramm berechnet die Kurzfassung der empfangenen Daten, transformiert das Kryptogramm mit dem öffentlichen Schlüssel des Ausstellers wieder zu der ursprünglichen Kurzfassung zurück und vergleicht beide Kurzfassungen. Wurde die Erklärung verändert, unterscheiden sich beide Kurzfassungen; sind sie identisch, kann der Empfänger sicher sein, dass die Erklärung echt ist. Mithilfe der elektronischen Signatur kann daher die Unversehrtheit eines elektronischen Datensatzes nachgewiesen werden.

13 Mit dem gleichen Verfahren kann der Empfänger auch die **Authentizität** des Ausstellers prüfen. Er kann identische Kurzfassungen nur dann erhalten, wenn das Kryptogramm mit dem geheimen Schlüssel, der zu dem öffentlichen Schlüssel passt, verschlüsselt worden ist. Solange nur der Berechtigte über den geheimen Schlüssel verfügt, kann der Empfänger nachweisen, dass die Erklärung von dem Erklärenden stammt.

14 Werden die Schlüssel in umgekehrter Reihenfolge genutzt, kann mithilfe öffentlicher Schlüsselsysteme auch die **Vertraulichkeit** von Daten gewährleistet werden:[13] Der Absender verschlüsselt die Nachricht mit dem öffentlichen Schlüssel des Empfängers und kann damit sicher sein, dass nur dieser die Nachricht mit seinem geheimen Schlüssel entschlüsseln kann.[14]

2. Zertifikate und Zertifizierungsdienste

15 Das Konzept öffentlicher Schlüsselverfahren und elektronischer Signaturen ist jedoch auf eine Vielzahl von Voraussetzungen angewiesen, die hergestellt und nachgewiesen werden müssen, um ihrem Einsatz und den Nachweisen, die sie liefern, vertrauen zu können.[15]

16 Um elektronische Signaturen erzeugen und prüfen zu können, sind nicht nur entsprechende kryptografische Verfahren und technische Komponenten erforderlich; benötigt wird außerdem eine Infrastruktur aus Dienstleistern, Dienstleistungen, Standards und Regeln. Diese Sicherheitsinfrastruktur muss folgende Funktionen erbringen: Ein „**vertrauenswürdiger Dritter**" muss sich davon überzeugen, dass der geheime Schlüssel nur einmal vorhanden ist und nur jeweils eine Person über den geheimen Schlüssel verfügen kann. Er muss gegenüber dem

---

12 S. zB *Eckert*, IT-Sicherheit, S. 396 ff. S. näher *Grimm/Waidner* in → § 2 Rn. 94 ff.
13 Diese Möglichkeit wird im Folgenden nicht weiterverfolgt. S. hierzu *Grimm/Waidner* in → § 2 Rn. 88 ff.
14 Um die etwa tausendfach höhere Geschwindigkeit symmetrischer Verschlüsselungsverfahren zu nutzen, werden in der Praxis meist Hybridverfahren benutzt, in denen ein symmetrischer Schlüssel zur Verschlüsselung der Daten mit dem öffentlichen Schlüssel des Empfängers verschlüsselt wird.
15 S. hierzu *Roßnagel* in Roßnagel, Einleitung ins SigG, Rn. 23.

Rechtsverkehr bestätigen, dass ein öffentlicher Schlüssel zu einer bestimmten Person gehört. Diese Bestätigung ist ihrerseits eine elektronische Erklärung, die von dem „vertrauenswürdigen Dritten" elektronisch signiert ist. Diese Bestätigung wird (Signatur-)Zertifikat genannt. Vor der Ausstellung des Zertifikats muss der „vertrauenswürdige Dritte" den Signaturschlüssel-Inhaber zuverlässig identifizieren. Er muss eine jederzeitige Online-Überprüfung des Zertifikats durch einen telekommunikativ erreichbaren Verzeichnisdienst ermöglichen und er muss einen Sperrdienst anbieten, damit Berechtigte das Zertifikat jederzeit sperren lassen können.

Der öffentliche Schlüssel zum (Signatur-)Zertifikat kann wiederum von einem weiteren „vertrauenswürdigen Dritten" mit einem elektronisch signierten Zertifikat versehen sein, dessen Zertifikat wieder von einem „vertrauenswürdigen Dritten" und so weiter. Auf diese Weise ergeben sich **Zertifikatshierarchien**, die in der Praxis bis auf die Stufe geführt werden, auf der die Kooperationspartner einen Dritten finden, dessen öffentlichem Schlüssel sie gemeinsam vertrauen.

Die **geheimen Schlüssel** sind einerseits besonders geschützt aufzubewahren, andererseits müssen sie für ihren Besitzer überall verfügbar sein. Aus diesem Grund wird der geheime Schlüssel in einem sicheren Trägermedium seines Besitzers gespeichert – derzeit überwiegend in einer Chipkarte.[16] Die Signierfunktion kann nur der Signaturschlüssel-Inhaber über eine PIN oder über eine biometrische Überprüfung seiner Identität (zB Fingerabdruck) aktivieren.

Diese notwendigen infrastrukturellen Vorleistungen müssen unter Übernahme von Verantwortung als Dienstleistungen von Stellen übernommen werden, die über die erforderliche technische, personelle und organisatorische Ausstattung verfügen.

3. Sicherheitsgewährleistungen

Die Sicherheit elektronischer Signaturen ist sehr voraussetzungsvoll. Sie basiert auf dem Zusammenspiel von ausreichend sicheren kryptografischen Algorithmen und Parametern, ausreichend sicheren technischen Komponenten, die zur Erzeugung und Speicherung von Schlüsseln, zur Erzeugung und Prüfung elektronischer Signaturen und zur Darstellung zu signierender und signierter Daten und Prüfergebnisse eingesetzt werden, sowie auf einer ausreichend sicheren Organisation der Sicherheitsinfrastruktur. Um ihre Gesamtsicherheit zu gewährleisten, muss ausreichende Sicherheit auf mindestens sechs Ebenen erbracht werden:[17]

- *Kryptografische Sicherheit*: Die eingesetzten Verschlüsselungsverfahren müssen gewährleisten, dass ein geheimer Schlüssel nur einmal generiert wird und nicht in einem praktisch relevanten Zeitraum aus dem öffentlichen Schlüssel oder einer elektronischen Signatur berechnet werden kann.
- *Verwendungssicherheit*: Sind die kryptografischen Verfahren sicher, darf auch ihre Verwendung zur Transformation von Datensätzen keine Schwachstellen aufweisen. Die Hashfunktion muss sicherstellen, dass vom Hashwert nicht auf den Originaldatensatz zurückgerechnet werden kann, und sie muss ausschließen, zwei verschiedene praktisch relevante Texte zu finden, die den gleichen Hashwert liefern.
- *Physische Sicherheit*: Der geheime Schlüssel darf auf dem Datenträger nicht ausgeforscht und nicht kopiert werden können.
- *Zugriffssicherheit*: Unberechtigte dürfen, auch wenn sie im Besitz des Datenträgers sind, nicht auf den geheimen Schlüssel zugreifen können. Auch muss verhindert werden, dass sie auf technische Komponenten zum Erstellen und Verfügbarhalten von Zertifikaten und Zeitstempeln zugreifen.

---

16 S. hierzu näher *Grimm/Waidner* in → § 2 Rn. 99 ff.
17 *Roßnagel* in Roßnagel, Einleitung ins SigG, Rn. 26.

- *Anwendungssicherheit*: Signatur- und Prüfprogramme müssen so in ihre Anwendungsumgebung integriert sein, dass es nicht möglich ist, vor dem Signieren andere als die gewünschten Daten anzuzeigen oder unterzuschieben und beim Prüfen falsche Prüfergebnisse oder signierte Daten zu generieren oder anzuzeigen.
- *Organisationssicherheit*: Die notwendigen Funktionen der Sicherheitsinfrastruktur (Schlüsselerzeugung, Identifizierung der Schlüsselinhaber, Zertifizierung, Überprüfung des Datenträgers, Ausgabe des Datenträgers, Verzeichnis- und Sperrdienst) müssen sicher erbracht werden.

21 Nur wenn diese Sicherheitsleistungen sicher und verlässlich erbracht und nachgewiesen werden, ist ein ausreichendes Vertrauen in die technisch-organisatorische Lösung elektronischer Signaturen begründet.

II. Sichere und nachweisbare Übermittlung

22 Eine von allen Teilnehmern am elektronischen Rechtsverkehr nutzbare technisch-organisatorische Lösung der beschriebenen Probleme einer sicheren und nachweisbaren **Zustellung** elektronischer Erklärungen können eigene Sicherungsinfrastrukturen bieten, in denen die Übermittlungsdienste gemeinsam die gleichen standardisierten Sicherheitsmerkmale gewährleisten.

1. Übermittlung

23 Der **E-Mail-Verkehr** ist zwar einfach, schnell und preiswert. Um diese Eigenschaften zu erreichen, sehen die E-Mail-Standards keine Sicherungsmittel vor. Genau deshalb ist E-Mail-Verkehr aber auch unsicher. Niemand kann sicher sein, wer sein wirklicher Kommunikationspartner ist. Prinzipiell kann jeder jede Identität annehmen. Eine verlässliche Zuordnung von Handlungen zu ihrem Urheber ist nicht möglich. Daher kann auch niemand sicher sein, ob er eine Nachricht einer bestimmten Person sicher und vertraulich zustellen kann, und umgekehrt, ob er alle an ihn gerichteten Nachrichten auch tatsächlich – ungelesen, unkopiert und unverändert – empfängt. Diese Mängel können durch Zustelldienste beseitigt werden, die in einer eigenen Sicherheitsinfrastruktur für sichere E-Mail zusammenarbeiten, die Übermittlung in gesicherter Weise durchführen und die Zustellung einer Mail beweissicher bestätigen. Hierfür müssen sie die Nutzer vor Eröffnung eines E-Mail-Kontos identifizieren, sie müssen sie bei jeder Nutzung des E-Mail-Kontos authentifizieren, sie müssen die Nachrichten sicher und nichtausforschbar übertragen und sowohl das Senden als auch das Empfangen in nachprüfbarer Weise bestätigen. Dies muss auch gegen nichtkooperative Kommunikationspartner möglich sein. Für die beweissichere Bestätigung bietet sich der Einsatz qualifizierter Vertrauensdienste an.

2. Übermittlungsdienste

24 Eine Sicherheitsinfrastruktur, die die beschriebenen Mängel beseitigt und die notwendigen Sicherheitsdienste anbietet, soll durch **De-Mail** erreicht werden. Zu diesem Zweck haben Mail-Provider neben ihren bisherigen Angeboten zusätzlich eine eigene Infrastruktur für sichere E-Mail-Kommunikation aufgebaut und arbeiten in dieser zusammen.[18] Durch die Identifizierung aller Nutzer von De-Mail, durch ihre sichere Authentisierung vor jeder Nutzung, durch den Schutz der übermittelten Inhalte und durch die Bestätigung von Identitäten und Handlungen[19] soll De-Mail vier Möglichkeiten bieten, die bisher im E-Mail-Verkehr fehlen, nämlich einen gegen Ausspähung und Manipulation gesicherten E-Mail-Verkehr, sichere

---
[18] S. *Stach* DuD 2008, 184 (184 ff.); *Dietrich/Keller-Herder* DuD 2010, 301.
[19] S. hierzu auch *Knopp/Wilke/Hornung/Laue* MMR 2008, 723.

Nachweise der Identität des Kommunikationspartners, belastbare Beweismittel für Handlungen im E-Mail-Verkehr und eine rechtssichere Zustellung elektronischer Dokumente auch gegen nichtkooperative Kommunikationspartner.[20] Verwaltungsbehörden können so sogar eine förmliche Zustellung bewirken.

Auch außerhalb von De-Mail können solche **Sicherheitsinfrastrukturen** und -dienste mit vergleichbaren Sicherheitsmerkmalen aufgebaut und genutzt werden. Sie können für unterschiedliche Regionen konzipiert sein, nur einen[21] oder vielen Anbieter umfassen und untereinander konkurrieren oder kooperieren.

III. Dezentrale Registerdienste

Eine alternative Sicherheitsinfrastruktur mit spezifischen Diensten könnte durch dezentrale Registerdienste (**Distributed Ledger Technology** – DLT) auf Basis von **Blockchain**-Verfahren entstehen.[22] In solchen Infrastrukturen werden elektronische Erklärungen in der Weise miteinander verbunden gespeichert, dass der Hashwert der zeitlich jeweils vorhergehenden Erklärung in die Speicherung der folgenden Erklärung eingebunden wird. Um sicher zu gehen, dass dieser Eintrag integer und authentisch ist, versieht der Erklärende die Daten seiner Erklärung zusammen mit dem Hashwert der vorhergehenden Erklärung mithilfe seines geheimen Schlüssels mit einer elektronischen Signatur. Die Gültigkeit dieses Eintrags kann unter Verwendung des öffentlichen Schlüssels des Erklärenden von jeder Person geprüft werden. Diese Kette von Erklärungen wird nicht von einem „vertrauenswürdigen Dritten" gesichert oder gespeichert, sondern dezentral von sehr vielen Teilnehmern (Knoten) der Blockchain gleichzeitig. Eine Veränderung oder Löschung einer Eintragung wäre nur dann spurenlos möglich, wenn auf eventuell Tausenden von Rechnern diese und alle nachfolgenden verknüpften Erklärungen gleichzeitig geändert werden könnten.[23] Umgekehrt lässt sich die Echtheit einer Erklärung und die Authentizität eines Erklärenden und die chronologische Reihenfolge der Transaktionen dadurch ermitteln, dass durch ein für das Register festgelegtes Protokoll in allen beteiligten Knoten festgestellt wird, welche Fassung der Erklärung bei ihnen gespeichert ist. Unterscheiden sich wenige Fassungen der Erklärung von der Fassung, die bei der Mehrzahl der Knoten gespeichert ist, kann davon ausgegangen werden, dass nur die in den meisten Knoten gespeicherte Erklärung die echte und authentische ist.[24]

Da ein öffentliches dezentrales Register als solches keinen „vertrauenswürdigen Dritten" benötigt, könnten die durch sie gespeicherten Erklärungen rein technisch **ohne Intermediär** festgehalten und gesichert werden. Dezentrale Register ermöglichen daher, dass Werte oder Token (als Stellvertreter von Gütern oder Rechten) unmittelbar zwischen den Teilnehmern ausgetauscht oder sonstige Transaktionen ohne Vermittlung eines Dritten vorgenommen werden. Sie sollen allen Teilnehmern Zugriff auf den Status und die Historie der im Register erfolgten Transaktionen ermöglichen und dadurch Rechtssicherheit gewährleisten.[25]

C. Recht der Sicherheitsinfrastrukturen und -dienste

Das Recht darf den Sicherheitsleistungen der Sicherheitsinfrastrukturen und -dienste nur dann vertrauen und an dieses **Vertrauen** Rechtsfolgen knüpfen, wenn es durch rechtliche Regelun-

---

20 Begründung der Bundesregierung, BT-Drs. 17/3630, 1.
21 S. zB den bisherigen ePost der Deutschen Post, seit dem 1.1.2020 „eIDAS-Brief".
22 S. auch *Grimm/Waidner* in → § 2 Rn. 133.
23 S. zB *Blocher* AnwBl 2016, 612 (615 f.); BSI, Blockchain sicher gestalten, S. 9 ff.
24 S. zB Bundesregierung, Blockchain-Strategie, S. 3; *Kaulartz* in Seckelmann, 2019, S. 689 ff.
25 S. zB Bundesregierung, Blockchain-Strategie, S. 3; *Blocher* AnwBl 2016, 612 (615 f.); BSI, Blockchain sicher gestalten, S. 9 ff.

gen Anforderungen an die Sicherheitsdienste und ihr Zusammenwirken getroffen hat. Auch muss es sicherstellen, dass diese Sicherheitsleistungen ausreichend zuverlässig erbracht werden. Nur auf der Grundlage nachgewiesener Sicherheit dieser Verfahren darf es die Rechtsfolgen ihrer Verwendung – insbesondere zur Erfüllung bestimmter rechtlicher **Formenvorgaben** und die **Beweiswirkungen** bestimmter Erklärungsformen – regeln. Solche gesetzlichen Regelungen bestehen in der Rechtsordnung sowohl der Europäischen Union als auch der Bundesrepublik Deutschland.

29 Ausreichendes Vertrauen in Sicherheitsinfrastrukturen und -dienste kann nur begründet werden, wenn die Erfüllung der verschiedenen Sicherheitsanforderungen rechtlich gewährleistet wird. Rechtliche Regelungen müssen diese Anforderungen an die technischen Mittel und Dienste festlegen sowie die Überprüfung ihrer Erfüllung und die Kontrolle der Überprüfer gewährleisten. Darüber hinaus müssen sie aber auch die rechtlichen Wirkungen des Einsatzes der Sicherheitsinfrastrukturen und -dienste festlegen, wenn deren **Sicherheit nachgewiesen** ist. Die angeordneten Rechtfolgen stehen allerdings sachlich in einem zwingenden Verhältnis zur nachgewiesenen Sicherheit. Sie dürfen nur angeordnet werden, wenn die technisch-organisatorischen Lösungen die funktional geforderte Sicherheit auch tatsächlich bieten.

I. Regelungssysteme

30 Die rechtlichen **Regelungssysteme** für Sicherheitsinfrastrukturen und -dienste haben sich inhaltlich in drei Stufen entwickelt:

1. Regelungen von Infrastrukturen für Signaturdienste

31 Die erste Stufe betrifft die Regelung elektronischer Signaturen. Als weltweit erstes Gesetz zu elektronischen Signaturen für den gesamten Rechtsraum eines Staats trat in Deutschland am 1.8.1997 das **Signaturgesetz** in Kraft.[26] Die Signaturverordnung, die das Gesetz mit technisch-organisatorischen Einzelheiten konkretisierte, galt vom 1.11.1997 an.[27] Das Signaturgesetz legte die Anforderungen an ein freiwilliges Angebot von Signaturverfahren einer bestimmten Qualitätsstufe fest.[28] Die Regelung der Rechtsfolgen überließ es spezifischen Gesetzen, die die Anwendung von elektronischen Signaturen dieser Qualitätsstufe regeln.

32 Um zu verhindern, dass jeder Mitgliedstaat, dem Vorbild Deutschlands folgend jeweils ein eigenes Signaturgesetz mit spezifischen Unterschieden erlässt, und um in einem einheitlichen europäischen Markt für unionsweit interoperable und anerkannte Signaturen zu sorgen, hat die Europäische Union die **Richtlinie über gemeinschaftliche Rahmenbedingungen für elektronische Signaturen**[29] beschlossen, die am 19.1.2000 in Kraft trat.[30] Zur Anpassung an die Unionsregelungen trat am 22.5.2001[31] ein neues Signaturgesetz in Kraft.[32] Am 16.11.2001 erließ die Bundesregierung zu seiner Konkretisierung eine neue Signaturverordnung.[33]

---

26 BGBl. I S. 1870. S. hierzu auch die Übersichten in *Engel-Flechsig/Maennel/Tettenborn* NJW 1997, 2989; *Roßnagel* NVwZ 1998, 1.
27 BGBl. I S. 2498.
28 S. hierzu zB *Bieser* CR 1996, 564; *Roßnagel* DuD 1997, 75 ff.; *Kuner* CR 1997, 643; *Rieß* DuD 1997, 284 (284 f.); *Börner* ZUM 1997, 245.
29 Richtlinie 1999/93/EG, EG ABl. L 13 vom 19.1.2000, S. 12.
30 S. zur Richtlinie zB *Gravesen/Dumortier/Van Eecke* MMR 1999, 577; *Roßnagel* MMR 1998, 331; *ders.* MMR 1999, 261; *Schlechter* K&R 1998, 147; *Schumacher* CR 1998, 758; *Miedbrodt* Signaturregulierung im Rechtsvergleich.
31 BGBl. I S. 876.
32 S. zu diesen ausführlich die Kommentierungen von *Roßnagel, Gitter, Hornung* und *Thomale* in Roßnagel, Recht der Telemediendienste.
33 BGBl. I S. 3074.

2. Regelungen von Infrastrukturen für Vertrauensdienste

Da es in der ersten Jahren nach diesen Regelungen nicht zu einem breiten Einsatz elektronischer Signaturen gekommen ist,[34] hat die Union in einer zweiten Stufe der Regulierung versucht, diesem Defizit dadurch abzuhelfen, dass sie anstelle der Signaturrichtlinie die Verordnung (EU) Nr. 910/2014 über elektronische Identifizierung und Vertrauensdienste für elektronische Transaktionen im Binnenmarkt und zur Aufhebung des Richtlinie 1999/93/EG (**eIDAS-VO**) erlassen hat.[35] Sie trat am 18.9.2014 in Kraft, gilt in den Mitgliedstaaten aber erst seit dem 1.7.2016. Um das Vertrauen in den elektronischen Rechtsverkehr in der Union zu stärken,[36] regelt sie weitergehender als die Richtlinie weitere Sicherungsmittel und -dienste als nur die elektronische Signatur. Diese **Vertrauensdienste** sollen Manipulations-, Rechts- und Beweissicherheit unionsweit gewährleisten. Als Unionsverordnung gilt die eIDAS-VO nach Art. 288 Abs. 2 Satz 1 AEUV in allen Mitgliedstaaten unmittelbar und ist für alle staatlichen Stellen verbindlich. Sie ist seit dem 1.7.2016 Teil der deutschen Rechtsordnung und bedarf keiner Umsetzung in deutsches Recht. Sie genießt im Konfliktfall Anwendungsvorrang vor allen deutschen Regelungen.[37]

Um in dieser Situation Rechtssicherheit zu gewährleisten, war es notwendig, die einschlägigen deutschen Regelungen an die Inhalte und Begriffe der eIDAS-VO anzupassen.[38] Zum 29.7.2017 trat das **Vertrauensdienstegesetz** (VDG) als Art. 1 des eIDAS-Durchführungsgesetzes[39] anstelle des Signaturgesetzes und der Signaturverordnung in Kraft.[40] Ergänzend verabschiedete die Bundesregierung am 15.2.2019 die **Vertrauensdiensteverordnung** (VDV), die technische Details der Anforderungen an Vertrauensdiensteanbieter regelt.[41]

3. Regelungen von Infrastrukturen für Übermittlungsdienste

Eine dritte Stufe bilden die Regelungen zu Infrastrukturen für sichere Übermittlungsdienste. Um in Deutschland eine sichere Kommunikationsinfrastruktur aufzubauen, die die wichtigsten E-Mail-Anbieter integriert, bietet das **De-Mail-Gesetz** (DeMailG) den notwendigen Rechtsrahmen. Nach umfangreichen Vorbereitungen und Diskussionen[42] wurde es am 28.4.2011 verabschiedet und trat am 3.5.2011 in Kraft.[43] Es regelt die obligatorischen und optionalen De-Mail-Dienste, die Anforderungen an ihren Beitrag zur Kommunikationssicherheit sowie ihre Überprüfung und Akkreditierung. Die Regelung der Rechtsfolgen überlässt das DeMailG spezifischen Gesetzen, die die Anwendung von De-Mail-Diensten regeln.

Mit der eIDAS-Verordnung sollte auch ein „Rechtsrahmen" geschaffen werden, „um die grenzüberschreitende Anerkennung zwischen den bestehenden nationalen rechtlichen Regelungen in Bezug auf Dienste für die **Zustellung elektronischer Einschreiben** zu erleichtern".[44] Die eIDAS-Verordnung bietet als spezifischen „Rechtsrahmen" nur die Art. 43 und 44, die Beweiswirkungen qualifizierter elektronischer Einschreiben und Anforderungen an qualifizierte Dienste für die Zustellung elektronischer Einschreiben regeln.

---

34 Dies war nur dort der Fall, wo die Mitgliedstaaten ihren Einsatz vorgeschrieben haben – in Deutschland zB für Rechtsanwälte, Notare oder den Emissionshandel; s. näher *Roßnagel* in Roßnagel, Einleitung ins SigG, Rn. 138 ff.
35 EU ABl. L 257, S. 73; s. zB *Hoffmann* DuD 2014, 765; *Seegebarth* DuD 2014, 675; *Roßnagel*, NJW 2014, 3686.
36 Erwägungsgrund 2 eIDAS-VO.
37 S. hierzu *Roßnagel* MMR 2015, 359 (359 ff.).
38 S. vorbereitend *Roßnagel*, Das Recht der Vertrauensdienste.
39 BGBl. I, S. 2745.
40 S. *Roßnagel* MMR 2018, 31 (31 ff.).
41 BGBl. I S. 114.
42 S. zu diesen *Roßnagel* NJW 2011, 1473.
43 BGBl. I, S. 666, zuletzt geändert durch Art. 3 eIDAS-Durchführungsgesetz vom 18.7.2017, BGBl. I, S. 2745.
44 Erwägungsgrund 66 eIDAS-VO.

II. Vertrauensdienste

37 Mit dem neuen Sammelbegriff der „**Vertrauensdienste**" erfasst die eIDAS-VO eine Reihe von Verfahren, die von elektronischen Signaturen abgeleitet sind, wie elektronische Zeitstempel und elektronische Siegel, die Langzeitaufbewahrung von signierten Dokumenten, die bestätigte Zustellung elektronischer Einschreiben oder die Website-Authentifizierung.[45] Die eIDAS-VO beschränkt sich aber nicht auf die Koordination der Anforderungen an diese Dienste, sondern regelt auch punktuell die Rechtsfolgen ihres Einsatzes.

38 Da diese Identifizierungs- und „Vertrauensdienste" den gesamten elektronischen Rechtsverkehr sichern sollen, regelt die eIDAS-VO eine alle Bereiche der Informationsgesellschaft durchdringende **Querschnittsmaterie**. Sie gestaltet damit zentrale Bausteine zur Verwirklichung von eGovernment, eHealth, eJustice, eCommerce, eBusiness und weiteren eWelten in den Mitgliedstaaten und enthält Vorgaben für die weitere Entwicklung dieser Bereiche – auch für diejenigen, für die der Union keine Gesetzgebungskompetenzen zustehen.[46]

1. Anwendungsbereich

39 Die eIDAS-VO gilt nach Art. 2 für **Vertrauensdiensteanbieter**, die in der Union niedergelassen sind. Sie gilt nicht für Vertrauensdienste, die ausschließlich innerhalb geschlossener Systeme verwendet werden und nicht für innerstaatliche Sachverhalte. Damit gilt die Verordnung nicht für geschlossenen Benutzergruppen wie zB De-Mail, das Elektronische Gerichts- und Verwaltungs-Postfach (EGVP) sowie das Besondere Anwaltspostfach (beA) und Notarpostfach.[47]

2. Anforderungen an Vertrauensdienste

40 Die eIDAS-VO unterscheidet zwischen „Vertrauensdiensten" und „qualifizierten Vertrauensdiensten". Sie enthält in Art. 13 bis 19 allgemeine **Regelungen für** alle **Vertrauensdienste**, in Art. 20 bis 24 allgemeine Regelungen für alle „qualifizierten" Vertrauensdienste und in Art. 25 bis 45 spezifische Regelungen für einzelne einfache und qualifizierte Vertrauensdienste.[48]

41 Für **alle Vertrauensdienste** gelten nur wenige allgemeine Vorschriften. Dazu gehört vor allem die Verpflichtung nach Art. 19 Abs. 1 eIDAS-VO, die Dienste durch „geeignete technische und organisatorische Maßnahmen zur Beherrschung der Sicherheitsrisiken" zu schützen. Diese müssen unter „Berücksichtigung des jeweils neuesten Standes der Technik gewährleisten, dass das Sicherheitsniveau der Höhe des Risikos angemessen ist". Sicherheitsverletzungen müssen nach Art. 19 Abs. 2 eIDAS-VO den zuständigen Aufsichtsstellen gemeldet werden. Zum Datenschutz enthält die eIDAS-VO in Art. 5 Abs. 1 einen abstrakten Verweis auf die Datenschutzrichtlinie 95/46/EG, der in Art. 12 Abs. 3 lit. d, 19 Abs. 2, 20 Abs. 2 und 24 Abs. 2 lit. b und j eIDAS-VO aufgegriffen wird. Dieser Verweis gilt seit dem 25.5.2018 für die Datenschutz-Grundverordnung (DS-GVO).[49] Diese Regelungen werden ergänzt durch das Verbot in Art. 4 Abs. 2 eIDAS-VO, die Benutzung von Pseudonymen bei elektronischen Transaktionen zu untersagen.

42 Nichtqualifizierte Vertrauensdienste unterliegen nach Art. 17 Abs. 3 lit. b eIDAS-VO der „**Ex-post-Aufsicht**" der nationalen Aufsichtsstelle, in Deutschland also der Bundesnetzagentur. Sie haften nach Art. 13 eIDAS-VO für vorsätzlich oder fahrlässig zugefügte Schäden, die auf eine

---

45 Art. 3 Nr. 16.
46 S. hierzu kritisch *Roßnagel* MMR 2012, 709 (709 f.); *Roßnagel/Johannes* ZD 2013, 65 (65 ff.).
47 S. zB *Hoffmann* DuD 2014, 765 ff.; *Roßnagel*, Recht der Vertrauensdienste, S. 43 ff.; *Rupp*, Beweisführung, S. 192 ff.
48 S. hierzu zB *Roßnagel* NJW 2014, 3686 (3686 ff.).
49 EU ABl. 2016, L 119, S. 1; berichtigt EU ABl. 2018, L 314, S. 72.

Nichterfüllung der Anforderungen der Verordnung zurückzuführen sind. Hierfür trägt der Geschädigte die Beweislast. Vertrauensdiensteanbieter können diese **Haftung** einschränken, wenn sie Verwendungsbeschränkungen ihrer Dienste für Dritte ersichtlich machen. Sie müssen nach Art. 15 eIDAS-VO ihre Dienste „soweit möglich" barrierefrei anbieten.

3. Anforderungen an qualifizierte Vertrauensdienste

Die Anforderungen an **qualifizierte Vertrauensdienste** müssen nicht von allen Vertrauensdiensten erfüllt werden. Wenn ein Anbieter aber möchte, dass sein Vertrauensdienst als qualifiziert gilt und die Rechtswirkungen qualifizierter Vertrauensdienste in Anspruch nehmen kann, muss er die einschlägigen Anforderungen der Verordnung erfüllen. Dementsprechend definiert Art. 2 Nr. 17 eIDAS-VO qualifizierte Vertrauensdienste als solche, die diese Anforderungen einhalten. Für sie gelten zusätzlich zu den Anforderungen für einfache Vertrauensdienste weitergehende allgemeine Anforderungen in Art. 20 bis 24 und spezifische Anforderungen in Art. 25 bis 45 eIDAS-VO.[50]

43

a) Anforderungen an das Dienstangebot

Für qualifizierte Vertrauensdienste fordert Art. 24 Abs. 2 eIDAS-VO ua eine ausreichende Fachkunde des beschäftigten Personals, die **Vertrauenswürdigkeit** der verwendeten Systeme, eine ausreichende Deckungsvorsorge[51] und einen Plan für die Beendigung des Dienstes.[52] Die Diensteanbieter müssen ihre Kunden ausreichend ua über notwendige Sicherungsmaßnahmen und die Rechtswirkungen des Vertrauensdienstes unterrichten,[53] Maßnahmen gegen Fälschung und Diebstahl von Daten ergreifen, alle einschlägigen Informationen zu Beweiszwecken aufzeichnen[54] und die rechtmäßige Verarbeitung personenbezogener Daten sicherstellen.[55]

44

Hinsichtlich aller Anforderungen unterliegen qualifizierte Vertrauensdienste einer Vor- und Nachmarktkontrolle. Art. 21 eIDAS-VO fordert von ihnen, vor Aufnahme ihrer Tätigkeit eine **Konformitätsprüfung** durchzuführen und den Konformitätsbericht der Aufsichtsstelle zu übermitteln. Erst nachdem diese sie in öffentlich zugängliche „Vertrauenslisten" aufgenommen haben, dürfen sie nach Art. 22 eIDAS-VO mit dem Dienst beginnen und nach Art. 23 eIDAS-VO das EU-**Vertrauenssiegel** im Geschäftsverkehr verwenden.[56] Danach müssen sich qualifizierte Vertrauensdiensteanbieter nach Art. 20 Abs. 1 eIDAS-VO mindesten alle 24 Monate auf eigene Kosten einer Prüfung durch eine akkreditierte Konformitätsbewertungsstelle unterziehen. Durch die Vorlage ihres Konformitätsberichts können sie der Aufsichtsstelle nachweisen, dass sie ihre Pflichten erfüllen. Außerdem kann die Aufsichtsstelle nach Art. 20 Abs. 2 eIDAS-VO jederzeit Vor-Ort-Prüfungen durchführen und ordnungsrechtliche Maßnahmen anordnen. Sie kann zudem von qualifizierten Vertrauensdiensteanbietern nach Art. 20 Abs. 3 eIDAS-VO

45

---

50 S. hierzu auch *Roßnagel*, Recht der Vertrauensdienste, S. 20 ff.
51 S. die Konkretisierungen in § 10 VDG und § 2 VDV; s. hierzu auch *Lapp* in Auer-Reinsdorff/Conrad, HB IT- und Datenschutzrecht, S. 1528.
52 S. nähere technische und organisatorische Anforderungen in § 16 VDG. S. zu der entsprechenden Lücke in der eIDAS-VO *Roßnagel*, Recht der Vertrauensdienste, S. 155.
53 Nähere Ausführungen zur Unterrichtungspflicht enthält § 13 VDG; s. auch BT-Drs. 18/12494, 42.
54 Zur langfristigen Prüfbarkeit von Zertifikaten durch Aufbewahrung in einer Zertifikatsdatenbank s. die Vorgaben in § 16 Abs. 4 und 5 VDG sowie § 4 VDV. Solche Signaturen und Siegel gelten nach § 16 Abs. 5 VDG als „dauerhaft überprüfbar" im Sinn etwa des § 37 Abs. 5 VwVfG und § 39 a BeurkG – s. auch BT-Drs. 18/12494, 43.
55 S. zum Datenschutz auch § 8 VDG.
56 S. zum EU-Vertrauenssiegel die Durchführungsverordnung (EU) 2015/806 der Kommission vom 22.5.2015 zur Festlegung von Spezifikationen für die Form des EU-Vertrauenssiegels für qualifizierte Vertrauensdienste, EU ABl. L 128, S. 13.

verlangen, dass sie bei Nichteinhaltung der Anforderungen für Abhilfe sorgen, und ihnen bei mangelnder Abhilfe den Qualifikationsstatus entziehen.[57]

b) Anforderungen an Zertifikate

46 Für die Ausstellung **qualifizierter Zertifikate** fordert Art. 24 Abs. 1 eIDAS-VO eine sichere Identifizierung des Antragstellers,[58] Art. 24 Abs. 3 eIDAS-VO einen Widerrufsdienst,[59] der innerhalb von 24 Stunden den Widerruf prüfbar macht, und Art. 24 Abs. 4 eIDAS-VO einen Verzeichnisdienst, der jederzeit eine kostenlose Online-Überprüfung eines Zertifikats ermöglicht.[60]

47 Nach Art. 28 Abs. 3 und Art. 38 Abs. 3 eIDAS-VO können Zertifikate für qualifizierte elektronische Signaturen und Siegel fakultativ **Attribute** enthalten, die zB eine Vollmacht oder amts- und berufsbezogene Angaben oder Pseudonyme enthalten können. Nach Art. 24 Abs. 1 eIDAS-VO muss der Anbieter diese Angaben zuvor überprüfen.[61]

c) Anforderungen an technische Komponenten

48 Nach Art. 24 Abs. 2 lit. e und f. eIDAS-VO dürfen Anbieter qualifizierter Vertrauensdienste nur vertrauenswürdige **Systeme und Produkte** verwenden, die vor Veränderungen geschützt sind und die technische Sicherheit und Zuverlässigkeit der von ihnen unterstützten Prozesse sicherstellen.

4. Anforderungen an spezifische Vertrauensdienste

49 In den Art. 25 bis 45 enthält die eIDAS-VO spezifische Regelungen für einzelne Vertrauensdienste.[62] Elektronische Einschreiben und deren Bestätigung werden im Zusammenhang mit Übermittlungsdiensten behandelt.[63]

a) Qualifizierte elektronische Signaturen

50 Die Art. 25 bis 34 eIDAS-VO enthalten Regelungen für **elektronische Signaturen**. Sie sind – wie die eigenhändige Unterschrift – natürlichen Personen vorbehalten. Wie die Signaturrichtlinie unterscheidet die eIDAS-VO zwischen fortgeschrittenen und qualifizierten Signaturen. Diese haben nach deutschem Recht unterschiedliche **Rechtswirkungen**: Nur qualifizierte Signaturen bewirken einen Anscheinsbeweis oder eine Beweisvermutung und erfüllen bestimmte Formvorschriften.[64]

51 Als „**fortgeschrittene elektronische Signatur**" anerkennt Art. 3 Nr. 11 eIDAS-VO jede Signatur, die die vier Mindestanforderungen des Art. 26 eIDAS-VO erfüllt. Danach muss eine fortgeschrittene elektronische Signatur dem Unterzeichner „eindeutig" zugeordnet sein, seine Identifizierung ermöglichen und unter Verwendung elektronischer Signaturerstellungsdaten erstellt werden, die der Unterzeichner „mit einem hohen Maß an Vertrauen unter seiner alleinigen Kontrolle verwenden kann". Außerdem muss sie so mit den unterzeichneten Daten verbunden sein, dass eine nachträgliche Veränderung der Daten erkannt werden kann. Mit diesen Anfor-

---

57 S. hierzu zB *Roßnagel* NJW 2014, 3686 (3689).
58 S. hierzu auch § 11 VDG und § 3 VDV.
59 Zulässige Gründe für einen Widerruf regelt § 14 Abs. 1 VDG, Berechtigungen für den Widerruf von Attributen und den Widerruf durch die Aufsichtsstelle regelt § 14 Abs. 3 VDG.
60 Nähere Anforderungen hierzu finden sich in § 11 VDG. S. zur Zertifizierung von Vertrauensdiensteanbietern, die qualifizierte Zertifikate ausstellen, ETSI EN 319 401 / 319 411–2.
61 Zu den Voraussetzungen für die Aufnahme von Attributen in ein qualifiziertes Zertifikat s. § 12 VDG.
62 S. zu diesen *Roßnagel*, Recht der Vertrauensdienste, S. 22 ff.
63 S. hierzu → Rn. 60 ff.
64 S. hierzu → Rn. 82 ff.

derungen wurde gegenüber dem SigG das Sicherheitsniveau herabgesetzt. Insbesondere mit der Anforderung nach Art. 26 lit. c EIDAS-VO, dass der Unterzeichner die Signaturerstellungsdaten, also seinen geheimen Schlüssel, nicht mehr unter „seiner alleinigen Kontrolle halten" (so die Richtlinie in Art. 2 lit. c), sondern „mit einem hohen Maß an Vertrauen unter seiner alleinigen verwenden kann", werden neue Risiken zugelassen. Diese Regelung soll ermöglichen, die Signaturerstellungseinheit „der Obhut eines Dritten anzuvertrauen", der damit Fremdsignaturen, Fern-, Mobil- oder Cloudsignaturen erzeugen kann.[65] Für deren Anerkennung fordert Erwägungsgrund 52 eIDAS-VO Sicherheitsmaßnahmen wie „u.a. abgesicherte elektronische Kommunikationskanäle", ohne dass jedoch solche Anforderungen in die Regelungen der Verordnung aufgenommen oder der Kommission Ermächtigungen für ihre Konkretisierung eingeräumt worden wären.[66]

Eine „qualifizierte elektronische Signatur" ist nach Art. 3 Nr. 12 eIDAS-VO eine fortgeschrittene[67] Signatur, die von einer qualifizierten Signaturerstellungseinheit erstellt wurde und auf einem qualifizierten Signaturzertifikat beruht.[68] Die Anforderungen an **qualifizierte Signaturzertifikate** werden in Art. 28 eIDAS-VO durch Bezugnahme auf Anhang I bestimmt.[69] Anforderungen an „qualifizierte" **Signaturerstellungseinheiten** nach Art. 29 eIDAS-VO sind in Anhang II geregelt.[70] Ihre Konformität mit diesen Anforderungen wird nach Art. 30 eIDAS-VO von geeigneten, von den Mitgliedstaaten benannten öffentlichen oder privaten Stellen zertifiziert.[71]

Die Mitgliedstaaten notifizieren nach Art. 31 eIDAS-VO der Kommission die zertifizierten Signaturerstellungseinheiten, die diese in einer öffentlich zugänglichen Liste führt. Welche Rechtswirkung die Zertifizierung und ihre Veröffentlichung in der Liste haben, insbesondere ob diese Voraussetzungen für das Inverkehrbringen als **qualifizierte Signaturerstellungseinheiten** sind, ist in der Verordnung nicht geregelt. Jedenfalls kann ein Vertrauensdiensteanbieter qualifizierte Zertifikate nur für zertifizierte und gelistete Signaturerstellungseinheiten ausstellen.

Nach Art. 25 Abs. 3 eIDAS-VO muss jeder Mitgliedstaat alle qualifizierten **Signaturen aus anderen Mitgliedstaaten** akzeptieren und darf nach Art. 27 Abs. 3 eIDAS-VO für den grenzüberschreitenden Zugang zu Online-Diensten einer öffentlichen Stelle keine elektronischen Signaturen mit einem höheren Sicherheitsniveau als dem der qualifizierten Signatur verlangen.

Für die Feststellung, ob eine qualifizierte elektronische Signatur gültig ist, sind die Voraussetzungen zur „Validierung" qualifizierter Signaturen in Art. 32 eIDAS-VO zu beachten. Danach wird die „Gültigkeit" der qualifizierten Signatur nur dann „bestätigt", wenn die in Art. 32 Abs. 1 lit. a bis h eIDAS-VO aufgeführten Feststellungen möglich sind.[72] Da das Zertifikat „zum Zeitpunkt des Signierens" und nicht zum Zeitpunkt der Prüfung qualifiziert und gültig gewesen sein muss, übernimmt die Verordnung – wie auch zuvor das SigG – das „Kettenmodell" und nicht das „Schalenmodell".[73] Unverständlich ist, warum dies nicht auch für fortgeschrittene Signaturen gilt, zumal alle qualifizierten Zertifikate mit fortgeschrittenen Signatu-

---

65 Erwägungsgrund 51 und 55 eIDAS-VO. Diese waren nach SigG für qualifizierte Signaturen nicht möglich, s. *Roßnagel* BB 2007, 1233; *ders.* MMR 2008, 24; s. zu dieser Änderung kritisch *Quiring-Kock* DuD 2013, 22; s. hierzu ausführlich *Rupp*, Beweisführung, S. 256 ff.
66 Kritisch hierzu auch *Quiring-Kock* DuD 2013, 22.
67 Damit gilt die beschriebene Sicherheitseinschränkung auch für qualifizierte Signaturen.
68 S. hierzu auch ETSI EN 319 102.
69 S. hierzu auch ETSI EN 319 412.
70 S. hierzu den Durchführungsbeschluss der Europäischen Kommission (EU) 2016/650 vom 25.4.2016 zur Sicherheitsbewertung qualifizierter Signatur- und Siegelerstellungseinheiten, EU ABl. L 109 vom 26.4.2016, 40.
71 S. hierzu zB *Roßnagel* NJW 2014, 3686 (3689); s. auch ETSI EN 319 403.
72 S. hierzu auch ETSI EN 319 102.
73 S. *Roßnagel* NJW 2005, 387.

ren gesichert werden.[74] Die Prüfung von Zertifikaten kann der Empfänger selbst mithilfe von Prüfprogrammen durchführen. Er kann damit aber auch einen Dienstleister beauftragen. Sofern dieser den Status eines „qualifizierten **Validierungsdienstes**" beansprucht, muss er nach Art. 33 und 40 eIDAS-VO eine Validierung gemäß Art. 32 Abs. 1 durchführen und es vertrauenden Beteiligten ermöglichen, das Ergebnis des Validierungsprozesses automatisch in zuverlässiger und effizienter Weise mit Bestätigung durch seine fortgeschrittene elektronische Signatur oder sein fortgeschrittenes elektronisches Siegel zu erhalten.[75]

56 Die Frage, wie der **Beweiswert** von Signaturen auch für Zeiträume gesichert werden kann, in denen die Sicherheitseignung ihrer Algorithmen und Parameter nicht mehr gegeben ist, ist nicht in der eIDAS-VO, aber in § 15 VDG geregelt.[76] Diese Sicherung erfolgt derzeit durch Neusignieren der signierten Dokumente, bevor die bisher verwendeten Algorithmen und Parameter ihre Sicherheitseignung verlieren.[77] Die Beobachtung der Sicherheitseignung und die Neusignierung kann der Aufbewahrungspflichtige selbst vornehmen[78] oder einem Dienstleister übertragen. Sofern dieser den Status eines „qualifizierten Bewahrungsdienstes" für qualifizierte elektronische Signaturen oder Siegel beansprucht, muss er nach Art. 34 und 40 eIDAS-VO „Verfahren und Technologien verwenden, die es ermöglichen, die Vertrauenswürdigkeit der qualifizierten elektronischen Signatur über den Zeitraum ihrer technologischen Geltung hinaus zu verlängern".[79] Ungeregelt bleibt, welche Rechtswirkung die Erhaltung der Vertrauenswürdigkeit durch qualifizierte Bewahrungsdienste im Gegensatz zu einfachen Bewahrungsdiensten und zur Selbstvornahme[80] der Neusignierung durch den Aufbewahrungspflichtigen hat. Dies wird sich in allen drei Fällen nach der Vertrauenswürdigkeit der verwendeten Verfahren entscheiden. Diese nachzuweisen, könnte dem qualifizierten Bewahrungsdienst etwas leichter fallen.[81]

b) Qualifizierte elektronische Siegel

57 Um auch juristischen Personen das elektronische Signieren zu ermöglichen, führt die Verordnung „elektronische Siegel" ein.[82] Für juristische Personen konnte bisher schon durch die vertretungsberechtigten natürlichen Personen signiert werden.[83] Diese konnten auch ein Zertifikat verwendeten, das auf die juristische Person als Pseudonym lautete.[84] Nun ist es möglich, ein qualifiziertes Zertifikat auszustellen, das auf eine juristische Person lautet. Ein „elektronisches Siegel" ist technisch gesehen also eine elektronische Signatur einer juristischen Person. Dieses wird dementsprechend in Art. 35 bis 38 eIDAS-VO parallel zu den Vorschriften für qualifizierte Signaturen in Art. 25 bis 28 eIDAS-VO geregelt. Art. 39 und 40 eIDAS-VO verweisen sogar unmittelbar auf Art. 29 bis 34 eIDAS-VO. Anhang III der eIDAS-VO, der Anforderungen an ein qualifiziertes Siegelzertifikat enthält, ist wortgleich zu den Anforderungen an ein qualifiziertes Signaturzertifikat in Anhang I der eIDAS-VO, außer dass „Signatur" durch „Siegel" ersetzt wurde.

---

74 Ebenso *Quiring-Kock* DuD 2013, 21.
75 S. auch Erwägungsgrund 57 eIDAS-VO.
76 S. zB *Rupp*, Beweisführung, S. 328 f.
77 S. zu einer effizienten technologischen Lösung das Projekt ArchiSig, *Roßnagel/Schmücker*, Beweiskräftige elektronische Archivierung; umgesetzt in den technischen Normen TR 03125 (ESOR) des BSI und den IETF-Standard RFC 4998 (LTANS)3.
78 So zB durch die Bundesverwaltung nach dem aus ArchiSig abgeleiteten Verfahren ArchiSafe.
79 S. auch Erwägungsgrund 61 eIDAS-VO; s. auch *Rupp*, Beweisführung, S. 327 f.
80 Diese ist weiterhin möglich und beweiswerterhaltend, aA *Quiring-Kock* DuD 2013, 22.
81 S. zur Erhaltung des Beweiswerts /*Roßnagel/Pordesch* in Roßnagel SigV § 17 Rn. 24 ff.
82 S. hierfür die umständlichen Definitionen in Art. 2 Nr. 24 bis 32 eIDAS-VO.
83 S. BAG NJW 2014, 569; *Lapp* in Auer-Reinsdorff/Conrad, 2019, S. 1523.
84 S. *Roßnagel* in ders. SigG § 2 Rn. 51.

c) Qualifizierte elektronische Zeitstempel

Als einen „elektronischen Zeitstempel" bezeichnet Art. 3 Nr. 33 eIDAS-VO Daten in elektronischer Form, die andere elektronische Daten mit einem bestimmten Zeitpunkt verknüpfen und dadurch den Nachweis erbringen, dass diese Daten zu diesem **Zeitpunkt** vorhanden waren.[85] Sie werden in der Praxis mit elektronischen Signaturen realisiert. Nach Art. 42 Abs. 1 eIDAS-VO müssen qualifizierte elektronische Zeitstempel auf einer korrekten Zeitquelle beruhen, die mit der koordinierten Weltzeit verknüpft ist. Sie müssen so gestaltet sein, dass jede Möglichkeit, sie unbemerkt zu verändern, nach vernünftigem Ermessen ausgeschlossen ist. Sie müssen mit einer fortgeschrittenen Signatur unterzeichnet oder mit einem fortgeschrittenen Siegel oder einem gleichwertigen Verfahren des qualifizierten Vertrauensdiensteanbieters versiegelt sein.[86]

d) Qualifizierte Zertifikate für die Website-Authentifizierung

„Qualifizierte Zertifikate für die **Website-Authentifizierung**" gemäß Art. 3 Nr. 39 eIDAS-VO sollen Betrug im Internet erschweren.[87] Sie müssen nach Art. 45 eIDAS-VO von einem qualifizierten Vertrauensdiensteanbieter ausgestellt sein und die Anforderungen des Anhangs IV erfüllen. Notwendig sind ua bestimmte vertrauenswürdige Mindestangaben und deren Sicherung durch eine fortgeschrittene Signatur oder ein fortgeschrittenes Siegel des Vertrauensdiensteanbieters.

III. Übermittlungsdienste

Für die notwendige Sicherheitsinfrastruktur und -dienste für sichere und nachweisbare Kommunikation sollen das De-Mail-Gesetz oder die eIDAS-VO den notwendigen Rechtsrahmen bieten.[88]

1. Dienste für die Zustellung elektronischer Einschreiben

Um die Übermittlung von Daten mit elektronischen Mitteln, insbesondere die Absendung und den Empfang der Daten, nachweisen zu können und die übertragenen Daten vor Verlust, Diebstahl, Beschädigung oder unbefugter Veränderung zu schützen, sollen „Dienste für die **Zustellung elektronischer Einschreiben**" (Art. 3 Nr. 36 eIDAS-VO) ermöglicht werden.[89]

a) Anforderungen an Dienste für die Zustellung elektronischer Einschreiben

„Dienste für die Zustellung elektronischer Einschreiben" können als einfache oder qualifizierte Vertrauensdienste angeboten werden. Für den **einfachen** Vertrauensdienst gelten die allgemeinen Anforderungen an einfache Vertrauensdienste nach Art. 13 bis 19 eIDAS-VO.

Als **qualifiziert** gelten Dienste für die Zustellung elektronischer Einschreiben nach Art. 3 Nr. 31 eIDAS-VO, wenn sie die allgemeinen Anforderungen für qualifizierten Vertrauensdienste nach Art. 20 bis 24 eIDAS-VO sowie die spezifischen Anforderungen des Art. 44 eDAS-VO für „qualifizierte Dienste für die Zustellung elektronischer Einschreiben" erfüllen. Art. 44 Abs. 1 Satz 1 eIDAS-VO fordert von qualifizierten Diensteanbietern, dass sie die **Identifizierung** des Absenders „mit einem hohen Maß an Vertrauenswürdigkeit" und die Identifi-

---

85 S. zu Zeitstempeln auch ETSI EN 319 422.
86 S. zu den Anforderungen an Vertrauensdiensteanbieter von Zeitstempeln ETSI EN 319 421.
87 S. Erwägungsgrund 48 eIDAS-VO.
88 S. zum Verhältnis von Art. 44 eIDAS-VO und DeMailG zB *Rupp*, Beweisführung, S. 270.
89 Nach Erwägungsgrund 66 Satz 2 eIDAS-VO soll dieser Rahmen Vertrauensdiensteanbietern der Union auch neue Marktchancen eröffnen.

zierung des Empfängers „vor der Zustellung der Daten" sicherstellen. Außerdem müssen sie das **Absenden und Empfangen** der Daten durch eine fortgeschrittene Signatur oder ein fortgeschrittenes Siegel so sichern, dass jede Möglichkeit einer unbemerkten Veränderung der Daten ausgeschlossen ist. Darüber hinaus müssen sie jede **Veränderung** der Daten, die zum Absenden oder Empfangen der Daten nötig ist, dem Absender und dem Empfänger der Daten deutlich anzeigen. Schließlich sind das Datum und die Zeit des Absendens und Empfangens durch einen qualifizierten elektronischen **Zeitstempel** zu sichern.

b) Anforderungen an die Sicherheitsinfrastruktur für elektronische Einschreiben

64 Arbeiten zwei oder mehrere Diensteanbieter in einer **Kommunikationsinfrastruktur** zusammen und leiten unter sich die zu übermittelnden Daten weiter, müssen alle beteiligten Dienste nach Art. 44 Abs. 1 Satz 2 eIDAS-VO qualifizierte Vertrauensdienste sein und die Anforderungen nach Art. 44 Abs. 1 Satz 1 eIDAS-VO erfüllen.

2. De-Mail

65 Ziel des **DeMailG** ist es, einen sicheren, vertraulichen und nachweisbaren Geschäftsverkehr für jedermann im Internet zu gewährleisten. Dementsprechend definiert § 1 Abs. 1 DeMailG De-Mail-Dienste als Dienste auf einer elektronischen Kommunikationsplattform, die dieses Ziel sicherstellen.[90] Hierfür muss ein De-Mail-Dienst nach § 1 Abs. 2 DeMailG als **Pflichtdienste** eine sichere Anmeldung, die Nutzung eines Postfach- und Versanddienstes für sichere elektronische Post sowie die Nutzung eines Verzeichnisdienstes ermöglichen und kann freiwillige zusätzlich einen Identitätsbestätigungs- und einen Dokumentenablagedienst anbieten.[91]

a) Anforderungen an Diensteanbieter

66 Diese Pflicht- und Optionsangebote der Diensteanbieter werden im zweiten Abschnitt des DeMailG in §§ 3 bis 8 näher geregelt.

67 Um De-Mail-Dienste nutzen zu können, muss der Nutzer ein **De-Mail-Konto** eröffnet haben, das allein ihm zugeordnet ist. Für die Konto-Eröffnung fordert § 3 Abs. 2 DeMailG, die Identität des Nutzers zuverlässig festzustellen.[92] Erst danach darf das Konto freigeschaltet und genutzt werden. Um Identifizierungsdaten – etwa bei einer Namens- oder Adressänderung oder in den Organen juristischer Personen – aktuell zu halten,[93] verpflichtet § 3 Abs. 5 DeMailG die De-Mail-Anbieter, auch nach der Freischaltung des Kontos die Richtigkeit der zum Nutzer gespeicherten Identitätsdaten sicherzustellen.

68 Die Vertrauenswürdigkeit sämtlicher De-Mail-Dienste hängt davon ab, dass jeweils nur der für das De-Mail-Konto identifizierte Nutzer Zugang zu diesem Konto hat und die Dienste unter seinem Namen nutzt. Daher muss der De-Mail-Anbieter nach § 4 Abs. 1 DeMailG dem Nutzer eine **sichere Anmeldung** ermöglichen. Hierfür muss der Zugang durch zwei geeignete, voneinander unabhängige Sicherungsmittel wie Besitz und Wissen geschützt sein. Für die Verbindung zwischen dem Nutzer und seinem De-Mail-Konto hat der De-Mail-Anbieter nach § 4 Abs. 3 DeMailG eine verschlüsselte Kommunikation sicherzustellen.[94]

69 Der wichtigste De-Mail-Dienst ist der sichere **Postfach- und Versanddienst** für elektronische Nachrichten. Er stellt sicher, dass eine Nachricht unversehrt und vertraulich von einem identifizierten Absender an einen identifizierten Empfänger übertragen wird und dass dies für alle

---

90 De-Mail unterfällt im Regelfall nicht der eIDAS-VO → Rn. 39.
91 S. näher zB *Roßnagel* NJW 2011, 1473 (1473 ff.).
92 S. auch *Wilhelm* in Seckelmann, 2019, S. 299; *Eckhardt* in Auer-Reinsdorff/Conrad, 2019, S. 1551.
93 S. zB *Lapp* DuD 2009, 653.
94 S. hierzu *Eckhardt* in Auer-Reinsdorff/Conrad, 2019, 1494 (1551).

Beteiligten zu Beweiszwecken bestätigt werden kann. Auf Verlangen des Senders muss der Anbieter folgende Bestätigungen auszustellen:
- eine Bestätigung der sicheren Anmeldung nach § 5 Abs. 5 DeMailG,
- eine Versandbestätigung nach § 5 Abs. 7 DeMailG,
- eine Eingangsbestätigung nach § 5 Abs. 8 DeMailG und
- eine Abholbestätigung (nur für öffentliche Stellen mit der Berechtigung zu förmlicher Zustellung) nach § 5 Abs. 9 DeMailG.

Alle **Bestätigungen** müssen neben den Sendern und Empfängern und den relevanten Zeitpunkten auch die Prüfsumme der Nachricht enthalten und qualifiziert signiert sein, die Anmeldebestätigung nach § 5 Abs. 5 DeMailG muss sogar mit einer dauerhaft prüfbaren qualifizierten elektronischen Signatur[95] versehen sein.

§ 5 Abs. 6 DeMailG verpflichtet den akkreditierten Diensteanbieter, elektronische Nachrichten auch nach ZPO und VwZG **förmlich zuzustellen**.[96] Da hierbei eine hoheitliche Abholbestätigung nach § 5 Abs. 9 DeMailG erzeugt wird, werden die deutschen De-Mail-Anbieter mit Hoheitsbefugnissen zur Erzeugung öffentlicher elektronischer Dokumente beliehen.[97]

Nach § 7 DeMailG muss der De-Mail-Anbieter als Pflichtdienst einen **Verzeichnisdienst** anbieten, der Dritten die Kommunikation mit dem Nutzer erleichtern soll. In diesem hat er auf ausdrückliches Verlangen des Nutzers die De-Mail-Adresse, Name und Anschrift, die Information über die Möglichkeit einer sicheren Anmeldung sowie die Informationen zu veröffentlichen, die für die Verschlüsselung von Nachrichten an den Nutzer notwendig sind.

Es bleibt dem Anbieter freigestellt, nach § 6 DeMailG seinen Nutzern anzubieten, ihre **Identitätsdaten** für eine sichere Authentifizierung gegenüber Dritten zu **bestätigen**. Um dem Empfänger die notwendige Gewissheit zu geben, kann dieser Dienst nur nach einer sicheren Anmeldung genutzt werden. Die Bestätigung erfolgt mittels einer qualifiziert signierten De-Mail-Nachricht des De-Mail-Anbieters.[98]

Als zweiten freiwilligen De-Mail-Dienst kann der Anbieter nach § 8 DeMailG dem Nutzer eine **sichere Ablage** von Dokumenten anbieten.[99] Der Dienst soll dem Nutzer ermöglichen, für ihn wichtige Dateien zugriffsgesichert, verschlüsselt, gegen Verlust geschützt und ständig verfügbar in seinem De-Mail-Konto aufzubewahren.[100]

b) De-Mail-Dienste-Nutzung

Für alle De-Mail-Dienste enthält der dritte Abschnitt in den §§ 9 bis 16 DeMailG gemeinsame Regelungen zur **Nutzung**. § 9 DeMailG fordert vom Diensteanbieter bestimmte Informationen für den Nutzer. § 10 DeMailG regelt, unter welchen Voraussetzungen er den Zugang zum Konto vorübergehend zu sperren oder das Konto endgültig aufzuheben hat. § 11 DeMailG bestimmt die Pflichten des De-Mail-Anbieters, wenn er seine Tätigkeit einstellt oder wenn das Vertragsverhältnis mit dem Nutzer endet. § 14 DeMailG fordert, die Belange des Jugend- und Verbraucherschutzes zu beachten. § 15 DeMailG begründet eine spezifische Zweckbindung der durch die Nutzung eines De-Mail-Kontos anfallenden personenbezogenen Daten. Sie dürfen nur erhoben, verarbeitet und genutzt werden, soweit dies zur Bereitstellung und Durch-

---

95 S. zu dieser § 16 Abs. 5 VDG und § 4 VDV.
96 S. § 5 a VwZG, der eine konfrontative Zustellung ermöglicht.
97 S. hierzu näher *Roßnagel* NJW 2011, 1473 (1476).
98 S. kritisch hierzu *Roßnagel* NJW 2011, 1473 (1476).
99 Der sichere Speicherplatz ist vom Grundrecht auf Vertraulichkeit und Integrität informations-technischer Systeme geschützt – BVerfGE 120, 274 (302 ff.).
100 S. auch *Schulz* DuD 2009, 602; *Roßnagel* CR 2011, 28.

führung von De-Mail-Diensten erforderlich ist. § 16 DeMailG schließlich gewährt unter engen Voraussetzungen einen Auskunftsanspruch über die Identitätsdaten anderer Nutzer.

c) Akkreditierung und Kontrolle

76 De-Mail ist deshalb vertrauenswürdig, weil Sicherheit und Datenschutz nicht nur behauptet, sondern nachgewiesen sind. Um die **Vertrauenswürdigkeit** der De-Mail-Anbieter und ihr Zusammenwirken sicherzustellen und nachweisen zu können, sieht der vierte Abschnitt des DeMailG eine freiwillige Akkreditierung vor, deren Regeln in §§ 17 bis 19 DeMailG enthalten sind. Zwar kann jeder die im DeMailG beschriebenen Dienste ungehindert anbieten. Als „De-Mail" mit den vorgesehenen Rechtsfolgen und durch ein Gütezeichen bestätigt kann dies jedoch nur derjenige Anbieter tun, der die Erfüllung der gesetzlichen Voraussetzungen freiwillig in einer Akkreditierung[101] nachgewiesen hat.[102] Die Anbieter unterliegen der Aufsicht durch das BSI, die in §§ 20 bis 21 DeMailG näher geregelt ist.

IV. Dezentrale Registerdienste

77 Für dezentrale Registerdienste fehlt noch jede rechtliche Regelung. Ohne dass das Recht Anforderungen an die Sicherheitsinfrastruktur dezentraler Registerdienste und die Sicherheit der verwendeten **Blockchain**-Technik stellt und für deren Erfüllung sorgt, können an diese Infrastrukturen und ihre Dienste auch keine Rechtsfolgen geknüpft werden. So wäre ua zu bestimmen, welche Rechtsordnung für einen internationalen dezentralen Registerdienst zuständig ist, wer für ein dezentrales Register verantwortlich ist[103] und für Fehler in welcher Weise haftet, wer welche Lese- und Schreibrechte haben soll, wie Korrekturen rechtssicher durchgeführt werden können,[104] wie Migrationen von Datenbeständen durchgeführt werden sollen, mit welchen Maßnahmen ein ausreichender Datenschutz zu gewährleisten ist,[105] und viele weitere grundlegende Fragen zu beantworten.[106]

78 Festzulegen wäre auch, welche Blockchain-Verfahren mit welchen **Sicherheitsmerkmalen** als sicher gelten können. Hierfür wären ua Fragen zu beantworten, welche Kryptografieverfahren mit welchen Parametern eingesetzt werden dürfen, wer als berechtigter Knoten fungieren darf, welche Signaturverfahren eingesetzt werden müssen, welche Hashwerte ausreichend sicher sind und welche Konsensusprotokolle zur Prüfung der Echtheit eines Blockchain-Eintrags verwendet werden dürfen.[107] Notwendig sind auch Konzepte, die die Langzeitsicherheit der Daten nach Ablauf der Sicherheitseignung der ursprünglich verwendeten kryptografischen Algorithmen garantieren können.[108] Schließlich ist zu gewährleisten, dass für alle Teilnehmer eine ständige Verfügbarkeit des Registers sichergestellt ist und dass vertrauliche Transaktionen geheim und dennoch prüfbar gehalten werden können.

79 Weiterhin wäre zu regeln, wie die Anforderungen an dezentrale Registerdienste und die Sicherheit von Blockchainverfahren überprüft und gewährleistet werden können,[109] welche

---

101 S. zu dieser auch BSI, Technische Richtlinie 01201 De-Mail.
102 Dies verkennen *Werner/Wegener* CR 2009, 314; wie hier zB *Schumacher* DuD 2010, 302.
103 S. zB *Conrad* DuD 2019, 563.
104 S. zB *Saive* DuD 2018, 764.
105 S. zB Bundesregierung, Blockchain-Strategie, S. 4; BSI, Blockchain sicher gestalten, S. 61 ff.; *Janicki/Saive* ZD 2019, 251; *Bechtolf/Vogt* ZD 2018, 66; *Erbguth* MMR 2019, 654.
106 S. auch *Kaulartz* in Seckelmann, 2019, S. 700 f.; zu weiteren zivil- und strafrechtlichen Fragen s. zB BSI, Blockchain sicher gestalten, S. 57 ff.
107 Zu Sicherheitsanforderungen s. zB BSI, Blockchain sicher gestalten, S. 35 ff.
108 Bundesregierung, Blockchain-Strategie, S. 13; BSI, Blockchain sicher gestalten S. 42 ff.
109 Bundesregierung, Blockchain-Strategie, S. 15, sieht für bestimmte Blockchain-Anwendungen akkreditierte Zertifizierungsverfahren vor.

Behörde hierfür zuständig wäre und welche Befugnisse zur **Vor- und Nachmarktkontrolle** sie ausüben können sollte.

Schließlich sind auch Regelungen zu treffen, für welche **Anwendungen** dezentrale Registerdienste mit Blockchain-Verfahren in der Praxis geeignet sind und eingesetzt werden sollten.[110] Auch wäre klarzustellen, welche rechtlichen **Formvorschriften** damit erfüllt werden können[111] und wie Blockchain-Einträge in Gerichtsverfahren als Beweismittel eingebracht werden können und welcher **Beweiswert** ihnen zukommt.[112]

Mit ihrer Blockchain-Strategie strebt die **Bundesregierung** an, die Vereinbarkeit von Anwendungen auf Basis der Blockchain-Technologie mit dem geltenden Recht sicherzustellen.[113] Dafür will sie aber keine spezifischen Regelungen für Blockchain-Verfahren vorsehen, sondern technologieneutral[114] hinderliche rechtliche Vorgaben so öffnen, dass neben anderen Sicherungsmitteln auch Blockchain-Verfahren zur Anwendung gelangen können.[115] Hierfür will die Bundesregierung in bestimmten Nischen, wie elektronische Schuldverschreibungen, Hochschulbildungszertifikate, Zollwertbestimmungen oder Bereitstellung von Auskünften zu elektronischen Vertrauensdiensten, prüfen oder erproben, ob Blockchain-Verfahren Verwendung finden können.[116] Sie sieht es „jedoch nicht als Selbstzweck, funktionierende Verwaltungsprozesse sowie bestehende öffentliche Register durch Blockchain-basierte Lösungen zu ersetzen. […] Beispielsweise scheint eine Sinnhaftigkeit nicht gegeben, wenn öffentliche Register auch der inhaltlichen rechtlichen Prüfung durch staatliche Stellen dienen (vor allem Grundbuch und Handelsregister und Personenstandsregister)."[117]

V. Rechtswirkungen

Neben den Anforderungen an Sicherheitsinfrastrukturen und -dienste muss das Recht die Rechtswirkungen regeln, die gelten sollen, wenn sie die Anforderungen erfüllen und bei ihrem Einsatz ein ausreichendes Vertrauen in ihre Sicherheit begründen. Da die Sicherheitsdienste vor allem rechtlich relevante Erklärungen absichern und dadurch für Rechtssicherheit sorgen sollen, betreffen die zu regelnden Rechtswirkungen vorrangig die Erfüllung von besonderen **Formvorschriften** und die **Beweiswirkungen** der so abgesicherten Erklärungen.

Die **eIDAS-VO** bestimmt Rechtswirkungen von Vertrauensdiensten zurückhaltend und überlässt deren Festlegung überwiegend den Mitgliedstaaten. Dies gilt nahezu uneingeschränkt für die Erfüllung besonderer rechtlicher Formen. Dagegen enthält sie einige wenige Beweisregeln für qualifizierte und einfache Vertrauensdienste sowie elektronische Dokumente. Diese sind allerdings mit den nationalen Rechtsordnungen nicht abgestimmt und sorgen für Rechtsunsicherheit und Wertungswidersprüche. Für die Beantwortung der Frage, welche Rechtswirkungen dem Einsatz von Sicherheitsdiensten zukommen, sind sowohl die eIDAS-VO als auch das nationale Recht zu Rate zu ziehen.

1. Formerfüllung

Der deutsche Gesetzgeber hat inzwischen in vielen Vorschriften die **Schriftform** für Erklärungen abgeschafft, so dass in vielen Situationen eine einfache elektronische Kommunikation

---

110 S. zum sinnvollen Anwendungsbereich von Blockchain-Verfahren *Wüst/Gervais*, Do you Need a Blockchain?
111 S. näher → Rn. 84 ff.
112 S. näher → Rn. 90 ff., 103.
113 Bundesregierung, Blockchain-Strategie, S. 4.
114 S. kritisch zur Vorstellung technologieneutraler Regelungen *Roßnagel* in Eifert/Hoffmann-Riem, 2009, S. 323 ff.; für das Beispiel des Datenschutzrechts s. *Roßnagel*, Das neue Datenschutzrecht, S. 34 f.
115 Bundesregierung, Blockchain-Strategie, S. 5, 12 f.
116 Bundesregierung, Blockchain-Strategie, S. 5, 8 ff., 16, 20.
117 Bundesregierung, Blockchain-Strategie, S. 19; so aber zB *Blocher* AnwBl 2016, 612 (617).

rechtswirksam möglich ist. Wenn allerdings Rechtssicherheit über bestimmte Erklärungen erreicht werden soll oder wenn zu bestimmten Erklärungen oder Informationen das höchstmögliche Maß an **Beweissicherheit** erforderlich ist, dann ist es notwendig, Sicherungsmittel wie Vertrauensdienste oder De-Mail einzusetzen. Wann dies geboten ist, kann jeder Sender oder Empfänger von elektronischer Kommunikation grundsätzlich nach seinem Sicherheitsinteresse und seinem Beweisbedarf selbst bestimmen. In vielen Fällen sieht jedoch das Gesetz vor, dass Sicherungen notwendig sind, und fordert die Einhaltung der Schriftform oder elektronischer Formen mit vergleichbaren Funktionen. In diesen Fällen sind Willenserklärungen, die diese Form nicht erfüllen, nach § 125 Satz 1 BGB nichtig.

85 Da die eIDAS-VO nach ihrem Art. 2 keine Regelungen in Bezug auf den Abschluss und die Gültigkeit von Verträgen oder andere Formvorschriften berührt, ist die Beantwortung der Frage, wieviel Vertrauen signierten, gesiegelten, zeitgestempelten oder per Einschreiben übermittelten elektronischen Dokumenten entgegengebracht werden kann, damit sie bestimmte rechtliche Formen erfüllen, grundsätzlich **Aufgabe der Mitgliedstaaten**. Allerdings können andere Regelungen des Unionsrechts den Einsatz von Vertrauensdiensten vorschreiben wie zB Art. 13 g Abs. 3 lit. c, 16 Abs. 4 und 28 a Abs. 3 lit. c der Richtlinie 2019/1151[118] für die Online-Gründung von Gesellschaften des privaten Rechts.

86 Allerdings trifft die Verordnung eine wichtige Festlegung: Eine qualifizierte Signatur hat nach Art. 25 Abs. 2 eIDAS-VO die gleiche Rechtswirkung wie eine handschriftliche **Unterschrift**. Soweit eine Unterschrift Voraussetzung zur Erfüllung einer rechtlichen Form ist, kann eine qualifizierte Signatur die Unterschrift ersetzen. Wird jedoch mehr als nur eine Unterschrift verlangt, wie zB für die Schriftform das Vorliegen einer Urkunde, reicht die qualifizierte elektronische Signatur allein zur Formerfüllung nicht aus.

87 In den fast 20 Jahren zwischen Inkrafttreten des SigG und Geltungsbeginn der eIDAS-VO hat die deutsche Rechtsordnung in weit über 50 Bereichen der Verwaltung und des privaten Rechtsverkehrs für bestimmte elektronische Erklärungen **qualifizierte elektronische Signaturen** gefordert oder ermöglicht. Dies gilt zB für den Privatrechtsverkehr,[119] für elektronische Dokumente bei Gerichten[120] und in Verwaltungsverfahren,[121] für Steuererklärungen,[122] Erklärungen gegenüber dem Handelsregister und dem Grundbuchamt, für die Einreichung von Angeboten in Vergabeverfahren, für den Treibhausgasemissionshandel, für die Einreichung von Erklärungen in Patent- und Markenverfahren und für Nachweise über gefährliche Abfälle.[123]

88 In den meisten Fällen haben die Formvorschriften schlicht auf „qualifizierte elektronische Signaturen" verwiesen. Diese Vorschriften konnten nach Geltung der eIDAS-VO unverändert bleiben, da seit dem Geltungsbeginn der Verordnung der Begriff „qualifizierte elektronische Signatur" nur im Sinn des Art. 3 Nr. 12 eIDAS-VO verstanden werden kann. Eine Änderung des Wortlauts war nicht erforderlich.[124] **Anpassungen deutscher Formvorschriften** waren aber notwendig, wenn die bisherige Regelung auf das SigG verwies oder sonstige Bezüge zu diesem

---

118 Richtlinie (EU) 2019/1151 vom 20.6.2019 zur Änderung der Richtlinie (EU) 2017/1132 im Hinblick auf den Einsatz digitaler Werkzeuge und Verfahren im Gesellschaftsrecht, EU ABl. L 186/80 vom 11.7.2019.
119 S. hierzu zB § 126 Abs. 3 BGB.
120 S. hierzu zB § 130 a ZPO; aus der jüngsten Rechtsprechung zB BGH NJW 2019, 2230; BSG NJW 2018, 2222; BVerwG NVwZ 2018, 1880; BAG NJW 2018, 2978, aus dem jüngeren Schrifttum zB *Ulrich/Schmieder* NJW 2019, 2233; *dies.* NJW 2019, 113 ff.; *Kranz/Müller/Hildebrandt* NVwZ 2019, 1495; *Bacher* MDR 2019, 1 (6); *Plum* NJW 2018, 2224; *Müller* NVwZ 2018, 1882; *ders.* NJW 2018, 2979.
121 S. hierzu zB § 3 a Abs. 2 und 37 VwVfG, § 35 a Abs. 2 SGB I.
122 S. hierzu zB § 87 a Abs. 3 AO.
123 S. zB *Roßnagel* in Veit/Reichard/Wewer, HB zur Verwaltungsreform, S. 617 ff.
124 S. hierzu *Roßnagel* in 29. Deutscher Notartag, S. 142 ff.

oder zur SigV herstellte.¹²⁵ Für diese Regelungen sahen Art. 3 bis 11 eIDAS-Durchführungsgesetz Änderungen in 54 Gesetzen und Verordnungen vor. In diesen wurde überwiegend der Verweis auf das bisherige Recht gestrichen oder durch einen Verweis auf die zutreffende Vorschrift in der eIDAS-VO ersetzt. Auch werden spezifische Begriffe des SigG (wie Zertifizierungsdienst) durch den passenden Begriff der eIDAS-VO (wie Vertrauensdienst) ersetzt. Nur in wenigen Fällen machte das eIDAS-Durchführungsgesetz von zusätzlichen Vertrauensdiensten nach der eIDAS-VO Gebrauch und sah elektronische Siegel als mögliche Handlungsform vor. In einigen Fällen ergänzte es auch die bisherige Bezugnahme auf qualifizierte elektronische Signaturen um die Möglichkeit, fortgeschrittene elektronische Signaturen zu verwenden.¹²⁶ In anderen Fällen wurde die Sollvorschrift, eine qualifizierte elektronische Signatur einzusetzen, aber auch zu einer Muss-Vorschrift verschärft.¹²⁷

Bereits zuvor hatten die grundsätzlichen **Formregelungen in den Verfahrensordnungen** der großen Verwaltungsbereiche in § 3 a Abs. 2 VwVfG, § 87 a Abs. 3 AO und § 35 a Abs. 2 SGB I sowie § 2 Abs. 2 EGovG den einseitigen Bezug auf qualifizierte elektronische Signaturen aufgegeben und weitere vertrauenswürdige elektronische Ersatzmöglichkeiten für die Schriftform – etwa unter Einsatz von qualifizierten Signaturen von akkreditierten De-Mail-Anbietern¹²⁸ oder dem elektronischen Identitätsnachweis¹²⁹ – anerkannt.¹³⁰ 89

2. Beweiswirkungen

Die zweite entscheidende Frage der Rechtswirkungen digitaler Erklärungen betrifft die mit ihnen mögliche Beweisführung. 90

a) Zulässigkeit als Beweismittel

Hinsichtlich der Verwendbarkeit von Vertrauensdiensten als Beweismittel trifft die **eIDAS-VO** eine klare Entscheidung. Allen – einfachen wie qualifizierten – elektronischen Signaturen, Siegeln, Zeitstempeln, Daten, die mit elektronischen Einschreiben zugestellt wurden, und elektronischen Dokumenten¹³¹ darf nach Art. 25 Abs. 1, 35 Abs. 1, 41 Abs. 1, 43 Abs. 1 und 46 eIDAS-VO die Rechtswirkung und die Zulässigkeit als Beweismittel in Gerichtsverfahren nicht allein deshalb abgesprochen werden, weil sie in elektronischer Form vorliegen oder die jeweiligen Anforderungen an den qualifizierten Status nicht erfüllen. Diesen Unionsregelungen entspricht § 371 Abs. 1 Satz 2 ZPO, nach dem elektronische Dokumente als Objekte des Augenscheins durch Vorlage oder Übermittlung der Datei in das Beweisverfahren eingebracht werden können.¹³² Ihr Beweiswert ist nach § 286 ZPO durch freie Beweiswürdigung des Gerichts zu ermitteln. Aufgrund ihrer Manipulationsmöglichkeiten ist ihr Beweiswert jedoch gering. Dieser steigt zwar, wenn das elektronische Dokument durch eine fortgeschrittene Signatur gesichert ist, bedarf aber mangels einer spezifischen Regelung zur Beweiserleichterung im Regelfall einer ergänzenden Beweisaufnahme durch Sachverständigengutachten.¹³³ 91

---

125 S. näher *Roßnagel* Recht der Vertrauensdienste, S. 173.
126 S. hierzu *Roßnagel* MMR 2018, 31 (33 ff.).
127 S. zB § 130 a Abs. 3 ZPO durch das Gesetz zur Förderung des elektronischen Rechtsverkehrs mit Gerichten vom 10.10.2013 (BGBl. I S. 3786) und die Verordnung über die technischen Rahmenbedingungen des elektronischen Rechtsverkehrs und über das besondere elektronische Behördenpostfach vom 24.11.2017 (BGBl. I S. 3803).
128 S. hierzu → Rn. 76; s. hierzu auch § 2 Abs. 2 EGovG.
129 S. hierzu zB *Seckelmann* in Veit/Reichard/ Wewer, HB zur Verwaltungsreform, S. 629 ff.; *Hornung/Möller*, PassG/ PersAuswG.
130 S. hierzu zB *Johannes* MMR 2013, 694 ff.; *Roßnagel* NJW 2003, 469.
131 Für diese ist dies in Art. 46 die einzige Regelung der eIDAS-VO.
132 S. hierzu *Roßnagel* in Roßnagel, ZPO § 371 a Rn. 10 f.; *Thomas/Putzo* ZPO § 371 Rn. 4.
133 S. *Grigorjew*, Beweiseignung fortgeschrittener Signaturen; *Lapp* in Auer-Reinsdorff/Conrad, S. 1523.

b) Beweiserleichterung für qualifiziert signierte Erklärungen

92 Hinsichtlich des **Beweiswerts von Vertrauensdiensten** hält sich die eIDAS-VO eigentlich zurück. Nach Art. 22 Satz 2 eIDAS-VO ist „die Rechtswirkung von Vertrauensdiensten [...] durch nationales Recht festzulegen, sofern in dieser Verordnung nichts anderes bestimmt ist". Die eIDAS-VO trifft jedoch Regelungen zum Beweiswert – und zwar sehr unterschiedlich und widersprüchlich. Die Vorgaben zu den Beweiswirkungen von qualifizierten Vertrauensdiensten ergeben sich daher aus einer Zusammenschau von Verordnung und ZPO.

93 Zur **qualifizierten Signatur** enthält die eIDAS-VO keine spezifische Regelung. Daher gelten für qualifizierte Signaturen weiterhin die Regelungen in § 371 a ZPO.[134]

94 Für private elektronischen Dokumente bietet § 371a Abs. 1 Satz 2 ZPO bei erfolgreicher Signaturprüfung nach Art. 32 eIDAS-VO einen **Anschein**[135] **der Echtheit** der Erklärung, der nur durch Tatsachen entkräftet werden kann, die ernstliche Zweifel an der Abgabe der Erklärung durch die verantwortliche Person begründen.[136] Dieser erste Anschein umfasst die Unverfälschtheit der Erklärung und die Zuordnung der Erklärung zur verantwortenden Person.[137] Sie gilt für Willens- wie auch für Wissenserklärungen.[138] Das echte qualifiziert signierte private Dokument erbringt nach § 371a Abs. 1 Satz 1 ZPO entsprechend § 416 ZPO vollen Beweis dafür, dass die in ihm enthaltenen Erklärungen vom Aussteller abgegeben worden sind.[139]

95 Noch weitergehender sind die Beweiserleichterungen für **öffentliche elektronische Dokumente**. Unter diesen versteht § 371 Abs. 3 Satz 1 ZPO ein elektronisches Dokument, das von einer öffentlichen Behörde innerhalb der Grenzen ihrer Amtsbefugnisse oder von einer mit öffentlichem Glauben versehen Person innerhalb des ihr zugewiesenen Geschäftskreises in der vorgeschriebenen Form erstellt worden ist. Auf diese finden die Vorschriften über die Beweiskraft öffentlicher Urkunden entsprechende Anwendung – auch dann, wenn sie nicht durch qualifizierte elektronische Signaturen gesichert sind. Sie begründen dann nach §§ 415 Abs. 1, 417 und 418 Abs. 1 ZPO vollen Beweis für den beurkundeten Vorgang, für amtliche Anordnungen, Verfügungen und Entscheidungen sowie für die in ihnen bezeugten Tatsachen. Sind sie mit einer qualifizierten elektronischen Signatur versehen, gilt für sie nach § 371a Abs. 3 Satz 2 iVm § 437 Abs. 1 ZPO zusätzlich die gesetzliche **Vermutung der Echtheit**.[140]

96 Nach § 371a Abs. 2 und 3 Satz 3 ZPO[141] gelten diese Regelungen zu qualifizierten signierten privaten und öffentlichen Dokumenten sinngemäß für private und öffentliche elektronische Dokumente, die gemäß § **5 Abs. 5 DeMailG** versandt und mit einer **dauerhaft prüfbaren qualifizierten elektronischen Signatur** des akkreditierten Diensteanbieters versehen sind.[142]

---

134 Das eIDAS-Durchführungsgesetz hat in Art. 10 XV Nr. 3 § 371 a Abs. 1 Satz 2 ZPO nur insoweit angepasst, als sie auf die passenden Regelungen in der eIDAS-VO Bezug nimmt, aber die Beweiswirkung hinsichtlich der Echtheit qualifizierter elektronischer Signaturen nicht verändert – s. BT-Drs. 18/12494, 49.
135 Keine „Vermutung", wie *Lapp* in Auer-Reinsdorff/Conrad, S. 1533 annimmt.
136 S. näher *Rupp*, Beweisführung, S. 222 ff.; *Huber* in Musielak/Voit/ ZPO § 371 a Rn. 5 ff.; *Berger*, in: Stein/Jonas/Berger ZPO § 371 a Rn. 17 ff.; Münchener Kommentar/Zimmermann ZPO § 371 a Rn. 4; *Roßnagel* in Roßnagel, ZPO § 371 a Rn. 9 ff., 35 f.; *Schemmann* ZZP 118 (2005), 173 ff.; *Wilke*, Die rechtssichere Transformation von Dokumenten, S. 167 ff.
137 Der Schutz des Empfängers geht damit weiter als bei Urkunden, für deren Echtheit der Empfänger vollen Beweis erbringen muss – s. §§ 439 f. ZPO.
138 S. BT-Drs. 15/4067, 34.
139 S. zB *Rupp*, Beweisführung, S. 218 ff.; zu den Beweiserleichterungen von ersetzend gescannten Dokumenten s. *Roßnagel/Nebel* NJW 2014, 886.
140 S. hierzu näher *Huber* in Musielak/Voit ZPO § 371 a Rn. 14 ff.; *Roßnagel* in Roßnagel ZPO § 371 a Rn. 16 ff. und 38 ff.; *Berger* in Stein/Jonas ZPO § 371 a Rn. 22.
141 Eingefügt durch Gesetz zur Förderung des elektronischen Rechtsverkehrs mit den Gerichten vom 10.10.2013, BGBl. I, S. 3789. S. BT-Drs. 15/4067, 34.
142 S. zB *Rupp*, Beweisführung, S. 275 ff.; *Eckhardt* in Auer-Reinsdorff/Conrad, S. 1553.

Für die „Vermutungen" des § 371a Abs. 3 ZPO und die Urkundenbeweise nach §§ 415 ff. ZPO gilt § 292 ZPO, nach dem diese gesetzlichen Vermutungen nur durch den **Beweis des Gegenteils** widerlegt werden können.[143]

c) Beweiserleichterungen für bestimmte Vertrauensdienste

Im Gegensatz zu qualifizierten Signaturen enthält die eIDAS-VO Regelungen für andere mit qualifizierten Vertrauensdiensten gesicherte digitale Erklärungen. Für **qualifizierte elektronische Siegel** gilt nach Art. 35 Abs. 2 eIDAS-VO die „Vermutung der Unversehrtheit der Daten und der Richtigkeit der Herkunftsangabe der Daten". Für **qualifizierte Zeitstempel** gilt nach Art. 40 Abs. 2 eIDAS-VO die „Vermutung der Richtigkeit des Datums und der Zeit, die darin angegeben sind, sowie der Unversehrtheit der mit dem Datum und der Zeit verbundenen Daten". Schließlich gilt für **qualifizierte elektronische Einschreiben** nach Art. 43 Abs. 2 eIDAS-VO die „Vermutung der Unversehrtheit der Daten, der Absendung dieser Daten durch den identifizierten Absender und des Empfangs der Daten durch den identifizierten Empfänger und der Korrektheit des Datums und der Uhrzeit der Absendung und des Empfangs, wie sie von dem qualifizierten Dienst für die Zustellung elektronischer Einschreiben angegeben werden".[144] Welche Rechtswirkungen mit diesen „Vermutungen" verbunden sind – wie stark die „Vermutungen" sind und wie sie widerlegt werden können – regelt die eIDAS-Verordnung jedoch nicht.

Diese „**Vermutungen**" gehen hinsichtlich des Objekts und der Wirkung nach ihrem Wortlaut weit über den Anscheinsbeweis für qualifizierte Signaturen nach § 371a Abs. 1 Satz 2 ZPO und den Anscheinsbeweis für sichere De-Mail nach § 371a Abs. 2 ZPO hinaus. Danach würden sie nicht nur für das Beweismittel, sondern auch für Tatsachen gelten.[145] So verstandene Beweisregelungen wären mit dem bisherigen Beweisrecht in Deutschland nicht zu vereinbaren, insbesondere dann nicht, wenn die „Vermutungen" im Sinn des § 292 ZPO ausgelegt werden und nur durch den Beweis des Gegenteils widerlegbar wären.[146] Diese Regelungen können jedoch nicht als „Vermutung" im Sinn des § 292 ZPO verstanden werden, sondern ergeben für das deutsche Beweisrecht nur dann einen Sinn, der mit seiner Systematik vereinbar ist, wenn sie als Anscheinsbeweis und nicht als gesetzliche Vermutung verstanden werden.[147]

Diesem Ergebnis liegen folgende **Erwägungen** zugrunde:[148] Zum einen soll die Unionsverordnung in allen Mitgliedstaaten unmittelbar geltendes Recht schaffen, kann sich dabei aber nicht in die vielen verschiedenen Rechtsordnungen des Beweisverfahrens systematisch einordnen. Daher dürfen die im Unionsrecht verwendeten Bezeichnungen nicht mit den gleichen Bezeichnungen im nationalen Recht gleichgesetzt werden. Vielmehr ist aus der Systematik und der Zielsetzung des Unionsrechts heraus danach zu fragen, was eine Verordnung mit der Verwendung einer bestimmten Bezeichnung bezwecken wollte.[149] Zum anderen erscheint die Rechtsfolge, die mit einer „gesetzlichen Vermutung" iSd § 292 ZPO verbunden wäre, ungerechtfertigt. Der Verwender des Vertrauensdienstes wäre durch das Verständnis als gesetzliche Vermutung strukturell benachteiligt. Drittens hat die eIDAS-VO die Rechtswirkungen der Ver-

---

143 S. Thomas/Putzo/*Reichold* ZPO § 371 Rn. 4.
144 S. zB *Rupp*, Beweisführung, S. 285 ff.
145 S. hierzu ausführlich *Roßnagel*, Recht der Vertrauensdienste, S. 179 ff.
146 S. hierzu *Jandt* NJW 2015, 1205 ff.; *Jandt/Michalek/Dietrich* DuD 2015, 687 ff.; *Roßnagel* NJW 2014, 3691.
147 Dies entspricht auch Erwägungsgrund 59 eIDAS-VO, der für das Ziel von qualifizierten elektronischen Siegeln nicht von „Beweis", sondern nur von „Nachweis" und nicht von „beweisen", sondern nur von „belegen" spricht.
148 S. ausführlich *Roßnagel* MMR 2016, 647 (649 ff.); s. auch *Rupp*, Beweisführung, S. 386 ff.
149 Zur autonomen Auslegung des Unionsrechts s. zB *Borchardt* in Schulze/Zuleeg/Kadelbach, 2015, § 15 Rn. 32 ff. mwN; *Hofmann/Johannes* ZD 2017, 221 ff.

mutung ausdrücklich nicht geregelt,[150] deren Bestimmung also den Mitgliedstaaten überlassen. Für Deutschland etwa bedeutet dies: Ein qualifiziertes elektronisches Siegel kann nicht einer natürlichen Person individuell zugerechnet werden und deshalb auch nicht die gleichen Rechtswirkungen haben wie eine eigenhändige Unterschrift, wie dies für qualifizierte elektronische Signaturen von Art. 25 Abs. 2 eIDAS-VO angeordnet wird. Viertens kann sachlich ein qualifiziertes elektronisches Siegel eine Vermutung hervorrufen, die für qualifizierte elektronische Signaturen nicht gilt, obwohl das Missbrauchsrisiko bei elektronischen Siegeln höher ist, weil sie sicherheitstechnisch nicht an eine Person gebunden sind.[151] Schließlich ist das hier vorgeschlagene Verständnis auch mit dem Wortlaut der eIDAS-Vorschriften in anderen Amtssprachen der Union vereinbar.

101 Dieses Ergebnis kann zwar aus den Regelungen der eIDAS-Verordnung abgeleitet werden. Dennoch sollte der Gesetzgeber für Rechtssicherheit sorgen und § 371a ZPO in der Weise erweitern, dass er die Beweiswirkungen von qualifizierten Siegeln, Zeitstempeln und Einschreibebestätigungen als Anscheinsbeweise in seinen Wortlaut aufnimmt.[152]

102 Diese Beweisregelungen der eIDAS-VO unterscheiden nicht zwischen verschiedenen Gerichtsverfahren. Für **Strafverfahren** fehlt der Union nach Art. 82 Abs. 2 AEUV jedoch die Kompetenz zur Regelung durch eine Verordnung.

d) Keine Beweiserleichterungen für Blockchain-Verfahren

103 Blockchain-Einträge sind nach § 371 Abs. 1 Satz 2 ZPO grundsätzlich ein taugliches Beweismittel, müssen aber dem Gericht vorgelegt werden. Wie die hierfür notwendige **Verkehrsfähigkeit** ohne Sicherheitseinbußen hergestellt werden kann, will die Bundesregierung erst noch prüfen.[153] Selbst wenn dies möglich sein sollte, fehlen bisher Regelungen zur Beweiserleichterung. Die Beweisführung durch Blockchain-Verfahren unterliegt daher nach § 286 ZPO der **freien Beweiswürdigung** des Gerichts und ist ohne Sachverständigengutachten und damit ohne entsprechende Kostenbelastung nicht möglich. Hinsichtlich einer möglichen Beweiserleichterung will die Bundesregierung prüfen, „ob oder inwieweit die Irreversibilität sowie der Nachweis der Unveränderbarkeit bei der Speicherung von Daten und Dokumenten mit Hashwerten bei der Beweisführung anerkannt werden können".[154]

D. Zusammenfassung und Ausblick

104 Formfreie Erklärungen erfolgen in großem Umfang in digitaler Form ohne Sicherungsmittel. Dass sie nicht rechtssicher sind, stört die wenigsten. Sie vertrauen nicht auf die Erklärungen, sondern darauf, dass sie persönlich nicht von den mit ihnen verbundenen Problemen betroffen sind und falls sie doch ein Schaden trifft, dieser geringer ist als die Vorteile unkomplizierter Kommunikation. Sind dagegen Erklärungen **formgebunden oder beweisrelevant**, vertrauen die wenigsten darauf, dass alles gut gehen wird. Die meisten zögern, elektronische Erklärungen ungeschützt in digitaler Form zu tätigen. Sie zögern aber auch, Sicherheitsinfrastrukturen und -dienste in Anspruch zu nehmen.

105 Woran liegt das? Dies liegt nicht an den Kosten oder an der Umständlichkeit der Sicherheitsverfahren – wie vielfach behauptet wird. Dort, wo der Gesetzgeber sie vorgeschrieben hat,

---

150 S. Erwägungsgrund 22 Satz 2 eIDAS-VO.
151 S. hierzu *Jandt* NJW 2015, 1206 f. Dies gilt auch im Verhältnis der Beweisregelungen für De-Mail zur Beweisregelung in Art. 43 Abs. 2 eIDAS-VO für qualifizierte Einschreibebestätigungen.
152 S. hierzu auch *Roßnagel* MMR 2016, 647 (651 f.).
153 Bundesregierung, Blockchain-Strategie, S. 13.
154 Bundesregierung, Blockchain-Strategie, S. 13.

werden sie ohne größere Probleme flächendeckend eingesetzt und genutzt.[155] Hinweise darauf, dass sie eine gewisse **Verbreitung** erreicht haben, gibt die steigende Anzahl qualifizierter Vertrauensdiensteanbieter. 2019 boten zB in Deutschland 12, in Frankreich 23, in Spanien 27, in Italien 19 und in Österreich 5 Anbieter ihre Vertrauensdienste an.[156] Die Zahl der vergebenen Zertifikate ist nicht bekannt. 2019 gibt es vier akkreditierte De-Mail-Diensteanbieter, nämlich Telekom Deutschland GmbH, T-Systems International GmbH, Mentana-Claimsoft GmbH sowie 1&1 De-Mail GmbH".[157] Nach Auskunft dieser Anbieter haben sich „2012 über eine Million Privatkunden, einige zehntausend Mittelstandskunden und ca. 1000 De-Mail-Großkunden aus Wirtschaft und Verwaltung authentifiziert".[158] Auf „De-Mail.info – Ihr Informationsportal" des BSI sind im Oktober 2019 knapp 2.000 institutionelle Teilnehmer von De-Mail einsehbar.[159] Angaben zur Anzahl der ausgetauschten De-Mails werden nicht bekannt gegeben. Bei der Deutschen Rentenversicherung sind im Jahr 2016 4.500 De-Mail-Nachrichten eingegangen.[160] Das zentrale Gateway zur Anbindung der Bundesbehörden an De-Mail hat am 23.3.2015 seinen Betrieb aufgenommen.[161] Auch viele Bundesländer haben inzwischen ein De-Mail-Gateway für ihre Landesverwaltung. Eine Zustellung elektronischer Dokumente nach eIDAS bietet die Post AG – statt dem ePost-Brief – ab dem 1.1.2020 an.[162] Bezogen auf den objektiv großen Bedarf an vertrauenswürdigen elektronischen Erklärungen haben sich Sicherheitsinfrastrukturen und -dienste bisher aber nur **unzureichend durchgesetzt**.

Das Problem hierfür liegt darin, dass die Gesetzgeber in der Union und in Deutschland Signaturen und andere Vertrauensdienste als **Waren** ansehen, die sich auf dem Markt durch freiwillige Nutzung durchsetzen müssen. Dies ist jedoch nicht zu erwarten. Als frei zu erwerbendes Marktgut werden sie sich nie durchsetzen. Der Hauptvorteil einer elektronischen Signatur zu einem elektronischen Dokument ist die Sicherheit für den Empfänger, dass das Dokument nachweisbar nicht gefälscht ist und von der Person stammt, die im Zertifikat angegeben ist. Das signierte Dokument hat also eine hohe Beweiskraft für den Empfänger. Die Kosten und den Aufwand dafür muss aber der Sender erbringen. Für diesen fehlt jedoch jeder Anreiz. Signaturen bieten vor allem Vorteile für den Empfänger, der durch sie geeignete Beweismittel erhält. Daher gibt es für den Sender keinen Grund, Signatur- oder Siegelkarten und Zertifikate auf dem Markt zu erwerben. Selbst die Bundesregierung und die Bundesverwaltung verwenden die von ihnen selbst geregelten Signaturverfahren nicht, wenn sie nicht gesetzlich dazu gezwungen sind. Signaturverfahren, die jeder Computer und jedes Smartphone nutzt, wären die richtige Infrastruktur für eine sichere und verbindliche elektronische Schriftkommunikation. Um dies zu erreichen, sind jedoch Regelungen notwendig, die die Nutzung dieser **Infrastruktur** einfordern.

---

155 S. auch *Wilhelm* in Seckelmann, S. 296.
156 Europäische Kommission, https://webgate.ec.europa.eu/tl-browser/#/ (27.10.2019).
157 BSI, Akkreditierte De-Mail-Diensteanbieter, https://www.bsi.bund.de/DE/Themen/DigitaleGesellschaft/EGovernment/DeMail/Akkreditierte_DMDA/Akkreditierte_DMDA_node.html;jsessionid=18BCDE4945476EB724F806862E8F366C.2_cid369 (27.10.2019).
158 Bundesregierung, 2015, Antwort der Bundesregierung auf die Kleine Anfrage der Abgeordneten Jan Korte und weiterer Abgeordneter und der Fraktion DIE LINKE vom 1.7.2015: Aktueller Stand der Entwicklung und Einführung von De-Mail, Bundestags-Drucksache 18/5440, S. 4; *Kleinz*, E-Government – De-Mail verpasst den Anschluss, 24.12.2017, https://www.zdf.de/nachrichten/heute/de-mail-verpasst-anschluss-100.html (27.10.2019).
159 BSI, De-Mail.info, Ihr Informationsportal, Wer nutzt De-Mail?, https://de-mail.info/verzeichnis.html# (27.10.2019).
160 *Kleinz*, E-Government – De-Mail verpasst den Anschluss, 24.12.2017, https://www.zdf.de/nachrichten/heute/de-mail-verpasst-anschluss-100.html (27.10.2019).
161 Bundesregierung, 2015, Antwort der Bundesregierung auf die Kleine Anfrage der Abgeordneten Jan Korte und weiterer Abgeordneter und der Fraktion DIE LINKE vom 1.7.2015: Aktueller Stand der Entwicklung und Einführung von De-Mail, Bundestags-Drucksache 18/5440, S. 4.
162 S. https://www.teltarif.de/e-postbrief-klassische-zustellung-eidas-umstellung/news/78660.html.

107 Die Gesetzgeber in der Union und in Deutschland ignorieren, dass es sich bei den Vertrauensdiensten um eine **Sicherungsinfrastruktur** handelt, die in der Gesellschaft breit durchgesetzt werden muss. Wenn der Gesetzgeber möchte, dass auch formgebundene und beweisrelevante elektronische Erklärungen verbreitet genutzt werden, dann darf er nicht darauf hoffen, dass sich Sicherheitsdienste irgendwann am Markt durchsetzen, sondern muss sie als eine Sicherheitsinfrastruktur betrachten, die in der digitalen Gesellschaft etabliert werden muss. Eine einfache Maßnahme, dieses zu erreichen, wäre etwa, für die Umsatzsteuervoranmeldung qualifizierte Signaturen oder Siegel zu fordern. Dann hätten mehrere Millionen Unternehmen Signatur- oder Siegelkarten, deren Verteilung und Nutzung für viele weitere digitale Willenserklärungen der beteiligten Unternehmen vorausgesetzt werden könnte. Die Kommunikation zwischen Bürgern, Unternehmen und Verwaltung könnte dann, immer wenn es erforderlich ist, komfortabel, sicher, beweisgeeignet und vertrauenswürdig erfolgen.

108 Doch auch hinsichtlich dezentraler Register und der Verwendung der Blockchain-Technologie will die Bundesregierung wieder nur einen technologieneutralen Ordnungsrahmen schaffen, „in dem Marktprozesse ohne staatliche Eingriffe funktionieren" sollen.[163] Solange sich dies nicht zugunsten klarer Anforderungen für die Verwendung von Sicherheitsinfrastrukturen und -dienste ändert, ist auch für Blockchain-Verfahren die gleiche – sehr verhaltene – Entwicklung wie für alle anderen Sicherheitsdienste zu erwarten.

---

163 Bundesregierung, Blockchain-Strategie, 13.

§ 15 Recht der IT-Sicherheitsbehörden

Literatur: *Buchberger*, Die Aufgaben des Bundesamtes für die Sicherheit in der Informationstechnik nach den Änderungen des BSIG 2015 bis 2017 – ein Überblick, GSZ 2019, 183; *Dürig/Fischer*, Cybersicherheit in Kritischen Infrastrukturen, Datenschutz und Datensicherheit – DuD 2018, 209; *Gehrmann/Voigt*, IT-Sicherheit – Kein Thema nur für Betreiber Kritischer Infrastrukturen, CR 2017, 93; *Gitter/Meißner/Spauschus*, Das neue IT-Sicherheitsgesetz – IT-Sicherheit zwischen Digitalisierung und digitaler Abhängigkeit, ZD 2015, 512; *dies.*, Philipp, Das IT-Sicherheitsgesetz – Sicherheit und Datenschutz – gemeinsames Ziel oder Widerspruch?, DuD 2017, 7; *Grabitz/Hilf/Nettesheim* (Hrsg.), Das Recht der Europäischen Union Bd. V, 40. EL, Stand: Oktober 2009; *Herrmann/Stöber*, Das Onlinezugangsgesetz des Bundes – Wie der Gang zum Amt überflüssig werden soll, NVwZ 2017, 1401; *Hornung*, Neue Pflichten für Betreiber kritischer Infrastrukturen: Das IT-Sicherheitsgesetz des Bundes, NJW 2015, 3334; *Kipker*, IT-Sicherheitsgesetz 2.0 – Referentenentwurf veröffentlicht, MMR-Aktuell 2019, 415455; *ders./Müller*, International Regulation of Cybersecurity – Legal and Technical Requirements, MMR aktuell 2019, 414291; *ders./Scholz*, EU-Parlament verabschiedet EU Cybersecurity Act, MMR-Aktuell 2019, 414986; *Könen*, IT-Sicherheitsgesetz gesetzlich geregelt – Kooperationen gestalten, Umsetzung steuern, DuD 2016, 12; *Kowalski/Intemann*, Perspektiven der IT-Sicherheitszertifizierung für Europas Märkte, DuD 2018, 415; *Lange/Winkler*, Rechtliche Grundlagen des staatlichen Geheimschutzes, DuD 2019, 611; *Leisterer/Schneider*, Der überarbeitete Entwurf für ein IT-Sicherheitsgesetz, CR 2014, 574; *von Mangoldt/Klein/Starck*, Grundgesetz (Kommentar), Band 3, 7. Aufl. 2018; *Pohlmann*, Zur Entwicklung einer IT-Sicherheitskultur, DuD 2016, 38; *Raabe/Schallbruch/Steinbrück*, Systematisierung des IT-Sicherheitsrechts, CR 2018, 706; *Rohde/Witzel*, Akkreditierung von Prüflaboratorien, DuD 1998, 203; *Schallbruch*, Die EU-Richtlinie über Netz- und Informationssicherheit: Anforderungen an digitale Dienste, CR 2016, 663; *ders.*, IT-Sicherheitsrecht – Schutz kritischer Infrastrukturen und staatlicher IT-Systeme, CR 2017, 648; *ders.*, IT-Sicherheitsrecht – Abwehr von IT-Angriffen, Haftung und Ausblick, CR 2018, 215; *ders./Städler*, Neuregelung der Bund-Länder-Zusammenarbeit bei der IT durch Art. 91c GG, CR 2009, 619; *Schenke/Graulich/Ruthig* (Hrsg.), Sicherheitsrecht des Bundes, 2. Aufl. 2019; *Selk/Gierschmann*, Stellungnahme der DGRI zum Entwurf eines Gesetzes zur Erhöhung der Sicherheit informationstechnischer Systeme (IT-Sicherheitsgesetz), CR 2015, 273; *Siegel*, IT im Grundgesetz, NVwZ 2009, 1128; *Simitis/Hornung/Spiecker gen. Döhmann* (Hrsg.), Datenschutzrecht Kommentar, 2019; *Sonnenberg*, Innovative Instrumente und Methoden der Zulassung – Zeitgerechte Bedarfsdeckung des VS-Markts, DuD 2019, 619; *Spindler*, IT-Sicherheitsgesetz und zivilrechtliche Haftung, CR 2016, 297; *Spittka*, EU-Kommission stellt neues Cybersecurity-Paket vor, DB 2017, M4.

A. Einführung 1	4. Einfachgesetzlicher Rahmen 33
B. Internationaler und europäischer Rahmen 4	II. Cyber-Sicherheitsbehörden 36
I. Internationale Aktivitäten 4	III. Das Bundesamt für die Sicherheit in der Informationstechnik 39
II. Europäische Union 7	1. IT-Sicherheit des Bundes 41
1. Strategische Ausrichtung 8	2. IT-Sicherheit Kritischer Infrastrukturen und bestimmter digitaler Dienste 45
2. Die NIS-Richtlinie 12	3. Prävention und Bewältigung von Cyber-Vorfällen 47
3. ENISA 26	4. Weitere Aufgaben der Beratung, Unterstützung und Bewertung 50
C. Nationales Recht 28	D. Ausblick 55
I. Allgemeiner Rahmen 28	
1. Die Cyber-Sicherheitsstrategie für Deutschland 28	
2. Gremien 29	
3. Verfassungsrechtlicher Rahmen 31	

A. Einführung[*]

Das Recht der IT-Sicherheitsbehörden kann als die Summe der Rechtsnormen verstanden werden, die die Organisation, Aufgaben und Befugnisse der öffentlichen Stellen zum Gegenstand haben, die mit dem **Schutz der Verfügbarkeit, Integrität und Vertraulichkeit informationstechnischer Systeme**[1] befasst sind. Informationstechnische Systeme selbst sind in den meisten Fällen nicht isoliert, sondern vernetzt mit anderen und eingebettet in eine mehr oder weniger

---

[*] Der Beitrag gibt ausschließlich die persönliche Meinung der Autorin wieder.
[1] Zur Auswahl der Schutzziele s. *Raabe/Schallbruch/Steinbrück* CR 2018, 706 (707).

offene Kommunikations-Infrastruktur, häufig auch als „Cyber-Raum" bezeichnet (s. beispielsweise → Rn. 8 und 28). IT-Sicherheitsbehörden sind in diesem Umfang daher solche, die mit dem Schutz des Cyber-Raums und Aufgaben im Bereich der sogenannten „Cyber-Sicherheit" betraut sind.

2 Entsprechend der Zersplitterung bereits der rechtlichen Materie einerseits sowie der Vernetzung und Durchdringung aller Lebensbereiche mit IT andererseits haben zahlreiche Stellen auch spezielle (Teil-)Zuständigkeiten und Aufgaben bei der Gewährleistung von IT-Sicherheit.[2] Die folgende Darstellung konzentriert sich auf diejenigen Stellen, die grundlegende Kernaufgaben auf dem Gebiet der IT-Sicherheit wahrnehmen.

3 Für die **Prävention, Abwehr und Unterstützung bei der Behebung von IT-Sicherheitsvorfällen** als Aufgaben der IT-Sicherheitsbehörden ist die Verfügbarkeit aktueller und verlässlicher Kenntnisse über die stetig fortschreitenden Entwicklungen im Bereich der Informationstechnik insgesamt und der IT-Sicherheit im Speziellen unerlässlich. Neben dem Austausch auf internationaler und europäischer Ebene (etwa auch durch Mitwirkung und Gestaltung in Gremien und Konferenzen) sind die **Sammlung und Auswertung von Informationen** aus offenen Quellen, über spezifische Melde- und Informationswege sowie die Erhebung eigener Daten von zentraler Bedeutung. IT-Sicherheitsbehörden leisten einen eigenen Beitrag zur IT-Sicherheit durch die **Aufbereitung, Bewertung und Weitergabe von Informationen** sowie die **Reduzierung von Komplexität durch Standardisierung und Normsetzung** und die Durchführung, Mitwirkung und Ausgestaltung von Prüfungen, Verfahren und Leitlinien im Bereich der IT-Sicherheit. „Produkte" der IT-Sicherheitsbehörden als staatliche Institutionen sind insofern **Vertrauensanker** in einer zunehmend komplexen Welt, die für die „Konsumenten" (staatliche Stellen, Wirtschaft und Bürger) IT-Sicherheit begreifbar und umsetzbar machen. Das Recht der IT-Sicherheitsbehörden bietet hierfür den notwendigen rechtlichen Rahmen.

B. Internationaler und europäischer Rahmen

I. Internationale Aktivitäten

4 Auf internationaler Ebene haben mittlerweile eine Vielzahl von Organisationen und Einrichtungen übergreifend den Schutz des Cyberraums adressiert. Mit der zunehmenden globalen Vernetzung in den Vordergrund getreten sind dabei auch Fragen zur **Geltung und Anwendung des Völkerrechts** im Cyberraum und der Einigung über verbindliche Verhaltensnormen für eine **friedliche Nutzung des Cyberraums**,[3] aber auch Fragen der **Nutzung und Teilhabe** auch von Einzelnen, nicht zuletzt im Zusammenhang mit dem Schutz personenbezogener Daten.[4]

5 Ein zentrales Element bei der Gewährleistung von IT-Sicherheit ist darüber hinaus die **internationale Standardisierung** auf dem Gebiet der Netz- und Informationssicherheit. Die Vereinheitlichung fachlicher, technischer und organisatorischer Kriterien und Vorgaben aufgrund privatrechtlicher Vereinbarungen oder gemeinsamer Rechtsnormen ermöglicht die Interoperabilität, Bewertbarkeit und gegebenenfalls auch die gegenseitige Anerkennung von IT-Produkten, Dienstleistungen und Standards über staatliche Grenzen hinaus. Die Vereinheitlichung technischer Rahmenbedingungen an der Schnittstelle zum Recht befördert so zugleich deren weitere Entwicklung und Nutzung. IT-Sicherheitsbezogene Standardisierung auf internationa-

---

[2] Etwa Aufgaben sektorspezifischer Aufsichtsbehörden und sonstiger Einzelbehörden oder Beliehener mit Spezialaufgaben oder sonstiger Aufgaben in Bereichen und für Produkte, Anwendungen oder Dienstleistungen, für die besondere gesetzliche Sicherheitsanforderungen gelten.
[3] Ua durch die innerhalb der Vereinten Nationen eingerichtete Group of Governmental Experts (UN-GGE), vergleichbare Aktivitäten etwa auch im G7-Kontext und im Rahmen der OECD sowie OSZE und des Europarats. Ausführlich hierzu *Lahmann* in → § 6 Rn. 1 ff.
[4] Dazu der Überblick in Simitis/Hornung/Spiecker gen. Döhmann/*Hornung/Spiecker gen. Döhmann* Datenschutzrecht Einleitung Rn. 111 ff.

ler Ebene erfolgt beispielsweise im Rahmen der ITU, sowie insbesondere der – privatrechtlich organisierten – International Electrotechnical Commission (IEC) und der International Organization for Standardization (ISO).[5] Auf EU-Ebene existieren entsprechende Normungsgremien insbesondere mit dem Comité Européen de Normalisation Électrotechnique (CENELEC) und dem European Telecommunications Standards Institute (ETSI). Unter Beteiligung relevanter Stakeholder werden dort auch Standards zur Umsetzung allgemeiner Rahmenregelungen im Auftrag der EU-Kommission entwickelt.[6]

Auf technischer Ebene haben sich weltweit einzelne – öffentliche wie private – Stellen, sogenannte **Computer Emergency Response Teams (CERTs)** – teilweise auch als Computer Security Incident Response Teams (CSIRTs) bezeichnet (→ Rn. 22) – als zentrale Anlaufstellen für die Sammlung und Bewertung von IT-Sicherheitsbezogenen Informationen etabliert. Hierzu stellt das **Forum of Incident and Response Teams (FIRST)** eine Plattform zur Ermöglichung eines übergreifenden Austauschs auf internationaler Ebene dar.[7]

II. Europäische Union

Für eine nachhaltige Verwirklichung des **digitalen Binnenmarkts** ist die Gewährsleistung eines gemeinschaftsweit hinreichenden Niveaus an IT-Sicherheit für einen sicheren und verlässlichen grenzüberschreitenden Verkehr essentiell. Umgekehrt können nationale Vorgaben zur IT-Sicherheit potenziell begrenzend auf den grenzüberschreitenden Verkehr von Waren, Dienstleistungen, Kapital und auch Menschen wirken. Auf Gemeinschaftsebene bestehen daher zahlreiche **sektorale Regelungen**, die auch die Gewährleistung von IT-Sicherheit zum Gegenstand haben. Darüberhinausgehend bewegt sich die Rechtsangleichung auf dem Gebiet der IT-Sicherheit aber immer auch in einem Spannungsfeld mit der alleinigen **Zuständigkeit der Mitgliedstaaten** zur Gewährleistung der **nationalen Sicherheit** nach Art. 4 Abs. 2 EUV.

1. Strategische Ausrichtung

Im Februar 2013 haben die Europäische Kommission und die Hohe Vertreterin der Europäischen Union für Außen- und Sicherheitspolitik die **gemeinsame Mitteilung „Cybersicherheitsstrategie der Europäischen Union – ein offener, sicherer und geschützter Cyberraum"**[8] und zeitgleich als begleitenden Rechtsakt den Vorschlag für eine Richtlinie zu Netz- und Informationssicherheit (NIS-RL) vorgelegt. Zusammen mit den diesbezüglichen Ratsschlussfolgerungen stellen diese Dokumente als EU-Cybersicherheitsstrategie (EU CSS) einen ersten Meilenstein bei der Gewährleistung von IT- und Cyber-Sicherheit in der Europäischen Union dar.

Die EU CSS benennt fünf strategische und prioritäre Ziele für eine kohärente Cyber-Sicherheitspolitik der Union: die Verbesserung der Widerstandsfähigkeit (Resilienz) gegenüber Cyberangriffen, die Eindämmung der Cyberkriminalität, die Entwicklung einer Cyberverteidigungspolitik und entsprechender Kapazitäten im Zusammenhang mit der Gemeinsamen Sicherheits- und Verteidigungspolitik, die Entwicklung der industriellen und technischen Ressourcen für die Cyber-Sicherheit innerhalb der EU und die Entwicklung einer einheitlichen Cyberraumstrategie der EU auf internationaler Ebene.[9]

Mit einer weiteren gemeinsamen Mitteilung **„Abwehrfähigkeit, Abschreckung und Abwehr: die Cybersicherheit in der EU wirksam erhöhen"**[10] wurde im September 2017 ein erster Ver-

---

5 Überblick bei *Kipker/Müller* MMR aktuell 2019, 414291.
6 Grundlegend Grabitz/Hilf/Nettesheim/*Tietje* Das Recht der Europäischen Union Bd. V, Kap. E.29 Rn. 15 ff.
7 Abrufbar unter: https://www.first.org. Zu den weitergehenden rechtl. Vorgaben auf EU-Ebene → Rn. 22.
8 JOIN (2013), 1.
9 JOIN (2013), 1 (5 ff.).
10 JOIN (2017) 450.

such der Aktualisierung bei der strategischen Ausrichtung der EU auf dem Gebiet der Cyber-Sicherheit unternommen.[11] Zentrale neue Elemente waren die Reform der damaligen Agentur der Europäischen Union für Netz- und Informationssicherheit (ENISA, nunmehr in Agentur der Europäischen Union für Cybersicherheit umbenannt), die Schaffung eines europäischen Zertifizierungsrahmens und die (sonstige) Förderung von „security by design" sowie die Ausweitung der EU-weiten Zusammenarbeit bei massiven Cybersicherheitsvorfällen und -Krisen.

11 Grundsätzlich erscheint eine fortlaufende Überprüfung und Fortschreibung strategischer Ziele und Umsetzungsmaßnahmen – auch im Hinblick auf grenzüberschreitende Erfahrungen schwerer, nicht auf nationale Entitäten limitierter Sicherheitsvorfälle – auch auf Ebene der EU geboten. Hierbei werden auch auf Ebene des Rats bereits existierende Instrumente der **Zusammenarbeit in Krisenfällen** im Rahmen etwa der Integrierten EU-Regelung für die politische Reaktion auf Krisen (IPCR)[12] einzubeziehen und auf ihren spezifischen Anpassungsbedarf bei grenzüberschreitenden IT-Sicherheitsvorfällen hin weiter zu überprüfen sein. Die NIS-RL enthält zudem konkrete Vorgaben für die Zusammenarbeit bei grenzüberschreitenden Sicherheitsvorfällen. Grundsätzlich sind Aktivitäten der Europäischen Kommission allerdings im Hinblick auf die Wahrung mitgliedstaatlicher Belange der nationalen Sicherheit nur begrenzt möglich (→ Rn. 7).

2. Die NIS-Richtlinie

12 Die **Richtlinie zur Gewährleistung einer hohen gemeinsamen Netz- und Informationssicherheit in der Union (NIS-RL)**[13] sieht den EU-weiten Aufbau nationaler Kapazitäten für die Cyber-Sicherheit (nationale Strategien, Behörden und CSIRTs), eine verbesserte Zusammenarbeit der Mitgliedstaaten in einer strategischen Kooperationsgruppe sowie einem Netzwerk der CSIRTs und die Einführung von Mindestanforderungen sowie Meldepflichten für bestimmte Betreiber und Dienste vor. Die NIS-RL ist im August 2016 in Kraft getreten und war bis zum 9.5.2018 bzw. 9.11.2018 in nationales Recht umzusetzen. In Deutschland als erstem Mitgliedstaat ist dies mit dem NIS-Richtlinien-Umsetzungsgesetz vom 23.6.2017 erfolgt.[14] Für die Identifizierung der Betreiber wesentlicher Dienste hatten die Mitgliedstaaten weitere sechs Monate bis zum 9.5.2019 Zeit.

13 **Rechtsgrundlage** der NIS-RL ist die Binnenmarktkompetenz (Art. 114 EUV). Die NIS-RL berührt zugleich nationale Sicherheitsinteressen der Mitgliedstaaten, insbesondere im Bereich des Schutzes Kritischer Infrastrukturen und der Verhütung und Abwehr von Gefahren im Zusammenhang mit der Nutzung des Cyber-Raums. Vor diesem Hintergrund hat der ursprüngliche Kommissions-Entwurf[15] im Laufe der fast dreijährigen Verhandlungen im Rat eine umfassende Überarbeitung erfahren.

14 Gegenstand der NIS-RL ist die **Harmonisierung** von Mindestanforderungen bezüglich der Sicherheit der Netze und Informationssysteme **im nichtöffentlichen** Bereich.[16] Art. 1 Abs. 6 NIS-RL stellt entsprechend ausdrücklich klar, dass Maßnahmen der Mitgliedstaaten zum Schutz ihrer grundlegenden staatlichen Funktionen, insbesondere Maßnahmen zum Schutz der nationalen Sicherheit, einer Harmonisierung nicht unterliegen. Hierunter fällt insbesondere auch die operationelle Zusammenarbeit mitgliedstaatlicher Stellen bei der Gewährleis-

---

11 Dazu *Spittka* DB 2017, M4 f.
12 Durchführungsbeschluss (EU) 2018/1993 des Rates v. 11.12.2018.
13 RL (EU) 2016/1148.
14 Gesetz zur Umsetzung der Richtlinie (EU) 2016/1148 des Europäischen Parlaments und des Rates vom 6. Juli 2016 über Maßnahmen zur Gewährleistung eines hohen gemeinsamen Sicherheitsniveaus von Netz- und Informationssystemen in der Union vom 23. Juni 2017, BGBl. I S. 1885.
15 COM (2013), 48.
16 Art. 1 NIS-RL, s. a. EG 45 NIS-RL.

tung von IT-Sicherheit.[17] Explizit vom **Anwendungsbereich** ausgenommen sind ferner Unternehmen, die den Anforderungen der Artikel 13 a und 13 b der Richtlinie 2002/21/EG unterliegen,[18] und Vertrauensdiensteanbieter iSd Art. 19 der Verordnung (EU) Nr. 910/2014 (eIDAS-VO).[19] Ferner bleiben auch sonstige sektorale Bestimmungen zur Gewährleistung der IT-Sicherheit, sofern sie gleichwertiges Niveau an IT-Sicherheit vorsehen, unberührt (Art. 1 Abs. 7 NIS-RL).

Mit Ausnahme der in Annex III konkret benannten digitalen Dienste (→ Rn. 18) gilt im von der Richtlinie koordinierten Bereich der **Grundsatz der Mindestharmonisierung**, dh den Mitgliedstaaten bleibt es unbenommen, über die Vorgaben der NIS-Richtlinie hinauszugehen bzw. ein bereits bestehendes höheres Niveau und höhere Anforderungen an die Gewährleistung von Cybersicherheit beizubehalten.

Nach den Bestimmungen in Kapitel IV müssen die Mitgliedstaaten jeweils die sogenannten **Betreiber wesentlicher Dienste** auf die Einhaltung von Mindestanforderungen an die Gewährleistung der IT-Sicherheit (Art. 14 Abs. 1 und 2 NIS-RL) und von Meldepflichten (Art. 14 Abs. 3 NIS-RL) bei signifikanten Sicherheitsvorfällen (Art. 14 Abs. 4 NIS-RL) verpflichten.[20] Die Umsetzung der Mindestanforderungen und Meldepflichten durch die Betreiber unterliegt gemäß Art. 15 Abs. 1 und 2 NIS-RL einer **ex ante Kontrolle** durch die nationalen zuständigen Stellen. Diese müssen nach den europäischen Vorgaben deshalb auch unabhängig von konkret bekannt gewordenen Sicherheitsvorfällen oder -mängeln befugt sein, entsprechende Prüfungen und Kontrollen durchzuführen. Zudem müssen die Mitgliedstaaten Verstöße der Betreiber gem. Art. 15 Abs. 3 und Art. 21 NIS-RL angemessen sanktionieren.

Betreiber wesentlicher Dienste stellen Dienste bereit, die nach Maßgabe des Art. 5 Abs. 2 NIS-RL bezogen auf den jeweiligen Mitgliedstaat „für die Aufrechterhaltung kritischer gesellschaftlicher und/oder wirtschaftlicher Tätigkeiten unerlässlich" sind. Eine gemeinschaftsweit einheitliche Festlegung wesentlicher Dienste ist wegen ihrer definitionsgemäß besonderen Relevanz für die nationale Sicherheit in den einzelnen Mitgliedstaaten nicht zulässig. Eine EU-weite Festschreibung wäre aber auch faktisch kaum umzusetzen, weil die Voraussetzungen und Abhängigkeiten in den einzelnen Mitgliedstaaten heterogen ausgeprägt sind.[21] So können in den einzelnen Mitgliedstaaten Ausfälle aufgrund von IT-Sicherheitsvorfällen in unterschiedlichen Branchen einzelner Sektoren und jeweils bei unterschiedlichen Schwellenwerten (etwa der Anzahl der von einem Ausfall betroffenen Personen) zu erheblichen Beeinträchtigungen kritischer gesellschaftlicher oder wirtschaftlicher Tätigkeiten (so die Definition in Art. 5 Abs. lit. a NIS-RL) führen. Mit den Art. 5 und 6 NIS-RL wurde daher ein relativ komplexes Verfahren als Rahmen vorgegeben, nach dem die **Bestimmung der Betreiber** wesentlicher Dienste jeweils auf nationaler Ebene erfolgen muss. Die Mitgliedstaaten müssen danach jeden der in Anhang II zur NIS-RL genannten Sektoren und Subsektoren auf nach den nationalen Kriterien wesentliche Dienste und Betreiber hin überprüfen. Eine darüberhinausgehende Pflicht zur Identifizierung konkreter Betreiber besteht nicht. In Deutschland wurden relevante Subsektoren und quantitative Kriterien zur Bestimmung der Betreiber nach Maßgabe des § 10 Abs. 1 BSIG in einem kooperativen Verfahren unter Einbeziehung der relevanten Stakeholder identifiziert. Entsprechende Schwellenwerte, bei denen Anbieter als Betreiber wesentlicher Dienste

---

17 Zum Umfang der vorgesehenen mitgliedstaatlichen Kooperation näher → Rn. 23 f.
18 Mittlerweile der überarbeitete Telekommunikationskodex, RL (EU) 2018/1972. Die einschlägigen Art. 40 u. 41 NIS-RL enthalten nunmehr eine ausdifferenziertere Regelung nach dem Vorbild der NIS-RL.
19 Art. 1 Abs. 3 NIS-RL; zu diesen Anbietern s. näher *Roßnagel* in → § 14 Rn. 37 ff.
20 *Dürig/Fischer* DuD 2018, 209 (210 ff.).
21 Zu darüber hinaus bestehenden Unterschieden in den nationalen IT-Sicherheitskulturen *Pohlmann* DuD 2016, 38 (39 f.).

einzustufen sind, wurden für die einzelnen Subsektoren in der KritisV nach § 10 BSIG festgelegt.

18 Darüber hinaus werden in Kap. V der NIS-RL die im Anhang III zur NIS-RL genannten **digitalen Dienste** (so die Definition in Art. 4 Nr. 5 NIS-RL; derzeit drei: Online-Marktplätze, Suchmaschinen und Cloud-Dienste) aufgrund ihrer übergeordneten Bedeutung für die Nutzung des Internets und den grenzüberschreitenden elektronischen Geschäftsverkehr in der gesamten Union[22] übergreifend einheitlichen Pflichten unterworfen.[23] Für diese Dienste sieht die NIS-RL (gemäß Art. 16 Abs. 10 NIS-RL bei EU-weiter vollharmonisierter Anwendung auch auf Anbieter aus Drittstaaten[24]) detaillierte Mindestanforderungen und wie bei den Kritischen Infrastrukturen eine Pflicht zur Meldung besonderen IT-Vorfälle vor (Art. 16 NIS-RL). Mindestanforderungen und konkrete Vorgaben zur Meldung von Vorfällen an nationale Behörden sind einheitlich durch **Durchführungsrechtsakte** der Europäischen Kommission festgelegt. Verstöße müssen durch die zuständigen Behörden auf nationaler Ebene kontrolliert und sanktioniert werden (Art. 17 NIS-RL). Im Vergleich zu Betreibern wesentlicher Dienste (→ Rn. 16) unterliegen Anbieter digitaler Dienste allerdings einer geringeren **Kontrolle „ex post"**,[25] dh nur soweit den zuständigen Behörden konkrete Nachweise dafür vorliegen, dass ein Anbieter digitaler Dienste die geltenden Anforderungen nicht einhält (Art. 17 Abs. 1 NIS-RL).

19 Die NIS-RL schreibt den **Aufbau nationaler Kapazitäten** für die Cyber-Sicherheit in jedem Mitgliedstaat verbindlich vor. Neben einer nationalen Cyber-Sicherheitsstrategie, in der die wesentlichen Ziele und Umsetzungspläne zur Gewährleistung nationaler Cyber-Sicherheit festzulegen sind,[26] müssen die Mitgliedstaaten – sofern noch nicht erfolgt – eine für die Cyber-Sicherheit in den vorgenannten koordinierten Bereichen (→ Rn. 15 ff.) zuständige Stelle sowie ein nationales CSIRT einrichten.

20 Mit den nach Art. 8 NIS-RL einzurichtenden **nationalen zuständigen Stellen** ist in der NIS-RL allen Mitgliedstaaten die Einrichtung spezieller IT-Sicherheitsbehörden vorgegeben. Diese sind mit angemessenen Koordinierungsbefugnissen und Kontrollbefugnissen über die Betreiber wesentlicher Dienste und die Anbieter der im Anhang zur Richtlinie aufgeführten digitalen Dienste auszustatten. Die organisatorische Umsetzung bleibt den Mitgliedstaaten überlassen. So können explizit auch mehrere zuständige IT-Sicherheitsbehörden eingerichtet werden.[27] Ferner ist beispielsweise auch eine Differenzierung zwischen Aufgaben der (allgemeinen) Aufsicht und IT-spezifischen Aufgaben möglich, aber nicht zwingend vorgegeben.

21 Zur Koordinierung der nach der Richtlinie erforderlichen Zusammenarbeit der nationalen zuständigen Stellen untereinander ist jeweils eine **zentrale Anlaufstelle** als sogenannter „Single Point of Contact" (SPOC) zu benennen.[28] **Konsultations- und Unterrichtungspflichten** der zentralen Anlaufstellen untereinander bestehen in Fällen eines grenzüberschreitenden Bezugs sowohl bei der Bestimmung der Betreiber wesentlicher Dienste (nach Art. 5 Abs. 4 NIS-RL; → Rn. 17) als auch bei konkreten Sicherheitsvorfällen (nach Art. 14 Abs. 5, 16 Abs. 6 und 17 Abs. 3 NIS-RL). Die Zusammenarbeit zwischen mehreren zuständigen Stellen auf nationaler Ebene regelt Art. 10 NIS-RL. Den zentralen Anlaufstellen obliegt entsprechend die Übermitt-

---

22 S. EG 48 u. 49.
23 Dazu ausführlicher *Schallbruch* CR 2016, 663 (665 ff.).
24 Dazu EG 65.
25 EG 60.
26 Detaillierte Vorgaben enthält Art. 7 NIS-RL.
27 Art. 8 Abs. 1 NIS-RL. Dies war insbesondere auch im Hinblick auf die föderale Struktur einzelner Mitgliedstaaten notwendig. So ist beispielsweise die Einrichtung von IT-Sicherheitsbehörden auch der Länder danach nicht ausgeschlossen, s. a. EG 30 NIS-RL.
28 Art. 8 Abs. 4 und 5 NIS-RL. In Deutschland ist diese das BSI gem. § 3 Abs. 1 Nr. 16 BSIG.

lung einer jährlichen **Statistik** der gemeldeten Vorfälle und Durchsetzungsmaßnahmen an die Kooperationsgruppe nach Art. 11 NIS-RL (Art. 10 Abs. 3 NIS-RL). Die Statistik kann dabei so zusammengefasst werden, dass ein Rückschluss auf einzelne Vorfälle und ihre konkreten Umstände nicht möglich ist, so dass insbesondere auch bezüglich der betroffenen Betreiber eine angemessene Vertraulichkeit gewahrt bleibt.[29]

Art. 9 NIS-RL sieht ergänzend die Einrichtung sogenannter Computer-Notfall-Teams (Computer Security Incident Response Teams – **CSIRTs**)[30] in jedem Mitgliedstaat vor, deren Aufgaben und Ausstattung durch Anhang I zur NIS-RL näher bestimmt werden. Die dort enthaltene Liste umschreibt die wesentlichen Aufgaben eines Expertenteams zur Sammlung, Koordinierung und Bewertung von Informationen zu IT-Sicherheitsvorfällen, die bereits vor Verabschiedung der Richtlinie in zahlreichen Mitgliedstaaten (allerdings mit unterschiedlicher Ausstattung und Fähigkeiten) im öffentlichen und privaten Sektor eingerichtet waren (→ Rn. 6). Aufgaben eines CSIRTs iSd Art. 9 NIS-RL beziehen sich jeweils auf den koordinierten Bereich, dh die Sammlung und den Austausch zu IT-Sicherheitsvorfällen mit Bezug zu Betreibern wesentlicher Dienste und Anbietern digitaler Dienste. Ferner sind in Anhang I zur NIS-RL mit der wirksamen Reaktion (**incident response**) auf Cyber-Angriffe und der fortlaufenden („dynamischen") Analyse von Risiken und Vorfällen sowie der **Lagebeurteilung** auch Aufgaben vorgegeben, die über die Sammlung und Auswertung von Informationen zu einzelnen IT-Sicherheitsvorfällen hinausgehen. Allen Aufgaben gemeinsam ist allerdings eine auf die nationale Sicherheit bezogene operationelle Komponente.

In Kap. III wird ein Mindestmaß an Zusammenarbeit der Mitgliedstaaten in einer strategischen Kooperationsgruppe sowie in einem „CSIRTs -Netzwerk" vorgegeben. Beide durch die NIS-RL neu geschaffenen **Gremien im Bereich der Cyber-Sicherheit** haben ihre Tätigkeit sechs Monate nach Inkrafttreten der NIS-RL im Februar 2017 aufgenommen.

Die Aufgaben der **Kooperationsgruppe** aus Vertretern der Mitgliedstaaten, der Kommission und der ENISA[31] nach Art. 11 Abs. 3 und 4 NIS-RL zielen im Wesentlichen darauf ab, die Mitgliedstaaten durch den gegenseitigen Austausch bei der Umsetzung der Vorgaben der NIS-RL zu unterstützen und im Sinne einer Anwendung nach einheitlichen Maßstäben zu koordinieren. Die Kooperationsgruppe füllt damit auch eine Lücke im europäischen Rechtsrahmen, die dadurch entsteht, dass die Richtlinie zwar sektorale Anforderungen vorgibt, aber einen horizontalen Ansatz verfolgt, der insbesondere bezüglich der Regulierung der Betreiber wesentlicher Dienste den Mitgliedstaaten erheblichen Spielraum belässt (→ Rn. 16 f.). Zu den zentralen Aufgaben der Kooperationsgruppe gehören daher der Austausch und die Koordinierung bei der Festlegung von Mindestanforderungen und Meldeverfahren sowie bei der Behandlung von Sicherheitsvorfällen (Art. 11 Abs. 3 NIS-RL).

Die nationalen CSIRTs sowie das in vergleichbarer Funktion für die Organe der EU tätige CERT-EU sind im **CSIRT-Netzwerk** intentionell zusammengeschlossen. Die in Art. 12 Abs. 3 NIS-RL detailliert aufgezählten Aufgaben des CSIRTs-Netzwerks zielen insgesamt darauf ab, einen schnellen und effizienten Informationsaustausch und eine ggf. weitergehende Zusammenarbeit bei Sicherheitsvorfällen zwischen den Teilnehmern zu befördern. Eine tatsächliche operationelle Zusammenarbeit im CSIRT-Netzwerk erfolgt grundsätzlich auf freiwilliger Basis.

---

29 So beispielsweise die diesbezüglich zwingende Vorgabe in § 13 Abs. 5 BSIG.
30 Entsprechende Einheiten werden außerhalb des RL-Kontexts auch als CERT bezeichnet, s. a. EG 34 NIS-RL.
31 Zur unterstützenden Rolle der ENISA s. EG 36 und 38 NIS-RL.

3. ENISA

26 Die Vorgängerorganisation der **Agentur der Europäischen Union für Cybersicherheit (ENISA)** wurde 2004 mit zunächst befristetem Mandat eingerichtet,[32] das mehrfach verlängert wurde.[33] Mit dem **Rechtsakt zur Cybersicherheit**[34] vom April 2019 wurde die – nun umbenannte Behörde – mit einem permanenten Mandat sowie erweiterten Ressourcen, Zuständigkeiten und Befugnissen ausgestattet. Dabei wurden die Untersuchung und Beratung zu strategischen Fragen der Cyber-Sicherheit, die Unterstützung bei der Umsetzung der NIS-RL und beim Aufbau von Cybersicherheits-Kapazitäten bei den Organen der Union, die Förderung einheitlicher Mindeststandards in diesem Bereich, die Förderung einer europäischen Cybersicherheits-Zertifizierung und die Sensibilisierung von Bürgern, Organisationen und Unternehmen in Cyber-Sicherheitsfragen als zentrale Ziele der Agentur festgeschrieben.[35] Operationelle Befugnisse obliegen weiterhin weitestgehend den Mitgliedstaaten selbst.

27 Durch den Rechtsakt zu Cybersicherheit wurde zugleich der Rahmen für die Einführung eines **Europäischen Siegels** für die Zertifizierung der Cybersicherheit von Informations- und Kommunikationstechnik nach EU-weit einheitlichen Standards geschaffen (sogenannter europäischer Zertifizierungsrahmen).[36] Gegenstand ist ein einheitlicher Mechanismus zur Schaffung von **europäischen Schemata für die Zertifizierung** IT-sicherheitsbezogener Eigenschaften von informationstechnischen Produkten, Diensten oder Prozessen (Art. 46 Rechtsakt zur Cybersicherheit). Die Ausarbeitung entsprechender Schemata erfolgt nach Art. 48 f. Rechtsakt zur Cybersicherheit durch die ENISA unter Beteiligung der relevanten Stakeholder und Interessengruppen (einschließlich der nationalen Behörden für die Cybersicherheitszertifizierung) im Auftrag der Kommission oder einer speziellen Gruppe für die Cybersicherheitszertifizierung aus Vertretern nationaler Behörden und ggf. Interessenvertretern (Art. 62 Rechtsakt zur Cybersicherheit). Die Zertifizierung kann auf freiwilliger Basis erfolgen oder in einzelnen Bereichen verpflichtend vorgegeben sein und ist europaweit anzuerkennen. Hierzu werden im Rechtsakt einheitliche Sicherheitsziele, Vertraulichkeitsstufen sowie Vorgaben für das Bewertungsverfahren und zuständige Stellen auf nationaler Ebene festgelegt.[37] Hierzu zählt auch die für die Mitgliedstaaten verpflichtende Einrichtung **nationaler Behörden für die Cybersicherheitszertifizierung** mit umfassenden Kontroll- und Durchsetzungsbefugnissen gegenüber anderen an der Zertifizierung beteiligten nationalen Stellen (wie insbesondere Konformitätsbewertungsstellen und Zertifikatsinhaber).[38]

C. Nationales Recht

I. Allgemeiner Rahmen

1. Die Cyber-Sicherheitsstrategie für Deutschland

28 Bereits 2011 hat die Bundesregierung eine erste „Cyber-Sicherheitsstrategie für Deutschland" verabschiedet, in der die zentralen strategischen Ziele und Leitlinien für eine kohärente Cyber-Sicherheitspolitik für die kommenden Jahre festgelegt wurden.[39] Im Fokus standen die

---

32 Verordnung (EG) Nr. 460/2004, damals unter der Bezeichnung Europäische Agentur für Netz- und Informationssicherheit eingerichtet.
33 S. EG 14 Rechtsakt zur Cybersicherheit.
34 Verordnung (EU) 2019/881.
35 Art. 4 Rechtsakt zur Cybersicherheit; *Kowalski/Intelmann* DuD 2018, 415 (415).
36 S. Titel III des Rechtsaktes zur Cybersicherheit.
37 S. Überblick bei *Kipker/Scholz* MMR-Aktuell 2019, 414986 f.
38 S. Art. 58 Rechtsakt zur Cybersicherheit. Ausführlich zu den europäischen Regelungen zur Zertifizierung in der Cybersicherheit *Skierka* in → § 8 Rn. 91 ff.
39 Abrufbar unter: https://www.cio.bund.de/SharedDocs/Publikationen/DE/Strategische-Themen/css_download.pdf?__blob=publicationFile.

Gewährleistung von Sicherheit im Cyberraum, die Durchsetzung des Rechts und der Schutz kritischer (Informations-) Infrastrukturen.[40] Mit der „**Cyber-Sicherheitsstrategie für Deutschland 2016**"[41] wurden diese strategischen Ziele und Leitlinien in vier Handlungsfeldern[42] fortgeschrieben und aktualisiert. Die Umsetzung soll weiterhin in gemeinsamer Verantwortung aller beteiligten Akteure (Staat, Wirtschaft, Wissenschaft und Gesellschaft) wahrgenommen werden.[43] Die Cyber-Sicherheitsstrategie der Bundesregierung verfolgt damit einen im Wesentlichen **präventiven Ansatz**, der auf den Schutz der bestehenden IT-Infrastruktur in ihrer Gesamtheit gerichtet ist.[44] Mit Fragen der Aufklärung, Abwehr und Verfolgung von Cyber-Angriffen wird allerdings erstmals auch die Möglichkeit auch **aktiver Maßnahmen** in schwerwiegenden Fällen in den Blick genommen.[45]

2. Gremien

Der bereits 2011 unter dem Vorsitz des oder der **Beauftragten der Bundesregierung für Informationstechnik (BfIT)** eingerichtete **Nationale Cyber-Sicherheitsrat** dient einer übergreifenden Koordinierung zu Fragen der Cyber-Sicherheit innerhalb der Bundesregierung und hat beratende Funktion. Mitglieder sind neben dem Bundeskanzleramt und den Bundesministerien auch Vertreter der Länder und der Wirtschaft.[46]

Der IT-Planungsrat[47] wurde 2010 auf der Grundlage des IT-Staatsvertrags[48] eingerichtet. Mitglieder sind der oder die BfIT und jeweils ein für Informationstechnik zuständiger Vertreter der Länder. Teilnehmen an den Sitzungen können neben dem oder der Bundesbeauftragten für Datenschutz und Informationsfreiheit (BfDI) insbesondere auch Vertreter der Gemeinden und Gemeindeverbände (Art. 1 Abs. 2 IT-Staatsvertrag). Im IT-Planungsrat erfolgt die Koordinierung in IT-bezogenen Themenstellungen zwischen Bund und Ländern sowie u.a. auch der Beschluss übergreifender IT-Interoperabilitäts- und -Sicherheitsstandards.[49]

3. Verfassungsrechtlicher Rahmen

Die Gewährleistung von IT-Sicherheit obliegt Bund und Ländern gleichermaßen in den jeweiligen Zuständigkeitsbereichen. Für die organisatorische Ausgestaltung und die Einrichtung spezifischer IT-Sicherheitsbehörden enthält die Verfassung keine speziellen Vorgaben.[50] In den meisten Bundesländern[51] werden Aufgaben der IT-Sicherheit nicht querschnittsartig in einer speziellen Behörde gebündelt, sondern aufgabenspezifisch von verschiedenen Stellen auf **Landes- und kommunaler Ebene** wahrgenommen. Berücksichtigung finden dabei Querbezüge zu

---

40 Cyber-Sicherheitsstrategie für Deutschland 2011, S. 4.
41 Abrufbar unter: https://www.bmi.bund.de/SharedDocs/downloads/DE/publikationen/themen/it-digitalpolitik/cyber sicherheitsstrategie-2016.pdf;jsessionid=43E50BE9446EF246D0568B5BB1CE95A5.2_cid364?__blob=publication File&v.=3.
42 Cyber-Sicherheitsstrategie für Deutschland 2016, S. 10 ff.
43 Cyber-Sicherheitsstrategie für Deutschland 2016, S. 9.
44 Cyber-Sicherheitsstrategie für Deutschland 2016, S. 9.
45 Cyber-Sicherheitsstrategie für Deutschland 2016, S. 27 f., 29.
46 S. https://www.cio.bund.de/Web/DE/Politische-Aufgaben/Cyber-Sicherheitsrat/cyber_sicherheitsrat_node.html;jses sionid=7A44BBDD47D6BCCB28DE2B2CAC6E6823.1_cid332.
47 S. https://www.it-planungsrat.de/.
48 Vertrag über die Errichtung des IT-Planungsrats und über die Grundlagen der Zusammenarbeit beim Einsatz der Informationstechnologie in den Verwaltungen von Bund und Ländern – Vertrag zur Ausführung von Artikel 91 c GG, BT-Drs. 17/427, 9 ff.
49 Art. 1 Abs. 1, Art. 3 IT-Staatsvertrag. Ausführlich hierzu *Schardt* in → § 25 Rn. 45 ff.
50 S. zu den Verwaltungskompetenzen näher *Poscher/Lassahn* in → § 7 Rn. 53 f.
51 Eine eigenständige IT-Sicherheitsbehörden wurde Ende 2017 beispielsweise in Bayern eingerichtet, s. https://www.l si.bayern.de/.

Zuständigkeiten und Aufgaben insbesondere im Bereich der Inneren Sicherheit sowie bei der Gewährleistung der Funktionsfähigkeit der Verwaltung.

32 **Regelungskompetenzen des Bundes** im Bereich der IT-Sicherheit folgen insbesondere aus Art. 73 Abs. 1 Nr. 7 (Telekommunikation) sowie 74 Abs. 1 Nr. 11 in Verbindung mit Artikel 72 Abs. 2 GG (Recht der Wirtschaft), bezogen auf den Schutz der Bundesverwaltung zudem kraft Natur der Sache. Daneben kommen weitere Kompetenzen für spezifische Sektoren etwa im Bereich der Kritischen Infrastrukturen in Betracht, so etwa für die IT-Sicherheit im Eisenbahnverkehr Art. 73 Abs. 1 Nr. 6a GG und für die IT-Sicherheit von Anlagen zur Erzeugung von Kernenergie Art. 73 Abs. 1 Nr. 14 GG.[52] Der durch die Föderalismusreform in das GG aufgenommene **Art. 91c GG** hat die Zusammenarbeit von Bund und Ländern bei Errichtung und Betrieb der von ihnen genutzten IT-Systeme zum Gegenstand.[53] Art. 91c Abs. 2 GG ermöglicht u. a. die Festlegung gemeinsamer Standards und Sicherheitsanforderungen auf der Grundlage entsprechender Vereinbarungen; eine entsprechende Vereinbarung wurde durch den IT-Staatsvertrag (→ Rn. 30) 2010 getroffen und räumt dem Bund eine umfassende Gesetzgebungs- und Verwaltungskompetenz für das sogenannte Verbindungsnetz zum Datenaustausch zwischen Bund und Ländern sowie für den übergreifenden Zugang zu Verwaltungsleistungen ein.[54]

4. Einfachgesetzlicher Rahmen

33 Das Bundesamt für die Sicherheit in der Informationstechnik (BSI) mit Sitz in Bonn wurde bereits 1991 mit dem ersten BSI-Gesetz (BSIG) eingerichtet. Die Rolle des **BSI** als zentrale Bundesbehörde bei der Prävention und Abwehr von Gefahren für die Netz- und Informationssicherheit wurde zuletzt mit dem **IT-Sicherheitsgesetz 2015**[55] wesentlich gestärkt und über die Sicherheit der Bundesverwaltung hinaus auch in den privatwirtschaftlichen Bereich ausgeweitet.[56] Mit dem **NIS-RL-Umsetzungsgesetz** 2017[57] wurden ergänzende Kontrollbefugnisse des BSI über die Betreiber Kritischer Infrastrukturen sowie spezielle Vorgaben für die Anbieter digitaler Dienste (→ Rn. 45 ff.) eingeführt und eine Rechtsgrundlage für den Einsatz von sogenannten Mobile Incident Response Teams („MIRTS") geschaffen.

34 Spezielle Vorgaben zur Gewährleistung der IT-Sicherheit insbesondere im privatwirtschaftlichen Sektor sind darüber hinaus in zahlreichen **Spezialgesetzen** enthalten. Konkret auf Betreiber Kritischer Infrastrukturen bezogene Regelungen zu Mindestanforderungen sowie Meldepflichten und Aufsicht enthalten das TKG, das EnWG, das AtG und das SGB V. § 8b BSIG verweist hierauf entsprechend.[58]

35 Auf Ebene der Länder existieren keine bereichsübergreifenden Regelungen zur IT-Sicherheit, wohl aber einzelne Vorgaben insbesondere bezogen auf die IT-Sicherheit der Verwaltung. Dem BSI kommt im Rahmen seiner Beratungs- und Unterstützungsaufgaben daher auch eine maßgebliche Partner-Rolle bei der Gewährleistung der IT-Sicherheit auf Ebene der Länder und Kommunen zu (§ 3 Nr. 13a und 14 BSIG). Das 2017 auf der Grundlage des Art. 91c Abs. 5 GG verabschiedete **Gesetz zur Verbesserung des Onlinezugangs zu Verwaltungsleistungen**

---

52 S.a. *Poscher/Lassahn* in → § 7 Rn. 52.
53 Dazu grundlegend *Schallbruch/Städler* CR 2009, 619 ff.; *Siegel* NVwZ 2009, 1128 ff.; .
54 Art. 91c Abs. 4 und 5 GG; v. Mangold/Klein/Starck/*Wischmeyer* GG Art. 91c Rn. 11, 33.; *Siegel* NVwZ, 1128 (1130 f.).
55 BGBl. I, 1324.
56 *Buchberger* GSZ 2019, 383 (383); *Gitter/Meißner/Spauschus* ZD 2015, 512 ff.; *Hornung* NJW 2015, 3334 ff.; *Könen* DuD 2016, 12 (13); *Schallbruch* CR 2018, 648; zum Vorentwurf *Leisterer/Schneider* CR 2014, 574 ff.
57 BGBl. I 1885.
58 S. zum TKG *Hornung/Schindler* in → § 21 Rn. 49 ff., zum EnWG *Guckelberger* in → § 23 Rn. 1 ff.

(OZG)[59] ermöglicht zudem einheitliche Vorgaben zur IT-Sicherheit im Rahmen des vorgesehenen Portalverbunds für den Zugang zu Verwaltungsdienstleistungen.[60]

II. Cyber-Sicherheitsbehörden

Die **Sicherheitsarchitektur** Deutschlands ist auf eine Zusammenarbeit verschiedener Behörden mit unterschiedlichen Zuständigkeiten und Aufgaben ausgerichtet. Dies gilt bei der Gewährleistung von IT-Sicherheit insbesondere auch bezüglich der Prävention und Abwehr von Cyber-Vorfällen. So obliegt den Strafverfolgungsbehörden einschließlich der Polizeien der Länder und des Bundes die Verhütung und Verfolgung von **Cyber-Crime** (Kriminalität im Cyberraum oder unter Ausnutzung von IT). Die Aufklärung etwa von **Cyberspionage und Cyber-Sabotage** fällt in den Aufgabenbereich des Bundesamts für Verfassungsschutz und weiterer Nachrichtendienste.[61] IT-Sicherheitsbezogene Aufgaben obliegen schließlich den sektorspezifischen Aufsichtsbehörden des Bunds und der Länder sowie dem Bundesamt für Bevölkerungsschutz und Katastrophenhilfe (BBK).

Zur übergreifenden Koordinierung der verschiedenen verantwortlichen Stellen bei der Erkennung und Bewältigung von Cyber-Vorfällen wurde bereits 2011 auf Bundesebene das **Nationale Cyber Abwehrzentrum (Cyber-AZ)** als übergreifende Zusammenarbeitsplattform eingerichtet. Teilnehmende Stellen sind neben dem BSI das BBK, das BKA, das Zollkriminalamt, die Bundespolizei, das BfV, der BND, die Bundeswehr und die aufsichtführenden Stellen über die Betreiber Kritischer Infrastrukturen.[62] Spezielle Aufgaben und Befugnisse der beteiligten Stellen sind mit der Zusammenarbeit im Cyber-AZ nicht verbunden. Eine spezielle gesetzliche Regelung für das Cyber-AZ ist nicht erforderlich, weil die Zusammenarbeit auf der Grundlage und im Rahmen der jeweils für die beteiligten Stellen geltenden gesetzlichen Regelungen erfolgt.

Grundsätzlich können spezifische Cyber- bzw. **IT-Sicherheitsbehörden der Länder** eingerichtet werden. Bisher haben hiervon mit Ausnahme von Bayern mit dem dortigen Landesamt für Sicherheit in der Informationstechnik (LSI)[63] die Länder allerdings nicht Gebrauch gemacht. Im Übrigen sind vergleichbare Aufgaben regelmäßig bei den Polizeien oder Nachrichtendiensten der Länder bzw. entsprechenden obersten Landesbehörden verankert. Darüber hinaus sind in allen Ländern (teilweise übergreifend gemeinsam) CERTs in der Regel für die Landesverwaltung und teilweise auch auf kommunaler Ebene eingerichtet.

III. Das Bundesamt für die Sicherheit in der Informationstechnik

Das BSI ist gem. § 1 S. 2 BSIG „zuständig für die **Informationssicherheit** auf nationaler Ebene". Der Begriff der „Informationssicherheit" ist selbst nicht legaldefiniert. „Sicherheit für die Informationstechnik" bezieht sich gemäß der Legaldefinition in § 2 Abs. 2 auf die „Einhaltung bestimmter Sicherheitsstandards, die die Verfügbarkeit, Vertraulichkeit und Unversehrtheit von Informationen betreffen" und ist bezogen auf „Sicherheitsvorkehrungen […] in informationstechnischen Systemen, Komponenten und Prozessen" oder bei deren Anwendung. Diese beziehen sich jeweils auf „alle technischen Mittel zur Verarbeitung von Informationen" (Art. 2 Abs. 1 BSIG). Unabhängig hiervon lässt sich auch aus den weiteren Bestimmungen des BSIG (insbesondere der Aufgabennorm in § 3 BSIG) ableiten, dass die Informationssicherheit

---

59 BGBl. I 3122.
60 Näher *Herrmann/Stöber* NVwZ 2017, 1401 (1406); sowie insbesondere *Schardt* in → § 25 Rn. 48 ff.
61 Zu Polizeien und Nachrichtendiensten im Cyberraum s. *Bäcker/Golla* in → § 18 Rn. 1 ff.
62 S. https://www.bsi.bund.de/DE/Themen/Cyber-Sicherheit/Aktivitaeten/Cyber-Abwehrzentrum/cyberabwehrzentrum_node.html.
63 S. https://www.lsi.bayern.de.

sowohl die Sicherheit der IT im Sinne der von einem Nutzer verwendeten Hard- und Software, bzw. Systeme, Komponenten und Prozesse als auch die der zugrundeliegenden Netz-Infrastruktur umfasst. Informationssicherheit iSd § 1 BSIG umfasst danach auch die **Sicherheit im und des Cyberraums,** da und soweit diesem eine vernetzte IT-Architektur zugrunde liegt. Nicht umfasst vom Begriff der „Informationssicherheit" im Sinne des § 1 BSIG sind hingegen inhaltebezogene Fragestellungen.

40 Dem BSI obliegt ein breit gefächertes Spektrum an **Aufgaben**[64] zum Schutz der IT des Bundes sowie der Kritischen Infrastrukturen und der digitalen Dienste sowie bei der **Beratung, Unterstützung und Information** von Wirtschaft, Bürgern und bei Bedarf den Ländern. Aufgaben beziehen sich auf die Sammlung, Auswertung und Bewertung von Informationen (einschließlich der Erstellung von **Lagebildern** zur IT-Sicherheit) als Grundlage für eventuelle weitere Maßnahmen, die Ausarbeitung bzw. Anerkennung von Mindestanforderungen und **Sicherheitsstandards,** und – im Bereich der privat betriebenen Kritischen Infrastrukturen (KRITIS)[65]– deren **Kontrolle** und ggf. Sanktionierung. Dem BSI kommen darüber hinaus Aufgaben bei der **Bewertung,** Zulassung und Zertifizierung bzw. Akkreditierung von Produkten und Dienstleistungen im Bereich der IT-Sicherheit und bei der Erforschung, Entwicklung und Bereitstellung von IT-Sicherheitsprodukten für Stellen des Bundes zu.

1. IT-Sicherheit des Bundes

41 Gem. § 4 Abs. 1 BSIG ist das BSI die zentrale **Meldestelle für die Sicherheit in der Informationstechnik** des Bundes. Als solche sammelt das BSI alle für die Abwehr von Gefahren für die IT-Sicherheit erforderlichen Informationen (§ 4 Abs. 2 Nr. 1 BSIG) und unterrichtet die betroffenen Bundesbehörden entsprechend (§ 4 Abs. 2 Nr. 1 BSIG).[66]

42 **Behörden des Bundes** sind nach § 4 Abs. 3 BSIG verpflichtet, das BSI über alle für die Abwehr von Gefahren für die Sicherheit in der Informationstechnik erforderlichen Informationen, die dort bekannt werden und die für die Erfüllung von Aufgaben oder die Sicherheit der Informationstechnik anderer Behörden von Bedeutung sind, zu unterrichten. Gegenstand der **Übermittlungspflicht** nach § 4 Abs. 3 BSIG sind insbesondere Informationen über IT-Sicherheitsvorfälle im eigenen Zuständigkeitsbereich. Der Unterrichtung entgegenstehende Vorschriften bleiben nach § 4 Abs. 3 BSIG unberührt.[67] Korrespondierend sind nach § 4 Abs. 4 BSIG u.a. Informationen, die andere Behörden des Bundes aufgrund von Regelungen zum Geheimschutz oder Vereinbarungen mit Dritten nicht weitergegeben werden dürfen, von einer Übermittlungspflicht ausgenommen. Gleiches gilt für den Fall, dass die Weitergabe der Informationen im Widerspruch zur verfassungsrechtlichen Stellung eines Abgeordneten des Deutschen Bundestags[68], eines Verfassungsorgans oder anderer aufgrund Gesetz unabhängiger Stellen stünde. § 4 Abs. 5 BSIG stellt ausdrücklich klar, dass, sofern ein Personenbezug vorliegt, bei der Übermittlung auch die jeweiligen datenschutzrechtlichen Vorgaben berücksichtigt werden müssen.

43 Nach Maßgabe des § 5 BSIG kann das BSI zudem zur Abwehr von Gefahren für die Sicherheit der Informationstechnik des Bundes spezielle **Sensorik im Regierungsnetzwerk** betreiben und hierbei Daten erheben und auswerten. Nach § 5 Abs. 1 S. 4 BSIG sind die Bundesbehörden ergänzend verpflichtet, auch interne Protokolldaten, die beim Betrieb von Kommunikati-

---

64 S. den ausdifferenzierten Aufgabenkatalog in § 3 BSIG.
65 S. die Legaldefinition in § 2 Abs. 10 BSIG sowie die Festlegung für einzelne Branchen in der BSI-KritisV.
66 S. Schenke/Graulich/Ruthig/*Buchenberger* BSIG § 4 Rn. 3.
67 Hierzu zählen gesetzliche Übermittlungs- oder Weitergabeverbote wie etwa auch § 4 Abs. 4 G 10.
68 Analog erfasst sind auch die Mitglieder anderer Legislativorgane mit entsprechender Stellung.

onstechnik des Bundes anfallen, zur Verfügung zu stellen.[69] Dies schließt gegebenenfalls auch einen unverschlüsselten Zugriff auf zuvor verschlüsselte Behördenkommunikation ein. Für die Weitergabe personenbezogener Daten gelten die speziellen Übermittlungsvorschriften in § 5 Abs. 5 und Abs. 6 BSIG.[70]

Gem. § 8 BSIG kann das BSI **Mindeststandards** für die Sicherheit der IT des Bundes erarbeiten. Diese können vom Bundesministerium des Innern im Benehmen mit dem IT-Rat[71] als allgemeine Verwaltungsvorschriften für alle Stellen des Bundes erlassen und deren Einhaltung für die einzelnen Bundesbehörden somit verbindlich werden.[72]

44

2. IT-Sicherheit Kritischer Infrastrukturen und bestimmter digitaler Dienste

Das BSI ist zudem **zentrale Stelle für die Sicherheit** in der Informationstechnik Kritischer Infrastrukturen[73] und Anbieter digitaler Dienste[74] sowie Ansprechpartner für die sonstige Wirtschaft auf freiwilliger Basis. Es ist für diese Bereiche zugleich zuständige Behörde iSd des Art. 6 NIS-RL[75] und zentrale Anlaufstelle gegenüber anderen Mitgliedstaaten und der Europäischen Kommission. Als zentrale Stelle kann das BSI KRITIS-Betreiber bei der Ausarbeitung von Sicherheitsstandards unterstützen[76] und stellt auf Antrag die Eignung branchenspezifischer Sicherheitsstandards fest (§ 8 a Abs. 2 BSIG).[77] Entsprechend den Vorgaben der NIS-RL (→ Rn. 16 f.) unterliegen die Betreiber Kritischer Infrastrukturen und die Anbieter digitaler Dienste der Kontrolle und Aufsicht durch das BSI.

45

§ 8 b BSIG konkretisiert die Aufgabe des BSI als zentrale Stelle für die Sicherheit in der Informationstechnik Kritischer Infrastrukturen gem. § 3 Abs. 1 Nr. 17 BSIG. Betreiber Kritischer Infrastrukturen und Anbieter digitaler Dienste haben erhebliche Sicherheitsvorfälle und Störungen ihrer IT-Systeme nach Maßgabe der §§ 8 b Abs. 4 und 5 sowie 8 c Abs. 3 BSIG dem BSI zu **melden**. Entsprechende Meldepflichten bestehen für den spezialgesetzlich geregelten Bereich nach § 8 d Abs. 3 BSIG. Ergänzend sind auch Betreiber öffentlicher TK-Netze und Anbieter von öffentlich zugänglichen TK-Diensten nach § 109 Abs. 2 TKG verpflichtet, bekannt gewordene schwerwiegende Angriffe auf die IT-Sicherheit der zu Grunde liegenden Kommunikationsinfrastruktur zu melden.[78] Deren Meldepflicht greift auch dann, wenn Angriffe noch nicht zu schweren Beeinträchtigungen geführt haben, aber beispielsweise bei der Beobachtung der eigenen Netze bereits bekannt wurden.[79] Informationen zu sicherheitsrelevanten Vorfällen sollen damit frühzeitig, dh möglichst zu einem Zeitpunkt an das BSI gelangen, in dem ein tatsächlicher Schadenseintritt noch verhindert oder zumindest verringert werden kann. Von der Meldepflicht abgedeckt werden nicht nur Bedrohungen einzelner KRITIS-Betreiber, sondern umfassend solche aller Nutzer der zugrundeliegenden Kommunikationsinfrastruktur.

46

---

69 *Gitter/Meißner/Spauschus* ZD 2015, 512 (514).
70 S. näher *Buchenberger* GSZ 2019, 183 (184).
71 Als Gremium der IT-Beauftragten der Ressorts, s. http://www.cio.bund.de/Web/DE/Politische-Aufgaben/IT-Rat/IT-Rat_node.html.
72 S. *Gitter/Meißner/Spauschus* DUD 2017, 7 (9); zur Verabschiedung einheitlicher Vorgaben im Verbund mit den Ländern → Rn. 35.
73 Diese entsprechend im Wesentlichen den unter der NIS-RL geregelten essentiellen Diensten, s. die Definition in § 2 Abs. 10 BSIG sowie der Konkretisierung durch die nach § 10 BSIG erlassene BSI-KritisV.
74 S. die Definition in § 2 Abs. 11 BSIG entsprechend den Vorgaben der NIS-RL, → Rn. 18.
75 Neben der Bundesnetzagentur, dem Bundesministerium für Umwelt, Naturschutz und nukleare Sicherheit und dem Bundesministerium für Gesundheit aufgrund spezialgesetzlicher Regelungen, → Rn. 34.
76 S. *Gitter/Meißner/Spauschus* ZD 2015, 512 (513).
77 Zur Leitbildfunktion derartiger Standards → *Buchenberger* GSZ 2019, 183 (186).
78 S. *Hornung/Schindler* in → § 21 Rn. 74.
79 *Gitter/Meißner/Spauschus* ZD 2015, 512 (515); *Selk/Gierschmann* CR 2015, 273 (276).

3. Prävention und Bewältigung von Cyber-Vorfällen

47 Im BSI eingerichtet ist zudem das nationale CSIRT (→ Rn. 22; CERT-Bund), ein **Computer-Notfallteam** als zentrale Anlaufstelle für präventive und reaktive Maßnahmen bei sicherheitsrelevanten Vorfällen in Computer-Systemen auf nationaler Ebene. Das CERT-Bund arbeitet auf nationaler wie internationaler Ebene mit anderen Computer-Notfallteams im privaten und öffentlichen Bereich zusammen (→ Rn. 6 und 38). Mit den CERTs der Länder ist es in einem gemeinsamen Verwaltungsverbund organisiert.[80]

48 Die über die unterschiedlichen Meldewege sowie auf sonstigem Wege bekannt gewordenen Informationen können neben anderen beim BSI als Grundlage in die **Lageerfassung** einfließen und stehen so ihrerseits für die **Unterstützung** und ggf. Warnung betroffener Betreiber (§ 8b Abs. 2 BSIG) und öffentlicher Stellen (→ Rn. 50) zur Verfügung.[81] In besonders herausgehobenen Fällen kann das BSI Verwaltung, KRITIS-Betreiber und in Einzelfällen weitere Betroffene mit sogenannten Mobile Incident Response Teams („**MIRTS**") auch aktiv bei der Erstbewältigung eines Sicherheitsvorfalls unterstützen.[82] Für personenbezogene Daten, die über den Einsatz von MIRTs erlangt wurden, gelten die eingeschränkten Verwendungs- und Weitergaberegeln des § 5 Abs. 5 Nr. 2 und 6 S. 1 Nr. 3 BSIG.

49 Darüber hinaus nimmt das BSI Beratungs- und Unterstützungsaufgaben gegenüber privaten Anwendern von IT durch die **Information der betroffenen Öffentlichkeit** und ggf. einzelfallbezogene **Warnungen**[83] nach § 7 BSIG auch in allgemeinerer Form wahr.[84] Ua werden hierzu umfassende Informationen rund um das Thema IT-Sicherheit, einschließlich aktueller Warnungen und Sicherheitshinweise, sowie eine einheitliche Ansprechstelle auf einer speziellen öffentlichen Website über das Internet bereitgestellt.[85] Bei der Weitergabe von Warnungen kann sich das BSI nach § 7 Abs. 1 S. 2 BSIG auch Dritter bedienen, etwa wenn bestimmte Empfänger andernfalls nicht oder nicht rechtzeitig erreicht werden können.[86] Hersteller sind vor Veröffentlichung einer Warnung nach Maßgabe des § 7 Abs. 1 S. 3 BSIG einzubeziehen. Zudem veröffentlicht das BSI neben speziellen Studien und Broschüren einen jährlichen Lagebericht.

4. Weitere Aufgaben der Beratung, Unterstützung und Bewertung

50 Aufgabe des BSI sind auch die eigenständige Untersuchung von Sicherheitsrisiken und die Entwicklung von korrespondierenden Sicherheitsvorkehrungen bei der Anwendung von Informationstechnik, wie insbesondere von „informationstechnischen Verfahren und Geräten für die Sicherheit in der Informationstechnik (IT-Sicherheitsprodukte)" (§ 3 Nr. 3 BSIG) sowie von „Kriterien, Verfahren und Werkzeugen für die Prüfung und Bewertung der Sicherheit von Informationstechnischen Systemen oder Komponenten und für die Prüfung der Konformität im Bereich der IT-Sicherheit" (§ 3 Nr. 4 BSIG). Das BSI erfüllt in diesem Rahmen zentrale Aufgaben bei der **Prüfung und Bewertung der IT-Sicherheit** von Produkten und Anwendungen sowie hierauf bezogenen Dienstleistungen im Zusammenhang mit der Informationstechnik des Bundes und – auch über den KRITIS-Bereich hinausgehend – der Wirtschaft.

---

80 S. https://www.bsi.bund.de/DE/DasBSI/Aufgaben/Bund-Laender-Koop/Bund_Laender_node.html.
81 *Gitter/Meißner/Spauschus*, ZD 2015, 512 (513 f.).
82 S. *Buchenberger* GSZ 2019, 183 (184 f.).
83 Nach Maßgabe des § 7 Abs. 2 BSIG auch unter Nennung bestimmter Produkte und des Herstellers.
84 S. *Buchenberger* GSZ 2019, 183 (187 f.).
85 S. https://www.bsi-fuer-buerger.de/.
86 Aus rechtlichen oder tatsächlichen Gründen, so beispielsweise bei Sicherheitsvorfällen, zu denen nur eine IP-Adresse bekannt ist, mit Hilfe der datensparsame Unterstützung des jeweiligen Access-Providers.

§ 7a BSIG stellt klar, dass das BSI Produkte im Hinblick auf ihre IT-Sicherheitsrelevanten Eigenschaften umfassend untersuchen kann.[87] Die hierzu gewonnenen Informationen können zur Beratung und Warnung von Stellen des Bundes, der Länder, KRITIS-Betreiber und Anbieter nach § 8c BSIG sowie an Hersteller, Vertreiber und Anwender weitergegeben und erforderlichenfalls auch veröffentlicht werden.[88] Hersteller von Produkten, die im Bereich der Kritischen Infrastrukturen verwendet werden, können darüber hinaus gem. § 8b Abs. 6 BSIG in zumutbaren Umfang zur Mitwirkung an der Beseitigung von Störungen verpflichtet werden. Die Regelung zielt insbesondere auf die Mitwirkung der Hersteller bei der kurzfristigen Behebung von Sicherheitslücken, etwa durch die Bereitstellung eines erforderlichen Sicherheits-Updates, ab.[89]

Als **nationale Zertifizierungsstelle** der Bundesverwaltung für die IT-Sicherheit kann das BSI auf Antrag Sicherheitszertifikate ausstellen, mit denen für IT-Systeme, Komponenten oder einzelne Schutzprofile[90] sowie für IT-Sicherheitsdienstleistungen und im Einzelfall auch für einzelne Personen[91] die Übereinstimmung mit vom BSI zuvor festzulegenden Kriterien[92] (Konformität) bestätigt wird. Die Zertifizierung bestimmter Produkte oder Dienstleistungen als Bestätigung der Einhaltung bestimmter Sicherheitsvorgaben ist in einigen Fällen gesetzlich vorgeschrieben,[93] kann aber auch auf freiwilliger Grundlage beantragt werden.[94] Grundsätzlich kann durch ein solches IT-Sicherheitszertifikat gegenüber Dritten der Nachweis für ein bestimmtes IT-Sicherheitsniveau erbracht und transparent gemacht werden.[95]

Die IT-Sicherheitszertifizierung erfolgt auf der Grundlage einer hiervon unabhängigen Prüfung, die auch durch dritte Prüfstellen erfolgen kann, wenn sie durch ein gesetzlich näher geregeltes Verfahren vom BSI anerkannt (akkreditiert) wurden (§ 9 Abs. 3 und 6 BSIG).[96] Mit der Verleihung der Akkreditierungsurkunde werden die (geprüfte) Kompetenz und Zuverlässigkeit dieser Stellen formell bestätigt. Das BSI als staatliche **Akkreditierungsstelle** dient insofern als Vertrauensanker. Gleiches gilt für die Anerkennung weiterer nationaler (privater) Zertifizierungsstellen, für die ebenfalls der Nachweis für die notwendige Kompetenz und Zuverlässigkeit über ein entsprechendes Akkreditierungsverfahren geführt werden kann. Sicherheitszertifikate anderer anerkannter Zertifizierungsstellen aus anderen Mitgliedstaaten der EU sind gem. § 9 Abs. 7 BSIG anzuerkennen.

Das BSI wirkt zudem als die für den **materiellen Geheimschutz** in der Bundesverwaltung zuständige Stelle des Bundes beim Schutz von Informationen mit, die im öffentlichen Interesse geheim zu halten sind (Verschlusssachen gem. § 4 Abs. 1 SÜG).[97] Materieller Geheimschutz umfasst alle technischen und organisatorischen Maßnahmen zum Schutz der Vertraulichkeit von Verschlusssachen, einschließlich der beim Einsatz von Informationstechnik zur Handhabung staatlicher Verschlusssachen (sogenannter VS-IT) erforderlichen Schutzmaßnahmen und Vorkehrungen. In diesem Rahmen ist das BSI insbesondere zuständig für die **Zulassung von**

---

87 S. dazu *Gitter/Meißner/Spauschus* ZD 2015, 512 (514); *Gehrmann/Voigt* CR 2017, 93 (97); *Schallbruch* CR 2018, 215 (218).
88 *Spindler* CR 2016, 297(301).
89 *Gitter/Meißner/Spauschus* ZD 2015, 512 (514).
90 Generische Anforderungen an eine Produktkategorie, s. https://www.bsi.bund.de/DE/Themen/ZertifizierungundAnerkennung/Produktzertifizierung/ZertifizierungnachCC/SchutzprofileProtectionProfiles/schutzprofileprotectionprofiles_node.html.
91 Wie private Auditoren, Prüf- und auch Zertifizierungsstellen.
92 IdR auf Basis internationaler und europäische Standards wie ITSEC und Common Criteria.
93 So etwa für das Smart-Meter-Gateway zum Betrieb so genannter intelligenter Energienetze nach § 24 MsbG.
94 Schenke/Graulich/Ruthig/*Buchenberger* BSIG § 9 Rn. 3.
95 Ausführlich zur IT-Sicherheitszertifizierung: *Skierka* in → § 8 Rn. 8 ff.
96 S. grundlegend *Rohde/Witzel* DuD 1998, 203 (205 f.).
97 *Lange/Winkler* DuD 2019, 611 (612 f.).

Produkten, die innerhalb von VS-IT Sicherungsfunktionen übernehmen. Hierzu legt das BSI für einzelne Produktkategorien grundlegende Sicherheitsfunktionalitäten fest und definiert entsprechende Anforderungsprofile.[98] Die Zulassung eines bestimmten Produktes erfolgt nach entsprechender Prüfung durch das BSI in der Regel auf Antrag einer staatlichen Stelle (§ 51 VSA) und ist Voraussetzung für den Einsatz auf entsprechender Vertraulichkeitsstufe. Die Sicherheitsüberprüfungsgesetze der Länder sehen gleichwertige Voraussetzungen und Verfahren zur Gewährleistung des Schutzes von Verschlusssachen vor. Im europäischen und internationalen Kontext bestehen entsprechende Geheimschutzabkommen, die den gemeinsamen Umgang mit Verschlusssachen in vergleichbarer Weise regeln.

D. Ausblick

55 Verlässliche Kommunikationsinfrastrukturen (einschließlich der eigenen Informationstechnik) sind in der global vernetzten Welt mehr und mehr bestimmend für die selbstbestimmte Entfaltung des Einzelnen, die Wahrnehmung unternehmerischer Freiheiten und die Erfüllung staatlicher Aufgaben. Hierfür ist die Gewährleistung eines hinreichenden Maßes an IT-Sicherheit Voraussetzung. Sie beruht ihrerseits auf zwischen unterschiedlichen Akteuren geteilten Verantwortlichkeiten und bedarf als solche rechtlicher Rahmenvorgaben sowie verfahrensmäßiger und institutioneller Absicherungen auch durch die IT-Sicherheitsbehörden. Ein wesentlicher Schritt nach vorne wurde vor diesem Hintergrund nicht zuletzt durch die einheitlichen Vorgaben auf EU-Ebene für den Aufbau nationaler Kapazitäten für die Netz- und Informationssicherheit in den Mitgliedstaaten sowie die Bestätigung durch die ENISA als „europäische IT-Sicherheitsbehörde" erreicht. Gleichzeitig ist aber auch deutlich, dass auch der Rechtsrahmen zur Gewährleistung von IT-Sicherheit – und hiermit auch Aufgaben und Befugnisse der IT-Sicherheitsbehörden – nicht per se im Erreichten verbleiben können, sondern mit der stetig fortschreitenden Entwicklung im Bereich der Informationstechnik hinterfragt und gegebenenfalls angepasst werden müssen. Den Anpassungsdruck mildern können allerdings innovationsfreundliche, technikoffene Normsetzungskonzepte, die auf die Selbstregulierung der beteiligten Akteure setzen und gleichzeitig den Rahmen hierfür vorgeben.

56 Eine so verstandene Regulierung im Bereich der IT-Sicherheit muss gerade auch im Sinne der Gewährleistung individueller und unternehmerischer Freiheiten die technischen Gegebenheiten und deren voraussichtliche Entwicklung und Trends rechtzeitig in den Blick nehmen und auch bei der Ausgestaltung von Aufgaben und Funktionsweise der IT-Sicherheitsbehörden berücksichtigen. Entsprechend sehen auch die nationalen und europäischen Cybersicherheitsstrategien eine fortschreitende Prüfung und Anpassung auch der Zuständigkeiten und Aufgaben der IT-Sicherheitsbehörden vor.[99] Zukünftige Themenfelder könnten vor diesem Hintergrund beispielsweise sein: eine **Ausweitung des Beratungs- und Unterstützungsangebotes** gegenüber privaten Nutzern – einschließlich der Einführung eines einheitlichen **Gütesiegels**, mit dem die Einhaltung grundlegender Sicherheitsvorkehrungen auch im Bereich der IT-Sicherheit den einzelnen Nutzern (und Endverbrauchern) transparent und verständlich dargestellt werden könnte. Für die Unternehmen würde ein solches Siegel Anreize bieten für die Berücksichtigung von IT-Sicherheitsvorgaben bereits bei der Entwicklung und Herstellung von Produkten („**security by design**"). Letzteres wird vor dem Hintergrund der absehbaren Vernetzung auch einfacher Alltagsgegenstände für die Gewährleistung der Netz- und IT-Sicherheit voraussichtlich an Bedeutung noch zunehmen. IT-Sicherheitsbehörden werden insofern voraussichtlich auch bei der Ausarbeitung von Leitlinien, Standards und Richtlinien für eine

---

98 *Sonnenberg* DuD 2019, 619 (621 f.).
99 → Rn. 8 ff. und 28; auf nationaler Ebene ist so ein erster Entwurf für ein überarbeitetes „IT-Sicherheitsgesetz 2.0" bereits im April 2019 bekannt geworden, s. ua *Kipker* MMR-aktuell 2019, 415455 mwN.

IT-Sicherheitsbezogene Gestaltung von Produkten, Komponenten und Anwendungen weiterhin einzubeziehen sein. Entsprechendes gilt auch für eine mögliche Ausweitung spezieller oder auch übergreifender rechtlicher Vorgaben für die IT-Sicherheit einschließlich **Mindestanforderungen und Meldepflichten,** auf nationaler Ebene etwa über den Bereich der derzeit erfassten Kritischen Infrastrukturen hinaus ausgedehnt auf weitere Unternehmen, an deren Funktionsfähigkeit ein besonderes öffentliches Interesse besteht.[100] Angesichts der fortdauernd hohen Bedrohungslage etwa durch weltweit aktive kriminelle Netzwerke ist auch zu fragen, inwieweit bestehende Präventionsmaßnahmen ausreichend sind oder Aufgaben und Befugnisse zur rechtzeitigen **Erkennung und Abwehr von IT-Vorfällen** ausgeweitet werden müssen. Hierzu müssen schließlich – ebenso wie die Technik – auch die Akteure der Cyber-Sicherheit gut **vernetzt** sein. Dies gilt national, etwa auf Ebene von Bund, Ländern und Kommunen, ebenso wie auf europäischer und internationaler Ebene, sowie übergreifend für den privaten wie den öffentlichen Bereich. Entsprechende Entwicklungen setzen allerdings nicht immer auch eine Anpassung der Rechtsgrundlagen voraus. Die rechtliche Einbettung und Absicherung der IT-Sicherheitsbehörden ist angesichts der Komplexität moderner IT ein wichtiger Grundstein für Vertrauen etwa durch staatliche Bestätigungen, Verfahren und Prozesse. Ebenso relevant ist aber die Ermöglichung flexibler, innovativer und untergesetzlicher oder loser Formen der Zusammenarbeit und des Austauschs auf dieser Grundlage.

---

100 Wie etwa im Chemiesektor, s. *Buchenberger* GSZ 2019, 183 (189); oder auch Telemedienanbieter, vgl. den ursprünglichen Vorschlag zur NIS-RL, COM (2013), 48.

§ 16 Rechtliche Regeln für die IT-Sicherheit in Organisationen

Literatur: *Auer-Reinsdorff/Conrad* (Hrsg.), Handbuch IT- und Datenschutzrecht, 3. Aufl. 2019; *Bachmann*, Haftung des AG Vorstandes wegen Einrichtung eines mangelhaften Compliance Systems zur Verhinderung von Schmiergeldzahlungen („Siemens"), ZIP 2014, 570; *Baumgartner/Hansch*, Der Betriebliche Datenschutzbeauftragte, ZD 2019, 99; *Beck/Samm/Kokemoor* (Hrsg.), Kreditwesengesetz mit CRR, 207. Aktualisierung, 2019; *Behling*, Die Datenschutzrechtliche Compliance-Verantwortung der Geschäftsleitung, ZIP 2017, 697; *Boos/Fischer/Schulte-Mattler* (Hrsg.), Kommentar zum Kreditwesengesetz, VO (EU) Nr. 575/2013 (CRR) und Ausführungsvorschriften, Band 1, 5. Aufl. 2016; *Brisch/Rexin*, Sicherheit durch Technik: Cyber-Threat-Plattformen in Deutschland, CR 2019, 606; *Britz/Hellermann/Hermes* (Hrsg.), Energiewirtschaftsgesetz, 3. Aufl. 2015; *Daghles*, Cybersecurity-Compliance: Pflichten und Haftungsrisiken für Geschäftsleiter in Zeiten fortschreitender Digitalisierung, DB 2018, 2289; *Djeffal*, IT-Sicherheit 3.0: Der neue IT-Grundschutz, MMR 2019, 289; *Fleischer/Goette*, Münchener Kommentar zum GmbH-Gesetz, 3. Aufl. 2018; *Frisse/Glaßl/Baranowski/Duwald*, Unternehmenssicherheit bei Banken – IT-Sicherheit, Know-how Schutz, Datensicherheit und Datenschutz, BKR 2018, 177; *Gola/Heckmann* (Hrsg.), Bundesdatenschutzgesetz, 13. Aufl. 2019; *Gola*, Spezifika bei der Benennung behördlicher Datenschutzbeauftragter, ZD 2019, 383; *Gola* (Hrsg.), Datenschutz-Grundverordnung, 2. Aufl. 2018; *Goette/Habersack/Kalls* (Hrsg.), Münchener Kommentar zum Aktiengesetz Band 2, 5. Aufl. 2019; *Grobys/Panzer-Heemeier*, Stichwortkommentar Arbeitsrecht, 3. Aufl., Ed. 9, 2019; *Grützner/Jakob*, Compliance von A-Z, 2. Aufl. 2015; Haas/Kast, Network Security Monitoring – Ein modernes Schutzsystem aus technischer und rechtlicher Sicht, ZD 2015, 72; *Hastenrath*, Das neue obiter dictum des BGH (Az. 1 StR 265/16): CMS im Unternehmen lohnt sich!, CB 2017, 325; *Hauschka/Moosmayer/Lösler* (Hrsg.), Corporate Compliance, Handbuch der Haftungsvermeidung im Unternehmen, 3. Aufl. 2016; *Hoffmann/Schieffer*, Pflichten des Vorstands bei der Ausgestaltung einer ordnungsgemäßen Compliance-Organisation, NGZ 2017, 401; *Korch/Chatard*, Datenschutz als Vorstandsverantwortung, AG 2019, 551; *Kort*, Was ändert sich für Datenschutzbeauftragte, Aufsichtsbehörden und Betriebsrat mit der DS-GVO?, ZD 2017, 3; *Kramer*, Was muss der Datenschutzbeauftragte nach der Datenschutzgrundverordnung erledigen?, DSB 2017, 126; *Krimphove*, Die „neue" MaRisk (BA) 9/2017, BKR 2018, 1; *Laars/Both* (Hrsg.), Nomos Bundesrecht. Erläuterungen Versicherungsaufsichtsgesetz, 4. Online-Aufl.; *Maschmann*, Compliance versus Datenschutz, NZA-Beil. 2012, 50; *Moosmayer* (Hrsg.), Compliance, 3. Aufl. 2015; *Nink*, Speicherung dynamischer IP-Adressen durch Mediendienst-Anbieter, CR 2016, 791; *Paal/Pauly* (Hrsg.), Beck'sche Kompakt-Kommentare Datenschutzgrundverordnung Bundesdatenschutzgesetz, 2. Aufl. 2018; *Piltz*, Die neuen Protokollierungspflichten nach der RL 2016/680/EU für öffentliche Stellen, NVwZ 2018, 696; *Plath* (Hrsg.), Kommentar zu DS-GVO und den Datenschutzbestimmungen von TMG und TKG, 3. Aufl. 2018; *Ritter/Schulte*, Rechtliche Anforderungen an Anbieter digitaler Dienste, die zugleich kritische Infrastrukturen sind, CR 2019, 617; *Sassenberg/Faber* (Hrsg.), Rechtshandbuch Industrie 4.0 und Internet of Things – Praxisfragen und Perspektiven der digitalen Zukunft, 2017; *Sattler*, Der Einfluss der Digitalisierung auf das Gesellschaftsrecht, BB 2018, 2243; *Schimansky/Bunte/Lwowski* (Hrsg.), Bankrechts-Handbuch Band 1, 5. Aufl. 2017; *Schockenhoff*, Compliance im Verein, NZG 2019, 281; *Söbbing*, Rechtsfragen an die digitale Bank, BKR 2019, 443; *Sörup/Batman*, Der betriebliche Datenschutzbeauftragte – Fragen über Fragen?, ZD 2018, 553; *Sonnenberg*, Compliance-Systeme in Unternehmen, Einrichtung, Ausgestaltung und praktische Herausforderungen, JuS 2017, 917; *Spindler*, Haftung der Geschäftsführer für IT-Sachverhalte, CR 2017, 716; *ders./Schmitz* (Hrsg.), Telemediengesetz, 2. Aufl. 2018; *ders./Stilz* (Hrsg.), Kommentar zum Aktiengesetz, 4. Aufl. 2019; *ders./Schuster* (Hrsg.), Recht der elektronischen Medien, 4. Aufl. 2019; Trappehl/Schmidl, Arbeitsrechtliche Konsequenzen von IT-Sicherheitsverstößen, NZA 2009, 985; *Weber/Buschermöhle*, Rechtssicherheit durch Technische Sicherheit: IT-Compliance als dauerhafter Prozess, CB 2016, 339; *Wegland*, Rechtsirrtum und Delegation durch den Vorstand, NZG 2019, 1041; *Wiedmann/Greubel*, Compliance Management Systeme – Ein Beitrag zur effektiven und effizienten Ausgestaltung, CCZ 2019, 88.

A. Gesetzliche Grundlagen 1	a) § 8 a BSIG: Kritische Infrastrukturen 15
B. Innere Verantwortlichkeitsverteilung in Unternehmen 4	b) IT-Sicherheitsrechtliche Regelungen auf Landesebene 22
I. Verantwortung des Vorstandes bzw. der Geschäftsführung 4	c) §§ 13 Abs. 7 TMG, 109, 109 a TKG, 11 EnWG 24
1. Allgemeine gesellschaftsrechtliche Vorgaben 4	
2. Pflichten aus den anderen Vorschriften ... 15	

d) KWG, Bankaufsichtsrechtliche Anforderungen an die IT (BAIT), Mindestanforderungen an das Risikomanagement (MaRisk) 28	C. Typische Konfliktlinien 61
e) VAG, Versicherungsrechtliche Anforderungen an die IT (VAIT), Mindestanforderungen an die Geschäftsordnungen von Versicherungsunternehmen (MaGo) 34	D. Besonderheiten bei Unternehmen, die dem BSIG unterliegen 65
	E. Best Practices in Organisationen im Hinblick auf IT 67
	I. IT-Strategie 70
	II. IT-Governance 72
f) Art. 24, 25 Abs. 1 DS-GVO iVm Art. 5 Abs. 1 lit. f, 32 DS-GVO 38	III. Informationsrisikomanagement 74
II. Abteilungsleiter/ Compliance Beauftragter ... 44	IV. Informationssicherheitsmanagement 76
III. IT-Sicherheitsbeauftragter 47	V. Benutzerberechtigungsmanagement 78
IV. Datenschutzbeauftragter, Art. 37–39 DS-GVO 53	VI. IT-Projekte, Anwendungsentwicklung 79
	VII. IT-Betrieb 80
	VIII. Auslagerung und sonstiger Fremdbezug von IT-Dienstleistungen 81
V. Pflichten der Mitarbeiter 57	IX. BAIT und VAIT als Best-Practic für andere Unternehmen 82

A. Gesetzliche Grundlagen

Moderne Informationstechnik und das Internet bieten zahlreiche Chancen und Möglichkeiten für die Verwaltung, Wirtschaft und Industrie sowie für den einzelnen Bürger. Die voranschreitende **Digitalisierung** birgt gleichzeitig aber auch **große Risiken** für die **IT-Sicherheit** etwa durch Schadprogramme und Cyberangriffe. Die Anzahl und Intensität von Cyberangriffen und Schadprogrammen ist in letzter Zeit stark gestiegen. Dabei sind die Schadprogramme nicht mehr ausschließlich darauf ausgerichtet, einen direkten und bemerkbaren Schaden anzurichten, sondern zielen oft darauf ab, Kontrolle über einen Rechner oder ein smartes Produkt zu erlangen, um so bspw. über einen längeren Zeitraum Daten ausspionieren zu können.[1] Auch Erpressungen durch Sperrung von Systemen (sog. Ransomware) haben erheblich zugenommen. Vor diesem Hintergrund sind **Regelungen der IT-Sicherheit in Organisationen** ein brisantes und hochaktuelles Thema, das nicht nur den Gesetzgeber vor neue Herausforderungen stellt, sondern auch die Organisationen und Unternehmen selbst.[2] Die Gewährleistung der IT-Sicherheit hängt nicht ausschließlich von sicherer Software und Geräten ab. Vielmehr ist für eine funktionierende IT-Sicherheitsstrategie essenziell, dass diese in Organisationen und vor allem auch von den dort beschäftigten Personen „gelebt" wird.[3]

Nach der Definition in **§ 2 Abs. 2 BSIG** versteht man unter IT-Sicherheit die **Einhaltung bestimmter Sicherheitsstandards**, die die *Verfügbarkeit, Unversehrtheit* oder *Vertraulichkeit* von Informationen betreffen. Das IT-Sicherheitsrecht beschreibt so **technische** und **rechtliche Mittel**, die dem Schutz der IT-Infrastrukturen eines Unternehmens sowohl vor internen als auch vor externen Gefahren dienen.[4] Dabei sind die **IT-sicherheitsrechtlichen Vorschriften** nicht in einem einheitlichen und abschließenden Gesetz geregelt. Stattdessen gibt es eine Vielzahl von Gesetzen, die mittelbare oder unmittelbare Vorgaben für die IT-Sicherheit in Organisationen enthalten.[5]

§ 91 Abs. 2 AktG enthält so etwa Vorgaben für den Vorstand einer AG zur **Sicherung des Fortbestands** der Gesellschaft. Die Norm wurde 1998 durch das Gesetz zur Kontrolle und Transparenz im Unternehmensbereich (KonTraG) als Reaktion auf die Unternehmenskrisen und Skandale der 90er Jahre eingeführt.[6] Neben § 91 Abs. 2 AktG enthalten das **BSIG** sowie die **NIS-Richtlinie** allgemeine Anforderungen an die IT-Sicherheit und definieren besondere

---

[1] S. https://www.cio.bund.de/Web/DE/Strategische-Themen/IT-und-Cybersicherheit/it_und_cybersicherheit_node.html; zu den verschiedenen Arten von Hacking siehe: *Brisch/Rexin* CR 2019, 606 (607).
[2] *Frisse/Glaßl/Baranowski/Duwald* BKR 2018, 177 (177).
[3] *Djeffal* MMR 2019, 289 (290).
[4] Auer-Reinsdorff/Conrad/*Conrad/Huppertz*, Handbuch IT- und Datenschutzrecht, § 33 Rn. 8.
[5] Vgl. Auer-Reinsdorff/Conrad/*Conrad/Huppertz*, Handbuch IT- und Datenschutzrecht, § 33 Rn. 10.
[6] Spindler/Stilz/*Fleischer* AktG § 91 Rn. 29; MüKoAktG/*Spindler* AktG § 91 Rn. 15.

Anforderungen an **die Betreiber kritischer Infrastrukturen (KRITIS)**. Für **Kredit- und Finanzdienstleistungsunternehmen** sind spezielle Regeln für die IT-Sicherheit im Kreditwesengesetz (**KWG**), in der Mindestanforderungen an das Risikomanagement (**MaRisk**) und den Bankaufsichtlichen Anforderungen an die IT (**BAIT**) vorgesehen. **Versicherungsunternehmen** müssen spezielle Vorgaben aus dem Versicherungsaufsichtsgesetz (**VAG**) und den Versicherungsaufsichtlichen Anforderungen an die IT (**VAIT**) beachten. Soweit personenbezogene Daten Gegenstand der Datenverarbeitung sind, ergeben sich spezielle Anforderungen an die IT-Sicherheit aus der seit 2018 geltenden **DS-GVO**. Zusätzlich gibt es einige spezialgesetzliche Normen mit **IT-sicherheitsrechtlichen Bezügen** bspw. aus dem **TKG** oder dem **WpHG**.

B. Innere Verantwortlichkeitsverteilung in Unternehmen

I. Verantwortung des Vorstandes bzw. der Geschäftsführung

1. Allgemeine gesellschaftsrechtliche Vorgaben

4 Mit der voranschreitenden Digitalisierung wandelt sich die Bedeutung einer **vor dem Zugriff Dritter geschützten** und **sicheren IT**; etwaige Defizite werden zum Damoklesschwert moderner Unternehmen. Eine unsichere IT kann jederzeit zu **hohen materiellen Schäden** und einem **schwerwiegenden Reputationsverlust** führen. Eine wirksame und funktionierende IT-Sicherheit hat daher heutzutage eine herausragende Bedeutung für das Schicksal von Unternehmen.[7] Moderne Informationstechnologien werden zukünftig überall zum Einsatz kommen, wodurch nicht nur die Gesellschaft, sondern auch die Wirtschaft vor einem großen Wandel steht. Vor diesem Hintergrund stellt sich die Frage, ob **Vorstände** und **Geschäftsführer neue Pflichten treffen** und wie weit sich ihre **Haftung** erstreckt.[8] Denn wenn das Aufkommen des Internets die Schlagkraft einer Welle hatte, so ist die Digitalisierung in ihren Folgen vergleichbar mit einem Tsunami.[9]

5 Der Vorstand und die Geschäftsführer haben innerhalb des Unternehmens eine **Legalitäts-, Sorgfalts-, Organisations-** und **Überwachungspflicht** sowie die **Treuepflicht**. Die **Legalitätspflicht** bezieht sich auf die Beachtung sämtlicher Rechtsvorschriften. Gemäß § 93 AktG muss der Vorstand das Unternehmen so organisieren, dass es zu keinen Gesetzesverstößen kommt. Dazu müssen sich die Mitglieder des Vorstandes bei allen Aktivitäten rechtmäßig verhalten und dafür sorgen, dass alle Beschäftigten die gesetzlichen Bestimmungen einhalten.[10] So regelt **Grundsatz 5 DCGK** (Deutscher Corporate Governance Kodex), dass der Vorstand für die Einhaltung der gesetzlichen Bestimmungen zu sorgen hat sowie für deren Beachtung im Unternehmen sorgen soll. Es sind angemessene, an der Risikolage des Unternehmens ausgerichtete Maßnahmen zu treffen. Der Vorstand muss ein **Compliance Management System** etablieren und dessen Grundzüge offenlegen.

6 In dem **Neubürger-Urteil** des **LG München I**[11] wurde erstmalig von einem deutschen Gericht der Geschäftsleiter eines Unternehmens auf **Schadensersatz in Millionenhöhe** aufgrund eines **unzureichenden Compliance-Systems** verurteilt. Dieses Urteil unterstreicht die Bedeutung von wirksamen Compliance-Maßnahmen und ist ein „Paukenschlag"[12] für die Compliance-Verantwortung in Unternehmen. Die Geschäftsleitung eines Unternehmens muss dafür sorgen, dass weder sie selbst noch Mitarbeiter Gesetzesverletzungen begehen. Dabei stellt der **Verzicht auf ein Compliance-System**, eine nur **mangelhafte Compliance Organisation** oder deren **unzu-**

---

[7] *Spindler* CR 2017, 716 (722).
[8] *Spindler* CR 2017, 716 (716).
[9] Zitat *Bräutigam* in: Brenner Anwaltsblatt 2018/02, S. 11.
[10] Siehe dazu: LG München I 10.12.2013 – 5 HK O 1387/10.
[11] LG München I 10.12.2013 – 5 HK O 1387/10.
[12] *Bachmann* ZIP 2014, 570 (579).

reichende **Überwachung** eine **Pflichtverletzung** dar. Diese Pflichtverletzung kann bei einem Schadenseintritt zu Schadensersatzansprüchen des Unternehmens gegen die Geschäftsleitung sowie zu einer Geldbuße nach § 130 OWiG führen.[13]

Die hM leitet die **Organisations- und Überwachungspflicht** der Unternehmensleitung (auch Compliance Verantwortung) aus §§ 76 Abs. 1, 91 Abs. 2, 93 AktG, § 43 GmbHG ab. Danach muss die Unternehmensleitung geeignete Maßnahmen treffen, um bestehende Risiken für das Unternehmen frühzeitig zu erkennen und angemessen darauf reagieren zu können. Die Verpflichtung des Vorstandes zur **Risikovorsorge** ist auch auf die europäische Gesellschaftsform der „Societas Europaea" (SE) anwendbar und hat nach hM „Ausstrahlungswirkung" auf andere Gesellschaftsformen, wie die GmbH nach §§ 43 Abs. 1, 347 Abs. 1 HGB und die KG auf Aktien, § 278 Abs. 3 AktG.[14]

Die Implementierung von IT-Compliance Maßnahmen dient ua dem **Schutz von Hardware, Software** sowie den darauf gespeicherten **Daten** und **Informationen**, welche bspw. Personenbezug aufweisen, Geschäftsgeheimnisse oder gesetzliche Pflichtangaben enthalten. Dabei sind die zu treffenden Maßnahmen abhängig vom bestehenden **Risikograd**, der Höhe eines möglichen **Schadens** sowie dessen **Eintrittswahrscheinlichkeit**. Die Implementierungspflicht von IT-Compliance Maßnahmen für Unternehmen kann sich aus dem Gesetz ergeben, durch Best Practices vorgegeben oder grundsätzlich geboten sein, um Risiken von dem Unternehmen abzuwenden.[15] Die **IT-Compliance** als wesentlicher Bestandteil eines funktionierenden **Risikomanagements** bezweckt die Vermeidung oder Verringerung der Haftung sowie von materiellen und immateriellen Schäden. Eine ausdrückliche und explizite Pflicht für die Implementierung von IT-Compliance besteht dabei nicht,[16] abgesehen von den regulierten Bereichen wie dem Bank-, Finanz- und Versicherungsrecht (§ 25 a KWG, § 33 WpHG, § 26 VAG).

Wie sich das **Risikomanagementsystem** einer Organisation zu deren **IT-Compliance** verhält, ist nur schwer zu definieren. Das **Risikomanagement** zielt weitestgehend darauf ab, die gesetzlichen **Überwachungs-, Kontroll-, und Risikomanagementpflichten** sowie die **Ermessensspielräume** der Unternehmen so präzise wie möglich zu bestimmen.[17] Dagegen beinhaltet die **IT-Compliance** Überwachungsmaßnahmen, ob die (IT-)sicherheitsrechtlichen Gebote und Verbote eingehalten werden (*präventives Element*) sowie Maßnahmen, die der Aufdeckung von Verstößen dienen und mithin deren effektive Ahndung und Sanktionierung ermöglichen (*repressives Element*).[18] Zum **Risikomanagement** gehören die Einhaltung der gesetzlichen Anforderungen bezüglich der Früherkennung von bestandsgefährdenden Entwicklungen. Das unternehmerische Risikomanagement setzt eine konsequente Risiko- und Renditesteuerung voraus.[19]

Der **Vorstand** sowie der **Geschäftsführer** tragen maßgeblich die **Verantwortung** für das Gelingen der Einhaltung sicherheitsrechtlicher Regelungen im Unternehmen. Als „**Tone from the Top**"[20] müssen sie klare Vorgaben zur **Regeltreue** im Unternehmen oder in der Organisation aufstellen.[21] Der Vorstand und die Geschäftsführung haben sich als Spitze der Organisation zur **Regeltreue** zu bekennen und müssen dafür einstehen, dass alle Beschäftigten die unternehmensinternen Richtlinien einhalten. Die Einhaltung der unternehmensinternen Richtlinien

---

13 LG München I 10.12.2013 – 5 HK O 1387/10.
14 Auer-Reinsdorff/Conrad/*Conrad*, Handbuch IT- und Datenschutzrecht, § 33 Rn. 39.
15 Vgl. auch: *Weber/Buschermöhle* CB 2016, 339 (340).
16 Statt vieler: *Hoffmann/Schieffer* NGZ 2017, 401 (402).
17 Auer-Reinsdorff/Conrad/*Conrad*, Handbuch IT- und Datenschutzrecht, § 33 Rn. 33.
18 Auer-Reinsdorff/Conrad/*Conrad*, Handbuch IT- und Datenschutzrecht, § 33 Rn. 35.
19 Auer-Reinsdorff/Conrad/*Conrad*, Handbuch IT- und Datenschutzrecht, § 33 Rn. 36.
20 Statt vieler: *Moosmayer* Compliance Rn. 144.
21 MüKoGmbHG/*Fleischer* § 43 Rn. 150 b.

geht aus der Wahrnehmung von geschäftlichen Chancen vor. Der Vorstand und die Geschäftsführung müssen voller Überzeugung hinter der Einhaltung der IT-sicherheitsrechtlichen Regeln stehen und diese glaubwürdig und persönlich vorleben. Reine Floskeln sind in diesem Zusammenhang ungenügend. Das ganze Unternehmen muss das Leitbild der Regeltreue kennen, so dass dessen Einhaltung auch mit Nachdruck verlangt werden kann. In dem Zusammenhang muss der Vorstand bzw. die Geschäftsführung dafür sorgen, dass sich die Regeltreue im Unternehmen durchsetzt. Ziel ist dabei, dass jeder Mitarbeiter die unternehmensinternen Richtlinien verinnerlicht und befolgt, denn letztendlich kann **IT-Sicherheit** nur gelingen, wenn die Mitarbeiter im Umgang mit der IT-Infrastruktur des Arbeitgebers ausreichend geschult sind. Die „Achillesverse" moderner Unternehmen sind zunehmend die eigenen Mitarbeiter,[22] so dass ein **wirksames Risikomanagement** das Zusammenspiel von **IT-Sicherheit** und **IT-Compliance** voraussetzt.

11 Für das **Compliance Management** müssen die Verantwortungsbereiche und Zuständigkeiten innerhalb des Unternehmens genau festgelegt sein. Der Vorstand bzw. der Geschäftsführer haben klare Regelungen zu schaffen, wer die Hauptverantwortung trägt. Die Aufgaben müssen klar und eindeutig abgegrenzt sein. Die Geschäftsleitung ist im Rahmen ihrer **Leistungsverantwortung** verpflichtet, für die Einhaltung von rechtlichen Vorgaben seitens der Gesellschaft zu sorgen. Dabei muss der Vorstand die Compliance Strategie kontinuierlich auf die **aktuelle Unternehmenssituation** anpassen.[23] Compliance als „Chefsache"[24] umfasst die Entscheidung Compliance Maßnahmen einzuführen sowie den Beschluss über wesentliche Strategien und Strukturen des Compliance Managements.[25] Die Unternehmensleitung hat die grundsätzlichen Entscheidungen selbst zu treffen und muss sich regelmäßig von deren Wirksamkeit überzeugen. Die erforderlichen Compliance Maßnahmen richten sich individuell nach der **Größe** und der **Bedeutung** der **Organisation**. Sie sind immer auch davon abhängig, was für das Unternehmen **technisch machbar** und **wirtschaftlich vertretbar** ist.[26] Daher sollte bei der Entwicklung der Compliance Strategie diese individuell auf die Organisation abgestimmt sein. Abgesehen von den oben genannten bestimmten **branchenspezifischen Angaben** existieren keine detaillierten gesetzlichen Rahmenbedingungen für das Compliance Management. Die Grundanforderungen an die Compliance in Organisationen sind weitgehend geprägt von der Rechtsprechung und Literatur. Diese beinhalten die **Implementierung eines Compliance Risikomanagements**, das Aufstellen von **Compliance relevanten Grundsätzen und Werten**, die Schaffung einer **Compliance Kultur**, die eindeutige **Festlegung von Verantwortlichkeiten** sowie die Kontrolle und stetige **Aktualisierung der Compliance Maßnahmen**.

12 Die Schaffung einer funktionierenden Compliance Organisation unterfällt der Zuständigkeit des Vorstands oder der Geschäftsführung. Die Pflicht aus § 91 Abs. 2 AktG trifft den Vorstand oder die Geschäftsführer in ihrer **Gesamtverantwortung**. Der Vorstand kann die Pflichten der Risikovorsorge zwar auf ein einzelnes Vorstandsmitglied übertragen, muss aber gleichzeitig die Einhaltung der Pflichten angesichts ihrer elementaren Bedeutung stets kontrollieren. Dennoch besteht die Möglichkeit, diese Aufgaben an geeignete Mitarbeiter zu delegieren. Aufgaben, die dem **Kernbereich der Leistungsverantwortung** des Vorstandes bzw. Geschäftsführers angehören, können lediglich horizontal auf ein anderes Vorstandsmitglied oder einen anderen Geschäftsführer übertragen werden, nicht dagegen vertikal auf einen anderen Mitarbeiter.[27] Wenn der Vorstand oder der Geschäftsführer die Compliance Organisation an Mitar-

---

22 Auer-Reinsdorff/Conrad/*Conrad*, Handbuch IT- und Datenschutzrecht, § 33 Rn. 2.
23 *Schulz* BB 2019, 579 (584).
24 So etwa: *Spindler* CR 2017, 716 (722).
25 *Schulz* BB 2019, 579 (581).
26 *Weber/Buschermöhle* CB 2016, 339 (339).
27 *Hoffmann/Schieffer* NZG 2017, 401 (405).

beiter delegiert, ist dieser dennoch zu regelmäßigen Kontrollen verpflichtet. Letztendlich kann er daher die Verantwortung für die IT-Compliance nicht vollständig abgeben, sondern bleibt weiterhin für deren Gelingen und Wirksamkeit voll verantwortlich.[28]

Nach § 91 Abs. 2 AktG muss der Vorstand als Maßnahme ua ein **Überwachungssystem** einrichten, um Entwicklungen, die den Fortbestand der Gesellschaft gefährden, früh erkennen zu können. Die **dauerhafte** und **zuverlässige Funktionsfähigkeit**, **Sicherheit** sowie **Anpassung** der unternehmerischen IT ist von fundamentaler Bedeutung für den Unternehmenszweck. Daher ist die unternehmerische IT auch Gegenstand des Risikomanagements nach § 91 Abs. 2 AktG,[29] obwohl die IT-Sicherheit nicht ausdrücklich unter den Wortlaut der Norm fällt. § 91 Abs. 2 AktG bezieht sich auf **besondere bestandsgefährdende Entwicklungen**, welche in der Lage sind, sich wesentlich auf die Vermögens-, Ertrags-, oder Finanzlage der Gesellschaft auszuwirken. Der Vorstand der AG ist verpflichtet, ein **Managementsystem** zu organisieren, um frühzeitig bestehende oder zukünftige Risiken erkennen zu können, welche sich **existenzbedrohend** auf das Unternehmen auswirken können. Um die Anforderungen der Norm erfüllen zu können, hat der Vorstand **geeignete technische und organisatorische Maßnahmen** (TOMs) zu treffen. Für die organisatorischen Anforderungen kann dieser sich etwa an dem **IT-Grundschutz-Kompendium**[30] des Bundesamtes für Sicherheit in der Informationstechnik (BSI) orientieren. Die technischen Anforderungen hängen maßgeblich vom Gesellschaftszweck und der im Einzelfall eingesetzten IT sowie möglicherweise bestehenden gesetzlichen Sonderpflichten ab.[31]

Der Inhalt von § 91 Abs. 2 AktG ist sehr abstrakt und die Anforderungen eher vage. Bei einem Verstoß gegen die Pflichten aus § 91 Abs. 2 AktG greift allerdings die **gesamtschuldnerische Haftung der Vorstandsmitglieder** nach § 93 Abs. 2 S. 1 AktG. Insoweit die einzelnen Vorstandsmitglieder nicht für die Einhaltung des (IT-)Risikomanagements sorgen, machen sie sich auch **persönlich schadensersatzpflichtig**. Die Verletzung von § 91 Abs. 2 AktG kann ein wichtiger Grund für die **Abberufung** oder die **fristlose Kündigung** des Vorstands sein.[32] Nach hM ist § 93 Abs. 1, 2 AktG kein Schutzgesetz iSv § 823 Abs. 2 BGB.[33] Da § 91 Abs. 2 AktG keinen weiterreichenden Schutz bieten soll, ist auch diese Norm kein Schutzgesetz iSv § 823 Abs. 2 BGB, so dass ein Verstoß der Vorstandsmitglieder nicht deren deliktische Haftung zur Folge hat.[34]

2. Pflichten aus den anderen Vorschriften

a) § 8 a BSIG: Kritische Infrastrukturen

Nach §§ 8 a ff. **BSIG** sind die **Betreiber kritischer Infrastrukturen und Anbieter digitaler Dienste** verpflichtet, technische und organisatorische Maßnahmen zu ergreifen, um Risiken für die informationstechnischen Systeme, die für die Erbringung ihrer kritischen Dienstleistungen (§ 8 a Abs. 1 BSIG) oder ihres digitalen Dienstes (§ 8 c Abs. 1 BSIG) erforderlich sind, abzuwehren.[35] Die Betreiber kritischer Infrastrukturen müssen **angemessene organisatorische und technische Vorkehrungen** zur Vermeidung von Störungen der Verfügbarkeit, Integrität,

---

28 MüKoAktG/*Spindler* § 91 Rn. 71.
29 *Sattler* BB 2018, 2243 (2247).
30 Das IT-Grundschutz-Kompendium löst seit 2018 die IT-Grundschutz-Kataloge des BSI ab. Das aktuelle IT-Grundschutz-Kompendium von 2019 ist abrufbar unter: https://www.bsi.bund.de/DE/Themen/ITGrundschutz/ITGrundschutzDownloads/itgrundschutzDownloads_node.html.
31 *Sattler* BB 2018, 2243 (2247).
32 MüKoAktG/*Spindler* § 91 Rn. 75.
33 MüKoAktG/*Spindler* § 91 Rn. 78.
34 MüKoAktG/*Spindler* § 91 Rn. 12.
35 Siehe dazu: *Ritter/Schulte* CR 2019, 617 (618).

Authentizität und Vertraulichkeit ihrer IT-Systeme, Komponenten oder Prozesse treffen. Dabei haben sie den **Stand der Technik** einzuhalten und dürfen nur in **begründeten Ausnahmen** von diesem **abweichen**; dies ergibt sich aus der Soll-Vorschrift des § 8a Abs. 1 S. 2 BSIG.[36] Die **Anbieter digitaler Dienste** (legaldefiniert in § 2 Abs. 11 BSIG: Online-Marktplätze, Online-Suchmaschinen, Cloud-Computing-Dienste) müssen den **Stand der Technik** dagegen **nur berücksichtigen**, § 8c Abs. 1 BSIG, dh entsprechende Maßnahmen lediglich erwägen.[37]

16 Nach §§ **10 Abs. 1, 2 Abs. 10 BSIG** zeichnen sich kritische Infrastrukturen durch eine hohe Bedeutung für das **Funktionieren des Gemeinwesens** aus, weil durch einen Ausfall oder eine Beeinträchtigung erhebliche Versorgungsengpässe oder Gefährdungen für die öffentliche Sicherheit zu befürchten sind. Unter die kritischen Infrastrukturen fallen Unternehmen aus den Sektoren der **Energiewirtschaft, Informationstechnik, Telekommunikation, Transport** und **Verkehr, Gesundheit, Wasser** und **Ernährung** sowie das **Finanz- und Versicherungswesen**, sofern ihr Versorgungsgrad einen branchenspezifisch festgesetzten Schwellenwert übersteigt. Nicht unter den Anwendungsbereich des BSIG fallen dagegen Kleinstunternehmen (§ 8d Abs. 1 BSIG) sowie die Bereiche Kultur und Medien. Kleinstunternehmen sind Unternehmen mit weniger als zwei Beschäftigten und einem Jahresumsatz bzw. einer Jahresbilanz von unter zwei Millionen Euro.

17 Die europäische Richtlinie zur Gewährleistung einer hohen Netzwerk- und Informationssicherheit von 2017 (NIS-Richtlinie) bezweckt die Schaffung eines einheitlichen Rechtsrahmen für die **Cyber-Sicherheit** in der EU (s. näher *Gitter* in → § 15 Rn. 12). Ziel der Richtlinie ist eine europaweit engere Zusammenarbeit der Mitgliedstaaten in Themen der **IT-Sicherheit** durch die Schaffung von Mindestsicherheitsanforderungen an und Meldepflichten für kritische Infrastrukturen sowie bestimmte Anbieter digitaler Dienste wie Cloud-Services und Online-Marktplattformen. Das BSIG setzt die Vorgaben der Richtlinie um, schafft allgemeine Anforderungen an die **IT-Sicherheit** und definiert für Deutschland die einbezogenen **kritischen Infrastrukturen** sowie die **Anbieter digitaler Dienste**.

18 Die Betreiber von kritischen Infrastrukturen und die Anbieter digitaler Dienste treffen die Handlungspflichten aus §§ **8a–e BSIG**. Die Missachtung dieser Vorschriften kann zur **persönlichen Haftung der Geschäftsleitung** führen. Daher sollte die Geschäftsleitung zunächst prüfen, ob ihr Unternehmen unter die Definition einer **kritischen Infrastruktur** fällt und somit der Anwendungsbereich von §§ **8a ff. BSIG** eröffnet ist. Wenn das der Fall ist, trifft die Geschäftsleitung die Pflicht dafür zu sorgen, dass die Handlungspflichten des BSIG im Unternehmen ordnungsgemäß umgesetzt sind. Im Einzelfall ist ggf. nicht einfach zu ermitteln, ob das Unternehmen eine kritische Infrastruktur betreibt. Entscheidend für die Einordnung als kritische Infrastruktur ist neben §§ **10 Abs. 1, 2 Abs. 10 BSIG** auch die **KritisVO**. Zuerst muss das Unternehmen einem der in § 2 Abs. 10 BSIG genannten Sektoren unterfallen, namentlich Energie, Informationstechnik, Telekommunikation, Transport und Verkehr, Gesundheit, Wasser und Ernährung sowie das Finanz- und Versicherungswesen. Dazu muss es sich um eine Einrichtung, Anlage oder Teile davon handeln, die eine „**hohe Bedeutung für das Funktionieren des Gemeinwesens**" haben, „weil durch ihren Ausfall oder ihre **Beeinträchtigung** erhebliche **Versorgungsengpässe** oder **Gefährdungen für die öffentliche Sicherheit**" zu erwarten sind, § **2 Abs. 10 Nr. 2 BSIG**. Die KritisVO konkretisiert das normative Merkmal der **hohen Bedeutung**, indem sie, abgesehen von wenigen Ausnahmen, **Versorgungsgrade** und **Schwellenwerte** festsetzt.

---

36 Wenngleich § 8a Abs. 1 S. 2 in Bezug auf die Einhaltung des Standes der Technik lediglich Soll-Vorschrift ist, so wird man von den Unternehmen doch eine erhebliche Pflichtenanstrengung erwarten und Abweichungen des Sicherheitsstandards nur in begründeten Fällen akzeptieren.

37 *Ritter/Schulte* CR 2019, 617 (618 Rn. 6).

Wenn das Unternehmen eine kritische Infrastruktur betreibt und somit in den Anwendungsbereich von §§ 8 a BSIG fällt, hat es **angemessene organisatorische und technische Maßnahmen** zur Vermeidung von Störungen der **Verfügbarkeit, Integrität, Authentizität** und **Vertraulichkeit** seiner IT-Systeme, Komponenten und Prozesse zu treffen und soll dabei den **Stand der Technik** einhalten. Die technischen und organisatorischen Maßnahmen sind angemessen, wenn der erforderliche Aufwand nicht außer Verhältnis zu den Folgen eines Ausfalls oder der Beeinträchtigung der betroffenen Infrastruktur steht, **§ 8 a Abs. 1 S. 3 BSIG**. Für die Geschäftsleitung ist es eine Herausforderung, Aufwand, Eintrittswahrscheinlichkeit und Beeinträchtigungsintensivität gegeneinander abzuwägen. Für den Fall, dass es zu einem Vorfall mit schwerwiegenden Schäden kommt, befassen sich va Aufsichtsbehörde, Aufsichtsrat, Gericht, Staatsanwaltschaft und Versicherung sodann mit der Frage, ob die Abwägung der Geschäftsleitung angemessen und richtig war.

Das BSIG richtet sich an Anbieter von digitalen Diensten (§ 2 Abs. 11 BSIG: Online-Marktplätze, Online-Suchmaschinen, Cloud-Computing-Dienste) und Betreiber von kritischen Infrastrukturen. Für letztere enthält das BSIG neben den Pflichten aus § 8 a Abs. 1 BSIG die Pflicht, eine Kontaktstelle zu benennen (§ 8 b Abs. 3 BSIG) und den Stand der Technik umzusetzen (Soll-Vorschrift, § 8 a Abs. 1 S. 2 BSIG). Alle zwei Jahre müssen die Betreiber von kritischen Infrastrukturen nach § 8 a Abs. 3 BSIG dem BSI einen Nachweis über die Erfüllung der Pflichten aus § 8 a Abs. 1 BSIG erbringen. Dieser Nachweis kann in Form von Sicherheitsaudits, Prüfungen oder Zertifizierungen erfolgen. Die Unternehmen müssen erhebliche Störungen dem BSI zu melden, § 8 b Abs. 4 BSIG. Bei Verstößen gegen die Vorschriften aus §§ 8 a ff. BSIG drohen Bußgelder in Höhe bis zu 50.000 EUR bzw. 100.000 EUR, § 14 Abs. 1 BSIG.

Grundsätzlich kann die Geschäftsleitung ihre Pflichten delegieren, etwa an einen „**Compliance Beauftragten**" oder **IT-Leiter**. Allerdings hat die Geschäftsleitung eine Auswahl- und Überwachungspflicht, dh sie muss darauf achten, dass die bestellte Person hinreichend für die Aufgabe geeignet ist und über den Tätigkeitszeitraum auch bleibt. Zudem muss die Geschäftsleitung mit der bestellten Person eng zusammenarbeiten. Es ist ihr daher nicht möglich, Fragen der IT-Sicherheit vollständig abzugeben.

b) IT-Sicherheitsrechtliche Regelungen auf Landesebene

Das BSI ist gemäß § 5 BSIG zur Abwehr von Gefahren für die Kommunikationstechnik des Bundes zuständig. Der Freistaat Bayern hat zum 1.12.2017 zusätzlich ein Landesamt für die **Sicherheit in der Informationstechnik (LSI)** eingerichtet, siehe **Art. 9 BayEGovG**. Die wesentliche Funktion des LSI ist die Beratung von bayerischen Behörden und öffentlichen Unternehmen in **IT-Sicherheitsfragen** sowie die **Sammlung, Auswertung** und **Analyse** von **neuen Angriffsmechanismen** und **Schadprogrammen, Art. 10 BayEGovG**. Zudem erarbeitet das **bayerische LSI Mindeststandards für die Sicherheit in der Informationstechnik**, Art. 14 BayEGovG. Das Staatsministerium des Inneren kann im Einvernehmen mit weiteren Staatsministerien und der Staatskanzlei Mindeststandards ganz oder teilweise als **allgemeine Verwaltungsvorschriften** erlassen. Nach Art. 14 S. 3 BayEGovG gelten die Mindeststandards für Landratsämter und die an das Behördennetz angeschlossenen nicht staatlichen Stellen für die Teilnahme am Behördennetz.

Die **Beratung** bayerischer Behörden und öffentlicher Einrichtungen sowie **Informationsbereitstellung** ist sinnvoll und unterfällt jedenfalls dem **Kompetenzbereich des bayerischen Gesetzgebers**. Kritisch dagegen ist die **Einführung von sicherheitstechnischen Mindeststandards**.[38] Nach **Art. 14 S. 1 BayEGovG** kann das LSI allgemeine technische Mindeststandards für die

---

38 *Brisch/Rexin* CR 2019, 606 (610).

IT-Sicherheit entwickeln, die dann für bayerische Einrichtungen Geltung entfalten. Das kann zu **Konflikten** mit dem Bundesrecht führen, denn dem BSI kommt nach § 3 Abs. 1 S. 2 Nr. 4, 10 BSIG die gleiche Aufgabe zu. So stellt sich die Frage, ob für bayerische öffentliche Einrichtungen andere Standards gelten sollen als für Einrichtungen des Bundes.[39] Zudem werden die Mindestanforderungen oft auf die **Wirtschaft übertragen,** etwa bei der Umsetzung des Begriffs der technischen und organisatorischen Maßnahmen nach dem Stand der Technik. Wenn auf Landesebene andere technische Mindestanforderungen bestehen, kann das zu Unsicherheiten bei Unternehmen in der freien Wirtschaft führen. Auch internationale Sicherheitsstandards wie das **ISO 27001** setzen voraus, dass es **nur eine hoheitliche Zertifizierungsstelle** in einem Staat gibt. Das **BayEGovG** findet daher **keine Anwendung,** wenn das Bundesrecht **entgegensteht,** oder dieses **inhaltsgleiche sowie abschließende Regelungen** enthält.[40]

c) §§ 13 Abs. 7 TMG, 109, 109 a TKG, 11 EnWG

24 Neben den Vorschriften aus dem BSIG gibt es noch weitere spezialgesetzliche Regelungen zur IT-Sicherheit, etwa § 13 Abs. 7 TMG, §§ 109, 109 a TKG oder § 11 EnWG.[41]

25 § 13 Abs. 7 TMG ist 2015 durch das **IT-Sicherheitsgesetz** in das TMG aufgenommen worden.[42] Die Norm bestimmt, dass **Anbieter von Telemediendiensten** durch **technische und organisatorische Maßnahmen** sicherstellen müssen, dass kein unerlaubter Zugriff auf die technischen Einrichtungen möglich ist. Die Dienste müssen gegen die Verletzung des **Schutzes personenbezogener Daten** abgesichert sein (**§ 13 Abs. 7 Nr. 2 a TMG**) sowie vor Störungen von außen (**§ 13 Abs. 7 Nr. 2 b TMG**).[43]

26 §§ 109, 109 a TKG regeln umfangreiche technische Schutzmaßnahmen (§ 109 TKG) sowie die Informationspflicht im Falle einer Verletzung des Schutzes personenbezogener Daten (§ 109 a TKG), s. näher → § 21 Rn. 51 ff. Adressat der Pflicht aus § 109 a TKG sind dabei die Erbringer von öffentlich zugänglichen Telekommunikationsdiensten (iSv § 3 Nr. 17 a TKG).[44] Verletzungen des Schutzes personenbezogener Daten sind nach § 109 a Abs. 1 S. 1 TKG der Bundesnetzagentur und dem oder der BfDI zu melden. Wenn eine schwerwiegende Beeinträchtigung der Rechte oder Interessen von Teilnehmern vorliegt oder anderen Personen durch die Verletzung der personenbezogenen Daten, muss der Anbieter des Telekommunikationsdienstes darüber hinaus die Betroffenen unverzüglich über die Verletzungen benachrichtigen, § 109 a Abs. 1 S. 2 TKG.

27 **§ 11 EnWG** dient der **leitungsgebundenen Versorgung** mit **Elektrizität** und **Gas,** was eine ausreichende Menge qualitativ hochwertiger Netzkapazitäten voraussetzt.[45] Die Norm soll des Weiteren sicherstellen, dass bei einem Auftreten von **Gefahren** oder **Störungen** die **Energieversorgungsnetze nicht zusammenbrechen.**[46] Die Vorschrift enthält materielle IT-Sicherheitspflichten sowie Meldepflichten in Anlehnung an das BSIG (s. näher *Guckelberger* in → § 23 Rn. 8 ff.).

---

39 Siehe dazu: *Brisch/Rexin* CR 2019, 606 (610 Rn. 24).
40 LT-Drs. 17/7537 S. 24.
41 Vgl. *Daghles* dB 2018, 2289 (2292).
42 S. näher → § 21 Rn. 85 ff.; dort auch zur Frage des Geltungsvorrangs der DS-GVO.
43 Spindler/Schmitz/*Schmitz* TMG § 13 Rd. 77.
44 Spindler/Schuster/*Eckhardt* TKG § 109 a Rn. 3.
45 Britz/Hellermann/Hermes/*Störtebier* EnWG § 11 Rn. 5.
46 Britz/Hellermann/Hermes/*Störtebier* EnWG § 11 Rn. 5.

d) KWG, Bankaufsichtsrechtliche Anforderungen an die IT (BAIT), Mindestanforderungen an das Risikomanagement (MaRisk)

Kredit- und Finanzdienstleistungsunternehmen müssen die besonderen **organisatorischen Pflichten** des **KWG** und die **Mindestanforderungen an das Risikomanagement (MaRisk)** beachten. Zusätzlich hat die BaFin die Anforderungen für diese Unternehmen im Bereich der IT 2017 durch die „**Bankaufsichtsrechtlichen Anforderungen an die IT**" (**BAIT**) konkretisiert.[47] Die BAIT zielt auf die **Verschärfung des Risikobewusstseins** der Unternehmensleitung sowie auf die Schaffung von mehr **Risikotransparenz** ab. Die Geschäftsleitung eines Kredit- oder Finanzdienstleistungsunternehmen muss zunächst eine nachhaltige **IT-Strategie** festlegen, welche sich an der Geschäftsstrategie orientieren muss. Die IT-Strategie regelt sodann die grundsätzliche IT-Organisation, die gängigen IT-Standards sowie die Zuständigkeiten.

§ 25 a KWG enthält die Verpflichtung zur Etablierung einer ordnungsgemäßen Geschäftsorganisation, die Verantwortlichkeit der Geschäftsleiter, die Anforderungen an ein angemessenes und wirksames Risikomanagement, den Grundsatz der Proportionalität sowie die Verpflichtung zur regelmäßigen Überprüfung.[48] Der wesentliche Bestandteil einer ordnungsgemäßen Geschäftsorganisation ist ein **angemessenes und wirksames Risikomanagement**, § 25 a Abs. 1 S. 3 KWG. Dieses muss Geschäftsstrategien und Risikostrategien enthalten, ein Verfahren zur Ermittlung und Sicherstellung der Risikotragfähigkeit (Risikotragfähigkeitskonzept), die Einrichtung interner Kontrollverfahren mit interner Revision, angemessene personelle und technisch-organisatorische Ausstattungen, ein angemessenes Notfallkonzept (insbesondere für IT-Systeme) sowie angemessene transparente und auf die nachhaltige Entwicklung des Unternehmens ausgerichtete Vergütungssysteme.[49]

Das Unternehmen muss seine **Risikotragfähigkeit laufend sicherstellen** und Strategien und Verfahren zur Ermittlung und Sicherstellung dieser **Fähigkeit** entwickeln. Zudem sind interne Kontrollverfahren und -systeme aus aufbau- und ablauforganisatorischen Regelungen aufzustellen. Die Verantwortungsbereiche und Prozesse zur **Identifizierung, Steuerung, Beurteilung, Überwachung** und **Kommunikation** sind festzusetzen und klar voneinander abzugrenzen.[50]

Die 2005 von der BaFin veröffentlichte **MaRisk** konkretisiert § 25 a KWG. 2017 hat die BaFin eine **überarbeitete Form** der MaRisk veröffentlicht. Die MaRisk stellt elementare **aufsichtsrechtliche Vorgaben** für die Gestaltung der **Betriebsorganisation** auf. Ein besonderer Schwerpunkt liegt dabei auf den Gesichtspunkten der **Ordnungsmäßigkeit, Risikoanerkennung, Risikobeherrschung** sowie **aufsichtsrechtliche Maßnahmen** wie Mahnungen und Verwarnungen.[51] AT 3 MaRisk fordert ein neues Verständnis für das bestehende Risiko und einen entschlossenen und selbstbewussten Umgang damit. Das Risikoverständnis muss mit den Organisationsleitlinien übereinstimmen, allerdings sind Umfang und Ausmaß immer auch abhängig von Art, Umgang, Komplexität und Risikogehalt der Geschäfte.[52] Die MaRisk enthält Anforderungen an die Aufbereitung, Aggregation und Zusammenführung von risikorelevanten Instituten. So verpflichtet **AT 4.3.4 MaRisk** systemrelevante Institute entscheidungserhebliche Daten zu ermitteln, aufzuarbeiten und bereitzustellen. **BT 3 MaRisk** enthält Vorgaben zur **Risikoberichterstattung**. Gemäß **BT 3.1 MaRisk** muss sich die Geschäftsleitung regelmäßig Bericht über die Risikosituation erstatten lassen. Dieser Bericht hat auf vollständigen, genauen und aktuellen Zahlen zu basieren. Die Berichte müssen eine zukunftsorientierte Beurteilung der Risikosituation ermöglichen und sollen je nach Bedarf auch Handlungsempfehlun-

---
47 *Daghles* DB 2018, 2289 (2292).
48 Boos/Fischer/Schulte-Mattler/*Braun* KWG § 25 a Rn. 15.
49 Boos/Fischer/Schulte-Mattler/*Braun* KWG § 25 a Rn. 23.
50 Vgl. Beck/Samm/Kokemoor/*Reppenthien* KWG § 25 a Rn. 22.
51 Schimansky/Bunte/Lwowski BankR-HdB/*Fischer/Boegl* § 128 Rn. 70.
52 *Krimphove* BKR 2018, 1 (3).

gen etwa zur Risikoreduzierung enthalten. Nach **BT 3.5 MaRisk** muss die Geschäftsleitung das Aufsichtsorgan mindestens vierteljährlich über die Risikosituation schriftlich unterrichten. Wesentliche Informationen bezüglich des Risikos muss die Geschäftsleitung dem Aufsichtsorgan unverzüglich mitteilen. Die MaRisk (BA) versteht unter dem Aufsichtsorgan den Aufsichtsrat bei Aktiengesellschaften sowie den Verwaltungsrat bei Sparkassen. Dieser hat umfangreiche **Kontroll-, Erörterungs-, Beteiligungs-, Berichterstattungs-, Erläuterungs- und Informationsrechte** bezüglich des Risikomanagements durch die MaRisk.[53] Die MaRisk ist selbst „nur" ein **Interpretationsleitfaden**, dessen Regelungen die Auslegung unbestimmter Rechtsbegriffe der gesetzlichen Normen erleichtern soll. Dabei kommt der MaRisk selbst aber kein Rechtsnormcharakter zu.

32 Die **BAIT** präzisiert gesetzliche Anforderungen des **§ 25 a Abs. 1 S. 3 Nr. 4, 5 KWG** und geben einen Rahmen für die **technisch-organisatorische Ausstattung** der Institute insbesondere für das Management der IT-Ressourcen und für das **IT-Risikomanagement** im Rahmen einer von der Geschäftsleitung festzulegenden **IT-Strategie** vor.[54] Die Geschäftsleitung muss eine mit der Geschäftsstrategie **konsistente** und **nachhaltige** IT-Strategie festlegen, in der die Ziele sowie Maßnahmen zu deren Erreichung dargestellt sind.[55] Die BAIT ergänzt die bereits bestehenden Mindestanforderungen an das Risikomanagement der Banken (MaRisk). Sie regelt die Berichts- und Informationspflichten zwischen dem von der BAIT vorausgesetzten Informationssicherheitsbeauftragten und den Bankvorständen. Die BAIT gibt Vorgaben zur **Überprüfung** von Sicherheit im **Alltagsbetrieb, Datensicherung** und **Anwendungsentwicklung** eigener Projekte vor sowie zur **Auftragsdatenverarbeitung** durch Dritte. Im Wesentlichen enthält sie Vorgaben zu den Themenkomplexen IT-Strategie, IT-Governance, Informationsrisikomanagement, Informationssicherheitsmanagement, Benutzerberechtigungsmanagement, IT-Projekte, IT-Betrieb und IT-Auslagerungen.

33 Gemäß § 80 Abs. 1 S. 1 WpHG müssen Wertpapierdienstleistungsunternehmen auch die organisatorischen Pflichten aus § 25 a, e KWG einhalten. Im Wesentlichen sind damit Sicherheitsmaßnahmen wie organisatorische und IT-Sicherheitspflichten umfasst.[56] Im Grundsatz kann insoweit auf die obigen Ausführungen zu Finanzinstituten verwiesen werden.

e) VAG, Versicherungsrechtliche Anforderungen an die IT (VAIT), Mindestanforderungen an die Geschäftsordnungen von Versicherungsunternehmen (MaGo)

34 § 26 Abs. 1 S. 1 VAG bestimmt, dass Versicherungsunternehmen über ein **wirksames Risikomanagementsystem** verfügen müssen. Das Risikomanagementsystem muss gut in die Unternehmensstruktur und Entscheidungsprozesse des Unternehmens eingebunden sein und die Informationsbedürfnisse der Geschäftsleitung durch eine angemessene interne Berichterstattung gebührend berücksichtigen. Das Risikomanagementsystem umfasst nicht nur eine Risikostrategie, die sämtliche Risiken des betriebenen Geschäfts weitreichend berücksichtigt. Vielmehr erfordert die Norm auch die Schaffung eines organisatorischen Rahmens, mithilfe dessen Geschäftsabläufe effektiv zu überwachen und kontrollieren ist.[57] Die Risikostrategie muss dabei jederzeit an veränderte Rahmenbedingungen angepasst werden können. Nach dem Proportionalitätsprinzip muss die Umsetzung von internen Steuerungs- und Kontrollpflichten immer unter angemessener **Berücksichtigung der Komplexität des Geschäftsmodells** und den davon ausgehenden **Risiken** geschehen.[58] Die BaFin hat ein Rundschreiben zur Auslegung der

---

53 *Krimphove* BKR 2018, 1 (3).
54 Beck/Samm/Kokemoor/*Reppenthien* KWG § 25 a Rn. 80 a.
55 *Daghles* DB 2018, 2289 (2292 f.).
56 *Söbbing* BKR 2019, 443 (448).
57 Nomos-BR/Laars VAG/*Laars/Both* VAG § 26 Rn. 1.
58 Nomos-BR/Laars VAG/*Laars/Both* VAG § 26 Rn. 1.

Vorschriften über die Geschäftsorganisation hinsichtlich der IT-Infrastruktur veröffentlich, namentlich die versicherungsrechtlichen Anforderungen an die IT (VAIT). Dieses soll einen praxisnahen Rahmen vorgeben vor allem für das IT-Ressourcen Management, für das Informationsrisiko- und IT-Sicherheitsmanagement.[59]

Bei den Mindestanforderungen an die Geschäftsordnungen von Versicherungsunternehmen (**MaGo**) handelt es sich um ein **Anschreiben der BaFin**, welches Hinweise zur Auslegung der Vorschriften über die **Geschäftsorganisation im VAG** gibt. Die MaGo legt die Vorschriften des VAG für die BaFin verbindlich aus, so dass eine konsistente Anwendung der Normen gegenüber allen Unternehmen und Gruppen gewährleistet ist. Geschäftsleiter haben die **Gesamtverantwortung** für ein ordnungsgemäßes und wirksames Risikomanagement und internes **Risikomanagementkontrollsystem**. Sie müssen für die Bildung einer **angemessenen Risikokultur** sorgen, die gelebt und stetig fortentwickelt sowie angepasst wird. Es gilt das Vier-Augen-Prinzip, dh mindestens zwei Personen müssen das Unternehmen leiten und an allen wesentlichen Entscheidungen beteiligt sein, bevor diese umgesetzt werden.

Die **VAIT** konkretisiert das **VAG** und die Mindestanforderungen an die Geschäftsorganisation von Versicherungsunternehmen (**MaGo**) in Bezug auf die IT der Versicherungsunternehmen. Sie zielt darauf ab, der Geschäftsleitung von Unternehmen einen **flexiblen** und **praxisnahen Rahmen** für die **Ausgestaltung der IT** vorzugeben, vor allem hinsichtlich des **Managements von IT-Ressourcen** und des **IT-Risikomanagements**. Inhaltlich enthält die VAIT Anforderungen an die **IT-Strategie** und **IT-Governance**, das **Informationsrisikomanagement**, das **Informationssicherheitsmanagement**, das **Benutzerberechtigungsmanagement**, **IT-Projekte** sowie die Anwendungsentwicklung, den **IT-Betrieb**, die **Ausgliederung** von IT-Dienstleistungen und zu **kritischen Infrastrukturen**.

Versicherer müssen eine aktuelle IT-Strategie haben, die an die Geschäftsstrategie anknüpft. In diesem Zusammenhang sind etablierte Standards, die Schaffung einer IT-Architektur, Aussagen zur IT-Sicherheit und zum Notfallmanagement zu treffen. Die IT-Governance beinhaltet Steuerungsmechanismen für den IT-Betrieb, für dessen Überwachung und Weiterentwicklung. Vertraulichkeit, Integrität, Verfügbarkeit und Authentizität müssen als Schutzziele im Rahmen des Informationsrisikomanagementsystems, bei der Ermittlung des Schutzbedarfs und etwaiger Abweichungen Beachtung finden. Bereits erkannte Risiken müssen angemessen bewertet, überwacht, gesteuert und kommuniziert werden. Versicherer haben die Informationssicherheitsmaßnahmen stets an den aktuellen **Stand der Technik** und die **Bedrohungslage** anzupassen. In dem Zusammenhang ist ein **Informationssicherheitsbeauftragter** einzusetzen, der Sicherheitsrichtlinien definiert, welche stetig anzupassen und zu aktualisieren sind. Es ist ein Benutzerberechtigungsmanagement einzurichten, das sicherstellt, dass den Benutzern eingerichtete Berechtigungen so ausgestaltet sind und genutzt werden, wie es den organisatorischen und fachlichen Vorgaben des Unternehmens entspricht.

f) Art. 24, 25 Abs. 1 DS-GVO iVm Art. 5 Abs. 1 lit. f, 32 DS-GVO

Die Geschäftsleitung muss darauf achten, dass im Unternehmen verschiedene Prozesse und Mittel umgesetzt sind, die auf den **Schutz von personenbezogenen Daten** im Unternehmen abzielen.[60] Im Einzelnen hat die Geschäftsleitung sicherzustellen und stets zu überprüfen, ob im Unternehmen **angemessene technische und organisatorische Maßnahmen** bezüglich des **Schutzes personenbezogener Daten** implementiert sind. Die technischen und organisatorischen Maßnahmen müssen bezwecken und nachweisen können, dass das Unternehmen personenbezogene Daten **datenschutzkonform verarbeitet**. Datenverarbeiter (Verantwortliche und Auf-

---

59 *Daghles* DB 2018, 2289 (2293).
60 Ausführlich zum Verhältnis zwischen Datenschutz und IT-Sicherheit *Jandt* in → § 17 Rn. 10 ff.

tragsverarbeiter) müssen unter Berücksichtigung des **Stands der Technik**, der **Implementierungskosten**, der **Art**, des **Umfangs**, der **Umstände** und der **Zwecke der Verarbeitung** sowie der unterschiedlichen **Eintrittswahrscheinlichkeiten** und **Schwere** des Risikos geeignete technische und organisatorische Maßnahmen treffen, um ein **risikoadäquates Datenschutzniveau** erreichen zu können. Vorstände und Aufsichtsräte müssen Prozesse einführen, um die datenschutzrechtlichen Vorgaben einzuhalten. Dies ist auch hinsichtlich der **Größenordnungen der Bußgelder** geboten, Art. 83 Abs. 5 DS-GVO.[61]

39 Art. 24 DS-GVO ist eine „**Generalnorm der Verantwortungszuweisung**".[62] Die Norm nennt keine konkreten Maßnahmen, die zu treffen sind. Die DS-GVO verfolgt einen **risikobasierten Ansatz**. Dem Verantwortlichen sind die Verantwortung und Haftung für die Verarbeitung von personenbezogenen Daten zu übertragen. Er muss nach Art. 24 Abs. 1 S. 1 DS-GVO geeignete technische und organisatorische Maßnahmen umsetzen, um sicherzustellen, personenbezogene Daten rechtmäßig zu verarbeiten. Zudem besteht die Pflicht, Maßnahmen so auszugestalten, dass darüber hinaus der Nachweis über die Anforderungen der Vorschriften der DS-GVO an eine rechtmäßige Verarbeitung erbracht werden kann. Auch sind die Maßnahmen nach Art. 24 Abs. 1 S. 2 DS-GVO erforderlichenfalls zu überprüfen und zu aktualisieren.[63]

40 Unternehmen sind dazu angehalten, die mit der Datenverarbeitung einhergehenden Risiken zu ermitteln und Maßnahmen zu treffen, um diese einzudämmen. Art. 32 Abs. 1 DS-GVO[64] nennt als **geeignete technische und organisatorische Mittel**
1. die Pseudonymisierung und Verschlüsselung personenbezogener Daten,
2. die Fähigkeit, Vertraulichkeit, Integrität, Verfügbarkeit und Belastbarkeit der Systeme und Dienste im Zusammenhang mit der Verarbeitung auf Dauer sicherzustellen,
3. die Fähigkeit, die Verfügbarkeit der personenbezogenen Daten und den Zugang zu ihnen bei einem physischen oder technischen Zwischenfall rasch wiederherzustellen
4. sowie ein Verfahren zur regelmäßigen Überprüfung, Bewertung und Evaluierung der Wirksamkeit der technischen und organisatorischen Maßnahmen zur Gewährleistung der Verarbeitungssicherheit.

41 Die Geschäftsleitung muss außerdem Konzepte zu „**privacy by design**" und „**privacy by default**" implementieren, siehe Art. 25 DS-GVO. „**Privacy by design**" (Datenschutz durch Technikgestaltung) erfordert von der Geschäftsleitung die Einführung von angemessenen technischen und organisatorischen Maßnahmen. Zudem sind Verfahren zu implementieren, die die Einhaltung der datenschutzrechtlichen Vorgaben der DS-GVO gewährleisten, **Art. 25 Abs. 1 DS-GVO**.

42 „**Privacy by default**" (Datenschutz durch datenschutzfreundliche Voreinstellungen) meint dagegen, dass bei einem Verarbeitungsverfahren durch entsprechende Voreinstellungen sichergestellt ist, dass nur solche personenbezogenen Daten verarbeitet werden, die für den jeweiligen Zweck erforderlich sind, **Art. 25 Abs. 2 DS-GVO**. Die Geschäftsleitung muss so nach Art. 25 Abs. 2 DS-GVO gewährleisten, dass Datenschutzaspekte bereits im Zeitpunkt der Entwicklung von Produkten und Verfahren hinreichende Berücksichtigung finden.

43 Die Geschäftsleitung muss den ernannten **Datenschutzbeauftragten** gemäß **Art. 38 Abs. 2 DS-GVO** umfassend unterstützen.

---

61 *Daghles* DB 2018, 2289 (2293); *Behling* ZIP 2017, 697 (697).
62 Plath/*Grages*/Plath DS-GVO/BDSG Art. 24 Rn. 2.
63 Plath/*Grages*/Plath DS-GVO/BDSG Art. 24 Rn. 10.
64 Zum Inhalt der Norm näher *Jandt* in → § 17 Rn. 29.

II. Abteilungsleiter/ Compliance Beauftragter

Abteilungsleiter sind **nicht ausdrücklich Adressaten von gesetzlichen IT-Sicherheitsvorgaben.** Für den Aufbau des **Compliance-Bereiches** gibt es auch kein festes Muster.[65] Die verschiedenen Verantwortlichkeiten sind **schriftlich niederzulegen** und **bekanntzugeben.**[66] Mitarbeiter, die im Bereich Compliance tätig sind, müssen **fachlich hinreichend geeignet** sein. Oft verfügen diese Mitarbeiter über ein **fundiertes juristisches Wissen,** zumal erforderlich ist, dass sie sich mit den **einschlägigen Geboten und Verbotsnormen** auskennen. Mitarbeiter im **Bereich Compliance** müssen über eine hohe **Kommunikationsfähigkeit** verfügen, um die Compliance Normen und Vorgaben angemessen vermitteln zu können. Dabei sollten sie über eine Persönlichkeit verfügen, die es ihnen ermöglicht, den anderen Mitarbeitern **Grenzen aufzuzeigen** und **Verstöße zu ahnden.**[67]

Die in der **Compliance** tätigen Abteilungsleiter arbeiten wegen ihrer **Risikomanagementfunktion** stark personenbezogen. Dabei haben sie nicht nur eine **Beratungs-** sondern auch eine **Kontrollfunktion.** Die Geschäftsleitung muss die **Compliance-Befugnisse** ordnungsgemäß **delegieren** und **übertragen.** Der Compliance Beauftragte hat eine entsprechend **gehobene Stellung** im Unternehmen, erhält mehr Budget und ist auf einer höheren Hierarchieebene angesiedelt. Er handelt weitgehend in **Eigenverantwortung.** Voraussetzung dafür ist ein klar umrissener Aufgabenbereich, der in seinen Verantwortungsbereich fällt.[68] Zwischen der Geschäftsleitung und dem Compliance Beauftragten muss ein **reger und angemessener Informationsaustausch** stattfinden. Allerdings verbleiben bei der **Geschäftsleitung grundsätzliche Überwachungspflichten.** Der Compliance Beauftragte ist für den **Aufbau eines Compliance System,** dessen **Entwicklung** und **Unterhaltung** zuständig. Dennoch bleibt die **Letztverantwortung** immer bei der Geschäftsleitung. Im Fall der vertikalen Delegation wandelt sich die **Compliance Verantwortung** der Geschäftsleitung zu einer **Organisations- und Überwachungspflicht** über die Compliance Verantwortlichen oder die mit Compliance Aufgaben betrauten Mitarbeiter.[69] Die **Überwachungspflichten** sind nicht so zu verstehen, dass die Geschäftsleitung noch einmal alle delegierten Aufgaben überprüfen muss. Solange es keine Anhaltspunkte gibt an der Qualifikation des Compliance Beauftragen oder den Compliance Verantwortlichen zu zweifeln und auch keine besonderen Umstände vorliegen, sind Pflichtverletzungen des Mitarbeiters auf nachgeordneten Unternehmensebenen ohne Folgen für den Vorstand.[70]

Der **Compliance Beauftragte** ist im Rahmen seiner **internen Zuständigkeit** verpflichtet, gegen Straftaten im Unternehmen vorzugehen, wenn er davon **Kenntnis** hat. Er ist nicht für die insgesamt straffreie Lebensführung der Mitarbeiter während der Arbeitszeit verantwortlich, sondern nur für **betriebsbezogene Straftaten,** die mit der betrieblichen Tätigkeit des Täters oder der Art des Betriebs in einem Zusammenhang stehen.[71]

III. IT-Sicherheitsbeauftragter

Ein **IT-Sicherheitsbeauftragter** ist ein **Mitarbeiter** oder **externer Experte,** der im Auftrag der Unternehmensleitung für die **IT-Sicherheit zuständig** ist.[72] Gesetzlich vorgeschrieben ist der Einsatz eines IT-Sicherheitsbeauftragten nicht allgemein, jedoch in einigen Fachgesetzen, etwa in **§ 109 Abs. 4 TKG.** Danach müssen die Betreiber eines **öffentlichen Telekommunikations-**

---

[65] *Wiedmann/Greubel* CCZ 2019, 88 (90).
[66] *Sonnenberg* JuS 2017, 917 (919).
[67] *Hastenrath* CB 2017, 325 (327).
[68] *Hastenrath* CB 2017, 325 (326).
[69] *Schockenhoff* NZG 2019, 281 (284).
[70] *Wegland* NZG 2019, 1041 (1042).
[71] Grobys/Panzer-Heemeier/*Mengel* Compliance Rn. 31.
[72] Vgl. *Grützner/Jakob* Compliance von A-Z (IT-Sicherheitsbeauftragter).

netzes oder Erbringer **öffentlich zugänglicher Telekommunikationsdienste** einen **Sicherheitsbeauftragten** benennen. Abgesehen von dieser Norm gibt es **keine allgemeine Pflicht für Unternehmen einen IT-Sicherheitsbeauftragten** einzustellen. Grundsätzlich entstehen bei Unternehmen, die nicht als kritische Infrastruktur einzuordnen sind, bei unzureichenden IT-Sicherheitsvorkehrungen keine erheblichen Gefahren für Rechte Dritter, sondern nur für das Unternehmen selbst.[73] In erster Linie sind Gesellschafter und Aktionäre, Geschäftsführer, Vorstand und Aufsichtsrat von möglichen Schäden betroffen, **§ 43 Abs. 2 GmbHG, §§ 93 Abs. 2, 116 AktG**. Allenfalls kann sich die mittelbare Pflicht, einen IT-Sicherheitsbeauftragten zu bestellen, aus den **allgemeinen Pflichten** der **§ 91 Abs. 2 AktG, § 43 Abs. 1 GmbHG** ergeben, denn die übliche Sorgfalt der Unternehmensführung umfasst auch das **Erkennen** und **Bekämpfen** von IT-Risiken.[74] Bei Bundesbehörden ist die Benennung eines IT-Sicherheitsbeauftragten seit 2007 vorgeschrieben, und auch das BSI empfiehlt Unternehmen die Bestellung eines IT-Sicherheitsbeauftragten. Zumindest in Bereichen, in denen technisch-organisatorische Maßnahmen zur IT-Sicherheit zu ergreifen sind (KRITIS, digitale Dienste), gehört die Benennung eines IT-Sicherheitsbeauftragten heute zum Stand der Technik.

48 **Finanz- und Kreditinstitute (4.18 BAIT)** und **Versicherungsunternehmen (4.28 VAIT)** müssen die Funktion eines **Informationssicherheitsbeauftragten** einrichten. Dieser hat die Verantwortung, alle Belange der Informationssicherheit innerhalb des Instituts und gegenüber Dritten wahrzunehmen. So soll sichergestellt sein, dass die Ziele und Maßnahmen der IT-Strategie sowie der Informationssicherheitsrichtlinien des Instituts intern und gegenüber Dritten transparent sind und deren Einhaltung überprüft und überwacht werden kann.

49 Die Pflichten des Informationssicherheitsbeauftragten sind in 4.18 BAIT und 4.28 VAIT aufgelistet. Der Informationssicherheitsbeauftragte hat die Pflicht, die **Geschäftsleitung** beim **Festlegen** und **Anpassen** der **Informationssicherheitsleitlinien** zu unterstützen und in allen Fragen der **Informationssicherheit** zu **beraten**. Dies umfasst auch Hilfestellungen bei der **Lösung von Zielkonflikten**. Er erstellt **Informationssicherheitsrichtlinien** und ggf. weitere einschlägige Regelungen und kontrolliert deren Einhaltung. Der Informationssicherheitsbeauftragte steuert und koordiniert **Informationssicherheitsprozesse** im Institut. Zudem **überwacht** er diese gegenüber den IT-Dienstleistern und hat das Recht bei allen damit zusammenhängenden Aufgaben mitzuwirken. Der IT-Sicherheitsbeauftragte ist bei der **Erstellung** und **Fortschreibung** eines **Notfallkonzeptes** bezüglich der **IT-Belange** zu beteiligen und initiiert und überwacht die Realisierung von **Informationssicherheitsmaßnahmen**. Er ist bei Projekten mit IT-Relevanz **zu beteiligen** und agiert als **Ansprechpartner** für Fragen der Informationssicherheit innerhalb des Instituts und für Dritte. Der IT-Sicherheitsbeauftragte untersucht **Informationssicherheitsvorfälle** und erstattet der Geschäftsleitung Bericht darüber. Zu seinen Aufgaben gehört zudem, Sensibilisierungs- und Schulungsmaßnahmen zur Informationssicherheit zu initiieren und zu koordinieren. Der Informationssicherheitsbeauftrage hat der Geschäftsleitung regelmäßig, mindestens aber vierteljährlich, über den Status der Informationssicherheit sowie anlassbezogen zu berichten, **4.22 BAIT, 4.32 VAIT**.

50 Die Funktion des **Informationssicherheitsbeauftragten** muss **aufbau- und ablauforganisatorisch** angemessen **unabhängig** ausgestaltet sein, um **mögliche Interessenskonflikte** zu vermeiden. Zwar können Unternehmen, wenn es ihrem Risikoprofil entspricht, die Funktion des Informationssicherheitsbeauftragten mit anderen Funktionen im Unternehmen kombinieren. Um möglicherweise auftretende Interessenkonflikte vermeiden zu können, müssen sie die in 4.19 BAIT, 4.29 VAIT aufgelisteten Maßnahmen beachten.

---

73 Hauschka/Moosmayer/Lösler/*Schmidl* Corporate Compliance § 28 Rn. 251.
74 Hauschka/Moosmayer/Lösler/*Schmidl* Corporate Compliance § 28 Rn. 252.

Institute müssen eine **Funktions- und Stellenbeschreibung** für den Informationssicherheitsbeauftragten erstellen und die erforderliche **Ressourcenausstattung** für seine Funktion festlegen. Zudem hat das Institut dem IT-Sicherheitsbeauftragten ein **Budget** für **Informationssicherheitsschulungen** im Unternehmen und die persönliche Weiterbildung zur Verfügung zu stellen. Der IT-Sicherheitsbeauftragte muss jederzeit die **Gelegenheit zur Berichterstattung** von der Geschäftsleitung bekommen. Die Beschäftigten des Unternehmens sowie der IT-Dienstleister müssen den IT-Sicherheitsbeauftragten sofort und umfassend über alle bekanntgewordenen IT-sicherheitsrelevanten Sachverhalte **unterrichten**, die das Unternehmen betreffen. Die Funktion des Informationssicherheitsbeauftragten ist **aufbau- und ablauforganisatorisch** angemessen von den Bereichen getrennt, die für den Betrieb und die Weiterentwicklung der IT-Systeme zuständig sind. Zudem nimmt der IT-Sicherheitsbeauftragte **keine Aufgaben der internen Revision** wahr.

Grundsätzlich hat jedes Institut die Funktion des Informationssicherheitsbeauftragten **im eigenen Haus vorzuhalten**, 4.20 BAIT, 4.30 VAIT. Sollte die Funktion des Informationssicherheitsbeauftragten ausgegliedert sein, müssen weitergehende Voraussetzungen eingehalten werden.

IV. Datenschutzbeauftragter, Art. 37–39 DS-GVO

Der **Datenschutzbeauftragte** steht im Mittelpunkt der **Compliance-Architektur in Organisationen**.[75] Sobald die Organisation die Voraussetzungen von **Art. 37 Abs. 1 DS-GVO** erfüllt, muss sie einen Datenschutzbeauftragten bestellen. Unter diese Pflicht aus Art. 37 Abs. 1 DS-GVO fallen zum einen **alle Behörden** und **öffentlichen Stellen**, zum anderen **besonders risikobehaftete datenverarbeitende Unternehmen**.[76] Zudem hat der deutsche Gesetzgeber die Möglichkeit der **Öffnungsklausel** in Art. 37 Abs. 4 S. 1 DS-GVO genutzt[77] und in **§ 38 Abs. 1 BDSG** weitere Fälle für die obligatorische Benennung eines Datenschutzbeauftragten geregelt. Nach § 38 Abs. 1 BDSG muss die Organisation einen Datenschutzbeauftragter benennen, wenn idR mindestens **20 Personen** ständig mit der automatisierten Verarbeitung personenbezogener Daten beschäftigt sind.[78] Gemäß **Art. 37 Abs. 4 S. 1 DS-GVO** ist die Benennung eines Datenschutzbeauftragten in allen anderen Fällen freiwillig. Der Datenschutzbeauftragte unterliegt wegen seiner besonderen Stellung der **Verschwiegenheitspflicht** und hat gemäß § 38 Abs. 2 iVm § 6 Abs. 6 BDSG ein **Zeugnisverweigerungsrecht**.[79] Darüber hinaus profitiert er nach § 38 Abs. 2 iVm § 6 Abs. 4 BDSG von einem **besonderen Kündigungsschutz**.[80]

Der **Datenschutzbeauftragte** wird gemäß **Art. 37 Abs. 5 DS-GVO** auf Grundlage seiner **beruflichen Qualifikationen** und seinem **Fachwissen** auf dem Gebiet des Datenschutzrechts und der **Datenschutzpraxis** ausgewählt. Er muss in der Lage sein, die Aufgaben aus Art. 39 DS-GVO zu erfüllen. Der Datenschutzbeauftragte ist gemäß Art. 38 Abs. 1 DS-GVO frühzeitig einzubinden in alle Fragen, die mit dem Schutz personenbezogener Daten zusammenhängen. Es ist über alle datenschutzrechtlich relevanten Vorgänge zu unterrichten und in diese einzubinden.[81] Dabei besitzt der Datenschutzbeauftragte **keine eigene Entscheidungsgewalt** und ist organisatorisch der **Unternehmensleitung** unterstellt,[82] bei der Erfüllung seiner Aufgaben aber nach Art. 38 abs. 3 S. 1 DS-GVO weisungsfrei. Dem Datenschutzbeauftragten kommt ledig-

---

75 *Korch/Chatard* AG 2019, 551 (552).
76 *Kort* ZD 2017, 3 (3); *Korch/Chatard* AG 2019, 551 (553).
77 Siehe dazu auch: *Sörup/Batmann* ZD 2018, 553.
78 Siehe dazu auch: Gola/Heckmann/*Rücker/Dienst* BDSG § 38.
79 Vgl. *Gola* ZD 2019, 383 (385).
80 Vgl. *Gola* ZD 2019, 383 (386).
81 Spindler/Schuster Elektron. Medien/*Voigt* DS-GVO Art. 20 Rn. 13.
82 *Behling* ZIP 2017, 697 (701).

lich eine **Beratungsfunktion** zu, während die Verantwortung bei der Geschäftsleitung als Gesamtorgan verbleibt.[83]

55 Der Datenschutzbeauftragte agiert als eine „interne Kontrollinstanz".[84] Nach **Art. 39 DS-GVO** ist ihm ein zwingender Kernbereich an **Beratungs-, Überwachungs-, Unterrichtungs-,** und **Kooperationsaufgaben** zugewiesen.[85] In **Art. 39 Abs. 1 DS-GVO** sind die **Mindestaufgaben** des Datenschutzbeauftragten aufgezählt. Diese obliegen ihm zwingend und können durch weitere Aufgaben ergänzt werden,[86] solange diese nicht mit seinen gesetzlichen Aufgaben und Pflichten kollidieren (Art. 38 Abs. 6 DS-GVO). Nach Art. 39 Abs. 1 lit. a DS-GVO muss der Datenschutzbeauftragte die Verantwortlichen, Auftragsverarbeiter und Beschäftigte über deren Pflichten aus der DS-GVO **unterrichten**. Der Datenschutzbeauftragte hat umfassende **Überwachungszuständigkeiten** bezüglich der Einhaltung der einschlägigen Datenschutzvorschriften. Die Überwachungspflicht enthält auch die Pflicht, Zuständigkeiten zuzuweisen, Mitarbeiter im Umgang mit Daten zu schulen und zu sensibilisieren und diesbezüglich zu überprüfen, Art. 39 Abs. 1 lit. b DS-GVO. **Datenschutzschulungen** sind somit verpflichtend in Unternehmen durchzuführen, und die Geschäftsleitung muss die Durchführung entsprechender Schulungen sicherstellen.[87] Dabei sind regelmäßige **Kontrollen** durch den Datenschutzbeauftragten empfehlenswert.[88] Der Datenschutzbeauftragte ist an der **Datenschutzfolgenabschätzung** beteiligt. In diesem Zusammenhang hat er eine **beratende Tätigkeit** auszuüben, Art. 39 Abs. 1 lit. c DS-GVO. Dazu kooperiert der Datenschutzbeauftragte mit der **Aufsichtsbehörde**, Art. 39 Abs. 1 lit. d DS-GVO und ist für diese eine Anlaufstelle Art. 39 Abs. 1 lit. e DS-GVO.

56 Zur Erfüllung seiner Aufgaben muss die Organisation dem Datenschutzbeauftragten Hilfspersonal, Räume, Einrichtungen, Geräte und Mittel in dem Maße zur Verfügung stellen, dass der Datenschutzbeauftragte seinen Aufgaben nachkommen kann.[89] Zudem hat sie dem Datenschutzbeauftragten alle für ihn erforderlichen **Informationen frei zugänglich zu machen** und ihm **Zugang** zu allen **Fachabteilungen** verschaffen, bspw. zu Personal-, Rechts-, IT- und/oder der Sicherheitsabteilung. Die Geschäftsleitung muss den Datenschutzbeauftragten regelmäßig zu **Managersitzungen** einladen (er berichtet nach Art. 38 Abs. 3 S. 3 DS-GVO unmittelbar der höchsten Ebene) und innerhalb sowie außerhalb der Organisation den Datenschutzbeauftragten **bekanntmachen**, damit dieser in seiner Funktion ansprechbar ist. Dem Datenschutzbeauftragten ist die Möglichkeit einzuräumen, sich auf Kosten des Unternehmens **fort- und weiterbilden** zu können, um stets auf dem aktuellen Wissensstand zu sein. Schließlich ist der Datenschutzbeauftragte bei seiner Tätigkeit weisungsfrei und genießt besonderen Schutz gegen Abberufung und Benachteiligung (Art. 38 Abs. 3 S. 1 und 2 DS-GVO).

V. Pflichten der Mitarbeiter

57 IT-sicherheitsrechtliche Themen haben eine zunehmende Bedeutung für Unternehmen. Dabei trägt die **Geschäftsleitung** allein die **Verantwortung** für eine **ordnungsgemäße Geschäftsorganisation**. An diese Pflicht ist konsequenterweise auch das Erfordernis geknüpft, diese **Verhaltensanforderungen** in Form von **Richtlinien** und **Weisungen** an die Mitarbeiter weiterzutragen. Zwar sind die Mitarbeiter nicht die originären Adressaten der unternehmensbezogenen IT-

---

83 *Behling* ZIP 2017, 697 (699).
84 *Korch/Chatard* AG 2019, 551 (554).
85 Siehe auch: *Baumgartner/Hansch* ZD 2019, 99 (99 f.); *Korch/Chatard* AG 2019, 551 (554).
86 Paal/Pauly/*Paal* DS-GVO Art. 39 Rn. 4.
87 *Behling* ZIP 2017, 697 (700).
88 *Kramer* DSB 2017, 126 (126).
89 *Behling* ZIP 2017, 697 (700).

sicherheitsrechtlichen Vorgaben. Dennoch müssen sie sich an von der Geschäftsleitung vorgegebene IT-sicherheitsrechtliche Anforderungen halten.[90]

Zahlreiche **Gefährdungen** für die IT-Sicherheit gehen vom **unbewussten Fehlverhalten** der eigenen Mitarbeiter aus. Daher ist die IT-Sicherheit ein **zentraler Bestandteil** des IT-Sicherheitskonzepts von Organisationen und Unternehmen. Gesetzlich gibt es **keine ausdrücklichen und speziellen IT-sicherheitsrechtlichen Handlungspflichten für Arbeitnehmer**. Aus der arbeitsvertraglichen **Treuepflicht** des Arbeitnehmers gegenüber seinem Arbeitgeber und aus **arbeitsvertraglichen Nebenpflichten** kann man die Pflicht zur Wahrung der **IT-Sicherheit** konstruieren. Die vertraglichen Treue- und Nebenpflichten treffen den Arbeitnehmer unabhängig von seiner Funktion und der Stellung in der betrieblichen Organisation.[91] Zudem trifft den Arbeitnehmer die Pflicht, den Arbeitgeber nicht durch ein von ihm steuerbares Verhalten zu schädigen.

Das Ziel, die **optimale IT-Sicherheit** in einer **Organisation** zu erreichen, ist sehr abstrakt. Daher erfordert ein **effektives IT-Sicherheitsgesamtkonzept** unternehmensspezifische Entscheidungen. Entsprechende Konkretisierungen erfolgen idR durch **IT-sicherheitsrechtliche Richtlinien** oder **Weisungen**, zu deren Einhaltung sich Arbeitnehmer oft schon bei Vertragsabschluss verpflichten. IT-Sicherheitsrichtlinien enthalten üblicherweise Regelungen zur **privaten Internet- und E-Mail Nutzung**, zur **Archivierung privater E-Mails**, zu **Vergabe** und **Umgang** mit **Passwörtern**, zum **Download** von **Programmen** und zum **Installieren** von **Software**.

Wenn der Arbeitnehmer gegen **IT-sicherheitsrechtliche Vorgaben** des Arbeitgebers verstößt, hat dieser **entsprechende Reaktionsmöglichkeiten**. Angefangen von **Verwarnungen** und **Ermahnungen** kann der Arbeitgeber den Arbeitnehmer **abmahnen** und bei schwerwiegenden Verstößen auch eine **ordentliche verhaltensbedingte** sowie eine **außerordentlich verhaltensbedingte Kündigung** aussprechen. Die außerordentliche Kündigung ist dabei **nur möglich**, wenn die Pflichtverletzung die Schwelle zum **strafrechtlich relevanten Verhalten** erreicht oder dazu führt, dass das **Vertrauensverhältnis** zwischen den Parteien **irreversibel und vollständig zerrüttet** ist.[92]

C. Typische Konfliktlinien

Die Erhöhung von IT-sicherheitsrechtlichen Anforderungen und der Sanktions- und Haftungsrisiken bei Verstößen führen in der Praxis häufig zu **Konflikten mit dem Datenschutzrecht**.[93] Um effektiv IT-sicherheitsrechtliche Gefahren erkennen, abwehren und verfolgen zu können, müssen idR zahlreiche personenbezogene Daten von Kunden, Nutzern oder Beschäftigten verarbeitet werden, etwa durch die Erstellung von Log-Files oder Threat Monitoring.[94] Organisationen müssen ua personenbezogene Protokollierungen anfertigen, um die Anforderungen an die Datenschutzkontrolle, Datensicherung oder Sicherstellung eines ordnungsgemäßen Betriebs der Datenverarbeitungssysteme einzuhalten.[95] Diese Vorgänge sind aus unternehmerischer Sicht oftmals zur Risikoerkennung, Gefahrenabwehr oder Wiederherstellung erforderlich, müssen sich aber zugleich im Rahmen des geltenden Datenschutzrechts bewegen.

Aufgrund der Befürchtung, lediglich unzureichende IT-Sicherheitsmaßnahmen zu ergreifen, tendieren Unternehmen dazu, das **Ziel** der Herstellung und Wahrung der IT-Sicherheit so stark in den Vordergrund zu stellen, dass sie es „übererfüllen". Problematisch wird diese Ein-

---

90 Siehe dazu auch: *Trappehl/Schmidl* NZA 2009, 985 (990).
91 Vgl. *Trappehl/Schmidl* NZA 2009, 985 (987).
92 *Trappehl/Schmidl* NZA 2009, 985 (987).
93 Sassenberg/Faber/*Mantz/Spittka* Teil 2 E Rn. 170; s. auch → § 21 Rn. 118 ff.
94 Sassenberg/Faber/*Mantz/Spittka* Teil 2 E Rn. 170.
95 Siehe dazu auch: *Piltz* NVwZ 2018, 696; zum Network Security Monitoring: *Haas/Kast* ZD 2015, 72.

stellung zur IT-Sicherheit dann, wenn sich das Unternehmen nur noch auf das Ziel der Erreichung der maximalen IT-Sicherheit fokussiert und verkennt, dass **Verletzungen von Rechten Dritter** drohen, die dann zu „**Kollateralschäden**" führen können.[96] Die Übererfüllung von IT-sicherheitsrechtlichen Vorgaben ist begünstigt durch die rasante technische Entwicklung. So ist es etwa **einfach** und ohne großen finanziellen Aufwand möglich, verschiedene Bereiche im Unternehmen durch Videoaufnahmen **ständig zu überwachen**. Zudem kann auch das **Online-Verhalten** von Mitarbeitern durch Software **lückenlos nachvollzogen** werden. Der Gesetzgeber verlangt jedoch nicht IT-Sicherheit um jeden Preis. Vielmehr sind bei allen Sicherheitsmaßnahmen die **Sicherheitsinteressen des Unternehmens** gegen die **Individualinteressen** des **betroffenen Arbeitnehmers** oder **Kunden** abzuwiegen. Die Grenzen für **Compliance Maßnahmen** sind jedenfalls **das allgemeine Persönlichkeitsrecht** der betroffenen Personen.[97]

63 Der EuGH hat in seiner **Breyer Entscheidung**[98] festgestellt, dass die **Verarbeitung personenbezogener Daten** für die **Zwecke der IT-Sicherheit** und die Erkennung und Abwehr von DDoS-Angriffen der Abwägung nach **Art. 7 lit. f DS-RL** standhalten kann. Auch nach **Erwägungsgrund 49 der DS-GVO** sind die **Gewährleistung der IT-Sicherheit** und insbesondere die **Abwehr von Eingriffen** in die Verfügbarkeit, Authentizität, Vollständigkeit und Vertraulichkeit der gespeicherten und übermittelten Daten ein **berechtigtes Interesse** für die **Datenverarbeitung** nach **Art. 6 Abs. 1 Abs. 1 lit. f DS-GVO**. Dieser ist ein **Rechtfertigungstatbestand** für die Verarbeitung personenbezogener Daten und neben § 26 BDSG anwendbar, der in Ausfüllung der Öffnungsklausel des Art. 88 DS-GVO ergangen ist und an sich die Verarbeitung von personenbezogenen Daten von Beschäftigen speziell regelt.[99]

64 Nach Erwägungsgrund 49 der DS-GVO ist die Datenverarbeitung zum Zweck der IT-Sicherheit allerdings auf das unbedingt notwendige und verhältnismäßige Maß zu beschränken.[100] Dabei sind immer auch die **Grundsätze** der **Erforderlichkeit** und der **Verhältnismäßigkeit** zu beachten.[101] Soweit es um die Verarbeitung personenbezogener Daten von Beschäftigten geht, wird es sich in vielen Fällen anbieten, die Zulässigkeit der Verarbeitung zu Zwecken der IT-Sicherheit in einer Betriebsvereinbarung zu regeln, zumal die Verarbeitung ohnehin regelmäßig nach § 87 Abs. 1 Nr. 6 BetrVG mitbestimmungspflichtig sein wird.

D. Besonderheiten bei Unternehmen, die dem BSIG unterliegen

65 Die Betreiber kritischer Infrastrukturen müssen sich beim BSI registrieren, Kontaktstellen benennen und Sicherheitsvorfälle melden (→ Rn. 14 ff.). Alle zwei Jahre müssen sie darüber hinaus nachweisen, dass sie angemessene organisatorische und technische Vorkehrungen getroffen haben, um bestimmte Störungen ihrer informationstechnischen Systeme verhindern zu können, § 8a Abs. 3 S. 1 BSIG. Für die Betreiber kritischer Infrastrukturen kann dies am besten durch die Implementierung eines Informationssicherheitsmanagementsystems gelingen, das sodann nach § 8a Abs. 3 S. 2 BSIG auditiert, geprüft oder zertifiziert wird. Das BSI ist berechtigt, die Einhaltung der einschlägigen Pflichten durch die Unternehmen zu prüfen und kann bei Pflichtverletzungen nach § 14 BSIG erhebliche Bußgelder verhängen.

---

96 Hauschka/Moosmayer/Lösler/*Schmidl*, Corporate Compliance § 28 Rn. 252.
97 *Maschmann* NZA-Beil. 2012, 50 (50 f.).
98 EuGH 19.10.2016 – C-582/14, NJW 2016, 3579 (3580) – Breyer; siehe auch: *Nink* CR 2016, 791.
99 In diese Richtung auch Gola/Heckmann/*Gola* BDSG § 26 Rn. 18 und Paal/Pauly/*Gräber/Nolden* BDSG § 26 Rn. 5–12, die für „beschäftigungsfremde Zwecke" den Rückgriff auf die DS-GVO zulassen.
100 Vgl. Sassenberg/Faber/*Mantz/Spittka* Teil 2 E Rn. 170.
101 *Nink* CR 2016, 791 (795); Haas/Kast ZD 2015, 72 (74).

Zu erwähnen ist, dass in dem so genannten „IT-Sicherheitsgesetz 2.0", welches sich derzeit[102] noch im Stadium des Referentenentwurfes befindet, noch einige weitere Verschärfungen und Detaillierungen der Gesetzeslage vorgesehen sind, welche auch die IT-Sicherheit in Organisationen betreffen. So dürfen KRITIS-Betreiber nach dem „IT-Sicherheitsgesetz 2.0" **KRITIS-Kernkompetenzen** nur von Herstellern beziehen, die vorher eine Erklärung über ihre **Vertrauenswürdigkeit** gegenüber dem Betreiber abgegeben haben. KRITIS-Kernkomponenten sind **IT-Produkte**, die **zum Betrieb von kritischen Infrastrukturen** im Sinne des BSIG dienen und für diesen Zweck besonders entwickelt oder geändert wurden.

E. Best Practices in Organisationen im Hinblick auf IT

„Best Practice" ist ein Synonym für **Erfolgsmethode** oder **Erfolgsmodell** und bezeichnet **bewährte** und **empfohlene Methoden, Praktiken** oder **Vorgehensweisen**. Gerade im Bereich der IT-Sicherheit kommt den Best Practices eine **große Bedeutung** zu, denn IT-Sicherheit lässt sich durch **organisatorische und technische Maßnahmen** deutlich erhöhen.

Eine Best Practice für Organisationen ist, dass diese eine **genaue Bestandsaufnahme ihrer Softwareressourcen** durchführen und mit **Software Asset Management Tools** umfassende Daten ihrer Hardware und Software sammeln sollen. Sie können so **Transparenz** und **Kontrolle** über den **gesamten IT-Bereich** herstellen, ihre **Angriffsfläche verringern** und das **Sicherheitsrisiko** von Softwareschwachstellen **reduzieren**. Zudem sollten sie sich einen Überblick über die Nutzung von **Open Source Software** verschaffen. Open Source Software ist ein **erheblicher** und **oft unterschätzter Risikofaktor**.[103] Daher sollten Organisationen die Nutzung von Open Source Software und Komponenten von Drittanbietern genau verfolgen. Organisationen haben ihre **Sicherheitsschwachstellen ausfindig** zu machen, ohne dabei die internen Abläufe bspw. der Produktion unnötig zu stören. Es empfiehlt sich, dass Organisationen ihre Sicherheit mit einem **Vulnerability Intelligence Management** verbessern. **Vulnerability Intelligence** ermöglicht eine **effiziente Sicherheitsstrategie** und informiert Unternehmen fortlaufend über **Software Schwachstellen**. Organisationen sollten die aufgespürten Software Schwachstellen **analysieren**, Sicherheitslücken nach ihrer **Kritikalität priorisieren** und wenn möglich **beheben** sowie generell **lokale Administrationsrechte einschränken**. Darüber hinaus ist der Einsatz von **Endpoint Protection Software** als eine **schnell umsetzbare** und **effiziente Maßnahme** ratsam.[104]

Die BAIT (→ Rn. 28, 32, 49 ff.) und die VAIT (→ Rn. 34 ff., 49 ff.) umschreiben als Best Practices Vorgaben für Banken und Versicherungsunternehmen an die IT-Strategie, IT-Governance, Informationsrisikomanagement, Informationssicherheitsmanagement, Berechtigungsmanagement, IT-Projekte sowie Auslagerung und Fremdbezug von IT.

I. IT-Strategie

Die IT-Strategie definiert Ziele und Handlungsfelder für den Einsatz von IT. Dabei definiert sie Grundsätze der IT-Strategie, nennt strategische Ziele und beschreibt zentrale Handlungsfelder, um diese zu erreichen.[105]

Die **VAIT** und die **BAIT** enthalten spezielle **Anforderungen an die IT-Strategie**, 1.1 BAIT, 1.1 VAIT. So muss die Geschäftsleitung eine mit der **Geschäftsstrategie konsistente IT-Strategie** festlegen, in der **Ziele** und **Maßnahmen** zu ihrer Erreichung dargestellt sind. Die Geschäftslei-

---

102 Stand: 31.3.2020. Ob die Regelungen des Referentenentwurfes tatsächlich in der vorgeschlagenen Form umgesetzt werden, war bei Redaktionsschluss dieses Buches im Frühjahr 2020 nicht absehbar.
103 Zur Haftung der Anbieter derartiger Software *Spindler* in → § 11 Rn. 77 ff.
104 Siehe auch https://www.itsicherheit-online.com/blog/detail/sCategory/222/blogArticle/2938.
105 Siehe dazu etwa die IT-Strategie der Bundesverwaltung: https://www.cio.bund.de/SharedDocs/Publikationen/DE/Strategische-Themen/it_strategie_der_bundesverwaltung_download.pdf?__blob=publicationFile.

tung hat die IT-Strategie regelmäßig und anlassbezogen zu **überprüfen** und gegebenenfalls auch **anzupassen**. Dabei ist der **Detaillierungsgrad** der IT-Strategie abhängig vom **Risikoprofil des Unternehmens**. Mindestinhalte sind Vorgaben **zum Bezug von IT**, eine Zuordnung der **gängigen Standards** auf die Bereiche der IT, die Festlegung von **Zuständigkeiten** und der **Einbindung** der Informationssicherheit in die Organisation, die strategische Entwicklung einer **IT-Architektur**, Aussagen zum **Notfallmanagement** sowie zu **selbstbetriebenen** und **selbstentwickelten IT-Systemen**. Die Ziele der IT-Strategie sind dabei so zu formulieren, dass ihre Erreichung sinnvoll überprüfbar ist. Zudem sind Inhalte und Änderungen der IT-Strategie im Unternehmen auf geeignete Art zu kommunizieren.

II. IT-Governance

72 IT-Governance ist die **Struktur zur Steuerung** sowie **Überwachung** des **Betriebs** und der **Weiterentwicklung der IT-Systeme** einschließlich der dazugehörigen IT-Prozesse auf Basis der IT-Strategie. Die Geschäftsleitung ist dafür verantwortlich, dass auf **Basis der IT-Strategie** die Regelungen zu IT-Aufbauorganisation und IT-Ablauforganisation festgelegt sind und bei Veränderungen der Aktivitäten und Prozesse zeitnah angepasst werden.

73 IT-Governance umfasst **die Führung, Organisationsstrukturen** und **Prozesse**, um mithilfe von **Informationstechnik** die **Unternehmensstrategie** und **Unternehmensziele** erreichen zu können. Sie zielt darauf ab, ein Verständnis für die Bedeutung und Wichtigkeit der IT zu schaffen. Die Verantwortlichen für die IT sollen die Ziele des Managements kennen. IT-Governance schafft die Struktur und Voraussetzungen, die es dem IT-Bereich ermöglicht, die IT-Strategie zu erfüllen. Letztendlich sorgt die **IT-Governance** für die **Steigerung des Unternehmenserfolgs** bei gleichzeitiger **Minimierung** der durch die IT entstehenden **Risiken**.

III. Informationsrisikomanagement

74 Das Unternehmen hat im Rahmen des **Informationsrisikomanagements** seinen **Schutzbedarf** zu **ermitteln**. Es hat **zukünftige Maßnahmen** festzulegen, die mit den bereits wirksam umgesetzten Maßnahmen verglichen werden. Ziel sind
- die Transparenz der Risikosituation herzustellen,
- das verbleibende Risiko zu ermitteln und
- das IT-Risikobewusstsein zu schärfen.

75 Zudem muss das Unternehmen die mit dem Informationsrisikomanagement verbundene Aufgaben, Kompetenzen, Verantwortlichkeiten, Kontrollen und Kommunikationswege definieren und aufeinander abstimmen. Dafür sind angemessene Überwachungs- und Steuerungsprozesse einzurichten.

IV. Informationssicherheitsmanagement

76 Das **Informationssicherheitsmanagement** definiert **Soll-Anforderungen** sowie **Prozesse** der **Informationssicherheit** und sorgt für deren Umsetzung. Es ist ein **fortlaufender Prozess**, der verschiedene Phasen umfasst, angefangen bei der **Planung** und **Umsetzung** zu **Erfolgskontrollen** bis hin zur **Optimierung** und **Verbesserung**.

77 Die **Geschäftsleitung** hat anhand der **festgestellten Risikosituation** eine **Informationssicherheitsleitlinie** zu beschließen und muss diese intern veröffentlichen. Die Informationssicherheitsrichtlinie konkretisiert den im Rahmen des **Informationsrisikomanagements** definierten Schutzbedarf. Es ist Aufgabe des **Informationssicherheitsbeauftragten** (→ Rn. 49 ff.), für die Einhaltung und Überwachung der Informationssicherheit innerhalb der Organisation und gegenüber Dritten zu sorgen. Der **Informationssicherheitsbeauftragte** ist **organisatorisch** und

prozessual unabhängig. Die Bewertung der Informationssicherheit kann so frei von **Interessenkonflikten** erfolgen. Ziel ist die **Stärkung des IT-Risikobewusstseins** der Geschäftsleitung und aller Beschäftigten der Organisation.

V. Benutzerberechtigungsmanagement

Das **Benutzerberechtigungsmanagement** stellt sicher, dass den Benutzern eingeräumte Berechtigungen in ihrer **Ausgestaltung** und **Nutzung** den **organisatorischen** und **fachlichen Vorgaben** der Organisation entsprechen. Das Berechtigungskonzept ist im Rahmen des Berechtigungsmanagements schriftlich festzulegen, wobei das „Need-to-Know"-Prinzip angewendet wird. Dieses Prinzip besagt, dass nur die Berechtigungen einzurichten sind, die für die Erfüllung der konkreten Aufgabe erforderlich sind. Das soll zu einer Verbesserung des IT-Risikobewusstseins beitragen. 78

VI. IT-Projekte, Anwendungsentwicklung

IT-Projekte sind angemessen **zu steuern und zu überwachen**. Dabei ist der Geschäftsleitung regelmäßig über **wesentliche IT-Projekte** und IT-Projektrisiken zu **berichten**. Gerade die Risiken bezüglich **Dauer, Ressourcenverbrauch** und **Qualität** sind besonders zu berücksichtigen bei der **Steuerung** und **Überwachung von IT-Projekten**. Die Geschäftsleitung muss eine **Gesamtübersicht der IT-Projektrisiken** erstellen und auch die Risiken beachten, die sich aus der Abhängigkeit verschiedener Projekte untereinander ergeben. Bei der **Anwendungsentwicklung** sind bereits Vorkehrungen zu treffen, die die **Vertraulichkeit, Integrität, Verfügbarkeit** und **Authentizität** der verarbeitenden Daten sicherstellen. Das soll das Risiko von versehentlichen Änderungen oder absichtlichen Manipulationen der Anwendung reduzieren. 79

VII. IT-Betrieb

Der **IT-Betrieb** sorgt für die **Erfüllung der Anforderungen**, die sich aus der Umsetzung der **Geschäftsstrategie** und den **IT-unterstützten Geschäftsprozessen** ergeben. Dabei sind die Komponenten der IT-Systeme sowie deren Beziehungen zueinander in geeigneter Weise zu verwalten. Die dazu erfassten Bestandsangaben sind regelmäßig und **anlassbezogen** zu aktualisieren. Für die Anwendungsentwicklung müssen angemessene Prozesse festgelegt sein. Diese enthalten ua Vorgaben zum **Entwicklungsziel**, zur **technischen Umsetzung** sowie zu **Test, Abnahme** und **Freigabe**. Neuentwicklungen oder veränderte Anwendungen müssen unter diversen **Stressbelastungsszenarien** getestet werden. Der für die Anwendung zuständige Fachbereich ist dabei verantwortlich für die Durchführung der **fachlichen Abnahmetests**. Darüber hinaus sind die Testaktivitäten und Testergebnisse zu **dokumentieren**. 80

VIII. Auslagerung und sonstiger Fremdbezug von IT-Dienstleistungen

IT-Dienstleistungen umfassen alle Ausprägungen des Bezugs von IT. Insbesondere zählen dazu die **Bereitstellung von IT-Systemen, Projekte, Gewerke oder Personalgestellungen**. Bei der Ausgliederung von IT-Dienstleistungen ist vorab eine **Risikoanalyse** durchzuführen und es sind die für die Auslagerung geltenden Anforderungen zu erfüllen. Die Verträge über den sonstigen Fremdbezug von IT-Dienstleistungen sind strategisch analog zu den IT-Auslagerungsverträgen zu steuern. Für jeden sonstigen Fremdbezug von IT-Dienstleistungen ist eine Risikobewertung durchzuführen. Außerdem müssen Risikobewertungen für jeden Fremdbezug von IT-Dienstleistungen durchgeführt werden. 81

IX. BAIT und VAIT als Best-Practic für andere Unternehmen

82 In BAIT (→ Rn. 28, → Rn. 32, → Rn. 49 ff.) und VAIT (→ Rn. 34 ff., → Rn. 49 ff.) ist eine ausführliche, umfassende, übersichtliche und konsistente Beschreibung von Anforderungen an IT-Systeme, IT-Prozesse und IT-Sicherheit in Deutschland erfolgt. Auch wenn die Regelung für Unternehmen außerhalb des Banken- und Versicherungsumfelds nicht direkt anwendbar sind, so können ihre Inhalte als Best Practices doch auch für andere Unternehmen als Leitlinie dienen. Daneben ist der das IT-Grundschutz-Kompendium des BSI von Bedeutung, um es Organisationen zu ermöglichen, IT-Sicherheit umfassend umzusetzen.

§ 17 IT-Sicherheit als Mittel und als Bedrohung des Datenschutzes

Literatur: *Auer-Reinsdorff/Conrad*, Handbuch IT- und Datenschutzrecht, 3. Aufl. 2019; *Bedner/Ackermann*, Schutzziele der IT-Sicherheit, DuD 2010, 323; *Bieker*, Die Risikoanalyse nach dem neuen EU-Datenschutzrecht und dem Standard-Datenschutzmodell, DuD 2018, 27; *von Bremen*, IT-Sicherheitsrecht in der Energiewirtschaft, EWeRK 2020, 29; *Dustar/Gall/Hauswirth*, Software-Architekturen für Verteilte Systeme – Prinzipien, Bausteine und Standardarchitekturen für moderne Software, 2003; *Hauschka/Moosmayer/Lösler*, Corporate Compliance, 3. Aufl. 2016; *Heidrich/Wegener*, Rechtliche und technische Anforderungen an die Protokollierung von IT-Daten – Problemfall Logging, MMR 2015, 487; *Hoeren/Sieber/Holznagel* (Hrsg.), Handbuch Multimedia-Recht – Rechtsfragen des elektronischen Rechtsverkehrs, 50. EL, Okt. 2019; *Hornung/Schindler/Schneider*, Die Europäisierung des strafverfahrensrechtlichen Datenschutzes. Zum Anwendungsbereich der neuen Datenschutz-Richtlinie für Polizei und Justiz, Zeitschrift für Internationale Strafrechtsdogmatik 2018, 566; *Isensee/Kirchhof*, Handbuch des Staatsrechts der Bundesrepublik Deutschland, Band IV: Aufgaben des Staates, 3. Aufl. 2006; *Jandt/Steidle* (Hrsg.), Datenschutz im Internet – Rechtshandbuch zu DS-GVO und BDSG, 2018; *Kloepfer*, Technik und Recht im wechselseitigem Werden, 2002; *Kühling/Martini/Heberlein/Kühl/Nink/Weinzierl/Wenzel*, Die Datenschutz-Grundverordnung und das nationale Recht: Erste Überlegungen zum innerstaatlichen Regelungsbedarf, 2016; *v. Lewinski*, Datenschutzaufsicht in Europa als Netzwerk, NVwZ 2017, 1483; *Roßnagel* (Hrsg.), Das neue Datenschutzrecht, 2018; *Roßnagel* (Hrsg.), Beck'scher Kommentar zum Recht der Telemediendienste, 2013; *Roßnagel*, Evaluierung des TDDSG, DuD 1999, 250; *Roßnagel/Pfitzmann/Garstka*, Modernisierung des Datenschutzrechts, Gutachten im Auftrag des Bundesministeriums des Inneren, 2001; *Rost/Pfitzmann*, Datenschutz-Schutzziele – revisited, DuD 2009, 353; *Schmidl*, Aspekte des Rechts der IT-Sicherheit, NJW 2010, 476; *Schulte/Schröder* (Hrsg.), Handbuch des Technikrechts, 2. Aufl., 2011; *Simitis/Hornung/Spiecker gen. Döhmann*, Datenschutzrecht – DS-GVO mit BDSG, 2019; *Spiecker gen. Döhmann/Bretthauer*, Dokumentation zum Datenschutz mit Informationsfreiheitsrecht, Loseblattsammlung 2019; *Spindler*, IT-Sicherheit – Rechtliche Defizite und rechtspolitische Alternativen, MMR 2008, 7; *Veil*, DS-GVO: Risikobasierter Ansatz statt rigides Verbotsprinzip – Eine erste Bestandsaufnahme, ZD 2015, 347.

A.	IT-Sicherheit und Datenschutz	1	4. Risikoorientierter Ansatz	24
B.	Rechtliche Grundlagen	6	5. Verletzung der Sicherheit	29
	I. Maßgebliche Gesetze	7	6. Schutzziele	33
	II. Unterschiede und Parallelen zwischen IT-Sicherheits- und Datenschutzrecht	12	C. Ambivalenz von IT-Sicherheit und Datenschutz	45
	1. Technikrecht	13	I. Zielkonflikte zwischen Datenschutz und IT-Sicherheit	48
	2. Zielsetzung der rechtlichen Vorgaben	15	II. Datenschutzrechtliche Zulässigkeit von Maßnahmen der IT-Sicherheit	54
	3. Personenbezogene Daten versus Informationen	22	D. Fazit	64

A. IT-Sicherheit und Datenschutz

IT-Sicherheit und Datenschutz werden häufig in einem Atemzug miteinander genannt. Meist erfolgt dies in dem Kontext, dass bei IT-basierten Prozessen, Dienstleistungen und Produkten IT-Sicherheit und Datenschutz – wahlweise auch Datensicherheit – als nicht funktionale Anforderungen zu gewährleisten sind. Das Zusammenziehen dieser beiden nicht funktionalen Anforderungen bildet die Komplexität und Vielschichtigkeit des Verhältnisses von **IT-Sicherheit** und **Datenschutz** allerdings nur sehr unvollständig ab. Um dieses Verhältnis eingehender zu betrachten, ist es zunächst geboten, sich mit den in diesem Kontext üblicherweise bereits seit langem verwendeten Begriffen IT-Sicherheit, **Informationssicherheit**, Datenschutz und **Datensicherheit** auseinanderzusetzen. Durch die europäische Datenschutz-Grundverordnung wird zudem seit dem 25.5.2018 die Formulierung der **Sicherheit der Verarbeitung** neu etabliert, die anschließend ebenfalls einzuordnen sein wird.[1] Die vier genannten, ursprünglich verwendeten Begriffe lassen sich zunächst aufgrund ihrer Herkunft in zwei Begriffspaare IT-Sicherheit und Informationssicherheit sowie Datenschutz und Datensicherheit zusammenfas-

---

1 S. dazu ausführlich → Rn. 30.

sen. Das erste Begriffspaar entstammt ursprünglich der Fachdisziplin Informatik. Das zweite Begriffspaar wird primär im rechtlichen Kontext verwendet.[2]

2 Die **Informationssicherheit** ist im Verhältnis zur IT-Sicherheit übergeordnet und allgemeiner gefasst. Informationssicherheit bezeichnet alle Eigenschaften von informationsverarbeitenden und -lagernden technischen und nicht-technischen Systemen, durch die die Schutzziele Vertraulichkeit, Verfügbarkeit und Integrität von Informationen sichergestellt werden.[3] Informationssicherheit dient dem Schutz vor Gefahren und Bedrohungen, indem die Risiken für die Verletzung der genannten Schutzziele minimiert werden, um vor allem wirtschaftliche Schäden zu vermeiden. **IT-Sicherheit**[4] unterscheidet sich von Informationssicherheit dadurch, dass sie sich auf **soziotechnische Systeme** – also IT-Systeme oder Informations- und Telekommunikations-Systeme (ITK-Systeme) – bezieht. Diese Systeme dienen der Verarbeitung von Informationen, für die letztlich die Schutzziele Vertraulichkeit, Verfügbarkeit und Integrität zu gewährleisten sind. Die einzusetzenden technischen und organisatorischen Maßnahmen können sich sowohl auf die Systeme beziehen oder – quasi auf einer tieferen Ebene – unmittelbar auf die Informationen. So können zB Zugriffsschutzmaßnahmen wie eine Nutzerauthentifizierung bezogen auf die Verwendung der Hardware, der Software oder der Dateien eingesetzt werden.

3 **Datenschutz** und **Datensicherheit** dienen im Unterschied zur Informations- und IT-Sicherheit nicht dem Schutz von Informationen und informationstechnischen Systemen, sondern von Daten. Die Datensicherheit geht dabei auf die Einführung von Systemen zur elektronischen Datenverarbeitung – EDV-Systemen – zurück. Im internationalen Kontext werden in Bezug auf IT-Sicherheitssysteme Datensicherheit und IT-Sicherheit regelmäßig synonym verwendet.[5] Teilweise wird die Datensicherheit als vom Datenschutz unabhängige Disziplin betrachtet, durch die weitere rechtliche und wirtschaftliche Vorgaben als funktionale Anforderungen von IT-Systemen umgesetzt werden.[6] Hierzu zählen insbesondere die Eigeninteressen des Betreibers des IT-Systems am Schutz seiner Betriebs- und Geschäftsgeheimnisse sowie die Einhaltung von gesetzlichen oder vertraglichen Geheimhaltungspflichten wie Berufsgeheimnissen insbesondere von Anwälten, Notaren, Steuerberatern und Wirtschaftsprüfern, den Amtsgeheimnissen im öffentlichen Bereich oder auch dem Bankgeheimnis, die regelmäßig auch Interessen Dritter dienen.[7]

4 Werden Datenschutz und Datensicherheit in Zusammenhang gebracht, beziehen sich beide auf den **Schutz personenbezogener Daten**.[8] Deutlich herausgearbeitet wurde dieses Verständnis durch das sogenannte Volkszählungsurteil des Bundesverfassungsgerichts vom 15.12.1983.[9] In dieser das Datenschutzrecht prägenden Entscheidung leitet das Bundesverfas-

---

2 S. nur *Kramer/Meints* in Hoeren/Sieber/Holznagel, Multimedia-Recht, Teil 16.5. Rn. 3 ff. § 109 a TKG weist zwar den Titel Daten- und Informationssicherheit auf, aber im Wortlaut der Vorschrift kommt dieser Begriff nicht vor. Das BSIG verwendet stattdessen den Begriff der Sicherheit in der Informationstechnik, der in § 2 Abs. 2 BSIG legaldefiniert wird.
3 Zur Definition s. *BSI*, IT-Grundschutz – Glossar, abrufbar unter: https://www.bsi.bund.de/DE/Themen/ITGrundschutz/ITGrundschutzKompendium/vorkapitel/Glossar_.html sowie *Hornung/Schallbruch* in → § 1 Rn. 16.
4 Ausführlich zur Definition der IT-Sicherheit *Hornung/Schallbruch* in → § 1 Rn. 13 ff.
5 S. *Kramer/Meints* in Hoeren/Sieber/Holznagel, Multimedia-Recht, Teil 16.5. Rn. 3.
6 *Kramer/Meints* in Hoeren/Sieber/Holznagel, Multimedia-Recht, Teil 16.5. Rn. 7.
7 S. ausführlich zum Verhältnis zwischen Geheimhaltungspflichten und Datenschutzrecht *Jandt* in Roßnagel, Das neue Datenschutzrecht, § 8 Rn. 309 ff.
8 Das erste Datenschutzgesetz in Deutschland war das Hessische Datenschutzgesetz, das am 30.9.1970 verabschiedet worden ist. In diesem wurde nur von „Daten" gesprochen, allerdings war das Verständnis immer schon dahin gehend, dass wie vom ersten Hessischen Datenschutzbeauftragten formuliert „Individualdaten der Bürger" durch das Datenschutzgesetz geschützt werden, s. *Hessischer Datenschutzbeauftragter*, 1. Tätigkeitsbericht vom 31.3.1972, S. 8. Im ersten Bundesdatenschutzgesetz von 1977 war bereits in § 1 festgelegt, dass dieses Gesetz dem Schutz personenbezogener Daten diente. Personenbezogene Daten waren in § 2 Abs. 1 legaldefiniert.
9 BVerfG Urt. v. 15.12.1983 – 1 BvR 209, 269, 362, 420, 440, 484/83, BVerfGE 65, 1.

sungsgericht aus dem allgemeinen Persönlichkeitsrecht gemäß Art. 1 Abs. 1 iVm Art. 2 Abs. 1 GG das **Recht auf informationelle Selbstbestimmung** ab. Dieses umfasst „unter den Bedingungen der modernen Datenverarbeitung" den „Schutz des Einzelnen gegen unbegrenzte Erhebung, Speicherung, Verwendung und Weitergabe seiner persönlichen Daten".[10] Das Grundrecht gewährleistet „die Befugnis des Einzelnen, grundsätzlich selbst über die Preisgabe und Verwendung seiner persönlichen Daten zu bestimmen".[11] Das Datenschutzrecht soll Tendenzen, den Einzelnen zum bloßen Informationsobjekt zu degradieren, auffangen und einschränken, und dadurch das verfassungsrechtlich gewährleistete Recht auf informationelle Selbstbestimmung konkretisieren.[12] Unter Datenschutz ist demnach der Schutz personenbezogener Daten vor missbräuchlicher Verwendung und Datenverarbeitung zu verstehen. Dieser wird vor allem durch normative Vorgaben von Verbots- und Erlaubnisvorschriften, Transparenzpflichten, Betroffenenrechten, Aufsichtsbefugnissen unabhängiger Stellen sowie Haftungs- und Sanktionsvorschriften gewährleistet.

Allerdings ist dieses normative Konzept nicht ausreichend, um Datenschutz umfassend zu gewährleisten. Es setzte sich bereits sehr früh in der Geschichte des Datenschutzrechts die Überzeugung durch, dass Datenschutz nur umfassend unter Einbeziehung der Datensicherheit zu erreichen ist. Datenschutz durch Datensicherheit umfasst alle **technischen und organisatorischen Maßnahmen**, um die Risiken für die informationelle Selbstbestimmung zu vermeiden.[13] Noch einen Schritt weiter geht der Ansatz, **Datenschutz durch Technik** zu gewährleisten.[14] Dies bedeutet, dass Datenschutz unmittelbar in die Technik – gemeint sind Produkte, Dienste und Verfahren – integriert wird,[15] damit durch die Technik bereits faktisch datenschutzwidrige Verarbeitungen verhindert werden. Das Datenschutzrecht soll entsprechend darauf abzielen, Anreize für die Entwicklung datenschutzgerechter und datenschutzfördernder Technik zu bieten.

B. Rechtliche Grundlagen

IT-Sicherheit und Datenschutz werden – mittlerweile – durch rechtliche Vorgaben geprägt. Es gibt einerseits für beide Bereiche spezifische Gesetze. Anderseits finden sich sowohl in den Gesetzen mit Fokus auf die IT-Sicherheit Vorgaben für den Datenschutz als auch umgekehrt in den Datenschutzvorschriften Bezüge zur IT-Sicherheit. Aus der näheren Betrachtung der rechtlichen Vorgaben lassen sich die aus der rechtlichen Perspektive bestehenden Unterschiede und Parallelen im Verhältnis von IT-Sicherheit und Datenschutz herausarbeiten.

I. Maßgebliche Gesetze

Es findet sich wiederholt die Behauptung, es gäbe kein (einheitliches) Recht der IT-Sicherheit.[16] Diese These ist vor allem seit dem Erlass des Gesetzes zur Erhöhung der Sicherheit informationstechnischer Systeme (IT-Sicherheitsgesetz) am 15.7.2015 in Frage zu stellen. Zutreffend bleibt die Aussage, dass es kein unmittelbar anwendbares IT-Sicherheitsgesetz gibt. Denn beim IT-Sicherheitsgesetz handelt es sich um ein mehrere Gesetze – insbesondere das Gesetz über das Bundesamt für Sicherheit in der Informationstechnik (BSIG) – änderndes

---

10 BVerfGE 65, 1 (1).
11 BVerfGE 65, 1 (43).
12 BVerfGE 65, 1 (48).
13 *Roßnagel/Pfitzmann/Garstka* 2001, S. 129.
14 Dies wurde bereits 2001 in einem Gutachten zur Modernisierung des Datenschutzrechts von *Roßnagel/Pfitzmann/Garstka* 2001, S. 35 mwN explizit gefordert und hat seinen Niederschlag nunmehr in Art. 25 DS-GVO gefunden.
15 S. *Roßnagel* DuD 1999, 253 ff.
16 *Spindler* MMR 2008, 9; *Schmidl* NJW 2010, 477; *Conrad* in Auer-Reinsdorff/Conrad, Handbuch IT- und Datenschutzrecht, 2019, Teil F § 33 Rn. 8.

Artikelgesetz. Die Behauptung basiert auf einem sehr weiten Begriffsverständnis des IT-Sicherheitsrechts. Demnach umfasse das IT-Sicherheitsrecht alle rechtlichen Regelungen und Bestimmungen, die sich auf die Sicherheit von Daten im Sinne einer Wahrung der Verfügbarkeit, Vertraulichkeit und Integrität dieser Daten richten.[17] Es werden nicht nur Vorschriften einbezogen, deren Regelungsziel unmittelbar auf die Sicherheit der Informationstechnologie ausgerichtet ist, sondern auch solche, bei denen die Sicherheit der Informationstechnologie Regelungsgegenstand ist oder die eine Regelungswirkung auf die Sicherheit der Informationstechnologie entfalten. Die Vertreter des weiten Verständnisses weisen ebenfalls darauf hin, dass je nachdem, in welchem Kontext die IT-Sicherheit geregelt werde, sie allerdings unterschiedlichen Zielen diene.[18] Als Elemente des Rechts der IT-Sicherheit werden neben dem BSIG-Gesetz die Vorschriften zum Schutz personenbezogener Daten angeführt und insbesondere auf Art. 5 Abs. 1 lit. b und c sowie lit. e und f, Art. 25 und Art. 32 DS-GVO verwiesen.[19] Auch Vorschriften des Strafrechts, Deliktsrechts sowie Polizei- und Ordnungsrechts, die auf die Einhaltung bestimmter IT-Sicherheitsstandards hinwirken, werden als IT-Sicherheitsrecht bezeichnet.

8 Durch dieses sehr weite Verständnis des **IT-Sicherheitsrechts** werden allerdings die wesentlichen Unterschiede zum Datenschutzrecht nahezu vollständig verwischt. Richtig ist zwar, dass auf der technischen und organisatorischen Ebene zahlreiche Maßnahmen der IT-Sicherheit identisch mit Maßnahmen zur Datensicherheit sind. Allerdings geht diese Gleichsetzung bereits auf der nächsten Abstraktionsebene, den Schutzzielen der IT-Sicherheit einerseits und denen der Datensicherheit andererseits (hierzu ausführlich → Rn. 33 ff.), sowie erst recht auf der normativen Ebene fehl. Bei der Abgrenzung des IT-Sicherheitsrechts vom Datenschutzrecht kann die Zielsetzung der jeweiligen gesetzlichen Vorschriften nicht unberücksichtigt bleiben, da sie für das Verständnis und die jeweilige Auslegung der Vorschriften essentiell ist. Einige Anforderungen des Datenschutzrechts können durch die Umsetzung von Maßnahmen der IT-Sicherheit erfüllt werden. Die umgekehrte Aussage, dass bei Umsetzung von Standards der IT-Sicherheit, wie beispielsweise die ISO/EIC-Normen der Internationalen Organisation für Normung (ISO) und der Internationalen elektrotechnischen Kommission (IEC), die entsprechenden DIN-Normen des Deutschen Instituts für Normung oder das vom BSI herausgebene IT-Grundschutz-Kompendium,[20] die Anforderungen des Datenschutzrechts vollumfänglich erfüllt werden, ist aber gerade nicht zutreffend.

9 Es ist daher aus der datenschutzrechtlichen Perspektive geboten, ein enges Begriffsverständnis des IT-Sicherheitsrechts zu verfolgen.[21] Darunter sind nur diejenigen Vorschriften zu verstehen, die unmittelbar auf die Sicherheit informationstechnischer Systeme (IT-Sicherheit) gerichtet sind und den Schutz dieser Systeme im Hinblick auf die Schutzgüter der IT-Sicherheit Verfügbarkeit, Integrität, Vertraulichkeit und Authentizität verbessern, um Gefährdungen der IT-Sicherheit wirksam zu begegnen.[22] Ein besonderer Fokus des IT-Sicherheitsrecht liegt auf IT-Systemen von Infrastrukturen, insbesondere den sogenannten kritischen Infrastrukturen und den Netzen, durch die die IT-Systeme verbunden sind. Entsprechend dieser Zielsetzung

---

17 *Conrad* in Auer-Reinsdorff/Conrad, Handbuch IT- und Datenschutzrecht, 2019, Teil F § 33 Rn. 9.
18 So *Schmidl* NJW 2010, 477. Auch *Conrad* in Auer-Reinsdorff/Conrad, Handbuch IT- und Datenschutzrecht, 2019, Teil F § 33 Rn. 10 verweist auf die „Vielzahl unterschiedlicher Gesetze", in denen die IT-Sicherheit geregelt sei.
19 *Schmidl* NJW 2010, 478; *Conrad* in Auer-Reinsdorff/Conrad, Handbuch IT- und Datenschutzrecht, 2019, Teil F § 33 Rn. 10.
20 Dies ist die aktualisierte und seit dem 1.2.2018 geltende Fassung der IT-Grundschutz-Kataloge, abrufbar unter: https://www.bsi.bund.de/DE/Themen/ITGrundschutz/ITGrundschutzDownloads/itgrundschutzDownloads_node.html.
21 S. zur Differenzierung zwischen IT-Sicherheit und Datenschutz auch → Kap. 7 Rn. 12 f.
22 S. die Gesetzesbegründung zum IT-Sicherheitsgesetz BT-Drs. 18/4096, S. 1.

umfasst das IT-Sicherheitsrechtsrecht insbesondere die spezifischen Regelungen in den Bundesgesetzen, die durch das IT-Sicherheitsgesetz geändert worden sind – insbesondere das BSIG.[23] Da § 3 Abs. 1 BSIG[24] zu entnehmen ist, dass dieses vornehmlich der Förderung der Sicherheit der Informationstechnik des Bundes dient, sind auch die entsprechenden Vorschriften in Landesgesetzen dem IT-Sicherheitsrecht zuzuordnen, wie beispielsweise das **Bayerische E-Government-Gesetz** (Bay. EGovG) und das **Niedersächsische Gesetz über Digitalisierung und Informationssicherheit in der Verwaltung** (NDIG) vom 24.10.2019. Daneben gibt es auch in einigen weiteren Gesetzen einzelne, sektorspezifische Vorschriften, die dem IT-Sicherheitsrecht zuzurechnen sind, wie beispielsweise der § 109a Abs. 4 bis 6 TKG[25] oder für den Energiebereich das EnWG, das AtG und das MsbG.[26]

Das Datenschutzrecht besteht ebenfalls nicht aus einem Gesetz, sondern es ist in zahlreichen Gesetzen geregelt. Es setzt sich aus europäischen Verordnungen und Richtlinien sowie nationalen Gesetzen zusammen. Auf beiden Ebenen finden sich sowohl allgemeine als auch bereichsspezifische Regelungen. Kern des Datenschutzrechts ist seit dem 25.5.2018 die europäische **Datenschutz-Grundverordnung (DS-GVO)**. Aufgrund ihrer unmittelbaren Anwendbarkeit in Deutschland, dem sehr weiten räumlichen und sachlichen Anwendungsbereich sowie des allgemeinen Regelungsansatzes bildet die Datenschutz-Grundverordnung – wie auch ihr Name ausdrückt – den allgemeinen Rechtsrahmen für das Datenschutzrecht in Europa. Bereichsspezifische Datenschutzvorschriften im Europarecht finden sich insbesondere in der sogenannten JI-Richtlinie für den Datenschutz in Polizei und Justiz.[27] Weitere bereichsspezifische europäische Vorschriften soll es zB in der sog. E-Privacy-Verordnung geben, die sich allerdings noch im Rechtssetzungsverfahren befindet.[28]

Aufgrund des Anwendungsvorrangs der Datenschutz-Grundverordnung ist die Regelungskompetenz des nationalen Gesetzgebers für das Datenschutzrecht deutlich beschränkt worden. Nationales Datenschutzrecht kann nur innerhalb der von der Datenschutz-Grundverordnung vorgegebenen Grenzen bestehen bleiben oder erlassen werden.[29] Die Datenschutz-Grundverordnung sieht in zahlreichen Vorschriften „Regelungsräume" vor, die Datenschutzvorschriften der Mitgliedstaaten ermöglichen, die neben der Datenschutz-Grundverordnung anwendbar sind.[30] Das **Bundesdatenschutzgesetz (BDSG)** und die **Datenschutzgesetze der Länder** bilden die allgemeinen Vorschriften des nationalen Datenschutzrechts. Diese Gesetze

---

23 Neben dem BSIG sind dies AtomG, EnWG und TKG. Die Änderung von § 13 TMG ist seit der Geltung der DS-GVO nicht mehr anwendbar; s. *DSK*, Positionsbestimmung zur Anwendbarkeit des TMG seit dem 25.5.2018, näher zur IT-Sicherheit in Telemedien *Hornung/Schindler* in → § 21 Rn. 83 ff.
24 Das BSIG wurde bereits ausführlich dargestellt, *Fischer* in → § 13 Rn. 27 ff.
25 S. ausführlich *Hornung/Schindler* in → § 21 Rn. 49 ff.
26 *V. Bremen*, EWeRK 2020, 30; s. ausführlich *Guckelberger in* → § 23 Rn. 6 ff.
27 Richtlinie (EU) 2016/680 des Europäischen Parlaments und des Rates vom 27.4.2016 zum Schutz natürlicher Personen bei der Verarbeitung personenbezogener Daten durch die zuständigen Behörden zum Zwecke der Verhütung, Ermittlung, Aufdeckung oder Verfolgung von Straftaten oder der Strafvollstreckung sowie zum freien Datenverkehr und zur Aufhebung des Rahmenbeschlusses 2008/977/JI des Rates, ABL. L 119/89 vom 4.5.2016. Zur Abgrenzung der Anwendungsbereiche s. ausführlich *Hornung/Schindler/Schneider*, Die Europäisierung des strafverfahrensrechtlichen Datenschutzes. Zum Anwendungsbereich der neuen Datenschutz-Richtlinie für Polizei und Justiz, Zeitschrift für Internationale Strafrechtsdogmatik 2018, 566 ff.
28 Vorschlag für eine Verordnung des europäischen Parlaments und des Rates über die Achtung des Privatlebens und den Schutz personenbezogener Daten in der elektronischen Kommunikation und zur Aufhebung der Richtlinie 2002/58/EG (Verordnung über Privatsphäre und elektronische Kommunikation) vom 10.1.2017. Bis zur Verabschiedung einer solchen Verordnung bleibt die Richtlinie 2002/58/EG in Kraft; die in ihrer Umsetzung ergangenen nationalen Gesetze gehen der DS-GVO gemäß Art. 95 vor.
29 Daneben kann der nationale Gesetzgeber auch außerhalb des Anwendungsbereichs der Datenschutz-Grundverordnung nationales Datenschutzrecht vorgeben, s. zu den Grenzen des Anwendungsbereichs der DS-GVO ausführlich *Roßnagel* in Roßnagel 2018, § 2 Rn. 33 ff.
30 S. umfassend zur weiteren Geltung und Anwendung nationalen Rechts *Roßnagel* in Roßnagel 2018, § 2 Rn. 15 ff.; *Kühling/Martini ua*, 2016.

sind alle an die Datenschutz-Grundverordnung angepasst worden[31] und haben hierdurch grundlegende Änderungen erfahren. Am 28.6.2019 hat der Bundestag das 2. Datenschutz-Anpassungs- und Umsetzungsgesetz EU beschlossen und der Bundesrat hat am 20.9.2019 seine Zustimmung hierzu erteilt.[32] Durch dieses werden 153 Gesetze mit bereichsspezifischen Datenschutzvorschriften an die Datenschutz-Grundverordnung angepasst sowie am Bundesdatenschutzgesetz Korrekturen vorgenommen und eine zusätzliche Rechtsgrundlage[33] eingefügt.[34] Eine umfassende Darstellung oder Auflistung aller bereichsspezifischen Vorschriften ist hier nicht möglich. Dies belegt bereits die hohe Anzahl von Vorschriften, die durch das 2. Datenschutz-Anpassungs- und Umsetzungsgesetz EU geändert werden. Dabei sind mit diesem Gesetz längst nicht alle Bundesgesetze, die Datenschutzvorschriften enthalten, an die Datenschutz-Grundverordnung angepasst worden. Noch keine Angleichung in Bezug auf die europäischen Vorgaben haben insbesondere die §§ 11 ff. TMG und die §§ 91 ff. TKG erfahren, obwohl die Verarbeitung personenbezogener Daten im Zusammenhang mit der Nutzung von Telekommunikations- und Telemediendiensten mittlerweile alle Lebensbereiche durchdringt. Dass eine Anpassung der Datenschutzvorschriften des Telekommunikations- und des Telemediengesetzes trotz dieser sehr hohen praktischen Bedeutung der Vorschriften bisher unterblieben ist, lässt sich allenfalls dadurch erklären, dass die Verabschiedung der noch ausstehenden E-Privacy-Verordnung abgewartet werden soll.

II. Unterschiede und Parallelen zwischen IT-Sicherheits- und Datenschutzrecht

12 Ausgehend von den vorgenommenen Begriffsdefinitionen für das IT-Sicherheitsrecht und das Datenschutzrecht können durch einen Vergleich der gesetzlichen Regelungen wesentliche Unterschiede und Parallelen herausgearbeitet werden.

1. Technikrecht

13 Eine wichtige Gemeinsamkeit des IT-Sicherheits- und des Datenschutzrechts ist, dass sie **Technikrecht** im weiteren Sinne darstellen.[35] Darunter ist die Gesamtheit der auf technische Gegebenheiten bezogenen Rechtsnormen zu verstehen.[36] Technikrecht ist allgemein ein Instrument, um Technik rechtlich zu beeinflussen und dadurch die Entwicklung und den Einsatz von Technik zu ermöglichen, zu steuern und zu begrenzen. Um diese Ziele erreichen zu können, ist ein wirksames Technikrecht nur in interdisziplinärer Zusammenarbeit zu erreichen. Denn die Technikregulierung erfolgt regelmäßig unter Berücksichtigung des konkreten Einsatzzweckes, so dass es als Querschnittsmaterie bezeichnet werden kann. Nach heutigem Verständnis ist es zuvörderst auf komplexe technische Systeme gerichtet, die sich dadurch auszeichnen, dass sie neu sind, sich dynamisch entwickeln, aufgrund eines erheblichen Schadenspotentials riskant und folgenreich sind, weil sie die natürliche und soziale Umwelt verändern und überraschende, nicht vorgesehene Zustände einnehmen können.[37]

14 Das IT-Sicherheitsrecht bezieht sich unmittelbar auf Technik – die IT-Systeme. Das Datenschutzrecht bezieht sich zwar grundsätzlich auch auf personenbezogene Daten, die zwar automatisiert, aber nicht elektronisch verarbeitet werden, und – zB gemäß Art. 2 Abs. 1 DS-GVO

---

31 Die letzten Landesdatenschutzgesetze wurden im Juni 2018 verkündet.
32 BGBl. I S. 1626; s. die Begründung, BR-Drs. 430/18.
33 § 86 BDSG regelt die Verarbeitung personenbezogener Daten für Zwecke staatlicher Auszeichnungen und Ehrungen.
34 BT-Drs. 19/4674.
35 Das Datenschutzrecht ist allerdings nicht ausschließlich Technikrecht, da auch die Verarbeitung personenbezogener Daten umfasst ist, die nicht mit technischen Mitteln erfolgt, s. Rn. 14 und auch → Kap. 7, Rn. 12.
36 S. *Vec* in Schulte/Schröder 2011, S. 4; *Kloepfer* 2002, S. 18.
37 *Trute* in Isensee/Kirchhof Bd. IV, 2006, § 88 Rn. 12.

– sogar auf Daten, die nichtautomatisiert verarbeitet werden, sofern es sich um Datensysteme handelt. Allerdings liegt der eindeutige Schwerpunkt der praktischen Bedeutung auf Systemen zur elektronischen Datenverarbeitung. Zudem sind beide Rechtsgebiete insoweit dem Technikrecht zuzuordnen, als sie jeweils technische Maßnahmen zum Schutz der Daten bzw. Informationen vorschreiben. Die Einordnung des Technikrechts als Querschnittsmaterie trägt erheblich zu den Abgrenzungsproblemen zwischen IT-Sicherheit und Datenschutz bei.

2. Zielsetzung der rechtlichen Vorgaben

Alle Unterschiede zwischen diesen beiden Rechtsgebieten resultieren letztlich aus der jeweiligen Zielsetzung der Rechtsvorschriften. Gemäß Art. 1 Abs. 1 DS-GVO enthält die Verordnung „Vorschriften zum Schutz natürlicher Personen bei der Verarbeitung personenbezogener Daten und zum freien Verkehr solcher Daten" und verfolgt somit zwei grundlegende Ziele.

Die Begründung, warum ein gesetzlicher **Schutz natürlicher Personen** bei der Verarbeitung personenbezogener Daten als erforderlich erachtet wird, ergibt sich aus den Erwägungsgründen. Der Schutz natürlicher Personen bei der Verarbeitung personenbezogener Daten ist ein Grundrecht, das in Art. 8 Abs. 1 GRCh normiert ist.[38] Die Datenschutz-Grundverordnung soll für alle Bürger Europas gewährleisten, dass ihre Grundrechte und Grundfreiheiten und insbesondere ihr Recht auf Schutz personenbezogener Daten ungeachtet ihrer Staatsangehörigkeit oder ihres Aufenthaltsorts gewahrt bleiben.[39] Mit der Datenschutz-Grundverordnung trägt die Europäische Union somit Sorge dafür, dass die Grundrechte nicht nur im Verhältnis Bürger und Staat sowie sonstiger öffentlicher Stellen, sondern auch im Verhältnis Bürger und nicht-öffentliche Stellen, insbesondere Unternehmen, Freiberufler und Selbständige sowie Vereine, beachtet werden. Der europäische Gesetzgeber erfüllt damit die ihm obliegende Pflicht zur Begründung rechtlicher Sicherungen, damit das Grundrecht effektiv ausgeübt werden kann.

Mit der Datenschutz-Grundverordnung, die unmittelbar in Deutschland geltendes Recht ist, ergänzt durch die nationalen Datenschutzvorschriften wird die aus den nationalen Grundrechten resultierende Schutzpflicht des Staates erfüllt.[40] Hiernach sind die Staatsorgane verpflichtet, sich schützend und fördernd vor die grundrechtlichen Schutzgüter zu stellen. Nationales Datenschutzrecht dient dem Schutz des **Grundrechts auf informationelle Selbstbestimmung**. Dieses wurde, wie bereits erwähnt, vom Bundesverfassungsgericht im sogenannten Volkszählungsurteil[41] aus dem allgemeinen Persönlichkeitsrecht gemäß Art. 2 Abs. 1 iVm Art. 1 Abs. 1 GG abgeleitet. Das allgemeine Persönlichkeitsrecht beschreibt das Recht des Individuums auf die Achtung seiner Würde und auf freie Entfaltung der Persönlichkeit. Es umfasst ganz allgemein das Recht auf individuelle Selbstbestimmung.[42] Das Bundesverfassungsgericht hat die Bedeutung der individuellen Selbstbestimmung in Bezug auf die Bedingungen „moderner"[43] Informationsverarbeitungstechnologien konkretisiert. Auch oder gerade in der modernen Informationsgesellschaft setzt individuelle Selbstbestimmung voraus,

---

38 S. Erwg. 1 DS-GVO.
39 S. Erwg. 2 DS-GVO.
40 Das BVerfG leitet die staatliche Schutzpflicht zur Gewährleistung grundrechtlicher Freiheiten aus Art. 1 Abs. 1 Satz 2 GG ab, ohne auf die zahlreichen vorhandenen staatsphilosophischen Theorien einzugehen, BVerfGE 39, 1 (41); 49, 160 (164); 49, 89 (141 f.). Näher zu grundrechtlichen Pflichten des Staates zum Schutz der IT-Sicherheit *Poscher/Lassahn* in → § 7 Rn. 40 ff.
41 BVerfGE 65, 1.
42 Dabei werden verschiedene Systematisierungen und Untergliederungen vorgenommen, s. zB Maunz/Dürig/*Di Fabio*, Art. 2 Rn. 147 ff.: Schutz der Privat- und Intimsphäre, Recht an der Darstellung der eigenen Person, Schutz personaler Autonomie und Schutz der Grundbedingungen der engeren Lebenssphäre.
43 Gemeint sind an dieser Stelle Informationsverarbeitungstechnologien auf dem Stand der Technik im Jahr 1983. Aktuell und in Bezug auf die noch zu erwartenden Entwicklungen der Informations- und Kommunikationstechnologie sind die Aussagen des BVerfG bedeutsamer denn je.

dass „dem Einzelnen Entscheidungsfreiheit über vorzunehmende oder zu unterlassende Handlungen einschließlich der Möglichkeit gegeben ist, sich auch entsprechend dieser Entscheidung tatsächlich zu verhalten."[44] Jeder muss mit hinreichender Sicherheit überschauen können, welche ihn betreffenden Informationen in bestimmten Bereichen seiner sozialen Umwelt bekannt sind und wer was wann und bei welcher Gelegenheit über ihn weiß.[45] Ohne dieses Wissen wird der Einzelne regelmäßig in seiner Freiheit, selbstbestimmt zu entscheiden, wesentlich gehemmt sein. Die Ausführungen des Bundesverfassungsgerichts im Volkszählungsurteil beziehen sich im Wesentlichen auf das Risiko eines „allwissenden" Staates, der Gefahr läuft, sich zu einem Überwachungsstaat jenseits demokratischer und rechtsstaatlicher Grundsätze zu entwickeln. In der heutigen Zeit werden Datenverarbeitungen längst nicht mehr hauptsächlich durch den Staat oder öffentliche Stellen vorgenommen, sondern vor allem auch durch Wirtschaftsunternehmen, die mittlerweile wahre Datenschätze zusammengetragen haben und deren sehr erfolgreiche Geschäftsmodelle auf der Verarbeitung personenbezogener Daten beruhen. Entsprechend bedeutend ist mittlerweile die aus dem Grundrecht der informationellen Selbstbestimmung resultierende Schutzpflicht des Staates, gegenüber jeglichen datenverarbeitenden Stellen den Schutz des Einzelnen vor der Preisgabe und Verwendung seiner Daten zu gewährleisten.[46]

18   Die Datenschutz-Grundverordnung verfolgt gemäß Art. 1 Abs. 1 DS-GVO neben dem Schutz natürlicher Personen den **freien Datenverkehr** personenbezogener Daten als weiteres Ziel. Dieses dem Datenschutz im Grundsatz gegenläufige Ziel dient der Herstellung eines europäischen, vereinheitlichten Binnenmarktes und damit einem der grundlegenden Ziele der Europäischen Union, nämlich dem europäischen Integrationsprozess.[47] Die Datenschutz-Grundverordnung führt entsprechend als Begründung die Vollendung einer Wirtschaftsunion, zum wirtschaftlichen und sozialen Fortschritt, zur Stärkung und zum Zusammenwachsen der Volkswirtschaften innerhalb des Binnenmarkts sowie zum Wohlergehen natürlicher Personen an.[48] Die Vorschriften der Datenschutz-Grundverordnung sind aufgrund dieser doppelten Zielsetzung als Essenz der Abwägung und des Bemühens um Ausgleich zwischen diesen beiden entgegengesetzten Interessen zu werten. Einen grundsätzlichen Vorrang des Datenschutzes gegenüber dem – wirtschaftlichen – Interesse eines vereinheitlichten Binnenmarktes sieht die Datenschutz-Grundverordnung nicht vor.

19   Das IT-Sicherheitsrecht verfolgt das Ziel einer signifikanten Verbesserung der **Sicherheit informationstechnischer Systeme** (IT-Sicherheit) in Deutschland.[49] Regelungsgegenstand des IT-Sicherheitsrechts sind demnach informationstechnische Systeme zur Verarbeitung von Informationen. Im BSIG wird der Begriff der **Informationstechnik** zur Bezeichnung des Regelungsgegenstands verwendet. Es definiert diesen gemäß § 2 Abs. 1 Nr. 1 als alle technischen Mittel zur Verarbeitung oder Übertragung von Informationen.[50] Konkret wird als Zielsetzung des IT-Sicherheitsgesetzes „die Verbesserung der IT-Sicherheit von Unternehmen, der verstärkte Schutz der Bürgerinnen und Bürger im Internet und in diesem Zusammenhang auch die Stär-

---

44 BVerfGE 65 1, (42 f.).
45 BVerfGE 65, 1 (43).
46 Dies gilt ungeachtet dessen, dass es sich bei der DS-GVO um eine Verordnung des europäischen Gesetzgebers handelt und nicht unmittelbar des deutschen Gesetzgebers. Die Mitgliedstaaten haben in Art. 16 Abs. 2 AEUV die Regelungskompetenz für Vorschriften über den Schutz von Personen bei der Verarbeitung personenbezogener Daten durch die Ausübung von Tätigkeiten, die in den Anwendungsbereich des Unionsrechts fallen, und über den freien Datenverkehr an das europäische Parlament und den europäischen Rat übertragen.
47 S. nur *Hornung/Spiecker* in: Simitis/Hornung/Spiecker gen. Döhmann DS-GVO Art. 1 Rn. 5.
48 S. Erwg. 2 S. 2 DS-GVO.
49 S. exemplarisch die Begründung des IT-Sicherheitsgesetzes, BT-Drs. 18/4096, 1.
50 Es ist davon auszugehen, dass der Gesetzgeber die Begriffe synonym verwendet werden, da im ITSG beide Begriffe ohne erkennbaren Unterschied verwendet werden.

kung von BSI und Bundeskriminalamt (BKA)" genannt.[51] Dies soll durch Regelungen zum Schutz der IT-Systeme erreicht werden. Aus § 1 S. 2 BSIG, der die Einrichtung und grundsätzliche Funktion des BSI regelt, lässt sich die Informationssicherheit als Zielsetzung des IT-Sicherheitsrechts ableiten.[52] Dieser Schutz wird als notwendig erachtet, da aufgrund der digitalen Durchdringung der Gesellschaft in nahezu allen Lebensbereichen eine sehr hohe Abhängigkeit von IT-Systemen im wirtschaftlichen, gesellschaftlichen und individuellen Bereich besteht. IT-Systeme weisen nicht nur einen sehr hohen gesellschaftlichen Nutzen auf, sondern führen auch zu einer sehr hohen Verletzlichkeit der Digitalgesellschaft mit weitreichenden und ganz unterschiedlichen Folgen. Das IT-Sicherheitsrecht setzt an der Technik an, um Angriffe auf diese zu verhindern, die mit der Intention der Verletzung anderer Schutzgüter, wie insbesondere den kritischen Infrastrukturen, geführt werden.

Diese Überlegungen hat das Bundesverfassungsgericht dem Urteil zu den Online-Durchsuchungen zugrunde gelegt.[53] In dieser Entscheidung hat das Gericht das **Grundrecht auf Gewährleistung der Vertraulichkeit und Integrität informationstechnischer Systeme** als Ausprägung des allgemeinen Persönlichkeitsrechts anerkannt. Dieses „IT-Grundrecht", so die umgangssprachliche Bezeichnung, dient vorrangig dem Ziel der Abwehr von Zugriffen auf IT-Systeme, um die dort vorhandenen personenbezogenen Daten geheim zu halten und vor Manipulationen zu schützen.[54] Konsequenterweise müsste auch aus diesem Grundrecht eine Schutzpflicht des Staates erwachsen, der durch eine entsprechende Regulierung nachzukommen ist. Das BSIG bezieht sich im Schwerpunkt auf die IT-Sicherheit informationstechnischer Systeme, die vom Bund oder von den Betreibern kritischer Infrastrukturen eingesetzt werden. Auch findet sich in der Gesetzesbegründung kein Hinweis auf das Grundrecht auf Gewährleistung der Vertraulichkeit und Integrität informationstechnischer Systeme. Dennoch sind zumindest einige Vorschriften geeignet, das individuelle Grundrecht auf Gewährleistung der Vertraulichkeit und Integrität der eigenen informationstechnischen Systemen zu schützen. Dies gilt zB für die in § 7 BSIG normierte Möglichkeit, Warnungen über IT-Sicherheitsrisiken an die Öffentlichkeit zu richten.

Zusammenfassend ist Datenschutzrecht individueller und unmittelbarer Grundrechtsschutz. Das IT-Sicherheitsrecht schützt primär informationstechnische Systeme als notwendige Voraussetzung der **digitalen Gesellschaft**. Der Einsatz informationstechnischer Systeme wird seit der Entscheidung des Bundesverfassungsgerichts zur Online-Durchsuchung einerseits unmittelbar durch ein Grundrecht adressiert. Anderseits sind informationstechnische Systeme bei der Ausübung zahlreicher Grundrechte relevant – insbesondere auch der informationellen Selbstbestimmung, dem Fernmeldegeheimnis und der Berufsfreiheit –, und damit wirken einzelne Vorschriften des IT-Sicherheitsrecht im Anwendungsbereich des sog. IT-Grundrechts individuell und unmittelbar grundrechtsschützend. Vorrangig dient das IT-Sicherheitsrecht aber dem Gemeinschaftswert der Funktionsfähigkeit einer digitalen Gesellschaft und nur mittelbar dem individuellen Grundrechtsschutz.

3. Personenbezogene Daten versus Informationen

Regelungsobjekt des Datenschutzrechts sind **personenbezogene Daten**. Dies ergibt sich bereits aus dem – zB in Art. 2 Abs. 1 DS-GVO und § 1 Abs. 1 BDSG definierten – Anwendungsbereich. Entsprechend ihrer grundlegenden Bedeutung für die Datenschutz-Grundverordnung werden in Art. 4 Nr. 1 DS-GVO personenbezogene Daten gesetzlich definiert als alle Informa-

---

[51] BT-Drs. 18/4096, 1.
[52] Zur Unterscheidung zwischen IT-Sicherheit und Informationssicherheit → Rn. 1.
[53] *BVerfGE* 120, 274.
[54] S. umfassend zum „IT-Grundrecht" *Poscher/Lassahn* in → § 7 Rn. 26 f.

tionen, die sich auf eine identifizierte oder identifizierbare natürliche Person beziehen; als identifizierbar wird eine natürliche Person angesehen, die direkt oder indirekt, insbesondere mittels Zuordnung zu einer Kennung wie einem Namen, zu einer Kennnummer, zu Standortdaten, zu einer Online-Kennung oder zu einem oder mehreren besonderen Merkmalen identifiziert werden kann, die Ausdruck der physischen, physiologischen, genetischen, psychischen, wirtschaftlichen, kulturellen oder sozialen Identität dieser natürlichen Person sind.[55] Der durch dieses Regelungsobjekt hergestellte untrennbare Bezug zwischen Daten und natürlichen Personen ist unmittelbarer Ausfluss der grundrechtlichen Basis des Datenschutzrechts. Art. 8 Abs. 1 GRCh und das Recht auf informationelle Selbstbestimmung gebieten nicht den Schutz jeglicher Daten – insbesondere nicht den Schutz von nicht personenbezogenen Daten – und nur den Schutz natürlicher Personen – nicht etwa auch von juristischen Personen. Diese Einschränkungen ergeben sich aus der Ableitung der informationellen Selbstbestimmung aus dem allgemeinen Persönlichkeitsrecht, das ein individuelles Freiheitsgrundrecht darstellt.

23 Regelungsgegenstand des IT-Sicherheitsrechts sind **informationstechnische Systeme** und **Informationen**. Fraglich ist nun, ob es rechtlich einen Unterschied zwischen Daten und Informationen gibt. Die Definition von personenbezogenen Daten in Art. 4 Nr. 1 DS-GVO suggeriert, dass den Begriffen Daten und Informationen dieselbe Bedeutung zugewiesen wird. In der Informatik wird dagegen zwischen Daten und Informationen differenziert. Gegenstand der Informatik ist die systematische Darstellung, Speicherung, Verarbeitung und Übertragung von Informationen und insbesondere die automatische Verarbeitung mithilfe von Informationstechnik. Sollen Informationen mit informationstechnischen Systemen verarbeitet werden, ist es erforderlich, diese in maschinell verarbeitbaren Zeichen, wie Buchstaben, Zahlen und Symbolen, abzubilden, die als Daten bezeichnet werden. Informationen weisen dagegen eine inhaltliche Bedeutung für den Menschen auf und durch sie wird Wissen zwischen mehreren Personen transportiert. Aus Daten werden (wieder) Informationen, wenn sie für den Menschen in einem Kontext gebracht und in Schrift, Ton und Bild dargestellt werden. Aus der rechtlichen Perspektive ist diese Unterscheidung zwischen Informationen und Daten in der Regel nicht relevant. Für das Datenschutzrecht ergibt sich dies unmittelbar aus dem Schutzgegenstand der personenbezogenen Daten. Dadurch ist bereits klargestellt, dass sich zwar neue Risiken aufgrund der technischen Möglichkeiten der Datenverarbeitung ergeben, diese aber nur datenschutzrechtlich relevant sind, wenn sie Personen betreffen und sie dazu dienen, eine Aussage über eine Person zu machen. Im IT-Sicherheitsrecht ergibt sich bereits aus der Natur der Sache, dass Informationen und Daten umfasst sein müssen. Zwar werden als Regelungsgegenstand zunächst die Informationen benannt, ihre Verarbeitung mittels informationstechnischer Systeme setzt aber gerade die Transformation in Daten voraus. Für die IT-Sicherheit ist das Wissen, welche Informationen in den zu verarbeitenden Daten enthalten sind und zu welchem Zweck die Datenverarbeitung erfolgt, insofern wichtig, als dieses maßgeblich für den Schutzbedarf der Daten ist. Die Differenzierung zwischen Daten und Informationen ist somit zwar in der Informatik, nicht aber im Datenschutzrecht relevant.

4. Risikoorientierter Ansatz

24 Beiden Rechtsgebieten ist gemeinsam, dass sie einen **risikoorientierten** (oder risikobasierten) **Ansatz** verfolgen. Für das Datenschutzrecht ist dieser durch die Datenschutz-Grundverordnung sogar deutlich in den Fokus gerückt worden.[56] Für das IT-Sicherheitsrecht gilt dies seit dem Erlass der europäischen NIS-Richtlinie ebenfalls. Der risikobasierte Ansatz trägt dem

---

55 S. auch ausdrücklich Erwg. 14 Satz 2.
56 Zum risikobasierten Ansatz der DS-GVO s. *Veil* ZD 2015, 347 (347 ff.); *Heberlein* in Ehmann/Selmayr DS-GVO Art. 5 Rn. 30.

Umstand Rechnung, dass eine Verarbeitung personenbezogener Daten mittlerweile in unzähligen Kontexten und mit ganz unterschiedlichen Gefahren für die informationelle Selbstbestimmung erfolgt. Aus der Regelung des sachlichen Anwendungsbereichs in Art. 2 DS-GVO ergibt sich, dass die Vorschriften der Datenschutz-Grundverordnung abgesehen von den wenigen geregelten Ausnahmen im Grundsatz für alle öffentlichen und nicht öffentlichen Stellen gelten, wenn diese personenbezogene Daten verarbeiten.[57] Der risikobasierte Ansatz setzt erst bei den einzelnen Pflichten an, die die Datenschutz-Grundverordnung dem Verantwortlichen auferlegt. Er wird entsprechend auch als ein Konzept definiert, „mit dem datenschutzrechtliche Pflichten der Gefährdungssituation angepasst werden".[58] Bei der Rechtmäßigkeit der Datenverarbeitung gemäß Art. 6 und 9 DS-GVO ist das Risiko der Verarbeitung grundsätzlich irrelevant, auch wenn teilweise die Vorschriften, die eine Interessenabwägung fordern, wie insbesondere Art. 6 Abs. 1 lit. f DS-GVO, als Ausdruck des Risikogedankens angesehen werden.[59] Die Interessenabwägung im Rahmen von Art. 6 DS-GVO führt zu einem eindeutigen Ergebnis der Frage, ob die Datenverarbeitung durchgeführt werden darf oder nicht. Ein negatives Ergebnis kann nicht durch zusätzliche Sicherheitsmaßnahmen geheilt werden. Daher schlägt sich der risikoorientierte Ansatz vor allem bei den Vorschriften nieder, die auf die Datensicherheit abzielen.

Art. 24 Abs. 1 DS-GVO regelt einleitend für die weiteren Pflichten des Verantwortlichen, dass dieser geeignete **technische und organisatorische Maßnahmen** unter Berücksichtigung der Art, des Umfangs, der Umstände und der Zwecke der Verarbeitung sowie der unterschiedlichen Eintrittswahrscheinlichkeit und Schwere der Risiken für die Rechte und Freiheiten natürlicher Personen umsetzt. Die Vorschrift geht davon aus, dass zwar jede Verarbeitung personenbezogener Daten mit Risiken für die Rechte und Freiheiten der Betroffenen verbunden ist,[60] diese aber variieren können. Der Umfang der gesetzlichen Pflicht des Verantwortlichen, technische und organisatorische Maßnahmen zur Risikobeschränkung vorzunehmen, ist in Abhängigkeit der die Verarbeitung beschreibenden Kriterien sowie der Risikobewertung zu bestimmen. Eine Konkretisierung der Pflichten des Verantwortlichen folgt in den nachfolgenden Vorschriften – vor allem in Art. 25 und 32 DS-GVO.

25

Eine Risikoeinbeziehung erfolgt demnach sowohl auf der Tatsachen- als auch auf der Wirkungsebene der Verarbeitung personenbezogener Daten. Die Tatsachenebene wird erfasst, indem Art, Umfang, Umstände und Zwecke der Verarbeitung bei der Auswahlentscheidung über die technischen und organisatorischen Maßnahmen einzubeziehen sind.[61] Die vorzunehmende Risikobewertung für die Rechte und Freiheiten natürlicher Personen erfolgt auf der abstrakten Wirkungsebene und stellt den Kern der **Risikoanalyse** dar. Die Vorschrift verlangt von dem Verantwortlichen eine (grund-)rechtsbezogene **Prognoseentscheidung**. Die Formulierung ist etwas missverständlich, weil Risiko im Allgemeinen als Produkt aus Eintrittswahrscheinlichkeit eines (unerwünschten) Ereignisses und Schadensschwere als Konsequenz aus einem etwaigen Eintritt des Ereignisses definiert wird.[62] Die Eintrittswahrscheinlichkeit bezieht sich insbesondere auf nicht ausreichende Maßnahmen der Datensicherheit bei der Ver-

26

---

57 S. ausführlich hierzu *Veil* ZD 2015, 347. Der größte von der Verordnung nicht erfasste Bereich ist die Datenverarbeitung durch Sicherheitsbehörden und Justiz, die der JI-Richtlinie 206/680 unterfällt; dies bleibt hier ausgeklammert.
58 *Veil* ZD 2015, 351.
59 *Veil* ZD 2015, 349, der allerdings nicht erläutert, inwiefern diese Einordnung mit der von ihm vertretenen Definition des risikobasierten Ansatzes zusammenpasst. Eine Interessenabwägung ist nicht mit einer Risikoeinschätzung gleichzusetzen.
60 S. Erwg. 75.
61 *Petri* in Simitis/Hornung/Spiecker gen. Döhmann DS-GVO Art. 24, Rn. 12; *Martini* in Paal/Pauly DS-GVO Art. 24 Rn. 26 a. Ausführlich zu diesen verschiedenen Kriterien s. *Jandt* in Kühling/Buchner DS-GVO Art. 32 Rn. 7 ff.
62 S. *Jandt* in Kühling/Buchner DS-GVO Art. 32 Rn. 13; *Martini* in Paal/Pauly DS-GVO Art. 24 Rn. 28.

arbeitung personenbezogener Daten, die wiederum weitere Verletzungen der Rechte und Freiheiten der Betroffenen nach sich ziehen kann. Für Authentifizierungsdaten für E-Mail-Accounts oder das Online-Banking besteht zB erfahrungsgemäß eine eher hohe Eintrittswahrscheinlichkeit für einen Vertraulichkeitsbruch. Bei der Schadensschwere sind die individuellen Folgen für die persönlichen Rechte und Freiheiten des Betroffenen einzuschätzen. Es sind nach der Intention der Datenschutz-Grundverordnung alle physischen, materiellen oder moralischen Schäden für die betroffenen Personen einzubeziehen, wie etwa Verlust der Kontrolle über ihre personenbezogenen Daten oder Einschränkung ihrer Rechte, Diskriminierung, Identitätsdiebstahl oder -betrug, finanzielle Verluste, unbefugte Aufhebung der Pseudonymisierung, Rufschädigung und Verlust der Vertraulichkeit von dem Berufsgeheimnis unterliegenden Daten.[63] Ist zB die Vertraulichkeit der Authentifizierungsdaten eines Nutzers für das Online-Banking nicht mehr gewährleistet, können erhebliche finanzielle Schäden bis hin zum Verlust der Liquidität des Nutzers eintreten.

27 Das IT-Sicherheitsrecht zielt präventiv auf die Abwehr von Gefahren für IT-Systeme ab. Mit dem IT-Grundschutz ist das BSI seiner aus § 8 Abs. 1 S. 1 BSIG erwachsenden Verpflichtung nachgekommen, Mindeststandards für die Sicherheit der Informationstechnik des Bundes zu entwickeln, die sowohl auf die Informationstechnik der Länder als auch von Unternehmen übertragen werden können. Die Risikoanalyse bildet die Basis für die Sicherheitskonzeption und die weitere Bestimmung der Sicherheitsanforderungen.[64] Wie allgemein im technischen Sicherheitsrecht wird auch im IT-Sicherheitsrecht immer von einem Restrisiko ausgegangen, das auf ein rechtlich akzeptables Maß zu senken ist. Im IT-Sicherheitsrecht ist letztlich das Risiko für die Beeinträchtigung des **störungsfreien Einsatzes der IT-Systeme** einschließlich der Nutzbarkeit der in diesen Systemen gespeicherten Informationen zu bewerten.[65] Denn sowohl öffentliche als auch nicht öffentliche Stellen sind mittlerweile in einem so hohen Maße von den IT-Systemen abhängig, dass bei einem Ausfall ihrer Verfügbarkeit der Betrieb in der Organisation und die Arbeitsfähigkeit der Beschäftigten erheblich beeinträchtigt werden. Die mittelbaren Folgen, die daraus wiederum resultieren können, wirken sich auf der Rechtsfolgenseite aus. So sind zB die Betreiber Kritischer Infrastrukturen verpflichtet, angemessene organisatorische und technische Vorkehrungen zu treffen. Für Anbieter digitaler Dienste formuliert § 8 c BSIG, dass geeignete und verhältnismäßige technische und organisatorische Maßnahmen zu treffen sind. Für Unternehmen werden die Folgen mangelnder IT-Sicherheit auch als Compliance- und Haftungsrisiko bezeichnet, das rechtliche Sanktionen, finanzielle Verluste oder Imageschäden sowie Schadensersatzzahlungen umfasst.[66]

28 Datenschutzrecht und IT-Sicherheitsrecht verfolgen somit beide einen **risikoorientierten Ansatz**. Ein wesentlicher Unterschied besteht allerdings insofern, als bei Ersterem das risikoauslösende Ereignis die Verarbeitung personenbezogener Daten ist und sich die risikorelevanten Schäden auf die Betroffenen der Datenverarbeitung, also die Folgen für natürliche Personen, beziehen.[67] Bei Letzterem bezieht sich die Risikoeinschätzung auf das Risiko der Beeinträchtigung des störungsfreien Einsatzes der IT-Systeme einschließlich der Nutzbarkeit der in diesen Systemen gespeicherten Informationen. Die potentiellen Schäden umfassen sowohl die einsetzende Organisation oder im Bereich der kritischen Infrastrukturen vor allem die gesellschaftlichen Folgen.

---

63 S. Erwg. 85.
64 BSI-Standard 200.2, 130 sowie ausführlich zur Risikoanalyse *Skierka* in → § 8 Rn. 33 ff.
65 Art. 4 NR. 9 NSI-RL definiert das Risiko abstrakt als „alle mit vernünftigem Aufwand feststellbaren Umstände oder Ereignisse, die potenziell nachteilige Auswirkungen auf die Sicherheit von Netz- und Informationssystemen haben."
66 S. zur ökonomischen Dimension der IT-Sicherheit insoweit *Bertschek/Janßen/Ohnemus* in → § 3 Rn. 1 ff.
67 S. auch *Petri* in Simitis/Hornung/Spiecker gen. Döhmann DS-GVO Art. 24 Rn. 4 mit Verweis auf *Bieker* DuD 2018, 29.

5. Verletzung der Sicherheit

Bei der Verarbeitung personenbezogener Daten und beim Einsatz von IT-Systemen ist der Begriff der **Sicherheit** prägend. Es ist jeweils das Ziel der rechtlichen Vorgaben, die Sicherheit zu gewährleisten. Daher ist die Sicherheit das maßgebliche Kriterium für die Bestimmung von Schutzzielen.

Der für das Datenschutzrecht bisher gebräuchliche Begriff der Datensicherheit wurde in der Datenschutz-Grundverordnung durch die **Sicherheit der Verarbeitung** abgelöst.[68] Die Art. 32 bis 34 DS-GVO bilden zusammengenommen Kap. 4 Abschnitt 2 der Datenschutz-Grundverordnung, welcher den Titel „Sicherheit personenbezogener Daten" trägt. Die Überschrift von Art. 32 DS-GVO lautet „Sicherheit der Verarbeitung". Aus Art. 32 Abs. 1 lit. d DS-GVO ergibt sich auch aus dem Normtext, dass alle nach Abs. 1 der Norm zu ergreifenden technischen und organisatorischen Maßnahmen zur Gewährleistung der Sicherheit der Verarbeitung erfolgen. Darüber hinaus wird in den Vorschriften der Datenschutz-Grundverordnung der Begriff der Sicherheit von Verarbeitungen nicht positiv als Zielbeschreibung verwendet, sondern der zu vermeidende Zustand der Verletzung des Schutzes personenbezogener Daten als Kehrseite der Sicherheit. Gemäß Art. 4 Nr. 12 DS-GVO ist eine Verletzung des Schutzes personenbezogener Daten jede **Verletzung der Sicherheit**, die zur Vernichtung, zum Verlust oder zur Veränderung (Integrität), ob unbeabsichtigt oder unrechtmäßig, oder zur unbefugten Offenlegung von beziehungsweise zum unbefugten Zugang zu personenbezogenen Daten (Vertraulichkeit) führt.[69] Durch diese Definition erfolgt eine Konkretisierung des durch die Sicherheit der Verarbeitung zu gewährleistenden datenschutzrechtlichen Schutzumfangs. Es wird klargestellt, dass mit der Verletzung des Schutzes nicht die rechtliche Zulässigkeit der Datenverarbeitung, die nach Art. 6 Abs. 1 DS-GVO und Art. 9 DS-GVO durch das Vorliegen einer gesetzlichen Erlaubnis oder einer Einwilligung bewertet wird, gemeint ist, sondern es um die Datensicherheit geht.[70] Dies ergibt sich deutlich aus der Definition in Art. 4 Nr. 12 DS-GVO und der Gleichsetzung mit der Verletzung der Sicherheit der Verarbeitung nach Art. 32 DS-GVO. In Erwg. 83 S. 3 wird diesbezüglich der Oberbegriff „Datensicherheitsrisiken" verwendet. Aus der Definition folgt, dass der Verletzungserfolg sich immer bezogen auf die personenbezogenen Daten realisieren muss. Aus den in Art. 32 Abs. 1 DS-GVO aufgeführten Beispielen für konkrete Sicherheitsmaßnahmen ergibt sich, dass das Ereignis als Ursache für eine Verletzung sowohl Daten als auch Systeme und Dienste treffen kann. Es wird davon ausgegangen, dass eine Verletzung der Sicherheit von Systemen und Diensten regelmäßig die Verletzung des Schutzes personenbezogener Daten, die in diesen Systemen oder durch diese Dienste verarbeitet werden, nach sich zieht.

Sicherheit im IT-Sicherheitsrecht bedeutet gemäß § 2 Abs. 2 BSIG die Einhaltung bestimmter Sicherheitsstandards, die die Verfügbarkeit, Unversehrtheit oder Vertraulichkeit von Informationen betreffen, durch Sicherheitsvorkehrungen in informationstechnischen Systemen, Komponenten oder Prozessen. Unter der Annahme, dass die Unversehrtheit mit der Integrität gleichzusetzen ist, werden somit grundsätzlich die gleichen Schutzziele wie im Datenschutzrecht verfolgt. Die Sicherheitsvorkehrungen müssen sich auf die Systeme, Komponenten und Prozesse richten. Das IT-Sicherheitsrecht stellt entsprechend seiner Zielsetzung im Vergleich zum Datenschutzrecht verstärkt auf die technischen Artefakte ab und nicht auf die Daten.

---

68 *Jandt* in Kühling/Buchner DS-GVO Art. 4 Nr. 12 Rn. 3.
69 *Jandt* in Kühling/Buchner DS-GVO Art. 4 Nr. 12 Rn. 7 f.
70 *Klabunde* in Ehmann/Selmayr DS-GVO Art. 4 Rn. 40 und *Schild* in BeckOK DatenschutzR DS-GVO Art. 4 Rn. 133 weisen entsprechend zutreffend darauf hin, dass unzulässige Verarbeitungen, die der Verantwortliche gezielt durchführt, oder eine „rechtswidrige Verarbeitung unter Verstoß gegen Rechtsgrundlagen oder gar ohne Rechtsgrundlage" keine Verletzungen iSd Art. 4 Nr. 12 DS-GVO darstellen.

32 Ergänzend können die Definitionen von Schadprogrammen und Sicherheitslücken in § 2 Abs. 5 und Abs. 6 BSIG herangezogen werden. **Schadprogramme** sind alle Programme und sonstige informationstechnische Routinen und Verfahren, die dem Zweck dienen, unbefugt Daten zu nutzen oder zu löschen oder die dem Zweck dienen, unbefugt auf sonstige informationstechnische Abläufe einzuwirken. **Sicherheitslücken** werden als Eigenschaften von Programmen oder sonstigen informationstechnischen Systemen definiert, durch deren Ausnutzung es möglich ist, dass sich Dritte gegen den Willen des Berechtigten Zugang zu fremden informationstechnischen Systemen verschaffen oder die Funktion der informationstechnischen Systeme beeinflussen können. Die Definition der Schadprogramme umfasst zwar auch die unbefugte Datennutzung oder Löschung. Allerding gilt dies für jegliche und nicht nur für personenbezogene Daten und es ist nicht eine datenschutzrechtliche Befugnis im Sinne einer datenschutzrechtlichen Erlaubnis gemeint. Aus der Definition der Sicherheitslücken geht deutlich hervor, dass mit diesen Rechtsvorschriften die informationstechnischen Systeme als solche geschützt werden sollen, da auf den Zugang zu den Systemen und die Funktionsfähigkeit abgestellt wird.[71] Der Zugriff auf die in dem System verarbeiteten Daten ist keine Voraussetzung für eine Verletzung der Sicherheit im Sinne des IT-Sicherheitsrechts.

6. Schutzziele

33 Die Verarbeitung personenbezogener Daten und der Einsatz von IT-Systemen sind, wie soeben dargelegt, mit Risiken verbunden. Die rechtlichen Vorgaben verfolgen jeweils das Ziel, diese Risiken durch Maßnahmen der Verantwortlichen bzw. der die IT-Systeme einsetzenden Stellen angemessen zu reduzieren. Die konkrete Auswahl der erforderlichen Maßnahmen erfordert als Zwischenschritt die **Beschreibung des „Sollzustands"** der Datenverarbeitung bzw. der IT-Systeme. Diese kann zu einem gewissen Grad abstrakt erfolgen und durch die Definition von abstrakten Anforderungen im Recht bzw. Schutzzielen in der Informatik systematisiert werden. Für das Datenschutzrecht hat das Bundesverfassungsgericht bereits im Volkszählungsurteil grundlegende **rechtliche Anforderungen** für den Umgang mit personenbezogenen Daten vorgegeben, wie insbesondere die Zweckbindung der Datenverarbeitung, die Transparenz und die Gewährleistung von Betroffenenrechten.[72] Erreichen die rechtlichen Anforderungen einen Konkretisierungsgrad, der es ermöglicht, dass unmittelbar aus ihnen Gestaltungsvorgaben für die Technik gezogen werden können, können sie als Schutzziele bezeichnet werden. Diese können allgemein definiert werden als Eigenschaften, die ein Betrachtungsgegenstand zum Schutz von Gütern erfüllen muss.

34 Die Datenschutz-Grundverordnung hat diese und weitere rechtliche Anforderungen an die Verarbeitung personenbezogener Daten als übergeordnete Grundsätze in Art. 5 DS-GVO aufgenommen. Unmittelbar aus Art. 5 Abs. 1 DS-GVO ergeben sich die folgenden datenschutzrechtlichen Anforderungen:[73]

- **Transparenz** für Betroffene von Verarbeitungen personenbezogener Daten (Art. 5 Abs. 1 lit. a DS-GVO),

---

71 Diese Abgrenzung zwischen dem Verständnis der Sicherheit im Datenschutzrecht und im IT-Sicherheitsrecht entspricht der vom Bundesverfassungsgericht vorgenommenen Abgrenzung zwischen dem Recht auf informationelle Selbstbestimmung und dem Recht auf Gewährleistung der Vertraulichkeit und Integrität informationstechnischer Systeme, BVerfGE 120, 274 (196 ff.).
72 S. BVerfGE 65, 1 (45 f.).
73 Die Grundsätze der Rechtmäßigkeit und der Verarbeitung nach Treu und Glauben gem. Art. 5 Abs. 1 lit. a DS-GVO werden hier bewusst nicht aufgeführt. Der Grundsatz der Rechtmäßigkeit betrifft, wie in Rn. 29 dargestellt, die rechtliche Zulässigkeit, die von der Datensicherheit zu differenzieren ist. Dem bisher wenig konkretisierten Grundsatz von Treu und Glauben kann zumindest bisher aufgrund seines normativen Charakters keine konkrete Anforderung an die Systemgestaltung entnommen werden.

B. Rechtliche Grundlagen

- **Zweckbindung** einer Verarbeitung personenbezogener Daten (Art. 5 Abs. 1 lit. b DS-GVO),
- **Datenminimierung** einer Verarbeitung personenbezogener Daten (Art. 5 Abs. 1 lit. c DS-GVO),
- **Richtigkeit** personenbezogener Daten (Art. 5 Abs. 1 lit. d DS-GVO),
- **Speicherbegrenzung** personenbezogener Daten (Art. 5 Abs. 1 lit. e DS-GVO),
- **Integrität** personenbezogener Daten (Art. 5 Abs. 1 lit. f DS-GVO, Art. 32 Abs. 1 lit. b DS-GVO),
- **Vertraulichkeit** personenbezogener Daten (Art. 5 Abs. 1 lit. f DS-GVO, Art. 32 Abs. 1 lit. b DS-GVO).

Darüber hinaus regeln insbesondere Art. 25 und 32 DS-GVO die folgenden weiteren[74] konkreten Anforderungen,[75] die sich auf die Ausgestaltung der datenverarbeitenden Systeme beziehen:

Datenschutz durch **Voreinstellungen** (Art. 25 Abs. 2 DS-GVO),
Verfügbarkeit der Systeme, Dienste und Daten (Art. 32 Abs. 1 lit. b und c DS-GVO),
Belastbarkeit der Systeme und Dienste (Art. 32 Abs. 1 lit. b DS-GVO),
Wiederherstellbarkeit der Daten und des Datenzugriffs (Art. 32 Abs. 1 lit. c DS-GVO),
Überprüfbarkeit, Bewertbarkeit und Evaluierbarkeit der technischen und organisatorischen Maßnahmen (Art. 32 Abs. 1 lit. d DS-GVO).

Allen diesen Anforderungen[76] ist gemeinsam, dass sie bereits konkrete Schutzziele in Bezug auf automatisierte Datenverarbeitung definieren.

In der IT-Sicherheit weist die Entwicklung von Schutzzielen ebenfalls eine lange Historie auf.[77] International anerkannt[78] sind die **Schutzziele Vertraulichkeit, Integrität und Verfügbarkeit**.[79] Die sehr dynamische Entwicklung der Informationstechnologie hat dazu geführt, dass stetig weitere Schutzziele der IT-Sicherheit definiert worden sind, wie beispielsweise **Authentizität, Nachweisbarkeit, Verlässlichkeit** und **Anonymität**.[80]

Diese Darstellung der datenschutzrechtlichen Schutzziele einerseits und der Schutzziele der IT-Sicherheit andererseits verleitet zu der Schlussfolgerung, dass in beiden Bereichen zumindest teilweise identische Schutzziele durch technische und organisatorische Maßnahmen zu gewährleisten sind. Auf dieser Begründung beruht auch regelmäßig die Gleichsetzung von IT-Sicherheit und Datensicherheit. Allerdings werden hierbei die bereits herausgearbeiteten wesentlichen Unterschiede zwischen dem IT-Sicherheitsrecht und dem Datenschutzrecht verkannt, und dies gilt erst Recht in Bezug auf das – rein technische - Verständnis der IT-Sicherheit aus der Perspektive der Informatik. Obwohl im Datenschutzrecht und im Recht der IT-Sicherheit für einzelne rechtliche Anforderungen und Schutzziele die gleichen Bezeichnungen verwendet werden, kommt ihnen nicht die gleiche Bedeutung zu.

Veranschaulichen lässt sich dies am Schutzziel der **Integrität**. Art. 5 Abs. 1 lit. f DS-GVO definiert Integrität zusammen mit dem Schutzziel der Vertraulichkeit. Integrität und Vertraulich-

---

74 Die bereits im Zusammenhang mit Art. 5 DS-GVO genannten Anforderungen werden nicht noch einmal wiederholt, auch wenn sie sich ergänzend auch aus Art. 32 DS-GVO ergeben.
75 Art. 25 Abs. 1 DS-GVO enthält übergeordnet die Festlegung, dass Datenschutz durch Technikgestaltung (privacy by design) umzusetzen ist.
76 Dies stellt keine vollständige Auflistung datenschutzrechtlicher Anforderungen dar.
77 S. dazu ausführlich *Bedner/Ackermann* DuD 2010, 323.
78 S. ISO 27001, die auch Basis des IT-Grundschutzes ist, s. BSI-Standard 200.2, Kap. 10.1.4 Zertifizierung nach ISO 27001 auf Basis von IT-Grundschutz.
79 Sog. CIA-Triad. abgeleitet aus dem Akronym der englischen Bezeichnungen Confidentiality, Integrity, Availability.
80 S. Online-Glossar des BIS, https://www.bsi.bund.de/DE/Themen/ITGrundschutz/ITGrundschutzKompendium/vorkapitel/Glossar_.html sowie *Bedner/Ackermann* DuD 2010, 323.

keit werden verstanden als Schutz vor unbefugter oder unrechtmäßiger Verarbeitung und vor unbeabsichtigtem Verlust, unbeabsichtigter Zerstörung oder unbeabsichtigter Schädigung. Erstens ist bei dieser Definition unklar, welche Aspekte die Vertraulichkeit und welche die Integrität beschreiben. Dies gilt insbesondere im Vergleich zu Art. 4 Nr. 12 DS-GVO. Dieser nennt neben Vernichtung, Verlust und Veränderung von Daten die unberechtigte Kenntnisnahme, die unbefugte Offenlegung und den unbefugten Zugang. Die ersten drei Beeinträchtigungen können relativ klar dem Schutzziel der Integrität und die weiteren als Beeinträchtigungen der Vertraulichkeit zugeordnet werden.[81] Von der Definition in Art. 5 Abs. 1 lit. f DS-GVO kann der Vertraulichkeit lediglich die unbefugte oder unrechtmäßige Verarbeitung zugeordnet werden, da die weiteren Definitionsmerkmale nach allgemeinem Verständnis der Integrität zuzuordnen sind.[82]

39 Zweitens umfasst der weit formulierte Grundsatz in Art. 5 Abs. 1 lit. f DS-GVO sehr viel mehr als allgemein unter den Schutzzielen der Vertraulichkeit und Integrität verstanden wird.[83] Eine unrechtmäßige Verarbeitung verstößt bereits gegen den in Art. 5 Abs. 1 lit. a DS-GVO normierten Grundsatz der Rechtmäßigkeit, die sich maßgeblich nach Art. 6 DS-GVO beurteilt und gerade von der Sicherheit der Verarbeitung zu differenzieren ist (→ Rn. 30). Zudem werden mit der Vernichtung und dem Verlust der Daten Kriterien genannt, die ihren Ursprung in der informationstechnischen Sicherheit haben. Die Sicherheit wird insofern nicht nur im Sinne der Vertraulichkeit und Integrität verstanden, sondern die Verfügbarkeit der Daten wird ebenfalls einbezogen.[84]

40 Mit Blick auf das Verständnis von **Integrität** und **Vertraulichkeit** in der Informationssicherheit ist davon auszugehen, dass Integrität definiert wird als Schutz personenbezogener Daten vor unbeabsichtigtem Verlust, unbeabsichtigter Zerstörung oder unbeabsichtigter Schädigung. In der IT-Sicherheit umfasst das Schutzziel der Integrität zwei Aspekte: erstens die Vollständigkeit und Korrektheit der Daten (**Datenintegrität**) und die korrekte Funktionsweise des Systems (**Systemintegrität**).[85] Die Systemintegrität ist – streng genommen – nicht von dem aus dem Datenschutzrecht abgeleiteten Schutzziel der Integrität umfasst. Es wurden zwar bereits durch die Anlage zu § 9 BDSG aF technische und organisatorische Maßnahmen datenschutzrechtlich gefordert, die auf die Systemintegrität abzielten, wie zB die Zutritts- und Zugangskontrolle zu Datenverarbeitungsanlagen bzw. Datenverarbeitungssystemen. Auch Art. 32 Abs. 1 lit. d DS-GVO benennt beispielhaft Maßnahmen als erforderlich, die die Integrität der Systeme und Dienste im Zusammenhang mit der Verarbeitung personenbezogener Daten auf Dauer sicherstellen. Es werden somit auch datenschutzrechtlich Maßnahmen zu einer Verbesserung der Systemintegrität gefordert, aber dadurch wird die Systemintegrität nicht zum Bestandteil des datenschutzrechtlichen Schutzziels der Integrität. Die Systemintegrität ist nur insoweit zu gewährleisten, als sie für den Schutz der Integrität der im System verarbeiteten personenbezogenen Daten erforderlich ist. Die Funktionsfähigkeit eines Systems kann beispielsweise durch über einen Computervirus eingeschleuste Schadfunktion erheblich beeinträchtigt werden, ohne dass die Datenintegrität betroffen ist.

41 Aufgrund der unterschiedlichen Zielsetzung von IT-Sicherheit und Datenschutz unterscheidet sich im konkreten Betrachtungsfall auch häufig der **Schutzbedarf** der verschiedenen Schutzziele erheblich. Während beispielsweise in Bezug auf den Quellcode der speicherprogrammier-

---

81 *Jandt* in Kühling/Buchner DS-GVO Art. 4 Nr. 12 Rn. 7 f.
82 Auch hier besteht allerdings eine Inkonsistenz bei den Begriffen, da davon auszugehen ist, dass die Trias Vernichtung, Verlust, Veränderung das gleiche meint wie die Trias Zerstörung, Verlust, Schädigung.
83 *Jandt* in Kühling/Buchner DS-GVO Art. 32 Rn. 1. *Roßnagel* in Simitis/Hornung/Spiecker gen. Döhmann DS-GVO Art. 5 Rn. 167 bezeichnet die Definition insgesamt als unzutreffend.
84 *Hansen* in Simitis/Hornung/Spiecker gen. Döhmann DS-GVO Art. 32 Rn. 12.
85 *Bedner/Ackermann* DuD 2010, 326.

baren Steuerung (SPS) einer Maschine in einem Unternehmen der Schutzbedarf als sehr hoch eingestuft wird,[86] ist der Quellcode vermutlich datenschutzrechtlich irrelevant, weil er keine personenbezogenen Daten enthält. Das Schutzziel der Vertraulichkeit wird zB bezogen auf Geschäftsgeheimnisse eines Unternehmens regelmäßig sehr hoch eingestuft werden. In Bezug auf die gegebenenfalls im Zusammenhang mit dem Geschäftsgeheimnis gespeicherten personenbezogenen Daten, wie den Namen der beteiligten Entwickler bei einem Software-Produkt, wird der datenschutzrechtliche Schutzbedarf der Vertraulichkeit in der Regel als normal einzustufen sein.

Die nähere Prüfung des Schutzbedarfs führt auch bei anderen Schutzzielen mit identischer Bezeichnung zu unterschiedlichen Ergebnissen. Dies kann beispielsweise am Schutzziel der **Vertraulichkeit** verdeutlicht werden. Beim diesem ist zwingend zu fragen, gegenüber wem die Vertraulichkeit zu gewährleisten ist. Art. 5 Abs. 1 lit. f DS-GVO definiert Vertraulichkeit als Schutz vor unbefugter oder unrechtmäßiger Verarbeitung.[87] Allerdings ist diese Definition recht ungenau. Ein Vertraulichkeitsbruch ist nicht erst dann anzunehmen, wenn personenbezogene Daten unbefugt oder unrechtmäßig verarbeitet werden, sondern es reicht jegliche Kenntnisnahme durch einen Unberechtigten aus.[88] Wem gegenüber das datenschutzrechtliche Schutzziel der Vertraulichkeit zu gewährleisten ist, richtet sich daher nach der vorzunehmenden datenschutzrechtlichen Bewertung der Merkmale unbefugt und unrechtmäßig. Im IT-Sicherheitsrecht ist die Vertraulichkeit der Informationen gegenüber den Personen und Stellen zu gewährleisten, die ein Interesse daran haben könnten, die Informationen zu nutzen, um die Funktionsfähigkeit der IT-Systeme zu gefährden.[89] 42

Ein ganz wesentlicher Unterschied ist zudem, dass das Datenschutzrecht gegenüber dem IT-Sicherheitsrecht zusätzliche Schutzziele benennt, wie insbesondere die **Datenminimierung**, die **Transparenz** und der **Zweckbindung**. Es wird schon lange der Ansatz verfolgt, diese datenschutzrechtlichen Schutzziele in das Konzept der Schutzziele der IT-Sicherheit aufzunehmen, um bezogen auf IT-Systeme, in denen personenbezogene Daten verarbeitet werden, einen einheitlichen und abgestimmten Katalog von Schutzzielen zu erhalten.[90] Dies führt jedoch nicht dazu, dass die datenschutzrechtlichen Schutzziele zu Schutzzielen des IT-Sicherheitsrechts oder der IT-Sicherheit im Allgemeinen werden. Allein aus diesem Grund kann es zur Erfüllung der gesetzlichen Anforderungen des Datenschutzrechts nicht ausreichend sein, die Schutzziele der IT-Sicherheit durch technische und organisatorische Maßnahmen umzusetzen. 43

Der **Katalog der Schutzziele** des Datenschutzrechts einerseits und der IT-Sicherheit andererseits sind demnach keinesfalls deckungsgleich. Selbst wenn einzelne Schutzziele einheitlich bezeichnet werden, sind sie nicht identisch, sondern allenfalls teilidentisch.[91] Die herausgearbeiteten wesentlichen Unterschiede zwischen dem Datenschutz- und dem IT-Sicherheitsrecht 44

---

86 S. BSI Standard 200.2, 120 im Beispiel der Schutzbedarfsfeststellung der RECPLAS GmbH für ein ICS-System.
87 Das Merkmal des unbeabsichtigten Verlusts der Daten kann sowohl der Vertraulichkeit zugeordnet werden, sofern der Verlust der Daten zu einer Kenntnisnahme durch einen Nichtberechtigten führt oder der Integrität, wenn der Verlust mit der Löschung der Daten gleichzusetzen ist, so *Jandt* in Kühling/Buchner DS-GVO Art. 4 lit. 12 Rn. 7.
88 Ewgr. 39 S. 12 erläutert, dass „Unbefugte keinen Zugang zu den Daten haben" dürfen, s. auch *Jandt* in Kühling/Buchner DS-GVO Art. 4 lit. 12 Rn. 8.
89 Im BSIG werden die Formulierungen verwendet „unbefugt Daten zu nutzen oder zu löschen oder unbefugt auf sonstige informationstechnische Abläufe einzuwirken" (§ 2 Abs. 5 BSIG, im Zusammenhang mit der Definition von Schadprogrammen) und gegen den Willen des Berechtigten Zugang zu fremden informationstechnischen Systemen verschaffen oder die Funktion der informationstechnischen Systeme beeinflussen (§ 2 Abs. 6 BSIG, Definition von Sicherheitslücken).
90 *Rost/Pfitzmann* DuD 2009, 357; BSI-Standard 200.2, 14 und *DSK*, Das Standard-Datenschutzmodell, Eine Methode zur Datenschutzberatung und -prüfung auf der Basis einheitlicher Gewährleistungsziele – Version 2.0 b, 2020, abrufbar unter: https://www.datenschutzkonferenz-online.de/anwendungshinweise.html.
91 Dies betont bezogen auf die technischen und organisatorischen Schutzmaßnahmen des Datenschutzrechts auch *Schmidl* in Hauschka/Moosmayer/Lösler, Corporate Compliance, 2016, § 28 Rn. 63.

müssen bei der in beiden Rechtsgebieten vorzunehmenden Schutzbedarfsanalyse berücksichtigt werden.

C. Ambivalenz von IT-Sicherheit und Datenschutz

45 Die aufgezeigten Parallelen und Unterschiede zwischen IT-Sicherheits- und Datenschutzrecht stellen nur einen Ausschnitt des Verhältnisses der IT-Sicherheit zum Datenschutz dar. Der Schutz personenbezogener Daten wird von Unternehmen und öffentlichen Stellen primär umgesetzt, um die im Datenschutzrecht normierten Rechtspflichten zu erfüllen. Die verbindlichen rechtlichen Vorgaben sind erforderlich, weil der Schutz personenbezogener Daten im Interesse des Betroffenen erfolgt. Datenschutz kann allenfalls im Ansatz durch einen **Selbstdatenschutz** erreicht werden. Ein Eigeninteresse am Schutz personenbezogener Daten der verantwortlichen Stelle kann nur sehr bedingt angenommen werden, obschon immer wieder die Bedeutung des Datenschutzes als Wettbewerbsvorteil betont wird.[92] Häufig wird eher das Interesse des Verantwortlichen an einer möglichst umfassenden Verarbeitung personenbezogener Daten gegeben sein, zB um Geschäftsprozesse oder Verwaltungsverfahren durch einen ungehinderten Datenfluss innerhalb des Konzerns oder zwischen verschiedenen Behörden zu vereinfachen oder personalisierte Werbung auf Webseiten zu ermöglichen.[93] Nicht selten wird das „strenge" Datenschutzrecht als Hemmnis für Innovationen bezeichnet. Das IT-Sicherheitsrecht umfasst im Vergleich zum Datenschutzrecht deutlich weniger Regelungen und Anwendungsbereiche.[94] Dennoch ist davon auszugehen, dass Unternehmen und Behörden, die nicht aufgrund unmittelbarer gesetzlicher Vorgaben zur Umsetzung von IT-Sicherheit verpflichtet sind,[95] dieser eine gleichhohe oder sogar höhere Bedeutung im Vergleich zum Datenschutz beimessen. Denn die Umsetzung von Maßnahmen zur IT-Sicherheit erfolgt primär im Eigeninteresse[96] – sei es um Ausfällen der Arbeits- und Produktionsfähigkeit von Mitarbeitern bzw. Maschinen vorzubeugen oder Geschäfts- und Betriebsgeheimnisse zu wahren.[97]

46 Während Datenschutz im Sinne des Schutzes personenbezogener Daten somit in einem untrennbaren Zusammenhang zu den rechtlichen Vorgaben steht, kommt der IT-Sicherheit losgelöst vom IT-Sicherheitsrecht eine eigenständige und weitreichende Bedeutung zu. IT-Sicherheit findet ihren Ursprung in der Informatik und wurde vom Recht aufgegriffen. Datenschutz hat seinen Ursprung im Recht und nimmt Maßnahmen der IT-Sicherheit in sein Regelungskonzept auf. Daher verschwimmen die aufgezeigten Unterschiede zwischen dem IT-Sicherheits- und dem Datenschutzrecht bei einem weiteren Vergleich der IT-Sicherheit mit dem Datenschutz auf der Maßnahmenebene, das heißt der konkreten Umsetzung von Datenschutz und IT-Sicherheit durch **technische und organisatorische Maßnahmen**. Mit den bisherigen Aussagen sollte keineswegs bestritten werden, dass Maßnahmen der IT-Sicherheit häufig identisch sind mit Maßnahmen der Datensicherheit. Für die Gewährleistung eines effektiven Vertraulichkeitsschutzes ist es erstens technisch irrelevant, ob personenbezogene Daten oder (sonstige) Informationen geschützt werden sollen. Zweitens können die technischen und orga-

---

92 v. *Lewinsky* NVwZ 2017, 1483 (1486) schreibt hierzu, „dass Datenschutz – entgegen mancher Sonntagsrede – kein Wettbewerbsvorteil, sondern (betriebswirtschaftlich) ein Wettbewerbsnachteil" darstelle.
93 Sollte dies auch den Interessen des Betroffenen entsprechen, bestehen entweder entsprechende Rechtsgrundlagen für die übergreifende Verarbeitung oder der Betroffene kann diese durch die Einwilligung legitimeren.
94 Gemeint sind hier nur die Adressaten des IT-Sicherheitsrechts im engeren Sinne.
95 Gemeint sind hier auch die Vorschriften, die nicht dem IT-Sicherheitsrecht im engeren Sinne zuzurechnen sind (→ Rn. 7 f.), aber dennoch – vergleichbar den Art. 25 und 32 DS-GVO – Maßnahmen der IT-Sicherheit fordern.
96 Eine Ausnahme stellen insofern die Betreiber der kritischen Infrastrukturen dar, da Beeinträchtigungen der Funktionsfähigkeit der IT-Systeme unmittelbare Auswirkungen auf die Bevölkerung haben. Aus diesem Grund enthält das BSIG diesbezüglich zwingende Vorgaben.
97 Zu den zugrundeliegenden ökonomischen Aspekten der IT-Sicherheit s. *Bertschek/Janßen/Ohnemus* in → § 3 Rn. 1 ff.

nisatorischen Maßnahmen unmittelbar bei den Daten ansetzen, zB durch den Einsatz kryptografischer Verfahren, an Systemen, beispielsweise durch Zugriffsschutzmechanismen, an Diensten, zB durch ein Anmeldeerfordernis, oder innerhalb der Netzinfrastruktur, zB durch VPN-Verbindungen. Ohnehin stehen technische und organisatorische Maßnahmen und die Schutzziele nicht in einem Eins-zu-Eins-Verhältnis zueinander. Für die Umsetzung eines Schutzziels sind häufig mehrere Einzelmaßnahmen erforderlich und gleichzeitig kann eine Einzelmaßnahme mehreren Schutzzielen dienen.

IT-Sicherheit dient häufig dem Datenschutz und ist in Bezug auf viele Maßnahmen geeignet, die datenschutzrechtlich geforderten technischen und organisatorischen Maßnahmen zur Gewährleistung der Sicherheit der Verarbeitung umzusetzen. Gleichzeitig gibt es allerdings mehrere Konflikte, bei denen IT-Sicherheit und Datenschutz teilweise sogar im Widerspruch zueinanderstehen. 47

I. Zielkonflikte zwischen Datenschutz und IT-Sicherheit

Eine effektive und lückenlose IT-Sicherheit in Unternehmen und öffentlichen Stellen setzt insbesondere voraus, dass die in der Entität eingesetzten Informationssysteme als Ganzes betrachtet werden. In vielen Unternehmen und öffentlichen Stellen werden mittlerweile hoch **komplexe und vernetzte IT-Systeme** betrieben, die sich aus zahlreichen Einzelkomponenten wie insbesondere Servern, stationären und mobilen Arbeitsplatzrechnern, Netzwerken und Telekommunikationssystemen jeweils bestehend aus der erforderlichen Hard- und Software zusammensetzen. Diese IT-Systeme erfordern regelmäßig die Betreuung durch Fachpersonal, dem Administrator.[98] Dabei kann es sich um eine oder mehrere Personen bis hin zu mehreren IT-Abteilungen handeln. Aufgabe der **Systemadministratoren** ist es, die IT-Systeme zu planen, zu installieren, zu konfigurieren und zu pflegen. Sie sind für die Funktionsfähigkeit des IT-Systems und daher für die Umsetzung aller erforderlichen Maßnahmen zur Gewährleistung der IT-Sicherheit verantwortlich. Diese Aufgabe können die Systemadministratoren nur erfüllen, wenn sie über umfassende Zugriffsrechte verfügen. Dies bedingt, dass Systemadministratoren zumindest bestimmte Kategorien der vom IT-System verarbeiteten Daten einschließlich personenbezogener Daten einsehen können. Diese technische Notwendigkeit steht im Widerspruch zum datenschutzrechtlichen Grundsatz der Zweckbindung gemäß Art. 5 Abs. 1 lit. b DS-GVO. 48

Eine Standardmaßnahme der IT-Sicherheit ist insbesondere die **Protokollierung** der Nutzung des IT-Systems in Form von Logdateien. Dies sind automatisch geführte Protokolle aller oder bestimmter Aktionen von Prozessen in einem IT-System. Die Protokollierung kann beispielsweise die Systemanmeldung, Netzwerknutzung sowie konkrete Nutzungs- und Bearbeitungsvorgänge von Dokumenten umfassen. Bei der Nutzung von Webseiten werden regelmäßig die Nutzungsdaten protokolliert. **Logdateien** helfen dem Systemadministrator insbesondere dabei, Ursachen für Funktionsstörungen oder Schäden in einem IT-System zu ermitteln. In den Logdateien werden regelmäßig personenbezogene Daten, sei es in Form von IP-Adressen, Gerätekennungen, E-Mail-Adressen oder ähnlichen Informationen, gespeichert.[99] Sofern die Logdaten auch dazu dienen, den Nutzungsvorgang des IT-Systems zu ermöglichen, steht ihre Erstellung nicht in einem grundsätzlichen Konflikt zum Datenschutzrecht. Allerdings entfällt dieser Zweck spätestens im Zeitpunkt der Beendigung des Nutzungsvorgangs, der regelmäßig durch die Schließung des Dokuments, einer konkreten Anwendung oder der vollständigen Abmeldung im System erfolgt, so dass die personenbezogenen Daten zu löschen sind. Logdaten können die beschriebene Funktion für die Gewährleistung der IT-Sicherheit aber regelmäßig nur 49

---

98 BSI-Standard 200.2, 10.
99 *Heidrich/Wegener* MMR 2015, 488.

erfüllen, wenn sie über diesen Zeitpunkt hinaus gespeichert werden. Dann steht ihre weitere Aufbewahrung grundsätzlich im Widerspruch zu den datenschutzrechtlichen Grundsätzen der **Datenminimierung** und der **Zweckbindung**. Der Zeitraum zwischen der Entdeckung einer Unregelmäßigkeit in einem IT-System und ihrem Auslöser kann teils erheblich sein. Entsprechend uneinheitlich sind die Vorgaben aus der IT-Sicherheit zur notwendigen Dauer der Speicherung von Logdateien. Diese kann variieren zwischen wenigen Tagen[100] bis hin zu einem Jahr. Je nach Länge der Speicherdauer von Logdaten ergibt sich ein Widerspruch zum Grundsatz der **Speicherbegrenzung**.[101]

50 Werden die Logdaten von vornherein und ausschließlich zu dem Zweck erhoben, Unregelmäßigkeiten im Betrieb des IT-Systems nachträglich aufklären zu können, handelt es sich streng genommen um eine **Vorratsdatenspeicherung**, die ebenfalls im grundsätzlichen Widerspruch zur Zweckbindung steht. Da Logdateien in der Regel Daten erfassen, die die Zuordnung einer Funktionsstörung oder eines Schadens zu einem Verursacher ermöglichen sollen – also einen Personenbezug aufweisen –, steht die Protokollierung auch im Widerspruch zum Grundsatz der **Datenminimierung**. Dieser wird optimal umgesetzt, wenn auf die Verarbeitung personenbezogener Daten verzichtet wird. Für die Wiederherstellung der Funktionsfähigkeit des IT-Systems ist die Feststellung des Verursachers einer Funktionsstörung regelmäßig nicht erforderlich. Diese dient vor allem dazu, den Verursacher nachträglich zur Verantwortung zu ziehen und gegebenenfalls präventiv weitere Schadensfälle zu verhindern.

51 Eine weitere umfassende Maßnahme der IT-Sicherheit zur Gewährleistung der **Integrität** sind **Berechtigungskonzept**e. Diese können sich auf Zutritts-, Zugangs- und Zugriffskontrollen beziehen. Für die Umsetzung von Berechtigungskonzepten ist es erforderlich, personenbezogene Daten zu generieren, zu protokollieren, auszuwerten und zu speichern. Auch in diesem Zusammenhang wird somit durch Maßnahmen der IT-Sicherheit der Umfang der Verarbeitung personenbezogener Daten deutlich erhöht und steht im potentiellen Widerspruch zum Grundsatz der **Datenminimierung**.

52 Umgekehrt kann die IT-Sicherheit durch Maßnahmen des Datenschutzes gefährdet werden. Das Schutzziel der **Verfügbarkeit** der informationstechnischen Systeme und der darin verarbeiteten Informationen erfordert, dass die Systeme jederzeit betriebsbereit sind und auf die Daten wie vorgesehen zugegriffen werden kann.[102] Aus der Perspektive der IT-Sicherheit ist die Verfügbarkeit grundsätzlich für alle Personen zu gewährleisten, die das IT-System nutzen können sollen. Werden bezogen auf diesen Personenkreis Einschränkungen der Verfügbarkeit durch den Systemadministrator technisch vorgenommen, so basieren diese nicht auf Erwägungen der IT-Sicherheit, sondern auf anderen Erwägungen, wie insbesondere dem Schutz von Geschäfts- und Betriebsgeheimnissen, der Umsetzung von Datenschutzvorschriften oder gesetzlichen Geheimhaltungspflichten, der Spiegelung hierarchischer Strukturen in einem Unternehmen oder einer Organisation. Die Datenschutzgrundsätze der **Rechtmäßigkeit** und der **Zweckbindung** der Verarbeitung personenbezogener Daten widersprechen somit dem Schutzziel der Verfügbarkeit. Allerdings ist auch darauf hinzuweisen, dass bereits die Schutzziele der **Vertraulichkeit** und der Verfügbarkeit in einem Zielkonflikt zueinanderstehen. Die Verfügbarkeit kann auch im Sinne der IT-Sicherheit nicht absolut verstanden werden, sondern

---

100 BGH NJW 2014, 2500 geht davon aus, dass die siebentägige Speicherung von IP-Adressen zu den in § 100 TKG bestimmten Zwecken zulässig ist.
101 Die aufgezeigten Widersprüche schließen nicht generell aus, dass die Verarbeitung von Logdaten zu Zwecken der IT-Sicherheit datenschutzrechtlich zulässig sein kann, s. hierzu nachfolgend → Rn. 54 ff.
102 *Dustar/Gall/Hauswirth*, Software-Architekturen für Verteilte Systeme – Prinzipien, Bausteine und Standardarchitekturen für moderne Software, 2003, S. 217.

nur in Abhängigkeit von der Vertraulichkeit.[103] Gegenüber welchen Personen oder Stellen Vertraulichkeit zu wahren ist, wirkt sich unmittelbar auf die Verfügbarkeit aus. Die Verfügbarkeit der Systeme, Dienste und Daten ist nur für die Berechtigten zu gewährleisten.

Ein grundsätzlich geeignetes Mittel, um die Datenverarbeitung für Betroffene **transparent** zu gestalten, kann die Verwendung von Open Source-Produkten und damit die Offenlegung des Quellcodes sein.[104] Der Quellcode wird zB regelmäßig bei der Kontrolle von Webseiten eingesehen, um prüfen zu können, welche Datenübermittlungen bei einem Aufruf von Webseiten erfolgen. Vergleichbar kann der Quellcode einer Software Erkenntnisse darüber ermöglichen, welche Verarbeitungen personenbezogener Daten bei ihrer Nutzung vorgenommen werden. Aus der Perspektive der IT-Sicherheit ist die Offenlegung des Codes jedoch zumindest auch mit zusätzlichen Risiken verbunden. Denn die Kenntnis des Quellcodes könnte es Dritten erleichtern, Schwachstellen und Sicherheitslücken des IT-Systems aufzudecken und gegebenenfalls dazu zu nutzen, die Funktionsfähigkeit des IT-Systems zu beeinträchtigen. In diesem Fall kommt es zu einem Widerspruch der datenschutzrechtlichen Transparenz zu allen drei Schutzzielen der IT-Sicherheit. 53

II. Datenschutzrechtliche Zulässigkeit von Maßnahmen der IT-Sicherheit

Die Umsetzung von Maßnahmen zur IT-Sicherheit erfordert, wie bereits im Zusammenhang mit den Logdateien angesprochen (→ Rn. 49), häufig die Verarbeitung personenbezogener Daten.[105] Es stellt sich daher die Frage, ob diese Maßnahmen zur IT-Sicherheit die Anforderungen der Datenschutz-Grundverordnung erfüllen – also insbesondere rechtmäßig gemäß Art. 6 Abs. 1 DS-GVO sein müssen. Dies würde voraussetzen, dass entweder einer der dort aufgeführten gesetzlichen **Erlaubnistatbestände** oder eine **Einwilligung** des Betroffenen vorliegt. 54

Der Europäische Gesetzgeber hat sich in Bezug auf Maßnahmen zur Gewährleistung der „Netz- und Informationssicherheit" in Erwg. 49 der DS-GVO zu dieser Frage positioniert, der regelmäßig mit dem inoffiziellen – und sehr passenden – Titel „Netz- und Informationssicherheit als überwiegendes berechtigtes Interesse" überschrieben wird.[106] 55

Erwg. 49 bezieht sich auf Art. 6 Abs. 1 UAbs. 1 lit. f DS-GVO. Nach dieser Vorschrift ist die Verarbeitung personenbezogener Daten rechtmäßig, wenn sie zur Wahrung der berechtigten Interessen des Verantwortlichen oder eines Dritten erforderlich ist und sofern nicht die Interessen oder Grundrechte und Grundfreiheiten der betroffenen Person überwiegen. In dem Erwägungsgrund wird bezogen auf konkret benannte Verantwortliche ausgeführt, dass die Gewährleistung der **Netz- und Informationssicherheit** grundsätzlich ein berechtigtes Interesse darstellen kann, sofern die Verarbeitungen unbedingt notwendig und verhältnismäßig sind.[107] Die Maßnahmen müssen dazu dienen, die Fähigkeit eines Netzes oder Informationssystems zu gewährleisten, „mit einem vorgegebenen Grad der Zuverlässigkeit Störungen oder widerrechtliche oder mutwillige Eingriffe abzuwehren, die die Verfügbarkeit, Authentizität, Vollständig- 56

---

103 Gegenüber wem die Vertraulichkeit zu gewährleisten ist, ergibt sich entweder aus den rechtlichen Vorgaben oder – sofern solche nicht gegeben sind, aus dem vom Systemverantwortlichen festgelegten Regeln.
104 So zB ausdrücklich in Bezug auf „Corona-Apps" *EDSB*, Guidelines 04/2020 on the use of location data and contact tracing tools in the context of the COVID-19 outbreak, adopted on 21 April 2020, S. 14, abrufbar unter h https://edpb.europa.eu/sites/edpb/files/files/file1/edpb_guidelines_20200420_contact_tracing_covid_with_annex_en.pdf.
105 S. auch DSK, Entschließung: IT-Sicherheitsgesetz nicht ohne Datenschutz, vom 18./19.3.2015, abrufbar unter: https://www.datenschutzkonferenz-online.de/entschliessungen.html.
106 Vermutlich wurde hier die Definition der „Sicherheit von Netz- und Informationssystemen" gem. Art. 4 Nr. 2 NSI-RL aufgegriffen.
107 So bereits der EuGH 19.10.2016 – C 468/10, ECLI:EU:C:2011:777, Rn. 49 in Bezug auf Art. 7 Buchstabe f DSRL.

keit und Vertraulichkeit von gespeicherten oder übermittelten personenbezogenen Daten sowie die Sicherheit damit zusammenhängender Dienste, die über diese Netze oder Informationssysteme angeboten werden bzw. zugänglich sind, beeinträchtigen." Anschließend wird in dem Erwägungsgrund beispielhaft aufgeführt, dass der „Zugang Unbefugter zu elektronischen Kommunikationsnetzen und die Verbreitung schädlicher Programmcodes zu verhindern sowie Angriffe in Form der gezielten Überlastung von Servern („Denial of service"-Angriffe) und Schädigungen von Computer- und elektronischen Kommunikationssystemen abzuwehren", ein berechtigtes Interesse darstellen können.

57 Aus diesem recht kompliziert formulierten Erwägungsgrund lassen sich zunächst **drei Schlussfolgerungen** in Bezug auf die Rechtmäßigkeit der Verarbeitungen von personenbezogenen Daten bei der Umsetzung von Maßnahmen zur Netz- und Informationssicherheit ziehen.

58 Erstens müssen Maßnahmen der Netz- und Informationssicherheit, bei denen personenbezogene Daten verarbeitet werden, gemäß Art. 6 Abs. 1 DS-GVO rechtmäßig sein, also eine der dort genannten Bedingungen erfüllen. Es besteht allerdings die Gefahr, dass Erwg. 49 missverstanden wird. Denn diese Aussage gilt nur für Maßnahmen der Netz- und Informationssicherheit, die nicht gleichzeitig technische und organisatorische Maßnahmen sind, die der Verantwortliche zur Erfüllung der gesetzlichen Pflichten gemäß Art. 24 und insbesondere Art. 32 DS-GVO vornimmt.[108] Der Verantwortliche ist gesetzlich verpflichtet, Maßnahmen zur Sicherheit der Verarbeitung personenbezogener Daten vorzunehmen. Diese können nicht unter dem Vorbehalt der Rechtmäßigkeit der in diesem Kontext gegebenenfalls notwendigen (zusätzlichen) Verarbeitung personenbezogener Daten gemäß Art. 6 Abs. 1 DS-GVO stehen. Bei einer solchen Rechtskonstruktion könnte – zumindest theoretisch – das Ergebnis eintreten, dass zwar eine gesetzliche Pflicht zum Handeln besteht, diese aber nur durch unrechtmäßiges Handeln erfüllt werden kann, wenn keine der Bedingungen gemäß Art. 6 Abs. 1 DS-GVO gegeben ist. Ein datenschutzkonformes Handeln des Verantwortlichen wäre in diesem Fall ausgeschlossen und er könnte sich lediglich entscheiden, gegen welche Vorschrift der Datenschutz-Grundverordnung er verstößt. Es ist somit rechtlich immer eine genaue Abgrenzung erforderlich, ob eine datenverarbeitende Maßnahme ausschließlich zur Gewährleistung der Netz- und Informationssicherheit oder zumindest auch zur Gewährleistung der Sicherheit der Verarbeitung personenbezogener Daten dient. Die genaue Bestimmung des letzteren Bereichs ist dabei wichtig, weil ansonsten die Gefahr bestünde, dass über einen zu weit verstandenen Bereich der Gewährleistung der Sicherheit der Verarbeitung va im betrieblichen Umfeld Maßnahmen der Beschäftigtenkontrolle auf Art. 32 DS-GVO gestützt werden, ohne das Sicherungsinstrument der erforderlichen Rechtsgrundlage einhalten zu müssen.

59 Zweitens scheint in der Regel Art. 6 Abs. 1 UAbs. 1 lit. f DS-GVO die einzige in Betracht kommende Vorschrift für die rechtmäßige Umsetzung datenverarbeitender Maßnahmen der Netz- und Informationssicherheit zu sein. Es ist zwar grundsätzlich möglich, derartige Maßnahmen auf eine **Einwilligung** gemäß Art. 6 Abs. 1 UAbs. 1 lit. a DS-GVO zu stützen, allerdings scheitert diese Lösung regelmäßig an der praktischen Umsetzung. Bei Maßnahmen der Netz- und Informationssicherheit werden personenbezogene Daten von allen Nutzern des Systems und allen Personen, die versuchen, über die Netze auf das System zuzugreifen, verarbeitet. Zur Gewährleistung der Netz- und Informationssicherheit ist es erforderlich, dass lückenlos alle Nutzer und alle Zugriffsversuche erfasst werden. Die Legitimierung der Verarbeitung personenbezogener Daten über eine Einwilligung setzt immer voraus, dass der Zweck der Verarbeitung auch erreicht werden kann, wenn einzelne Personen die Einwilligung verweigern. Dann wären die Schutzmaßnahmen der Netz- und IT-Sicherheit aber von vorneherein lückenhaft und damit wirkungslos. Sofern ein Angriff auf die Netz- oder IT-Sicherheit erfolgt, werden

---

108 So auch *Steidle* in Jandt/Steidle 2018, Kap. B. III. Rn. 306 f.

zudem auch personenbezogene Daten des Angreifers durch die Maßnahmen der Netz- und Informationssicherheit verarbeitet. Es wäre absurd, zu versuchen, für diese Verarbeitungen eine vorherige Einwilligung einzuholen.

Art. 6 Abs. 1 UAbs. 1 lit. b DS-GVO könnte grundsätzlich in Betracht kommen, wenn der Verantwortliche mit einem externen IT-Dienstleister einen Vertrag zur Umsetzung der Netz- und Informationssicherheit geschlossen hat. Sofern es sich hierbei nicht um eine Auftragsverarbeitung handelt, wird Art. 6 Abs. 1 UAbs. 1 lit. b DS-GVO häufig nicht greifen, weil regelmäßig durch diese Maßnahmen nicht nur personenbezogene Daten des Vertragspartners verarbeitet werden, sondern auch von anderen Personen.[109] 60

Gegebenenfalls können Verantwortliche datenverarbeitende Maßnahmen zur Netz- und Informationssicherheit auf Art. 6 Abs. 1 UAbs. 1 lit. c DS-GVO stützen. Danach ist die Verarbeitung personenbezogener Daten zulässig, wenn sie zur **Erfüllung einer rechtlichen Verpflichtung**, der der Verantwortliche unterliegt, erforderlich ist. Art. 6 Abs. 1 UAbs. 1 lit. c DS-GVO stellt insofern keine „vollständige" Erlaubnisvorschrift dar, sondern sie bedarf der Ergänzung durch eine weitere Verpflichtung durch oder aufgrund von Rechtsvorschriften.[110] Die Rechtmäßigkeit der Verarbeitung personenbezogener Daten zur Gewährleistung von IT-Sicherheitsmaßnahmen kann sich somit aus Art. 6 Abs. 1 UAbs. 1 lit. c DS-GVO iVm den Vorschriften des IT-Sicherheitsrecht ergeben, die derartige Maßnahmen verpflichtend anordnen. Für das BSIG gilt in Bezug auf Bundesbehörden somit Art. 6 Abs. 1 UAbs. 1 lit. c DS-GVO iVm § 5 ff. BSIG, für Betreiber kritischer Infrastrukturen Art. 6 Abs. 1 UAbs. 1 lit. c DS-GVO iVm § 8 a Abs. 1 BSIG sowie für Betreiber digitaler Dienste § 8 c Abs. 1 BSIG. Für öffentliche Stellen der Länder kann sich die datenschutzrechtliche Erlaubnis entsprechend aus § 6 Abs. 1 lit. c DS-GVO iVm mit landesrechtlichen IT-Sicherheitsgesetzen[111] ergeben. Für alle weiteren Verantwortlichen nicht-öffentlicher Stellen – und dies dürfte der Regelfall sein – verbleibt damit tatsächlich Art. 6 Abs. 1 UAbs. 1 lit. f DS-GVO als mögliche Rechtsgrundlage für die Verarbeitung personenbezogener Daten zur Gewährleistung der Netz- und Informationssicherheit. 61

Drittens erkennt der europäische Gesetzgeber nicht generell die Netz- und Informationssicherheit als **berechtigtes Interesse** an. Art. 6 Abs. 1 UAbs. 1 lit. f DS-GVO stellt eine Vorschrift mit einem weiten und unspezifischen Anwendungsbereich dar. In mehreren Erwägungsgründen hat der Europäische Gesetzgeber durch erläuternde Beispiele versucht, diese Vorschrift zu konkretisieren und für die Praxis verständlicher zu machen. Allerdings dürfen die Erwägungsgründe auch nicht überbewertet werden. Es ist stets zu beachten, dass sie nicht unmittelbarer Bestandteil der Verordnung und damit nicht rechtsverbindlich sind, sondern ihnen eine erläuternde Funktion zukommt.[112] Nach der Rechtsprechung des Europäischen Gerichtshofs sind die Erwägungsgründe zur teleologischen Auslegung im Rahmen des Wortlauts einer Norm heranzuziehen.[113] 62

Erwg. 49 besagt nicht, dass die Netz- und Informationssicherheit grundsätzlich als berechtigtes Interesse des Verantwortlichen iSv Art. 6 Abs. 1 UAbs. 1 lit. f DS-GVO zu werten ist.[114] Er ist sehr komplex und unübersichtlich gefasst, so dass er bei der praktischen Anwendung auf erhebliche Schwierigkeiten stößt. Es erfolgt eine starke Einschränkung in Bezug auf die Stellen, die die Datenverarbeitungen zur Gewährleistung der Netz- und Informationssicherheit vornehmen. Die Netz- und Informationssicherheit wird allenfalls als berechtigtes Interesse 63

---

109 S. *Schantz* in: Simitis/Hornung/Spiecker gen. Döhmann DS-GVO Art. 6 Abs. 1 Rn. 16 ff.
110 S. ausführlich *Buchner/Petri* in: Kühling/Buchner DS-GVO Art. 6 Rn. 76 ff.
111 S. → Rn. 9.
112 So auch *Steidle* in: Jandt/Steidle 2018, Kap. B. III. Rn. 302.
113 EuGH 1.7.2015 – C-451/13, ECLI:EU:C:2015:433.
114 Damit besteht ein wesentlicher Unterschied zu Ewgr. 47 S. 7, nach dem Direktwerbung als eine einem berechtigten Interesse dienende Verarbeitung betrachtet werden kann. S. auch BGH ZD 2017, 424, Rn. 35.

gewertet, wenn die Verarbeitung von Behörden, Computer-Notdiensten (Computer Emergency Response Teams – CERT, beziehungsweise Computer Security Incident Response Teams – CSIRT), Betreibern von elektronischen Kommunikationsnetzen und -diensten sowie Anbietern von Sicherheitstechnologien und -diensten vorgenommen wird. Ungeachtet der Frage, ob es sich hierbei um eine abschließende Aufzählung handeln soll oder nicht, wird deutlich, dass es sich um fachlich qualifizierte Verantwortliche handelt.[115] Des Weiteren wird klargestellt, dass nur Verarbeitungen ein berechtigtes Interesse darstellen können, die für die Gewährleistung der Netz- und Informationssicherheit unbedingt notwendig und verhältnismäßig sind. Diese Erläuterung bezieht sich auf die Voraussetzung der Erforderlichkeit in Art. 6 Abs. 1 UAbs. 1 lit. f DS-GVO, die stets zu prüfen ist. In Erwg. 49 S. 2 werden schließlich mit der Verhinderung des Zugangs Unbefugter zu elektronischen Kommunikationsnetzen und der Verbreitung schädlicher Programmcodes sowie der Abwehr von Angriffen durch gezielte Überlastung von Servern und Schädigungen von Computer- und Kommunikationssystemen konkrete Schutzmaßnahmen angesprochen. Obwohl durch Erwg. 49 der Eindruck erweckt wird, dass generell Verarbeitungen zu Zwecken der Netz- und Informationssicherheit durch Art. 6 Abs. 1 UAbs. 1 lit. f DS-GVO legitimiert werden können, dürfte dies nach Prüfung all dieser Voraussetzungen eher der Ausnahmefall sein.

D. Fazit

64 Zahlreiche Maßnahmen der IT-Sicherheit sind erforderlich, um die datenschutzrechtliche Pflicht der Gewährleistung der Sicherheit der Verarbeitung personenbezogener Daten zu erfüllen. Das Datenschutzrecht verlangt gemäß Art. 32 Abs. 1 S. 1 und S. 2 lit. d DS-GVO ebenso wie ein konsequentes IT-Sicherheitsmanagement, dass die Sicherheitsmaßnahmen dem Stand der Technik entsprechen sowie regelmäßig in Bezug auf ihre Wirksamkeit überprüft, bewertet und evaluiert werden. Selbst ein umfassendes IT-Sicherheitsmanagement deckt allerdings nicht alle Schutzziele des Datenschutzrechts ab, so dass grundsätzlich weitere technische und organisatorische Maßnahmen zur vollständigen Umsetzung der Datensicherheit erforderlich sind. Daneben begrenzt das Datenschutzrecht Maßnahmen der IT-Sicherheit, sofern sie – was regelmäßig der Fall ist – mit der Verarbeitung personenbezogener Daten einhergehen. Das Datenschutzrecht wird in dieser Funktion nur selten dazu führen, dass Maßnahmen der IT-Sicherheit nicht realisiert werden dürfen. Vielmehr beschränkt das Datenschutzrecht insbesondere durch die in Art. 5 Abs. 1 DS-GVO normierten Grundsätze die konkrete Umsetzung der Sicherheitsmaßnahmen. Beispielsweise ist die Protokollierung von Systemzugriffen nur unter den Voraussetzungen datenschutzrechtlich zulässig, dass bei der Festlegung des Umfangs des zu protokollierenden Datensatzes die Grundsätze der Datenminimierung, der Vertraulichkeit, der Zweckbindung und der Speicherbegrenzung angemessen berücksichtigt werden. Aus diesen Gründen empfiehlt es sich, das Datenschutzrecht von vornherein in das IT-Sicherheitskonzept einzubinden.

---

115 Bei den Behörden können allenfalls IT-Sicherheitsbehörden gemeint sein, die nicht-öffentliche Stellen unterstützen, da Art. 6 Abs. 1 UAbs. 1 lit. f DS-GVO gemäß UAbs. 2 als Rechtsgrundlage für öffentliche Stellen nicht in Betracht kommt.

§ 18 Schutz der IT-Sicherheit durch Gefahrenabwehr, Strafverfolgung und nachrichtendienstliche Aufklärung

Literatur: *Bäcker*, Das IT-Grundrecht – Bestandsaufnahme und Entwicklungsperspektiven, in: Lepper (Hrsg.), Privatsphäre mit System, 2010, 4; *ders.*, Das G-10 und die Kompetenzordnung, DÖV 2011, 840; *ders.*, Kriminalpräventionsrecht, 2015; *ders.*, Weitere Zentralisierung der Terrorismusbekämpfung?, GSZ 2018, 213; *ders.*, Terrorismusabwehr durch das Bundeskriminalamt, 2009; *Becker*, Grundrechtliche Grenzen staatlicher Überwachung zur Gefahrenabwehr, NVwZ 2015, 1335; *Bens*, Cyberwar und völkerrechtliches Selbstverteidigungsrecht, BRJ 2011, 149; *Bundesnachrichtendienst*, Strategische Initiative Technik, abrufbar unter https://netzpolitik.org/2015/strategische-initiative-technik-wir-enthuellen-wie-der-bnd-fuer-300-millionen-euro-seine-technik-aufruesten-will/#2014-Strategische-Initiative-Technik; *Bothe*, Stellungnahme zu Rechtsfragen des Cyberwars für den Verteidigungsschuss der Deutschen Bundestages vom 17.2.2016, Ausschussdrucksache 18(12)633; *Bundesamt für Sicherheit in der Informationstechnik*, Die Lage der IT-Sicherheit in Deutschland 2018; *Bundesministerium des Innern, für Bau und Heimat*, Cyber-Sicherheitsstrategie für Deutschland 2016; *Bundesministerium des Innern, für Bau und Heimat*, Entwurf eines Zweiten Gesetzes zur Erhöhung der Sicherheit informationstechnischer Systeme, 2019, abrufbar unter http://intrapol.org/wp-content/uploads/2019/04/IT-Sicherheitsgesetz-2.0-_-IT-SiG-2.0.pdf; *Bundesministerium des Innern, für Bau und Heimat*, Lexikon, abrufbar unter https://www.bmi.bund.de/DE/service/lexikon/functions/bmi-lexikon.html?cms_lv2=9391096; *Bundesministerium des Innern, für Bau und Heimat*, Verfassungsschutzbericht, 2018; *Derin/Golla*, Der Staat als Manipulant und Saboteur der IT-Sicherheit? Die Zulässigkeit von Begleitmaßnahmen zu „Online-Durchsuchung" und Quellen-TKÜ, NJW 2019, 1111; *Dietrich/Eiffler* (Hrsg.), Handbuch des Rechts der Nachrichtendienste, 2017; *ENISA*, Annual Activity Report 2018; *ENISA*, Annual Budget 2019, abrufbar unter https://www.enisa.europa.eu/about-enisa/accounting-finance/files/annual-budgets/enisa-2019-annual-budget/view; *Epping/Hillgruber* (Hrsg.), BeckOK Grundgesetz, 42. Edition, 2019; *Dreier/Wittreck* (Hrsg.), Grundgesetz, 12. Aufl. 2019; *Dürig/Fischer*, Cybersicherheit in Kritischen Infrastrukturen, DuD 2018, 209; *Gärditz*, Zentralisierung von Verfassungsschutzaufgaben und bundesstaatliche Kompetenzarchitektur, AöR 144 (2019), 81; *Gercke*, Analyse des Umsetzungsbedarfs der Cybercrime Konvention Teil 2: Die Umsetzung im Bereich des Strafverfahrensrechts, MMR 2004, 801; *Goger/Stock*, Cybercrime – Herausforderung für die internationale Zusammenarbeit, ZRP 2017, 10; *Graulich*, Brauchen wir ein Polizeimustergesetz?, GSZ 2019, 9; *Heckmann*, Staatliche Schutz- und Förderpflichten zur Gewährleistung von IT-Sicherheit, in: Rüßmann (Hrsg.), Festschrift für Gerhard Käfer, 2009, S. 129; *Hefendehl*, Die Entfesselung des Strafverfahrens über Methoden der Nachrichtendienste – Bestandsaufnahme und Rückführungsversuch, GA 2011, 209; *Hinkle*, Countermeasures in the Cyber Context: One More Thing to Worry About, The Yale Journal of International Law Online 37 (2011), 11; *Hoffmann-Riem*, Freiheit und Sicherheit im Angesicht terroristischer Anschläge, ZRP 2002, 497; *ders.*, Der grundrechtliche Schutz der Vertraulichkeit und Integrität eigengenutzter informationstechnischer Systeme, JZ 2008, 1009; *ders.*, Freiheitsschutz in den globalen Kommunikationsinfrastrukturen, JZ 2014, 53; *Hornung*, Neue Pflichten für Betreiber kritischer Infrastrukturen: Das IT-Sicherheitsgesetz des Bundes, NJW 2015, 3334; *Ingold*, Desinformationsrecht: Verfassungsrechtliche Vorgaben für staatliche Desinformationstätigkeit, 2011; *Keber/Roguski*, Ius ad bellum electronicum? Cyberangriffe im Lichte der UN-Charta und aktueller Staatenpraxis, Archiv des Völkerrechts 49 (2011), 399; *Kipker*, Der BMI-Referentenentwurf zur Umsetzung der NIS-RL. Was dürfen Betreiber von Kritischen Infrastrukturen und Anbieter von digitalen Diensten erwarten?, MMR 2017, 143; *Kipker*, EU-Parlament verabschiedet EU Cybersecurity Act, MMR-Aktuell 2019, 414986; *Kipker/Scholz*, Das IT-Sicherheitsgesetz 2.0. Neue Rahmenbedingungen für die Cybersicherheit in Deutschland, MMR 2019, 431; *Kipker*, Hackback in Deutschland: Wer, was, wie und warum?, Verfassungsblog vom 4.6.2019, abrufbar unter https://verfassungsblog.de/hackback-in-deutschland-wer-was-wie-und-warum; *Klett/Ammann*, Gesetzliche Initiativen zur Cybersicherheit, CR 2014, 93; *Kniesel*, Sicherheitsrecht – Anmerkungen zu einem Rechtsgebiet in der Findungsphase, Die Polizei 2018, 265; *Kutscha*, Schutz von Computerdaten durch ein neues Grundrecht?, NJW 2008, 1042; *Kutscha*, Das „Computer-Grundrecht" – eine Erfolgsgeschichte?, DuD 2012, 391; *Lisken/Denninger* (Hrsg.), Handbuch des Polizeirechts, 6. Aufl. 2018; *Maunz/Dürig*, Grundgesetz Kommentar, 89. Ergänzungslieferung, 2020; *v. Mangoldt/Klein/Starck* (Hrsg.), Kommentar zum Grundgesetz, 7. Aufl. 2018; *Müller*, Der Abschied von der konkreten Gefahr als polizeirechtliche Eingriffsbefugnis, StV 1995, 602; *Münch*, Kriminalitätsbekämpfung weiterdenken, Kriminalistik 2019, 11; *Orator*, Möglichkeiten und Grenzen der Einrichtung von Unionsagenturen, 2011; *Petri*, Das Urteil des Bundesverfassungsgerichts zur „Online-Durchsuchung", DuD 2008, 443; *Plate*, Völkerrechtliche Fragen bei Gefahrenabwehrmaßnahmen gegen

Cyber-Angriffe, ZRP 2011, 200; *Raabe/Schallbruch/Steinbrück*, Systematisierung des IT-Sicherheitsrechts, CR 2018, 706; *Roßnagel/Schnabel*, Das Grundrecht auf Gewährleistung der Vertraulichkeit und Integrität informationstechnischer Systeme und sein Einfluss auf das Privatrecht, NJW 2008, 3534; *Sachs/Krings*, Das neue „Grundrecht auf Gewährleistung der Vertraulichkeit und Integrität informationstechnischer Systeme", JuS 2008, 481; *Schallbruch*, *Die* EU-Richtlinie über Netz- und Informationssicherheit: Anforderungen an digitale Dienste, CR 2016, 663; *Schallbruch*, IT-Sicherheitsrecht – Schutz kritischer Infrastrukturen und staatlicher IT-Systeme, CR 2017, 648; *ders.*, IT-Sicherheitsrecht – Schutz digitaler Dienste, Datenschutz und Datensicherheit, CR 2017, 798; *ders.*, IT-Sicherheitsrecht – Abwehr von IT-Angriffen, Haftung und Ausblick, CR 2018, 215; *Schenke/Graulich/Ruthig* (Hrsg.), Sicherheitsrecht des Bundes, 2. Aufl. 2019; *Schmalenbach*, Wenn der Staat lügt: Desinformation im demokratischen Rechtsstaat, NVwZ 2005, 1357; *Schwander*, Extraterritoriale Wirkungen von Grundrechten im Mehrebenensystem, 2018; *Selzer*, Bekämpfung der Organisierten Kriminalität in der digitalen Welt. Kritische Betrachtung des RefE zum IT-Sicherheitsgesetz 2.0, KriPoZ 2019, 221; *Singelnstein*, Verfassungsbeschwerde gegen § 23b Abs. 2 BWPolG, abrufbar unter https://freiheitsrechte.org/polizeigesetz-bawu; *Tanriverdi*, BR Recherche: Bundesregierung skizziert Hackback-Pläne, 2019, abrufbar unter https://www.br.de/nachrichten/deutschland-welt/internes-papier-bundesregierung-skizziert-hackback-plaene,RRqyr1j; *Voigt/Gehrmann*, Die europäische NIS-Richtlinie. Neue Vorgaben zur Netz- und IT-Sicherheit, ZD 2016, 355; *Wischmeyer*, Informationssicherheitsrecht: IT-Sicherheitsgesetz und NIS-Richtlinie als Bausteine eines Ordnungsrechts für die Informationsgesellschaft, Die Verwaltung 50 (2017), 155; *Witt/Freudenberg*, NIS-Richtlinie, CR 2016, 657; *Zimmermann*, Cyberabwehr in Deutschland, abrufbar unter https://netzpolitik.org/2019/geheimes-bundestagsgutachten-attackiert-hackback-plaene-der-bundesregierung/#2019-08-27_Bundestag-WD_Cyber-Abwehr-in-Deutschland; *Ziolkowski*, Attribution von Cyber-Angriffen, GSZ 2019, 51.

A. Allgemeines ... 1	a) Unterstützung anderer Stellen ... 34
B. Rechtsrahmen ... 4	b) Eigene Tätigkeiten zur Gefahrenabwehr ... 39
I. Nationale Ebene ... 5	
II. Internationale Ebene ... 15	2. Agentur der Europäischen Union für Cybersicherheit ... 45
C. Systematik der sicherheitsbehördlichen Maßnahmen zum Schutz der IT-Sicherheit ... 20	
	II. Polizeien ... 49
I. Sammeln und Auswerten von Informationen ... 21	1. Bundeskriminalamt ... 50
II. Defensive Abwehrmaßnahmen ... 23	2. Landespolizeien ... 53
III. Offensive Abwehrmaßnahmen/aktive Cyberabwehr ... 25	3. Europol ... 54
	III. Nachrichtendienste ... 56
D. Akteure des behördlichen Schutzes der IT-Sicherheit und ihre Befugnisse ... 30	1. Bundesnachrichtendienst ... 58
	2. Bundesamt und Landesämter für Verfassungsschutz ... 65
I. Sonderbehörden für die IT-Sicherheit ... 32	
1. Bundesamt für Sicherheit in der Informationstechnik ... 33	3. Militärischer Abschirmdienst ... 68
	E. Fazit und Ausblick ... 69

A. Allgemeines

1 Neben den zahlreichen spezifischen Institutionen und Gremien, die sich über Gefahren für die IT-Sicherheit beraten und Abwehrmechanismen entwickeln,[1] befassen sich auch die allgemein für Gefahrenabwehr, Strafverfolgung und nachrichtendienstliche Aufklärung zuständigen Behörden in stetig wachsendem Ausmaß mit dem Schutz der IT-Sicherheit. Der Beitrag stellt die hierfür relevanten **Aufgaben und Befugnisse** dar.

2 Der sicherheitsbehördliche Schutz der IT-Sicherheit ist abzugrenzen von behördlichen Maßnahmen, die sonstige Rechtsverstöße mit Bezug zur Informationstechnik verhindern, verfolgen oder aufklären sollen – etwa Maßnahmen gegen die Verbreitung verbotener Materialien oder rechtsverletzender Informationen über das Internet (wie Urheberrechtsverletzungen oder volksverhetzende Äußerungen) sowie IT-basierte Ermittlungen, die sich auf IT-externe Straftaten beziehen (etwa die Überwachung eines Chats zwischen Beteiligten am Betäubungsmittelhandel).

---

[1] S. → § 15 Rn. 36 ff.; vgl. auch *Golla* in Lisken/Denninger, HdB Polizeirecht, Kap. J Teil IX Rn. 7 ff.

Im Folgenden wird zunächst der Rechtsrahmen für den sicherheitsbehördlichen Schutz der IT-Sicherheit im Überblick dargestellt (II.). Anschließend werden die derzeit durchgeführten oder konkret geplanten Maßnahmen zum Schutz der IT-Sicherheit systematisiert (III.) und die in diesem Kontext relevanten behördlichen Akteure und ihre Befugnisse vorgestellt (IV.). Der Beitrag schließt mit einem kurzen Ausblick (V.).

B. Rechtsrahmen

Der Rechtsrahmen für den Schutz der IT-Sicherheit durch Gefahrenabwehr, Strafverfolgung und nachrichtendienstliche Aufklärung ist auch heute noch weitgehend durch nationales Recht geprägt. Da Gefährdungen der IT-Sicherheit allerdings in der Regel eine internationale Dimension aufweisen, nimmt die Bedeutung des überstaatlichen Rechts für dieses behördliche Handlungsfeld stetig zu.

I. Nationale Ebene

Der nationale Rechtsrahmen für den sicherheitsbehördlichen Schutz der IT-Sicherheit ist verfassungsrechtlich vorgeprägt und wird im behördlichen Fachrecht konkretisiert. Auf der verfassungsrechtlichen Ebene sind sowohl die Grundrechte als auch die Kompetenzordnung des Grundgesetzes bedeutsam (Poscher/Lassahn in → § 7 Rn. 25 ff., 50 ff.).

Hohe Relevanz für den untersuchten behördlichen Tätigkeitsbereich hat vor allem das **Grundrecht auf Gewährleistung der Integrität und Vertraulichkeit informationstechnischer Systeme** (IT-Grundrecht), welches das Bundesverfassungsgericht aus dem allgemeinen Persönlichkeitsrecht (Art. 2 Abs. 1 iVm Art. 1 Abs. 1 GG) abgeleitet hat.[2] In seiner **abwehrrechtlichen Dimension** setzt es dem Zugriff auf IT-Systeme durch staatliche Stellen enge Grenzen, soweit diese Stellen sich den Zugriff durch hoheitliche Mittel oder durch einen Bruch der technischen Integrität des Zielsystems verschaffen.[3] Wegen der internationalen Dimension vieler Angriffe auf die IT-Sicherheit ist bedeutsam, dass sich nach zutreffender Auffassung[4] auch ausländische Staatsangehörige auf das IT-Grundrecht berufen können, nicht allerdings ausländische Staaten oder ausländische juristische Personen.[5] Gleichfalls hängt der abwehrrechtliche Grundrechtsschutz nicht davon ab, ob sich behördliche Zugriffe auf IT-Systeme im In- oder im Ausland beziehen.[6] Darüber hinaus ist auch die **objektiv-rechtliche Dimension**[7] des IT-Grundrechts für den behördlichen Schutz der IT-Sicherheit bedeutsam. In dieser Dimension verpflichtet das Grundrecht den Staat zum Schutz der IT-Sicherheit.[8] Dieser Schutzauftrag kann einerseits Grundrechtseingriffe gegenüber Personen rechtfertigen, von denen (mutmaßlich) Bedrohun-

---

2 BVerfGE 120, 274.
3 Zugriffe über das Internet auf dem technisch vorgesehenen Weg und ohne Ausnutzung hoheitlicher Befehlsgewalt greifen hingegen nicht in das IT-Grundrecht ein, so BVerfGE 120, 274 (344); kritisch *Bäcker* in Lepper, Privatsphäre mit System, 2010, S. 4 (18 f.).
4 Eingehend zum Streitstand und den vorgebrachten Argumenten *Schwander*, Extraterritoriale Wirkungen von Grundrechten im Mehrebenensystem; vgl. zum Fernmeldegeheimnis des Art. 10 GG und die Pressefreiheit des Art. 5 Abs. 1 Satz 2 GG nunmehr BVerfG 19.5.2020 – 1 BvR 2835/17, Rn. 87 ff.
5 Vgl. zur Grundrechtsberechtigung des allgemeinen Persönlichkeitsrechts Maunz/Dürig/*Di Fabio* GG Art. 2 Abs. 1 Rn. 223.
6 Vgl. allgemein zur Irrelevanz des Wirkungsortes BVerfGE 57, 9 (23).
7 Vgl. hierzu *Hoffmann-Riem* JZ 2008, 1009 (1019); *Bäcker* in Lepper, Privatsphäre mit System, 2010, S. 4 (14 ff.); *Kutscha* DuD 2012, 391 (394); *Petri* DuD 2008, 443 (446 f.).
8 Vgl. nur *Becker* NVwZ 2015, 1335 (1339 f.); *Heckmann* in FS Käfer, 2009, S. 129 (133 ff.); *Hoffmann-Riem* JZ 2008, 1009 (1013 f.); *Hoffmann-Riem* JZ 2014, 53; *Kutscha* NJW 2008, 1042 (1044); *Roßnagel/Schnabel* NJW 2008, 3534 (3535); *Sachs/Krings* JuS 2008, 482 (486).

gen für die IT-Sicherheit ausgehen. Andererseits liegt es nahe, dass die objektiv-rechtliche Grundrechtsdimension den abwehrrechtlichen Schutz auch verstärken kann.[9]

7 Auf der verfassungsrechtlichen Ebene für den behördlichen Schutz der IT-Sicherheit ebenfalls von Relevanz ist die **Kompetenzordnung** des Grundgesetzes. Diese gibt vor, welche Gesetzgeber welchen Behörden auf Landes- und Bundesebene in welchem Ausmaß Aufgaben und Befugnisse zum Schutz der IT-Sicherheit zuweisen können.

8 Für die repressive **Strafverfolgung** ergibt sich eine konkurrierende Gesetzgebungskompetenz des Bundes aus Art. 74 Abs. 1 Nr. 1 GG, von der der Bund weitreichend Gebrauch gemacht hat. Der Vollzug des Straf- und Strafverfahrensrechts ist hingegen grundsätzlich den Ländern zugewiesen. Strafverfolgungskompetenzen des Bundes ergeben sich zum einen aus Art. 96 Abs. 5 GG für die dort genannten Kriminalitätsfelder,[10] zum anderen als Annex aus bereichsspezifischen Kompetenztiteln.[11]

9 Hinsichtlich der präventiven **Gefahrenabwehr** sind sowohl Rechtsetzung als auch Gesetzesvollzug prinzipiell Ländersache. Auf diesem Tätigkeitsfeld gibt es nur bereichsspezifische Gesetzgebungs- und Verwaltungskompetenzen des Bundes. Dass etwa das BSI mit speziellen Befugnissen zur Gefahrenabwehr ausgestattet ist, wird – bezogen auf den Schutz der Bundesverwaltung – auf eine Gesetzgebungskompetenz kraft **Natur der Sache** gestützt.[12]

10 Des Weiteren sind die ausschließliche Gesetzgebungskompetenz des Bundes für die **kriminalpolizeiliche Zusammenarbeit** und die **internationale Verbrechensbekämpfung** aus Art. 73 Abs. 1 Nr. 10 GG zu beachten. Unter letzterer ist allerdings nicht jede „Bekämpfung internationaler [grenzüberschreitender] Verbrechen" durch Ermittlungen im Inland zu verstehen. Der Kompetenztitel bezieht sich vielmehr auf die Regelung der internationalen kriminalpolizeilichen Zusammenarbeit.[13] Zur Wahrnehmung dieser Aufgaben vermittelt Art. 87 Abs. 1 Satz 2 GG dem Bund auch eine zugehörige Verwaltungskompetenz, von welcher dieser durch Zuweisung an das BKA Gebrauch gemacht hat.

11 Am Rande ist auch die in Art. 73 Abs. 1 Nr. 9a GG geregelte ausschließliche Gesetzgebungs- und Verwaltungskompetenz[14] für die Abwehr von **Gefahren des internationalen Terrorismus** für Regelungen zum Schutz der IT-Sicherheit relevant. Diese bildet die Grundlage entsprechender Befugnisse des BKA. Straftaten gegen die IT-Sicherheit können dem Phänomenbereich des Terrorismus[15] zuzuschlagen sein, wenn sie mit terroristischer Zielsetzung begangen werden und (mittelbar) schwere Schäden verursachen sollen. Der Begriff **Cyberterrorismus** hat sich mittlerweile etabliert,[16] um Handlungen zu beschreiben, die Staaten und deren Bevölke-

---

9 Einen aktuellen Referenzfall bildet die Frage, ob Sicherheitsbehörden zur Durchführung von Online-Durchsuchungen oder (Quellen-)Telekommunikationsüberwachungen auf unbekannte Sicherheitslücken von IT-Systemen zurückgreifen dürfen, da hierdurch ein Zielkonflikt zwischen dem einzelfallbezogenen Überwachungsinteresse und dem allgemeinen Schutz der IT-Sicherheit entstehen kann. Diese Frage ist Gegenstand mehrerer anhängiger Verfassungsbeschwerden zum Bundesverfassungsgericht, vgl. etwa die von *Singelnstein* verfasste Verfassungsbeschwerde gegen § 23b Abs. 2 BWPolG; abrufbar unter https://freiheitsrechte.org/polizeigesetz-bawu; zum Ganzen auch *Derin/Golla* NJW 2019, 1111 (1114 f.).
10 Näher *Bäcker* in Lisken/Denninger, HdB Polizeirecht, Kap. B Rn. 137 f.
11 Vgl. beispielhaft zur Bundespolizei BVerfGE 97, 198 (225).
12 Vgl. Referentenentwurf eines Zweiten Gesetzes zur Erhöhung der Sicherheit informationstechnischer Systeme vom 27.3.2019, abrufbar unter http://intrapol.org/wp-content/uploads/2019/04/IT-Sicherheitsgesetz-2.0-_-IT-SiG-2.0.pdf, 36.
13 BVerfGE 100, 313 (369); BeckOK/*Seiler* GG Art. 73 Rn. 51; Maunz/Dürig/*Uhle* GG Art. 73 Rn. 252; v. Mangoldt/Klein/Starck/*Heintzen* GG Art. 73 Rn. 119; aA anscheinend Dreier/*Wittreck* GG Art. 73 Rn. 76; Schenke/Graulich/Ruthig/*Graulich* § 4 BKAG Rn. 2.
14 Vgl. zu dieser Deutung des Kompetenztitels *Bäcker*, Terrorismusabwehr durch das Bundeskriminalamt, S. 30 f.; für eine Zusammenschau von Art. 73 Abs. 1 Nr. 9a und Art. 87 Abs. 1 Satz 2 GG BVerfGE 141, 220 (263 f.).
15 Vgl. zum Begriffsverständnis im Zusammenhang mit Art. 73 Abs. 1 Nr. 9a GG nur Dreier/*Wittreck* GG Art. 73 Rn. 63 ff.; BeckOK/*Seiler* GG Art. 73 Rn. 44.
16 Vgl. etwa schon *Hoffmann-Riem* ZRP 2002, 497 (498).

rung mittels Angriffen auf die IT-Sicherheit schwer schädigen und einschüchtern können. Als konkrete Beispiele für Cyberterrorismus nennt das BMI „Cyber-Attacken gegen IT-gesteuerte Kritische Infrastrukturen wie beispielsweise die Elektrizitäts- oder Trinkwasserversorgung, Verkehrsleitsysteme oder die Flugsicherung."[17] Zwar haben sich – soweit ersichtlich – noch keine größeren Akte des reinen Cyberterrorismus ereignet, allerdings sind diese zumindest konkret vorstellbar.[18]

Die kompetenzrechtlichen Grundlagen für die Tätigkeiten der **Nachrichtendienste** zum Schutz der IT-Sicherheit ergeben sich für die Auslandsaufklärung des BND aus Art. 73 Abs. 1 Nr. 1 Var. 1 und Art. 87 Abs. 1 Satz 1 GG (auswärtige Angelegenheiten),[19] für den MAD aus Art. 73 Abs. 1 Nr. 1 Var. 2 und Art. 87a Abs. 1 Satz 1 GG (Verteidigung) und für den Verfassungsschutz aus Art. 73 Nr. 10 lit. b GG (Zusammenarbeit des Bundes und der Länder im Bereich des Verfassungsschutzes) sowie aus der Zentralstellenkompetenz aus Art. 87 Abs. 1 Satz 2 GG.

Einfachgesetzlich ergeben sich die bestehenden Aufgaben und Befugnisse zum Schutz der IT-Sicherheit zunächst aus den allgemeinen gesetzlichen Grundlagen der Strafverfolgungsbehörden (StPO), Gefahrenabwehrbehörden (Landespolizeigesetze, BKAG) sowie der Nachrichtendienste (BNDG, Verfassungsschutzgesetze, MADG). Diese weisen allerdings kaum spezielle Regeln die IT-Sicherheit betreffend auf. Anders verhält es sich hinsichtlich der im BSIG speziell geregelten Befugnisse des BSI.

Wie das IT-Sicherheitsrecht insgesamt erweisen sich die Regelungen zu den relevanten Aufgaben und Befugnissen (noch) als stark fragmentiert.[20] Aus den aktuellen rechtspolitischen Diskussionen lässt sich allerdings eine Entwicklung prognostizieren, die zu einer stärkeren **Kodifizierung** – auch hinsichtlich der Schutzaufgaben und -befugnisse – führen dürfte.[21] Ein klarer Fingerzeig in diese Richtung ist das aktuelle Vorhaben eines **IT-Sicherheitsgesetzes 2.0**. Ein erster Referentenentwurf hierzu wurde im April 2019 bekannt.[22] Dieser sieht unter anderem[23] vor, die Befugnisse des BSI sowie von Sicherheits- und Strafverfolgungsbehörden im Bereich der Cybersicherheit auszuweiten.[24] Auch auf **Landesebene** sind zunehmend Gesetzesvorhaben im IT-Sicherheitsbereich zu beobachten. So verabschiedeten etwa Sachsen[25], das Saarland[26] und Niedersachsen[27] 2019 Informationssicherheitsgesetze zum Schutz der IT-Sicherheit öffentlicher Stellen der Länder.[28]

---

17 BMI Lexikoneintrag „Cyberterrorismus", abrufbar unter https://www.bmi.bund.de/DE/service/lexikon/functions/bmi-lexikon.html?cms_lv2=9391096.
18 Dietrich/Eiffler/*Brunst*, Handbuch des Rechts der Nachrichtendienste, S. 831 f.
19 BVerfGE 100, 313 (370); *Bäcker* in Lisken/Denninger, HdB Polizeirecht, Kap. B Rn. 238 f.
20 Vgl. mit einem Ansatz zur Systematisierung *Raabe/Schallbruch/Steinbrück* CR 2018, 706 ff.
21 Vgl. zur Kodifizierungstendenz des IT-Sicherheitsrechts insgesamt *Klett/Amann* CR 2014, 93 (95); *Wischmeyer* Die Verwaltung 50 (2017), 155 (156); speziell im Zusammenhang mit dem ersten IT-Sicherheitsgesetz *Schallbruch* CR 2017, 648.
22 Referentenentwurf eines Zweiten Gesetzes zur Erhöhung der Sicherheit informationstechnischer Systeme vom 27.3.2019 (im Folgenden IT-SiG 2.0 RefE), abrufbar unter http://intrapol.org/wp-content/uploads/2019/04/IT-Sicherheitsgesetz-2.0-_-IT-SiG-2.0.pdf; vgl. hierzu *Kipker/Scholz* MMR 2019, 431 ff.
23 Zudem sieht der Entwurf etwa diverse Änderungen im Straf- und Strafverfahrensrecht vor; vgl. hierzu *Selzer* KriPoZ 2019, 221 ff.
24 IT-SiG 2.0 RefE, 2.
25 Sächsisches Informationssicherheitsgesetz vom 2.8.2019; SächsGVBl. 630.
26 Gesetz zur Abwehr von Gefahren für die Daten in der Informations- und Kommunikationsinfrastruktur des Landes vom 15.5.2019; ABl. 653.
27 Niedersächsisches Gesetz über digitale Verwaltung und Informationssicherheit vom 24.10.2019; Nds. GVBl. 291.
28 Ähnliche Regelungen finden sich in Teil 2 Bayerisches E-Government-Gesetz und mit Einschränkungen auch im hessischen Gesetz zur Errichtung der Informationstechnik-Stelle der hessischen Justiz sowie dem Gesetz zur Errichtung der Landesoberbehörde IT Baden-Württemberg.

II. Internationale Ebene

15 Den Gefährdungen und dem Schutz der IT-Sicherheit kommt naturgemäß eine ausgeprägte internationale Dimension[29] zu. Auch wenn eine standardisierte statistische Erfassung von Angriffen auf die IT-Sicherheit auf nationaler und internationaler Ebene noch nicht stattfindet[30] und die Attribution von Cyber-Angriffen teils erhebliche Schwierigkeiten bereitet,[31] lässt sich aus den vorhandenen fragmentarischen Erfassungen folgern, dass Gefährdungen der IT-Sicherheit sich **so gut wie nie nur in nationalen Dimensionen** bewegen.[32] Dementsprechend erfordern Bedrohungen der IT-Sicherheit auch internationale Lösungsansätze (ausführlich hierzu *Lahmann* in → § 6 Rn. 1 ff.).

16 Als **völkerrechtliche** Rechtsquelle ist zunächst die **Cybercrime Convention** des Europarates vom 23.11.2001[33] relevant. Sie dient dem Schutz der Gesellschaft vor Computerkriminalität sowie der Vertraulichkeit, Unversehrtheit und Verfügbarkeit von Computersystemen, Netzen und Computerdaten.[34] Dafür stellt sie neben Vorgaben für das materielle Strafrecht auch solche für strafprozessuale Ermittlungsbefugnisse auf,[35] die für den Schutz der IT-Sicherheit relevant sind. Ein weiteres relevantes internationales Übereinkommen ist der **Paris Call for Trust and Security in Cyberspace**. Dieser erkennt die wichtige Rolle von Sicherheitsbehörden (neben anderen staatlichen und nicht-staatlichen Stellen) an, um Sicherheit im Cyberspace zu gewährleisten.

17 Auf **unionsrechtlicher** Ebene enthalten mehrere Regelungswerke Vorgaben für den Schutz der IT-Sicherheit. Die Richtlinie (EU) 2016/1148 des Europäischen Parlaments und des Rates vom 6.7.2016 über Maßnahmen zur Gewährleistung eines hohen gemeinsamen Sicherheitsniveaus von Netz- und Informationssystemen in der Union (**NIS-Richtlinie**)[36] erfordert neben anderen Maßnahmen zum Schutz der IT-Sicherheit auch die Benennung von Behörden, die entsprechende Aufgaben erfüllen, sowie von zentralen Anlaufstellen (Art. 1 Abs. 2 lit. e; Art. 8 Abs. 1, Abs. 3 NIS-Richtlinie). Das deutsche Recht wurde im Wesentlichen vorauseilend[37] durch das Gesetz zur Erhöhung der Sicherheit informationstechnischer Systeme (IT-Sicherheitsgesetz) vom 17.7.2015[38] an die Vorgaben der NIS-Richtlinie angepasst. Mit einem weiteren Gesetz[39]

---

29 Im Fokus stehen derzeit vor allem Angriffe aus Russland und China; vgl. BMI Verfassungsschutzbericht 2018, 284 ff.
30 Vgl. *Goger/Stock* ZRP 2017, 10. Zu kritisieren ist in diesem Zusammenhang, dass sich die Kriterien für die Aufnahme von Cybercrime-Delikten in die Polizeiliche Kriminalstatistik (PKS) ab dem Jahr 2014 verändert haben. Darunter fallen auch Straftaten gegen die IT-Sicherheit (§§ 202 a ff.; 303 a f. StGB, s. *Singelnstein/Zech* in → § 20 Rn. 38 ff., 64 ff.). Diese werden nur noch erfasst, wenn konkrete Anhaltspunkte für eine Tathandlung innerhalb Deutschlands vorliegen (vgl. LKA NRW Cybercrime Lagebericht 2014, 3). Diese Beschränkung der erfassten Fälle dürfte für eine höhere Aufklärungsquote sorgen, da Täter im Ausland in der Regel schwerer fassbar sind als im Inland. Sie verzerrt aber das Bild dieses Phänomenbereichs, der stark von Handlungen aus dem Ausland geprägt ist. Auch auf diese findet deutsches Strafrecht Anwendung, wenn der Erfolg der Delikte in Deutschland eintritt.
31 Vgl. hierzu *Ziolkowski* GSZ 2019, 51 (52 ff.); *Lahmann* in → § 6 Rn. 46 ff.
32 Vgl. zur Ortsunabhängigkeit von Cyberangriffen als Vorteil aus Tätersicht Dietrich/Eiffler/*Brunst*, Handbuch des Rechts der Nachrichtendienste, S. 828.
33 BGBl. 2008 II 1242.
34 Präambel der Cybercrime Convention.
35 Vgl. dazu *Gercke* MMR 2004, 801 ff.
36 ABl. 2016 L 194, 1.; vgl. hierzu *Voigt/Gehrmann*, ZD 2016, 355 ff.; *Witt/Freudenberg* CR 2016, 657 ff.; *Schallbruch* CR 2016, 663 ff.
37 Vgl. hierzu *Dürig/Fischer* DuD 2018, 209 (211). Das IT-Sicherheitsgesetz entsprach im Wesentlichen dem Standpunkt Deutschlands bei den Verhandlungen um die Richtlinie.
38 BGBl. 2015 I 1324.
39 Gesetz zur Umsetzung der Richtlinie (EU) 2016/1148 des Europäischen Parlaments und des Rates vom 6.7.2016 über Maßnahmen zur Gewährleistung eines hohen gemeinsamen Sicherheitsniveaus von Netz- und Informationssystemen in der Union; BGBl. 2017 I 1885.

wurde im Jahr 2016 die Umsetzung abgeschlossen. Dieses sah ua weitere Befugnisse für das BSI vor.[40]

Seit Juni 2019 gilt zudem im Wesentlichen[41] die Verordnung (EU) 2019/881 des Europäischen Parlaments und des Rates vom 17.4.2019 über die ENISA[42] (Agentur der Europäischen Union für Cybersicherheit) und über die Zertifizierung der Cybersicherheit von Informations- und Kommunikationstechnik und zur Aufhebung der Verordnung (EU) Nr. 526/2013 (**Cybersecurity Act, CSA**).[43] Der Cybersecurity Act definiert zentrale Begriffe wie jenen der Cybersicherheit (Art. 2 Nr. 1 CSA). Er erweitert und präzisiert zudem die Ziele und Aufgaben der ENISA (Art. 4 ff. CSA, dazu näher → Rn. 45 ff.). Zu diesen gehören nunmehr auch Cybersicherheitszertifizierungen[44] sowie die Sensibilisierung und Ausbildung im Zusammenhang mit der IT-Sicherheit.[45]

Am Rande kommen auch der Verordnung (EU) 2016/679 des Europäischen Parlaments und des Rates (DS-GVO), der Richtlinie 2002/58/EG sowie der Richtlinie (EU) 2018/1972 des Europäischen Parlaments und des Rates Relevanz für den Schutz der IT-Sicherheit zu. Diese enthalten Regelungen zur **datenschutzbezogenen IT-Sicherheit**.[46]

C. Systematik der sicherheitsbehördlichen Maßnahmen zum Schutz der IT-Sicherheit

Im Folgenden werden die **unterschiedlichen Typen von sicherheitsbehördlichen Maßnahmen** zum Schutz der IT-Sicherheit behördenübergreifend systematisiert.

I. Sammeln und Auswerten von Informationen

Eine wichtige Rolle für den Schutz der IT-Sicherheit spielt das Sammeln und Auswerten von relevanten Informationen über Bedrohungen und die dahinterstehenden Infrastrukturen. Die Beschaffung solcher Informationen ist eine der Hauptaufgaben des BSI (dazu näher → Rn. 33 ff.). Ein Schwerpunkt der Informationsbeschaffung liegt auf der **Vorsorge für die Abwehr künftiger Angriffe**. Sie erfolgt insoweit unabhängig vom Vorliegen konkreter Gefährdungen der IT-Sicherheit. Als Maßnahmen zur Sammlung von Informationen kommen etwa die Protokollierung der Nutzung von IT-Systemen,[47] Penetrationstests oder Portscans in Betracht. **Protokollierungsdaten**[48] sind besonders bedeutsam, um Angriffe auf die IT-Sicherheit auszuwerten und zu analysieren und daraus Schlüsse für die Abwehr künftiger Angriffe zu ziehen. Der Vorbeugung (erfolgreicher) Angriffe dienen auch Maßnahmen zur Erkennung von Schwachstellen und Sicherheitslücken von IT-Systemen. So werden etwa bei **Portscans** oder **Penetrationstests** Informationen über IT-Systeme erhoben, um Schwachstellen bei diesen festzustellen und diese den Betroffenen zu melden.[49]

Das Sammeln und Auswerten von Informationen kann **Grundrechtseingriffe** bewirken, die einer gesetzlichen Rechtfertigung bedürfen. Soweit Protokollierungsdaten einen Personenbezug aufweisen, greift ihre Erhebung und Weiterverarbeitung in das Recht auf informationelle

---

40 Vgl. *Dürig/Fischer* DuD 2018, 209 (213).
41 Einzelne Vorschriften gelten gem. Art. 69 Abs. 2 CSA erst ab dem 28.6.2021.
42 Das Kürzel beruht auf der alten Bezeichnung European Network and Information Security Agency.
43 ABl. 2019 L 151, 15.
44 Art. 8, 46 ff. CSA; vgl. dazu *Kipker* MMR-Aktuell 2019, 414986.
45 Vgl. Art. 10, ErwGr 27, 40, 41 CSA.
46 Etwa Art. 32 DS-GVO; vgl. hierzu *Schallbruch* CR 2017, 798 (803 f.) sowie → § 17 Rn. 29 ff.
47 Vgl. BSI Die Lage der IT-Sicherheit in Deutschland 2018, 55.
48 § 2 Abs. 9 BSIG soll Protokollierungsdaten künftig definieren als „Aufzeichnungen über die Art und Weise, wie die Informationstechnik genutzt wurde, über technische Ereignisse oder Zustände innerhalb eines informationstechnischen Systems und wie dieses mit anderen kommuniziert hat."; IT-SiG 2.0 RefE, 7.
49 IT-SiG 2.0 RefE, 57.

Selbstbestimmung (Art. 2 Abs. 1 iVm Art. 1 Abs. 1 GG) ein.[50] Penetrationstests und andere Methoden, in deren Rahmen auf IT-Systeme von Privatpersonen zugegriffen wird, können zu Eingriffen in das Recht auf Gewährleistung der Integrität und Vertraulichkeit informationstechnischer Systeme (ebenfalls aus Art. 2 Abs. 1 iVm Art. 1 Abs. 1 GG) führen, etwa wenn sie mit einer technischen Infiltration des Zielsystems verbunden sind. Dies ist bei den genannten Methoden allerdings nicht zwangsläufig der Fall. So sind Portscans typischerweise nicht invasiv, sondern überprüfen IT-Systeme lediglich auf offene Ports, auf die bei diesem Verfahren aber (noch) nicht zugegriffen wird.[51] Je nach Art der gewonnenen Informationen kann auch das Fernmeldegeheimnis (Art. 10 Abs. 1 Var. 3 GG) betroffen sein.

II. Defensive Abwehrmaßnahmen

23 Des Weiteren kommen defensive Abwehrmaßnahmen zum Schutz der IT-Sicherheit in Betracht. Solche Maßnahmen reagieren auf einen konkreten Angriff und erschöpfen sich darin, die drohenden Schäden zu verhindern oder zumindest zu reduzieren. Beispiele bilden das Ableiten oder Blockieren von Angriffen.[52] Hierdurch sollen Angriffe ins Leere laufen, damit kein IT-System zu Schaden kommt. So können etwa bei einem DDoS-Angriff die Netzwerkverbindungen zu den identifizierten Ausgangspunkten dieses Angriffs blockiert werden.[53] Auch die Zurückführung und Bereinigung eines angegriffenen Systems ist als Maßnahme der defensiven Cyberabwehr zu verstehen.

24 Ob und durch wen solche Maßnahmen bereits regelmäßig in der sicherheitsbehördlichen Praxis durchgeführt werden, ist unklar. Sie werden im Zusammenhang mit den Aktivitäten des BKA[54] und des BND[55] zum Schutz der IT-Sicherheit diskutiert. Defensive Abwehrmaßnahmen führen typischerweise **nicht zu Grundrechtseingriffen**. Grundrechte des Angreifers werden durch eine Maßnahme, die nicht mit Zugriffen auf die von ihm genutzten IT-Systeme verbunden ist, in aller Regel nicht berührt. In Betracht kommt allenfalls ein Eingriff gegenüber dem Inhaber des angegriffenen IT-Systems, der jedoch durch sein Einverständnis ausgeschlossen wird. Daher bedarf es für defensive Abwehrmaßnahmen im Ergebnis keiner besonderen gesetzlichen Ermächtigungen.

III. Offensive Abwehrmaßnahmen/aktive Cyberabwehr

25 Schließlich kommt als eine Art „digitale Trutzwehr" auch die offensive Abwehr von Cyberangriffen in Betracht, die über den Schutz der Zielsysteme eines Angriffs hinaus darauf gerichtet ist, den Angriff durch Einwirkung auf die dazu genutzten IT-Systeme zu beenden. Auf dieser Stufe der aktiven Cyberabwehr[56] ist es denkbar, dass Angehörige von Sicherheitsbehörden fremde IT-Systeme technisch infiltrieren („Hackback").[57] In der Regel werden dabei auf dem Zielsystem vorhandene Daten verändert oder gelöscht. Im Extremfall könnte eine offensive Abwehrmaßnahme sogar dazu führen, dass das Zielsystem physisch beschädigt wird oder es

---

50 Vgl. für die Auswertung von Protokollierungsdaten IT-SiG 2.0 RefE, 53.
51 Vgl. BSI Ein Praxis-Leitfaden für IS-Penetrationstests, November 2016, 23.
52 Vgl. *Münch* Kriminalistik 2019, 11 (13).
53 Vgl. BT-Drs. 18/11242, 40.
54 *Münch* Kriminalistik 2019, 11 (13).
55 S. https://www.br.de/nachrichten/deutschland-welt/internes-papier-bundesregierung-skizziert-hackback-plaene,RR qyr1j.
56 Vgl. näher zu dem Begriff der Cyberabwehr als „Bestandteil einer weit gefassten Sicherheitsstrategie für informationstechnische Systeme gegen Angriffe aus Netzwerken" Dietrich/Eiffler/*Brunst*, Handbuch des Rechts der Nachrichtendienste, S. 825 f.
57 Vgl. Dietrich/Eiffler/*Brunst*, Handbuch des Rechts der Nachrichtendienste, S. 854 f.; *Schallbruch* CR 2018, 215 (223 f.).

durch seine Beeinträchtigung oder seinen Ausfall zu physischen Schäden für Menschen und Sachgüter kommt.

Die Notwendigkeit aktiver Gegenmaßnahmen bei Cyberangriffen ist international schon seit geraumer Zeit Gegenstand von Überlegungen.[58] Auch die **Bundesregierung** diskutiert und prüft aktuell konkret die Möglichkeiten aktiver staatlicher Cyberabwehr.[59] Gegenstand von Prüfung und Diskussion ist dabei nicht nur, in welchem Rahmen die aktive Cyberabwehr nach geltendem Recht zulässig ist sowie welche Stellen hierfür zuständig sind, sondern auch inwiefern und durch welche Stelle derartige Maßnahmen faktisch technisch durchführbar sind.[60]

Maßnahmen der aktiven Cyberabwehr führen in der Regel zu **Eingriffen in das Recht auf Gewährleistung der Integrität und Vertraulichkeit informationstechnischer Systeme** (Art. 2 Abs. 1 iVm Art. 1 Abs. 1 GG). Gegebenenfalls können auch noch weitere Rechte des Systeminhabers beeinträchtigt sein, bei der Beschädigung von Hardware etwa die Eigentumsgarantie (Art. 14 Abs. 1 GG). Solche Maßnahmen bedürfen daher einer gesetzlichen Grundlage, die angesichts der potenziell erheblichen Eingriffsintensität hinreichend normenklar gefasst werden muss und die Abwehrmaßnahme auf den Schutz hinreichend gewichtiger Rechtsgüter zu beschränken hat.

Wegen der objektiv-rechtlichen Dimension des IT-Grundrechts hat die Ermächtigung zudem zu gewährleisten, dass Zielkonflikte aufgrund von Kollateralschäden der Abwehrmaßnahme vermieden werden.[61] So besteht das Risiko, dass ein „Hackback" bei falscher Attribuierung eines Angriffs den Inhaber eines Systems treffen kann, von dem gar kein Angriff ausging.[62] Dieses Risiko ist bei der (prozeduralen) Ausgestaltung einer Eingriffsermächtigung zu bedenken und im Rahmen ihrer technischen Umsetzung zu vermeiden.

Schließlich stellt sich bei einem Zugriff auf IT-Systeme im Ausland auch die Frage nach der völkerrechtlichen Zulässigkeit von „Hackbacks". In der völkerrechtlichen Literatur und Praxis hat sich die Auffassung durchgesetzt, dass Cyberangriffe ab einem gewissen Ausmaß als Gewalt iSv Art. 2 Abs. 4 UN-Charta sowie als – ein Recht auf Selbstverteidigung auslösende – bewaffnete Angriffe iSv Art. 51 UN-Charta anzusehen sind.[63] Dies beruht auch auf der Überlegung, dass sie – etwa im Fall der Beeinträchtigung Kritischer Infrastrukturen – ähnlich schwere Auswirkungen haben können wie Angriffe mit herkömmlichen Mitteln.[64] Damit können Cyberangriffe ab einer gewissen Intensität dem Verbot eines Angriffskrieges nach Art. 26

---

58 Vgl. *Hinkle* The Yale Journal of International Law Online 37 (2011), 11 ff.
59 BT-Drs. 19/5472; https://www.br.de/nachrichten/deutschland-welt/internes-papier-bundesregierung-skizziert-hackback-plaene,RRqyr1j; vgl. auch das von *Zimmermann* für den Wissenschaftlichen Dienst des Bundestags verfasste Gutachten „Cyberabwehr in Deutschland" (WD 2–3000–090/19), veröffentlicht unter https://netzpolitik.org/2019/geheimes-bundestagsgutachten-attackiert-hackback-plaene-der-bundesregierung/#2019-08-27_Bundestag-WD_Cyber-Abwehr-in-Deutschland.
60 WD 2–3000–090/19; *Kipker*, Hackback in Deutschland: Wer, was, wie und warum?, Verfassungsblog vom 4.6.2019, https://verfassungsblog.de/hackback-in-deutschland-wer-was-wie-und-warum/.; vgl. speziell zur Vereinbarkeit von „Hackbacks" im Ausland mit Art. 26 GG WD 3–3000–159/18; zu völkerrechtlichen Fragen der aktiven Cyberabwehr *Keber/Roguski* Archiv des Völkerrechts 49 (2011), 399 (406 ff.); *Plate* ZRP 2011, 200 ff.
61 Vgl. zur Ausnutzung unbekannter Sicherheitslücken zur behördlichen Infiltration von IT-Systemen: *Becker* NVwZ 2015, 1335 (1339 f.); *Heckmann* in FS Käfer, 2009, S. 129 (133 ff.); *Hoffmann-Riem* JZ 2008, 1009 (1013 f.); *Hoffmann-Riem* JZ 2014, 53; *Kutscha* NJW 2008, 1042 (1044); *Roßnagel/Schnabel* NJW 2008, 3534 (3535); *Sachs/Krings* JuS 2008, 482 (486).
62 Ursache für eine solche fehlerhafte Attribuierung kann eine gezielte Manipulation durch den echten Angreifer sein; Dietrich/Eiffler/*Brunst*, Handbuch des Rechts der Nachrichtendienste, S. 855.
63 *Bens* BRJ 2011, 149 (154 f.); *Bothe* Stellungnahme zu Rechtsfragen des Cyberwars für den Verteidigungsschuss der Deutschen Bundestages vom 17.2.2016, Ausschussdrucksache 18(12)633; *Keber/Roguski* Archiv des Völkerrechts 49 (2011), 399 (432); *Plate* ZRP 2011, 200 ff.
64 *Keber/Roguski* Archiv des Völkerrechts 49 (2011), 399 (432).

Abs. 1 GG unterfallen.[65] Welcher Typ von Cyberangriffen ab welcher Intensität den völkerrechtlichen Kategorien von Gewalt und bewaffnetem Angriff unterfällt, bedarf im Einzelnen noch weiterer Klärung.

D. Akteure des behördlichen Schutzes der IT-Sicherheit und ihre Befugnisse

30 Der folgende Abschnitt gibt einen Überblick über die wichtigsten nationalen und europäischen Behörden, die im Rahmen der Strafverfolgung, der Gefahrenabwehr oder der nachrichtendienstlichen Aufklärung zum Schutz der IT-Sicherheit beitragen. Im Zusammenhang mit den jeweiligen Behörden werden auch die diesen zur Verfügung stehenden Befugnisse dargestellt.

31 Die genannten Behörden sind in diversen Strukturen mit anderen Stellen vernetzt, die zur Gewährleistung von IT-Sicherheit beitragen sollen. So sind etwa an dem bei dem BSI angesiedelten **Nationalen Cyber-Abwehrzentrum** (NCAZ, dazu näher *Gitter* in → § 15 Rn. 37) unter anderem das BKA, die Bundespolizei, das Zollkriminalamt (ZKA) und der BND als assoziierte Stellen beteiligt. Die **Zentrale Stelle für Informationstechnik im Sicherheitsbereich** (ZITiS), hat unter anderem die Aufgabe, Sicherheits- und Fachbehörden des Bundes einschließlich der Nachrichtendienste im IT-Bereich technisch zu unterstützen und zu beraten.

I. Sonderbehörden für die IT-Sicherheit

32 Als Sonderbehörden für den Bereich der IT-Sicherheit sind auf nationaler Ebene das BSI sowie auf europäischer Ebene die ENISA tätig. Diese unterstützen auf die IT-Sicherheit bezogene Tätigkeiten anderer Sicherheitsbehörden. Das BSI verfügt zum Teil auch über eigene Befugnisse zur Gefahrenabwehr. Diese bewegen sich allerdings auf einer rein defensiven Ebene.

1. Bundesamt für Sicherheit in der Informationstechnik

33 Das BSI wird als Sonderordnungsbehörde zum Schutz der IT-Sicherheit und Kommunikationstechnik tätig. Es ist aus der Zentralstelle für das Chiffrierwesen hervorgegangen, die seinerzeit dem BND zugeordnet war.[66] Einerseits **unterstützt** das BSI andere für die Strafverfolgung und Gefahrenabwehr zuständige Behörden sowie Nachrichtendienste auf dem Handlungsfeld der IT-Sicherheit. Andererseits kommen dem BSI auch **eigene Befugnisse zur Gefahrenabwehr** zu. Unter beiden Gesichtspunkten bildet den Schwerpunkt der Aktivitäten des BSI das Sammeln und Auswerten von Informationen. Unter Einbeziehung der Entwicklungen um das IT-Sicherheitsgesetz 2.0 wandelt sich das BSI zunehmend von einer komplementären Sonderordnungsbehörde zu einer **zentralen Cybersicherheitsbehörde** mit immer mehr eigenen Befugnissen.

a) Unterstützung anderer Stellen

34 Das BSI unterstützt die für Gefahrenabwehr und Strafverfolgung zuständigen Stellen sowie die Nachrichtendienste bei der Wahrnehmung ihrer gesetzlichen Aufgaben im Bereich der IT-Sicherheit (§ 3 Abs. 1 Satz 2 Nr. 13 BSIG). Diese Unterstützung kann in zweierlei Hinsicht erfolgen. Sie kann sich erstens auf die **eigene IT-Sicherheit anderer Behörden** beziehen. So kann das BSI beispielsweise andere Behörden bei der Analyse und Bewältigung von IT-Sicher-

---

[65] *Bothe* Stellungnahme zu Rechtsfragen des Cyberwars für den Verteidigungsschuss der Deutschen Bundestages vom 17.2.2016, Ausschussdrucksache 18(12)633.
[66] Die Aufgabe der Dechiffrierung verblieb nach der Errichtung des BSI beim BND; vgl. Schenke/Graulich/Ruthig/ *Buchberger* § 1 BSIG Rn. 2.

heitsvorfällen von herausgehobener Bedeutung[67] durch den Einsatz von Mobile Incident Response Teams (**MIRTs**) operativ unterstützen (§ 5a BSIG).[68] Die Möglichkeiten des BSI, anderen Stellen mit konkreten technischen Schutzmaßnahmen auszuhelfen, sind allerdings aufgrund des hierfür erforderlichen Aufwands faktisch begrenzt.[69]

Zweitens kann das BSI andere Behörden bei Tätigkeiten unterstützen, welche **die IT-Sicherheit Dritter schützen.** Hierbei handelt es sich um eine Form der Amtshilfe, die im Aufgabenkatalog des BSI (§ 3 BSIG) speziell geregelt ist.[70]

Hiernach darf das BSI gem. § 3 Abs. 1 Satz 2 Nr. 13 BSIG den Polizeien und Strafverfolgungsbehörden sowie den Nachrichtendiensten Unterstützung leisten. Diese Liste hat ursprünglich nur die Verfassungsschutzbehörden, die Polizei und die Strafverfolgungsbehörden erfasst und wurde bei der Reform des BSIG im Jahr 2009 erweitert.[71] Während das BSI die **Polizeien, Strafverfolgungsbehörden und den BND umfassend** bei der Wahrnehmung ihrer gesetzlichen Aufgaben unterstützen darf, ist dies bei **Verfassungsschutzbehörden und MAD beschränkt** auf die Auswertung und Bewertung von Informationen, die bei der Beobachtung terroristischer Bestrebungen oder nachrichtendienstlicher Tätigkeiten im Rahmen ihrer gesetzlichen Befugnisse anfallen. In allen Fällen darf die Unterstützung nach § 3 Abs. 1 Satz 2 Nr. 13 aE BSIG nur gewährt werden, soweit sie erforderlich ist, um Tätigkeiten zu verhindern oder zu erforschen, die gegen die Sicherheit in der Informationstechnik gerichtet sind oder unter Nutzung der Informationstechnik erfolgen. Zum Nachweis sind entsprechende Unterstützungsersuchen aktenkundig zu machen (§ 3 Abs. 1 Satz 3 BSIG).[72]

Nach § 3 Abs. 1 Satz 2 Nr. 13a BSIG kann das BSI auf deren Ersuchen auch **nichtpolizeiliche Stellen der Länder,** die für die Abwehr von Gefahren für die IT-Sicherheit zuständig sind, unterstützen. Mit dieser Regelung soll dem Umstand Rechnung getragen werden, dass in den „Bundesländern vermehrt nichtpolizeiliche Stellen mit der Abwehr von IT-Gefahren befasst sind oder sein können."[73]

Die speziellen Regelungen zur Unterstützung anderer Stellen durch das BSI sollen durch das **IT-Sicherheitsgesetz 2.0** eine Ausweitung erfahren. So soll das BSI ausdrücklich ermächtigt werden, das BKA mit Maßnahmen zur Detektion und Auswertung von Sicherheitslücken und anderen Sicherheitsrisiken in öffentlich erreichbaren und ungeschützten informationstechnischen Systemen zu unterstützen.[74]

b) Eigene Tätigkeiten zur Gefahrenabwehr

Als zentrale Ordnungsbehörde im IT-Sicherheitsbereich kommen dem BSI auch eigene Aufgaben und Befugnisse zur Gefahrenabwehr zu. Gemäß § 3 Abs. 1 Satz 2 Nr. 1 BSIG hat das BSI seit 2009[75] die Aufgabe, **Gefahren für die Sicherheit der Informationstechnik des Bundes abzuwehren,** wie sie etwa durch kriminelle Angriffe oder Spionagemaßnahmen ausländischer Staaten entstehen können. Im Wesentlichen beziehen sich die Aufgaben und Befugnisse des BSI auf das Sammeln und Auswerten von Informationen zur Gefahrenvorsorge.

Nach § 4 Abs. 2 Nr. 1 BSIG hat das BSI als **zentrale Meldestelle** für die Zusammenarbeit der Bundesbehörden in Angelegenheiten der Sicherheit in der Informationstechnik alle für die

---

67 Vgl. zu diesem Kriterium BT-Drs. 18/11242, 40; *Kipker* MMR 2017, 143 (144).
68 Vgl. BT-Drs. 18/11242, 30, 38 f.; BR-Drs. 64/17, 31; BSI, Die Lage der IT-Sicherheit in Deutschland 2018, 67.
69 Vgl. BSI, Die Lage der IT-Sicherheit in Deutschland 2018, 53.
70 Vgl. BT-Drs. 18/11242, 37.
71 Vgl. BT-Drs. 18/11242, 36 f.
72 Für eine zusätzliche Dokumentationspflicht Schenke/Graulich/Ruthig/*Buchberger* § 3 BSIG Rn. 11.
73 BT-Drs. 18/11242, 36 f.
74 § 7c BSIG-E; vgl. dazu IT-SiG 2.0 RefE, 59.
75 BSI-Gesetz vom 14.8.2009; BGBl. 2009 I 2821.

Abwehr von Gefahren für die IT-Sicherheit erforderlichen Informationen, insbesondere zu Sicherheitslücken, Schadprogrammen, erfolgten oder versuchten Angriffen auf die Sicherheit in der Informationstechnik und der dabei beobachteten Vorgehensweise, zu sammeln und auszuwerten.

41 Zur Abwehr von Gefahren für die Kommunikationstechnik des Bundes darf das BSI gemäß § 5 Abs. 1 BSIG **Protokolldaten**[76] sowie Daten, die an den Schnittstellen der Kommunikationstechnik des Bundes anfallen, erheben und automatisiert auswerten. Diese Daten darf das BSI unter den Voraussetzungen von § 5 Abs. 2 bis 7 BSIG speichern, verarbeiten und weitergehend verwenden. Die Befugnisse in § 5 BSIG gehen tatbestandlich sehr weit.[77] Es ist insbesondere unklar, an welchen Anlass sie gebunden sind. Angesichts der potenziell hohen Sensibilität der betroffenen Kommunikationsdaten, die dem Fernmeldegeheimnis des Art. 10 GG unterfallen können, weckt dies Zweifel an der Verfassungsmäßigkeit der Vorschrift.

42 Des Weiteren ist das BSI befugt, Warnungen in Bezug auf Sicherheitslücken, Schadprogramme oder Fälle von Datenmissbrauch an die Öffentlichkeit oder betroffene Kreise auszusprechen sowie Sicherheitsmaßnahmen und Sicherheitsprodukte zu empfehlen (§ 7 Abs. 1 BSIG), informationstechnische Produkte und Systeme auf dem Markt zu untersuchen und zu überprüfen (§ 7 a Abs. 1 BSIG)[78] sowie Mindeststandards für die IT-Sicherheit des Bundes festzulegen (§ 8 Abs. 1 Satz 1 BSIG). Weitere spezielle Befugnisse kommen dem BSI gegenüber den Betreibern **kritischer Infrastrukturen** zu.[79]

43 Bereits mit dem 2015 verabschiedeten IT-Sicherheitsgesetz wurden die Befugnisse des BSI deutlich ausgebaut. Mit dem **IT-Sicherheitsgesetz 2.0** sollen die Befugnisse des BSI zur Kontrolle der IT-Sicherheit des Bundes nochmals erweitert werden.[80] Hierbei sollen teilweise neuartige Befugnisse geregelt werden, denen möglicherweise ein Modellcharakter für weitere Gesetzesvorhaben zukommen könnte. So soll durch das IT-Sicherheitsgesetz 2.0 eine spezielle Befugnis geschaffen werden, die es dem BSI ermöglichen soll, auf öffentlich erreichbare Informationssysteme zuzugreifen, um Schwachstellen und Sicherheitslücken auf diesen festzustellen.[81] Dies erscheint unbedenklich, soweit die Detektionsmaßnahmen – etwa im Fall von **Portscans** – nicht in Grundrechte des Systeminhabers eingreifen. Die vorgesehene gesetzliche Eingriffsschwelle würde hingegen nicht ausreichen, um Eingriffe in das IT-Grundrecht zu legitimieren.

44 Des Weiteren soll das BSI durch das IT-Sicherheitsgesetz 2.0 eine spezielle Befugnis erhalten, um gegenüber Angreifern vorzutäuschen, dass sie erfolgreiche Angriffe auf IT-Systeme vorgenommen hätten.[82] Dies soll den Einsatz „**aktiver Honeypots**" ermöglichen.[83] Es handelt sich hierbei um Systeme, die Angreifern eine leicht angreifbare Umgebung vorspiegeln, um durch die folgenden Angriffe Informationen über diese zu sammeln. Die Täuschung erweist sich dabei im IT-Bereich als geradezu typischer Modus von Ermittlungen. Sie bewirkt dann einen

---

76 Vgl. zu diesem Begriff § 2 Abs. 8 BSIG.
77 Kritisch hierzu BT-Drs. 16/12225, 2 f.; Schenke/Graulich/Ruthig/*Buchberger* § 5 BSIG Rn. 1.
78 Vgl. dazu *Hornung* NJW 2015, 3334 (3339).
79 §§ 8 a Abs. 3 Satz 5, Abs. 4; 8 b Abs. 6; 8 c Abs. 4 BSIG; vgl. dazu *Golla* in Lisken/Denninger, HdB Polizeirecht, Kap. J Teil IX Rn. 22.
80 Vgl. § 4 a BSIG-E; dazu *Kipker/Scholz* MMR 2019, 431 f.
81 § 7 b BSIG-E; vgl. IT-SiG 2.0 RefE, 16, 57. Danach soll das BSI „zur Erfüllung seiner Aufgaben Maßnahmen zur Detektion und Auswertung von Schadprogrammen, Sicherheitslücken und anderen Sicherheitsrisiken in öffentlich erreichbaren informationstechnischen Systemen durchführen [können], wenn Tatsachen die Annahme rechtfertigen, dass diese ungeschützt sind und dadurch in ihrer Sicherheit oder Funktionsfähigkeit gefährdet sein können."
82 § 7 b Abs. 4 Satz 1 BSIG-E lautet: „Ferner darf das Bundesamt zur Erfüllung seiner Aufgaben Systeme und Verfahren einsetzen, welche einem Angreifer einen erfolgreichen Angriff vortäuschen, um Schadprogramme und andere Angriffsmethoden zu erheben und auszuwerten."
83 IT-SiG 2.0 RefE, 58 f.; vgl. dazu auch *Kipker/Scholz* MMR 2019, 431 (433).

Grundrechtseingriff, wenn staatliche Stellen bewusst unwahre Inhalte mit manipulativer Absicht kommunizieren.[84] In diesem Fall liegt zumindest ein Eingriff in die allgemeine Handlungsfreiheit[85] des Betroffenen vor, da dessen Handlungsmöglichkeiten aktiv eingeschränkt werden sollen.[86] In einem solchen Fall bedarf es zur Rechtfertigung einer spezifischen Rechtsgrundlage, wie sie durch § 7 b Abs. 4 Satz 1 BSIG-E geschaffen werden soll.

2. Agentur der Europäischen Union für Cybersicherheit

45 Auf Ebene der Europäischen Union nimmt die **ENISA** eine wichtige Rolle zum Schutz der IT-Sicherheit ein. Die Agentur war zunächst auf Grundlage der Verordnung (EG) Nr. 460/2004 des Europäischen Parlaments und des Rates vom 10.3.2004 zur Errichtung der Europäischen Agentur für Netz- und Informationssicherheit[87] und später auf Grundlage der Verordnung (EU) Nr. 526/2013 des Europäischen Parlaments und des Rates vom 21.5.2013 (ENISA-VO)[88] tätig. Seit Juni 2019 bildet der **Cybersecurity Act** die rechtliche Grundlage für die Tätigkeiten der ENISA.

46 Dieser hat die Ziele und Aufgaben der ENISA gegenüber den vorherigen Verordnungen erweitert und präzisiert (Art. 4 ff. CSA). Ein Ziel und Tätigkeitsschwerpunkt der Agentur ist es, mit ihrer Sachkenntnis Stellen der Europäischen Union sowie der Mitgliedstaaten auf dem Gebiet der IT-Sicherheit zu **unterstützen**.[89] Um diese Ziele zu erreichen, soll die Agentur unter anderem **Informationen sammeln und auswerten**. Entsprechende Tätigkeiten sind im CSA genauer geregelt als in den bisherigen Verordnungen. Der ENISA ist nun ausdrücklich die Aufgabe der Sammlung und Analyse von Informationen über konkrete Sicherheitsvorfälle, Sicherheitsrisiken und Sicherheitslücken zugewiesen.[90] Darüber hinaus gehören auch Untersuchungen neuer Technologien und langfristige strategische Analysen zum Tätigkeitsspektrum der Agentur.[91]

47 Trotz dieser Neuregelung ist zu erwarten, dass es weiterhin **Diskussionen über die Ausweitung der Ausstattung und Befugnisse** der ENISA geben wird. Die Agentur verfügt über keine außenwirksamen Befugnisse und ist mit 74 ständigen Mitarbeiterinnen und Mitarbeitern[92] und einem Budget von rund 17 Millionen Euro (2019)[93] im Vergleich zu anderen Agenturen eher bescheiden ausgestattet.

48 Speziell zum Schutz der IT-Sicherheit von Stellen der Europäischen Union wird ein eigenes interinstitutionelles IT-Notfallteam bzw. Computer Emergency Response Team (**CERT-EU**) tätig, das mit ähnlichen Einheiten in den Mitgliedstaaten zusammenarbeitet.[94] Das CERT-EU

---

84 *Derin/Golla* NJW 2019, 1111 (1113 f.).
85 Bei einer Identitätstäuschung kann dazu ein Eingriff in das Recht auf informationelle Selbstbestimmung vorliegen, wenn ein schutzwürdiges Vertrauen des Betroffenen in die Identität und die Motivation seines Kommunikationspartners ausgenutzt wird, um personenbezogene Daten zu erheben; BVerfGE 120, 274 (345).
86 Vgl. *Ingold* Desinformationsrecht, 2011, 26 f., 41 ff.; *Schmalenbach* NVwZ 2005, 1357. Anders liegt der Fall, wenn der Staat lediglich eine Aufklärung über eine Fehlvorstellung unterlässt.
87 ABl. 2004 L 77, 1.
88 ABl. 2013 L 165, 41.
89 Art. 4 Abs. 2 CSA; Art. 2 Abs. 2–4 ENISA-VO; vgl. auch *Orator,* Möglichkeiten und Grenzen der Einrichtung von Unionsagenturen, S. 109.
90 Vgl. Art. 7 Abs. 4 lit. c CSA (wonach die ENISA „Sicherheitslücken und Sicherheitsvorfälle auf der Grundlage von öffentlich verfügbaren Informationen oder freiwillig von den Mitgliedstaaten zu diesem Zweck bereitgestellten Informationen analysiert"), Art. 7 Abs. 7 lit. a CSA (wonach die ENISA zur Entwicklung gemeinsamer Maßnahmen zur Reaktion auf Cybersicherheitsvorfälle oder Cyberkrisen beiträgt, indem sie „öffentlich verfügbare oder auf freiwilliger Grundlage bereitgestellte Berichte aus nationalen Quellen als Beitrag zu einer gemeinsamen Lageerfassung zusammenstellt und analysiert") und Art. 9 lit. e CSA.
91 Art. 9 lit. a und b CSA.
92 ENISA Annual Report 2018, 49 (Stand: Ende 2018).
93 ENISA 2019 Annual Budget, abrufbar unter https://www.enisa.europa.eu/about-enisa/accounting-finance/files/annual-budgets/enisa-2019-annual-budget/view.
94 Vgl. ErwGr 31 CSA.

kooperiert mit der ENISA (Art. 7 Abs. 4 Satz 2 CSA) und wird durch die Agentur unterstützt (Art. 6 Abs. 1 lit. c CSA).

II. Polizeien

49 Polizeilichen Stellen sind erst **wenige spezifische Aufgaben und Befugnisse** in Bezug auf den Schutz der IT-Sicherheit zugewiesen. Allerdings wird dieses Schutzanliegen sowohl im präventiven als auch im repressiven polizeilichen Handlungsfeld immer bedeutsamer. Im IT-Bereich ist dabei – ähnlich wie im Sicherheitsrecht insgesamt[95] – zu beobachten, dass die hergebrachte Unterscheidung zwischen den Handlungsfeldern der Gefahrenabwehr und der Strafverfolgung in Praxis und wissenschaftlicher Betrachtung unter Druck gerät und an Bedeutung verliert. Bei Angriffen auf die IT-Sicherheit dürfte sich der Anfangsverdacht einer Straftat in vielen Fällen ebenso begründen lassen wie eine Gefahr, was den zuständigen Behörden eine weitgehende Freiheit bei der Wahl der Befugnisse lässt.[96]

1. Bundeskriminalamt

50 Das BKA unterstützt die Polizeien als **Zentralstelle für das polizeiliche Auskunfts- und Nachrichtenwesen und für die Kriminalpolizei** unter anderem bei der Verhütung von Straftaten gegen die IT-Sicherheit, sofern diese von länderübergreifender, internationaler oder erheblicher Bedeutung sind (§ 2 Abs. 1 BKAG). Im Rahmen seiner Aufgabe zur **präventiven Bekämpfung des internationalen Terrorismus** (§ 5 BKAG) kann das BKA tätig werden, um Taten aus dem Bereich des **Cyberterrorismus** zu verhüten. Hierfür stehen ihm eine Vielzahl von Ermittlungs- und Zwangsbefugnissen zur Verfügung, die eingriffsintensive Maßnahmen wie Telekommunikationsüberwachungen oder Online-Durchsuchungen einschließen. Hingegen hat das BKA noch keine speziellen Aufgaben oder Befugnisse zum präventiven Schutz der IT-Sicherheit bzw. für die Cyberabwehr.

51 Anders verhält es sich im repressiven Bereich: Das BKA ist im Rahmen des polizeilichen Staatsschutzes seit Juli 2015 gemäß § 4 Abs. 1 Satz 1 Nr. 5 BKAG für die **Strafverfolgung von Delikten der Computerkriminalität im engeren Sinne** zuständig. Dies umfasst die Delikte zum Schutz der Vertraulichkeit, Unversehrtheit und Verfügbarkeit von Computerdaten und -systemen (§§ 202 a ff., 303 a f. StGB; *Singelnstein/Zech* in → § 20 Rn. 38 ff., 64 ff.). Einschränkende Voraussetzung ist dabei, dass sich die betreffende Tat gegen die innere oder äußere Sicherheit der Bundesrepublik Deutschland oder gegen Behörden oder Einrichtungen des Bundes oder sicherheitsempfindliche Stellen von lebenswichtigen Einrichtungen, bei deren Ausfall oder Zerstörung eine erhebliche Bedrohung für die Gesundheit oder das Leben von Menschen zu befürchten ist oder die für das Funktionieren des Gemeinwesens unverzichtbar sind, richtet. In diesen Fällen soll ua eine – aufgrund der Flüchtigkeit virtueller Beweismittel – besondere zeitliche Dringlichkeit bei der Verfolgung dieser Delikte die zentrale Zuständigkeit legitimieren.[97] **Kompetenzrechtlich** ist die Aufgabenzuweisung an das BKA hingegen dadurch gerechtfertigt, dass sich die betroffenen Straftaten in den im Gesetz genannten Fallkonstellationen dem **Staatsschutz**[98] im Sinne von Art. 96 Abs. 5 Nr. 5 GG zuordnen lassen. Bei der Strafverfolgung kann das BKA von den allgemein in der Strafprozessordnung geregelten Ermittlungs- und Zwangsbefugnissen Gebrauch machen. Zu beachten ist allerdings, dass die genannten Computerstraftaten nicht für alle Befugnisse hinreichend schwer wiegen. So führt der für die Telekommunikationsüberwachung maßgebliche Straftatkatalog in § 100 a Abs. 2

---

[95] Vgl. allgemein nur *Kniesel* Die Polizei 2018, 265 (266); *Müller* StV 1995, 602 (604).
[96] BGH 26.4.2017 – 2 StR 247/16, NJW 2017, 3173 (3176).
[97] Vgl. BT-Drs. 18/4096, 37; BT-Drs. 14/7386, 52; Schenke/Graulich/Ruthig/*Graulich* § 4 BKAG Rn. 18.
[98] Näher zu diesem Begriff *Bäcker* GSZ 2018, 213 (215).

StPO weder §§ 202a ff. noch §§ 303a f. StGB auf. Diese Maßnahme ist dem BKA daher nur eröffnet, wenn neben einer Computerstraftat auch der Verdacht einer Katalogtat (beispielsweise § 89a StGB) besteht.

Das BKA fordert derzeit weitere **Befugnisse zur Abwehr von Gefahren im Cyberraum**. Dies wird damit begründet, dass es nicht ausreiche, der „globalen, digital vernetzen Gefahr" von Cyberangriffen nur mit lokalen Maßnahmen der Gefahrenabwehr zu begegnen.[99] Allerdings fehlt es bislang an einer **Bundeskompetenz**, um dem BKA die Aufgabe der Gefahrenabwehr im Cyberraum generell zuzuweisen. Dementsprechend wird vorgeschlagen, eine Gesetzgebungs- und Verwaltungskompetenz nach dem Vorbild der Kompetenz für die Abwehr von Gefahren des internationalen Terrorismus durch das BKA in Art. 73 Abs. 1 Nr. 9a GG zu schaffen. Diese soll sich auf Fälle beschränken, in denen eine Bundeseinrichtung oder kritische Infrastruktur betroffen ist, eine länderübergreifende Gefahr besteht oder die Zuständigkeit einer Landespolizei nicht erkennbar ist bzw. ein Land das BKA um Übernahme des Falls ersucht.[100] Innerhalb des derzeitigen Systems der sicherheitsbehördlichen Aufgaben und Befugnisse zum Schutz der IT-Sicherheit erscheint eine Erweiterung der Aufgaben und Befugnisse des BKA zur Cyberabwehr jedenfalls kompetenzrechtlich naheliegender und systematisch schlüssiger als eine Erweiterung der Aufgaben und Befugnisse des BND, die ebenfalls diskutiert wird (dazu näher → Rn. 64). 52

2. Landespolizeien

Die Polizeien der Länder können im Rahmen ihrer **allgemeinen Zuständigkeit** für die Abwehr von Gefahren für die öffentliche Sicherheit und Ordnung präventiv zur Abwehr von Gefahren für die IT-Sicherheit tätig werden.[101] Die polizeilichen Befugnisse richten sich nach dem jeweiligen Landesrecht. Alle Landespolizeien unterhalten zentrale Ansprechstellen für den Bereich Cybercrime.[102] Diese Stellen agieren vor allem als Vermittler in Fragen der IT-Sicherheit für Behörden, Verbände und Unternehmen.[103] 53

3. Europol

Auch das Europäische Polizeiamt (**Europol**) entfaltet Tätigkeiten mit Relevanz für den Schutz der IT-Sicherheit. Im Rahmen der durch Europol geleisteten Unterstützung und Verstärkung der mitgliedstaatlichen Behörden bei der Verhütung und Bekämpfung von Kriminalitätsformen, die ein gemeinsames Interesse verletzen, das Gegenstand einer Politik der Union ist (Art. 3 Abs. 1 Europol-VO), wird Europol auch im Zusammenhang mit Computerkriminalität[104] tätig. Die Europol-VO betont an verschiedenen Stellen die Bedeutung des Schutzes der IT-Sicherheit und der Bekämpfung der Computerkriminalität.[105] Spezifische Befugnisse kommen Europol in diesem Zusammenhang allerdings nicht zu. Das Polizeiamt kann zur Unterstützung der Tätigkeiten sowie der Zusammenarbeit mitgliedstaatlicher Behörden in diesem Bereich von seinen allgemeinen Befugnissen zur Verarbeitung von Informationen nach Art. 17 f. Europol-VO Gebrauch machen. So kann es etwa nach Art. 18 Abs. 2 lit. b Europol-VO strategische und themenbezogene Analysen zur Computerkriminalität vornehmen. 54

Innerhalb von Europol liegt die Zuständigkeit für diesen Phänomenbereich bei dem 2013 gegründeten Europäischen Zentrum zur Bekämpfung der Cyberkriminalität bzw. **European** 55

---

99 *Münch* Kriminalistik 2019, 11 (13).
100 *Münch* Kriminalistik 2019, 11 (13).
101 *Golla* in Lisken/Denninger, HdB Polizeirecht, Kap. J Teil IX Rn. 31.
102 S. https://www.allianz-fuer-cybersicherheit.de/ACS/DE/Meldestelle/Polizeikontakt/ZACkontakt/zackontakt.html.
103 *Golla* in Lisken/Denninger, HdB Polizeirecht, Kap. J Teil IX Rn. 32.
104 Vgl. Anhang I Europol-VO (Liste der Kriminalitätsformen nach Artikel 3 Absatz 1).
105 Vgl. ErwGr 8, 13 Satz 4, 30 Satz 3 Europol-VO.

Cybercrime Centre (EC3). Dessen Tätigkeit ist auch in Art. 4 Abs. 1 lit. l Europol-VO verankert. Demnach ist Ziel von Europol unter anderem die Weiterentwicklung des EC3. Das **Verhältnis des EC3 zur ENISA** kommt in den Erwägungsgründen des CSA zur Sprache.[106] Ein Austausch der Stellen ist besonders in ErwGr 44 CSA vorgesehen. Bereits 2014 schlossen die beiden Stellen eine Kooperationsvereinbarung ab, um ua Fachwissen auszutauschen, gemeinsame Berichte zu erarbeiten sowie Schulung und Sensibilisierung zu betreiben.[107]

III. Nachrichtendienste

56 Besonders aufgrund der internationalen Dimension von Gefährdungen der IT-Sicherheit spielen die Nachrichtendienste in diesem Bereich eine herausgehobene Rolle. So gelingt es dem BND praktisch leichter als den für die Gefahrenabwehr zuständigen Behörden, die relevanten Informationen über internationale Akteure zu beschaffen. Auch der Gesetzgeber geht davon aus, dass schon in technischer Hinsicht ausschließlich der BND in der Lage ist, gewisse Erkenntnisse zur Cyber-Bedrohungslage zu generieren.[108] Insofern besteht beim Schutz der IT-Sicherheit eine Tendenz zur „**Vernachrichtendienstlichung**".[109] Dies führt einerseits dazu, dass das Interesse anderer Behörden steigt, mit Nachrichtendiensten zu kooperieren. Andererseits verstärkt sich das Interesse der Nachrichtendienste, ihre eigenen Aufgaben und Befugnisse in diesem Bereich zu erweitern.

57 Das zunehmende Engagement der Nachrichtendienste im Bereich der IT-Sicherheit bringt allerdings auch **Probleme und Risiken** mit sich. Sofern Nachrichtendienste etwa IT-Schwachstellen bzw. Sicherheitslücken entdecken, kann dies zu Zielkonflikten führen, weil die Dienste ein Interesse daran haben können, diese Lücken offenzuhalten und für sich zu nutzen.[110] Zudem besteht die Gefahr, dass durch die Aktivitäten der Nachrichtendienste und neue gesetzliche Befugnisse die Grenzen des kompetenzrechtlich Zulässigen überschritten werden und die Dienste sich im IT-Bereich nicht mehr auf informationelle Tätigkeiten beschränken.

1. Bundesnachrichtendienst

58 Der BND hat die Aufgabe, Informationen zur Gewinnung von Erkenntnissen über das Ausland von außen- und sicherheitspolitischer Bedeutung für die Bundesrepublik Deutschland zu sammeln und auszuwerten (§ 1 Abs. 2 Satz 1 BNDG). Hierzu gehören allgemein Informationen über Cyberbedrohungen durch andere Staaten oder durch sicherheitsrelevante kriminelle Strukturen und im Besonderen etwa Informationen über konkrete Akte der IT-Spionage oder IT-Sabotage.[111]

59 Dem BND kommen im Bereich der IT-Sicherheit – wie generell – **nur informationelle Befugnisse** zu. Der BND beobachtet auf der Grundlage der Generalklausel aus § 2 Abs. 1 BNDG entsprechende Aktivitäten und unterrichtet andere Stellen davon. Zudem kann der BND nach

---

106 ErwGr 6, 35 CSA.
107 Gemeinsame ENISA/Europol Pressemitteilung vom 26.6.2014, Cyberkriminalität bekämpfen: Strategische Kooperationsvereinbarung von ENISA und Europol unterschrieben.
108 BT-Drs. 18/4654, 41.
109 Tendenzen zur „Vernachrichtendienstlichung" oder „Vergeheimdienstlichung" werden im Recht der Gefahrenabwehr und Strafverfolgung auch allgemein ausgemacht. Hiermit werden vornehmlich die Vorverlagerung von Ermittlungsbefugnissen sowie ein zunehmend heimliches Vorgehen beschrieben; vgl. nur *Graulich* GSZ 2019, 9 (14); *Hefendehl* GA 2011, 209 ff.; kritisch zur Konturlosigkeit dieser Begriffe *Bäcker*, Kriminalpräventionsrecht, S. 301.
110 Dietrich/Eiffler/*Brunst*, Handbuch des Rechts der Nachrichtendienste, S. 860 ff.; vgl. zur Unvereinbarkeit eines derartigen Ausnutzens von Sicherheitslücken mit dem „IT-Grundrecht" nur *Derin/Golla* NJW 2019, 1111 (1114 f.).
111 Vgl. Dietrich/Eiffler/*Brunst*, Handbuch des Rechts der Nachrichtendienste, S. 857; *Golla* in Lisken/Denninger, HdB Polizeirecht, Kap. J Teil IX Rn. 34.

§ 3 BNDG iVm § 8 a BVerfSchG Auskünfte von Anbietern von Telediensten[112] und Telekommunikationsdiensten verlangen.

Des Weiteren stehen dem BND zum Schutz der IT-Sicherheit **Überwachungsbefugnisse nach dem G10** zu. Spezielle Regelungen für einzelfallbezogene und strategische Überwachungen zu diesem Zweck wurden 2015 im G10 ergänzt.[113] § 1 Abs. 1 Nr. 1 iVm § 3 Abs. 1 Satz 1 Nr. 8 G10 erlaubt dem BND – wie auch sämtlichen anderen Nachrichtendiensten – zur Abwehr von drohenden Gefahren für die freiheitliche demokratische Grundordnung oder den Bestand oder die Sicherheit des Bundes oder eines Landes **Telekommunikationsüberwachungen im Einzelfall**, wenn tatsächliche Anhaltspunkte für den Verdacht bestehen, dass jemand Straftaten nach §§ 202 a, 202 b und 303 a, 303 b StGB[114] plant, begeht oder begangen hat, soweit sich die Straftat gegen die innere oder äußere Sicherheit der Bundesrepublik Deutschland, insbesondere gegen sicherheitsempfindliche Stellen von lebenswichtigen Einrichtungen richtet. Als relevante Angriffsziele nennt die Gesetzesbegründung unter anderem Unternehmen der Rüstungs- und Raumfahrtindustrie, Betreiber von kritischer Infrastruktur, Telekommunikationsunternehmen und staatliche Einrichtungen.[115] Im Rahmen seines allgemeinen Aufgabenzuschnitts ist der BND dabei auf die Aufklärung von Vorgängen von außen- und sicherheitspolitischer Bedeutung beschränkt, wenngleich die Überwachung sich auch auf inländische Telekommunikationsverkehre beziehen darf (sog. Aufklärung im Inland über das Ausland).[116]

Auch im Rahmen der **strategischen Überwachung** internationaler Telekommunikationsverkehre zwischen Deutschland und dem Ausland nach § 5 G10 ist der BND seit 2015 befugt, Informationen über Angriffe auf die IT-Sicherheit zu sammeln und diesen zu begegnen, soweit sie von einer gewissen Erheblichkeit sind.[117] Nach § 5 Abs. 1 Satz 1, Satz 3 Nr. 8 G10 dürfen auf Antrag des BND internationale Telekommunikationsbeziehungen überwacht und aufgezeichnet werden, um Informationen über Sachverhalte zu sammeln, deren Kenntnis notwendig ist, um die Gefahr des internationalen kriminellen, terroristischen oder staatlichen Angriffs mittels Schadprogrammen oder vergleichbaren schädlich wirkenden informationstechnischen Mitteln auf die Vertraulichkeit, Integrität oder Verfügbarkeit von IT-Systemen in Fällen von erheblicher Bedeutung mit Bezug zur Bundesrepublik Deutschland rechtzeitig zu erkennen und einer solchen Gefahr zu begegnen. In der Gesetzesbegründung zu dieser neuen Befugnis heißt es, diese solle keinen neuen technischen Aufklärungsansatz schaffen, sondern lediglich bestehende technische Mittel neuen Cyber-Gefahrenlagen anpassen.[118] Korrespondierend zu § 5 Abs. 1 Satz 1, Satz 3 Nr. 8 G10 enthält § 7 G10 eine Befugnis zur Datenübermittlung unter anderem an Polizei- und Strafverfolgungsbehörden und an weitere Nachrichtendienste.

Schließlich kann der BND zum Schutz der IT-Sicherheit auch auf die seit 2016 in §§ 6 ff. BNDG geregelte **Ausland-Ausland-Fernmeldeaufklärung** zurückgreifen, die dem Dienst eine weitreichende strategische Überwachung der ausländischen Telekommunikation erlaubt. So

---

112 Der aus dem mittlerweile außer Kraft getretenen § 2 TeledienstG stammende Begriff der Teledienste bezeichnet im Kontext des geltenden Rechts „Telemedien, soweit es sich nicht um inhaltliche Angebote handelt, bei denen die redaktionelle Gestaltung zur Meinungsbildung der Allgemeinheit im Vordergrund steht."; BT-Drs. 18/5924, 9; vgl. auch Schenke/Graulich/Ruthig/*Mallmann* BVerfSchG § 8 a Rn. 4 a.
113 Gesetz zur Verbesserung der Zusammenarbeit im Bereich des Verfassungsschutzes vom 17.11.2015, BGBl. 2015 I 1938; vgl. BT-Drs. 18/4654, 40 f.
114 Dietrich/Eiffler/*Brunst*, Handbuch des Rechts der Nachrichtendienste, S. 858 f. hält den Kreis der einbezogenen Delikte für zu eng und sieht besonders in Hinblick auf §§ 202 c und 202 d StGB Ergänzungsbedarf. Dies ist jedoch im Hinblick auf die äußerst weite Vorfeldstrafbarkeit des § 202 c StGB sowie die insgesamt unschlüssige und überflüssige Konzeption von § 202 d StGB abzulehnen.
115 BT-Drs. 18/4654, 40.
116 Vgl. BT-Drs. 18/4654, 40.
117 Kritisch zu der Frage, ob beim Zugriff auf automatisierte Angriffspakete ein Eingriff in Art. 10 GG vorliegt, Dietrich/Eiffler/*Brunst*, Handbuch des Rechts der Nachrichtendienste, S. 858.
118 BT-Drs. 18/4654, 41.

beschränkt das Gesetz – anders als § 5 G 10 – das Überwachungsziel nicht auf die Aufklärung herausgehobener Gefahrbereiche, sondern lässt sie grundsätzlich im gesamten Aufgabenbereich des BND zu. Erfasste Verkehrsdaten dürfen gemäß § 6 Abs. 6 Satz 1 BNDG anlasslos und umfassend für bis zu sechs Monate gespeichert werden. Ob diese sehr weitreichende Ermächtigung mit den Grundrechten in Einklang steht, wird im Rahmen eines anhängigen Verfassungsbeschwerdeverfahrens[119] zu klären sein.

63 Der BND nutzt seine Befugnisse zur strategischen Fernmeldeaufklärung (SIGINT/Signals Intelligence), um die Ausbreitung von Schadsoftware sowie andere Cyber-Bedrohungen vorbeugend zu erkennen. Zur Erfassung von IT-Angriffen gegen staatliche Stellen oder kritische Infrastrukturen verwendet er dabei das **Frühwarnsystem SIGINT Support to Cyber Defense (SSCD)**.[120]

64 In der aktuellen Diskussion um staatliche „**Hackbacks**" wird darüber nachgedacht, den BND mit Befugnissen zur aktiven Cyberabwehr auszustatten.[121] Es erscheint aber zweifelhaft, ob dies möglich ist. Das Löschen von Daten und das Beschädigen von IT-Systemen sind nicht mehr von dem gesetzlichen Auftrag in § 1 Abs. 2 BNDG gedeckt, der sich auf das Sammeln und Auswerten von Informationen bezieht.[122] Auch von der den Befugnissen des BND zugrunde liegenden ausschließlichen **Gesetzgebungskompetenz** für auswärtige Angelegenheiten erscheinen Befugnisse zur aktiven Cyberabwehr nicht mehr gedeckt. Die aktive Cyberabwehr geht über das Feld der Aufklärung hinaus. Nach der Rechtsprechung des Bundesverfassungsgerichts ermöglicht es Art. 73 Abs. 1 Nr. 1 GG nicht, dem BND „Befugnisse einzuräumen, die auf die Verhütung, Verhinderung oder Verfolgung von Straftaten als solche gerichtet sind".[123] Regelungen auf Grundlage dieser Kompetenz müssten „in einen Regelungs- und Verwendungszusammenhang eingebettet sein, der auf die Auslandsaufklärung bezogen ist und der politischen Information der Bundesregierung dient."[124] Dieser Zusammenhang ist jedenfalls beim aktiven Eingriff in IT-Systeme, der primär dazu dient, von diesen ausgehende Angriffe zu unterbinden, nicht mehr zu erkennen.

2. Bundesamt und Landesämter für Verfassungsschutz

65 Auch die Verfassungsschutzbehörden befassen sich mit Fragen der IT-Sicherheit.[125] So treffen sie Maßnahmen zur Früherkennung entsprechender Gefahren und sammeln Hinweise auf Infrastrukturen, die zur Kompromittierung der IT-Sicherheit genutzt werden.[126] Das BfV ist im Rahmen seiner allgemeinen Zuständigkeiten nach § 3 BVerfSchG auch für die **Beobachtung und Analyse** von Cyber-Angriffen innerhalb Deutschlands zuständig, besonders wenn ein nachrichtendienstlicher Hintergrund bzw. ein Fall von Spionage vorliegt (§ 3 Abs. 1 Nr. 2 BVerfSchG).

---

119 Az. 1 BvR 2835/16. Das BVerfG hat nach Abschluss des Manuskripts die Regelungen über die Ausland-Ausland-Fernmeldeaufklärung mit Urteil vom 19.5.2020 in weitem Umfang für verfassungswidrig erklärt, die oben angesprochene Verkehrsdatenbevorratung jedoch im Grundsatz nicht beanstandet.
120 S. https://www.bnd.bund.de/DE/Die_Themen/Cybersicherheit/cybersicherheit_node.html; vgl. auch das BND Strategiepapier „Strategische Initiative Technik", abrufbar unter https://netzpolitik.org/2015/strategische-initiative-technik-wir-enthuellen-wie-der-bnd-fuer-300-millionen-euro-seine-technik-aufruesten-will/#2014-Strategische-Initiative-Technik.
121 S. https://www.br.de/nachrichten/deutschland-welt/internes-papier-bundesregierung-skizziert-hackback-plaene,RRqyr1j.
122 Vgl. *Kipker*, Hackback in Deutschland: Wer, was, wie und warum?, Verfassungsblog vom 4.6.2019, https://verfassungsblog.de/hackback-in-deutschland-wer-was-wie-und-warum/.
123 BVerfGE 100, 313 (370); BVerfGE 133, 277 (319).
124 BVerfGE 133, 277 (319).
125 Vgl. etwa BT-Drs. 18/465, 21; die Bedrohung durch Cyberangriffe hat mittlerweile auch einen festen Platz in den Verfassungsschutzberichten; vgl. BMI, Verfassungsschutzbericht 2018, 283 ff.; BMI, Verfassungsschutzbericht 2017, 267 ff.; BMI, Verfassungsschutzbericht 2016, 260 ff.
126 BMI, Verfassungsschutzbericht 2018, 283 f.

Das BfV kann sich bei entsprechenden Tätigkeiten zunächst auf seine Generalbefugnis (§ 8 BVerfSchG) stützen. Es hat auch die Befugnis, unter anderem von den Anbietern von Telediensten[127] und Telekommunikationsdiensten Auskünfte zu verlangen (§ 8 a BVerfSchG). Zudem stehen den Verfassungsschutzbehörden des Bundes und der Länder die in §§ 1 Abs. 1 Nr. 1 iVm 3 Abs. 1 Satz 1 Nr. 8 G10 geregelten Befugnisse für **Telekommunikationsüberwachungen im Einzelfall** zur Abwehr von Gefährdungen für die IT-Sicherheit zu (dazu näher → Rn. 60). Dem BfV soll durch diese Befugnis besonders die Aufklärung von elektronischen Spionage- und Sabotageangriffen fremder Mächte erleichtert werden. Ob dem BfV auf der Grundlage von Art. 73 Nr. 10 lit. b und Art. 87 Abs. 1 Satz 2 GG Befugnisse zur Datenerhebung mit nachrichtendienstlichen Mitteln aufgrund eigenständig definierter Erkenntnisziele eingeräumt werden können, ist allerdings zweifelhaft.[128]

Ein **Ausbau** des BfV im Arbeitsbereich „Elektronische Angriffe" ist in Planung. Es sollen „mobile Cyber-Teams" mit IT-Spezialisten und nachrichtendienstlichen Fachleuten aufgebaut werden.[129] Außerdem soll die Abteilung Spionageabwehr zur Abwehr von Cyber-Spionage personell verstärkt werden.[130]

3. Militärischer Abschirmdienst

Schließlich entfaltet auch der MAD Aktivitäten zum Schutz der IT-Sicherheit, über die aber insgesamt wenig bekannt ist. Innerhalb des MAD ist hierfür die Abteilung II – Extremismus- / Terrorismus- / Spionage- und Sabotageabwehr zuständig. Sie schützt besonders die IT-Infrastruktur der Bundeswehr und klärt Spionageaktivitäten gegen diese auf.[131] Dem MAD stehen wie den anderen Nachrichtendiensten neben seiner Generalbefugnis aus § 4 MADG die in §§ 1 Abs. 1 Nr. 1 iVm 3 Abs. 1 Satz 1 Nr. 8 G10 geregelten Befugnisse für **Überwachungen im Einzelfall** zur Abwehr von Gefährdungen für die IT-Sicherheit zu (dazu näher → Rn. 60).

E. Fazit und Ausblick

Die Regelungen zum Schutz der IT-Sicherheit durch Gefahrenabwehr, Strafverfolgung und nachrichtendienstliche Aufklärung erweisen sich – wie das IT-Sicherheitsrecht insgesamt – als **fragmentarisch**. Allerdings haben sowohl die Aufklärungsbefugnisse der Nachrichtendienste als auch die Gefahrenabwehrbefugnisse des BSI in jüngster Zeit deutliche Erweiterungen erfahren.[132] Eine weitere Entwicklung in diese Richtung ist zu erwarten, wie etwa die aktuelle Diskussion um die Schaffung von Befugnissen für die **aktive Cyberabwehr** zeigt. Hier zeichnen sich auch Zuordnungsprobleme zwischen dem polizeilichen und dem nachrichtendienstlichen Handlungsfeld ab. Die Ausstattung der Nachrichtendienste mit Befugnissen zur Cyberabwehr erscheint in kompetenzrechtlicher Hinsicht teils als heikel, auch wenn namentlich der BND sich aufgrund seiner Expertise bei der internationalen Aufklärung zu weiteren Tätigkeiten in diesem Bereich berufen sehen mag.

---

127 Der aus dem mittlerweile außer Kraft getretenen § 2 TeledienisteG stammende Begriff der Teledienste bezeichnet im Kontext des geltenden Rechts „Telemedien, soweit es sich nicht um inhaltliche Angebote handelt, bei denen die redaktionelle Gestaltung zur Meinungsbildung der Allgemeinheit im Vordergrund steht."; BT-Drs. 18/5924, 9; vgl. auch Schenke/Graulich/Ruthig/*Mallmann* BVerfSchG § 8 a Rn. 4 a.
128 Kritisch hierzu *Bäcker* DÖV 2011, 840 (843 f.); eingehend zur herrschenden Gegenauffassung *Gärditz* AöR 144 (2019), 81 (91 ff.).
129 BMI, Cyber-Sicherheitsstrategie für Deutschland 2016, 29.
130 BMI, Cyber-Sicherheitsstrategie für Deutschland 2016, 31.
131 S. https://mad.bundeswehr.de/portal/a/mad/start/ueberuns/gliederung/.
132 Etwa durch das Gesetz zur Verbesserung der Zusammenarbeit im Bereich des Verfassungsschutzes vom 17.11.2015 (BGBl. 2015 I 1938) und das IT-Sicherheitsgesetz vom 17.7.2015 (BGBl. 2015 I 1324).

§ 19 Aufgaben und Befugnisse der Bundeswehr

Literatur: *Cantwell*, Hybrid Warfare: Aggression and Coercion in the Gray Zone, ASIL Insights, Volume 21, Issue 14, 2017; *Chambers*, Countering Gray-Zone Hybrid Threats, Modern War Institute at West Point, 2016; *Dau*, Die völkerrechtliche Zulässigkeit von Selbstverteidigung gegen nicht-staatliche Akteure, 2018; *Dickow*, Die Rolle der Bundeswehr im Cyberraum, Öffentliche Anhörung des Verteidigungsausschusses des Deutschen Bundestages, Ausschussdrucksache 18(12)640 vom 22.02.2016; *Dinness*, Cyber Warefare and the Laws of War, 2012; *Frank*, Sicherheit des digitalen Staates, Europäische Sicherheit & Technik, Mai 2018, S. 14; *Geiß/Lahmann*, Cyber warfare: applying the principle of distinction in an interconnected space, in: Israel Law Review, 2012, Band 45 (3), S. 381; *Hufeld*, 25 Jahre wehrverfassungsrechtlicher Parlamentsvorbehalt, AVR 2020, 1; *Keber/Roguski*, Ius ad bellum electronicum?, AVR 2011, 399; *Kreß*, Die Aktivierung der Zuständigkeit des Internationalen Strafgerichtshofs, AVR 2018, 269; *Krieger*, Die Reichweite der Grundrechtsbindung bei nachrichtendienstlichem Handeln, Berliner Online-Beiträge zum Völker- und Verfassungsrecht Nr. 1/2008; *Ladiges*, Der Cyberraum – ein (wehr-)verfassungsrechtliches Niemandsland?, NZWehrR 2017, 221; *Marxsen*, Strategische Fernmeldeaufklärung – Neuerungen in den Kompetenzen des Bundesnachrichtendienstes, DÖV 2018, 218; *Mössner*, Bundeswehr in blauen Helmen, in: von Münch (Hrsg.), Staatsrecht, Völkerrecht, Europarecht: Festschrift Hans-Jürgen Schlochauer, 1981, S. 101; *Pirker*, Territorial Sovereignty and Integrity and the Challenges of Cyberspace, in: Peacetime Regime for State Activities in Cyberspace, International Law, International Relations and Diplomacy, NATO CCD COE Publication (Tallinn II), 2013 S. 189; *Rodosek*, Sachverständigengutachten zu Frage 8, Beweisbeschluss SV-13 im Rahmen des Untersuchungsauftrags BT-Drs. 18/843, 1. Untersuchungsausschuss der 18. Wahlperiode; *Schlink*, Die Amtshilfe, 1982; *Schmahl*, Cybersecurity, in: Freiheit und Regulierung in der Cyberwelt – Rechtsidentifikation zwischen Quelle und Gericht, Berichte Deutsche Gesellschaft für Internationales Recht, Band 47, 2016, S. 186; *Schmitt (Hrsg.)*, Tallinn Manual on the International Law Applicable to Cyber Warfare (Tallinn I), 2013; *Schorkopf*, Staatsrecht der internationalen Beziehungen, 2017; *Schulze*, Cyber War – Testfall der Staatenverantwortlichkeit, 2015; *Schulze*, Hacking back? Technische und politische Implikationen digitaler Gegenschläge, in: SWP-Aktuell 59, August 2017, 1; *Spies*, Die Bedeutung von „Rules of Engagement" in multinationalen Operationen: Vom Rechtskonsens der truppenstellenden Staaten zu den nationalen Dienstanweisungen für den Einsatz militärischer Gewalt, in: Weingärtner (Hrsg.), Einsatz der Bundeswehr im Ausland, 2006, S. 115; *Spies-Otto*, Die verfassungsrechtliche Dimension staatlichen Verhaltens im Cyber-Raum, NZWehrR 2016, 133; *Stein/von Buttlar/Kotzur*, Völkerrecht, 2017; *Stein/Marauhn*, Völkerrechtliche Aspekte von Informationsoperationen, ZaöRVR 2000, 1; *Stern*, Das Staatsrecht der Bundesrepublik Deutschland, Band III/1: Allgemeine Lehren der Grundrechte, 1988; *Strebel*, Nochmals zur Geiselbefreiung in Entebbe, ZaöRVR 1977, 691; *Wandscher*, Internationaler Terrorismus und Selbstverteidigungsrecht, 2006; *Wolf*, Die Haftung der Staaten für Privatpersonen nach Völkerrecht, 1997; *Woltag*, Cyber Warfare, Military Cross-Border Computer Network Operations under International Law, 2014; *Ziolkowski*, Attribution von Cyberangriffen, Zeitschrift für das Gesamte Sicherheitsrecht, 2019, 51.

A. Cyberattacken und hybride Bedrohungen 1	C. Art. 24 Abs. 2 GG – Friedenssicherung 31
B. Art. 87 a GG – Verteidigung 4	D. Friedensgebot und parlamentarische Kontrolle .. 33
I. Verfassungsvorbehalt und Grundfunktion ... 4	E. Art. 35 GG – Amtshilfe und Katastrophennotstand 39
II. Reichweite der Ermächtigung 6	I. Art. 35 Abs. 1 und Abs. 2 GG – Grundsatz und Amtshilfe ohne Einsatzcharakter 39
III. Verteidigung gegen Cyberattacken und hybride Bedrohungen 9	II. Art. 35 Abs. 2 und 3 GG – Einsatz zur Unterstützung im Katastrophennotstand 44
1. Cyberattacke: bewaffneter Angriff? 10	F. Gesetzliche Grundlagen zur Ausübung von Befugnissen gemäß Art. 87 a Abs. 1 S. 1 und 2 GG, Art. 24 Abs. 2 GG sowie Art. 87 a Abs. 3 GG 46
2. Cyberattacke: Zurechnung und Attribution zu einem Staat 17	
3. Voraussetzungen für einen Gegenschlag gegenüber einem Staat 20	
4. Grenzen der Selbstverteidigungsmaßnahmen 27	

A. Cyberattacken und hybride Bedrohungen[*]

Im sicherheits- und militärpolitischen Geschehen sind entscheidende Änderungen eingetreten, die unter der Bezeichnung „**hybride Bedrohung**" oder „hybride Kriegsführung" diskutiert werden. Das Besondere der hybriden Vorgehensweisen ist die Verschleierung der Urheberschaft von schädigenden Maßnahmen und das Ausnutzen von Schwächen im System des Zielstaates, um dort direkt oder indirekt schädigend zu wirken. Die Beteiligten operieren entweder anonym, durch reale und technische „Proxies", oder bestreiten die Beteiligung an krisenhaften Vorfällen und schädigenden Eingriffen und – ggf. – an bewaffneten Angriffen und Konflikten. Sie gehen dabei gezielt unterhalb der Schwelle eines **bewaffneten Angriffs** (→ Rn. 10 ff.) vor, oder vermeiden, diese Schwelle ihnen selbst zurechenbar zu überschreiten. 1

Cyberattacken[1] bieten sich als ein Mittel neben anderen[2] im Rahmen all dieser Vorgehensweisen an. Die hierfür ausnutzbaren Schwächen im (staatlichen) System liegen an den Grenzen innerstaatlicher Zuständigkeiten bzw. außerhalb der Reichweite gesetzlicher Befugnisse zivilstaatlicher Gefahrenabwehr und Strafverfolgung.[3] Besonderes Augenmerk ist auf die Fälle bzw. die Zeiträume zu legen, in denen die hybride Bedrohung in einer **Grauzone** verharrt, und damit ohne weitere, gesamtstaatlich zusammenzuführende Erkenntnisse kein erkennbares Vorfeld zu einem konventionellen Konflikt oder einer hybriden Kriegsführung darstellt.[4] 2

Ergänzungen der **Nato-Strategie** im Jahr 2015 beziehen sich vor diesem Hintergrund auf das Sammeln, Bereitstellen und Auswerten von Informationen, um hybride Aktivitäten entdecken und einem Urheber zuordnen zu können, wie auch auf die Stärkung von **Resilienz** in den Mitgliedstaaten und die Abschreckung hybrider Bedrohungen.[5] Es existiert keine rechtliche Definition oder Kategorie, die das Phänomen der hybriden Bedrohung oder Kriegsführung spezifisch erfasst.[6] 3

B. Art. 87 a GG – Verteidigung

I. Verfassungsvorbehalt und Grundfunktion

Nach Art. 87 a Abs. 1 GG stellt der Bund Streitkräfte zur Verteidigung auf. Der Wortlaut des Art. 87 a Abs. 1 und Abs. 2 GG eröffnet zudem den Einsatz der Streitkräfte zur Verteidigung und darüber hinaus. Letzteres gilt unter der Einschränkung, dass das Grundgesetz die Art eines über die Verteidigung hinausgehenden Einsatzes ausdrücklich zulässt (**Verfassungsvorbehalt**). 4

Die Meinungsverschiedenheiten darüber, ob Art. 87 a Abs. 2 GG als eine Vorschrift zu verstehen sei, die nur den Einsatz der Streitkräfte "nach innen" und nicht Einsätze im Ausland 5

---

[*] Der Beitrag gibt ausschließlich die persönliche Auffassung der Autorin wieder und ist nicht als Äußerung des Bundesministeriums der Verteidigung zu verstehen.
[1] Jeder auf einem technisch, betrieblich oder regulatorisch nicht vorgesehenen Weg erfolgte Zugriff auf ein Netz oder System, mit dem ausbeutende, manipulatorische oder schädigende Ziele und Absichten verfolgt werden.
[2] Informationen als solche, die eingesetzt werden, um schädigende Effekte auszulösen, sind nicht Gegenstand der Erörterung. Ihre völkerrechtliche Bewertung richtet sich nach der verfolgten Absicht und dem drohenden bzw. eingetretenen Schaden zulasten der Rechtspositionen des Zielstaates, vgl. *Stein/Marauhn* ZaöRVR 2000, 1 f.
[3] Vgl. Bericht an die Parlamentarische Versammlung der NATO 2015, S. 3, unter: https://www.nato-pa.int/document/2015-166-dsc-15-e-bis-hybrid-warfare-calha-report.
[4] Vgl. insbes. *Chambers*, Countering Gray-Zone Hybrid Threats, 2016, S. 5 ff., mit weiteren Nachweisen unter: https://mwi.usma.edu/wp-content/uploads/2016/10/Countering-Gray-Zone-Hybrid-Threats.pdf.
[5] Kurzdarstellung der NATO-Strategie unter https://www.nato.int/cps/en/natohq/topics_156338.htm.
[6] Zutreffend *Cantwell*, Hybrid Warfare, unter: https://www.asil.org/insights/volume/21/issue/14/hybrid-warfare-aggression-and-coercion-gray-zone#_edn8., und für den Cyberraum ausführlich Tallinn II, S. 168 ff.

unter Verfassungsvorbehalt stellen wolle, stoßen im Cyberraum[7] auf faktische Grenzen. Maßnahmen finden dort nicht ausreichend territorial bezogen statt, weil sie sich bei gezielter Wirkung in ein territorial bestimmtes Netz hinein fremder Netze und Systeme weltweit bedienen können. Eine Unterscheidung nach In- oder Ausland ist nicht mit der gebotenen Trennschärfe möglich, dh „vorbehaltsfreie" Auslandseinsätze könnten nur schwerlich abgegrenzt werden. Selbst bei Anerkennung der Mindermeinung, die Auslandseinsätze vom Vorbehalt freistellt, ergibt sich daraus für Einsätze im Cyberraum, im Zweifel eine ausdrückliche **Ermächtigung** im Grundgesetz vorzuziehen. Für die Mehrheitsmeinung spricht die Absicht des Verfassungsgebers, mit Art. 87a GG eine grundlegende Verfassungsnorm zu schaffen, die das Verhältnis zwischen Staat und Streitkräften umfassend – also für alle denkbaren Fälle des Einsatzes – regelt.[8] Zudem ist in Art. 87a GG eine Norm zu sehen, die in erster Linie die **Grundfunktion der Streitkräfte** – zur Verteidigung – bestimmt. Gerade der Einsatz, der nicht dieser Grundfunktion dient, steht unter dem Vorbehalt der ausdrücklichen Regelung, unabhängig davon, wo er stattfindet.[9] Eine Zulassung im Sinne des Art. 87a Abs. 2 GG ist nach dem Urteil des BVerfG zum Adria-, AWACS- und Somalia-Einsatz der Bundeswehr in **Art. 24 Abs. 2 GG** (→ Rn. 31 ff.) und als Bestandteil der Notstandsverfassung in **Art. 35 Abs. 2 und 3 GG** (→ Rn. 44 ff.) enthalten.[10]

II. Reichweite der Ermächtigung

6   Der Verfassungsgeber gibt keine verfassungsrechtliche **Legaldefinition** der Verteidigung vor.[11] Die Reichweite der Ermächtigung zur Verteidigung ist – innerhalb allgemeiner und besonderer verfassungsrechtlicher Grenzen – in erster Linie völkerrechtlich auszulegen.[12] Die wesentliche allgemeine verfassungsrechtliche Grenze bildet das **Friedensgebot** (→ Rn. 33). Dessen Funktion ist es, einem Machtmissbrauch des militärischen Gewaltinstruments allgemein vorzubeugen.[13] Zu den weiteren besonderen Grenzen gehören die einschlägigen Grundrechte und menschenrechtliche Gewährungen, wo und soweit sie anwendbar sind (→ Rn. 48).

7   **Personalverteidigung** spielt für die Besonderheiten der Cyberverteidigung, die sich aus der wahrscheinlichen Verbindung zwischen Cyberattacken und hybrider Bedrohung bis hin zur Kriegsführung ergeben, keine eigenständige Rolle. Sie wird daher hier nicht speziell behandelt. Im Mittelpunkt steht der **Bestandsschutz** der staatlichen Ordnung gegen Angriffe von außen, die auf die politische Unabhängigkeit (Souveränität) mit mittelbarer Wirkung auf die territoriale Unversehrtheit zielen. Der Schutz erfasst die souveräne Handlungsfähigkeit der Staatsorgane und die Funktionsfähigkeit und Verlässlichkeit kritischer Infrastrukturen, die der grundlegenden Daseinsvorsorge dienen und die Sicherheit von Leib und Leben in erheblichem Aus-

---

7   Cyberraum ist der virtuelle Raum aller auf Datenebene vernetzten IT-Systeme im globalen Maßstab. Ihm liegt als universelles und öffentlich zugängliches Verbindungs- und Transportnetz das Internet zugrunde, welches durch beliebige andere Datennetze ergänzt und erweitert werden kann (siehe unter: http://www.bmi.bund.de/cybersicherheitsstrategie/), hinzu kommt der Anteil der IT-Systeme, die über Datenschnittstellen verfügen, ansonsten aber von öffentlich zugänglichen Netzen und dem Internet separiert sind (siehe unter: https://www.dwt-sgw.de/fileadmin/redaktion/Aktuelles.../DWT-aktuell_04-2015.pdf.).
8   Besonders betont v. Mangoldt/Klein/Starck/*Baldus/Müller-Franken* GG Art. 87a Rn. 74 mit Nachweisen.
9   Siehe *Wassermann/Frank* GG hinter Art. 87 Rn. 10 und Jarrass/Pieroth/*Pieroth* GG Art. 87a Rn. 7; aA *Ladiges* NZWehrR 2017, 221 (240).
10 BVerfGE 90, 286 (286, Leitsatz, 345).
11 So schon *Mössner*, FS Schlochauer, 1981, S. 101 ff.
12 Siehe Maunz/Dürig/*Epping* GG Art. 115a Rn. 35: „völkerrechtlicher Terminus im GG" und mit Verweis auf BVerfGE 100, 313 (363); 111, 307 (318) „völkerrechtskonforme Auslegung", Münch/Kunig/*Hernekamp* GG Art. 80 a Rn. 21; abw. v. Mangoldt/Klein/Starck/*Baldus/Müller-Franken* GG Art. 87a Rn. 39: „offener Verfassungsbegriff", mit der Folge, dass nicht jede völkerrechtlich erlaubte Gewaltanwendung als Verteidigung im Sinne des GG zu qualifizieren sei, sondern nur, wenn sie mit dem Willen des Verfassungsgebers in Übereinstimmung stehe.
13 Vgl. Wassermann/*Frank* GG hinter Art. 87, Rn. 25.

maß betreffen. Der Schutzaspekt greift nicht erst und nicht bloß bei der Abwehr manifestierter Gewalt. Im Lichte des Friedensgebots ist **Kriegsverhütung** ebenso Teil der Zielstellung wie die Rückgewinnung von äußerem Frieden; beides umfasst der Verteidigungsbegriff, und dies in einem immer schon stark von wechselnden Situationen des militär- und machtpolitischen Geschehens abhängigen Rahmen.[14]

Zur Kriegsverhütung gehören auch Maßnahmen der Abwehr fremder Spionage und die Durchführung eigener **Spionage**.[15] In Zusammenhang mit der Verteidigungsaufgabe erwächst den Streitkräften daraus eine originäre Befugnis, **militärische Aufklärung** zu betreiben, die geeignet ist, Angriffspotentiale fremder Staaten zu erkunden und Angriffsvorbereitungen aufzudecken. Die Befugnis beschränkt sich auf diese Zwecke und greift bereits im Vorfeld eines bewaffneten Konflikts, soweit die Maßnahmen erforderlich sind, um die eigene **Verteidigungsfähigkeit** zu erhalten und zu erhöhen (→ Rn. 16). 8

III. Verteidigung gegen Cyberattacken und hybride Bedrohungen

Die wesentliche völkerrechtliche Grundlage für den Einsatz von Streitkräften zur Verteidigung bildet das gewohnheitsrechtlich geltende und in der Satzung der Vereinten Nationen (Art. 51 SVN) anerkannte Recht der individuellen und kollektiven **Selbstverteidigung** gegen einen **bewaffneten Angriff** bzw. gegen einen Verstoß gegen das völkerrechtliche Gewaltverbot (Art. 2 Ziff. 4 SVN), zu der ggf. der Sicherheitsrat nach Art. 39 SVN eine Bedrohung oder einen Bruch des Friedens oder eine Angriffshandlung festgestellt hat („act of aggression" im Sinne der Definition der UN-Generalversammlung[16]). Da der „bewaffnete Angriff" mehrheitlich als Unterfall des Friedensbruchs bzw. der Angriffshandlung gilt, bildet er den Kern für die Feststellung, ob das Selbstverteidigungsrecht eröffnet ist.[17] 9

1. Cyberattacke: bewaffneter Angriff?

Der IGH formuliert die Merkmale eines verhältnismäßig großen *„Ausmaßes"* und substantieller *„Auswirkungen"*, die einem bewaffneten Angriff regulärer Streitkräfte gleichkommen (sog. Schwellenkriterien), als wesentlich für die Frage, ob andere als militärische Angriffshandlungen einem bewaffneten Angriff gleichgestellt werden können.[18] Das überwiegende völkerrechtliche Schrifttum verlangt in Anlehnung an die Schwellenkriterien im Fall einer Cyberattacke, dass sie indirekte (in jedem Fall **waffengleiche**)[19] zerstörerische **Wirkungen** auf Leib und Leben oder Sachen (Eigentum) **außerhalb** informationstechnischer Systeme, Netzwerke und Einrichtungen zeitigt. Dies bedeutet, dass bei Cyberattacken gegen kritische Infrastruktur die Schwelle erst überschritten wäre, wenn die (indirekte) Wirkung auf Atomkraftwerke, Staudämme, Wasserversorgungseinrichtungen und den Flugverkehr bereits zu besonders schweren Unglücksfällen (→ Rn. 44) geführt hat.[20] Auch Verfassungsrechtler argumentieren überwie- 10

---

14 Wassermann/*Frank* GG hinter Art. 87 Rn. 18–20, der mit Stand 1989 diesen Befund vor allem auf die kriegsverhütende Rolle der nuklearen Abschreckung zwischen den Machtblöcken des Warschauer Pakts und der NATO in Europa bezog.
15 So ausdrücklich bislang nur Jarrass/Pieroth/*Pieroth* GG Art. 87a Rn. 11.
16 UN Doc. A/Res. 3314 (XXIX) – deutsche Übersetzung VN 1975, 120, der Katalog der Aggressionsdefinition dient als Auslegungshilfe.
17 S. zu den friedensvölkerrechtlichen Regelungen auch *Lahmann* in → § 6 Rn. 15 ff.
18 Nicaragua II (IGH 1986), I.C.J Reports 1986, Ziffer 196. Als Schwellenkriterien sind die Merkmale neben anderen nur im Völkerstrafrecht kodifiziert (BGBl. 2000 II S. 1394), zur schwierigen Kompromissbildung dort siehe *Kreß*, AVR, 2018, S. 269 ff.
19 S.-H. *Schulze*, Cyber War, S. 95, der an den Gewaltbegriff des Art. 2 Nr. 4 SVN und die Staatenpraxis anknüpft; *Bothe*, VtgA Drs. 18(12)633 vom 17.2.2016, S. 6.
20 Bejahend *Stein/Marauhn*, ZaöRVR 2000, 1 (8); *Schmitt*, (Tallinn I), S. 45 ff. Kritisch in Bezug auf die Beispiele *Woltag*, Cyber Warfare, 2014, S. 179 ff.

gend, dass im Fall der Cyberattacke der zur Verteidigung berechtigende Angriff an diese Voraussetzung zu knüpfen sei.[21]

11 Aus der Genese des Urteils und der Sicht weiterer Entwicklungen ergeben sich Anknüpfungspunkte für eine anpassungsfähige Auslegung. Der Gerichtshof berief sich bei der Ableitung nicht auf Art. 51 SVN, der keinen Anknüpfungspunkt für eine Definition enthält, sondern in Ergänzung zur Auslegung der Aggressionsdefinition auf die von der Richterbank vorgenommene Feststellung eines Staatenkonsenses. Aus dem Konsens ergibt sich zutreffend, dass bei Erfüllung aller Kriterien (auch der Zurechnung → Rn. 17 ff.) keine überzeugenden Gegenargumente gegen die Eröffnung des Rechts auf Selbstverteidigung zu erkennen sind. Es ergibt sich jedoch nicht, dass damit der bewaffnete Angriff abschließend und unveränderlich definiert sei.[22] Das IGH Gutachten zum Gebrauch von Nuklearwaffen stellt darauf ab, dass nicht das Mittel mit dem Charakter als Waffe den Ausgangspunkt für das Gewaltverbot bilde, sondern der Gebrauch jeder Form von Gewalt, unabhängig von den eingesetzten Waffen.[23] Dies rückt die potenzielle **Zerstörungskraft** in den Mittelpunkt.[24] Aus dieser Sicht ist einer vermittelnden Ansicht zuzustimmen, nach der die Schwelle bereits bei Eintritt von massiven, mittel- oder langfristigen Wirkungen, die der physischen Zerstörung der **kritischen Infrastruktur** gleichkommen, überschritten ist, soweit die Cyberattacke in Systemen, Netzwerken und Einrichtungen kritischer Infrastruktur wirke.[25] Aus der **Zweckrichtung** eines bewaffneten Angriffs betrachtet, sollte auch eine funktionale Störung auf technischer Ebene mit dem Potential weitreichender Dienstleistungsstörungen, die geeignet sind, jederzeit eine bedrohliche **Funktions- und Versorgungskrise** auszulösen, ausreichend sein.[26] Dies entspräche einer am Sinn und Zweck der Norm orientierten Auslegung, die die technologische Entwicklungen der „Waffengewalt" unabhängig von der Wirkungsform berücksichtigt, also auch in Rechnung stellt, dass Cyberattacken sich in einem längst infiltrierten System aufbauen, weiterentwickeln und plötzlich zur Wirkung kommen können.[27] Ein undifferenziertes Festhalten am Eintritt massiver Außenweltzerstörung würde dazu führen, dass ein betroffener Staat an einer völkerrechtsgemäßen effektiven Selbstverteidigung gehindert wäre, wenn er den (jederzeit möglichen, weil im Kausalablauf bereits bis zur Auslösung vorbereiteten) Eintritt absehbarer (weil aufgeklärter) angriffsgleicher Auswirkungen abwarten müsste.[28]

12 Bezogen auf den Bestand der **staatlichen Ordnung** und die souveräne Handlungsfähigkeit der Staatsorgane konstatieren Völkerrechtler besonders, dass eine einhellige Schwelle zwischen einem bewaffneten Angriff bzw. einer verbotenen Intervention und bloßer wirtschaftlicher und politischer Nötigung noch nicht zu erkennen sei.[29] Cyberattacken könnten wegen ihrer nötigenden Zwangswirkung auf die politische Souveränität und die territoriale Integrität nur dann als „bewaffnete Angriffe" aufgefasst werden, wenn es gerade in diesem Zusammenhang

---

21 v. Mangoldt/Klein/Starck/*Baldus/Müller-Franken* GG Art. 87a Rn. 58 mit weiteren Nachweisen.
22 Die Feststellungen des IGH waren dazu nicht eindeutig durch Staatspraxis und -verlautbarungen gestützt; vgl. *Woltag*, Cyber Warfare, 2014, S. 177.
23 Nuklearwaffen (IGH 1996), I.C.J. Reports 1996, Ziffer 39.
24 Ähnlich *Schorkopf*, Staatsrecht der internationalen Beziehungen, S. 366.
25 *Keber/Roguski*, AVR 49, 2011, 399 ff., 432 f. (zu Estland 2007); nur bei erfolgreicher Bestimmung des Urhebers: *Ladiges*, NZWehrR 2017, 221 (226).
26 Vgl. *S.-H. Schulze*, Cyber War, 97, soweit er die Absicht, Tod und Verletzung auszulösen, hinreichen lässt, damit unabhängig von der Vorgehensweise (biologisch, chemisch oder physisch) alle Menschen schädigende Angriffe erfasst werden.
27 Maunz/Dürig/*Epping* GG Art. 115a Rn. 44; v. Mangoldt/Klein/Starck/*Grote* GG Art. 115a, Rn. 17; *Schmahl*, Cybersecurity, 2016, S. 187: bei indirekter Schadenszufügung müssen netzexterne Objekt- und Personenschäden unwiderstehlich zu erwarten sein.
28 Vgl. (ohne Bezug zum Cyberraum) *Stein/von Buttlar/Kotzur* Völkerrecht § 52 Rn. 844 mit Nachweisen zur Gegenauffassung.
29 *Pirker*, Tallinn II, S. 200 ff. mit Nachweisen.

auch zu materiellen Zerstörungen und Personenschäden komme. Zunächst trägt dies der Tatsache, dass die staatliche Ordnung für sich ein **Schutzobjekt** der Verteidigung ist, nicht hinreichend Rechnung. Des Weiteren ist mit fortschreitender Digitalisierung davon auszugehen, dass den Staatsfunktionen selbst kritische Infrastrukturen unterliegen bzw. solche unmittelbar durch den Ausfall von Staatsfunktionen betroffen sind, so dass infolge der erheblichen Störung oder des **Ausfalls von Staatsfunktionen** eine bedrohliche Funktions- und Versorgungskrise impliziter werden wird.

Im Zusammenhang damit ist die Verordnung des Rates über restriktive Maßnahmen gegen Cyberangriffe, die die Union oder ihre Mitgliedstaaten von außen bedrohen, beachtlich.[30] Sie definiert Cyberattacken als **böswillige Cyberangriffe**, wenn diese potenziell erhebliche Auswirkungen auf kritische Infrastrukturen, die von wesentlicher Bedeutung für die Aufrechterhaltung wichtiger gesellschaftlicher Funktionen oder der Gesundheit, der Sicherheit und des wirtschaftlichen oder sozialen Wohlergehens der Bevölkerung sowie auf kritische staatliche Funktionen haben. Damit werden sie durch die Bereichskodifikation als unerlaubte **Interventionen** anerkannt, das heißt, nicht mehr als bloße politische Nötigung angesehen.[31] Bereits dem Versuch solcher Cyberattacken wird mit **Sanktionen** begegnet.[32]

Die rechtliche Beurteilung des bewaffneten Angriffs an die physischen Auswirkungen der Schwellenkriterien zu knüpfen, verschafft nur vermeintlich eine sichere Grundlage für Entscheidungen. Sie verkennt ein Wesensmerkmal des militärischen Angriffs, das für die völkerrechtliche Bewertung grundlegend ist und aus hiesiger Sicht im Cyberraum und mit Blick auf eine Gleichzeitigkeit von Cyberattacken und hybriden Bedrohungen entscheidungsleitend zu berücksichtigen ist: die Absicht, einen **militärischen Vorteil** zu erzielen und dafür zweckgerichtet Mittel einzusetzen, die zu Zerstörung und Tod führen können.[33]

Gemeint ist eine strategische Absicht, die in einen bestehenden **konfrontativen politischen Kontext** eingeordnet ist, und damit über eine technische Manipulation (Sabotage) oder Spionage bzw. eine verbotene Intervention mit bloß nötigenden Wirkungen im betroffenen Inland hinausgeht. Dieser Aspekt ist der Lackmustest, denn selbst dann, wenn eine Cyberattacke zerstörerische Wirkungen außerhalb der IT-Infrastruktur entfaltet, die Wirkungen aber keinen militärischen Vorteil bedeuten, bzw. nicht von einem nach tatsächlicher Lage und politischer Bewertung möglichen Gegner genutzt werden könnten, zieht dies das Vorliegen eines „bewaffneten Angriffs" in Zweifel. Jedenfalls zieht es in Zweifel, ob Selbstverteidigungsmaßnahmen völkerrechtlich bereits **unabweisbar notwendig** und **verhältnismäßig** sind.[34] Die Auswirkungen wären stattdessen als besonders schwerer Unglücksfall zu betrachten (→ Rn. 44). Dies gilt auch unabhängig von der Frage, ob die Cyberattacke einem staatlichen Urheber ausreichend zugerechnet (→ Rn. 17 f.) werden kann.[35]

Soweit mit dem Angriff erkennbar ein militärischer Vorteil verbunden ist und gesucht wird, trägt dies andererseits zur Bestimmung eines Urhebers bei.[36] Mehr noch, wenn die Wirkungen

---

30 VO (EU) Nr. 796/2019.
31 Im Schrifttum wurden sie bereits seit längerem anerkannt, siehe *Ladiges* NZWehrR 2017, 221 (225) mit Nachweisen.
32 Die Bundesrepublik nimmt die Cyberattacke auf den Bundestag 2015 zum Anlass, in der EU für Sanktionen gemäß den Regelungen einzutreten, siehe FOCUS ONLINE vom 11.6.2020, https://www.focus.de/politik/ausland/eu-sanktionen-gegen-russische-hacker_id_12089639.html.
33 Vergleichbar bereits *Stein/Marauhn*, ZaöRVR 2000, 1 (6).
34 Sog. „Webster Kriterien", British and Foreign State Paper 1840/1841, S. 1138 (1857). AA *Lahmann* in → § 6 Rn. 32.
35 Im Ergebnis führen die von *Schmitt* bereits 1999 entwickelten Kriterien, mit denen in der rechtlichen Grauzone eine politische Entscheidung unterstützt werden sollte, zu vergleichbaren Ergebnissen, siehe *ders.* in: Tallinn I, S. 48 ff.
36 Damit sind auch die berechtigten Einwände *Ladiges* berücksichtigt (*Ladiges* NZWehrR 2017, 221 (240)).

im Cyberraum außerhalb dessen zeitlich und in ihrer Ausrichtung auf einen militärischen Vorteil von **hybriden Bedrohungen** begleitet und verstärkt werden. In dieser Situation kann es naheliegen, zumindest Maßnahmen der zivilen und der militärischen Verteidigung zum Erhalt und zur Erhöhung der **Verteidigungsbereitschaft** in Betracht zu ziehen (→ Rn. 37). Die Einordnung böswilliger Cyberangriffe als Intervention im Europarecht schließt eine solche weitergehende Bewertung nicht aus; sie lässt EU-Mitgliedstaaten vielmehr Raum, Cyberangriffe in Verbindung mit einer hybriden Bedrohung unter den dargelegten Kriterien (Zweckrichtung (→ Rn. 11, 14 f.), strategische Absicht und militärischer Vorteil) ggf. als bewaffneten Angriff zu bewerten.

2. Cyberattacke: Zurechnung und Attribution zu einem Staat

17 In der IGH-Entscheidung zu den Schwellenkriterien (→ Rn. 10) wurden Kriterien entwickelt und angewandt, um eine **Zurechnung** der Angriffshandlung nichtstaatlicher Akteure zu einem **Hintergrundstaat**[37] zu begründen. In enger Auslegung wurde vertreten, dass diese Zurechnung zu einem Staat gleichermaßen notwendige Voraussetzung für einen „bewaffneten Angriff" sei.[38] Eine überwiegend anerkannte Weiterentwicklung manifestierte sich in der von VN-Resolutionen begleiteten Staatspraxis in Folge der Anschläge des 11.9.2001.[39] Der VNSR reagiert mit einer Verurteilung der Anschläge, bezeichnet sie als Bedrohung des Weltfriedens und der internationalen Sicherheit, unterstreicht das Recht auf Selbstverteidigung und hat damit den Terroranschlägen die Qualität eines bewaffneten Angriffs zugemessen, ohne Klarstellung, ob ein Staat, ein de facto Regime oder eine Terrorgruppe ohne **staatlichen Hintergrund** die Anschläge verübt hat.[40] Aus der Zustimmung der Bundesregierung zu den gleichgerichteten Feststellungen des NATO-Rats am 12.9.2001 und am 4.10.2001 lässt sich ebenfalls erkennen, dass der Ursprung der Anschläge von außerhalb des Territoriums der Vereinigten Staaten – anstelle einer Zurechnung – völkerrechtlich das entscheidende Kriterium zur Annahme eines bewaffneten Angriffs darstellte und von allen NATO-Staaten mitgetragen wurde.[41] Demnach muss der „**bewaffnete Angriff von außen**" weder einen staatlichen Urheber haben noch einem Staat sicher zurechenbar sein, um das Recht auf Selbstverteidigung grundsätzlich zu eröffnen.[42]

18 Die Feststellung, ob eine „**Cyberattacke von außen**" vorliegt, stellt vor allem auf der faktischen Ebene eine besondere Herausforderung dar, weil neben der Frage des Urhebers, der selbst ohne technische Anonymisierungsvorkehrungen hinter den Daten nicht offenkundig ist, auch der beteiligte oder ggf. nur beherbergende Staat fraglich bleibt.[43] Ein technisch-forensisch basierter Rückschluss (Attribution) auf den Ursprungs- und Zielort einer Kommunika-

---

37 Vgl. zur Begrifflichkeit *Stein/von Buttlar/Kotzur* Völkerrecht § 45 Rn. 788.
38 Bspw. *Wandscher*, Internationaler Terrorismus, S. 243 f., 283 ff.; *Schwartz*, Die Terroranschläge in Frankreich – ein Fall für das Recht auf Selbstverteidigung?, vom 17.11.2015, bei: Junge Wissenschaft im öffentlichen Recht, unter https://www.juwiss.de/83-2015/, beide mit Fokus auf die Zurechnung von Terrorakten bzw. transnationalem privaten Terrorismus zu Staaten.
39 Doc S/RES/1368 (2001) und Doc S/RES/1373 (2001).
40 Siehe *Stein/von Buttlar/Kotzur* Völkerrecht § 52 Rn. 843. Den Schwellenkriterien war in der Situation Genüge getan.
41 Vgl. BT-Drs. 14/7296 vom 7.11.2001.
42 So auch v. Mangoldt/Klein/Starck/*Baldus/Müller-Franken* GG Art. 87a Rn. 49, sie sehen aus verfassungsrechtlicher Sicht weder im Text des Art. 87a GG noch in der Entstehungsgeschichte der Wehrverfassung einen zwingenden Grund, für einen verteidigungseröffnenden Angriff einen staatlichen Urheber zu verlangen oder Verteidigungsmaßnahmen auf die Abwehr der Streitkräfte fremder staatlicher Armeen zu begrenzen. Zuletzt hat sich der IGH in dieser Hinsicht ebenfalls nicht mehr festgelegt, vgl. Kongo v. Uganda, ICJ Reports 2005, S. 168. Zur Durchsetzung dieser Sichtweise in Bezug auf Cyberattacken siehe *Lahmann* in → § 6 Rn. 49.
43 Vgl. *Rodosek*, Gutachten zum Beweisbeschluss SV-13 (UA-NSA), 2016, unter: https://www.ccc.de/system/uploads/220/original/beweisbeschluss-nsaua-ccc.pdf bzw. unter https://cdn.netzpolitik.org/wp-upload/2016/10/gutachten_ip_lokalisation_rodosek.pdf.

tion könnte anhand der Quell- und Ziel-IP-Adressen gezogen werden. Bei Einsatz von Verschleierungsmaßnahmen ist zu erwarten, dass der Ursprungsort von Kommunikationsvorgängen nur grob granular festgestellt werden kann, dies kann jedoch genügen um festzustellen, ob sich Ziel- und/oder Ursprungsadresse **im Ausland** befinden.[44] Hinweise auf das Potential eines staatlichen oder staatlich beauftragten (oder unterstützten) Urhebers gelten in diesem Zusammenhang inzwischen als zusätzliche Indikatoren für die Bestimmung oder Bestätigung eines **Hintergrundstaates**, ohne dass ein territorialer Zusammenhang bestehen muss.[45]

Die Attribution ist (zeit-) aufwändig und wird deshalb von Staaten häufig an Unternehmen vergeben, die auf die Erkennung und die forensische Analyse von Cyberbedrohungen spezialisiert sind.[46] Deren Rückverfolgungen und forensische Analysen bieten ein retrospektives Ergebnis, dass vielfach aufgrund von Datenschutzbestimmungen den Beginn einer Cyberattacke nicht erfassen kann. Diese Erkenntnisse reichen allein für eine Entscheidung über die Unabweisbarkeit und **Verhältnismäßigkeit** einer militärischen Verteidigung regelmäßig nicht aus. In den Grenzen des Selbstverteidigungsrechts wird dem Opferstaat zwar zugebilligt, Zeit in Anspruch zu nehmen, um einen Angreifer zu identifizieren und seinen Aufenthalt ausfindig zu machen, trotzdem bleibt zu beachten, dass der Bezug zum vorangegangen Angriff gewahrt bleibt.[47] Für Schadsoftware, die sich im Laufe der Zeit adaptiert und sich zu einem jeweils passgenauen und erneut adaptierten Werkzeug entwickelt, ist entscheidend, die „Kette" bis zum technischen Ursprung zu rekonstruieren, um die **Angriffsabsicht** (→ Rn. 16) zu belegen und auf einen Urheber zurückführen zu können.[48] Der Einsatz von weitergehenden Fähigkeiten zur Detektion eines Eindringens in das eigene System oder zur **Überwachung** von Diensten, Verkehren und Verhalten, um Cyberattacken zu entdecken und zurückzuverfolgen, erzielt eine zeitnähere und etwas bessere faktische Genauigkeit, setzt jedoch voraus, selbst zuvor das System des Angreifers infiltriert und ausgespäht zu haben.[49] Die grundsätzliche Befugnis der Streitkräfte, **Ausspähungen** (→ Rn. 8) zu betreiben, die geeignet sind, Angriffspotentiale fremder Staaten zu erkunden und Angriffsvorbereitungen aufzudecken, wurde bislang nicht auf Fälle bezogen, in denen zu einer Cyberattacke eine hinreichende Ursprungsadresse im Ausland bzw. ein Urheber und ein ihn beherbergender Staat festgestellt werden soll. Sie wurde auch nicht auf **Infiltrationen** oder auf den zugehörigen **Telekommunikationsverkehr** bezogen. Grundsätzlich stünden der Möglichkeit, den Streitkräften eine zielgerichtete Infiltration zu überantworten, keine durchgreifenden verfassungsrechtlichen Gründe entgegen, solange und soweit diese Aktivitäten im Rahmen des Art. 35 Abs. 1 und 2 GG (→ Rn. 41 f.) unter verantwortlicher Leitung des BND **grundrechtskonform** und unter **parlamentarischer Kontrolle**

---

44 So insbesondere *Rodosek,* Gutachten zum Beweisbeschluss SV-13 (UA-NSA), 2016, unter: https://www.ccc.de/system/uploads/220/original/beweisbeschluss-nsaua-ccc.pdf bzw. unter https://cdn.netzpolitik.org/wp-upload/2016/10/gutachten_ip_lokalisation_rodosek.pdf, S. 34.
45 Zu der Cyberattacke gegen das Netz des Bundes gingen IT-Sicherheitsexperten des Bundes mit hoher Wahrscheinlichkeit davon aus, dass es sich bei den Urhebern um Personen aus Russland handelt, die als Turla, Snake oder Ouroboros bekannt sind. Die Bundesregierung hat darauf hin zum ersten Mal öffentlich Russland beschuldigt (in Zusammenhang mit dem Skripal-Zwischenfall) – Russland streitet die Anschuldigungen ab. Siehe dazu: https://zeitschrift-ip.dgap.org/de/ip-die-zeitschrift/archiv/jahrgang-2019/januar-februar-2019/dame-koenig-hacker.
46 Beispiele mit Einzelheiten zu den Firmen und Methoden nennt *Ziolkowski* GSZ 2019, 51 (53, 56).
47 In Abgrenzung zur völkerrechtlich nicht statthaften Vergeltungsmaßnahme gemäß GA Res/2625 (XXV), 1974.
48 2012 teilte US-Verteidigungsminister Panetta mit, dass die USA ihre Fähigkeiten, Cyberattacken zu attribuieren, verbessert haben, durch eine Kombination aus technischer Rückverfolgung zum Ursprungssystem mit der Anwendung verhaltensbasierter Algorithmen, um den Angreifer zu identifizieren, verbunden mit geheimdienstlichen Erkenntnissen, die von technischen und menschlichen Quellen herrühren, siehe *Goldsmith,* 15.10.2015, abgerufen unter: www.lawfareblog.com/significance-panettas-cyber-speech-and-persistant-difficulty-deterring-cyberattacks.
49 *Dickow* rät die Vorgehensweise des Eindringens in ein fremdes System der Bundeswehr nicht an, weil keine in einem juristischen Verfahren verwertbaren Ergebnisse zu erzielen seien, ohne Einzelheiten dazu auszuführen, in Ausschussdrucksache 18(12)640, unter: https://www.bundestag.de/resource/blob/409382/b9419561ac01bebea40956c403b8391d/stellungnahme-dickow-data.pdf.

erfolgen bzw. nach **parlamentarischer Entscheidung** (→ Rn. 33) im Rahmen des Art. 87a Abs. 3 GG zum Schutz verteidigungswichtiger ziviler Infrastruktur originär durch die Streitkräfte wahrgenommen werden (→ Rn. 38, 49). Auszuklammern wäre jeweils die Anwendung nachrichtendienstlicher Mittel und Methoden nach § 3 BNDG.[50]

3. Voraussetzungen für einen Gegenschlag[51] gegenüber einem Staat

20 Im Falle eines **Gegenschlags** in Form einer Cyberattacke sind nachteilige Auswirkungen auf einen beherbergenden Staat nicht auszuschließen, die ihrerseits einer ausreichenden Berechtigung bedürfen. Gleichzeitig ist ein **Gegenangriff** digitaler Art bzw. der Einsatz konventioneller militärischer Streitkräfte als Selbstverteidigungsmaßnahme in Reaktion auf einen bewaffneten Angriff eines nicht staatlichen Urhebers auf dem Territorium des beherbergenden Staates nicht ausgeschlossen. Vor diesem Hintergrund spielt die Zurechnung von schädigendem Verhalten und von Gewaltanwendung durch Privatpersonen zu einem Staat für die **Entscheidung über die Form und das Ausmaß** einer staatlichen Reaktion eine Rolle.

21 Die Grundprinzipien des Völkerrechts über die freundschaftlichen Beziehungen und die Zusammenarbeit zwischen den Staaten (**Staatenhaftung**) schließen die Pflicht jeden Staates ein, organisierte Aktivitäten auf seinem Hoheitsgebiet, die auf die Begehung von Terrorakten oder die Verletzung des Gewaltverbots auf fremden Territorium gerichtet sind und die Androhung oder Anwendung von Gewalt umfassen, nicht zu dulden.[52] Die Zurechnungskriterien der ILC-Artikel zur Staatenverantwortlichkeit (ARS) betreffen die Haftung für völkerrechtswidriges **Verhalten Privater**, unabhängig von der Frage, ob das Verhalten gegen das Interventionsverbot oder das Gewaltverbot verstößt.[53] Diese Zurechnungskriterien ergänzen insoweit die grundlegenden Prinzipien. Relevant sind auch die nicht rechtsverbindlichen Hinweise der VN-Generalversammlung für das Staatenverhalten auf dem Feld der Informations- und Telekommunikationstechnologie (ITC) in Zusammenhang mit der internationalen Sicherheit. Sie verlangen im Fall von ICT-Zwischenfällen, dass Staaten alle relevanten Informationen, einschließlich dem weiteren Kontext der Ereignisse, die Schwierigkeiten einer Zurechnung von Ereignissen im Umfeld der ITC und die Natur und Auswirkungen von Zuschreibungen beachten, um die Substanz von Anschuldigungen gegen Staaten als vermeintliche Urheber sicherzustellen.[54]

22 Dem in Rede stehenden Staat kann das Verhalten eines **nichtstaatlichen Akteurs** zugerechnet werden, wenn der Staat sich öffentlich mit ihm „verbündet" oder „solidarisiert" und sich dabei die indirekte Gewaltanwendung oder das schädigende Verhalten offenkundig zu eigen macht.[55] Lediglich zustimmende und lobende Verlautbarungen in der Öffentlichkeit reichen dazu nicht aus.[56] Das „zu Eigen Machen" entspricht einer nachträglichen **Anerkennung** im Sinne des Art. 11 ARS.

---

50 Der gesetzlich festgelegte Aufgabenkatalog des BND fußt auf Bedrohungslagen und umfasst die Gefahr eines bewaffneten Angriffs auf die Bundesrepublik sowie kriminelle, terroristische oder staatliche Cyberangriffe. Zur Kritik der Rechtsgrundlagen (nicht grundrechtskonform) nach den Neuerungen in 2016 siehe *Marxsen*, DÖV 2018, 218 ff.
51 „Hack back" wird konzeptionell weder für Aktivitäten der Cyberabwehr noch der Cyberverteidigung verwendet, vgl. Vorbemerkung der Bundesregierung, BT-Drs. 19/12489, 2.
52 GA Res/2625 (XXV), 1974; Annex GA Res 56/83, A/56/49(Vol.I)/Corr.4.
53 Geregelt werden Fälle, die den „Opferstaat" zur Repressalie berechtigen. Die Verletzung des Gewaltverbots nach Art. 2 Nr. 4 SVN sollte im ICL-Entwurf als „internationales Verbrechen" mitgeregelt werden, dies wurde als unvereinbar mit dem Prinzip der souveränen Gleichheit aller Staaten fallen gelassen, vgl. *Stein/von Buttlar/Kotzur* Völkerrecht § 71 Rn. 1154.
54 A/RES/73/27 vom 11.12.2018.
55 Ebenso *Schmahl*, Cybersecurity, S. 188.
56 Siehe *Dinness*, Cyber Warefare and the Laws of War, S. 52, mit Bezug zum Teheraner Geiselfall (United States v. Iran, 1980, siehe ICJ Reports 1980, 3).

Dasselbe gilt, wenn der Staat den **privaten Akteur** wissentlich beherbergt, aber dessen widerrechtlichem oder gewalttätigen Verhalten keinen effektiven polizeilichen oder sonstigen staatlichen Einhalt gebietet, ihn also weder selbst abwehrt, strafrechtlich verfolgt noch bekämpft bzw. mit dem Opferstaat gemäß dem Prinzip internationaler Kooperation weder diplomatisch noch im Rahmen der internationalen Rechtshilfe zusammenarbeitet oder dem Opferstaat eigene Maßnahmen der Abwehr, Verfolgung oder Bekämpfung ermöglicht, also unwillig ist, unter seiner staatlichen Kontrolle eine ihm obliegende und mögliche Maßnahme zu ergreifen oder international zu unterstützen.[57] Damit kann dem beherbergenden Staat seine Untätigkeit im Sinne des Art. 8 ARS iVm Art. 9 ARS als zusammengesetztes Handeln nach Maßgabe des Art. 15 ARS zuzurechnen sein, wenn sie die Voraussetzungen schafft, unter denen das schädigende Verhalten erst ermöglicht wird bzw. ungestört fortgesetzt werden kann. Denn dies stünde einer **tatsächlichen Kontrolle** des Staates über das fragliche private Handeln gleich (Art. 8 ARS), indem durch eine bewusste Abwesenheit seiner öffentlichen Behörden dieses Handeln ermöglicht bzw. nicht unterbunden wird (Art. 9 ARS).[58] Unter diesen Umständen erwächst dem Opferstaat ggf. eine starke Position, den Staat (öffentlich) zu verdächtigen und ihn zur Zusammenarbeit bis hin zu internationaler Rechtshilfe einschließlich forensischer Unterstützung zur Feststellung des Urhebers – auch unter Androhung und Anwendung von Sanktionen und **Erhöhung der Verteidigungsbereitschaft** (→ Rn. 37) – zu drängen.[59] Die Reaktion des in Verdacht geratenen Staates wäre am Rechtsmaßstab des Art. 8 ARS iVm Art. 9 ARS nach Maßgabe des Art. 15 ARS zu messen (→ Rn. 24) und könnte mit einer **Beweislastumkehr** zugunsten des von Bedrohung und Attacke betroffenen Staates im Sinne der Staatenhaftung einhergehen.

Die Zurechnung von Cyberattacken wird einerseits entlang der völkerrechtlichen Prinzipien oder der Zurechnungskriterien der Staatenhaftung diskutiert, andererseits zusätzlich an das hohe **Beweisniveau** eines **(vor)gerichtlichen** nationalen grenzüberschreitenden oder internationalen Verfahrens gebunden und der Weg, um sich Klarheit über die Zurechnung zu verschaffen, über diplomatische und genuin rechtliche Verfahren gesucht.[60] Der in Verdacht geratene Staat unterfällt dem Vorwurf der Untätigkeit und Unwilligkeit nicht mehr zweifelsfrei, sobald er sich zu den angestrebten Verfahren oder innerhalb der Verfahren einlässt.

Zweifelhaft ist die Zurechnung, als der in Rede stehende Staat zu den og eigenen Maßnahmen (→ Rn. 23) tatsächlich oder rechtlich nicht befähigt oder ausreichend in der Lage ist, also keine ausreichende **staatliche Kontrolle** ausüben kann bzw. im extremsten Fall eine Situation des **Staatsversagens** vorliegt. Der Ausschluss der Rechtswidrigkeit des Art. 21 ARS ergreift in diesem Fall direkte – auch digitale – Maßnahmen zur Feststellung des nichtstaatlichen Urhebers bzw. gegen nicht staatliche Akteure. Im Verhältnis zum beherbergenden Staat darf dies auf der Grundlage einer – ggf. auch nur konkludenten – Einwilligung erfolgen (unter der Wir-

---

57 Der Maßstab der angemessenen Sorgfalt verlangt als Vorkehrungen lediglich angemessene Präventions- und Repressionsmaßnahmen in eigener Gebiets- und Personalhoheit bereitzuhalten, nicht sie weiterzuentwickeln.
58 Vgl. Geiselnahme in Entebbe 1976 bei *Wolf*, Haftung der Staaten für Privatpersonen, S. 416: Israel befreite die Geiseln ohne Unterstützung oder Einwilligung Ugandas. Es kam zu keiner Verurteilung Israels wegen illegaler Gewaltanwendung durch den VNSR, weil eine Mehrzahl der Staaten nicht nur von der Untätigkeit, sondern von einer die Entführer unterstützenden Haltung Ugandas ausging.
59 Ohne diese Einzelheiten zu nennen bezieht sich die sog. politische Attribution, wie sie von *Ziolkowski* vorgeschlagen wird, auf die hier geschilderte Situation, siehe *dies.* GSZ 2019, 51 (55).
60 Zum hier einschlägigen Beweismaß vor internationalen Gerichten von „beyond any doubt" bis zu „prima facie" siehe *Ziolkowski* GSZ 2019, 51 (55). *Lahmann* spricht sich eher für eine „gerichtsfeste" Attribution aus (→ § 6 Rn. 47 ff.) und sieht in der Übertragung des „bewaffneten Angriffs von außen" auf Cyberattacken eine Umgehung der Attribution (→ § 6 Rn. 49).

kung von Art. 20 ARS).[61] Wenn jede Einwilligung fehlt, kann ein Vorgehen ausschließlich zur Ermittlung des bzw. gegen den nichtstaatlichen Akteur gegenüber dem nicht fähigen Staat auf das Recht der **Selbsthilfe** gegründet werden.[62] Diese Selbsthilfe wird im Notstand (Art. 25 ARS) durch Güterabwägung bestimmt. Die Güterabwägung kann zu einer **Duldungspflicht** des beherbergenden Staates führen, soweit die Maßnahmen in Selbsthilfe den Maßnahmen des beherbergenden Staates gleichkommen bzw. dem einschlägigen Verhältnismäßigkeitsprinzip (→ Rn. 29, 31) Rechnung tragen.[63]

26 Ein auf einen nichtstaatlichen Urheber eines **bewaffneten Angriffs** begrenztes Vorgehen auf fremdem Territorium ist Selbstverteidigung bzw. aus dem Recht der Selbstverteidigung gerechtfertigt. Die Rechte des Territorialstaats sind dadurch betroffen, dass das Gebiet, auf dem die Verteidigungshandlung erfolgt, ihm völkerrechtlich zugeordnet ist; dies kann jedoch in der Güterabwägung hintangestellt werden.[64] Der Konflikt zur territorialen Integrität bzw. zur Souveränität des Aufenthaltsstaats kann auch in Analogie zum **Neutralitätsrecht** gelöst werden, nachdem der angegriffene Staat auf das Territorium des neutralen Staats übergreifen darf, wenn dieser von seinem Staatsgebiet ausgehende Angriffe nicht unterbinden kann oder will.[65] Liegt eine **sichere Zurechnung** der organisierten Aktivitäten zum beherbergenden Staat vor, ist er im Falle eines bewaffneten Angriffs ein legales Ziel der Selbstverteidigung, als ob er den bewaffneten Angriff selbst ausgeführt hätte.

4. Grenzen der Selbstverteidigungsmaßnahmen

27 Im Völkerrecht ist derzeit die Anwendung von Wirkmitteln im Cyberraum weder spezifisch geregelt noch als solche eingeschränkt.[66] Einen zwingenden Maßstab für den Einsatz von Streitkräften bzw. für die Beteiligung an einem bewaffneten Konflikt unter Verwendung von Cyberwirkmitteln stellen dessen ungeachtet die grundlegenden Gebote des allgemeinen (zB Gewaltverbot) und des humanitären Völkerrechts dar.[67] Der Einsatz der Bundeswehr in einem internationalen bewaffneten Konflikt unterliegt diesen Regeln auch aus deren innerstaatlicher Geltung nach Transformation in das Bundesrecht (→ Rn. 47), die in Art. 25 Abs. 1 GG bestimmt ist.[68]

28 Spätestens mit Beginn der staatlichen Abwehr gegen einen bewaffneten Angriff findet diese im Rahmen eines **bewaffneten Konflikts** statt, unabhängig davon, ob der Rechtszustand von den Konfliktparteien anerkannt wird. Dafür, dass ein internationaler bewaffneter Konflikt vorliegt, spricht herkömmlich der (erste) Einsatz militärischer Mittel und Streitkräfte zwischen

---

61 Die sog. Intervention auf Einladung verstößt nach herrschender Meinung weder gegen das Gewaltverbot noch das Interventionsverbot, wenn die Einladung nicht durch Zwang von außen befördert wird und sich bei Gewaltanwendung diese nicht gegen die Landesbevölkerung richtet, siehe *Stein/von Buttlar/Kotzur* Völkerrecht § 49 Rn. 807 mit Nachweisen.
62 Im Nachgang zu Entebbe ist der gewohnheitsrechtliche Rechtfertigungsgrund der Selbsthilfe strittig geblieben, vgl. *Strebel* ZaöRV 1977, 691 ff., der in der Zusammenfassung den weit überwiegenden Unrechtsgehalt des Verhaltens Ugandas betont, S. 707.
63 *Dau*, Selbstverteidigung gegen nichtstaatliche Akteure, S. 125 ff. mit zahlreichen Nachweisen.
64 Vgl. *Dau*, Selbstverteidigung gegen nichtstaatliche Akteure, S. 60 ff., 115 ff.; Schmidt-Bleibtreu/Hofmann/Henneke/*Krieger* GG Art. 87 a Rn. 13 a.
65 Siehe *Stein/von Buttlar/Kotzur* Völkerrecht § 52 Rn. 845.
66 Ebenso *Schmitt*, Tallinn II, S. 168 ff. Das IKRK hat der „Open-Ended Working Group", errichtet durch GA/RES/7327, im November 2019 ein Positionspapier eingereicht mit der Forderung, die grundlegenden Verbote ausdrücklich auf Cyberoperationen in bewaffneten Konflikten zu erstrecken, siehe Zusammenfassung unter https://blogs.icrc.org/law-and-policy/2019/11/28/cyber-operations-ihl-five-key-points/.
67 Zur Geltung des Humanitären Völkerrechts für Cyberoperationen siehe *Schmitt*, Tallinn I, S. 110 ff., 144 ff., 156 ff.
68 Zum übergesetzlichen Rang des Gewaltverbots und der grundlegenden Gebote des humanitären Völkerrechts und ihrer innerstaatlichen unmittelbaren Geltung, vgl. v. Mangoldt/Klein/Starck/*Koenig/König* GG 2018 Art. 25 Rn. 12 f., Rn. 22, mit etlichen Nachweisen.

Staaten. Soweit eine Cyberattacke einen bewaffneten Angriff darstellt (→ Rn. 11), ist auch ohne konventionellen Streitkräfteeinsatz im Zweifel von einem bewaffneten Konflikt auszugehen, denn maßgebend für dessen Feststellung sind mit Blick auf den Gemeinsamen Art. 2 der Genfer Konventionen von 1949 nicht die Verlautbarungen und Überzeugungen der Konfliktparteien, sondern allein die unabhängige Feststellung durch Gerichte (mit Wirkung zwischen den beteiligten Staaten ausschließlich durch den IGH) oder durch den VNSR.

Die grundlegenden Gebote umfassen das **Schonungs- und Diskriminierungsgebot**, das Gebot der militärischen Notwendigkeit und das Verbot exzessiver Anwendung militärischer Gewalt (besonderes Verhältnismäßigkeitsprinzip). Das **Exzessverbot** verpflichtet den Verteidiger gegenüber einem bewaffneten Angriff nicht dazu, sich auf das Maß militärischer Gewalt zu beschränken, das vom Angreifer angewandt wird. Ein bewaffneter Angriff mittels oder unter Einschluss einer Cyberattacke wäre daher nicht zwingend mit einem digitalen Gegenschlag zu beantworten, kann aber damit beantwortet werden. Eine konkrete Verteidigungsmaßnahme muss jedenfalls zu dem Zweck der Abwehr in einem angemessenen Verhältnis stehen. Eine besondere Herausforderung stellt die Einhaltung des Schonungs- und Diskriminierungsgebots gegenüber zivilen Einrichtungen und der Zivilbevölkerung dar, wenn digitale (Gegen-)Angriffswerkzeuge eingesetzt werden, deren Zielgenauigkeit nicht mit herkömmlichen Waffen vergleichbar ist.[69] Außerhalb rechtlicher Erwägungen wird vertreten, dass gerade während einer Krise der Erfolg von Cyber-Gegenschlägen ungewiss sei, unabhängig davon, ob sie durch besonders maßgeschneiderte Angriffswerkzeuge oder aufgrund weitgehender Überwachung gegnerischer Netzwerke an Zielgenauigkeit gewinnen würden.[70]

29

Bei unmittelbarer Teilnahme an den Feindseligkeiten sind nur **Kombattanten** vor Strafverfolgung geschützt.[71] Die Angehörigen ziviler Behörden außerhalb der Streitkräfte genießen dieses Privileg nicht, wenn sie sich unmittelbar kausal an konkreten und spezifisch kriegerisch bestimmten Handlungen beteiligen, die sich voraussichtlich negativ auf die militärischen Operationen oder Ressourcen einer Partei des bewaffneten Konflikts auswirken, geschützte Personen verwunden oder töten oder Gegenstände und Einrichtungen (auch im Cyberraum) der **Konfliktpartei** zerstören.

30

C. Art. 24 Abs. 2 GG – Friedenssicherung

Nach Art. 24 Abs. 2 GG ist der Bund ermächtigt, in ein **System gegenseitiger und kollektiver Sicherheit** einzutreten, zugleich bietet er nach Auffassung des BVerfG „[…] auch die verfassungsrechtliche Grundlage für die Übernahme der mit der Zugehörigkeit zu einem solchen System typischerweise verbundenen Aufgaben und damit auch für eine Verwendung der Bundeswehr zu **Einsätzen**, die im Rahmen und nach den Regeln dieses Systems stattfinden." Das BVerfG hebt hervor, dass Art. 87 a GG der Anwendung des Art. 24 Abs. 2 GG als einer verfassungsrechtlichen Grundlage für den Einsatz bewaffneter Streitkräfte in einem System gegenseitiger und kollektiver Sicherheit nicht entgegensteht.[72] Art. 87 a GG erfasst den Einsatz zur Verteidigung jedoch dem Grunde nach umfassend (→ Rn. 6 f.), so dass Art. 24 Abs. 2 GG

31

---

69 Dazu weiterführend *Geiß/Lahmann*, Cyber Warefare, 381 ff. Das IKRK Positionspapier (https://blogs.icrc.org/law-and-policy/2019/11/28/cyber-operations-ihl-five-key-points/) verlangt den diskriminierenden Einsatz von Cyberattacken und -wirkmitteln innerhalb eines bewaffneten Konflikts unabhängig davon, ob der Einsatz im Einzelnen einem bewaffneten Angriff gleichkommt, um die Risiken für die Zivilbevölkerung, die aus möglichen Versorgungskrisen erwachsen können, zu minimieren. Das Positionspapier bezieht dabei ausdrücklich die indirekten Auswirkungen der funktionalen Zerstörung von Bankensystemen mit ein.
70 *M. Schulze*, SWP-Aktuell 59, 2017, 4.
71 Es ist unklar, inwieweit dieser Status innerhalb des Cyberraum relevant ist, da er eher optisch angelegt ist. Gleichwohl schließt dies nicht aus, dass die Urheber eines Cybergegenschlags bzw. ihre Einrichtungen selbst zu legitimen Zielen von Angriffen in einem bewaffneten Konflikt werden.
72 BVerfGE 90, 286–394, 286 (Leitsatz), 355.

hierzu weder eine eigene ermächtigende noch eine einschränkende Bedeutung zukommt.[73] Dies spricht dafür, in Art. 24 Abs. 2 GG eine eigenständige verfassungsrechtliche **Ermächtigung** nur außerhalb der Verteidigung für den Einsatz von Streitkräften **zur Friedenssicherung** zu sehen.[74] Inwieweit die Bundeswehr bei der Beteiligung an der Friedenssicherung zum **Einsatz** von schädigenden Mitteln und Vorgehensweisen im Cyberraum befugt ist, hängt von der Reichweite der hierfür erforderlichen Ermächtigung durch den VNSR ab. In den VN-Mandaten zur Friedenssicherung ist in der Ermächtigungsklausel die Formulierung üblich, dass alle zur Erfüllung des Mandats „notwendigen" und insoweit auf den spezifischen Zweck und Umfang der Mission beschränkten (also verhältnismäßigen) Maßnahmen freigegeben sind. Zweck und Umfang sind in vielen Einsätzen auf den Schutz von Zivilisten vor (unmittelbar drohenden) gewaltsamen Angriffen in einem definierten Einsatzraum der VN-Truppen und auf die Selbstverteidigung der VN-Truppen vor solchen Angriffen beschränkt. In diesem Fall ist ausschlaggebend, ob solche Angriffe im Cyberraum oder unter Nutzung desselben erfolgen; nur dann wären sie auch dort mit verhältnismäßigen Mitteln abzuwehren. Möglich sind auch weitreichende Freigaben, die der gewaltsamen Durchsetzung eines Friedensabkommens gegen kombattante Gegner dienen, also zur Teilnahme an einem bewaffneten Konflikt ermächtigen. In diesem Fall hängt der Einsatz im Cyberraum davon ab, ob der Gegner dort „präsent" ist und deshalb die Durchsetzung auch dort erfolgen muss.

32 Die truppenstellenden Staaten unterliegen in der Umsetzung der Ermächtigung insbes. dem gewohnheitsrechtlichen und dem für sie – gemäß besonderer völkervertraglicher Bindungen – geltenden **humanitären Völkerrecht** sowie den von den VN für die Mission vorgegebenen „Rules of Engagement", die keine eigenständigen rechtlichen Vorgaben sind.[75] Bisherige Mandate und Rules of Engagement schließen eine Cyberabwehr oder den Einsatz von weitergehenden Cyberwirkmitteln weder aus noch machen sie dazu einschränkende oder erlaubende Vorgaben. In allen Fällen gelten die Grenzen der Selbstverteidigungsmaßnahmen (→ Rn. 27), die auch bei nicht kombattanten Maßnahmen und außerhalb eines bewaffneten Konflikts stets zu beachten sind. Engere Grenzen ergeben sich aus den sonstigen völkerrechtlichen und ggf. gesetzlichen Rechtsgrundlagen, die für die Bundeswehr nach Maßgabe des Einzelfalls jeweils festgestellt werden.

D. Friedensgebot und parlamentarische Kontrolle

33 Aus dem Blickwinkel des Grundgesetzes als Friedensordnung ergibt sich eine Leitlinie, an der entlang die Einbindung der Bundeswehr in die Demokratie durch eine starke parlamentarische Kontrolle steht. Neudefinitionen der Aufgaben und Ausweitungen des Einsatzbereichs der Bundeswehr müssen sich in diesem Rahmen einfügen.[76] Das **Friedensgebot** in der Präambel, das **Verbot des Angriffskrieges** in Art. 26 GG und die Einordnung in ein System kollektiver Sicherheit zur Wahrung des Friedens gemäß Art. 24 Abs. 2 GG stellen vor allem in Verbindung mit der **parlamentarischen Kontrolle** eine besondere Grenze der grundgesetzlichen Ermächtigungen dar.

---

73 v. Mangoldt/Klein/Stark/*Classen* GG Art. 24 Abs. 2 Rn. 79.
74 Art 24 Abs. 2 GG findet sich in Bundestagsmandaten auch neben dem Verweis auf das (kollektive) Selbstverteidigungsrecht (zB in BT-Drs. 18/6866, S. 1 und 2). Dies hat rechtlich einen redundanten Charakter. Zum vermeintlichen Spannungsfeld zwischen Art. 87a und Art. 24 Abs. 2 und seinen parlamentarischen Diskussionen siehe *Hufeld* AVR 2020, 421 ff.
75 Dazu Weingärtner/*Spies* in: Einsatz der Bundeswehr im Ausland, S. 115 ff.
76 Vgl. *Voßkuhle* in seinem Beitrag als Präsident des Bundesverfassungsgerichts zur Eröffnung der 22. Europäischen Kulturtage in Karlsruhe am 7. 5. 2014.

D. Friedensgebot und parlamentarische Kontrolle

Nicht für jeden Verteidigungseinsatz ist ein Beschluss des Bundestages nach Art. 115 a GG notwendige Voraussetzung.[77] Hierbei spielt eine Rolle, dass der „**Verteidigungsfall**" des Art. 115 a GG nicht die Staatsaufgabe der „Verteidigung"(→ Rn. 5), sondern insbesondere die Umstellung der inneren Rechtsordnung im Fall des äußeren Notstands regelt.[78] Soweit die Bundeswehr ohne einen solchen Beschluss zur **kollektiven Verteidigung** eingesetzt wird, liegen die Rahmenbedingungen vor, für die das BVerfG den **Parlamentsvorbehalt** festgestellt hat. Die auf die Streitkräfte bezogenen Verfassungsregeln sind stets darauf angelegt, „die Bundeswehr nicht als Machtpotential allein der Exekutive zu überlassen, sondern als ‚Parlamentsheer' in die demokratisch rechtsstaatliche Verfassungsordnung einzufügen".[79] Es bedarf deshalb in allen Fällen, in denen die Voraussetzungen des Verteidigungsfalls gemäß Art. 115 a GG (noch) nicht gegeben sind, der konstitutiven Zustimmung des Bundestages zum bewaffneten Einsatz der Streitkräfte.[80] 34

Eine Voraussetzung für die **Feststellung des Verteidigungsfalls** ist, dass „das Bundesgebiet" mit Waffen angegriffen wird. Die Formulierung begründet trotz des territorialen Bezugs nach Sinn und Zweck der Norm keine engeren verfassungsrechtlichen Vorgaben gegenüber denen einer völkerrechtskonformen Auslegung des „bewaffneten Angriffs" bzw. der „Verteidigung" als Staatsaufgabe in Art. 87 a Abs. 1 GG (→ Rn. 11,18).[81] Die Feststellung kann bereits getroffen werden, wenn ein solcher Angriff unmittelbar droht. Die **Unmittelbarkeit**, zumeist verstanden als hohes Ausmaß der gegebenen Wahrscheinlichkeit eines bewaffneten Angriffs, ist nicht verfassungsrechtlich definiert. Die Entwicklung einer Situation der hybriden Bedrohung oder eines jederzeit möglichen, im Kausalablauf bereits bis zur Auslösung vorbereiteten Eintritts absehbarer (weil aufgeklärter) angriffsgleicher Auswirkungen durch eine Cyberattacke wäre vom Parlament darauf hin zu prüfen, ob sie bereits als bewaffneter Angriff bzw. als unmittelbar drohend eingeordnet werden muss. 35

Folgt man dem BVerfG darin, dass die „Feststellung des Verteidigungsfalls durch das Parlament zugleich zum militärischen **Einsatz** der Streitkräfte ermächtigt", dann entsperrt die parlamentarische Entscheidung unmittelbar die Befugnis der Bundesregierung im Rahmen der verfassungsrechtlichen **Ermächtigung** gemäß Art. 87 a Abs. 2 GG.[82] Der Bundestag entscheidet zugleich über die besondere Schranke des Art. 26 Abs. 1 S. 1 GG (Verbot eines Angriffskrieges). Rechtsfolge der parlamentarischen Feststellung ist die Anwendbarkeit aller an Art. 80 a GG gebundenen Notstandsvorschriften und der Vorschriften für den Verteidigungsfall (insbes. Art. 115 a ff. GG). 36

Der **Spannungsfall**, Art. 80 a Abs. 1 S. 1 GG, ist tatbestandlich nicht definiert. Er wird gemeinhin als eine Vorstufe zum Verteidigungsfall verstanden und als erhöhte zwischenstaatliche Konfliktsituation umschrieben, die zu einem Angriff auf das Bundesgebiet führen kann. Zur Einordnung der Vorstufe als zeitlich nahe bevorstehender bewaffneter Angriff besteht keine Uneinigkeit.[83] Damit allein wäre der Spannungsfall kaum – dh nur zeitlich – vom Verteidigungsfall unterschieden. Die Befugnis des Parlaments dient hier dazu, die Bundesregierung in die Lage zu versetzen, die **Verteidigungsbereitschaft** erhöhen zu können; dies impliziert auch, die **Verteidigungsfähigkeit** zu erhalten. Es überzeugt daher eher eine Lesart, die es erlaubt, ein 37

---

77 BVerfGE 90, 286 (386) und zustimmend Maunz-Dürig/*Epping* GG Art. 115 a Rn. 32.
78 BVerfGE 90, 286 (381 f.).
79 BVerfGE 90, 286.
80 Vgl. BVerfGE 121, 135 (153 f.). Der Einsatz der Bundeswehr zur Bekämpfung von al-Quaida und Taliban in Afghanistan unmittelbar nach dem 11.9.2000 im Rahmen des von der NATO festgestellten Bündnisfalls nach Art. 5 des Nordatlantikvertrages vom 4. 4. 1949 (BGBl. 1955 II 289) stellt einen solchen Fall dar.
81 Siehe auch Maunz-Dürig/*Epping* GG Art. 115 a Rn. 44.
82 BVerfGE 90, 286 (386).
83 Dass diese Vorstufe den Spannungsfall begründet, wird auch von Vertretern weiter gefasster Vorstufen zugrunde gelegt, wie etwa *Brenner* in: v. Mangoldt/Klein/Starck GG Art. 80 a Rn. 1.

an jede Art der außenpolitischen Konfliktsituation (einschließlich einer hybriden Bedrohungslage verbunden mit Cyberattacken) angepasstes, verfassungsrechtlich abgesichertes und parlamentarisch kontrolliertes Instrument des **Krisenmanagements** zu sehen, dass bereits greift, wenn die Verteidigungsfähigkeit gefährdet ist.[84] In diesem Sinne wäre für die Feststellung eine sicherheitspolitische Krisen- und Schadensverlaufsprognose entscheidend, die sich jeweils aus der Opfer-Perspektive am Schutzbedarf der betroffenen Bevölkerung zu orientieren hat.[85] Im Schrifttum ist die Entwicklung seit 2001 berücksichtigt und die Feststellung eines Spannungsfalls auch gegenüber entsprechend schwerwiegenden terroristischen Bedrohungen von außen (ohne Zurechnung zu einem Staat) eingeräumt.[86]

38 Die Feststellung bewirkt, wie auch die des Verteidigungsfalls, dass die Streitkräfte auf einer verfassungsunmittelbaren Ermächtigungsgrundlage zum **Schutz ziviler Objekte** befugt sind. Dabei ist anerkannt, dass die Streitkräfte anstelle der Polizei den Schutz bestimmter ziviler Anlagen und Einrichtungen unmittelbar (S. 1) und vollständig übernehmen können, soweit dies zur Erfüllung des Verteidigungsauftrags erforderlich ist (Art. 87a Abs. 3 GG).[87] Die **Erforderlichkeit** ist Voraussetzung und Schranke für die Befugnis der Streitkräfte. Sie bestimmt sich aus dem Stellenwert des Schutzobjekts für die Verteidigung. Das „ob" des militärischen Schutzes ergibt sich in dem Maße, in dem der Ausfall des Schutzobjekts den Verteidigungsauftrag beeinträchtigen würde, es also **verteidigungswichtig** ist.[88] Als verteidigungswichtiges Objekt kann es nicht mehr nach polizeilichen Maßstäben geschützt werden, deren Güterabwägung auch zu einer kampflosen Aufgabe führen kann.[89] Zudem wird im Regelfall damit auch vermieden, dass die Polizeikräfte mit der Abwehr kombattanter Angreifer überfordert werden.[90] Diese Verantwortlichkeit für den Objektschutz aus einer Hand kann gerade dann zweckmäßig und gerechtfertigt sein, wenn nur erschwert festgestellt werden kann, ob Angriffe auf das Objekt von „außen" oder auch von „innen" drohen. Bislang wurde dies weder verfassungsrechtlich noch legal definiert ausdrücklich auf **zivile kritische Infrastrukturen digitaler Art** bezogen, um deren Schutz durch Cyberabwehrmaßnahmen bis hin zur Cyberverteidigung durch die Streitkräfte sicherzustellen. Das aufzulösende Spannungsfeld liegt hier nicht zwischen polizeilichem und militärischem Waffeneinsatz gegen menschliche Störer oder Angreifer, sondern zwischen Gefahrenabwehr durch IT-Sicherheitskräfte (BSI), abwehrender Intervention durch den BND und verteidigungswichtigem Schutz durch die Bundeswehr. Die Auflösung zugunsten der Streitkräfte für bestimmte zivile Objekte wäre ggf. im Rahmen der parlamentarischen Feststellung des Spannungsfalls mit zu entscheiden. Daneben greift die Befugnis der Streitkräfte, zur Kriegsverhütung militärische Aufklärung zu betreiben,

---

84 So grundsätzlich bereits v. Mangoldt/Klein/Strack/*Brenner* GG Art. 80a Rn. 5. Dies entspräche einer „qualitativen Vorstufe" zum Verteidigungsfall, in der eine erhebliche (abstrakte) Gefahr eines bewaffneten Angriffs besteht, ähnlich Sachs/*Kokott* GG Art. 87a Rn. 54; aA *Jarras*, der für den Spannungsfall konstitutiv eine „erhebliche Wahrscheinlichkeit" eines bewaffneten Angriffs verlangt, also nur die zeitliche und keine qualitative Nähe zum Verteidigungsfall gelten lässt, in: Jarras/Pieroth GG Art. 80a Rn. 1, und Gramm/*Wittenberg* in Schmidt-Bleibtreu/Klein/Hofmann/Henneke GG Art. 115a Rn. 13a, sie bewertet jedoch die Ausschaltung eines Verteidigungssystems durch Funkstörung bzw. Cybermanipulation als mögliche erste Stufe eines unmittelbar bevorstehenden Angriffs.
85 V. Münch/Kunig/*Hernekamp* GG Art. 80a Rn. 13.
86 V. Mangoldt/Klein/Strack/*Brenner* GG Art. 80a Rn. 23 mit Nachweisen.
87 V. Mangoldt/Klein/Starck/*Baldus* GG Art. 87a Rn. 130.
88 Von Münch/Kunig/*Hernekamp* GG Art. 87a Rn. 19, zur Legaldefinition siehe § 1 Abs. 4, 5 SÜG (BGBl. I S. 1626) iVm SÜG-AVV zu § 1 Absatz 5: „verteidigungswichtig" sind Einrichtungen, die der Herstellung oder Erhaltung der Verteidigungsbereitschaft und Verteidigungsfähigkeit dienen und deren Ausfall oder schwere Beschädigung auf Grund ihrer fehlenden kurzfristigen Ersetzbarkeit gefährliche oder ernsthafte Beeinträchtigungen der Funktionsfähigkeit, insbesondere der Ausrüstung, Führung und Unterstützung der Bundeswehr und verbündeter Streitkräfte sowie für die Zivile Verteidigung verursacht. Umfasst werden soll die Rüstungsindustrie, ausgeschlossen ist allein der Geschäftsbereich BMVg, da er bereits originär der militärischen Sicherheit, dem UZwGBw und dem humanitären Völkerrecht unterliegt.
89 Von Münch/Kunig/Hernekamp GG Art. 87a Rn. 18.
90 Siehe Sachs/*Kokott* GG Art. 87a Rn. 57.

unabhängig vom Schutz ziviler Objekte, gegenüber solchen schädigenden Cyberattacken, die zu einer Angriffsvorbereitung gehören können.

E. Art. 35 GG – Amtshilfe und Katastrophennotstand

I. Art. 35 Abs. 1 und Abs. 2 GG – Grundsatz und Amtshilfe ohne Einsatzcharakter

Die Streitkräfte leisten – ohne Behörde zu sein – nach Art. 35 Abs. 1 GG anderen Behörden **Amtshilfe**.[91] Diese wird in der Regel auf Anforderung im Einzelfall geleistet. Der Grundsatz des Ersuchens ist für die Hilfeleistung durch Streitkräfte im Zweifel, wenn kein Eil- oder Notfall vorliegt, streng anzulegen, um den Anschein einer Anmaßung von Zuständigkeiten ziviler Behörden zu vermeiden (**Subsidiarität**).[92] Die Amtshilfe wird in den inhaltlichen Grenzen eigener Aufgaben und Befugnisse erbracht, da ein Ersuchen nicht zu einer Erweiterung der Befugnisse des Ersuchten führt[93]. Dies erlaubt den Streitkräften sachliche, technische, logistische und personelle Unterstützung (einfache Amtshilfe) zu Verfahren und Eingriffsmaßnahmen der ersuchenden Behörde unter deren verantwortlicher Leitung bzw. Entscheidungsvorbehalt zu leisten.[94]

39

Es schließt insbesondere aus, dass Streitkräfte in Ermittlungsverfahren zur Strafverfolgung **eingreifende Maßnahmen** selbst durchführen, die polizeirechtliche Befugnisse voraussetzen bzw. streitkräftefremd sind.[95] Amtshilfe kann in der Regel nicht über die inhaltlichen Grenzen der **Befugnisse** der unterstützten Behörde hinaus geleistet werden. Das BVerfG hat eine Ermächtigung der Streitkräfte im Luftsicherheitsgesetz, ein als Anschlagswaffe entführtes Luftfahrzeug durch unmittelbare Einwirkung mit Waffengewalt zu bekämpfen, obwohl nicht streitkräftefremd, auch deshalb aufgehoben, weil damit nach Bewertung des Ersten Senats ein Einsatz der Streitkräfte zur Unterstützung der Länder im Rahmen der Gefahrenabwehr über die inhaltlichen Grenzen luftpolizeilicher Aufgaben hinaus eröffnet worden wäre.[96]

40

Eine Unterstützung des **BSI** in der **Cyberabwehr** (Abwehr von Gefahren für die Sicherheit der Informationstechnik des Bundes) durch die Streitkräfte ist an vergleichbaren Maßstäben zu messen. Das heißt, eine personelle und **technische Amtshilfe** auf Ersuchen und im Rahmen der Aufgaben gemäß § 3 Abs. 1 Nr. 1 bis Nr. 4 und 5 (ohne Erteilung von Sicherheitszertifikaten an Dritte), Nr. 7 (ohne Zulassung an Dritte), Nr. 8–12 BSIG ist statthaft. Die Unterstützung darf gewährt werden, soweit sie erforderlich ist, um Tätigkeiten zu verhindern oder zu erforschen, die gegen die Sicherheit in der Informationstechnik gerichtet sind oder unter Nutzung der Informationstechnik erfolgen.[97]

41

Eine weitergehende Verwendung der Streitkräfte in einem Eingriffszusammenhang unter Eingriff in Grundrechte wäre nur unter der Voraussetzung einer gesteigerten **Gefahrenabwehrlage** aufgrund der Anforderung durch ein Land möglich, wie sie Art. 35 Abs. 2 S. 2 GG im Fall einer Naturkatastrophe oder eines besonders schweren Unglücksfalls vorsieht. Auch dann agieren die Streitkräfteangehörigen eng unter Führung und Entscheidungsvorbehalt der zivilen

42

---

91 Der Behördenbegriff der Amtshilfe erfasst auch die Bundeswehr bzw. die Streitkräfte, vgl. Maunz-Dürig/*Dederer* GG Art. 35 Rn. 36 mit differenzierten Nachweisen.
92 Zum Grundsatz des Ersuchens allgemein Maunz-Dürig/*Dederer* GG Art. 35 Rn. 45 f.
93 BVerwGE 127, 1 (27 f.).
94 BVerfGE 132, 1 (20) bzgl. „rein technischer-unterstützender Funktion" bei Luftzwischenfällen.
95 BVerwG NJW 2018, 716 (722) bzgl. der Unterstützung polizeilicher Maßnahmen durch Erstellung von Luftbildern mittels Kampfflugzeugen.
96 BVerfGE 115, 118 ff. (insbes. 119), 153, 157. An dieser Begrenzung hat das Plenum des BVerfG nicht mehr festgehalten, → Rn. 39.
97 In Zusammenhang mit dem Hackerangriff auf den Informationsverbund Bonn-Berlin des Bundes (IVBB) im November 2017 gehörten zum Response Team ua Angehörige der Bundeswehr, siehe *D. Frank*, Europäische Sicherheit & Technik 2018, 14 ff.

Gefahrenabwehrbehörde.⁹⁸ Die Einhaltung der gesetzlichen Grundlagen der unterstützten Behörde bleibt durch deren Leitungsfunktion gewährleistet und erlaubt einen Beitrag der Streitkräfte in Form und Ausmaß wie er durch Personal der unterstützten Behörde erbracht wird.⁹⁹ Damit ist dem **Vorbehalt des Gesetzes,** zu dem sich Art. 35 Abs. 1 GG nicht als immanente Grundrechtsbegrenzung verhält, auch ohne eigene Rechtsgrundlage der Streitkräfte Genüge getan.

43 Die Einbindung der Bundeswehr in das **Nationale Cyber-Abwehrzentrum (NCAZ)** als Kooperationsplattform stellt keine Amtshilfe dar, vielmehr dient sie dem anlassbezogenen Austausch von Expertise und fachlichen Informationen. Eine dauerhafte analytische oder operative Zusammenarbeit über Befugnisse hinweg ist bislang nicht Gegenstand der Kooperation.¹⁰⁰ Bei einer Weiterentwicklung wäre zu beachten, dass durch Informationsgewinnung und -weitergabe das Recht auf informationelle Selbstbestimmung, zu dem vielfach ein weitgehender Gesetzesvorbehalt bis zu einem Totalvorbehalt vertreten wird, berührt wird.¹⁰¹ Soweit dem IT-Grundrecht der weite Schutzbereich des allgemeinen Persönlichkeitsgrundrechts deckungsgleich zugrunde gelegt würde, wäre auch das **IT-Grundrecht** erfasst.¹⁰²

II. Art. 35 Abs. 2 und 3 GG – Einsatz zur Unterstützung im Katastrophennotstand

44 Art. 35 Abs. 2 Satz 2 und Abs. 3 Satz 1 GG erlauben es dem Bund, die Streitkräfte bei der Bekämpfung von Naturkatastrophen und **besonders schweren Unglücksfällen** einzusetzen (Verfassungsvorbehalt, → Rn. 4 f.). Der Begriff des „besonders schweren Unglücksfalls" umfasst Vorgänge, die von Menschen absichtlich herbeigeführt werden, und damit die Folgen krimineller oder terroristischer Taten, unabhängig davon, ob diese Taten ggf. von außen veranlasst sind.¹⁰³ Cyberattacken mit schwerwiegenden Folgen, die (noch) keinen bewaffneten Angriff darstellen, sind grundsätzlich erfasst. Die Streitkräfte können nicht nur zur technischen Hilfe herangezogen oder zur gesteigerten Gefahrenabwehr durch Landesbehörden angefordert (Abs. 2 S. 1) bzw. eingesetzt werden (Abs. 3 S. 1), sondern bis hin zum militärisch bewaffneten¹⁰⁴ Einsatz nach Beschluss der Bundesregierung verwendet werden, wenn der besonders schwere Unglücksfall eine „**ungewöhnliche Ausnahmesituation katastrophischen Ausmaßes**" darstellt. Das BVerfG gibt zur Ausnahmesituation ein Regel-Ausnahme-Verhältnis mit strengem Maßstab vor, ohne den Begriff des Unglücksfalls dazu mit Beispielsfällen zu füllen.¹⁰⁵ In der Regel – dh unterhalb der Schwelle eines katastrophischen Ausmaßes – kommt weder ein Streitkräfteeinsatz unter Verwendung spezifischer militärischer Mittel noch ein Streitkräfteeinsatz, den die Bundesregierung aus eigener Einschätzungsprärogative nach Abs. 3 S. 1 beschließt, in Frage.¹⁰⁶ Schließlich muss der besonders schwere Unglücksfall, zu dessen Bekämpfung spezifisch militärische Mittel eingesetzt werden sollen, bereits vorliegen.

---

98 BVerfGE 132, 1 (20); 133, 241 (269).
99 AA *Ladiges* NZWehrR 2017, 221 (233), der für den „Streitkräfteeinsatz" eine eigene gesetzliche Grundlage fordert.
100 So auch *Ladiges*, NZWehrR 2017, 221 (232) mit Verweisen auf Antworten der Bundesregierung zu parlamentarischen Anfragen und auf Schrifttum.
101 Vor allem Denninger/*Bull* GG Art. 35 Rn. 23 ff. und 34 ff. (ausdrückliche Ermächtigung) bzw. *Schlink*, Die Amtshilfe, S. 85 ff., 149 (Vorbehalt des Spezialgesetzes).
102 AA *Spies-Otto* NZWehrR 2016, 133 (142, 147 ff.). Näher zu den grundrechtlichen Dimensionen der IT-Sicherheit *Poscher* in → § 7 Rn. 32 ff. insb. zur Vorverlagerung des Schutzes und zum Eingriffsbegriff.
103 BVerfGE 132, 1 Rn. 46.
104 Der Zweite Senat ist nach dieser Maßgabe in einer weiteren Entscheidung zum Luftsicherheitsgesetz vom 2. Leitsatz des Ersten Senats – vgl. BVerfGE 115, 118 (118) – abgewichen, der den Einsatz militärischer Einsatzmittel kategorisch ausschloss.
105 BVerfGE 132, 1 (Rn. 40).
106 BVerfGE 132, 1 (Rn. 43).

Dies setzt zwar nicht notwendigerweise einen eingetretenen Schaden voraus. Der Unglücksverlauf muss aber begonnen haben und der Eintritt eines katastrophalen Schadens unmittelbar drohen, dh mit an Sicherheit grenzender Wahrscheinlichkeit in Kürze eintreten.[107] Der Einsatz der Streitkräfte wie der Einsatz spezifisch militärischer Abwehrmittel ist in den genannten exzeptionellen Gefahrenlagen nur als **ultima ratio** zulässig.[108] In diesen eng gefassten Voraussetzungen können die Streitkräfte selbstständig eigene Cyberwirkmittel einsetzen. Ein solch originärer Einsatz ist weder im Rahmen des Art. 35 Abs. 2 GG noch im Rahmen des Abs. 3 auf die gesetzlich geregelten Mittel, die den zivilen Behörden zur Verfügung stehen, beschränkt noch davon abhängig.[109] Die Einschränkung auf Cyberwirkmittel unterhalb der Schwelle des bewaffneten Gegenangriffs ist nicht Art. 35 Abs. 2 und 3 GG immanent, sondern dem Umstand geschuldet, dass Wirkungen im Cyberraum ggf. nicht ausreichend territorial abgrenzbar sind und die Voraussetzungen eines zulässigen Gegenangriffs (noch) nicht vorliegen. Den Streitkräften sind alle Mittel unterhalb dieser Schwelle (bis hin zu **Interventionen**, vgl. die Maßstäbe der VO (EU) Nr. 796/2019) eröffnet, die zur wirksamen Bekämpfung erforderlich sind (Art. 35 Abs. 3 S. 1 GG), bis die Gefahr beseitigt ist (Abs. 3 S. 2).

Die von der Verfassung gewollten Grenzen für einen Streitkräfteeinsatz im Katastrophennotstand ergeben sich aus anderen Kriterien.[110] Dies sind die Kriterien des Art. 87 a Abs. 4 iVm Art. 91 S. 2 GG (**innerer Notstand**), sie wirken im Sinne einer **Sperrklausel**.[111] Danach dürfen Streitkräfte gegen Menschenmengen, von denen Gefahren ausgehen, nur eingesetzt werden, wenn die hohe Hürde einer „Gefahr für den Bestand oder die freiheitliche demokratische Grundordnung" überschritten ist. Diese Hürde darf nicht umgangen werden, indem der Einsatz von Streitkräften oder der Einsatz spezifisch militärischer Kampfmittel stattdessen auf der Grundlage von Art. 35 Abs. 2 oder 3 GG erfolgt. Dies wäre zu beachten, soweit Maßnahmen im Cyberraum im konkreten Fall eine vergleichbare Außenwirkung auf Menschenmengen entfalten könnten, zB indem deren Bewegungsfreiheit mit erhöhter Gefahr für die körperliche Unversehrtheit durch elektronisch ausgelöste Abriegelungen eingeschränkt würde.

F. Gesetzliche Grundlagen zur Ausübung von Befugnissen gemäß Art. 87 a Abs. 1 S. 1 und 2 GG, Art. 24 Abs. 2 GG sowie Art. 87 a Abs. 3 GG

Mit Einfügen der Wehrverfassung im Jahre 1956 ersetzte der verfassungsändernde Gesetzgeber in Art. 1 Abs. 3 GG den Begriff „Verwaltung" (den der Verfassungsgeber gewählt hatte) durch „vollziehende Gewalt" und machte damit die grundsätzliche Bindung der gesamten Exekutive an die Grundrechte deutlich.[112] Anlass der Verfassungsänderung war die neu eingeführte Bundeswehr, von der zweifelhaft sein könnte, ob sie unter „Verwaltung" fällt. Die Ausübung der Wehrhoheit sollte grundsätzlich der Bindung an die Grundrechte unterliegen. Das BVerfG hat die Geltung von Grundrechten bei Sachverhalten mit Auslandsbezügen nicht ausgeschlossen, ihre Reichweite an Art. 25 GG geknüpft und dabei je nach den einschlägigen Verfassungsnormen **Modifikationen und Differenzierungen** als zulässig oder geboten aner-

---

[107] BVerfGE 132, 1 (Rn. 47).
[108] BVerfGE 132, 1 (Rn. 48).
[109] Vgl. BVerfGE 132, 1, unter Berufung auf den Regelungszweck Rn. 28, Rn. 29 ff. Zum Vergleich: Die Bundespolizei leistet eigenständig polizeiliche Katastrophenhilfe mit den Befugnissen der Polizei des Landes, in dem sie verwendet wird, gemäß § 11 Abs. 2 BPolG und auf der Grundlage der BPolKatHiVwV, GMBl 2012, S. 899.
[110] BVerfGE 132, 1 (Rn. 27).
[111] Vgl. Sachs/*Windthorst* GG Art. 91 Rn. 3.
[112] Siebtes Gesetz zur Ergänzung des GG vom 19.03.1956, BGBl. 1956 I 651.

kannt.¹¹³Solche ergeben sich für originäre Aufgaben der Streitkräfte auf der „Schrankenebene" für den **Gesetzesvorbehalt** dort und soweit die Ermächtigungen der Streitkräfte völkerrechtliche „Eingriffstitel" voraussetzen und diese innerhalb völkerrechtlicher und verfassungsrechtlicher Grenzen innerstaatlich umgesetzt sind.¹¹⁴

47 Das Grundgesetz verankert für den Einsatz und die Maßnahmen der Streitkräfte zur Verteidigung (→ Rn. 6 ff.) und zur Friedenssicherung (→ Rn. 31 f.) die innerstaatlichen Ermächtigungen unmittelbar **in Art. 87 a Abs. 1 S. 1 iVm Abs. 2 GG** und in **Art. 24 Abs. 2 GG**. Zu diesen Ermächtigungen sind keine herkömmlichen gesetzlichen Grundlagen erlassen, noch sind solche erforderlich.¹¹⁵ Die allgemeinen Regeln dieses Völkerrechts sind in das **Bundesrecht** transformiert und gelten wegen der Vollzugsanordnung des Art. 25 S. 1 GG unmittelbar; im Übrigen gelten seine Bestimmungen innerstaatlich nach Maßgabe des Art. 59 Abs. 2 GG durch Zustimmungsgesetze zum SVN und zu den Genfer Abkommen mitsamt ihren Zusatzprotokollen. Die Bindung besteht an die nach Art. 25 GG in der Bundesrepublik Deutschland verbindlichen **völkerrechtlichen Mindeststandards**.¹¹⁶

48 Die Grundrechte und der Gesetzesvorbehalt stehen als Verfassungsrecht innerstaatlich über den Normen des Völkerrechts, auch soweit deren Rang als Bundesrecht durch Art. 25 GG bestimmt wird.¹¹⁷ Für das Verhältnis **menschenrechtlicher Gewährungen** aus dem IPBPR und der EMRK zu den Grundrechten ist verfassungsgerichtlich entschieden worden, dass der Inhalt der Grundrechte nur unter Berücksichtigung völkerrechtlicher Bindungen und dazugehöriger Rechtsprechung internationaler Gerichte bestimmt werden kann, mit der Folge, dass eine Schutznorm weder in der Form des Grundrechts iVm den Grundprinzipien (Rechtsstaatsprinzip, Gesetzesvorbehalt) noch in Form der dem Grundrecht entsprechenden menschenrechtlichen Gewährung, die Bestandteil des Bundesrechts geworden ist, verletzt werden darf.¹¹⁸ Völkerrechtlich genießen die Regelungen des humanitären Völkerrechts in der Spruchpraxis des IGH als lex specialis den Vorrang gegenüber menschenrechtlichen Gewährungen aus dem IPBPR und der EMRK¹¹⁹, so dass bei Vorliegen der Voraussetzungen des Selbstverteidigungsrechts und der Anwendung des **humanitären Völkerrechts** die menschenrechtlichen Gewährungen in einem im Einzelfall zu bestimmenden Umfang keinen Anwendungsbereich mehr haben. Dies entspricht im Ergebnis einer Eingriffsbefugnis in menschenrechtliche Schutzrechte im Rahmen des bewaffneten Konflikts, die im transformierten Bundesrecht in der Reichweite, die der IGH festgestellt hat, sowohl gegenüber den menschenrechtlichen Gewährungen als auch den Grundrechten fortwirkt. Damit werden Abweichungen im innerstaatlichen Recht gegenüber den völkerrechtlichen Bindungen vermieden. In der Reichweite

---

113 BVerfGE 100, 313 (363). Vgl. *Epping* in: Maunz-Dürig, Kommentar GG, 2019, Art. 115 a GG (2012), Rn. 10, S, 23; *Baldus/Müller-Franken* Kommentar GG Art. 87 a Rn. 113. Mit Verweis auf einen „Vorbehalt des Möglichen" Rn. 115, S. 245; aA *Krieger*, Die Reichweite der Grundrechtsbindung bei nachrichtendienstlichem Handeln, S. 4 ff.
114 *Stern*, Staatsrecht, III/1, S. 1228.
115 So bereits *Spies-Otto* NZWehrR 2016, 133 ff., 149 f. Für Maßnahmen der aktiven Abwehr durch Nachrichtendienste ist dagegen eine gesetzliche Grundlage zwingend und im Rahmen der nachrichtendienstlichen Aufklärung und Überwachung nur eingeschränkt denkbar, siehe *Bäcker/Golla* in → § 18 Rn. 27 und 60 ff.
116 BVerfGE 63, 332 (337 f.); 75, 1 (19).
117 Für die Schutznormen des humanitären Völkerrechts so v. Mangoldt/Klein/Starck/*Baldus/Müller-Franken* GG Art. 87 a Rn. 14.
118 So grundlegend bereits BVerfGE 74, 358 (370, 374); vgl. auch die Nachweise bei Mangoldt/Klein/Starck/*Baldus/Müller-Franken* GG Art. 87 a Rn. 14.
119 Mit Verweis auf die IGH-Gutachten zu Nuklearwaffen (IGH 1996, I.C.J. Reports 1996) und zur Mauer im besetzten Palästinensergebiet (IGH 2004, I.C.J Reports 2004) *Baldus/Müller-Franken* v. Mangoldt/Klein/Starck/ *Baldus/Müller-Franken* GG Art. 87 a Rn. 14 mit etlichen Nachweisen zu abweichenden Meinungen.

der verfassungsrechtlichen Ermächtigungen wirkt dieses Bundesrecht kumulativ[120] als Ermächtigungsgrundlage für den Eingriff in Grundrechte[121] und alternativ als konkretisierende Schutznorm, die vor allem spezielle Verbotsregeln zum Einsatz von Streitkräften und Waffen enthält.

Die Befugnisse des **Art. 87a Abs. 3 GG** entstehen durch die Feststellung des Spannungs- und des Verteidigungsfalls. Im Schrifttum ist nicht geklärt, ob Art. 87a Abs. 3 S. 1 GG im Spannungsfall als **Notstandsregelung** bereits eine hinreichende verfassungsunmittelbare Ermächtigungsgrundlage enthält, die nicht mehr zwischen militärischen und polizeilichen Tatbeständen trennt, so dass nicht mehr je nach Art und Intensität der abzuwehrenden Gefahr sowohl das „Polizeirecht" der Streitkräfte (UZwGBw) als auch das humanitäre Völkerrecht zur Anwendung käme.[122] Für eine Erstreckung des allgemeinen und des humanitären Völkerrechts „im Innern" auf alle von verteidigungswichtigen zivilen Einrichtungen abzuwehrende Gefahren spricht die Überlegung, dass nur unter diesen Voraussetzungen eine einheitliche Vorgehensweise für die Streitkräfte im Zusammenhang mit der Verteidigungsaufgabe sichergestellt ist und Nichtkombattanten sowie zivile Einrichtungen einheitlich nach dem **Schonungsgebot** (→ Rn. 49) behandelt werden.

49

---

120 AA v. Mangoldt/Klein/Starck/*Baldus/Müller-Franken* GG Art. 87a Rn. 27: Kompetenzvorschriften könnten, auch wenn sie einen Verfassungsauftrag erteilen, nicht aus sich heraus Grundrechte beschränken. Die Beispiele, gegen die sich *Baldus/Müller-Franken* wenden, betreffen jedoch durchgehend Fälle, die keine den Streitkräften ausschließlich zu Gebote stehenden besonderen Gewaltbefugnisse betreffen, sondern solche, die allgemein gesetzlich geregelt sind.

121 Das BVerfG geht davon aus, dass die Zustimmung im Vertragsgesetz den Inhalt des völkerrechtlichen Vertrags – falls er sich auf das rechtliche Verhalten der Bürger bezieht – auch mit Wirkung für diesen transformiert (BVerfGE 6, 290, 294). *Baldus/Müller-Franken* schließen nicht aus, dass die Vertragsgesetze zum humanitären Völkerrecht Eingriffe in grundrechtliche Freiheiten und Güter legitimieren können, stellen aber bei Einsätzen zur Verteidigung (bevorzugt) auf § 7 Soldatengesetz ab, der im Umkehrschluss zur Verpflichtung des Soldaten, das „Recht und die Freiheit des deutschen Volkes zu verteidigen", die dazu notwendigen Grundrechtseingriffe erlaube, siehe v. Mangoldt/Klein/Starck/*Baldus/Müller-Franken* GG Art. 87a Rn. 117.

122 Vgl. Sachs/*Kokott* GG Art. 87a Rn. 58 f.

§ 20 Schutz der IT-Sicherheit durch das Strafrecht

Literatur: *Achenbach*, Zur Strafbarkeit des Leerspielens von Geldspielgeräten unter Ausnutzung der Kenntnis des Programms, JR 1994, 293; *Ahlberg/Götting*, BeckOK Urheberrecht, 27. Edition 2020; *Albrecht*, Informations- und Kommunikationsrecht, 2018; *Altenhain*, Die strafrechtliche Verantwortung für die Verbreitung missbilligter Inhalte in Computernetzen, JZ 1997, 752; *Altenhain*, IT-Strafrecht – Entstehung eines Rechtsgebiets, in: Weiß (Hrsg.), Rechtsentwicklungen im vereinten Deutschland, 2011, S. 117; *Arzt/Weber/Heinrich/Hilgendorf*, Strafrecht BT, 3. Aufl. 2015; *Basar*, IT-Sicherheit im Strafrecht („digitaler Hausfriedensbruch") – Der Gesetzentwurf des Bundesrates zur Einführung eines neuen § 202 e StGB, jurisPR-StrafR 26/2016, Anm. 1; *Beukelmann*, Surfen ohne strafrechtliche Grenzen, NJW 2012, 2617; *BKA*, Cybercrime Bundeslagebild 2018, 2019; *Böhlke/Yilmaz*, Auswirkungen von § 202 c StGB auf die Praxis der IT-Sicherheit, CR 2008, 261; *Borges/Stuckenberg/Wegener*, Bekämpfung der Computerkriminalität, DuD 2007, 275; *Brodowski*, Cybersicherheit durch Cyber-Strafrecht? Über die strafrechtliche Regulierung des Internets, in: Lange/Bötticher (Hrsg.), Cyber-Sicherheit, 2015, S. 249; *Brodowski*, Hacking 4.0 – Seitenkanalangriffe auf informationstechnische Systeme, ZIS 2019, 49; *Brodowski/Freiling*, Cyberkriminalität, Computerstrafrecht und die digitale Schattenwirtschaft, 2011; *Brodowski/Marnau*, Tatobjekt und Vortaten der Datenhehlerei (§ 202 d StGB), NStZ 2017, 377; *BSI*, Register aktueller Cyber-Gefährdungen und Angriffsformen, CS 026, Version 2.0, 2018; *BSI*, Die Lage der IT-Sicherheit in Deutschland 2018, 2019; *Buermeyer/Golla*, „Digitaler Hausfriedensbruch" – Der Entwurf eines Gesetzes zur Strafbarkeit der unbefugten Benutzung informationstechnischer Systeme, K&R 2017, 14; *Buggisch*, Fälschung beweiserheblicher Daten durch Verwendung einer falschen E-Mail-Adresse?, NJW 2004, 3519; *Ceffinato*, Vermögensstraftaten im und über das Internet, NZWiSt 2016, 464; *Ceffinato*, Einführung in das Internetstrafrecht, JuS 2019, 337; *Dann/Markgraf*, Das neue Gesetz zum Schutz von Geschäftsgeheimnissen, NJW 2019, 1774; *Dietrich*, Die Rechtsschutzbegrenzung auf besonders gesicherte Daten des § 202 a StGB, NStZ 2011, 247; *Dornseif/Schumann*, Probleme des Datenbegriffs im Rahmen des § 269 StGB, JR 2002, 52; *Eckhardt*, Rechtliche Grundlagen der IT-Sicherheit, DuD 2008, 330; *Eichelberger*, Sasser, Blaster, Phatbot & Co. – alles halb so schlimm?, MMR 2004, 594; *Eisele*, Arbeitnehmerüberwachung und Compliance unter Berücksichtigung der Cybercrime-Konvention, ZIS 2012, 402; *Eisele*, Der Kernbereich des Computerstrafrechts, Jura 2012, 922; *Eisele*, Strafrecht BT I, 5. Aufl. 2019; *Erbs/Kohlhaas*, Strafrechtliche Nebengesetze, Stand: 2020; *Ernst*, Das neue Computerstrafrecht, NJW 2007, 2661; *Feldmann*, Strafbarkeit und Strafbarkeitslücken im Zusammenhang mit Skimming und Fälschung von Zahlungskarten, wistra 2015, 41; *Fischer*, StGB, 67. Aufl. 2020; *Franck*, Datenhehlerei nach dem künftigen § 202 d StGB, RDV 2015, 180; *Gercke*, Die Entwicklung des Internetstrafrechts im Jahr 2006, ZUM 2007, 282; *Gercke*, Die Entwicklung des Internetstrafrechts 2015/2016, ZUM 2016, 825; *Goeckenjan*, Phishing von Zugangsdaten für Online-Bankdienste und deren Verwertung, wistra 2008, 128; *Goeckenjan*, Auswirkungen des 41. Strafrechtsänderungsgesetzes auf die Strafbarkeit des „Phishing", wistra 2009, 47; *Golla*, Die Straf- und Bußgeldtatbestände der Datenschutzgesetze, 2015; *Golla*, Papiertiger gegen Datenkraken: Zum Schutz der informationellen Selbstbestimmung durch das Strafrecht, ZIS 2016, 192; *Golla*, Hack des IT-Rechts: Zu den Folgen des „Doxing-Falls", VerfBlog 14.1.2019, online unter: https://verfassungsblog.de/hack-des-it-rechts-zu-den-folgen-des-doxing-falls/ (zuletzt aufgerufen am 25.2.2020); *Golla/v. zur Mühlen*, Der Entwurf eines Gesetzes zur Strafbarkeit der Datenhehlerei, JZ 2014, 668; *Graf*, „Phishing" derzeit nicht generell strafbar!, NStZ 2007, 129; *v. Gravenreuth*, Computerviren, Hacker, Datenspione, Crasher und Cracker, NStZ 1989, 201; *Greier/Hartmann*, Referentenentwurf des Bundesministeriums des Innern, für Bau und Heimat – Entwurf eines Zweiten Gesetzes zur Erhöhung der Sicherheit informationstechnischer Systeme (IT-Sicherheitsgesetz 2.0 – IT-SIG 2.0), jurisPR-StrafR 13/2019, Anm. 1; *Gröseling/Höfinger*, Computersabotage und Vorfeldkriminalisierung, MMR 2007, 626; *Groll*, Computerkriminalität, in: Lange (Hrsg.), Wörterbuch zur Inneren Sicherheit, 2006, S. 48; *Haase*, Strafbewehrte Vorfeldhandlungen im Sicherheitsrecht – Computerstrafrecht jenseits von Rechtsgüterschutz und Ultima Ratio?, in: Gusy/Kugelmann/Würtenberger (Hrsg.), Rechtshandbuch Zivile Sicherheit, 2016, S. 517; *Haase*, Computerkriminalität im Europäischen Strafrecht, 2017; *Hauck*, Was lange währt ... – Das Gesetz zum Schutz von Geschäftsgeheimnissen (GeschGehG) ist in Kraft, GRUR-Prax 2019, 223; *Heckmann*, juris PraxisKommentar Internetrecht, 6. Aufl. 2019; *Heghmanns*, Die „Fremdheit" von Daten, in: Dencker/Gahlke/Voßkuhle (Hrsg.), FS Tolksdorf, 2014, S. 273; *Heine*, Bitcoins und Botnetze – Strafbarkeit und Vermögensabschöpfung bei illegalem Bitcoin-Mining, NStZ 2016, 441; *Heinson*, IT-Forensik, 2015; *v. Heintschel-Heinegg*, BeckOK StGB, 45. Edition 2020; *Herrmann/Soiné*, Durchsuchung persönlicher Datenspeicher und Grundrechtsschutz, NJW 2011, 2922; *Hilgendorf*, Grundfälle zum Computerstrafrecht, JuS 1997, 323; *Hilgendorf/Valerius*, Computer- und Internetkriminalität, 2. Aufl. 2012; *Holznagel*, Recht der IT-Sicherheit, 2003; *Hornung*, Anmerkung zu BVerfG, Beschl. v. 18.05.2009 – 2 BvR 2233/07; 2 BvR 1151/08; 2 BvR 1524/08, CR 2009, 677; *Jerouschek/Kölbel*, Souveräne Strafverfolgung, NJW 2001, 1601; *Joecks/Miebach*, MK-StGB, Band 4 (3. Aufl. 2017), Band 5 (3. Aufl. 2019), Band 7 (3. Aufl. 2019); *Kahler/Hoffmann-Holland*, Digitale Rechtsgüter zwischen Grundrechtsschutz und kollektiver Sicherheit, KriPoZ 2018, 267; *Kilian/Heussen*, Computerrechts-Handbuch, 34. Aufl. 2018; *Kindhäuser/Hilgendorf*, StGB, Lehr- und Praxiskommentar, 8. Aufl. 2020; *Kindhäuser/Neumann/Paeffgen*, NK-StGB, Band 2 und 3, 5. Aufl. 2017; *Kochheim*, Cybercrime und Strafrecht in der Informations- und Kommunikationstechnik, 2018; *Kraatz*, Der Computerbetrug (§ 263a StGB), Jura 2010, 36; *Kubiciel/Großmann*, Doxing als Testfall für das Datenschutzstrafrecht, NJW 2019, 1050; *Kühne*, Die Entwicklung des Internetstrafrechts, 2018; *Kusnik*, Abfangen von Daten – Straftatbestand des § 202b, MMR 2011, 720; *Lackner/Kühl*, StGB, 29. Aufl. 2018; *Laufhütte/Rissing-van Saan/Tiedemann*, LK-StGB, Band 9/2 (12. Aufl. 2009), Band 10 (12. Aufl. 2008); *Mansdörfer*, Zum Strafrecht der Zukunft: Strafrechtsstandards für Big-Data und Industrie 4.0, jM 2015, 387; *Marberth-Kubicki*, Computer- und Internetstrafrecht, 2. Aufl. 2010; *Mavany*, Pferde, Würmer, Roboter, Zombies und das Strafrecht? Vom Sinn und Unsinn neuer Gesetze gegen den sog. digitalen Hausfriedensbruch, KriPoZ 2016, 106; *Mavany*, Digitaler Hausfriedensbruch – Allheilmittel oder bittere Pille?, ZRP 2016, 221; *Meinicke/Eidam*, Aktuelle Entwicklungen im IT-Straf- und Strafprozessrecht, K&R 2016, 315; *Paramova*, Internationales Strafrecht im Cyberspace, 2013; *Popp*, § 202c StGB und der neue Typus des europäischen „Software-Delikts", GA 2008, 375; *Popp*, Informationstechnologie und Strafrecht, JuS 2011, 385; *Preuß*, Die Kontrolle von E-Mails und sonstigen elektronischen Dokumenten im Rahmen unternehmensinterner Ermittlungen, 2016; *Puschke*, Vorverlagerung der Strafbarkeit am Beispiel der Verfolgung von Cybercrime in Deutschland, in: Sinn (Hrsg.), Cybercrime im Rechtsvergleich, 2015, S. 147; *Raue*, Die Rechte des Sacheigentümers bei der Erhebung von Daten, NJW 2019, 2425; *Reinbacher*, Zur Strafbarkeit des Streamings und der Umgehung von Geo-IP-Sperren durch private Nutzer, HFR 2012, 179; *Rengier*, Strafrecht BT I, 22. Aufl. 2020; *Roos/Schuhmacher*, Botnetze als Herausforderung für Recht und Gesellschaft – Zombies außer Kontrolle?, MMR 2014, 377; *Roßnagel*, Die neue Vorratsdatenspeicherung, NJW 2016, 533; *Ruhmann/Bernhardt*, Der EuGH-Entscheid als Anstoß für mehr Rechtssicherheit in der IT-Sicherheit, DuD 2017, 34; *Satzger/Schluckebier/Widmaier*, StGB, 4. Aufl. 2019; *Schlüchter*, Entschlüsselte Spielprogramme, CR 1991, 105; *Schönke/Schröder*, StGB, 30. Aufl. 2019; *Schreibauer/Hessel*, Das 41. Strafrechtsänderungsgesetz zur Bekämpfung der Computerkriminalität, K&R 2007, 616; *Schuhr*, Analogie und Verhaltensnorm im Computerstrafrecht, ZIS 2012, 441; *Schumann*, Das 41. StrÄndG zur Bekämpfung der Computerkriminalität, NStZ 2007, 675; *Schuster*, IT-gestützte interne Ermittlungen in Unternehmen – Strafbarkeitsrisiken nach den §§ 202a, 206 StGB, ZIS 2010, 68; *Seelmann*, Risikostrafrecht: Die „Risikogesellschaft" und ihre „symbolische Gesetzgebung" im Umwelt- und Betäubungsmittelstrafrecht, KritV 1992, 452; *Seidl*, Debit Card Fraud: Strafrechtliche Aspekte des sog. „Skimmings", ZIS 2012, 415; *Seidl/Fuchs*, Die Strafbarkeit des Phishing nach Inkrafttreten des 41. Strafrechtsänderungsgesetzes, HRRS 2010, 85; *Selzer*, Bekämpfung der Organisierten Kriminalität in der digitalen Welt – Kritische Betrachtung des Referentenentwurfs zum IT-Sicherheitsgesetz 2.0 unter systematischen Gesichtspunkten, KriPoZ 2019, 221; *Shimada*, Internetkriminalität – Eine Herausforderung für die Strafrechtsdogmatik, CR 2009, 689; *Sieber*, Straftaten und Strafverfolgung im Internet, NJW-Beil. 2012, 86; *Sieber*, in: Deutscher Juristentag e.V. (Hrsg.), Thesen der Gutachter und Referenten, 69. Deutscher Juristentag 2012, 2012, S. 32; *Simitis/Hornung/Spiecker*, Datenschutzrecht, 2019; *Singelnstein*, Erfüllt die Angabe falscher Personalien bei Auktionsgeschäften im Internet den Tatbestand des § 269 StGB?, JR 2011, 375; *Singelnstein*, Ausufernd und fehlplatziert: Der Tatbestand der Datenhehlerei (§ 202d StGB) im System des strafrechtlichen Daten- und Informationsschutzes, ZIS 2016, 432; *Singelnstein*, Strafbare Strafverfolgung, 2019; *Sittig/Brünjes*, Zur Strafbarkeit beim Einsatz von Trojanern, StRR 2012, 127; *Sitzer*, Die Vorverlagerung der Strafbarkeit am Beispiel der Computerkriminalität (insb. § 202c dStGB) aus deutscher Sicht, in: Sinn/Gropp/Nagy (Hrsg.), Grenzen der Vorverlagerung in einem Tatstrafrecht, 2011, S. 439; *Stam*, Die Datenhehlerei nach § 202d StGB – Anmerkungen zu einem sinnlosen Straftatbestand, StV 2017, 488; *Stam*, Die Strafbarkeit des Aufbaus von Botnetzen, ZIS 2017, 547; *Stuckenberg*, Viel Lärm um nichts? – Keine Kriminalisierung der „IT-Sicherheit" durch § 202c StGB, wistra 2010, 41; *Stuckenberg*, Der missratene Tatbestand der neuen Datenhehlerei (§ 202d StGB), ZIS 2016, 526; *Tassi*, Digitaler Hausfriedensbruch, DuD 2017, 175; *Valerius*, Anwendbarkeit des § 202c StGB auf Dual-Use-Tools, JR 2010, 84; *Veit*, (Strafbarkeits-)Risiken bei der Durchführung von E-Searches, NZWiSt 2015, 334; *Vogelsang/Möllers*, Ransomware als moderne Piraterie – Erpressung in Zeiten digitaler Kriminalität, jM 2016, 381; *Vogelsang/Möllers/Hessel/Potel*, Auf der Jagd nach Schwachstellen – Eine strafrechtliche Bewertung von Portscans, DuD 2017, 501;

Wabnitz/Janovsky/Schmitt, Handbuch Wirtschafts- und Steuerstrafrecht, 5. Aufl. 2020; *Wessels/Hettinger/Engländer*, Strafrecht BT 1, 43. Aufl. 2019; *Wessels/Hillenkamp/Schuhr*, Strafrecht BT 2, 42. Aufl. 2019; *Wirz*, Media-Streaming und Geoblocking, 2019; *Wolff/Brink*, BeckOK Datenschutzrecht, 31. Edition 2020; *Wolter*, SK-StGB, Band VI, 9. Aufl. 2016.

A. Grundlagen 1	3. Vorbereitungshandlungen 45
I. Cybercrime als Problem für die IT-Sicherheit 1	4. Verschaffen und Weitergabe rechtswidrig erlangter Daten („Datenhehlerei") 48
II. Einschlägige Regelungen und Struktur des Regelungsbereiches 4	II. Inhaltsbezogener Schutz von besonders schutzbedürftigen Informationen 52
1. Begriff und Bestimmung des Regelungsbereichs 5	1. Schutz personenbezogener Daten durch die Datenschutzgesetze 53
2. Geschützte Rechtsgüter 9	2. §§ 206 StGB, 148 Abs. 1 Nr. 1 TKG – Fernmeldegeheimnis 56
a) Informationelle Selbstbestimmung 10	
b) Formelles Datengeheimnis 12	3. §§ 23, 4 GeschGehG – Verletzung von Geschäftsgeheimnissen 58
c) Verwendbarkeit von Daten 13	4. Urheberrechtlich geschützte Daten 61
d) Sicherheit und Zuverlässigkeit des Rechtsverkehrs mit Daten 15	C. Tatbestände zum Schutz der Integrität und Verfügbarkeit 63
e) Gewährleistung der Vertraulichkeit und Integrität informationstechnischer Systeme 16	I. Schutz der Verfügungsgewalt des Berechtigten 64
3. Geschützte Tatobjekte 18	1. Datenveränderung, § 303 a StGB 65
a) Daten und Datenverarbeitung 18	2. Computersabotage, § 303 b StGB 67
b) Technische Aufzeichnungen 21	II. Zuverlässigkeit des Rechts- und Beweisverkehrs 70
c) Informationstechnische Systeme 22	
4. Parallelen und Unterschiede zwischen strafrechtlicher Systematik und IT-Sicherheit 23	1. Fälschung beweiserheblicher Daten, § 269 StGB 71
III. Entwicklung des Regelungsbereichs 25	2. Fälschung technischer Aufzeichnungen, § 268 StGB 74
1. Historische Entwicklung 26	
2. Geplantes IT-Sicherheitsgesetz, „Digitaler Hausfriedensbruch" 30	3. Täuschung im Rechtsverkehr bei Datenverarbeitung, § 270 StGB 76
IV. Grenzen des strafrechtlichen Schutzes von IT-Sicherheit 34	4. Unterdrückung beweiserheblicher Daten, § 274 Abs. 1 Nr. 2 StGB 77
B. Tatbestände zum Schutz der Vertraulichkeit von Daten 37	III. Schutz des Vermögens 79
I. Schutz des formellen Datengeheimnisses durch die §§ 202 a–202 d StGB 38	1. Computerbetrug (§ 263 a StGB) 80
1. Zugriff auf besonders gesicherte Daten .. 39	2. Erschleichen von Leistungen (§ 265 a Abs. 1 Var. 1 und 2 StGB) 86
2. Zugriff auf in Übermittlung befindliche Daten 43	

A. Grundlagen

I. Cybercrime als Problem für die IT-Sicherheit

1 IT-Sicherheit ist in § 2 Abs. 2 BSI-G legaldefiniert als Einhaltung bestimmter Sicherheitsstandards, die die Verfügbarkeit, Unversehrtheit oder Vertraulichkeit von Informationen betreffen. Die zunehmende Nutzung informationstechnischer Systeme in allen Lebensbereichen (Wirtschaft, Politik, Verwaltung, Privathaushalte) hat zu einer gesteigerten Relevanz von Gefährdungen dieser Schutzziele geführt.[1] Zum einen hat sich der Kreis der Personen vergrößert, der derartige Handlungen begeht bzw. Opfer dieser werden kann. Zum anderen haben sich Gelegenheitsstrukturen besonders durch die Zunahme der Vernetzung der einzelnen Endgeräte erweitert.[2] Angriffe auf IT-Systeme werden vor allem deshalb als besondere Bedrohung erlebt, weil sie hohe finanzielle und wirtschaftliche Schäden[3] oder sogar den Ausfall essentieller

---

1 *BKA*, Bundeslagebild 2018, S. 52 f.; *BSI*, IT-Sicherheit in Deutschland 2018, S. 92.
2 *Groll* in: Lange, Wörterbuch zur Inneren Sicherheit, S. 50; *Kühne*, Entwicklung des Internetstrafrechts, S. 31.
3 Der tatsächliche Schadensumfang kann nicht genau beziffert werden, da von einem großen Dunkelfeld auszugehen ist. Das Bundeskriminalamt geht für das Jahr 2018 allein für den Computerbetrug von einem Schaden von 60,7 Mio. Euro aus, *BKA*, Bundeslagebild 2018, S. 49.

Infrastrukturen zur Folge haben können.[4] Fälle des sog. Doxing (Zusammentragen von Persönlichkeitsprofilen in der Absicht, die betroffene Person mit den Profilinformationen zu schädigen) haben zudem eine Diskussion um die Bedrohung des demokratischen Staates und der politischen Meinungsbildung auf den Plan gerufen.[5]

Diesen Entwicklungen begegnet der Gesetzgeber auch durch die Schaffung strafrechtlicher Regelungen. Welche Verhaltensweisen als Angriffe auf die IT-Sicherheit strafwürdig sind und somit dem Bereich Cybercrime zugeordnet werden können, ist allerdings nicht immer einfach zu bestimmen. Das Bundeskriminalamt definiert **Cybercrime im engeren Sinne** als „(…) Straftaten, die sich gegen das Internet, weitere Datennetze, informationstechnische Systeme oder deren Daten richten (…)."[6] Informationstechnische Systeme stellen hier das unmittelbare Angriffsobjekt dar. Angriffe sind etwa das unbefugte Eindringen in diese Systeme (Hacking), um Daten auszuspähen, abzufangen oder zu manipulieren, die Überlastung von informationstechnischen Systemen durch sogenannte (Distributed-)Denial-of-Service-Attacken sowie die illegale Beschaffung von Daten, etwa durch Skimming (aus Zahlungskarten) oder Phishing (im Internet).[7] Als Angriffswerkzeug dient dabei oftmals Schadsoftware[8] (Trojaner, Würmer, Viren etc), die nicht erwünschte oder schädigende Auswirkungen auf ein infiziertes System hat.[9] Als besondere Bedrohung der IT-Sicherheit wird der Aufbau sog. Bot-Netze identifiziert (siehe dazu die aktuellen Gesetzgebungsvorhaben, → Rn. 30 ff.). Dabei handelt es sich um einen Verbund infizierter Systeme, die mithilfe eines zentralen Servers ferngesteuert werden können und dann zur Durchführung von DDoS-Attacken oder Identitätsdiebstählen genutzt werden.[10] Ebenfalls als Bedrohung der IT-Sicherheit werden sog. „Seitenkanalangriffe"[11] diskutiert, die auf indirektem Wege, insbesondere durch Beobachtung von Geräteverhalten (zB Berechnungszeiten, Stromverbrauch oder elektromagnetische Abstrahlung) Informationen über vertrauliche Daten sammeln.[12]

Bei **Cybercrime im weiteren Sinne** fungieren IT-Systeme nicht als Angriffsobjekte, sondern als Begehungsmittel für klassische Straftaten wie etwa Betrug, Erpressung uÄ.[13] Abzugrenzen ist Cybercrime in diesem Sinne von solchen Delikten, die zwar ebenfalls mittels informationstechnischer Systeme begangen werden, aber nicht die Vertraulichkeit, Verfügbarkeit oder Integrität von IT-Systemen oder Daten beeinträchtigen, sondern sonstige Schutzgüter. Hierbei werden die Systeme in der Regel verwendet, um strafbare Inhalte zu verbreiten, wie etwa illegale Pornografie oder pornografische Schriften sowie volksverhetzende Inhalte, Verleumdungen oder Beleidigungen (sog. Äußerungsdelikte).[14] Diese Handlungen stellen somit nicht die IT-Sicherheit in Frage und werden daher im Weiteren nicht behandelt.

---

4 *Brodowski/Freiling*, Cyberkriminalität, S. 45; *Kochheim*, Cybercrime und Strafrecht, S. 140.
5 *Golla* VerfBlog 2019; zum Doxing selbst *Kubiciel/Großmann* NJW 2019, 1050.
6 BKA, Bundeslagebild 2018, S. 3. Für das Jahr 2018 verbuchte das BKA einen erneuten Anstieg von Cybercrime im engeren Sinne um 1,3 % auf 87.106 Fälle.
7 Systematik nach *Albrecht*, Informations- und Kommunikationsrecht, Rn. 860 ff.; BSI, IT-Sicherheit in Deutschland 2018, S. 23; *Holznagel*, Recht der IT-Sicherheit, S. 21.
8 BSI, Register aktueller Cyber-Gefährdungen und Angriffsformen, Anh. 2, S. 4; *Kochheim* spricht von „automatisiertem Hacking", *Kochheim*, Cybercrime und Strafrecht, S. 227.
9 *Albrecht*, Informations- und Kommunikationsrecht, Rn. 869; BSI, IT-Sicherheit in Deutschland 2018, S. 39.
10 *Mavany* KriPoZ 2016, 106 (107); *Roos/Schuhmacher* MMR 2014, 377 (378); *Stam* ZIS 2017, 547.
11 *Brodowski* ZIS 2019, 49.
12 BSI, IT-Sicherheit in Deutschland 2018, S. 34.
13 *Brodowski/Freiling*, Cyberkriminalität, S. 28; *Ceffinato* JuS 2019, 337.
14 *Haase*, Computerkriminalität, S. 73; *Hilgendorf/Valerius*, Computer- und Internetkriminalität, Rn. 123.

II. Einschlägige Regelungen und Struktur des Regelungsbereiches

4 Der Strafgesetzgeber tut sich aus verschiedenen Gründen schwer, den Bedrohungen der IT-Sicherheit zu begegnen – insbesondere da die dogmatischen Strukturen des Strafrechts nicht auf die Besonderheiten der Informationsverarbeitung und die Veränderung durch die Digitalisierung eingestellt sind. Das materielle Strafrecht weist als Folge dessen derzeit kein kohärentes dogmatisches System zum Umgang mit Cybercrime[15] auf, sondern besteht in diesem Bereich aus verschiedenen Einzelnormen, die im Kern- und Nebenstrafrecht zu finden sind.[16]

1. Begriff und Bestimmung des Regelungsbereichs

5 Bislang hat sich für den strafrechtlichen Regelungsbereich der IT-Sicherheit keine einheitliche Terminologie herausgebildet. Es existieren so unterschiedliche Begriffe wie Computerstrafrecht, Internetstrafrecht, EDV-Strafrecht, Informationsstrafrecht, IT-Strafrecht und IuK-Strafrecht. Dabei betreffen die Begriffe Computer- und EDV-Strafrecht einzelne Computer bzw. datenverarbeitende Komponenten, die höchstens nahvernetzt sind. Nach *Kochheim* ist der Computer „(...) für sich betrachtet ein isoliertes, also ein nicht vernetztes informationsverarbeitendes System, das zum Erstellen, Bearbeiten, Verwalten und Speichern digitaler Dateien jeder Art geeignet und bestimmt ist."[17]

6 Demgegenüber fokussiert der Begriff des **Internetstrafrechts** Straftaten, die mittels des Internets begangen werden und zielt weniger auf den Schutz der Daten als solcher ab, sondern vielmehr auf den Schutz der in ihnen codierten Informationen.[18] Das Internetstrafrecht geht über den Schutz der IT-Sicherheit hinaus und erfasst (→ Rn. 3) auch die sog. Äußerungsdelikte und weitere Delikte, die mittels des Internets begangen werden, aber keinen Angriff auf informationstechnische Systeme darstellen. Im Gegensatz zum Computerstrafrecht betrifft das Internetstrafrecht auch urheberrechtlich geschützte Daten.[19] Zumindest für den Fall, dass bestimmte Zugangssicherungen überwunden werden müssen, ist dabei auch die IT-Sicherheit betroffen. Begriffe wie Informationsstrafrecht, IT-Strafrecht[20] und IuK-Strafrecht[21] fassen Computer- und Internetstrafrecht zusammen.[22]

7 Der Begriff des **Computerstrafrechts** ist demnach zu eng, um den Regelungsbereich der IT-Sicherheit umfassend abzudecken (→ Rn. 1 f.). Er ist auch nicht mehr zeitgemäß, da die meisten Computer nicht mehr nur einzelne Komponenten darstellen, sondern mit anderen Geräten vernetzt sind, sei es über den „Nahfunk" (WLAN, Bluetooth oä) oder über das Internet. Im Zuge dessen werden Daten nicht mehr nur lokal auf den eigenen Endgeräten, sondern in Online-Datenspeichern, wie Clouds oder auf externen Servern gespeichert. Das Internet der Dinge weitet diese Entwicklung auf Alltagsgegenstände aus.[23] Dementsprechend erscheint die Trennung zwischen Computer- und Internetstrafrecht nicht mehr sinnvoll.

---

15 *Altenhain* in: Weiß, Rechtsentwicklungen im vereinten Deutschland, S. 117; *Singelnstein* ZIS 2016, 432 (433).
16 *Kochheim*, Cybercrime und Strafrecht, S. 21 für den Begriff der Computerkriminalität.
17 *Kochheim* legt den Begriff des Computerstrafrechts bzw. der Computerkriminalität sehr eng aus und bezieht tatsächlich nur Computer und nicht auch andere Endgeräte in den Begriff mit ein; kritisch dazu *Haase*, Computerkriminalität, S. 65.
18 *Altenhain* in: Weiß, Rechtsentwicklungen im vereinten Deutschland, S. 118.
19 *Altenhain* in: Weiß, Rechtsentwicklungen im vereinten Deutschland, S. 118.
20 *Altenhain* in: Weiß, Rechtsentwicklungen im vereinten Deutschland, S. 117.
21 *Kochheim*, Cybercrime und Strafrecht, S. 16.
22 Andere Autoren verwenden einen erweiterten Begriff des Computerstrafrechts. *Haase* hat eine viergliedrige Aufteilung vorgenommen: Angriffe auf computergestützte Systeme, klassische Delikte unter Verwendung von Computern ua Endgeräten, inhaltsbezogene Delikte und Delikte gegen das Urheberrecht unter Verwendung von Computern, *Haase*, Computerkriminalität, S. 71; s. auch *Sieber* in: Thesen DJT 2012, S. 32; Convention on Cybercrime des Europarats. Andere Autoren wollen den Begriff des Computerstrafrechts im Begriff des Internetstrafrechts aufgehen lassen, dazu *Altenhain* in: Weiß, Rechtsentwicklungen im vereinten Deutschland, S. 117.
23 *Mansdörfer* jM 2015, 387.

Vor diesem Hintergrund und angesichts des Standes der Technik scheint zur Beschreibung des vorliegend behandelten Regelungsbereiches der Begriff des **IT-Strafrechts** am besten geeignet. Hierunter fallen zum einen jene Strafbestimmungen, bei denen informationstechnische Systeme selbst oder die in ihnen gespeicherten Daten als Tatobjekte fungieren.[24] Zum anderen und darüber hinaus sollten aber auch all jene Tatbestände in die Kategorie einbezogen werden, bei denen ein Angriff auf das System nur als Durchgangsstadium zur Schädigung sonstiger Rechtsgüter erfolgt (wie der Missbrauch von IT-Systemen zur Begehung anderer Straftaten, etwa → Rn. 79 ff.). Zusammenfassend betrachtet umfasst das IT-Strafrecht damit alle Straftatbestände, die den Schutz informationstechnischer Systeme zum Ziel haben; als informationstechnische Systeme werden dabei alle möglichen datenverarbeitenden Systeme verstanden.

2. Geschützte Rechtsgüter

Die Tatbestände, die heute als IT-Strafrecht verstanden werden bzw. der IT-Sicherheit dienen, schützen kein einheitliches Rechtsgut und orientieren sich insbesondere nicht unmittelbar an der IT-Sicherheit und ihren Zielen – unter anderem, da die Regelungen zum Teil älter sind als dieses Konzept. Stattdessen hat der Gesetzgeber bei der Schaffung der Tatbestände auf bereits anerkannte strafrechtliche Rechtsgüter Bezug genommen.[25] Angesichts dessen bestehen im Bereich des IT-Strafrechts heute verschiedene Rechts- bzw. Schutzgüter nebeneinander und es kann nicht von einem kohärenten System gesprochen werden. Neben den für die IT-Sicherheit zentralen Rechtsgütern, die im Folgenden dargestellt werden, sind dabei auch der Schutz geistigen Eigentums und das Fernmeldegeheimnis nach Art. 10 GG von Bedeutung.

a) Informationelle Selbstbestimmung

Das Recht auf informationelle Selbstbestimmung als Teil des allgemeinen Persönlichkeitsrechts (Art. 2 Abs. 1 iVm Art. 1 Abs. 1 GG) umfasst den **Schutz personenbezogener Daten** insofern, als der Einzelne dazu befugt ist, grundsätzlich selbst „(…) über die Preisgabe und Verwendung seiner Daten zu bestimmen".[26] Zu diesem Zweck muss der Einzelne darüber informiert sein, wer zu welchem Zeitpunkt welche Informationen über ihn hat.[27] Damit ist zwar kein absolutes Herrschaftsrecht des Individuums an seinen eigenen Daten etabliert; es begegnet aber der Gefahr, dass durch die Verknüpfung und bestimmte Nutzung dieser Daten ein umfassendes Persönlichkeitsprofil erstellt werden kann.[28] Das Recht auf informationelle Selbstbestimmung dient nicht nur als subjektives Abwehrrecht, sondern stellt zugleich eine staatliche Verpflichtung dar, entsprechende (ggf. auch strafrechtliche) Regelungen zum Schutz personenbezogener Daten zu treffen.[29] Da der Schutzbereich der informationellen Selbstbestimmung weitgehend ist, müssen die Strafrechtsnormen mit den entsprechenden Schutzobjekten äußerst genau formuliert werden.[30]

Strafrechtlich wird der Schutz der informationellen Selbstbestimmung heute durch die Tatbestände des Datenschutzstrafrechts umgesetzt (→ Rn. 52 ff.). Im Übrigen hat sich der Gesetzgeber bei der Schaffung von Tatbeständen im Bereich des IT-Strafrechts bislang weniger von die-

---

24 *Brodowski* ZIS 2019, 49 (50).
25 *Altenhain* in: Weiß, Rechtsentwicklungen im vereinten Deutschland, S. 124.
26 BVerfG 15.12.1983 – 1 BvR 209, 269, 362, 420, 440, 484/83, BVerfGE 65, 1 (1, 43).
27 BVerfG 15.12.1983 – 1 BvR 209, 269, 362, 420, 440, 484/83, BVerfGE 65, 1 (42 f.); *Golla*, Straf- und Bußgeldtatbestände, S. 92; *Hilgendorf/Valerius*, Computer- und Internetstrafrecht, Rn. 75.
28 BVerfG 15.12.1983 – 1 BvR 209, 269, 362, 420, 440, 484/83, BVerfGE 65, 1 (43 f.).
29 S. zu dieser Schutzpflichtendimension *Poscher/Lassahn* → § 7 Rn. 40 ff.
30 So *Golla*, Straf- und Bußgeldtatbestände, S. 118, der sich auch ausführlich der Frage widmet, ob das informationelle Selbstbestimmungsrecht in seinem Schutzumfang bestimmt genug ist, um als strafrechtliches Rechtsgut zu fungieren (S. 101 ff.).

sen verfassungsrechtlichen Vorgaben leiten lassen, sondern vielmehr an bereits bestehende strafrechtliche Konzepte angeknüpft. Infolgedessen werden die „immateriellen Charakteristika von Daten und Informationen"[31], die diese maßgeblich von den klassischen strafrechtlichen Schutzgütern – wie etwa dem Eigentum oder dem Gewahrsam an Sachen[32] – unterscheiden, von den Regelungen bislang nur unzureichend berücksichtigt. Gerade die Immaterialität von Daten und der in ihnen enthaltenen Informationen führt dazu, dass es dem Gesetzgeber schwer fällt, ein kohärentes System des strafrechtlichen Schutzes zu entwickeln.[33]

b) Formelles Datengeheimnis

12 Verschiedene Regelungen des IT-Strafrechts schützen das **formelle Datengeheimnis** (→ Rn. 38 ff.). Rechtsgutsträger ist dabei der Verfügungsberechtigte, der aufgrund seines Rechts an dem gedanklichen Inhalt die Befugnis innehat, andere Personen von einer Kenntnisnahme auszuschließen. In Abgrenzung zum Recht auf informationelle Selbstbestimmung, bei dem es um den Schutz von personenbezogenen Daten geht, schützen diese Regelungen Daten unabhängig von ihrem Inhalt. Ebenso sind die Eigentumsverhältnisse am Datenträger unerheblich.[34]

c) Verwendbarkeit von Daten

13 Neben dem formellen Datengeheimnis schützt das Strafrecht mit verschiedenen Tatbeständen (→ Rn. 64 ff.) zudem auch das Interesse der Verfügungsberechtigten an der Verwendbarkeit von Daten, das sich ebenfalls aus der Verfügungsbefugnis ergibt. Rechtsgut ist demnach das Interesse des Berechtigten an der ungestörten Nutzung der in den Daten gespeicherten Informationen.[35]

14 Problematisch sind hier die Bestimmung des **Verfügungsberechtigten** und die Frage, inwieweit es auf eine **Fremdheit** der Daten ankommt.[36] Berechtigt ist nach herrschender Auffassung, wer ein unmittelbares dingliches oder schuldrechtliches Nutzungs- oder Verfügungsrecht an den Daten hat.[37] Eine überwiegende Auffassung will dafür an die dingliche Zuordnung des Datenträgers anknüpfen, so dass zunächst der Eigentümer am Datenträger verfügungsberechtigt ist und das Nutzungsrecht vertraglich auf Dritte übertragen kann.[38] Umstritten ist, ob Fälle, in denen das Eigentum am Datenträger und das Nutzungsrecht an den Daten auseinanderfallen, Täter und Betroffener also als Mitberechtigte nebeneinanderstehen, vom strafrechtlichen Schutz umfasst sein sollen.[39] Indes scheint die Anknüpfung an das Eigentum an Datenträgern heute nicht mehr zeitgemäß. Oftmals werden Daten nicht mehr nur lokal auf den eigenen Endgeräten gespeichert, sondern beispielsweise auf externen Servern, bei denen eine dingliche Zuordnung nicht eindeutig möglich ist und zudem nicht unbedingt der tatsächlichen Interessenlage entsprechen muss.[40]

---

31 *Kochheim*, Cybercrime und Strafrecht, S. 797.
32 *Singelnstein* ZIS 2016, 432 (433).
33 *Singelnstein* ZIS 2016, 432 (433); dazu allgemein *Golla* ZIS 2016, 192.
34 MK-StGB/*Graf* § 202 a Rn. 2 mwN; *Holznagel*, Recht der IT-Sicherheit, S. 107.
35 BGH 27.7.2017 – 1 StR 412/16, NJW 2018, 401 (402); *Bär* in: Wabnitz/Janovsky/Schmitt, Handbuch Wirtschafts- und Steuerstrafrecht, Kap. 14 Rn. 108; *Fischer* StGB § 303 a Rn. 2; Lackner/Kühl/*Heger* StGB § 303 a Rn. 1; MK-StGB/*Wieck-Noodt* § 303 a Rn. 2; LK-StGB/*Wolff* § 303 a Rn. 4.
36 Angeknüpft wird an das Tatbestandsmerkmal „rechtswidrig", BeckOK-StGB/*Weidemann* § 303 a Rn. 6.
37 *Eisele* Jura 2012, 922 (931); SK-StGB/*Hoyer* § 303 a Rn. 5; *Vogelsang/Möllers* jM 2016, 381 (384); LK-StGB/*Wolff* § 303 a Rn. 4.
38 *Fischer* StGB § 303 a Rn. 5; Schönke/Schröder/*Hecker* StGB § 303 a Rn. 3; MK-StGB/*Wieck-Noodt* § 303 a Rn. 10.
39 *Fischer* StGB § 303 a Rn. 5; Schönke/Schröder/*Hecker* StGB § 303 a Rn. 3; aA *Heghmanns* in: FS Tolksdorf, 2014, S. 271 ff.
40 Vgl. *Heghmanns* in: FS Tolksdorf, 2014, S. 273; *Raue* NJW 2019, 2425 (2426).

d) Sicherheit und Zuverlässigkeit des Rechtsverkehrs mit Daten

Viertens schließlich schützen verschiedene Tatbestände des IT-Strafrechts, wie die Urkundsdelikte, die **Sicherheit und Zuverlässigkeit des Rechts- und Beweisverkehrs** (→ Rn. 70 ff.). Diese Tatbestände kommen insbesondere dann zum Tragen, wenn aufgrund der fehlenden Urkundeneigenschaft elektronischer Daten oder technischer Aufzeichnungen eine Strafbarkeit wegen Urkundenfälschung ausscheidet. Geschützt wird das Interesse des Einzelnen, rechtserheblichen Entscheidungen die richtigen Vorstellungen über die Erklärungen bestimmten Inhalts anderer Teilnehmer am Rechtsverkehr zu Grunde zu legen. Dementsprechend soll die Identität des Ausstellers garantiert werden (sog. Garantiefunktion).[41]

e) Gewährleistung der Vertraulichkeit und Integrität informationstechnischer Systeme

In seiner Entscheidung zur Online-Durchsuchung vom 27.2.2008 hat das Bundesverfassungsgericht festgestellt, dass das allgemeine Persönlichkeitsrecht aus Art. 2 Abs. 1 iVm Art. 1 Abs. 1 GG das Grundrecht auf Gewährleistung der **Vertraulichkeit und Integrität informationstechnischer Systeme** umfasst.[42] Dieses schützt im Gegensatz zur informationellen Selbstbestimmung nicht die einzelnen personenbezogenen Daten, sondern das informationstechnische System als solches.[43] Daher wird das Recht auch als Entsprechung des Grundrechts auf Unverletzlichkeit der Wohnung aus Art. 13 GG in der virtuellen Welt verstanden. Dieses sog. Computer-Grundrecht ist nicht nur Abwehrrecht gegen den Staat, sondern begründet auch eine Schutzpflicht. Angesichts dessen kommt die Vertraulichkeit und Integrität informationstechnischer Systeme auch als strafrechtliches Rechtsgut in Betracht.[44]

Im deutschen Strafrecht ist der Schutz der Vertraulichkeit und Integrität informationstechnischer Systeme bisher nicht ausdrücklich als Rechtsgut anerkannt, wenngleich diese in der Sache durchaus von verschiedenen Normen geschützt werden. Dabei wird mit guten Gründen eine spezifische Pönalisierung bestimmter Angriffsweisen einem ganz allgemein gefassten Tatbestand vorgezogen.[45] Schließlich geht es weniger um den Schutz des IT-Systems als solchem, als vielmehr um die darin enthaltenen Daten sowie den ordnungsgemäßen Ablauf der Datenverarbeitung, welche durch die §§ 202 a ff. StGB (Daten) bzw. § 303 b StGB (Datenverarbeitung) geschützt werden. Allerdings regeln die Vorgaben auf europäischer Ebene (EU-Rahmenbeschluss 2013/20/EU sowie die Convention on Cybercrime des Europarates, → Rn. 27) schon länger den Schutz von informationstechnischen Systemen und nicht nur von Daten. Für Deutschland sieht ein Referentenentwurf des BMI zur Erhöhung der Sicherheit informationstechnischer Systeme (BSIG-RefE; → Rn. 22, 30 ff.) die Anerkennung des Rechtsguts der Vertraulichkeit und Integrität informationstechnischer Systeme durch die Einführung des § 202 e StGB-E vor.

3. Geschützte Tatobjekte

Die Tatbestände des IT-Strafrechts nennen eine Reihe von verschiedenen Tatobjekten. Gemäß dem Konzept der IT-Sicherheit stehen dabei Daten, ihre Verarbeitung und entsprechende Systeme im Zentrum, die daher im Folgenden näher betrachtet werden.

---

41 Schönke/Schröder/*Heine/Schuster* StGB § 269 Rn. 11; NK-StGB/*Puppe/Schumann* § 269 Rn. 7.
42 BVerfG 27.2.2008 – 1 BvR 370/07, 595/07, BVerfGE 120, 274 (302); *Beukelmann* NJW 2012, 2617 (2618).
43 *Kahler/Hoffmann-Holland* KriPoZ 2018, 267; s. auch Poscher/Lassahn → § 7 Rn. 26.
44 *Basar* jurisPR-StrafR 26/2016, Anm. 1; *Brodowski/Freiling*, Cyberkriminalität, S. 39 f.
45 *Buermeyer/Golla* K&R 2017, 14 (15) dazu auch im Folgenden.

a) Daten und Datenverarbeitung

18 Das Strafrecht kennt keinen einheitlichen **Datenbegriff**. § 202a Abs. 2 StGB nimmt eine Einschränkung auf solche Daten vor, die elektronisch, magnetisch oder sonst nicht unmittelbar wahrnehmbar gespeichert sind oder übermittelt werden. Hierunter fallen auch sog. Programmdaten, da diese aus mehreren Daten zusammengesetzt sind und zugleich nicht unmittelbar wahrnehmbare Informationen enthalten.[46] Andere Normen verweisen auf diese Legaldefinition (§ 274 Abs. 1 Nr. 2, § 303a Abs. 1 StGB)[47] oder ihnen wird dieser Datenbegriff zu Grunde gelegt (§§ 268, 269 StGB)[48]. Im Gegensatz dazu werden Daten iSd § 263a StGB definiert als „kodierte Informationen in einer im Wege automatisierter Verarbeitung nutzbaren Darstellungsform."[49] Anders als bei § 202a Abs. 2 StGB ist hier also weder das Fehlen unmittelbarer Wahrnehmbarkeit erforderlich, noch die Speicherung oder Übermittlung der Daten.[50] § 269 StGB schützt nur beweiserhebliche Daten.

19 Einige Regelungen bezüglich Daten sind an den Schutz von Sachen angelehnt, insbesondere die „Datenhehlerei" in § 202d StGB. Dies ist angesichts der grundlegenden Unterschiede der beiden Tatobjekte äußerst problematisch. Anders als Sachen sind Daten keine Einzelstücke und nicht fest lokalisiert. Sie lassen sich vielmehr perfekt kopieren und insofern beliebig vervielfältigen sowie sehr einfach auch über weite Strecken transferieren.[51]

20 Neben den Daten selbst wird teilweise auch deren **Verarbeitung** geschützt (§§ 263a, 303b StGB). Als Datenverarbeitung gelten alle technischen Vorgänge, bei denen durch Aufnahme von Daten und ihre Verknüpfung durch Programme bestimmte Arbeitsergebnisse produziert werden.[52] Dabei betrifft § 263a StGB – der zudem auch Programme nennt – den konkreten Datenverarbeitungsvorgang[53], während § 303b Abs. 1 Nr. 3 StGB die Datenverarbeitung insgesamt sowie Datenverarbeitungsanlagen oder Datenträger benennt.

b) Technische Aufzeichnungen

21 Bei technischen Aufzeichnungen handelt es sich nach § 268 Abs. 2 StGB um eine Darstellung von Daten, Mess- oder Rechenwerten, Zuständen oder Geschehensabläufen, die durch ein technisches Gerät ganz oder zum Teil selbsttätig bewirkt wird.[54] Der Begriff findet sich auch in § 274 Abs. 1 Nr. 1 StGB. Die Darstellung gilt nur dann als Aufzeichnung von Informationen, wenn diese in einer selbstständigen, vom Gerät abtrennbaren Sache dauerhaft verkörpert sind.[55] Technische Geräte in diesem Sinne sind dann als IT-Systeme zu klassifizieren, wenn sie elektronisch arbeiten.

---

46 BGH 27.7.2017 – 1 StR 412/16, NStZ 2018, 401 (403); BGH 21.7.2015 – 1 StR 15/16, NStZ 2016, 339; *Heine* NStZ 2016, 441 (443); aA *v. Gravenreuth* NStZ 1989, 201 (204).
47 *Eisele* Jura 2012, 922 (923) mwN.
48 *Holznagel*, Recht der IT-Sicherheit, S. 113; auf die Problematik der Merkmale der nicht unmittelbaren Wahrnehmbarkeit und Speicherung der Daten iRd § 269 StGB in Abgrenzung zu § 267 StGB hinweisend: *Dornseif/Schumann* JR 2002, 52 (53 ff.).
49 *Fischer* StGB § 263a Rn. 3; *Marberth-Kubicki*, Computer- und Internetstrafrecht, Rn. 54.
50 *Kraatz* Jura 2010, 36 (37) mwN.
51 *Golla/v. zur Mühlen* JZ 2014, 668 (671); *Singelnstein* ZIS 2016, 432 (433); s. auch *Schuhr* ZIS 2012, 441 (444 ff.).
52 *Wessels/Hillenkamp/Schuhr*, BT 2, Rn. 605.
53 *Fischer* StGB § 263a Rn. 3.
54 MK-StGB/*Erb* § 268 Rn. 7 ff.; *Fischer* StGB § 268 Rn. 6 ff.; Schönke/Schröder/*Heine/Schuster* StGB § 268 Rn. 10 ff.; NK-StGB/*Puppe/Schumann* § 268 Rn. 18 ff.
55 *Fischer* StGB § 268 Rn. 4; *Wessels/Hettinger/Engländer*, BT 1, Rn. 881.

c) Informationstechnische Systeme

Der im März 2019 bekannt gewordene Referentenentwurf zum IT-Sicherheitsgesetz 2.0 sieht als Rechtsgut die Gewährleistung der Vertraulichkeit und Integrität von informationstechnischen Systemen vor (→ Rn. 30 ff.), so dass solche Systeme nun auch ausdrücklich als Tatobjekt normiert werden sollen (§ 202 e StGB-E). Bisher wurden als **IT-Systeme** alle Systeme verstanden, die elektronische Daten verarbeiten.[56] Neben dem Personal-Computer (PC) fallen also zB auch Serversysteme, Smartphones und andere digitale Kommunikationssysteme sowie datenverarbeitende Alltagsgegenstände (Smart-TVs, Fitnessarmbänder uÄ) unter den Begriff. Nach § 202 e Abs. 3 StGB-E sollen von dem geplanten Tatbestand indes nur solche IT-Systeme erfasst sein, die entweder zur Verarbeitung personenbezogener Daten geeignet und bestimmt sind (Nr. 1) oder Teil einer Einrichtung oder Anlage sind, die wirtschaftlichen, öffentlichen, wissenschaftlichen, künstlerischen, gemeinnützigen oder sportlichen Zwecken dient oder die den Bereichen Energie, Telekommunikation, Transport und Verkehr, Gesundheit, Wasser Ernährung, Versorgung, Haustechnik oder Haushaltstechnik angehören (Nr. 2).

4. Parallelen und Unterschiede zwischen strafrechtlicher Systematik und IT-Sicherheit

Struktur und Systematik von Konzepten der IT-Sicherheit einerseits und des diesbezüglichen strafrechtlichen Regelungsbereiches andererseits weisen Gemeinsamkeiten, aber auch deutliche Unterschiede auf. Im Hinblick auf die dargestellten Rechtsgüter (→ Rn. 9 ff.) entsprechen das formelle Datengeheimnis sowie der Schutz personenbezogener Daten dem Schutz der Vertraulichkeit von Daten im Sinne der IT-Sicherheit. Rechtsgüter wie die Sicherheit und Zuverlässigkeit des Rechts- und Beweisverkehrs sowie das Interesse an der ungestörten Verwendbarkeit der Daten entsprechen dem Schutzziel der Integrität und Verfügbarkeit von Daten.[57]

Das Strafrecht schützt in erster Linie Daten bzw. die Verarbeitung derselben sowie ihre Darstellung in Form von technischen Aufzeichnungen, (noch) nicht informationstechnische Systeme als solche. Zugleich werden – entsprechend dem Ultima-Ratio-Prinzip – nur bestimmte Aspekte der IT-Sicherheit durch das Strafrecht erfasst. Das IT-Strafrecht ist also einerseits deutlich enger als die IT-Sicherheit, geht andererseits aber auch darüber hinaus, wenn etwa weitergehende Ziele verfolgt werden, wie zB der Schutz des Individualvermögens (§ 263 a StGB).

III. Entwicklung des Regelungsbereichs

Das IT-Strafrecht ist aus strafrechtlicher Sicht nicht nur eine recht junge, sondern angesichts der technischen Entwicklung auch eine äußerst dynamische Materie.

1. Historische Entwicklung

Erste einschlägige Tatbestände fanden mit dem zweiten Gesetz zur Bekämpfung der Wirtschaftskriminalität von 1986 (**2. WiKG**) Eingang in das StGB. Im Zuge dessen wurden die §§ 202 a, 263 a, 269, 270 sowie 303 a–303 c StGB neu eingefügt und der § 271 StGB um den Begriff der „Dateien" ergänzt.[58] Zu diesem Zeitpunkt beschränkte sich die Nutzung von Computersystemen hauptsächlich auf den Bereich der Wirtschaft, in welchem nur speziali-

---

[56] BVerfG 27.2.2008 –1 BvR 370/07, 595/07, BVerfGE 120, 274 (302); Fragenkatalog des Bundesministeriums für Justiz vom 22.8.2007, https://netzpolitik.org/wp-upload/fragen-onlinedurchsuchung-BMJ.pdf (zuletzt aufgerufen am 25.2.2020).
[57] *Brodowski* ZIS 2019, 49 (61) spricht sich für eine kohärente Auslegung der §§ 202 a, 303 a StGB aus, die sich an der Vertraulichkeit bzw. Integrität informationstechnischer Systeme orientiert; kritisch zum strafrechtlichen Schutz der Verfügbarkeit von Daten mit Verweis auf die straflose Sachentziehung *Schuhr* ZIS 2012, 441 (447).
[58] BGBl. 1986 I 722 ff.

sierte Fachkräfte und Mitarbeiter entsprechenden Zugriff hatten.[59] Das Computerstrafrecht galt damit als Teil des Wirtschaftsstrafrechts.

27 Auf internationaler Ebene wurde mit dem Übereinkommen des Europarats (**Convention on Cybercrime**) ein wichtiger Schritt zur Harmonisierung des Straf- und Strafprozessrechts im Bereich der Cyberkriminalität unternommen.[60] Die Convention wurde von Deutschland am 23.11.2001 unterzeichnet und im Jahr 2008 ratifiziert.[61] Einen noch größeren Einfluss auf die deutsche Strafgesetzgebung zum Schutz der IT-Sicherheit hatte der Rahmenbeschluss des Rates der Europäischen Union (2005/22/JI) vom 24.2.2005 über Angriffe auf IT-Systeme.[62] Dieser wurde im Jahr 2013 durch die Richtlinie 2013/20/EU des Europäischen Parlaments und des Rates über Angriffe auf Informationssysteme ersetzt. Ein Ziel dieser Richtlinie besteht in der „Angleichung des Strafrechts der Mitgliedstaaten im Bereich Angriff auf Informationssysteme, indem Mindestvorschriften zur Festlegung von Straftaten und einschlägigen Strafen festgelegt werden".[63]

28 Mit dem **41. Strafrechtsänderungsgesetz**[64] aus dem Jahr 2007 wurden der Rahmenbeschluss 2005/22/JI des Rates sowie Teile der Cybercrime-Convention umgesetzt.[65] Zentrale Neuerungen waren die Einführung der Strafbarkeit des bloßen Eindringens in Computersysteme (Hacking)[66], bei der es nicht mehr darauf ankam, dass Daten daraus auch tatsächlich verschafft wurden, die Einführung der Strafbarkeit der Vorbereitung des Ausspähens und Verschaffens von Daten durch § 202c StGB[67] sowie die Erweiterung des § 303b StGB.[68] Die Regelungen fanden massive Kritik in der Literatur, da die Tatbestände einerseits sehr weitgehend sind, andererseits aber weder den Rahmenbeschluss noch die Cybercrime-Convention vollumfänglich umsetzen.[69] Besonders umstritten war § 202c StGB, da hiermit eine sehr weitgehende Kriminalisierung von Vorbereitungshandlungen vorgenommen wurde, deren objektive Grenzen nur schwer zu bestimmen sind,[70] etwa bei dual use-Programmen, also Tools, die für eine wünschenswerte Überprüfung der IT-Sicherheit eines Systems ebenso geeignet sind wie für die Vorbereitung eines strafbewehrten Eindringens.[71] Per Nichtannahmebeschluss vom 18.5.2009 befand das BVerfG, dass dual use-Tools vom Tatbestand des § 202c Abs. 1 Nr. 2 StGB nicht erfasst seien.[72]

29 Acht Jahre nach dem 41. StrÄndG wurde der Straftatbestand der Datenhehlerei in § 202d StGB eingefügt.[73] Dieser stellt die Selbst- oder Fremdverschaffung, die Überlassung, Verbreitung oder sonstiges Zugänglichmachen von Daten, die nicht allgemein zugänglich sind und

---

59 *Kühne*, Entwicklung des Internetstrafrechts, S. 31.
60 *Albrecht*, Informations- und Kommunikationsrecht, Rn. 839; *Hilgendorf/Valerius*, Computer- und Internetstrafrecht, Rn. 119.
61 *Albrecht*, Informations- und Kommunikationsrecht, Rn. 839.
62 ABl. 2005 L 69, 67.
63 ABl. 2013 L 218, 8.
64 BGBl. 2007 I 1786.
65 *Albrecht*, Informations- und Kommunikationsrecht, Rn. 844; *Gercke* ZUM 2007, 282; *Sitzer* in: Sinn/Gropp/Nagy, Grenzen der Vorverlagerung in einem Tatstrafrecht, S. 445; ausführlich zur Reform *Borges/Stuckenberg/Wegener* DuD 2007, 275; *Schreibauer/Hessel* K&R 2007, 616.
66 *Gercke* ZUM 2007, 282 (282 f.).
67 *Sitzer* in: Sinn/Gropp/Nagy, Grenzen der Vorverlagerung in einem Tatstrafrecht, S. 445.
68 *Gercke* ZUM 2007, 282 (284); *Hilgendorf/Valerius*, Computer- und Internetstrafrecht, Rn. 110.
69 *Gercke* ZUM 2007, 282 (282 ff.).
70 *Böhlke/Yilmaz* CR 2008, 261; der Bundesrat äußerte damals ebenso Bedenken, BT-Drs. 16/3656, 16.
71 *Böhlke/Yilmaz* CR 2008, 261 (262); *Gröseling/Höfinger* MMR 2007, 626 (629); ausführlich zur Problematik auch *Stuckenberg* wistra 2010, 41 (43 ff.).
72 BVerfG 18.5.2009 – 2 BvR 2233/07, 2 BvR 1151/08, 2 BvR 1524/08, Rn. 64, juris; s. zum Ganzen auch → Rn. 47.
73 BGBl. 2015 I 2218.

die ein anderer durch eine rechtswidrige Tat erlangt hat, unter Strafe, wenn zusätzlich eine Bereicherungsabsicht vorliegt. Auch diese Regelung wurde in der Literatur als zu unbestimmt und ausufernd kritisiert.[74]

2. Geplantes IT-Sicherheitsgesetz, „Digitaler Hausfriedensbruch"

Ein Referentenentwurf des BMI vom März 2019 zur IT-Sicherheit (BSIG-RefE)[75] sieht auch verschiedene strafrechtliche Änderungen vor, insbesondere die Einführung des **„digitalen Hausfriedensbruchs"** in § 202 e StGB-E und eines Qualifikationstatbestandes in § 202 f StGB-E (besonders schwerer Fall einer Straftat gegen die Vertraulichkeit informationstechnischer Systeme).[76]

Nach Abs. 1 des **§ 202 e StGB-E** soll bestraft werden, wer sich unbefugt Zugang zu einem informationstechnischen System verschafft (Nr. 1), dieses in Gebrauch nimmt (Nr. 2) oder einen Datenverarbeitungsvorgang oder einen informationstechnischen Ablauf auf einem informationstechnischen System beeinflusst oder in Gang setzt (Nr. 3). Die Notwendigkeit des neuen Tatbestandes wird mit Strafbarkeitslücken insbesondere im Bereich der sog. Botnetz-Kriminalität begründet[77], deren Bestehen aber zweifelhaft ist, insbesondere da eine Strafbarkeit gem. § 202 a bzw. §§ 303 a und 303 b StGB in Betracht kommt.[78] § 202 e StGB-E geht zudem weit über die Botnetz-Kriminalität hinaus und führt zu einer weiten Vorfeldstrafbarkeit.[79] Der Entwurf begründet damit die Gefahr, dass auch sozialadäquate Verhaltensweisen mit hohen Freiheitsstrafen bedroht sind, wogegen die in § 202 e Abs. 1 S. 2 StGB-E vorgesehene Bagatellklausel keinen hinreichenden Schutz darstellt.[80]

Als **besonders schwerer Fall** soll es nach § 202 f StGB-E künftig gelten, wenn Taten gem. §§ 202 a–202 e StGB für eine fremde Macht, gewerbsmäßig oder als Mitglied einer Bande (Nr. 1) begangen werden, eine große Anzahl von IT-Systemen infiltriert wird (Nr. 2) oder in der Absicht der Herbeiführung oder Ermöglichung einer allgemeinschädigenden Gefahr (Nr. 3) oder der Bewirkung eines Ausfalls oder einer wesentlichen Funktionsbeeinträchtigung kritischer Infrastrukturen (Abs. 2) gehandelt wird.

---

74 *Golla/v. zur Mühlen* JZ 2014, 668 (669 ff., 674); *Singelnstein* ZIS 2016, 432. Zurzeit ist eine Verfassungsbeschwerde gegen § 202 d StGB anhängig (Az.: 1 BvR 2821/16), da § 202 d StGB wegen der möglichen Pönalisierung von Journalisten und Whistleblowern einen Eingriff in die Presse- und Informationsfreiheit darstellen könnte.

75 Das Bundesamt für Inneres, Bau und Heimat hat nunmehr am 7.5.2020 einen zweiten Referentenentwurf zur Erhöhung der IT-Sicherheit auf den Weg gebracht. In diesem sind die im Folgenden erläuterten Änderungen des Strafgesetzbuches (vorläufig) nicht mehr vorgesehen. Da die Einführung der Strafbarkeit des „digitalen Hausfriedensbruchs" in der Vergangenheit immer wieder nahezu unverändert in den Gesetzgebungsprozess eingebracht wurde, ist damit zu rechnen, dass die Forderung noch nicht vom Tisch ist. Eine kritische Auseinandersetzung mit dem ersten Referentenentwurf vom März 2019 ist somit dennoch lohnenswert.

76 Entwurf eines Zweiten Gesetzes zur Erhöhung der Sicherheit informationstechnischer Systeme, S. 30. Zu einer Initiative schon aus dem Jahr 2016 BR-Drs. 338/16. Diese wurde nach einer ablehnenden Stellungnahme seitens der Bundesregierung nicht beschlossen. Detaillierter zum Referentenentwurf des BMI *Greier/Hartmann* jurisPR-StrafR 13/2019, Anm. 1; *Selzer* KriPoZ 2019, 221 (225 ff.).

77 Entwurf eines Zweiten Gesetzes zur Erhöhung der Sicherheit informationstechnischer Systeme, S. 1; *Selzer* KriPoZ 2019, 221 (225).

78 *Basar* jurisPR-StrafR 26/2016, Anm. 1; *Buermeyer/Golla* K&R 2017, 14 (15 f., 18); *Heine* NStZ 2016, 441 (446); *Kahler/Hoffmann-Holland* KriPoZ 2018, 267 (270); *Roos/Schuhmacher* MMR 2014, 377 (379 ff.); *Tassi* DuD 2017, 175; *Stam* ZIS 2017, 547 (552) spricht sich zwar für eine gesetzgeberischen Handlungsbedarf aus, übt aber ebenso Kritik an dem älteren Entwurf des Bundesrates; s. auch BT-Drs. 18/10382.

79 *Kahler/Hoffmann-Holland* KriPoZ 2018, 267 (272).

80 Mit Beispielen zu möglichen Sachverhaltskonstellationen *Buermeyer/Golla* K&R 2017, 14 (16 ff.); gegen einen Entwurf des Bundesrates *Mavany* ZRP 2016, 221.

33 Darüber hinaus ist die **Erhöhung des Höchststrafmaßes** der §§ 202 a–202 d und der §§ 303 a und 303 b StGB auf „bis zu fünf Jahre" geplant. Bei § 303 b Abs. 2 StGB soll die Geldstrafe gestrichen und eine Mindestfreiheitsstrafe von sechs Monaten eingeführt werden.[81]

IV. Grenzen des strafrechtlichen Schutzes von IT-Sicherheit

34 Die Wirkung von Strafrecht ist generell begrenzt. Im Bereich des IT-Strafrechts gilt dies in nochmals gesteigertem Maße. Strafandrohungen allein zeigen noch keine general- oder spezialpräventive Wirkung, vielmehr müssen potenzielle Täter eine Strafverfolgung auch für wahrscheinlich halten.[82] Gerade im Bereich der Cyberkriminalität ist aber die Durchsetzung geltenden Strafrechts nur schwer zu erreichen, da die Strafverfolgungsbehörden – mehr als bei anderen Delikten – erheblichen praktischen Problemen gegenüberstehen. Zwischen Täter und Opfer kommt es oftmals nicht zum direkten Kontakt, was die Identifizierung des Täters erschwert. Ohnehin ist das anonyme Agieren im virtuellen Raum leichter zu gewährleisten. Zusätzlich erschweren arbeitsteilige Vorgehensweisen von organsierten Tätern sowie mehraktige Geschehensabläufe und grenzüberschreitende Sachverhalte, bei denen amtliche Rechtshilfe erforderlich ist, die Strafverfolgung.[83] Die Wahrscheinlichkeit strafrechtlicher Verfolgung ist im Bereich der Cyberkriminalität angesichts dessen nur gering ausgeprägt, so dass auch der abschreckende Effekt einer Strafandrohung als gering einzuschätzen ist.

35 Das IT-Strafrecht kann als typisches Beispiel eines **modernen Risikostrafrechts**[84] klassifiziert werden, das als Mittel der Risikosteuerung[85] fungiert. Prognostizierte Risiken sollen mithilfe des Strafrechts abgewendet werden. Infolgedessen wird der strafrechtliche Zugriff weit in das Vorfeld eigentlicher Schädigungen vorverlagert (unbestimmte Straftatbestände, Kriminalisierung von Vorbereitungshandlungen, abstrakte Gefährdungsdelikte).[86] Folgen sind die Kriminalisierung sozialadäquater Verhaltensweisen, Rechtsunsicherheit sowie Grundrechtseinschränkungen. Zugleich ist die Erfüllung des eigentlich verfolgten Zwecks zweifelhaft, vielmehr handelt es sich weithin um symbolische Normen, die die Handlungsfähigkeit in Bezug auf (vermeintlich) bestehende Risiken demonstrieren sollen.[87] Dies begründet die Gefahr, dass die Leistungsfähigkeit des Strafrechts massiv überschätzt wird, und dass die für das Strafrecht bestehenden verfassungsrechtlichen Grenzen überschritten werden. Das Strafrecht ist nur dann legitimes Instrument, wenn es dem Rechtsgüterschutz dient und als letztes Mittel zum Einsatz kommt (Ultima-Ratio-Prinzip).[88]

36 Zusammenfassend betrachtet birgt die Entwicklung des IT-Strafrechts die Gefahr, die **verfassungsrechtlich gebotenen Grenzen** des strafrechtlichen Zugriffs zu überschreiten und damit Verhaltensweisen zu kriminalisieren, die nicht strafwürdig sind, bei gleichzeitig nur beschränkter Durchsetzbarkeit. Bei der Suche nach sinnvollen Maßnahmen zum Schutz der

---

81 Der Referentenentwurf des BMI sieht zudem die Einführung des § 126 a StGB-E vor, nach welchem sich strafbar macht, wer Dritten eine internetbasierte Leistung zugänglich macht, deren Zweck oder Tätigkeit darauf ausgerichtet ist, die Begehung von rechtswidrigen Taten zu ermöglichen, zu fördern oder zu erleichtern. Auch diese Norm ist äußerst problematisch und schafft eine weitgehende Vorfeldkriminalisierung.
82 *Brodowski/Freiling*, Cyberkriminalität, S. 38.
83 *Buermeyer/Golla* K&R 2017, 14 (16); *Stam* ZIS 2017, 547 (551) jeweils in Bezug auf die Strafverfolgung von Botnetz-Kriminalität; *Sieber* NJW-Beil. 2012, 86 (87); zur Anzeigebereitschaft bei Cybercrime s. *Brodowski* in: Lange/Bötticher, Cybersicherheit, S. 252.
84 *Brodowski/Freiling*, Cyberkriminalität, S. 35.
85 *Haase* in: Gusy/Kugelmann/Würtenberger, Rechtshandbuch Zivile Sicherheit, S. 521.
86 *Seelmann* KritV 1992, 452 (453); *Shimada* CR 2009, 689.
87 *Buermeyer/Golla* K&R 2017, 14 (17).
88 *Brodowski/Freiling*, Cyberkriminalität, S. 34; *Haase* in: Gusy/Kugelmann/Würtenberger, Rechtshandbuch Zivile Sicherheit, S. 518.

IT-Sicherheit sollte daher auf Alternativen zum Strafrecht gesetzt werden, die im Verwaltungs-, Ordnungswidrigkeiten- oder Zivilrecht zu finden sind.[89]

B. Tatbestände zum Schutz der Vertraulichkeit von Daten

Das deutsche Strafrecht enthält eine Reihe von Tatbeständen, die die Vertraulichkeit von Daten in IT-Systemen schützen und damit eine der Zielvorgaben der IT-Sicherheit umsetzen. Dabei hat der Gesetzgeber in der Vergangenheit verschiedene Konzepte verfolgt, die sich grundlegend in zwei Richtungen unterscheiden lassen.[90] Auf der einen Seite schützen die §§ 202 a–202 d StGB gespeicherte oder in Übermittlung befindliche Daten unabhängig von ihrem Inhalt vor dem Zugriff Dritter. Auf der anderen Seite finden sich verschiedene Tatbestände, die jeweils besonders schutzbedürftige Informationen betreffen, die zumindest auch in Form von Daten vorliegen können.[91] Zwar betrifft der Schutz von Privatgeheimnissen und des höchstpersönlichen Lebensbereichs durch die §§ 201, 201a, 202, 203, 204 StGB kaum den Bereich der Informationstechnik. Anders sieht es jedoch für den Schutz von Dienst- und Geschäftsgeheimnissen, von personenbezogenen Daten sowie von urheberrechtlich geschützten Daten aus. 37

I. Schutz des formellen Datengeheimnisses durch die §§ 202 a–202 d StGB

Die §§ 202 a ff. StGB schützen Daten, die nicht unmittelbar wahrnehmbar gespeichert sind oder übermittelt werden (zum Datenbegriff gem. § 202 a Abs. 2 StGB → Rn. 18), vor Zugriff durch unbefugte Personen (→ Rn. 42).[92] § 202 a Abs. 1 StGB pönalisiert den Zugriff auf besonders gesicherte Daten unter Überwindung der Zugangssicherung. Daneben schützt § 202 b StGB vor allem nicht öffentliche Datenübermittlungen vor Zugriffen mit technischen Mitteln, während § 202 c StGB Vorbereitungshandlungen und § 202 d StGB das Verschaffen und die Weitergabe rechtswidrig erlangter Daten unter Strafe stellt. 38

1. Zugriff auf besonders gesicherte Daten

Der Tatbestand des § 202 a Abs. 1 StGB erfasst nur solche Daten, die gegen unberechtigten Zugang besonders gesichert sind, das heißt, es müssen Maßnahmen getroffen worden sein, die den **unbefugten Zugriff** nicht unerheblich erschweren.[93] Die Sicherung kann sowohl mechanischer Art sein, als auch die Hard- oder Software betreffen.[94] Nicht ausreichend sind hingegen Verbote oder Anweisungen seitens der Verfügungsberechtigten über die Daten oder Vorkehrungen, die bloß der Beweissicherung oder Kontrolle dienen. Typische Fälle der Zugangssicherung stellen Verschlüsselung, Passwortsicherung oder ähnliche Authentifizierungsverfahren dar; aber auch das gezielte Löschen und Beschädigen von Daten durch den Nutzer soll den Zugang im Sinne der Norm erschweren.[95] 39

---

89 Konkrete Vorschläge hierzu unterbreiten *Buermeyer/Golla* K&R 2017, 14 (17); *Haase* in: Gusy/Kugelmann/Würtenberger, Rechtshandbuch Zivile Sicherheit, S. 522 zeigt ebenfalls Alternativen zur Bestrafung von Vorbereitungshandlungen auf. Ebenso speziell für das Datenschutzstrafrecht *Golla* ZIS 2016, 192 (193).
90 *Kubiciel/Großmann* NJW 2019, 1050 (1052 f.); *Singelnstein* ZIS 2016, 432 (434).
91 *Arzt/Weber/Heinrich/Hilgendorf*, BT, § 8 Rn. 24 ff., 37 ff.
92 *Singelnstein*, Strafbare Strafverfolgung, S. 353; detailliert auch *Fischer* StGB § 202 a Rn. 3 f.; MK-StGB/*Graf* § 202 a Rn. 12 ff.
93 BGH 21.7.2015 – 1 StR 16/15, NStZ 2016, 339; im Einzelnen MK-StGB/*Graf* § 202 a Rn. 35 ff.; *Heinson*, IT-Forensik, S. 385 ff.; *Herrmann/Soiné* NJW 2011, 2922 (2926); *Jerouschek/Kölbel* NJW 2001, 1601 (1603); kritisch hierzu *Dietrich* NStZ 2011, 247.
94 *Brodowski* ZIS 2019, 49 (58); *Brodowski/Freiling*, Cyberkriminalität, S. 99; Lackner/Kühl/*Heger* StGB § 202 a Rn. 4; *Singelnstein*, Strafbare Strafverfolgung, S. 353.
95 *Heinson*, IT-Forensik, S. 387; *Singelnstein*, Strafbare Strafverfolgung, S. 353.

40 Der Täter muss sich oder einem anderen Zugang zu den geschützten Daten unter **Überwindung der Zugangssicherung verschaffen**, entweder durch das Überwinden von Passwörtern oder Verschlüsselungen oder durch die Infizierung des betreffenden Computers mit entsprechender Software.[96] Dabei muss die Überwindung der Zugangssicherung für das Verschaffen des Zugangs kausal sein.[97] Ausreichend ist, dass aufgrund des verschafften Zugangs in das IT-System die Möglichkeit zur Kenntnisnahme besteht; die tatsächliche Kenntnisnahme oder das Kopieren der Daten ist nicht erforderlich.[98] Zweifel am Vorliegen des Merkmals können entstehen, wenn der Zugang auf dem dafür vorgesehenen Weg erfolgt.[99] An einer Zugangssicherung in diesem Sinne fehlt es, wenn das Passwort im Computer des Betroffenen gespeichert ist oder die Zugangsdaten auf vergleichbarem Wege erlangt werden und der Zugriff daher ohne Probleme möglich ist.[100] Es kommt hier auf die Einzelfallbetrachtung an, ob eine Zugangssicherung in derartigen Fällen noch gegeben ist oder ob der Zugang so leicht möglich war, dass von einer Sicherung nicht mehr gesprochen werden kann.[101] Die Überwindung der Zugangssicherung muss „(…) typischerweise – also unabhängig von spezifischen Möglichkeiten oder Kenntnissen des konkreten Täters – einen nicht unerheblichen Aufwand erfordern (…)".[102]

41 Umstritten ist, ob die Entschlüsselung von **verschlüsselten Daten** erforderlich ist, wenn nicht die Verschlüsselung selbst die zu überwindende Zugangssicherung darstellt.[103] Problematisch sind also Fälle, in denen vor der Verschlüsselung eine weitere Zugangssicherung überwunden wurde, zB bei verschlüsselten Nachrichten in einem passwortgeschützten E-Mail-Postfach.[104] Durch Überwinden der Passwortsicherung wird hier bereits das Tatbestandsmerkmal der Zugangsverschaffung erfüllt. Es stellt sich dann die Frage, ob der Zugang im Sinne der Norm auch dann verschafft wurde, wenn die Daten nicht entschlüsselt werden können und somit kein Zugriff auf deren Inhalt möglich ist. Vom Wortlaut des § 202 a Abs. 1 StGB ist diese Konstellation erfasst. Auch wird die Gefahr begründet, dass eine Entschlüsselung zu einem späteren Zeitpunkt möglich wird.[105] Daher sprechen die besseren Argumente dafür, den Tatbestand auch im Fall verschlüsselter Daten als erfüllt anzusehen.[106]

42 Der Tatbestand des § 202 a Abs. 1 StGB setzt zudem voraus, dass die Daten **nicht für den Täter bestimmt** waren. Eine Zustimmung des Berechtigten zum Zeitpunkt der Tathandlung lässt daher den Tatbestand entfallen.[107] Dies ermöglicht beispielsweise die rechtmäßige Durchführung sogenannter Penetrationstests von Systemen durch IT-Sicherheitsunternehmen im Auftrag des Berechtigten.

2. Zugriff auf in Übermittlung befindliche Daten

43 Im Gegensatz zu § 202 a StGB müssen die Daten im Rahmen des § 202 b StGB nicht besonders gesichert sein; sie werden aber nur geschützt, wenn sie **übermittelt** (Var. 1) oder von einer

---

96 *Goeckenjan* wistra 2009, 47 (49); LK-StGB/*Hilgendorf* § 202 a Rn. 15 ff.; *Fischer* StGB § 202 a Rn. 11.
97 *Fischer* StGB § 202 a Rn. 11 b.
98 *Ceffinato* JuS 2019, 337 (338); Schönke/Schröder/*Eisele* StGB § 202 a Rn. 18.
99 Allgemein zu den Voraussetzungen Schönke/Schröder/*Eisele* StGB § 202 a Rn. 20.
100 S. auch *Kubiciel/Großmann* NJW 2019, 1050 (1053).
101 Vgl. *Goeckenjan* wistra 2009, 47 (52 f.).
102 BGH 13.5.2020 – 5 StR 614/19, juris Rn. 24.
103 S. auch Schönke/Schröder/*Eisele* StGB § 202 a Rn. 19; *Gröseling/Höfinger* MMR 2007, 549 (551).
104 *Singelnstein*, Strafbare Strafverfolgung, S. 354.
105 *Fischer* StGB § 202 a Rn. 11 a; *Singelnstein*, Strafbare Strafverfolgung, S. 354.
106 *Ernst* NJW 2007, 2661; NK-StGB/*Kargl* § 202 a Rn. 10 mwN; anders MK-StGB/*Graf* § 202 a Rn. 59.
107 Schönke/Schröder/*Eisele* StGB § 202 a Rn. 8 ff.; MK-StGB/*Graf* § 202 a Rn. 21; Lackner/Kühl/*Heger* StGB § 202 a Rn. 3; *Marberth-Kubicki*, Computer- und Internetstrafrecht, Rn. 88; BeckOK-StGB/*Weidemann* § 202 a Rn. 8.

Datenverarbeitungsanlage elektromagnetisch abgestrahlt (Var. 2) werden.[108] Unter einer Übermittlung wird jede Art der Datenübertragung verstanden.[109] Geschützt sind demnach Übertragungen per Leitung oder Funk, im Intranet, wie auch über das Internet, unabhängig von der Form der Daten und der Übermittlung.[110] Nach richtiger Auffassung stellt auch die Speicherung der Daten in einem Zwischenspeicher (zB Provider) eine Übermittlung dar, da auch dies dem Fernmeldegeheimnis gem. Art. 10 Abs. 1 GG unterliegt[111] und demnach zum Schutzbereich der Norm gehört.[112] Die Übermittlung ist dann nicht öffentlich, wenn sie nicht an die Allgemeinheit gerichtet ist; einer Verschlüsselung bedarf es nicht.[113]

Im Gegensatz zu § 202a Abs. 1 StGB müssen die Daten selbst oder ihr Inhalt tatsächlich verschafft werden, zB durch das Kopieren oder Speichern oder die Kenntnisnahme des Inhalts. Die bloße Möglichkeit des Zugriffs reicht nicht aus.[114] Bezüglich verschlüsselter Daten ist daher eine Differenzierung vorzunehmen. Bei der Verschaffung der Daten durch die bloße Kenntnisnahme ist die Entschlüsselung erforderlich, da es ansonsten an einer solchen Kenntnisnahme fehlt. Hingegen reicht es bei einer Verschaffung durch Kopieren oder Speichern, dass Daten in verschlüsselter Form betroffen sind.[115] Dafür spricht sowohl der Wortlaut der Norm als auch die bereits bei § 202a StGB genannte Gefahr, dass die Daten zu einem späteren Zeitpunkt entschlüsselt werden.[116]

3. Vorbereitungshandlungen

§ 202c Abs. 1 StGB[117] stellt bereits bestimmte Handlungen, die Taten nach den §§ 202a, 202b StGB vorbereiten, unter Strafe und normiert somit ein abstraktes Gefährdungsdelikt.[118] **Tathandlungen** sind das Herstellen, Zugänglichmachen und Verschaffen von Passwörtern oder Sicherungscodes, um den Zugang zu Daten zu ermöglichen (Nr. 1) sowie von Software, deren Zweck die Begehung der genannten Tat ist (Nr. 2).

Der Tatbestand ist damit sehr weit gefasst und stellt zudem Handlungen deutlich im Vorfeld der eigentlichen Beeinträchtigung des Rechtsguts unter Strafe.[119] Einschränkend soll das Merkmal der **Vorbereitung** einer Tat nach den §§ 202a, 202b StGB wirken. Diesem kommt aber objektiv keine eigenständige Bedeutung zu, da es alleine auf der subjektiven Seite des Tatbestandes verortet ist.[120] Nach überwiegender Auffassung soll bedingter Vorsatz bzgl. der Vorbereitungshandlung ausreichend sein.[121] Eine genauere Konkretisierung der Tat ist dem-

---

108 *Eisele*, BT I, Rn. 751 ff.; LK-StGB/*Hilgendorf* § 202b Rn. 8 ff.
109 Schönke/Schröder/*Eisele* StGB § 202b Rn. 4; Lackner/Kühl/*Heger* StGB § 202b Rn. 2.
110 *Fischer* StGB § 202b Rn. 3; MK-StGB/*Graf* § 202b Rn. 9; NK-StGB/*Kargl* § 202b Rn. 4.
111 BVerfG 16.6.2009 – 2 BvR 902/06, BVerfGE 124, 43 (54 ff.).
112 Schönke/Schröder/*Eisele* StGB § 202b Rn. 4; *Kusnik* MMR 2011, 720 (720 f.); *Singelnstein*, Strafbare Strafverfolgung, S. 357; anders MK-StGB/*Graf* § 202b Rn. 9.
113 *Fischer* StGB § 202b Rn. 4; detailliert MK-StGB/*Graf* § 202b Rn. 9; *Kusnik* MMR 2011, 720.
114 Schönke/Schröder/*Eisele* StGB § 202b Rn. 7; MK-StGB/*Graf* § 202b Rn. 5; *Singelnstein*, Strafbare Strafverfolgung, S. 357; bzgl. des Verschaffens durch Trojaner *Sittig/Brünjes* StRR 2012, 127 (129 f.).
115 *Singelnstein*, Strafbare Strafverfolgung, S. 357; aA MK-StGB/*Graf* § 202b Rn. 16.
116 Anders Schönke/Schröder/*Eisele* StGB § 202b Rn. 7.
117 § 202c StGB stellt insofern auch eine Besonderheit in der Systematik der §§ 202a ff. StGB dar, weil der Versuch des Ausspähens und Abfangens von Daten an sich nicht unter Strafe gestellt ist, die Vorbereitung allerdings schon.
118 *Fischer* StGB § 202c Rn. 2; Lackner/Kühl/*Heger* StGB § 202c Rn. 1.
119 *Popp* GA 2008, 375 (390); *Singelnstein*, Strafbare Strafverfolgung, S. 358.
120 LK-StGB/*Hilgendorf* § 202c Rn. 25; *Singelnstein*, Strafbare Strafverfolgung, S. 358; s. aber *Puschke* in: Sinn, Cybercrime im Rechtsvergleich, S. 178 ff.
121 *Fischer* StGB § 202c Rn. 8; aA: *Goeckenjan* wistra 2009, 47 (54); *Puschke* in: Sinn, Cybercrime im Rechtsvergleich, S. 180 ff.

nach nicht notwendig, sondern es reichen bereits gewisse Umrisse des geplanten Geschehensablaufs aus, wobei vage Pläne nicht genügen sollen.[122]

47 Aufgrund der Weite der subjektiven Voraussetzungen kommt den **objektiven Merkmalen bezüglich der Tatobjekte** besondere Bedeutung für eine Begrenzung der Strafbarkeit zu. Hinreichend konkretisiert ist dies bei Passwörtern und Sicherungscodes, die objektiv zur Ermöglichung des Datenzugangs geeignet sein müssen.[123] Problematischer ist das Merkmal Computerprogramme iSd Abs. 1 Nr. 2, bei welchen die einzige objektive Einschränkung ist, dass sie den Zweck haben müssen, eine Tat nach den §§ 202 a, 202 b StGB zu ermöglichen.[124] Computerprogramme weisen aber keinen Zweck per se auf, sondern haben bestimmte Funktionen, die von Personen zu bestimmten Zwecken genutzt werden.[125] Daher wird die Zweckbestimmung anhand des typischen und wesentlichen Zwecks des Programms vorgenommen, der sich objektiv manifestieren muss. Programme, die auch für andere Zwecke geeignet sind – sogenannte dual use-Programme –, sollen nicht von der Norm erfasst sein.[126] Die Abgrenzung in der Praxis ist jedoch schwierig, insbesondere bei Programmen, bei denen der wesentliche Zweck schwer zu bestimmen ist, die aber ein hohes Missbrauchspotenzial aufweisen. Auch diese sind aber nach richtiger Auffassung aus dem Anwendungsbereich des § 202 c Abs. 1 Nr. 2 StGB ausgenommen. Erfasst sind also nur solche Programme, deren Funktion und Zweck gerade darin besteht, Zugangssicherungen für Daten zu überwinden oder auf in Übertragung befindliche Daten zuzugreifen (zB Trojaner).[127]

4. Verschaffen und Weitergabe rechtswidrig erlangter Daten („Datenhehlerei")

48 Der Tatbestand der Datenhehlerei in § 202 d StGB erfasst den Umgang mit Daten, die ein Dritter durch eine rechtswidrige Tat erlangt hat.[128] Damit sollte die Veräußerung als Zwischenschritt zwischen der Beschaffung der Daten und ihrer Nutzung unter Strafe gestellt werden. Ebenso wie die §§ 202 a–202 c StGB soll die Norm das formelle Geheimhaltungsinteresse des Verfügungsberechtigten sowie dessen Verfügungsbefugnis hinsichtlich der Daten schützen.[129] Obwohl Daten und Sachen sich grundlegend voneinander unterscheiden, orientierte sich der Gesetzgeber bei der Konzeption der Norm stark an § 259 StGB (→ Rn. 19, 49 f.).[130]

49 Taugliches **Tatobjekt** sind alle Daten iSd § 202 a Abs. 2 StGB, also all jene, die elektronisch oder magnetisch gespeichert sind oder übermittelt werden.[131] Der Schutzbereich des Tatbestandes ist damit sehr weitgehend, insbesondere findet keine Beschränkung auf sensible Inhalte statt, wie dies beim Geheimnisschutz sonst der Fall ist. Einschränkungen bestehen lediglich hinsichtlich der Nichtöffentlichkeit der Daten und insofern als ein anderer sie durch

---

122 LK-StGB/*Hilgendorf* § 202 c Rn. 28; *Popp* GA 2008, 375 (392).
123 Schönke/Schröder/*Eisele* StGB § 202 c Rn. 3; LK-StGB/*Hilgendorf* § 202 c Rn. 7.
124 NK-StGB/*Kargl* § 202 c Rn. 7; *Schumann* NStZ 2007, 675 (678).
125 LK-StGB/*Hilgendorf* § 202 c Rn. 15; *Valerius* JR 2010, 84 (85).
126 *Stuckenberg* wistra 2010, 41 (45); s. auch *Arzt/Weber/Heinrich/Hilgendorf*, BT, § 8 Rn. 71. Die Ausklammerung von dual use-Programmen bildet einen wesentlichen Grund dafür, dass das BVerfG die Norm als verfassungsgemäß betrachtet hat, weil ansonsten auch IT-Sicherheitsdienstleister oder Hochschullehrer erfasst werden könnten, s. BVerfG 18.05.2009 – 2 BvR 2233/07, 1151/08, 1624/08, BVerfGK 15, 491. Mit der Konstruktion des BVerfG wird dieses Problem freilich nicht gelöst, weil diese Personengruppen – zB für Penetrationstests und in studentischen Übungen – auch Programme verwenden, die typischerweise in Schädigungsabsicht eingesetzt werden, s. *Hornung* CR 2009, 677 ff.
127 Vgl. *Vogelsang/Möllers/Hessel/Potel* DuD 2017, 501 (506), die keine Gefahr einer zu weitgehenden Kriminalisierung durch § 202 c Abs. 1 Nr. 2 StGB sehen.
128 BGBl. 2015 I 2227; *Gercke* ZUM 2016, 825 (827); *Roßnagel* NJW 2016, 533 (537).
129 BT-Drs. 18/5088, 24 ff., 45; *Lackner/Kühl* StGB § 202 a Rn. 1; BeckOK-StGB/*Weidemann* § 202 a Rn. 2.
130 S. auch *Meinicke/Eidam* K&R 2016, 315; *Singelnstein*, Strafbare Strafverfolgung, S. 360; *Singelnstein* ZIS 2016, 432 (433 ff.); *Stuckenberg* ZIS 2016, 526 (526, 528 f.).
131 *Brodowski/Marnau* NStZ 2017, 377 (377 f.); LK-StGB/*Hilgendorf* § 202 a Rn. 7 ff.; *Stam* StV 2017, 488 (489 f.).

eine rechtswidrige Tat (§ 11 Abs. 1 Nr. 5 StGB) erlangt haben muss.[132] Die Datenhehlerei stellt nicht nur ein Anschlussdelikt bzgl. der §§ 202 a ff. StGB dar; auch der Diebstahl (§ 242 StGB) von Datenträgern oder die Nötigung (§ 240 StGB) kommen als Vortaten in Betracht.[133]

Tathandlungen iSd § 202 d Abs. 1 StGB sind das **Sichverschaffen** und das einem **anderen Verschaffen** oder **Zugänglichmachen** (vgl. § 202 c Abs. 1 StGB).[134] Damit werden insbesondere alle Formen der Übermittlung der Daten an Dritte und insgesamt besehen äußerst umfassend alle im Anschluss an eine Vortat in Betracht kommende Handlungsweisen erfasst.[135] Die Übernahme der Verfügungsmacht ohne oder gegen den Willen des Vortäters ist – wie bei der Sachhehlerei gem. § 259 StGB – nicht von § 202 d StGB umfasst; es bedarf eines einverständlichen Zusammenwirkens mit dem Vortäter.[136] In subjektiver Hinsicht wird neben dem Vorsatz eine Bereicherungs- oder Schädigungsabsicht verlangt.   50

Die **Entgrenzung** hinsichtlich des Tatobjekts sowie der Tathandlung führt zu einer problematischen Reichweite der Norm.[137] So umfasst die Datenhehlerei praktisch alle Verfügungen über gespeicherte Daten im Anschluss an eine geeignete Vortat und ist zudem nicht – wie andere Tatbestände – auf besonders sensible Daten oder auf einen bestimmten Zugriff auf die gespeicherten Daten beschränkt.[138]   51

II. Inhaltsbezogener Schutz von besonders schutzbedürftigen Informationen

Neben den §§ 202 a–202 d StGB, die an das formelle Geheimhaltungsinteresse anknüpfen und somit Daten unabhängig von ihrem Inhalt schützen, sollen weitere Tatbestände Daten gerade wegen ihres besonders schutzbedürftigen Inhalts schützen.   52

1. Schutz personenbezogener Daten durch die Datenschutzgesetze

Das **Bundes- sowie die Landesdatenschutzgesetze** sehen Straftatbestände vor, deren Schutzgut nicht allgemein zugängliche personenbezogene Daten sind und die somit das informationelle Selbstbestimmungsrecht schützen.[139] Diese treten neben die Bußgeldtatbestände in Art. 83 DS-GVO und werden – soweit die Datenschutz-Grundverordnung anwendbar ist – ebenso wie einschlägige StGB-Tatbestände durch die Öffnungsklausel in Art. 84 Abs. 1 DS-GVO legitimiert.[140] Im Unterschied zu den §§ 202 a ff. StGB, die das formelle Datengeheimnis unabhängig vom Inhalt der Daten schützen, nehmen die strafrechtlichen Datenschutzbestimmungen nur personenbezogene, nicht allgemein zugängliche Daten in den Blick.[141] Dabei ist umstritten, ob es sich um Sonderdelikte handelt, die nur die für die Datenverarbeitung Verantwortlichen im Sinne der Datenschutzgesetze erfassen (s. zum Begriff zB Art. 4 Nr. 7 DS-GVO, § 46 Nr. 7 BDSG), oder um Jedermannsdelikte.[142]   53

---

132 *Brodowski/Marnau* NStZ 2017, 371 (381 ff.); Satzger/Schluckebier/Widmaier/*Bosch* StGB § 202 d Rn. 3.
133 BT-Drs. 18/5088, 46; *Golla/v. zur Mühlen* JZ 2014, 668 (669); *Singelnstein*, Strafbare Strafverfolgung, S. 361.
134 BT-Drs. 18/5088, 46 f.; *Franck* RDV 2015, 180 (181).
135 *Singelnstein*, Strafbare Strafverfolgung, S. 361.
136 So auch die Gesetzesbegründung BT-Drs. 18/5088, 47.
137 *Singelnstein*, Strafbare Strafverfolgung, S. 361; *Singelnstein* ZIS 2016, 432 (435 ff.); s. zur Kritik auch *Stuckenberg* ZIS 2016, 526 (530 ff.).
138 S. zur Kritik *Golla/v. zur Mühlen* JZ 2014, 668 (670).
139 Dazu (noch zu den alten Straftatbeständen in §§ 44, 43 BDSG) BGH 4.6.2013 – 1 StR 32/13, BGHSt 58, 268 (277); OLG Bamberg 27.4.2010 – 2 Ss Owi 531/10, NStZ-RR 2011, 27; Erbs/Kohlhaas/*Ambs* BDSG § 43 Rn. 17; *Golla*, Die Straf- und Bußgeldtatbestände der Datenschutzgesetze, S. 138 ff.; *Singelnstein*, Strafbare Strafverfolgung, S. 378; zu § 42 BDSG: BeckOK-DatenschutzR/*Brodowski/Nowak* BDSG § 42 Rn. 7.
140 S. zB Simitis/Hornung/Spiecker gen. Döhmann/*Boehm* DS-GVO Art. 84 Rn. 5.
141 *Hilgendorf/Valerius*, Computer- und Internetstrafrecht, Rn. 733.
142 Dazu mwN *Kubiciel/Großmann* NJW 2019, 1050 (1053); BeckOK-DatenschutzR/*Brodowski/Nowak* BDSG § 42 Rn. 15.

54 § 42 Abs. 1 BDSG stellt es unter Strafe, derartige Daten einer großen Zahl von Personen unberechtigt an Dritte zu übermitteln oder auf andere Art und Weise zugänglich zu machen, wenn der Täter dabei gewerbsmäßig handelt. § 42 Abs. 2 BDSG erfasst demgegenüber die Verarbeitung solcher Daten ohne Berechtigung und das Erschleichen durch unrichtige Angaben, jeweils in Schädigungs- oder Bereicherungsabsicht. Es kommt für die Strafvorschriften allerdings nicht darauf an, dass die Daten aus einem informationstechnischen System stammen oder aus der Übermittlung zwischen zwei IT-Systemen. Einige Landesdatenschutzgesetze sind – obwohl sie zumeist die Regelungen des BDSG ganz oder in Teilen übernehmen – spezifischer, indem sie bspw. das Abrufen oder das Bereithalten zum Abrufen mittels automatisierter Verfahren (Art. 23 BayDSG; § 33 DSG NRW) als Tathandlungen benennen.

55 Ob § 42 Abs. 2 Nr. 1 BDSG und vergleichbare Regelungen der Landesdatenschutzgesetze über die Tathandlung des Verarbeitens neben der Vertraulichkeit auch die Integrität und Verfügbarkeit schützen und insofern § 303a StGB ähneln (→ Rn. 63), ist umstritten. Der Wortlaut spricht dafür, da der Oberbegriff des Verarbeitens entsprechende Tathandlungen ohne Weiteres erfasst.[143] Das Schutzgut der Normen spricht eher gegen ein derart weites Verständnis.[144] Von einem Schutz auch der Integrität und Verfügbarkeit ist aber jedenfalls bei solchen landesrechtlichen Regelungen auszugehen, die Tathandlungen wie das Speichern oder Verändern ausdrücklich benennen (§§ 22, 23 DSG M-V; § 29 BW LDSG). Eine unmittelbar auf die IT-Sicherheit bezogene Schutzdimension hat daneben der Ordnungswidrigkeitentatbestand in Art. 83 Abs. 4 lit. a iVm Art. 32 DS-GVO, der Verstöße gegen die Vorgaben zur Sicherheit der Verarbeitung in Art. 32 DS-GVO sanktioniert.

2. §§ 206 StGB, 148 Abs. 1 Nr. 1 TKG – Fernmeldegeheimnis

56 § 206 StGB schützt dem Fernmeldegeheimnis unterliegende Tatsachen (**Inhalts- sowie Verbindungsdaten**) vor der unbefugten Weitergabe durch Mitarbeiter von Unternehmen, die geschäftsmäßig Telekommunikationsdienste erbringen.[145] Hiervon können auch Behörden oder Unternehmen erfasst sein, die ihren Mitarbeitern E-Mail-Dienste zur Verfügung stellen.[146] Für die IT-Sicherheit ist vor allem die elektronische Kommunikation via E-Mail, Messenger-Diensten oder SMS von Bedeutung, wobei nach hM auch die Speicherung auf Servern unter den Schutz des § 206 StGB fällt.[147] Nicht erfasst ist das bloße Mitlesen oder die Kenntnisnahme des Nachrichtenverkehrs.[148] Problematisch können indes die Weitergabe oder der Austausch von IP-Adressen uä Daten sein, wenn diese für schädigende Angriffe missbraucht wurden und nunmehr zB zwischen verschiedenen IT-Sicherheitsexperten von Unternehmen ausgetauscht werden. Der eigentliche Zweck des Schutzes der IT-Sicherheit (Abwehr von Cyberangriffen) löst hier Strafbarkeitsrisiken nach § 206 StGB aus und tritt in ein Spannungsverhältnis mit dem Schutz des Fernmeldegeheimnisses.[149]

57 Die §§ 148 Abs. 1 Nr. 1, 89 TKG ergänzen den Schutz durch § 206 StGB hinsichtlich bestimmter Eingriffe in das Fernmeldegeheimnis insofern, als hier **jedermann** als Täter in Betracht kommt.[150] Konkret wird das unbefugte Abhören von Nachrichten mit einer Funkan-

---

143 Vgl. *Golla*, Straf- und Bußgeldtatbestände, S. 147 f.
144 BeckOK-DatenschutzR/*Brodowski/Nowak* BDSG § 42 Rn. 6.
145 *Holznagel*, Recht der IT-Sicherheit, S. 121.
146 *Veit* NZWiSt 2015, 334; ausführlich zu Strafbarkeitsrisiken unternehmensinterner Ermittlungen *Eisele* ZIS 2012, 402; Preuß, Kontrolle von E-Mails und sonstigen elektronischen Dokumenten; *Schuster* ZIS 2010, 68 (70 ff.).
147 *Brodowski/Freiling*, Cyberkriminalität, S. 101.
148 *Brodowski/Freiling*, Cyberkriminalität, S. 101; im Ergebnis verbuchen Brodowski und Freiling eine Strafbarkeitslücke bzgl. des Missbrauchs anvertrauter Daten.
149 *Ruhmann/Bernhardt* DuD 2017, 34 (35 f.); bzgl. des Spannungsfeldes der IT-Sicherheit sowie des Fernmeldegeheimnisses und der informationellen Selbstbestimmung s. *Eckhardt* DuD 2008, 330.
150 MK-StGB/*Altenhain* § 206 Rn. 102.

lage – hierunter fallen zum Beispiel Funk-Scanner, CB-Funkgeräte sowie Laptops mit WLAN-Funktion – sowie die Mitteilung hierüber an Dritte unter Strafe gestellt. Umfasst ist also, im Gegensatz zu § 206 StGB, nur die als besonders gefährdet angesehene Datenübermittlung per Funk, worunter etwa bestimmte Angriffe auf Funktastaturen oder per Funk übertragene E-Mails gefasst werden.[151]

3. §§ 23, 4 GeschGehG – Verletzung von Geschäftsgeheimnissen

Vor Einführung des Gesetzes zum Schutz von Geschäftsgeheimnissen (GeschGehG) im Jahr 2019 wurden Geschäfts- und Betriebsgeheimnisse strafrechtlich vor allem durch § 17 UWG aF geschützt.[152] Das nunmehr geltende GeschGehG definiert **Geschäftsgeheimnisse** in § 2 Nr. 1 als Informationen, die nicht ohne Weiteres zugänglich und daher von wirtschaftlichem Wert sind und berechtigter Weise geheim gehalten werden. Die IT-Sicherheit ist insbesondere dann berührt, wenn die Informationen in IT-Systemen gespeichert sind, wobei die vom Gesetz geforderten Geheimhaltungsmaßnahmen häufig in Form von technischen Maßnahmen bestehen werden, wie zB Virenschutz, Passwortschutz oder Datenverschlüsselung.[153]

58

Der strafrechtliche Schutz von Geschäftsgeheimnissen ergibt sich aus § 23 GeschGehG, insbesondere aus dessen Abs. 1 Nr. 1 und Nr. 2 iVm § 4 Abs. 1 Nr. 1 und Abs. 2 Nr. 1 lit. a GeschGehG. Danach ist ua der unbefugte Zugang zu, die Aneignung oder das Kopieren von einschlägigen Dateien verboten sowie das unbefugte Nutzen oder Offenlegen von Geschäftsgeheimnissen, die auf diese Weise erlangt wurden. Die Norm ähnelt damit § 202a StGB, schützt aber spezifisch das wirtschaftliche Interesse an Geschäftsgeheimnissen. Der Täter muss die Handlungen zur Förderung des eigenen oder fremden Wettbewerbs vornehmen, aus Eigennutz, zugunsten eines Dritten oder in der Absicht, dem Inhaber eines Unternehmens Schaden zuzufügen.

59

Zum Schutz von Journalisten und **Whistleblowern** enthält § 5 GeschGehG Ausnahmen von den Handlungsverboten des § 4 GeschGehG, die auch der Strafbarkeit nach § 23 GeschGehG entgegenstehen, und zwar bereits auf der Ebene des Tatbestandes.[154]

60

4. Urheberrechtlich geschützte Daten

§§ 108b Abs. 1 Nr. 1, 95a Abs. 1 UrhG stellen die Umgehung einer wirksamen technischen Maßnahme unter Strafe, wenn dies in der Absicht geschieht, sich oder einem Dritten den Zugang zu einem geschützten Werk oder sonstigen Schutzgegenstand zu verschaffen. Technische Maßnahmen iSd Urheberrechts sind nach § 95a Abs. 2 S. 1 UrhG „(…) Technologien, Vorrichtungen und Bestandteile, die im normalen Betrieb dazu bestimmt sind, geschützte Werke oder andere nach dem UrhG geschützte Schutzgegenstände betreffende Handlungen, die vom Rechteinhaber nicht genehmigt sind, zu verhindern oder einzuschränken" (zB Kopierschutzmaßnahmen, Passwörter, Freischaltcodes, Programmlaufsperren etc).[155] Nach § 95a Abs. 2 S. 2 UrhG ist die technische Maßnahme dann wirksam, wenn die Nutzung durch die Maßnahmen unter Kontrolle gehalten wird. Umgangen wird die Schutzmaßnahme, wenn eine Nutzung trotz der technischen Schutzmaßnahme durch das Verhalten des Täters ermöglicht wird und der Rechteinhaber nicht zugestimmt hat.[156] Strafbar ist nur der gewerbliche Gebrauch derartig erlangter Inhalte, § 95a Abs. 3 UrhG. Die §§ 108b Abs. 2, 95a Abs. 3

61

---

151 MK-StGB/*Altenhain* § 206 StGB Rn. 102, § 148 TKG Rn. 29; *Singelnstein*, Strafbare Strafverfolgung, S. 352.
152 *Hauck* GRUR-Prax 2019, 223.
153 Vgl. *Dann/Markgraf* NJW 2019, 1774 (1776).
154 *Dann/Markgraf* NJW 2019, 1774 (1778).
155 *Marberth-Kubicki*, Computer- und Internetstrafrecht, Rn. 272.
156 MK-StGB/*Heinrich* UrhG § 108b Rn. 5; zur Frage der Geo-IP-Sperren als technische Maßnahmen iSv § 95a UrhG *Wirz*, Media-Streaming und Geoblocking, S. 191 ff.; krit. *Reinbacher* HFR 2012, 179 (186).

UrhG stellen zudem – ähnlich wie § 202 c StGB – Vorbereitungshandlungen unter Strafe, also beispielsweise die Herstellung und Verbreitung entsprechender Softwaretools zur Umgehung technischer Maßnahmen.[157]

62 **Zugangskontrollierte Dienste** werden in § 2 Nr. 1 Zugangskontrolldienstschutz-Gesetz (ZKDSG) legaldefiniert. Danach handelt es sich dabei um Rundfunkdarbietungen und Telemedien, die gegen Entgelt erbracht werden und nur unter Verwendung eines Zugangskontrolldienstes – dh eines technischen Verfahrens oder einer technischen Vorrichtung, welche die erlaubte Nutzung gestattet – genutzt werden können. Hierunter fallen verschlüsselte PayTV-Sendungen, Video-on-Demand-Angebote und Online-Computerspiele.[158] Die Herstellung, Verbreitung oder die Einfuhr von Mitteln, um diese technischen Verfahren oder Vorrichtungen zu umgehen, sind in den §§ 3, 4 ZKDSG unter Strafe gestellt. Voraussetzung ist dabei in subjektiver Hinsicht ein gewerbsmäßiger Zweck. Die Normen weisen also Ähnlichkeit mit § 108 b UrhG und § 202 c StGB auf.[159]

C. Tatbestände zum Schutz der Integrität und Verfügbarkeit

63 Weitere Tatbestände schützen die Integrität und Verfügbarkeit von Daten und ihrer Verarbeitung, wobei das Strafrecht nicht näher zwischen diesen beiden Zielvorgaben der IT-Sicherheit unterscheidet. Der konkrete Schutzzweck der entsprechenden Tatbestände kann einerseits in dem Schutz der Verfügungsrechte an Daten (§§ 303 a, 303 b StGB) und andererseits in der Zuverlässigkeit des Rechts- und Beweisverkehrs (§§ 268, 269, 270, 274 Abs. 1 Nr. 2 StGB) gesehen werden. Zudem kennt das IT-Strafrecht Normen, deren eigentlicher Schutzzweck das Vermögen ist, bei denen die Integrität von Daten aber notwendig mit geschützt ist (§§ 263 a, 265 a StGB). Ob die datenschutzrechtlichen Straftatbestände bezüglich personenbezogener Daten neben der Vertraulichkeit auch die Integrität und Verfügbarkeit schützen, ist streitig (→ Rn. 55). § 317 StGB schließlich, der hier nicht weiter erläutert wird, pönalisiert Störungen von TK-Anlagen[160].

I. Schutz der Verfügungsgewalt des Berechtigten

64 Der strafrechtliche Schutz der Integrität und Verfügbarkeit wird zunächst über den Schutz der Verfügungsgewalt des Berechtigten durch die §§ 303 a, 303 b StGB umgesetzt, die an die Sachbeschädigung angelehnt sind.

1. Datenveränderung, § 303 a StGB

65 Tatobjekt der Norm sind Daten iSv § 202 a Abs. 2 StGB. Im Gegensatz zu den §§ 202 a ff. StGB und § 274 StGB müssen diese weder gegen einen Zugriff besonders gesichert noch beweiserheblich sein. Schutzzweck der Norm ist somit nicht das Datengeheimnis und auch nicht die Fälschungssicherheit von Daten, sondern die **Verfügungsgewalt** des Berechtigten (→ Rn. 13).[161] Um eine Ausuferung des Tatbestandes zu vermeiden, wird nach allgemeiner

---

[157] BeckOK-UrhG/*Lindhorst* § 95 a Rn. 20; *Marberth-Kubicki*, Computer- und Internetstrafrecht, Rn. 272.
[158] BT-Drs. 14/7229, 7; *Eckhardt* DuD 2008, 330 (333); *Hilgendorf/Valerius*, Computer- und Internetstrafrecht, Rn. 753.
[159] *Hilgendorf/Valerius*, Computer- und Internetstrafrecht, Rn. 754; s. zur Problematik für die IT-Sicherheit ähnlich der dual use-Programme *Eckhardt* DuD 2008, 330 (333).
[160] Unter TK-Anlagen fallen etwa auch an ein Datennetz angeschlossene Server, *Albrecht*, Informations- und Kommunikationstechnik, Rn. 880.
[161] *Fischer* StGB § 303 a Rn. 2 f.; Schönke/Schröder/*Hecker* StGB § 303 a Rn. 2.

Auffassung die Fremdheit der Daten als ungeschriebenes Tatbestandsmerkmal verlangt (→ Rn. 14).[162]

Tathandlungen sind das Unterdrücken, Unbrauchbarmachen, Verändern oder Löschen von Daten, wobei die einzelnen Varianten nicht ganz leicht voneinander abzugrenzen sind.[163] Das **Löschen** entspricht dem Zerstören bei der Sachbeschädigung iSv § 303 StGB. Wie die Daten gelöscht werden ist unerheblich, entscheidend ist vielmehr, dass sie endgültig nicht mehr vorhanden sind. Dies kann durch Zerstörung des Datenträgers, durch Überschreiben mit anderen Daten oder mittels der Löschtaste geschehen.[164] Die Daten werden **unterdrückt**, wenn sie dem Zugriff des Berechtigten auf Dauer oder für einen nicht unerheblichen Zeitraum entzogen werden.[165] Klassisches Beispiel ist der Einsatz von Ransomware, die die Daten des Berechtigten verschlüsseln und ihm bis zur Zahlung eines Lösegeldes den Zugriff verwehrt. Das **Unbrauchbarmachen** entspricht der Beschädigung iSv § 303 StGB und meint die Aufhebung der bestimmungsmäßigen Verwendbarkeit, dh die Daten müssen so in ihrer Gebrauchsfähigkeit eingeschränkt werden, dass eine ordnungsgemäße Verwendung nicht mehr möglich ist,[166] zB durch teilweises Löschen, das Hinzufügen weiterer Daten oder das inhaltliche Umgestalten. Als **Veränderung** von Daten gilt jede Umgestaltung des Informationsgehaltes und eine dadurch verursachte Beeinträchtigung des ursprünglichen Verwendungszwecks.[167] Schwieriger zu beantworten ist die Frage, ob eine Veränderung auch dann vorliegt, wenn ohne die Änderung vorhandener Bestandsdaten lediglich Daten hinzugefügt werden, etwa in Form einer Schadsoftware.[168]

2. Computersabotage, § 303 b StGB

Schutzgegenstand des § 303 b StGB ist eine Datenverarbeitung, die für eine andere Person von wesentlicher Bedeutung ist. Unter **Datenverarbeitung** wird überwiegend die Gesamtheit aller elektronischen Rechenvorgänge verstanden. Erfasst ist daher in einem weiten Sinne jeder Umgang mit den Daten in elektronischer Form (zB Erfassung, Speicherung, Aufbereitung und Verwendung).[169] Beim Merkmal der **wesentlichen Bedeutung** ist zwischen Privatpersonen und Unternehmen bzw. Behörden zu unterscheiden. Für Letztere ist entscheidend, dass die zentralen anstehenden Aufgaben zumindest überwiegend von der Funktionsfähigkeit der Datenverarbeitung abhängig sind.[170] Im privaten Bereich soll wesentliche Bedeutung nach dem gesetzgeberischen Willen dann gegeben sein, wenn die Datenverarbeitung wissenschaftlichen, künst-

---

162 BGH 27.7.2017 – 1 StR 412/16, NJW 2018, 401 (403).
163 LPK-StGB/*Hilgendorf* § 303 a Rn. 4 ff.; *Schuhr* ZIS 2012, 441 (447); *Vogelgesang/Möllers* jM 2016, 381 (385).
164 *Eisele* Jura 2012, 922 (932); Schönke/Schröder/*Hecker* StGB § 303 a Rn. 5.
165 *Albrecht*, Informations- und Kommunikationsrecht, Rn. 878; *Eisele* Jura 2012, 922 (932); LK-StGB/*Wolff* § 303 a Rn. 24; NK-StGB/*Zaczyk* § 303 a Rn. 8; aA OLG Frankfurt aM 8.11.2005 – XI ZR 74/05, MMR 2006, 548 (551) (nur bei dauerhaftem Entzug).
166 Schönke/Schröder/*Hecker* StGB § 303 a Rn. 7; Satzger/Schluckebier/Widmaier/*Hilgendorf* StGB § 303 a Rn. 10; *Rengier*, BT I, § 26 Rn. 6.
167 BGH 27.7.2017 – 1 StR 412/16, NJW 2018, 401 (403); *Heine* NStZ 2016, 441 (443); LK-StGB/*Wolff* § 303 a Rn. 27; aA *Eichelberger* MMR 2004, 594 (595), der auch die bloße formale Änderung der Darstellung der Daten unter die Veränderung subsumiert. Nach *Vogelgesang/Möllers* jM 2016, 381 (384) zählt die Verschlüsselung von Daten ebenfalls zur „Datenveränderung".
168 Die Anwendung des § 303 a StGB insgesamt ablehnend *Hilgendorf/Valerius*, Computer- und Internetstrafrecht, Rn. 597; *Hilgendorf* JuS 1997, 323 (324 f.); auf die Art des Betriebssystems abstellend *Heine* NStZ 2016, 441 (443); aA *Albrecht*, Informations- und Kommunikationsrecht, Rn. 870.
169 *Fischer* StGB § 303 b Rn. 4; MK-StGB/*Wieck-Noodt* § 303 b Rn. 4; NK-StGB/*Zaczyk* § 303 b Rn. 4 a; für eine weite Auslegung spricht insbesondere der Wille des Gesetzgebers BT-Drs. 10/5058, 36. Die andere Ansicht schließt einzelne Datenverarbeitungsvorgänge aus, Lackner/Kühl/*Heger* StGB § 303 b Rn. 2.
170 *Cornelius* in: Kilian/Heussen, Computerrechts-Handbuch, Kap. 102 Rn. 196; *Paramova*, Internationales Strafrecht im Cyberspace, S. 106.

lerischen oder beruflichen Zwecken dient und für die „Lebensgestaltung eine zentrale Rolle einnimmt".[171]

68 Als Taterfolg verlangt die Norm eine **erhebliche Störung** der Datenverarbeitung, dh der reibungslose Ablauf muss nicht unerheblich beeinträchtigt sein.[172] Dieser Taterfolg kann durch drei verschiedene Tatvarianten herbeigeführt werden. Erstens kann die Störung gem. Abs. 1 Nr. 1 durch eine Tat nach § 303 a StGB verursacht worden sein (Qualifikation), zweitens durch das Eingeben oder Übermitteln von Daten (iSv § 202 a Abs. 2 StGB), in der Absicht einem anderen einen Nachteil zuzufügen (Abs. 1 Nr. 2) oder drittens, indem eine Datenverarbeitungsanlage (Hardware) oder ein Datenträger zerstört, beschädigt, unbrauchbar gemacht, beseitigt oder verändert wird (Abs. 1 Nr. 3). Von besonderer praktischer Bedeutung ist die Variante Nr. 2 (Eingeben und Übermitteln von Daten), bei der neutrale Handlungen missbräuchlich genutzt werden. Das prominenteste Beispiel sind Denial of Service-Attacken, die auf eine Überlastung von IT-Systemen abzielen, ohne dass dabei ein Eingriff in dieses notwendig wäre.[173] Entscheidend bei dieser Tatvariante ist die **Nachteilszufügungsabsicht**. Als Nachteil gilt jede nachteilige Folge oder Beeinträchtigung rechtmäßiger Interessen, die über die eigentliche erhebliche Störung hinausgeht. Ein Vermögensschaden ist nicht zwingend erforderlich.[174]

69 Absatz 2 der Norm enthält eine Qualifikation für die erhebliche Störung der Datenverarbeitung **fremder Betriebe und Behörden**.[175] In Abs. 4 sieht § 303 b StGB eine Strafzumessungsregel vor, die besonders schwere Fälle normiert.

II. Zuverlässigkeit des Rechts- und Beweisverkehrs

70 Darüber hinaus werden die Integrität und Verfügbarkeit von Daten auch durch solche Tatbestände geschützt, die aus strafrechtlicher Perspektive die Zuverlässigkeit des Rechts- und Beweisverkehrs sichern. Als Tatobjekte kommen hier sowohl beweiserhebliche Daten als auch beweiserhebliche technische Aufzeichnungen in Betracht. § 348 StGB schützt daneben öffentliche Register, Bücher oder Dateien vor Falschbeurkundungen im Amt.

1. Fälschung beweiserheblicher Daten, § 269 StGB

71 § 269 StGB stellt das Speichern oder Verändern beweiserheblicher Daten unter Strafe und ergänzt die Urkundenfälschung gem. § 267 StGB insofern, als gespeicherte Daten nicht visuell wahrnehmbar sind und dementsprechend nicht unter das Sichtbarkeitskriterium der verkörperten Gedankenerklärung fallen.[176] Tatobjekt sind **beweiserhebliche Daten,** die nicht unmittelbar wahrnehmbar gespeichert werden. Beweiserheblich sind Daten, wenn sie eine Erklärung in Form zu verarbeitender Informationen enthalten, die zum Beweis rechtserheblicher Tatsachen dient.[177] Im Gegensatz zu § 202 a Abs. 2 StGB werden auch Fälle erfasst, in denen Daten erst eingegeben werden und nicht schon gespeichert sind.[178]

---

171 BT-Drs. 16/3656, 13; hierzu kritisch: *Eisele* Jura 2012, 922 (933); *Ernst* NJW 2007, 2661 (2665); *Fischer* StGB § 303 b Rn. 7; NK-StGB/*Zaczyk* § 303 b Rn. 5.
172 BT-Drs. 16/3656, 13; *Fischer* StGB § 303 b Rn. 9; Schönke/Schröder/*Hecker* StGB § 303 b Rn. 9.
173 *Eisele* Jura 2012, 922 (933); LPK-StGB/*Hilgendorf* § 303 b Rn. 7.
174 NK-StGB/*Zaczyk* § 303 b Rn. 10.
175 *Eisele* Jura 2012, 922 (934); Schönke/Schröder/*Hecker* StGB § 303 b Rn. 12; *Paramova*, Internationales Strafrecht im Cyberspace, S. 105.
176 *Ceffinato* JuS 2019, 337 (340); *Dornseif/Schumann* JR 2002, 52 (53); *Popp* JuS 2011, 385 (390).
177 BeckOK-StGB/*Weidemann* § 269 Rn. 5.
178 *Buggisch* NJW 2004, 3519 (3520); BeckOK-StGB/*Weidemann* § 269 Rn. 8; LK-StGB/*Zieschang* StGB § 269 Rn. 6.

Als Tathandlungen nennt § 269 StGB das Speichern und Verändern von Daten – wobei ersteres dem Herstellen einer unechten Urkunde und letzteres dem Verfälschen einer echten Urkunde entspricht – sowie das Gebrauchen der so gespeicherten oder veränderten Daten. Unter **Speichern** wird das Erfassen, Kopieren oder Aufbewahren der Daten auf einem Datenträger gefasst, während das **Verändern** eine inhaltliche Umgestaltung meint.[179] Die gespeicherten oder geänderten Daten müssen – abgesehen von der unmittelbaren Wahrnehmbarkeit – die Merkmale einer **falschen Urkunde** (Perpetuierungs-, Beweis- und Garantiefunktion) aufweisen.[180] Sie müssen also die Verkörperung einer Gedankenerklärung darstellen, dh auf einem Datenträger gespeichert sein, weshalb etwa das flüchtige Speichern im Arbeitsspeicher nicht genügt,[181] und einen Aussteller erkennen lassen. Aussteller ist nach der Geistigkeitstheorie derjenige, dem die Daten ihrem Erklärungsgehalt nach zugerechnet werden können.[182] Unecht oder verfälscht ist die Urkunde dann, wenn die Daten von einem anderen als dem erkennbaren Aussteller stammen.[183] Subjektiv müssen die Tathandlungen zur **Täuschung im Rechtsverkehr** ausgeführt werden, das heißt, der Täter muss mindestens wissentlich bei einem Dritten einen Irrtum erregen, um ihn so zu einem rechtserheblichen Verhalten zu veranlassen.[184]

Praktische Bedeutung erlangt § 269 StGB für das **Phishing**, wo zumindest die Datenbeschaffung (nicht die Datenverwendung) nach herrschender Ansicht vom Tatbestand erfasst sein soll.[185] Unstreitig unter den Tatbestand zu fassen ist der Fall einer Phishing-E-Mail, die den Namen eines tatsächlich existierenden Unternehmens verwendet.[186]

2. Fälschung technischer Aufzeichnungen, § 268 StGB

§ 268 StGB pönalisiert das Herstellen einer unechten und das Verfälschen einer echten technischen Aufzeichnung oder das Gebrauchen einer unechten oder verfälschten technischen Aufzeichnung. Mit technischen Aufzeichnungen (§ 268 Abs. 2 StGB) als Tatobjekt zielt die Norm nicht auf Daten, sondern auf Datenverarbeitungsvorgänge, die beweiserheblich sind.[187] Die Echtheit einer technischen Aufzeichnung folgt anderen Kriterien als bei der Urkunde, da sie weder einen Aussteller hat noch eine Erklärung enthält. Eine Aufzeichnung ist **unecht**, wenn sie entweder nicht aus einem technischen Gerät oder nicht aus dem Aufzeichnungsvorgang eines in seiner Selbsttätigkeit ungestörten (manipulationsfreien) Gerätes stammt und zugleich eine derartige Ordnungsgemäßheit wahrheitswidrig vorgetäuscht wird.[188] Es geht also nicht um die Echtheit der technischen Aufzeichnung, sondern vielmehr um deren inhaltliche Richtigkeit. Da die „schriftliche Lüge" als solche nicht strafrechtlich verfolgt wird, ist der Schutz auch bei § 268 StGB streng an die Leistungsfähigkeit des aufzeichnenden technischen Gerätes geknüpft.[189]

---

179 *Fischer* StGB § 269 Rn. 6; Schönke/Schröder/*Heiner/Schuster* StGB § 269 Rn. 16 f.; BeckOK-StGB/*Weidemann* § 269 Rn. 9 f.
180 *Dornseif/Schumann* JR 2002, 52 (53).
181 *Hilgendorf/Valerius*, Computer- und Internetstrafrecht, Rn. 626; *Singelnstein* JR 2011, 375 (376).
182 MK-StGB/*Erb* § 267 Rn. 125; *Wessels/Hettinger/Engländer*, BT 1, Rn. 819 mwN.
183 Insofern entspricht § 269 StGB den Voraussetzungen des § 267 StGB, *Singelnstein* JR 2011, 375 (376).
184 *Hilgendorf/Valerius*, Computer- und Internetstrafrecht, Rn. 640.
185 *Albrecht*, Informations- und Kommunikationsrecht, Rn. 896; zum Streit im Hinblick auf unterschiedliche Anforderungen an die Ausstellereigenschaft im Einzelnen und mwN *Goeckenjan* wistra 2008, 128 (129); *Heckmann* jurisPK-Internetrecht, Kap. 8 Rn. 202 ff.; *Seidl/Fuchs* HRRS 2010, 85 (87).
186 *Goeckenjan* wistra 2008, 128 (130); ablehnend für den Fall der Angabe eines nicht-existenten Unternehmens *Graf* NStZ 2007, 129 (132); zu E-Mails mit gefälschten Absenderangaben *Buggisch* NJW 2004, 3519.
187 *Fischer* StGB § 268 Rn. 13.
188 Lackner/Kühl/*Heger* StGB § 268 Rn. 2; BeckOK-StGB/*Weidemann* § 268 Rn. 9; *Wessels/Hettinger/Engländer*, BT 1, Rn. 890.
189 NK-StGB/*Puppe/Schumann* § 268 Rn. 7.

75 Tathandlung ist zunächst das **Herstellen** (Abs. 1 Nr. 1 Var. 1) einer solchen unechten Aufzeichnung, indem eine Aufzeichnung angefertigt wird, die vortäuscht, aus dem ordnungsgemäßen Arbeitsgang eines für solche Aufzeichnungen bestimmten Geräts entstanden zu sein. Dies kann durch eine manuelle Kopie oder durch den missbräuchlichen Einsatz des Geräts erfolgen.[190] Die zweite Variante sieht das **Verfälschen** einer bereits vorhandenen Aufzeichnung vor, mithin das Verändern einer Aufzeichnung. Das **Gebrauchen** sieht das Benutzen einer unechten oder verfälschten Aufzeichnung in Kenntnis der Unechtheit oder Fälschung vor.[191] In Abs. 3 ist des Weiteren die **störende Einwirkung auf einen Aufzeichnungsvorgang** als Tathandlung geregelt. Entscheidend für diese Tatvariante ist, dass durch die störende Einwirkung das Ergebnis des Aufzeichnungsvorgangs beeinflusst wird.

3. Täuschung im Rechtsverkehr bei Datenverarbeitung, § 270 StGB

76 § 270 StGB stellt keinen eigenständigen Straftatbestand dar, sondern erweitert den Anwendungsbereich bestehender Straftatbestände, die eine „Täuschung im Rechtsverkehr" vorsehen – dazu gehören die §§ 152 a, 267, 268, 269, 271, 273 und 281 StGB – auf den Bereich von Datenverarbeitungen. Die Täuschung im Rechtsverkehr erfordert eigentlich eine unmittelbare Täuschung eines Menschen, woran es bei einer Datenverarbeitung häufig fehlt. Daher stellt die Norm die fälschliche Beeinflussung einer Datenverarbeitung mit einem täuschungsgleichen Effekt der Täuschung im Rechtsverkehr gleich, so dass diese ebenfalls von den genannten Straftatbeständen erfasst ist.[192] In der Praxis der Strafverfolgung hat dies kaum Folgen gezeitigt.

4. Unterdrückung beweiserheblicher Daten, § 274 Abs. 1 Nr. 2 StGB

77 § 274 Abs. 1 Nr. 2 StGB schützt beweiserhebliche Daten iSv § 202 a StGB (im Unterschied zu § 269 StGB) sowie technische Aufzeichnungen iSv § 268 Abs. 2 StGB. Als Tathandlungen sind – entsprechend § 303 a StGB – das Löschen, Unterdrücken, Unbrauchbarmachen oder Verändern der Daten vorgesehen (→ Rn. 66). Voraussetzung ist zudem, dass der Täter nicht das ausschließliche Beweisführungsrecht an den Daten hat.[193]

78 Subjektiv muss der Täter vorsätzlich sowie mit der **Absicht der Nachteilszufügung** handeln. Der Nachteil ist dabei nicht auf einen Vermögensnachteil beschränkt, sondern umfasst alle berechtigten Interessen; der Benachteiligte muss nicht mit dem Beweisführungsberechtigten identisch sein.[194] Der Täter muss aber gerade beabsichtigen, die Benutzung des gedanklichen Inhalts der Daten in einer Beweissituation zu verhindern.[195] Umstritten ist, ob der staatliche Straf- und Bußgeldanspruch von diesen berechtigten Interessen umfasst sein soll.[196]

III. Schutz des Vermögens

79 Schließlich kennt das IT-Strafrecht Normen, die nur mittelbar informationstechnische Systeme und die in ihnen enthaltenen Daten schützen und deren eigentlicher Zweck im Schutz des Vermögens besteht (§§ 263 a, 256 a StGB).

---

190 *Fischer* StGB § 268 Rn. 17.
191 *Fischer* StGB § 268 Rn. 26.
192 *Fischer* StGB § 270 Rn. 2; Lackner/Kühl/*Heger* StGB § 270 Rn. 1.
193 MK-StGB/*Freund* § 274 Rn. 22; *Fischer* StGB § 274 Rn. 3.
194 Lackner/Kühl/*Heger* StGB § 274 Rn. 7; NK-StGB/*Puppe/Schumann* § 274 Rn. 13.
195 Schönke/Schröder/*Heine/Schuster* StGB § 274 Rn. 16.
196 Ablehnend *Fischer* StGB § 274 Rn. 9; Lackner/Kühl/*Heger* StGB § 274 Rn. 7; Schönke/Schröder/*Heine/Schuster* StGB § 274 Rn. 16; aA NK-StGB/*Puppe* § 274 Rn. 14 mwN.

1. Computerbetrug (§ 263 a StGB)

§ 263 a StGB erfasst betrugsähnliche Geschehensabläufe, bei denen aber kein Mensch getäuscht, sondern eine Datenverarbeitung manipuliert und auf diese Weise ein Vermögensschaden herbeigeführt wird.[197] Der objektive Tatbestand des Computerbetrugs verlangt erstens das Vorliegen einer der vier Tathandlungen und zweitens die Beeinflussung eines Datenverarbeitungsvorgangs derart, dass es drittens zu einem rechtswidrigen Vermögensschaden kommt.

Die erste Tatvariante des § 263 a Abs. 1 StGB ist die unrichtige **Gestaltung des Programms** als Arbeitsanweisung an einen Computer.[198] Gestalten beinhaltet das Neuschreiben, Verändern oder Löschen von Programmteilen, die Herstellung von Verknüpfungen oder die Eingabe von Programmteilen.[199] Umstritten ist, welche Kriterien die Unrichtigkeit des Programms ausmachen. Eine Ansicht stellt auf den objektiv bestimmbaren Zweck der Datenverarbeitung ab. Danach ist ein Programm dann unrichtig, wenn es nicht mehr der aus dem Verhältnis der Beteiligten abzuleitenden Aufgabenstellung gerecht wird (betrugsspezifische Ansicht).[200] Eine andere Ansicht stellt darauf ab, ob das Programm von dem Willen des Berechtigten unbefugt abweicht.[201]

Die zweite Tatvariante setzt das **Verwenden unrichtiger oder unvollständiger Daten** voraus, also die Eingabe in den Verarbeitungsvorgang. Unrichtig sind die Daten, wenn die in ihnen enthaltene Definition nicht mit der Realität übereinstimmt, etwa weil die beschriebenen Tatsachen entweder gar nicht oder anders vorliegen. Unvollständig sind die Daten, wenn pflichtwidrig Informationen über wahre Tatsachen vorenthalten werden.[202]

Dritte Tatvariante ist die **unbefugte Verwendung** von richtigen Daten, das heißt, der Täter täuscht über seine Berechtigung, die Daten zu verwenden.[203] Umstritten ist, wie das Merkmal der Unbefugtheit zu verstehen ist. Rechtsprechung und hM nehmen angesichts der systematischen Stellung des § 263 a StGB als Betrugsdelikt eine betrugsspezifische Auslegung vor und verlangen eine täuschungsähnliche Handlung. Hierfür wird der Sachverhalt dahin gehend betrachtet, ob eine Täuschung vorgelegen hätte, wenn die Handlung gegenüber einem Menschen und nicht einem technischen Gerät vorgenommen worden wäre.[204] Eine andere, sehr weitgehende Ansicht legt das Tatbestandsmerkmal gestützt auf den Wortlaut nach subjektiven Kriterien aus, fragt also, ob eine Ermächtigung seitens des Berechtigten vorliegt.[205] Nach einer engeren computerspezifischen Auslegung muss sich der entgegenstehende Wille des Betreibers in der Gestaltung des Computerprogramms niedergeschlagen haben.[206]

---

197 *Cornelius* in: Kilian/Heussen, Computerrechts-Handbuch, Kap. 102 Rn. 72.
198 Schönke/Schröder/*Perron* StGB § 263 a Rn. 5.
199 *Fischer* StGB § 263 a Rn. 6.
200 *Fischer* StGB § 263 a Rn. 6; Lackner/Kühl/*Heger* StGB § 263 a Rn. 7; MK-StGB/*Mühlbauer* § 263 a Rn. 23.
201 BT-Drs. 10/318, 20; NK-StGB/*Kindhäuser* § 263 a Rn. 14; Schönke/Schröder/*Perron* StGB § 263 a Rn. 5; zu den einzelnen Ansichten und mwN *Cornelius* in: Kilian/Heussen, Computerrechts-Handbuch, Kap. 102 Rn. 72.
202 Lackner/Kühl/*Heger* StGB § 263 a Rn. 10.
203 *Cornelius* in: Kilian/Heussen, Computerrechts-Handbuch, Kap. 102 Rn. 94; zur Strafbarkeit nach § 263 a Abs. 1 Var. 3 StGB bzgl. des Geldabhebens mit gefälschten Zahlungskarten iRd Skimmings BGH 20.12.2012 – 4 StR 458/12, NStZ-RR 2013, 109; *Feldmann* wistra 2015, 41 (43); *Seidl* ZIS 2012, 415 (421).
204 BGH 31.3.2004 – 1 StR 482/03, NStZ 2005, 213; *BGH* 21.11.2001 – 2 StR 260/01, BGHSt 47, 160 (162 f.); BGH 22.11.1991 – 2 StR 376/91, NStZ 1992, 180 (181); ausführlicher zur betrugsspezifischen Auffassung Lackner/Kühl/*Heger* StGB § 263 a Rn. 13 ff.; kritisch NK-StGB/*Kindhäuser* § 263 a Rn. 25 f.
205 So die frühere Rechtsprechung BGH 10.11.1994 – 1 StR 157/94, BGHSt 40, 331; dazu kritisch *Hilgendorf/Valerius*, Computer- und Internetstrafrecht, Rn. 505; MK-StGB/*Mühlbauer* § 263 a Rn. 51.
206 So LG Freiburg 17.4.1990 – IV Qs 33/90, NJW 1990, 2934 (2637); *Achenbach* JR 1994, 293 (295); *Altenhain* JZ 1997, 752 (758); *Schlüchter* CR 1991, 105 (107); dagegen MK-StGB/*Mühlbauer* § 263 a Rn. 48.

84 Die vierte Tatvariante des **sonstigen unbefugten Einwirkens** auf den Ablauf stellt einen Auffangtatbestand dar, der sonstige Manipulationshandlungen bzgl. Hardware, Konsolen oder Output erfasst.

85 Die beschriebenen Tathandlungen müssen die **Beeinflussung eines Datenverarbeitungsvorgangs** zur Folge haben.[207] Das heißt, die Manipulation muss Eingang in den Verarbeitungsvorgang eines IT-Systems finden, seinen Ablauf mitbestimmen und eine Vermögensdisposition auslösen.[208] Dabei kann der Datenverarbeitungsvorgang durch die Handlung überhaupt erst in Gang gesetzt werden, entscheidend ist nur, dass diese Beeinflussung des Vorgangs unmittelbar vermögensmindernd wirkt, was beispielsweise bei noch zu erledigenden deliktischen Zwischenschritten nicht gegeben ist.[209] Hierdurch muss zudem wie beim Betrug ein **rechtswidriger Vermögensschaden** entstanden sein, der durch eine Betrachtung des Gesamtvermögens vor und nach der Handlung bestimmt wird (Prinzip der Gesamtsaldierung). Nach überwiegender Ansicht genügt die schadensgleiche Gefährdung des Vermögens.[210] Subjektiv erfordert der Tatbestand neben Vorsatz auch Bereicherungsabsicht.[211]

2. Erschleichen von Leistungen (§ 265 a Abs. 1 Var. 1 und 2 StGB)

86 § 265 a StGB stellt ua das Erschleichen einer Leistung eines Automaten (Var. 1) oder eines öffentlichen Zwecken dienenden Telekommunikationsnetzes (Var. 2) unter Strafe. Während der ersten Variante neben § 263 a StGB nur eine Auffangfunktion zukommt[212], weist die zweite Tatbestandsvariante größere Relevanz für die IT-Sicherheit auf. Unter einem **Telekommunikationsnetz** werden alle Datenübertragungssysteme im Fernmeldebereich unabhängig von der Art der Übertragung (drahtlos oder leitungsgebunden) verstanden.[213] Zudem kommt es nicht darauf an, welche Informationen übertragen werden und ob die Übermittlung nur einseitig erfolgt.[214] Für die Tatbestandsmäßigkeit muss das Telekommunikationsnetz auch **öffentlichen Zwecken dienen**. Dies ist dann der Fall, wenn das TK-Netz im Ganzen für die Allgemeinheit eingerichtet wurde.[215]

87 Für das **Erschleichen** von Leistungen ist das bloße unbefugte Verwenden der Automaten oder Telekommunikationsnetze nicht ausreichend. Vielmehr ist erforderlich, dass der Täter sich durch täuschungsähnliche Handlungen oder die Umgehung von Schutzmaßnahmen die Leistung des Telekommunikationsnetzes verschafft.

---

207 Zur Definition dessen *Fischer* StGB § 263 a Rn. 3; Lackner/Kühl/*Heger* StGB § 263 a Rn. 18.
208 *Hilgendorf/Valerius*, Computer- und Internetstrafrecht, Rn. 520.
209 Lackner/Kühl/*Heger* StGB § 263 a Rn. 17 ff.
210 *Fischer* StGB § 263 a Rn. 20, 22; ausführlich zum Vermögensschaden iSv § 263 a StGB in Fällen des Phishing *Ceffinato* NZWiSt 2016, 464 (465).
211 Vgl. dazu *Fischer* StGB § 263 Rn. 190.
212 Vgl. BGH 10.11.1994 – 1 StR 157/94, BGHSt 40, 331; *Fischer* StGB § 265 a Rn. 15; *Hilgendorf/Valerius*, Computer- und Internetstrafrecht, Rn. 646.
213 BT-Drs. 7/3441, 29; *Fischer* StGB § 265 a Rn. 16; Lackner/Kühl/*Heger* StGB § 265 a Rn. 3; *Hilgendorf* JuS 1997, 323 (327); BeckOK-StGB/*Valerius* § 265 a Rn. 5.
214 *Hilgendorf/Valerius*, Computer- und Internetstrafrecht, Rn. 652.
215 *Fischer* StGB § 265 a Rn. 16.

Teil 3
Sektorales IT-Sicherheitsrecht

§ 21 Telekommunikation und Telemedien

Literatur: *Arndt/Fetzer/Scherer/Graulich* (Hrsg.), TKG-Kommentar, 2. Aufl. 2015; *Bartels/Backer*, ITSiG-konforme Telemedien. Technische und organisatorische Vorkehrungen nach § 13 Abs. 7 Telemediengesetz, DuD 2016, 22; *Bedner*, Cloud Computing. Technik, Sicherheit und rechtliche Gestaltung, 2013; *Breyer*, Datenschutz im Internet: Zwangsidentifizierung und Surfprotokollierung bleiben verboten. Warum Internetnutzer auch in Zukunft einen besonderen Datenschutz brauchen, ZD 2018, 302; *Bundesamt für Sicherheit in der Informationstechnik (BSI)*, KRITIS-Sektorstudie Informationstechnik und Telekommunikation (IKT), Öffentliches Version, Revisionsstand 5.2.2015; *Bundesamt für Sicherheit in der Informationstechnik (BSI)*, KRITIS-Sektorstudie Medien und Kultur, Öffentliche Fassung, Revisionsstand 18.4.2016; *Bundesamt für Sicherheit in der Informationstechnik (BSI)*, Absicherung von Telemediendiensten nach Stand der Technik, 2016; *Bundesamt für Sicherheit in der Informationstechnik (BSI)*, Die Lage der IT-Sicherheit in Deutschland 2019, 2019; *Datenschutzkonferenz (DSK)*, Zur Anwendbarkeit des TMG für nicht-öffentliche Stellen ab dem 25. Mai 2018, 2018; *Datenschutzkonferenz (DSK)*, Orientierungshilfe der Aufsichtsbehörden für Anbieter von Telemedien, 2019; *Djeffal*, Neue Sicherungspflicht für Telemediendiensteanbieter. Webseitensicherheit jetzt Pflicht nach dem IT-Sicherheitsgesetz, MMR 2015, 716; *Eckert*, IT-Sicherheit. Konzepte – Verfahren – Protokolle, 10. Aufl. 2018; *Eckhardt/Schmitz*, Informationspflicht bei „Datenschutzpannen", DuD 2010, 390; *Eckhardt/Schmitz*, Datenschutz in der TKG-Novelle, CR 2011, 436; *Eifert*, Grundversorgung mit Telekommunikationsleistungen im Gewährleistungsstaat, 1988; *Freimuth*, Die Gewährleistung der IT-Sicherheit Kritischer Infrastrukturen. Am Beispiel der Pflichten des IT-Sicherheitsgesetzes und der RL (EU) 2016/1148, 2018; *Gabel*, Informationspflicht bei unrechtmäßiger Kenntniserlangung von Daten, BB 2009, 2045; *Gehrmann/Klett*, IT-Sicherheit in Unternehmen – Weiterhin viel Unsicherheit bei der Umsetzung des IT-Sicherheitsgesetzes, K&R 2017, 372; *Gehrmann/Voigt*, IT-Sicherheit – Kein Thema nur für Betreiber Kritischer Infrastrukturen. Entwurf zur Umsetzung der NIS-Richtlinie erweitert den Kreis ungeklärter IT-sicherheitsrechtlicher Fragen, CR 2017, 93; *Geppert/Schütz* (Hrsg.), Beck'scher TKG-Kommentar, 4. Aufl. 2013 (zitiert als Beck TKG/*Bearbeiter*); *Gerlach*, Sicherheitsanforderungen für Telemediendienste – der neue § 13 Abs. 7 TMG, CR 2015, 581; *Gierschmann*, Positionsbestimmung der DSK zur Anwendbarkeit des TMG. Ist ein deutscher Sonderweg wirklich die Lösung?, ZD 2018, 297; *Gitter/Meißner/Spauschus*, Das neue IT-Sicherheitsgesetz – IT-Sicherheit zwischen Digitalisierung und digitaler Abhängigkeit, ZD 2015, 512; *Gitter/Meißner/Spauschus*, Das IT-Sicherheitsgesetz. Sicherheit und Datenschutz – gemeinsames Ziel oder Widerspruch?, DuD 2016, 7; *Gola* (Hrsg.), DS-GVO, 2. Aufl. 2018; *Hauschka/Moosmayer/Lösler* (Hrsg.), Corporate Compliance, 3. Aufl. 2016; *Herfurth*, Interessenabwägung nach Art. 6 Abs. 1 lit. f DS-GVO. Nachvollziehbare Ergebnisse anhand von 15 Kriterien mit dem sog. „3x5-Modell", ZD 2018, 514; *Hornung*, Informationen über „Datenpannen" – Neue Pflichten für datenverarbeitende Unternehmen, NJW 2010, 1841; *Hornung*, Neue Pflichten für Betreiber kritischer Infrastrukturen: Das IT-Sicherheitsgesetz des Bundes, NJW 2015, 3334; *Hornung/Müller-Terpitz* (Hrsg.), Rechtshandbuch Social Media, 2. Aufl. 2020; *Hornung/Schindler*, Zivile Sicherheit als Gegenstand und Ziel der Informations- und Kommunikationsverarbeitung, in: Gusy/Kugelmann/Würtenberger, Rechtshandbuch Zivile Sicherheit, 2017, 247; *ITU-T – Telecommunication Standardization Bureau (TSB)*, Security in Telecommunications and Information Technology. An overview of issues and the deployment of existing ITU-T Recommendations for secure telecommunications, 2015; *Jandt*, Spezifischer Datenschutz für Telemedien und die DS-GVO. Zwischen Rechtssetzung und Rechtsanwendung, ZD 2018, 405; *Jandt/Steidle* (Hrsg.), Datenschutz im Internet. Rechtshandbuch zu DSGVO und BDSG, 2018; *Kiparski/Sassenberg*, DSGVO und TK-Datenschutz – Ein komplexes europarechtliches Geflecht. Welche bereichsspezifischen Datenschutzregelungen im TKG werden durch die DSGVO verdrängt?, CR 2018, 324; *Kipker* (Hrsg.), Cybersecurity, 2020; *KPMG*, IT-Sicherheit in Deutschland. Handlungsempfehlungen für eine zielorientierte Umsetzung des IT-Sicherheitsgesetzes, 2014; *Kühling/Buchner* (Hrsg.), DSGVO BDSG, 2. Aufl. 2018; *Kühling/Schall/Biendl*, Telekommunikationsrecht, 2. Aufl. 2014; *Leisterer*, Internetsicherheit in Europa, 2018; *Ludwigs*/Huller, OTT-Kommunikation: (Noch) Keine TK-Regulierung für Gmail & Co., NVwZ 2019, 1099; *von Mangoldt/Klein/Starck*, Grundgesetz, 7. Aufl. 2018; *Markopoulou/Papakonstantinou/de Hert*, The new EU cybersecurity framework: The NIS Directive, ENISA's role and the General Data Protection Regulation, CLSR 35 (2019) 105336; *Maunz/Dürig*, Grundgesetz-Kommentar, Stand: 90. Lieferung Februar 2020; *Paal*, Meldepflicht bei Datenschutzverstößen nach Art. 33 DS-GVO. Praxisrelevante Rechtsfragen und Handlungsempfehlungen, ZD 2020, 119; *Plath* (Hrsg.), DSGVO/BDSG, 3. Aufl. 2018; *Ritter/Schulte*, Rechtliche Anforderungen an Anbieter digitaler Dienste, die zugleich kritische Infrastrukturen sind. Zur Mindest- und Vollharmonisierung durch die NIS-Richtlinie, CR 2019, 617; *Roßnagel*,

Das Telemediengesetz. Neuordnung für Informations- und Kommunikationsdienste, NVwZ 2007, 743; *Roßnagel* (Hrsg.), Beck'scher Kommentar zum Recht der Telemediendienste, 2013 (zitiert als Beck TMD/ *Bearbeiter*); *Roßnagel*, Das IT-Sicherheitsgesetz, DVBl 2015, 1206; *Roßnagel* (Hrsg.), Das neue Datenschutzrecht. Europäische Datenschutz-Grundverordnung und deutsche Datenschutzgesetze, 2017; *Sädtler*, Rechtskonformes Identitätsmanagement im Cloud Computing. Anforderungen an den Einsatz elektronischer Ausweise, 2017; *Schallbruch*, Die EU-Richtlinie über Netz- und Informationssicherheit: Anforderungen an digitale Dienste, CR 2016, 663; *Schallbruch*, IT-Sicherheitsrecht – Schutz digitaler Dienste, Datenschutz und Datensicherheit. Zur Entwicklung des IT-Sicherheitsrechts in der 18. Wahlperiode (Folge 2), CR 2017, 798; *Scheurle/Mayen* (Hrsg.), TKG-Kommentar, 3. Aufl. 2018; *Schneider*, Meldepflichten im IT-Sicherheitsrecht, 2017; *Schulz/Tischer*, Das Internet als kritische Infrastruktur. Handlungsbedarf für den Gesetzgeber, ZG 2013, 339; Seibel, Abgrenzung der „allgemein anerkannten Regeln der Technik" vom „Stand der Technik", NJW 2013, 3000; *Simitis/Hornung/Spiecker gen. Döhmann* (Hrsg.), Datenschutzrecht. DSGVO mit BDSG, 2019; *Spindler*, IT-Sicherheitsgesetz und zivilrechtliche Haftung. Auswirkungen des IT-Sicherheitsgesetzes im Zusammenspiel mit der endgültigen EU-NIS-Richtlinie auf die zivilrechtliche Haftung, CR 2016, 297; *Spindler/Schmitz* (Hrsg.), Telemediengesetz, 2. Aufl. 2018; *Spindler/Schuster* (Hrsg.), Recht der elektronischen Medien, 4. Aufl. 2019; *Tanenbaum/Wetherall*, Computernetzwerke, 5. Aufl. 2012.

A. IT-Anwendung und IT-Infrastrukturen	1
I. Abgrenzung aus rechtlicher Sicht	4
II. Technologien und Marktstrukturen	17
B. Besondere Risiken und Bedrohungen	24
I. Bedeutung und grundsätzliche Bedrohungen	24
II. KRITIS-Bereich	31
1. Infrastrukturrelevanz	32
2. Rechtlicher Begriff der Kritischen Infrastrukturen	37
3. Digitale Dienste	44
C. Sektorale Rechtsvorschriften	47
I. Vorgaben für Telekommunikation	49
1. Anwendbare Rechtsvorschriften	50
2. Pflichten zur Umsetzung von IT-Sicherheitsmaßnahmen	51
a) Vorgaben für technische Schutzmaßnahmen	53
b) Datenverarbeitungsbefugnisse zum Schutz der IT-Sicherheit	63
3. Organisations- und Nachweispflichten	67
4. Meldepflichten	74
a) KRITIS-bezogene Pflichten	75
b) Datenschutzbezogene Pflichten und Reaktionen auf Störungen	79
II. Vorgaben für Telemedien	83
1. Anwendbare Rechtsvorschriften	84
2. Pflichten zur Umsetzung von IT-Sicherheitsmaßnahmen	91
a) Vorgaben für technische Schutzmaßnahmen	91
aa) Anforderungen an digitale Dienste	91
bb) Anforderungen an alle Anbieter von Telemedien	94
(1) Vorgaben des TMG	94
(2) Vorgaben der DS-GVO	100
b) Datenverarbeitungsbefugnisse zum Schutz der IT-Sicherheit	104
3. Nachweispflichten	108
a) Anforderungen an Anbieter digitaler Dienste	108
b) Anforderungen an alle Anbieter von Telemedien	110
4. Meldepflichten	112
a) Anforderungen an Anbieter digitaler Dienste	112
b) Anforderungen an alle Anbieter von Telemedien	115
D. Typische Problemlagen und Konfliktlinien	118
E. Ausblick	123

A. IT-Anwendung und IT-Infrastrukturen

1 Telekommunikation und Telemedien sind **Instrumente der technikvermittelten Kommunikation über Distanz**. Sie sind als solche schon seit Anbeginn auf analoge, später digitale Informationstechnik angewiesen. Dies unterscheidet sie von anderen Sektoren wie Mobilität und Verkehr oder Energie, die sich zunächst ohne IT entwickelt haben und erst in späteren Entwicklungsstufen IT-Anwendungen und IT-Infrastrukturen nutzten oder mit diesen zusammenwuchsen. Anders als in vielen anderen Bereichen ist im hier behandelten Sektor deshalb IT-

Sicherheit auch **schon seit langer Zeit** ein Thema. Angriffe lassen sich bis in die Zeit um 1900[1] zurückverfolgen und werden immer wieder in der Presse thematisiert.[2]

Das bildet sich in der rechtlichen Regulierung ab: **Schon das erste TKG** aus dem Jahre 1996 enthielt in § 87 eine Vorschrift zu technischen Schutzmaßnahmen als Vorläufer des heutigen § 109 TKG. Ähnliches gilt zumindest in rudimentärer Form für die Regulierung von Telemedien. Als Vorläufer von § 13 Abs. 4 bis Abs. 6 TMG enthielten bereits § 4 TDDSG 1997 und § 13 MDStV 1997 Pflichten zur Implementierung von technisch-organisatorischen Maßnahmen ua zum Schutz vor Kenntnisnahme Dritter.

Die IT-Anwendungen und IT-Infrastrukturen im Bereich von Telekommunikation und Telemedien lassen sich in einem **technischen Schichtenmodell** darstellen, in dem Telekommunikation transportorientiert, Telemedien anwendungsorientiert zu verstehen sind. Diese Grobunterteilung kann technisch – zB im sog. OSI-Schichtenmodell – weiter differenziert werden.[3] Dies spielt für die hier erläuterten IT-sicherheitsrechtlichen Regelungen aber nur eine untergeordnete Rolle, weil sie an eine rechtliche Begriffsbildung anknüpfen.

I. Abgrenzung aus rechtlicher Sicht

Im Fokus dieses Kapitels stehen Anwendungen und Infrastrukturen, die in den **Anwendungsbereich des TKG und des TMG** fallen. Es kommt deshalb auf die rechtlichen Begriffe der Telekommunikation (§ 3 Nr. 22 TKG) und der Telemedien (§ 1 Abs. 1 Satz 1 TMG) an. Nicht entscheidend ist der verfassungsrechtliche Begriff der Telekommunikation[4] oder gar ein allgemeinsprachliches Verständnis dieses Begriffs (im Sinne von Informationsaustausch über Entfernungen), das sowohl die Telekommunikation im Rechtssinn als auch Telemedien und weitere Informations- und Kommunikationsdienste wie den Rundfunk umfassen kann.[5]

Telekommunikation ist nach § 3 Nr. 22 TKG der technische Vorgang des Aussendens, Übermittelns und Empfangens von Signalen mittels Telekommunikationsanlagen. Wesentliche Pflichten des TKG knüpfen an die Erbringung von Telekommunikationsdiensten an. Dies sind nach § 3 Nr. 24 TKG in der Regel gegen Entgelt erbrachte Dienste, die ganz oder überwiegend in der Übertragung von Signalen über Telekommunikationsnetze (§ 3 Nr. 27 TKG) bestehen, einschließlich Übertragungsdienste in Rundfunknetzen.[6] Hier steht also der technische Aspekt der Signalübertragung im Vordergrund.

---

1 Beispiele sind der Marconi Radio Hack im Jahr 1903 (betraf das Stören vermeintlich störungssicherer Funktelegrafie, zB https://hackaday.com/2017/03/02/great-hacks-of-history-the-marconi-radio-hack-1903/), das Phone-Phreaking in den 1960er und 1970er Jahren (betraf die Manipulation von Telefonverbindungen, zB http://www.historyofphonephreaking.org/faq.php) und der Btx-Hack im Jahr 1984 (betraf die Ausnutzung von Sicherheitslücken des Bildschirmtext-Onlinedienstes durch Mitglieder des CCC, zB https://www.golem.de/news/chaos-computer-club-der-ungeklaerte-btx-hack-1411-110607.html).
2 Jüngst zB die Schadsoftware WannaCry, die unter Ausnutzung bekannter Sicherheitslücken Computersysteme zwecks Erpressung von Lösegeld verschlüsselt hat, https://www.spiegel.de/netzwelt/web/ransomware-wannacry-microsoft-macht-regierungen-vorwuerfe-a-1147656.html; s. a. die Vorfallsammlung in *BSI*, KRITIS-Sektorstudie Informationstechnik und Telekommunikation (IKT), S. 76 ff.
3 S. *Tanenbaum/Wetherall*, Computernetzwerke, S. 66 ff.
4 Dieser umfasst je nach Norm verschiedene Dinge: In Art. 73 Abs. 1 Nr. 7, Art. 80 Abs. 2 und Art. 87 f Abs. 1 und Abs. 2 GG geht es um Technik, Infrastrukturen, Dienstleistungen sowie die Regulierung des Wettbewerbs im Bereich der Informationsübermittlung durch technische Einrichtungen (s. zB Maunz/Dürig/*Möstl* GG Art. 87 f Rn. 29 ff.). Der grundrechtliche Schutzbereich von Art. 10 Abs. 1 GG (dort noch unter dem veralteten Begriff Fernmeldegeheimnis, ebenso Art. 18, Art. 44 Abs. 2 Satz 2 und Art. 130 Abs. 1 GG) ist weiter und umfasst auch Inhalte und Umstände der Kommunikation über Telemedien jedenfalls dann, wenn diese als Individualkommunikation ausgestaltet sind (also zB Messenger-Dienste und Chats). Noch weitergehend will BVerfG NJW 2016, 3508 (Rn. 38) auch das „Surfen im Internet" unter das Fernmeldegeheimnis subsummieren. Die Einzelheiten sind dementsprechend umstritten, s. zB in v. Mangoldt/Klein/Starck/*Gusy* GG Art. 10 Rn. 59 ff. mwN.
5 Noch weitergehend ließe sich auf Boten, Rauchzeichen oder Trommelsignale verweisen.
6 S. zB *Kühling/Schall/Biendl*, Telekommunikationsrecht, S. 76 ff.

6 Die **IT-sicherheitsrechtlichen Normen des TKG** erfassen zum Teil – wie § 100 Abs. 1 oder § 109 Abs. 1 TKG – (alle) „Diensteanbieter" iSv § 3 Nr. 6 TKG, nämlich jeden, der ganz oder teilweise geschäftsmäßig entweder Telekommunikationsdienste erbringt oder an der Erbringung solcher Dienste mitwirkt. Andere relevante Normen sind im Anwendungsbereich eingeschränkt. So erfasst zB § 109 Abs. 2 TKG nur Betreiber öffentlicher Telekommunikationsnetze (§ 3 Nr. 16 a TKG) sowie Erbringer öffentlich zugänglicher Telekommunikationsdienste (§ 3 Nr. 17 a TKG), § 109 a TKG nur die Erbringer öffentlich zugänglicher Telekommunikationsdienste iSv § 3 Nr. 17 a TKG.

7 Problematisch stellt sich die **Abgrenzung zum** Anwendungsbereich des **TMG** dar. Die relevanten Vorschriften der §§ 13, 15, 15 a TMG richten sich an Diensteanbieter iSv § 2 Satz 1 Nr. 1 TMG, also jede natürliche oder juristische Person, die eigene oder fremde Telemedien zur Nutzung bereithält oder den Zugang zur Nutzung vermittelt. Telemedien werden in § 1 Abs. 1 Satz 1 TMG nicht positiv, sondern in Abgrenzung zu Rundfunk und den meisten, aber nicht allen Diensten des TKG geregelt. Telemedien sind demnach elektronische Informations- und Kommunikationsdienste,[7] soweit es sich nicht um Telekommunikationsdienste nach § 3 Nr. 24 TKG, die „ganz" in der Übertragung von Signalen über Telekommunikationsnetze bestehen, telekommunikationsgestützte Dienste nach § 3 Nr. 25 TKG oder Rundfunk (§ 2 RStV) handelt.

8 **Völlig in der Signalübertragung** bestehende Dienste sind zB die herkömmliche (leitungsgebundene) Sprachtelefonie, die SMS sowie VoIP im Sinne reiner Internettelefonie.[8] Auf derartige Dienste ist das TMG nicht anwendbar; sie unterfallen den Vorgaben des TKG. Zu den **telekommunikationsgestützten Diensten** iSv § 3 Nr. 25 TKG, auf die das TMG ebenfalls nicht anwendbar ist, gehören Dienste, bei denen die Inhaltsleistung noch während der Telekommunikationsverbindung erfüllt wird. Dies betrifft vor allem Rufnummer-Dienste wie etwa 0190er- und 0900er-Rufnummern.[9]

9 Bei Telemedien steht nicht die technische Zugangsvermittlung, sondern die Vermittlung von Inhalten im Vordergrund.[10] **Zu den Telemedien** zählt der Gesetzgeber unter anderem „Online-Angebote von Waren/Dienstleistungen mit unmittelbarer Bestellmöglichkeit (zB Angebot von Verkehrs-, Wetter-, Umwelt- oder Börsendaten, Newsgroups, Chatrooms, elektronische Presse, Fernseh-/Radiotext, Teleshopping)" und Online-Dienste zur Datensuche (zB Suchmaschinen).[11] Ebenfalls als Telemedien sind beispielsweise allgemein Webseiten[12], Browserspiele[13] sowie Social-Media-Dienste[14] wie Facebook oder Twitter einzuordnen.

10 Da Telekommunikationsdienste iSv § 3 Nr. 24 TKG, die **(nur) überwiegend in der Übertragung von Signalen** bestehen, gleichzeitig Telemedien iSv § 1 Abs. 1 Satz 1 TMG sein können, kann es zu Überschneidungen zwischen Telemedien und Telekommunikationsdiensten kommen. Zwar zählen Access-Provider, die sie sich auf die bloße Datenübertragung beschränken,

---

[7] Dieser Oberbegriff umfasst folglich Telemedien, Telekommunikationsdienste und Rundfunk, s. BT-Drs. 16/3078, 13.
[8] BT-Drs. 16/3078, 13; Spindler/Schuster/*Ricke* TMG § 1 Rn. 6.
[9] Spindler/Schuster/*Ricke* TMG § 1 Rn. 9. Der Begriff der telekommunikationsgestützten Dienste ist ein Oberbegriff für weitere Dienste (s. ebd. sowie Beck TKG/*Eckhardt* § 3 Rn. 80 ff.), zB Auskunftsdienste (§ 3 Nr. 2 a TKG), entgeltfreie Telefondienste (§ 3 Nr. 8 a TKG), Service-Dienste (§ 3 Nr. 8 b TKG), Dienste nach § 3 Nr. 11a-d TKG, neuartige Dienste (§ 3 Nr. 12 b TKG), Premium-Dienste (§ 3 Nr. 17 c TKG).
[10] Spindler/Schmitz/*Spindler* TMG § 1 Rn. 18.
[11] BT-Drs. 16/3078, 13; für Suchmaschinen auch Spindler/Schmitz/*Spindler* TMG § 1 Rn. 86.
[12] Spindler/Schuster/*Micklitz/Schirmbacher* TMG § 5 Rn. 7.
[13] Spindler/Schmitz/*Spindler* TMG § 1 Rn. 89; nicht aber der Browser selbst (Rn. 84).
[14] Spindler/Schuster/*Ricke* TMG § 1 Rn. 12; ein Sonderproblem können dabei die teilweise integrierten Messenger-Dienste sein, in denen man (sofern man eine Teilbarkeit des Angebots annimmt) OTT-Kommunikationsdienste sehen muss (→ Rn. 11 ff.).

technisch gesehen zu den Diensten, die ganz in der Signalübertragung bestehen.[15] Allerdings sollen Access-Provider ausweislich der Gesetzesbegründung in die Kategorie der „überwiegenden" Signalübertragung fallen.[16] Für sie gilt daher neben dem TKG grundsätzlich[17] auch das TMG. Dies ist zumindest hinsichtlich der wichtigsten Rechtsfolge (Anwendung von § 8 TMG) europarechtlich vorgegeben und damit hinzunehmen.[18]

Umstritten ist die **Einordnung von** Over-the-Top (OTT)-**Diensten**, soweit diese ein **Substitut** zu herkömmlichen (Tele-)**Kommunikationsdiensten** darstellen.[19] Dies betrifft zB Webmail-Dienste wie Gmail, Internettelefonie-Dienste wie Skype oder Instant-Messaging-Dienste wie WhatsApp.[20] Dabei ist für die Diensteanbieter insbesondere von praktischer Relevanz, ob OTT-Dienste der strengen TK-Regulierung unterfallen. Dafür spricht, dass sie funktional klassische Telekommunikationsdienste ersetzen (zB WhatsApp die SMS, Skype das einfache Telefongespräch). Allerdings erbringen die Anbieter der OTT-Dienste die dafür erforderlichen Transportleistungen größtenteils nicht selbst. Vielmehr erfolgt die Signalübertragung regelmäßig durch die Internetzugangsanbieter der Nutzer. Dies wiederum spricht dafür, OTT-Dienste nach deutschem Verständnis nicht als Telekommunikationsdienste, sondern als Telemediendienste einzuordnen. 11

Der **EuGH** hat im Juni 2019 (zumindest teilweise) über die Einordnung von **Skype** und **Gmail entschieden**. Internetbasierte E-Mail-Dienste wie **Gmail**, die keinen Internetzugang vermitteln, bestehen demnach weder ganz noch überwiegend in der Übertragung von Signalen.[21] Diese Rechtsprechung ist auf Angebote wie WhatsApp übertragbar.[22] Da es sich bei derartigen Diensten aber jedenfalls um Informations- und Kommunikationsdienste handelt, sind sie nach deutschem Verständnis (nur) als **Telemedien** einzuordnen. 12

Das Angebot von **Skype** hat das Gericht eher nebenbei unter den Begriff „Dienst der Informationsgesellschaft" iSv Art. 1 RL 98/34 subsumiert[23] und im Übrigen festgestellt, dass ein VoIP-Dienst jedenfalls dann ganz oder überwiegend in der Übertragung von Signalen über elektronische Kommunikationsnetze besteht, wenn er (entgeltliche) Telefonate ins Festnetz- oder Mobilfunknetz ermöglicht („SkypeOut"). Entscheidendes Merkmal ist dabei, dass der **VoIP-Anbieter** die **Übertragung und Terminierung der Anrufe** zwar nicht selbst vornimmt, aber für sie verantwortlich ist und entsprechende Verträge mit Diensteanbietern abschließt.[24] „SkypeOut" unterfällt damit dem **TKG**. Den Teil der Skype-Software, der es den Nutzern ermöglicht, „kostenlos Audio- und/oder Videokommunikation zwischen internetverbundenen Endgeräten zu betreiben", hat der EuGH explizit ausgeklammert.[25] Es spricht aber viel dafür, **diesen Teil** wie Gmail zu behandeln und damit nicht als Telekommunikationsdienst, sondern als **Telemedium** zu verstehen. Dasselbe gilt auch für Videodienste wie Zoom oder Microsoft 13

---

15 Spindler/Schuster/*Ricke* TMG § 1 Rn. 7.
16 BT-Drs. 16/3078, 13 spricht konkret von „Internet-Zugang"; s. a. Spindler/Schmitz/*Spindler* TMG § 1 Rn. 31.
17 Es gelten Einschränkungen, s. § 11 Abs. 3 TMG.
18 Zur Diskussion zB Spindler/Schmitz/*Spindler* TMG § 1 Rn. 32 f.
19 Diese Gruppe kann auch als „OTT-Kommunikationsdienste" bezeichnet werden. In einem weiteren Sinne sind OTT-Dienste demgegenüber alle Internetdienste, die ohne (direkte) Beteiligung eines Access-Providers erbracht werden; dies umfasst dann auch solche Dienste, die unstreitig Telemedien sind.
20 Zur Diskussion über die Einordnung von OTT-Diensten zB Spindler/Schuster/*Ricke* TMG § 1 Rn. 8; Spindler/Schmitz/*Spindler* TMG § 1 Rn. 26 ff.
21 EuGH C-193/18, NJW 2019, 2597 - Google; s. im Anschluss OVG NRW MMR 2020, 347 sowie *Ludwigs/Huller* NVwZ 2019, 1099; anders noch VG Köln MMR 2016, 141. Im Ergebnis ist damit die Meldepflicht des § 6 Abs. 1 TKG nicht anwendbar. Den eigentlichen Hintergrund bildet die Frage, ob Anbieter derartiger Dienste verpflichtet sind, an der TK-Überwachung mitzuwirken.
22 *Ludwigs/Huller* NVwZ 2019, 1099 (1101).
23 EuGH C-142/18, MMR 2019, 517 (520) – Skype Communications.
24 S. näher *Ludwigs/Huller* NVwZ 2019, 1099 (1100 f.).
25 EuGH C-142/18, MMR 2019, 517 (519) – Skype Communications.

Teams. Zudem ist davon auszugehen, dass „SkypeOut" gleichzeitig ein Telemedium ist, da es sich um einen Dienst handelt, der nicht nur eine Übertragung von Signalen bewirkt, sondern auch eine Benutzeroberfläche bereitstellt sowie die Möglichkeit, Kontaktdaten zu speichern.

14 Festzuhalten bleibt, dass sich die vorgenannten Abgrenzungsprobleme mit der anstehenden Umsetzung des **Europäischen Kodex für die elektronische Kommunikation** (RL (EU) 2018/1972) verschieben werden. Der Kodex ersetzt die Rahmenrichtlinie (Art. 125) und erfasst unter dem Begriff der elektronischen Kommunikationsdienste (Art. 2 Nr. 4) ausdrücklich auch „**interpersonelle Kommunikationsdienste**", die einen direkten Informationsaustausch zwischen einer endlichen Zahl von Personen, die von den an der Kommunikation Beteiligten bestimmt werden, ermöglichen (Art. 2 Nr. 5). Auf die Frage, ob der Dienst ganz oder überwiegend in der Übertragung von Signalen besteht, kommt es dabei nicht an. Da zu den „interpersonellen Kommunikationsdiensten" auch „alle Arten von E-Mails, Mitteilungsdiensten oder Gruppenchats" zählen (ErwG 17), sind nicht nur Dienste wie Skype, sondern auch andere **OTT-Kommunikationsdienste**, etwa Webmail-Dienste wie Gmail, als **elektronische Kommunikationsdienste iSd Kodex** einzuordnen.[26] Hinsichtlich der weiteren Regulierung unterscheidet der Kodex dann allerdings zwischen nummerngebundenen (zB SkypeOut) und nummernunabhängigen (zB Gmail) Diensten (Art. 2 Nr. 6 und 7), wobei erstere stärker reguliert werden (s. Art. 12). Hinsichtlich der Anforderungen an die Sicherheit von Netzen und Diensten (Art. 40 f.) findet allerdings keine derartige Unterscheidung statt.[27]

15 Vom Begriff der Telemedien ist überdies der **Rundfunk** abzugrenzen. Rundfunk ist gemäß § 2 Abs. 1 Satz 1 RStV die für die Allgemeinheit und zum zeitgleichen Empfang bestimmte Veranstaltung und Verbreitung von Angeboten in Bewegtbild oder Ton entlang eines Sendeplans unter Benutzung elektromagnetischer Schwingungen. Zu beachten sind überdies die Ausschlusstatbestände in § 2 Abs. 3 RStV, wonach insbesondere nicht journalistisch-redaktionell gestaltet Angebote nicht dem Rundfunkbegriff unterfallen. Der Rundfunkbegriff umfasst neben den klassischen Angeboten des Fernsehens und Radios auch **internet- und sogar webseitenbasierte Übertragungsformen**, wenn sie die genannte Definition erfüllen. Dies betrifft insbesondere Live-Streams, nicht aber On-Demand-Dienste wie zB YouTube, da es hier an einem Sendeplan fehlt und die einzelnen Nutzer individuell über den Abruf entscheiden.[28]

16 Die IT-sicherheitsrechtlichen Aspekte des Rundfunks werden im Weiteren ausgespart. Die KRITIS-Strategie der Bundesregierung umfasst auch den Sektor „Medien und Kultur", und der Rundfunk sowie die elektronische Presse werden – zu Recht – explizit als Beispiele genannt. Das BSI hat auch eine entsprechende KRITIS-Sektorstudie in Auftrag gegeben.[29] Es existieren bisher aber **keine sektorspezifischen Vorgaben** für die IT-Sicherheit im **Rundfunkbereich**.[30] Weder die NIS-Richtlinie noch die AVMD-Richtlinie enthalten entsprechende Bestimmungen.[31] § 2 Abs. 10 BSIG klammert den Sektor aus kompetenzrechtlichen Gründen[32] aus, und der Rundfunkstaatsvertrag regelt den Bereich der IT-Sicherheit (bisher) nicht. Lediglich in

---

26 Dies wird in folgenden (geplanten) Rechtsakten nachvollzogen, s. zB Art. 2 Abs. 1 iVm Art. 4 Abs. 1 lit. b des (inzwischen zurückgezogenen) Kommissionsentwurfs für eine ePrivacy-Verordnung, KOM/2017/010 final.
27 *Ludwigs/Huller* NVwZ 2019, 1099 (1101).
28 Jedenfalls True-Video-on-Demand ist als Telemedium einzuordnen, während Near-Video-on-Demand als Rundfunk anzusehen ist, s. Spindler/Schuster/*Holznagel* RStV § 2 Rn. 30 f.; Spindler/Schmitz/*Spindler* TMG § 1 Rn. 52.
29 *BSI*, KRITIS-Sektorstudie Medien und Kultur.
30 Eine (sehr) spezifische Regelung findet sich in §§ 3, 4 ZKDSG, die gewerbsmäßige Eingriffe zur Umgehung von Zugangskontrolldiensten verbieten und unter Strafe stellen, also Verfahren oder Vorrichtungen, mit denen Zugangskontrollen bei Rundfunkdarbietungen nach § 2 RStV ermöglicht werden (zB illegale Decoder).
31 *Schallbruch* CR 2016, 663 (667).
32 S. die Begründung des IT-Sicherheitsgesetzes, BT-Drs. 18/4096, 24; *Hornung* NJW 2015, 3334 (3336). Zur Möglichkeit einer Trennung zwischen journalistisch-redaktionellen Pflichten einerseits (Länderkompetenz) und eher technikbezogenen Pflichten andererseits (für die der Bund dann doch regulieren könnte) s. *Spindler* CR 2016, 297 (298).

Sonderkonstellationen könnten IT-sicherheitsrechtliche Normen greifen, wenn Medienangebote im Rundfunk beispielsweise mittels Cloud-Computing-Diensten angeboten werden und dann digitale Dienste nach § 2 Abs. 11 Nr. 3 BSIG darstellen.[33]

II. Technologien und Marktstrukturen

Die in der Telekommunikation und für Telemedien verwendeten IT-Anwendungen und IT-Infrastrukturen sind einem **kontinuierlichen technischen Wandel** unterworfen. Zumindest in einer Basisausführung sind sie praktisch jedermann (Telekommunikation)[34] oder zumindest der ganz überwiegenden Mehrheit der Bevölkerung (Telemedien)[35] verfügbar. [17]

Das Aussenden, Übermitteln und Empfangen von Signalen mittels Telekommunikationsanlagen (§ 3 Nr. 22 TKG) kann mit **unterschiedlichen Übertragungstechnologien** erfolgen.[36] Typischerweise werden Signale durch einen Absender auf einem eigenen System generiert, mit Metadaten (ua Absender und Empfänger) verbunden, dann mittels einer Sendeanlage in eine Netzinfrastruktur eingeschleust, dort an eine oder mehrere Empfangsanlage weitergegeben und schließlich von den Empfängern in ihrem eigenen System weiter verarbeitet. Die Netzinfrastruktur kann von einem einzigen Anbieter betrieben werden, besteht aber oftmals aus verschiedenen Netzen mehrerer Anbieter, von denen einige gar keinen Kontakt zu den Teilnehmern (§ 3 Nr. 20 TKG) haben, sondern im Hintergrund tätig sind. Hinsichtlich der Netzarten werden dementsprechend **Zugangs- oder Teilnehmernetze** einerseits, **Verbindungsnetze** (bzw. Kern- oder Übertragungsnetze) andererseits unterschieden.[37] Die Netze können aus unterschiedlichen Kabeltechnologien, Mobilfunk und andere Funktechnologien, Satellitenübertragung, Stromleitungen und anderen Netztechnologien bestehen. Schon seit etlichen Jahren ist allerdings eine **Konvergenz** zu beobachten: Sprache und Daten werden nicht mehr über verschiedene technische Verfahren und verschiedene Netze übertragen. Dabei setzt sich die einheitliche Übertragung über das Internet Protokoll durch (All-IP-Netze).[38] [18]

Telemedien werden üblicherweise über (**Web-**)**Server** organisiert, also Computer mit entsprechender Software, die – ggf. vermittelt durch ein internes Netz – an das Internet angeschlossen werden. Die Server hosten inhaltsbezogene Daten, die auf Anfrage des Clients eines Nutzers an diesen ausgeliefert werden. Dies kann gleichzeitig für eine (je nach Auslegung: sehr) große Zahl von Clients erfolgen. [19]

Hinsichtlich der **Marktstrukturen** unterscheiden sich Telekommunikation und Telemedien ganz erheblich. Der Telekommunikationsmarkt ist in Deutschland und vielen anderen Staaten nach wie vor stark geprägt von seiner historischen Genese.[39] Traditionell wurden die Angebote der Telekommunikation in vielen Ländern durch den Staat in eigener Verantwortung erbracht („**Fernmeldemonopol**"); nur dieser hatte die finanziellen und rechtlichen Möglichkei- [20]

---

33 *Schallbruch* CR 2016, 663 (667).
34 Im Jahre 2019 verfügten 99,9 % der deutschen Bevölkerung über ein Festnetz- und/oder über ein Mobiltelefon, s. https://www.destatis.de/DE/Themen/Gesellschaft-Umwelt/Einkommen-Konsum-Lebensbedingungen/Ausstattung-Gebrauchsgueter/Tabellen/a-infotechnik-d-lwr.html.
35 Im Oktober 2019 nutzten 89 % der Personen in Deutschland zumindest selten das Internet, s. http://www.ard-zdf-onlinestudie.de/onlinenutzung/entwicklung-der-onlinenutzung/. 93,5 % aller Haushalte in Deutschland verfügten über einen Internetzugang, s. https://www.destatis.de/DE/Themen/Gesellschaft-Umwelt/Einkommen-Konsum-Lebensbedingungen/Ausstattung-Gebrauchsgueter/Tabellen/a-infotechnik-d-lwr.html.
36 Dies entspricht der Technologieneutralität, die in § 1 TKG zum Ausdruck kommt, s. zB Beck TKG/*Cornils* § 1 Rn. 28 f.
37 *Kühling/Schall/Biendl*, Telekommunikationsrecht, S. 55 ff. Dies lässt sich noch weiter untergliedern, s. zB *BSI*, KRITIS-Sektorstudie Informationstechnik und Telekommunikation (IKT), S. 24 ff.
38 *BSI*, KRITIS-Sektorstudie Informationstechnik und Telekommunikation (IKT), S. 16.
39 Branchenüberblick für das Jahr 2015 in *BSI*, KRITIS-Sektorstudie Informationstechnik und Telekommunikation (IKT), S. 16 ff.

ten, entsprechende Infrastrukturen großflächig aufzubauen. Seit der zum Ende der 1980er Jahren einsetzenden Liberalisierung[40] ist dies Geschichte; die aus den ehemaligen Staatsmonopolen hervorgegangenen Anbieter (in Deutschland die Deutsche Telekom AG als europaweit größtes Telekommunikationsunternehmen) haben aber vielfach – zumindest im Festnetzbereich – immer noch eine sehr starke Marktmacht. Um einem Missbrauch dieser Macht vorzubeugen, wird der Telekommunikationsmarkt europaweit „asymmetrisch" (dh zulasten von Anbietern mit „beträchtlicher Marktmacht", s. § 9 Abs. 2 TKG) reguliert.[41] Diese Form der Regulierung gilt allerdings nicht für den Bereich der IT-Sicherheit. Die entsprechenden Vorgaben treffen vielmehr entweder alle Anbieter, nur Betreiber öffentlicher Telekommunikationsnetze oder nur Erbringer öffentlich zugänglicher Telekommunikationsdienste (→ Rn. 6), differenzieren aber nicht nach der Marktmacht.

21 Da der gewerbliche Betrieb öffentlicher **Telekommunikationsnetze** und die gewerbliche Erbringung öffentlich zugänglicher **Telekommunikationsdienste** nach § 6 Abs. 1 Satz 1 TKG **meldepflichtig** sind, lässt sich der Telekommunikationsmarkt außerdem relativ leicht überblicken.[42] Dagegen sind **Telemedien** gemäß § 4 TMG im Rahmen der Gesetze **zulassungs- und anmeldefrei**.[43] Dies korrespondiert mit einer nicht zu überblickenden Vielfalt an Anbietern und Angeboten. Eine Konzentration auf wenige (oder sogar einen) Anbieter findet sich lediglich dort, wo Telemedien (ähnlich der Telekommunikation) von Netzeffekten profitieren. Dies betrifft insbesondere Social Media, Messenger-Dienste wie WhatsApp und andere OTT-Dienste (→ Rn. 11 ff.). Wo es auf Netzeffekte nicht ankommt, besteht eine erheblich größere Vielfalt der Anbieter.

22 Die weltweite Zugänglichkeit von Telemedien im Internet führt außerdem zu einer deutlich stärkeren **Internationalität** des Marktes: Während das Angebot von Telekommunikation zumindest auf der sog. „letzten Meile" (dh dem letzten Netzbestandteil, der die Daten an das Endgerät des Nutzers übergibt) in aller Regel eine ortsgebundene Infrastruktur voraussetzt (Kabel, Funkmasten etc sind nur bei der Satellitenkommunikation nicht erforderlich), ist ein Telemedium nach der Inbetriebnahme des Webservers prima facie weltweit jedermann mit Internetzugang zugänglich.

23 Telekommunikation wird seit der Liberalisierung in Deutschland grundsätzlich marktförmig durch private Anbieter erbracht; soweit staatliche Einrichtungen (zB bei Verwaltungsnetzen oder dem BOS-Digitalfunk) tätig sind, werden sie von den IT-Sicherheitsanforderungen des TKG nicht erfasst. Demgegenüber gibt es bei **Telemedien** auch eine große Zahl **staatlicher Anbieter**. Folglich ist die öffentliche Verwaltung von den IT-sicherheitsbezogenen Pflichten genauso betroffen wie private Anbieter von Telemedien. Insofern ist bedeutsam, dass die IT-Sicherheitspflichten aus § 13 Abs. 7 TMG beide Bereiche betreffen, während ansonsten für öffentliche Behörden weithin Sonderregelungen gelten.[44]

---

[40] Dazu aus rechtlicher Sicht zB *Kühling/Schall/Biendl*, Telekommunikationsrecht, S. 4 ff., 31 ff.; Beck TKG/*Cornils* Einl. Rn. 26 ff. Den Restbestand bildet die Gewährleistungsverantwortung des Staates, wie sie verfassungsrechtlich v.a. in Art. 87 f GG zum Ausdruck kommt, s. *Eifert*, Grundversorgung mit Telekommunikationsleistungen im Gewährleistungsstaat.

[41] Dazu *Kühling/Schall/Biendl*, Telekommunikationsrecht, S. 94 ff.

[42] Die BNetzA veröffentlicht gemäß § 6 Abs. 4 TKG ein entsprechendes Verzeichnis, s. https://www.bundesnetzagent ur.de/DE/Sachgebiete/Telekommunikation/Unternehmen_Institutionen/Anbieterpflichten/Meldepflicht/meldepflich t-node.html. Überblick zur Branchenstruktur zB in *BSI*, KRITIS-Sektorstudie Informationstechnik und Telekommunikation (IKT), S. 21 ff.

[43] Dies ist europarechtlich vorgegeben, s. Beck TMD/*Blocher* TMG § 4 Rn. 7 ff.

[44] Dies wurde schon im Gesetzgebungsverfahren zum IT-Sicherheitsgesetz zu Recht kritisiert, s. *Hornung* NJW 2015, 3334 (3335).

B. Besondere Risiken und Bedrohungen
I. Bedeutung und grundsätzliche Bedrohungen

Telekommunikation und Telemedien sind heutzutage essentielle Bestandteile der Kommunikation zwischen Menschen, zwischen Menschen und Maschinen sowie zwischen Maschinen und Maschinen. Im Einzelfall unterscheidet sich diese Bedeutung natürlich, und es wird auf absehbare Zeit sehr viel herkömmlichen, nicht-technikbasierten Austausch geben. Bei aller Reichhaltigkeit und Vielschichtigkeit nicht-technikbasierter Kommunikation lässt sich aber nicht übersehen, dass die vertrauliche, integre und verfügbare **technikvermittelte Kommunikation** eine **conditio sine qua non der modernen Gesellschaft** ist. Die Covid-19-Pandemie hat diese Bedeutung besonders deutlich vor Augen geführt.

Betrachtet man die Schutzziele der IT-Sicherheit mit Blick auf Telekommunikation und Telemedien, so werden die besonderen Risiken unmittelbar deutlich:

- Wird die **Vertraulichkeit der technikbasierten Kommunikation** nicht gewährleistet, können geheimhaltungsbedürftige Informationen nicht oder nur unter Inkaufnahme entsprechender Risiken auf diesem Wege transportiert werden. Dies betrifft persönliche Nachrichten der Nutzer ebenso wie personenbezogene Daten, Betriebs- und Geschäftsgeheimnisse und nicht-öffentliche behördliche Dokumente.
- Wenn sich der Empfänger einer E-Mail oder einer Messenger-Nachricht, der Nutzer einer Webseite oder der Betreiber einer vernetzten Maschine nicht darauf verlassen können, dass die **Integrität der empfangenen Informationen** gewährleistet ist, können sie ihr persönliches Verhalten nicht – oder jedenfalls nicht in rechtlich belastbarer Art und Weise – auf den Informationsgehalt einstellen. Verfälschte Informationen können technische Fehlfunktionen verursachen oder zu Desinformation des Empfängers führen.
- Auch die **Verfügbarkeit von Telekommunikation und Telemedien** kann von essentieller Bedeutung sein. Schon für den einzelnen Nutzer können gravierende Nachteile eintreten, wenn er eine wichtige geschäftliche Bestellung nicht aufgeben, eine gerade benötigte Reiseinformation nicht von einer Webseite abrufen, einen fristgebundenen Antrag nicht übermitteln oder einen Notruf nicht absetzen kann. Auch für Unternehmen und Behörden können die Folgen gravierend sein; dies führt dazu, dass weite Bereiche der Telekommunikation und zumindest manche Telemedien zu den Kritischen Infrastrukturen zu zählen sind (→ Rn. 31 ff.).

Die durch diese Risiken drohenden Schäden können erheblich sein und **gravierende Folgen** für Leib, Leben und Gesundheit sowie für reale und virtuelle Sachgüter haben. Diese Rechtsgüter sind durchweg grundrechtlich fundiert. Dasselbe gilt für weitere Interessen, die durch Angriffe bedroht werden – insbesondere Inhalt und Umstände der Telekommunikation, Vertraulichkeit und Integrität informationstechnischer Systeme und informationelle Selbstbestimmung, in bestimmten Fällen (zB bei der Manipulation oder Störung von entsprechenden Webseiten), aber auch Meinungs- und Informationsfreiheit. Hieraus ergeben sich **grundrechtliche Schutzpflichten** des Staates.[45]

Die IT-Sicherheit von Telekommunikation und Telemedien kann wie in anderen Sektoren einerseits durch technische Fehler, unbeabsichtigtes menschliches Fehlverhalten, Verschleiß oder unvorhergesehene Ereignisse wie Naturkatastrophen, andererseits durch gezielte Angriffe bedroht werden. Angesichts der Multifunktionalität von Telekommunikation und Telemedien können auch die **Motive für derartige Angriffe** praktisch beliebig sein:

---

[45] S. zu den verfassungsrechtlichen Aspekten der IT-Sicherheit insoweit *Poscher/Lassahn* in → § 7 Rn. 40 ff.

- Manche Angreifer versuchen gezielt, **bestimmte Betroffene auszuforschen**. Dies kann die interne oder externe Kommunikation eines Konkurrenten oder einer Behörde sein, sich aber auch gegen einzelne Individuen richten.
- Andere Angriffe richten sich nicht auf ein bestimmtes Ziel, sondern mehr oder weniger **wahllos auf „wertvolle" Informationen** wie Zugangsdaten, Kontoinformationen oÄ, die sodann missbräuchlich[46] weiterverwendet werden sollen.
- Ein Motiv kann auch sein, **fremde IT-Ressourcen nutzen** zu können, wenn beispielsweise ein Webserver gehackt und Teil eines Botnetzes wird.
- Wenn die Beeinträchtigung der IT-Sicherheit nur mit entsprechendem Wissen reversibel ist (etwa bei der Verschlüsselung durch Ransomware), kommen **Erpressungsszenarien** in Betracht.
- Denkbar ist eine **reine Schädigungsabsicht**, wenn Telekommunikationsanlagen oder Webserver für eine gewisse Zeit lahmgelegt, durch Überlastung geschädigt oder wichtige Daten auf ihnen irreversibel gelöscht werden. Diese Absicht kann wiederum unterschiedliche Hintergründe haben, die von persönlicher Rache bis zu kriegerischen Motiven reichen. Da viele Infrastrukturen heutzutage auf Telekommunikation angewiesen sind (→ Rn. 32 ff.), kann das Ziel der Schädigung auch in anderen Bereichen (Verkehr, industrielle Produktion oÄ) liegen.
- Eine **Rufschädigung des Angegriffenen** kann erreicht werden, wenn durch den Angriff erhebliche IT-Sicherheitslücken offengelegt oder ausgeforschte Informationen publiziert werden.
- **Politische Motive** können hinter öffentlichkeitswirksamen Fällen wie dem gezielten Lahmlegen von Servern aufgrund von politischen Motiven oder der Manipulation von Webseiten stehen, so dass sie statt der eigentlichen Information politische Propaganda der „Gegenseite" enthalten oder durch gezielt manipulierte, aber glaubwürdig erscheinende Informationsinhalte Unsicherheit in die Gesellschaft tragen.
- Insbesondere, aber nicht nur bei jüngeren Angreifern spielt offenbar auch der **persönliche Ehrgeiz** eine Rolle, Sicherungsmaßnahmen überwinden und sich sodann mit diesem Erfolg brüsten zu können.

28 Die **Mittel zur Durchführung der Angriffe** sind ebenfalls sehr **vielfältig**. Letztlich können prinzipiell alle Formen von Malware (Viren, Würmer, Trojaner, Spyware, Ransomware)[47], hardwareorientierte Angriffe (zB Keylogger an der Tastatur oder Kopieren von Daten mittels USB-Sticks), Technologien zum Lahmlegen von Diensten und Infrastrukturen (zB im Rahmen von DoS-Attacken), aber auch eher „weiche" Angriffe des Social Engineering eine Rolle spielen.[48] Je nach Angriffstyp wird es im Einzelfall um ein konkretes Ziel oder großflächig um die Telekommunikation oder die Webseiten vieler Betroffener gehen.

29 Telekommunikation und Telemedien können daneben auch als **Mittel zur Beeinträchtigung der IT-Sicherheit anderer Systeme** verwendet werden, wenn beispielsweise Malware als Anhang einer E-Mail verschickt oder eine bösartige („malicious") Webseite so präpariert wird, dass ihre Nutzer – ggf. sogar unbemerkt – Schadsoftware herunterladen.

30 Ebenso vielfältig wie die Angriffsformen müssen die **technischen Abwehrmaßnahmen** sein. Das IT-Grundschutz-Kompendium des BSI enthält dementsprechend Bausteine zu verschie-

---

46 Je nach Fallkonstellation kommt auch eine rechtskonforme Weiterverwendung im Rahmen rechtlich regulierter Verfahren in Betracht, wobei dann die grundrechtliche Zulässigkeit der Verfahren in Rede stehen kann. Dies betrifft zB großflächige Datenerhebungen von Nachrichtendiensten.
47 Zu verschiedenen Formen der Malware Kipker/*Sohr*/*Kemmerich*, Cybersecurity, Kap. 2 Rn. 170 ff.
48 Zu Angriffsmethoden und -mitteln s. *BSI*, Die Lage der IT-Sicherheit in Deutschland 2019, S. 8 ff. und *Grimm*/*Waidner* in → § 2 Rn. 67 ff.; zu den mit den verschiedenen Dienstformen verbundenen Folgen von Ausfällen zB *Schulz*/*Tischer* ZG 2013, 339 (348 ff.).

densten für Telekommunikation und Telemedien relevanten Themen, ua innerhalb der System-Bausteine APP: Anwendungen (zB „netzbasierte Dienste" mit den Bausteinen Webanwendungen, Webserver, Fileserver, Samba und DNS-Server) und SYS: IT-Systeme.[49] Im Telekommunikationsbereich werden technische Sicherheitsspezifikationen durch eine Arbeitsgruppe des 3rd Generation Partnership Project (3GPP), einer weltweiten Kooperation von Standardisierungsgremien, bereitgestellt.[50] Eine wichtige Anlaufstelle für die Praxis und Sammlung von IT-Sicherheitsinformationen für Webseiten ist zB das Open Web Application Security Project (OWASP).[51]

II. KRITIS-Bereich

Wenn einem einzelnen Nutzer keine vertrauliche, integre und verfügbare Telekommunikation zur Verfügung steht, können die Folgen je nach Situation im Bereich von Lästigkeiten verbleiben, aber auch erhebliche – möglicherweise sogar lebensbedrohliche – Gefahren verursachen. Aus gesellschaftlicher Perspektive sind diese ggf. für den Einzelnen gravierenden Ereignisse aber beherrschbar. Dies ändert sich bei **großflächigen** und **lang andauernden Ausfällen und Beeinträchtigungen**, die nicht nur zu individuellen, sondern auch zu gesellschaftlichen Risiken führen. Sehr viele Bereiche der Telekommunikation und zumindest etliche Telemedien sind deshalb – zunächst einmal in einem tatsächlichen Sinne, sodann (nicht notwendig kongruent mit dieser faktischen Bewertung) auch nach den entsprechenden Legaldefinitionen – den **Kritischen Infrastrukturen zuzurechnen**.

1. Infrastrukturrelevanz

Insbesondere die **Verfügbarkeit der Telekommunikation**, aber auch von kommunikationsorientierten Telemedien wie **OTT-Diensten** (→ Rn. 11 ff.), ist aus gesellschaftlicher Perspektive unabdingbar.[52] Sehr viele Prozesse in Wirtschaft und Verwaltung wären lahmgelegt, wenn sich die Akteure nicht auf ihren eingespielten und technisch standardisierten, zumindest aber auf dem einen oder anderen Weg über Distanz abstimmen könnten. Auch im Rahmen der Covid-19-Pandemie hat sich diese Bedeutung gezeigt: Ohne entsprechende Dienste wären die wirtschaftlichen und gesellschaftlichen Folgen des „Lockdowns" viel gravierender gewesen.

Telekommunikation und OTT-Dienste sind überdies mit vielen **anderen Kritischen Infrastrukturen** verwoben und bilden – zunehmend sogar essentielle – Hintergrunddienste für diese.[53] Das zeigt sich beim Blick auf die einzelnen Sektoren in § 2 Abs. 10 BSIG: Ohne Telekommunikation können Energieversorger keine Smart Grids betreiben (*Guckelberger* in → § 23 Rn. 4 und *Singler* in → § 24 Rn. 3), wären Transportlogistik und künftiges autonomes Fahren massiv behindert (*Geminn/Müller* in → § 22 Rn. 22 ff., 46 ff.), kann Telemedizin nicht funktionieren, fallen vernetzte Wasserpumpen und Speicher aus, wäre eine Digitalisierung der Landwirtschaft ebenso wenig durchführbar wie Online-Banking und elektronische Börsendienste. Fata-

---

49 S. https://www.bsi.bund.de/SharedDocs/Downloads/DE/BSI/Grundschutz/Kompendium/IT_Grundschutz_Kompendium_Edition2020.pdf?__blob=publicationFile&v.=6; allgemein zur Sicherheit in Netzen *Eckert*, IT-Sicherheit, S. 715 ff.; *Tanenbaum/Wetherall*, Computernetzwerke, S. 863 ff.
50 S. https://www.3gpp.org/DynaReport/TSG-WG--S3.htm; einen Überblick zu den Standards bietet *ITU-T – Telecommunication Standardization Bureau (TSB)*, Security in Telecommunications and Information Technology, 2015, https://www.itu.int/dms_pub/itu-t/opb/tut/T-TUT-SEC-2015-PDF-E.pdf; zur Sicherheit in mobile und drahtloser Kommunikation auch *Eckert*, IT-Sicherheit, S. 851 ff.
51 S. https://owasp.org/.
52 S. zB *Schulz/Tischer* ZG 2013, 339; Neunter Zwischenbericht der Enquete „Internet und digitale Gesellschaft", Zugang, Struktur und Sicherheit im Netz, BT-Drs. 17/12541, 2013; *BSI*, KRITIS-Sektorstudie Informationstechnik und Telekommunikation (IKT), S. 19 ff.
53 *Schulz/Tischer* ZG 2013, 339 (351 f.); *BSI*, KRITIS-Sektorstudie Informationstechnik und Telekommunikation (IKT), S. 8.

34 lerweise kann der Ausfall von Telekommunikationsdiensten also – vergleichbar am ehesten mit der Stromversorgung – erhebliche **Kaskadeneffekte in anderen Sektoren** nach sich ziehen.

34 Jenseits der OTT-Dienste sind demgegenüber die **meisten Telemedien** als solche **nicht den Kritischen Infrastrukturen** zuzuordnen.[54] Ihr Ausfall kann für einzelne Unternehmen, Behörden und Nutzer erhebliche Auswirkungen haben, erreicht aber nicht die Schwelle der hohen Bedeutung für das Funktionieren des Gemeinwesens. Allerdings gilt diese Bewertung nur mit einigen Ausnahmen.

35 Erstens gibt es Typen von **Telemedien**, die aus unterschiedlichen Gründen eine erhebliche **wirtschaftliche, politische oder sonst gesellschaftliche Bedeutung** erlangt haben. Dies trifft beispielsweise auf Online-Marktplätze (Unabdingbarkeit für die eingespielten Vertriebsmodelle ganzer Branchen), Online-Suchmaschinen (essentielle Voraussetzung für die Benutzbarkeit des Internets in seiner heutigen Form) und Cloud-Computing-Dienste[55] (technische Grundlage für eine zunehmende Zahl wichtiger Geschäftsmodelle und Verwaltungsprozesse) zu. Diese Bewertung hat den europäischen Gesetzgeber bewogen, diese drei Typen als „**digitale Dienste**" speziellen IT-Sicherheitspflichten zu unterwerfen (→ Rn. 44 ff., 91 ff., 108 f., 112 ff).

36 Zweitens können Telemedien Einrichtungen, Anlagen oder **Teile anderer Kritischer Infrastrukturen** sein. Drittens kann der Ausfall der Gesamtheit gleichartiger Telemedien vieler Anbieter ein Problem darstellen. Auch aus diesen Gründen müssen die Anbieter von Telemedien etliche IT-sicherheitsrechtliche Anforderungen erfüllen, die unabhängig von der Einordnung als Kritische Infrastrukturen greifen (v.a. § 13 Abs. 7 Satz 1 Nr. 1 und 2 lit. b TMG und Art. 32 DS-GVO, → Rn. 83 ff.).

2. Rechtlicher Begriff der Kritischen Infrastrukturen

37 Von dieser Bedrohungsanalyse zu unterscheiden ist die rechtliche Frage, ob Einrichtungen, Anlagen oder Teile davon in den Bereichen Telekommunikation und Telemedien die rechtlich festgelegten Schwellen erreichen, um **im Rechtssinn Kritische Infrastrukturen** zu sein. Dies richtet sich gemäß § 2 Abs. 10 Satz 2 BSIG nach der BSI-KritisV.[56] Hier sind etliche Bereiche der Telekommunikation, **nicht aber OTT-Dienste** erfasst.

38 Für den **Sektor „Informationstechnik und Telekommunikation"** definiert § 5 Abs. 1 BSI-KritisV zum einen „Sprach- und Datenübertragung" und zum anderen „Datenspeicherung und -verarbeitung" als kritische Dienstleistungen.[57] Gemäß der Begriffsbestimmung in § 1 Nr. 3 BSI-KritisV sind dies also Dienstleistungen zur Versorgung der Allgemeinheit, deren Ausfall oder Beeinträchtigung zu erheblichen Versorgungsengpässen oder zu Gefährdungen der öffentlichen Sicherheit führen würde.

39 Zur relevanten **Sprach- und Datenübertragung** zählen nach der Begründung der Verordnung die jeweilige technische Basisinfrastruktur, nicht aber anwendungsbasierte Dienstleistungen wie Sprach- oder Textdienste, die die Infrastruktur lediglich nutzen.[58] Hinsichtlich der Bedeutung wird auf die Gefahr von Versorgungsengpässen, den Ausfall von Notrufen, die hohe Abhängigkeit der Wirtschaft von Sprach- und Datenübertragung (insbesondere im Bereich von Produktion und Logistik) sowie im staatlichen Bereich auf die Staatsfunktion zum Schutz der Bevölkerung (v.a. bei Notrufzentralen und Einsatzkräften) verwiesen. Sprach- und Daten-

---

54 Dies gilt vorbehaltlich der Frage, ob Access-Provider (die typischerweise durch das TKG reguliert werden und dann Kritische Infrastrukturen sein können) als Telemedien einzuordnen sind, s. dazu → Rn. 10.
55 Zur Einordnung als Telemedien → Rn. 45.
56 S. zu dieser zB *Freimuth*, Die Gewährleistung der IT-Sicherheit Kritischer Infrastrukturen, S. 221 ff.; zu europarechtlichen Fragen ebd., S. 252 ff.; zur Bestimmung im Einzelnen und zum Inhalt der KritisV *Fischer* in → § 13 Rn. 39 ff.
57 S. dazu auch *BSI*, KRITIS-Sektorstudie Informationstechnik und Telekommunikation (IKT), S. 41 ff.
58 S. die Begründung zur BSI-KritisV, S. 21.

übertragung wird gemäß § 5 Abs. 2 BSI-KritisV in den Bereichen **Zugang, Übertragung, Vermittlung und Steuerung** erbracht.[59]

Die zunächst sehr allgemeinen kritischen Dienstleistungen der **Datenspeicherung und -verarbeitung** werden in § 5 Abs. 3 BSI-KritisV dahin konkretisiert, dass sie in den Bereichen Housing, IT-Hosting und Vertrauensdienste erbracht werden.[60] In der Begründung werden als Beispiele für Housing das Angebot von Räumen, Elektrizität, Kommunikationsverbindungen und Kühlung genannt, für IT-Hosting als Teilbereiche Infrastructure as a Service (IaaS), Plattform as a Service (PaaS) und Software as a Service (SaaS).[61] Im Bereich Vertrauensdienste werden Zertifikate bereitgestellt. Die Begründung verweist außerdem auf die Bedeutung der unterbrechungsfreien Bereitstellung von Speicherplatz und Rechenleistung für das Funktionieren gesellschaftlich relevanter Prozesse.[62] Auch Vertrauensdienste (Art. 3 Nr. 16 eIDAS-Verordnung) können nur effektiv funktionieren, wenn die verwendeten Daten vertraulich und integer sind und die Trust Center (Vertrauensdiensteanbieter) ihre Dienstleistungen mit der entsprechenden Verfügbarkeit anbieten können (dazu näher *Roßnagel* in → § 14 Rn. 1 ff., 37 ff.). 40

Entsprechend der Regelungstechnik der BSI-KritisV erfolgt die Konkretisierung – die für eine Anwendung durch die in den Sektoren tätigen Unternehmen unabdingbar ist – durch einen technischen Anhang. **Anhang 4 zur BSI-KritisV** definiert Anlagenkategorien und Schwellenwerte im Sektor Informationstechnik und Telekommunikation. Die Betreiber müssen den Versorgungsgrad ihrer Anlagen jeweils bis zum 31. März für das zurückliegende Kalenderjahr ermitteln (Teil 1, Nr. 4). Dabei gelten mehrere Anlagen als „**gemeinsame Anlage**", wenn sie in einem engen betrieblichen Zusammenhang stehen (Teil 1, Nr. 6). 41

Für die **Sprach- und Datenübertragung** sind folgende Anlagen erfasst: 42

- **Zugang** (Teil 3, Nr. 1.1): Ortsgebundene Zugangsnetze (Teil 1, Nr. 2 a), über die Zugang zu einem öffentlichen Telefondienst, zu einem öffentlichen Datenübermittlungsdienst oder Internetzugangsdienst erfolgt; Bemessungskriterium ist hier die Zahl der Teilnehmeranschlüsse (§ 3 Nr. 21 TKG), Schwellenwert nicht wie sonst vielfach eine Abdeckung von 500.000 Personen, sondern – in Übernahme von § 1 Abs. 1 Nr. 2 Post- und Telekommunikationssicherstellungsgesetz (PTSG) – die Zahl von 100.000 Anschlüssen.[63]
- **Übertragung** (Teil 3, Nr. 1.2): Übertragungsnetze (Teil 1, Nr. 2 b) für öffentlich zugängliche Telefondienste und Datenübermittlungsdienste oder Internetzugangsdienste; Bemessungskriterium ist die Zahl der Teilnehmer des jeweiligen Dienstes, Schwellenwert auch hier 100.000.
- **Vermittlung** (Teil 3, Nr. 1.3): IXP (Anlagen zur direkten Verbindung von mehr als zwei unabhängigen autonomen Systemen, s. Teil 1, Nr. 2 c) für öffentlich zugängliche Telefondienste, Datenübermittlungsdienste oder Internetzugangsdienste, wenn im Jahresdurchschnitt mindestens 300 autonome Systeme angeschlossen sind; hier wurde für die Ermittlung der Schwellenwerte eine Bedarfsabdeckung von 500.000 versorgten Personen zugrunde gelegt (s. Teil 2, Nr. 8).
- **Steuerung** (Teil 3, Nr. 1.4): DNS-Resolver (Teil 1, Nr. 2 d), die zur Nutzung öffentlich zugänglicher Telefondienste, Datenübermittlungsdienste oder Internetzugangsdienste ange-

---

59 S. bereits *BSI*, KRITIS-Sektorstudie Informationstechnik und Telekommunikation (IKT), S. 43 ff., dort auch zu den technischen Details und zu den Folgen von Ausfällen in diesen Bereichen.
60 Zu den ersten beiden bereits *BSI*, KRITIS-Sektorstudie Informationstechnik und Telekommunikation (IKT), S. 67 ff.
61 S. die Begründung zur BSI-KritisV, S. 22.
62 S. die Begründung zur BSI-KritisV, S. 21.
63 Damit sollen unterschiedliche regulatorische Vorgaben vermieden werden, zumal das Post- und Telekommunikationssicherstellungsgesetz ebenfalls auf eine hohe Verfügbarkeit der Dienstleistungen zielt, s. die Begründung zur BSI-KritisV, S. 23.

boten werden (Nr. 1.4.1, bei mindestens 100.000 Teilnehmern des Zugangsnetzes) und autoritative DNS-Server iSv Teil 1, Nr. 2 e (Nr. 1.4.2, wenn der Server für mindestens 250.000 Domains autoritativ ist oder eine solche Zahl aus der Zone delegiert werden).

43 Für **Datenspeicherung und -verarbeitung** werden als Anlagenkategorien vorgegeben:
- **Housing** (Teil 3, Nr. 2.1): Rechenzentren (Teil 1, Nr. 2 f) mit einer vertraglich vereinbarten Leistung von mindestens 5 MW.
- **IT-Hosting** (Teil 3, Nr. 2.2): Serverfarmen (Teil 1, Nr. 2 g) mit mehr als 25.000 laufenden Instanzen im Jahresdurchschnitt und Content Delivery Netzwerke (Teil 1, Nr. 2 h) mit einem ausgelieferten Datenvolumen von mindestens 75.000 TByte pro Jahr.
- **Vertrauensdienste** (Teil 3, Nr. 2.3): Anlagen zur Erbringung von Vertrauensdiensten (Teil 1, Nr. 2 i), wenn mindestens 500.000 qualifizierte Zertifikate oder mindestens 10.000 Zertifikate zur Authentifizierung öffentlich zugänglicher Server ausgegeben werden.

3. Digitale Dienste

44 Entsprechend den Vorgaben der NIS-Richtlinie unterscheidet auch das deutsche Recht zwischen Kritischen Infrastrukturen (bzw. europarechtlich „wesentlichen Diensten", s. Art. 4 Nr. 4, Art. 5 Abs. 2 iVm Anhang II NIS-Richtlinie) und digitalen Diensten.[64] Letztere werden durch Art. 4 Nr. 5 iVm Anhang III der NIS-Richtlinie definiert, dessen Begriffsbestimmung § 2 Abs. 11 BSIG direkt übernimmt. Digitale Dienste sind danach Dienste nach Art. 1 Abs. 1 lit. b RL (EU) 2015/1535 (also Dienste der Informationsgesellschaft), die bestimmte Funktionalitäten ermöglichen, nämlich **Online-Marktplätze, Online-Suchmaschinen** und **Cloud-Computing-Dienste**.[65] Ausgeklammert werden Dienste, die zum Schutz grundlegender staatlicher Funktionen eingerichtet worden sind oder für diese genutzt werden.[66] Bei aller Bedeutung der erfassten Dienste (→ Rn. 24 ff.) ist auffällig, dass andere wichtige Dienste wie Social Media oder viele OTT-Kommunikationsdienste bisher keinen europarechtlichen IT-Sicherheitsregeln unterliegen.[67]

45 **Online-Marktplätze** und **Online-Suchmaschinen** sind **Telemedien** iSv § 1 Abs. 1 Satz 1 TMG.[68] Für Cloud-Computing-Dienste ist die Einordnung komplizierter, weil sich hinter diesem Begriff unterschiedliche Angebote (IaaS, PaaS, SaaS, → Rn. 40) verbergen und die Definition in Art. 4 Nr. 19 NIS-Richtlinie bzw. § 2 Abs. 11 Nr. 3 BSIG sehr weit ist (digitaler Dienst, „der den Zugang zu einem skalierbaren und elastischen Pool gemeinsam nutzbarer Rechenressourcen ermöglicht"). Es ist zumindest nicht ausgeschlossen, mittels eines solchen Pools Dienste zu erbringen, die ganz oder überwiegend in der Übertragung von Signalen über Telekommunikationsnetze bestehen und damit Telekommunikationsdienste iSv § 3 Nr. 24 TKG sind. Ein „Pool gemeinsam nutzbarer Rechenressourcen" könnte zB die technische Basis eines Dienstes wie SkypeOut bilden (→ Rn. 13). Auch in diesem Fall wird sich der Dienst allerdings nicht „völlig" in der Signalübertragung erschöpfen, so dass er sich im Überlappungsbereich zwischen TKG und TMG befindet. **Cloud-Computing-Dienste** sind deshalb zumindest **auch Telemedien**.[69]

---

[64] S. näher *Schallbruch* CR 2016, 663.
[65] Die einzelnen Formulierungen in § 2 Abs. 11 BSIG sind aus Art. 4 Nr. 17–19 NIS-Richtlinie übernommen. S. näher *Fischer* in → § 13 Rn. 93 ff., dort auch zu Abgrenzungsfragen.
[66] Diese Ausnahme ist nach Art. 1 Abs. 6 NIS-Richtlinie möglich; tlw. krit. *Schallbruch* CR 2017, 798 (799).
[67] Kritisch *Schallbruch* CR 2017, 798 (799).
[68] S. bereits BT-Drs. 16/3078, 13.
[69] Im Ergebnis ebenso *Sädtler*, Rechtskonformes Identitätsmanagement im Cloud Computing, S. 55 ff.; *Gehrmann/Voigt* CR 2017, 93 (94); *Schallbruch* CR 2017, 798 (800). Lediglich bei reinen IaaS-Diensten kann man zweifeln, ob es sich überhaupt um einen elektronischen Informations- und Kommunikationsdienst handelt. Auch hier wird die Steuerung aber idR über entsprechende Weboberflächen erfolgen, so dass dies zu bejahen ist, s. *Bedner*, Cloud Computing, S. 116.

Im Grundsatz handelt es sich daher bei digitalen Diensten um eine gesondert regulierte Teilmenge der Telemedien, die zwar definitorisch nicht zu den Kritischen Infrastrukturen zählen und rechtlich auch anders als diese behandelt werden (ausführlich zu Kritischen Infrastrukturen und digitalen Diensten *Fischer* in § 13),[70] aber dennoch eine so große Bedeutung haben, dass ihr Ausfall gesellschaftlich relevant ist. In Deutschland ergibt sich freilich ein **Überlappungsbereich** zur Regulierung **Kritischer Infrastrukturen**, der dazu führt, dass teilweise die Anforderungen aus beiden Regelungsbereichen eingehalten werden müssen.[71] IaaS, PaaS und SaaS werden beispielsweise von § 5 Abs. 3 BSI-KritisV erfasst (→ Rn. 40); daneben kann § 5 Abs. 4 iVm Anhang 4 BSI-KritisV (Serverfarmen) einschlägig sein.[72] Typischerweise folgen daraus strengere Anforderungen als aus dem Charakter als digitaler Dienst, dennoch sind die jeweiligen **Tatbestandsvoraussetzungen** und **Rechtsfolgen** auseinanderzuhalten.[73] 46

C. Sektorale Rechtsvorschriften

Die sektoralen Rechtsvorschriften für die IT-Sicherheit von Telekommunikation und Telemedien finden sich in unterschiedlichen gesetzlichen Regelungen mit teilweise überlappenden Anwendungsbereichen. Hinsichtlich der Maßnahmen lässt sich unterscheiden zwischen 47
- materiellrechtlichen Vorgaben für die **Umsetzung von IT-Sicherheitsmaßnahmen**,
- verfahrensrechtlichen Vorgaben für den **Nachweis der Einhaltung** dieser materiellrechtlichen Vorgaben und für die innere **Organisation** der Anbieter,
- verfahrensrechtlichen Vorgaben für die Reaktion bei IT-Sicherheitsvorfällen (v.a. **Meldepflichten** gegenüber Aufsichtsbehörden und Betroffenen).

Für die Telekommunikation finden sich maßgebliche Vorgaben im TKG, im BSIG, im EnWG sowie im PTSG. Für Telemedien sind Normen des TMG, der DS-GVO und des BSIG relevant. Sowohl für Telekommunikation als auch für Telemedien sind die deutschen IT-sicherheitsrechtlichen Vorschriften allerdings in erheblichem Maße **europarechtlich überformt**. Insbesondere für Telemedien führt dies zu umstrittenen Anwendungsfragen (→ Rn. 84 ff.). 48

I. Vorgaben für Telekommunikation

Maßgebliche Vorgaben für die Telekommunikation sind in den **§§ 100, 109 und 109 a TKG** zu finden. IT-Sicherheitsrechtliche Fragen von Daten, die zur Umsetzung von Überwachungsmaßnahmen erhoben wurden (§§ 110 ff. TKG), bleiben im Folgenden außer Betracht.[74] 49

1. Anwendbare Rechtsvorschriften

Der Sache nach dienen die §§ 100, 109 und 109 a TKG dem **Schutz des Fernmeldegeheimnisses** sowie **personenbezogener Daten**, dem Interesse der Teilnehmer an der **Funktionsfähigkeit ihrer Geräte und Einrichtungen** sowie dem öffentlichen Interesse an der Nutzbarkeit **hochgradig verfügbarer allgemein zugänglicher Telekommunikationsdienste**. In diesen Vorschriften wurden verschiedene europäische Richtlinien umgesetzt. Dies betrifft die ePrivacy-Richtlinie, die Rahmenrichtlinie sowie die NIS-Richtlinie.[75] Ein Konflikt mit der DS-GVO ist dabei nicht 50

---

70 Zur Bewertung der Unterschiede zB *Markopoulou/Papakonstantinou/de Hert* CLSR 35 (2019) 105336, 5 f.
71 *Schallbruch* CR 2016, 663 (666 f.).
72 *Ritter/Schulte* CR 2019, 617 (618).
73 S. ausführlich *Ritter/Schulte* CR 2019, 617 (617 ff.).
74 Hinzuweisen ist v.a. auf die sehr detaillierten §§ 113 d bis 113 g TKG. Diese sind eine gesetzgeberische Reaktion auf die Entscheidung in BVerfGE 125, 260 (s. die Begründung, BT-Drs. 18/5088, 42 ff.).
75 S. RL 2002/58/EG, RL 2002/21/EG und RL (EU) 2016/1148, tlw. in der konsolidierten Fassung; zur NIS-Richtlinie näher *Fischer* in → § 13 Rn. 22 ff.

erkennbar, da die Vorschriften im Anwendungsbereich der ePrivacy-Richtlinie den Regelungen der DS-GVO vorgehen (Art. 95 DS-GVO).[76]

2. Pflichten zur Umsetzung von IT-Sicherheitsmaßnahmen

51 § 109 TKG[77] verpflichtet (alle) **Diensteanbieter** (Abs. 1 und Abs. 3) bzw. Betreiber **öffentlicher Telekommunikationsnetze** und Erbringer **öffentlich zugänglicher Telekommunikationsdienste** (Abs. 2 bis Abs. 7), durch technische Vorkehrungen und organisatorische Maßnahmen für die Sicherheit der Systeme zu sorgen.[78] Die Anforderungen bewegen sich also im Adressatenkreis des TKG. Pflichten zur Absicherung von „Telekommunikations- und elektronischen Datenverarbeitungssystemen" treffen daneben auch Betreiber von **Energieversorgungsnetzen** (§ 11 Abs. 1 a EnWG) und von **Energieanlagen**, soweit es sich um Kritische Infrastrukturen handelt (§ 11 Abs. 1 b EnWG); dies bleibt im Folgenden außer Betracht.[79]

52 § 109 TKG ist eine **Sondervorschrift** zur Regulierung nach dem **BSIG** und tritt hinsichtlich der materiellen IT-Sicherheitspflichten an die Stelle des gemäß § 8 d Abs. 2 Nr. 1 BSIG nicht anwendbaren § 8 a BSIG (zu diesem *Fischer* in → § 13 Rn. 65 ff.),[80] weist aber einige Abweichungen auf. Überdies beschränkt sich § 109 TKG (wie die übrigen Normen des TKG) nicht auf Betreiber Kritischer Infrastrukturen iSv § 2 Abs. 10 BSIG, sondern erfasst die Anbieter unabhängig vom Versorgungsgrad. Eine Rechtspflicht zur Sicherstellung der Verfügbarkeit enthält daneben die Telekommunikationssicherstellungspflicht in § 5 PTSG; die technische Umsetzung wird im PTSG aber nicht weiter konkretisiert.

a) Vorgaben für technische Schutzmaßnahmen

53 Gemäß **§ 109 Abs. 1 Satz 1 TKG** haben Diensteanbieter (§ 3 Nr. 6 TKG) die erforderlichen technischen Vorkehrungen und sonstigen Maßnahmen zu treffen, um das **Fernmeldegeheimnis** zu schützen und einer **Verletzung des Schutzes personenbezogener Daten** entgegenzuwirken. Mithin muss sichergestellt werden, dass es weder zu unberechtigten Zugriffen auf den Inhalt oder die näheren Umstände der Kommunikation (§ 88 TGK) noch zum Verlust oder zur unrechtmäßigen Verarbeitung personenbezogener Daten (§ 3 Nr. 30 a TKG) kommt.

54 Die dafür erforderlichen **Vorkehrungen und Maßnahmen** müssen sich auf die technischen Anlagen und Abläufe beziehen, die der geschäftsmäßigen Erbringung der Telekommunikationsdienste des Diensteanbieters (§ 3 Nr. 6, 10 und 24 TKG) dienen.[81] Zu den technischen Vorkehrungen sind dabei Maßnahmen zu zählen, die einen Bezug zur Funktionsweise der Anlagen haben, während die sonstigen Maßnahmen vor allem organisatorischer Art sind. Zu denken ist zB an Maßnahmen zur Überwachung der Anlagen zwecks Erkennung verdächtiger Muster, an Zugangs- und Zutrittskontrollen und -beschränkungen sowie an die Schulung der Mitarbeiter.[82]

55 Die Diensteanbieter haben gemäß § 109 Abs. 1 Satz 2 TKG die „erforderlichen" Maßnahmen und Vorkehrungen zu treffen, wobei der **Stand der Technik**[83] zu **berücksichtigen** ist. Dies darf

---

76 Bzgl. des Vorrangs von §§ 109, 109 a TKG s. *Kiparski/Sassenberg* CR 2018, 324 (329).
77 Vergleichbar bereits die Vorgängervorschrift § 87 TKG 1996.
78 Beck TKG/*Eckhardt* § 109 Rn. 1.
79 S. näher *Freimuth*, Die Gewährleistung der IT-Sicherheit Kritischer Infrastrukturen, S. 336 ff. sowie *Guckelberger* in → § 23 Rn. 1 ff.
80 Zum Vorrang von § 109 TKG vor § 8 a BSIG s. die Begründung, BT-Drs. 18/4096, 29.
81 Beck TKG/*Eckhardt* § 109 Rn. 24.
82 Beck TKG/*Eckhardt* § 109 Rn. 27 f.
83 S. zu diesem Begriff *Skierka* in → § 8 Rn. 9 ff. In Deutschland ist seit der Kalkar-Entscheidung (BVerfGE 47, 89 (135 ff.)) die Unterscheidung zwischen den „allgemein anerkannten Regeln der Technik", dem „Stand der Technik" und dem „Stand von Wissenschaft und Technik" gängig; näher zB Seibel NJW 2013, 3000.

allerdings nicht dahin gehend verstanden werden, dass alles Erdenkliche getan werden muss, um selbst unwahrscheinliche Angriffe abwehren zu können. Vielmehr ist eine Abwägung durchzuführen, wie dies auch für § 109 Abs. 2 TKG der Fall ist.[84]

Gemäß **§ 109 Abs. 2 TKG** haben Betreiber **öffentlicher Telekommunikationsnetze** (§ 3 Nr. 16a TKG) sowie Erbringer öffentlich **zugänglicher Telekommunikationsdienste** (§ 3 Nr. 17a TKG) bei den hierfür betriebenen Telekommunikations- und Datenverarbeitungssystemen (zB Server, Router, Übertragungsleitungen, Vermittlungseinrichtungen)[85] angemessene technische Vorkehrungen und Maßnahmen zu treffen, um im Interesse der Nutzer und auch der Öffentlichkeit[86] den ordnungsgemäßen Betrieb der Telekommunikationsnetze und die fortlaufende Verfügbarkeit der Telekommunikationsdienste sicherzustellen.[87]

56

Die Vorschrift gebietet einerseits technische Vorkehrungen und sonstige (organisatorische) Maßnahmen zum **Schutz gegen Störungen**, die zu erheblichen Beeinträchtigungen der Telekommunikationsnetze und -dienste führen können (Abs. 2 Satz 1 Nr. 1). Mithin gilt es zu verhindern, dass die Telekommunikationsanlagen nicht oder nur fehlerhaft funktionieren und dadurch die Telekommunikation in den Telekommunikationsnetzen nur eingeschränkt erfolgen kann. Dies bedingt einen Schutz vor internen und externen Einflüssen wie Stromausfällen, Vandalismus (zB durch Notstromaggregate und Wachmannschaften[88]), terroristischen Aktivitäten, Hackern sowie Katastrophen natürlicher und menschlicher Herkunft.[89] Andererseits sind gemäß Abs. 2 Satz 1 Nr. 2 **Vorsorgemaßnahmen**[90] zur Beherrschung der Risiken für die **Sicherheit von Telekommunikationsnetzen** und -diensten zu treffen (zB durch vorbereitete Notfallszenarien und redundante Systeme)[91].

57

Übergreifend sind nach § 109 Abs. 2 Satz 2 TKG insbesondere Maßnahmen zu ergreifen, um Telekommunikations- und Datenverarbeitungssysteme gegen **unerlaubte Zugriffe** zu sichern und die **Auswirkungen von Sicherheitsverletzungen** für Nutzer oder für zusammengeschaltete Netze so gering wie möglich zu halten. Gemäß Satz 3 ist dabei der **Stand der Technik** zu **berücksichtigen**. Diese Absenkung gegenüber den Anforderungen bei anderen Kritischen Infrastrukturen (bei diesen soll dieser nach **§ 8a Abs. 1 Satz 2 BSIG eingehalten** werden) ist unverständlich und nicht gerechtfertigt.[92]

58

Betreiber öffentlicher Telekommunikationsnetze haben gemäß § 109 Abs. 2 Satz 4 TKG zudem Maßnahmen zu treffen, um den **ordnungsgemäßen Betrieb ihrer Netze** und dadurch die fortlaufende **Verfügbarkeit** der über diese Netze erbrachten Dienste sicherzustellen. Dies findet seine Grenzen in Fällen, die unter das PTSG fallen.[93] Im Rahmen der sog. **Telekommunikationsbevorrechtigung** nach §§ 6 f. PTSG sind bestimmte Anschlüsse und Übertragungswege vorrangig zu entstören; dies impliziert eine zeitweise Verschiebung übriger Entstörungen.

59

---

84 Beck TKG/*Eckhardt* § 109 Rn. 30; dazu auch Scheurle/Mayen/*Schommertz/Gerhardus* § 109 Rn. 7; *Arndt*/Fetzer/Scherer/Graulich/*Graulich* § 109 Rn. 13 f.; *Eckhardt/Schmitz* CR 2011, 436 (440). Demgegenüber sind allgemeine Wirtschaftlichkeitserwägungen seit dem IT-Sicherheitsgesetz nicht mehr relevant, s. *Gitter/Meißner/Spauschus* ZD 2015, 512 (514 f.).
85 Arndt/Fetzer/Scherer/Graulich/*Graulich* § 109 Rn. 17.
86 Beck TKG/*Eckhardt* § 109 Rn. 34.
87 BT-Drs. 17/5707, 82; zu einzelnen Maßnahmen und den diesbezüglichen Standards s. a. *BSI*, KRITIS-Sektorstudie Informationstechnik und Telekommunikation (IKT), S. 87 ff.
88 Arndt/Fetzer/Scherer/Graulich/*Graulich* § 109 Rn. 22.
89 Beck TKG/*Eckhardt* § 109 Rn. 42; dazu auch Scheurle/Mayen/*Schommertz/Gerhardus* § 109 Rn. 5.
90 BT-Drs. 17/5707, 82.
91 Arndt/Fetzer/Scherer/Graulich/*Graulich* § 109 Rn. 23.
92 *Roßnagel* DVBl 2015, 1206 (1208 f.); *Freimuth*, Die Gewährleistung der IT-Sicherheit Kritischer Infrastrukturen, S. 354.
93 BT-Drs. 17/5707, 82; zum Verhältnis zum Post- und Telekommunikationssicherstellungsgesetz s. *Freimuth*, Die Gewährleistung der IT-Sicherheit Kritischer Infrastrukturen, S. 357 f.

60 Die gemäß § 109 Abs. 2 TKG zu treffenden Vorkehrungen und Maßnahmen müssen gemäß Satz 5 angemessen sein. Dies ist der Fall, wenn der technische und wirtschaftliche Aufwand **nicht außer Verhältnis** zur Bedeutung der zu schützenden Netze und Dienste steht. Hierzu ist der Schutzbedarf zu ermitteln (zB Interessen Dritter an der Kenntniserlangung, mögliches Fehlverhalten eigener Mitarbeiter). Hinsichtlich der Kosten ist auch die eingeschränkte finanzielle Leistungsfähigkeit kleinerer Anbieter zu berücksichtigen,[94] nicht jedoch die wirtschaftliche Lage des konkreten Unternehmens, weil dies an sich erforderliche IT-Sicherheitsmaßnahmen unter den Vorbehalt des unternehmerischen Erfolgs stellen würde.

61 Zur Konkretisierung der nach § 109 Abs. 1 und Abs. 2 TKG zu treffenden Vorkehrungen und Maßnahmen erstellt und veröffentlicht die **BNetzA** im Einvernehmen mit dem BSI und dem BfDI gemäß **§ 109 Abs. 6 Satz 1 TKG** einen **Katalog von Sicherheitsanforderungen**.[95] Hersteller und Anbieterverbände erhalten Gelegenheit zur Stellungnahme, aber es gibt – anders als nach § 8a Abs. 2 BSIG – **keine Möglichkeit** für diese, im Wege der **regulierten Selbstregulierung** branchenspezifische Sicherheitsstandards vorzuschlagen (zu diesen *Fischer* in → § 13 Rn. 72 ff.). Der Katalog enthält insbesondere Angaben zur Vorgehensweise bei der Erfüllung der Verpflichtungen sowie Hinweise zu Sicherheitskonzept, Risikomanagement, Sicherheitsteilsystemen, Gefährdungen, Sicherheitsanforderungen und der Verbesserung der Internetsicherheit allgemein.

62 Gemäß **§ 109 Abs. 3 TKG** hat bei der **gemeinsamen Nutzung** eines Standortes oder technischer Einrichtungen **jeder Beteiligte** die eben dargestellten Verpflichtungen zu erfüllen, soweit nicht bestimmte Verpflichtungen einem Beteiligten zugeordnet werden können. Die Vorschrift adressiert den Umstand, dass „heutige Telekommunikationsanlagen aus einem Gemenge eigener Einrichtungen und mitbenutzter Einrichtungen anderer Betreiber bestehen können und diese Einrichtungen auch räumlich zusammengelegt sein können".[96] Insoweit sollen gegenseitige Verantwortungszuweisungen verhindert werden, was gleichzeitig „eine klare Regelung der Haftung"[97] ermöglichen soll.[98]

b) Datenverarbeitungsbefugnisse zum Schutz der IT-Sicherheit

63 Gemäß **§ 100 Abs. 1 Satz 1 TKG** dürfen Diensteanbieter (§ 3 Nr. 6 TKG) Bestands- und Verkehrsdaten (§§ 3 Nr. 3, 3 Nr. 30 TKG) der Teilnehmer und Nutzer (§§ 3 Nr. 14, 3 Nr. 20 TKG) sowie die Steuerdaten eines informationstechnischen Protokolls zur Datenübertragung[99] erheben und verwenden, soweit dies zum **Erkennen, Eingrenzen oder Beseitigen von Störungen oder Fehlern** an Telekommunikationsanlagen (§ 3 Nr. 23 TKG) erforderlich ist.[100] Eine Störung ist „jede vom Diensteanbieter nicht gewollte Veränderung der von ihm für sein

---

94 Beck TKG/*Eckhardt* § 109 Rn. 46.
95 Der Katalog stammt in der aktuellen Version vom 7.1.2016 und ist abrufbar unter https://www.bundesnetzagent ur.de/DE/Sachgebiete/Telekommunikation/Unternehmen_Institutionen/Anbieterpflichten/OeffentlicheSicherheit/ KatalogSicherheitsanforderungen/Sicherheitsanforderungen-node.html. Der Katalog wird derzeit überarbeitet, s. https://www.bundesnetzagentur.de/DE/Sachgebiete/Telekommunikation/Unternehmen_Institutionen/Anbieterpfli chten/OeffentlicheSicherheit/KatalogSicherheitsanforderungen/aktualisierung_sicherheitsanforderungen/aktuali sierung_sicherheitsanforderungen-node.html.
96 BT-Drs. 15/2316, 92.
97 BT-Drs. 15/2316, 92.
98 Beck TKG/*Eckhardt* § 109 Rn. 49.
99 Bzgl. der Steuerdaten spricht die Gesetzesbegründung von Informationen, „die sich aus den verschiedenen Layern des sogenannten OSI-Schichtenmodels der ITU ergeben", BT-Drs. 18/11808, 9. Die Kommunikationsinhalte fallen nach § 100 Abs. 1 Satz 2 TKG explizit nicht darunter.
100 Zu verfassungsrechtlichen Bedenken bzgl. § 100 Abs. 1 TKG aF s. *Roßnagel* DVBl 2015, 1206 (1211 f.); *Hornung* NJW 2015, 3334 (3339).

Telekommunikationsangebot genutzten technischen Einrichtungen",[101] ein Fehler liegt im Falle von Funktionsstörungen bei der Nachrichtenübertragung vor.[102] Die Erhebungs- und Verwendungsbefugnis gilt nach § 100 Abs. 1 Satz 3 TKG auch für Störungen, die zu einer Einschränkung der Verfügbarkeit von Informations- und Kommunikationsdiensten oder zu einem unerlaubten Zugriff auf Telekommunikations- und Datenverarbeitungssysteme der Nutzer „führen können", was zB Prüfungen des Netzwerkverkehrs oder den Einsatz von Honeypots und Spamtraps erlaubt.[103]

§ 100 Abs. 1 Satz 4 bis Satz 10 TKG enthalten nähere **Vorgaben** v.a. **zum Datenschutz**. Zur Bekämpfung von Störungen oder Fehlern nicht mehr erforderliche Daten sind unverzüglich zu löschen; eine Nutzung zu anderen Zwecken ist unzulässig. Die Erhebung und Verwendung der Daten erfolgt grundsätzlich automatisiert.[104] Werden die Daten nicht-automatisiert erhoben oder verwendet, ist der betriebliche Datenschutzbeauftragte unverzüglich zu informieren. Überdies ist bezüglich derartiger Verarbeitungen dem betrieblichen Datenschutzbeauftragten, der BNetzA und dem BfDI quartalsmäßig detailliert zu berichten. Die BNetzA leitet die Informationen an das BSI weiter. Der Betroffene ist zu benachrichtigen, sofern er ermittelt werden kann. Die Berichte müssen sich auch zu Verwendung von Steuerdaten verhalten. 64

§ **100 Abs. 2 TKG** erlaubt dem Betreiber[105] einer Telekommunikationsanlage oder seinen Beauftragten das **Aufschalten** (dh Sich-Einblenden[106]) auf eine bestehende Verbindung, soweit dies zur Durchführung von Umschaltungen oder zum Erkennen und Eingrenzen von Störungen im Netz betrieblich erforderlich ist (Satz 1). Um zu verhindern, dass Kommunikationsinhalte heimlich zur Kenntnis genommen werden, muss das Aufschalten den betroffenen Kommunikationsteilnehmern durch ein – **akustischen oder sonstiges**[107] – **Signal** zeitgleich angezeigt und zudem ausdrücklich mitgeteilt[108] werden (Satz 3). Wenn dies technisch nicht möglich ist, ist der betriebliche Datenschutzbeauftragte unverzüglich und detailliert über die einzelnen Maßnahmen zu informieren (Satz 4). Die Informationen sind für zwei Jahre aufzubewahren (Satz 5). Eventuell bei der Aufschaltung angefallene Aufzeichnungen sind Satz 2 unverzüglich zu löschen. 65

Schließlich regelt § **100 Abs. 3 TKG** das Verwenden von Bestands- und Verkehrsdaten bei Anhaltspunkten für eine rechtswidrige Inanspruchnahme eines Telekommunikationsnetzes oder -dienstes (v.a. bei **Betrug und Leistungserschleichung**) zur Sicherung des Entgeltanspruchs des Diensteanbieters. Dazu darf der Diensteanbieter im Einzelfall auch Steuersignale erheben und verwenden (§ 100 Abs. 4 TKG). 66

---

101 BGH NJW 2011, 1509 (1511). Der Begriff der Störung ist weit zu verstehen und umfasst die Veränderung der „physikalische[n] Beschaffenheit der für die Telekommunikation verwendeten Gerätschaften" sowie Situationen, in denen „die eingesetzte Technik die ihr zugedachten Funktionen nicht mehr richtig oder vollständig erfüllen kann", s. BGH NJW 2014, 2500 (2501). Krit. zum weiten Verständnis des BGH Beck TKG/*Braun* § 100 Rn. 11 ff. Zum Begriff der Störung auch bei Scheurle/Mayen/*Kannenberg/Müller* § 100 Rn. 8 f.
102 Beck TKG/*Braun* § 100 Rn. 8. Nach Arndt/Fetzer/Scherer/Graulich/*Lutz* § 100 Rn. 5 liegt eine Störung bzw. ein Fehler vor, „wenn der bestimmungsgemäße Gebrauch einer Anlage durch ein unbeabsichtigtes Ereignis beeinträchtigt oder unmöglich gemacht wird".
103 BT-Drs. 18/4096, 35.
104 BT-Drs. 18/11808, 10.
105 Zur Betreibereigenschaft Beck TKG/*Braun* § 100 Rn. 21.
106 Arndt/Fetzer/Scherer/Graulich/*Lutz* § 100 Rn. 9.
107 Das sonstige Signal soll es erlauben, dass ein Aufschalten auch in anderen Netzen als dem Telefonnetz möglich ist, BT-Drs. 17/5707, 80.
108 Die Mitteilung muss zusätzlich zum Signal erfolgen, Arndt/Fetzer/Scherer/Graulich/*Lutz* § 100 Rn. 9.

3. Organisations- und Nachweispflichten

67 Gemäß **§ 109 Abs. 4 Satz 1 TKG** haben Betreiber öffentlicher Telekommunikationsnetze (§ 3 Nr. 16 a TKG) und Erbringer öffentlich zugänglicher Telekommunikationsdienste (§ 3 Nr. 17 a TKG) einen **Sicherheitsbeauftragten**[109] zu benennen. Derartige Vorgaben für innerbetriebliche Beauftragte kennt das Recht auch in anderen Gesetzen; dort werden aber regelmäßig Details zu Bestellung, Aufgaben, Zusammenarbeit und Schutz vor Benachteiligung geregelt.[110] Dies ist im TKG unterblieben, was aber nicht bedeutet, dass es hier keine Vorgaben zu beachten gibt. Die Aufgabe des Sicherheitsbeauftragten besteht (zumindest auch) darin, die Einhaltung der Pflichten aus § 109 Abs. 1 und Abs. 2 TKG zu überwachen und zu kontrollieren, was in § 109 Abs. 4 TKG zwar nicht ausdrücklich, aber doch dem Sinn und Zweck nach zum Ausdruck kommt. Auch wenn das TKG keine näheren Aussagen zur Benennung und zur Stellung des Sicherheitsbeauftragten trifft, lassen sich **aus dieser Funktion** entsprechende **Anforderungen** ableiten.

68 Insoweit bietet sich eine **Orientierung an den Regelungen** zum betrieblichen Datenschutzbeauftragten und **anderen Beauftragten**, etwa zum Betriebsbeauftragten für Immissionsschutz an.[111] Zu fordern ist daher, dass der Sicherheitsbeauftragte die für seine Aufgabenwahrnehmung erforderliche **Sachkunde** besitzt (vgl. Art. 37 Abs. 5 DS-GVO, § 55 Abs. 2 Satz 1 BImSchG).[112] Auch ist er frühzeitig in alle relevanten Vorgänge **einzubinden** (vgl. Art. 38 Abs. 1 DS-GVO, § 56 BImSchG). Überdies sind ihm ausreichende **Ressourcen** zur Verfügung zu stellen (vgl. Art. 38 Abs. 2 DS-GVO, § 55 Abs. 4 BImSchG). Seine Stellung und seine konkreten Aufgaben sollten in einer **Tätigkeitsbeschreibung** niedergelegt werden. Darin sollte auch geregelt sein, ob und welche **Befugnisse** ihm gegenüber anderen Mitarbeitern zukommen.[113] Damit der Sicherheitsbeauftragte seine Tätigkeit sinnvoll wahrnehmen kann, sollte ihm zudem eine **gewisse Eigenständigkeit** zugesichert werden, so dass er – ohne Nachteile befürchten zu müssen – eigene Untersuchungen anstellen und eigene Vorschläge unterbreiten kann.[114] Eine so weitreichende Unabhängigkeit wie sie für den Datenschutzbeauftragten vorgesehen ist (Art. 37 Abs. 3 DS-GVO) muss dem Sicherheitsbeauftragten aber nicht zugestanden werden.

69 Des Weiteren haben Betreiber öffentlicher Telekommunikationsnetze (§ 3 Nr. 16 a TKG) und Erbringer öffentlich zugänglicher Telekommunikationsdienste (§ 3 Nr. 17 a TKG) gemäß § 109 Abs. 4 TKG ein **Sicherheitskonzept** zu erstellen.[115] Aus diesem muss nach Satz 1 Nr. 1 zunächst hervorgehen, welche öffentlichen Telekommunikationsnetze betrieben und welche öffentlich zugänglichen Telekommunikationsdienste erbracht werden. Ferner müssen bestehende Gefährdungen möglichst konkret[116] dargestellt werden (Nr. 2). Schließlich sind die technischen Vorkehrungen und sonstigen Schutzmaßnahmen darzulegen, die zur Erfüllung der

---

109 Allg. zum IT-Sicherheitsbeauftragten zB Hauschka/Moosmayer/Lösler/*Schmidl* Corporate Compliance § 28 Rn. 251 ff.
110 S. zB Art. 37 ff. DS-GVO, §§ 5 ff., 38 BDSG (Datenschutzbeauftragter), §§ 53 ff. BImSchG (Immissionsschutzbeauftragter), §§ 58 a ff. BImSchG (Störfallbeauftragter), §§ 59 f. KrWG (Abfallbeauftragter), §§ 64 ff. WHG (Gewässerschutzbeauftragter).
111 Beck TKG/*Eckhardt* § 109 Rn. 52 verweist zutreffend darauf, dass eine analoge Anwendung der datenschutzrechtlichen Vorschriften zum Datenschutzbeauftragten ausgeschlossen ist. Dies hindert aber nicht daran, sich an diesen Vorschriften zu orientieren.
112 Ebenso zB *Freimuth*, Die Gewährleistung der IT-Sicherheit Kritischer Infrastrukturen, S. 355; Scheurle/Mayen/*Schommertz/Gerhardus* § 109 Rn 11 fordern „ein Mindestmaß an fachlicher Eignung".
113 Zur Tätigkeitsbeschreibung Beck TKG/*Eckhardt* § 109 TKG Rn. 52.
114 Zur Frage eines Benachteiligungsverbots s. Arndt/Fetzer/Scherer/Graulich/*Graulich* § 109 Rn. 31.
115 Krit. zum Bestimmtheitsgrad der gesetzlichen Anforderungen an das Sicherheitskonzept nach § 109 Abs. 3 TKG aF BVerfGE 125, 260 (350); diese Kritik bezog sich aber auf die Abwägungsfragen im Kontext der Vorratsdatenspeicherung und ist nicht verallgemeinerbar.
116 Beck TKG/*Eckhardt* § 109 Rn. 57; s. a. *Leisterer*, Internetsicherheit in Europa, S. 74 ff.

C. Sektorale Rechtsvorschriften

Verpflichtungen aus § 109 Abs. 1 und Abs. 2 TKG getroffen oder geplant sind (Nr. 3). Dabei sind auch gemeinsame Nutzungen iSv § 109 Abs. 3 TKG zu berücksichtigen.[117] Als **Grundlage** für das Sicherheitskonzept erstellt und veröffentlicht die BNetzA im Einvernehmen mit dem BSI und dem BfDI gemäß § 109 Abs. 6 Satz 1 TKG einen **Katalog von Sicherheitsanforderungen** (→ Rn. 61).

Betreiber öffentlicher Telekommunikationsnetze haben ihr Sicherheitskonzept gemäß § 109 Abs. 4 Satz 2 TKG unverzüglich (vgl. § 121 BGB) nach Aufnahme des Netzbetriebs der **BNetzA vorzulegen**.[118] Dagegen sind die **Erbringer öffentlich zugänglicher Telekommunikationsdienste nur nach Aufforderung** der BNetzA zur Vorlage des Sicherheitskonzepts verpflichtet (Satz 3). Diese Differenzierung soll kleinere Telekommunikationsdiensteanbieter entlasten und eine effektive Aufgabenwahrnehmung der BNetzA ermöglichen.[119] Mit dem Sicherheitskonzept ist eine Erklärung vorzulegen, dass die darin aufgezeigten Vorkehrungen und Maßnahmen umgesetzt sind oder unverzüglich umgesetzt werden (Satz 4). Stellt die BNetzA im Sicherheitskonzept oder bei dessen Umsetzung Sicherheitsmängel fest, kann sie gemäß Satz 5 deren unverzügliche Beseitigung verlangen. Die BNetzA überprüft regelmäßig – mindestens aber aller zwei Jahre – die Umsetzung des Sicherheitskonzepts (Satz 7).

Die Erstellung des Sicherheitskonzepts ist keine einmalige Angelegenheit.[120] Wenn sich die dem Sicherheitskonzept zugrundeliegenden Gegebenheiten ändern, ist das **Konzept** nach § 109 Abs. 4 Satz 6 TKG **anzupassen** und der BNetzA unter Hinweis auf die Änderungen erneut vorzulegen.

Gemäß **§ 109 Abs. 7 Satz 1 TKG** kann die **BNetzA anordnen**, dass sich die Betreiber öffentlicher Telekommunikationsnetze (§ 3 Nr. 16a TKG) und die Erbringer öffentlich zugänglicher Telekommunikationsdienste (§ 3 Nr. 17a TKG) einer Überprüfung durch eine qualifizierte unabhängige Stelle oder eine zuständige nationale Behörde unterziehen müssen, um die Einhaltung der Anforderungen nach § 109 Abs. 1 bis Abs. 3 TKG zu kontrollieren.[121] Der BNetzA kommt somit eine Befugnis zur Anordnung eines Sicherheitsaudits zu, während **keine Pflicht zur regelmäßigen Durchführung** von **IT-Sicherheitsaudits** wie bei anderen Kritischen Infrastrukturen vorgesehen ist (§ 8a Abs. 3 BSIG); dazu *Fischer* in → § 13 Rn. 82 ff. Die Befugnis der BNetzA ist nach pflichtgemäßen Ermessen auszuüben, wobei unter anderem die dem Überprüften entstehenden Kosten (s. § 109 Abs. 7 Satz 3 TKG) zu berücksichtigen sind.[122] Auch darf die BNetzA die Audits nicht anordnen, um sich ihrer eigenen Pflicht zu Überprüfung (§ 109 Abs. 4 Satz 7 TKG) zu entledigen. Sie muss die Anordnung eines Audits daher gut begründen.[123]

Die **Durchführung des Audits** kann nach § 109 Abs. 7 Satz 1 TKG durch das BSI als der zuständigen nationalen Behörde oder durch eine vom BSI oder einer vergleichbaren EU-Behörde anerkannten qualifizierten unabhängigen Stelle erfolgen.[124] Die diesbezügliche **Wahl ist dem Überprüften zu überlassen**.[125] Der bei der Überprüfung zu erstellende Überprüfungsbericht ist unverzüglich an die BNetzA zu übermitteln. Über die im Rahmen des Audits[126]

---

117 Beck TKG/*Eckhardt* § 109 Rn. 58.
118 S. zum Nachweis der Einhaltung von IT-Sicherheitsvorgaben allgemein *Skierka* in § 8.
119 BT-Drs. 17/5707, 83.
120 Beck TKG/*Eckhardt* § 109 Rn. 61.
121 S. zu den entsprechenden Kontrollbefugnissen der Behörden allgemein *Gitter* in § 15.
122 Beck TKG/*Eckhardt* § 109 Rn. 95.
123 Beck TKG/*Eckhardt* § 109 Rn. 95.
124 BT-Drs. 17/5707, 83.
125 Beck TKG/*Eckhardt* § 109 Rn. 95.
126 § 109 Abs. 8 TKG bezieht sich auf die Audits nach § 109 Abs. 7 TKG, s. BT-Drs. 18/4096, 36.

aufgedeckten Mängel sowie die von der BNetzA geforderten Abhilfemaßnahmen **unterrichtet die BNetzA** gemäß § 109 Abs. 8 TKG unverzüglich das **BSI**.

4. Meldepflichten

74   Meldepflichten bei IT-Sicherheitsvorfällen haben sich in den letzten Jahren zu einem Standardinstrument des IT-Sicherheitsrechts, aber auch des Datenschutzrechts entwickelt.[127] Die Regelungen unterscheiden sich dabei allerdings teilweise in wichtigen Punkten. Im TKG **sind zwei Typen von Meldepflichten** zu unterscheiden: zum einen § 109 Abs. 5 TKG, der – bei inhaltlichen Abweichungen – der allgemeinen Logik der Meldepflichten bei Sicherheitsverletzungen in Kritischen Infrastrukturen folgt, zum anderen § 109 a TKG, der dem Datenschutz dient.

a) KRITIS-bezogene Pflichten

75   Gemäß **§ 109 Abs. 5 TKG**, der gemäß § 8 d Abs. 3 Nr. 1 BSIG an die Stelle des nicht anwendbaren allgemeinen § 8 b Abs. 4 BSIG tritt[128] und daher auch (aber nicht nur) für die Betreiber Kritischer Infrastrukturen gilt, haben Betreiber öffentlicher Telekommunikationsnetze (§ 3 Nr. 16 a TKG) und Erbringer öffentlich zugänglicher Telekommunikationsdienste (§ 3 Nr. 17 a TKG) der BNetzA und dem BSI **Beeinträchtigungen von Telekommunikationsnetzen und -diensten zu melden**, wenn sie zu beträchtlichen Sicherheitsverletzungen führen oder führen können. Hierdurch soll sichergestellt werden, dass die betroffenen Unternehmen (jenseits datenschutzrechtlicher Meldepflichten nach § 109 a TKG, → Rn. 79 ff.) „zu einem validen und vollständigen Lagebild der IT-Sicherheit beitragen".[129]

76   Was unter Beeinträchtigungen, die zu beträchtlichen Sicherheitsverletzungen führen (können), zu verstehen ist, wird im **TKG nicht definiert**. Misslich ist überdies, dass die Terminologie weder mit – dem hier wegen § 8 d Abs. 3 Nr. 1 BSIG nicht anwendbaren – § 8 b Abs. 4 BSIG noch mit anderen speziellen Meldepflichten übereinstimmt.[130] Letztlich wird man unter einer Beeinträchtigung allgemein **IT-Sicherheitsvorfälle** in Netzen und Diensten verstehen müssen.[131] Die Gesetzesbegründung spricht unter anderem von „Manipulationen der Internet-Infrastruktur und Missbrauch einzelner Server oder Anschlüsse, etwa zum Errichten und Betreiben eines Botnetzes", sowie ganz allgemein von der Verfügbarkeit der Netze und der Verlässlichkeit und Funktionsfähigkeit der IT einzelner Nutzer.[132] Durch die **Beträchtlichkeit** wird eine Schwelle eingefügt, die – bei erneut abweichender Terminologie – inhaltlich der Erheblichkeit in § 8 b Abs. 4 BSIG entspricht und entsprechend Art. 14 Abs. 4 NIS-Richtlinie konkretisiert werden kann.[133] Umfasst werden gemäß § 109 Abs. 5 Satz 2 TKG auch Störungen, die zu einer **Einschränkung der Verfügbarkeit** der über die Netze erbrachten **Dienste** oder einem unerlaubten **Zugriff auf Telekommunikations- und Datenverarbeitungssysteme** der

---

127   Zu Hintergründen und Entwicklung zB *Gabel* BB 2009, 2045; *Eckhardt/Schmitz* DuD 2010, 390; *Hornung* NJW 2010, 1841; zum europäischen Rechtsrahmen *Schneider*, Meldepflichten im IT-Sicherheitsrecht, S. 73 ff.; s. a. *Leisterer*, Internetsicherheit in Europa, S. 80 ff.; zur grundsätzlichen Bedeutung von Informations- und Kommunikationsverarbeitung für die Zivile Sicherheit s. Gusy/Kugelmann/Würtenberger/*Hornung/Schindler*, Rechtshandbuch Zivile Sicherheit, S. 247 ff.
128   S. die Begründung, BT-Drs. 18/4096, 29; zu § 8 b Abs. 4 BSIG *Fischer* in → § 13 Rn. 88 ff.
129   BT-Drs. 18/4096, 36; s. zur Meldepflicht (Stand 2017) auch *Schneider*, Meldepflichten im IT-Sicherheitsrecht, S. 520 ff.
130   S. *Hornung* NJW 2015, 3334 (3337).
131   *Freimuth*, Die Gewährleistung der IT-Sicherheit Kritischer Infrastrukturen, S. 359 ff.
132   BT-Drs. 18/4096, 36; die Einbeziehung der Nutzersysteme ist eine Besonderheit gegenüber anderen Kritischen Infrastrukturen, s. *Freimuth*, Die Gewährleistung der IT-Sicherheit Kritischer Infrastrukturen, S. 361.
133   S. für § 8 b Abs. 4 BSIG *Gehrmann/Klett* K&R 2017, 372 (376). Nach Art. 14 Abs. 4 sind zu berücksichtigen: die Zahl der betroffenen Nutzer, die Dauer des Sicherheitsvorfalls und die geografische Ausbreitung in Bezug auf das von diesem betroffene Gebiet.

C. Sektorale Rechtsvorschriften

Nutzer führen können. Die Sicherheitsverletzungen müssen erheblich sein, so dass kurzzeitige oder punktuelle Vorfälle nicht erfasst werden.[134]

Die Meldung muss nach § 109 Abs. 5 Satz 1 TKG **unverzüglich** erfolgen und gemäß Satz 3 **Angaben** zu dem Vorfall sowie zu den technischen Rahmenbedingungen einschließlich der (vermuteten) Ursache und der betroffenen Informationstechnik enthalten.[135] Anders als nach § 8 b Abs. 4 Satz 3 BSIG ist auch bei Beeinträchtigungen, die letztlich nicht zu Sicherheitsverletzungen führen, **keine pseudonyme Meldung** möglich.[136] Liegt eine beträchtliche Sicherheitsverletzung vor, kann die BNetzA nach § 109 Abs. 5 Satz 4 BSIG einen detaillierten Bericht über die Verletzung und ergriffene Abhilfemaßnahmen verlangen.

Erforderlichenfalls **unterrichtet** die BNetzA die Regulierungsbehörden der anderen EU-Mitgliedstaaten, die Europäische Agentur für Cybersicherheit (**ENISA**; in § 109 Abs. 5 Satz 5 TKG noch mit der veralteten Bezeichnung)[137] sowie – bei Vorliegen eines öffentlichen Interesses – gemäß § 109 Abs. 5 Satz 6 TKG die Öffentlichkeit. Weiteren Personen oder Institutionen kann nach Satz 7 unter entsprechender Anwendung von § 8 e BSIG Auskunft erteilt werden. Zudem legt die BNetzA der ENISA und dem BSI einmal im Jahr einen Bericht über die eingegangenen Meldungen und die ergriffenen Abhilfemaßnahmen vor (§ 109 Abs. 5 Satz 8 TKG).

b) Datenschutzbezogene Pflichten und Reaktionen auf Störungen

Gemäß **§ 109 a Abs. 1 Satz 1 TKG** haben **Erbringer öffentlich zugänglicher Telekommunikationsdienste** (§ 3 Nr. 17 a TKG) im Fall einer Verletzung des Schutzes personenbezogener Daten (§ 3 Nr. 30 a TKG) unverzüglich die **BNetzA und den BfDI** von der Verletzung zu benachrichtigen.[138] Ist anzunehmen, dass durch die Verletzung Teilnehmer (§ 3 Nr. 20 TKG) oder andere Personen schwerwiegend in ihren Rechten oder schutzwürdigen Interessen beeinträchtigt werden, sind **die Betroffenen** nach § 109 a Abs. 1 Satz 2 TKG **ebenfalls zu benachrichtigen**.[139] Letzteres[140] gilt gemäß Satz 3 nicht, wenn in dem Sicherheitskonzept (§ 109 Abs. 4 TKG[141]) nachgewiesen wurde, dass die personenbezogenen Daten durch geeignete Vorkehrungen (zB Verschlüsselung) gesichert sind. Aber auch dann kann die BNetzA nach § 109 a Abs. 1 Satz 4 TKG den Anbieter des Telekommunikationsdienstes unter Berücksichtigung der wahrscheinlichen Auswirkungen der Verletzung des Schutzes personenbezogener Daten zu einer Benachrichtigung der Betroffenen verpflichten. Im Übrigen ist gemäß Satz 5 das Verwendungsverbot entsprechend § 42 a Satz 6 BDSG aF zu beachten.[142]

Die **Benachrichtigung** muss gemäß § 109 a Abs. 2 Satz 1 TKG **mindestens Angaben** zur Art der Verletzung und zur Kontaktstelle sowie Empfehlungen zur Begrenzung nachteiliger Aus-

---

134 Beck TKG/*Eckhardt* § 109 Rn. 72 (zur alten Rechtslage).
135 Zum Inhalt der Meldung zB *Leisterer*, Internetsicherheit in Europa, S. 84 ff.
136 Kritisch *Hornung* NJW 2015, 3334 (3337); näher zur Meldepflicht nach § 8 b Abs. 4 BSIG *Freimuth*, Die Gewährleistung der IT-Sicherheit Kritischer Infrastrukturen, S. 312 ff. sowie *Fischer* in → § 13 Rn. 88 ff.
137 Näher zur ENISA *Gitter* in → § 15 Rn. 26 f.
138 S. ausführlich *Schneider*, Meldepflichten im IT-Sicherheitsrecht, S. 287 ff. Zu dem Streit, ob § 109 a TKG auch Anbieter nicht öffentlich zugänglicher Telekommunikationsdienste erfasst, s. Scheurle/Mayen/*Gerhardus* § 109 a Rn. 2 ff.
139 Eine ähnliche Qualifizierung (bei abweichender Terminologie) enthält Art. 34 Abs. 1 DS-GVO, → Rn. 116 f.
140 § 109 a Abs. 1 Satz 3 TKG ist nach richtiger Auffassung so zu verstehen, dass er sich auf Satz 2 bezieht, nicht aber auch auf Satz 1, da andernfalls die BNetzA mangels Kenntnis keine Verpflichtung nach Satz 4 aussprechen könnte, Beck TKG/*Eckhardt* § 109 a Rn. 31; Arndt/Fetzer/Scherer/Graulich/*Graulich* § 109 a Rn. 19. Dies ergibt sich sogar noch deutlicher aus einer richtlinienkonformen Auslegung, weil Art. 4 Abs. 3 Satz 3 RL 2002/58/EG den Ausschlusstatbestand nur auf die Betroffenen erstreckt.
141 BT-Drs. 17/5707, 83 stellt auf den Katalog nach § 109 Abs. 6 Satz 1 TKG ab. Der Wortlaut von § 109 a Abs. 1 Satz 3 TKG spricht aber vom „Sicherheitskonzept", wofür der Katalog allerdings Grundlage sein kann.
142 Zur Nachfolgeregelung in § 43 Abs. 4 BDSG nF zB Kühling/Buchner/*Bergt* BDSG § 43 Rn. 6 ff.

wirkungen („Erste-Hilfe-Hinweis")¹⁴³ enthalten. Bei Benachrichtigung der BNetzA und des BfDI sind nach Satz 2 zusätzlich die Folgen der Verletzung sowie die beabsichtigten oder ergriffenen Maßnahmen darzulegen. Zudem fordert § 109a Abs. 3 TKG die Führung eines **Verzeichnisses über die Verletzung** personenbezogener Daten einschließlich der Auswirkungen und ergriffener Abhilfemaßnahmen. Die Angaben sollen der BNetzA und dem BfDI eine Prüfung ermöglichen, ob die Anforderungen von § 109a Abs. 1 und Abs. 2 TKG eingehalten wurden. Ferner kann die **BNetzA** gemäß § 109a Abs. 7 TKG **Leitlinien** vorgeben bezüglich des Formats, der Verfahrensweise und der Umstände, unter denen eine Benachrichtigung über eine Verletzung des Schutzes personenbezogener Daten erforderlich ist.¹⁴⁴

81 Werden den Erbringern öffentlich zugänglicher Telekommunikationsdienste (§ 3 Nr. 17a TKG) **Störungen** (dh allgemein Verletzungen der IT-Sicherheit, zB durch Schadsoftware¹⁴⁵) bekannt, die von **Datenverarbeitungssystemen der Nutzer** (§ 3 Nr. 14 TKG) **ausgehen**, haben sie die Nutzer, soweit ihnen diese bereits bekannt sind,¹⁴⁶ gemäß § 109a Abs. 4 Satz 1 TKG unverzüglich darüber **zu benachrichtigen**. Soweit möglich und zumutbar, sind die Nutzer dabei nach Satz 2 auf angemessene, wirksame und zugängliche technische Mittel hinzuweisen, mit denen sie die Störungen erkennen und beseitigen können (zB Maßnahmen gegen Schadsoftware)¹⁴⁷. Zudem dürfen die Diensteanbieter gemäß Satz 3 die Teile des Datenverkehrs von und zu einem Nutzer, von denen eine Störung ausgeht, umleiten, soweit dies erforderlich ist, um den Nutzer über die Störungen zu benachrichtigen. Durch die Umleitung soll es den Diensteanbietern ermöglicht werden, innerhalb der eigenen Netze die Nutzer, deren Systeme von einer Schadsoftware betroffen sind, zu identifizieren und sodann in die Lage zu versetzen, die Störungen zu beseitigen (zB durch eine Warnseite mit entsprechenden Informationen).¹⁴⁸

82 Im Zusammenhang mit den Benachrichtigungspflichten bei Störungen nach § 109a Abs. 4 TKG hat der Gesetzgeber auch **Befugnisse zur Störungsbekämpfung** normiert, die die Systeme der Nutzer betreffen und deshalb im systematischen Zusammenhang eingefügt wurden. Gemäß § 109a Abs. 5 TKG dürfen Erbringer öffentlich zugänglicher Telekommunikationsdienste¹⁴⁹ im Falle einer Störung (iSv § 109a Abs. 4 TKG¹⁵⁰) die Nutzung des Telekommunikationsdienstes (dh den **Datenverkehr**)¹⁵¹ bis zur Beendigung der Störung **einschränken, umleiten oder unterbinden**. Voraussetzung ist, dass dies erforderlich ist, um Beeinträchtigungen der Telekommunikations- und Datenverarbeitungssysteme der Diensteanbieter oder der Nutzer¹⁵² zu beseitigen oder zu verhindern, und dass der Nutzer (iSv § 109a Abs. 4 TKG) die Störung nicht unverzüglich selbst beseitigt (was voraussetzt, dass er über sie informiert wurde)¹⁵³ oder zu erwarten ist, dass er sie nicht unverzüglich selbst beseitigt (da er zB auf-

---

143 Beck TKG/*Eckhardt* § 109a Rn. 38.
144 Die Leitlinien sind abrufbar unter https://www.bundesnetzagentur.de/DE/Sachgebiete/Telekommunikation/Unternehmen_Institutionen/Anbieterpflichten/Datenschutz/Datenschutzverletzungenmelden/datenschutzverletzungenmelden.html.
145 BT-Drs. 18/4096, 36.
146 Dementsprechend darf zur Ermittlung der Nutzer nur auf Daten zurückgegriffen werden, die bereits aufgrund anderer Vorschriften erhoben und gespeichert wurden, s. *Gitter/Meißner/Spauschus* DuD 2016, 7 (10). Die Erhebung weiterer Daten nur zum Zweck der Benachrichtigung ist unzulässig, s. BT-Drs. 18/4096, 36f.
147 BT-Drs. 18/4096, 36; zu den Schutzdimensionen von § 109a Abs. 4 TKG auch *Schneider*, Meldepflichten im IT-Sicherheitsrecht, S. 349ff.
148 BT-Drs. 18/11808, 10.
149 § 109a Abs. 5 TKG spricht allg. von Diensteanbietern. Aus dem Zusammenspiel mit § 109a Abs. 4 und Abs. 1 TKG wird aber deutlich, dass Diensteanbieter gemeint sind, die öffentlich zugängliche Telekommunikationsdienste erbringen.
150 § 109a Abs. 5 TKG spricht allg. von einer Störung. Aus den weiteren Ausführungen der Vorschrift wird aber deutlich, dass es sich um eine Störung handeln muss, die von einem Nutzer iSv § 109a Abs. 4 TKG ausgeht.
151 BT-Drs. 18/11808, 10 spricht vom Datenverkehr.
152 Dies betrifft sowohl die Nutzer iSv § 109 Abs. 4 TKG als auch andere Nutzer.
153 BT-Drs. 18/11808, 10.

grund fehlender Identifizierbarkeit nicht benachrichtigt werden kann)[154]. Gemeint sind also vor allem Fälle, in denen der Nutzer seine Systeme nicht selbst von Schadsoftware reinigt, so dass sie (zB als Teil eines Botnetzes) als **Werkzeug für Angriffe auf fremde Systeme** missbraucht werden können.[155] Damit Diensteanbieter bösartige Kommunikation überhaupt erkennen und von der legitimen Kommunikation trennen können, um erstere einzuschränken, umzuleiten oder zu unterbinden, sollen sie ausweislich der Gesetzesbegründung den Datenverkehr diesbezüglich filtern dürfen;[156] aus § 109 a Abs. 5 TKG geht dies – problematischerweise – nicht hervor. Zudem dürfen Diensteanbieter gemäß **§ 109 a Abs. 6 TKG** den Datenverkehr zu Störungsquellen einschränken oder unterbinden, soweit dies zur Vermeidung von Störungen in den Telekommunikations- und Datenverarbeitungssystemen der Nutzer erforderlich ist. Dies meint Situationen, in denen der Zugriff auf Server von Angreifern unterbunden wird, wenn diese versuchen, Schadprogramme auf die Systeme der Nutzer zu laden.[157]

II. Vorgaben für Telemedien

83 IT-sicherheitsrechtliche Anforderungen an Telemedien finden sich zum einen in den **§§ 11 ff. TMG**. Sie stehen dort (schon ausweislich der Überschrift) in einem datenschutzrechtlichen Regelungszusammenhang. Die Vorschriften gelten auch für Telemedien, die durch staatliche Stellen angeboten werden. Anbieter von digitalen Diensten (§ 2 Abs. 12 BSIG, hier nicht, wenn diese zum Schutz grundlegender staatlicher Funktionen eingerichtet worden sind oder für diese genutzt werden, → Rn. 44 ff.) unterliegen außerdem den Anforderungen des **§ 8 c BSIG**.

1. Anwendbare Rechtsvorschriften

84 Die Regelungen in §§ 8 c, 8 d Abs. 4, 8 e BSIG zu **digitalen Diensten** knüpfen an die Legaldefinition in § 2 Abs. 11 BSIG an (→ Rn. 44). Da sie auf europarechtlichen Vorgaben beruhen und sie in diesem gemäß Art. 16 Abs. 10 NIS-Richtlinie **vollharmonisierten Bereich** umsetzen, ergeben sich insoweit keine Probleme hinsichtlich der Anwendbarkeit.

85 Dagegen ist nach wie vor nicht abschließend geklärt, **ob und inwieweit die §§ 11 ff. TMG** seit dem Geltungsbeginn der DS-GVO am 25.5.2018 (Art. 99 Abs. 2 DS-GVO) dem **Anwendungsvorrang** der Verordnung unterliegen. Hintergrund ist zum einen, dass der Gesetzgeber es anders als in vielen anderen Gebieten des bereichsspezifischen Datenschutzrechts bisher versäumt hat, diese Normen an die Verordnung anzupassen.[158] Zum anderen enthält die DS-GVO **keine Öffnungsklausel für Telemedien** als solche. Nationale Bestimmungen müssen sich dementsprechend im Rahmen anderer Öffnungsklauseln bewegen oder der Umsetzung der E-Privacy Richtlinie 2002/58/EG dienen, weil Regelungen in deren Anwendungsbereich der DS-GVO vorgehen (Art. 95 DS-GVO).

86 Die Frage des Anwendungsvorrangs wurde zunächst relativ pauschal für den gesamten Abschnitt 4 des TMG diskutiert,[159] muss aber für die **einzelnen Regelungen separat** betrachtet werden. Eine solche Betrachtung kann durchaus ergeben, dass es für einzelne Bestimmungen

---

154 BT-Drs. 18/11808, 10 bringt als Beispiel Störungen durch nicht identifizierbare IoT-Geräte.
155 BT-Drs. 18/11808, 10.
156 BT-Drs. 18/11808, 10.
157 BT-Drs. 18/11808, 11.
158 Zu Recht kritisch *Jandt* ZD 2018, 405 f.; zu entsprechenden Plänen → Rn. 129 ff.
159 ZB Spindler/Schuster/*Nink* TMG § 15 Rn. 1, wonach der gesamte „vierte Abschnitt des TMG durch die Regelungen der DS-GVO verdrängt wird"; s. a. *DSK*, Orientierungshilfe der Aufsichtsbehörden für Anbieter von Telemedien.

wie die sicherheitsorientierten Zweckänderungsregelungen in § 14 Abs. 2–5 TMG[160] oder für bestimmte Diensteanbieter wie staatliche Behörden[161] Öffnungsklauseln in der DS-GVO gibt oder diese sogar gar nicht anwendbar ist. Im Übrigen spricht aber alles dafür, dass die DS-GVO die materiellen Verarbeitungsanforderungen und die verfahrensrechtlichen Bestimmungen des TMG verdrängt, soweit nicht **Art. 95 DS-GVO greift**.[162]

87 Für das IT-Sicherheitsrecht muss die Vorrangfrage folglich ebenfalls (nur) für die einschlägigen Normen entschieden werden. Einen unmittelbaren Bezug[163] zu den Schutzzielen der IT-Sicherheit (*Hornung/Schallbruch* in → § 1 Rn. 13 ff.; *Grimm/Waidner* in → § 2 Rn. 4, 17 ff.) weisen dabei **mehrere Normen des TMG** auf:

- Gemäß **§ 13 Abs. 4 Satz 1 Nr. 3 TMG** hat der Diensteanbieter durch technische und organisatorische Vorkehrungen sicherzustellen, dass der Nutzer Telemedien gegen Kenntnisnahme Dritter geschützt in Anspruch nehmen kann (also die Vertraulichkeit gewahrt bleibt).
- **§ 13 Abs. 7 Satz 1 TMG** verpflichtet Diensteanbieter im Rahmen des technisch Möglichen und wirtschaftlich Zumutbaren, für geschäftsmäßig angebotene Telemedien durch technische und organisatorische Vorkehrungen sicherzustellen, dass, erstens, kein unerlaubter Zugriff auf die für ihre Telemedienangebote genutzten technischen Einrichtungen möglich ist und, zweitens, diese a) gegen Verletzungen des Schutzes personenbezogener Daten und b) gegen Störungen, auch soweit sie durch äußere Angriffe bedingt sind, gesichert sind.
- **§ 15 Abs. 8 TMG** normiert (vergleichbar § 100 Abs. 3 TKG) eine Befugnis zur Verarbeitung personenbezogener Daten, wenn zu dokumentierende tatsächliche Anhaltspunkte dafür vorliegen, dass Dienste von bestimmten Nutzern in der Absicht in Anspruch genommen werden, das Entgelt nicht oder nicht vollständig zu entrichten; dies kann auch die Überwindung von IT-Sicherheitsmaßnahmen umfassen.
- **§ 15 a TMG** enthält eine Informationspflicht bei unrechtmäßiger Kenntniserlangung von Bestands- oder Nutzungsdaten, die § 42 a BDSG aF für entsprechend anwendbar erklärt.[164]

88 Für § 15 a TMG ist die Vorrangfrage eindeutig. Die Norm bestimmt Informationspflichten, die nunmehr unmittelbar durch Art. 33 und Art. 34 DS-GVO geregelt werden. Da diese keine Öffnungsklausel enthalten, ist **§ 15 a TMG unanwendbar**. Dasselbe gilt im Ergebnis für § 15 Abs. 8 TMG. Die Datenverarbeitung durch Betreiber von elektronischen Kommunikationsdiensten fällt im privaten Bereich ausweislich ErwG 49 in den Regelungsbereich von Art. 6 Abs. 1 UAbs. 1 lit. f DS-GVO (→ Rn. 105); mangels Öffnungsklausel **verdrängt** dieser **§ 15 Abs. 8 TMG**.[165] Für Behörden gilt Art. 6 Abs. 1 UAbs. 1 lit. f DS-GVO gemäß UAbs. 2 nicht, so dass es vertretbar ist, § 15 Abs. 8 TMG insoweit über Art. 6 Abs. 1 UAbs. 1 lit. e, Abs. 2 und 3 DS-GVO weiterhin anzuwenden. Aber hier kommen entgeltliche Dienste kaum vor, und nicht auf das Entgelt bezogene Angriffe deckt die Norm nicht ab.

---

160 S. für § 14 Abs. 3–5 TMG: BGH ZD 2020, 152: Art. 6 Abs. 4 DS-GVO als Öffnungsklausel; ähnlich zuvor zB Plath/*Hullen/Roggenkamp* TMG § 14 Rn. 22: Art. 23 Abs. 1 lit. j DS-GVO als Öffnungsklausel.

161 Für diese kommt als Öffnungsklausel Art. 6 Abs. 1 UAbs. 1 lit. e, Abs. 3 DS-GVO in Betracht, s. zB *Breyer* ZD 2018, 302; aA wegen der Ungleichbehandlung zu nicht-öffentlichen Anbietern und aus praktischen Gründen *Jandt* ZD 2018, 405 (407).

162 Diese Frage ist v.a. für § 15 Abs. 3 TMG kontrovers diskutiert worden, s. einerseits *Jandt* ZD 2018, 405; *DSK*, Zur Anwendbarkeit des TMG für nicht-öffentliche Stellen ab dem 25.5.2018, andererseits *Gierschmann* ZD 2018, 297. Für Cookies hat der BGH (Urt. v. 28.5.2020 – I ZR 7/16 – Cookie-Einwilligung II) entschieden, dass § 15 Abs. 3 TMG eine Umsetzung von Art. 5 Abs. 3 Satz 1 E-Privacy Richtlinie ist, die richtlinienkonform auszulegen ist. Für das IT-Sicherheitsrecht spielt dieser Spezialfall keine Rolle.

163 § 13 TMG enthält weitere Pflichten im Bereich Protokollierung, Anonymisierung, Pseudonymisierung etc, die nur lose Bezüge zur IT-Sicherheit haben und hier nicht behandelt werden.

164 Zum Hintergrund und zum Norminhalt s. Beck TMD/*Hornung* § 15 a Rn. 1 ff.

165 Roßnagel/*Geminn/Richter*, Das neue Datenschutzrecht, § 8 Rn. 160.

Art. 32 DS-GVO enthält Vorgaben zur Sicherheit der Verarbeitung. Verantwortliche und Auftragsverarbeiter haben geeignete technische und organisatorische Maßnahmen zu treffen, um ein dem Risiko angemessenes Schutzniveau zu gewährleisten (s. näher *Jandt* in → § 17 Rn. 24 ff., 29 ff.). Soweit also nationales Recht die **IT-Sicherheit der Verarbeitung gerade personenbezogener Daten** regelt, wird es vom **Vorrang der DS-GVO** erfasst. Dies ist jedenfalls für § 13 Abs. 4 Satz 1 Nr. 3 TMG der Fall, weil dieser – maßgeblich zum Schutz des Fernmeldegeheimnisses im Bereich von Telemedien[166] – die Vertraulichkeit aller personenbezogene Daten des gesamten Nutzungsvorgangs betrifft,[167] die Vertraulichkeit personenbezogener Daten nunmehr aber durch Art. 32 Abs. 1 lit. b DS-GVO reguliert wird.[168] Es gilt aber **auch für § 13 Abs. 7 Satz 1 Nr. 2 lit. a TMG,** der explizit Verletzungen des Schutzes personenbezogener Daten regelt.[169]

89

Dagegen sind **§ 13 Abs. 7 Satz 1 Nr. 1 und Nr. 2 lit. b TMG** – trotz ihrer Stellung im Abschnitt 4 des Gesetzes, der mit „Datenschutz" betitelt ist – **nicht auf den Schutz personenbezogener Daten bezogen** und verlangen auch nicht, dass derartige Daten vorliegen. Beide statuieren Pflichten an die technischen Einrichtungen der Anbieter von Telemedien. Sie sollen nicht, oder jedenfalls nur reflexhaft, die auf diesen Einrichtungen ggf. gespeicherten personenbezogenen Daten schützen, sondern die verwendeten Server und anderen Systeme selbst gegen unerlaubte Zugriffe und Störungen. Dementsprechend nennt die Gesetzesbegründung es als wesentliches Ziel, einen der Hauptverbreitungswege von Schadsoftware einzudämmen, nämlich das unbemerkte Herunterladen allein durch das Aufrufen bzw. Nutzen einer dafür von Angreifern präparierten Website (sogenannte Drive-by-Downloads).[170] Dieser Vorgang hat ebenso wie vergleichbare Angriffe mit der Verarbeitung personenbezogener Daten nichts zu tun. Ihre Verhinderung liegt dementsprechend nach Art. 2 Abs. 1 DS-GVO **außerhalb des Anwendungsbereichs der DS-GVO**, so dass schon aus diesem Grund der Anwendungsvorrang nicht greifen kann.[171] Auch mit der **NIS-Richtlinie** besteht **kein Konflikt**. Diese verpflichtet zur Regulierung von Anbietern digitaler Dienste und ist insoweit gemäß Art. 16 Abs. 10 NIS-Richtlinie vollharmonisierend, schließt es aber ausweislich ErwG 58 nicht aus, auf nationaler Ebene IT-Sicherheitspflichten für andere Anbieter von Telemedien einzuführen.[172]

90

2. Pflichten zur Umsetzung von IT-Sicherheitsmaßnahmen
a) Vorgaben für technische Schutzmaßnahmen
aa) Anforderungen an digitale Dienste

Anbieter digitaler Dienste (→ Rn. 44 ff.) unterliegen – in Umsetzung von Art. 16 NIS-Richtlinie[173] – den erhöhten Anforderungen nach § 8 c BSIG, soweit sie nicht als Kleinstunternehmen oder kleine Unternehmen nach § 8 d Abs. 4 Satz 1 BSIG vom Anwendungsbereich ausgenommen sind.[174] Gemäß § 8 c Abs. 1 Satz 1 BSIG sind geeignete und verhältnismäßige technische und organisatorische Maßnahmen zu treffen, um **Risiken für die Sicherheit der Netz- und**

91

---

166 S. die Begründung der Vorläufernorm § 4 Abs. 1 Nr. 3 TDDSG, BT-Drs. 13/7385, 23.
167 In der Terminologie des bisherigen Datenschutzrechts: Inhalts-, Bestands-, Nutzungs- und Abrechnungsdaten, s. Beck TMD/*Jandt/Schaar/Schulz* TMG § 13 Rn. 106 ff.
168 Roßnagel/*Geminn/Richter*, Das neue Datenschutzrecht, § 8 Rn. 140.
169 Roßnagel/*Geminn/Richter*, Das neue Datenschutzrecht, § 8 Rn. 146.
170 BT-Drs. 18/4096, 34.
171 Ebenso Roßnagel/*Geminn/Richter*, Das neue Datenschutzrecht, § 8 Rn. 146.
172 *Schallbruch* CR 2016, 663 (666); ähnlich *Gehrmann/Klett* K&R 2017, 372 (378).
173 S. die Begründung, BT-Drs. 18/11242, 48; zu den Anforderungen s. *Schallbruch* CR 2016, 663 (667 ff.); *Markopoulou/Papakonstantinou/de Hert* CLSR 35 (2019) 105336, 4 ff.
174 Zum teilweise überlappenden Charakter mit § 13 TMG s. Spindler/Schmitz/*Schmitz* § 13 Rn. 79. Zum Verhältnis zwischen NIS-Richtlinie und DS-GVO s. insoweit *Markopoulou/Papakonstantinou/de Hert* CLSR 35 (2019) 105336, S. 9 ff.

Informationssysteme zu bewältigen. Satz 2 verpflichtet zu Maßnahmen, um den Auswirkungen von Sicherheitsvorfällen auf innerhalb der EU erbrachte digitale Dienste **vorzubeugen** oder die Auswirkungen so gering wie möglich zu halten.

92 Nach § 8c Abs. 2 Satz 1 BSIG ist der **Stand der Technik** zu **berücksichtigen** und ein Sicherheitsniveau zu gewährleisten, das dem bestehenden Risiko angemessen ist. Satz 2 verpflichtet insoweit dazu, bestimmten Sicherheitsaspekten Rechnung zu tragen. Die einzelnen Maßnahmen werden durch einen **Durchführungsrechtsakt der Europäischen Kommission** bestimmt.[175] Trotz aller übergreifender Sicherheitsaspekte zB beim Betrieb von Webservern werden die Anbieter der drei verschiedenen digitalen Dienste im Ergebnis deutlich unterschiedliche Maßnahmen ergreifen müssen: Der Betrieb einer Suchmaschine hat insoweit signifikant andere technische Grundlagen (und damit erforderliche Sicherheitsmaßnahme) zur Folge als das Angebot eines Cloud-Computing-Diensts.

93 Liegen Anhaltspunkte für eine Nichterfüllung dieser Pflichten vor, so werden dem **BSI** zu ihrer Durchsetzung in § 8c Abs. 4 Satz 1 BSIG Befugnisse zur **Erhebung von Informationen** und **Nachweisen** über Sicherheitsmaßnahmen (Nr. 1) und zur **Anordnung der Beseitigung** von Mängeln (Nr. 2) übertragen. Verstöße gegen die Pflicht zur Umsetzung nach § 8c Abs. 1 Satz 1 BSIG und gegen Anordnungen nach § 8c Abs. 4 Satz 1 BSIG sind nach § 14 Abs. 1 Nr. 5, Nr. 7 BSIG bußgeldbewehrt.

bb) Anforderungen an alle Anbieter von Telemedien
(1) Vorgaben des TMG

94 § 13 TMG regelt verschiedene „Pflichten des Diensteanbieters". Die Vorschrift gilt grundsätzlich – wie alle Vorschriften in Abschnitt 4 – gemäß § 11 Abs. 1 TMG für die Anbieter von Telemedien, die in einem „**Anbieter-Nutzer-Verhältnis**" personenbezogene Daten der Nutzer verarbeiten,[176] soweit nicht die negativen Ausschlusstatbestände bzgl. der beruflichen oder dienstlichen Nutzung sowie der Steuerung von Arbeits- und Geschäftsprozessen greifen. Genau diese datenschutzbezogenen Teile der Norm werden jedoch von der DS-GVO verdrängt (→ Rn. 85ff.). Demgegenüber enthalten § 13 Abs. 7 Satz 1 Nr. 1 und 2 lit. b TMG Pflichten zur IT-Sicherheit, die außerhalb des Anwendungsbereichs der DS-GVO liegen. Da diese Pflichten nicht von der Verarbeitung personenbezogener Daten abhängig sind,[177] gilt **§ 11 Abs. 1 TMG** hier **nicht**.

95 Gemäß § 13 Abs. 7 Satz 1 Nr. 1 und 2 lit. b TMG haben Diensteanbieter von Telemedien (→ Rn. 7ff.) durch technische und organisatorische Vorkehrungen sicherzustellen, dass **kein unerlaubter Zugriff** auf die für ihre Telemedienangebote genutzten technischen **Einrichtungen** möglich ist (Nr. 1) und diese **gegen Störungen**[178] gesichert sind, auch soweit sie durch äußere Angriffe bedingt sind (Nr. 2b). Unerlaubte Zugriffe müssen nicht über das Internet erfolgen; erfasst sind auch sonstige Angriffe einschließlich physischer Zugriffe auf die verwendete Hardware.[179]

96 Die Pflicht besteht nur im Rahmen der Verantwortlichkeit der Diensteanbieter und nur für geschäftsmäßig angebotene Telemedien. Die **Verantwortlichkeit** bestimmt sich nicht nach den §§ 7ff. TMG,[180] die die Verantwortlichkeit für eigene und fremde Informationen regeln, son-

---

175 Art. 2 und Art. 3 der Durchführungsverordnung (EU) 2018/151 v. 30.1.2018, ABl. L 26 v. 31.1.2018, 48; dazu *Fischer* in → § 13 Rn. 105ff.
176 Spindler/Schmitz/*Schmitz* § 11 Rn. 3.
177 *Gerlach* CR 2015, 581 (581).
178 Zum Begriff zB *Bartels/Backer* DuD 2016, 22 (24).
179 *Bartels/Backer* DuD 2016, 22 (23).
180 So aber zB Spindler/Schmitz/*Schmitz* § 13 Rn. 83; *Djeffal* MMR 2015, 716 (717).

dern danach, wer die für die Telemedienangebote genutzten technischen Einrichtungen **tatsächlich und rechtlich kontrolliert**.[181] Betreibt und administriert ein Diensteanbieter die technische Infrastruktur selbst, ist er voll verantwortlich. Anders ist dies hingegen bei Diensteanbietern, die von anderen Anbietern bereitgestellte Dienste nutzen, dabei aber selbst als Diensteanbieter auftreten (zB Betreiber einer eigenen Seite in einem sozialen Netzwerk,[182] Betreiber einer Webseite unter Rückgriff auf einen Webhosting-Provider). Hier besteht nur eine eingeschränkte Verantwortlichkeit (zB hinsichtlich aktueller Software).[183]

Geschäftsmäßigkeit liegt vor, wenn das Angebot der Telemedien „auf einer nachhaltigen Tätigkeit beruht, es sich also um eine planmäßige und dauerhafte Tätigkeit handelt".[184] Dies wird bei entgeltlichen Diensten regelmäßig gegeben sein, kann aber – entgegen der Gesetzesbegründung – **auch bei nicht-kommerziellen Angeboten** durch Private oder Idealvereine der Fall sein.[185] Dafür spricht auch, dass es ein wesentliches Ziel von § 13 Abs. 7 TMG ist, die Verbreitung von Schadsoftware einzudämmen.[186] Die damit einhergehenden Gefährdungen sind aber nicht davon abhängig, ob es sich um ein kommerzielles oder privates Internetangebot handelt. Nicht erfasst werden daher nur kurzfristige oder einmalige Angebote.[187]   97

Die Maßnahmen sind auf das **technisch Mögliche** und **wirtschaftlich Zumutbare** beschränkt; dies impliziert eine Analyse von Kosten und (konkretem) Schutzzweck.[188] Nach § 13 Abs. 7 Satz 2 TMG muss der **Stand der Technik berücksichtigt** werden. Im Rahmen der Zumutbarkeit kann ggf. auch eine Rolle spielen werden, dass es sich um ein nicht-kommerzielles Angebot handelt.[189] Die in der Begründung genannte Zumutbarkeitsbewertung „für den konkreten Diensteanbieter"[190] darf allerdings nicht so verstanden werden, dass seine allgemeine wirtschaftliche Lage zu berücksichtigen ist, weil dann IT-Sicherheitspflichten in Abhängigkeit vom Unternehmenserfolg geraten würden. Vielmehr muss es um die Zumutbarkeit mit Blick auf das konkrete, aber **vom konkreten Anbieter abstrahierte Diensteangebot** gehen.[191] Das nach diesem Maßstab auf der Basis von § 13 Abs. 7 TMG erforderliche Sicherheitsniveau kann extrem auseinanderfallen, weil die Vorschrift die maßgebliche IT-sicherheitsrechtliche Regelung für eine **große Bandbreite von Diensten** ist – angefangen von privaten, nicht-kommerziellen Webseiten bis hin zu OTT-Kommunikationsdiensten wie internetbasierten E-Mail-Diensten, die meisten VoIP- und Videokonferenzdienste sowie Messenger-Dienste wie WhatsApp.   98

Als **mögliche Maßnahme** nennt das Gesetz in § 13 Abs. 7 Satz 3 TMG explizit anerkannte Verschlüsselungsverfahren. Zu denken ist in technischer Hinsicht zudem an regelmäßige Sicherheitspatches,[192] Firewalls sowie das Scannen nach Schadsoftware.[193] In organisatori-   99

---

[181] *Gerlach* CR 2015, 581 (587); ähnlich *Spindler* CR 2016, 297 (302 f.).
[182] Zumindest im Kontext der Impressumspflicht nach § 5 TMG können diese Betreiber selbst (neben dem Plattformbetreiber) Diensteanbieter iSv § 2 Satz 1 Nr. 1 TMG sein, s. LG Stuttgart MMR 2014, 674; LG Stuttgart, MDR 2014, 673; Spindler/Schmitz/*Schmitz* § 2 Rn. 12 ff.
[183] Dazu *Gerlach* CR 2015, 581 (587 f.).
[184] BT-Drs. 18/4096, 34. Bzgl. § 5 TMG zB *Roßnagel* NVwZ 2007, 743 (746).
[185] Zu der insoweit problematischen Gesetzesbegründung *Gerlach* CR 2015, 581 (581 f.); wie hier auch *Gehrmann/Klett* K&R 2017, 372 (377).
[186] BT-Drs. 18/4096, 34. Zum Gesetzeszweck bzgl. der Bedrohung durch Schadsoftware auch *Djeffal* MMR 2015, 716 (716 f.).
[187] *Gerlach* CR 2015, 581 (581 f.); ähnlich *Gehrmann/Voigt* CR 2017, 93 (94).
[188] Entgegen *Bartels/Backer* DuD 2016, 22 (24) ist eine solche Analyse ohne eine Bewertung von Schadenfolgenerheblichkeit und Eintrittswahrscheinlichkeit gar nicht möglich, so dass diese durchzuführen ist.
[189] *Gerlach* CR 2015, 581 (582); zu den Abwägungsfragen auch *Bartels/Backer* DuD 2016, 22 (26 f.); s. a. *Gitter/Meißner/Spauschus* ZD 2015, 512 (515 f.).
[190] BT-Drs. 18/4096, 34.
[191] *Spindler* CR 2016, 297 (304).
[192] BT-Drs. 18/4096, 34.
[193] Spindler/Schmitz/*Schmitz* § 13 Rn. 89.

scher Hinsicht kommen Rechte- und Rollenkonzepte sowie Schulungen der Mitarbeiter und die Bestellung eines IT-Sicherheitsbeauftragten in Betracht.[194] Auch können Werbedienstleister vertraglich verpflichtet werden, die ihnen zur Verfügung gestellten Werbeflächen angemessen abzusichern.[195] Das **BSI** hat eine **Empfehlung zur Absicherung von Telemediendiensten** veröffentlicht, in der es für die verschiedenen Provider-Typen Maßnahmen vorschlägt, um Telemedien gegen unerlaubte Zugriffe, die Verletzung des Schutzes personenbezogener Daten sowie Störungen abzusichern.[196] Diese Empfehlung ist nicht bindend, ihr kommt jedoch eine Bedeutung bei der Ermittlung des Standes der Technik zu.[197]

(2) Vorgaben der DS-GVO

100 Vorgaben für IT-Sicherheitsmaßnahmen bei Telemedien können sich daneben aus der DS-GVO ergeben, soweit diese anwendbar ist. Zentrale Voraussetzung ist nach Art. 2 Abs. 1 iVm Art. 4 Nr. 1 DS-GVO die Verarbeitung personenbezogener Daten. Da der BGH inzwischen grundsätzlich davon ausgeht, dass (auch dynamische) **IP-Adressen personenbezogene Daten sind**,[198] ist dies bei allen Anbietern von Telemedien personenbezogene Daten zumindest insoweit der Fall; für alle anderen Daten ist die Frage im Einzelfall zu beantworten.[199] Zusätzlich müssen auch die übrigen Anforderungen des sachlichen und räumlichen Anwendungsbereichs nach Art. 2 und Art. 3 DS-GVO erfüllt sein.[200]

101 Ist die Anwendbarkeit der DS-GVO gegeben, sind die IT-sicherheitsrechtlichen Vorgaben der Verordnung einzuhalten. Pflichten zur Umsetzung von IT-Sicherheitsmaßnahmen ergeben sich dabei aus dem **Grundsatz der Integrität und Vertraulichkeit** (Art. 5 Abs. 1 lit. f DS-GVO) sowie spezifisch aus Art. 32 DS-GVO (s. näher *Jandt* in → § 17 Rn. 24 ff., 29 ff.). Wenn bei Telemedien **Zugangskontrolldienste iSv § 2 Nr. 2 ZKDSG** eingesetzt werden, greift außerdem das Verbot von gewerbsmäßigen Eingriffen zur Umgehung in § 3 ZKDSG, das in § 4 ZKDSG strafbewehrt ist.

102 **Art. 32 Abs. 1 DS-GVO** enthält die Pflicht des Verantwortlichen und des Auftragsverarbeiters, geeignete technische und organisatorische Maßnahmen zu treffen, um ein dem Risiko angemessenes Schutzniveau zu gewährleisten. Für diese **Risikoabwägung** enthält Art. 32 Abs. 1 DS-GVO **relativ generische Kriterien**, nämlich die Berücksichtigung des Stands der Technik, der Implementierungskosten und der Art, des Umfangs, der Umstände und der Zwecke der Verarbeitung sowie der unterschiedlichen Eintrittswahrscheinlichkeit und Schwere des Risikos für die Rechte und Freiheiten natürlicher Personen.[201] Gemäß Abs. 2 sind außerdem die Risiken zu berücksichtigen, die mit der Verarbeitung verbunden sind – insbesondere diejenigen, die durch Vernichtung, Verlust, Veränderung oder unbefugte Offenlegung oder unbefugten Zugang verursacht werden.

103 **Technische und organisatorische Maßnahmen** enthält Art. 32 Abs. 1 DS-GVO nur beispielhaft, so dass erhebliche **Konkretisierungs- und Standardisierungsleistungen** zu erbringen sind.[202] Genannt werden a) die Pseudonymisierung und Verschlüsselung personenbezogener Daten, b) die Fähigkeit, die Vertraulichkeit, Integrität, Verfügbarkeit und Belastbarkeit der

---

194 *Bartels/Backer* DuD 2016, 22 (25); Spindler/Schmitz/*Schmitz* § 13 Rn. 89.
195 BT-Drs. 18/4096, 34. Zu diesen und weiteren Schutzvorkehrungen s. a. *Gerlach* CR 2015, 581 (582 ff.).
196 *BSI*, Absicherung von Telemediendiensten nach Stand der Technik.
197 *Schallbruch* CR 2017, 798.
198 S. BGHZ 215, 56 in Konkretisierung der Kriterien des EuGH C-582/14, NJW 2016, 3579 – Breyer.
199 S. zB für die Verarbeitung durch die Anbieter von Social Media Hornung/Müller-Terpitz/*Hornung* Rechtshandbuch Social Media, Kap. 4 Rn. 34 mwN.
200 Diese Anforderungen werfen keine spezifischen auf die IT-Sicherheit bezogenen Fragen auf und bleiben deshalb hier ausgeklammert.
201 S. im Einzelnen zB Simitis/Hornung/Spiecker gen. Döhmann/*Hansen* Art. 32 Rn. 9 ff.
202 S. zB Simitis/Hornung/Spiecker gen. Döhmann/*Hansen* Art. 32 Rn. 19 ff. mwN.

Systeme und Dienste im Zusammenhang mit der Verarbeitung auf Dauer sicherzustellen, c) die Fähigkeit, die Verfügbarkeit der personenbezogenen Daten und den Zugang zu ihnen bei einem physischen oder technischen Zwischenfall rasch wiederherzustellen sowie d) ein Verfahren zur regelmäßigen Überprüfung, Bewertung und Evaluierung der Wirksamkeit der technischen und organisatorischen Maßnahmen zur Gewährleistung der Sicherheit der Verarbeitung.

b) Datenverarbeitungsbefugnisse zum Schutz der IT-Sicherheit

Eine **spezielle Befugnis** zur Verarbeitung personenbezogener Daten für IT-Sicherheitszwecke durch die Anbieter von Telemedien **existiert nicht**. In § 8c BSIG fehlt eine entsprechende Regelung.[203] § 15 Abs. 8 TMG unterfällt für private Verantwortliche dem Anwendungsvorrang der DS-GVO und hat für Behörden kaum einen Anwendungsbereich, falls man die Norm insoweit für anwendbar hält (→ Rn. 88). Der Referentenentwurf zu § 13 Abs. 7 TMG hatte noch eine Verarbeitungsbefugnis vorgesehen; diese wurde jedoch gestrichen, so dass die Norm keine Verarbeitung personenbezogener Daten zu IT-Sicherheitszwecken tragen kann.[204]

104

Für digitale Dienste und für Telemedien insgesamt bleibt es damit bei der Anwendung der DS-GVO. Für **private Verantwortliche** ist idR Art. 6 Abs. 1 UAbs. 1 lit. f DS-GVO einschlägig. Danach dürfen personenbezogene Daten verarbeitet werden, wenn dies zur **Wahrung der berechtigten Interessen** des Verantwortlichen oder eines Dritten erforderlich ist und die Interessen oder Grundrechte und Grundfreiheiten der betroffenen Person, die den Schutz personenbezogener Daten erfordern, nicht überwiegen. Im Rahmen dieser dreistufigen Prüfung[205] wird die IT-Sicherheit von Telemedien typischerweise ein berechtigtes Interesse sein (1. Stufe). Dies hat der EuGH bereits zur Vorgängervorschrift des Art. 7 lit. f DSRL festgestellt und die Verarbeitung von Nutzungsdaten (v.a. der IP-Adresse) für zulässig erklärt, sofern die Abwägung entsprechend ausfällt.[206] Dies bestätigt nunmehr ErwG 49 Satz 1 DS-GVO, der allerdings die Zulässigkeit unter **Verhältnismäßigkeitsvorbehalt** stellt.[207] Dies erfordert eine **Gefahrenprognose** hinsichtlich des „Angriffsdrucks" und der drohenden Schäden.[208] Erst auf dieser Basis sind die erforderlichen und verhältnismäßigen Maßnahmen und die hierfür notwendigen Verarbeitungsschritte zu ermitteln.[209]

105

Für **Behörden** gilt Art. 6 Abs. 1 UAbs. 1 lit. f DS-GVO ausweislich UAbs. 2 nicht. Eine Verarbeitungsbefugnis zum Zwecke der IT-Sicherheit kann sich aus Art. 6 Abs. 1 UAbs. 1 lit. c und e DS-GVO ergeben. Dies bedarf einer **europäischen oder nationalen Regelung** (Abs. 2 und Abs. 3). Für Bundesbehörden ist insoweit Art. 6 Abs. 1 UAbs. 1 lit. c DS-GVO iVm §§ 3a, 5 BSIG einschlägig; auch einige Bundesländer haben entsprechende Normen erlassen.[210] Im Falle der Wiederherstellung der Sicherheit oder Funktionsfähigkeit von IT-Systemen in „herausgehobenen Fällen" besteht eine Verarbeitungsbefugnis nach § 5a Abs. 3 iVm Abs. 1 BSIG.

106

---

203 Spindler/Schmitz/*Schmitz* § 13 Rn. 111.
204 *Hornung* NJW 2015, 3334 (3338 f.); kritisch zur Streichung *Gitter/Meißner/Spauschus* DuD 2016, 7 (11).
205 Zu Abwägungskriterien s. zB *Herfurth* ZD 2018, 514; Gola/*Schulz* Art. 6 Rn. 59 ff.; Kühling/Buchner/*Buchner/Petri* Art. 6 Rn. 149 ff.; Simitis/Hornung/Spiecker gen. Döhmann/*Schantz* Art. 6 Abs. 1 Rn. 98 ff.
206 EuGH C-582/14, NJW 2016, 3579 Rn. 60 – Breyer; zur Verarbeitung von IP-Adressen insoweit auch Spindler/Schmitz/*Schmitz* § 13 Rn. 91 ff.; näher zur Anwendung *Jandt* in → § 17 Rn. 54 ff.
207 Simitis/Hornung/Spiecker gen. Döhmann/*Schantz* Art. 6 Abs. 1 Rn. 119; näher Jandt/Steidle/*Steidle*, Datenschutz im Internet, S. 325 ff.
208 BGHZ 215, 56 (Rn. 41).
209 Näher zB Jandt/Steidle/*Steidle*, Datenschutz im Internet, S. 333 ff., auch zu einzelnen Maßnahmen.
210 *Jandt* in → § 17 Rn. 60. Das BSI betreibt auf Basis von § 5 BSIG ua ein Schadprogramm-Präventions-System (SPS) zur Verhinderung von ungewollten Zugriffen aus den Regierungsnetzen auf infizierte Webseiten sowie ein Schadprogramm-Erkennungssystem (SES), s. https://www.bsi.bund.de/SharedDocs/FAQs/DE/BSI/faq_node.html.

107 Im Übrigen kommen nur **Generalklauseln** wie § 3 BDSG und die entsprechenden Regelungen der Länder in Betracht. Ob man den Betrieb sicherer Webseiten zu den Aufgaben einer Behörde zählen und auf diese Weise eine Verarbeitung rechtfertigen kann, ist **zumindest zweifelhaft**. Jedenfalls wären auf Basis dieser Generalklauseln keine eingriffsintensiven Verarbeitungen zulässig. Insgesamt wäre es sinnvoll, wenn die Verarbeitungsbefugnisse für Telemedien auf europäischer oder nationaler Ebene gesetzlich geregelt würden.

3. Nachweispflichten

a) Anforderungen an Anbieter digitaler Dienste

108 Anders als Betreiber Kritischer Infrastrukturen (§ 8 a Abs. 3 BSIG) sind Anbieter digitaler Dienste **nicht verpflichtet, proaktiv** in regelmäßigen Abständen Nachweise durch Audits, Prüfungen oder Zertifizierungen durchzuführen und diese dem BSI vorzulegen. Nur wenn **Anhaltspunkte für eine Verletzung** der Anforderungen aus § 8 c Abs. 1 und Abs. 2 BSIG – jeweils iVm Durchführungsrechtsakten der Europäischen Kommission – vorliegen, besteht nach § 8 c Abs. 4 Satz 1 Nr. 1 BSIG die Befugnis für das BSIG, Nachweise über ergriffene Sicherheitsmaßnahmen zu verlangen; eine Verletzung entsprechender Anordnungen wird in § 14 Abs. 1 Nr. 7 lit. a BSIG mit Bußgeld bedroht.

109 Auch in diesem Fall gibt es aber **keine explizite Vorgabe**, dass dieser Nachweis in einer **unabhängigen Prüfung** eines externen Anbieters bestehen muss, auch wenn dies sehr naheliegen wird. Es obliegt deshalb dem BSI festzulegen, welche Nachweise akzeptiert werden. Die Begründung nennt beispielhaft Feststellungen, die dem BSI von den zuständigen Behörden eines anderen Mitgliedstaats vorgelegt werden.[211]

b) Anforderungen an alle Anbieter von Telemedien

110 Auch **§ 13 Abs. 7 TMG** enthält **keine Nachweispflicht** wie § 8 a Abs. 3 BSIG.[212] Angesichts der Verortung außerhalb des Rechts der Kritischen Infrastrukturen ist dies konsequent. Eine allgemeine Pflicht würde außerdem viele kleine Anbieter überfordern und wäre für die Aufsichtsbehörden schon zahlenmäßig kaum zu bewältigen. Anders fällt die Bewertung für große Anbieter von OTT-Kommunikationsdiensten mit Infrastrukturrelevanz aus. Hier sind zumindest perspektivisch entsprechende Nachweispflichten zu erwägen.

111 Auch aus **Art. 32 DS-GVO** (soweit dieser anwendbar ist) ergeben sich keine proaktiven Nachweispflichten. Das **Verzeichnis der Verarbeitungstätigkeiten** muss nach Art. 30 Abs. 1 lit. g DS-GVO, „wenn möglich", eine – allerdings nur „allgemeine" – Beschreibung der technischen und organisatorischen Maßnahmen gemäß Art. 32 Abs. 1 DS-GVO enthalten. Dieses ist gemäß Art. 30 Abs. 4 DS-GVO auf Anfrage nur der Aufsichtsbehörde zur Verfügung zu stellen und dient ausweislich ErwG 82 der behördlichen Kontrolle der datenschutzrechtlichen Verarbeitungsvorgänge. Insofern besteht eine – allerdings eher abstrakte und nicht näher spezifizierte – Pflicht zur internen Dokumentation und Vorlage im Einzelfall. Im Übrigen nennt Art. 32 Abs. 3 DS-GVO zwar die Einhaltung eines **genehmigten Zertifizierungsverfahrens** gemäß Art. 42 DS-GVO (neben der Einhaltung genehmigter Verhaltensregeln) als einen „Faktor", um die Erfüllung der IT-Sicherheitspflichten nachzuweisen. Obligatorisch ist eine solche Zertifizierung aber nicht. Aus der **Rechenschaftspflicht** des Art. 5 Abs. 2 DS-GVO folgt, dass der Verantwortliche die Einhaltung der Grundsätze der Verarbeitung aus Abs. 2 (also auch des Grundsatzes der Integrität und Vertraulichkeit nach Abs. 2 lit. f) „nachweisen können"

---

211 BT-Drs. 18/11242, 49.
212 *Bartels/Backer* DuD 2016, 22 (22).

muss. Auch hier schweigt die Verordnung aber zu den Nachweisinstrumenten, so dass externe Audits nur eines unter mehreren denkbaren Mitteln sind.[213]

4. Meldepflichten
a) Anforderungen an Anbieter digitaler Dienste

Anbieter digitaler Dienste haben nach § 8 c Abs. 3 Satz 1 BSIG jeden **Sicherheitsvorfall**, der erhebliche Auswirkungen auf die Bereitstellung eines von ihnen innerhalb der Europäischen Union erbrachten digitalen Dienstes hat, unverzüglich dem **BSI zu melden**.[214] Die näheren Voraussetzungen für die Beurteilung der Auswirkungen werden gemäß Satz 2 durch Durchführungsakte der Europäischen Kommission näher bestimmt (s. Art. 16 Abs. 8 NIS-Richtlinie).[215] Für den **Inhalt der Meldepflicht** in § 8 c Abs. 3 Satz 4 BSIG wird auf § 8 b Abs. 3 BSIG verwiesen, solange die Kommission nicht entsprechend tätig geworden ist.

Die **Meldepflicht entfällt** gemäß § 8 c Abs. 3 Satz 3 BSIG, wenn der Anbieter keinen ausreichenden Zugang zu den Informationen hat, die erforderlich sind, um die Auswirkung eines Sicherheitsvorfalls zu bewerten. Dieser Fall sollte von den Anbietern **nicht leichthin bejaht** werden, weil der Verstoß gegen die Meldepflicht nach § 14 Abs. 1 Nr. 6 BSIG bußgeldbewehrt ist.

Für den weiteren **Umgang mit den Informationen** der gemeldeten Sicherheitsvorfällen gelten Art. 16 Abs. 6 und Abs. 7 NIS-Richtlinie, §§ 7, 8 c Abs. 3 Satz 5 BSIG.[216] **Auskünfte** werden nur unter den einschränkenden Voraussetzungen des § 8 e BSIG erteilt. Ergänzend ordnet § 8 c Abs. 3 Satz 5 BSIG in Umsetzung von Art. 16 Abs. 6 NIS-Richtlinie an, dass das BSI im Falle der Auswirkungen auf andere Mitgliedstaaten die entsprechenden dortigen Behörden[217] unterrichtet.

112

113

114

b) Anforderungen an alle Anbieter von Telemedien

Das **TMG** enthält **keine** anwendbare über § 8 c Abs. 3 BSIG hinausgehende **Pflicht zur Meldung** von Sicherheitsvorfällen, da § 15 a TMG dem Anwendungsvorrang der DS-GVO unterfällt (→ Rn. 88). Für Telemedien, die keine digitalen Dienste sind, kann sich eine solche Pflicht dementsprechend nur aus anderen Gesichtspunkten ergeben.

Dies betrifft insbesondere Art. 33, 34 DS-GVO, die Meldepflichten im Falle der **Verletzung des Schutzes personenbezogener Daten** iSv Art. 4 Nr. 12 DS-GVO regeln. Diese Verletzungen können, müssen aber nicht durch eine Verletzung der IT-Sicherheit hervorgerufen werden.[218] Nach Art. 33 Abs. 1 DS-GVO muss unverzüglich und möglichst binnen 72 Stunden nach Bekanntwerden der Verletzung die **Aufsichtsbehörde informiert** werden, es sei denn, dass die Verletzung voraussichtlich nicht zu einem Risiko für die Rechte und Freiheiten natürlicher Personen führt. Der Mindestinhalt der Meldung ergibt sich aus Art. 33 Abs. 3 DS-GVO; gemäß Abs. 4 ist auch eine schrittweise Meldung möglich. Abs. 5 enthält Dokumentations-

115

116

---

213 Simitis/Hornung/Spiecker gen. Döhmann/Roßnagel Art. 5 Rn. 181.
214 Basis ist Art. 16 Abs. 3 bis Abs. 5 NIS-Richtlinie, näher *Leisterer*, Internetsicherheit in Europa, S. 93 ff.
215 Umsetzung in Art. 3 und Art. 4 der Durchführungsverordnung (EU) 2018/151 v. 30.1.2018, ABl. L 26 v. 31.1.2018, 48; dazu *Fischer* in → § 13 Rn. 105 ff.; zu den Parametern für die Bewertung auch *Schallbruch* CR 2017, 798 (800); im Vergleich mit den Meldeschwellen im Bereich Kritischer Infrastrukturen *Ritter/Schulte* CR 2019, 617 (619).
216 S. zu den Regeln für die Bereitstellung entsprechender Informationen *Leisterer*, Internetsicherheit in Europa, S. 299 ff.
217 Dies sind die Behörden nach Art. 8 Abs. 3 NIS-Richtlinie, s. die Begründung, BT-DRs. 18/11242, 48 f.
218 Art. 4 Nr. 12 DS-GVO definiert: „eine Verletzung der Sicherheit, die, ob unbeabsichtigt oder unrechtmäßig, zur Vernichtung, zum Verlust, zur Veränderung, oder zur unbefugten Offenlegung von beziehungsweise zum unbefugten Zugang zu personenbezogenen Daten führt, die übermittelt, gespeichert oder auf sonstige Weise verarbeitet wurden".

pflichten. Art. 34 DS-GVO regelt die **Benachrichtigung der betroffenen Person**, die bei einem voraussichtlich hohen Risiko für diese erforderlich ist, wenn keiner der Ausschlussgründe nach Abs. 3 greift.

117 Bei der Anwendung von Art. 33, 34 DS-GVO stellen sich etliche Rechtsfragen;[219] unter **IT-sicherheitsrechtlichen Gesichtspunkten** ergeben sich jedoch nur **wenige Besonderheiten**. Eine Absicherung (Verschlüsselung) der personenbezogenen Daten kann dazu führen, dass die Meldepflicht entfällt, weil voraussichtlich kein Risiko besteht (Art. 33 Abs. 1 DS-GVO) oder dieses nicht hoch ist (Abs. 34 Abs. 1 DS-GVO) bzw. der Ausschlussgrund nach Art. 34 Abs. 3 lit. a DS-GVO greift. IT-Sicherheitsmaßnahmen können im Rahmen der Schadensminderung erforderlich sein und sind dann nach Art. 33 Abs. 3 lit. d, Art. 34 Abs. 2 DS-GVO) zu melden.

D. Typische Problemlagen und Konfliktlinien

118 In rechtlicher Hinsicht geht die Bestimmung der Anforderungen an die IT-Sicherheit von Telekommunikation und Telemedien mit verschiedenen Herausforderungen einher. Dies betrifft zunächst die **Abgrenzung von Telekommunikations- und Telemediendiensten,** die insbesondere bei OTT-Diensten schwierig ist und allgemeinhin zu Überschneidungen (bei Telekommunikationsdiensten, die überwiegend in der Übermittlung von Signalen bestehen) führen kann. Hinzu tritt die **Überformung durch das europäische Recht,** die nicht nur Fragen hinsichtlich der ordnungsgemäßen Umsetzung der zahlreichen europäischen Richtlinien, sondern auch hinsichtlich des Verhältnisses einiger deutscher Vorschriften zur DS-GVO aufwirft. Dies gilt im IT-Sicherheitsrecht insbesondere für § 13 Abs. 7 Satz 1 Nr. 1 und 2 lit. b TMG, der Sache nach aber für den **gesamten 4. Abschnitt des TMG.** Die Zurückhaltung im Rahmen der ersten Anpassungsgesetze an die DS-GVO war wegen der Hoffnung auf eine zeitnahe Verabschiedung einer ePrivacy-Verordnung nachvollziehbar, weil diese den Datenschutz bei Telekommunikation und Telemedien mutmaßlich substantiell neu ordnen wird. Nach dem vorläufigen Scheitern des Kommissionsentwurfs sollte der deutsche Gesetzgeber seine Zurückhaltung insoweit aber aufgeben. Insofern ist es zu begrüßen, dass nunmehr entsprechende Aktivitäten entfaltet werden (→ Rn. 129 ff.).

119 Wie in anderen Bereichen des IT-Sicherheitsrechts ist überdies misslich, dass die maßgeblichen deutschen Gesetze (dh TKG, BSIG, TMG) **keine einheitliche Terminologie** verwenden (zB bzgl. der Meldepflichten § 109 Abs. 5 TKG und § 8 b Abs. 4 BSIG). Ferner wären **gesetzliche Bestimmungen zentraler Begriffe**, etwa des Begriffs der Störung oder der (erheblichen) Beeinträchtigung, hilfreich. Schließlich ist in etlichen Bereichen durch solche abweichenden Formulierungen und nicht näher bestimmte Begriffe unklar, ob der Gesetzgeber mit abweichender Terminologie auch **abweichende materielle Standards** setzen möchte. Die genannten Probleme in der Regulierungstechnik können zu Unsicherheiten in der Praxis und bei den Rechtsanwendern führen. Diese werden durch die vergleichsweise häufig vorgenommenen Gesetzesänderungen auf deutscher und europäischer Ebene (→ Rn. 123 ff. zur absehbaren Zukunft) noch verstärkt.

120 Telekommunikation und Telemedien sind **Instrumente des Austauschs zwischen Menschen.** Das hat zur Folge, dass sowohl die Inhalte als auch die Umstände dieser Kommunikation ganz überwiegend personenbezogene Daten sind. Dies gilt vielfach selbst in der M2M-Kommunikation, wenn die untereinander kommunizierenden Geräte natürlichen Personen zugeordnet werden können. Zugleich bilden derartige Daten häufig ein unerlässliches Instrument zur Vorsorge, Erkennung und Bekämpfung von Bedrohungen der IT-Sicherheit. Die Sektoren Telekommunikation und Telemedien sind deshalb ein besonders plastisches Beispiel dafür,

---

219 Insofern wird auf die einschlägige Kommentarliteratur verwiesen; s. a. *Schneider*, Meldepflichten im IT-Sicherheitsrecht, S. 244 ff.; *Paal* ZD 2020, 119.

dass Vorkehrungen zur Verwirklichung von IT-Sicherheit **mit datenschutzrechtlichen Vorgaben kollidieren** können (s. näher *Jandt* in → § 17). Dies führt aus grundrechtlicher Sicht zu entsprechenden Regelungsnotwendigkeiten.

IT-Sicherheitsmaßnahmen können **kostenintensiv** sein und führen nicht selten zu dem Problem, dass die Kosten gerade im Erfolgsfall **schwer zu rechtfertigen** sind, weil die befürchteten Schadensfälle ausbleiben und ggf. nicht plausibel gemacht werden kann, dass die bekämpften Risiken tatsächlich bestanden.[220] Dieses übergreifende Problem wird für den Rechtsanwender umso größer, wenn eine Norm wie § 13 Abs. 7 TMG eine große Bandbreite unterschiedlicher Dienste und unterschiedlich leistungsfähiger Diensteanbieter betrifft. Ferner besteht in der Wirtschaft die Befürchtung, dass die IT-sicherheitsrechtlichen Vorgaben zu **erheblichen Mehrkosten** führen können. So wurden in einer im Auftrag des BDI durchgeführten Studie anlässlich der im IT-Sicherheitsgesetz vorgesehenen Meldepflichten Bürokratiekosten für die betroffenen Unternehmen in Höhe von ca. 1,1 Milliarde Euro geschätzt.[221] Inwieweit diese Schätzungen tatsächlich eingetroffen sind, ist nicht erkennbar. Jedenfalls aber sind ihnen die erheblichen Schäden gegenüberzustellen, die bei Missachtung einer ausreichenden IT-Sicherheit entstehen können. 121

Soweit Anbieter die dargestellten Pflichten verletzen, aber auch im Falle von Uneinigkeiten hinsichtlich der Risikobewertung und der Angemessenheit einzelner Maßnahmen stellt sich die übergreifende Frage der **behördlichen Durchsetzung** und anderer (v.a. haftungsrechtlicher) Rechtsfolgen. Neben den Vollzugsbefugnissen (zB Art. 58 DS-GVO, §§ 126 ff. TKG)[222] ist für die Praxis bedeutsam, dass die Vorgaben zur IT-Sicherheit von Telekommunikation und Telemedien regelmäßig **bußgeldbewehrt** sind (§ 149 Abs. 1 TKG, § 16 Abs. 2 Nr. 3 TMG, § 14 Abs. 1 BSIG; bei datenschutzrechtlichen Verstößen auch Art. 83 DS-GVO). Außerdem können Verstöße eine **deliktische und/oder vertragliche Haftung** (*Pour Rafsendjani/Bomhard* in § 9; *Spindler* in § 10; *Spindler* in § 11; *Spindler* in § 12) auslösen. 122

E. Ausblick

Es spricht alles dafür, dass die eingangs beschriebene **Bedeutung von Telekommunikation und Telemedien** für Bürgerinnen und Bürger, Unternehmen, Verwaltungen und die Gesellschaft insgesamt in Zukunft **noch größer werden wird**. Dasselbe gilt für die Bedeutung, die beide Bereiche für andere Kritische Infrastrukturen haben. Da sich die technischen Merkmale, die Bedrohungen und Angriffsszenarien sowie die technischen und organisatorischen Abwehrinstrumente kontinuierlich fortentwickeln, bleibt auch die **angemessene Regulierung** der IT-Sicherheit in den Bereichen Telekommunikation und Telemedien eine **kontinuierliche Herausforderung**. 123

Es verwundert deshalb nicht, dass beide Bereiche eine wichtige Rolle in aktuellen Gesetzgebungsvorhaben spielen. Der zweite Referentenentwurf für ein Zweites Gesetzes zur Erhöhung der Sicherheit informationstechnischer Systeme (**IT-Sicherheitsgesetz 2.0 – IT-SiG 2.0**) vom 7.5.2020[223] sieht wichtige Änderungen sowohl im BSIG als auch im TKG sowie im TMG vor. 124

Nicht zuletzt mit Blick auf den **Auf- und Ausbau des 5G-Netzes** in Deutschland und die damit einhergehende Diskussion um die Beteiligung des chinesischen Telekommunikationsausrüsters Huawei sieht § 9 b BSIG-E vor, dass der **Einsatz kritischer Komponenten** (dies meint IT-Pro- 125

---

220 Zu den ökonomischen Dimensionen der IT-Sicherheit *Bertschek/Janßen/Ohnemus* in § 3.
221 KPMG, IT-Sicherheit in Deutschland, 2014, S. 27 ff. Die Schätzung der Bundesregierung im Regierungsentwurf des IT-Sicherheitsgesetzes hatte hingegen nur unter 10 Millionen Euro betragen, vgl. Begründung des IT-Sicherheitsgesetzes, BT-Drs. 18/4096, 5.
222 Zu den damit verbundenen kompetenzrechtlichen Fragen s. zB *Bartels/Backer* DuD 2016, 22 (22 f.); *Schallbruch* CR 2017, 798 (798 f. und 800).
223 Ein erster Entwurf vom 20.9.2017 wurde deutlich überarbeitet.

dukte in Kritischen Infrastrukturen, die von hoher Bedeutung für das Funktionieren des Gemeinwesens sind, § 2 Abs. 13 BSIG-E), für die eine **Zertifizierungspflicht** besteht (s. § 109 Abs. 2 Satz 5 TKG-E bzgl. sicherheitsrelevanter Netz- und Systemkomponenten), nur zulässig ist, wenn sie von **vertrauenswürdigen Herstellern** stammen. Dafür muss der jeweilige Hersteller eine Garantieerklärung abgeben, aus der hervorgehen muss, „ob und wie der Hersteller hinreichend sicherstellen kann, dass die kritische Komponente über keine technischen Eigenschaften verfügt, die geeignet sind, missbräuchlich auf die Sicherheit, Integrität, Verfügbarkeit oder Funktionsfähigkeit der Kritischen Infrastruktur (etwa Sabotage, Spionage oder Terrorismus) einwirken zu können" (§ 9 b Abs. 2 BSIG-E). Das **BMI prüft** den Einsatz kritischer Komponenten **mit Blick auf die Vertrauenswürdigkeit** des Herstellers und kann den Einsatz untersagen, wenn der Hersteller nicht vertrauenswürdig ist (§ 9 b Abs. 3 und Abs. 4 BSIG-E). Hierdurch soll sichergestellt werden, „dass die Hersteller keine missbräuchlichen Zugriffmöglichkeiten auf Hard- und Software implementieren, die Sabotage oder Spionage ermöglichen".[224] Ob Hersteller wie Huawei mit ihren Produkten akzeptiert werden, wird von der Prüftiefe und den Prüfkriterien abhängen, die das BMI anlegt.

126 Komplementäre geplante **Änderungen im TKG** betreffen eine gesteigerte Bedeutung des **Sicherheitskatalogs** (§ 109 Abs. 6 TKG), dessen Anforderungen **verbindlich** werden (§ 109 Abs. 6 Satz 2 TKG-E) und der eine Rolle bei der Festlegung kritischer Komponenten spielt (§ 109 Abs. 2 Satz 6 TKG-E). Darüber hinaus wird es für Betreiber öffentlicher Telekommunikationsnetze mit erhöhtem Gefährdungspotenzial **alle zwei Jahre** eine **verpflichtende Prüfung** geben. Im Falle einer unrechtmäßigen Verbreitung von Daten sollen sowohl im TKG als auch im TMG etliche neue Pflichten zur Sperrung und Löschung der Daten sowie zur **Meldung an das Bundeskriminalamt** eingeführt werden.

127 Etliche Teile des TKG werden daneben durch die anstehende **Umsetzung des Europäischen Kodexes für die elektronische Kommunikation** (RL (EU) 2018/1972) umgestaltet werden. Dies betrifft zB die Abgrenzung zwischen TKG und TMG (→ Rn. 4 ff.). IT-sicherheitsrechtliche Bestimmungen sind demgegenüber nur in Art. 40 und Art. 41 der Richtlinie enthalten und übernehmen im Wesentlichen geltendes Recht. Der Kodex ist bis zum 21.12.2020 in nationales Recht umzusetzen. Bisher liegt allerdings noch kein öffentlich verfügbarer Gesetzesentwurf, sondern lediglich ein Eckpunktepapier vor.[225]

128 IT-sicherheitsrechtliche Bestimmungen enthielt auch der von der Kommission inzwischen zurückgezogene Entwurf für eine **ePrivacy-Verordnung**[226] (v.a. Art. 6, 8 und 17). Es bleibt abzuwarten, in welchem Umfang ein neuer Entwurf diese übernimmt.

129 Schließlich sieht mit Stand vom 14.7.2020 ein **Referentenentwurf** des BMWi in einem „Entwurf eines Gesetzes über den Datenschutz und den Schutz der Privatsphäre in der elektronischen Kommunikation und bei Telemedien sowie zur Änderung des Telekommunikationsgesetzes, des Telemediengesetzes und weiterer Gesetze" vor, die Datenschutzbestimmungen des TMG (§§ 11 ff. TMG) und des TKG (einschließlich der Vorschriften zum Fernmeldegeheimnis; v.a. §§ 88-107 TKG) aufzuheben und in einem „**Telekommunikations-Telemedien-Datenschutz-Gesetz**" (TTDSG) zusammenzufassen.[227] Dafür enthält Teil 2 des vorgesehenen TTDSG (§§ 4 ff.) Vorschriften zum Datenschutz und zum Schutz der Privatsphäre in der elektronischen Kommunikation, während Teil 3 (§§ 20 ff.) den Telemediendatenschutz betrifft.

---

224 Referentenentwurf, S. 58 f.
225 S. https://cdn.netzpolitik.org/wp-upload/2019/05/bmwi-bmvi_eckpunktepapier-tkg-novelle-2019.pdf.
226 Vorschlag für eine Verordnung über die Achtung des Privatlebens und den Schutz personenbezogener Daten in der elektronischen Kommunikation und zur Aufhebung der RL 2002/58/EG (Verordnung über Privatsphäre und elektronische Kommunikation) vom 10.1.2017, COM(2017) 10 final.
227 Referentenentwurf, S. 1 und 32 ff. Der Entwurf ist abrufbar über https://www.heise.de/-4861888.

Der für die IT-Sicherheit bei Telemedien bedeutsame § 13 Abs. 7 TMG findet sich dabei inhaltlich unverändert in § 20 Abs. 3 TTDSG-E wieder. Allerdings würde der Entwurf in seiner aktuellen Version zu einer **ganz erheblichen Einschränkung des Anwendungsbereichs der IT-Sicherheitspflichten bei Telemedien** führen. § 20 Abs. 3 TTDSG-E und § 13 Abs. 7 TMG verpflichten „Diensteanbieter"; dieser Begriff hat aber in § 2 Nr. 3 iVm Nr. 13 TTDSG-E eine völlig andere Bedeutung als in § 2 Satz 1 Nr. 1 TMG. Letzterer umfasst die Tätigkeit, eigene oder fremde Telemedien zur Nutzung bereitzuhalten oder den Zugang zu ihrer Nutzung zu vermitteln. Im TTDSG-E sind Diensteanbieter demgegenüber nach § 2 Nr. 3 TTDSG-E nur Anbieter von elektronischen Kommunikationsdiensten, und hierbei handelt es sich gemäß § 2 Nr. 13 TTDSG-E um „Internetzugangsdienste, interpersonelle Kommunikationsdienste und Dienste, die ganz oder überwiegend in der Übertragung von Signalen bestehen, soweit sie in der Regel gegen Entgelt über elektronische Kommunikationsnetze erbracht werden". § 20 TTDSG-E reguliert aus dieser Gruppe (nur) Anbieter von Telemedien iSv § 1 Abs. 1 TMG, womit die bisherigen Abgrenzungsprobleme (→ Rn. 4 ff.) in veränderter Form weiterhin relevant bleiben. Unabhängig von der exakten Reichweite von § 2 Nr. 13 TTDSG-E ist jedenfalls eindeutig, dass diese Vorschrift **Anbieter von Webseiten nicht erfasst**. Vielmehr folgt dies Norm weitgehend dem Anwendungsbereich des Europäischen Kodexes für die elektronische Kommunikation (Art. 4 Nr. 2 RL (EU) 2018/1972) bzw. der zu erwartenden ePrivacy-Verordnung. Durch die Ausklammerung von Webseiten ist insbesondere einer der **maßgeblichen Beweggründe des Gesetzgebers** für § 13 Abs. 7 TMG mit der neuen Vorschrift **nicht mehr erreichbar,** nämlich das unbemerkte Herunterladen von Schadsoftware von präparierten Websites (sogenannte Drive-by-Downloads) einzudämmen.[228] 130

Ob dies den Verfassern des Entwurfs bewusst ist, geht aus diesem nicht hervor, weil die Begründung zu § 20 TTDSG-E lediglich – insoweit falsch – angibt, die Norm enthalte die bisher in § 13 Abs. 5 bis 7 TMG enthaltenen Regelungen.[229] Da die Begründung an derselben Stelle[230] von einer Verpflichtung der „Telemedienanbieter" spricht, könnte allerdings ein **Redaktionsversehen** vorliegen und eine Norm gewollt sein, die die Anbieter nach § 2 Satz 1 Nr. 1 TMG erfasst. In diesem Fall würde § 20 TTDSG-E freilich teilweise mit dem Anwendungsbereich der DS-GVO überlappen (→ Rn. 85) und ihrem Anwendungsvorrang unterfallen, da diese Regelungen zu Anonymität und Pseudonymität enthält, die mit § 20 Abs. 1 TTDSG-E kollidieren, und Bestimmungen zu Verletzungen des Schutzes personenbezogener Daten normiert, die den entsprechenden Teil von § 20 Abs. 3 TTDSG-E verdrängen.[231] Der Entwurf sollte dementsprechend **überarbeitet werden** und in jedem Fall die Folge **vermeiden,** einen **unnötigen Rückschritt** in der Regulierung der IT-Sicherheit von Webseiten zu verursachen. 131

---

228 BT-Drs. 18/4096, 34; näher → Rn. 90.
229 S. den Referentenentwurf, S. 40.
230 S. den Referentenentwurf, S. 40.
231 Dies gilt für den Teil der Vorschrift, der § 13 Abs. 7 Satz 1 Nr. 2 lit. a TMG entspricht, s. → Rn. 90.

§ 22 Mobilität und Verkehr

Literatur: *Aspinall/Camenisch/Hansen/Fischer-Hübner/Raab* (Hrsg.), Privacy and Identity Management, 2016; *Barlag*, NIS-Richtlinie in Kraft – welche Folgen ergeben sich für vernetzte Fahrzeuge?, Zeitschrift für Datenschutz-Aktuell 2016, 05421; *Buttigieg/Farrugia/Meli*, Security issues in Controller Area Networks in Automobiles, 2017, arXiv:1711.05824; *Bönninger*, 52. Deutscher Verkehrsgerichtstag, 2014, Arbeitskreis VII, 229; *Bönninger*, Mobilität im 21. Jahrhundert: sicher, sauber, datengeschützt, Datenschutz und Datensicherheit 6/2015, 388; *Geminn/Müller*, USA: Stand der Modernisierungsbemühungen des Rechtsrahmens zur IT-Sicherheit im Fahrzeug, ZD-Aktuell 2019, 06895; *Gitter/Meißner/Spauschus*, Das neue IT-Sicherheitsgesetz – IT-Sicherheit zwischen Digitalisierung und digitaler Abhängigkeit, ZD 2015, 512; *Gudehus*, Logistik 1, Grundlagen, Verfahren und Strategien, 2012; *Gudehus*, Logistik 2, Netzwerke, Systeme und Lieferketten, 2012; *Harris*, Geisterschiffe, Kornkreise und weiches Gold, Technology Review 1/2020, 60; *Hemker/Mischkovsky*, Erforderliche Schutzmaßnahmen für das (vernetzte) Auto, DuD 2017, 233; *Kiometzis/Ullmann*, Fahrdaten für alle? Car-2-Car Kommunikation und die Folgen, DuD 2017, 227; *Kipker*, Das neue chinesische Cybersecurity Law, Ein ganzheitlicher Ansatz zur Regulierung von Informationssicherheit, MMR 2017, 455; *Lokman/Othman/Abu-Bakar*, Intrusion detection system for automotive Controller Area Network (CAN) bus system: a review, EURASIP Journal on Wireless Communications and Networking 2019: 184; *Lüdemann*, Connected Cars – Das vernetzte Auto nimmt Fahrt auf, der Datenschutz bleibt zurück, ZD 2015, 247; *Mauer/Gerdes/Lenz/Winner* (Hrsg.), Autonomes Fahren, 2015; *Miller/Valasek*, Remote Exploitation of an Unaltered Passenger Vehicle, 2015; *Oppermann/Stender-Vorwachs*, Autonomes Fahren, 2017; *Roßnagel*, Grundrechtsausgleich beim vernetzten Automobil, DuD 2015, 353; *Roßnagel*, Rechtsfragen eines Smart Data-Austauschs, NJW 2017, 10; *Roßnagel/Hornung* (Hrsg.), Grundrechtsschutz im Smart Car, 2019; *Santamarta*, Arm IDA and Cross Check: Reversing the 787`s Core Network, Whitepaper IOActive 8/2019; *Sharma/Bhargav*, Implementation of Controller Area Network, DOI: 10.13140/RG.2.2.11683.45602; *von Schönfeld*, Ein fahrbarer Datensatz – Datenschutzrechtliche Probleme im modernen Auto, DAR 2015, 617; *von Stokar*, Software Update on the efficient use of Connected Cars, Auto Tech Review 4/2014, 37; *Urry*, Inhabiting the car, Sociological Review, 2006, 54(s1), 17; *Valasek/Miller*, Adventures in Automotive Networks and Control Units, IOActive Technical White Paper 2014; *Weichert*, Datenschutz im Auto – Teil 1, Das Kfz als großes Smartphone mit Rädern, SVR 2104, 20; *Zivadinovic*, Stirb langsam – Sargnagel für die Autovernetzung auf WLAN-Grundlage, c't Magazin für Computer und Technik 2/2020, 50; *Zimmermann/Schmidgall*, Bussysteme in der Fahrzeugtechnik: Protokolle, Standards und Softwarearchitektur, 2014.

A. IT-Anwendungen und IT-Infrastrukturen in den Verkehrsbranchen	6
I. Luftfahrt	8
II. Schifffahrt	11
III. Schienenverkehr	14
IV. Logistik	18
V. Smart Car	22
1. IT-Anwendungen und IT-Infrastrukturen (extern)	27
a) IT-Anwendungen	28
b) IT-Infrastrukturen	30
2. IT-Anwendungen und IT-Infrastrukturen (intern)	33
a) IT-Anwendungen	34
b) IT-Infrastrukturen	35
B. Besondere Risiken und Bedrohungen	41
I. Luftverkehr	42
II. Schifffahrt	43
III. Schienenverkehr	44
IV. Logistik	45
V. Smart Car	46
1. Bedrohungen mit Bezug auf die zentralen Rechenzentren/Backend-Server	52
2. Bedrohungen im Hinblick auf die Kommunikationskanäle	53
3. Bedrohungen mit Bezug zu Updatevorgängen	54
4. Bedrohungen aufgrund menschlichen Fehlverhaltens	55
5. Bedrohungen mit Bezug zur Konnektivität und zu Verbindungen nach außen	56
C. Sektorale Rechtsvorschriften im Bereich des Straßenverkehrs	58
I. Wiener Übereinkommen über den Straßenverkehr	61
II. Sektorales IT-Sicherheitsrecht und Leitlinien in Deutschland und der Europäischen Union	62
1. Fahrzeugzulassung	65
2. Typgenehmigung	66
3. Produktsicherheit	70
4. Intelligente Verkehrssysteme Gesetz	71
5. eCall	74
6. Fahrtenschreiber	78
7. ENISA Good practices and recommendations on the Cyber security and resilience of smart cars	79
8. ETSI-Standards	81
9. Reference Architecture Model Automotive	82
10. UK Key Principles of Cyber Security for Connected and Automated Vehicles	83
11. ACEA Principles of Automobile Cybersecurity	84

III. Sektorales IT-Sicherheitsrecht und Leitlinien in den USA 85	VI. ISO-Normen und weitere Standards 105
1. DOT/NHTSA Guidelines 86	1. ISO-Normen 106
2. Gesetzesvorhaben auf Bundesebene 90	2. Automotive SPICE 109
3. State Law 91	3. AUTOSAR 110
4. NIST Cybersecurity Framework 94	D. Typische Problemlagen und Konfliktlinien 111
5. SAE International 97	I. Technische, organisatorische und marktbezogene Probleme 112
6. Auto-ISAC Guidelines 100	II. Rechtliche Probleme 119
IV. Sektorales IT-Sicherheitsrecht und Leitlinien in Japan 101	E. Fazit 123
V. Sektorales IT-Sicherheitsrecht und Leitlinien in China 103	

Verkehr wird vom europäischen wie auch vom deutschen Gesetzgeber als Kritische Infrastruktur betrachtet (Anhang II der NIS-Richtlinie und § 2 Abs. 10 Nr. 1 BSIG). Der Sektor Transport und Verkehr hat nach § 8 Abs. 1 BSI-KritisV „die Versorgung der Allgemeinheit mit Leistungen zum Transport von Personen und Gütern (Personen- und Güterverkehr)" zum Gegenstand. Diese Leistungen werden ausweislich § 8 Abs. 2 BSI-KritisV (der durch Anhang 7 BSI-KritisV konkretisiert wird) durch die Verkehrsträger Luftverkehr, Schienenverkehr, Binnen- und Seeschifffahrt, Straßenverkehr sowie verkehrsträgerübergreifend im ÖPNV, der Logistik und durch Anlagen zur Wettervorhersage, zur Gezeitenvorhersage oder zur Wasserstandsmeldung sowie Satellitennavigationssysteme erbracht. Aufgrund ihrer besonderen Bedeutung für das Funktionieren des Gemeinwesens können deren Leistungen gemäß § 8 BSI-KritisV als kritische Dienstleistungen einzustufen sein, sofern sie gegenüber der Allgemeinheit erbracht werden.

Die **Digitalisierung** führt im Sektor dazu, dass Mobilität zunehmend kooperativer, vernetzter, automatisierter und intelligenter wird. Durch die dabei eingesetzte Digitaltechnik übertragen sich die bestehenden IT-Risiken digitaler Technik auch in diesen Bereich. Zukünftiger Verkehr setzt nicht nur auf die tiefgreifende informatorische Ertüchtigung der Transportmittel („autonome" Systeme), sondern wird auch die Infrastrukturen „smart" machen: Durch deren Interaktion können Effizienz, Verkehrssicherheit und Klimaverträglichkeit verbessert werden. Der digitale Mobilitäts- und Verkehrskosmos bedarf, um die gewünschten Effekte multimodaler Transport- und Verkehrssysteme zu erzielen, der Absicherung der zum Einsatz gelangenden IT. Ziel muss sein, dass diese gegen Störungen und Ausfall geschützt ist. Durch die zunehmende Datenvielfalt und Heterogenität der Akteure wird die sichere und ungestörte Kommunikation von Informationen vor zusätzliche Herausforderungen gestellt. So erfolgen die Verknüpfung und Integration der Informationen zwischen unterschiedlichen Herstellern, Eigentümern, Betreibern und Nutzern von Transportmitteln, Infrastrukturkomponenten und Backend-Diensten.

Die **sechs Branchen** Straßen-, Schienenverkehr, See- und Binnenschifffahrt, Luftfahrt und Logistik verfolgen mit der erweiterten Nutzung ihrer Informationen den gleichen Zweck: Die optimale Gewährleistung des Transports von Gütern und Personen über die einschlägigen Verkehrswege. In ihnen werden die Leistungen des Infrastrukturbetriebs,[1] des Transportmittelbetriebs sowie der Steuerung und des Servicebetriebs erbracht.[2] Der Verkehr der Zukunft wird durch die vielseitigen und intelligent-verknüpften Informationen von Transportmitteln, Infrastrukturen und Diensten kollektiv und individuell beeinflusst. Die nachfolgende Betrachtung fokussiert insbesondere den Straßenverkehr mit Kraftfahrzeugen und entsprechende Infrastrukturen und -leistungen mit Zuschnitt auf das Smart Car.

---

[1] Gemeint ist die Bereitstellung der Infrastrukturen, auf der sich die jeweiligen Transportmittel bewegen. Jede Branche nutzt eigene Infrastrukturen, die jedoch an vielen Knotenpunkten miteinander verbunden sind.

[2] Siehe ausführlich: BSI, KRITIS-Sektorstudie, Transport und Verkehr, Revisionsstand 5.2.2015 und BSI, KRITIS-Sektorstudie, Logistik, Revisionsstand 18.12.2015.

4 Das **Smart Car** ist das handgreiflichste Beispiel im Sektor Transport und Verkehr für das Zusammenwachsen der virtuellen und realen Welt: Die Fahrzeugtechnik erfordert und ermöglicht Vernetzung. Durch die digitale Abbildung der Realwelt wird die automatisierte Wahrnehmung der Umwelt durch IT-Systeme ermöglicht. Zu diesem Zwecke wird die Fahrzeugtechnik mit Schnittstellen für die Aufnahme der Echtzeitinformationen aus der Umgebung geöffnet. Bei der Fahrzeugtechnik handelt es sich mittlerweile um vernetzte datenverarbeitende Systeme. Die gewünschten Effekte zur Optimierung der Verkehrssicherheit, des Verkehrsflusses und zur Emissionsminderung treten beim Automobil im besonderen Maße hervor. Aufgrund dessen Vernetzung mit der Umgebung wird das Automobil zur volldigitalisierten Mobilitäts-, Informations- und Kommunikationsplattform.[3] Folgerichtig erlangen die unbeeinträchtigte und funktionierende Vernetzung und der Informationsaustausch zentrale Bedeutung für sämtliche Bereiche der Automatisierung von Fahrfunktionen.[4]

5 Auf dieser Basis lässt sich sodann ein weitgehend **automatisiertes Fahren** organisieren. Für die effektivere Ausführung benötigt die Fahrzeugtechnik „Informationen und Wissen über die Verkehrssituation auf der Bahnführungsebene, über die Fahrbahnoberfläche auf der Stabilisierungsebene sowie über das Straßennetz auf der Navigationsebene. Das sichere Führen des Fahrzeugs erfordert Lenken, Gas geben und Bremsen sowie Entscheidungen über die Geschwindigkeit und die Spur zur Längs- und Querführung des Fahrzeugs. Diese Entscheidungen werden in Abhängigkeit von Informationen über die Umweltbedingungen und dem damit verbundenen Handlungswissen getroffen".[5] Durch die zusätzliche Vernetzung mit der Verkehrsinfrastruktur und anderen Verkehrsteilnehmern lässt sich dann das gewaltige Leistungspotential des Smart Car heben. Im technischen Bereich erfordert sie konkret eine funktechnisch basierte Vernetzung der Fahrzeuge untereinander und mit den Verkehrsinfrastrukturkomponenten (Road Side Units), wie zB Ampeln, Baustellenwarnern oder Schilderbrücken.[6]

A. IT-Anwendungen und IT-Infrastrukturen in den Verkehrsbranchen

6 Die IT-Anwendungen und -Infrastrukturen sollen für die einzelnen **Branchen**, abseits des Smart Car nur kursorisch gestreift und ohne Anspruch auf Vollständigkeit dargestellt werden. Der Straßenverkehr wird im Rahmen des Smart Car mit angesprochen (→ Rn. 22).

7 Für die Anforderungen der IT-Sicherheit sind in den Branchen gemäß Anhang 7 BSI-KritisV die jeweiligen relevanten Anlagen in Teil 3, Spalte B, zunächst qualitativ benannt; erfasst werden gemäß §§ 1 Nr. 1, 8 Abs. 3 BSI-KritisV auch Teile der genannten Anlagen. Die Anlagen werden dann quantitativ, dh durch ein Bemessungskriterium (Spalte C) und die entsprechenden Schwellenwerte (Spalte D) ergänzt.[7] Für den Personen- und Güterverkehr haben zentrale Bedeutung in der Branche Luftverkehr die Anlagen oder Systeme zur Passagierabfertigung und Frachtabfertigung an Flugplätzen, der Infrastrukturbetrieb des Flugplatzes sowie die Flugsicherung und Luftverkehrskontrolle. Im Schienenverkehr sind es die Personen-, Güter- und Zugbildungsbahnhöfe, im Eisenbahn- und ÖPNV-Verkehr das Schienennetz selbst und die Stellwerke, das Verkehrssteuerungs- und Leitsystem sowie die Leitzentralen. In der See- und Binnenschifffahrt sind es Anlagen oder Systeme zum Betrieb der Bundeswasserstraßen und zur Disposition von Binnenschiffen (nur Güterverkehr), Verkehrssteuerungs- und Leitsysteme sowie die Leitzentralen der Betreiber und Verkehrsunternehmen. In der Logistik sind es

---

3 BMVI, Strategie automatisiertes und vernetztes Fahren, 2015, 3.
4 *Roßnagel/Hornung* in dies. (Hrsg.), Grundrechtsschutz im Smart Car, 2019, S. 1.
5 *Flämig* in Mauer et al. (Hrsg.), Autonomes Fahren, 2015, S. 385.
6 *Ullmann/Strubbe/Wieschebrink* in Roßnagel/Hornung (Hrsg.), Grundrechtsschutz im Smart Car, 2019, S. 296.
7 § 10 Abs. 1 BSIG, vgl. die Gesetzesbegründung, BT-Drs. 18/4096, 31; *Gitter/Meißner/Spauschus* ZD 2015, 512 ff.

Anlagen oder Systeme zum Betrieb eines Logistikzentrums oder zur Logistiksteuerung oder -verwaltung jeweils in den Segmenten Massengut-, Ladungs-, Stückgut-, Kontrakt-, See- oder Luftfrachtlogistik. Hinzu kommen branchenübergreifend und allgemein die Anlagen oder Teile davon zur Wetter- sowie zur Gezeitenvorhersage oder zur Wasserstandsmeldung sowie Sattelitennavigationssysteme. Akteure, die mit diesen Anlagen oder Teilen davon umgehen, haben die gesetzlichen Anforderungen bei Erreichen und Überschreiten der Schwellenwerte (auch durch kumulativ entstehende Effekte als gemeinsame Anlagen) einzuhalten.

I. Luftfahrt

Zentrale Akteure in der Luftfahrt sind die Flughafenbetreibergesellschaften. Sie bieten als Infrastruktureinrichtungen die Flughafenstandorte an und stellen die gesamte Flughafeninfrastruktur den weiteren Beteiligten wie den Fluggesellschaften und der Flugsicherung zur Verfügung.[8] Die Fluggesellschaften transportieren Personen und Fracht, die nationale Flugsicherung[9] (Deutsche Flugsicherung GmbH) erbringt die Flugverkehrsdienste, etwa das Luftraummanagement, die Flugverkehrskontrolle des Luftverkehrs sowie die überörtliche militärische Flugsicherung in Deutschland, den Aufbau und Betrieb technischer Einrichtungen und Funknavigationsanlagen, Flugberatung und Information, Flugwetterdienste, Flugplanverarbeitungsdienste sowie Kommunikations-, Navigations- und Überwachungsdienste. Weiterer zentraler Akteur ist die Flugmeteorologie,[10] die die für den Flugbetrieb erforderlichen meteorologischen Informationen und Wettervorhersagen bereitstellt. Hinzu kommen Energielieferanten für die Versorgung mit Strom und Treibstoffen.[11]

In aktuelle Flugzeuge werden die **typischen IT-Technologien** wie IP-fähige Netzwerke, kommerzielle Standardkomponenten (commercial off-the-shelf, COTS), funkbasierte Connectivity (zB Bluetooth) und globale Positionsbestimmungssysteme verbaut. Flugzeughersteller greifen auf „wireless"-Systeme zurück, um durch Kabelverzicht Gewichtsoptimierungen zu realisieren.[12]

Die einzelnen Akteure im Luftverkehr stehen in wechselseitiger Abhängigkeit bezüglich der strategischen und operativen Prozesse zueinander, wodurch ein erhöhter Kommunikationsbedarf entsteht, der letztlich zu einem global-vernetzten Gesamtsystem der IT-Systeme führt. Sprache, Daten und Navigationsinformationen werden zwischen Flugzeugen, Flugzeugführern, Bodenstationen und anderen Akteuren übermittelt. Entsprechend sieht die **technische Infrastruktur** im Flugzeug diverse Systeme wie Transponder,[13] Aircraft Communications Addressing and Reporting System (ACARS),[14] Signalfeuer, Navigational Satellite Timing and Ranging Global Positioning System (NAVSTAR GPS) sowie Computer-Systeme vor. Mit ihrer Hilfe überwachen, organisieren und kommunizieren Flugzeuge autonom mit Navigations- und Wartungsnetzen weltweit. Auch Sprechfunk gelangt abseits der Computersystemreichweiten zum Einsatz.[15]

---

8 BSI, KRITIS-Sektorstudie, Transport und Verkehr, 20.
9 Durchführungsverordnung (EU) Nr. 1035/2011, Anhang II, 3.1.
10 Sie wird von Flugwetterdiensten, Behörden oder Unternehmen bewerkstelligt, die mit diesen Informationen das Luftfahrtpersonal versorgen und beraten. Vgl. BSI, KRITIS-Sektorstudie, Transport und Verkehr, 21.
11 BSI, KRITIS-Sektorstudie, Transport und Verkehr, 20.
12 Roadmap to Secure Control Systems in the Transportation Sector, August 2012, 12.
13 Funksender, der die Daten wie Flugnummer, Geschwindigkeit, Flughöhe und Position über ein Bodenradar an die Flugsicherung übermittelt.
14 Digitales Datenfunksystem, welches über drei Frequenzbereiche (Ultrakurz- und Höchstfrequenzwellen sowie Satellitenkommunikation) die Systemdaten des Flugzeugs an die Bodenstation überträgt.
15 BSI, KRITIS-Sektorstudie, Transport und Verkehr, 24.

II. Schifffahrt

11   Im Rahmen der **See- und Binnenschifffahrt** umfasst die Infrastruktur die Häfen, maritime Ingenieurbauwerke und die Wasserstraßen.[16] Letztere werden in Deutschland durch die Wasserstraßen- und Schifffahrtsverwaltung des Bundes (WSV) koordiniert, die die Nutzung der Verkehrswege steuert.[17] Sie betreibt und unterhält neben den Bundeswasserstraßen die Ingenieursbauwerke und baut diese bedarfsgerecht aus. Ferner berät, unterstützt und lenkt sie den Schiffsverkehr über die Verkehrs- und Revierzentralen.[18] Die Häfen werden durch staatliche Akteure, staatliche und private und ausschließlich private Betreiber betrieben.[19] Die Häfen verbinden dabei die Wasserstraßen mit anderen Infrastrukturen auch anderer Branchen. Die verkehrenden Schiffe werden durch Privatpersonen, öffentliche Einrichtungen und Reedereien betrieben.[20] Hinzu kommen die Unternehmen, die die Instandhaltung der Transportmittel besorgen, dh Werften, sowie Treibstoffversorger. Anbieter, die die Steuerung und den Kontrollbetrieb besorgen, bieten insbesondere Wettervorhersagen (durch den Deutschen Wetterdienst) und Informationen zu Wasserständen und Gezeiten (insbesondere durch das Bundesamt für Seeschifffahrt und Hydrographie).[21] Für bestimmte Situationen sind zudem Lotsen als weitere Akteure vorgesehen.

12   Historisch gewachsene **Strukturen** bedingen in der Schifffahrt die Konzentrationen auf wenige Beteiligte und eine starke Verzahnung der Aktivitäten, wobei diese bereichsübergreifend üblich sind.[22] Soweit Sicherheit in der Schifffahrt zum Tragen kommt, spielt die Personensicherheit die zentrale Rolle. Allerdings sind auch die Gefahrenabwehr, die Strafverfolgung und die Sicherstellung der hoheitlichen Gebietsansprüche wichtige Faktoren. Mit dem Maritimen Sicherheitszentrum (MSZ) besteht eine gemeinsame Einrichtung von Bund und Küstenländern aus Spezialisten der Bundespolizei, dem Zoll, der Bundesanstalt für Landwirtschaft und Ernährung, der Wasserstraßen- und Schifffahrtsverwaltung des Bundes, der Deutschen Marine, den Wasserschutzpolizeien der fünf Küstenländer und dem Havariekommando. Im Gemeinsamen Lagezentrum See (GLZ-See) als Kompetenzzentrum wird die Arbeit dieses Netzwerks gebündelt.[23] Dabei liegt der operative Schwerpunkt in der Seeraumüberwachung für Nord- und Ostsee. Zum Einsatz gelangen hier Einsatzfahrzeuge zur See und aus der Luft, Meldungen aus der Schifffahrt (zum Beispiel von Lotsen) und aus den Verkehrszentralen als zentrale Ansprechstellen der Schifffahrt (Radar, AIS, Funk). Zentral sind dabei die Informationen des Automatischen Schiffsidentifikationssystems (AIS, Funksystem), welches den Austausch von Navigationsdaten wie Bestimmungshafen, geplante Ankunftszeit sowie anderer statistischer Daten wie Schiffsname, Schiffstyp und Abmessungen des Schiffes ermöglicht. Die Daten werden von anderen Schiffen empfangen und auch an die AIS-Ladestationen der Wasserstraßen- und Schifffahrtsverwaltung gesendet. AIS- und Radardaten werden an die Verkehrszentralen übertragen, um auf elektronischen Seekarten visualisiert zu werden.[24]

---

16   BSI, KRITIS-Sektorstudie, Transport und Verkehr, 31.
17   BSI, KRITIS-Sektorstudie, Transport und Verkehr, 31.
18   S. www.gdws.wsv.bund.de/DE/gdws/gdws-node.html; Rubrik: Über uns.
19   BSI, KRITIS-Sektorstudie, Transport und Verkehr, 35.
20   BSI, KRITIS-Sektorstudie, Transport und Verkehr, 33.
21   BSI, KRITIS-Sektorstudie, Transport und Verkehr, 34, 36.
22   BSI, KRITIS-Sektorstudie, Transport und Verkehr, 37.
23   Verwaltungsleitung des Maritimen Sicherheitszentrums beim Wasserstraßen- und Schifffahrtsamt Cuxhaven, Das Maritime Sicherheitszentrum – Netzwerk für Maritime Sicherheit auf See, Stand Mai 2019, 3; www.msz-cuxhaven.de/DE/Home/home_node.html.
24   Verwaltungsleitung des Maritimen Sicherheitszentrums beim Wasserstraßen- und Schifffahrtsamt Cuxhaven, Das Maritime Sicherheitszentrum – Netzwerk für Maritime Sicherheit auf See, Stand Mai 2019, 3; www.msz-cuxhaven.de/DE/Home/home_node.html.

Schiffe navigieren anhand von Satellitennavigation und Radar. Die **Steuerung** im Schiff ist zentral abhängig von IT. Dies gilt von der Navigation bis zum Antrieb. IT erfasst die Systeme der Kommandobrücke, des Antriebs und des Maschinenmanagements sowie der Leistungssteuerungssysteme, der Zugangskontrollsysteme, der Passagierabfertigungs- und Managementsysteme, der Passagierinternetzugänge, der Netzwerke für die Verwaltung des Schiffs und zum Wohlergehen der Crew mit Zugang zum Internet und Kommunikationssysteme, die die Verfügbarkeit des Internets über Satellit oder Funk realisieren.[25] Die wesentliche Kommunikation von Schiffen erfolgt über Funk, wobei national die Bundesnetzagentur für die Zuteilung von Funknummern und -frequenzen zuständig ist (s. §§ 57, 66 TKG). Sie vergibt Rufnummern zur Kennzeichnung von See- und Küstenfunkstellen, sogenannte Maritime Mobile Service Identities. Mithilfe des Global Maritime Distress Safety Systems kann aufgrund der individuellen Rufnummern neben der Routinekommunikation auch der Versand von Nachrichten im Fall von Seenotfällen und sicherheitsrelevanten Zwischenfällen erfolgen.[26]

III. Schienenverkehr

Auch der Schienenverkehr in Deutschland ist stark IT-lastig. Er findet auf dem rund 38.000 km langen Schienennetz statt.[27] Zu seiner **Infrastruktur** zählen 5.663 Personenbahnhöfe,[28] 2.751 Stellwerke, 65.591 Weichen und Kreuzungen, 25.156 Brücken, 13.900 Bahnübergänge und 741 Tunnel.[29] Die erweitere Infrastruktur schließt zudem auch Energieanlagen wie Bahnstromfernleitungen, Informations- und Kommunikationssysteme und Signal- und Sicherungsanlagen mit ein.[30] Akteure sind Eisenbahnstruktur- und Eisenbahnverkehrsunternehmen, wobei die Deutsche Bahn AG und ihre Tochtergesellschaften den Markt in beiden Bereichen dominieren.[31]

Koordiniert und disponiert wird das **Streckennetz** über die Netzleitzentrale und in den untergeordneten lokalen Betriebsleitzentralen. Die Leitzentralen erfassen, koordinieren und steuern zB die Zugbewegungen und Gleisbelegungen und die Weichen- und Signalstellung. Die Betriebsleitzentralen versorgen die Netzleitzentrale mit ihren Daten, so dass das Streckennetz überregional überwacht und kontrolliert werden kann. Die benötigte Energie für die Verkehrsunternehmen wird durch das öffentliche Stromnetz und das unabhängige Bahnstromnetz der DB Energie GmbH geliefert, sowie als Dieselkraftstoff über die Tankstellen der DB Energie GmbH.[32]

Die **Leit- und Sicherungstechnik** der Außenanlagen tragen dazu bei, dass der Schienenverkehr zu den sichersten Verkehrsmitteln zählt. Mit ihrer Hilfe werden die Züge sicher gesteuert, Gefahren rechtzeitig erkannt und verhindert. Beispielsweise kommen für Hochgeschwindigkeitszüge Zugbeeinflussungssysteme zum Einsatz (Linienzugbeeinflussung (LZB) oder (zukünftig) das European Train Control System (ETCS)), mit denen alle relevanten Informationen direkt in den Führerstand übermittelt werden. Sie überwachen die Geschwindigkeit, den Ort und das Fahrverhalten des Zuges und greifen im Notfall automatisch ein, wenn etwa

---

25 International Maritime Organization, Guidelines on maritime cyber risk management, 7/2017, MSC-FAL.1/Circ.3, Annex: Guidelines on maritime cyber risk management, 2.1.
26 BSI, KRITIS-Sektorstudie, Transport und Verkehr, 38.
27 BSI, KRITIS-Sektorstudie, Transport und Verkehr, 40.
28 Statista, Anzahl der Personenbahnhöfe im Besitz der Deutsche Bahn AG in den Jahren 2007 bis 2018, 29.3.2019.
29 Verband der Bahnindustrie in Deutschland eV, Die Bahnindustrie in Deutschland – Zahlen und Fakten zum Bahnmarkt und -verkehr, Ausgabe 2019, 11. Nur rund 5.900 km Schienennetz befinden sich nicht in Hand der Deutsche Bahn AG.
30 BSI, KRITIS-Sektorstudie, Transport und Verkehr, 41.
31 BSI, KRITIS-Sektorstudie, Transport und Verkehr, 41.
32 BSI, KRITIS-Sektorstudie, Transport und Verkehr, 43.

ein Signal übersehen wurde.³³ Die funkseitige Kommunikation im Infrastruktur- und Verkehrsbetrieb erfolgt über GSM-R-Zug- oder Rangierfunk, den die DB Netz AG auch den übrigen Unternehmen zur Verfügung stellt. Im Wesentlichen erfordert der Schienenverkehr (Infrastruktur und Verkehr) Verkehrssteuerungs-, Ortungs- und Navigationssysteme, Datenverarbeitungs- und Telekommunikationseinrichtungen. Sie gewährleisten im Streckennetz den sicheren und ausgewogenen Netzbetrieb und ermöglichen eine wirksame Verkehrssteuerung.³⁴

17 Das ETCS ist ein Teil des **European Rail Traffic Management System** (ERMTS), dessen Ziel die Einführung eines einheitlichen Zugleit- und Zugsicherungssystems ist, das den europäischen grenzüberschreitenden Zugverkehr ohne den Einsatz weiterer nationaler Sicherungssysteme ermöglicht.³⁵

IV. Logistik

18 Allgemeine und zentrale Bedeutung hat die Logistik als Branche im Sektor Transport und Verkehr, da sie sich aller Infrastrukturen und Branchen zur Erbringung ihrer Dienstleistungen umfassend bedient. Sie umschließt dabei als generelle **logistische Prozesse** den Transport, den Umschlag, die Lagerung, die Kommissionierung und Verpackung, die begleitenden Informations- und Kommunikationsprozesse sowie die Auftragsabwicklung und zusätzliche administrative Prozesse.³⁶ Erbracht wird sie durch interne oder externe Logistikdienstleister. Die Funktionen der Logistik lassen sich in Beschaffungslogistik, Produktionslogistik, Distributionslogistik, Ersatzteil- und Retourenlogistik sowie Entsorgungslogistik einteilen.³⁷ Zentral mit Logistikdienstleistungen verbunden sind die Tätigkeiten des Transportes, des Umschlags und der Lagerung. Insbesondere für die Fertigung und Verteilung von Gütern einer Industrie 4.0 sind die Logistikdienstleistungen conditio sine qua non. So werden in der Wertschöpfungskette zwischen den einzelnen Wertschöpfungsschritten vom Rohstoff-, über den Teile- zum Komponentenlieferanten, zum Endproduktehersteller, zum Großhandel, zum Einzelhandel bis hin zum Endkunden jeweils in den Zwischenstadien Logistikdienstleistungen in Anspruch genommen.

19 Die **Logistiknetze** von Unternehmen sind Teil globaler Netzwerke, die durch Speditionen, Verkehrsbetriebe, Eisenbahnen, Luftfahrtgesellschaften, Schifffahrtslinien und andere Unternehmen, eben im Rahmen des Sektors, aufgespannt werden.³⁸ Sie unterscheiden sich durch die Anzahl an Zwischenstationen, die von den Logistikobjekten³⁹ durchlaufen werden. Logistiknetzwerke⁴⁰ umfassen Quellen und Senken, die durch Transportsysteme miteinander verbunden sind, von Logistikobjekten durchlaufen werden, die durch die Informations- und Datenströme ausgelöst, gesteuert und kontrolliert werden.⁴¹ Die Informations- und Datenströme sind zurückzuführen auf die permanent eingehenden Aufträge (Informationsfluss) und das

---

33 Vgl. www.bahnindustrie.info/de/bahntechnik_erklaert/aussenanlagen/.
34 So formuliert als Anforderung für die transeuropäischen Eisenbahnsysteme und Hochgeschwindigkeitsbahnsysteme gemäß Richtlinie 2008/57/EG, Anhang I.
35 S. www.eba.bund.de/DE/home_node.html, Themen: ERMTS.
36 BSI, KRITIS-Sektorstudie Logistik, 13.
37 BSI, KRITIS-Sektorstudie Logistik, 14.
38 *Gudehus*, Logistik 2, Netzwerke, Systeme und Lieferketten, 2012, 597.
39 Logistikobjekte sind Handelswaren, Lebensmittel, Rohstoffe oder Material, Vorprodukte, Halbfertigfabrikate und Fertigwaren, Investitionsgüter oder Konsumgüter, Produktions- und Betriebsmittel ebenso wie Abfallstoffe und ausgebrauchte Produkte; zudem Personen und Lebewesen. S. *Gudehus*, Logistik 1, Grundlagen, Verfahren, Strategien, S. 3.
40 Ein solches setzt sich aus den Netzwerken (Lager-, Kommissionier-, Umschlag- und Transportsysteme) eines Unternehmens zusammen, die ihrerseits aus Teil- oder Subsystemen bestehen, deren Elemente Leistungsstellen sind, die Räume, Betriebsmittel und Personen umfassen, oder Maschinensysteme, die aus Teilen, Komponenten und Modulen zusammengesetzt sind; *Gudehus*, Logistik 2, Netzwerke, Systeme und Lieferketten, S. 600.
41 *Gudehus*, Logistik 2, Netzwerke, Systeme und Lieferketten, S. 598.

Ein- oder Austreten von Waren vom einen in den anderen Leistungsbereich (Warenfluss).[42] Die durchgängige Digitalisierung der Logistik dient in vielerlei Hinsicht Optimierungsbemühungen bei der Versorgung mit Logistikobjekten und erlaubt dadurch Zeit und Finanzeinsparungen (zB durch just-in-time- oder just-in-sequence-Fertigung je nach Dienstleistungstiefe der jeweiligen Logistikdienstleistung). Durch die Versorgung aller Branchen mit Logistikobjekten unter Nutzung sämtlicher Transportarten und Verkehrswege kommt ihr zentrale volkswirtschaftliche und gesellschaftliche Bedeutung zu. Zwangsläufig weist die Logistikbranche enge Abhängigkeiten von den weiteren Branchen des Bereichs Transport und Verkehr auf.[43]

Kritische **Informations- und Kommunikationstechnologien** kommen bei allen zentralen logistischen Dienstleistungen zum Einsatz. Im Bereich der **Transportlogistik** sind dies hinsichtlich der Vorbereitung etwa Customer Relationship Management (CRM), Transportmanagementsysteme (TMS), Kommunikationsverbindungen zur Datenfernübertragung (DFÜ) und Zollschnittstellen. Hinsichtlich des Transports handelt es sich bei den Informations- und Kommunikationstechnologien (IuKT) etwa um Barcode/RFID-Systeme, TMS, Navigationssysteme, Flottenmanagementsysteme sowie hinsichtlich der Lieferung beispielsweise um Barcode/RFID-Systeme, TMS und Zollschnittstellen.[44]

Im Bereich der **Umschlaglogistik**[45] sind es hinsichtlich des Warenein- und Ausgangs etwa CRM, Warehouse Managements Systeme (WMS), Yard Management Systeme (YMS), Barcode/RFID-Systeme und Zollschnittstellen.[46] Hinsichtlich des Umschlags selbst als mittlerer Schritt der Umschlagslogistik sind es WMS, Steuerungstechnik für automatische Hochregallager und Regalbediengeräte, Staplerleitsysteme für autonome Transportmittel, Barcode/RFID-Systeme und Kommissioniersysteme. Im Bereich der **Lagerlogistik** kommen zusätzlich zu den genannten noch Quittierungssysteme hinzu.[47]

V. Smart Car

Für die weitere Darstellung hinsichtlich des Smart Car sollen die IT-Anwendungen und -Infrastrukturen grob in **externe und interne Informationstechniken** getrennt werden. Externe IT umfasst die Strukturen abseits der im Fahrzeug selbst angewendeten und verbauten, internen IT. Die Trennung erlaubt ein besseres Verständnis bezüglich der Beteiligten, Anwendungen und bestehenden Strukturen. Im Zusammenwirken der Verkehrsinfrastruktur mit den Fahrzeugen durch die Fusion der Informationen wird die Fahraufgabe des automatisierten und autonomen Fahrens zusätzlich optimiert. Grundlegend ist dabei, dass sich die durch Sensoren aufgenommenen Daten nach der Signalverarbeitung über Aktoren unmittelbar auf die Fahrausführung auswirken (sollen). So soll das Smart Car sicher (und gerade bezogen auf den Menschen auch sicherer) navigieren, sich anhand von zusätzlichen Informationen orientieren, Kontroll- und Eingriffsmöglichkeiten realisieren und bei fortlaufender Ortung optimal agieren.

Für das funktionierende Smart Car sind eine Reihe von **Akteuren** zu beachten, die ihrerseits durch ihre Beteiligung Auswirkungen auf die IT-Sicherheit des Fahrzeugs haben (können). Typischerweise sind dies zuvorderst die Kfz-Hersteller und Zulieferer, die Beteiligten im Vertriebsnetz und die (Vertrags-)Werkstätten, allerdings auch digitale Plattformanbieter (zB

---

42 *Gudehus*, Logistik 1, Grundlagen, Strategien, Anwendungen, S. 51 ff.
43 BSI, KRITIS-Sektorstudie Logistik, 27.
44 BSI, KRITIS-Sektorstudie Logistik, 52 ff.
45 DIN 30781: Gesamtheit der Förder- und Lagervorgänge beim Übergang der Güter auf ein Transportmittel, beim Abgang der Güter von einem Transportmittel und wenn Güter das Transportmittel wechseln. Kurz: Wechsel der Transportmittel.
46 BSI, KRITIS-Sektorstudie Logistik, 67 ff.
47 BSI, KRITIS-Sektorstudie Logistik, 85 ff.

Google, Apple), Netzbetreiber für die technische Kommunikation, App-Anbieter, und andere sowie die Kfz-Halter (Privatpersonen, Arbeitgeber, Leasing-Geber, Vermieter, Spediteure etc) selbst;[48] ferner die Infrastrukturbetreiber und deren Dienstleister. Denkbar ist daneben auch, dass strategische Partner, die die im Fahrzeug anfallenden Daten auf Plattformen verarbeiten, austauschen und aus- oder aufwerten, Beteiligung finden.[49] Zudem ist an die Interessen von Gerichten, Polizei, Geheimdiensten, sonstige Regierungsbehörden, Werbetreibenden, Marktforschern und Unfallgegnern zu denken.[50]

24 Nachdem sehr viele mechanische **Komponenten** in Fahrzeugen sukzessive durch elektronische und Softwarekomponenten ersetzt wurden, sollte auch die Menge der Kabel im Fahrzeug reduziert werden. Eine Verringerung wurde durch den Einsatz von Steuergeräten erreicht, mit deren Hilfe nun Bordnetzwerke aufgebaut wurden.[51] Die Basis-IT-Architektur eines Kraftfahrzeugs lässt sich wie folgt beschreiben: Zentral sind die im Fahrzeug verbauten und miteinander vernetzten Steuergeräte (Electronic Control Units, ECUs). Sie tauschen Daten über die Bussysteme aus, wobei das fahrzeuginterne Bussystem regelmäßig in unterschiedliche Netzwerksegmente unterteilt wird. Bussysteme mit unterschiedlicher Kritikalität werden dabei mithilfe von internen Gateways verbunden oder getrennt. Das am häufigsten eingesetzte Netzwerkprotokoll ist das Controller Area Network, kurz CAN (→ Rn. 39). In den Bordnetzwerken führt die Kommunikation der Informationen durch das Zusammenspiel von Steuergeräten, Sensoren und Aktuatoren zu Auswirkungen auf das tatsächliche Fahrverhalten.[52]

25 Für den **vernetzten Straßenverkehr**, dh die intelligente Vernetzung des Fahrzeugs mit den Verkehrsinfrastrukturkomponenten (Road Side Units), wie zB Ampeln, Baustellenwarnern oder Schilderbrücken, bedarf es der V2I (Vehicle to Infrastructure)-Vernetzung. Derzeit ist die grundsätzliche Architektur auf eine Kommunikation zwischen den Komponenten der Infrastruktur und einer zentralen Verkehrsleitstelle beschränkt, etwa Einwirkungen der Autobahn-Verkehrsleitzentralen auf den Verkehrsfluss über dynamische Anzeigemöglichkeiten der Höchstgeschwindigkeit an Schilderbrücken. Fahrzeuge mit aktiver Mobilfunkverbindung wären in der Lage, über das zentrale Rechenzentrum (Backend) des Fahrzeugherstellers zu kommunizieren und auf diesem Wege auf Informationen der Verkehrsleitstellen und damit auch der Infrastruktur zuzugreifen.[53]

26 Für die Vernetzung der Fahrzeuge untereinander (**V2V**) werden Funktechnologien eingesetzt, die derzeit ausschließlich lokale Kommunikation vorsehen und als verbindungsloser Broadcast stattfinden.[54]

1. IT-Anwendungen und IT-Infrastrukturen (extern)

27 Daten müssen mit einer Vielzahl weiterer Komponenten und Akteure **außerhalb des Fahrzeuges** ausgetauscht werden. Hierzu zählen die Automobilhersteller und die Fahrzeug-Erstausrüster (Original Equipment Manufacturer, OEM). Zudem werden mit den über die OBD-2[55]-Schnittstellen ausgelesenen Daten bzw. dem daraus abgeleiteten Wissen Dritte versorgt, zB Versicherer, Mechaniker, Dienstleister und Carsharing-Anbieter. Ferner tauschen weitere Verkehrsteilnehmer und Infrastrukturkomponenten über unterschiedliche Schnittstellen Daten

---

48 *Weichert* SVR 2014, 201 (202).
49 Zu Rechtsfragen eines Smart-Data-Austauschs vgl.: *Roßnagel* NJW 2017, 10 ff.
50 *Roßnagel* DuD 2015, 353 (355 f.); *Lüdemann* ZD 2015, 247 (247).
51 *Sharma/Bhargav*, Implementation of Controller Area Network.
52 *Sharma/Bhargav*, Implementation of Controller Area Network.
53 *Ullmann/Strubbe/Wieschebrink* in Roßnagel/Hornung (Hrsg.), Grundrechtsschutz im Smart Car, 2019, S. 296.
54 *Kiometzis/Ullmann* DuD 2017, 227.
55 Seit OBD-2 sind die Fehlercodes (DTC – Diagnostic Trouble Code) auch P0-Codes genannt, in der Norm SAE J2012 bzw. ISO-Norm 15031–6 festgelegt. OBD = On-Board-Diagnose.

mit dem Fahrzeug selbst aus. Über entsprechende Mensch-Maschinen-Schnittstellen kann zudem der Nutzer das Fahrzeug konfigurieren und steuern.[56]

a) IT-Anwendungen

Allgemeingültige, dh für die Branchen im Sektor generell interessante und wichtige Informationen, sind **sicherheitsspezifische Umstände** wie Wetter, Hindernisse und Geschwindigkeitsvorgaben. Derartige Meldungen können zur Entlastung des Verkehrsgeschehens unmittelbar beitragen und sind damit für die Effizienz und Sicherheit des Geschehens auf den jeweiligen Transportwegen von Bedeutung.[57] Im Smart Car finden derartige Informationen Verwendung für die Routenberechnung, die Einhaltung von Geschwindigkeiten und die Einschätzung der konkreten Witterungseinflüsse (etwa Glättegefahr). Ein Austausch solcher Informationen durch einerseits die Erfassung mit Sensoren im und am Fahrzeug und andererseits Ergänzung derjenigen von Herstellern, Wetter- und Navigationsdiensten sowie den Road Site Units hilft, eine optimierte Routenführung zu ermöglichen. Das Smart Car ist dabei auf den vernetzten Straßenverkehr, dh den Informationsaustausch V2V, V2I sowie weitere Quellen (V2X)[58] angewiesen, wenn es zukünftig wesentliche Fahraufgaben automatisiert erledigen können soll. Nützliche IT-Anwendungen in diesem Bereich können durch den Einsatz und die Erbringung kooperativer Systeme und Dienste erreicht werden, die unter dem Kürzel ITS (**Intelligent Transport Systems**) erfasst werden und als Intelligente Verkehrssysteme zu übersetzen[59] sind. Durch die Richtlinie 2010/40/EU (vgl. A. III. 2. d), → Rn. 71) zum Rahmen für die Einführung intelligenter Verkehrssysteme im Straßenverkehr und für deren Schnittstellen zu anderen Verkehrsträgern sind bereits erste Schritte in Richtung Verbesserung der Umweltleistung und der Effizienz, einschließlich der Energieeffizienz und Straßenverkehrssicherheit unternommen worden.

Derzeit sind zunächst **Pilotprojekte** für den Einstieg in den vernetzten Straßenverkehr in Europa zu verzeichnen: so beispielsweise der Cooperative ITS Corridor. Bei diesem handelt es sich um eine Versuchsstrecke zwischen Rotterdam, Frankfurt aM und Wien, auf der die Implementierung von zwei Diensten getestet werden soll. Der erste Dienst ist ein Baustellenwarndienst für Kurzzeitbaustellen. Eine fahrbare Absperrtafel sendet im Umkreis von 800 m Warnhinweise an die sich nähernden Fahrzeuge. Beim zweiten Dienst empfängt die fahrbare Absperrtafel die Daten sich nähernder Fahrzeuge und leitet sie zur Verbesserung des Verkehrsmanagements weiter. Entsprechend werden die Informationen der fahrzeuggenerierten Daten und der Bestandsdaten der Verkehrslage fusioniert, dh effektiv für das Verkehrsmanagement aufgewertet, zB zwecks optimierter Routenführung.[60]

b) IT-Infrastrukturen

Die Informationen können über Leitzentralen ausgetauscht werden oder aber direkt über die Infrastruktur, die **Road Sign Units** (sog. Stationen). Hierzu muss das Fahrzeug eine Funkverbindung haben. In den vorgestellten Beispielen erfolgt dies über eine besondere Art von Wi-Fi-Funkprotokoll. Grundsätzlich werden zwei Arten von Nachrichten unterschieden. 1) Nach-

---

56 *Simo/Waidner/Geminn* in Roßnagel/Hornung (Hrsg.), Grundrechtsschutz im Smart Car, 2019, S. 317.
57 Richtlinie 2010/40/EU, EG 4.
58 Auch als Car2Car- (C2C), Car2Infrastructure- (C2I) und Car2X-Kommunikation (C2X) bezeichnet. Zur Inkompatibilität von V2X auf Grundlage der von der EU-Kommission favorisierten IEEE-Norm 802.11 p und dem von der amerikanischen Federal Communications Commission Cellular Vehicle-to-Everything (C-V2X) bevorzugten Standard s. *Zivadinovic* c't 2/2020, 50 ff.
59 S. Richtlinie 2010/40/EU, EG 3.
60 Vgl. *Ullmann/Strubbe/Wieschebrink* in Roßnagel/Hornung (Hrsg.), Grundrechtsschutz im Smart Car, 2019, S. 297 f.

richten des Typs DENM (Decentralized Environmental Notification Message) werden genutzt, damit einer Verkehrseinrichtung eine Lagemeldung an eine Vielzahl von Verkehrsteilnehmern aussendet, im Beispiel etwa der Status der Absperrtafel.[61] 2) Nachrichten des Typs CAM (Cooperative Awareness Message) dienen dazu, dass sich verschiedene Verkehrsteilnehmer gegenseitig wahrnehmen, Informationen über Position, Bewegungszustand, Zeit, Bewegungszustand, aktivierte Systeme etc austauschen und auf dieser Basis miteinander kooperieren.[62] Die Stationen können in diesem Fall auch Fahrzeuge sein, die V2V-kommunizieren und gleichfalls auf die Verwendung der CAM und DEMN-Nachrichten setzen.[63]

31   Für einen **grenzüberschreitenden intelligenten Verkehr** werden die Fahrzeuge (zusätzlich zu einer Mobilfunkschnittstelle) und Infrastrukturen zukünftig und innereuropäisch mit entsprechenden ITS-G5-Kommunikationsschnittstellen (Wi-Fi) ausgestattet sein. Ferner bedarf es für die gesicherte Kommunikation einer standardisierten Public-Key-Infrastructure (PKI). Der vernetzte Verkehr in Europa wird im Normalfall durch die periodisch versendeten CAM bewerkstelligt und in besonderen Fällen (zB bei definierten Gefahrensituationen) durch die ereignisbezogenen DENM ergänzt. So entsteht ein lokales Lagebild des Verkehrs aus der Mitte der Verkehrsteilnehmer und -infrastrukturen, das eine optimierte Verkehrsführung, -leitung und zunehmend automatisiertes und autonomes Fahren (unter Einbindung der Echtzeitinformationslage) ermöglicht.[64]

32   Da die Informationen für alle Verkehrsteilnehmer zugänglich sein müssen und im Hinblick auf die geringen Latenzzeiten (zB für einen Notbremsassistenten), ist die Kommunikation zwar unverschlüsselt, allerdings elektronisch signiert. Dadurch wird sichergestellt, dass sowohl Integrität als auch Authentizität der Nachrichten durch den Empfänger überprüfbar sind.[65] Den IT-Sicherheitsanforderungen der **Authentizität und Integrität** hinsichtlich der versendeten Datenpakete kommt nicht nur vor dem Hintergrund automatisierten und autonomen Fahrens besondere Bedeutung zu, sondern konkret hinsichtlich der Verbesserung des Verkehrsmanagements. Dieses dürfte noch für einige Jahre wesentlichen Einfluss auf alle Verkehrsteilnehmer haben. Entsprechend sind die Nachrichten jeweils digital signiert und mit Zeitstempel versehen. Die Verifikation der Signaturen verlangt die übergreifende Ausstattung der V2X-Teilnehmer und -Infrastrukturkomponenten mit Zertifikaten.[66] Abseits des ITS-G5-Standards werden auch die üblichen Mobilfunkstandards eine Rolle spielen, wobei gerade hinsichtlich der V2V-Kommunikation Mobilfunkausrüster besondere Anstrengungen zur Integration der CAM und DENM unternehmen.[67]

---

61   ETSI TS 102 637–3 V1.2.2: Intelligent Transport Systems (ITS); Vehicular Communications; Basic Set of Applications; Part 3: Specifications of Decentralized Environmental Notification Basic Service (2010), 13.
62   ETSI EN 302 637–2 V1.3.2: Intelligent Transport Systems (ITS); Vehicular Communications; Basic Set of Applications; Part 2: Specification of Cooperative Awareness Basic Service (2015), 11.
63   *Kiometzis/Ullmann* DuD 2017, 227 ff.
64   *Ullmann/Strubbe/Wieschebrink* in Roßnagel/Hornung (Hrsg.), Grundrechtsschutz im Smart Car, 2019, S. 300.
65   *Ullmann/Strubbe/Wieschebrink* in Roßnagel/Hornung (Hrsg.), Grundrechtsschutz im Smart Car, 2019, S. 302.
66   *Ullmann/Strubbe/Wieschebrink* in Roßnagel/Hornung (Hrsg.), Grundrechtsschutz im Smart Car, 2019, S. 302, die sich auf: ETSI TS 102 941 V1.1.1: Intelligent Transport Systems (ITS); Security; Trust and Privacy Management (2012) beziehen.
67   *Ullmann/Strubbe/Wieschebrink* in Roßnagel/Hornung (Hrsg.), Grundrechtsschutz im Smart Car, 2019, S. 304 f.

2. IT-Anwendungen und IT-Infrastrukturen (intern)

Das Smart Car ist dank seiner modernen PCs ebenbürtigen und darüber hinausreichenden Funktionen das „rollende Rechenzentrum"[68] oder das **„Smartphone auf Rädern"**[69]. Längst geht es nicht mehr nur um Infotainment auf IT-Basis, sondern insbesondere um das vernetzte automatisierte und autonome Fahren, also um das Gefahrenwerden in Verbindung mit sonstigen Assistenzleistungen des Systems (das Fahrzeug als vernetzter intelligenter persönlicher Assistent). Durch das IT-gestärkte Smart Car erfährt das Automobil eine Annäherung an seine ursprüngliche Bedeutung, bestehend aus dem griechischen autòs („selbst, persönlich, eigen") und dem lateinischen mobilis („beweglich"), also das „Selbstbewegliche".[70] Im Kern ist das vernetzte Auto durch die verbaute Hard- und Software sowie entsprechende Schnittstellen in der Lage, seine Abläufe zu überwachen, zu kontrollieren und zukünftig auch entsprechend der Informationslage zunehmend automatisiert auszuführen. Über sein(e) Bordnetz(e) mit den entsprechenden Steuergeräten werden die jeweiligen Fahraufgaben per Datenkommunikation und -verarbeitung vorbereitet und sodann durch die angesprochenen Aktoren umgesetzt.

a) IT-Anwendungen

Die im Fahrzeug verbauten **Hilfsmittel** dienen etwa der Routenführung, der Unterhaltung und Information, der Kommunikation sowie insbesondere der Fahrassistenz wie den Brems-, Abstands-, Spurhalte- und Einparkassistenten oder auch der aktiven Leuchtweitenregulierung. Um deren Funktionsbild gerecht zu werden, werden Kamerasysteme mit Objekterkennung (Verkehrsteilnehmer, Verkehrsschilder etc), Radarsysteme, LiDAR,[71] Infrarot- und Ultraschallsensoren eingesetzt. Deren Informationen sind die Grundlage für das automatisierte Fahren. Entsprechend wird es zunehmend zentral darauf ankommen, dass Smart Cars auch hinsichtlich unterschiedlichster Ereignisse und Fahrsituationen, basierend auf der Fusion von Sensorinformationen und der Infrastruktur sowie KI-Lernverfahren, verlässlich funktionieren. Dies gilt umso mehr, als die ersten Ausbaustufen auf dem Weg zu selbstfahrenden Autos, die ohne Fahrer auskommen könnten, sich bereits im Straßenverkehr unter uns bewegen.[72]

b) IT-Infrastrukturen

Die technischen Infrastrukturen der IT-Fahrzeugtechnik sind nicht homogen: So sorgen für die **Konnektivität** zur Außenwelt etwa OBD sowie Mobilfunkschnittstellen mit unterschiedlichen Standards. Zudem spielen WLANs, dh lokale Funknetzwerke, eine Rolle, die jenseits der Funkstationen der Netzbetreiber von kommerziellen und privaten Anbietern den Kontakt zum Endverbraucher herstellen können.[73] Aber auch die Bordnetze haben es in sich: Die Regelung und Steuerung der elektronischen Bereiche und Anlagen im Fahrzeug erfolgt über die ECU-Steuergeräte. Hierbei handelt es sich um eingebettete Systeme, die nach dem Prinzip Eingabe-Verarbeitung-Ausgabe arbeiten.[74] Diese elektronischen Module, bestehend aus Hardware- und Software-Komponenten, speichern, verarbeiten und kommunizieren Daten mit integrierten Speicherchips, Mikrocontrollern oder Mehrprozessorsystemen. Die Steuergeräte

---

68 *Roßnagel* in Roßnagel/Hornung (Hrsg.), Grundrechtsschutz im Smart Car, 2019, S. 24; Bundesregierung, Strategie automatisiertes und vernetztes Fahren, S. 3 ff.; *Bönninger* in 52. Deutscher Verkehrsgerichtstag, 2014, S. 229; *Bönninger* DuD 2015, 388; *Wagner* in *Oppermann/Stender-Vorwachs*, Autonomes Fahren, 2017, S. 1 ff. sowie *Bönninger/Eichelmann/Methner* in Roßnagel/Hornung (Hrsg.), Grundrechtsschutz im Smart Car, 2019, S. 356 ff.
69 *Weichert* SVR 2014, 201; *Buchner* in Roßnagel/Hornung (Hrsg.), Grundrechtsschutz im Smart Car, 2019, S. 60.
70 *Maurer* in Maurer et al. (Hrsg.), Autonomes Fahren, 2015, S. 2.
71 Light Detection And Ranging.
72 *Hansen* in Roßnagel/Hornung (Hrsg.), Grundrechtsschutz im Smart Car, 2019, S. 274.
73 *Weichert* SVR 2014, 201 (202).
74 BSI, KRITIS-Sektorstudie, Transport und Verkehr, 101.

sind über Sensoren, Aktoren und Nutzerschnittstellen gekoppelt, um so technische und physikalische Vorgänge zu überwachen, zu steuern oder zu regeln.[75]

36 Zu den typischen **Steuergeräten** zählen etwa ABS-Steuergeräte oder das Motorsteuergerät, aber auch alle Assistenzsysteme, wie zB das Elektronische Stabilitätsprogramm (ESP), der automatische oder adaptive Abstandsregler (Automatic/Adaptive Cruise Control oder „Abstandsregeltempomat"), die Geschwindigkeitsregelanlage (Cruise Control oder „Tempomat"[76]) und kamera- oder radargestützte Notbremsassistenten. Ebenfalls Steuergeräte sind in den Multimediageräten wie Infotainment- und Navigationssystemen sowie einfacheren Komponenten wie Scheinwerfern, Außenthermometern, Scheibenreinigungs- oder Klimaanlagen verbaut. In ihnen erfolgt die Datenerzeugung zunächst über die Aufnahme von Daten der Sensoren als Eingangselemente. Handelt es sich bei den Daten um analoge Informationen, werden diese zunächst aufbereitet, dh digitalisiert und in die Mikrocontroller zur Signalverarbeitung über konstante Parametersätze und Programme (zB Steuerungs-/Regelungsalgorithmen) eingespeist. Die Ergebnisse der Signalverarbeitung werden zur Umsetzung durch die Aktoren an die Ausgangselemente der Steuergeräte gegeben.

37 Um die verschiedenen Steuergeräte und ihre Aufgaben im Fahrzeug zu orchestrieren, bedarf es diverser **Schnittstellen**. Hierbei handelt es sich um Kommunikationsschnittstellen und -systeme, sog. Bussysteme. Diese ermöglichen die Vernetzung und den Datenaustausch der elektronischen Bauteile (Steuergeräte, Karosserieelektronik, Sensoren) untereinander.

38 Die ENISA[77] unterscheidet auf abstrakter Ebene vier **Subnetzwerke**, die durch ein zentrales Steuergerät als Gateway verbunden werden: das Antriebs-, das Fahrgestell-Kontroll-, das Karosserie-Kontroll- sowie das Infotainment-Subnetzwerk.[78] Eine Aufteilung des Fahrzeugnetzwerks in Funktionsgruppen und Domänen ermöglicht es, sicherheitskritische Funktionen (zB Bremsen) von anderen (zB Infotainment) getrennt zu steuern.[79] Um dennoch eine Kommunikation zwischen den unterschiedlichen Netzwerken zu ermöglichen, kommen sog. Gateways zum Einsatz. Das Gateway regelt und kontrolliert den Datenfluss zwischen den unterschiedlichen Domänen.[80] Entsprechend sind im Antriebsstrang, Fahrwerk, Komfortsystem und in der Karosserie eine Vielzahl verschiedener weiterer elektronischer Steuergeräte, rund zwei Kilometer Kabel für das Fahrzeugnetzwerk und mehrere tausend Kontakte verbaut.[81] Die Subnetzwerke werden ergänzt durch die Diagnose- und Wartungssysteme sowie die Kommunikationskontrolle. Die Kommunikationskontrolle besteht aus einer Reihe von Funktionen, die über eine Telematik-Kontroll-Einheit (Telematic Control Unit, TCU), die als Gateway fungiert, zur Verfügung gestellt werden.[82] Diagnose- und Wartungssysteme sind hingegen externe Systeme, die durch Schnittstellen über einen dedizierten Port Zugriff auf das Fahrzeug erlauben.[83]

39 Die **Bussysteme** sind inhomogen, so dass mehrere Bussysteme und unterschiedliche Kommunikationsprotokolle verwendet werden. ZB sind bezüglich des Motorraums, der Karosserie und des Infotainments Bussysteme im Einsatz, die als Kommunikationsprotokolle CAN-Feldbus-

---

75 BSI, KRITIS-Sektorstudie, Transport und Verkehr, 101.
76 So die von der Daimler AG etablierte Bezeichnung.
77 European Union Agency for Cybersecurity (früher: European Agency for Network and Information Security), *Gitter* in → § 15 Rn. 26.
78 ENISA WP2016 1–11, Good Practices on the security and resilience of smart cars, 12/2016, 14 ff. Die Empfehlung bezieht sich jedoch auf das Connected Car und hat nicht auch das automatisierte oder autonome Fahren zum Gegenstand, vgl. dort, 13.
79 *Simo/Waidner/Geminn* in Roßnagel/Hornung (Hrsg.), Grundrechtsschutz im Smart Car, 2019, S. 316.
80 *Simo/Waidner/Geminn* in Roßnagel/Hornung (Hrsg.), Grundrechtsschutz im Smart Car, 2019, S. 316.
81 BSI, KRITIS-Sektorstudie, Transport und Verkehr, 101.
82 ENISA WP2016 1–11, Good Practices on the security and resilience of smart cars, 12/2016, 19.
83 ENISA WP2016 1–11, Good Practices on the security and resilience of smart cars, 12/2016, 19.

system, Local Interconnect Network (LIN), FlexRay, Domestic Digital Bus (D²B) und Media Oriented Systems Transport (MOST) verwenden,[84] wobei primäres Netzwerkprotokoll nach wie vor das CAN ist.[85] Über die verschiedenen Gateways können die CAN-Datenpakete, dh die Informationen, in alle anderen Bussysteme kommuniziert werden.[86] Das für Fahrzeuge zentrale CAN-Protokoll ist ISO-Standard,[87] wurde bereits in den 1980er-Jahren entwickelt und ist entsprechend weitverbreitet, da es für die einfache und kostengünstige Datenübertragung in Sensor-Aktor-Systemen gut geeignet war.[88] Die allermeisten Steuergeräte in Fahrzeugen sind über dieses Bussystem verbunden. CAN ist ein nachrichtenbasiertes[89] Protokoll, das entwickelt wurde, um zahlreiche elektronische Komponenten, zB Mikrokontroller, Steuergeräte, Sensoren, Geräte und Aktuatoren, durchgehend über ein Bordnetz kommunizieren zu lassen.[90] CAN-Bus-Systeme finden sich ua auch bei Schienenfahrzeugen, Flugzeug- und Raumfahrzeugtechnik und im maritimen Bereich (zB Brücke-Maschinenraum-Kommunikation).[91]

Daten **von außerhalb des Fahrzeugs** gelangen durch die entsprechenden Kommunikationsschnittstellen und -systeme in die Bordnetze und können dort weiterverarbeitet werden. Typische Hardware-Schnittstellen sind etwa die OBD und USB-Anschlüsse, zu denen die drahtlosen Schnittstellen für Telefon und Internet, also Funkverbindungen, aber zB auch für Keyless Entry oder zum Freischalten der Wegfahrsperre hinzutreten. Insbesondere für die Vernetzung von Fahrzeugen untereinander und mit Infrastrukturen und -diensten bedarf es des Austauschs der Sensordaten und Informationen aus dem Internet, der Verkehrsinfrastruktur und anderen Fahrzeugen über Datenfunk.[92] Zunehmend werden etwa Over-the-air-Updates, dh Softwareaktualisierungen über Datenfunk von Herstellern und Händlern in die Fahrzeuge eingespielt werden.[93] Entsprechend erhöht sich die Zahl der Akteure, die in Datenaustausch mit dem Fahrzeug treten.

B. Besondere Risiken und Bedrohungen

Die Risiken und Bedrohungen sollen für die einzelnen Branchen, abseits des Smart Car, nur exemplarisch und ohne Anspruch auf Vollständigkeit dargestellt werden.

I. Luftverkehr

Viele **Bordsysteme** von Flugzeugen sind in Bezug auf Hard- und Software veraltet, was auch auf deren vergleichsweise lange Lebenszyklen (20–30 Jahre) zurückzuführen ist. Auftretende Sicherheitsrisiken können nicht kurzfristig ökonomisch durch Neuanschaffungen kompensiert werden. Zunehmend ist auch der Trend zu erkennen, dass die Flugzeugsysteme hardwareseitig nicht mehr vollständig voneinander getrennt werden. Wie in allen Bereichen der Informati-

---

84 BSI, KRITIS-Sektorstudie, Transport und Verkehr, 102.
85 *Ullmann/Strubbe/Wieschebrink* in Roßnagel/Hornung (Hrsg.), Grundrechtsschutz im Smart Car, 2019, S. 337; *Zimmermann/Schmidgall*, Bussysteme in der Fahrzeugtechnik: Protokolle, Standards und Softwarearchitektur.
86 *Lokman/Othman/Abu-Bakar* EURASIP Journal on Wireless Communications and Networking 2019: 184, 1.
87 Standardisiert in ISO 11898 seit 1993. Vgl. ENISA WP2016 1–11, Good Practices on the security and resilience of smart cars, 12/2016, 17.
88 *Simo/Waidner/Geminn* in Roßnagel/Hornung (Hrsg.), Grundrechtsschutz im Smart Car, 2019, S. 317.
89 Dh kein adressbasiertes, so dass ein Netzknotenpunkt keine Nachrichten an einen bestimmten Netzknotenpunkt leiten kann, sondern stets nur an alle Netzknotenpunkte. Vgl. *Buttigieg/Farrugia/Meli*, Security issues in Controller Area Networks in Automobiles, 2017, arXiv:1711.05824.
90 *Lokman/Othman/Abu-Bakar* EURASIP Journal on Wireless Communications and Networking 2019: 184, 2.
91 *Hemker/Mischkovsky* DuD 2017, 233 (234).
92 BSI, KRITIS-Sektorstudie, Transport und Verkehr, 102.
93 *Stokar* autotechreview 4/2014, 37 ff.

onstechnologie gehen Hersteller dazu über, Systeme zu integrieren und enger zu vernetzen, um die Anwendungsmöglichkeiten kostengünstig zu erweitern.[94] Dabei kommen zwangsläufig COTS-Standardkomponenten[95] in Hard- und Software zum Einsatz. Insbesondere Wireless-Systeme sind hinsichtlich ihrer potenziellen Fernerreichbarkeit anfällig für Angriffe.[96] Leicht nachvollziehbare IT-Risiken können etwa in Form gezielter Angriffe auf Global Navigation Satellite Systems (GNSS)-Signale und die mit deren Hilfe arbeitenden Systeme (zB Autopiloten) durch Jamming,[97] Spoofing[98] oder Meaconing[99] zu befürchten stehen. Angriffe auf Bodencomputersysteme von Airlines können ebenfalls zu kritischen Problemen führen, etwa wenn sie die Vergabe von Flugplänen betreffen.[100]

II. Schifffahrt

43 Neben Prozessen an Bord wie der Navigation und Steuerung der Maschinen wird digitale Infrastruktur auch in angebundenen Bereichen wie dem Frachtmanagement und der Kommunikation mit Verkehrssteuerungseinrichtungen verwendet. Von Bedeutung sind dabei beispielsweise **Supervisory Control and Data Acquisition** (SCADA) Geräte. Sie erlauben die Überwachung und Steuerung verteilter technischer Prozesse über einfache Internetverbindungen. Der Schutz dieser Systeme spielt derzeit jedoch nur eine untergeordnete Rolle, so dass Gefahren nicht nur für die Systeme, sondern auch für verbundene Komponenten wie Datenbanken bestehen.[101] IuKT haben für die Steuerung und die Vernetzung der Schiffe (von der Navigation bis zum Antrieb) sowie das Hafen- und Frachtmanagement ebenso wie für die Verkehrswegkontrolle und Überwachung zentrale Bedeutung.[102] So ist etwa das Tracking der Fracht und deren Identifizierung anfällig für Cyberangriffe, was gleichermaßen für die automatischen Systeme gilt, die in Häfen mit der Fracht umgehen.[103] Grundsätzlich und schiffspezifisch gefährdet sind alle in → Rn. 11 ff. genannten Systeme.[104] Auch das Manipulieren der GPS-Signale stellt, wie im Luftverkehr, eine besondere Bedrohung dar.[105]

III. Schienenverkehr

44 Durch die Öffnung des Schienenverkehrs für europäisch-grenzüberschreitende Aktivtäten wird sich die Anzahl der Verkehrsunternehmen erhöhen, was zu einer höheren Dichte an digi-

---

94 S. www.vcockpit.de/themen-und-positionen/flight-safety/safesky-2016/it-security.html.
95 Roadmap to Secure Control Systems in the Transportation Sector, August 2012, 8.
96 *Santamarta*, Whitepaper IOActive 8/2019; Boeing 787: Forscher dokumentiert Schwachstellen in Netzwerkkomponenten-Firmware, heise.de vom 8.8.2019, heise.de/-4491154; US-Behörden wollen Boeing 757 gehackt haben, golem.de vom 15.11.2017, www.golem.de/news/funkverbindungen-us-behoerden-wollen-boeing-757-gehackt-haben-1711-131150.html; Roadmap to Secure Control Systems in the Transportation Sector, August 2012, 12.
97 Absichtliche Störung elektromagnetischer Signale bei GNSS-Frequenzen. Dazu wird ein starkes, rauschartiges Störsignal ausgesendet, mit dem Ziel, eine Verschlechterung der Positionierungsgenauigkeit oder einen Ausfall der Positionierung herbeizuführen.
98 Vortäuschen einer Identität durch Abfangen von Informationen. Es wird dann das Signal mit der gespooften Identität imitiert, um die berechnete Positions- und Zeitinformation des Empfängers gezielt zu manipulieren.
99 Kofferwort aus „masking beacon"; dient dem Abfangen und der Sendungswiederholung der Navigationssignale. Die zuvor abgefangenen und aufgenommenen GNSS-Signale werden zeitversetzt ausgesendet, um die errechnete Positionslösung von der tatsächlichen Position wegzuschieben.
100 So 2015 dokumentiert für die polnische Fluggesellschaft LOT, www.reuters.com/article/us-poland-lot-cybercrime/polish-airline-hit-by-cyber-attack-says-all-carriers-are-at-risk-idUSKBN0P21DC20150622.
101 ENISA, Analysis of cybersecurity aspects in the maritime sector, 2011, 9.
102 ENISA, Analysis of cybersecurity aspects in the maritime sector, 2011, 1.
103 ENISA, Analysis of cybersecurity aspects in the maritime sector, 2011, 9 ff.
104 *International Maritime Organization*, Guidelines on maritime cyber risk management, 7/2017, MSC-FAL.1/Circ.3, Annex, 1.
105 2013 dokumentiert für Signal-Spoofing durch die University of Texas at Austin, news.utexas.edu/2013/07/29/ut-austin-researchers-successfully-spoof-an-80-million-yacht-at-sea/. Für 2019 mit Angriffen auf das AIS diverser Schiffe in Shanghai: *Harris*, Tech.Rev. 2020, 60 ff.

tal zu bewältigender Information und deren Integration in vorhandene Systeme führt. Mittels telematischer Systeme soll dabei eine Effizienzsteigerung des Schienenverkehrs erreicht werden und zwar bei Erhöhung der Sicherheit und besserer Planbarkeit des Eisenbahnverkehrs. Weitere Meriten der **Telematik** sind die durchgängige Frachtverfolgung und Kommunikation zwischen Leitzentralen und Schienenverkehrsteilnehmern sowie ein besserer Informationszugang und erleichterte Servicefunktionen. Jedoch bietet die Überwachung und Verfolgung von Zügen in Verbindung mit digitaler Steuerung der Schienenverkehrsinfrastruktur Angriffspunkte, so dass die Verbreitung telematischer Systeme insbesondere auch im grenzüberschreitenden Verkehr Risiken birgt.[106] Elektronische Zugbeeinflussungssysteme (→ Rn. 16) können zudem Eingriffe von außerhalb in die Schienenfahrzeuge ermöglichen.

IV. Logistik

Die Logistik ist allgemein den **Risiken und Bedrohungen** der übrigen Branchen im Sektor Transport und Verkehr unterworfen, erbringt sie ihre Leistung doch auf deren Transportmitteln, Infrastrukturen und durch deren Betreiber. Hier besteht eine durchgängige Abhängigkeit hinsichtlich des Gelingens einer unterbrechungsfreien Logistik. Das zeigt sich insbesondere bei Ausbleiben logistischer Leistungen, die etwa die Versorgung der anderen Sektoren im Bereich Gesundheit, Ernährung, Energie und Finanzen betrifft. Die Risiken autonomer Transportsysteme und entsprechender Infrastrukturen schlagen in dieser Branche voll durch. 45

V. Smart Car

Wenn das moderne Fahrzeug ein „Computer auf Rädern"[107] ist, dessen Konnektivität ua über das Internet bewerkstelligt wird, dann erstrecken sich auch die dort bekannten Bedrohungen für IT in diesen Bereich. Die **Komplexität** der im vernetzten und intelligenten Fahrzeug eingesetzten Technik bedingt zwangsläufig zahlreiche potenzielle Angriffspunkte auf die IT-Sicherheit. Hier manifestieren sich aber auch fahrzeugspezifische Risiken, wie etwa die Gefährdung von Leben und Gesundheit der Fahrzeuginsassen im Falle eines erfolgreichen Angriffs auf die Lenkung des Fahrzeugs (→ Rn. 48). Hinsichtlich der bloßen Sachschäden ergibt sich im Falle des vernetzten und intelligenten Fahrzeugs der hohe monetäre Wert des Fahrzeugs als Sonderproblem zB im Verhältnis zu Schäden an einem vernetzten Haushaltsgerät. Eine weitere Besonderheit des Fahrzeugs ist seine Zugänglichkeit für Unbefugte, wenn es im Freien oder im öffentlichen Raum abgestellt ist. Zudem kommen Fahrzeuge in besonderem Maße sowohl als Tatmittel wie auch als Tatziel terroristischer Akte infrage. 46

Schätzungen zufolge werden 2023 mehr als 342 Millionen vernetzte Fahrzeuge (in unterschiedlichen technischen Ausprägungen) im **Connected Car-Markt** weltweit unterwegs sein,[108] davon 22,03 Millionen allein in Deutschland.[109] In den USA werden es im selben Jahr 95,69 Millionen Fahrzeuge sein,[110] in China 73,33 Millionen.[111] 47

Schon jetzt sind etliche Fahrzeuge über das Internet mit den **Backend-Systemen** der Hersteller verbunden. Die Kommunikationsschnittstellen, etwa zur Aufnahme der Informationen der 48

---

106 BSI, KRITIS-Sektorstudie, Transport und Verkehr, 49.
107 *von Schönfeld* DAR 2015, 617 (617).
108 Statista, Prognostizierte Anzahl an vernetzten Fahrzeugen im Connected Car Markt weltweit von 2017 bis 2023 nach Subsegmenten (in Millionen), 8.8.2018.
109 Statista, Prognostizierte Anzahl an vernetzten Fahrzeugen im Connected Car Markt in Deutschland von 2017 bis 2023 nach Subsegmenten (in Millionen), 8.8.2018.
110 Statista, Prognostizierte Anzahl an vernetzten Fahrzeugen im Connected Car Markt in den USA von 2017 bis 2023 nach Subsegmenten (in Millionen), 8.8.2018.
111 Statista, Prognostizierte Anzahl an vernetzten Fahrzeugen im Connected Car Markt in China von 2017 bis 2023 nach Subsegmenten (in Millionen), 8.8.2018.

Außenwelt, sind gängige Einfallstore, um Schad- und Fremdsoftware in Fahrzeugnetze einzuführen und gegebenenfalls auch von dort zu verbreiten. Dies ist im Hinblick auf die kritischen Infrastrukturkomponenten von Betreibern und Zulieferern nicht anders. Werden konkret Smart Cars oder die vernetzten Infrastrukturen angegriffen, ist damit zu rechnen, dass derartige Angriffe auch Todesfälle zur Folge haben werden. Aktuelle Angriffe[112] auf das Smart Car selbst teilen eine Gemeinsamkeit, die nicht zuletzt auch in den verwendeten Bussystemen begründet liegt: Durch Schwachstellen in IT-Komponenten, zB in Infotainmentsystemen, gelingt es Angreifern, speziell aufbereitete Datenpakete in das fahrzeuginterne Netzwerk einzuspeisen und dadurch die Kontrolle über sicherheitskritische Fahrzeugelemente, wie den Motor, die Bremsen oder die Lenkungseinrichtung, zu übernehmen.[113]

49 Da moderne Fahrzeuge stark auf die fraglichen Softwarefunktionen angewiesen sind und typischerweise eine Vielzahl von Steuergeräten in ihnen verbaut sind, besteht eine hohe Wahrscheinlichkeit, dass auch der verwendete Code **Bugs oder Verwundbarkeiten** enthält, die bei Ausbeutung Risiken zeitigen und damit die Fahrzeuge unsicher machen. Problematisch ist etwa das weitverbreitete CAN. Es ist grundsätzlich anfällig für zwei zentrale Arten von Angriffen: Einerseits auf die Häufigkeit der versendeten CAN-Pakete, andererseits auf den Inhalt dieser Pakete, den Payload.[114]

50 Grundsätzlich fehlen dem CAN-Bussystem **Authentifizierungsmechanismen**, so dass weder Nachrichten noch Geräte authentifiziert werden können. Infolgedessen können auch keine legitimen oder bösartige Steuergeräte unterschieden werden. Neben Replay-Attacken wird daher auch Spoofing ermöglicht, da ein nicht-autorisiertes Gerät leicht mit dem CAN-Bus verbunden werden kann. Problematisch ist auch die fehlende Segmentierung im CAN-Ursprungsdesign. So wurde CAN als Single-Serial-Bus gestaltet, in dem alle Netzknotenpunkte in einem einzigen Netzwerk miteinander verbunden sind. Weil aber im CAN alle Nachrichten an alle Netzknotenpunkte versendet werden, kann auch jedes Steuergerät Nachrichten an sicherheitskritische Steuergeräte senden, also auch solche, die etwa das Bremsen kontrollieren. Nichtautorisierte Geräte können daher auch mit den sicherheitskritischen Steuergeräten kommunizieren. Erlangt ein Angreifer Zugriff auf ein CAN-Kabel, kann er deshalb Zugang zum gesamten Netzwerk erhalten.[115] Ebenfalls kritisch zu betrachten ist, dass die Kommunikation unverschlüsselt[116] stattfindet. So können auch die Integrität und die Privatsphäre auf dem Spiel stehen. Aus diesem Grund ist auch das Belauschen durch nicht-autorisierte Geräte möglich. Ferner ist das CAN anfällig für Denial of Service Angriffe (DoS). Nach der Logik des CAN werden als wichtig markierte Nachrichten prioritär behandelt, alle anderen müssen derweil warten. Wird das Netzwerk daher mit prioritären Nachrichten geflutet, besteht eine hohe Wahrscheinlichkeit, dass es zusammenbricht. Entsprechend der Belegung durch prioritäre Nachrichten ist die Bandbreite des Netzwerks ausgeschöpft, so dass auch andere Netzknoten-

---

112 ZB dokumentiert durch *Valasek/Miller*, Adventures in Automotive Networks and Control Units, IOActive Technical White Paper 2014; *Miller/Valasek*, Remote Exploitation of an Unaltered Passenger Vehicle, 2015.
113 *Simo/Waidner/Geminn* in Roßnagel/Hornung (Hrsg.), Grundrechtsschutz im Smart Car, 2019, S. 313. *Miller/Valasek*, Remote Exploitation of an unaltered passenger vehicle, 2015, haben derartige Einwirkungsmöglichkeiten über CAN auf den 2014er Jeep Cherokee beschrieben. Für eine Übersicht zu Cyberangriffen auf CAN vgl. *Lokman/Othman/Abu-Bakar*, Intrusion detection system for automotive Controller Area Network (CAN) bus system: a review, EURASIP Journal on Wireless Communications and Networking 2019: 184, 3 f.
114 *Lokman/Othman/Abu-Bakar*, Intrusion detection system for automotive Controller Area Network (CAN) bus system: a review, EURASIP Journal on Wireless Communications and Networking 2019: 184, 6 ff.
115 *Buttigieg/Farrugia/Meli*, Security issues in Controller Area Networks in Automobiles, 2017, arXiv:1711.05824.
116 Ein manipulierter Knoten könnte etwa alle übertragenen Nachrichten aufzeichnen und auswerten. Hierdurch ließen sich Pakete analysieren, um später selbst Pakete erstellen oder sensitive Informationen über das Fahrzeug ableiten zu können. Vgl. *Simo/Waidner/Geminn* in Roßnagel/Hornung (Hrsg.), Grundrechtsschutz im Smart Car, 2019, S. 319.

punkte keine Nachrichten mehr senden können. Aus IT-Sicherheitssicht wäre damit die Verfügbarkeit beeinträchtigt.[117]

Entsprechend diesen Ausführungen können **Angriffe** auf das vernetzte Fahrzeugs unterschiedliche Wirkungen zeitigen: So können sie etwa zur Beeinträchtigung der betrieblichen Sicherheit des Fahrzeugs, zur Unterbrechung von Fahrzeugfunktionen, zur Veränderung der Software und geänderter Leistungsfähigkeit, zu veränderter Software ohne Auswirkungen auf die Fahrzeugbedienung, zu Datenintegritätsverlusten, zu Datenvertraulichkeitsverlusten und zum Verlust der Verfügbarkeit der Daten führen.[118] Das World Forum for Harmonization of Vehicle Regulations, eine Arbeitsgruppe der UNECE (→ Rn. 67), weist die nachstehenden Risiken und Bedrohungen als zentral aus. 51

1. Bedrohungen mit Bezug auf die zentralen Rechenzentren/Backend-Server

Bedrohungen mit Bezug zum Backend-Server,[119] dh zum zentralen Rechenzentrum des Herstellers, stellen die erste Kategorie dar. Angriffe können über **schlecht gesicherte Backend-Server** selbst ausgeführt werden. Dabei kann es zur Entnahme von Daten kommen oder zu Störungen des Backend-Servers, um dadurch den Fahrzeugbetrieb zu beeinträchtigen, zB durch das Verhindern des Interagierens mit anderen Fahrzeugen und der hierauf basierenden Dienste. Denkbar sind auch Verluste oder Beeinträchtigungen der Daten, die auf Innentäter zurückzuführen sind oder die aufgrund eines nicht-autorisierten Internetzugangs eines Servers (zB Backdoor, ungepatchte Systeme) oder nicht-autorisierten Zugriffs auf den Server (zB ausgeführt über USB-Stick) eintreten.[120] 52

2. Bedrohungen im Hinblick auf die Kommunikationskanäle

Nachrichten oder Daten, die durch das Fahrzeug empfangen werden, können einem **Spoofing-Angriff** unterfallen. Dabei könnten etwa Nachrichten bezüglich des Platoonings[121] betroffen sein oder auch schlicht eine Vielzahl nicht vorhandener Fahrzeuge simuliert werden. Kommunikationskanäle können dazu missbraucht werden, Daten zu manipulieren, sie zu löschen oder Veränderungen an dem vom Fahrzeug verwendeten Code oder den Daten vorzunehmen, etwa durch Einschleusen von verfälschtem Code in die Fahrzeugkommunikation. Bedrohungen können auch darin bestehen, dass die Kommunikationskanäle es zulassen, nicht-vertrauenswürdige oder unseriöse Nachrichten zu empfangen oder darin, dass sie anfällig für Session-Hijacking[122] oder Replay-Attacken[123] sind. Ferner können Informationen leicht zugänglich sein, etwa durch Belauschen der Kommunikation oder aufgrund nicht-autorisierten Zugangs zu sensiblen Daten oder Ordnern. Auch DoS-Attacken stehen zu befürchten. Denkbar ist auch, dass nicht-berechtigte Nutzer Zugang zu Fahrzeugsystemen erhalten oder in die 53

---

117 *Buttigieg/Farrugia/Meli*, Security issues in Controller Area Networks in Automobiles, 2017, arXiv:1711.05824.
118 Draft Recommendation on Cyber Security of the Task Force on Cyber Security and Over-the-air issues of UNECE WP.29 GRVA, Date: 20/09/2018, Annex B, 25.
119 System, welches das Netzwerk im Hintergrund mit einer Dienstleistung versorgt. Vgl. *Fischer/Hofer*, Lexikon der Informatik, 2011, 89 „Backend, Back End".
120 Draft Recommendation on Cyber Security of the Task Force on Cyber Security and Over-the-air issues of UNECE WP.29 GRVA, Date: 20/09/2018, 6, 25, 26.
121 Bei vernetzten Fahrzeugen, die im Konvoi fahren, wird das Fahrverhalten des vorausfahrenden Fahrzeugs auf die nachfolgenden Fahrzeuge im Konvoi übertragen.
122 Übernahme einer etablierten Sitzung durch Diebstahl von eindeutigen Sitzungs-Kennungen (Session IDs), zB Diebstahl eines Cookies; Ziel ist es, durch die gestohlene Session ID dieselben Rechte zu erlangen wie der zuvor authentisierte Kommunikationspartner. Vgl. *Fischer/Hofer*, Lexikon der Informatik, S. 73 „Attacke, Session Hijacking-".
123 Wiederholtes Einspeisen nicht oder nur leicht veränderter (vorher abgehörter) Daten, zB von Kennungen, in ein Opfersystem, um sich dort Zugriff zu verschaffen oder dessen Reaktionen zu analysieren. Vgl. *Fischer/Hofer*, Lexikon der Informatik, S. 73 „Attacke, Replay-".

Kommunikationsmedien eingebettete Viren Fahrzeugsysteme infizieren können. Zudem können vom Fahrzeug empfangene oder in ihm gesendete Nachrichten schädlichen Inhalt beinhalten.[124]

3. Bedrohungen mit Bezug zu Updatevorgängen

54 **Updatevorgänge** können missbraucht oder beeinträchtigt werden. Zudem ist es möglich, dass legitime Updates blockiert oder vorenthalten werden.[125]

4. Bedrohungen aufgrund menschlichen Fehlverhaltens

55 Denkbar sind **Fehleinstellungen** der Ausstattung oder Systeme durch hierzu Berechtigte, etwa den Besitzer oder den Angestellten einer Werkstatt. Berechtigte können unbeabsichtigt Handlungen vornehmen, die einen Cyber-Angriff erleichtern.[126]

5. Bedrohungen mit Bezug zur Konnektivität und zu Verbindungen nach außen

56 Cyber-Angriffe können durch die **Manipulation der Konnektivität** der Fahrzeugfunktionen ermöglicht werden, zB hinsichtlich der Systeme, die eine Fernbedienung erlauben oder Kurzstrecken-Funkverbindungen nutzen. Auf diese Weise könnte etwa das verschlossene Fahrzeug unbefugt entriegelt oder berechtigten Personen der Einstieg ins Fahrzeug verwehrt werden. Es kann auch die Fahrzeugtelemetrie gestört werden, zB im Hinblick auf die Temperaturmessung. Auch können Geräte, die mit den Schnittstellen wie USB oder OBD verbunden werden, zum Einspielen eines Angriffs genutzt werden.[127]

57 **Potenzielle Ziele** für Angriffe können faktisch alle Instanzen und Dienste rund um das Smart Car und seine Infrastrukturen sein:
- Fahrzeuge mit V2X-Schnittstelle,
- Backend-Rechenzentren der Fahrzeughersteller,
- Infrastrukturkomponenten, ihre Funktionen und Dienste sowie Verkehrszentralen,
- Public-Key-Infrastrukturen für die V2X Kommunikation,
- Verkehrs-Informationsdienste,
- Kommunikationsinfrastrukturen und
- die drahtlose Kommunikation.[128]

C. Sektorale Rechtsvorschriften im Bereich des Straßenverkehrs

58 Allgemein gelten für den gesamten Sektor Transport und Verkehr die Vorgaben der 2016 in Kraft getretenen NIS-Richtlinie und das BSIG. Der Verkehr, untergliedert in Luft-, Schienen-, Straßenverkehr und Schifffahrt, stellt eine der in der Richtlinie definierten sieben Kategorien sog. „wesentlicher Dienste" dar und ist als „Transport und Verkehr" Kritische Infrastruktur im Sinne des BSIG (→ Rn. 1). Dabei umfasst der Sektor durch die BSI-KritisV auch die Logistik und Informationssysteme wie Anlagen zur Wetter- und Gezeitenvorhersage oder zur Wasserstandsmeldung (soweit sie gesetzlich zur Diensterbringung verpflichtet sind) sowie Satellitennavigationssysteme.

---

124 Draft Recommendation on Cyber Security of the Task Force on Cyber Security and Over-the-air issues of UNECE WP.29 GRVA, Date: 20/09/2018, 6, 26, 27.
125 Draft Recommendation on Cyber Security of the Task Force on Cyber Security and Over-the-air issues of UNECE WP.29 GRVA, Date: 20/09/2018, 6.
126 Draft Recommendation on Cyber Security of the Task Force on Cyber Security and Over-the-air issues of UNECE WP.29 GRVA, Date: 20/09/2018, 6.
127 Draft Recommendation on Cyber Security of the Task Force on Cyber Security and Over-the-air issues of UNECE WP.29 GRVA, Date: 20/09/2018, 6, 28.
128 *Ullmann/Strubbe/Wieschebrink* in Roßnagel/Hornung (Hrsg.), Grundrechtsschutz im Smart Car, 2019, S. 307.

Das BSIG verpflichtet in § 8 a Abs. 1 S. 1 die Betreiber Kritischer Infrastrukturen „angemessene **organisatorische und technische Vorkehrungen** zur Vermeidung von Störungen der Verfügbarkeit, Integrität, Authentizität und Vertraulichkeit ihrer informationstechnischen Systeme, Komponenten oder Prozesse zu treffen, die für die Funktionsfähigkeit der von ihnen betriebenen Kritischen Infrastrukturen maßgeblich sind". Maßstäbe sind der Stand der Technik und das Verhältnis zwischen dem Aufwand für die Vorkehrungen und den Folgen eines Ausfalls oder einer Beeinträchtigung. Eine ähnliche Pflicht trifft nach § 8 c BSIG Anbieter digitaler Dienste. Grundlegende Empfehlungen an die Sicherheit von Informationssystemen finden sich in den BSI-Standards, wobei hier insbesondere 100–1 bis 100–4 zu nennen sind.[129] Begleitet werden die Standards vom IT-Grundschutz-Kompendium.

Die nachfolgende Darstellung beschränkt sich auf sektorale IT-Sicherheit im Kontext des Straßenverkehrs. Bezogen auf die weiteren Bereiche des Sektors Transport und Verkehr sei lediglich festgestellt, dass die rechtliche Rahmung des Luftverkehrs durch die Chicago Convention[130] und ihre Anhänge sowie das Luftsicherheitsgesetz und das Luftverkehrsgesetz erfolgt. Die Durchführungsverordnung (EU) Nr. 1035/2011 fordert von Erbringern von Flugverkehrsdiensten die Einrichtung eines Sicherheitsmanagementsystems.[131] Konkrete Anforderungen an einzelne Sicherheitsmaßnahmen, die auch die IT-Sicherheit betreffen können, finden sich in der Durchführungsverordnung (EU) 2015/1998. Auf technischer Seite sind insbesondere die Standards der Aeronautical Radio, Incorporated (ARINC), die Airborne Software Development Assurance und die Software Considerations in Airborne Systems and Equipment Certification zu nennen. Für den Schienenverkehr finden sich Anforderungen im Allgemeinen Eisenbahngesetz (AEG) und der Eisenbahn-Bau und Betriebsordnung (EBO). Die Zulassung in den jeweiligen Bereichen ist durch die Luftverkehrs-Zulassungs-Ordnung bzw. die Eisenbahn-Inbetriebnahmegenehmigungsverordnung geregelt. Die Seeschifffahrt wird wesentlich über die Seeschifffahrtsstraßen-Ordnung, die Binnenschifffahrt über die Binnenschifffahrtsstraßen-Ordnung reguliert.

I. Wiener Übereinkommen über den Straßenverkehr

Die **internationale Rahmung des Straßenverkehrs** erfolgt durch das Wiener Übereinkommen über den Straßenverkehr.[132] Es wurde zuletzt 2014 geändert; zentrale Neuerung war hier Art. 8 Abs. 5bis.[133] Art. 8 Abs. 5 und Art. 13 Abs. 1 des Übereinkommens stellen fest, dass der Führer, den nach Art. 8 Abs. 1 jedes in Bewegung befindliche Fahrzeug haben muss, das Fahrzeug dauernd und unter allen Umständen beherrschen muss. Als vereinbar hiermit sollen jedoch Fahrzeugsysteme gelten, „die einen Einfluss auf das Führen des Fahrzeugs haben, […] wenn sie den Bedingungen für den Bau, den Einbau und die Verwendung nach den internationalen Rechtsinstrumenten betreffend Radfahrzeuge, Ausrüstungsgegenstände und Teile, die in Radfahrzeuge(n) eingebaut und/oder verwendet werden können, entsprechen". Entsprechen solche Fahrzeugsysteme nicht den genannten Anforderungen, so sind sie dennoch zulässig, wenn sie vom Führer übersteuert oder abgeschaltet werden können. Systeme, die das Führen des Fahrzeugs beeinflussen, müssen in besonderem Maße vor unbefugtem Zugriff geschützt werden. Derzeit gilt die dritte Revision des Übereinkommens vom 20.3.1958 über die Annahme einheitlicher technischer Vorschriften für Radfahrzeuge, Ausrüstungsgegenstände und Teile, die in Radfahrzeuge(n) eingebaut und/oder verwendet werden können, und die

---

129 100–1: Managementsysteme für Informationssicherheit, 100–2: IT-Grundschutz-Vorgehensweise, 100–3: Risikoanalyse auf Basis von IT-Grundschutz, 100–4: Notfallmanagement.
130 Convention on International Civil Aviation, Doc 7300 vom 7.12.1944.
131 Anhang II Nr. 3.1.
132 Übereinkommen über den Straßenverkehr vom 8.11.1968.
133 Die Änderung ist am 23.3.2016 in Kraft getreten.

Bedingungen für die gegenseitige Anerkennung von Genehmigungen, die nach diesen Vorschriften erteilt wurden. Dem Abkommen angeschlossen sind UNECE-Regelungen, die etwa Türschlösser (R 11) oder die Sicherung gegen unbefugte Benutzung (R 18) betreffen.

II. Sektorales IT-Sicherheitsrecht und Leitlinien in Deutschland und der Europäischen Union

62 **Bereichsspezifische Rechtsvorschriften** zu Fragen der IT-Sicherheit sind bezogen auf das vernetzte und intelligente Fahren noch vergleichsweise rar gesät. Dies ändert sich jedoch allmählich. In Ermangelung bereichsspezifischer Vorschriften sind insbesondere die in den Kapiteln §§ 8 bis 12 und 14 dargestellten Normen auf die spezifischen Umstände des vernetzten und intelligenten Fahrens zu konkretisieren. Bezüglich Telekommunikations- und Telemedien-Dienstleistungen rund um das Fahrzeug sei auf Kapitel → § 21 Rn. 1 ff. verwiesen; bezüglich der Absicherung der energietechnischen Versorgungsinfrastruktur auf Kapitel → § 23 Rn. 1 ff. – hier ist insbesondere an die Absicherung von Ladestationen für Elektrofahrzeuge zu denken.

63 Die Schwierigkeiten der Konkretisierung von rechtlichen Sicherheitsvorgaben bei Fahrzeugen zeigt auch ein Blick auf die **datenschutzrechtlichen Anforderungen**. Art. 32 Abs. 1 DS-GVO enthält eine lange Liste von Qualifizierungen, unter denen „geeignete technische und organisatorische Maßnahmen" zu treffen sind. Abs. 2 sieht eine Risikoabwägung vor, die vom für die Datenverarbeitung Verantwortlichen vorzunehmen ist. Die Anforderungen von Abs. 1 sollen nach Abs. 3 etwa durch genehmigte Zertifizierungsverfahren gemäß Art. 42 DS-GVO nachgewiesen werden; solche Zertifizierungsverfahren sind indes derzeit gar nicht verfügbar, sondern noch im Aufbau begriffen.

64 Vor allem ist hervorzuheben, dass IT-Sicherheit derzeit noch kein Faktor bei der **Typgenehmigung** ist. Auch hier sind jedoch Änderungen geplant, die im Folgenden adressiert werden.

1. Fahrzeugzulassung

65 Kraftfahrzeuge mit einer bauartbedingten Höchstgeschwindigkeit von mehr als 6 km/h und deren Anhänger bedürfen nach §§ 1, 3 Abs. 1 S. 1 Fahrzeugzulassungsverordnung (FZV) der Zulassung, um sie im Verkehr auf öffentlichen Straßen betreiben zu dürfen. Zum Verkehr auf öffentlichen Straßen sind nach § 16 Abs. 1 der Straßenverkehrszulassungsordnung (StVZO) alle Fahrzeuge zugelassen, die den Vorschriften der StVZO und der Straßenverkehrsordnung (StVO) entsprechen. Dazu müssen Fahrzeuge etwa gemäß § 30 Abs. 1 StVZO so gebaut und ausgerüstet sein, dass ihr **verkehrsüblicher Betrieb** niemanden schädigt oder mehr als unvermeidbar gefährdet, behindert oder belästigt, die Insassen insbesondere bei Unfällen vor Verletzungen möglichst geschützt sind und das Ausmaß und die Folgen von Verletzungen möglichst gering bleiben. Die StVZO wird aktuell schrittweise abgelöst. Wesentliche Teile wurden in die FZV überführt.

2. Typgenehmigung

66 Die Typgenehmigung von Kraftfahrzeugen erfolgt in Deutschland durch das Kraftfahrt-Bundesamt in Flensburg. Die **Genehmigungsvoraussetzungen** sind zentral für die konkrete Ausgestaltung von Kraftfahrzeugen für die Hersteller. Maßgeblich ist die EG-Fahrzeug-Genehmigungsverordnung (EG-FGV) in Umsetzung der Richtlinie 2007/46/EG. Regelungen zu IT-Sicherheit sind dort nicht enthalten. Die RL 2007/46/EG wird mit Wirkung zum 1.9.2020 aufgehoben werden. Gleichzeitig beginnt die Geltung der Verordnung (EU) 2018/858. Doch auch dieser Rechtsakt enthält keine Regelungen zur IT-Sicherheit. Allerdings wird die Europäische Kommission zum Erlass von Rechtsakten ermächtigt, die auch genutzt werden können, nachträglich Anforderungen an die IT-Sicherheit zu formulieren.

67　Wesentliche Spezifizierungen zur Typengenehmigung trifft die UNECE, insbesondere das Weltforum für die Harmonisierung von Fahrzeugvorschriften als Arbeitsgruppe des Inland Transport Committee (WP.29 des ITC). Deren Vorgaben werden durch die Europäische Kommission per Rechtsakt für verbindlich erklärt.[134] Dies ist bezogen auf die **Anforderungskataloge** und die **Prüfkriterien** zur Typengenehmigung geschehen. Auch hier finden sich aktuell noch keine expliziten Anforderungen an die IT-Sicherheit. Jedoch arbeitet die Task Force on Cyber Security and Over-the-air issues (CS/OTA) der UNECE WP.29 seit 2016 an neuen Standards, die nun auch das Thema Cyber Security in den Fokus nehmen. Bereits 2017 wurde ein „Proposal for draft guidelines on cyber security and data protection" veröffentlicht.[135] Zudem existieren Vorgaben, die sich indirekt mit IT-Sicherheit beschäftigen; so etwa die UNECE Regelung Nr. 116 zu einheitlichen technischen Vorschriften für den Schutz von Kraftfahrzeugen gegen unbefugte Benutzung.[136] Hier ist Teil I mit der Genehmigung eines Fahrzeugs der Klasse M1 oder N1[137] hinsichtlich seiner Schutzeinrichtungen gegen unbefugte Benutzung und Teil IV mit der Genehmigung von Wegfahrsperren und der Genehmigung eins Fahrzeugs hinsichtlich seiner Wegfahrsperre befasst. Die Regelung nimmt nicht explizit Bezug auf Vorschriften der IT-Sicherheit, würde diese aber infolge ihrer Anforderungen an die entsprechenden elektronischen und elektromechanischen Systeme zum Erreichen der Ziele erfordern. So sieht Teil I ua vor, dass eine Schutzeinrichtung gegen unbefugtes Benutzen (gemeint sind Schlüssel oder entsprechende Fernbedienungen) so ausgestaltet sein muss, dass sie zunächst ausgeschaltet ist, bevor der tatsächliche Fahrbetrieb ermöglicht wird. Auch darf sie nicht deaktiviert werden können. Für die Wegfahrsperre gelten diese Anforderungen weitgehend in den genannten Punkten sinngemäß.

68　Bereits in der zweiten Hälfte des Jahres 2020 könnten die Recommendation on Cyber Security[138] sowie die Recommendation on Software Updates[139] der Task Force on Cyber Security and Over-the-air issues in Kraft treten. Sie würden dann über Verordnung (EU) 2018/858 als verpflichtend erklärt. Die Recommendation on Cyber Security enthält zehn abstrakte „**Cyber Security Principles**" und beschreibt sowohl Bedrohungen für die IT-Sicherheit als auch mögliche Abhilfemaßnahmen. Eine genaue Bestimmung dahingehend, wie die genannten Prinzipien konkret zu erfüllen sind, soll nicht erfolgen. Stattdessen wird auf technische Standards, insbesondere auf die in Entstehung befindliche ISO/SAE 21434 verwiesen (→ Rn. 107). Wesentliches Regulierungsinstrument soll ein Certificate of Compliance sein, das Herstellern für die Etablierung eines „Cyber Security Management System" (CSMS) ausgestellt wird. Eine Erneuerung des Zertifikats ist alle drei Jahre vorgesehen.

69　Die Recommendation on Software Updates erfordert gleichsam die Einrichtung eines **Software Update Management Systems** (SUMS), welches ebenfalls alle drei Jahre zertifiziert wird. Bei der Typengenehmigung hat der Hersteller zu zeigen, dass die Updatemechanismen sicher sind. Eine wesentliche Rolle für die Überprüfung des Updatestands eines Fahrzeugs soll die Regulation x Software Identification Number (RxSWIN) spielen.

134　Im Kontext des Whole Vehicle Type-Approval System (WVTA).
135　WP.29/2017/46.
136　L 45/1, 16.2.2012.
137　M1: Fahrzeuge zum Personentransport, die nicht mehr als acht Sitze neben dem Fahrersitz umfassen. N1: Fahrzeuge zum Transport von Gütern mit einem zulässigen Gewicht bis 3,5 t. Vgl.: UNECE/TRANS/WP.29/78/Rev.6, 6–8.
138　S. Proposal for a Recommendation on Cyber Security, ECE/TRANS/WP.29/GRVA/2019/2.
139　S. Draft Recommendation on Software Updates of the Task Force on Cyber Security and Over-the-air issues, ECE/TRANS/WP.29/GRVA/2019/3.

3. Produktsicherheit

70 Das **Produktsicherheitsgesetz** (ProdSG) gilt, wenn im Rahmen einer Geschäftätigkeit Produkte auf dem Markt bereitgestellt, ausgestellt oder erstmals verwendet werden.[140] Ein Produkt darf nach § 3 ProdSG nur auf dem Markt bereitgestellt werden, wenn es bei bestimmungsgemäßer oder vorhersehbarer Verwendung die Sicherheit und Gesundheit von Personen nicht gefährdet. Damit ergibt sich zumindest eine indirekte Ausstrahlung auf IT-Sicherheit. Auf Grundlage von § 8 ProdSG[141] wurden zu einzelnen Bereichen Produktsicherheitsverordnungen – vornehmlich zur Umsetzung europäischer Richtlinien – erlassen, wobei der Bereich der Mobilität bisher nicht adressiert wurde. Auch Fragen der IT-Sicherheit wurden noch nicht behandelt; hier besteht jedoch ein künftig mögliches Einfallstor.

4. Intelligente Verkehrssysteme Gesetz

71 Das **Intelligente Verkehrssysteme Gesetz** (IVSG) dient der Umsetzung der Richtlinie 2010/40/EU und verweist insbesondere auf deren Anhang II. Nach Art. 10 Abs. 2 RL-2010/40/EU haben die Mitgliedstaaten sicherzustellen, „dass personenbezogene Daten gegen Missbrauch, wie unrechtmäßigen Zugriff, Veränderung oder Verlust, geschützt sind". Konkretere Vorgaben zur IT-Sicherheit sind allerdings weder im IVSG noch in Anhang II der Richtlinie zu finden.

72 Vorgaben für Hersteller vernetzter Fahrzeuge ergeben sich indirekt aus dem **Zusammenspiel des IVSG und der NIS-Richtlinie**. Fahrzeuge, die mit intelligenten Verkehrssystemen in Kontakt stehen, müssen so gestaltet sein, dass ein einzelnes Fahrzeug nicht die IT-Sicherheit des gesamten Verkehrssystems bedroht.[142]

73 2017 veröffentlichte die Europäische Kommission zur Ausformung der Europäischen Strategie für Kooperative Intelligente Verkehrssysteme[143] die Certificate Policy for Deployment and Operation of European Cooperative Intelligent Transport Systems (C-ITS)[144] sowie die Security Policy & Governance Framework for Deployment and Operation of European Cooperative Intelligent Transport Systems[145].

5. eCall

74 Mit der Einführung des Emergency Call oder kurz eCall-Systems durch die Verordnung (EU) 2015/758 wurde mit dem Ziel der **Verbesserung der Unfallhilfe** gleichzeitig auch eine neue Angriffsfläche geschaffen, die es abzusichern gilt. Das eCall-System ist seit April 2018 in allen Neufahrzeugen verpflichtend. Im Falle eines Unfallereignisses sendet das System einen vordefinierten Datensatz nach DIN EN 15722 an einen sog. Public Safety Answering Point und baut eine Sprachverbindung mit der Notrufnummer auf.

75 Art. 5 der eCall-Verordnung enthält spezifische **Pflichten der Hersteller** und verweist auf zahlreiche technische Normen, namentlich DIN EN 16072, 16062, 15722 und 16102 sowie DIN CEN/TS 16454. Eine Aktualisierung der Anforderungen ist per Rechtsakt der Europäischen Kommission möglich, eine Ergänzung nach Verordnung (EU) Nr. 1025/2012.

76 Art. 6 der Verordnung hat Privatsphäre und Datenschutz zum Thema, verdrängt jedoch ausweislich Abs. 1 Satz 1 nicht das allgemeine Datenschutzrecht. Mithin ist grundsätzlich Art. 32 DS-GVO zu beachten. Jedoch enthält Art. 6 zusätzlich zu beachtende **Mindestanforderungen**.

---

140 Allgemein zur Haftung nach dem ProdSG für IT-Sicherheitsmängel *Spindler* in → § 11 Rn. 63 ff.
141 Und des bis 2011 geltenden Geräte- und Produktsicherheitsgesetz.
142 S. *Barlag* ZD-Aktuell 2016, 05421.
143 COM(2016) 766 final.
144 Juni 2017; aktuell ist die Version 1.1 vom Juni 2018.
145 Vom Dezember 2017.

Bezogen auf IT-Sicherheit fordert Art. 6 Abs. 7 die Einbettung von „erforderlichen Sicherungssysteme[n] zur Verhinderung von Überwachung und Missbrauch" und geht damit noch über Art. 32 DS-GVO hinaus. Insbesondere sind nicht die in Art. 32 Abs. 1 DS-GVO enthaltenen Einschränkungen zu beachten. Die Vorgabe in Art. 6 Abs. 11, dass kein Austausch personenbezogener Daten zwischen eCall-System und optionalen Systemen stattfinden darf, dient zumindest indirekt der IT-Sicherheit.

Hier zeigt sich im Vergleich zu Art. 32 DS-GVO ein deutlicher Unterschied in der Regelungstiefe und -dichte. Da das eCall-System eine **Sprachverbindung** zur Rettungsleitstelle aufbauen kann, besteht insbesondere das Risiko einer Fremdnutzung des im Fahrzeug verbauten Mikrofons.

6. Fahrtenschreiber

Ein weiteres Beispiel für die konkrete Regulierung einzelner technischer Artefakte im Fahrzeug durch den EU-Gesetzgeber ist die Durchführungsverordnung (EU) 2016/799 zu Verordnung (EU) Nr. 165/2014, die **Fahrtenschreiber** zum Thema hat – auch sog. „intelligente Fahrtenschreiber". Eine Aktualisierung der Durchführungsverordnung erfolgte durch Durchführungsverordnung (EU) 2018/502. Der intelligente Fahrtenschreiber oder Fahrtenschreiber der zweiten Generation ist seit Juni 2019 verpflichtend für alle Neuzulassungen von Fahrzeugen über 3,5 t. Zusätzliche Konkretisierungen enthält die Deutsche Zertifizierungsstellen-Richtlinie für die 2. Generation des digitalen Fahrtenschreiber-Systems.

7. ENISA Good practices and recommendations on the Cyber security and resilience of smart cars

Die 2004 eingerichtete ENISA hat Ende 2016 **Empfehlungen für Smart Cars**[146] veröffentlicht,[147] die sowohl Personenkraftwagen als auch Nutzfahrzeuge betreffen. Die Empfehlung umfasst explizit keine Empfehlungen zu V2V oder zu autonomen Fahrzeugen. Das Dokument beschreibt typische Architekturen und Anlagen im Smart Car und führt eine Risikoanalyse durch. Es werden Lücken identifiziert und auf Basis der so gewonnen Erkenntnisse Good Practices und Empfehlungen formuliert. Im Kern stellt das Dokument eine Aufforderung an Hersteller von Fahrzeugen und Komponenten dar, klare Standards für IT-Sicherheit zu etablieren.

Speziell zur Klärung von Fragen zu Automotive Cybersecurity wurde die ENISA Cars and Roads Security (CaRSEC) Export Group ins Leben gerufen.

8. ETSI-Standards

Das Europäische Institut für Telekommunikationsnormen (ETSI) als einer der drei großen europäischen **Normgeber** ist zuständig für die kommunikativen Aspekte des vernetzten Fahrens. Das Institut hat bereits mehrere Standards für ITS publiziert, die sich etwa mit der Kommunikationsarchitektur solcher Systeme[148] oder mit der V2V-Vernetzung[149] befassen.

9. Reference Architecture Model Automotive

Das Reference Architecture Model Automotive (RAMA) geht auf das Reference Architecture Model Industrie 4.0 (RAMI 4.0) zurück, welches durch BMVI und BSI innerhalb der gemein-

---

146 Dort definiert als „systems providing connected, added-value features in order to enhance car users experience or improve car safety"; S. 6.
147 ENISA WP2016 1–11, Cyber security and resilience of smart cars, Good practices and recommendations.
148 ETSI EN 302 665 V1.1.1 (2010–09), Intelligent Transport Systems (ITS); Communications Architecture.
149 ETSI EN 302 895 V1.1.1 (2014–09), Intelligent Transport Systems (ITS); Vehicular Communications; Basic Set of Applications, Local Dynamic Map (LDM).

samen Unterarbeitsgruppe IT-Sicherheit auf den Bereich Automotive angepasst wurde. Es ist als Grundlage für die Durchführung einer **Analyse der IT-Sicherheit** in automatisierten und vernetzten Fahrzeugen gedacht.[150] Das Konzept wurde in die UNECE eingebracht.

10. UK Key Principles of Cyber Security for Connected and Automated Vehicles

83 Die Regierung des Vereinigten Königreichs hat 2017 sog. **Schlüsselprinzipien** für IT-Sicherheit in vernetzten und automatisierten Fahrzeugen publiziert. Die Prinzipien wurden vom Department for Transport (DfT) und dem Centre for the Protection of National Infrastructure (CPNI) entwickelt und sollen als Guidelines im gesamten Bereich Automotive Anwendung finden. Die in sieben Themenbereiche gegliederten Prinzipien reichen von der Verbesserung der Wahrnehmung von IT-Sicherheitsfragen im Unternehmen über Risikoanalyse und -management bis hin zur Forderung einer Lebensspannen übergreifenden Betrachtung.

11. ACEA Principles of Automobile Cybersecurity

84 Auch die European Automobile Manufacturers' Association (ACEA) hat 2017 Prinzipien der Cybersicherheit vernetzter und automatisierter Fahrzeuge formuliert. Ähnlich den oben genannten Prinzipien von DfT und CPNI wird das Kultivieren einer „**Cybersecurity Culture**" nahegelegt, und es wird eine die gesamte Lebensspanne des Fahrzeugs erfassende Betrachtung empfohlen. Überschneidungen gibt es auch bei Security by Design, Sicherheitsmanagement und dem Informationsaustausch zwischen den Stakeholdern.

III. Sektorales IT-Sicherheitsrecht und Leitlinien in den USA

85 Auch in den USA gab und gibt es Bemühungen zur Modernisierung des Rechtsrahmens für vernetztes und autonomes Fahren. Die aktuellen Vorgaben und Empfehlungen werden kurz vorgestellt.

1. DOT/NHTSA Guidelines

86 Die National Highway Traffic Safety Administration (NHTSA) als Tochterbehörde des U.S. Department of Transportation (DOT) ist mit der Regulierung von Sicherheitsfragen von Kraftfahrzeugen und der Sicherheit auf Highways betraut. Die NHTSA ist zuständig für Motor Vehicle Safety iSv 49 U.S. Code Chapter 301, Highway Safety iSv 23 U.S. Code Chapter 4 und Information, Standards, and Requirements iSv 49 U.S. Code Chapters 321, 323, 325, 327, 329 und 331. Konkret mit Fragen der IT-Sicherheit sind vor allem die interne Arbeitsgruppe „Electronics Council" sowie die Abteilung „Electronics Systems Safety Research" betraut.

87 Im Januar 2016 wurde zwischen DOT/NHTSA und 18 Automobilherstellern – darunter auch BMW of North America, Mercedes–Benz USA und Volkswagen Group of America – ein Abkommen unterzeichnet, das „**Proactive Safety Principles**" festschreibt. Ziel war neben einer Förderung der Forschung im Bereich Cyber Security von Kraftfahrzeugen vor allem die Erstellung von bereichsspezifischen Best Practices zur IT-Sicherheit. Die Alliance of Automobile Manufacturers and Global Automakers entwickelte auf Basis des Abkommens ein Frame-

---

150 S. hierzu ausführlich *Ullmann/Strubbe/Wieschebrink* in Roßnagel/Hornung (Hrsg.), Grundrechtsschutz im Smart Car, 2019, S. 338 ff.

work,¹⁵¹ das wiederum Grundlage für die Best Practices des Auto-ISAC (A. III. 3. f), → Rn. 100) und ebenfalls im Januar 2016 publiziert wurde.¹⁵²

Die NHTSA hat 2016 auch eigene **Best Practices** erstellt, die auf SAE J3061 (A. III. 3. e), → Rn. 98) und die Best Practices des Auto-ISAC abgestimmt sind.¹⁵³ Zuvor hatte die NHTSA im Dezember 2015 dem Kongress einen Bericht zu elektronischen Systemen in Passagierfahrzeugen vorgelegt, der prominent Fragen der IT-Sicherheit adressiert.¹⁵⁴

Auch im Kontext des automatisierten Fahrens wird IT-Sicherheit diskutiert. Hierzu hat das DOT einen Management Plan vorgelegt,¹⁵⁵ sowie eine Policy¹⁵⁶ und weitere Erklärungen.¹⁵⁷

2. Gesetzesvorhaben auf Bundesebene

Geplant sind derzeit auf Bundesebene diverse Änderungen mit Bezug zur IT-Sicherheit in Title 49 (Transportation), Subtitle VI (Motor Vehicle and Driver Programs), Part A (General), Chapter 301 (Vehicle Motor Safety), Subchapter I (General) und II (Standards and Compliance) des U.S. Code. Hier sind die Paragrafen 30107 bis 30110 und 30129 bis 30140 aktuell unbesetzt und sollen nun zumindest teilweise zur Regelung von Fragen der IT-Sicherheit genutzt werden. Für die zukünftigen Entwicklungen werden die avisierten, zuletzt aber (noch) nicht erfolgreichen Gesetzesentwürfe des AV START Act, des SELF DRIVE Act sowie des Spy CAR Act of 2019 bedeutsam bleiben. Zentrale Forderung des AV START Act¹⁵⁸ war die Pflicht zur Erstellung fortlaufend zu aktualisierenden Sicherheitstestberichte für Fahrzeughersteller sowie eines Cyber-Securityplans mit Bezug zur Personensicherheit für hochautomatisierte Fahrzeuge. Der SELF DRIVE Act¹⁵⁹ hatte eine ähnliche Zielrichtung wie der AV START Act. Unter anderem hätte er den Herstellern die Pflicht zur Entwicklung eines „cybersecurity plan" auferlegt, „with respect to the practices of the manufacturer for detecting and responding to cyber attacks, unauthorized intrusions, and false and spurious messages or vehicle control commands". Der SPY Car Act of 2019¹⁶⁰ sollte die Konsumenten vor Sicherheits- und Privatheitsbedrohungen schützen. Er umfasste sog. Cybersecurity-Standards für alle Fahrzeuge, die zum Verkauf in den USA angeboten werden sollen. Es ist trotz ihres vorläufigen Scheiterns zu vermuten, dass alle drei Entwürfe die Blaupause für die zukünftige Entwicklung des IT-Sicherheitsrechts im Kontext des Straßenverkehrs in den USA darstellen werden.¹⁶¹

---

151 Framework for Automotive Cybersecurity Best Practices.
152 Man beachte auch die Consumer Privacy Protection Principles for Vehicle Technologies and Services der Alliance of Automobile Manufacturers und der Association of Global Automakers vom November 2014.
153 Cybersecurity Best Practices for Modern Vehicles, Report No. DOT Hs. 812 333, Oktober 2016; s. auch A Summary of Cybersecurity Best Practices, Report No. DOT Hs. 812 075, Oktober 2014.
154 Report to Congress: Electronic Systems Performance in Passenger Motor Vehicles, Dezember 2015.
155 U.S. DOT, Comprehensive Management Plan for Automated Vehicle Initiatives, Juli 2018.
156 U.S. DOT/NHTSA, Federal Automated Vehicles Policy, Accelerating the Next Revolution In Roadway Safety, September 2016.
157 U.S. DOT, Preparing for the Future of Transportation, Automated Vehicles 3.0, Oktober 2018.
158 S. 1885 – 115th Congress, American Vision for Safer Transportation through Advancement of Revolution-ary Technologies Act. Der Gesetzesentwurf wurde 2017 in den Kongress eingebracht. Im Senat konnte jedoch keine Einigung erzielt werden. Infolge des Diskontinuitätsprinzips müsste der Entwurf nun im 116th Congress (Januar 2019 bis Januar 2021) neu in den Kongress eingebracht werden.
159 H.R. 3388 – 115th Congress, Safely Ensuring Lives Future Deployment and Research In Vehicle Evolution Act. Der Gesetzesentwurf passierte 2017 das Repräsentantenhaus mit breiter Mehrheit, scheiterte aber im Senat.
160 S. 2182 – 116th Congress. Security and Privacy in Your Car Act. Nachdem bereits der Spy Car Act of 2015 und der Spy Car Act of 2017 gescheitert waren, wurde die nun aktuellste Fassung am 18.7.2019 in den Senat eingebracht.
161 *Geminn/Müller* ZD-Aktuell 2019, 06895.

3. State Law

91 Die Staatsstruktur der USA bedingt, dass die rechtliche Rahmung zahlreicher Fragen der IT-Sicherheit auf Ebene der Bundesstaaten stattfindet. Relevant ist hier insbesondere die Gesetzgebung in Kalifornien, das sich zu einem wesentlichen Pulsgeber in der Regulierung moderner Technologien entwickelt hat.

92 Zunächst ist der **California Consumer Privacy Act**[162] zu nennen, der seit dem 1.1.2020 Anwendung findet. Section 1798.150. (1) gibt Verbrauchern die Möglichkeit, im Falle eines unbefugten Zugriffs etc auf personenbezogene Informationen ua Schadenersatz von einem gewerblichen Anbieter („business") zu verlangen. Voraussetzung ist, dass dieser seine „duty to implement and maintain reasonable security procedures and practices appropriate to the nature of the information to protect the personal information" verletzt.

93 Mit SB-327, Information privacy: connected devices, wurde zudem ein Gesetz bezogen auf das Internet der Dinge (Internet of Things) erlassen, das ebenfalls seit dem 1.1.2020 parallel zum Consumer Privacy Act Anwendung findet. Es verlangt in Section 1798.91.04. (a), dass der Hersteller eines „connected device"[163] „reasonable security feature" vorsieht oder Eigenschaften, die sowohl der Natur und der Funktion des Gerätes angemessen sind, den durch das Gerät gesammelten, in ihm enthaltenen oder von ihm übermittelten Informationen angemessen sind, als auch gestaltet wurden, um das Gerät und jedwede in ihm enthaltene Information vor unbefugtem Zugriff, Zerstörung, Verwendung, Modifizierung oder Offenlegung zu schützen. Ist das Gerät „equipped with a means for authentication outside a local area network", so muss das vorprogrammierte Passwort einzigartig oder so gestaltet sein, dass der Nutzer eine neue Authentifizierungsmethode einrichten muss, bevor zum ersten Mal auf das Gerät zugegriffen wird.

4. NIST Cybersecurity Framework

94 Mit dem National Institute of Standards and Technology (NIST) setzt auch eine Bundesbehörde im Geschäftsbereich des Department of Commerce Standards im Bereich IT-Sicherheit. Seit April 2018 liegt deren Framework for Improving Critical Infrastructure Cybersecurity in Version 1.1 vor.[164] Grundlage hierfür war der Cybersecurity Enhancement Act of 2014.[165] Die Befolgung des Frameworks erfolgt im privaten Sektor auf freiwilliger Basis; für Bundesbehörden ist sie verbindlich.[166] **Kritische Infrastrukturen** wurden im U.S. Patriot Act of 2001[167] definiert als „systems and assets, whether physical or virtual, so vital to the United States that the incapacity or destruction of such systems and assets would have a debilitating impact on security, national economic security, national public health or safety, or any combination of those matters".[168] Diese werden in Presidential Policy Directive 21 in 16 Sektoren unterteilt, zu denen ua Communications, Information Technology, Critical Manufacturing[169] und Transportation Systems gehören. Letzterer Sektor ist unterteilt in die Subsektoren Aviation, High-

---

162 AB-375.
163 Definiert als „any device, or other physical object that is capable of connecting to the Internet, directly or indirectly, and that is assigned an Internet Protocol address or Bluetooth address".
164 Version 1.0 wurde im Februar 2014 veröffentlicht. Begleitdokument ist die NIST Roadmap for Improving Critical Infrastructure Cybersecurity.
165 S. 1353.
166 Infolge von Executive Order 13800 vom 11.5.2017 (Presidential Executive Order on Strengthening the Cybersecurity of Federal Networks and Critical Infrastructure).
167 H.R.3162.
168 S. 42 U.S.C. § 5195c(e).
169 Hierzu zählt unter anderem Transportation Equipment Manufacturing, unterteilt in Vehicles and Commercial Ships Manufacturing, Aerospace Products and Parts Manufacturing sowie Locomotives, Railroad and Transit Cars, and Rail Track Equipment Manufacturing.

way and Motor Carrier, Maritime Transportation System, Mass Transit and Passenger Rail, Pipeline Systems, Freight Rail und Postal and Shipping. Es besteht eine gemeinsame Verantwortlichkeit des Department of Homeland Security und des DOT.

Neben dem Framework sind die **NIST Special Publications** (SP) zu beachten. Hier sind ua die NIST SP 800–30,[170] 800–37,[171] 800–39,[172] 800–50,[173] 800–53,[174] 800–61,[175] 800–82,[176] 800–88,[177] 800–121,[178] 800–150[179] sowie die NIST Federal Information Processing Standards 199[180] zu beachten bzw. können als Leitlinien dienen.

Die NHTSA hat sich um eine Konkretisierung der Vorgaben des NIST auf ihren Geschäftsbereich bemüht und hierzu einen Bericht veröffentlicht.[181]

5. SAE International

Die SAE International, 1905 als Society of Automobile Engineers gegründet, formuliert Industriestandards im Schwerpunkt im Bereich Automotive, ist aber auch im Sektor Luftfahrt aktiv. Eine rechtliche **Bindungswirkung** kommt ihnen nur dort zu, wo diese Bindung gesetzlich oder behördlich angeordnet wird, etwa durch die NHTSA.

Wesentlicher **Standard** mit Bezug zu IT-Sicherheit ist hier insbesondere SAE J3061 (Cybersecurity Guidebook for Cyber-Physical Vehicle Systems) aus dem Januar 2016 und zukünftig auch J3101 (Requirements for Hardware-Protected Security for Ground Vehicle Applications), die derzeit noch Work in Progress ist. Ebenfalls in der Entwicklung befinden sich die Standards J3061-1 (Automotive Cybersecurity Integrity Levels), J3061-2 (Security Testing Methods) und J3061-3 (Security Testing Tools). Auch SAE J3061 selbst befindet sich derzeit in Überarbeitung. In Zusammenarbeit mit der ISO entsteht zudem ISO/SAE 21434 (A. III. 6. a), → Rn. 107).

SAE J3016 (Levels of Automated Driving) beschreibt die Klassifizierung und Definition von Begriffen für straßentaugliche Kraftfahrzeuge mit Systemen zum automatisierten Fahren und gilt seit 2014. Die Klassifizierung beinhaltet sechs Stufen (0–5).

6. Auto-ISAC Guidelines

Das Automotive Information Sharing and Analysis Center (Auto-ISAC) nahm 2016 seine Arbeit auf und entstand auf Initiative der NHTSA. ISACs wurden in zahlreichen Bereichen etabliert, die als Kritische Infrastrukturen gelten.[182] Bereits im Gründungsjahr erstellte das Auto-ISAC die Automotive Cyber Security Best Practices. Ein Executive Summary ist öffent-

---

170 Guide for Conducting Risk Assessments, Information Security.
171 Risk Management Framework for Information Systems and Organizations: A System Life Cycle Approach for Security and Privacy.
172 Managing Information Security Risk: Organization, Mission, and Information System View, Information Security.
173 Building an Information Technology Security Awareness and Training Program, Computer Security.
174 Security and Privacy Controls for Federal Information Systems and Organizations.
175 Computer Security Incident Handling Guide.
176 Guide to Industrial Control Systems (ICS) Security.
177 Guidelines for Media Sanitization.
178 Guide to Bluetooth Security.
179 Guide to Cyber Threat Information Sharing.
180 Standards for Security Categorization of Federal Information and Information Systems.
181 *McCarthy/Harnett*, National Institute of Standards and Technology cybersecurity risk assessment framework applied to modern vehicles, Report No. DOT Hs. 812 073, Oktober 2014.
182 Grundlage ist 63 FR 41804 – Presidential Decision Directive 63 on Critical Infrastructure Protection: Sector Coordinators, Federal Register Vol. 63, Iss. 150 (5.8.1998).

lich zugänglich.[183] Die **Best Practices** beziehen sich auf die Bereiche Governance, Risk Assessment and Management, Security by Design, Threat Detection and Protection, Incident Response and Recovery, Training and Awareness und Collaboration and Engagement with Appropriate Third Parties.

IV. Sektorales IT-Sicherheitsrecht und Leitlinien in Japan

101 Basis des japanischen IT-Sicherheitsrechts ist der **Basic Act on Cybersecurity**.[184] Außerdem hat das Kabinett 2013, 2015 und 2018 Cybersecurity-Strategien beschlossen, die seit 2015 für alle Regierungsbehörden gelten. Zudem wurde 2015 die Behörde Cybersecurity Strategy Headquarters am Büro des Premierministers sowie das National Center of Incident Readiness and Strategy for Cybersecurity (NISC) geschaffen. Bezogen auf Kritische Infrastrukturen wurde 2017 die vierte Auflage der Cybersecurity Policy for Critical Infrastructure Protection durch die Cybersecurity Strategy Headquarters beschlossen. Wichtiges Regulierungsinstrument sind in Japan aber auch sog. Guidelines oder Richtlinien.

102 Bereits 2013 hat die japanische Information-Technology Protection Agency (IPA) Guidelines für Informationssicherheit in vernetzten Fahrzeugen erlassen.[185] Eine wesentliche Rolle in der **Standardisierung** spielen auch das Institute for Automated and Connected Vehicle Standardization, die Japan Automobile Manufacturers Association (JAMA), die Society of Automotive Engineers of Japan (JSAE) und die Japan Automotive Software Platform and Architecture (JasPar).

V. Sektorales IT-Sicherheitsrecht und Leitlinien in China

103 In China trat am 1.6.2017 erstmal ein **allgemeines Cybersicherheitsgesetz** in Kraft.[186] Aber auch bereichsspezifisches Recht bezogen auf das Kraftfahrzeug existiert oder befindet sich in Entwicklung. Zu nennen ist hier zunächst die Richtlinie zur Risikobewertung und -kontrolle für die Fahrzeugproduktsicherheit, die grundlegende Methoden und Prozesse definiert, dabei jedoch nicht auf IT-Sicherheit fokussiert ist. Im Entwurfsstadium befinden sich Warnregeln für das Sicherheitsrisiko von Fahrzeugen. Die Warnregeln setzen Standards und Methoden fest bezogen auf Warnauslösebedingungen, -stufen und -methoden.

104 Konkret bezogen auf IT-Sicherheit von Kraftfahrzeugen ist die ebenfalls bereits als Entwurf vorliegende Richtlinie zur Risikobewertung und -kontrolle von Informationssicherheitsmängeln der Fahrzeuge. Die Richtlinie wird als Komplementär zur allgemeinen Richtlinie zur Fahrzeugproduktsicherheit mit ihrem Inkrafttreten Methoden und Indikatoren zur Bewertung von IT-Sicherheitsmängeln im Fahrzeug festlegen und Risikokontrollstrategien formulieren. Damit liegt der Richtlinie ein holistischer Ansatz zugrunde, der sowohl die Analyse von IT-sicherheitsrelevanten Faktoren beschreibt als auch entsprechende Reaktionsmuster für die Hersteller.

VI. ISO-Normen und weitere Standards

105 Zu den genannten Rechtsakten und Leitlinien auf nationaler oder supranationaler Ebene treten weitere **internationale Normgeber**.

---

183 Auto-ISAC, Automotive Cybersecurity Best Practices, Executive Summary, Juli 2016.
184 Gesetz Nr. 104 aus 2014.
185 IPA, Apporaches for Vehicle Information Security, Information Security for „Networked" Vehicles, 2013.
186 S. zum Gesetz *Kipker* MMR 2017, 455.

1. ISO-Normen

Eine wesentliche **Normung von IT-Sicherheit** findet auf technischer Ebene durch ISO-Normen statt. Grundlegend sind hier die Normen ISO/IEC 27001[187] und ISO/IEC 27002[188]. Weitere relevante ISO-Normen sind ua 9797–1 (Message Authentication Codes), 12207 (Software life cycle processes), 14229 (Unified diagnostic services), 15408 (Common Criteria for Information Technology Security Evaluation), 19790 (Security requirements for cryptographic modules), 20000 (Service management system requirements), 22301 (Business continuity management systems – Requirements), 27010 (Information security management for inter-sector and inter-organizational communications), 27018 (Code of practice for protection of personally identifiable information (PII) in public clouds acting as PII processors), 27034 (Application security techniques), 27035 (Information security incident management), 29101 (Privacy architecture framework) und 29119 (Software testing).

Konkret die IT-Sicherheit von Straßenfahrzeugen betrifft die noch in Entwicklung befindliche Norm ISO/SAE CD 21434 (**Road Vehicles – Cybersecurity engineering**). Ihre Entwicklung wurde vor dem Hintergrund der mangelnden Passgenauigkeit existierender Standards bezogen auf Spezifika des Automobilbereichs angestoßen. Diese Spezifika sind vor allem die hohe Wahrscheinlichkeit von Personenschäden, die lange Lebensspanne von Fahrzeugen sowie der Einsatz von eingebetteten Controllern. Die Norm wird sich auf das strukturierte Design und Management von IT-Sicherheit im Fahrzeug und seinen Systemen und Komponenten sowie seiner Vernetzung erstrecken und hierzu Prozesse definieren. Dabei wird die gesamte Lebensspanne des Fahrzeugs erfasst. Konkrete technische Maßnahmen sollen nicht enthalten sein. Ein erster Entwurf wurde im April 2018 vorgestellt.

Bereits in zweiter Auflage publiziert ist die Norm ISO 26262 (**Road vehicles – Functional safety**). Ihr Fokus ist die Minimierung von Fehlern elektronischer Systeme in Serienfahrzeugen, die dann zu Personen- oder Sachschäden führen. Das Risiko des Eintritts eines solchen Fehlers muss unterhalb einer als akzeptabel betrachteten Schwelle liegen.[189]

2. Automotive SPICE

SPICE steht für Software Process Improvement and Capability Determination. Seine Spezifizierung auf die Automobilbranche ist ursprünglich abgeleitet von ISO/IEC 15504, heute überführt in die Serie ISO/IEC 33000. Automotive SPICE wird von Arbeitskreis 13 des Qualitätsmanagement-Centers (QMC) des Verbands der Automobilindustrie (VDA) und der Automotive Special Interest Group (AutoSIG) herausgegeben, der sich aus Herstellern und Zulieferern der Automobilindustrie zusammensetzt. Aktuell ist Version 3.1 aus dem Jahr 2017 in Kraft, begleitet durch die Automotive SPICE Guidelines. Es handelt sich um eine **Methode zur Prozessbewertung in der Entwicklung von Software-bestimmten Systemen**. Entsprechend wurden sowohl ein Prozessassessmentmodell als auch ein Prozessreferenzmodell entwickelt. Automotive SPICE baut auf Vorarbeiten der Herstellerinitiative Software (HIS) auf. Eine branchenunspezifische Alternative zu SPICE ist Capability Maturity Model Integration (CMMI).

3. AUTOSAR

AUTomotive Open System Architecture (AUTOSAR) ist eine **Entwicklungspartnerschaft**, die an der Entwicklung von Standards für die Architektur von Steuergeräten im Fahrzeug arbei-

---

187 Information technology — Security techniques — Information security management systems — Requirements.
188 Information technology — Security techniques — Code of practice for information security controls.
189 *Reschka* in Mauer et al. (Hrsg.), Autonomes Fahren, 2015, S. 490 f.

tet.[190] Der ursprünglich deutschen Initiative traten bereits kurz nach ihrer Gründung auch ausländische Fahrzeughersteller, Zulieferer etc bei.

D. Typische Problemlagen und Konfliktlinien

111 Im Folgenden werden typische Problemlagen und Konfliktlinien im Kontext der Gewährleistung von IT-Sicherheit im vernetzten und automatisierten Fahrzeug beleuchtet. Die Betrachtung erfolgt getrennt nach technischen und organisatorischen Problemen, marktbezogenen Problemen und rechtlichen Problemen,[191] wobei Überschneidungen nicht zu vermeiden sind.

I. Technische, organisatorische und marktbezogene Probleme

112 Technische Probleme existieren auf **zwei Ebenen**. Zunächst müssen Systeme zuverlässig vor unbefugten und unbeabsichtigten Eingriffen jeder Art geschützt werden. Auf der zweiten Ebene muss dafür gesorgt werden, dass erfolgte Eingriffe ebenso wie technische Fehler nachweisbar werden. Unbefugte Eingriffe und technische Fehler können zu Unfällen mit Sach- und Personenschäden führen. Im Extremfall kann sich ein Fahrer etwa dem Vorwurf der fahrlässigen Tötung ausgesetzt sehen. Dieser fände sich dann in der unangenehmen Situation wieder, darzulegen, dass nicht er für eine bestimmte Aktion des Fahrzeugs verantwortlich ist, sondern ein Dritter, der sich Zugriff auf die Systeme des Fahrzeugs verschafft hat. Hier könnten sog. Intrusion-Detection-Systeme Abhilfe schaffen.[192]

113 Bezüglich der Sicherung der Fahrzeugsysteme vor **unbefugten Eingriffen** ist zu unterscheiden zwischen bereits aus dem analogen Bereich bekannten und durch die Vernetzung und Digitalisierung des Fahrzeugs neu hinzutretenden Problemen. Bei den bereits bekannten Problemen erzeugt die Digitalisierung eine Veränderung der Eingriffsmittel. Denkbar sind unter anderem Motortuning durch Softwaremanipulation (auch auf Kosten höherer Emissionen), Eingriffe im Kontext des Wiederverkaufs (zB Eingriffe im Kilometerzähler), die Aufhebung von durch den Hersteller gesetzten Geschwindigkeitsbeschränkungen oder sonstiger Beschränkungen (zB Freischaltung zubuchbarer Funktionen[193]) oder Eingriffe im Kontext des Diebstahls des Fahrzeugs selbst, von Teilen des Fahrzeugs oder von Gegenständen im Fahrzeug (zB Vortäuschen des echten Funksignals zur Fernöffnung des Fahrzeugs). Erwähnung finden muss in diesem Kontext eine seit 2015 geltende Änderung des Geltungsbereichs des Digital Millennium Copyright Act (DMCA) durch das U.S. Copyright Office,[194] die es ua Fahrzeugeigentümern erlaubt, auf die Software ihres Fahrzeuges zuzugreifen und diese zu verändern. Diese Eingriffe können neue Angriffsflächen bezogen auf die IT-Sicherheit eröffnen.

114 Wesentliche Ursachen vieler technischer Probleme liegen in der **historischen Entwicklung** vieler Fahrzeugsysteme begründet. Erst relativ spät wurde hier IT-Sicherheit als Faktor in die Entwicklung von Fahrzeugen und Teilen erkannt und einbezogen. Auch die Vernetzung an sich stellt sich als zweischneidiges Schwert dar. Sie lässt die potenziellen Angriffsflächen ansteigen und zudem die Frage nach einer einheitlichen Herrschaft über das Gesamtsystem aufkommen. Zudem sind Zuständigkeiten im vernetzten Straßenverkehr über mehrere Stellen

---

190 S. autosar.org.
191 Nach dem Vorbild von BSI, KRITIS-Sektorstudie, Transport und Verkehr, 138 ff.
192 S. hierzu *Simo/Waidner/Geminn* in: Roßnagel/Hornung (Hrsg.), Grundrechtsschutz im Smart Car, 2019, S. 331 mwN.
193 ZB wenn Bauteile eingesetzt werden, die Funktionen enthalten, die nur bei Wahl bestimmter Ausstattungspakete aktiviert werden. Denkbar ist auch die Freischaltung von Diensten, die over the air angeboten werden, oder Diensten, die nur probeweise etwa bei Neuerwerb zur Verfügung gestellt werden. Für die Abschaltung vorhandener Dienste s. *Tonekaboni*, Nach Verkauf: Tesla deaktiviert Autopilot in Gebrauchtwagen aus der Ferne, https://heise.de/-4656050.
194 U.S. Copyright Office, 37 CFR Part 201, Docket No. 2014–07.

verteilt.¹⁹⁵ Auch über die Einbindung externer Dienstleister, zB im Bereich Infotainment, und die Verbindung externer Geräte mit der Fahrzeugelektronik (insbes. Smartphones) erweitert sich der Problemkreis.

Das vernetzte Fahrzeug muss technisch nicht nur umfassend gesichert werden, diese Sicherung muss auch beständig aktualisiert werden. Mit der ansteigenden Zahl der aktuell zu haltenden Systeme werden zudem klassische **Aktualisierungsverfahren** zum Problem, die auf die Werkstätten als Verteiler von Updates setzen.¹⁹⁶ Stattdessen müssen erkannte Sicherheitslücken aufgrund des hohen Risikos für Leben, Gesundheit und erhebliche Sachwerte so zeitnah wie möglich over the air aufgespielt werden. Dabei wird aber auch eine zusätzliche Angriffsfläche geschaffen.

Die SAE identifiziert als **Hauptfaktoren** für die Verletzlichkeit von Fahrzeugsystemen versehentliche Fehler beim Coding, mangelndes Verständnis und Training bezüglich sicherer Coding-Praktiken sowie von Produktdeadlines ausgehenden Druck.¹⁹⁷

Auf organisatorischer Ebene bedeutet mehr Informationstechnik im Fahrzeug zunächst eine Veränderung der Anforderungen an Mechaniker und Werkstätten. Die steigende Komplexität der Systeme und die Beteiligung zahlreicher Anbieter und sonstiger Marktteilnehmer bedeutet auch steigende **Anforderungen an die Organisation** von IT-Sicherheit über das Gesamtsystem hinweg. Organisatorische Probleme ergeben sich auch aus der im Vergleich zu anderen IT-Produkten hohen Lebensdauer von Kraftfahrzeugen, die auch eine Zweitnutzung in anderen Märkten mit einschließt.¹⁹⁸ Überlegungen zur IT-Sicherheit müssen konsequenterweise auch im Gebrauchtmarkt und bei älteren Fahrzeugen greifen, die noch am Straßenverkehr teilnehmen.

Marktbezogene Probleme ergeben sich unter anderem aus der **steigenden Zahl von Marktakteuren**, die wiederum aus der Entwicklung neuer Geschäftsmodelle rund um das vernetzte Fahrzeug resultiert.¹⁹⁹ Gleichzeitig bedeuten die hohe Anforderungen an IT-Sicherheit in diesem Bereich auch steigende Kosten für die Anbieter.

II. Rechtliche Probleme

IT-Sicherheit ist ein wesentliches Mittel zur Gewährleistung von Datenschutz.²⁰⁰ Sie sichert die in einer vernetzten Verkehrsinfrastruktur massenhaft anfallenden personenbezogenen Daten vor unbefugter Einsichtnahme, Manipulation oder Störung ab. Gerade das Automobil wird in Deutschland (immer noch) mit Freiheit assoziiert; zugespitzt in dem in den 1970er Jahren vom ADAC geprägten Slogan „**Freie Fahrt für freie Bürger**".²⁰¹ Es wird soziologisch als ein „private-in-public place" charakterisiert.²⁰² Dieser Blick auf das Kraftfahrzeug steht in einem Spannungsfeld zu den Möglichkeiten, die das vernetzte Automobil bezogen auf Angriffe auf und Einschränkungen der Privatsphäre und informationellen Selbstbestimmung bietet. Das vernetzte Automobil ermöglicht die Bildung umfangreicher Profile zu Fahrverhalten, sonstiger Nutzung, Kommunikation, Bewegung, Verhalten und Beziehungen. Diese Pro-

---

195 Vgl. die Darstellung in *Ullmann/Strubbe/Wieschebrink* in Roßnagel/Hornung (Hrsg.), Grundrechtsschutz im Smart Car, 2019, S. 307.
196 S. auch *Ullmann/Strubbe/Wieschebrink* in Roßnagel/Hornung (Hrsg.), Grundrechtsschutz im Smart Car, 2019, S. 345.
197 SAE/Synopsys, Securing the Modern Vehicle: A Study of Automotive Industry Cybersecurity Practices, 2018, 7.
198 *Ullmann/Strubbe/Wieschebrink* in Roßnagel/Hornung (Hrsg.), Grundrechtsschutz im Smart Car, 2019, S. 345.
199 BSI, KRITIS-Sektorstudie, Transport und Verkehr, 140.
200 Näher zum Verhältnis *Jandt* in → § 17 Rn. 12 ff.
201 Vgl. *Baur-Ahrens/Bieker/Friedewald/Geminn/Hansen/Karaboga/Obersteller* in Aspinall/Camenisch/Hansen/Fischer-Hübner/Raab (Hrsg.), Privacy and Identity Management, 2016, S. 115.
202 *Urry* Sociol. Rev. 54(s1), 17–31 (2006).

file können unter anderem zur Vorhersage zukünftigen Verhaltens genutzt werden. Ähnliches gilt auch bei der Nutzung des öffentlichen Personenverkehrs über Guthabenkarten.[203]

120 Mobilität und Verkehr stehen in Bezug zu einer Reihe von **Grundrechten**.[204] Hier ist an das Recht auf Mobilität zu denken (Art. 2 Abs. 2 Satz 2 GG; Art. 45 GRCh) sowie an Eigentumsrechte (Art. 14 Abs. 1 GG; Art. 17 Abs. 1 GRCh), die wiederum Grundvoraussetzung für die Berufsfreiheit und das Recht zu arbeiten sowie die unternehmerische Freiheit sind (Art. 12 Abs. 1 GG; Art. 15 und 16 GRCh) vor allem aber an das Recht auf Leben und das Recht auf körperliche Unversehrtheit (Art. 2 Abs. 2 Satz 1 GG; Art. 2 Abs. 1 und 3 Abs. 1 GRCh).[205] Gerade letzteres gilt es, durch technische und organisatorische Maßnahmen abzusichern. Durch die Digitalisierung und Vernetzung des Verkehrs geraten aber auch Privatsphäre, Datenschutz und informationelle Selbstbestimmung (Art. 2 Abs. 1 iVm Art. 1 Abs. 1 GG; Art. 7 und 8 GRCh) immer mehr in den Fokus. IT-Sicherheit nimmt auch hier eine dienende oder zumindest ergänzende Funktion ein, die ihren Ausdruck letztlich in Art. 32 DS-GVO findet. Eine ganz zentrale Position nimmt zudem das Grundrecht auf Gewährleistung der Vertraulichkeit und Integrität informationstechnischer Systeme ein.

121 Auch bezüglich **Haftungsfragen** ergibt sich ein Spannungsfeld.[206] Die im und um das Fahrzeug anfallenden Daten können – die Gewährleistung ihrer Integrität und Richtigkeit vorausgesetzt – zur Entlastung, aber auch zur Belastung des Fahrers dienen. Deshalb ist es umso wichtiger, sie durch technische Maßnahmen vor Manipulation zu sichern. Haftung ist aber auch eine wichtige Frage autonomer Systeme, die sich unter Anpassung an äußere Einflüsse weiterentwickeln.[207] Dies kann auch die IT-Sicherheit betreffen, wenn durch die Weiterentwicklung des Systems neue und unvorhergesehene Angriffsvektoren entstehen oder vom Hersteller implementierte Sicherungsmaßnahmen im weiterentwickelten System nicht mehr greifen. Haftungsprobleme ergeben sich auch aus dem Zusammenspiel unterschiedlicher Fahrzeugsysteme. Hier ist denkbar, dass Beiträge einzelner Komponenten oder Dienste zu Fehlern im Gesamtsystem führen. Haftungsfragen wird üblicherweise mit dem Argument begegnet, die korrekte Funktionsweise der einzelnen Komponenten und Dienste ließe sich durch Protokollierung belegen. Die Aufzeichnung der funktionsrelevanten Daten lassen jedoch vielerlei Rückschlüsse auf den Fahrer und die Fahrzeugbesatzung zu: Sie sind vielfach personenbezogen iSv Art. 4 Nr. 1 DS-GVO. Wenn eine Prüfung, ob IT-sicherheitsrelevante Funktionen korrekt arbeiten, erfolgen soll, führt dies zu einem Dilemma: Die bestmögliche Sicherheitsgewährleistung erfolgt bei permanenter Überwachung. Dann ist (bei gleichzeitiger Protokollierung) die Nachvollziehbarkeit (Haftung) und die Reaktion oder das Reagieren auf bevorstehende Umstände optimal. Dies steht aber diametral zum Auftrag des Datenschutzes.[208] Das Argument „Lebensschutz" (durch IT-Sicherheit) überwiegt im Diskurs oftmals gegenüber dem Recht auf informationelle Selbstbestimmung.[209] Das Recht fordert aber einen Ausgleich zwischen beiden Positionen.

122 Besonders heikel ist die Frage nach dem Einbau von **Hintertüren** in die Systeme vernetzter Fahrzeuge. Diese könnten es – eine entsprechende Rechtsgrundlage vorausgesetzt – zB Polizeikräften ermöglichen, einen Verdächtigen elektronisch zu überwachen (die Bewegungen des

---

203 Etwa die Londoner Oyster-Card oder die in Tokio eingesetzten Karten Suica und Pasmo.
204 S. zu den grundrechtlichen Dimensionen der IT-Sicherheit *Poscher/Lassahn* in → § 7 Rn. 22 ff.
205 Vgl. *Roßnagel* DuD 2015, 353 (353 f.).
206 Näher zu den vertragsrechtlichen Haftungsfragen *Pour Rafsendjani/Bomhard* in → § 9 Rn. 1 ff.; zu den deliktsrechtlichen Sicherheitspflichten *Spindler* in → § 10 Rn. 1 ff.; zur Verantwortung der Hersteller *Spindler* in → § 11 Rn. 1 ff.
207 S. zu den zivilrechtlichen Haftungsfragen näher ###*Spindler* in### → § 10 Rn. 9.
208 S. zu diesem Spannungsfeld *Jandt* in → § 17 Rn. 12 ff.
209 Das Leben als „vitale Basis der Menschenwürde"; s. BVerfGE 39, 1 (42); 72, 105 (115); 109, 279 (311); 115, 118.

Fahrzeugs, Gespräche in der Fahrgastzelle) oder ein Fluchtfahrzeug zum Stillstand zu bringen. In den USA werden etwa die Bewegungen von „subprime borrowers" von Kreditgebern erfasst und die Fahrzeuge mit „starter interrupt devices" ausgestattet, die es ermöglichen, das Fahrzeug im Falle der Nichtzahlung vereinbarter Raten aus der Ferne lahmzulegen.[210] Zugleich eröffnen derartige Zugriffsmöglichkeiten aber auch Potenziale für Hacker und sonstige Angreifer.

E. Fazit

Trotz erheblicher Fortschritte in den letzten Jahren bleibt die rechtliche Rahmung von IT-Sicherheit im Kontext von Mobilität und Verkehr **lückenhaft**. Die Bemühungen zur Etablierung internationaler Standards sind vor diesem Hintergrund begrüßenswert; die Dringlichkeit einer umfassenden Regulierung von IT-Sicherheit insbesondere im vernetzten und intelligenten Fahrzeug, aber auch im Luftverkehr, wurde erkannt.

Es zeigt sich jedoch auch, wie **schwerfällig** diese Prozesse in der Praxis allein schon durch die Zahl der beteiligten Akteure und Rechtskreise sind. Zudem wird die Regulierung auf nationaler Ebene durch die Zahl der beteiligten Akteure erschwert. In den USA zeigen sich etwa Unklarheiten in der Kompetenzverteilung zwischen FTC, FCC und NHTSA. Unklar bleibt zudem, wie mit höchst abstrakten rechtlichen Vorgaben konkret umzugehen ist, wie sie etwa in Art. 32 DS-GVO zu finden sind.

Es muss ferner bereits jetzt konstruktiv über Möglichkeiten der Weiterentwicklung des kommenden Rechtsrahmens für IT-Sicherheit im vernetzten Fahrzeug nachgedacht werden. Dabei ist trotz der Globalität von Transport und Verkehr auch der nationale Gesetzgeber gefragt.

---

210 S. etwa *Corkery/Silver-Greenberg*, Miss a Payment? Good Luck Moving That Car, The New York Times, New York edition, 25 September 2014, A1.

§ 23 Energieversorgungsnetze und Energieanlagen

Literatur: *Elspas/Graßmann/Rasbach* (Hrsg.), Energiewirtschaftsgesetz, Kommentar, 2018; *Freimuth*, Die Gewährleistung der IT-Sicherheit Kritischer Infrastrukturen, 2018; *Frenz* (Hrsg.), Atomrecht, 2019; ders. (Hrsg.), Handbuch Industrie 4.0: Recht, Technik, Gesellschaft, 2020; *Guckelberger*, Der IT-Sicherheitskatalog nach § 11 Abs. 1 a EnWG und seine Rechtsnatur, in FS Peine, Umwelt-Hochschule-Staat, 2016, S. 85 ff.; *Jaeckel*, Gefahrenabwehrrecht und Risikodogmatik, 2010; *Kment*, Energiewirtschaftsgesetz, Kommentar, 2. Aufl. 2019; *Knapp/Langill*, Industrial Network Security, 2. Aufl. 2015; *Leps*, Hybride Testumgebung für kritische Infrastruktur, 2018; *Lorenz*, Optimierung von Verfahren zur Lösung rechtsrelevanter Wissensprobleme in kritischen Infrastrukturen, 2018; *Müller-Terpitz/Knüppel*, Smart Grids, in Seckelmann (Hrsg.), Digitalisierte Verwaltung, 2019, S. 587 ff.; *Schwab*, Elektronenergiesysteme, 5. Aufl. 2017; *Säcker*, Berliner Kommentar zum Energierecht, Band 1, 4. Aufl. 2018; ders., Berliner Kommentar zum Energierecht, Band 4, 4. Aufl. 2017; *Schneider*, Meldepflichten im IT-Sicherheitsrecht, 2017; *Schweighöfer/Kummer/Saarenpää/Schafer* (Hrsg.), Datenschutz/LegalTech, 2018; *Steinbach/Weise*, Messstellenbetriebsgesetz, Kommentar, 2018; *Voigt*, IT-Sicherheitsrecht, 2018.

A. IT-Anwendungen und IT-Infrastrukturen 1	2. Besonderheiten bei Anlagen nach § 7 Abs. 1 AtG 27
B. Besondere Risiken und Bedrohungen 4	III. Meldepflichten 28
C. Sektorale Rechtsvorschriften im EnWG, Seitenblick auf das Atomgesetz (AtG) 6	1. Meldepflicht nach § 11 Abs. 1 c EnWG .. 28
I. Pflichten der Netzbetreiber gem. § 11 Abs. 1 a EnWG (Energienetze) 8	2. Meldepflicht nach § 44 b AtG 33
1. Sicherheitskatalog 9	IV. Sanktionen und weitere Reaktionen 34
2. Einhaltung des Sicherheitskatalogs 20	D. Typische Problemlagen und Konfliktlinien 35
II. Pflichten von KRITIS-Betreibern gem. § 11 Abs. 1 b EnWG (Energieanlagen) 21	
1. Allgemeine Anforderungen 22	

A. IT-Anwendungen und IT-Infrastrukturen

1 Da die Gewährleistung einer stabilen Energieerzeugung und Energieversorgung zwingend einen **hohen Automatisierungsgrad** benötigt, wird schon seit geraumer Zeit **auch im Energiesektor Informationstechnik (IT)** eingesetzt.[1] So müssen bspw. bei einem Steinkohlekraftwerk rund 7.000 Messsignale verarbeitet und 1.100 Antriebe gesteuert werden,[2] was für einen Menschen schlichtweg nicht zu bewältigen ist. Um diese Aufgabe zu bewerkstelligen, wurden sog. SCADA (Supervisory Control and Data Acquisition)- bzw. DCS (Distributed Control System)-Systeme entwickelt, die technische Prozesse mittels Computern überwachen und steuern.[3] Historisch bedingt sind diese Systeme soft- wie hardwaremäßig speziell an deren Einsatzort angepasst; trotz der dadurch bedingten Unterschiede ist in der Regel eine Kommunikation der unterschiedlichen Anlagen möglich.[4] Aufgrund der langen Produktlebensdauer der Anlagen gehen damit teils veraltete und ungesicherte Betriebssysteme einher.[5] Zukünftig sollen mit dem Zusammenwachsen von OT (Operational Technology) und IT verstärkt herkömmliche IT-Produkte wie Hard- bzw. Software auf TCP/IP (Transmission Control Protocol/Internet Protocol)- Basis zum Einsatz gelangen.[6] Beides führt zu zahlreichen Sicherheitsfragen.

---

1 *Schwab*, Elektroenergiesysteme, S. 283.
2 Vgl. *Schwab*, Elektroenergiesysteme, S. 283.
3 *Leps*, Hybride Testumgebung für kritische Infrastruktur, S. 26 f. mwN auch zur Begrifflichkeit; vgl. auch *Knapp/Langill*, Industrial Network Security, S. 15; vgl. https://de.wikipedia.org/wiki/Supervisory_Control_and_Data_Acquisition.
4 Vgl. *Schwab*, Elektroenergiesysteme, S. 284 ff.; vgl. *Hartmann/Strobel* iX 9/19, 42 (42).
5 *Hartmann/Strobel* iX 9/19, 42 (42).
6 *Schwab*, Elektroenergiesysteme, S. 308 ff.; *Hartmann/Strobel* iX 9/19, 42 (43); vgl. zur eingesetzten Hardware *Leps*, Hybride Testumgebung für kritische Infrastruktur, S. 38 vgl. https://de.wikipedia.org/wiki/Supervisory_Control_and_Data_Acquisition.

Die IT-Systeme kommen im Kraftwerks-, Pipeline- und Netzbereich zum Einsatz.[7] Für sie ist neben der eigentlichen **Steuer- und Überwachungsfunktion** auch die **Fernleittechnik** für die ortsunabhängige und -übergreifende Anlagensteuerung spezifisch.[8] Technisch wird hierbei auf verschiedene Übertragungsmedien (Kabel, Funk) und Kommunikationsprotokolle zurückgegriffen.[9] Die Steuerung erfolgt in aller Regel innerhalb von Leitstellen bzw. -ständen.[10] Neben der Steuerungs- und Überwachungsfunktion **visualisieren die Systeme komplexe technische Zusammenhänge**,[11] damit der Mensch jederzeit die Kontrolle ausüben kann.

Insgesamt steht die Technik in den nächsten Jahren vor einem **Wandel**, der zu einer **zunehmenden Vernetzung** bei steigender Komplexität führen wird. Damit sind zahlreiche Sicherheitsprobleme verbunden,[12] denen regulatorisch begegnet werden muss.[13]

B. Besondere Risiken und Bedrohungen

Ein großflächiger Stromausfall kann für die Bevölkerung, die Wirtschaft, aber auch für die staatlichen Stellen gravierende Folgen zeitigen[14] und möglicherweise sogar katastrophale Ausmaße mit unvorhersehbaren Kaskadeneffekten[15] annehmen. Als Grundvoraussetzung für das Funktionieren fast aller gesellschaftlichen Bereiche hat die Sicherstellung der Energieversorgung dementsprechend eine zentrale Bedeutung.[16] Da spätestens Ende 2022 das letzte Kernkraftwerk vom Netz gehen[17] und bis zum Jahre 2050 der Anteil aus erneuerbaren Energien auf mindestens 80 % des Bruttostromverbrauchs gesteigert werden soll,[18] setzt man zur Erreichung dieser ambitionierten Ziele auf den Ausbau der Energienetze und es werden insbesondere aus Kapazitätsgründen sog. **Smart Grids** eingesetzt.[19] Diese zeichnen sich dadurch aus, dass sie über den reinen Stromtransport hinaus einen Informationsaustausch zwischen Erzeugern, Lieferanten und Verbrauchern über den Strombedarf und die Stromerzeugung ermöglichen und benötigen.[20] Die zum Einsatz kommende IT reicht von den Letztverbrauchern, deren Haushalte und Einrichtungen mit intelligenten Messsystemen ausgestattet sind bzw.

---

7 *Schwab*, Elektroenergiesysteme, S. 285.
8 *Leps*, Hybride Testumgebung für kritische Infrastruktur, S. 27 f.; vgl. *Schwab*, Elektroenergiesysteme, S. 305, 759 ff.; vgl. zur breiteren Angriffsfläche dadurch *Hartmann/Strobel* iX 9/19, 42 (48 ff.).
9 *Schwab*, Elektroenergiesysteme, S. 776.
10 Vgl. *Schwab*, Elektroenergiesysteme, S. 284, 759 ff.
11 *Schwab*, Elektroenergiesysteme, S. 765.
12 Vgl. *Birkhold/Bauer*, Sicherheit in der Automatisierungstechnik nach BSI IT-Grundschutz, geht das?, Vortrag, 2014, S. 8, abrufbar unter: https://www.bsi.bund.de/SharedDocs/Downloads/DE/BSI/Veranstaltungen/Grundschutz/1GS_Tag_2014/02_1_IT-Grund_2014_Birkhold.pdf%3f__blob%3dpublicationFile; vgl. auch *Hartmann/Strobel* iX 9/19, 42 (42 ff.); *Müllmann* DSRITB 2019, 245, 246.
13 Vgl. hierzu in allgemeiner Form zu Industrieanlagen BSI-CS 005,Ver. 1.3, S. 1 ff., https://www.allianz-fuer-cybersicherheit.de/ACS/DE/_/downloads/BSI-CS_005.pdf;jsessionid=0C65F303CE3C06E7B930FD4827EB11B1.2_cid351?__blob=publicationFile&v.=11.
14 Vgl. BT-Drs. 17/5672, 15; mwN *Guckelberger* DVBl. 2015, 1213 (1213); *Dietrich/Leibenger/Sorge* in Schweighöfer/Kummer/Saarenpää/Schafer (Hrsg.), Datenschutz/LegalTech, S. 25 (25).
15 MwN *VISE*, IT-Sicherheit in der Energiewirtschaft, 2019, S. 1, abrufbar unter: https://cps-hub-nrw.de/knowledgebase/publikation/5476-it-sicherheit-der-energiewirtschaft; vgl. in Romanform sehr illustrativ *Elsberg*, Blackout, 2013.
16 *BSI*, KRITIS-Sektorstudie – Energie, 2015, S. 26 f., abrufbar unter: https://www.kritis.bund.de/SharedDocs/Downloads/Kritis/DE/Sektorstudie_Energie.pdf;jsessionid=196A5E39AD4B9EC69365B69049E9CB58.1_cid330?__blob=publicationFile; *Singler* ZTR 2018, 23 (23) spricht von der Energie als „Achillesferse der modernen Informationsgesellschaft".
17 § 7 Abs. 1 a S. 1 AtomG.
18 § 1 Abs. 2 EEG; BT-Drs. 18/5948, 11, 23.
19 *Müller-Terpitz/Knüppel* in Seckelmann (Hrsg.), Digitalisierte Verwaltung, S. 587 (587 Rn. 1).
20 *Müller-Terpitz/Knüppel* in Seckelmann (Hrsg.), Digitalisierte Verwaltung, S. 587 (588 f. Rn. 2); zum Begriff Smart Grid vertiefend *Lorenz*, Optimierung von Verfahren zur Lösung rechtsrelevanter Wissensprobleme in kritischen Infrastrukturen, S. 30 ff.

werden (→ *Singler* in § 24 Rn. 49), über die Verteil- und Übertragungsnetzbetreiber bis zu den Erzeugern.[21] Durch die Einbindung weiterer elektronischer Geräte, Systeme und Anlagen, etwa von E-Autos, deren Batterien dem Stromnetz als Puffer zur Verfügung gestellt werden sollen, erhöhen sich die Anforderungen an die IT-Sicherheit.[22] So gilt es Stromausfälle zu verhindern, bei denen zB infolge verfälschter Informationen Kraftwerke vom Netz genommen werden.[23] Laut dem vom Bundesamt für Sicherheit in der Informationstechnik (BSI) vorgelegten Lagebericht 2018 stammen im Berichtszeitraum die zweitmeisten Meldungen von Sicherheitsvorfällen aus dem Energiesektor. So seien gerade die Betreiber kritischer Infrastrukturen auch neuen oder fortschrittlichen Angriffen ausgesetzt[24] und stünden zudem im Fokus ausländischer Cyberattacken.[25]

5 Hervorzuheben ist, dass Deutschland im internationalen Vergleich bei der **Energieversorgungssicherheit** überdurchschnittlich gut abschneidet.[26] Eine Erklärung dafür könnte sein, dass der Gesetzgeber durch rechtliche Vorgaben auf dieses Ziel hinwirkt.[27] Das auf den Schutz personenbezogener Daten bezogene Datenschutzrecht enthält mit Art. 25 iVm Art. 32 **DS-GVO** Regelungen zur Datensicherheit. Spezifische Anforderungen an die IT-Sicherheit im Energiebereich finden sich in der europäischen Richtlinie über Maßnahmen zur Gewährleistung eines hohen gemeinsamen Sicherheitsniveaus von Netz- und Informationssystemen in der Union (**NIS-Richtlinie**), im Energiewirtschaftsgesetz (**EnWG**)[28] sowie im Messstellenbetriebsgesetz (**MsbG**).[29] Wie noch zu zeigen sein wird, besteht momentan im Energiesektor der **höchste Grad an (unter-)gesetzlicher Konkretisierung** der allgemeinen IT-Sicherheitsanforderungen.[30] Auch darin spiegelt sich der hohe Stellenwert der Energieversorgung für fast alle Lebensbereiche wider. Soweit Betreiber von Energieversorgungsnetzen und Energieanlagen iSd EnWG § 11 EnWG unterliegen, gehen diese Regelungen gem. § 8 d Abs. 2 Nr. 2, Abs. 3 Nr. 2 BSIG den §§ 8 a, 8 b Abs. 4 BSIG vor.[31]

C. Sektorale Rechtsvorschriften im EnWG, Seitenblick auf das Atomgesetz (AtG)

6 Nach § 1 Abs. 1 EnWG bezweckt dieses Gesetz eine **möglichst sichere**, preisgünstige, verbraucherfreundliche, effiziente und umweltverträgliche leitungsgebundene Versorgung der Allgemeinheit mit Elektrizität und Gas. Die Nutzung des Adverbs „möglichst" beruht darauf, dass die verschiedenen Koordinaten teils gegenläufig und daher untereinander in Ausgleich zu bringen sind. Andererseits berücksichtigt es, dass im IT-Bereich ein absoluter Schutz vor

---

21 *Dietrich/Leibenger/Sorge* in Schweighöfer/Kummer/Saarenpää/Schafer (Hrsg.), Datenschutz/LegalTech, S. 25 (25).
22 *Dietrich/Leibenger/Sorge* in Schweighöfer/Kummer/Saarenpää/Schafer (Hrsg.), Datenschutz/LegalTech, S. 25 (26).
23 *Dietrich/Leibenger/Sorge* in Schweighöfer/Kummer/Saarenpää/Schafer (Hrsg.), Datenschutz/LegalTech, S. 25 (25).
24 *BSI*, Die Lage der IT-Sicherheit in Deutschland 2018, S. 10, abrufbar unter: https://www.bsi.bund.de/SharedDocs/Downloads/DE/BSI/Publikationen/Lageberichte/Lagebericht2018.pdf;jsessionid=C6CA6D5345DCBE26C6DBC8AA934A7248.2_cid351?__blob=publicationFile&v.=6.
25 BSI, Die Lage der IT-Sicherheit in Deutschland 2018, S. 32, 92.
26 BT-Drs. 19/2910, 9.
27 Dazu, dass die Energieversorgungssicherheit in Art. 194 Abs. 1 lit. b AEUV erwähnt wird und auf nationaler Ebene ua im Hinblick auf Schutzpflichten aus den Grundrechten sowie das Sozialstaatsprinzip für diese Sorge getragen werden muss, *Guckelberger* DVBl. 2015, 1213 (1214). S. auch *Frenz* DVBl. 2019, 1021 (1022 f.), aber ohne Bezug zur Energie.
28 Energiewirtschaftsgesetz vom 7.7.2005 (BGBl. I S. 1970, 3621), zuletzt geändert durch Art. 1 des Gesetzes vom 13.5.2019 (BGBl. I S. 706).
29 Vgl. *Schmidt* in Säcker, Berliner Kommentar zum Energierecht, Band 4, MsbG § 22 Rn. 1; vgl. *Steinbach/Weise* in Steinbach/Weise MsbG Einl. Rn. 15.
30 *Raabe/Schallbruch/Steinbrück* CR 2018, 706 (710) (bezogen auf § 8 a BSIG).
31 BT-Drs. 18/4096, 29 verweist in Bezug auf den damaligen § 8 c ITSIG-E auf gleichwertige Regelungen in den Spezialgesetzen.

Hackern kaum vorstellbar ist.³² Die Energieversorgungssicherheit wird in mehreren Vorschriften des EnWG ausgestaltet. An § 1 Abs. 1 EnWG anknüpfend ergeben sich aus **§ 11 Abs. 1 S. 1 EnWG** die **Kernaufgaben für die Betreiber von Energieversorgungsnetzen**.³³ Sie müssen ein **sicheres**, zuverlässiges und leistungsfähiges Energieversorgungsnetz betreiben, warten und bedarfsgerecht optimieren, verstärken und ausbauen, soweit es wirtschaftlich zumutbar ist. **Energieversorgungsnetze** sind gem. der Legaldefinition in **§ 3 Nr. 16 EnWG** Elektrizitäts- und Gasversorgungsnetze über eine oder mehrere Spannungsebenen oder Druckstufen, nicht jedoch Kundenanlagen iSd Nr. 24 a, 24 b EnWG. Herkömmlicherweise versteht man unter einem **Elektrizitätsversorgungsnetz** die Gesamtheit der miteinander verbundenen Anlagenteile zur Übertragung oder Verteilung von Elektrizität zur Versorgung Dritter, wozu etwa Freileitungen, Kabel und Transformatoren sowie Umspann- und Schaltanlagen gehören.³⁴ Die **Gasversorgungsnetze** werden in § 3 Nr. 20 EnWG umschrieben. § 11 Abs. 1 S. 1 EnWG stellt auf die Netzbetreiber und nicht die Eigentumsverhältnisse am Netz ab.³⁵ Betreiber können, wie § 3 Nr. 2, 10 EnWG zeigt, natürliche oder juristische Personen sowie rechtlich unselbständige Organisationseinheiten eines Energieversorgungsunternehmens sein.³⁶ **Betreiber von Energieversorgungsnetzen** (s. § 3 Nr. 4 EnWG) ist, wer die Netzinfrastruktur tatsächlich nutzt und das wirtschaftliche Betriebsrisiko trägt.³⁷

Bereits vor Inkrafttreten des IT-Sicherheitsgesetzes wurde im Zuge der **EnWG-Novelle 2011**³⁸ mit § 11 Abs. 1 a EnWG eine spezielle Vorschrift zur IT-Sicherheit eingefügt und dadurch klar zum Ausdruck gebracht, dass diese einen Teilausschnitt der sicheren Energieversorgung bildet.³⁹ Diese Vorschrift wurde durch das **IT-Sicherheitsgesetz 2015**⁴⁰ geringfügig geändert. Außerdem wurden **§ 11 Abs. 1 b EnWG**, der sich an **Betreiber von KRITIS-Energieanlagen** richtet, sowie eine **Meldepflicht in § 11 Abs. 1 c EnWG** für beide Betreiberkategorien neu eingeführt.

7

I. Pflichten der Netzbetreiber gem. § 11 Abs. 1 a EnWG (Energienetze)

§ 11 Abs. 1 a S. 1 EnWG präzisiert, dass der Betrieb eines sicheren Energieversorgungsnetzes **insbesondere** auch einen **angemessenen Schutz gegen Bedrohungen für Telekommunikations- und elektronische Datenverarbeitungssysteme** umfasst, die für einen sicheren Netzbetrieb erforderlich sind. Obwohl im Unterschied zu § 8 a Abs. 1 S. 1 BSIG die erforderlichen Schutzvorkehrungen nicht im Sinne von organisatorischen und technischen Vorkehrungen umschrieben werden, ergibt sich aus der Gleichwertigkeit des Schutzziels, dass auch bei dieser Vorschrift die erforderlichen Schutzmaßnahmen organisatorischer oder technischer Art sein oder jedenfalls zu diesen einen engen Bezug haben werden.⁴¹ Weiterhin wird anders als bei § 8 a Abs. 1 S. 2 BSIG auch nicht vorgeschrieben, dass dabei der Stand der Technik eingehalten

8

---

32 BT-Drs. 18/5948, 136; s. auch *Frenz* DVBl. 2019, 1021 (1023).
33 *Rauch* in Elspas/Graßmann/Rasbach (Hrsg.), EnWG, § 11 Rn. 2; s. auch *König* in Säcker, Berliner Kommentar zum Energierecht, Band 1, EnWG § 11 Rn. 2 (grundlegende Pflichten); *Tüngler* in Kment, Energiewirtschaftsgesetz, § 11 Rn. 3 (Grundpflichten).
34 *Tüngler* in Kment, Energiewirtschaftsgesetz, § 11 Rn. 19; s. auch *König* in Säcker, Berliner Kommentar zum Energierecht, Band 1, EnWG § 11 Rn. 14.
35 *König* in Säcker, Berliner Kommentar zum Energierecht, Band 1, EnWG § 11 Rn. 6; *Tüngler* in Kment, Energiewirtschaftsgesetz, § 11 Rn. 29.
36 *Tüngler* in Kment, Energiewirtschaftsgesetz, § 11 Rn. 31.
37 *Tüngler* in Kment, Energiewirtschaftsgesetz, § 11 Rn. 28.
38 Gesetz zur Neuregelung energiewirtschaftsrechtlicher Vorschriften v. 26.7.2011, BGBl. I 2011, 1554.
39 Zu Letzterem *Guckelberger* DVBl. 2015, 1213 (1215).
40 Gesetz zur Erhöhung der Sicherheit informationstechnischer Systeme v. 17.7.2015, BGBl. I 2015, 1324.
41 *Freimuth*, Die Gewährleistung der IT-Sicherheit Kritischer Infrastrukturen, S. 337; *Guckelberger* DVBl. 2015, 1213 (1218).

werden soll. Dieser Unterschied dürfte darauf zurückgehen, dass die Schutzvorkehrungen des § 11 Abs. 1 a EnWG in einem Sicherheitskatalog zu konkretisieren sind.[42] Da ausweislich des Wortlauts des § 11 Abs. 1 a S. 1 EnWG die Vorkehrungen im Sicherheitskatalog angemessen und damit verhältnismäßig sein müssen, war eine explizite Verpflichtung auf den Stand der Technik entbehrlich.[43] Außerdem schützt das Zumutbarkeitskriterium in § 11 Abs. 1 S. 1 EnWG aE die Netzbetreiber vor unverhältnismäßigen Anforderungen.[44]

1. Sicherheitskatalog

9 Während die Bestimmung eines angemessenen Schutzniveaus iSd § 8 a BSIG den dortigen Adressaten in der Praxis Schwierigkeiten bereiten kann,[45] ist die Lage für die Netzbetreiber vorteilhafter.[46] Denn die zur Erreichung dieses Schutzniveaus zu ergreifenden IT-Sicherheitsmaßnahmen werden in einem **Sicherheitskatalog der Bundesnetzagentur (BNetzA)** bereichsspezifisch unter Berücksichtigung ihrer Fähigkeiten und ihres Risikoprofils konkretisiert.[47] Gem. § 11 Abs. 1 a S. 4 EnWG liegt ein angemessener Schutz des Betriebs eines Energieversorgungsnetzes bei Einhaltung und Dokumentation der Sicherheitsanforderungen des Katalogs vor. Anders als bei den vom BSI festgestellten branchenspezifischen Sicherheitsstandards iSd § 8 a Abs. 2 BSIG können die Netzbetreiber nicht stattdessen für sich eigene angemessene Schutzvorkehrungen bestimmen,[48] sondern müssen die Vorgaben des Sicherheitskatalogs **zwingend befolgen**.[49] Da es sich hierbei jedoch nur um Mindestanforderungen handelt, ist es ihnen unbenommen, weitere, dort nicht genannte, das Mindestniveau übersteigende Schutzmaßnahmen zu treffen.[50]

10 Der **Sicherheitskatalog** wird gem. § 11 Abs. 1 a S. 2 EnWG **von der Regulierungsbehörde, dh der BNetzA, im Benehmen mit dem BSI** erstellt. Das Zusammenwirken der beiden Behörden ermöglicht das Profitieren vom Fachwissen und von der Problemnähe der Regulierungsbehörde sowie der fachlichen Expertise des BSI für eine effektive IT-Sicherheit.[51] Da jedoch nur das Benehmen und nicht das Einvernehmen des BSI notwendig ist, kommt der BNetzA die stärkere Stellung zu. Darüber hinaus können sich aus weiteren Vorschriften des EnWG Beteiligungserfordernisse ergeben (zB § 58 Abs. 1 S. 2, § 60 a Abs. 2 EnWG). Wie der Gesetzeswortlaut zeigt („erstellt"), verfügt die BNetzA **nicht über Ermessen** zum Erlass des Sicherheitskatalogs.[52] Bei Bedarf hat sie den Katalog zu **aktualisieren**, wofür wiederum das Benehmen des BSI erforderlich ist.[53] Derartige Aktualisierungen sind schon deshalb sinnvoll, um den Netzbetreibern die Erschließung der Rechtslage zu erleichtern und das aus Gründen der IT-Sicherheit Notwendige zu tun. Zutreffend stellte sich das OLG Düsseldorf auf den Standpunkt, dass die BNetzA auch über keinen Ermessensspielraum hinsichtlich der Adressaten des Sicherheitskatalogs verfügt. Absatz 1 a steht im Kontext der Verpflichtung zum Betrieb eines

---

42 Dazu *Guckelberger* DVBl. 2015, 1213 (1218).
43 *Freimuth*, Die Gewährleistung der IT-Sicherheit Kritischer Infrastrukturen, S. 338.
44 *Guckelberger* DVBl. 2015, 1213 (1218 f.).
45 *Voigt*, IT-Sicherheitsrecht, Rn. 451.
46 Dazu auch *Guckelberger* in FS Peine, S. 85 (86) und auf S. 87 ff. zur Wahrung des Bestimmtheitsgebots.
47 *Voigt*, IT-Sicherheitsrecht, Rn. 451. Dazu auch *Wischmeyer/Mohnert* in Frenz (Hrsg.), Handbuch Industrie 4.0: Recht, Technik, Gesellschaft, S. 215 (224).
48 Zu diesem kooperativen Ansatz *Guckelberger* DVBl. 2019, 525 (530 f.).
49 BT-Drs. 18/4096, 33; *Guckelberger* DVBl. 2015, 1213 (1219); dagegen weiterhin von einer Vermutung sprechend *Tüngler* in Kment, Energiewirtschaftsgesetz, § 11 Rn. 71.
50 *Freimuth*, Die Gewährleistung der IT-Sicherheit Kritischer Infrastrukturen, S. 342; *Guckelberger* DVBl. 2015, 1213 (1219); *König* in Säcker, Berliner Kommentar zum Energierecht, Band 1, EnWG § 11 Rn. 90.
51 *Freimuth*, Die Gewährleistung der IT-Sicherheit Kritischer Infrastrukturen, S. 338; s. auch *Guckelberger* in FS Peine, S. 85 (88).
52 *Guckelberger* in FS Peine, S. 85 (88 f.).
53 *Guckelberger* in FS Peine, S. 85 (95).

sicheren Energieversorgungsnetzes in § 11 Abs. 1 S. 1 EnWG, der nach seinem Gesetzeswortlaut unterschiedslos für alle Netzbetreiber gilt. Der Bundesgesetzgeber hat im Zuge der Einfügung der Absätze 1 b und 1 c von einer Verengung des Anwendungsbereichs des Absatzes 1 a auf bestimmte Netzbetreiber abgesehen.[54] Da ausweislich der Materialien „[d]er Schutz der IT-Systeme von solchen Kritischen Infrastrukturen und der *für den Infrastrukturbetrieb nötigen Netze* [...] von größter Wichtigkeit [ist]",[55] spricht überdies der Gesetzeszweck für einen durchgängigen und umfassenden Schutz der TK- und EDV-Systeme aller Betreiber von Energieversorgungsnetzen.[56]

Bis dato ist der IT-Sicherheitskatalog gem. § 11 Abs. 1 a EnWG der BNetzA mit Stand August 2015 maßgeblich.[57] Ausweislich der Einleitung unter A sind die Anforderungen des Sicherheitskatalogs „unabhängig von der Größe oder der Anzahl der angeschlossenen Kunden von allen Netzbetreibern zu erfüllen". Nach Ausführungen zu den rechtlichen Grundlagen (unter B.) und den Schutzzielen (unter C.) wird unter D. der Geltungsbereich bestimmt. Dem Katalog unterfallen alle für einen sicheren Netzbetrieb notwendigen zentralen und dezentralen Anwendungen, Systeme und Komponenten. Erfasst werden zumindest alle TK- und EDV-Systeme, die direkter Teil der Netzsteuerung sind, dh unmittelbaren Einfluss auf die Netzfahrweise nehmen, sowie solche TK- und EDV-Systeme im Netz, deren Ausfall die Sicherheit des Netzbetriebs gefährden könnte. Jeder Netzbetreiber hat die betroffenen Anwendungen, Systeme und Komponenten in seinem Fall zu ermitteln und bei Einschaltung Dritter, etwa im Falle des Outsourcings, die Anwendung und Umsetzung des Sicherheitskatalogs durch Vereinbarung sicherzustellen. ZB unterfallen Systeme, die keine Relevanz für den sicheren Betrieb des Strom- oder Gasnetzes haben, weil sie ausschließlich für andere Sparten, etwa die Fernwärmeversorgung, notwendig sind, nicht dem IT-Sicherheitskatalog.[58] Da die bloße Umsetzung von Einzelmaßnahmen, wie etwa der Einsatz von Antivirensoftware, zur Erreichung der Schutzziele nicht ausreichend ist, wird ein ganzheitlicher Ansatz verfolgt. Deswegen müssen die Netzbetreiber ein **Informationssicherheits-Managementsystem (ISMS)** implementieren, das den Anforderungen der DIN ISO/IEC 27001 in der jeweils geltenden Fassung genügt und mindestens die unter Abschnitt D beschriebenen Systeme umfasst. Dabei stellt die ISO/IEC-Norm einen international anerkannten, unter Energieversorgern etablierten Standard der Informationssicherheit dar.[59]

Aus der Inbezugnahme der DIN-Norm folgt die Notwendigkeit, das ISMS sowie die damit verbundenen Maßnahmen kontinuierlich auf ihre Wirksamkeit hin zu überprüfen und ggf. anzupassen, was zB durch die Anwendung des Plan-Do-Check-Act-Modells erfolgen kann, das in einer Abbildung im Katalog dargestellt wird. Auf diese Weise wird § 11 Abs. 1 a S. 3 BSIG Rechnung getragen, wonach der Sicherheitskatalog auch Regelungen zur **regelmäßigen Überprüfung der Sicherheitsanforderungen** enthält. Bei der Implementierung des ISMS sind die DIN ISO/IEC 27002 und DIN ISO/IEC TR 27019 in der jeweils geltenden Fassung zu berücksichtigen, wobei sich die BNetzA die Überprüfung von Anpassungen der genannten DIN-Normen in regelmäßigen Abständen vorbehält.

---

54 OLG Düsseldorf Beschl. v. 19.7.2017 – VI-3 Kart 109/16 (V), 3 Kart 109/16 (V), juris Rn. 28 ff.
55 BT-Drs. 18/4096, 1, Kursivhervorhebung durch die Verf.
56 OLG Düsseldorf Beschl. v. 19.7.2017 – VI-3 Kart 109/16 (V), 3 Kart 109/16 (V), juris Rn. 45.
57 Vgl. Gesetz zur Erhöhung der Sicherheit informationstechnischer Systeme (IT-Sicherheitsgesetz), BGBl. I 2015, 1324; s. auch *König* in Säcker, Berliner Kommentar zum Energierecht, Band 1, EnWG § 11 Rn. 87.
58 S. FAQ BNetzA: „Ist für die Sparten Strom und Gas eine gesonderte Zertifizierung durchzuführen?", abrufbar unter: https://www.bundesnetzagentur.de/DE/Sachgebiete/ElektrizitaetundGas/Unternehmen_Institutionen/Versorgungssicherheit/IT_Sicherheit/Netzbetreiber/IT_Netzbetreiber_node.html.
59 So die Begründung der Allgemeinverfügung wegen Erstellung eines IT-Sicherheitskatalogs allerdings nach § 11 Abs. 1 b EnWG v. 18.12.2018, S. 7.

13 Nach dem Katalog müssen die Netzbetreiber den ordnungsgemäßen Betrieb ihrer TK- und EDV-Systeme nachhaltig sicherstellen. Sie sind zur **Erstellung eines Netzstrukturplans** entsprechend den Technologiekategorien in der Tabelle 2 verpflichtet und müssen sodann in einem **Prozess zur Risikoeinschätzung** die IT-Sicherheit festlegen. Die Risikoeinschätzung ist an den Schadenskategorien „kritisch", „hoch" und „mäßig" auszurichten. Dabei müssen die Betreiber bei der Einstufung in die Schadenskategorien mindestens die dort benannten Kriterien berücksichtigen, womit eine Beschränkung ihrer Entscheidungsfreiheit einhergeht.[60] Außerdem ist zu berücksichtigen, dass Sicherheitsvorfälle eine Vielzahl von Ursachen haben und sowohl auf dort beispielhaft aufgezählte vorsätzliche Handlungen als auch auf nicht vorsätzliche Gefährdungen aus bestimmten Kategorien zurückgehen können. Im Sicherheitskatalog wurde die Vorfestlegung getroffen,[61] dass bei der Einstufung grundsätzlich von der Schadenskategorie „hoch" auszugehen ist. Im Einzelfall kann jedoch auch eine Einstufung als „kritisch" notwendig sein. Eine Einstufung als „mäßig" muss ausführlich begründet und dokumentiert werden. Im Zuge der **Risikobehandlung** sind sodann geeignete und angemessene Maßnahmen zu treffen, die allgemein im Kapitel 6.1.3. der DIN ISO/IEC 27001:2015–3 geregelt sind. Bei der Geeignetheit darf grundsätzlich auf den für den jeweiligen Anwendungsbereich allgemein anerkannten **„Stand der Technik"** rekurriert werden. Nach dem Sicherheitskatalog muss bei Abweichungen von diesem konkret belegt und dokumentiert werden, dass trotzdem die jeweiligen IKT-Schutzziele erreicht werden. Außerdem ist bei der Angemessenheit einer technischen Maßnahme ihr technischer und wirtschaftlicher Aufwand zu berücksichtigen und sollte sie nicht außer Verhältnis zu den Auswirkungen eines Ausfalls oder einer Beeinträchtigung des sicheren Netzbetriebs stehen.

14 Darüber hinaus ist der BNetzA für die Koordination und Kommunikation in Sachen IT-Sicherheit ein **Ansprechpartner** samt Kontaktdaten bis zum 30.11.2015 zu benennen. Sollte dies nicht geschehen oder zB ein neuer Netzbetreiber hinzugekommen sein, muss angesichts des Sinns und Zwecks auch nach diesem Datum ein solcher Ansprechpartner benannt werden. Der Ansprechpartner soll der BNetzA unverzüglich über die dort näher bezeichneten Punkte Auskunft geben können. Außerdem soll er eine geeignete Anbindung des Betreibers an relevante Kommunikationsinfrastrukturen für Lageberichte und Warnmeldungen sowie zur Bewältigung großflächiger IKT-Krisen sicherstellen. Soweit einschlägig, sind die Vorgaben des Sicherheitsüberprüfungsgesetzes (SÜG) und der Sicherheitsüberprüfungsfeststellungsverordnung (SÜFV) bei der Bestimmung des Ansprechpartners zu beachten.[62] Da der Katalog nur die Mitteilung eines Ansprechpartners verlangt, der Auskunft geben, aber keine Meldungen tätigen muss, werden keine besonderen beruflichen Anforderungen an diesen aufgestellt.[63] Mangels Vorgaben zu seiner Stellung oder organisatorischen Einbindung bleibt die konkrete Ausgestaltung dem Netzbetreiber überlassen.[64]

15 Schließlich musste der Netzbetreiber entsprechend dem IT-Sicherheitskatalog die Konformität seines ISMS mit den Anforderungen des IT-Sicherheitskatalogs bis zum 31.1.2018 **zertifizieren**

---

60 *Raabe/Schallbruch/Steinbrück* CR 2018, 706 (710).
61 Dazu auch *Raabe/Schallbruch/Steinbrück* CR 2018, 706 (710 f.).
62 Gem. § 1 Abs. 1 SÜG gilt das SÜG nur für mit sicherheitsempfindlichen Tätigkeiten betraute Personen. Gem. Absatz 4 sind dies auch Personen, die an einer sicherheitsempfindlichen Stelle innerhalb einer lebenswichtigen Einrichtung (s. Abs. 5) beschäftigt sind. Gem. § 10 Abs. 1 Nr. 2 SÜFV sind dies im Zuständigkeitsbereich des BMWI Teile von Unternehmen, die Leitstellen für das Elektrizitätsübertragungsnetz betreiben, deren Ausfall die überregionale Elektrizitätsversorgung erheblich beeinträchtigen kann. S. auch FAQ BNetzA unter „Ansprechpartner IT-Sicherheit", abrufbar unter: https://www.bundesnetzagentur.de/DE/Sachgebiete/ElektrizitaetundGas/Unternehmen_Institutionen/Versorgungssicherheit/IT_Sicherheit/Netzbetreiber/IT_Netzbetreiber_node.html.
63 So die Begründung der Allgemeinverfügung wegen Erstellung eines IT-Sicherheitskatalogs allerdings nach § 11 Abs. 1 b EnWG v. 18.12.2018, S. 9.
64 S. auch *Freimuth*, Die Gewährleistung der IT-Sicherheit Kritischer Infrastrukturen, S. 341; allgemein zu internen und externen Sicherheitsbeauftragten *Voigt*, IT-Sicherheitsrecht, Rn. 133 ff.

lassen.⁶⁵ Zu diesem Zweck erarbeitete die BNetzA mit der Deutschen Akkreditierungsstelle (DAkkS) ein entsprechendes Zertifikat auf Basis der DIN ISO/IEC 27001. Daraus ergibt sich zugleich, dass die bestehende Zertifizierung nach ISO/IEC 27001 auf Basis BSI Grundschutz zum Nachweis der Erfüllung des IT-Sicherheitskatalogs nicht geeignet ist.⁶⁶ Betreibt der Netzbetreiber einen Teil der Systeme selbst und einen Teil durch einen Dienstleister, muss der Netzbetreiber in Bezug auf alle Teile selbst eine Zertifizierung vornehmen lassen. Werden dagegen sämtliche vom IT-Sicherheitskatalog erfassten Systeme von einem Dienstleister betrieben, hat er die Einhaltung des Sicherheitskatalogs durch den Dienstleister sicherzustellen, etwa durch Vorlage eines Duplikats einer auf Letzteren bezogenen Zertifizierung.⁶⁷

Zwischenzeitlich wurde ein **Konformitätsbewertungsprogramm zur Akkreditierung von Zertifizierungsstellen für den IT-Sicherheitskatalog gem. § 11 Abs. 1 a EnWG** auf der Grundlage der ISO/IEC 27006 erlassen (datierend vom 16.11.2017).⁶⁸ Schon nach der Bezeichnung, aber auch im Hinblick auf den anderen Adressatenkreis, zählt dieses Programm trotz seiner Bezüge zum IT-Sicherheitskatalog nicht zu diesem. Ausweislich des Programms sind beim Risikomanagement der Organisation gem. Abschnitt 6.1.3 und 8 der DIN ISO/IEC 27001 sämtliche Maßnahmen der ISO/IEC 27019:2017 zu berücksichtigen, so dass der „Anhang A" im Abschnitt 6.1.3. im Sinne von „Anhang A sowie sämtliche Maßnahmen der ISO/EC 27019:2017" aufzufassen ist. Des Weiteren heißt es dort, dass die Zertifizierungsstellen der BNetzA zum 30.6. und 31.12. eines jeden Jahres eine Liste der neu zertifizierten Unternehmen zu übermitteln haben. Den Zertifizierungsstellen wird es aufgegeben, innerhalb eines sog. Zertifizierungszyklus stichprobenartig alle im Rahmen einer Risikoeinschätzung jedenfalls als „hoch" eingestuften Bestandteile zumindest einmal zu auditieren. Außerdem wird die Zertifizierungsstelle zur jederzeitigen Aussetzung oder Zurücknahme des Zertifikats bei Kenntnis davon verpflichtet, dass die Zertifizierungsvoraussetzungen bei einem Netzbetreiber vorübergehend oder dauerhaft nicht mehr bestehen. Zudem muss sie die BNetzA unverzüglich über derartige Maßnahmen informieren. Die Auditoren müssen die grundlegenden Anforderungen gem. Abschnitt 7.1 der ISO/IEC 2006:2015 erfüllen und darüber hinaus eine von der BNetzA anerkannte Schulung zu den Grundlagen der leitungsgebundenen Energieversorgung mit Strom und Gas erfolgreich absolviert haben. Außerdem wird bestimmt, dass für die Prüfung des Geltungsbereichs des ISM und der Risikoeinschätzung nach dem IT-Sicherheitskatalog das Auditorenteam grundsätzlich einen Fachexperten hinzuziehen hat. Unter 5. finden sich Ausführungen zum Auditumfang und auch zur Auditdauer, wobei die Formel zur Ermittlung der Auditdauer gem. ISO/EC 27006:2015 Anhang B.3.4 auf die besondere Situation der Netzbetreiber anzupassen ist (Berücksichtigung von Standort und Anzahl der nicht dauerhaft besetzten Betriebsstätten). Da der IT-Sicherheitskatalog nach § 11 Abs. 1 a EnWG dynamisch auf die DIN ISO/IEC TR 27019 verweist und die bisherige ISO/IEC TR 27019:2013 durch die ISO/IEC 27019:2017 ersetzt wurde, wird unter 6. folgende Übergangsregelung hinsichtlich

16

---

65 Zu Zertifizierungen als bewährtem Mittel zur Erhöhung der IT-Sicherheit *Wischmeyer/Mohnert* in Frenz (Hrsg.), Handbuch Industrie 4.0: Recht, Technik, Gesellschaft, S. 215 (225).
66 S. FAQ BNetzA: „Ich bin bereits zertifiziert nach DIN ISO 27001, BSI Grundschutz oder TSM. Wird dieses Zertifikat anerkannt?", abrufbar unter: https://www.bundesnetzagentur.de/DE/Sachgebiete/ElektrizitaetundGas/Unternehmen_Institutionen/Versorgungssicherheit/IT_Sicherheit/Netzbetreiber/IT_Netzbetreiber_node.html.
67 S. FAQ BNetzA: „Die vom IT-Sicherheitskatalog erfassten TK- und EDV-Systeme, die für einen sicheren Netzbetrieb notwendig sind, lasse ich über einen Betriebsführungsvertrag von einem Dritten betreiben. Muss sich der Netzbetreiber trotzdem selbst zertifizieren lassen?", abrufbar unter: https://www.bundesnetzagentur.de/DE/Sachgebiete/ElektrizitaetundGas/Unternehmen_Institutionen/Versorgungssicherheit/IT_Sicherheit/Netzbetreiber/IT_Netzbetreiber_node.html.
68 Abrufbar unter https://www.bundesnetzagentur.de/SharedDocs/Downloads/DE/Sachgebiete/Energie/Unternehmen_Institutionen/Versorgungssicherheit/IT_Sicherheit/Konformitaetsbewertungsprogramm.pdf?__blob=publicationFile&v.=1; s. dazu auch *Maseberg*, Akkreditierungen im Kontext IT-Sicherheitskatalog starten, abrufbar unter: https://www.datenschutz-notizen.de/akkreditierungen-im-kontext-it-sicherheitskatalog-starten-1014508/.

der überarbeiteten Fassung getroffen: Audits zur Erst- oder Rezertifizierung im Rahmen des IT-Sicherheitskatalogs müssen spätestens ab dem 1.1.2021 verpflichtend unter Berücksichtigung des neuen Regelwerks erfolgen. Bis zum 31.12.2020 darf bei den Audits alternativ die bisherige DIN ISO/IEC TR 2019:2015–03, DIN SPEC 27019:2015–03 berücksichtigt werden. Da diese Vorgaben Rückwirkungen auf die Netzbetreiber haben, ist eine Anpassung des IT-Sicherheitskatalogs an diese Neuerungen geboten.

17 Damit die Netzbetreiber, wie vom Rechtsstaatsprinzip gefordert, die von ihnen einzuhaltenden Regelungen zur Kenntnis nehmen können, ist der **IT-Sicherheitskatalog nach § 11 Abs. 1 a S. 2 EnWG aE zu veröffentlichen**. Insgesamt knüpft der IT-Sicherheitskatalog oft an internationale Standards oder DIN-Normen an. Letztere werden von privaten Normierungsgremien erlassen, ohne dass diese an verfassungsrechtliche Vorgaben gebunden sind.[69] Indem die BNetzA auf diese Standards in ihrem Sicherheitskatalog Bezug nimmt und diese dabei teilweise auf bestimmte Elemente verengt, erlangen die dortigen Regelungen nunmehr in dem von staatlicher Seite vorgeschriebenen Umfang für die Netzbetreiber rechtliche Verbindlichkeit.[70] Auf diese Weise machen sich die staatlichen Stellen einerseits die Arbeit und das Wissen der in diesen Normgremien tätigen Personen zu eigen und erhöhen andererseits die Akzeptanz der Verpflichteten, da die ursprünglich privaten Anforderungen regelmäßig den Marktbedürfnissen entsprechen.[71] Im Sicherheitskatalog wird bei den Rechtsgrundlagen betont, dass die Branche an der notwendigen Konkretisierung und Ausgestaltung des „Stands der Technik" mitwirken könne. Im Unterschied zu den branchenspezifischen Sicherheitsstandards, deren Eignung aufgrund eines entsprechenden Vorschlags vom BSI gem. § 8 a Abs. 2 BSIG festgestellt wird, sind jedoch die Selbstregulierungsmöglichkeiten bei der IT-Sicherheit nach § 11 Abs. 1 a EnWG infolge der Ausarbeitung des Katalogs durch staatliche Stellen deutlich reduziert.[72]

18 Da **dynamisch auf die privaten Regelwerke verwiesen** wird, erlangt der Sicherheitskatalog durch deren Änderung eine andere Bedeutung, ohne dass sich die BNetzA (im Benehmen mit dem BSI) damit auseinandergesetzt hat. Dies dient der optimalen IT-Sicherheit, weil der Katalog dadurch zugleich den neuesten privaten Standards entspricht.[73] Demgegenüber ist das Schrifttum aufgrund des Unterlaufens des Demokratieprinzips gegenüber derartigen Regelungen tendenziell skeptisch.[74] Während statische Verweisungen verfassungsrechtlich unbedenklich sind, sind dynamische Verweisungen nur innerhalb der von den Prinzipien der Rechtsstaatlichkeit und Demokratie gezogenen Grenzen zulässig.[75] Letztlich muss daher die rechtliche Unbedenklichkeit für jede dieser Regelungen geklärt werden. Das BVerwG hat keine Bedenken gegen eine solche Vorgehensweise, soweit der Inhalt der Regelungen eng umgrenzt ist, dadurch nur einer zwischenzeitlich eingetretenen Änderung des Standes der Technik Rechnung getragen werden soll und die verweisende Stelle die in Bezug genommenen Regelungen in ihrem Blick behält.[76] Auch ist darauf zu achten, dass nach der Wertung des § 11 Abs. 1 a S. 2 EnWG die wesentlichen Maßgaben für die Netzbetreiber in dem IT-Sicherheitskatalog selbst enthalten sein müssen und nicht in weitere Dokumente ausgelagert werden dürfen.

---

69 *Guckelberger* in FS Peine, S. 85 (92).
70 *Guckelberger* in FS Peine, S. 85 (92 f.).
71 *Guckelberger* in FS Peine, S. 85 (93).
72 *Freimuth*, Die Gewährleistung der IT-Sicherheit Kritischer Infrastrukturen, S. 352.
73 *Guckelberger* in FS Peine, S. 85 (94 f.).
74 ZB *Jaeckel*, Gefahrenabwehrrecht und Risikodogmatik, S. 231, 233; für eine Umwandlung in eine statische Verweisung *Guckelberger* in FS Peine, S. 85 (95).
75 BVerfGE 143, 38 (56), Rn. 43; s. auch BVerwGE 147, 100 (115), Rn. 42.
76 BVerwGE 147, 100 (116 f.), Rn. 43 ff. unter Verweis darauf, dass sonst die staatliche Stelle stattdessen den Stand der Technik für maßgeblich erachten und für den Betroffenen das Auffinden der einschlägigen Regelungen erschwert würde.

Unklarheiten bestehen hinsichtlich der **Rechtsnatur des Sicherheitskatalogs**. Nach zutreffender Ansicht enthält er weder eine Rechtsverordnung (keine Ermächtigungsnorm) noch eine Satzung.[77] Das OLG Düsseldorf sah darin eine Allgemeinverfügung iSd § 35 S. 2 Var. 1 VwVfG, „da der angesprochene Personenkreis durch den IT-Sicherheitskatalog klar abgegrenzt wird und der IT-Sicherheitskatalog für diesen Personenkreis verbindliche Rechtsfolgen hat".[78] Es verweist insoweit auf Parallelen zu einer Entscheidung des BGH zur Festlegung von Datenaustauschprozessen und -formaten, die vom Netzbetreiber im Einzelnen unterschiedlich ausgestaltet und praktiziert werden können, und bei welcher der Einzelfallbezug mit der situativen Bezogenheit der Festlegung auf einen wiederkehrenden einzelnen Geschäftsprozess begründet wurde.[79] Daran ist richtig, dass sich der Sicherheitskatalog an einen bestimmbaren Personenkreis, nämlich alle Netzbetreiber, richtet. Gegen eine Einordnung als Allgemeinverfügung spricht jedoch die für die Annahme eines Verwaltungsakts notwendige Regelung im Einzelfall. Der IT-Sicherheitskatalog legt zwar fest, wie die Netzbetreiber zur Bestimmung eines angemessenen Sicherheitsniveaus vorgehen sollen, überantwortet aber diesen die Auswahl geeigneter, angemessener und dem allgemein anerkannten Stand der Technik entsprechender Maßnahmen. Bei der Risikoeinschätzung wird grundsätzlich die Einstufung als hoch vorgegeben, je nach Konstellation kann aber auch das Niveau „kritisch" oder „mäßig" maßgeblich sein. Da die Energiebetreiber auch erst die Anwendungen, Systeme und Komponenten zu identifizieren haben, die den Anforderungen des IT-Sicherheitskatalogs unterliegen, handelt es sich bei den dortigen Vorgaben um abstrakt-generelle Regelungen,[80] die diese bezogen auf ihren Fall erst umzusetzen haben. Auch die Praxis der BNetzA bei § 11 Abs. 1 b EnWG, bei der sie neben dem IT-Sicherheitskatalog zusätzlich eine Allgemeinverfügung in Bezug auf die Anlagenbetreiber erlassen hat, deutet darauf hin, dass den Sicherheitskatalogen eine andere Rechtsnatur zukommt. Schon eher denkbar ist es, den Sicherheitskatalog als eine Verwaltungsvorschrift zu qualifizieren. Denn er wird von der Regulierungsbehörde bei der Überprüfung seiner Einhaltung zugrunde gelegt (§ 11 Abs. 1 a S. 5 EnWG).[81] Dafür spricht auch ein vergleichender Blick auf § 8 Abs. 1 S. 2 BSIG, wonach das Bundesministerium des Innern im Benehmen mit dem IT-Rat Mindeststandards als allgemeine Verwaltungsvorschrift für alle Stellen des Bundes erlassen kann. Die dem IT-Sicherheitskatalog strikt zukommende Außenwirkung könnte man aus der gesetzlichen Anordnung in § 11 Abs. 1a EnWG entnehmen.[82] Für die Einordnung als Rechtsetzungsakt sui generis spricht, dass der Gesetzgeber anders als bei § 8 Abs. 1 S. 2 BSIG gerade keine Einordnung als Verwaltungsvorschrift vorgenommen hat und der IT-Sicherheitskatalog primär eine Handlungsanweisung für die Netzbetreiber statuiert, dagegen für die Verwaltung erst bei der Aufsicht relevant wird.[83] Ordnet man den IT-Sicherheitskatalog als Allgemeinverfügung ein, wird dieser nach Ablauf der Rechtsbehelfsfristen bestandskräftig. Die Rechtsnatur des IT-Sicherheitskatalogs kann ua beim gerichtlichen Rechtsschutz relevant werden.

---

77 *Guckelberger* in FS Peine, S. 85 (97 ff.); *Freimuth*, Die Gewährleistung der IT-Sicherheit Kritischer Infrastrukturen, S. 342 ff.
78 OLG Düsseldorf Beschl. v. 19.7.2017 – VI-3 Kart 109/16 (V), 3 Kart 109/16 (V), juris Rn. 21 unter Verweis auf die Ausführungen des BGH 29.4.2008 – KVR 28/07, NJW-RR 2008, 1654 (1656) zur Festlegung von Datenaustauschprozessen und Datenaustauschformaten.
79 BGH 29.4.2008 – KVR 28/07, NJW-RR 2008, 1654 (1655 f.).
80 *Guckelberger* in FS Peine, S. 85 (97); *Freimuth*, Die Gewährleistung der IT-Sicherheit Kritischer Infrastrukturen, S. 343; iE auch *Rauch* in Elspas/Graßmann/Rasbach EnWG § 11 Rn. 78.
81 *Guckelberger* in FS Peine, S. 85 (100).
82 Zu Letzterem *Freimuth*, Die Gewährleistung der IT-Sicherheit Kritischer Infrastrukturen, S. 343 f.
83 *Guckelberger* in FS Peine, S. 85 (100 f.).

2. Einhaltung des Sicherheitskatalogs

20 Zum Nachweis des angemessenen Schutzes des Betriebs hat der Betreiber die Einhaltung des Sicherheitskatalogs zu **dokumentieren** (§ 11 Abs. 1 a S. 4 EnWG). Dadurch wird der Regulierungsbehörde eine strukturierte und angemessene Überprüfung der Pflichten ermöglicht.[84] Der BNetzA – und nicht dem BSI – kommt insoweit die zentrale Rolle zu. Die BNetzA hat das ihr in Satz 5 eingeräumte Ermessen („kann") an Sinn und Zweck des Gesetzes auszurichten. Dabei wird sie auch die ohnehin – allerdings nicht ihr – obliegenden Prüfungen der IT-Sicherheit im Kontext der Zertifizierung berücksichtigen. Nach § 11 Abs. 1 a S. 6 EnWG kann die Regulierungsbehörde zu diesem Zweck nähere Bestimmungen zu Format, Inhalt und Gestaltung der Dokumente nach Satz 4 treffen. Davon wurde jedoch bis dato kein Gebrauch gemacht, weil sich zentrale Elemente bereits aus dem IT-Sicherheitskatalog, insbesondere aus den dortigen Umsetzungsvorgaben (unter F.), ergeben.

II. Pflichten von KRITIS-Betreibern gem. § 11 Abs. 1 b EnWG (Energieanlagen)

21 Der durch das IT-Sicherheitsgesetz eingefügte § 11 Abs. 1 b EnWG bezieht sich auf die **Betreiber von Energieanlagen**, die durch Rechtsverordnung nach § 10 Abs. 1 BSIG als **Kritische Infrastrukturen** bestimmt wurden **und an das Energieversorgungsnetz angeschlossen** sind. Hinsichtlich des Betreiberbegriffs kann auf die Ausführungen zu Absatz 1 a verwiesen werden. **Energieanlagen** sind nach der Legaldefinition in **§ 3 Nr. 15 EnWG** Anlagen zur Erzeugung, Speicherung, Fortleitung oder Abgabe von Energie, soweit sie nicht lediglich der Übertragung von Signalen dienen. Die Vorschrift bezieht sich auf einen Ausschnitt der Betreiber der in § 2 Nr. 10 BSIG umschriebenen Kritischen Infrastrukturen. Um festzustellen, ob der Betreiber einer Energieanlage zugleich **KRITIS-Betreiber** ist, ist eine dreistufige Prüfung vorzunehmen.[85] In § 2 KRITISV wird bestimmt, welche Dienstleistungen wegen ihrer besonderen Bedeutung für das Funktionieren im Gemeinwesen als kritisch einzustufen sind (Absatz 1: Versorgung der Allgemeinheit mit Elektrizität, Gas, mit Kraftstoff und Heizöl sowie Fernwärme). Sodann ist gemäß **Anhang 1** zu prüfen, ob die für die Erbringung dieser Dienstleistungen erforderlichen Anlagen der KRITISV unterfallen. Anhand dieser Anlage ist auch festzustellen, ob die Schwellenwerte für die Versorgung einer bestimmten Anzahl von Personen überschritten werden, zB müssen an ein Fernwärmenetz nach Anhang 1 Teil 3 Nr. 4.2.1 250.000 Haushalte angeschlossen sein.[86] Die systematische Verortung des Absatzes 1 b wird kritisiert, da er nicht in den Abschnitt über die Aufgaben der Netzbetreiber passt.[87] Seine Stellung lässt sich vor allem mit den Ähnlichkeiten zum vorhergehenden Absatz erklären.[88] In den Gesetzesmaterialien wurde die Notwendigkeit herausgestellt, dass Energieanlagen, die mit dem öffentlichen Versorgungsnetz verbunden sind, im Hinblick auf Gefährdungen für den Netzbetrieb ebenfalls Sicherheitsmaßnahmen unterliegen müssen und wegen der technischen Nähe aufeinander abgestimmte Sicherheitsstandards für Netzbetreiber und für die betroffenen Energieanlagen sinnvoll sind.[89]

1. Allgemeine Anforderungen

22 Die Vorgaben des Absatzes 1 b entsprechen in weitem Maße denen des Absatzes 1 a, so dass grundsätzlich auf die dortigen Ausführungen verwiesen werden kann. Die soeben dargestell-

---

[84] BT-Drs. 17/6072, 66.
[85] S. dazu *Voigt*, IT-Sicherheitsrecht, Rn. 355.
[86] Zu den Bedenken an der Unionsrechtskonformität der rein quantitativen Bestimmung von KRITIS-Anbietern im Hinblick auf Dominoeffekte *Voigt*, IT-Sicherheitsrecht, Rn. 360 f.
[87] *König* in Säcker, Berliner Kommentar zum Energierecht, Band 1, EnWG § 11 Rn. 7, 93.
[88] *König* in Säcker, Berliner Kommentar zum Energierecht, Band 1, EnWG § 11 Rn. 93.
[89] BT-Drs. 18/4096, 33.

ten KRITIS-Betreiber haben nach § 11 Abs. 1 b S. 1 EnWG innerhalb einer von der BNetzA festzulegenden Frist einen **angemessenen Schutz gegen Bedrohungen für TK- und EDV-Systeme** zu gewährleisten, die für einen sicheren Anlagenbetrieb notwendig sind. Hierzu erstellt die **BNetzA im Benehmen mit dem BSI** einen **Sicherheitskatalog**, in welchen **auch die in Satz 1 erwähnte Frist** aufzunehmen ist, und **veröffentlicht** diesen. Gem. § 11 Abs. 1 b S. 5 EnWG enthält der Katalog **auch Regelungen zur regelmäßigen Überprüfung der Erfüllung der Sicherheitsanforderungen**. Bei dokumentierter Einhaltung des Katalogs liegt ein angemessener Schutz des Betriebs von Energieanlagen vor (§ 11 Abs. 1 b S. 5 EnWG). Die **BNetzA kann die Einhaltung überprüfen** (§ 11 Abs. 1 b S. 6 EnWG).

Die gesonderte Erwähnung der Sicherheitskataloge in § 11 Abs. 1 a und Abs. 1 b EnWG, der unterschiedliche Adressatenkreis sowie die nur in § 11 Abs. 1 b S. 1 EnWG erwähnte Fristfestlegung deuten darauf hin, dass beide Kataloge nicht notwendig dieselben sein müssen.[90] Dementsprechend veröffentlichte die BNetzA im Dezember 2018 den im Benehmen mit dem BSI erstellten **Sicherheitskatalog gem. § 11 Abs. 1 b EnWG**.[91] Er ist ähnlich wie der Katalog nach § 11 Abs. 1 a BSIG aufgebaut. Überraschend ist, dass sich versteckt aus einer Fußnote (!) bei der Einleitung des Katalogs ergibt, dass für **Betreiber von Energieversorgungsnetzen ausschließlich der insoweit abschließende IT-Sicherheitskatalog gem. § 11 Abs. 1 a EnWG gilt**. Denn nach dem Wortlaut des § 11 Abs. 1 b EnWG hat sich der dortige IT-Sicherheitskatalog ausnahmslos auf alle KRITIS-Betreiber von an das Energieversorgungsgesetz angeschlossenen Energieanlagen zu beziehen. Da es um kritische Infrastrukturen (KRITIS) geht, legen deren Eigenschaften grundsätzlich einen besonders hohen Schutzstandard nahe. Dementsprechend sind die Maßstäbe im Hinblick auf die Risikobehandlung des IT-Sicherheitskatalogs nach Absatz 1 b gegenüber demjenigen nach Absatz 1 a strenger.[92] Zwar ist richtig, dass einzelne Betreiber sowohl den Anforderungen von Absatz 1 a als auch denen des Absatzes 1 b unterliegen können. Allerdings wurde aufgrund der Ähnlichkeiten der Sicherheitsanforderungen im Schrifttum angenommen, dass damit kaum größere praktische Schwierigkeiten einhergehen.[93] Wenn nun die BNetzA in diesem Katalog zu dem Ergebnis gelangt, dass zugleich für die unter Absatz 1 a fallenden KRITIS-Betreiber die dortigen Sicherheitsanforderungen ausreichend sind, ist dies ein grundsätzlich in Betracht kommender Standpunkt. Jedoch bleibt zu klären, ob dieser den Anforderungen des Art. 3 Abs. 1 GG im Hinblick auf all die anderen, den Anforderungen des Sicherheitskatalogs nach § 11 Abs. 1 b EnWG unterliegenden KRITIS-Betreibern standhalten wird.

Im Sicherheitskatalog werden die **Schutzziele** unter B. dargestellt und es wird betont, dass bei der Ermittlung des individuellen Schutzbedarfs sowohl die Risiken für den Anlagenbetrieb als auch hinsichtlich der Schnittstellen zu verbundenen Energieversorgungsnetzen einzubeziehen sind. Unter der Überschrift „Geltungsbereich" wird bestimmt, dass die KRITIS-Betreiber alle in der Energieanlage eingesetzten **TK- und EDV-Systeme in eine der nachfolgend genannten Zonen 1 bis 6** einteilen und bei Anwendungen, Systemen und Komponenten, die sich mehreren Zonen zuordnen lassen, auf die Zone mit der höheren Bedeutung abstellen müssen. Bei den Sicherheitsanforderungen wird die **Implementierung eines ISMS** entsprechend den Anforderungen der DIN EN ISO/IEC 27001 in der jeweils geltenden Fassung vorgegeben, das mindestens die Anwendungen, Systeme und Komponenten der Zonen 1–3 umfassen muss und kontinuierlich auf seine Wirksamkeit hin zu überprüfen sowie bei Bedarf anzupassen ist. Bei den Ausführungen zu den Sicherheitskategorien und Maßnahmen heißt es sodann, dass für

---

[90] *Guckelberger* DVBl. 2015, 1213 (1220).
[91] Abrufbar unter https://www.bundesnetzagentur.de/SharedDocs/Downloads/DE/Sachgebiete/Energie/Unternehmen _Institutionen/Versorgungssicherheit/IT_Sicherheit/IT_Sicherheitskatalog_2018.pdf?__blob=publicationFile&v.=4.
[92] *Voigt*, IT-Sicherheitsrecht, Rn. 456.
[93] *König* in Säcker, Berliner Kommentar zum Energierecht, Band 1, EnWG § 11 Rn. 7.

einige Anlagentypen darüber hinaus der VGB-Standard „IT-Sicherheit für Erzeugungsanlagen" und das BDEW Whitepaper „Anforderungen an sichere Steuerungs- und Telekommunikationssysteme" für die Umsetzung des ISMS hilfreich sein können. Hinsichtlich des **ordnungsgemäßen Betriebs** der betroffenen IKT-Systeme ist nachhaltig sicherzustellen, dass diese zu jedem Zeitpunkt beherrscht werden und technische Störungen als solche erkannt und behoben werden können oder sich deren Behebung anderweitig sicherstellen lässt. Im Unterschied zum IT-Sicherheitskatalog nach Absatz 1 a ist kein Netzstrukturplan zu erstellen. Die **Risikoeinschätzung** ist **an vier Schadenskategorien** (kritisch, hoch, mäßig und gering) auszurichten. Bei der **Risikobehandlung** werden bezogen auf die den Zonen 1–3 zugeordneten Anwendungen, Systeme und Komponenten, sofern diese für einen sicheren Anlagenbetrieb notwendig sind, angemessene und geeignete Maßnahmen gefordert. Bei solchen der Zone 1 sind die im Rahmen der Risikoeinschätzung ermittelten Risiken nicht akzeptabel. Die Umsetzung der Maßnahmen zur Risikobehandlung muss zumindest insoweit erfolgen, dass für den Anlagenbetrieb lediglich ein mittleres akzeptiertes Risikoniveau verbleibt. Hinsichtlich der Geeignetheit der Maßnahme soll grundsätzlich auf den für den jeweiligen Anwendungsbereich allgemein anerkannten Stand der Technik zurückgegriffen werden. Es war ein/e **Ansprechpartner/in IT-Sicherheit bis zum 28.2.2019** zu benennen. Bei den Umsetzungsvorgaben wird die Verpflichtung zum Beleg der Einhaltung der Anforderungen durch ein Zertifikat aufgestellt. Bis zum **31.3.2021 ist der Abschluss des Zertifizierungsverfahrens** durch Vorlage einer Zertifikatskopie bei der BNetzA nachzuweisen.

25 Darüber hinaus erließ die BNetzA am **18.12.2018** eine **Allgemeinverfügung**.[94] In dieser wurde verfügt, dass die Anlagenbetreiber die Anforderungen des als Anlage beigefügten IT-Sicherheitskatalogs umsetzen, diese Umsetzung zertifizieren lassen sowie der BNetzA bis zum 31.3.2021 den Abschluss des Zertifizierungsverfahrens durch Vorlage einer Kopie mitteilen müssen und ihr bis zum 28.2.2019 einen Ansprechpartner benennen mussten. Im Unterschied zum IT-Sicherheitskatalog handelt es sich dabei um auf den Punkt gebrachte Regelungen für das Verhalten von Energieanlagenbetreibern, die zudem mit einer Begründung und Rechtsbehelfsbelehrung versehen wurden. Allgemeinverfügungen werden wie gewöhnliche Verwaltungsakte bestandskräftig und unterliegen dem für diese geltenden Fehlerfolgenregime. Rechtliche Bedenken an dieser Allgemeinverfügung ergeben sich, weil die dortigen Verfügungen oft nur das wiederholen, was sich bereits aus dem IT-Sicherheitskatalog ergibt, und schon aus § 11 Abs. 1 b EnWG die Verbindlichkeit der Kataloganforderungen für die KRITIS-Betreiber folgt. Daher lässt sich ihr Regelungscharakter durchaus infrage stellen und, da es sich um abstrakt-generelle Regelungen handelt, an der Zulässigkeit dieser Handlungsform zweifeln. Gestützt wurde die Allgemeinverfügung auf die verschiedenen Vorgaben in § 11 Abs. 1 b EnWG. Bei genauerer Betrachtung wird der BNetzA dort aber nur die Befugnis zur Erstellung des IT-Sicherheitskatalogs und zur Überprüfung der Einhaltung der Sicherheitsanforderungen eingeräumt. Die BNetzA begründete ihre Zuständigkeit mit Verweis auf § 11 Abs. 1 b S. 2 EnWG iVm § 54 Abs. 1 EnWG. Gem. § 67 Abs. 1, 2 EnWG hätten die Beteiligten und die berührten Wirtschaftskreise Gelegenheit zur Stellungnahme erhalten, indem sich diese bis zum 28.2.2018 zum vollständigen Entwurf des beabsichtigten IT-Sicherheitskatalogs äußern konnten. Außerdem erhielten der Länderausschuss nach § 60 a Abs. 2 S. 1 EnWG sowie das Bundeskartellamt nach § 58 Abs. 1 S. 2 EnWG Gelegenheit zur Stellungnahme. In materieller Hinsicht wird auf die Einhaltung der Voraussetzungen für die Erstellung des Sicherheitskatalogs und die Verhältnismäßigkeit der konkreten Ausgestaltung verwiesen.

---

94 Abrufbar unter https://www.bundesnetzagentur.de/SharedDocs/Downloads/DE/Sachgebiete/Energie/Unternehmen_Institutionen/Versorgungssicherheit/IT_Sicherheit/AllgemeinverfuegungEnergieanlagen.pdf?__blob=publicationFile&v.=2.

C. Sektorale Rechtsvorschriften im EnWG, Seitenblick auf das Atomgesetz (AtG)

Während die Benennung des Ansprechpartners bereits durch die KRITIS-Betreiber erfolgen musste und Netzbetreiber auf jeden Fall die Sicherheitsanforderungen des § 11 Abs. 1a EnWG erfüllen müssen, ist die Frage aufzuwerfen, ob die übrigen KRITIS-Betreiber in der Zeit bis zum 31.12.2021, also dem Zeitpunkt, bis zu dem nach dem IT-Sicherheitskatalog das Zertifizierungsverfahren erst abgeschlossen sein muss, anderweitigen IT-Sicherheitsvorgaben, insbesondere denen des § 8 a BSIG, unterliegen. Ausweislich **§ 8 d Abs. 2 Nr. 2 BSIG** ist jedoch § 8 a BSIG nicht auf Betreiber von Energieanlagen anzuwenden, soweit sie den Regelungen des § 11 EnWG unterliegen. Da der Gesetzgeber mit dem **Soweit-Satz** jedoch nur eine **redaktionelle Klarstellung** anvisierte,[95] ist dieser nur in personeller Hinsicht zu verstehen und dies deshalb zu verneinen.[96] Richtigerweise müssen die KRITIS-Betreiber schon jetzt erste Schritte zur Erfüllung der Kataloganforderungen unternehmen, damit die Zertifizierung rechtzeitig abgeschlossen werden kann.

2. Besonderheiten bei Anlagen nach § 7 Abs. 1 AtG

Nach § 11 Abs. 1 b S. 3 EnWG sind die **Vorgaben des Atomgesetzes** für TK- und EDV-Systeme von Anlagen nach **§ 7 Abs. 1 AtG vorrangig**. Da der friedlichen Nutzung von Kernenergie zu Versorgungszwecken ein sehr hohes Gefahrenpotenzial immanent ist, unterliegen derartige Anlagen intensiveren IT-Sicherheitspflichten.[97] Dies spiegelt sich auch in den Genehmigungsvoraussetzungen wider, wonach die nach dem **Stand von Wissenschaft und Technik** erforderliche Vorsorge gegen Schäden durch die Errichtung und den Betrieb der Anlage zu treffen ist, wozu auch die IT-Sicherheit gehört. Es handelt sich dabei um den höchsten Sicherheitsstandard, da durch die Einbeziehung des Stands der Wissenschaft die nach den neuesten wissenschaftlichen Erkenntnissen erforderlichen Vorsorgemaßnahmen zu treffen sind.[98] Soweit keine vorrangigen Vorgaben bestehen,[99] unterfallen auch diese Anlagen dem IT-Sicherheitskatalog nach § 11 Abs. 1 b EnWG. Im Hinblick auf ihre besonderen Fachkenntnisse sind nach dessen Satz 4 die **für die nukleare Sicherheit zuständigen Genehmigungs- und Aufsichtsbehörden** bei der Erarbeitung des Katalogs von Sicherheitsanforderungen zu **beteiligen**. Dadurch soll Konflikten zwischen den Anforderungen und Maßnahmen nach dem Sicherheitskatalog und atomrechtlichen Maßnahmen vorgebeugt werden.[100] Ganz am Ende des IT-Sicherheitskatalogs nach § 11 Abs. 1 b EnWG finden sich abweichende Regelungen für Anlagen nach § 7 Abs. 1 AtG im Geltungsbereich dieses Katalogs. Mit Ausnahme von der Verpflichtung zur **Benennung eines Ansprechpartners** besteht für derartige Anlagen mit der **SEWD-Richtlinie IT** ein anlagenspezifisches Regelwerk zur Gewährleistung der kerntechnischen Sicherheit. Den Betreibern von derartigen Anlagen wird aufgegeben, im Rahmen der Schutzbedarfsfeststellung gem. dieser Richtlinie auch die unter B./II./1. genannten besonderen Schutzziele für Erzeugungsanlagen bei der Zuordnung der schutzbedürftigen Anlagen, Systeme und Komponenten zu den IT-Schutzbedarfsklassen zu berücksichtigen, wobei diese besonderen Schutzziele nachrangig zu demjenigen der atomaren Sicherheit zu behandeln sind. Laut dem Sicherheitskatalog liegt ein angemessener Schutz vor, wenn keine Risiken offensichtlich sind, welche die Schutzziele nach der SEWD-Richtlinie IT gefährden und auch diejenigen gem. Abschnitt B./II./1. berücksichtigt werden. Bis zum **30.6.2019** war der BNetzA eine **Bestätigung** der zuständigen Aufsichts- und Genehmigungsbehörden über die Einhaltung der Schutzziele der SEWD-Richt-

---

95 BT-Drs. 18/11242, 49.
96 Wie hier *Freimuth*, Die Gewährleistung der IT-Sicherheit Kritischer Infrastrukturen, S. 346.
97 *Voigt*, IT-Sicherheitsrecht, Rn. 460; s. auch *Müllmann* DSRITB 2019, 245 (253 f.).
98 BVerfGE 49, 89 (136).
99 Zur Bedeutung des IT-Sicherheitskatalogs, weil das AtG die IT-Sicherheit vor allem über unbestimmte Rechtsbegriffe erfasst, *Freimuth*, Die Gewährleistung der IT-Sicherheit Kritischer Infrastrukturen, S. 345.
100 BT-Drs. 18/4096, 50.

linie IT sowie darüber hinaus eine **verbindliche, von der Geschäftsführung unterzeichnete Erklärung** über die Berücksichtigung des Abschnitts B./II.1. bei der Schutzbedarfsfeststellung abzugeben. **Jährlich** ist jeweils zum 30.6. der Nachweis der Erfüllung dieser Anforderungen zu erbringen.

III. Meldepflichten

1. Meldepflicht nach § 11 Abs. 1 c EnWG

28 § 11 Abs. 1 c EnWG statuiert eine Meldepflicht für **Betreiber von Energieversorgungsnetzen und von solchen Energieanlagen, die durch Inkrafttreten der BSI-KritisV als Kritische Infrastruktur bestimmt wurden**.[101] Angesichts des nicht eindeutigen Wortlauts kann man darüber streiten, ob sich der Relativsatz am Ende nur auf die Betreiber von Energieanlagen oder auch auf solche von Energieversorgungsnetzen bezieht. Für beide Positionen gibt es gute Argumente. Für eine Beschränkung auf KRITIS-Betreiber spricht, dass die namentliche Meldung in Satz 3 an den tatsächlichen Ausfall oder die tatsächliche Beeinträchtigung der Kritischen Infrastruktur anknüpft.[102] Allerdings könnte es sich dabei auch nur um ein gesetzgeberisches Versehen handeln, weil man zu unbedacht Textpassagen des § 8 b Abs. 4 BSIG übernommen hat. Störungen des Energieversorgungsnetzes können im „worst case" dazu führen, dass eine KRITIS-Energieanlage tatsächlich ausfällt oder ihre Funktionsfähigkeit beeinträchtigt wird. Auch spricht für eine Erstreckung der Meldepflicht auf alle Netzbetreiber unabhängig vom Vorliegen einer kritischen Infrastruktur ein Blick in die Materialien, wonach klargestellt werden sollte, „dass die Meldepflichten nach Absatz 1 c Satz 1 für *alle* Betreiber von Energieversorgungsnetzen gelten" sollen.[103] Untermauern lässt sich die hier bevorzugte Position[104] mit der Normsystematik, weil die Meldepflicht im Kontext der Absätze 1, 1 a steht, die sich aber allgemein an Betreiber von Energieanlagen richten.[105]

29 Die Meldepflicht entspricht in weitem Maße den Anforderungen des § 8 b Abs. 4 BSIG,[106] der jedoch aufgrund von § 8 d Abs. 3 Nr. 2 BSIG verdrängt wird. Nach § 11 Abs. 1 c S. 1 EnWG müssen die Betreiber zum einen (Nr. 1) **Störungen** der Verfügbarkeit, Integrität, Authentizität und Vertraulichkeit ihrer informationstechnischen Systeme, Komponenten oder Prozesse, die zu einem Ausfall oder einer erheblichen Beeinträchtigung der Funktionsfähigkeit des Energieversorgungsnetzes oder der betreffenden Energieanlage **geführt haben**, und zum anderen (Nr. 2) **erhebliche Störungen** der Verfügbarkeit, Integrität, Authentizität und Vertraulichkeit ihrer informationstechnischen Systeme, Komponenten oder Prozesse, die zu einem Ausfall oder einer erheblichen Beeinträchtigung des Energieversorgungsnetzes oder der betreffenden Energieanlage **führen können**, über die Kontaktstelle **dem BSI melden, das** nach Satz 3 die Meldungen unverzüglich **an die BNetzA weiterzuleiten** hat. Diese Ausgestaltung beruht auf der Erwägung, dass das **BSI als zentrale Meldestelle** unmittelbare Informationen aus dem wichtigen Energiesektor erhalten soll, während die BNetzA infolge der unverzüglichen Weiterleitung bei bestehenden Sicherheitsdefiziten die erforderlichen Maßnahmen ergreifen können

---

101 Näher zum räumlichen Anwendungsbereich der Meldepflicht *Schneider*, Meldepflichten im IT-Sicherheitsrecht, S. 502 f., nach welchem es auf die Belegenheit des als kritisch eingestuften Energieversorgungsnetzes bzw. der Energieanlage ankommt.
102 Des Weiteren weist das OLG Düsseldorf Beschl. v. 19.7.2017 – VI-3 Kart 109/16 (V), 3 Kart 109/16 (V), juris Rn. 39 auf einen gewissen Widerspruch bei den Ausführungen zum Erfüllungsaufwand hin, wonach der Kreis der meldepflichtigen Betreiber um ca. 1.6000 (gemeint wohl 1.600) Anlagenbetreiber ausgeweitet wird; s. auch BT-Drs. 18/11242, 32, 61 (mit zutreffender Zahl von 1.600 Anlagenbetreibern).
103 BT-Drs. 18/11242, 55, Kursivhervorhebung durch die Verf.
104 Wie hier *König* in Säcker, Berliner Kommentar zum Energierecht, Band 1, EnWG § 11 Rn. 102.
105 *Guckelberger* DVBl. 2015, 1213 (1220).
106 *Freimuth*, Die Gewährleistung der IT-Sicherheit Kritischer Infrastrukturen, S. 347; *Schneider*, Meldepflichten im IT-Sicherheitsrecht, S. 501.

soll.¹⁰⁷ Aufgrund ihres Wissens kann die BNetzA infolge der Informationen die Gefahren für das Energieversorgungssystem am besten beurteilen.¹⁰⁸ Entsprechend der Legaldefinition in § 121 BGB bedeutet **unverzüglich** ohne schuldhaftes Zögern. Ausgehend von dem Normzweck hat trotz Verstoßes gegen die Unverzüglichkeit eine Nachmeldung zu erfolgen, soweit die Informationen für die genannten Stellen weiterhin bedeutsam sind.¹⁰⁹

§ 11 Abs. 1 c S. 2 EnWG regelt den Inhalt der Meldung. Diese muss Angaben zu der Störung, zu möglichen grenzübergreifenden Auswirkungen sowie zu technischen Rahmenbedingungen, insbesondere der vermuteten oder tatsächlichen Ursache und der betroffenen Informationstechnik enthalten. Damit die Behörden die richtigen Schlüsse ziehen können, muss klar ausgedrückt werden, ob es sich nur um eine vermutete oder um eine tatsächliche Ursache handelt.¹¹⁰ Liegt diesbezüglich zunächst nur eine Vermutung, später aber eine Gewissheit vor, ist dies dem BSI zur Schaffung einer möglichst zuverlässigen Wissensbasis unter Rekurs auf die vorherige Mitteilung zu kommunizieren.¹¹¹ Im Unterschied zu § 8 b Abs. 4 S. 2 BSIG fehlt eine explizite Verpflichtung zur Benennung der Art der betroffenen Einrichtung oder Anlage sowie zur Branche des Betreibers bzw. der kritischen Dienstleistung, die aber in den Grundzügen regelmäßig bereits aus dem Kontext der Meldung folgen wird.¹¹² Gem. § 11 Abs. 1 c S. 3 EnWG ist eine **namentliche Nennung des Betreibers** nur erforderlich, wenn die Störung tatsächlich zu einem Ausfall oder einer Beeinträchtigung der Kritischen Infrastruktur geführt hat. Da ansonsten **pseudonyme Meldungen** zulässig sind, gibt es gute Argumente, dass dann dem BSI die Branche des Betreibers und die Art der betroffenen Einrichtung oder Anlage mitgeteilt werden müssen, damit es sich ein umfassendes Lagebild verschaffen kann.¹¹³ Für diese Sichtweise spricht neben der Insbesondere-Formulierung, dass nach den Materialien die Anforderungen an den Meldungsinhalt der allgemeinen Meldepflicht nach § 8 b Abs. 4 S. 2 BSIG entsprechen sollen.¹¹⁴ Unklar ist, wie derartige pseudonyme Meldungen erfolgen sollen, da in § 11 Abs. 1 c EnWG eine dem § 8 b Abs. 3 BSIG entsprechende Verpflichtung zur Benennung einer Kontaktstelle für das BSI sowie die in § 8 b Abs. 5 BSIG darüber hinaus vorgesehene Möglichkeit der Benennung einer gemeinsamen übergeordneten Ansprechstelle fehlen.¹¹⁵ Wirft man jedoch einen Blick auf die Kollisionsnorm des § 8 d Abs. 3 Nr. 2 BSIG, wird durch diese nach ihrem Wortlaut nur der Rekurs auf § 8 b Abs. 4 und nicht Abs. 3 BSIG gesperrt.¹¹⁶ Da im Gesetzestext des § 11 Abs. 1 c S. 1 EnWG die Formulierung „über die **Kontaktstelle**" verwendet wird, haben die Verpflichteten für die Einrichtung einer solchen zu sorgen.¹¹⁷

§ 11 Abs. 1 c BSIG enthält besondere Regelungen zum **Vertrauensschutz**, denn man verspricht sich vor allem durch ein vertrauensvolles Zusammenwirken zwischen den Verpflichteten und Behörden eine effektive IT-Sicherheit.¹¹⁸ Nach § 11 Abs. 1 c S. 5 BSIG haben das BSI und die

---

107 *Schneider*, Meldepflichten im IT-Sicherheitsrecht, S. 501.
108 *König* in Säcker, Berliner Kommentar zum Energierecht, Band 1, EnWG § 11 Rn. 106.
109 *Guckelberger* DVBl. 2015, 1213 (1220).
110 *Guckelberger* DVBl. 2015, 1213 (1220).
111 *Guckelberger* DVBl. 2015, 1213 (1220).
112 Zu Letzterem *Freimuth*, Die Gewährleistung der IT-Sicherheit Kritischer Infrastrukturen, S. 348; zur Unklarheit, ob dies eine bewusste oder unbewusste gesetzgeberische Entscheidung war, *Schneider*, Meldepflichten im IT-Sicherheitsrecht, S. 503.
113 So die Position von *Schneider*, Meldepflichten im IT-Sicherheitsrecht, S. 504.
114 BT-Drs. 18/4096, 33.
115 S. auch *Schneider*, Meldepflichten im IT-Sicherheitsrecht, S. 504 f.
116 *Freimuth*, Die Gewährleistung der IT-Sicherheit Kritischer Infrastrukturen, S. 347; diese Beschränkung des Gesetzeswortlauts wird von *Schneider*, Meldepflichten im IT-Sicherheitsrecht, S. 504 f. verkannt, der im Ergebnis aber auch eine solche Notwendigkeit befürwortet.
117 Dazu auch *Freimuth*, Die Gewährleistung der IT-Sicherheit Kritischer Infrastrukturen, S. 347.
118 *Freimuth*, Die Gewährleistung der IT-Sicherheit Kritischer Infrastrukturen, S. 348; s. auch BT-Drs. 18/4096, 33.

BNetzA sicherzustellen, dass eine unbefugte Offenbarung der ihnen nach Satz 1 zur Kenntnis gelangten Informationen ausgeschlossen wird. Der Zugang – gemeint ist wohl insbesondere der allgemeine Zugang im Sinne informationsfreiheitsrechtlicher Ansprüche[119] – zu den Akten des BSI sowie der BNetzA in Angelegenheiten nach § 11 Abs. 1 a–1 c EnWG wird gem. Satz 7 nicht gewährt. Allerdings bleibt das auf Beteiligte während eines laufenden Verwaltungsverfahrens bezogene Akteneinsichtsrecht nach § 29 VwVfG unberührt, § 11 Abs. 1 c S. 8 EnWG. Die Vorschrift des § 8 e Abs. 1 BSIG über Auskunftsverlangen ist aufgrund von § 11 Abs. 1 c S. 8 EnWG entsprechend anzuwenden. Da § 8 d Abs. 3 Nr. 2 BSIG nur § 8 b Abs. 4 BSIG für unanwendbar erklärt, finden bei **personenbezogenen** Daten vorrangig die DS-GVO sowie der Zweckbindungsgrundsatz des § 8 b Abs. 7 BSIG Anwendung.[120] Damit kommt es zu einem Gleichklang mit § 44 b AtG, in dessen Satz 2 auf § 8 b Abs. 7 BSIG verwiesen wird.

32 Im Gesetzgebungsprozess wurden insbesondere von Seiten der Wirtschaft Zweifel an der **Verfassungskonformität** der Meldepflicht geäußert.[121] Sofern die Verpflichteten Grundrechtsträger sind, greifen die Meldepflichten in die Berufs- und subsidiär in die allgemeine Handlungsfreiheit sowie im Falle namentlicher Nennung bei natürlichen Personen in das Recht auf informationelle Selbstbestimmung ein.[122] Angesichts des hohen Stellenwerts der Energieversorgungssicherheit sowie der Unterscheidung zwischen pseudonymer und namentlicher Meldung sind die Meldepflichten jedoch grundsätzlich als verfassungskonform einzustufen, zumal sie die Betreiber zu der in ihrem eigenen Interesse liegenden Einhaltung der IT-Sicherheit motiviert.[123]

2. Meldepflicht nach § 44 b AtG

33 § 44 b AtG[124] statuiert eine besondere Meldepflicht für **Genehmigungsinhaber nach §§ 6, 7, 9 AtG**. Sie müssen **Beeinträchtigungen** ihrer informationstechnischen Systeme, Komponenten oder Prozesse, die zu einer **Gefährdung oder Störung der nuklearen Sicherheit** der betroffenen kerntechnischen Anlage (s. die Legaldefinition in § 2 Abs. 3 a Nr. 1 AtG) oder Tätigkeit führen können oder bereits geführt haben, unverzüglich dem **BSI** als zentraler Meldestelle mitteilen. Dieses leitet die Meldungen nach Satz 4 unverzüglich an die für die nukleare Sicherheit und die Sicherung zuständigen Genehmigungs- und Aufsichtsbehörden des Bundes und der Länder und an die von diesen bestimmten Sachverständigen weiter.[125] Der im Laufe des Gesetzgebungsverfahrens gemachte Vorschlag, dass die Aufsichtsbehörde Meldungen mit einer sicherheitsbehördlichen Bewertung unverzüglich an das BSI und die Regulierungsbehörde weiterleitet,[126] konnte sich nicht durchsetzen. § 44 b S. 1 AtG zeichnet sich durch eine **niedrige Meldeschwelle** aus.[127] Dass die Meldepflicht in Abweichung von § 11 Abs. 1 c S. 1 EnWG nicht nur bei (erheblichen) Störungen, sondern bereits bei Beeinträchtigungen ausgelöst wird, lässt sich mit dem hohen Schadenspotenzial und dem Ziel der Risikominimierung erklären.[128] Eine Beeinträchtigung liegt bei allen negativen Auswirkungen vor.[129] Der ausgeweitete Adressaten-

---

119 So auch *König* in Säcker, Berliner Kommentar zum Energierecht, Band 1, EnWG § 11 Rn. 107.
120 AA *Schneider*, Meldepflichten im IT-Sicherheitsrecht, S. 508, der von einer bewussten Lücke ausgeht.
121 Nachweise bei *Guckelberger* DVBl. 2015, 1213 (1220).
122 Näher dazu *Guckelberger* DVBl. 2015, 1213 (1221).
123 *Guckelberger* DVBl. 2015, 1213 (1222); *Schneider*, Meldepflichten im IT-Sicherheitsrecht, S. 507; s. auch *Wischmeyer/Mohnert* in Frenz (Hrsg.), Handbuch Industrie 4.0: Recht, Technik, Gesellschaft, S. 215 (226 f.).
124 Dazu, dass das BMU zu diesem ein Rahmendokument erarbeitet, das jedoch dem Geheimnisschutz unterfällt, *Leidinger* in Frenz (Hrsg.), Atomrecht, § 44 b AtG Rn. 2.
125 S. zu BSI und der Weiterleitung auch *Schneider*, Meldepflichten im IT-Sicherheitsrecht, S. 492 f.
126 BT-Drs. 18/4096, 44.
127 *Schneider*, Meldepflichten im IT-Sicherheitsrecht, S. 495 f.
128 *Freimuth*, Die Gewährleistung der IT-Sicherheit Kritischer Infrastrukturen, S. 349.
129 *Schneider*, Meldepflichten im IT-Sicherheitsrecht, S. 496; s. auch *Voigt*, IT-Sicherheitsrecht, Rn. 464.

kreis trägt dem Umstand Rechnung, dass im Fokus des § 44b AtG die nukleare Sicherheit (und nicht wie im EnWG die Energieversorgungssicherheit) steht.[130] Da die Beeinträchtigung in einem spezifischen und kausalen Zusammenhang zur Gefährdung oder Störung der nuklearen Sicherheit stehen muss,[131] wird dadurch eine Einengung bewirkt. Ausweislich der Legaldefinition in § 2 Abs. 3a Nr. 2 AtG versteht man unter der nuklearen Sicherheit das Erreichen und Aufrechterhalten ordnungsgemäßer Betriebsbedingungen, die Verhütung von Unfällen und die Abmilderung von Unfallfolgen zum Schutz von Leben, Gesundheit und Sachgütern vor den Gefahren der Kernenergie und der schädlichen Wirkung ionisierender Strahlen. Gem. § 44b S. 2 AtG finden **§ 8b Abs. 1, Abs. 2 Nr. 1–3, Nr. 4 lit. a–c und Abs. 7 BSIG** entsprechende Anwendung. Inhaltlich muss die Meldung Angaben zur Störung sowie zu den technischen Rahmenbedingungen, insbesondere der vermuteten oder tatsächlichen Ursache, und der betroffenen Informationstechnik enthalten (§ 44b S. 3 AtG). Aus einem vergleichenden Blick auf § 11 Abs. 1c EnWG sowie des unterbliebenen Verweis auf § 8b Abs. 4 BSIG ergibt sich, dass die Meldung stets **namentlich** zu erfolgen hat.[132] Sofern die entsprechenden Voraussetzungen vorliegen, sind die in § 6 Abs. 1 der – allerdings nicht spezifisch auf IT-Sicherheitsvorfälle ausgerichteten – Verordnung über den kerntechnischen Sicherheitsbeauftragten und über die Meldung von Störfällen und sonstigen Ereignissen (AtSMV)[133] aufgezählten Genehmigungsinhaber hinsichtlich der dort konkretisierten Ereignisse meldepflichtig.[134]

IV. Sanktionen und weitere Reaktionen

Wer vorsätzlich oder fahrlässig entgegen von § 11 Abs. 1a oder Abs. 1b EnWG den Katalog von Sicherheitsanforderungen nicht, nicht richtig, nicht vollständig oder nicht rechtzeitig einhält oder eine Meldung entgegen § 11 Abs. 1c EnWG nicht, nicht richtig, nicht vollständig oder nicht rechtzeitig vornimmt, begeht gem. **§ 95 Abs. 1 Nr. 2a und 2b EnWG** eine Ordnungswidrigkeit. Diese kann gem. Absatz 2 mit einer **Geldbuße bis zu 100.000 EUR** geahndet werden. Für die Ahndung der Verstöße gegen die Meldepflicht ist das BSI, für diejenige von Verstößen gegen den Sicherheitskatalog die BNetzA zuständig (§ 95 Abs. 5 EnWG).[135] Hat die **Regulierungsbehörde** Kenntnis, dass ein Unternehmen seinen Verpflichtungen nach diesem Gesetz nicht nachkommt, kann sie gem. **§ 65 Abs. 2 EnWG Maßnahmen** zur Einhaltung dieser Verpflichtung anordnen. Dazu muss sie ihr Entschließungs- und Auswahlermessen pflichtgemäß ausüben. Aufgrund des hohen Stellenwerts der Energieversorgungssicherheit kann sich dieses im Einzelfall auf Null reduzieren. Da die Meldepflicht des § 11 Abs. 1c EnWG primär auf das BSI bezogen ist, ist zu erörtern, ob sich für dieses aus den einschlägigen Regelungen eine Verwaltungsaktbefugnis zur Durchsetzung der Meldepflicht entnehmen lässt.[136] Bislang gibt es keine Vorschrift, welche die Ahndung eines Verstoßes gegen die atomrechtliche Meldepflicht als Ordnungswidrigkeit zulassen würde. Eine analoge Rechtsanwendung scheitert an Art. 103 Abs. 2 GG.[137] Angesichts des hohen Gefahrenpotenzials in diesem Bereich, das auch in der niedrigeren Meldeschwelle seinen Ausdruck findet, stellt diese Lücke einen System-

34

---

130 *Freimuth*, Die Gewährleistung der IT-Sicherheit Kritischer Infrastrukturen, S. 349f.; s. auch *Schneider*, Meldepflichten im IT-Sicherheitsrecht, S. 492 ff. einschließlich seiner Ausführungen zu den Adressaten und dem räumlichen Anwendungsbereich.
131 S. *Leidinger* in Frenz (Hrsg.), Atomrecht, § 44b AtG Rn. 4.
132 S. auch *Freimuth*, Die Gewährleistung der IT-Sicherheit Kritischer Infrastrukturen, S. 350; iE auch *Schneider*, Meldepflichten im IT-Sicherheitsrecht, S. 499.
133 BGBl. 1992 I 1766, zuletzt geändert durch Art. 18 der Verordnung vom 29.11.2018, BGBl. 2018 I 2034.
134 *Schneider*, Meldepflichten im IT-Sicherheitsrecht, S. 492.
135 S. auch *Freimuth*, Die Gewährleistung der IT-Sicherheit Kritischer Infrastrukturen, S. 351.
136 Näher dazu *Schneider*, Meldepflichten im IT-Sicherheitsrecht, S. 460 ff., 507.
137 *Schneider*, Meldepflichten im IT-Sicherheitsrecht, S. 498; *Voigt*, IT-Sicherheitsrecht, Rn. 465.

bruch dar und lässt sich dafür schwerlich ein sachlicher Grund finden.[138] Eine Sanktionierung kommt nur im Falle eines gleichzeitigen Verstoßes gem. § 46 Abs. 1 Nr. 4 AtG iVm § 11 Nr. 1 AtSMV in Betracht.

D. Typische Problemlagen und Konfliktlinien

35 Vergleicht man die sektorspezifischen Regelungen mit denen des BSIG, basieren sie **auf denselben Grundzügen,** da die Problemlagen vergleichbar sind. Wegen des besonderen Stellenwerts der Energieversorgung werden die **Bausteine aber teilweise anders ausgestaltet.**[139] Der **Stand der Technik** wird für die in § 11 Abs. 1 a, 1 b EnWG genannten Personen durch den von der BNetzA erlassenen **Sicherheitskatalog verbindlich konkretisiert.** Dadurch wird ihr Raum für eigenständige Entscheidungen eingeengt, aber hinsichtlich der zu ergreifenden Maßnahmen auch ein Mehr an Rechtssicherheit geschaffen. Sieht man von den auf das **BSI bezogenen Meldepflichten** ab, kommt der **BNetzA** als zuständige Regulierungsbehörde im EnWG auch im Hinblick auf die IT-Sicherheit eine **maßgebliche Bedeutung** zu. Sie verfügt bei der Erstellung des IT-Sicherheitskatalogs im Vergleich zum BSI über die stärkere Stellung. Während KRITIS-Betreiber gem. § 8 Abs. 3 S. 1, 2 BSIG mindestens alle zwei Jahre die Erfüllung der Sicherheitsanforderungen nachweisen müssen und der Nachweis durch Sicherheitsaudits, Prüfungen oder Zertifizierungen erfolgen kann, ergibt sich aus den IT-Sicherheitskatalogen die Notwendigkeit von Zertifizierungen samt deren Erneuerung. Die Meldepflichten nach § 11 Abs. 1 c EnWG und nach § 44 b AtG folgen einer ähnlichen Struktur wie die Grundnorm in § 8 b Abs. 4 BSIG. Allerdings wird bei § 44 b AtG die Meldeschwelle niedriger angesetzt und diese auf die nukleare Sicherheit bezogen.[140] Verstöße gegen § 44 b AtG sollten vergleichbar denen gegen § 11 Abs. 1 c EnWG de lege ferenda ebenfalls sanktioniert werden. Sowohl die Beteiligung des BSI bei der Erstellung der IT-Sicherheitskataloge als auch die von diesem vorzunehmende Weiterleitung von Meldungen an die Regulierungs- bzw. atomrechtliche Aufsichts- und Genehmigungsbehörden zeigen, dass es infolge des Zusammenhangs zwischen IT-Sicherheit und Energieversorgungs- bzw. nuklearer Sicherheit eines Zusammenwirkens verschiedener Behörden bedarf. Für eine wirksame IT-Sicherheit bedarf es daneben in der Praxis einer Sensibilisierung für aus menschlichem Fehlverhalten resultierende Gefahrenlagen.[141]

36 Ausweislich des im März 2019 bekannt gewordenen Referentenentwurfs eines Zweiten Gesetzes zur Erhöhung der Sicherheit informationstechnischer Systeme (BSIG-RefE) soll es künftig auch Regelungen hinsichtlich Kernkomponenten für Kritische Infrastrukturen geben, dh IT-Produkte, die zum Betrieb von KRITIS iSd BSIG dienen und für diesen Zweck besonders entwickelt oder geändert werden. Nach § 2 Abs. 13 S. 2 Nr. 1 BSIG-RefE sind KRITIS-Kernkomponenten im Sektor Energie IT-Produkte für die Kraftwerksleittechnik, für die Netzleittechnik oder für die Steuerungstechnik zum Betrieb von Anlagen oder Systemen zur Stromversorgung, Gasversorgung, Kraftstoff- oder Heizöl- oder Fernwärmeversorgung. Derartige Kernkomponenten dürfen nach § 8a Abs. 6 BSIG-RefE nur noch von solchen Herstellern bezogen werden, die vor dem erstmaligen Einsatz der Komponenten eine **Vertrauenswürdigkeitserklärung** gegenüber dem KRITIS-Betreiber abgegeben haben. Außerdem haben die Hersteller derartiger Kernkomponenten nach § 8h BSIG-RefE Störungen der Verfügbarkeit, Integrität, Authentizität und Vertraulichkeit der Software dem BSI unverzüglich zu melden, wenn die Anwendung zu einem Ausfall oder zu einer erheblichen Beeinträchtigung der Funktionsfähigkeit der KRITIS-Infrastruktur führen kann.

---

138 Zu Letzterem *Voigt*, IT-Sicherheitsrecht, Rn. 465.
139 Ähnlich *Freimuth*, Die Gewährleistung der IT-Sicherheit Kritischer Infrastrukturen, S. 346.
140 S. auch *Freimuth*, Die Gewährleistung der IT-Sicherheit Kritischer Infrastrukturen, S. 352.
141 *Müllmann* DSRITB 2019, 245 (257 f.).

§ 24 Smart Metering

Literatur: *Albrecht*, Intelligente Stromzähler als Herausforderung für den Datenschutz, 2015; *Anderson/Fuloria*, Who controls the off switch?, 2010; *Arzberger/Zayer/Kahmann*, Handbuch Elektrizitätsmesstechnik, 3. Aufl. 2017; *Aschendorf*, Energiemanagement durch Gebäudeautomation, 2014; *Bartels/Backer/Schramm*, Der „Stand der Technik" im IT-Sicherheitsrecht, 2017; *Betancourt*, Kritik des digitalen Kapitalismus, 2018; *Bews*, Bewirtschaftungsrecht, 2017; *Bräutigam*, IT-Outsourcing und Cloud-Computing, 3. Aufl. 2013; *Britz/Hellermann/Hermes*, Energiewirtschaftsgesetz, Kommentar, 3. Aufl. 2015; *Busch*, Demand Side Management, 2017; *Cuellar*, Smart grid security, 2012; *Debus*, Verweisungen in deutschen Rechtsnormen, 2008; *Denkhaus/Richter/Bostelmann*, EGovG/OZG, Kommentar, 2019; *Dietrich*, Rechtliche und technische Aspekte des Datenschutzes bei intelligenten Messsystemen (Smart Metern), 2014; *Doleski*, Herausforderung Utility 4.0: Wie sich die Energiewirtschaft im Zeitalter der Digitalisierung verändert, 2017; *Eckert*, Sicherheit im Smart Grid, 2011; *dies.*, IKT-Sicherheit im Energie-Informationsnetz der Zukunft, 2012; *dies.*, IT-Sicherheit, 10. Aufl. 2018; *Fischermann/Hamann*, Zeitbombe Internet, 2011; *Förster*, Die Einführung von Smart Meter in Deutschland nachhaltig gestalten, 2016; *Forgó/Helfrich/Schneider*, Betrieblicher Datenschutz, 2. Aufl. 2017; *Hoeren/Sieber/Holznagel*, Multimedia-Recht, 48. EL Februar 2019; *Kappes*, Netzwerk- und Datensicherheit, 2. Aufl. 2013; *Karsten*, Datenschutz im Smart Grid & Smart Meter, 2015; *Keck*, Smart Grid, 2018; *Kelly*, Das intelligente Energiesystem der Zukunft, 2020; *Kilian/Heussen*, Computerrechts-Handbuch, 33. Aufl. 2017; *Köhler-Schute*, Smart Metering, 3. Aufl. 2015; *Körber* in FS Schwintowski, 2017, S. 642 ff.; *Kowalski*, Entwicklung von Schutzprofilen für Smart Meter, 2011; *Lorenz*, Optimierung von Verfahren zur Lösung rechtsrelevanter Wissensprobleme in kritischen Infrastrukturen, 2018; *Marburger*, Die Regeln der Technik im Recht, 1979; *Petermann/Bradke/Lüllmann/Paetsch/Riehm*, Was bei einem Blackout geschieht, 2. Aufl. 2013; *Rohrer/Karsten/Leonhardt*, Messstellenbetriebsgesetz, Kommentar, 2018; *Roßnagel*, Nutzerschutz, 2012; *Säcker* (Hrsg.), Berliner Kommentar zum Energierecht, Band 4, 4. Aufl. 2017; *Saria*, Der Stand der Technik, 2007; *Saurugg*, Smart Metering, 2011; *Schenke/Graulich/Ruthig*, Sicherheitsrecht des Bundes, 2. Aufl. 2019; *Schomerus/Sanden/Benz*, Rechtliche Konzepte für eine effizientere Energienutzung, 2008; *Schwab*, Elektroenergiesysteme, 5. Aufl. 2017; *Schweighöfer/Kummer/Saarenpää/Schafer*, Datenschutz/LegalTech, 2018; *Seckelmann* (Hrsg.), Digitalisierte Verwaltung – Vernetztes E-Government, 2019; Steinbach/Weise, Messstellenbetriebsgesetz, Kommentar, 2018; *vom Wege/Weise* (Hrsg.), Praxishandbuch Messstellenbetriebsgesetz (MsbG), 2018; *Wolff/Brink*, BeckOK Datenschutzrecht, 23. Edition 1.5.2017 (Altauflage), BDSG; *Zwanziger*, Die Digitalisierung des Messwesens als Voraussetzung zur Integration der erneuerbaren Energien in das Energieversorgungssystem, 2019.

A. IT-Anwendungen und IT-Infrastrukturen	1
B. Besondere Risiken und Bedrohungen	3
C. Sektorale Rechtsvorschriften im MsbG	5
I. Smart Meter, intelligentes Messsystem und Smart Meter Gateway	6
1. Smart Meter und intelligentes Messsystem	7
2. Das Smart-Meter-Gateway	10
II. Das IT-Sicherheitskonzept des MsbG	11
1. Das Smart Meter Gateway als zentrales Sicherheitselement	11
2. Mindestsicherheitsanforderungen an das SMG	16
a) IT-Sicherheitsrechtliche Anforderungen im Schutzprofil	19
aa) § 22 Abs. 3 MsbG – Bedrohungsmodelle und technische Vorgaben	19
bb) § 22 Abs. 3 Nr. 1 MsbG – Anforderungen an die Einsatzumgebung	20
cc) § 22 Abs. 3 Nr. 2 MsbG – Organisatorische Sicherheitspolitiken	23
dd) § 22 Abs. 3 Nr. 3 MsbG – Sicherheitsziele	24
ee) § 22 Abs. 3 Nr. 4 MsbG – Kommunikationsverbindungen und Protokolle	25
b) IT-Sicherheitsrechtliche Anforderungen in der Technischen Richtlinie	26
aa) § 22 Abs. 4 S. 2 Nr. 4 MsbG – Kommunikationsabsicherung	26
bb) § 22 Abs. 4 S. 2 Nr. 5 MsbG – Kryptografie	28
cc) § 22 Abs. 4 S. 2 Nr. 6 MsbG – Smart-Meter-Public-Key-Infrastruktur	29
c) Weiterentwicklung von TR und SP, §§ 26, 27 MsbG	31
3. Zertifizierung des SMG als weitere IT-Sicherheitsmaßnahme, § 24 MsbG	36
4. Der Smart-Meter-Gateway-Administrator als weiterer Sicherheitsbaustein, § 25 MsbG	37
a) Aufgaben des SMG-Admins	38
b) Meldepflicht des SMG-Admins, § 25 Abs. 1 S. 4 MsbG	43
c) Zertifizierung des SMG-Admins, § 25 Abs. 5 MsbG	46
III. Sanktionen und sonstige Folgen	47
D. Typische Problemlagen und Konfliktlinien	49

A. IT-Anwendungen und IT-Infrastrukturen[*]

1 Mit der Energiewende kam es zu zentralen Änderungen im Messwesen. **Smart Grids** und **Smart Meter** lösen die bisherige klassische, sternförmige, v.a. auf Prognosen basierende Netzstruktur und den bislang üblichen Ferraris-Zähler ab. Mit der Digitalisierung des Energienetzes und insbesondere des Messwesens steigt auch in diesem Bereich der Bedarf an IT-Anwendungen und IT-Infrastruktur. Aufgrund der mit deren Einsatz verbundenen Vernetzung erhalten die Netzbetreiber nun deutlich **genauere Informationen** über den Energiebedarf.[1] Gleichzeitig erleichtern intelligente digitale Stromzähler (Smart Meter) den Netzbetreibern die **Fernsteuerung von Elektrogeräten**.[2] Sie können so bestimmte Geräte, wie E-Autos oder Elektrospeicheröfen, in Abhängigkeit zur Energieverfügbarkeit im Netz ein- bzw. ausschalten.[3] Smart Meter sind in der Lage, die Verbrauchs- und ggf. die Erzeugerwerte zu übermitteln, aber auch umgekehrt Steuersignale zu empfangen. Das **Smart Meter Gateway** (SMG), welches als Kommunikationszentrale an das Smart Meter angeschlossen ist, übernimmt die Datenübertragung der Messwerte bzw. der Steuerbefehle in die Ortsverteilernetze.[4] Dabei sind die **gesetzlichen Normen technologisch neutral** ausgestaltet,[5] sodass es zwar keine einheitliche Soft- bzw. Hardware gibt, wohl aber verschiedene technische Standards, welche die Administration, den Transport der Daten und die Verbindungsarten betreffen.[6] Als Kommunikationstechnologien kommen alle potentiellen Technologien wie Funk, Powerline, DSL oder Glasfaser in Betracht.[7] Auf der Empfängerseite der Daten, zunächst beim Netzbetreiber, in Zukunft auch bei Datendienstleistern,[8] muss ein **Head-End-System** (HES) installiert werden.[9] Dieses muss neben dem Empfang auch Daten zur Steuerung von Geräten senden können.[10] An das HES werden dann Systeme wie Energiemanagementdienste, Netzleitsysteme und die Geräteverwaltung angeschlossen.[11]

2 Insgesamt beruht das Smart Metering auf **Soft- und Hardware**, die an jeder Stelle des Messwesens zum Einsatz kommt. Digitale Messsysteme sind im Unterschied zu den klassischen IT-Technologien, die bspw. bei der Kraftwerks- oder Netzsteuerung eingesetzt werden, noch sehr neu.[12] Hiermit gehen **große Unsicherheiten** in Bezug auf die IT-Sicherheit einher. Angesichts der Komplexität besteht ein besonderes Sicherheitsbedürfnis. Zur Gewährleistung einer effektiven IT-Sicherheit des Messwesens sind normative Vorgaben notwendig, die im Folgenden näher betrachtet werden.

---

[*] Ich danke Frau Prof. Dr. *Guckelberger* für die hilfreichen Anmerkungen.
[1] Vgl. *BSI*, Die Lage der IT Sicherheit in Deutschland 2019, S. 53.
[2] Vgl. *BSI*, Die Lage der IT Sicherheit in Deutschland 2019, S. 53.
[3] *Schwab*, Elektroenergiesysteme, S. 573.
[4] *Schwab*, Elektroenergiesysteme, S. 576.
[5] BT-Drs. 18/7555, 82.
[6] Vgl. zu den technischen Möglichkeiten vertiefend *Eckert*, Sicherheit im Smart Grid, S. 15; *Zwanziger*, Die Digitalisierung des Messwesens als Voraussetzung zur Integration der erneuerbaren Energien in das Energieversorgungssystem, S. 50; *Schwab*, Elektroenergiesysteme, S. 580 ff.; *Arzberger/Bleckmann/Cwik/Fischer/Koch/Mengi/Wolski* in Arzberger/Zayer/Kahmann, Handbuch Elektrizitätsmesstechnik, S. 391 ff.
[7] *Brühl/Jakob/Weise* in vom Wege/Weise, Praxishandbuch MsbG, Kap. 8 Rn. 79.
[8] Datendienstleister sind Firmen, die bspw. an Hand des Energieverbrauchs Aussagen über mögliche Energieeinsparungen treffen können. Hierzu müssen Sie Zugriff auf die Verbrauchsdaten haben.
[9] *Brühl/Jakob/Weise* in vom Wege/Weise, Praxishandbuch MsbG, Kap. 8 Rn. 80; *Hofmann* in Arzberger/Zayer/Kahmann, Handbuch Elektrizitätsmesstechnik, S. 763 (785).
[10] *Brühl/Jakob/Weise* in vom Wege/Weise, Praxishandbuch MsbG, Kap. 8 Rn. 80.
[11] *Brühl/Jakob/Weise* in vom Wege/Weise Praxishandbuch MsbG, Kap. 8 Rn. 90 ff.; vgl. *Hofmann* in Arzberger/Zayer/Kahmann, Handbuch Elektrizitätsmesstechnik, S. 765 (785).
[12] Die gesetzliche Grundlage trat 2016 in Kraft; vgl. vertiefend *Hofmann* in Arzberger/Zayer/Kahmann, Handbuch Elektrizitätsmesstechnik, S. 768 ff.

B. Besondere Risiken und Bedrohungen

Die Bedeutung der elektrischen Energie hat – insbesondere auch im Hinblick auf die **Digitalisierung** – in den letzten Jahren stetig zugenommen.[13] Kommt es zum Stromausfall, sind viele unserer täglichen Lebensbereiche wie Kommunikation, öffentlicher Verkehr und Versorgung betroffen und das moderne Leben kann zum Erliegen kommen.[14] Daher wird die Energieversorgung zutreffend als Achillesferse der modernen Informationsgesellschaft bezeichnet.[15] Um die bisherige Stabilität des Stromnetzes infolge des Umstiegs auf erneuerbare Energien weiterhin zu gewährleisten, werden infolge der **Digitalisierung im Energiebereich** mittels Smart Meter und Smart Grids die einzelnen Akteure im Energiesektor **zunehmend vernetzt**.[16] Doch birgt diese steigende Vernetzung auch **erhebliche Risiken**, zumal in der Vergangenheit zahlreiche Cyberangriffe auf das Energienetz stattgefunden haben.[17] Insbesondere Smart Meter bieten schon aufgrund der notwendigen Kommunikationsanbindungen **deutlich mehr Angriffsfläche** als ein herkömmlicher Ferraris-Zähler,[18] weswegen auch hinsichtlich ihres Einsatzes **zahlreiche Sicherheitsbedenken** bestehen.[19] So gab es schon Smart Meter, die nach Datumsfehlberechnungen irreversibel abgestürzt sind.[20] Weil mit dem Smart Meter in regelmäßigen Abständen auch Verbrauchsdaten aufgezeichnet werden,[21] gibt es daneben sowohl in der Fachwelt[22] als auch in der Bevölkerung **Datenschutzbedenken**.[23] Daneben spielen auch verfassungsrechtliche Vorgaben, insbesondere in Gestalt des Rechts auf informationelle Selbstbestimmung, Art. 1 Abs. 1, 2 Abs. 1 GG, dem IT-Grundrecht, Art. 2 Abs. 1, 1 Abs. 1 GG, sowie der Unverletzlichkeit der Wohnung, Art. 13 GG, eine gewichtige Rolle und müssen bei der rechtlichen Umsetzung beachtet werden.[24]

Angesichts der zentralen Bedeutung einer funktionierenden Energieversorgung werden **zunehmend rechtliche Vorgaben zur IT-Sicherheit** des Smart Metering erlassen. Diese sind nunmehr

---

13 Vgl. BT-Drs. 17/5672, 15; *Petermann/Bradke/Lüllmann/Paetsch/Riehm*, Was bei einem Blackout geschieht, S. 9 ff.; vgl. *Eckert* in Roßnagel, Nutzerschutz, S. 63.
14 Vgl. *Krause/Tanriverdi*, SZ Magazin 18/2018, 18 (19 ff.); *Dietrich/Leibenger/Sorge* in Schweighöfer/Kummer/Saarenpää/Schafer, Datenschutz/LegalTech, S. 25 (25); *Guckelberger* DVBl. 2015, 1213 (1213).
15 *Singler* ZTR 2018, 23 (23).
16 Vgl. hierzu *Rohrer/Leonhardt/Karsten* in Rohrer/Karsten/Leonhardt MsbG Einl. Rn. 2; vgl. *Steinbach/Weise* in Steinbach/Weise MsbG Einl. Rn. 8; *Lorenz*, Optimierung von Verfahren zur Lösung rechtsrelevanter Wissensprobleme in kritischen Infrastrukturen, S. 30; vgl. *Jandt* in Roßnagel, Nutzerschutz, S. 37 (38); *Booz* N&R 2017, 130 (133).
17 Vgl. https://heise.de/-3740606; http://www.zeit.de/digital/internet/2016-01/stromausfall-hacker-ukraine-blackenergy.
18 *Greveler* Datenbank Spektrum 16 (2016) 137 (137); *Saurugg*, Smart Metering, S. 20 ff.; vgl. *Körber* in FS Schwintowski, S. 642 (649); vgl. *Eckert*, IKT-Sicherheit im Energie-Informationsnetz der Zukunft, S. 63; vgl. zu Angriffen im Energiebereich in Baden-Württemberg im Jahre 2017 LT-Drs. 16/3345, 5; für das Jahr 2018 vgl. *Innenministerium Baden-Württemberg*, Verfassungsschutzbericht 2018, S. 275 f.
19 2014 wurde auf der Black Hat Europe nachgewiesen, dass es möglich ist, die in Spanien weit verbreiten Modelle (8 Mio. Nutzer) zu manipulieren und so einen Stromausfall herbeizuführen, vgl. *Greveler*, Datenbank Spektrum 16 (2016) 137 (140); schon 2009 wurden lt. *Fischermann/Hamann*, Zeitbombe Internet, S. 79 ff. die in den USA üblichen Systeme gehackt; vgl. *Eckert*, Sicherheit im Smart Grid, S. 13; *Anderson/Fuloria*, Who controls the off switch?, S. 4; vgl. vertieft *Kelly*, Smart Grid S. 94 ff.
20 *Saurugg*, Smart Metering, 25.
21 *Kühn* in Roßnagel, Nutzerschutz, S. 25; vgl. *Lüdemann/Ortmann/Prokant* RDV 2016, 125 (125).
22 Vgl. *Baumgart* RELP 2017, 19 (20); vgl. *Greveler* Datenbank Spektrum 16 (2016) 137 (137); vgl. *Cavoukian/Polonetsky/Wolf* IDIS 3 (2010) 275 (277); vgl. allg. *Weltecke* in Betancourt, Kritik des digitalen Kapitalismus, Vorwort, S. 9 (10 f.).
23 *Karsten*, Datenschutz im Smart Grid & Smart Meter, S. 9; *Aschendorf*, Energiemanagement durch Gebäudeautomation, S. 845; *Keck*, Smart Grid, S. 93 f.; *Fredersdorf/Schwarzer/Engel* DuD 2015, 682 (683); vgl. *Kelly* EurUP 2018, 449 (452); vgl. *Müller* DuD 2011, 547 (548).
24 Vgl. BT-Drs. 18/7555 S. 95 f.; *Raben*, N&R 2018, 194 (196 f.); vgl. hierzu grundlegend im Überblick Kelly EurUP 2018, 449 (461 ff.); *Hornung/Fuchs* DuD 2012, 20 ff.; vgl. vertiefend zur Verfassungsmäßigkeit der Ausstattungspflicht, Datenverarbeitung und den Preisobergrenzen *Zwanziger*, Die Digitalisierung des Messwesens, S. 210 ff.; 254 ff.; 309 ff.; vgl. auch *Kelly*, Das intelligente Energiesystem der Zukunft, S. 53 ff.

im **Messstellenbetriebsgesetz (MsbG)** vom 29.8.2016[25] enthalten. Wie auch im Energierecht (*Guckelberger* in → § 23 Rn. 1 ff.) gibt es im Messstellenwesen eine Vielzahl von Regelungen zur IT-Sicherheit.[26] Oftmals erfolgen diese auf untergesetzlicher Ebene. Im **Verhältnis zu den allgemeinen Regeln** des EnWG bzw. des BSIG sind die Normen des **MsbG spezieller**, wenngleich es zahlreiche Verweise, insbesondere solche auf das EnWG gibt, aus welchem sich das MsbG entwickelt hat. Das MsbG gehört zu den ersten Regelwerken im Energierecht mit Anforderungen auch an die Produktsicherheit.[27]

C. Sektorale Rechtsvorschriften im MsbG

5   Im MsbG hat der deutsche Gesetzgeber 2016 **Normen** für den **Messbetrieb**, die **Datenübertragung** und die **Datensicherheit** aufgestellt.[28] Damit wurde der bislang im EnWG geregelte Messstellenbetrieb[29] in ein **neues Stammgesetz** überführt und eine umfassende Grundlage für die Einführung des digitalen Stromzählers in Deutschland geschaffen.[30] Um die eingangs beschriebenen Gefahren zu verhindern, ist zur Einführung des digitalen Stromzählers neben einer technischen auch eine rechtliche Absicherung in Gestalt von Regelungen zur IT-Sicherheit notwendig.[31]

I. Smart Meter, intelligentes Messsystem und Smart Meter Gateway

6   Bevor näher auf die IT-Sicherheitsnormen im MsbG eingegangen wird, sollen zunächst die wichtigsten Begrifflichkeiten erläutert werden, um die IT-sicherheitsrechtlichen Aspekte besser verstehen zu können. Zentrale Komponenten der IT-Sicherheitsarchitektur sind das **Smart Meter**, das **intelligente Messsystem**, und das **Smart-Meter-Gateway**.

1. Smart Meter und intelligentes Messsystem

7   Der Begriff des **Smart Meters** wird in Literatur und Praxis uneinheitlich verwendet.[32] Übersetzt versteht man darunter lediglich einen „intelligenter Stromzähler".[33] Der Begriff des Smart Meters ist jedoch nur ein **untechnischer Oberbegriff**.[34] Technisch gesehen bestehen alle Smart Meter aus einer elektronischen Mess-Sensorik, einem Rechenwerk und einer Kommuni-

---

25 BGBl. 2016 I S. 2034 zuletzt geändert durch Art. 7 des Gesetzes v. 13.5.2019, BGBl. I S. 706.
26 Vgl. *Schmidt* in Säcker, Berliner Kommentar zum Energierecht, Band 4, MsbG § 22 Rn. 1; vgl. *Steinbach/Weise* in Steinbach/Weise MsbG Einl. Rn. 15.
27 *Schallbruch* CR 2018, 215 (222) zu diesem Unterschied zum IT-Sicherheitsgesetz 1.0.
28 Vgl. *Steinbach/Weise* in Steinbach/Weise MsbG Einl. Rn. 17; *Förster*, Die Einführung von Smart Meter in Deutschland nachhaltig gestalten, S. 23.
29 Vgl. zur Heraustrennung des Messstellenbetriebes aus dem EnWG *Hohenstein-Bartholl* in Säcker, Berliner Kommentar zum Energierecht, Band 4, MsbG § 41 Rn. 21; *Einhellig/Herzig/Stumpp* et 65 (2015) 16 (16); vgl. *Kelly* EurUP 2018, 449 (453).
30 BT-Drs. 18/7555, 3, 118; *Förster*, Die Einführung von Smart Meter in Deutschland nachhaltig gestalten, S. 23; *Kelly*, Das intelligente Energiesystem der Zukunft, S. 36; vgl. *Steinbach/Weise* in Steinbach/Weise MsbG Einl. Rn. 16; vgl. *Zwanziger*, Die Digitalisierung des Messwesens als Voraussetzung zur Integration der erneuerbaren Energien in das Energieversorgungssystem, S. 128.
31 → Rn. 3 ff.; bereits 2010 wiesen Studien der Uni Cambridge darauf hin, dass marktübliche Smart Meter manipulier- und ausschaltbar seien, vgl. *Eckert*, Sicherheit im Smart Grid, S. 13; *Anderson/Fuloria*, Who controls the off switch?, S. 4.
32 Vgl. *Busch*, Demand Side Management, S. 283.
33 Vgl. *Schomerus/Sanden/Benz*, Rechtliche Konzepte für eine effizientere Energienutzung, S. 226; *Müller-Terpitz/Knüppel* in Seckelmann, Digitalisierte Verwaltung – Vernetztes E-Government, S. 587, 589 Rn. 3; *Wiesemann* MMR 2011, 355 (335).
34 *Saurer* DÖV 2018, 732 (733).

kationseinheit.³⁵ Im MsbG wird die Formulierung „intelligentes Messsystem", abgekürzt als iMSys, als Bezeichnung für die deutsche Umsetzung des Smart Meters verwendet.³⁶

Gem. § 2 S. 1 Nr. 7 MsbG versteht man unter dem **intelligenten Messsystem** „eine über ein Smart-Meter-Gateway in ein Kommunikationsnetz eingebundene moderne Messeinrichtung zur Erfassung elektrischer Energie, das [sic] den tatsächlichen Energieverbrauch und die tatsächliche Nutzungszeit widerspiegelt und den besonderen Anforderungen nach den §§ 21 und 22 genügt, die zur Gewährleistung des Datenschutzes, der Datensicherheit und Interoperabilität in Schutzprofilen und Technischen Richtlinien festgelegt werden können".³⁷ 8

Diese Legaldefinition macht deutlich, dass das Smart Meter nach deutscher Diktion aus **zwei Komponenten** besteht: der **modernen Messeinrichtung**³⁸ als Messeinheit, welche den Energieverbrauch misst, und dem **Smart-Meter-Gateway als Datenübermittlungseinheit**.³⁹ Zudem zeigt ein Vergleich zu den §§ 21 d ff. EnWG als Vorgängernormen, dass das intelligente Messsystem nur über das Smart-Meter-Gateway kommuniziert.⁴⁰ Daher konzentrieren sich die konkreten IT-Sicherheitsanforderungen des MsbG primär auf das Smart-Meter-Gateway. 9

2. Das Smart-Meter-Gateway

§ 2 S. 1 Nr. 19 MsbG definiert das sog. **Smart-Meter-Gateway** (SMG) als „die Kommunikationseinheit eines intelligenten Messsystems, die ein oder mehrere moderne Messeinrichtungen und weitere technische Einrichtungen wie insbesondere Erzeugungsanlagen nach dem Erneuerbare-Energien-Gesetz und dem Kraft-Wärme-Kopplungsgesetz zur Gewährleistung des Datenschutzes, der Datensicherheit und Interoperabilität unter Beachtung der besonderen Anforderungen von Schutzprofilen und Technischen Richtlinien nach § 22 Absatz 1 und 2 sicher in ein Kommunikationsnetz einbinden kann und über Funktionalitäten zur Erfassung, Verarbeitung und Versendung von Daten verfügt". Als „**Tor zur Außenwelt**" übernimmt das SMG für das intelligente Messsystem die sichere Einbindung in das Kommunikationsnetz.⁴¹ Hierdurch werden die Akteure mit Informationen zu Erzeugung und Verbrauch versorgt.⁴² Es nimmt damit **eine Schlüsselrolle** als Datenübermittler bzw. Kommunikator in der Smart Meter-Infrastruktur ein.⁴³ Dementsprechend normiert der Gesetzgeber hierfür die spezifischen IT-Sicherheitsanforderungen. 10

---

35 *Zwanziger*, Die Digitalisierung des Messwesens als Voraussetzung zur Integration der erneuerbaren Energien in das Energieversorgungssystem, S. 49; vgl. vertiefend aus technischer Sicht *Kahmann/Buschke/Hardtstock/Kramer/Malek/Schmelzer* in Arzberger/Zayer/Kahmann, Handbuch Elektrizitätsmesstechnik, 3. Auflage, S. 119 ff.
36 Vgl. BT-Drs. 18/7555, 73; vgl. *Keck*, Smart Grid, S. 28 f.
37 Vgl. vertiefend zu den einzelnen Tatbeständen *Säcker/Zwanziger* in Säcker, Berliner Kommentar zum Energierecht, Band 4, MsbG § 2 Rn. 20 ff.; *Bourwieg* in Steinbach/Weise MsbG § 2 Rn. 56 ff.; *vom Wege/Weise* in Rohrer/Karsten/Leonhardt, MsbG § 2 Rn. 14 ff.
38 Die moderne Messeinrichtung wird in § 2 S. 1 Nr. 15 MsbG als „*eine Messeinrichtung, die den tatsächlichen Elektrizitätsverbrauch und die tatsächliche Nutzungszeit widerspiegelt und über ein Smart-Meter-Gateway sicher in ein Kommunikationsnetz eingebunden werden kann*" definiert.
39 Vgl. *Singler* ZTR 2018, 23 (24).
40 Vgl. BT-Drs. 18/7555, 2; *Säcker/Zwanziger* in Säcker, Berliner Kommentar zum Energierecht, Band 4, MsbG § 2 Rn. 43.
41 *Kermel/Dinter* RdE 2016, 158 (158); *Dinter* ER 2015, 229 (229); vgl. *Abs* in Doleski, Herausforderung Utility 4.0: Wie sich die Energiewirtschaft im Zeitalter der Digitalisierung verändert, S. 605 (606); vgl. *Wiesemann* in Forgó/Helfrich/Schneider, Betrieblicher Datenschutz, S. 703 (705 Rn. 4).
42 *BSI*, Die Lage der IT Sicherheit in Deutschland 2019, S. 53.
43 Vgl. BT-Drs. 18/7555, 2; *Säcker/Zwanziger* in Säcker, Berliner Kommentar zum Energierecht, Band 4, MsbG § 2 Rn. 43; vgl. *BSI*, Die Lage der IT Sicherheit in Deutschland 2019, S. 53.

II. Das IT-Sicherheitskonzept des MsbG

1. Das Smart Meter Gateway als zentrales Sicherheitselement

11 Grundsätzlich verweist der Gesetzgeber in § 2 S. 1 Nr. 7, Nr. 19, § 19 Abs. 1–3 MsbG hinsichtlich der **Datensicherheit** auf die **Schutzprofile (SP)** und **Technischen Richtlinien (TR)** gem. § 22 Abs. 1, 2 MsbG und damit – wie auch schon im Rahmen des EnWG (*Guckelberger* in → § 23 Rn. 6 ff.) – auf **untergesetzliche Vorgaben**. Die Datensicherheit bezweckt den Schutz der Daten vor Beeinträchtigung und umfasst insoweit auch die IT-Sicherheit (Poscher/Lassahn in → § 7 Rn. 12 f.), so dass Daten verfügbar, integer, verlässlich und authentisch sein müssen.[44]

12 Die Regelungen zum konkreten Schutz in puncto Datensicherheit, Datenschutz und Interoperabilität sind im **Schutzprofil BSI-CC-PP-0073–2014**[45] sowie in der entsprechenden **Technischen Richtlinie BSI-TR-03109**[46] des BSI niedergelegt. Zusammen sollen sie einen einheitlichen Schutzstandard gewährleisten.[47]

13 Die SP (*Skierka* in → § 8 Rn. 18 f.) werden auf Grundlage des internationalen Zertifizierungsstandards „**Common Criteria**" (CC) gem. ISO/IEC 15408[48] für Sicherheitseigenschaften in der Informationstechnik erarbeitet (*Skierka* in → § 8 Rn. 80 ff.).[49] Dieser in **englischer Sprache** gehaltene **Sicherheitsprodukttest** findet auf Basis von speziellen Kriterien und Verfahrensweisen statt[50] und trifft eine Aussage darüber, wie sicher ein Produkt ist. Dabei sind die Schutzprofile nach CC aufbautechnisch immer nach dem gleichen Schema strukturiert.[51] Inhaltlich werden potenzielle **Bedrohungen analysiert** und **Lösungsansätze** dargestellt, wie mit diesen umzugehen ist.[52] Auf diese Weise erhält der Anwender eine **Musterlösung** in Gestalt eines Mindeststandards zur Herstellung der Sicherheit im Bereich des intelligenten Messsystems.[53]

14 Im Unterschied dazu enthalten die **Technischen Richtlinien (TR)** (*Skierka* in → § 8 Rn. 77) technologisch neutrale[54] Festlegungen in Gestalt von **funktionalen und qualitativen Produktanforderungen** an IT-Produkte bzw. -Systeme und bestimmen Schnittstellen, die für die Inter-

---

44 Vgl. *Wißner/Jäger* in Kilian/Heussen, Computerrechts-Handbuch, Kap. 300 – Technisches Lexikon Abkürzungsverzeichnis: Datensicherheit; *Karg* in Wolff/Brink, BeckOK Datenschutzrecht, 23. Edition 1.5.2017 (Altauflage), BDSG § 9 aF Rn. 8; *Kramer/Meints* in Hoeren/Sieber/Holznagel, Multimedia-Recht, Teil 16.5 Rn. 21 ff.; vgl. *Maluenda/Wagner/Schulze* in Köhler-Schute, Smart Metering, S. 85 (86 f.).
45 Vgl. https://www.bsi.bund.de/SharedDocs/Zertifikate_CC/PP/aktuell/PP_0073.html.
46 Vgl. https://www.bsi.bund.de/DE/Publikationen/TechnischeRichtlinien/tr03109/index_htm.html.
47 BT-Drs. 18/7555, 64; *Haubrich* in Steinbach/Weise MsbG § 22 Rn. 5; *Herzmann* in Britz/Hellermann/Hermes, EnWG 2011 § 21 e Rn. 15; *Greveler* Datenbank Spektrum 16 (2016) 137 (138); *Schultze-Melling* in Bräutigam, IT-Outsourcing und Cloud-Computing, Teil 5 D Rn. 131.
48 Vgl. zur Entwicklung *Ernestus* DuD 2003, 68 (68); grundlegend http://www.commoncriteriaportal.org/; zur internationalen Anerkennung vgl. *Kowalski*, Entwicklung von Schutzprofilen für Smart Meter, S. 150.
49 BT-Drs. 18/7555, 81 (85); *Haubrich* in Steinbach/Weise MsbG § 22 Rn. 23; vgl. Sicherheitsrecht des Bundes *Buchberger* in Schenke/Graulich/Ruthig, Sicherheitsrecht des Bundes, 2014, BSIG § 2 Rn. 8; vgl. *Eckert*, IT-Sicherheit, S. 222 f.; kritisch zu diesem Schutzkonzept *Paulus* DuD 2012, 413 (414 ff.).
50 Vgl. *Sliskovic/Nasrun* in Rohrer/Karsten/Leonhardt, MsbG § 24 Rn. 6; vgl. *Buchberger* in Schenke/Graulich/Ruthig, Sicherheitsrecht des Bundes, 2. Aufl. 2019, BSIG § 9 Rn. 8; *Herchenbach-Canarius/Sommer* in Kilian/Heussen, Computerrechts-Handbuch, Kap. 151 Rn. 5.
51 *Bast/Drees* in Arzberger/Zayer/Kahmann, Handbuch Elektrizitätsmesstechnik, S. 577 (580).
52 *Haubrich* in Steinbach/Weise MsbG § 22 Rn. 23; *Schmidt* in Säcker, Berliner Kommentar zum Energierecht, Band 4, MsbG § 22 Rn. 93; *Bundesministerium für Wirtschaft und Energie/Bundesamt für Sicherheit in der Informationstechnik*, Standardisierungsstrategie zur sektorübergreifenden Digitalisierung nach dem Gesetz zur Digitalisierung der Energiewende, S. 23; *Bast/Drees* in Arzberger/Zayer/Kahmann, Handbuch Elektrizitätsmesstechnik, S. 577 (580 f.).
53 Vgl. *Bundesministerium für Wirtschaft und Energie/Bundesamt für Sicherheit in der Informationstechnik*, Standardisierungsstrategie zur sektorübergreifenden Digitalisierung nach dem Gesetz zur Digitalisierung der Energiewende, S. 24.
54 *Albrecht*, Intelligente Stromzähler als Herausforderung für den Datenschutz, S. 231; *Laupichler/Vollmer/Bast/Intemann* DuD 2011, 542 (545); vgl. *Bundesamt für Sicherheit in der Informationstechnik*, Das Smart-Meter-Gateway, S. 20.

operabilität und IT-Sicherheit entscheidend sind.[55] Dementsprechend sind gem. § 22 Abs. 4 S. 1 MsbG in den Technischen Richtlinien technische Anforderungen an die Interoperabilität von intelligenten Messsystemen und einzelnen Teilen oder Komponenten zu beschreiben. Sie setzen die im Schutzprofil gefundenen Mindeststandards zur Gefahrenbeseitigung technologisch um.[56]

Mit TR wird die **Verbreitung angemessener IT-Sicherheitsstandards** bezweckt.[57] Sie wenden sich in der Regel an all diejenigen, die mit dem Aufbau und der Absicherung von IT-Systemen befasst sind.[58] Grundsätzlich sind sowohl die **Technischen Richtlinien** als auch die **Schutzprofile**, originär und isoliert betrachtet, **bloß unverbindliche Empfehlungen**.[59] Erst aufgrund entsprechender gesetzlicher oder verwaltungsinterner Vorschriften erlangen sie rechtliche Verbindlichkeit.[60]

2. Mindestsicherheitsanforderungen an das SMG

Als Sicherheitsmaßstab normiert § 22 Abs. 1 MsbG in Bezug auf Datensicherheit, Datenschutz und Interoperabilität den „**Stand der Technik**" (*Skierka* in → § 8 Rn. 10) und folgt damit dem Standard sowohl des § 8 a Abs. 1 S. 2 BSIG, wenngleich dort als Soll-Vorgabe, als auch desjenigen der EnWG-Sicherheitskataloge gem. § 11 Abs. 1 a, 1 b EnWG (*Guckelberger* in → § 23 Rn. 8). Beim Begriff „Stand der Technik" handelt es sich um einen **unbestimmten Rechtsbegriff**, der einerseits die Justiziabilität des Verhaltens und andererseits eine dynamische Anpassung an neue Erkenntnisse ermöglichen soll.[61] Im MsbG ist diese Anforderung dahingehend zu konkretisieren, dass der Stand der Technik die am Markt verfügbare Bestleistung zum Schutz der IT-Sicherheit darstellt.[62]

Die **Einhaltung des Standes der Technik** wird gem. § 22 Abs. 2 MsbG **vermutet**, wenn das SMG die og SP und TR des BSI in der jeweils geltenden Fassung wahrt. Durch diese **normkonkretisierende, dynamische Verweisung**[63] erhalten die SP und TR ihren „rechtlichen Rahmen".[64] Anhand dieser Vermutungsregelung wird deutlich,[65] dass SP und TR nur eine Mög-

---

55 Vgl. *Bundesministerium für Wirtschaft und Energie/Bundesamt für Sicherheit in der Informationstechnik*, Standardisierungsstrategie zur sektorübergreifenden Digitalisierung nach dem Gesetz zur Digitalisierung der Energiewende, S. 24; *Haubrich* in Steinbach/Weise MsbG § 22 Rn. 23; *Schmidt* in Säcker, Berliner Kommentar zum Energierecht, Band 4, MsbG § 22 Rn. 166; *Müller-Terpitz/Knüppel* in Seckelmann, Digitalisierte Verwaltung – Vernetztes E-Government, S. 587, 594 Rn. 9; *Lorenz*, Optimierung von Verfahren zur Lösung rechtsrelevanter Wissensprobleme in kritischen Infrastrukturen, S. 76.
56 *Lorenz*, Optimierung von Verfahren zur Lösung rechtsrelevanter Wissensprobleme in kritischen Infrastrukturen, S. 76; *Laupichler/Vollmer/Bast/Intemann* DuD 2011, 542 (545); *Bundesamt für Sicherheit in der Informationstechnik*, Das Smart-Meter-Gateway, S. 20.
57 So *Denkhaus/Richter/Bostelmann*, EGovG/OZG, EGovG § 6 Rn. 47.
58 So *Denkhaus/Richter/Bostelmann*, EGovG/OZG, EGovG § 6 Rn. 47.
59 *Schmidt* in Säcker, Berliner Kommentar zum Energierecht, Band 4, MsbG § 22 Rn. 92; *Bast/Drees*, in Arzberger/Zayer/Kahmann, Handbuch Elektrizitätsmesstechnik, S. 577 (579, 582); *Illies/Lochter/Stein* in Kilian/Heussen, Computerrechts-Handbuch, Kryptographie Rn. 83; *Haubrich* in Steinbach/Weise MsbG § 22 Rn. 42; *Günther/Ider* VersW 2018, 50 (51).
60 *Illiess/Lochter/Stein* in Kilian/Heussen, Computerrechts-Handbuch, Kryptograhie Rn. 83.
61 Vgl. *Raabe/Schallbruch/Steinbrück* CR 2018, 706 (714) Rn. 40.
62 Vgl. *Bartels/Backer/Schramm*, Der "Stand der Technik" im IT-Sicherheitsrecht, S. 504 ff.; vgl. *Günther/Ider* VersW 2018, 50 (51); *Bartels* iX 2017, 48 (50); kritisch hierzu *Knopp* DuD 2018, 663 (664); vgl. zu weiteren modernen Begriffen *Weidenhammer/Gundlach* DuD 2018, 106 (108).
63 Grundlegend: *Marburger*, Die Regeln der Technik im Recht, S. 385; *ders.* in Deutsches Institut für Normungen eV, Verweisung auf technische Normen in Rechtsvorschriften, 1982, S. 27 (31 ff.); *Debus*, Verweisungen in deutschen Rechtsnormen, S. 79 f.; *Nicklisch* NJW 1983, 841 (843).
64 BT-Drs. 18/7555, 88; *Keck*, Smart Grid, S. 98; *Mann* N&R 2018, 73 (74) spricht davon, dass sie vom "Willen des Gesetzgebers aufgenommen und verrechtlicht" wurden.
65 Vgl. BT-Drs. 18/7555, 85: „Absatz 1 und 2 legen fest, dass Smart-Meter-Gateways dem Stand der Technik zu entsprechen haben, was **insbesondere** dann der Fall ist, wenn sie die in Schutzprofilen und Technischen Richtlinien niedergelegten technischen Mindestanforderungen erfüllen." (Hervorhebungen durch den Autor).

lichkeit zur Erfüllung des Stands der Technik darstellen.[66] So bleibt es jedem Anwender überlassen, wie er den Stand der Technik umsetzt.[67] Hierin liegt ein **maßgeblicher Unterschied** zu den **IT-Sicherheitskatalogen des EnWG**, deren Einhaltung verbindlich vorgeschrieben ist (*Guckelberger* in → § 23 Rn. 19). Die **Vermutungsregelung** ermöglicht es aber auch, dass **erhöhte Schutzmaßnahmen** aus Gründen des Stands der Technik notwendig werden können. Da Umsetzung der TR und der SP eine weitgehende Rechtssicherheit für die Rechtskonformität seines Verhaltens vermittelt,[68] empfiehlt sich deren Befolgung in der Praxis.[69] Langjährige Erfahrungen mit dieser Regelungstechnik zeigen, dass sich **andere Standards** in der Praxis **kaum ausbilden** werden.[70] **De facto** sind TR und SP damit **verbindlich**. Damit die einzelnen Betreiber deren Inhalt ausreichend zur Kenntnis nehmen können, wird die jeweils geltende Fassung im Bundesanzeiger durch Verweis auf die Internetseite des BSI bekannt gemacht (§ 22 Abs. 2 S. 2 MsbG).

18 Die Inhalte der TR und SP werden in § 22 Abs. 3, 4 MsbG durch gesetzliche Mindestvorgaben weiter konkretisiert. Aus Darstellungsgründen wird hier nur auf die Vorgaben mit IT-sicherheitsrechtlichem Bezug eingegangen.

a) IT-Sicherheitsrechtliche Anforderungen im Schutzprofil

aa) § 22 Abs. 3 MsbG – Bedrohungsmodelle und technische Vorgaben

19 § 22 Abs. 3 MsbG fordert mit Blick auf die Schutzprofile zunächst, dass darin **Bedrohungsmodelle** und **technische Vorgaben** zur Gewährleistung von Datenschutz, Datensicherheit und **Manipulationsresistenz** enthalten sind. Es muss in den SP dargelegt werden, wie auf ein SMG dergestalt eingewirkt werden kann, dass eine Gefahr für den Betrieb eines intelligenten Messsystems besteht und wie diese abgewehrt werden kann.[71] Hierzu werden in entsprechenden SP **verschiedene Angriffsmöglichkeiten** (vgl. PP-0073 Z. 671 ff.), die damit verbundenen **konkreten Gefahren** und deren **Abwehrmöglichkeiten** aufgezeigt.

bb) § 22 Abs. 3 Nr. 1 MsbG – Anforderungen an die Einsatzumgebung

20 Gem. § 22 Abs. 3 Nr. 1 MsbG müssen in den SP Mindestanforderungen **an die Einsatzumgebung, die Funktionsweise** und die **Sicherheitsfunktion** normiert werden. So muss in den SP der **Mindeststandard** für eine **ungefährdete Betriebsweise** festgelegt werden. Hierzu normiert die PP-00073 Z. 693 ff. drei Schnittstellen, nämlich **WAN, LAN/LMN** und **HAN**.[72]

21 Über die sog. **HAN** (Home Area Network)-Schnittstelle wird die Kommunikation mit dem Verbraucher sichergestellt. Dieser kann darüber bspw. seine steuerbaren Erzeugungsanlagen oder eine lokale Anzeigeeinheit anschließen, aber auch dem Servicetechniker Zugriff auf das

---

66 *Schmidt* in Säcker, Berliner Kommentar zum Energierecht, Band 4, MsbG § 22 Rn. 88; vgl. *Nasrun/Karsten* in Rohrer/Karsten/Leonhardt MsbG § 22 Rn. 15; vgl. *Zwanziger*, Die Digitalisierung des Messwesens als Voraussetzung zur Integration der erneuerbaren Energien in das Energieversorgungssystem, S. 213 f.; aA *Mann* N&R 2018, 73 (74).
67 *Nasrun/Karsten* in Rohrer/Karsten/Leonhardt MsbG § 22 Rn. 16.
68 Vgl. *Giesberts/Gayger* NVwZ 2019, 1491 (1492), die zugleich auf hohe Hürden für etwaige Eingriffe der Behörden hinweisen.
69 Nach *Giesberts/Gayger* NVwZ 2019, 1491 (1492 ff.) stellen die Gerichte, allerdings bezogen auf das Produktsicherheitsrecht, bei Nichteinhaltung der Normen hohe Anforderungen an den anderweitigen Nachweis, dem sie jedoch mit einer gewissen Skepsis gegenüberstehen (Beweislastverteilung bei staatlichen Eingriffsmaßnahmen sollte bei den Behörden verbleiben).
70 Vgl. *Schnappauf* in Deutsches Institut für Normungen eV, Verweisung auf technische Normen in Rechtsvorschriften, 1982, S. 40, 46.
71 *Haubrich* in Steinbach/Weise, MsbG § 22 Rn. 26; vgl. *Singler* ZTR 2018, 23 (26).
72 *Bourwieg* in Steinbach/Weise MsbG § 2 Rn. 61; *Stevens/Jakobi/Detken* DuD 2014, 536 (537); *Wiesemann* in Forgó/Helfrich/Schneider, Betrieblicher Datenschutz, S. 844 (848 Rn. 8); *Oheimb* in Cuellar, Smart grid security, S. 1 (6) spricht von LMN („Local Metrological Network").

intelligente Messsystem gewähren.[73] Weiterhin muss das SMG eine **LAN** (Local Area Network)- bzw. **LMN** (Local Metrological Network)-Schnittstelle besitzen, die den Zugang zu verschiedenen Smart Metern in den Bereichen Strom, Gas, Wasser oder Wärme sicherstellt.[74] Im LAN bzw. dem LMN werden die Steuerinformationen für Geräte wie zB PV-Anlagen, verbrauchsseitige E-Mobilladestationen oder smarte Hausgeräte übertragen.[75] Die Verbindung nach außen wird über die **WAN** (Wide Area Network)-Schnittstelle hergestellt und verbindet damit das iMSys mit externen Marktteilnehmern.[76] Eine **Besonderheit** ist, dass **von außen** mit Ausnahme des SMG-Administrators **keine eingehende Verbindung** initiiert werden kann. Auf diese Weise werden schon prinzipiell netzbasierte Angriffe von außen verhindert.[77]

Technisch kann die Kommunikation via **Kabel- oder Funktechnologie**[78] über **eigene bzw. öffentliche Netze** wie das Internet oder die Mobilfunknetze abgewickelt werden. Die über die drei verschiedenen Schnittstellen erreichbaren Teilsysteme sind sowohl **physikalisch** als auch mittels einer **Firewall** voneinander **getrennt**, so dass man von der einen nicht auf die andere zugreifen kann.[79] Daneben können aufgrund des in das SMG integrierten **Sicherheitsmoduls** nur autorisierte und authentifizierte Personen auf die Daten zugreifen.[80] Zudem erfolgt die **Kommunikation** des SMG **verschlüsselt**,[81] womit ein weiterer Baustein für eine sichere Betriebsweise gelegt ist. Wie schon bei den Ferraris-Zählern gehört zur Herstellung einer sicheren Betriebsweise auch die Montage in für die Öffentlichkeit unzugänglichen Räumen.[82] Sollten dennoch einmal **Fehler** in der **Software** auftreten und entdeckt werden, sorgt die Updatefähigkeit der Geräte für eine schnelle Wiederherstellung des Schutzes.[83]

cc) § 22 Abs. 3 Nr. 2 MsbG – Organisatorische Sicherheitspolitiken

Des Weiteren sind in den SP Mindestanforderungen an die **organisatorischen Sicherheitspolitiken** festzulegen, § 22 Abs. 3 Nr. 2 MsbG. Das Schutzprofil muss also den **Sicherheitsaufbau** und die **-struktur** darstellen, um ein sicheres Arbeiten zu gewährleisten. Dies wird in dem SP durch das **Sicherheitsmodul** sichergestellt, vgl. PP-00073 Z. 691 ff., welches durch Authentifizierung und Verschlüsselung Unberechtigte vom Zugriff auf das SMG ausschließt.[84] Die hier-

---

[73] *Bourwieg* in Steinbach/Weise MsbG § 2 Rn. 61; *Greveler* Datenbank Spektrum 16 (2016) 137 (143); *Bundesamt für Sicherheit in der Informationstechnik*, Das Smart-Meter-Gateway, S. 14.
[74] *Bourwieg* in Steinbach/Weise MsbG § 2 Rn. 61; *Stevens/Jakobi/Detken*, DuD 2014, 536 (537); *Singler*, ZTR 2018, 23 (26).
[75] *Wiesemann* in Forgó/Helfrich/Schneider, Betrieblicher Datenschutz, S. 844 (848 Rn. 8).
[76] *Bourwieg* in Steinbach/Weise MsbG § 2 Rn. 61; *Müller* DuD 2011, 547 (547) spricht vom Zugang zum „Weitverkehrsnetz"; vgl. *Oheimb* in Cuellar, Smart grid security, S. 1 (6); *Volland* PIK 2013, 179 (182); vgl. *Bundesamt für Sicherheit in der Informationstechnik*, Das Smart-Meter-Gateway, S. 13.
[77] *Wiesemann* in Forgó/Helfrich/Schneider, Betrieblicher Datenschutz, S. 844 (848 Rn. 8); *Greveler* Datenbank Spektrum 16 (2016) 137 (143); *Stevens/Jakobi/Detken* DuD 2014, 536 (538).
[78] Vgl. *Bast/Drees* in Arzberger/Zayer/Kahmann, Handbuch Elektrizitätsmesstechnik, S. 577 (584); vgl. *Bundesamt für Sicherheit in der Informationstechnik*, Das Smart-Meter-Gateway, S. 25.
[79] PP-00073, Z. 694 ff.; *Laupichler/Vollmer/Bast/Intemann* DuD 2011, 542 (544); *Stevens/Jakobi/Detken* DuD 2014, 536 (538); *Bundesamt für Sicherheit in der Informationstechnik*, Das Smart-Meter-Gateway, S. 17 f.; *Singler* ZTR 2018, 23 (26); vgl. *Greveler* Datenbank Spektrum 16 (2016) 137 (143).
[80] Vgl. PP-00073 Z. 693; *Haubrich* in Steinbach/Weise MsbG § 22 Rn. 32, 38.
[81] PP-0073- Z. 579 ff.; *Haubrich* in Steinbach/Weise MsbG § 22 Rn. 39; Bundesamt *für Sicherheit in der Informationstechnik*, Das Smart-Meter-Gateway, S. 25; *Wiesemann* in Forgó/Helfrich/Schneider, Betrieblicher Datenschutz, S. 844 (848 Rn. 8).
[82] *Haubrich* in Steinbach/Weise MsbG § 22 Rn. 32.
[83] Vgl. PP-00073 S. 36 ff., Z. 693 ff.
[84] Vgl. *Albrecht*, Intelligente Stromzähler als Herausforderung für den Datenschutz, S. 227; *Müller* DuD 2011, 547 (549); *Wiesemann*, Smart Metering und E-Mobility, in Forgó/Helfrich/Schneider, Betrieblicher Datenschutz, S. 844 (873 Rn. 90); vgl. *Bermbach*, Kommunikation im Local Metrological Network eines Smart Meter Gateway (Forschungsbericht WS 2015/2016), S. 1; (*Skierka* in → § 8 Rn. 74 ff.).

bei verfolgte Vertrauenswürdigkeitsstufe **Common-Criteria-EAL4+**[85] bewegt sich auf der vierten von sieben Sicherheitsstufen[86], mithin auf dem Niveau von Banking-Smartcards, Patientenkarten oder Generatoren für kryptografische Schlüssel.[87] Die Sicherheitsvorgaben werden weiter durch Vorgaben an den Schutz gegen hohes Angriffspotential (**AVA.VAN 5**)[88] und Prozeduren zur Fehlerbehebung (**ALC.FLR 2**)[89] ergänzt.[90]

Die Sicherheitspolitiken werden durch **Log Dateien** (*Jandt* in → § 17 Rn. 49) vervollständigt, die verschiedenen Nutzerkreisen zur Verfügung stehen und jegliche Vorgänge am SMG protokollieren, vgl. PP-0073 Z. 870 ff.[91] Dadurch ist eine **schnelle Fehlererkennbarkeit** gegeben und ein umgehendes Eingreifen möglich.[92]

dd) § 22 Abs. 3 Nr. 3 MsbG – Sicherheitsziele

24 Ferner müssen die SP **Mindestanforderungen zur Gewährleistung der Sicherheitsziele** für das SMG und seine Umgebung enthalten, § 22 Abs. 3 Nr. 3 MsbG. Dementsprechend sind **Maßnahmen** und **Konstruktions- bzw. Programmierungsanforderungen** festzulegen, wie mit den **Bedrohungen umzugehen ist**.[93]

Das **SMG** ist hierbei die „erste Verteidigungslinie".[94] Das Schutzprofil sieht eine **Firewall** vor, die den Zugriff auf die unterschiedlichen Teilsysteme untereinander verhindert. Zudem schützen **Verschlüsselungen**, Regelungen zum Umgang mit Verbrauchs- und Erzeugerdaten, **kryptografische Funktionen** sowie ein **Zeitstempel** vor unberechtigten Zugriffen.[95]

ee) § 22 Abs. 3 Nr. 4 MsbG – Kommunikationsverbindungen und Protokolle

25 Schließlich müssen nach § 22 Abs. 3 Nr. 4 MsbG im SP **Mindestanforderungen** an **Kommunikationsverbindungen** und **Protokolle** des SMG vorgesehen werden. Demnach müssen **Schnittstellen**, die **Kommunikationsart**, wer also wann mit wem in Kontakt treten und sich austauschen darf, sowie die **technischen Voraussetzungen der Kommunikation** samt ihrer Absicherung festgelegt werden. Hierzu sieht das Schutzprofil vor, dass die Kommunikation ausschließlich über das SMG abgewickelt werden darf.[96] PP-00073 Z. 841 ff. normiert verschiedene **Schnittstellen** und **Kommunikationsarten**. So muss die Kommunikationsverbindung über sog. **FCO Verbindungen** verschlüsselt abgewickelt werden, vgl. PP-00073 Z. 915 ff.

---

85 PP00073 Z. 646 ff.; *Dietrich*, Rechtliche und technische Aspekte des Datenschutzes bei intelligenten Messsystemen (Smart Metern), S. 51; *Oheimb* in Cuellar, Smart grid security, S. 1 (7).
86 Vgl. *Bundesministerium für Wirtschaft und Energie/Bundesamt für Sicherheit in der Informationstechnik*, Standardisierungsstrategie zur sektorübergreifenden Digitalisierung nach dem Gesetz zur Digitalisierung der Energiewende, S. 25; *Illies/Lochter/Stein* in Kilian/Heussen, Computerrechts-Handbuch, Kryptografie, Rn. 92.
87 *Greveler* Datenbank Spektrum 16 (2016) 137 (142).
88 Vgl. https://www.security-insider.de/common-criteria-sorgt-fuer-sicherheit-in-der-it-a-549034/; https://www.bsi.bund.de/SharedDocs/Downloads/DE/BSI/Veranstaltungen/ITSiKongress/15ter/Vortraege_16-05-2017/GuidoFrank.pdf?__blob=publicationFile&v.=3.
89 Vgl. https://www.security-insider.de/common-criteria-sorgt-fuer-sicherheit-in-der-it-a-549034/.
90 *Bundesministerium für Wirtschaft und Energie/Bundesamt für Sicherheit in der Informationstechnik*, Standardisierungsstrategie zur sektorübergreifenden Digitalisierung nach dem Gesetz zur Digitalisierung der Energiewende, S. 25 f.
91 Vgl. *Haubrich* in Steinbach/Weise, Kommentar zum Messstellenbetriebsgesetz, MsbG § 22 Rn. 33; vgl. im Erg. *Bast/Drees* in Arzberger/Zayer/Kahmann, Handbuch Elektrizitätsmesstechnik, S. 577 (588).
92 Vgl. *Haubrich* in Steinbach/Weise MsbG § 22 Rn. 33.
93 Vgl. *Schmidt* in Säcker, Berliner Kommentar zum Energierecht, Band 4, MsbG § 22 Rn. 143; *Singler* ZTR 2018, 23 (26).
94 *Müller* DuD 2011, 547 (547).
95 Vgl. PP-00073 Z. 692 ff., Z. 716 ff., Z. 724 ff., Z. 732; vgl. *Haubrich* in Steinbach/Weise MsbG § 22 Rn. 35 f.
96 *Haubrich* in Steinbach/Weise MsbG § 22 Rn. 37.

b) IT-Sicherheitsrechtliche Anforderungen in der Technischen Richtlinie

aa) § 22 Abs. 4 S. 2 Nr. 4 MsbG – Kommunikationsabsicherung

Gem. § 22 Abs. 4 S. 2 Nr. 4 MsbG müssen TR Regeln zur **Inhaltsdatenverschlüsselung, Signierung, Absicherung der Kommunikation und Authentifizierung** der Datennutzer enthalten. Eine **Inhaltsdatenverschlüsselung** sichert mittels eines **kryptologischen Verfahrens** den unberechtigten Zugriff auf Daten – im konkreten Fall der **Messwerte** – ab, indem die enthaltenen **Informationen unleserlich** gemacht werden.[97] Gem. TR-03109–1 S. 123 werden die Daten des intelligenten Messsystems grundsätzlich **asymmetrisch verschlüsselt**. Zur Erhöhung der Sicherheit werden die Daten vor dem und am SMG zusätzlich **hybrid verschlüsselt**.[98] Hinzu kommt die **Transportdatenverschlüsselung**, vgl. TR-03109–1 S. 36 Z. 805 ff. Ein weiterer Sicherheitsbaustein ist die Bildung von Hashwerten, um unberechtigte Veränderungen schnell ausfindig machen zu können.[99]

26

Unter der **Authentifizierung der Nutzer** iSv § 22 Abs. 4 S. 2 Nr. 4 MsbG ist die Identifizierung derjenigen zu verstehen, die auf die Daten des SMG zugreifen möchten.[100] Hierzu regelt TR-03109 S. 22 ff. grundlegend, dass die **Identifizierung mittels Überprüfung der Signatur**, des Ausstellungsdatums und Abgleich mit einer Sperrliste von unberechtigten Nutzern erfolgt.[101] Technisch wird hierzu auf die **Smart-Metering-Public-Key-Infrastruktur (PKI)** zurückgegriffen. Eine PKI (*Grimm/Waidner* in → § 2 Rn. 137) stellt ein Schlüsselsystem dar, welches durch Zertifikate mit den jeweiligen Identitäten verknüpft wird.[102] Die **Zertifikate** sind daher mit einem Schlüssel vergleichbar, der je nach Schloss unterschiedlichen Zugriff gewährt, TR-03109–4 S. 13.[103] Damit wird die Integrität und Originalität der Daten sichergestellt.[104] Die genaue technische Struktur der Zertifikate ist in TR-03109 S. 21, S. 35 ff. niedergelegt. Durch diese Konstruktion und unter Einbeziehung eines **hybriden Kryptosystems** wird jegliche Kommunikation digital authentifiziert und verschlüsselt, so dass nur Sender und Empfänger Zugriff auf die Nachricht haben.[105] Dadurch werden prinzipiell alle Angriffe von außen, nicht jedoch von innen ausgeschlossen.[106]

27

bb) § 22 Abs. 4 S. 2 Nr. 5 MsbG – Kryptografie

In den Technischen Richtlinien sind **Mindestanforderungen** an die eingesetzten **kryptografischen Verfahren** (*Grimm/Waidner* in → § 2 Rn. 91 ff.) aufzustellen. Mithin müssen **technische Vorgaben** zur **Datenverschlüsselung** getroffen werden.[107] Hierzu verweist die TR-03109–3 auf TR-3116–3, in welcher die **genauen Verschlüsselungsverfahren** durch **Schlüssellänge, Verfahren und Algorithmen** festgelegt werden.[108] Dabei soll die Verschlüsselung auf drei Ebenen ein-

28

---

97 *Schmidt* in Säcker, Berliner Kommentar zum Energierecht, Band 4, MsbG § 22 Rn. 229; vgl. *Kappes*, Netzwerk- und Datensicherheit, S. 19.
98 *Schmidt* in Säcker, Berliner Kommentar zum Energierecht, Band 4, MsbG § 22 Rn. 229.
99 *Schmidt* in Säcker, Berliner Kommentar zum Energierecht, Band 4, MsbG § 22 Rn. 232; vgl. vertiefend zu Hashwerten https://www.itwissen.info/Hashwert-hash-value.html.
100 Vgl. *Schmidt* in Säcker, Berliner Kommentar zum Energierecht, Band 4, MsbG § 22 Rn. 234.
101 Vgl. allg. zu den Beteiligten einer PKI *Illies/Lochter/Stein* in Kilian/Heussen, Computerrechts-Handbuch, Kryptografie, Rn. 43; rechtlich zur elektronischen Signatur *Roßnagel* in → § 14 Rn. 8 ff.
102 *Metke/Ekl*, IEEE Trans. Smart Grid 1 (2010) 99 (101).
103 *Singler* ZTR 2018, 23 (27).
104 Vgl. *Greveler* Datenbank Spektrum 16 (2016), 137 (144).
105 Vgl. *Lüdemann/Scheerhorn/Sengstacken/Brettschneider* DuD 2015, 93 (96); zum technischen Ablauf einer Authentifizierung *Fiat/Störtkuhl* in Verband der Elektrotechnik, VDE Kongress 2012: Smart grid, 2012, S. 1 f.
106 *Lüdemann/Scheerhorn/Sengstacken/Brettschneider* DuD 2015, 93 (96).
107 *Singler* ZTR 2018, 23 (27).
108 *Kappes*, Netzwerk- und Datensicherheit, S. 23; vgl. *Eckert*, IT-Sicherheit, S. 280 ff.

gesetzt werden: die **Transportdatenverschlüsselung** mittels **TLS-Verfahren**,[109] die **Inhaltsdatenverschlüsselung**[110] und die **Authentifizierung des Nutzers**.[111] Die genauen Anforderungen sind abhängig von den verwendeten Schnittstellen, wobei im oder beim WAN – aufgrund der Verbindung nach außen – die Anforderungen am höchsten sind.[112]

cc) § 22 Abs. 4 S. 2 Nr. 6 MsbG – Smart-Meter-Public-Key-Infrastruktur

29 Außerdem müssen die TR Mindestanforderungen zur **Smart-Metering-Public-Key-Infrastruktur** treffen, also zu deren Aufbau, Struktur und Wesen.[113] Wie bereits erwähnt (→ Rn. 27), dient die PKI zur **Authentifizierung der Nutzer** und deren Berechtigung mittels digitaler Zertifikate.[114]

Gem. TR-03109–4 S. 9 ff. ist die **PKI dreistufig** und **hierarchisch strukturiert**.[115] Ziel ist die Schaffung einer Vertrauenskette zur Sicherstellung der Identität der Nutzer.[116]

An **oberster Stelle** steht das **BSI** als oberste Zertifizierungsstelle und Vertrauensanker.[117] Die Funktion als Vertrauensanker wird anhand ihrer Aufgabe als **Root-Certification Authority** (Root-CA) deutlich. In dieser Eigenschaft stellt das BSI Zertifikate für die mittlere Ebene aus, auf deren Grundlage dann Zertifikate zur Authentifizierung der Endnutzer erstellt werden. Die konkrete Umsetzung hat T-Systems unter Aufsicht des BSI übernommen.[118] Die **mittlere Ebene** – der sog. Sub-CA – ist beim Marktteilnehmer verortet.[119] Auf der **untersten Ebene** stehen die **Endnutzer** wie Lieferanten, den SMG-Administratoren, das SMG[120] oder der SMG-Hersteller.[121] Dieses für den sicheren Betrieb notwendige System steht dem Markt zur vollen Verfügung.[122]

30 Der Aufbau und die Struktur der Zertifikate und das dazugehörige Zertifikatemanagement werden ebenfalls geregelt, vgl. TR-3109–4 S. 13 ff.[123] Eine weitere **Sicherheitsschranke** wird durch ein **Ablaufdatum der Zertifikate** gezogen, vgl. TR-3109–4 S. 16 ff. Damit verknüpft ist die **Sperrliste**, welche die Verwendung abgelaufener Zertifikate verhindern soll. Detailliert werden in TR-3109–4 S. 31 ff. die Erstellung, Verteilung der Zertifikate vom Root-CA aus,

---

109 *Singler* ZTR 2018, 23 (27); vgl. zu TLS auch *Pour Rafsendjani/Bomhard* in → § 9 Rn. 47.
110 *Singler* ZTR 2018, 23 (27).
111 *Schmidt* in Säcker, Berliner Kommentar zum Energierecht, Band 4, MsbG § 22 Rn. 228; *Singler* ZTR 2018, 23 (27).
112 Vgl. *Schmidt* in Säcker, Berliner Kommentar zum Energierecht, Band 4, MsbG § 22 Rn. 228.
113 *Singler* ZTR 2018, 23 (27).
114 *Singler* ZTR 2018, 23 (27).
115 *Schmidt* in Säcker, Berliner Kommentar zum Energierecht, Band 4, MsbG § 22 Rn. 242; *Eckert*, IT-Sicherheit, S. 403; *Illies/Lochter/Stein* in Kilian/Heussen, Computerrechts-Handbuch, Kryptografie, Rn. 47; *Singler* ZTR 2018, 23 (27).
116 *Metke/Ekl*, IEEE Trans. Smart Grid 1 (2010) 99 (101).
117 Vgl. § 28 MsbG, TR-3109–4 S. 9; *Greveler* Datenbank Spektrum 16 (2016), 137 (144); *Illies/Lochter/Stein* in Kilian/Heussen, Computerrechts-Handbuch, Kryptografie, Rn. 39; *Wiesemann* in Forgó/Helfrich/Schneider, Betrieblicher Datenschutz, S. 844 (873 f. Rn. 90); *Bundesamt für Sicherheit in der Informationstechnik*, Das Smart-Meter-Gateway, S. 28.
118 TR-3109–4 S. 12; *Bundesamt für Sicherheit in der Informationstechnik*, Das Smart-Meter-Gateway, S. 28; vgl. *Bundesministerium für Wirtschaft und Energie/Bundesamt für Sicherheit in der Informationstechnik*, Standardisierungsstrategie zur sektorübergreifenden Digitalisierung nach dem Gesetz zur Digitalisierung der Energiewende, S. 30; derzeit sind acht Marktteilnehmer als Sub-CA zertifiziert, vgl. https://www.bsi.bund.de/DE/Themen/ZertifizierungundAnerkennung/Produktzertifizierung/ZertifizierungnachTR/ZertifizierteProdukte/Secure_CA/Secure_CA_node.html.
119 TR-3109–4 S. 11.
120 Da das SMG die Daten ggf. autonom übermittelt, muss es sich selbst – ohne den Eingriff von menschlicher Seite – identifizieren.
121 TR-3109–4 S. 12.
122 *Bundesamt für Sicherheit in der Informationstechnik*, Die Lage der IT Sicherheit in Deutschland 2019, S. 54.
123 Vgl. hierzu auch *Schmidt* in Säcker, Berliner Kommentar zum Energierecht, Band 4, MsbG § 22 Rn. 245 ff.

lokale Sperrlisten sowie Aktualisierung und Überprüfung dieser Listen ausgestaltet. Zur Ermöglichung einer herstellerübergreifenden Kommunikation werden die Kommunikationsprotokolle in TR-3109–4 S. 39 genau beschrieben.

c) Weiterentwicklung von TR und SP, §§ 26, 27 MsbG

Bei der **Weiterentwicklung von TR und SP** kommt dem BSI zur Sicherstellung und Aufrechterhaltung eines bundesweit einheitlichen Sicherheitsniveaus eine wesentliche Rolle zu, da es für die grundsätzliche Entwicklung der TR und SP zuständig ist.[124] In Bezug auf das SMG obliegt ihm die Planung und Erarbeitung neuer Versionen der SP und TR (§ 26 Abs. 1 S. 1 Nr. 2 MsbG) sowie die Einbringung von neuen Versionen der SP und TR nach § 22 Abs. 2 MsbG in das Verfahren nach § 27 MsbG und deren anschließende Freigabe (§ 26 Abs. 1 S. 1 Nr. 3 MsbG). Dafür muss das BSI gem. § 27 Abs. 1 MsbG mit der PTB[125] und der BNetzA[126] ein Einvernehmen erzielen. Einvernehmen iSv § 27 Abs. 1 MsbG bedeutet Zustimmung und damit die völlige Übereinstimmung,[127] womit ein Unterschied zu dem Benehmen des § 11 Abs. 1 a S. 2 EnWG besteht (*Guckelberger* in → § 23 Rn. 10). Bei **Gefahr im Verzug** kann das BSI gem. § 26 Abs. 1 S. 2 MsbG auf das **Einvernehmen verzichten**. Praktisch ist dies vor allem bei dringenden Softwareupdates zur Schließung von Sicherheitslücken[128] in iMSys oder Zertifikaten denkbar, nicht aber bei neuen TR- bzw. SP-Versionen aufgrund der Langwierigkeit des Prozesses.[129] An die Stelle des Einvernehmens tritt im Falle der Eilkompetenz gem. § 26 Abs. 1 S. 2 MsbG eine nachträgliche Informationspflicht ggü. der PTB und der BNetzA. **Wesentliche Änderungen** bedürfen gem. § 27 Abs. 1 Hs. 2 MsbG zusätzlich der vorherigen **Anhörung** der oder des Bundesbeauftragten für den Datenschutz und die Informationsfreiheit (**BfDI**)[130] sowie des Gateway-Standardisierungs-Ausschusses (**SMG-Ausschuss**). Nach Einholung der **Zustimmung des Bundesministeriums für Wirtschaft und Energie** (BMWi) werden die SP und TR durch das BSI bekannt gegeben (§ 27 Abs. 4 S. 2 MsbG). Mittels dieses Verfahrens können dann die nach § 26 Abs. 1 S. 1 Nr. 1 MsbG vorläufigen Maßnahmen zu dauerhaften werden.[131]

Wesentliche Änderungen iSv § 27 Abs. 1 Hs. 2 MsbG bzw. neue Versionen iSv § 26 Abs. 1 S. 1 Nr. 3 MsbG stellen eine **Änderung des Standes der Technik** dar.[132]

Wesentliche Änderungen iSv § 27 Abs. 1 2 Hs. MsbG sind alle Änderungen, die sich erheblich auf den wirtschaftlichen bzw. den technischen oder organisatorischen Betrieb des SMG auswirken, sowie jegliche Änderung, die zu einer Sperre bzw. einem Entzug der für den Betrieb erforderlichen Zertifikate führen würde.[133] Mit letzterem wird noch einmal die Bedeutung der

---

124 Vgl. BT-Drs. 18/7555, 87 f.; *Mätzig/Fischer/Mohs* in Säcker, Berliner Kommentar zum Energierecht, Band 4, MsbG § 27 Rn. 1.
125 Zur Aufgabe der PTB vgl. *Mätzig/Fischer/Mohs* in Säcker, Berliner Kommentar zum Energierecht, Band 4, MsbG § 27 Rn. 10.
126 Vgl. auch vertiefend *Mätzig/Fischer/Mohs* in Säcker, Berliner Kommentar zum Energierecht, Band 4, MsbG § 27 Rn. 9.
127 BVerwGE 57, 98 (101); 11, 195 (200) mwN; OVG Münster Urt. v. 16.7.1990 – 15 A 2054/88, juris Rn. 24 mwN; *Mätzig/Fischer/Mohs* in Säcker, Berliner Kommentar zum Energierecht, Band 4, MsbG § 26 Rn. 8.
128 Vgl. hierzu vertiefend *Rosinger/Uslar* in Steinbach/Weise MsbG § 27 Rn. 19 ff.
129 *Karsten* in Rohrer/Karsten/Leonhardt MsbG § 26 Rn. 6; *Mätzig/Fischer/Mohs* in Säcker, Berliner Kommentar zum Energierecht, Band 4, MsbG § 26 Rn. 13.
130 Zum Aufgabenbereich der bzw. des BfDI vgl. *Mätzig/Fischer/Mohs* in Säcker, Berliner Kommentar zum Energierecht, Band 4, MsbG § 27 Rn. 11 ff.
131 Vgl. *Mätzig/Fischer/Mohs* in Säcker, Berliner Kommentar zum Energierecht, Band 4, MsbG § 26 Rn. 5.
132 *Mätzig/Fischer/Mohs* in Säcker, Berliner Kommentar zum Energierecht, Band 4, MsbG § 27 Rn. 3.
133 *Rosinger/Uslar* in Steinbach/Weise MsbG § 27 Rn. 31; *Mätzig/Fischer/Mohs* in Säcker, Berliner Kommentar zum Energierecht, Band 4, MsbG § 27 Rn. 15.

Zertifikate für das Sicherheitssystem des iMSys deutlich. Eine **neue Version gem. § 26 Abs. 1 S. 1 Nr. 3 MsbG** liegt vor, wenn eine gänzlich neue TR bzw. SP geschaffen werden soll.[134]

33 Dem **SMG-Ausschuss** gehören gem. § 27 Abs. 2 S. 1 MsbG das BMWi, das BSI, die PTB, die BNetzA sowie je ein Vertreter von mindestens drei auf Bundesebene bestehenden Gesamtverbänden jeweils zur Vertretung der Interessen von Letztverbrauchern, Herstellern und Anwendern an. Die Auswahl der Verbände steht im pflichtgemäßen Ermessen des BMWi,[135] während die konkreten Vertreter durch die Verbände selbst bestimmt werden.[136] Ziel der Regelung ist es, dass alle wesentlichen Akteure an der Weiterentwicklung von TR und SP beteiligt werden.[137] Durch die Einbeziehung dieses Kreises kann der Staat zum einen an der Expertise der Privatwirtschaft in puncto Sicherheit im Messwesen partizipieren, zum anderen wird so die wirtschaftliche Umsetzbarkeit sichergestellt.[138] Es handelt sich dabei um keinen Ad-hoc-Ausschuss, da dieser gem. § 27 Abs. 3 S. 2 MsbG mindestens einmal jährlich tagt und seine Mitglieder für die Dauer von drei Jahren berufen werden. Jedoch ist der Ausschuss vom BMWi bislang noch nicht gebildet worden.[139]

34 Inhaltlich sind TR und SP vom BSI weiterzuentwickeln, um die Anwendungsbreite zu erhöhen, die Standards zu optimieren und vor allem den aktuellen Sicherheits- und Bedrohungslagen anzupassen.[140] Hierzu hat das BSI zusammen mit dem BMWi eine gemeinsame Roadmap[141] entwickelt und damit den Akteuren einen wesentlichen Zeit- und Arbeitsplan vorgegeben.[142]

35 Anhand der Tatsache, dass das **BSI** für die grundlegenden Entwicklungen der TR und SP verantwortlich ist, wird deutlich, dass es der **zentrale Akteur** in der Sicherheitsarchitektur des MsbG ist.[143] Der in § 1 S. 2 BSIG normierte Auftrag des BSI (*Gitter* in → § 15 Rn. 39) wird damit im MsbG noch einmal konkretisiert. Damit besteht auch hierin ein **Unterschied** zum EnWG, wo die BNetzA als die treibende Kraft bei der Erstellung der IT-Sicherheitskataloge agiert (*Guckelberger* in → § 23 Rn. 10 ff.). Eine **Gemeinsamkeit** besteht jedoch darin, dass eine Abstimmung, wenngleich in unterschiedlichem Maß, unter den Akteuren der IT-Sicherheit stattfinden muss. Außerdem ist, anders als bei den IT-Sicherheitskatalogen nach § 11 Abs. 1 a, b EnWG, ein Ausschuss anzuhören, zu dessen Mitgliedern ua Interessenvertreter von Letztverbrauchern, Herstellern und Anwendern gehören und die so Gelegenheit erhalten, ihre Sichtweise vorzutragen sowie auf die Wahrung ihrer (Grund-)Rechte hinzuwirken.

---

134 *Mätzig/Fischer/Mohs* in Säcker, Berliner Kommentar zum Energierecht, Band 4, MsbG § 27 Rn. 7.
135 *Rosinger/Uslar* in Steinbach/Weise MsbG § 27 Rn. 25; *Mätzig/Fischer/Mohs* in Säcker, Berliner Kommentar zum Energierecht, Band 4, MsbG § 27 Rn. 25.
136 *Rosinger/Uslar* in Steinbach/Weise MsbG § 27 Rn. 25.
137 BT-Drs. 18/7555, 88; *Rosinger/Uslar* in Steinbach/Weise MsbG § 27 Rn. 8, 25; *Mätzig/Fischer/Mohs* in Säcker, Berliner Kommentar zum Energierecht, Band 4, MsbG § 27 Rn. 14.
138 Vgl. BT-Drs. 18/7555, 88; *Rosinger/Uslar* in Steinbach/Weise MsbG § 27 Rn. 8, 25; *Mätzig/Fischer/Mohs* in Säcker, Berliner Kommentar zum Energierecht, Band 4, MsbG § 27 Rn. 14, 24.
139 BT-Drs. 19/4823, 2; vgl. BT-Drs. 19/10760, 211; *Mann* N&R 2018, 73 (76 f.); Stand April 2020.
140 *Bundesministerium für Wirtschaft und Energie/Bundesamt für Sicherheit in der Informationstechnik*, Standardisierungsstrategie zur sektorübergreifenden Digitalisierung nach dem Gesetz zur Digitalisierung der Energiewende, S. 31.
141 *Bundesministerium für Wirtschaft und Energie/Bundesamt für Sicherheit in der Informationstechnik*, Standardisierungsstrategie zur sektorübergreifenden Digitalisierung nach dem Gesetz zur Digitalisierung der Energiewende, S. 1 ff.
142 *Bundesamt für Sicherheit in der Informationstechnik*, Die Lage der IT-Sicherheit in Deutschland 2019, S. 54.
143 Vgl. BR-Drs. 543/15, 134; BT-Drs. 18/7555, 88.

3. Zertifizierung des SMG als weitere IT-Sicherheitsmaßnahme, § 24 MsbG

Gem. § 24 Abs. 4 MsbG darf ein SMG ohne eine gültige Zertifizierung nicht eingesetzt werden.[144] Inhaltlich verlangt § 24 Abs. 1 MsbG, dass das BSI die **SMG nach den Common Criteria** (→ Rn. 13) zertifiziert. Dabei wird geprüft, ob das jeweilige SMG den Anforderungen der TR und SP entspricht.[145] Das BSI kann gem. § 24 Abs. 3 MsbG die **Zertifikate befristen, beschränken** oder **mit Auflagen** versehen. Ohne technologisch begründete zeitliche Befristung unterliegen die Zertifikate einer kontinuierlichen Überwachung ihrer Gültigkeit. § 24 Abs. 2 MsbG verweist in Bezug auf die Zertifizierung auf § 9 BSIG und § 22 BSIZertV (*Skierka* in → § 8 Rn. 18 ff.). Das erste SMG wurde im Dezember 2018 zertifiziert.[146] Zum 19.12.2019 waren insgesamt drei Geräte zertifiziert.[147] Das BSI stellte nach erfolgter **Markanalyse** gem. § 30 S. 2 MsbG Ende Januar 2020 die technische Möglichkeit fest und gab damit den Startschuss zum **Rollout** des iMSys.[148]

4. Der Smart-Meter-Gateway-Administrator als weiterer Sicherheitsbaustein, § 25 MsbG

Die **Sicherheit im täglichen Betrieb** stellt der Smart Meter Gateway Administrator (SMG-Admin) sicher, vgl. § 2 S. 1 Nr. 20, § 25 Abs. 1 MsbG.[149] Damit normiert der Gesetzgeber neben den inhaltlichen Anforderungen des MsbG auch eine **weitere Sicherheitsinstanz**, die das BSI bei der IT-Sicherheit unterstützt.[150] Grundsätzlich stellt der **Messstellenbetreiber** den SMG-Admin,[151] wenngleich die Tätigkeit auch an **Dritte übertragen werden** kann.[152] Gem. § 2 S. 1 Nr. 20 MsbG ist der SMG-Admin entweder eine natürliche oder eine juristische Person.

a) Aufgaben des SMG-Admins

Die Aufgaben des **SMG-Admins** werden in § 25 Abs. 1 S. 1 MsbG beschrieben. Hiernach muss dieser „einen zuverlässigen technischen Betrieb des intelligenten Messsystems gewährleisten und organisatorisch sicherstellen und ist zu diesem Zweck für die Installation, Inbetriebnahme, Konfiguration, Administration, Überwachung und Wartung des Smart-Meter-Gateways und der informationstechnischen Anbindung von Messgeräten und von anderen an das Smart-Meter-Gateway angebundenen technischen Einrichtungen verantwortlich."[153]

---

144 Vgl. hierzu auch § 25 Abs. 1 S. 3 MsbG, *Keck*, Smart Grid, S. 99.
145 BT-Drs. 18/7555, 86; *Bast/Drees* in Arzberger/Zayer/Kahmann, Handbuch Elektrizitätsmesstechnik, S. 577 (578); vgl. zu den konkreten Anforderungen → Rn. 19 ff.
146 *Bundesamt für Sicherheit in der Informationstechnik*, Die Lage der IT Sicherheit in Deutschland 2019, S. 53.
147 Vgl. https://www.bsi.bund.de/DE/Presse/Pressemitteilungen/Presse2019/Smart_Meter-Gateway_191219.html, bis April 2020 ist kein weiteres Gerät zertifiziert.
148 Vgl. https://www.bsi.bund.de/DE/Themen/DigitaleGesellschaft/SmartMeter/Marktanalyse/marktanalyse_node.html.
149 Vgl. BT-Drs. 18/7555, 86; *Müller-Terpitz/Knüppel* in Seckelmann, Digitalisierte Verwaltung – Vernetztes E-Government, S. 587 (592 f. Rn. 8); *Füller/Sobotka/Weise* in vom Wege/Weise, Praxishandbuch MsbG, Kap. 1 Rn. 99 ff.; vgl. *Lüdemann/Ortmann/Prokant* EnWZ 2016, 339 (341).
150 Vgl. hierzu BT-Drs. 18/7555, 87; *Sliskovic/Nasrun* in Rohrer/Karsten/Leonhardt MsbG § 25 Rn. 1; *Heyne/Magga/vom Wege* in vom Wege/Weise, Praxishandbuch MsbG, Kap. 6 Rn. 26 spricht von "Schlüsselfigur im Hintergrund"; vgl. *Lüdemann/Ortmann/Prokant* EnWZ 2016, 339 (341 f.).
151 *Sliskovic/Nasrun* in Rohrer/Karsten/Leonhardt MsbG § 25 Rn. 6; *Mätzig/Fischer/Mohs* in Säcker, Berliner Kommentar zum Energierecht, Band 4, MsbG § 25 Rn. 2; vgl. *Zwanziger*, Die Digitalisierung des Messwesens als Voraussetzung zur Integration der erneuerbaren Energien in das Energieversorgungssystem, S. 248; vgl. *Füller/Sobotka/Weise* in vom Wege/Weise, Praxishandbuch MsbG, Kap. 1 Rn. 83; *Kermel/Dinter* RdE 2016, 158 (159).
152 §§ 41 ff. MsbG, vgl. *Mätzig/Fischer/Mohs* in Säcker, Berliner Kommentar zum Energierecht, Band 4, MsbG § 25 Rn. 2; *Heyne/Magga/vom Wege* in vom Wege/Weise, Praxishandbuch Messstellenbetriebsgesetz, S. 181 (186 Rn. 23 ff.); *Heun/Assion* BB 2018, 579 (584); *Kermel/Dinter* RdE 2016, 158 (160).
153 § 25 Abs. 1 S. 1 MsbG, vgl. *Keck*, Smart Grid, S. 100.

39 Mit einem zuverlässigen technischen Betrieb ist gemeint, dass der **SMG-Admin** grundsätzlich die **Verarbeitung und den Versand der Messwerte**, daneben aber auch mit Blick auf die IT-Sicherheit die Sicherstellung einer **möglichst geringen Ausfallrate** zu kontrollieren hat.[154] Inhaltlich stellt der SMG-Admin dies durch die IT-Anbindung des SMG sicher.[155] Insbesondere sind hiervon auch der Betrieb des IT-Systems und des Backends sowohl software- als auch hardwareseitig umfasst.[156]

Die genannten **Zuverlässigkeitsanforderungen** des Abs. 1 werden in den weiteren Absätzen konkretisiert. Der **SMG-Admin** muss insbesondere **die TR und SP einhalten** und umsetzen.[157] Darin enthalten sind verschiedene Anforderungen, die der IT-Sicherheit dienen. So muss der SMG-Admin bspw. einen **Zeitsynchronisationsserver** betreiben, die Fähigkeit besitzen, **Firmwareupdates umzusetzen** und das oben angesprochene (→ Rn. 27 f.) **PKI-Management durchzuführen**.[158] Bei dieser umfassenden Tätigkeitsbeschreibung ist zu beachten, dass der SMG-Admin **keinerlei Zugriff auf die Messdaten** hat,[159] was ebenfalls der Datensicherheit dient.

40 **Die organisatorischen Pflichten** werden im Wesentlichen in Abs. 4 Nr. 1–3 weiter ausgestaltet.[160] Im Unterschied zu den IT-Sicherheitskatalogen nach § 11 Abs. 1 a, b EnWG folgt direkt aus § 25 Abs. 4 Nr. 1 MsbG die Einrichtung eines **Informationsmanagementsystems** durch den SMG-Admin.[161] Weiter muss ein SMG-Admin eine **IT-Sicherheitskonzeption**, deren genaue Anforderungen sich aus der TR 03109–6 ergeben und im Wesentlichen eine Risikoanalyse samt deren Management beinhaltet, Nr. 2,[162] und die **Einhaltung der jeweils gültigen TR**, Nr. 3[163], erbringen. Die Leistungsfähigkeit der genannten Anforderungen hat der SMG-Admin gem. § 25 Abs. 4 Nr. 4 MsbG durch **regelmäßige Audits** überprüfen zu lassen.[164] Die **Zusammenarbeit** mit den für das Mess- und Eichrecht zuständigen Behörden wird in § 25 Abs. 4 Nr. 5 MsbG geregelt. Diese umfasst bspw. die Eichung von Messgeräten, welche der SMG-Admin kostenfrei ermöglichen muss.[165] Auch dies zielt auf die Systemsicherheit ab, da ungenaue Messgeräte zur Systemunsicherheit beitragen.

41 Sollte ein SMG die Zertifikatsanforderungen gem. § 24 Abs. 1 MsbG nicht erfüllen, darf der SMG-Admin diese gem. § 25 Abs. 1 S. 3 MsbG nicht einsetzen.[166] Der **SMG-Admin** darf gem.

---

154 *Rosinger/Uslar* in Steinbach/Weise MsbG § 25 Rn. 39 ff.; *Mätzig/Fischer/Mohs* in Säcker, Berliner Kommentar zum Energierecht, Band 4, MsbG § 25 Rn. 6; *Müller-Terpitz/Knüppel* in Seckelmann, Digitalisierte Verwaltung – Vernetztes E-Government, S. 587 (592 f. Rn. 8).
155 *Sliskovic/Nasrun* in Rohrer/Karsten/Leonhardt MsbG § 25 Rn. 7; eingehend dazu *Mätzig/Fischer/Mohs* in Säcker, Berliner Kommentar zum Energierecht, Band 4, MsbG § 25 Rn. 25 ff.
156 *Sliskovic/Nasrun* in Rohrer/Karsten/Leonhardt MsbG § 25 Rn. 7; vgl. *Hofmann* in Arzberger/Zayer/Kahmann, Handbuch Elektrizitätsmesstechnik, S. 763 (773 f.).
157 Vgl. § 25 Abs. 4 Nr. 3 MsbG, *Rosinger/Uslar* in Steinbach/Weise MsbG § 25 Rn. 20 ff.; *Mätzig/Fischer/Mohs* in Säcker, Berliner Kommentar zum Energierecht, Band 4, MsbG § 25 Rn. 10 ff.; vgl. vertiefend aus Sicht der Praxis *Heyne/Magga/vom Wege* in vom Wege/Weise, Praxishandbuch MsbG, Kap. 6 Rn. 88 ff.
158 Vgl. hierzu vertiefend *Mätzig/Fischer/Mohs* in Säcker, Berliner Kommentar zum Energierecht, Band 4, MsbG § 25 Rn. 10 ff.; *Rosinger/Uslar* in Steinbach/Weise MsbG § 25 Rn. 20 ff.
159 Vgl. BT-Drs. 18/7555, 84, 108; *Lüdemann/Ortmann/Prokant* EnWZ 2016, 339 (341 f.).
160 *Sliskovic/Nasrun* in Rohrer/Karsten/Leonhardt MsbG § 25 Rn. 21; *Mätzig/Fischer/Mohs* in Säcker, Berliner Kommentar zum Energierecht, Band 4, MsbG § 25 Rn. 24.
161 Vgl. vertiefend *Sliskovic/Nasrun* in Rohrer/Karsten/Leonhardt MsbG § 25 Rn. 22; *Rosinger/Uslar* in Steinbach/Weise MsbG § 25 Rn. 67; *Mätzig/Fischer/Mohs* in Säcker, Berliner Kommentar zum Energierecht, Band 4, MsbG § 25 Rn. 58 ff.; *Keck*, Smart Grid, S. 105; vgl. aus technischer Sicht vertiefend *Hofmann* in Arzberger/Zayer/Kahmann, Handbuch Elektrizitätsmesstechnik, S. 763 (773 f.).
162 Vgl. vertiefend *Sliskovic/Nasrun* in Rohrer/Karsten/Leonhardt MsbG § 25 Rn. 23 ff.
163 Vgl. hierzu vertiefend zu den genauen Anforderungen *Rosinger/Uslar* in Steinbach/Weise MsbG § 25 Rn. 20.
164 Vgl. vertiefend insbesondere zur Zertifizierung bei Übertragung der Admin Tätigkeit *Heyne/Magga/vom Wege* in vom Wege/Weise, Praxishandbuch MsbG, Kap. 6 188 Rn. 31 ff.
165 Vgl. *Sliskovic/Nasrun* in Rohrer/Karsten/Leonhardt MsbG § 25 Rn. 29.
166 Dies ist im Sinne eines Ausbaus des SMG zu verstehen; ein Deaktivieren des SMG reicht nicht, vgl. *Mätzig/Fischer/Mohs* in Säcker, Berliner Kommentar zum Energierecht, Band 4, MsbG § 25 Rn. 35.

§ 25 Abs. 1 S. 3 MsbG „**ausschließlich**" **SMGs mit gültigem Zertifikat verwenden** und hat nach Satz 4 **Sicherheitsmängel und Änderungen von** für die Zertifikatserteilung wesentlichen Tatsachen **dem BSI mitzuteilen**. Der Gesetzgeber weist ihm damit eine **Prüf- und Überwachungsfunktion** zu,[167] wodurch es zu einer weiteren Steigerung der IT-Sicherheit kommt.

Zusammenfassend bleibt festzuhalten, dass der SMG-Admin der konkrete Ansprechpartner für den Betrieb und damit auch die Sicherheit ist. Er ist vom Einbau über die Datenübermittlung bis hin zum Ausbau für den gesamten SMG-Betrieb verantwortlich. Damit unterstützt er das BSI in seiner Funktion als Behörde für IT-Sicherheit, vgl. § 1 S. 2 BSIG. Dieser Rückgriff auf die Unterstützung aus dem privaten Sektor ist im Sinne der IT-Sicherheit, da das BSI als Verantwortliche für die TR und SP durch diese Zusammenarbeit deutlich mehr Informationen aus der Praxis erhalten und ggf. auf etwaige Sicherheitsmängel schneller reagieren kann. Die Rolle des SMG-Administrators ist mittlerweile in der Praxis angekommen und für den Markt verfügbar.[168]

b) Meldepflicht des SMG-Admins, § 25 Abs. 1 S. 4 MsbG

Erkennt der SMG-Admin **Sicherheitsmängel oder Sachverhalte, die der Zertifizierung eines SMG entgegenstehen**, muss er dies gem. § 25 Abs. 1 S. 4 MsbG **unverzüglich**, also ohne schuldhaftes Zögern,[169] dem **BSI mitteilen**.[170] Inhaltlich muss die Meldung das Ereignis, den Mangel, Zeitpunkt, Ablauf, die feststellende Person und die getroffenen Maßnahmen umfassen.[171]

Durch die Verwendung des Adjektivs „wesentlich" in § 25 Abs. 1 S. 4 MsbG wird deutlich, dass **nicht jeder Sicherheitsvorfall an das BSI gemeldet werden muss**.[172] Vielmehr müssen lediglich diejenigen Vorfälle gemeldet werden, die zur Änderung oder zum Entzug der Zertifizierung führen können.[173] Davon umfasst sind insbesondere das **Nichtvorliegen der Zertifizierungsvoraussetzungen**, vgl. § 24 MsbG (→ Rn. 36). Wann genau solche Vorfälle vorliegen, ergibt sich zunächst einmal direkt aus der **Certificate Policy der Smart-Metering-Public-Key-Infrastruktur (CP-SMPKI)**[174] des BSI.[175] Meldepflichtig sind nach der CP-SMPKI insbesondere die **Kompromittierung von PKI-Schlüsseln**,[176] also deren Veröffentlichung, der **Verstoß gegen Betriebsauflagen** und die **Untätigkeit des CA-Betreibers**,[177] bspw. im Falle einer Insolvenz,[178] oder der **dauerhafte Ausfall**, zB durch einen technischen Defekt,[179] sowie die **Sperrung oder Suspendierung des Zertifikates**.[180]

---

167 *Sliskovic/Nasrun* in Rohrer/Karsten/Leonhardt MsbG § 25 Rn. 12.
168 *Bundesamt für Sicherheit in der Informationstechnik*, Die Lage der IT Sicherheit in Deutschland 2019, S. 54.
169 Vgl. § 121 BGB, *Mätzig/Fischer/Mohs* in Säcker, Berliner Kommentar zum Energierecht, Band 4, MsbG § 25 Rn. 67; *Sliskovic/Nasrun* in Rohrer/Karsten/Leonhardt MsbG § 25 Rn. 13.
170 Vgl. BT-Drs. 18/7555, 86.
171 CP-SMPKI S. 47; *Sliskovic/Nasrun* in Rohrer/Karsten/Leonhardt MsbG § 25 Rn. 64; *Mätzig/Fischer/Mohs* in Säcker, Berliner Kommentar zum Energierecht, Band 4, MsbG § 25 Rn. 64.
172 *Mätzig/Fischer/Mohs* in Säcker, Berliner Kommentar zum Energierecht, Band 4, MsbG § 25 Rn. 65.
173 Vgl. vertiefend *Mätzig/Fischer/Mohs* in Säcker, Berliner Kommentar zum Energierecht, Band 4, MsbG § 25 Rn. 65.
174 Vgl. https://www.bsi.bund.de/SharedDocs/Downloads/DE/BSI/Publikationen/TechnischeRichtlinien/TR03109/PKI_Certificate_Policy.pdf?__blob=publicationFile&v.=3.
175 *Mätzig/Fischer/Mohs* in Säcker, Berliner Kommentar zum Energierecht, Band 4, MsbG § 25 Rn. 63; *Sliskovic/Nasrun* in Rohrer/Karsten/Leonhardt MsbG § 25 Rn. 13.
176 CP-SMPKI S. 47.
177 CP-SMPKI S. 47.
178 CP-SMPKI S. 47.
179 Vgl. zu den technischen Sicherheitsanforderungen CP-SMPKI S. 49 ff. Neben der Generierung, Lieferung, Schlüssellänge und Algorithmus werden auch Festlegungen zu den kryptografischen Modulen und deren spezifischen Sicherheitsanforderungen getroffen.
180 CP-SMPKI S. 47.

45 Doch auch **weitere Verstöße** gegen die **CP-SMPKI** stellen wesentliche Sicherheitsvorfälle dar. Denn durch Verstöße gegen die folgenden Vorgaben der CP-SMPKI ist die Systemsicherheit erheblich gefährdet. Dies wird anhand des **zwingenden Regelungscharakters** („müssen") in der CP-SMPKI deutlich. Würde dies nicht als erheblich angesehen werden, unterliefe man die gewählte zwingende Regelungstechnik. Dies ist auch mit Blick auf die Bedeutung der elektrischen Energie für das tägliche Leben zu erklären. Die Meldung dient der Gewährleistung der Sicherheit der Stromversorgung. Daher ist die Regelung über die expliziten Meldepflichten so zu verstehen, dass ein Verstoß gegen zwingende Anforderungen der CP-SMPKI zu melden ist.

So kommt eine Meldung bei einem **zweckfremden Einsatz eines Zertifikates**,[181] **unklaren Zertifikatidentitäten**[182] oder **mangelhaftem Schlüsselmanagement**[183] in Betracht. Weiter sind **Verstöße gegen organisatorische Anforderungen**, wie Zutrittsregelungen oder Ausfallsicherheit im Hinblick auf Brandschutz, Strom- und Wasserversorgung, meldepflichtig.[184] Sollten die folgenden Anforderungen nicht eingehalten werden, liegt ebenfalls ein meldepflichtiger Sicherheitsmangel iSv § 25 Abs. 1 S. 4 MsbG vor: So sieht die CP-SMPKI auch **Anforderungen an die Mitarbeiter** und die **Arbeitsweise** vor. Weiter verlangt die CP-SMPKI von den Administratoren Stellvertreterregelungen und eine klare Rollendefinition der beteiligten Mitarbeiter.[185] Durch eine **eindeutige Zuständigkeitsregelung** wird die jederzeitige Handlungsfähigkeit bezweckt. Zur Absicherung ist ein **Vier-Augen-Prinzip** vorgesehen, also die Gegenkontrolle durch eine weitere Person unter der Dokumentation des Vorgangs und der beteiligten Personen.[186] Weiterhin müssen die **Mitarbeiter fachlich ausgebildet** und **zuverlässig** sein; auch darf nur eine begrenzte, nämlich die für die Aufgabenerfüllung notwendige Anzahl an Mitarbeitern beteiligt werden.[187] Gleichzeitig werden eine **umfassende Dokumentation** und ein **Schlüsselmanagement** verlangt. Die Anforderungen ähneln damit denen des § 8 b Abs. 4 BSIG (*Gitter* in → § 15 Rn. 46).

c) Zertifizierung des SMG-Admins, § 25 Abs. 5 MsbG

46 Die IT-Sicherheit wird – ähnlich wie beim SMG – zusätzlich durch eine **Zertifizierung der Administratoren** erhöht. Ausweislich der Gesetzesmaterialien wird damit die **Betriebssicherheit sichergestellt**.[188] Gem. § 25 Abs. 5 MsbG muss sich ein SMG-Administrator entweder durch das BSI nach deren **IT-Grundschutz**[189] oder gem. der **ISO/IEC 27006** bei einer anerkannten Zertifizierungsstelle zertifizieren lassen.[190] Dabei kann sich der SMG Admin als natürliche oder juristische Person zertifizieren lassen. Entscheidend ist in Anlehnung an die Definition des § 2 S. 1 Nr. 20 MsbG, wer die Aufgabe im konkreten Fall übernommen hat. Aus Gründen der effektiven Aufgabenwahrnehmung scheint es sinnvoll, sofern vorhanden, die juristische Person zu zertifizieren. So kann im Verhinderungsfalle der realen Person schnell und unkompliziert für Ersatz gesorgt werden. Der Gleichlauf der Sicherheitsbestimmungen in puncto Zertifizierung mit dem SMG wird auch am Verweis in § 25 Abs. 5 S. 3 auf § 24 Abs. 2, 3 MsbG deutlich, weswegen die dortigen Ausführungen zum Verfahren und den

---

181 CP-SMPKI S. 20.
182 Vgl. CP-SMPKI S. 25 ff.; 40 ff.
183 Vgl. CP-SMPKI S. 36 ff., 45 ff.
184 CP-SMPKI S. 41 ff.
185 CP-SMPKI S. 42 ff.; vgl. auch S. 57 ff. wo die Aufgaben in Bezug auf die Rollen und die geforderten Ergebnisse detailliert beschrieben werden.
186 CP-SMPKI S. 42 iVm Anhang C S. 73.
187 Vgl. CP-SMPKI S. 42 f.
188 BT-Drs. 18/7555 S. 87.
189 *Rosinger/Uslar* in Steinbach/Weise MsbG § 25 Rn. 11.
190 Vgl. vertiefend hierzu *Rosinger/Uslar* in Steinbach/Weise MsbG § 25 Rn. 29 ff.; *Sliskovic/Nasrun* in Rohrer/Karsten/Leonhardt MsbG § 25 Rn. 30 f.

inhaltlichen Zertifizierungsanforderungen auf die Zertifizierung des SMG-Admins zu übertragen sind (→ Rn. 36 ff.).

III. Sanktionen und sonstige Folgen

Gem. § 26 Abs. 1 S. 1 Nr. 1 MsbG kann das BSI die **Analyse, Priorisierung und Bewertung von Sicherheitslücken** im Rahmen des Betriebs von SMGs **im Einvernehmen** mit der **PTB** und der **BNetzA** durchführen.[191] Das Einvernehmenserfordernis ergibt sich zunächst aus einem **formalen Grund**: Gem. § 27 MsbG sind PTB und BNetzA an der Fortentwicklung der TR und SP beteiligt. Damit diese von der Entwicklung durch vorläufige Maßnahmen gem. § 26 Abs. 1 S. 1 Nr. 1 MsbG nicht überrascht werden, ist es nur konsequent, sie auch bei diesen Maßnahmen einzubeziehen.[192] Doch sprechen auch **inhaltliche Argumente** für die Beteiligung von BNetzA und SP. Gem. § 26 Abs. 1 S. 1 Nr. 1 MsbG soll eine Analyse und Bewertung der Sicherheitslücken vorgenommen werden.[193] Um einen effektiven Schutz der Messstelle zu gewährleisten, muss diese Analyse und Bewertung unter allen denkbaren Aspekten erfolgen, auch aus der Sicht der Eich- (PTB) und der Aufsichtsbehörde (BNetzA). Zudem können die Entscheidungen des BSI gem. § 26 Abs. 1 Nr. 1 MsbG auch die IT-Sicherheit des Energienetzes allgemein betreffen, wofür nach dem EnWG die BNetzA zuständig ist (*Guckelberger* in → § 23 Rn. 10). Auch aus diesem Blickwinkel heraus ist daher das Einvernehmenserfordernis systematisch sinnvoll und trägt zu einer effektiven IT-Sicherheit bei. Damit verbunden sind **präventive Tests**[194] oder die **Entscheidung über Updates**, um Fehler bzw. Sicherheitslücken zu beseitigen.[195] Davon umfasst sind sowohl eine enge **Zusammenarbeit mit den Herstellern** als auch Maßnahmen, die außerhalb der TR und SP liegen, wie bspw. die Änderung von zentralen Passwörtern.[196] Hierin zeigt sich ebenfalls die **zentrale Rolle des BSI** in sicherheitsrechtlichen Fragen des MsbG. Eine **Generalklausel** zugunsten des BSI, um allumfassende Maßnahmen zu treffen, ist jedoch dem MsbG fremd. Vielmehr wird diese sicherheitsrechtliche Kompetenz des BSI durch die **generelle Anordnungskompetenz der BNetzA**, welche ihr gem. § 76 Abs. 1 MsbG in Anlehnung an § 65 EnWG[197] zusteht, ergänzt.[198] Hierauf gestützt kann die BNetzA bei Verstößen gegen das MsbG **Maßnahmen zur Einhaltung des MsbG** anordnen. Kommt ein Akteur einer sicherheitstechnischen Vorgabe des BSI gem. § 26 MsbG nicht nach, so kann die BNetzA gem. § 76 Abs. 1, 2 MsbG die **Umsetzung anordnen** bzw. **mittels Zwangsgelds** durchsetzen.[199] Insofern ist eine **enge Zusammenarbeit von BSI und BNetzA** im Bereich der IT-Sicherheit des Messwesens **notwendig**.

47

Daneben kann die **BNetzA** gem. § 76 Abs. 4 MsbG iVm § 95 Abs. 1, 2 EnWG **Bußgelder** verhängen.[200] Insofern herrscht ein Gleichlauf zu Verstößen gegen das EnWG (*Guckelberger* in → § 23 Rn. 34).

48

---

191 Zur Kritik an den mangelnden Verfahrensregeln vgl. *Rosinger/Uslar* in Steinbach/Weise MsbG § 26 Rn. 26.
192 Vgl. *Mätzig/Fischer/Mohs* in Säcker, Berliner Kommentar zum Energierecht, Band 4, MsbG § 26 Rn. 10.
193 *Karsten* in Rohrer/Karsten, MsbG, MsbG § 26 Rn. 1.
194 *Rosinger/Uslar* in Steinbach/Weise MsbG § 26 Rn. 13.
195 Vgl. BT-Drs. 18/7555, 87; vgl. *Rosinger/Uslar* in Steinbach/Weise MsbG § 26 Rn. 8, 13; *Karsten* in Rohrer/Karsten/Leonhardt MsbG § 26 Rn. 3.
196 Vgl. *Mätzig/Fischer/Mohs* in Säcker, Berliner Kommentar zum Energierecht, Band 4, MsbG § 26 Rn. 3 f.
197 Vgl. hierzu vertiefend *Sliskovic* in Rohrer/Karsten/Leonhard MsbG § 76 Rn. 5; *Bourwieg* in Steinbach/Weise MsbG § 76 Rn. 7.
198 Vgl. insofern *Rosinger/Uslar* in Steinbach/Weise MsbG § 26 Rn. 11.
199 *Mätzig/Fischer/Mohs* in Säcker, Berliner Kommentar zum Energierecht, Band 4, MsbG § 26 Rn. 3.
200 Kritisch hierzu aus dem Blickwinkel des verfassungsrechtlichen Bestimmtheitsgebots *Bourwieg* in Steinbach/Weise MsbG § 76 Rn. 26.

Sowohl die BNetzA als auch das BSI können parallel handeln.[201] So ist in Abhängigkeit des Sicherheitsmangel bspw. neben einer Verschärfung der TR bzw. SP durch das BSI auch ein Bußgeld durch die BNetzA denkbar.

D. Typische Problemlagen und Konfliktlinien

49 Gem. § 29 Abs. 1 MsbG besteht eine **Einbaupflicht** für intelligente Messsysteme bei Verbrauchern über einem Jahresverbrauch von 6000 kWh bzw. bei Anlagenbetreibern mit einer installierten Anlagenleistung von 7 kW. Darunter besteht eine Einbauoption, die im Ermessen der grundzuständigen Messstellenbetreiber[202] liegt, vgl. § 29 Abs. 2 MsbG.[203] Weiter muss der Einbau gem. § 30 MsbG technisch möglich sein, sodass mindestens drei voneinander unabhängige Geräte am Markt verfügbar sein müssen.[204] Drei zertifizierte Geräte standen jedoch erst Ende Januar 2020 zur Verfügung,[205] obwohl nach Vorstellung des Gesetzgebers zum 1.1.2017 eine Einbaupflicht vorgesehen war, vgl. §§ 29 ff. MsbG. Somit besteht seit Ende Januar 2020 die Einbaupflicht. Wie sich dies auf die in § 29 ff. MsbG genannten Fristen auswirkt, ist aktuell fraglich. So könnte an eine Verlängerung der ursprünglich geplanten Fristen zu denken sein oder aber an den Beibehalt. Im letzten Falle wäre aber die Erreichbarkeit der gesetzten Ziele zweifelhaft. Daher wäre eine Novellierung des Fristenkatalogs des MsbG ratsam, um es auf die aktuellen technischen Gegebenheiten anzupassen. Als zusätzliche Voraussetzung statuiert § 31 MsbG die wirtschaftliche Vertretbarkeit des Einbaus. Darin werden in Abhängigkeit vom Jahresstromverbrauch in kWh Preisobergrenzen für den Einbau und Betrieb des intelligenten Messsystems festgelegt. Demnach dürfen keine darüberhinausgehende Kosten dem Endverbraucher bzw. dem Erzeuger in Rechnung gestellt werden.[206] Dabei stehen die Preisgrenzen stark in der Kritik: Zum einen wird die Höhe als zu niedrig mit Blick auf die tatsächlichen Kosten kritisiert, da eine vollständige Kostendeckung durch die genannten Beträge nicht intendiert ist.[207] Zum anderen werden die Preisobergrenzen mit Blick auf die geringen Einspareffekte für den Letztverbraucher kritisiert.[208] Zu guter Letzt wird die Pflichteinbaugrenze von 6000 kWh kritisiert, da unklar ist, wieso diese gewählt wurde.[209]

50 Kritisch zu hinterfragen ist die **Verweisungstechnik** der Definition des intelligenten Messsystems in § 2 Nr. 7 MsbG. Darin wird auf die Anforderungen der §§ 21, 22 MsbG verwiesen, die wiederrum auf TR und SP verweisen. Für den **Rechtsanwender** besteht damit eine gewisse **Unübersichtlichkeit**, da aus dem Gesetz nicht unmittelbar erkennbar ist, welche IT-Sicherheitsanforderungen an das intelligente Messsystem zu stellen sind. Auch kann über die Verweiskette die Definition des IMSys verändert werden, sodass über untergesetzliche Anforderungen das Gesetz geändert werden könnte. Verbindliche und sich direkt aus dem Gesetz ergebende Vorgaben würden aber zu einer unflexiblen Regelung führen. Im Falle einer Sicherheitslücke müsste das Gesetz gem. dem grundgesetzlichen Verfahren geändert werden, wäh-

---

201 *Mätzig/Fischer/Mohs* in Säcker, Berliner Kommentar zum Energierecht, Band 4, MsbG § 26 Rn. 3.
202 Vgl. § 2 S. 1 Nr. 4 MsbG.
203 Vgl. vertiefend zur Einbaupflicht *Kelly*, Das intelligente Energiesystem der Zukunft, S. 38 ff.
204 Zur Frage der Unabhängigkeit vgl. vertiefend *Schmidt* in Säcker, Berliner Kommentar zum Energierecht, Band 4, MsbG § 30 Rn. 5 ff.
205 Vgl. https://www.bsi.bund.de/DE/Themen/DigitaleGesellschaft/SmartMeter/SmartMeterGateway/Zertifikate24Msbg/zertifikate24MsbG_node.html. Derzeit befinden sich sechs weitere Geräte in der Zertifizierung.
206 *Zwanziger*, Die Digitalisierung des Messwesens als Voraussetzung zur Integration der erneuerbaren Energien in das Energieversorgungssystem, S. 302; *Busch*, Demand Side Management, S. 295.
207 *Zwanziger*, Die Digitalisierung des Messwesens als Voraussetzung zur Integration der erneuerbaren Energien in das Energieversorgungssystem, S. 290.
208 Vgl. *Zwanziger*, Die Digitalisierung des Messwesens als Voraussetzung zur Integration der erneuerbaren Energien in das Energieversorgungssystem, S. 284 ff.; *Lüdemann/Ortmann/Prokant* EnWZ 2016, 339 (345); *Lange* EWeRK 2016, 165 (168); *Booz* N&R 2017, 130 (132).
209 *Booz* N&R 2017, 130 (132).

rend in dem gewählten Verfahren die TR und SP bei Gefahr im Verzug auch kurzfristig geändert werden können, vgl. § 26 Abs. 1 MsbG (→ Rn. 31). Mit dieser **Flexibilität** wird die unterbrechungsfreie Stromversorgung abgesichert, womit der Staat auch seiner verfassungsrechtlichen Schutzpflicht nachkommt. Damit besteht zwar eine gewisse Unübersichtlichkeit, wenngleich dies in der Aufrechterhaltung der Versorgungssicherheit begründet ist.

Die Regelungen des MsbG basieren – wie auch die des EnWG und des AtG (Guckelberger in → § 23 Rn. 16 ff.) – auf **denselben Prinzipien**, beinhalten jedoch aufgrund **sektoraler Unterschiede** auch **Abweichungen**. So verwenden sowohl die IT-Sicherheitskataloge aufgrund von § 11 Abs. 1 a, 1 b EnWG, der Sicherheitsstandard bei kritischer Infrastruktur gem. § 8 a Abs. 1 BSIG, als auch TR und SP gem. § 22 MsbG den **Stand der Technik als Sicherheitsmaßstab**. Im Unterschied zu den IT-Sicherheitskatalogen des EnWG, die zwingend einzuhalten sind, erzeugen TR und SP nur eine **Vermutungswirkung**. Der von § 22 Abs. 1 MsbG vorgegebene Stand der Technik kann auch auf andere Weise eingehalten werden. 51

Mit Blick auf die Bedeutung der elektrischen Energie für das tägliche Leben kann man kritisch hinterfragen, wieso man bspw. vor dem Hintergrund der grundrechtlichen Schutzpflichten des Staates[210] als **Schutzstandard nicht den höchsten Sicherheitsstandard** – den **Stand von Wissenschaft und Technik** – ausgewählt hat. Jedoch würde dieser Sicherheitsmaßstab auch **experimentelle Lösungen** verlangen.[211] Dementsprechend besteht die Gefahr, dass ein höherer Sicherheitsmaßstab die Betriebssicherheit eher gefährdet bzw. unmöglich macht. Außerdem wäre ein höherer Standard mit Blick auf die **Grundrechte der betroffenen Unternehmen** sowie die sehr **hohen Kosten**,[212] aber auch den **technischen Aufwand** kaum zu rechtfertigen. Deswegen sprechen gute Gründe für die Wahl dieses Maßstabes, der rechtsvergleichend auch in anderen Ländern gewählt wurde.[213]

Während der **BNetzA** bei den **IT-Sicherheitskatalogen nach § 11 Abs. 1 a, 1 b EnWG** eine **starke Stellung** eingeräumt wird (Guckelberger in → § 23 Rn. 10), nähert sich das **MsbG** eher dem **Modell des BSIG** an: Im MsbG ist das BSI die „stärkere" Behörde, da es die TR und SP und damit die Vorgaben zur IT-Sicherheit maßgeblich prägt, vgl. §§ 26, 27 MsbG. Zwar muss hierüber gem. § 26 Abs. 1 MsbG mit der BNetzA ein Einvernehmen erzielt werden, was der BNetzA Einfluss gibt. Jedoch kann bei Gefahr im Verzug das BSI ohne die BNetzA handeln, vgl. § 26 Abs. 1 S. 2 MsbG. Zudem wird mit dem SMG-Admin vom Gesetzgeber ein weiterer Akteur zur Unterstützung des BSI geschaffen. Dies beruht auf praktischen Erwägungen, da das BSI nicht alle 50 Mio. Messstellen in Deutschland überprüfen kann. Deswegen ist diese Konstruktion im Sinne einer **effektiven IT-Sicherheit** zu begrüßen. Gleichwohl räumt der Gesetzgeber der BNetzA über die Aufsichtsmittel in § 76 MsbG eine bedeutende, wenngleich nachrangige Stellung ein. Eine Kooperation zwischen BSI und BNetzA ist daher für eine effektive IT-Sicherheit unabdingbar. 52

Sowohl die IT-Sicherheitskataloge aufgrund von § 11 Abs. 1 a, 1 b EnWG (*Guckelberger* in → § 23 Rn. 15) sowie das MsbG sehen in der **Zertifizierung ein wichtiges Instrument** zur Gewährleistung der IT-Sicherheit. Unterschiede bestehen jedoch darin, dass im **MsbG** mit §§ **24, 25 Abs. 5 MsbG** – wie in § 8 a Abs. 3 BSIG (*Thalhofer* in → § 16 Rn. 65 ff.) – eine **gesetzliche Zertifizierungsgrundlage** besteht. Zudem setzen beide Gesetze auf eine **Meldepflicht** an das BSI in Abhängigkeit von der Art und Qualität eines Sicherheitsvorfalls, vgl. § 11 Abs. 1 c EnWG, § 25 Abs. 1 S. 4 MsbG. 53

---
210 Vgl. BVerfG NJW 2010, 505 (508); NJW 2010, 2866 (2867); *Bews*, Bewirtschaftungsrecht, S. 192; vgl. grundlegend *Hornung/Fuchs* DuD 2012, 20.
211 *Judmann* in Saria, Der Stand der Technik, S. 87 (91).
212 Schon heute werden die Kosten von verschiedensten Seiten kritisiert vgl. Stellungnahme bdew zum Gesetz zur Digitalisierung der Energiewende v. 9.10.2015, S. 19.
213 Vgl. hierzu am Bsp. Österreichs *Singler* ZTR 2018, 23 (28 ff.).

54 Während im EnWG (*Guckelberger* in → § 23 Rn. 28 ff.) vergleichbar mit § 8 b BSIG die **Meldepflicht** den Betreiber trifft, bezieht sich diese im MsbG auf den **SMG-Admin**. Wie jedoch schon bei der Kontrolle ist dies mit der hohen Anzahl an Messstellen zu begründen. Hinzu kommt, dass der Endverbraucher nicht die fachliche Kompetenz besitzt, um eine qualifizierte Meldung abzusetzen. Aufgrund dieser Konstruktion setzt der Gesetzgeber an zentraler Stelle der Energie-IT-Sicherheit auf „**kundige**" **private Stellen**. Inhaltlich folgt die Meldepflicht, wie auch § 11 Abs. 1 c EnWG, dem § 8 b Abs. 4 BSIG. So muss nach allen Normen erst bei Überschreiten einer gewissen Sicherheitsschwelle die Meldung abgesetzt werden – im MsbG ab „**wesentlichen**" **Sicherheitsmängeln**. Das System der Zusammenarbeit von verschiedenen Behörden, wie es auch im Bereich des EnWG vorgesehen ist (Guckelberger in → § 23 Rn. 31 ff.), setzt sich im MsbG fort. Dies lässt sich mit der historischen Entwicklung des MsbG aus dem EnWG erklären und wird im MsbG vor allem an der Beteiligung der BNetzA, der PTB und der oder des BfDI bei der Weiterentwicklung von TR und SP oder den aufsichtsrechtlichen Maßnahmen deutlich. Je mehr Stellen involviert sind, desto eher besteht in solch einer Konstellation die **Gefahr von Reibungsverlusten** unter den Behörden, weswegen eine **enge Abstimmung der Behörden** erforderlich ist. Da der Gesetzgeber wenige bis keine Regeln hierfür vorgesehen hat, ist zumindest eine informelle Übereinkunft über die Zusammenarbeit der Behörden mit Blick auf die effektive Zusammenarbeit und die Wichtigkeit der elektrischen Energie (→ Rn. 3) anzuraten.

55 Hinsichtlich des angekündigten **IT-Sicherheitsgesetzes 2.0** ergänzt die in § 8 a Abs. 6 des im März 2019 bekannt gewordenen und im Mai 2020 noch einmal überarbeiteten BSIG-Referentenentwurfs vorgesehene **Vertrauenswürdigkeitsprüfung** die Zertifizierung gem. § 24 MsbG. Jedoch ist sie mit Blick auf die verlangten Prüfkriterien bspw. in der Lieferkette deutlich weiter gefasst. Zudem ist zu diskutieren, wie sich die in **§ 8 h BSIG-RefE** geplante Meldepflicht des Herstellers von KRITIS-Kernkomponenten zur Meldepflicht gem. § 25 Abs. 1 S. 4 MsbG des SMG-Admins verhält. Gemeinsam ist beiden Normen, dass Sicherheitslücken zu melden sind. Jedoch zielt **§ 8 h BSIG-RefE auf KRITIS-Anlagen** ab, während § 25 Abs. 1 S. 4 MsbG auf die **iMSys-Struktur** abstellt. Eine Deckungsgleichheit ist daher nicht gegeben, so dass diese Pflichten parallel bestehen und die Normen nebeneinander anwendbar sind.

§ 25 Öffentliche Verwaltung

Literatur: *Friedrich*, IT-Sicherheitsgesetz: Maßvolle Regulierung als Standortvorteil, MMR 2013, 273; *Guckelberger*, Öffentliche Verwaltung im Zeitalter der Digitalisierung, Analysen und Strategien zur Verbesserung des E-Governments aus rechtlicher Sicht, 2019; *Heckmann* in: Heckmann, juris PraxisKommentar Internetrecht – Telemediengesetz, E-Commerce, E-Government, 6. Aufl. 2019; *Hermann/Stöber*, Das Onlinezugangsgesetz des Bundes, Wie der Gang zum Amt überflüssig werden soll, NVwZ 2017, 1401; *Kipker/Scholz*, Das IT-Sicherheitsgesetz 2.0, Neue Rahmenbedingungen für die Cybersicherheit in Deutschland, MMR 2019, 431; *Maunz/Dürig (Hrsg.)*, Kommentar zum Grundgesetz, 60. EL Oktober 2010; *Schallbruch/Städler*, Neuregelung der Bund-Länder-Zusammenarbeit bei der IT durch Art. 91 c GG, CR 2009, 619; *Schallbruch*, IT-Sicherheitsrecht- Schutz kritischer Infrastrukturen und staatlicher IT-Systeme, CR 2017, 648; *Schardt*, Wie viel Sicherheit darf's denn sein?, Gastbeitrag zur Biometrie in: Kommune & Staat, eGovernment Computing, 12–2007/1–2008, 6; *Schardt*, Der IT-Planungsrat – Zentrum der Digitalisierung der öffentlichen Verwaltung?!, Rede anlässlich der 28. Glienicker Gespräche am 11.5.2017, VM 2017, 227; *Schüür-Langkau*, „Wir haben kein Erkenntnis-, sondern ein reines Umsetzungsproblem", innovative Verwaltung 3/2017, 16; *Schulz/Tallich*, Rechtsnatur des IT-Staatsvertrags und seiner Beschlüsse, NVwZ 21/2010, 1338; *Siegel*, IT im Grundgesetz, NVwZ 2009, 1128; *Siegel*, Auf dem Weg zum Portalverbund – Das neue Onlinezugangsgesetz (OZG), DÖV 2018, 185; *Steinmetz*, Erforderlichkeit demokratischer Legitimierung der Beschlüsse des IT-Planungsrats, NVwZ 2011, 467.

A. Einleitung 1	c) Stellungnahme zum OZG 55
B. Bundesebene (horizontale Sicht) 5	4. Leitlinie für die Informationssicherheit in der öffentlichen Verwaltung 58
I. (Rechtlicher) Rahmen 5	a) Informationssicherheitsmanagement (ISMS) 62
1. Cyber-Sicherheitsstrategie 7	
2. UP-Bund 9	
3. IT-SiG 12	b) Absicherung der Netzinfrastrukturen der öffentlichen Verwaltung 65
4. BSI-G 15	
II. Strategische Akteure 18	c) Einheitliche Sicherheitsstandards für ebenenübergreifende IT-Verfahren 66
1. Digitalkabinett der Bundesregierung 21	
2. IT-Rat der Bundesregierung 23	d) Gemeinsame Abwehr von IT-Angriffen 68
3. Konferenz der IT-Beauftragten der Ressorts (KoITB) 26	
	e) IT-Notfallmanagement 69
4. Arbeitsgruppe Informationssicherheitsmanagement (AG ISM) 28	II. Strategische Akteure 70
	1. IT-Planungsrat 70
5. Weitere Gremien und Institutionen 30	a) (IT-Sicherheits-)Standardisierung 75
III. Operative Akteure 32	b) Bewertung des IT-PLR 79
C. Ebene Bund-Länder (vertikale Sicht) 39	2. Abteilungsleiterrunde 87
I. Rechtlicher Rahmen 39	3. AG Informationssicherheit (AG InfoSic) .. 89
1. Art. 91 c GG 39	III. Operative Akteure 91
2. IT-Staatsvertrag 45	1. FITKO 91
3. OZG 48	2. VerwaltungsCertVerbund 94
a) Portalverbund 52	D. Fazit 97
b) Digitalisierungsprogramm 53	

A. Einleitung

Das Innovationstempo in der Cyber-Sicherheitslandschaft ist atemberaubend. Zugleich nehmen die globalen Herausforderungen an den Staat täglich zu. Die deutsche Verwaltung steht vor gewaltigen Herausforderungen: Sie muss einerseits Antworten finden auf eine scheinbar exponentiell wachsende digitale Durchdringung von Staat, Wirtschaft und Gesellschaft. Sie ist andererseits verpflichtet Schritt zu halten mit einer zunehmenden Verschärfung der Cybersicherheitslage, die es erfordert, heute schon Angriffsszenarien von morgen zu antizipieren und entsprechende Abwehrmaßnahmen vorzubereiten. Gleichzeitig steigen die Erwartungen gegenüber öffentlichen Institutionen an einen modernen, digitalen Staat: Die Menschen in Deutschland dürfen zu Recht erwarten, dass ihre Behördengänge digital, nutzerfreundlich und sicher abgewickelt werden. Mit zunehmender Vernetzung steigen folglich die Anforderungen an die IT-Sicherheit.

2 Um all diesen Herausforderungen zu begegnen, hinterfragt und analysiert die deutsche Verwaltung ihr eigenes IT-Sicherheitsmanagement regelmäßig und entwickelt dieses sukzessive weiter. Ob die begonnen Maßnahmen ausreichen werden, bleibt abzuwarten. Dies schließt auch die Frage ein, ob bestehende Verwaltungsstrukturen in ihrer derzeitigen Ausprägung noch zeitgemäß sind. Das oftmals erwünschte „Durchregieren" ist in unserem föderalen Rechtsstaat nicht möglich und wäre grundsätzlich auch nicht hilfreich. Entscheidungen müssen auf allen Ebenen abgestimmt, rechtlich überprüft und entsprechend den politischen Vorgaben umgesetzt werden. Nicht zuletzt ist eine enge europäische und internationale Kooperation aufgrund häufiger grenzüberschreitender Interdependenzen und Bedrohungen unter außen- und sicherheitspolitischen Gesichtspunkten unverzichtbar.[1]

3 Dabei scheinen die gewachsenen Strukturen nicht nur für den Außenstehenden mitunter unübersichtlich. Das folgende Kapitel soll daher das IT-Sicherheitssystem der öffentlichen Verwaltung in Deutschland aus einer übergreifenden und einordnenden Perspektive betrachten.[2] Der Schwerpunkt liegt in der Beschreibung des IT-Sicherheitsmanagements und dem Aufzeigen der wichtigsten Akteure in ihrem ebenenübergreifenden Zusammenspiel. Ebenenübergreifend bedeutet die Einbeziehung aller drei Verwaltungsebenen, also von Bund, Ländern und Kommunen. Freilich können die Verwaltungslandschaften in ihren IT-rechtlichen Kontexten nur skizziert werden. Eine erschöpfende Darstellung staatlicher Stellen mit ihren breit gefächerten Aufgabenfeldern wäre in diesem Rahmen kaum abbildbar und ist für ein Grundverständnis auch nicht erforderlich. Vielmehr sollen wesentliche Akteure benannt und in ihrem Gesamtkontext eingeordnet werden, wobei die Perspektive etwas stärker auf der Bund-Länder-Ebene liegen soll.

4 Im Rahmen der Gliederung wurde weitestgehend zwischen der Bundes- und der Bund-Länder-Ebene differenziert. Aufgrund zahlreicher Abhängigkeiten in Bezug auf die fachlichen, rechtlichen und administrativen Ebenen der behandelten Regelwerke wurde die Behandlung des Onlinezugangsgesetzes[3] im Bund-Länder-Kontext aufgeführt, obschon dieses sicherlich genauso der Bundesebene zugeordnet werden könnte.

B. Bundesebene (horizontale Sicht)

I. (Rechtlicher) Rahmen

5 Das Vertrauen unserer Gesellschaft in die Integrität des Staates würde erschüttert, könnte dieser seine verfassungsrechtlichen Aufgaben nicht sicher und nachhaltig ausüben. Die Implementierung und stetige Fortentwicklung angemessener IT-Sicherheitsmaßnahmen sind dabei ganz wesentliche Bausteine, um dieses Vertrauen nicht zu gefährden. Das IT-Sicherheitsmanagement der öffentlichen Verwaltung in seiner heutigen Struktur ist das Ergebnis einer jahrelangen Entwicklung, das durch eine Reihe von Gesetzen, Leitlinien und (Kabinetts-)Beschlüssen sukzessive konkretisiert wurde.

6 Bislang gelten die IT-Netzinfrastrukturen in Deutschland – im internationalen Maßstab – als vergleichsweise sicher. Damit das trotz wachsender Bedrohung so bleibt, muss Deutschland weiter Schritt halten und seine Anstrengungen sukzessive ausbauen. Wichtige Maßnahmen auf legislativer und exekutiver Ebene wurden und werden in allen Bereichen umgesetzt, eine Initiative zur Novellierung des IT-Sicherheitsgesetzes befindet sich derzeit in der Ressortabstimmung. Naturgemäß kann in diesem Rahmen nur ein Auszug wesentlicher Rahmenwerke

---

1 Vgl. *Schardt*, Wie viel Sicherheit darf's denn sein?, eGovernment Computing, 12–2007/1–2008, S. 6.
2 Auf die Darstellung einschlägiger Quellen musste aufgrund ihrer als vertraulich eingestuften Inhalte wiederholt verzichtet werden.
3 Gesetz zur Verbesserung des Onlinezugangs zu Verwaltungsleistungen (Onlinezugangsgesetz – OZG) vom 14.8.2017, BGBl. I 3122 (3138).

benannt werden, die für die öffentliche Administration von Bedeutung sind. Eine abschließende Aufzählung ist damit nicht verbunden.

1. Cyber-Sicherheitsstrategie

Als übergreifendes Regelwerk hat die Bundesregierung im Februar 2011 die Cyber-Sicherheitsstrategie für Deutschland beschlossen. Diese wurde zuletzt zum 9.11.2016 durch das federführende Bundesministerium des Innern (BMI)[4] an neue Entwicklungen angepasst, insbesondere verbunden mit der Absicht, den ressortübergreifenden Charakter und die Querschnittlichkeit des Themas angemessener zu berücksichtigen.[5] Wesentliches Ziel ist es, die Cybersicherheit auf einem der Bedeutung und Schutzwürdigkeit der vernetzenden Informationsinfrastrukturen adäquaten Niveau zu gewährleisten, ohne die Chancen und den Nutzen des Cyber-Raums zu beeinträchtigen.[6]

7

Die Cyber-Sicherheitsstrategie ist in vier Handlungsfelder unterteilt, die sich auf das sichere und selbstbestimmte Handeln, den gemeinsamen Sicherheitsauftrag von Staat und Wirtschaft, die gesamtstaatliche Cyber-Sicherheitsarchitektur und das **Engagement Deutschlands in Europa und der Welt** richten. Sie stellt sich damit einer gesamtstaatlichen Herausforderung, indem sie ein konzertiertes Handeln von allen Ebenen einfordert.[7] Zwar wurden die Bundesländer sowie die Wirtschaft in den Entwicklungsprozess miteinbezogen, eine gesetzliche Verpflichtung zur Einhaltung an die Vorgaben besteht für sie aber nicht. Schaut man auf die öffentliche Verwaltung, so zielt das dritte Handlungsfeld auf eine „leistungsfähige und nachhaltige **gesamtstaatliche Cyber-Sicherheitsarchitektur**", die eine Reihe verschiedener Handlungsmaßnahmen nach sich zieht, auf die im Weiteren zT noch näher eingegangen werden soll. Beispielhaft zu nennen wäre die Weiterentwicklung des Nationalen Cyber-Abwehrzentrums (→ Rn. 38), die Intensivierung der Strafverfolgung im Cyber-Raum oder auch die effektive Bekämpfung der Cyber-Spionage und Cyber-Sabotage. Auch die (am 6.4.2017 erfolgte) Gründung der Zentralen Stelle für Informationstechnik im Sicherheitsbereich (ZITiS) und die Stärkung der Cyber-Verteidigung sowie der CERT-Strukturen in Deutschland lassen sich hieraus ableiten.[8] Zum Thema Cyber-Sicherheitsstrategie s. auch *Schallbruch* in → § 5 Rn. 54 sowie *Gitter* in → § 15 Rn. 28.

8

2. UP-Bund

Die Cyber-Sicherheitsstrategie bildet den ressortübergreifenden Rahmen für den daraus abgeleiteten Umsetzungsplan Bund (UP-Bund), der sich ausschließlich an die Bundesverwaltung richtet. Dieses zentrale Regelwerk wurde erstmals 2007 als allgemeine Verwaltungsvorschrift von der Bundesregierung beschlossen und zuletzt – auch in Anpassung an den o.a. strategischen Rahmen – in 2017 fortgeschrieben. Verbindliches Ziel ist die **langfristige Gewährleistung der Informationssicherheit**, dh des Schutzes der Vertraulichkeit, Verfügbarkeit und Integrität in der Bundesverwaltung. Durch die dort genannten verbindlichen Ziele hat sich die Bundesverwaltung de facto zur Einhaltung wesentlicher Mindestanforderungen selbst ver-

9

---

4 Seit dem Organisationserlass der Bundeskanzlerin vom 14.3.2018 (BGBl. I S. 374) führt das BMI die Bezeichnung „Bundesministerium des Innern, für Bau und Heimat".
5 Bundesministerium des Innern, für Bau und Heimat (Hrsg.), Cybersicherheitsstrategie für Deutschland, 2016, S. 5, abrufbar unter: https://www.bmi.bund.de/cybersicherheitsstrategie/BMI_CyberSicherheitsStrategie.pdf.
6 Bundesministerium des Innern, für Bau und Heimat (Hrsg.), Cyber-Sicherheitsstrategie für Deutschland, 2016, S. 8 ff. abrufbar unter: https://www.bmi.bund.de/SharedDocs/downloads/DE/publikationen/themen/it-digitalpolitik/cybersicherheitsstrategie-2016.html.
7 Vgl. *Friedrich* MMR 2013, 273 (274).
8 Bundesministerium des Innern, für Bau und Heimat (Hrsg.), Cyber-Sicherheitsstrategie für Deutschland 2016, zur genauen Darstellung der einzelnen Handlungsfelder vgl. S. 10 ff., zu ZITIS vgl. S. 32, zu CERT vgl. S. 34, abrufbar unter https://www.bmi.bund.de/cybersicherheitsstrategie/BMI_CyberSicherheitsStrategie.pdf.

pflichtet. Dazu gehören insbesondere die Einhaltung bestimmter Sicherheitsstandards des Bundesamts für Sicherheit in der Informationstechnik (BSI) gem. § 8 Abs. 1 BSI-G auf Basis des IT-Grundschutzes, die Schaffung eines einheitlichen Informations-Sicherheitsmanagements, die Wahrung der Dienst- und Amtsgeheimnisse sowie der Schutz der genutzten IT-Systeme vor Manipulationen, unberechtigten Zugriffen und Informationsverlusten.[9] Da Cyber-Sicherheit keinen statischen Zustand beschreibt, sind regelmäßige Prüfschleifen und Evaluierungszyklen ein zwingendes Erfordernis und im UP-Bund festgeschriebener Bestandteil.

10 Für den Außenstehenden mag die Etablierung eines **einheitlichen IT-Sicherheitsniveaus** in der Bundesverwaltung selbstverständlich klingen, die Erfahrungen zeigen jedoch, dass die gemeinsamen Abstimmungen innerhalb der Ressorts sowie die konkrete Umsetzung nicht unbedingt trivialer Natur sind. So werden Sicherheitsmaßstäbe in Abhängigkeit von der politischen Aufgabe etwa im BMI naturgemäß anders bewertet als beispielsweise in anderen Bundesressorts. Die unterschiedlich gewachsenen Behördenstrukturen bringen zudem ganz unterschiedliche Bedarfe an IT-Systemen und der dahinter liegenden Infrastruktur mit sich. So überrascht es nicht, dass die Einigung auf den UP-Bund, dessen kontinuierliche Evaluierung und den damit verbunden regelmäßigen Anpassungsmaßnahmen einen mühsamen Prozess darstellen.

11 Mitunter wird kritisiert, dass der UP-Bund *nur* auf einem Kabinettsbeschluss basiert und nicht auf einer gesetzlichen Grundlage. Tatsächlich soll der UP-Bund ausschließlich eine Binnenwirkung in die Bundesverwaltung entfalten, was durch eine Verwaltungsvorschrift ausreichend gewährleistet werden kann. Ein Gesetz über die IT-Sicherheit der Bundesverwaltung würde zwar vermutlich zu keinem anderen Verhalten der Behördenmitarbeiter führen. Allerdings könnten in einem Gesetz sowohl die Regelungen des UP-Bund als auch die betreffenden Regelungen des BSI-G für die Bundesverwaltung zusammengefasst werden. Eine derartige einheitliche Vorgabe würde zu einer erhöhten Sichtbarkeit sowie sicherlich zu einer besseren Ordnung beitragen.

3. IT-SiG

12 Dessen ungeachtet sind jedenfalls Elemente aus dem UP-Bund in das im Juli 2015 verabschiedete Gesetz zur Erhöhung der Sicherheit informationstechnischer Systeme (IT-Sicherheitsgesetz) eingeflossen. Es ist ein Artikelgesetz und adressiert – anders als der UP-Bund – nur in Teilen die Bundesverwaltung. Es bildet gleichsam die „Brücke" zur Neuregelung einer Reihe von Gesetzen und soll hier nicht unerwähnt bleiben.

13 Die Auswirkungen für den Bund spiegeln sich insbesondere in Art. 1 IT-SiG wider, der ua das Gesetz zur Stärkung der Sicherheit in der Informationstechnik des Bundes (*BSI-G* → Rn. 15) neu regelte. Dies erlaubte dem BSI erstmals nicht unerhebliche Eingriffe in (Bundes-)interne Behördenstrukturen, zudem wurden die Befugnisse des BMI bzw. BSI (→ Rn. 14) gestärkt.

14 In Umsetzung des Koalitionsvertrages der aktuellen Bundesregierung zwischen CDU, CSU und SPD für die 19. Legislaturperiode soll das BSI ua als erweiterte Anlaufstelle für Bund und Länder dienen und in Reaktion auf neue Gefährdungen insgesamt zur **nationalen Cybersicherheitsbehörde** ausgebaut werden.[10] Darauf aufbauend beabsichtigt die Bundesregierung die

---

9 Bundesministerium des Innern, für Bau und Heimat (Hrsg.), Umsetzungsplan Bund, Leitlinie für Informationssicherheit in der Bundesverwaltung, S. 3, Download https://www.bmi.bund.de/SharedDocs/downloads/DE/publikationen/themen/it-digitalpolitik/up-bund-2017.pdf?__blob=publicationFile&v.=3.
10 Ein neuer Aufbruch für Europa, Eine neue Dynamik für Deutschland, Ein neuer Zusammenhalt für unser Land, Koalitionsvertrag zwischen CDU, CSU und SPD, 19. Legislaturperiode, 2018, Zeile 1969 ff., abrufbar unter: https://www.bundesregierung.de/Content/DE/_Anlagen/2018/03/2018-03-14-koalitionsvertrag.html.

Befugnisse des BSI in einem IT-SiG 2.0 offenbar noch auszubauen.[11] Demnach soll die in der Ressortabstimmung befindliche Gesetzesnovellierung ua verschärfte Kontrollmöglichkeiten des BSI im Hinblick auf die Kommunikationstechnik staatlicher Stellen für eine effektivere und schnellere Intervention des BSI vorsehen.[12]

4. BSI-G

Dass das Aufgabenportfolio des BSI seit seiner Gründung am 1.1.1991 bereits mehrfach erweitert werden musste, scheint hinsichtlich des eingangs zitierten Tempos in der Cyber-Sicherheitslandschaft nicht überraschend. Schon das im Dezember 1990 erstmals verabschiedete Gesetz zur Stärkung der Sicherheit in der Informationstechnik des Bundes (BSI-G) hatte Auswirkungen auf die Regelungen in der Bundesverwaltung. Mit der Novelle vom 14.8.2009 wurde das Aufgabenportfolio und der damit verbundene **Kompetenzrahmen des BSI** erheblich erweitert. Dazu zählen neben der Erweiterung von Abwehrbefugnissen bei Gefahren für die IT-Sicherheit auch die Ermächtigung zur gezielten Sammlung und Analyse über Sicherheitsrisiken und Sicherheitsvorkehrungen.

Die in → Rn. 12 f. skizzierte Änderung des BSI-G in 2015 führte schließlich zu einer Neuregelung der §§ 4, 5 und 8. Gem. § 5 BSI-G sind Bundesbehörden nunmehr verpflichtet, das BSI zur Abwehr von Gefahren für die Kommunikationstechnik des Bundes dabei zu unterstützen, den **Zugang zu behördeninternen Protokolldaten** sowie Schnittstellendaten sicherzustellen. Dies allein schon erlaubt einen nicht unerheblichen Eingriff in (Bundes-)interne Behördenstrukturen und damit die Verwaltungshoheit fremder Bundeseinrichtungen.

Zudem wurde mit Änderung des § 8 BSI-G das BMI im Benehmen mit dem IT-Rat (→ Rn. 23) ermächtigt, durch das BSI definierte **Mindeststandards** für die Sicherung der Informationstechnik des Bundes für alle Stellen des Bundes ganz oder teilweise als allgemeine Verwaltungsvorschriften verbindlich vorzugeben (§ 8 BSI-G). Darüber hinaus wurde das BSI gem. § 4 BSI-G zur zentralen Meldestelle für die Sicherheit der Informationstechnik des Bundes ausgebaut, die die Bundesbehörden unverzüglich über die Abwehr von Gefahren wie Sicherheitslücken, Schadprogrammen oder auch erfolgte Angriffe zu unterrichten hat. Davon abgesehen kann das BSI gem. § 3 Abs. 2 BSI-G auch die Länder auf Ersuchen bei der Sicherung ihrer Informationstechnik unterstützen.

II. Strategische Akteure

Neben dem Erfordernis der Fortentwicklung gesetzlicher Rahmenbedingungen sind der Ausbau an Kooperationen auf nationaler, europäischer und internationaler Ebene erfolgskritisch. Dieses wiederum setzt auf allen staatlichen Instanzen und föderalen Ebenen **gegenseitiges Vertrauen** voraus, das bis hin zur persönlichen Arbeitsebene nur mühsam aufgebaut, aber auch schnell zerstört werden kann.

Für eine Beschreibung der wesentlichen Akteure bietet es sich an, diese in der Reihenfolge ihres Hierarchiegefüges zu betrachten. Zwar ist das nachfolgend aufgeführte Digitalkabinett das ranghöchste IT-Gremium der Bundesregierung, es stellt jedoch im engeren Sinne keinen unmittelbaren Akteur zu Fragen der IT- und Cybersicherheit dar. Die zentrale und koordinierende Funktion liegt vielmehr bei den für äußere Sicherheit (BMVg und AA) und für Innere

---

11 Zum Entwurf des IT-Sicherheitsgesetzes 2.0, insbesondere zu den Änderungsvorschlägen betreffend die neuen Aufgaben und Befugnisse des BSI vgl. *Kipker/Scholz* MMR 2019, 431 (431–435).
12 NETZPOLITIK.ORG, IT-Sicherheitsgesetz 2.0: Wir veröffentlichen den Entwurf, der das BSI zur Hackerbehörde machen soll, 3.4.2019, abrufbar unter https://NETZPOLITIK.ORG/2019/it-sicherheitsgesetz-2-0-wir-veroeffentlichen-den-entwurf-der-das-bsi-zur-hackerbehoerde-machen-soll/.

Sicherheit (BMI) zuständigen Ressorts.[13] Damit liegt die Federführung zu Fragen der (IT-)Sicherheit in der öffentlichen Verwaltung grundsätzlich beim **BMI**.

20 Sieht man einmal vom Digitalkabinett ab, kommt die **zentrale Rolle des BMI** in den nachfolgend aufgeführten Gremien, schon durch die regelmäßige Besetzung des Vorsitzes, unmittelbar zum Ausdruck (vgl. dazu Abb. 1 → Rn. 97).

1. Digitalkabinett der Bundesregierung

21 Auf Bundesebene wurde mit Einrichtung des Kabinettausschusses der Bundesregierung („**Digitalkabinett**") im Juni 2018 ein hochrangiges Gremium geschaffen, das unter Vorsitz der Bundeskanzlerin auch alle weiteren Bundesministerinnen und Bundesminister, die Staatsministerin und Beauftragte der Bundesregierung für Digitalisierung, die Staatsministerin für Kultur und Medien sowie den Chef des Presse- und Informationsamtes der Bundesregierung umfasst. Das Digitalkabinett definiert die Umsetzungsstrategie der Bundesregierung für die Digitalisierung und entscheidet über große Programmvorhaben (zB Förderung des Breitbandausbaus, Strategie Künstliche Intelligenz etc[14]). Es wird dabei vom **Digitalrat**, einem aus zehn Mitgliedern besetzten und seit dem 22.8.2018 mindestens zwei Mal im Jahr tagenden internationalen Expertengremium für die Gestaltung des digitalen Wandels beraten. Allerdings haben neben dem Digitalkabinett *nur* der IT-Rat auf Bundesebene und der IT-Planungsrat auf Bund-Länder-Ebene Aufgaben mit **Beschlusskompetenz**[15], auf die daher nachfolgend näher eingegangen werden soll.

22 Im Digitalkabinett sollen digitalpolitische Fragen auf höchster politischer Ebene eng abgestimmt, Probleme diskutiert und Lösungen erarbeitet werden.[16] Ob die Art der Zusammensetzung zu erfolgreicheren und schnelleren Lösungen kommen wird, wird wohl erst in den kommenden Jahren beantwortet werden können.

2. IT-Rat der Bundesregierung

23 Der IT-Rat der Bundesregierung steuert als formal höchste Instanz die Informationstechnik des Bundes. Er besteht im Wesentlichen aus den hierfür zuständigen verbeamteten Staatssekretärinnen und Staatssekretären aller Bundesministerien. Geführt wird das Gremium durch den Chef des Bundeskanzleramtes, seine Vertreter(in) sind die Bundesbeauftragte für Digitalisierung sowie der Beauftragte der Bundesregierung für Informationstechnik im BMI.[17] Neben dem Bundeskanzleramt kommt somit dem BMI die eingangs beschriebene zentrale und koordinierende Funktion zu.

24 Der Grund für die alle Ressorts umfassende Zusammensetzung des IT-Rats liegt in dem verfassungsrechtlich verankerten „**Ressortprinzip**". Gem. Art. 65 S. 2 GG leitet jede Ministerin oder jeder Minister ihren bzw. seinen Aufgabenbereich in eigener Verantwortung. Damit kann kein Ressort[18], auch nicht durch die oder den Vorsitzenden, gegen ihr oder sein Einverständnis überstimmt werden. Da es sich bei IT-Vorhaben regelmäßig um Querschnittsaufgaben

---

13 Bundesregierung (Hrsg.), Digitalisierung gestalten, Umsetzungsstrategie der Bundesregierung, Sept. 2019, S. 5, abrufbar unter: https://www.bundesregierung.de/resource/blob/992814/1605036/20d12180ca7ddc55c7fd54abf2c eebeb/digitalisierung-gestalten-download-bpa-data.pdf?download=1.
14 Bundesregierung (Hrsg.), Umsetzungsstrategie der Bundesregierung zur Gestaltung des digitalen Wandels, Sept. 2019, abrufbar unter: https://www.bundesregierung.de/breg-de/themen/digital-made-in-de.
15 Bundesregierung (Hrsg.), Digitalisierung, Steuerungs- und Beratungsgremien im Überblick, abrufbar unter https://www.bundesregierung.de/breg-de/themen/digitalisierung/steuerungs-und-beratungsgremien-im-ueberblick-154845 0, zuletzt abgerufen am 17.11.19.
16 BT-Drs. 19/4096, S. 3.
17 Zur genauen Besetzung s. www.cio.bund.de, —> Politische Aufgaben —> IT-Rat.
18 Ressort bezeichnet das Ministerium einschließlich seines nachgeordneten Geschäftsbereiches (nachgeordnete Behörden).

handelt, die sämtliche Aufgabenbereiche aller Ressorts durchdringen, können bereichsübergreifende Lösungen häufig nur gemeinsam getroffen bzw. deren Umsetzung koordiniert werden. Der IT-Rat kann aufgrund des Ressortprinzips nur durch einstimmige Beschlüsse verpflichtende Vorgaben für die gesamte Bundesverwaltung definieren. Die Regelungen, die den IT-Rat (ursprünglich „Rat der IT-Beauftragten") betreffen und dessen Aufgaben beschreiben, wurden im Rahmen des seitens der Bundeskanzlerin beauftragten „Konzepts zur IT-Steuerung des Bundes"[19] niedergelegt. Dort wurde ua festgehalten, dass Entscheidungen zwar einstimmig zu treffen sind, der IT-Rat jedoch bei seiner Entscheidungsfindung die Erfahrungen der Ressorts einzubeziehen hat. Zudem obliegt ihm der Beschluss der IT-Sicherheitsstrategie des Bundes. Die Verabschiedung des Konzepts per Kabinettbeschluss am 5.12.2007 führte gleichzeitig zur Gründung der IT-Rats zum 1.1.2008.

Exkurs: Dass gemeinsame Entscheidungsfindungen auch mit gewaltigen Herausforderungen einher gehen können, zeigt beispielhaft das prominente Programm zur **IT-Konsolidierung des Bundes**, eines der komplexesten und schwierigsten Vorhaben des IT-Rates bzw. der Bundesregierung bei der Informationstechnik. Jede Behörde bringt eigene Hard- und Softwarelösungen, Betriebssysteme und Mengengerüste mit. Mit dem Ziel, die Informationstechnik des Bundes zu bündeln und die über Jahre gewachsenen unübersichtlichen IT-Infrastrukturen zu standardisieren, soll langfristig die Informationssicherheit gesteigert, die Kontrollfähigkeit erhalten und auf innovative Trends besser reagiert werden können.[20] Dabei sollen sowohl der Betrieb der Bundesinstitutionen als auch die meisten Dienste, Anwendungen und Beschaffungsverfahren gebündelt und einheitlich gesteuert werden. In Zahlen ausgedrückt bedeutet das: 200 Bundesbehörden müssen einen Standardisierungsprozess über sämtliche ihrer Systemplattformen anstoßen, um auf über 1.000 Betriebsstätten verteilte Sicherheitsstandards in über 96 Rechenzentren mit 1.245 Server-Räumen zusammenzuführen. Für die Dienstekonsolidierung wurden darüber hinaus 41 unterschiedliche IT-Maßnahmen bis 2025 aufgesetzt. Dass ein solches Vorgehen nicht nur gewaltige ressortübergreifende Abstimmungserfordernisse mit sich bringen, sondern auch den finanziellen Rahmen sprengen kann, scheint nicht überraschend. So soll dem Vernehmen nach der IT-Rat auch nach massiver Kritik des Bundesrechnungshofes (BRH) das Gesamtvorhaben vollständig auf den Prüfstand gestellt haben.[21]

3. Konferenz der IT-Beauftragten der Ressorts (KoITB)

Dem IT-Rat unmittelbar unterstellt ist die sogenannte „Konferenz der IT-Beauftragten der Ressorts" (KoITB), die sich vornehmlich (nicht zwingend) aus den entsprechenden Abteilungsleiterinnen und Abteilungsleitern (den Ministerialdirektorinnen und Ministerialdirektoren) der Bundesministerien zusammensetzt. Den Vorsitz hat der Beauftragte der Bundesregierung für Informationstechnik (BfIT) bzw. im Falle seiner Vertretung dessen unmittelbar unterstellter Abteilungsleiter im BMI. Die KoITB entscheidet nicht nur über operative Fragestellungen, sondern versucht bereits im Vorfeld weitgehend Einigung über strategisch bedeutsame Themen zu erzielen, die sie dann dem IT-Rat abschließend zur Beschlussfassung vorlegt. Die Konferenz entscheidet auch grundsätzlich darüber, welche Themen auf die Tagesordnung des IT-Rates gesetzt werden; sie spielt damit in den Entscheidungsprozessen eine ganz wesentliche Rolle.

---

19 Bundesministerium des Innern, für Bau und Heimat (Hrsg.), IT-Steuerung Bund, Konzept des Bundesministeriums des Innern und des Bundesministerium der Finanzen, S. 5 f., abrufbar unter https://www.cio.bund.de/Web/DE/Strategische-Themen/IT-Steuerung-Bund/CIO-Konzept/cio_konzept_node.html.
20 Bundesministerium des Innern, für Bau und Heimat (Hrsg.), IT-Konsolidierung des Bundes, abrufbar unter: https://www.bmi.bund.de/DE/themen/it-und-digitalpolitik/it-des-bundes/it-konsolidierung/it-konsolidierung-node.html.
21 SPIEGEL ONLINE, Modernisierung der Behörden-IT, Das teuerste Digitalprojekt er Regierung droht zu scheitern, abrufbar unter: https://www.spiegel.de/netzwelt/netzpolitik/bundesrechnungshof-zerpflueckt-plaene-zur-it-konsolidierung-des-bundes-a-1286674.html.

27 Hinzu kommt, dass oftmals auf dieser Ebene versucht wird, strittige Themen, bei den auf Fachebene kein Einvernehmen erzielt werden konnte, abschließend zu verhandeln und einer Lösung zuzuführen. Die KoITB bildet damit *die* zentral handelnde und gestalterische Instanz, auch für Fragen der IT-Sicherheit. Man mag sich vorstellen, dass Kompromissfindungen bei vierzehn unterschiedlichen Bundesressorts mitunter schwierig verlaufen, da Beschlüsse grundsätzlich einvernehmlich, dh nur mit Zustimmung aller Beteiligten zustande kommen. Einstimmige Entscheidungen des IT-Rats sind jedenfalls ressortübergreifend für die gesamte Informationstechnik der Bundesverwaltung gem. Kabinettbeschluss vom 5.12.2007 verbindlich (→ Rn. 24). Der Umstand, dass es einerseits **zwei Beauftragte der Bundesregierung** für vergleichbare Themen gibt, und dass sich andererseits Aufgaben und handelnde Akteure von IT-Rat und KoITB nicht immer klar abgrenzen lassen, stellt an die ohnehin wichtige Koordinierung („IT-Governance") unnötig hohe Hürden.[22]

4. Arbeitsgruppe Informationssicherheitsmanagement (AG ISM)

28 Der KoITB wiederum unterstellt ist die Arbeitsgruppe Informationssicherheitsmanagement (AG ISM). Sie bildet demgegenüber *das* fachlich-strategische Arbeitsgremium in der Bundesverwaltung. Die AG ISM setzt sich aus den (meist auf Referatsleiterebene besetzten) **Ressort-IT-Sicherheitsbeauftragten** aller Bundesressorts zusammen. Den Vorsitz hat – analog zur KoITB – die Vertreterin oder der Vertreter des BMI. Weitere Teilnehmer sind Vertreterinnen und Vertreter des Bundesamts für Sicherheit in der Informationstechnik (BSI) sowie der Bundesakademie für Öffentliche Verwaltung (BAköV); als Gäste können Mitglieder des CERT-Bund (→ Rn. 37), des Nationalen IT-Lagezentrums (→ Rn. 37) oder auch des Nationalen Cyber-Abwehrzentrums (→ Rn. 38) hinzugezogen werden.[23] Die AG ISM berät und berichtet an die Konferenz der IT-Beauftragten und empfiehlt diesen Maßnahmen zur Einhaltung der beschriebenen Sicherheitsmaßnahmen.

29 Zentrales Element zur Einordnung des Entwicklungsprozesses ist die ressortübergreifende Erhebung und Evaluation jährlicher Sachstandsberichte für den UP-Bund, den sie federführend entwickelt und umsetzt. Diese Berichte liefern der Bundesverwaltung einen übergreifenden Querschnitt der IT-Sicherheit in der Bundesverwaltung, woraus die AG ISM Empfehlungen an den IT-Rat ableiten kann. Gerade hier liegt eine zentrale Herausforderung: Da naturgemäß kein Ministerium im ressortweiten Vergleich schlecht abschneiden möchte, ist die regelmäßige Erhebung repräsentativer Daten nicht unbedingt trivialer Natur. Valide Informationen sind jedenfalls für ein Lagebild der Bundesverwaltung unerlässlich. Aus diesen Informationen entwickelt die AG ISM darüber hinaus einheitliche Krisenreaktionsprozess-Leitbilder und sorgt für eine reibungslose Koordinierung des ressortübergreifenden Informationsflusses.

5. Weitere Gremien und Institutionen

30 Unter dem Vorsitz des Beauftragten der Bundesregierung für Informationstechnik (BfIT) wird die Bundesregierung flankierend vom **Nationalen Cyber-Sicherheitsrat (Cyber-SR)** beraten. Dabei handelt es sich um einen Zusammenschluss aus Verwaltungs- und Wirtschaftsvertretern, die ihre gesammelte Expertise bündeln, um etwa Trends und Langzeitentwicklungen in Fragen der IT- und Cybersicherheit zu identifizieren, zu analysieren und daraus gemeinsame

---

[22] Ähnlich *Guckelberger*, Öffentliche Verwaltung im Zeitalter der Digitalisierung, Analysen und Strategien zur Verbesserung des E-Governments aus rechtlicher Sicht, S. 304.
[23] Zur genauen Besetzung vgl. Bundesministerium des Innern, für Bau und Heimat (Hrsg.), Umsetzungsplan Bund, 2017, Leitlinie für Informationssicherheit in der Öffentlichen Verwaltung, abrufbar unter: https://www.bmi.bund.de/SharedDocs/downloads/DE/publikationen/themen/it-digitalpolitik/up-bund-2017.pdf?__blob=publicationFile&v.=3, S. 7.

Strategien abzuleiten. Daraus werden Abwehrmaßnahmen entwickelt, die sich gegen Angriffe auf staatliche und nichtstaatliche IT-Infrastrukturen richten. Von Seiten des Staates sind das Bundeskanzleramt und verschiedene Bundesministerien sowie Vertreter der Länder im Cyber-Sicherheitsrat vertreten. Hinzu kommen mehrere Wirtschafts- sowie die kommunalen Spitzenverbände.[24] Steuerungsaufgaben hat das Gremium nicht.

Auf europäischer Ebene wäre zudem die Zusammenarbeit mit der European Union Agency for Cybersecurity (**ENISA**; ehem. European Network and Information Security Agency) zu nennen, deren Zuständigkeit für die Netz- und Informationssicherheit (NIS) insbesondere die Förderung der Zusammenarbeit zwischen den Mitgliedstaaten vorantreiben soll (zum Thema ENISA s. *Gitter* in → § 15 Rn. 26).

III. Operative Akteure[25]

Cyber-Angriffe auf staatliche (Regierungs-)Netze passieren jeden Tag und haben nicht selten einen kriminellen, extremistischen/terroristischen, militärischen oder nachrichtendienstlichen Hintergrund.[26] Besonders gefährlich sind hochkomplexe Schadprogramme wie die eines „Advanced Persistent Thread" (APT)[27]. Medienwirksames Aufsehen erfolgte beispielsweise durch das Bekanntwerden der gegen Windows gerichteten Ransomware „WannaCry"oder das Aufdecken von Schwachstellen verschiedener Hersteller-Chips wie „Meltdown" oder „Spectre".

Die Motive und der Hintergrund von Cyberangriffen sind vielfältig. Die quantitative und qualitative Vielfalt der potenziellen Akteure aus dem In- und Ausland und der technischen Möglichkeiten zur Verschleierung erschweren die Erkennung, Zuordnung, Abwehr und Verfolgung von Cyber-Angriffen. Das Erkennen und Bewerten eines „digitalen Fingerabdrucks" und dessen Ursprungs, insbesondere bei hochprofessionalisierten Schadprogrammen, ist auch für Spezialisten wie die des **BSI** alles andere als trivial. Denn die Angreifer sind mitunter in der Lage, Cyber-Angriffe zu verbergen bzw. ihre Täterschaft zu verschleiern. Das macht es auch für die Strafverfolgungsbehörden schwierig, Angriffe beweiskräftig zuzuordnen.[28]

Jedenfalls können Angriffe auf staatliche (Regierungs-)Netze sowohl als (automatisierte) Massenphänomene auftreten als auch im Rahmen gezielter Angriffskampagnen stattfinden.[29] Der jüngste zum 17.10.2019 vorgestellte Bericht zur Lage der IT-Sicherheit zeigt, dass die Qualität der Cyber-Angriffe weiter gestiegen und die Bedrohungslage mit 114 Millionen neuen Schad-

---

24 Zur genauen Zusammensetzung des Nationalen Cyber-Sicherheitsrates vgl. Bundesministerium des Innern, für Bau und Heimat (Hrsg.), abrufbar unter: https://www.cio.bund.de/Web/DE/Politische-Aufgaben/Cyber-Sicherheitsrat/cyber_sicherheitsrat_node.html.
25 Eine ausführliche Darstellung zu Akteuren des behördlichen Schutzes der IT-Sicherheit und ihren Befugnissen s. *Bäcker/Golla* in → § 18 Rn 30 ff.
26 Bundesamt für Sicherheit in der Informationstechnik (Hrsg.), Die Lage der IT-Sicherheit in Deutschland 2019, S. 37, abrufbar unter https://www.bsi.bund.de/SharedDocs/Downloads/DE/BSI/Publikationen/Lageberichte/Lagebericht2019.html.
27 Dass Cyber-Angriffskampagnen zunehmend organisierter verlaufen, soll am folgenden Beispiel illustriert werden: So basieren Angriffe mitunter auf der (anonymen) Zusammenarbeit international operierender, mitunter nur lose verbundener Netzwerke. In dieser „Wertschöpfungskette" spezialisiert sich eine erste Gruppe auf die Identifikation von Schwachstellen und Sicherheitslücken. Zum Teil über Zwischenhändler gelangen diese Informationen an eine zweite Gruppe, die anhand der Beschaffenheit der Schwachstelle ein Schadprogramm programmiert. Schließlich schnürt daraus eine dritte Gruppe ein „kundengerechtes" Angriffspaket zusammen und veräußert dieses u.a. über das Darknet. Solche Strukturen machen die Beweisführung für Strafverfolgungsbehörden zunehmend schwieriger.
28 Bundesministerium des Innern, für Bau und Heimat (Hrsg.), Cyber-Sicherheitsstrategie für Deutschland 2016, S. 7, abrufbar unter https://www.bmi.bund.de/cybersicherheitsstrategie/BMI_CyberSicherheitsStrategie.pdf.
29 Bundesamt für Sicherheit in der Informationstechnik (Hrsg.), Die Lage der IT-Sicherheit in Deutschland 2018, S. 37, abrufbar unter: https://www.bsi.bund.de/SharedDocs/Downloads/DE/BSI/Publikationen/Lageberichte/Lagebericht2019.html.

programmen, DDoS Angriffen mit bis zu 300 Gbit/s Angriffsbreite und bis zu 110.000 täglich registrierten Bot-Infektionen in deutschen Systemen anhaltend sehr hoch ist.[30]

35 Um all diesen Herausforderungen zu begegnen, nimmt das BSI eine federführende Rolle zur **Umsetzung der Cyber-Sicherheit** in Deutschland wahr. Obschon das BSI bundesweit auf allen Verwaltungsebenen Beachtung und Anerkennung findet, sollten etwaige Erweiterungen des Kompetenzbereiches stets mit Vorsicht erfolgen.[31] Gem. § 3 Abs. 1 BSI-G Nr. 1 ist das BSI für die Abwehr von Gefahren für die Informationstechnik des Bundes verantwortlich. Dazu gehören beispielsweise gem. § 3 Abs. 1 Nr. 10 BSI-G die Entwicklung von sicherheitstechnischen Anforderungen an die Informationstechnik des Bundes sowie Unterstützungs- und Beratungsleistungen für Stellen des Bundes (Nr. 12), der Polizeien, Strafverfolgungs- und Verfassungsschutzbehörden und des BND (Nr. 13). Die Unterstützungsleistungen können sich auf Ersuchen der zuständigen Stellen gem. § 3 Abs. 1 (Nr. 13 a) und 2 auch auf die Länder erstrecken. Zudem betreibt das BSI gem. Abs. 1 Nr. 14 ein Warnsystem für die Stellen des Bundes und der Länder.

36 Dabei wird unter Informationstechnik gem. § 2 Abs. 3 S. 1 BSI-G solche Kommunikationstechnik des Bundes definiert, „die von einer oder mehreren Bundesbehörden […] betrieben wird und der Kommunikation oder dem Datenaustausch der Bundesbehörden untereinander oder mit Dritten dient." Ausdrücklich ausgenommen sind gem. § 2 Abs. 3 S. 2 BSI-G die Kommunikationstechnik der Bundesgerichte, soweit sie nicht öffentlich-rechtliche Verwaltungsaufgaben wahrnehmen, des Bundestages, des Bundesrates, des Bundespräsidenten und des Bundesrechnungshofes. Die weitgehenden Befugnisse des BSI gem. § 5 BSI-G (zur Abwehr von Schadprogrammen und Gefahren für die Kommunikationstechnik des Bundes) in Bezug auf die IT-Sicherheit gelten also für die Verfassungsorgane nicht. Vor dem Hintergrund, dass andere Vorschriften wie etwa die des Daten- oder Gesundheitsschutzes selbstverständlich auch für Verfassungsorgane und den Bundesrechnungshof gelten, ist eine Ausnahme in Bezug auf die IT-Sicherheit kaum begründbar.[32]

37 Basierend auf dem von der Bundesregierung im Juli 2005 verabschiedeten Nationalen Plan zum Schutz der Informationsinfrastrukturen (NPSI) erstellt das BSI in seinem **Nationalen IT-Lagezentrum** deutschlandweite IT-Sicherheitsbilder im 24/7-Rhythmus. Es steht dabei sowohl im engen Austausch mit seinem eigens eingerichteten **CERT-Bund**, dem Computer Emergency Response Team für Bundesbehörden, das als eine Art operativer Schalt- und Anlaufstelle bei der Reaktion auf IT-Sicherheitsvorfälle unterstützt und regelmäßig präventive Handlungsempfehlungen zur Schadensvermeidung veröffentlicht. Dem CERT-Bund kommt dabei eine herausragende Verantwortung zuteil, da es als einem Anfangsglied in der Sicherheitskette mit darüber entscheidet, welche (in der Regel durch hochtechnologisierte Sicherheitsinformationssysteme automatisiert generierten) Meldungen als gefährlich eingestuft werden müssen und welche etwaigen Abwehrmaßnahmen daraus abzuleiten sind.

38 Die operative Zusammenarbeit mit anderen Bundesbehörden und die Koordination der Schutz- und Abwehrmaßnahmen übernimmt das **Nationale Cyber-Abwehrzentrum**, dessen Gründung ebenfalls aus der Cyber-Sicherheitsstrategie der Bundesregierung hervorgeht. Es bewertet ua auf Basis der Handlungsempfehlungen des CERT-Bund einen Cyberangriff aus informationstechnischer Sicht. Es arbeitet mit den Lagezentren und entsprechenden Institutio-

---

[30] Bundesamt für Sicherheit in der Informationstechnik (Hrsg.), Der Bericht zur Lage der IT-Sicherheit vorgestellt, 17.10.2019, abrufbar unter: https://www.bsi.bund.de/DE/Presse/Pressemitteilungen/Presse2019/Lagebericht_1710 19.html.
[31] Ähnlich *Heckmann* in: Heckmann juris PraxisKommentar Internetrecht Kap. 5 Rn. 242.
[32] Vgl. *Schallbruch* CR 2017, 648 (654).

nen von BfV, MAD und BND (für die nachrichtendienstliche Bewertung) sowie dem BKA, ZKA und der BPOL (für die polizeiliche Bewertung) zusammen.[33]

C. Ebene Bund-Länder (vertikale Sicht)
I. Rechtlicher Rahmen
1. Art. 91c GG

Im Zuge der zweiten Stufe der **Föderalismusreform** trat am 1.8.2009 mit dem Gesetz zur Änderung des Grundgesetzes der wichtigste Teil dieser Reform in Kraft: Das Grundgesetz (GG) wurde um die Artikel 91c und 91d ergänzt.[34] Damit wurden nicht nur die rechtlichen Voraussetzungen für eine lückenlose und medienbruchfreie elektronische Kommunikation zwischen den Behörden von Bund, Ländern und Kommunen geschaffen – vielmehr gehörte Deutschland damit zu den ersten Staaten, die die Strukturregelungen für Informationstechnik mit Verfassungsrang ausgestattet haben. Vor der Reform kam es bei vielen gemeinsamen IT-Projekten zu erheblichen Verzögerungen, da mit unterschiedlicher Verwaltungspraxis „Insellösungen" erwachsen waren, deren Interoperabilität komplexe und teure Systeme erforderlich machten.[35] Mit Schaffung der Grundgesetzänderung war es nun erstmals möglich, dass Bund und Länder beim Einsatz der Informationstechnologie zusammenarbeiten konnten. Gemäß Art. 91a Abs. 2 GG können Vereinbarungen über die Kommunikation zwischen ihren informationstechnischen Systemen sowie notwendige Standards und Sicherheitsanforderungen treffen.[36]

39

Dass das nicht vorher möglich war, liegt an unserer Verfassung. Die Erfüllung bzw. die Umsetzung der staatlichen Aufgaben obliegt grundsätzlich den Ländern; diese führen die Bundesgesetze als eigene Angelegenheit aus, soweit das Grundgesetz nichts anderes bestimmt oder zulässt (Art. 30, 83ff. GG). Die Länder verfügen über eine vergleichsweise starke Verwaltungskompetenz und sind weitgehend frei darin, wie sie (innerhalb der vorgegebenen Rahmenbedingungen) ihre Aufgaben ausführen. Das **grundsätzliche Verbot der Mischverwaltung** (s. auch *Poscher/Lassahn* in → § 7 Rn. 53) grenzt die Zusammenarbeit von Bund und Ländern im Rahmen ihrer grundgesetzlichen Kompetenzordnung ein.[37]

40

Dieses historisch so gewachsene System hat sich an vielen Stellen bewährt, stößt bei der Informationstechnik jedoch an seine Grenzen. Genau dieser Umstand trifft auf ein häufiges Kernproblem in den Abstimmungen zwischen Bund und Ländern. Entscheidungen lassen sich regelmäßig nicht von oben „durchregieren", sondern erfordern häufig einen **mühsamen Abstimmungsprozess**, der bei vielen Vorhaben entsprechend lange Vorlaufzeiten voraussetzt. Das hat historisch betrachtet auch sein Gutes: Beschlüsse haben regelmäßig intensive Prüfschleifen durchlaufen und berücksichtigen eben nicht nur die Sicht einer Gebietskörperschaft, sondern beziehen auch die Situation „vor Ort" mit ein. Denn die Länder und insbesondere die Kommunen können ihre eigenen Belange häufig besser beurteilen, als dass dies der Bund allein vermag.

41

Einem beschleunigten Abstimmungsprozess stehen zumindest keine rechtlichen Hürden entgegen. Mit der GG-Änderung zu Art. 91c Abs. 2 GG können für bestimmte Aufgaben Vereinba-

42

---

33 Bundesamt für Sicherheit in der Informationstechnik (Hrsg.), Cyber-Abwehrzentrum, zuletzt abgerufen am 9.11.2019 unter: https://www.bsi.bund.de/DE/Themen/Cyber-Sicherheit/Aktivitaeten/Cyber-Abwehrzentrum/cyberabwehrzentrum_node.html.
34 Zum Erfordernis der verfassungsrechtlichen Neuregelung des 91c GG vgl. *Siegel* NVwZ 2009, 1128.
35 Ähnlich *Schallbruch/Städler* CR 2009, 619 (620).
36 Dazu, dass eine Vielzahl von Verwaltungsprozessen Verwaltungsebenen übergreifend abläuft und die Gewährleistung der Interoperabilität beteiligter IT-Systeme zur Schaffung von Art. 91c Abs. 2 GG führte, vgl. *Steinmetz* NVwZ 2011, 467ff.
37 Vgl. *Siegel* NVwZ 2009, 1128 (1129); BVerfG NVwZ 2008, 183 (186 Rn. 154).

rungen getroffen werden, die eine **qualifizierte Mehrheit** vorsehen. Damit wurde das zuvor geltende Einstimmigkeitsprinzip von Bund und Ländern aufgehoben. Anwendung fand dies etwa in § 1 Abs. 7 sowie in § 3 Abs. 2 IT-StV, wonach Beschlüsse des IT-Planungsrats der Zustimmung des Bundes und einer Mehrheit von elf Ländern, welche mindestens zwei Drittel ihrer Finanzierungsanteile nach dem Königsteiner Schlüssel abbildet, zustande kommen.

43 Dabei werden Mehrheitsentscheidungen hinsichtlich ihrer **demokratischen Legitimation** mitunter kritisch gesehen:[38] So ist nach *Steinmetz* die in Art. 91c Abs. 2 S. 1 GG aufgeführte Beschlusskompetenz von „notwenigen Standards" eng auszulegen; mit Blick auf den Verwaltungsföderalismus dürften Sachentscheidungen, die nach den Zuständigkeitsregeln der Art. 83 ff. GG zu treffen sind, keinesfalls durch Entscheidungen des IT-Planungsrats berührt werden. Dahinter stehe die Idee der Einheitlichkeit des Standards und der Vielfalt der Lösungen.[39]

44 Jedenfalls wurde mit Art. 91c GG erstmals die Möglichkeit geschaffen, dass Landesverwaltungen zur Umsetzung von Entscheidungen des IT-Planungsrats verpflichtet sind.[40] Sieht man von der Entscheidung zur Leitlinie für die Informationssicherheit ab (→ Rn. 58; diese wurde mit Beschluss vom 19.2.2013 mit einer Gegenstimme verabschiedet), mag dies ein Grund dafür sein, dass der IT-Planungsrat Kampfabstimmungen scheut und von der Möglichkeit einer **Mehrheitsentscheidung** in der **Praxis bislang kaum Gebrauch** gemacht hat. Mit Blick auf die eingangs zitierten schleppenden digitalen Reformprozesse sollte der IT-Planungsrat sich nicht scheuen, von seinem grundrechtlich legitimierten Abstimmungswerkzeugen öfter Gebrauch zu machen und in seinen Entscheidungen mutiger zu agieren. Gerade für das Verwaltungsebenen übergreifende E-Government kommt den Entscheidungen insgesamt eine erhebliche Bedeutung zu.[41]

2. IT-Staatsvertrag

45 Auf Basis des Art. 91c GG wurde schließlich der Vertrag über die Errichtung des IT-Planungsrats und über die Grundlagen der Zusammenarbeit beim Einsatz der Informationstechnologie in den Verwaltungen von Bund und Ländern – Vertrag zur Ausführung von Artikel 91c GG (IT-Staatsvertrag) geschlossen und trat zum 1.4.2010 nach Ratifizierung durch den Deutschen Bundestag und aller Landesparlamente in Kraft. Er führte zur Gründung des ersten zentralen Bund-Länder-IT-Gremiums, des IT-Planungsrats (→ Rn. 70). Dieser löste seine beiden offenen Vorgängergremien – den „Arbeitskreis der Staatssekretäre für E-Government in Bund und Ländern" (sog. Staatssekretärsrunde Deutschland Online) und den „Kooperationsausschuss von Bund und Ländern für automatisierte Datenverarbeitung" ab.

46 Der IT-Staatsvertrag beschrieb ein Novum in der deutschen Verwaltungslandschaft, da eine Zusammenarbeit von Bund und Ländern beim Einsatz ihrer informationstechnischen Systeme zuvor nicht geregelt war. Auch in rechtlicher Hinsicht haben Verfassungsgesetzgeber sowie Bund und Länder juristisches Neuland betreten.[42] Dies kann – nicht nur aus damaliger Sicht – als Erfolg mit Blick auf die zunehmende Durchdringung der Informationstechnik verbucht werden. Allerdings vermochte es der IT-StV in den Augen so mancher Kritiker nicht, dem IT-Planungsrat die notwendige **Durchschlagskraft** zu verschaffen. Zwar wurde dem IT-Planungsrat eine Reihe zentraler Aufgaben übertragen, nicht aber ein dazu notwendiger angemessener Unterbau eingerichtet (→ Rn. 91, die Gründung von FITKO ist für den 1.1.2020 avisiert). Die

---

38 Vgl. dazu Maunz/Dürig/*Gröpl* GG Art. 91c Rn. 5.
39 Vgl. *Steinmetz* NVwZ 2011, 467 (468 f.).
40 Vgl. *Schulz/Tallich* NVwZ 2010, 1338 (1342).
41 Vgl. *Steinmetz* NVwZ 2011, 467 (471).
42 Vgl. *Schulz/Tallich* NVwZ 2010, 1338 (1342).

ohnehin schon mühsamen Abstimmungsprozesse führten schließlich dazu, dass sich die Fortschritte bei der Umsetzung in Grenzen hielten.

In Bezug auf die Regelungen zur IT-Sicherheit legitimiert der IT-StV gem. § 1 Abs. 1 Nr. 2 iVm § 3 den IT-Planungsrat (→ Rn. 57) ausdrücklich zur Beschlussfassung fachunabhängiger und fachübergreifender IT-Interoperabilitäts- und **IT-Sicherheitsstandards,** prominentestes Beispiel ist die Verabschiedung der Leitlinie für die Informationssicherheit (→ Rn. 58). Zudem nimmt der IT-Planungsrat gem. § 4 IT-StV die Aufgaben des Koordinierungsgremiums für Aufgaben im Bereich des Verbindungsnetzes (und die damit verbundenen sicherheitstechnischen Anforderungen) nach Maßgabe des aufgrund von Art. 91 c Abs. 4 GG ergangenen Bundesgesetzes wahr (Art. 91 c Abs. 4 GG räumt dem Bund eine ausschließliche Gesetzgebungs- und Verwaltungskompetenz für die Errichtung den Betrieb des Verbindungsnetzes ein)[43]. Unabhängig davon schafft zudem die unter § 1 Abs. 1 Nr. 1 IT-StV getroffene allgemeine Regelung zur Zusammenarbeit von Bund und Ländern in Fragen der Informationstechnik ganz grundsätzlich Spielraum zur Umsetzung gemeinsamer Sicherheitsvorhaben.

3. OZG

Wirft man einen Blick über den nationalen Tellerrand, so zeigt sich, dass Deutschland bei der Digitalisierung der öffentlichen Verwaltung deutlichen Nachholbedarf hat. Gemäß des von der Europäischen Kommission vorgestellten **Index für die digitale Wirtschaft und Gesellschaft (DESI), Länderbericht 2019** liegen die Digitalen öffentliche Dienste im europäischen Vergleich in Deutschland nur auf Platz 24.[44]

Um dem entgegenzuwirken, hat der Bund im Rahmen der Grundgesetzänderung zu den Artikeln 90, 91 c, 104 b, 104 c, 107, 108, 109 a, 114, 125 c, 143 d, 143 e, 143 f, 143 g vom Juli 2017 unter anderem die Einführung des **Absatz 5 zu Art. 91 c des Grundgesetzes** beschlossen, der es dem Bund erstmals ermöglichte, den „übergreifende[n] informationstechnische[n] Zugang zu den Verwaltungsleistungen von Bund **und** Ländern"[45] per Bundesgesetz mit Zustimmung des Bundesrates zu regeln. Primäres Ziel war es, dem Bund die Gesetzgebungskompetenz einzuräumen, um *elektronisch* angebotene Verwaltungsleitungen von Bund und Ländern über ein deutschlandweit einheitliches Portal (Portalverbund, → Rn. 52) anzubieten zu können. Die hierzu notwendigen einfachrechtlichen Regelungen wurden zum 14.8.2017 mit dem Gesetz zur Verbesserung des Onlinezugangs zu Verwaltungsleistungen (**Onlinezugangsgesetz – OZG**)[46] beschlossen. Aus verwaltungswissenschaftlicher Sicht ist dies nur zu begrüßen, da andernfalls eine gesamtheitliche Wirkungsweise der Portalverbundes von vornherein infrage gestellt würde.[47] Der Bund hatte in diesem Zuge einen erheblichen Zuwachs an Einflussmöglichkeiten und zusätzlicher Rechte durch Vorgabe bundeseinheitlicher Lösungen erkämpft. Denn mit dem OZG wurden dem Bund deutlich mehr Gestaltungsspielräume einräumt, was das Machtgefüge innerhalb der digitalen Verwaltung in Deutschland ordentlich durcheinander wirbeln sollte. So ist es nicht verwunderlich, dass es von Seiten der Länder zu

---

43 Vgl. *Schallbruch/Städler* CR 2009, 619 (621).
44 European Commission (Hrsg.), Index für die digitale Wirtschaft und Gesellschaft (DESI), Länderbericht 2019, Deutschland, S. 14, abrufbar unter: https://ec.europa.eu/newsroom/dae/document.cfm?doc_id=59991, Last Update: 27 September 2019.
45 Hervorhebung vom Autor hinzugefügt.
46 Gesetz zur Verbesserung des Onlinezugangs zu Verwaltungsleistungen (Onlinezugangsgesetz – OZG) vom 14.8.2017, BGBl. I 3122 (3138).
47 *Siegel* DÖV 2018, 185 (186).

kontroversen Debatten kam, sah man doch die eigenen verfassungsrechtlichen Beteiligungsmöglichkeiten in Gefahr und das Einfordern von mehr Mitspracherecht für geboten.[48]

50 Die Verabschiedung des OZG hatte weitreichende **Auswirkungen auf das IT-Sicherheitsgefüge** in der öffentlichen Verwaltung. Denn die damit beabsichtigte stärkere Vernetzung der IT-Systeme sowie die Zunahme des Informationsaustausches bedeuten auch signifikante Anpassungen an das Mindestsicherheitsniveau von Bund und Ländern. So fand dieser Gedanke nicht nur ausdrücklich Einzug[49] in die Neufassung der Leitlinie für Informationssicherheit im Dezember 2018 (→ Rn. 58), das OZG war neben der Neuerung zum IT-Grundschutz (→ Rn. 60) einer der maßgeblichen Ursachen überhaupt zur Novellierung der Leitlinie.

51 Tatsächlich sind die Regelungen des OZG weitgehend: So kann gem. § 4 OZG die Bundesregierung nun im „Benehmen" mit dem IT-Planungsrat (dh zwar mit vorheriger Einbindung des Gremiums, aber ohne dessen zwingendes Einverständnis) durch Rechtsverordnung und ohne Zustimmung des Bundesrates die Nutzung bestimmter IT-Komponenten, die für die Anbindung, den Betrieb und die Abwicklung der Verwaltungsleistungen im Portalverbund erforderlich sind (also zB Anwendungen, Basisdienste und Sicherheitsvorgaben), verbindlich vorgeben. Gleiches gilt für die in § 6 OZG geschaffene Ermächtigung zur Vorgabe von technischen Kommunikationsstandards, die für die Kommunikation und die Anbindung der Verwaltungsverfahren untereinander erforderlich sind. Bei der Verordnungsermächtigung in § 5 OZG, die sich auf die Festlegung von **IT-Sicherheitsstandards** bezieht, wird selbst auf das Benehmen mit dem IT-Planungsrat verzichtet, um bei akuten Sicherheitsbedrohungen schnell regieren zu können.[50] Diese Sicherheitsvorgaben kann das BMI für alle Stellen der öffentlichen Verwaltung per Rechtsverordnung ohne Zustimmung des Bundesrates verbindlich vorgeben; von den dort getroffenen Regelungen kann auch durch Landesrecht nicht abgewichen werden. Bislang hat das BMI von dieser Kompetenz allerdings noch keinen Gebrauch gemacht.

a) Portalverbund

52 Eine besondere Herausforderung liegt in der Regelung des OZG, dass die digital bereitgestellten Verwaltungsleistungen über einen deutschlandweit zugänglichen Portalverbund angeboten werden müssen, der gem. § 1 Abs. 1 OZG bis zum Jahre 2022 sämtliche Verwaltungsportale des Bundes und der Länder barriere- und medienbruchfrei miteinander verknüpfen und damit einen einheitlichen Zugang zu sämtlichen Verwaltungsleistungen ermöglichen soll. Damit sollen Bürgerinnen und Bürger sowie Unternehmen in die Lage versetzt werden, künftig sämtliche Behördengänge auch digital abwickeln zu können. Die damit verbundene Idee geht sowohl mit einem Angebot nutzerfreundlicher als auch der Nachnutzung geeigneter Ergebnisse einher, die sich an den Bedarfen und Vorstellungen der Nutzer orientieren.[51] Um eine Vorstellung davon zu bekommen, welche Herausforderung an rechtlicher, sicherheitstechnischer und administrativer Natur mit diesem Vorhaben verbunden ist, muss man sich klar machen, dass – im Gegensatz zu den bundesweit bereits einheitlich geregelten Bereichen der Steuer und Justizverwaltung – die digitale Verwaltungslandschaft in Deutschland weitgehend

---

48 Zur Vereinbarkeit der Verfassungsmäßigkeit von Art. 91c Abs. 5 GG nF vgl. Ausarbeitung der Wissenschaftliche Dienste des Deutschen Bundestages, Deutscher Bundestag (Hrsg.), Portalverbund für Verwaltungsleistungen, 2017, abrufbar unter: https://www.bundestag.de/resource/blob/526410/a85ffd5c5ca5a13e24942c0b7e6be327/wd-3-132-17-pdf-data.pdf.
49 Geschäftsstelle IT-Planungsrat (Hrsg.), Arbeitsgruppe Informationssicherheit des IT-PLR, Leitlinie für die Informationssicherheit in der öffentlichen Verwaltung, S. 3, 2018, abrufbar unter: https://www.it-planungsrat.de/SharedDocs/Downloads/DE/Entscheidungen/28_Sitzung/TOP12_Anlage_Leitlinie.pdf?__blob=publicationFile&v=6.
50 Vgl. *Hermann/Stöber* NVwZ 2017, 1401 (1407 Fn. 11).
51 Geschäftsstelle IT-Planungsrat (Hrsg.), Digitale Verwaltung – direkt, schnell, einfach und sicher: Der Portalverbund mit Nutzerkonten, abrufbar unter: https://www.it-planungsrat.de/DE/Projekte/Koordinierungsprojekte/Portalverbund/Portalverbund_node.html.

zersplittert ist.⁵² Deutschland verfügt hier über ein Bundes- und sechzehn verschiedene Landesnetze, **heterogene Kommunikations- und Sicherheitsstandards** sowie die Nutzung unterschiedlichster Soft- und Hardwarelösungen; diese führen in ihrer Gesamtheit zu einer hochkomplexen IT-Infrastruktur. Hinzu kommt die Einbettung unterschiedlichster rechtlicher und organisatorischer Rahmenbedingungen.

b) Digitalisierungsprogramm

Während der Portalverbund für die öffentliche Verwaltung quasi *die* zentrale Infrastruktur abbilden soll, sollen die künftig dahinter liegenden Verwaltungsleistungen in Deutschland im Rahmen des sog. Digitalisierungsprogramms umgesetzt und an ein **einheitliches IT-Sicherheitsniveau** angepasst werden. Insgesamt haben Bund, Länder und Kommunen rund 575 Verwaltungsleistungen in 35 Lebens- und 17 Unternehmenslagen in den Themenbereichen Familie über Studium, Mobilität bis hin zur Umwelt identifiziert, die bis zum Jahre 2022 digitalisiert und in den Portalverbund integriert werden müssen. Da dabei die Regelungs- und Vollzugskompetenzen bei den Angeboten unterschiedlich verteilt sind, mussten die Verwaltungsleistungen – jeweils nach Zuständigkeit Bund, Land, Kommune oder auch Schnittmengen – auf fünf unterschiedliche Typen verteilt werden. Sämtliche Leistungen sind im OZG-Katalog aufgeführt.⁵³

IT-Programme wie der Portalverbund als zentrale Infrastruktur oder das darauf aufbauende Digitalisierungsprogramm zeigen beispielhaft, wie die öffentliche Verwaltung vor enorme Herausforderungen in Bezug auf die Anforderungen an die Bund-Länder übergreifende IT-Sicherheit gestellt wird. Nimmt man allein die Anzahl an beteiligten Personen, Schnittstellen und IT-Systemen ins Visier, wird deutlich, wie allein der **Abstimmungsbedarf auf allen IT-Sicherheitsebenen** ausfallen mag. Inwieweit auch die Regelungen in der Leitlinie für die Informationssicherheit (→ Rn. 58) weiter angepasst werden müssen, bleibt abzuwarten.

c) Stellungnahme zum OZG

Das im europäischen Vergleich schlechte Abschneiden Deutschlands der digitalen Verwaltung sowie die Erfahrungen der vergangenen Jahre, dass bei Beibehaltung der bestehenden Rahmenbedingungen keine Besserung in Sicht zu erwarten ist, sind triftige Gründe für das Anstoßen rechtlicher Reformprozesse, zumal sich der Technologiestandort Deutschland ein „Verschlafen" innovativer Entwicklungsprozesse nicht erlauben kann. Das Einräumen der vergleichsweisen weitgehenden Befugnisse für den Bund scheint zunächst nachvollziehbar: Durch die Regelung einheitlicher Basiskomponenten, Kommunikationsstandards und Sicherheitsvorgaben kann der Bund nun allgemeinverbindliche Rahmenbedingung vorgeben. Anders ausgedrückt: **Der Bund bestimmt die Spielregeln.**

An dieser Stelle darf zur bessern Illustration am Beispiel des Eisenbahnnetzes ein vorsichtiger Vergleich bemüht werden: Der Bund normiert die Größe und Beschaffenheit der Gleise, definiert das Streckennetz und sorgt für die sichere Steuerung der Signalleit- und Weichensysteme. Auf diesen Gegebenheiten aufbauend bestimmt der IT-Planungsrat (→ Rn. 70) daraufhin die Anzahl, Art und Beschaffenheit der Züge und benennt aus seinen Reihen für jeden Zug jeweils einen Lokomotivführer. Auf die Regelungen des OZG übertragen heißt das: Der Bund normiert die Beschaffenheit der IT-Infrastruktur sowie der IT-Kommunikationsstandards (das

---

52 Vgl. *Schallbruch*, Grundgesetzänderung – mehr Macht für den Bund bei der IT?, CRonline (Portal zum IT-Recht), CR-online.de Blog, 30.12.2016, abrufbar unter: https://www.cr-online.de/blog/2016/12/30/grundgesetzaenderung-mehr-macht-fuer-den-bund-bei-der-it/.
53 Geschäftsstelle IT-Planungsrat (Hrsg.), Digitalisierungsprogramm des IT-Planungsrats (Phase II): Start in die Verwaltungsdigitalisierung, abrufbar unter: https://www.it-planungsrat.de/DE/Projekte/Koordinierungsprojekte/Digitalisierungsprogramm/DigPro_node.html.

Schardt

„Wie"); der IT-Planungsrat bestimmt die Digitalisierungsprogramme (das „Was") und benennt aus seinen Reihen einen Federführer (das „Wer").

57 Jenseits der weit gefassten Regelungen zu den Bundeskompetenzen im OZG bleibt die originäre Beschlusskompetenz des IT-Planungsrats in allen gemeinsamen IT-Angelegenheiten von Bund und Ländern unberührt. Insbesondere hat der IT-Planungsrat (und nicht der Bund!) auf Grundlage des IT-Staatsvertrages weiterhin die allgemeine Kompetenz zur Festlegung von IT-Interoperabilitäts- und IT-Sicherheitsstandards. Wegen der schwierigen Abgrenzung zwischen OZG-Umsetzung und sonstiger IT steht der IT-Staatsvertrag in einer gewissen Konkurrenz zum OZG. Daran änderte auch die zum 1.10.2019 in Kraft getretene **Novellierung des IT-Staatsvertrages (IT-StV)** nichts. Zwar wurde im Rahmen der Änderung im neugefassten § 2 Abs. 1 S. 1 des IT-StV die originäre Zuständigkeit des IT-Planungsrats für die Festlegung von IT-Interoperabilitäts- und IT-Sicherheitsstandards durch die Ergänzung „soweit nicht eine spezialgesetzliche Regelungsbefugnis vorliegt" – in Anspielung an das OZG – relativiert; die Abgrenzung wird dadurch jedoch nicht geklärt.

4. Leitlinie für die Informationssicherheit in der öffentlichen Verwaltung

58 Um eine Antwort auf die heterogenen IT-Infrastrukturen und IT-Systeme in der deutschen Verwaltung zu liefern, wurde vom IT-Planungsrat erstmals im März 2013 die von Seiten der AG Informationssicherheit erarbeitete „Leitlinie für die Informationssicherheit in der öffentlichen Verwaltung" verabschiedet. Die Leitlinie bildet auf Bund-Länder-Ebene quasi das **Pendant zum UP-Bund** (→ Rn. 9) auf Bundesebene. Übergreifende Ziele waren (und sind) zuvorderst die **Etablierung eines einheitlichen IT-Mindestsicherheitsniveaus von Bund und Ländern**, die Schaffung eines ebenenübergreifenden Rahmens der elektronischen Kommunikation sowie die gemeinsame Abwehr von IT-Angriffen. Die Einigung auf dieses gemeinsame Papier war für die öffentliche Verwaltung ein großer Erfolg, der zugleich die Verabschiedung des ersten IT-Sicherheitsstandards des IT-Planungsrats im Sinne des § 2 IT-StV darstellte.

59 Gem. des in Nr. 2 der Leitlinie definierten Geltungsbereichs wird den Kommunen, den Verwaltungen des Deutschen Bundestages und den Landesparlamenten, den Rechnungshöfen von Bund und Ländern sowie sonstigen Einrichtungen der öffentlichen Verwaltung die Anwendung der Leitlinie nur empfohlen.[54] Der Ausschluss der Kommunen aus der verbindlichen Geltung der Leitlinie war umstritten; insbesondere wies der Bund darauf hin, dass Kommunen als Teil der Länder zu betrachten sind. Eine Herauslösung aus der obligatorischen Geltung der Leitlinie wurde damit begründet, dass die Kommunen mit Blick auf die Ressourcensituation häufig nicht in der Lage sind, die aus ihrer Sicht zum Teil kaum erreichbaren Ziele der Leitlinie auch tatsächlich umzusetzen.[55] Angesichts der in einigen Ländern bestehenden Regelung über die Finanzierungspflicht der Länder für an Kommunen übertragene Aufgaben (Konnexität)[56] fürchteten diese erhebliche finanzielle Folgen einer verpflichtenden Geltung der Leitlinie für alle Kommunen. Insofern bleibt es Sache der Länder, die Kommunen zur IT-Sicherheit zu verpflichten; insgesamt überrascht es nicht, dass die Leitlinie bislang nur lückenhaft umgesetzt ist.[57]

---

54 Geschäftsstelle IT-Planungsrat (Hrsg.), Leitlinie für die Informationssicherheit in der öffentlichen Verwaltung, 6.12.2018, Version 2.0, S. 5, abrufbar unter: https://www.it-planungsrat.de/SharedDocs/Downloads/DE/Entscheidungen/28_Sitzung/TOP12_Anlage_Leitlinie.pdf?__blob=publicationFile&v.=6.
55 Vgl. dazu auch Entscheidung 2019/27 des IT-Planungsrats, abrufbar unter: https://www.it-planungsrat.de/SharedDocs/Sitzungen/DE/2019/Sitzung_29.html?pos=9.
56 Dazu, dass die Kommunen trotz garantierter kommunaler Selbstverwaltung staatsorganisatorisch den Ländern zuzurechnen sind, vgl. BT-Drs. 18/11135, 91; *Siegel* DÖV 2018, 185 (188).
57 Vgl. *Schallbruch* CR 2017, 648 (655).

Im Zuge der Erneuerung des **IT-Grundschutzes** des BSI,[58] auf den die Leitlinie in zentralen Punkten Bezug nimmt, hatte der IT-Planungsrat bereits mit Entscheidung 2016/03 auch eine entsprechende Anpassung auf Bund-Länder-Ebene in Aussicht gestellt.[59] Flankierend wurden mit Verabschiedung des OZG Änderungen an der Leitlinie erforderlich. Mit Entscheidung vom 12.3.2019 wurde schließlich die Neufassung der Leitlinie in ihrer Version 2.0 beschlossen. Während bis dato die Initialisierung und Institutionalisierung bestehender IT-Sicherheitssysteme im Vordergrund standen, zielt die Neuerung nunmehr stärker auf eine Vereinheitlichung der Managementsysteme. Zudem wurde, wie erwähnt, explizit auf die Neuerungen zum OZG Bezug genommen.[60]

Das einheitliche Vorgehen der Leitlinie basiert auf **fünf Handlungsfeldern:**

a) Informationssicherheitsmanagement (ISMS)

Mit dem gemeinsamen Informationssicherheitsmanagement haben sich Bund und Länder ua verpflichtet, jeweils eine Informationssicherheitsbeauftragte oder einen Informationssicherheitsbeauftragten (ISB) zu berufen (versehen mit allen Rechten und Pflichten), gemeinsame IT-Sicherheitskonzepte zu entwickeln, diese fortzuschreiben und entsprechend in ihren Ressorts, Behörden und Einrichtungen umzusetzen sowie IT-Sicherheitsvorfälle und deren Abläufe einheitlich zu definieren.

Dabei sei erwähnt, dass sich gerade die Kompetenzen zur **Umsetzung der Anforderungen unterschiedlich** gestalten: Während der Bund und einige wenige Länder allein aufgrund ihrer Personalstärke und Budgets auf einen größeren „IT-Apparat" zurückgreifen können, kämpfen – wie bereits skizziert – kleinere Länder und insbesondere die Kommunen um die Einhaltung der verabschiedeten Sicherheitsstandards bzw. das Vorhalten der dafür benötigten Expertise.

Gerade die Einhaltung der Vorgaben aus dem (datentechnisch gewaltigen) **BSI-IT-Grundschutz-Kompendium** stellt zB kleinere Kommunen regelmäßig vor große Herausforderungen, die nur durch personelle Vernetzung, gemeinsame Unterstützung und besondere Kraftanstrengungen bewältigt werden können. Für diese Fälle hat der IT-Planungsrat den Kommunalverwaltungen mit Entscheidung 2015/05 die Anwendung des sog. („abgespeckten" Sicherheits-)Leitfadens „Informations-Sicherheits-Management-System in 12 Schritten" empfohlen.[61]

b) Absicherung der Netzinfrastrukturen der öffentlichen Verwaltung

Aufgrund der deutschlandweit übergreifenden elektronischen Vernetzung der Behörden bilden die Netzinfrastrukturen naturgemäß ein neuralgisches System, das Angriffe oder Bedrohungen über Behördengrenzen hinweg abwehren muss. Die (Regierungs-)Netze des Bundes und die 16 Netze der Länder bilden gemeinsam über ihre Schnittstellen untereinander das sog. Verbindungsnetz. Um die damit verbundenen heterogenen Standards und Beschaffenheiten ebenfalls zu harmonisieren und auf ein einheitliches Niveau zu heben, wurden Bund und Länder durch

---

58 Der BSI-Grundschutz als (auch international) viel beachtetes Rahmenwerk wurde zuletzt im Herbst 2017 überarbeitet und stellt mit dem Ziel der stetigen Verbesserung des Niveaus der Informationssicherheit in Behörden und Unternehmen jeder Größenordnung auch seine Kompatibilität zur ISO 27001 sicher. Die grundlegende Veröffentlichung des IT-Grundschutzes stellt das IT-Grundschutz-Kompendium – Edition 2019 dar, abrufbar unter: https://www.bsi.bund.de/DE/Themen/ITGrundschutz/ITGrundschutzKompendium/itgrundschutzKompendium_node.html.
59 Vgl. Entscheidung 2016/03 des IT-Planungsrats, abrufbar unter: https://www.it-planungsrat.de/SharedDocs/Sitzungen/DE/2016/Sitzung_19.html?pos=3.
60 Geschäftsstelle IT-Planungsrat (Hrsg.), Leitlinie für die Informationssicherheit in der öffentlichen Verwaltung, 6.12.2018, Version 2.0, S. 3, abrufbar unter: https://www.it-planungsrat.de/SharedDocs/Downloads/DE/Entscheidungen/28_Sitzung/TOP12_Anlage_Leitlinie.pdf?__blob=publicationFile&v.=6.
61 Vgl. Entscheidung 2015/05 des IT-Planungsrats, abrufbar unter: https://www.it-planungsrat.de/SharedDocs/Sitzungen/DE/2015/Sitzung_16.html?pos=5.

§ 4 des Gesetzes über die Verbindung der informationstechnischen Netze – Gesetz zur Ausführung von Artikel 91 c Abs. 4 Grundgesetz – (**IT-NetzG**) dazu verpflichtet, neben der Einhaltung bestimmter Anschlussklassen auch bestimmte Anschlussbedingungen zu definieren. Letzteres umfasst die Festlegung des Schutzbedarfes für Netzwerkverbindungen, die über ebenenübergreifende Geschäftsprozesse laufen.

c) Einheitliche Sicherheitsstandards für ebenenübergreifende IT-Verfahren

66 Diese Standards nehmen das dritte Handlungsfeld der Leitlinie zur Informationssicherheit ein. Sie beschreiben IT-Anwendungen, Basisdienste, oder auch die elektronische Realisierung von Standards bestimmter Kommunikationswege, die sowohl auf kommunaler als auch auf Landes- und/ oder Bundesebene eingesetzt werden können. Dies ist aus sicherheitsstrategischer Perspektive eine ganz wesentliche Komponente: Denn bei allen Sicherheitsvorkehrungen bietet die Implementierung gemeinsam genutzter Verfahren auf **unterschiedlichen staatlichen Instanzen** die Möglichkeit zur Schaffung einer Lücke, die es von vornherein zu schließen gilt. Hier besteht nämlich grundsätzlich die Gefahr, dass Cyber-Angriffe beispielsweise auf eine kommunale Behörde über die gemeinsam genutzte Anwendung – gleichsam eines ungesicherten Tunnels – an den Sicherheitsvorkehrungen vorbei auf eine Landes- oder gar Bundesbehörde „durchschlagen". Gleiches ist selbstverständlich auch umgekehrt grundsätzlich möglich.

67 Bei gemeinschaftlichen Anwendungen gilt also, nicht nur geeignete technisch-homogene Sicherheitsstandards und einheitliche Abwehrmaßnahmen über alle staatlichen Instanzen gewährleisten zu können, sondern auch die entsprechenden rechtlichen Rahmenbedingungen zu schaffen. Welche Gefahr von ebenenübergreifenden Verfahren ausgehen kann, zeigt das Beispiel des Prozesses zur elektronischen Registrierung einer Handfeuerwaffe: Die Eintragung und Initiierung des Prozesses erfolgt regelmäßig in den Waffenbehörden, je nach Bundesland zB in den örtlichen Waffenverwaltungssystemen auf kommunaler Ebene. Über spezielle Fachverfahren haben auf Landesebene Polizeien und Sicherheitsbehörden sowie Ministerien Zugriff, zB für eine rechtliche Prüfung. Die abschließende Speicherung der Informationen wiederum erfolgt schließlich im zentralen **Nationalen Waffenregister** beim Bundesverwaltungsamt. In der Konsequenz müssen sich die informationstechnischen Sicherheitsmaßnahmen an der gesamten Prozesskette des Fachverfahrens ausrichten. Die stetige Fortentwicklung eines einheitlichen und angemessenen Sicherheitsniveaus ist daher erforderlich, um das Risiko aller staatlichen Institutionen – in Anlehnung an auf ein ausreichendes Maß an den BSI-Grundschutz-Kompendium – zu begrenzen.

d) Gemeinsame Abwehr von IT-Angriffen

68 Wie eingangs beschrieben, werden Angriffe auf die staatlichen (Regierungs-Netze) zunehmend komplexer und damit schwerer abzuwehren. Erfolgskritisch für Behörden und Regierungsinstitutionen ist damit der rechtzeitige gegenseitige Austausch von Informationen und eine gemeinsam-koordinierte Bewältigung von IT-Krisen. Damit jene im IT-Krisenfall geeignet reagieren können, müssen die für die Bund-Länder übergreifende IT-Sicherheit in Verwaltungsnetzen zuständigen Stellen nicht nur mit den notwendigen Kompetenzen, sondern insbesondere auch mit ausreichenden technischen, finanziellen und personellen Ressourcen ausgestattet sein. Gerade Letzteres gestaltet sich vor allem für kleinere Gebietskörperschaften als größte Herausforderung (→ Rn. 59, 64). Bund und Länder haben sich in diesem vierten Handlungsfeld verpflichtet, einen **VerwaltungsCERT-Verbund** (VCV → Rn. 94) zur gegenseitigen Information, Warnung und Alarmierung aus- und aufzubauen, regelmäßig gemeinsame Abwehrübungen von IT-Angriffen durchzuführen und dabei die enge Einbindung der zuständigen Behörden, insbesondere des Nationalen Cyber-Abwehrzentrums und des Krisenreaktionszentrums im BSI sicherzustellen.

e) IT-Notfallmanagement

Auch hier dient das IT-Grundschutz-Kompendium des BSI als maßgebliche Grundlage zur Ausgestaltung angemessener Notfallmanagement-Prozesse, die Bund und Länder eigenverantwortlich in das eigene IT-Krisenmanagement umzusetzen und in Abstimmung mit den Arbeitsgremien der Innenministerkonferenz zu gewährleisten haben.

II. Strategische Akteure

1. IT-Planungsrat

Die am 1.10.2019 in Kraft getretenen Novellierung des IT-Staatsvertrags[62] hat die **Aufgaben des IT-Planungsrats**[63] erweitert. Sie umfassen nach § 1 Abs. 1 IT-StV nunmehr:

- die Koordinierung der Zusammenarbeit von Bund und Ländern in Fragen der Informationstechnik
- das Beschließen fachunabhängiger und fachübergreifender IT-Interoperabilitäts- und IT-Sicherheitsstandards
- die Koordinierung und Unterstützung der Zusammenarbeit von Bund und Ländern in Fragen der Digitalisierung von Verwaltungsleistungen (2019 neu eingeführt)
- die Steuerung von Projekten und (seit 2019 auch von) Produkten des informations- und kommunikationstechnisch unterstützten Regierens und Verwaltens, die dem IT-Planungsrat von der Konferenz des Chefs des Bundeskanzleramtes (CfefBK) mit den Chefinnen und Chefs der Staats- und Senatskanzleien der Länder (CdSK) zugewiesen werden
- die Übernahme der in § 3 IT-StV genannten Aufgaben für das Verbindungsnetz.

Der Bund und jedes Bundesland **entsenden jeweils ein Mitglied** in den IT-Planungsrat. Während der Bund nach § 1 Abs. 2 S. 1 Nr. 1 IT-StV vom Beauftragten der Bundesregierung für Informationstechnik (mit Sitz im BMI) auf Staatssekretärsebene vertreten wird, regelt der IT-StV für die Länder in Nr. 2 nur, dass es sich um einen „für Informationstechnik zuständigen Vertreter" handeln muss. In der Praxis ist das stimmberechtigte Mitglied auf Seiten der Länder tlw. auch auf Ministerialdirektor- oder gar Ministerebene angesiedelt; regelmäßig ist aber die Staatssekretärsebene vertreten.

Eine hochrangige Besetzung der Mitglieder wird nicht zuletzt durch § 1 Abs. 2. S. 2 IT-StV sichergestellt: Danach stellen Bund und Länder sicher, dass ihre Vertreter über die **erforderliche Entscheidungskompetenz** verfügen. Diese Regelung scheint nicht nur mit Blick auf die Beschlussfähigkeit des IT-Planungsrats insgesamt notwendig, sondern sie glättet auf dieser Ebene auch das unterschiedlich gehandhabte IT-Organisations- und Hierarchiegefüge in den Ländern. Denn während manche Bundesländer ihren Chief Information Officer (CIO) als für IKT-Fragen Gesamtverantwortlichen beim Innenministerium (vgl. zB § 18 ff. EGovG BW) zuordnen, liegt die Entscheidungsbefugnis für die IT in anderen Ländern beim Staatsministerium für Digitales (so Bayern) oder in der Staatskanzlei (so Schleswig-Holstein). Die unterschiedlichen Hierarchieebenen, auf denen die Bundesländer ihre Vertreterin/ ihren Vertreter in den IT-Planungsrat entsenden (manche gehören gar ihrem Landeskabinett an), erlaubt Rückschlüsse auf die jeweilige Prioritätensetzung[64], sagt aber nichts über die Kompetenz oder das Engagement des jeweiligen Mitglieds aus.

---

[62] Gesetz zum Ersten IT-Änderungsstaatsvertrag vom 4.8.2019 (BGBl. I S. 1126).
[63] Dazu aus rechtlicher Sicht zB *Siegel* NVwZ 2009, 1128 (1128); *Schulz/Tallich* NVwZ 2010, 1338; *Steinmetz* NVwZ 2011, 467.
[64] Zu einer ausführlichen Auseinandersetzung der unterschiedlichen Regelungen und verwaltungsrechtlichen Implikationen in den Bundesländern vgl. *Guckelberger*, Öffentliche Verwaltung im Zeitalter der Digitalisierung, Analysen und Strategien zur Verbesserung des E-Governments aus rechtlicher Sicht, S. 305 ff.

73 Der IT-Planungsrat tagt in der Regel drei Mal im Jahr (zwei Sitzungen sind nach § 1 Abs. 4 IT-StV verbindlich), das Anberaumen von Sondersitzungen ist möglich. Neben den ständigen Mitgliedern nehmen an den Sitzungen des IT-Planungsrats gemäß § 1 Abs. 2 S. 3 IT-StV auch Vertreter der kommunalen Spitzenverbände (Deutscher Landkreistag, Deutscher Städtetag und Deutscher Städte- und Gemeindebund) sowie der Bundesbeauftragte für den Datenschutz und die Informationsfreiheit in beratender Funktion teil. Weitere Personen – insbesondere Ansprechpartnerinnen und Ansprechpartner der Fachministerkonferenzen – können hinzugezogen werden, soweit sie fachlich durch Entscheidungen des IT-Planungsrats betroffen sind. Die Bedeutung der Einbeziehung der kommunalen Ebene kann dabei nicht genug betont werden. Zumeist wird dort die Hauptlast der Beschlüsse des IT-Planungsrats getragen. Zudem bildet sie für Bürgerinnen und Bürgern häufig die **erste Anlaufstelle für Verwaltungsangelegenheiten**.[65] Eine entsprechende Rückkopplung ist somit nicht nur fachlich geboten, die Expertise der Kommunen trägt auch ganz wesentlich zum Gelingen der Bemühungen bei.

74 Der **Vorsitz im IT-Planungsrat** wechselt gemäß § 1 Abs. 3 S. 1 IT-StV jährlich zwischen Bund und Ländern. Die Länder regeln die Reihenfolge ihres Vorsitzes nach S. 2 untereinander und haben sich auf eine alphabetische Reihenfolge geeinigt. Mit Beginn des Jahres 2020 hat erneut der Bund den Vorsitz des IT-Planungsrats übernommen. Zum Jahre 2021 wechselt der Vorsitz an die Freie und Hansestadt Hamburg.

a) (IT-Sicherheits-)Standardisierung

75 Prozesse zur Standardisierung beschreiben – vor allem wenn sie deutschlandweit verbindliche Beschlüsse zum Ziel haben – eine der **komplexesten und anspruchsvollsten Aufgaben** des IT-Planungsrates. Bisher hat der IT-Planungsrat eine überschaubare Zahl an Standards verbindlich beschlossen. Dazu zählen beispielsweise – neben den Standards „XVergabe", „XFall" „XBau und XPlanung" auch die „Lateinische(n) Zeichen in UNICODE (string.latin)", „OSCI" und die für Bund und Länder im Grundsatz verpflichtende Nutzung des beim Bundesamt für Kartographie und Geodäsie betriebenen Geokodierungsdienstes. Auch die besagte Leitlinie „Informationssicherheit für die öffentliche Verwaltung" (→ Rn. 58) zählt formal zu den Standards des IT-Planungsrats. Den Einsatz des Standards XTA 2 („Einheitliche Anforderungen an Transportverfahren") hat der IT-Planungsrat empfohlen. Derartige Empfehlungen sind gemäß § 1 Abs. 5 S. 1 IT-StV neben Beschlüssen möglich.

76 Das Setzen von deutschlandweit einheitlichen (IT-Sicherheits-)Standards verlangt regelmäßig einen äußerst mühsamen Prozess, die Verabschiedung eines Beschlusses zudem eine mitunter jahrelange und akribische Vorarbeit. Nicht selten umfasst ein Werk, das regelmäßig auf dem **XÖV-Regelwerk** aufbaut, mehrere tausend Seiten. Der Grund liegt nicht nur in den in Teilen sehr heterogenen und historisch unterschiedlich gewachsenen Infrastrukturen, die im Übrigen auch viele IT-Großprojekte häufig vor enorme Anstrengungen stellen. Die Herausforderung besteht insbesondere darin, eine zukunftsoffene Norm zu schaffen, deren „Sprache" interoperabel, öffentlich zugänglich und kostenfrei nutzbar ist.

77 Vor diesem Hintergrund besteht die Herausforderung darin, fachunabhängige und fachübergreifende IT-Interoperabilitäts- und IT-Sicherheitsstandards zu entwickeln, die einen transparenten Regelungsprozess garantiert. Federführende Institution für die Entwicklung und den Betrieb von IT-Standards für den Datenaustausch in der öffentlichen Verwaltung ist die Koordinierungsstelle für IT-Standards (**KoSIT**)[66] mit Sitz in Bremen. Die KoSIT berichtet über den KoSIT-Beirat an den IT-Planungsrat, kann aber auch von anderen Stellen der öffentlichen Verwaltung, so zB von dem Arbeitskreis I der Innenministerkonferenz beauftragt werden. Ihre

---

65 Vgl. *Siegel* DÖV 2018, 185 (186).
66 Zur KoSIT vgl. https://www.xoev.de.

Errichtung verdankt die KoSIT ebenfalls der Ergänzung des Grundgesetzes um den Artikel 91c sowie des darauf basierenden IT-Staatsvertrages gem. § 2 Abs. 3 S. 1 IT-StV (neu). Eine Übersicht über bereits beschlossene Standards findet sich auf www.it-planungsrat.de.

Über eine verbindliche Vorgabe des Standards wird nach Rückkopplung mit den Fachministerkonferenzen entschieden. Wie bereits skizziert sind Prozesse bis zur verbindlichen Standardisierung eben nicht nur aufwendig, sondern aufgrund der Abstimmungsverfahren auch oft langwierig. Der Nationale Normenkontrollrat verweist in seinem Jahresbericht 2019 auf die Bedeutung der Standardisierung: So könne nur durch das Ineinandergreifen von Software-Modulen beliebig kombiniert, ausgetauscht und nachgenutzt werden. Durch die damit verbundene Möglichkeit des **Einsatzes dezentraler Lösungen** werden Entwicklungen unterschiedlicher Geschwindigkeiten und die Unabhängigkeit von monolithischen Zentrallösungen gefördert.[67]

b) Bewertung des IT-PLR

Ziel der **Föderalismuskommission** II war es, mit der Einrichtung des IT-Planungsrats bestehende Strukturen in Bund, Ländern und Kommunen übergreifend zu bündeln und mit einem schlanken Organisationsaufbau sowohl effizient als auch reaktionsschnell und leistungsfähig zu gestalten. So bezeichnete der ehemalige parlamentarische Staatssekretär im BMI, Herr Christoph Georg Bergner, in seiner Rede anlässlich der Errichtung des IT-Planungsrats im Deutschen Bundestag diesen als das „Herzstück der neuen IT-Steuerung". „Der IT-Planungsrat" – so Bergner – „bringt Bund, Länder und Kommunen in einem gemeinsamen Steuerungsgremium an einen Tisch. Die Informationstechnik bekommt somit eine einheitliche Stimme."[68]

Obschon der IT-Planungsrat seit seiner Gründung eine Reihe wichtiger Beschlüsse und Projekte auf den Weg gebracht hat, gestaltet sich die **Zusammenarbeit als naturgemäß schwierig**. Die Ursachen hierfür sind vielfältiger Natur. 17 verschiedene Mitspieler bestehend aus einem Bundes- und 16 Ländervertretern verfolgen häufig unterschiedliche Interessen. Während die Länder traditionsgemäß einen zu starken Einfluss des Bundes fürchten (Sorge vor Abgabe von Kompetenzen) und nachhaltige Einmischungen in die eigenen Belange ablehnen, beklagt der Bund regelmäßig eine schwierige Kompromissbereitschaft im Sinne eines aus seiner Sicht häufig genannten gesamtstaatlichen Interesses.

Kritische Stimmen verweisen gern auf die mit den langwierigen Abstimmungsprozessen verbundene geringe **Durchschlagskraft** des IT-Planungsrats und stellen schnell einen Zusammenhang her mit einer im Europäischen Kontext vergleichsweise schlechten Platzierung Deutschlands beim Vernetzungsgrad und den damit verbundenen Gefahren für die Wirtschaftskraft und den Standort Deutschland.

Manche Kritiker gehen sogar noch einen Schritt weiter. So forderte Herr MdB Mahmut Özdemir, Mitglied im Innenausschuss des Deutschen Bundestags, unter der Überschrift „Wir brauchen jetzt Entscheidungen" im Behörden Spiegel vom 11.4.2017 schlichtweg die Abschaffung des IT-Planungsrats. An die Stelle des IT-Planungsrats treten soll eine Koordinierungsstelle „Digitale Verwaltung" im Kanzleramt. Wörtlich sagt er:

---

67 Nationaler Normenkontrollrat (Hrsg.), Weniger Bürokratie, bessere Gesetze – Praxis mitdenken, Ergebnisse spürbar machen, Fortschritte einfordern. JAHRESBERICHT 2019 des Nationalen Normenkontrollrates, S. 58, abrufbar unter: https://www.normenkontrollrat.bund.de/resource/blob/300864/1680506/031c2177c968abf4b7e12dff189d219c2/2019-10-22-nkr-jahresbericht-2019-des-nationalen-normenkontrollrates-data.pdf?download=1.

68 *Bergner*, Der IT-Planungsrat ist eine große Chance für den Bürokratieabbau. Rede zur Errichtung des IT-Planungsrats, abrufbar unter: https://www.cducsu.de/themen/innenpolitik/der-it-planungsrat-ist-eine-grosse-chance-fuer-den-buerokratieabbau.

„Die Zeit solcher Gremien, in die man die IT-Fragen abgeschoben hat, ist vorbei. Der IT-Planungsrat muss endlich durch politische Entscheidungen abgelöst werden. Wir müssen im Rahmen geeigneter rechtsverbindlicher Vereinbarungen Vergaben, Beschaffungen und Beschaffungsstrukturen aufeinander abstimmen, damit alle Verwaltungen in Bund, Ländern und Kommunen ohne Datenbrüche, ohne Systembrüche und ohne Inkompatibilitäten miteinander kommunizieren können. Das ist das A und O. Wir brauchen klare Standards."[69]

83 Mit der zwischenzeitlich vollzogenen Etablierung des Digitalkabinetts scheint der Vorwurf zumindest in Teilen aufgegriffen worden zu sein. Allerdings treffen die Vorwürfe, die sich auf den IT-Planungsrat als Institution beziehen, nicht immer ins Schwarze. Zunächst einmal lagen und liegen für die Schaffung einer digitalen Verwaltungslandschaft in Deutschland schwierige Rahmenbedingungen vor. **Gewachsene föderale Strukturen** bringen 17 unterschiedliche rechtliche Regelungen und technische Infrastrukturen mit sich, ganz zu schweigen von 17 unterschiedlichen politischen Interessenlagen. Ein ganz anderes Bild zeichnet sich beispielsweise in kleineren europäischen Ländern ab, die gleichsam auf der „grünen Wiese" ihre digitalen Landschaften von Grund auf neu planen und umsetzen konnten und damit ganz andere Voraussetzungen mitbringen. Ein unmittelbarer Vergleich wäre zwar insofern nicht fair, gleichwohl darf dies mit Blick auf den Anspruch Deutschlands in der Welt selbstredend keine Entschuldigung sein. Es beschreibt aber zumindest bestehende völlig heterogene Herausforderungen.

84 Zudem fehlte dem IT-Planungsrat lange Zeit die **politische Rückendeckung** von außen wie auch von innen. Bekanntermaßen fand das Thema Digitalisierung auf der politischen Bühne längere Zeit nicht die erhoffte Aufmerksamkeit, die ihr zur der – zwischenzeitlich erfolgten (→ Rn. 49) – notwendigen Priorisierung verholfen hätte. Auch darf angeführt werden, dass das politische Engagement der jeweiligen Mitglieder sowohl in persönlicher als auch in zeitlicher Hinsicht naturgemäß unterschiedlich stark ausgeprägt ist. Dies mag mit der jeweils eigenen Affinität zum Thema IT[70] (die meisten Mitglieder sind als Minister oder Staatssekretäre für eine Vielzahl unterschiedlichster politischer Themengebiete verantwortlich) oder auch mit den eigenen innerpolitischen Rahmenbedingungen zusammenhängen.

85 Die Mitglieder des IT-Planungsrats ringen nicht nur in diesem Kreis um die richtigen Lösungen, sondern müssen bisweilen auch gegen Widerstände im eigenen Haus und in der eigenen Regierung antreten. Das Einholen etwa der haushaltsrechtlichen oder auch vergaberechtlichen Mitzeichnungserfordernisse erfordert oftmals viel Kraft und erschwert das inhaltliche Vorwärtskommen; auch der inhaltlich-fachliche Weg ist nicht selten innerhalb der eigenen Behörde umstritten – die Abstimmung mit den fachlich zuständigen Organisationseinheiten kann mitunter zu (berechtigten) Kompromissen zwingen. Skaliert man diese obligatorischen Abstimmungserfordernisse auf 17 ständige Mitglieder im IT-Planungsrat, wird deutlich, wie viele administrative und fachliche Hürden jeweils genommen werden müssen, bis es überhaupt zu einem abschließenden Votum eines Landes- oder des Bundesvertreters kommen kann. Nimmt man die Verhandlungen und das Ringen um die besten Lösungen innerhalb des Gremiums hinzu, können bis zur Beschlussfassung des IT-Planungsrats insgesamt quälend lange Zeiträume verstreichen. Dass dies beim Thema IT mit ihren quantenhaften Entwicklungssprüngen – inakzeptabel ist, steht mit Blick auf den **Anspruch Deutschlands,** eine Vorreiterrolle spielen zu wollen, außer Frage und stellt die öffentliche Verwaltung vor eine gewaltige Herausforderung.

---

69 Vgl. *Özdemir* in: Behörden Spiegel, 04/ 2017: „Wir brauchen jetzt Entscheidungen". Özdemir (SPD) fordert Koordinierungsstelle „Digitale Verwaltung" im Kanzleramt, S. 25, veröffentlicht am 10.4.2017, abrufbar unter: https://issuu.com/behoerden_spiegel/docs/april_redacted.
70 Vgl. *Guckelberger,* Öffentliche Verwaltung im Zeitalter der Digitalisierung, Analysen und Strategien zur Verbesserung des E-Governments aus rechtlicher Sicht, S. 313.

Andererseits darf durch die Einbindung aller föderalen Ebenen sowie das Durchlaufen intensiver fachlicher und administrativer Prüfschleifen – ergänzend zu einer politischen Bewertung – eine **angemessene Qualität von Arbeitsergebnissen** der deutschen Verwaltung erwartet werden.

2. Abteilungsleiterrunde

Die Abteilungsleiterrunde ist als **Zwischeninstanz unterhalb des IT-Planungsrats** angesiedelt. Sie ist im Gegensatz zur KoITB in formaler Hinsicht kein ordentliches Gremium und soll hier nur der Vollständigkeit halber erwähnt werden. Für die Bund-Länder-Ebene stellt sie jedenfalls ein vergleichbares Gremium zur KoITB auf Bundesebene dar.

Die Etablierung einer Instanz auf Abteilungsleiterebene war schon aus aufbauorganisatorischen Gründen geboten, da andernfalls die nachgelagerten Instanzen an ihren Vorgesetzten vorbei unmittelbar an die Staatssekretärsebene berichten würden. Ihr obliegen als vorrangige Aufgabe – anlog zur KoITB – strittige Themen möglichst abschließend zu verhandeln und über die Tagesordnung des IT-Planungsrats final zu entscheiden. Die Abteilungsleiterrunde tagt zumeist ca. zwei Wochen vor den IT-Planungsratssitzungen.

3. AG Informationssicherheit (AG InfoSic)

Die Arbeitsgruppe Informationssicherheit des IT-Planungsrats (**AG InfoSic**) ist *das* zentral fachliche Arbeitsgremium auf Bund-Länder-Ebene, das auf Grundlage des IT-Staatsvertrags gemeinsame Sicherheitsanforderungen erarbeitet, analysiert und **Handlungsempfehlungen für den IT-Planungsrat** erstellt. Kern der Tätigkeiten ist die Umsetzung zur Etablierung eines deutschlandweite einheitlichen IT-Sicherheitsniveaus. Das Gremium, in dem zumeist die federführenden Ressort-IT-Sicherheitsbeauftragten des Bundes (vertreten durch das BMI) und der Länder vertreten sind, wird in beratender Funktion auch vom BSI sowie den kommunalen Spitzenverbänden unterstützt und bildet quasi das Pendant zur AG ISM (→ Rn. 28). Die AG InfoSic berichtet an die Abteilungsleiter-Ebene.

Die Mitglieder in der AG-Informationssicherheit sehen sich jeweils **unterschiedlichen Herausforderungen** gegenüber. Insbesondere kleinere Bundesländer kämpfen regelmäßig mit deutlich geringeren finanziellen wie personellen Mitteln. Hinzu kommen oftmals unterschiedliche Priorisierungen der eigenen Behördenpolitik. Dabei machen die teilweise gänzlich heterogenen Beschaffenheiten der Länder-IT-Systeme das Suchen einer einheitlichen Kompromisslinie nicht unbedingt leichter. Abstimmungen über konkrete Maßnahmen verlieren sich nicht selten in Detailfragen. Während die Vertreter des Bundes im Sinne eines gesamtstaatlichen Interesses regelmäßig zur Einhaltung einheitlicher Lösungen mahnen, fürchten die Länder die damit verbundenen und (zu Hause) mitunter kaum umsetzbaren Konsequenzen: So kann zB das Durchsetzen einer neuen, strengeren IT-Sicherheitsvorgabe im eigenen Land nicht nur erhebliche administrative, finanzielle und politische Hürden nach sich ziehen, sondern erfordert auch die Unterstützung einer Vielzahl unterschiedlichster Akteure, nicht zuletzt von politischer Seite. Überdies darf freilich der Umstand nicht unterschätzt werden, dass gesamtstaatliche Lösungen die mögliche Einschränkung der eigenen Gestaltungsfreiheit nach sich ziehen können.

III. Operative Akteure

1. FITKO

Den Versuch der Erhöhung der Schlagkraft des IT-Planungsrates stellt die im Zuge der Novellierung des IT-Staatsvertrags in den §§ 5–10 IT-StV neu geregelte Errichtung einer **gemeinsamen Anstalt des öffentlichen Rechts** mit der Bezeichnung FITKO (Föderale IT-Kooperation) dar. Sie ist entsprechend der Vorgabe in § 5 Abs. 1 S. 1 und 4 IT-StV mit Entscheidung des IT-Planungsrats 2019/47[71] zum 1.1.2020 gegründet werden. Die Errichtung dieser reinen Bund-Länder-Institution ist das Ergebnis eines jahrelangen und äußerst mühsamen Prozesses, dem eine Vielzahl verfassungsrechtlicher, finanzieller, organisationsrechtlicher und vergaberechtlicher Prüfschleifen sowie zahlreicher kontroverser politischer Debatten vorausging. Daher ist es nicht verwunderlich, dass die nunmehr tatsächlich getroffene Entscheidung zur Gründung der FITKO bis zum Schluss vielerorts tatsächlich nicht mehr erwartet wurde.

92 Umso mehr ist es ein Erfolg für die deutsche digitale Verwaltungslandschaft, dass die geplante Behörde mit Sitz in Frankfurt am Main, die zugleich mit einem **Digitalisierungsbudget** von 180 Millionen EUR ausgestattet werden soll, nunmehr ihre Aufgaben aufnehmen wird. Gem. § 5 Abs. 1 S. 3 IT-StV soll die FITKO den IT-Planungsrat organisatorisch, fachlich und bei der Wahrnehmung der Aufgaben nach § 1 Abs. 1 unterstützen. Damit verbunden gehen zentrale Aufgaben, die bislang von verschiedenen Geschäfts- und Koordinierungsstellen (so insbes. die Aufgaben der im BMI angesiedelten Geschäftsstelle des IT-Planungsrats oder die Aufgaben der Kooperationsgruppe Strategie) wahrgenommen wurden, in der FITKO auf.[72] Ziel ist – bis auf wenige Ausnahmen – die Bündelung sämtlichen **Know-hows unter ein Dach**.

93 Dass die Gründung von FITKO die erhoffte Beschleunigung der (deutschlandweiten) Digitalisierung in der öffentlichen Verwaltung mit sich bringen wird, ist nur zu wünschen. Inwieweit dabei die Arbeitsgruppe Informationssicherheit oder auch die Arbeitsgruppe Verbindungsnetz in ein tatsächlich Über-/Unterordnungsverhältnis mit der FITKO kommen wird oder aber – wie bislang – die FITKO analog zur bisherigen Geschäftsstelle des IT-Planungsrats eine grundsätzlich koordinierende Funktion ausfüllen wird, wird Gegenstand zukünftiger Betrachtung sein.

2. VerwaltungsCertVerbund

94 Wie im Rahmen des vierten Handlungsfeldes der Leitlinie zur Informationssicherheit skizziert, haben sich Bund und Länder verpflichtet, einen VerwaltungsCERT-Verbund (VCV → Rn. 68) zur gegenseitigen Information, Warnung und Alarmierung aus- und aufzubauen. Er bildet wie der CERT-Bund eine **zentrale operative Schalt- und Anlaufstelle** bei der Detektion und Reaktion auf IT-Sicherheitsvorfälle und tauscht sich in enger Zusammenarbeit mit dem CERT-Bund bzw. dem BSI auf Bundesebene aus.

95 Besondere Voraussetzung für das Funktionieren des Verbundes ist das **wechselseitige Vertrauen**. Mit der Preisgabe der Beschaffenheit der eigenen Behörden-IT-Sicherheitsstruktur, deren Verletzlichkeit oder auch der Anzahl registrierter Angriffe tun sich die IT-Sicherheitsbeauftragten schwer. Doch ist mit Blick auf das gemeinsame Ziel eine möglichst genaue Datenlage erfolgskritisch.

96 Der Bund ist hier in einer vergleichsweisen komfortablen Situation – wacht doch das BSI über die Bundes-IT-Sicherheitsstruktur. Hingegen sehen sich die Länder und ganz besonders die Kommunen deutlich schwierigeren Rahmenbedingungen ausgesetzt, da sie abgesehen des Landes Bayern[73] nicht auf eine entsprechende Behördenstruktur zurückgreifen können. Dies sollte bei den Betrachtungen zur Sicherheitslandschaft stets berücksichtigt werden.

---

71 Vgl. Entscheidung 2019/47 des IT-Planungsrats, abrufbar unter: https://www.it-planungsrat.de/SharedDocs/Sitzungen/DE/2019/Sitzung_30.html?pos=9.
72 Zum FITKO Gründungsbeschluss vgl. Geschäftsstelle IT-Planungsrat (Hrsg.), abrufbar unter: https://www.it-planungsrat.de/SharedDocs/Downloads/DE/Entscheidungen/30_Sitzung/Gruendungsbeschluss_FITKO.pdf?__blob=publicationFile&v.=1, § 10.
73 Seit Gründung im Dezember 2017 verfügt Bayern über ein Landesamt für Sicherheit in der Informationstechnik, vgl. https://www.lsi.bayern.de/lsi/index.html.

D. Fazit

97 Aufgrund der Vielzahl an Gremien, Zuständigkeiten und rechtlichen Rahmenbedingungen ist die IT-Sicherheitslandschaft der öffentlichen Verwaltung sehr komplex. Trotz der in den letzten Jahren hinzugekommenen rechtlichen Regelungen im IT-Staatsvertrag, BSI-Gesetz und OZG ist die IT-Sicherheit der öffentlichen Verwaltung weiterhin vor allem von dem **Zusammenwirken der Bundesressorts sowie des Bundes und der Länder in verschiedenen Institutionen** geprägt. Die nachfolgende Graphik soll dies zusammenfassend illustrieren:

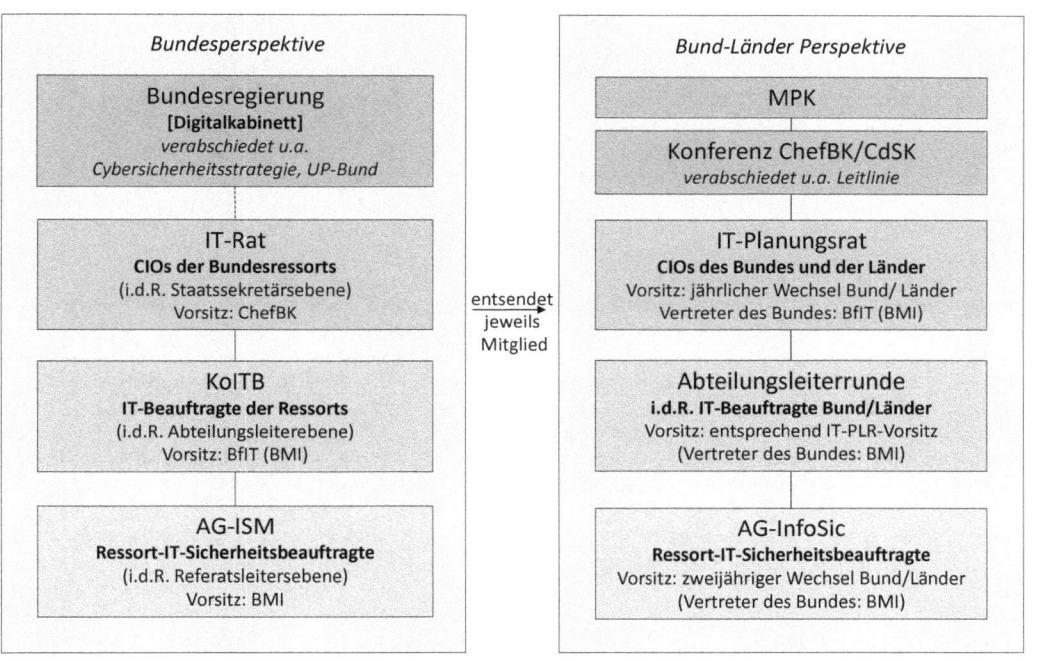

Abb. 1: Hierarchiegefüge der Strategischen Akteure in der IT-Sicherheitslandschaft der Öffentlichen Verwaltung in Deutschland (eigene Darstellung)

98 Die Probleme der Digitalisierung der öffentlichen Verwaltung, so scheint es, sind erkannt[74]: „Wir haben **kein Erkenntnis-, sondern ein […] Umsetzungsproblem.**"[75]

99 Jedenfalls macht die Vielzahl an beteiligten Akteuren das Suchen nach gemeinsamen Lösungen nicht unbedingt leichter. Umso mehr besteht das **Erfordernis einer intensiven Koordinierungs- und Zusammenarbeit**. Insellösungen bei IT- und Cybersicherheitsmaßnahmen wären für die Verwaltung insgesamt gefährlich. Im Hinblick auf die anhaltend zunehmende Vernetzung, Digitalisierung und Gefahrenlage können die künftigen Herausforderungen nur gemeinsam bewältigt werden.

---

74 Vgl. *Schardt* VM 2017, 227 (231).
75 Vgl. *Schüür-Langkau* Innovative Verwaltung 3/2017, 16–18.

§ 26 Private Haushalte

Literatur: *Artikel-29-Datenschutzgruppe*, Stellungnahme 10/2004 zu einheitlicheren Bestimmungen über Informationspflichten, WP 100, angenommen am 25.11.2004, abrufbar unter https://ec.europa.eu/justice/article-29/documentation/opinion-recommendation/files/2004/wp100_de.pdf; *dies.*, Leitlinien für Transparenz gemäß der Verordnung 2016/679, WP 260 rev.01, angenommen am 29.11.2017, zuletzt überarbeitet und angenommen am 11.4.2018, abrufbar unter https://ec.europa.eu/newsroom/article29/item-detail.cfm?item_id=622227; *Bugeja/Jönsson/Jacobsson*, An Investigation of Vulnerabilities in Smart Connected Cameras, PerLS'18 – Second International Workshop on Pervasive Smart Living Space, 2018; *Bundesamt für Sicherheit in der Informationstechnik*, BSI für Bürger – Ins Internet mit Sicherheit, 2020, abrufbar unter https://www.bsi-fuer-buerger.de/BSIFB/DE/Home/home_node.html; *Castelluccia/Le Métayer*, Impact Analysis of Facial Recognition: Towards a Rigorous Methodology, 2020, abrufbar unter https://hal.inria.fr/hal-02480647/; *Chauriye*, Wearable Devices as Admissible Evidence: Technology is Killing our Opportunity to Lie, Catholic University Journal of Law and Technology, 24 (2), Article 9; *Chung et al.*, „Alexa, Can I Trust You?", Computer 50 (9), IEEE 2017, 100; *Cimiano/Herlitz*, „Smart Wohnen!" – Die „intelligente" Wohnung und rechtserhebliche Erklärungen über „Mieterportale", NZM 2016, 409; *Datenethikkommission*, Gutachten der Datenethikkommission, 2019, https://datenethikkommission.de/; *Derin/Golla*, Der Staat als Manipulant und Saboteur der IT-Sicherheit?, NJW 16/2019, 1111; *Erbs/Kohlhaas* (Hrsg.), Strafrechtliche Nebengesetze – Kommentar, 229. EL 2020; *European Union Agency for Network and Information Security (ENISA)*, Threat Landscape for Smart Home and Media Convergence, 2014, abrufbar unter https://www.enisa.europa.eu/publications/threat-landscape-for-smart-home-and-media-convergence; *dies.*, Security and Resilience of Smart Home Environments – Good practices and recommendations, 2015, abrufbar unter https://www.enisa.europa.eu/publications/security-resilience-good-practices/; *Forum Privatheit und selbstbestimmtes Leben in der digitalen Welt*, Das versteckte Internet: zu Hause – im Auto – am Körper, White Paper, 2015; *dass.*, Privatheit und Kinderrechte, White Paper, 2020; *Ghiglieri*, Smart TV Privacy Risks and Protection Measures Smart-TV Datenschutz- und Privatsphärenrisiken und Schutzmaßnahmen, Dissertation, 2017; *Gola/Lepperhoff*, Reichweite des Haushalts- und Familienprivilegs bei der Datenverarbeitung, ZD 2016, 9; *Guariglia*, Five Concerns about Amazon Ring's Deals with Police, 30.8.2019, abrufbar unter https://www.eff.org/de/deeplinks/2019/08/five-concerns-about-amazon-rings-deals-police; *Günther*, Smart Home und Versicherungsrecht, s.+s. report 2/2018, 36; *Gupta*, The IoT Hacker's. Handbook: A Practical Guide to Hacking the Internet of Things, Apress, 2019; *Kafle et al.*, A Study of Data Store-based Home Automation, in CODASPY '19: Proceedings of the Ninth ACM Conference on Data and Application Security and Privacy, 2019, S. 73; *Hansen*, Putting Privacy Pictograms into Practice – A European Perspective, in: Fischer/Maehle/Reischuk (Hrsg.), Informatik 2009 – Im Focus das Leben, LNI P-154, 2009, S. 1703; *Hansen/Martin*, Ein Schritt zur verbesserten Transparenz für alle – der „Datenschutz-Steckbrief", BvD News 2/2019, 64; *Hessel*, „My friend Cayla" – eine nach § 90 TKG verbotene Sendeanlage? JurPC Web-Dok. (13), 13/2017, Abs. 1; *HmbBfDI*, Sprachassistenzsysteme auf dem Prüfstand – Datenschutzbehörde eröffnet Verwaltungsverfahren gegen Google, 1.8.2019, abrufbar unter https://datenschutz-hamburg.de/pressemitteilungen/2019/08/2019-08-01-google-assistant; *Holtz/Nocun/Hansen*, Towards displaying privacy information with icons, in: Fischer-Hübner et al. (Hrsg.), Proc. Summer School on Privacy and Identity Management, AICT 352, 2011, S. 338; *Hornung*, Mitlauschen bei den lieben Kleinen: Kindeswohl oder Kindesgefährdung?, VuR 2018, 41; *Hui/Leohng*, The Era of Ubiquitous Listening: Living in a World of Speech-Activated Devices, in: Lee Kuan Yew School of Public Policy Research Paper No. 17–21, 2017, 7 f.; *Karnstedt* (Hrsg.), Report D5.1: Report on Feature Selection and Merging, ROBUST EC Project, 2011, abrufbar unter https://robust.west.uni-koblenz.de/results/feature-selection-and-merging/at_download/feature-selection-and-merging.pdf; *Kumar et al.*, Skill Squatting Attacks on Amazon Alexa, in: Proc. of the 27th USENIX Security Symposium, 2018, 12; *Lopez-Neira et al.*, ‚Internet of Things': How Abuse is Getting Smarter, Safe – The Domestic Abuse Quarterly (63) 2019, 22; *Lüttringhaus*, Mehr Freiheit wagen im Versicherungsrecht durch daten- und risikoadjustierte Versicherungstarife, in: Dutta/Heinze (Hrsg.), „Mehr Freiheit wagen" – Beiträge zur Emeritierung von Jürgen Basedow, 2018, S. 55; *Maiti/Jadliwala*, Light Ears: Information Leakage via Smart Lights, Proc. ACM on Interactive, Mobile, Wearable and Ubiquitous Technologies 3 (3), Article 98, 2019; *Micklitz*, Brauchen Konsumenten und Unternehmen eine neue Architektur des Verbraucherrechts?, Gutachten A, in Ständigen Deputation des Deutschen Juristentages: Verhandlungen des 69. Deutschen Juristentages (2012); *Monsees*, More information about our processes to safeguard speech data, 11.7.2019, abrufbar https://www.blog.google/products/assistant/more-information-about-our-processes-safeguard-speech-data/; *Morgner et al.*, Insecure to the Touch: Attacking ZigBee 3.0 via Touchlink Commissioning, in: Proc. 10th ACM Conference on Security & Privacy in Wireless and Mobile Networks (WiSec '17), 2017, 230; *Nassi et al.*, Lamphone: Real-Time Passive Sound Recovery from Light Bulb Vibrations, in: Cryptology ePrint Archive, Report 2020/708, 2020, https://eprint.iacr.org/2020/708.pdf; *Parkin et al.*, Usability analysis of shared device ecosystem security: informing support for survivors of IoT-facilitated tech-abuse, in: Carvalho/Pieters/Stobert (Hrsg.), NSPW '19: Proceedings of the New Security Paradigms Workshop, 2019, 1; *Prasad/Nagarkar*, Evaluating Privacy and Security Threats in IoT- based Smart Home Environment, International Journal of Applied Engineering Research 14 (7), 2019, 75; *Raabe/Weis*, Datenschutz im „Smart Home", RDV 2014, 231; *Ronen/Shamir*, Extended Functionality Attacks on IoT Devices: The Case of Smart Lights, 2016 IEEE European Symposium on Security and Privacy (EuroS&P), 2016, 3; *Roßnagel et al.*, Datenschutzrecht 2016 – „Smart" genug für die Zukunft?, ITeG – Interdisciplinary Research on Information System Design, 2016; *Rosner/Kenneally*, Clearly Opaque: Privacy Risks of the Internet of Things, IoT Privacy Forum, 2018, https://www.iotprivacyforum.org/wp-content/uploads/2018/06/Clearly-Opaque-Privacy-Risks-of-the-Internet-of-Things.pdf; *Rudkowski*, Versicherungsrechtliche Probleme des vernetzten Zuhauses („Smart Home"), VersR 2017, 1; *Rüscher*, Alexa, Siri und Google als digitale Spione im Auftrag der Ermittlungsbehörden? – Zur Abgrenzung von Quellen-TKÜ, Onlinedurchsuchung und akustischer Wohnraumüberwachung, NStZ 2018, 68; *Tanczer et al.*, Gender and IoT Research Report: The Rise of the Internet of Things and Implications for Technology-Facilitated Abuse. London: STEaPP, PETRAS IoT Hub, 2018, abrufbar unter https://www.ucl.ac.uk/steapp/sites/steapp/files/giot-report.pdf; *Schmauks*, Unterwegs zum Cybersex: Die Metiatisierung sexueller Berührung, in: Grunwald/Beyer (Hrsg.), Der bewegte Sinn, Grundlagen und Anwendungen zur haptischen Wahrnehmung, 2013, S. 251; *Solmecke/Kocatepe*, Google Glass – Der Gläserne Mensch 2.0, ZD 1/2014, 22; *Tanczer et al.*, Gender and IoT Research Report: The Rise of the Internet of Things and Implications for Technology-Facilitated Abuse. London: STEaPP, PETRAS IoT Hub, 2018, abrufbar unter https://www.ucl.ac.uk/steapp/sites/steapp/files/giot-report.pdf; *Tonner/Halfmeier/Tamm*, EU-Verbraucherrecht auf dem Prüfstand – Erkenntnisse aus Verbrauchersicht, Verbraucherzentrale Bundesverband (vzbv) eV, 2017, abrufbar unter https://www.vzbv.de/sites/default/files/downloads/2017/07/07/2017-06-27_refit_gutachten.pdf; *Unabhängiges Landeszentrum für Datenschutz Schleswig-Holstein*, Juristische Fragen im Bereich Altersgerechter Assistenzsysteme, Vorstudie im Auftrag von VDI/VDE-IT im Rahmen des BMBF-Förderschwerpunktes „Altersgerechte Assistenzsysteme für ein gesundes und unabhängiges Leben – AAL", 2011, abrufbar unter https://www.datenschutzzentrum.de/uploads/projekte/aal/2011-ULD-JuristischeFragenAltersgerechteAssistenzsysteme.pdf; *Vola*, Simple Metrics for TextMining, Technical Report, 2010; *Wagner/Salzmann*, IT-Sicherheit im Internet of Things: Überwachungspotenzial smarter Küchenhelfer, ZD-Aktuell 2019, 06731; *Wang et al.*, Friend or Foe?: Your Wearable Devices Reveal Your Personal PIN, ASIA CCS '16, 2016, 189; *Woods/Coravos/Corman*, The Case for a Hippocratic oath for Connected Medical Devices: Viewpoint, Journal of Medical Internet Research 21 (3), 2019; *Zhou et al.*, Discovering and Understanding the Security Hazards in the Interactions between IoT Devices, Mobile Apps, and Clouds on Smart Home Platforms, in: Proceedings of the 28th USENIX Security Symposium, 2019, S. 113.

A. IT-Anwendungen und IT-Infrastrukturen 1	5. Angriffe auf den, durch den und in dem privaten Haushalt 25
I. Begriff „Privater Haushalt" 4	II. Besondere Risiken anhand der Einsatzbereiche 26
II. Informationstechnik in privaten Haushalten 12	1. Informationstechnik im privaten Haushalt als Sprungbrett für Angriffe 26
1. Informationstechnische Geräte und Anwendungen zur privaten Lebensführung 13	2. Bildaufnahmen 29
2. Informationstechnik in der Umgebung: Hausautomation und Überwachung 14	3. Tonaufnahmen und Sprachkommandos .. 31
3. Informationstechnik am oder im Körper: Wearables und Implantate 16	4. Das personalisierte Smart Home 34
B. Besondere Risiken und Bedrohungen 18	5. Von der Kontrolle von Haushaltsmitgliedern bis zur häuslichen Gewalt 35
I. Allgemeine Charakteristika 18	C. Spezielle Rechtsvorschriften 37
1. Abgrenzung von geschäftsmäßiger Datenverarbeitung 18	I. Datenschutzrecht: Private Tätigkeiten und die Haushaltsausnahme 39
2. Betrieb und Administration durch Privatpersonen 21	II. Strafrecht: Verbotene Sendeanlagen 42
3. Zunehmende Durchdringung mit Informationstechnik 23	III. Familienrecht: Kompetenz für Sicherheit 45
4. Schädigungspotenzial 24	IV. Verbraucherrecht 46
	1. Verbraucherleitbild 46

2. Versicherungen und Informationstechnik im privaten Haushalt 48
3. Mietrecht: Einbau von Geräten 52
4. Abfallrecht sowie Entsorgung von Elektro- und Elektronikgeräten 55
D. Typische Problemlagen und Konfliktlinien 61

A. IT-Anwendungen und IT-Infrastrukturen

1 Informationssicherheit spielt bei jeder Art von Datenverarbeitung eine Rolle – nicht nur in Organisationen, sondern auch in privaten Haushalten. Der Begriff „privat" zielt hier auf Privatpersonen, also **natürliche Personen in ihrem privaten Lebensumfeld**, im Gegensatz zu juristischen Personen und natürlichen Personen, die in Ausübung einer gewerblichen oder freiberuflichen Tätigkeit handeln. Zwar sind alle diese Personen grundrechtsfähig. Eine Privatperson hat aber **besondere Grundrechte** wie beispielsweise „das Recht auf Achtung ihres Privat- und Familienlebens, ihrer Wohnung sowie ihrer Kommunikation", Art. 7 der Charta der Grundrechte der Europäischen Union 2010/C 83/02. Wegen des grundrechtlichen Schutzes bedürfen staatliche Eingriffe besonderer Rechtfertigungen. Abgrenzungsfragen privater Haushalte stellen sich in Bezug auf beispielsweise berufliches oder wirtschaftliches Handeln der Privatperson.

2 Im Folgenden soll der „private Haushalt" primär im Sinne der **privaten Lebensführung** betrachtet werden. Es geht damit nicht nur um einen räumlich abgetrennten Haushalt, sondern um die Perspektive des Einzelnen auf die IT-Sicherheit in seinem persönlichen und familiären Tun. Bei dieser Perspektive ist zu beachten, dass Mängel der Informationssicherheit im privaten Haushalt einer Person dazu führen können, dass einerseits die **Person selbst Schädigungen erleidet** oder dass andererseits dadurch unmittelbar oder mittelbar **Schäden bei anderen Personen, Organisationen oder technischen Systemen verursacht** werden. Die Ursache für eine Schädigung kann sich sowohl aufgrund eines aktiven Tuns der Privatperson als auch durch das Unterlassen, geeignete Sicherheitsmaßnahmen zu treffen, ergeben.

3 Das private Lebensumfeld einer Person umfasst einerseits ihre persönliche Nutzung von Informationstechnik, andererseits die typischerweise erfolgenden Interaktionen mit anderen Personen, beispielsweise bei einer technikgestützten Kommunikation. Daneben können durch den Einsatz von Informationstechnik einer Privatperson weitere Menschen betroffen sein, wie dies bei einer häuslichen Videoüberwachung der Fall ist. Ebenso sind verschiedene Konstellationen im Technikeinsatz im Haushalt zu betrachten, wenn **Mitbewohner oder Gäste** an der Nutzung teilhaben oder betroffen sein können. Dazu gehört auch der Umstand, wenn **Sorgeberechtigte ihre Kinder mit Informationstechnik ausstatten**, Zugangsmöglichkeiten zu informationstechnischen Produkten oder Dienstleistungen bereitstellen oder deren Nutzung dulden.

I. Begriff „Privater Haushalt"

4 Rechtlich gibt es **keine allgemein gültige, eindeutige und trennscharfe Definition** eines „privaten Haushalts". Allerdings nehmen spezifische Rechtsnormen für die jeweils im Fokus stehenden Regelungsinhalte genauere Grenzziehungen vor, beispielsweise im Bereich der Statistik (→ Rn. 5), des Sozial- und Steuerrechts (→ Rn. 6), der Versicherungen (→ Rn. 9), im Abfallrecht (→ Rn. 9) oder im Datenschutzrecht mit seiner Ausnahmeregelung des Haushaltsprivilegs (→ Rn. 10). Der Begriff „privat" steht primär für „nicht professionell"; allerdings spielen auch Konnotationen wie „nicht öffentlich" oder „vertraulich" – zB im familiären Zusammenleben – eine Rolle.

5 In **Erhebungen des Statistischen Bundesamtes** wird die folgende **Definition** verwendet:
„Als Privathaushalt gelten Personen, die zusammen wohnen und wirtschaften, die in der Regel ihren Lebensunterhalt gemeinsam finanzieren beziehungsweise die Ausgaben für den Haushalt teilen. Zu einem Privathaushalt gehören auch die vorübergehend abwesenden Perso-

nen, beispielsweise Berufspendler, Studierende, Auszubildende, Personen im Krankenhaus und im Urlaub. Entscheidend ist, dass die Person nur vorübergehend abwesend ist und normalerweise im Haushalt wohnt und lebt beziehungsweise mit ihrem ersten Wohnsitz an der Adresse des Haushalts gemeldet ist. Personen, die in einem Haushalt nur für sich selbst wirtschaften (Alleinlebende oder Wohngemeinschaften ohne gemeinsame Haushaltsführung), gelten als eigenständige Privathaushalte. Untermieter, Gäste und Hausangestellte gehören nicht zum Haushalt."[1]

Es wird demnach in der Bundesstatistik auf das gemeinsame Wohnen (**Wohnungshaushaltsprinzip**) oder auf das gemeinsame Wirtschaften (**Wirtschaftshaushaltsprinzip**) abgestellt, um die Erhebungs- und Analyseeinheiten abzugrenzen. Ähnliches gilt im Sozialrecht: Der Begriff der **Haushaltsgemeinschaft** mit Mitgliedern, die gemeinsam leben und wirtschaften, wird von dem der **Bedarfsgemeinschaft** mit getrenntem Wirtschaften im selben Haushalt unterschieden. Im SGB II zum Recht der Grundsicherung erstreckt sich die Haushaltsgemeinschaft lediglich auf Verwandte und Verschwägerte (s. § 9 Abs. 5 SGB II), im SGB XII zur Sozialhilfe besteht diese Beschränkung nicht (s. § 39 S. 1 SGB XII). Der Unterschied ergibt sich aus der Vermutung, dass Hilfebedürftige innerhalb der Haushaltsgemeinschaft in der Sicherung ihres Lebensunterhalts und zur Bedarfsdeckung von den anderen Mitgliedern unterstützt werden. Auch das Steuerrecht kennt die Haushaltsgemeinschaft, in der die Mitglieder gemeinsam leben (s. § 24 b Abs. 2 S. 2 EStG zur Gewährung des Alleinerziehendenentlastungsbetrags), wobei ein gemeinsames Wirtschaften nicht Voraussetzung ist.[2]

Für die Betrachtung aus der Perspektive der IT-Sicherheit ist einerseits die räumliche Abgrenzung von Bedeutung, andererseits der Bezug von einer Person im Haushalt zu anderen Personen. Der **Einsatz von Informationstechnik muss jedoch nicht dieselben Grenzen** aufweisen: Es kann beispielsweise ein Wohnhaus mit mehreren Haushaltseinheiten über eine einheitliche, zentral betriebenen IT-Infrastruktur versorgt werden, so dass sich getroffene Sicherheitsmaßnahmen und bestehende Risiken auf eine Vielzahl von Haushalten und die Bewohnerinnen und Bewohner sowie Gäste auswirken können. In anderen Fällen werden IT-Anwendungen jedoch hochindividualisiert eingesetzt und nicht mit anderen geteilt, beispielsweise bei persönlich genutzten Smartphones oder Wearables.

Ebenfalls von statistischer Relevanz, aber auch bedeutsam für die Rechtsbereiche zu Sozialleistungen oder für das Wahlrecht der Krankenkasse war – und ist teilweise noch – der Begriff des „**Haushaltsvorstands**": Damit wurde nach ständiger Rechtsprechung des Bundesverwaltungsgerichts die Person bezeichnet, die den größten finanziellen Anteil an den Kosten des Haushalts trug,[3] dh der Haupteinkommensbezieher. Die übrigen Mitglieder des privaten Haushalts gelten als Haushaltsangehörige. Die Bezeichnung „Haushaltsvorstand" entstammt dem traditionellen und mittlerweile überholten Rollenverständnis, dass der Familienvater das Geld verdient und damit den Haushalt finanziert; oft gehörte unmittelbar dazu auch die Entscheidungshoheit darüber, wie das Geld zu verwenden war. Selbst wenn diese **Rollenverteilung** nicht mehr so fixiert ist, sind Zuständigkeiten unter den Haushaltsmitgliedern auch aus der Perspektive der Informationssicherheit für private Haushalte relevant, beispielsweise wenn es um die Beschaffung von Informationstechnik, den Betrieb und die Konfiguration geht (→ Rn. 21).

Der Begriff des privaten Haushalts spielt außerdem eine Rolle bei **Immobilien- oder Hausratversicherungen**, um deutlich zu machen, wie weit sich der **Versicherungsschutz** erstreckt

---

1 Statistisches Bundesamt: Datenreport 2018, Kapitel 6, abrufbar unter https://www.destatis.de/DE/Service/Statistik-Campus/Datenreport/Downloads/datenreport-2018-kap-6.pdf.
2 BFH, 28. Juni 2012, AZ III R 26/10:.
3 BVerwG Beschl. v. 30.12.1965 – V B 152.65.

(→ Rn. 48). Dies betrifft auch etwaige Schäden, die aus dem Einsatz informationstechnischer Geräte im Haushalt resultieren oder solche Geräte betreffen. Das **Abfallrecht** beinhaltet spezifische Regeln für Abfälle aus Privathaushalten in der Abgrenzung zu Abfällen aus Gewerbebetrieben. Der Bezug zur Informationssicherheit wird besonders deutlich bei der Entsorgung oder Wiederverwertung informationstechnischer Geräte (→ Rn. 55 ff.).

10 Private Haushalte stehen als Verantwortliche nicht im Fokus des Datenschutzrechts. Dieses zielt vielmehr auf die Verarbeitung personenbezogener Daten natürlicher Personen – sog. „betroffene Personen", deren Daten auch in ihrer Rolle als Bewohner eines privaten Haushalts verarbeitet werden können – durch Organisationen wie Unternehmen oder Behörden; private Haushalte werden im Datenschurecht prinzipiell ausgenommen. Die sog. „**Haushaltsausnahme**" (household exemption) ist sowohl in der EU-Verordnung 2016/679 (Datenschutz-Grundverordnung, DS-GVO) als auch in ihrer Vorgänger EU-Richtlinie 1995/46/EG (DS-RL) normiert: Nicht in den Anwendungsbereich des Datenschutzrechts fällt demnach die Datenverarbeitung durch Privatpersonen für **ausschließlich persönliche oder familiäre Tätigkeiten**, Art. 2 Abs. 2 Buchst. c DS-GVO bzw. Art. 3 Abs. 2 2. Gedankenstrich DS-RL. Anders als in den vorherigen Definitionen eines privaten Haushalts geht es im Datenschutzrecht also nicht um eine räumliche oder hausratsbezogene Abgrenzung, sondern im Vordergrund steht die Datenverarbeitung. Der EuGH hat in seinem Urteil vom 11.12.2014 festgestellt, dass sich **Ausnahmen und Einschränkungen in Bezug auf den Schutz der personenbezogenen Daten auf das absolut Notwendige beschränken** müssen.[4] Damit sind nicht alle Tätigkeiten in einem privaten Haushalt und nicht alle Verarbeitungen einer Privatperson von der Haushaltsausnahme des Datenschutzrechts umfasst (detaillierter → Rn. 39 ff.).

11 In Verarbeitungskonstellationen, die dem Anwendungsbereich des Datenschutzrechts entzogen sind, wird die Privatperson daher nicht zum datenschutzrechtlich Verantwortlichen. Dennoch resultiert daraus **kein verantwortungsfreier Raum**, denn für die Privatperson können durchaus Pflichten aus anderen Rechtsbereichen erwachsen (zB Strafrecht, Äußerungsrecht, Urheberrecht, Haftungsrecht usw).[5] Aus der Perspektive der Informationssicherheit ist daher sowohl das Risiko zu untersuchen, dem die Personen in einem privaten Haushalt ausgesetzt sind und aus dem **Schädigungen für sie selbst oder für andere** erwachsen können, als auch das Risiko, das sich aus dem Verhalten dieser Personen, dh einem Agieren oder einem Unterlassen, ergeben kann.

II. Informationstechnik in privaten Haushalten

12 Das Spektrum von IT-Anwendungen und IT-Infrastrukturen, die im privaten Haushalt zum Einsatz kommen können, ist breit und erstreckt sich auf **viele Lebensbereiche**. Im Folgenden werden wichtige Kategorien von informationstechnischen Systemen genannt, die spezifische Risiken mit sich bringen: Informationstechnik zur privaten Lebensführung (→ Rn. 13), Hausautomation (→ Rn. 14) sowie Wearables und Implantate (→ Rn. 16).[6]

1. Informationstechnische Geräte und Anwendungen zur privaten Lebensführung

13 Während einige informationstechnische Geräte spezifisch einem jeweiligen Zweck dienen (zB eBook-Reader oder Spiele-Konsolen), haben andere einen universelleren Charakter und lassen sich – mit den entsprechenden Anwendungen ausgestattet – **vielseitig verwenden**. Dazu gehören Desktop- oder Laptop-Computer, Tablets oder Smartphones, die ebenso zur Kommunika-

---

4 EuGH Urt. v. 11.12.2014 – C-212/13 – Ryneš, Rn. 28.
5 Näheres zu den vertragsrechtlichen Haftungsfragen *Rafsendjani/Bomhard* → § 9 Rn. 1 ff.; zu den deliktsrechtlichen Sicherheitspflichten *Spindler* → § 10 Rn. 1 ff.
6 Zu Mobilitätsaspekten von Privatpersonen siehe *Geminn/Müller* → § 22 Rn. 46, 119 f.

tion per E-Mail, Messenger oder Audio-/Videokonferenz eingesetzt werden wie zur Erstellung von Dokumenten, zum Führen von Datenbanken oder zur Bearbeitung von Fotos oder Filmen. Die Zwecke und Methoden sind mannigfaltig: private Schriftwechsel mit Behörden, Korrespondenz mit Freunden, Pflege von Webseiten, Blogs oder sozialen Netzwerkprofilen, Erstellen von Steuererklärungen, Online-Banking, Online-Shopping, Spiele und Unterhaltungsprogramme oder die Kopplung mit 3D-Druckern, Laser- oder Sticksystemen für professionelle Bastel- oder Werkarbeiten, die früher lediglich in spezialisierten Firmen vorhanden waren. Geräte, die **ursprünglich nur einem Zweck** dienten, haben häufig **weitere Funktionalität** erhalten, zB Smart-TVs, die nicht nur zum Fernsehen oder Schauen von gespeicherten Filmen geeignet sind, sondern sich auch für Informationsbeschaffung oder Online-Shopping verwenden lassen. Typisch für den Einsatz in privaten Haushalten sind nicht nur der Anschluss an das Internet, sondern auch **lokale Netze**, die meistens drahtlos über **WLAN-Router** realisiert werden.

2. Informationstechnik in der Umgebung: Hausautomation und Überwachung

Für die **Automatisierung im Haushalt** werden technische Geräte wie Lampen, Heizung, Klimaanlage, Jalousien, Kühlschrank, Waschmaschine, Kaffeemaschine, Staubsauger, Rasenmäher, Unterhaltungssysteme wie Fernseher, Heimkino oder Musikprogramm usw über elektronische Steuerungskomponenten, zB per App oder Sprachbefehl, genutzt oder konfiguriert. Einige der Systeme arbeiten autonom, zB Haushalts-, Mäh- oder Bewässerungsroboter. Auch Überwachungs- und Alarmsysteme zur Sicherung gegen unbefugte Eindringlinge mit Tür- oder Fensterverriegelung, Bewegungs-, Rauch-, Glasbruch- oder Wassersensorik lassen sich so steuern. Die Vernetzung kann über WLAN, Bluetooth oder spezifische Kommunikationsprotokolle realisiert werden. Zu den Zielen eines **Smart Homes** mit solchen vernetzten Geräten gehören eine Zunahme an **Komfort, Kontrolle** (zB über den Energieverbrauch) und **Sicherheit** gegen Einbrecher. Smart Homes können auch eine **technische Unterstützung bei Behinderungen oder Pflegebedürftigkeit** leisten. Während nur wenige Haushalte vollständig oder überwiegend mit Smart-Home-Technik ausgestattet sind, sind in vielen schon einzelne Komponenten im Einsatz, zB ein Smart-TV oder Sprachassistenz mit Kopplung an ein Entertainmentsystem.

Geräte mit **Audio- oder Videofunktionalität** sind nicht immer als solche erkennbar, teilweise aus gestalterischen Gründen, teilweise aber auch für einen verdeckten Einsatz. Videoüberwachung getarnt in Rauchmeldern oder Akten, in Teddys oder anderem Kinderspielzeug zur Überwachung des Babysitters, Stifte mit Aufnahmefunktion oder Smartwatches mit Aufschaltmöglichkeit aus der Ferne können leicht erworben werden. Lausch- und Mithörfunktionalität kann auch vernetztes Spielzeug aufweisen (→ Rn. 42).[7]

3. Informationstechnik am oder im Körper: Wearables und Implantate

Im Gegensatz zu einer verbauten Haushaltsautomation, bei der die Geräte sich im Bereich der Wohnung oder des Grundstücks befinden, kann Informationstechnik auch **mobil** zum Einsatz kommen. Von besonderem Interesse ist Informationstechnik, die **am Körper getragen** wird, zB eine Smartwatch oder ein Fitness-Tracking-Armband. Solche Tools können mit ihrer **Sensorik** Daten über den Körper sammeln und auswerten, beispielsweise über den Pulsschlag, die Temperatur oder die Bewegung der Person. Mit diesen Daten lässt sich ableiten, wie fit jemand ist,

---

7 Wie die Puppe Cayla, die von der Bundesnetzagentur als illegale Sendeanlage eingestuft wurde, → Rn. 42. Siehe *Hornung* VuR 2018, 41.

ob er krank ist, wie gut er schläft uÄ.[8] Technik kann nicht nur zum Messen verwendet werden, sondern auch selbst eine **aktive oder responsive Komponente** beinhalten, die automatisch oder ferngesteuert zum Einsatz kommen kann, beispielsweise vernetzte Sex-Toys[9] oder mit Sensoren versehene Ganzkörperanzüge (Data Suits) in Virtual-Reality-Anwendungen, womit sich Seh- oder Höreindrücke sowie ein haptisches Feedback bewirken lassen.[10]

17 Informationstechnik kann zudem auch **als Hilfsmittel** in Hörgeräten oder Brillen eingebaut sein und damit ihre Träger unterstützen. Eine Datenbrille wie GoogleGlass[11] ist ein Computergerät, das an das Internet angebunden ist, Audio-, Video- und Bewegungssignale interpretiert und im Brillen„glas", dem Display, zusätzliche Informationen einblenden kann, zB den Namen des Gegenübers, eine Sprachübersetzung oder „Augmented Reality"-Überblendungen für Konstruktionen oder medizinische Operationen. Es gibt auch Informationstechnik, die **im Körper eingebaut** wird, zB Herzschrittmacher, Insulinpumpen oder künstliche Gliedmaßen, die nach Amputationen dauerhaft oder abnehmbar am oder im Körper eingesetzt werden. Funkchips für die Nahkommunikation (Near Field Communication (NFC)) lassen sich unter die Haut implantieren und können als kontaktloser Wohnungsschlüssel oder zum Bezahlen verwendet werden. Die implantierte Technik lässt sich also **nicht nur aus medizinischen Gründen, sondern auch für zusätzlichen Funktionalität verwenden** („Human Enhancement", „Bodyhacking").

B. Besondere Risiken und Bedrohungen
I. Allgemeine Charakteristika
1. Abgrenzung von geschäftsmäßiger Datenverarbeitung

18 Die Besonderheit bei privaten Haushalten liegt darin, dass anders als bei Unternehmen, Behörden oder anderen Organisationen **kein professionelles Vorgehen in Bezug auf Datenverarbeitung und Informationstechnik erwartet** werden kann. Es handelt sich **nicht um ein geschäftsmäßiges Handeln,** für das sich beispielsweise Pflichten aus dem Datenschutz- oder IT-Sicherheitsrecht ergeben: Man kann also nicht ausgehen von einem professionellen und dokumentierten Technikbetrieb, der sich am Schutzbedarf der Daten und der Verarbeitung orientiert, einem Datenschutzmanagementsystem, ggf. einem benannten Datenschutzbeauftragten, einem Informationssicherheitsmanagementsystem und spezifisch Zuständigen oder Ausgebildeten für Informationssicherheit, die sich regelmäßig in ihrer Arbeitszeit mit dem Thema beschäftigen, Meldungen neu bekannt gewordener Risiken auswerten und Schutzmaßnahmen veranlassen, und von einer ausreichende Kontrolle aller Dienstleister, die im Auftrag oder gemeinsam mit der Organisation tätig werden. Im Betrieb oder in der Behörde sind üblicherweise Regeln zum Umgang mit Informationstechnik für die Beschäftigten niedergelegt, im privaten Haushalt gibt es kein Äquivalent für Bewohner und Gäste. Es mag allenfalls Nutzungsregeln unter den Mitgliedern einer Wohngemeinschaft oder Vorgaben der Eltern für die Kinder geben.

19 Zudem ist die **Nutzerzahl der Informationstechnik in privaten Haushalten häufig geringer** als bei Unternehmen, Behörden oder anderen Organisationen. Während bei einer geschäftsmäßigen Datenverarbeitung zumeist ein lokales Netz verwendet wird, das durch gesonderte Fire-

---

8 Angriffe auf Wearables, zB am Handgelenk, können auch Bewegungen wie das Eingeben einer persönlichen PIN nachvollziehbar machen; *Wang et al.* ASIA CCS '16, 2016, 189.
9 SEC Consult, internet of Dildos: A long way to a vibrant future – from IoT to IoD, 1.2.2018, abrufbar unter https://sec-consult.com/en/blog/2018/02/internet-of-dildos-a-long-way-to-a-vibrant-future-from-iot-to-iod/.
10 *Schmauks* in Grunwald/Beyer (Hrsg.), Der bewegte Sinn, Grundlagen und Anwendungen zur haptischen Wahrnehmung, S. 251.
11 *Solmecke/Kocatepe* ZD 1/2014, 22.

wall-Server von dem Internet getrennt und möglicherweise in mehreren Netzsegmenten mit unterschiedlichem Schutzbedarf organisiert ist, verfügen viele Haushalte nicht über eine derartige Technik. Allerdings werden hier ebenfalls zunehmend lokale Netze, beispielsweise über installierte (WLAN-)Router, aufgebaut, um die verschiedenen Komponenten der Haustechnik zu integrieren. Dies wird auch durch die Umstellung auf IP-Telefonie befördert, bei der schon aufgrund der Anbindung der Telefone oder weiterer Endgeräte, beispielsweise Smart-TVs oder Notrufsysteme, ein Router betrieben wird. Solche Router erlauben oft auch, festgelegte Regeln durchzusetzen, zB dass die Internet-Nutzung für Kinder im Haushalt zeitlich oder im Umfang beschränkt wird oder Klingelsignale für IP-Telefone nachts still geschaltet sind.

Die **Grenzen zwischen privater und geschäftsmäßiger Datenverarbeitung sind fließend**: In einigen Berufen ist ein Tätigwerden von zu Hause aus die Regel, vielfach wird zumindest tageweise eine Home-Office-Möglichkeit genutzt. Im **Home-Office** müssen die Beschäftigten zumeist die Vorgaben des Arbeitgebers, beispielsweise zum Umgang mit personenbezogenen oder anderweitig sensiblen Daten, einhalten. Während der Pandemie im Zusammenhang mit dem SARS-CoV-2-Virus wurde darüber hinaus ein **Home-Schooling** notwendig, als die Schulen über längere Zeit geschlossen wurden, um eine Ausbreitung des Virus zu vermeiden: Dabei nutzen die Schüler häufig auch digitale Angebote und Online-Dienste, um die Aufgaben zu erhalten und zu bearbeiten. Auch rechnergestützte Audio- und Videokonferenzen kommen zum Einsatz. Die private Informationstechnik kann auch gemäß dem Prinzip „**Bring your own device**" (**BYOD**)[12] im dienstlichen Zusammenhang verwendet werden. Dies wirft regelmäßig arbeits- oder datenschutzrechtliche Fragen auf.[13] Um eine Kontrolle über die auf privaten Geräten verarbeiteten dienstlichen Daten zu haben, werden beispielsweise (**Mobile-**)**Device-Management-Systeme** genutzt. Es empfiehlt sich, im Sinne der klaren Verantwortlichkeiten von Arbeitgeber bzw. Beschäftigten für die eingesetzte Informationstechnik und die Datenverarbeitung im Vorfeld schriftliche Festlegungen zu treffen.

2. Betrieb und Administration durch Privatpersonen

Die Informationstechnik im privaten Haushalt wird üblicherweise von einem Bewohner beschafft und selbst oder über von ihm beauftragte Dienstleister installiert und betrieben. Ausnahmen kann es im Fall von informationstechnischen Geräten geben, die vom Vermieter gestellt werden und dieser auch über den Betrieb entscheidet (→ Rn. 52). Häufig werden also die Installation, die Konfiguration und der Betrieb der Informationstechnik **ganz oder großenteils von technischen Laien** erbracht; eine Kontrolle der eingebundenen Dienstleister wird ihnen regelmäßig nicht möglich sein. Zwar gibt es auch private Haushalte, in denen ein hohes Niveau an Informationssicherheit herrscht, doch sind **im Privatbereich weder spezifische Kenntnisse vorauszusetzen** noch kann man erwarten, dass zeitaufwendige oder teure Maßnahmen umgesetzt werden. **Je vielfältiger und komplexer** die eingesetzten vernetzten Geräte sind, **desto aufwendiger** ist es zudem, ein adäquates IT-Sicherheitsmanagement umzusetzen.

Die Infrastruktur der Technik im privaten Haushalt wie der Router und das (W)LAN oder Steuerungskomponenten für Haustechnik sind häufig gegen unbefugte Zugriffe durch ein Passwort gesichert. Während Geräte wie Smartphones von jedem Nutzer individuell konfiguriert und durch PINs, Muster oder biometrische Zugriffskontrollen nutzerspezifisch gesichert werden können, ist bei gemeinsam genutzten Komponenten eher üblich, dass sich **eine Person**

---

12 Verwandt mit BYOD sind die Methoden „Choose your own device" (CYOD) oder „Corporate Owned, Personally Enabled" (COPE), wobei es sich um unternehmenseigene Geräte handelt, die zu einem gewissen Grad von den Beschäftigten selbst eingerichtet und gepflegt werden.

13 Wissenschaftliche Dienste (des Deutschen Bundestages, Arbeitsrechtliche Aspekte der dienstlichen Nutzung privater Endgeräte, WD 6 - 3000 - 056/19, 2019, abrufbar unter https://www.bundestag.de/resource/blob/648356/207 39233cb4f10a7512aa9d66436fe0a/WD-6-056-19-pdf-data.pdf.

des Haushalts um den Betrieb kümmert und damit auch über die Zugriffsmöglichkeiten verfügt. **Konfigurationsänderungen oder Updates** werden meist auch nur von dieser Person durchgeführt; oft haben andere Bewohner in Ermangelung von Zugriffsberechtigungen oder des nötigen Know-hows dazu auch gar nicht die Möglichkeit. Die technische und organisatorische Gestaltung – dass bei der Installation ein Administrationskonto zu erstellen ist, bei dem dann oft eine Person das Passwort festlegt, oder dass Rechnungen in der Regel an eine Person als Kunden gesandt werden – befördert die Rolle eines Einzeladministrators. Für Notfälle kann diese Person Zugriffsberechtigungen dokumentieren, beispielsweise durch ein aufgeschriebenes Passwort. Doch ohne regelmäßige Beschäftigung mit der Informationstechnik wird anderen Personen im Haushalt die Kenntnis eines Passworts nicht ausreichen, um mehr als oberflächliche Änderungen vorzunehmen. In diesen Fällen besteht eine **Abhängigkeit von dem Haushalts-IT-Administrator**[14] (s. a. Haushaltsvorstand, → Rn. 8) **oder von Dienstleistern**, die helfen können.

3. Zunehmende Durchdringung mit Informationstechnik

23 Charakteristisch für die Technikentwicklung der vergangenen Jahre sind die **Miniaturisierung technischer Komponenten, der Ausbau von Speicher- und Prozessorkapazitäten, eine zunehmende Vernetzung** von Komponenten miteinander und mit dem Internet, Fortschritte bei Big-Data-Analysen bis hin zu Verfahren der **künstlichen Intelligenz**, die Verbreitung von **Sensoren** zur Erfassung von Umgebungsdaten und **Aktuatoren** zum Auslösen von Aktionen und Reaktionen mit dem Effekt einer stärkeren Automatisierung von technischen Komponenten wie Robotern oder Autos, die den Menschen unterstützen oder die Aufgaben autonom übernehmen. Auch der private Haushalt wird allmählich **von ubiquitärer Informationstechnik durchdrungen**: In der Wohnung befinden sich IT-Geräte, die einzeln oder vernetzt verwendet und teilweise schon bei der Gebäudeplanung berücksichtigt werden. Ebenso begleitet die Informationstechnik die Menschen in ihren Tätigkeiten, wenn Smartphones an nahezu allen Orten mitgeführt oder auch sonstige Technik körpernah oder sogar im Körper zum Einsatz kommen kann. Dies stellt hohe Anforderungen an die Informationssicherheit.

4. Schädigungspotenzial

24 Durch die ubiquitäre Nutzung nicht nur im beruflichen, sondern auch im privaten Lebensbereich eröffnet sich ein **großes Schädigungspotenzial**. Zunächst kann die Person, die selbst die Informationstechnik nutzt, geschädigt werden, zB wenn Schadsoftware auf dem privaten Computer Daten ausliest, manipuliert oder löscht (Angriffe auf Vertraulichkeit, Integrität oder Verfügbarkeit). Auch Hardware kann betroffen sein, zB bei einer absichtlichen oder versehentlichen Fehlsteuerung von Geräten, die zu Überhitzung oder Feuer führt. Ähnliches gilt, wenn die Informationstechnik einen Einbruch in das Haus ermöglicht, zB bei automatischer Fensteröffnung ab einer bestimmten Temperatur. Selbst Schädigungen an Leib und Leben sind möglich, beispielsweise im Falle eines durch ein Sicherheitsproblem verursachten Brandes oder Manipulation von körpernah getragener oder im Körper eingebauter Informationstechnik (→ Rn. 16 f.). Daneben können durch Angriffe auf die Informationstechnik im privaten Haushalt auch Kosten entstehen, zB wenn ein Angriff auf die unerwünschte Nutzung kostenpflichtiger Dienste oder ungewollten Energieverbrauch zielt.

---

14 Es ist anzunehmen, dass die männlichen IT-Administratoren für die Infrastruktur im privaten Haushalt in der deutlichen Überzahl sind, weil auch der Anteil der Frauen in MINT (Mathematik, Informatik, Naturwissenschaften und Technik)-Berufen mit 15,4 % deutlich unterdurchschnittlich ist und nur langsam steigt; Bundesagentur für Arbeit, MINT-Berufe, Berichte: Blickpunkt Arbeitsmarkt, August 2019, abrufbar unter https://statistik.arbeitsagentur.de/Statischer-Content/Arbeitsmarktberichte/Berufe/generische-Publikationen/Broschuere-MINT.pdf.

5. Angriffe auf den, durch den und in dem privaten Haushalt

Zum einen können die **Bewohner Betroffene von Angriffen** sein, die sich gegen Informationstechnik, Daten oder die Bewohner des privaten Haushalts richten. Zum anderen kann aber die **Informationstechnik im privaten Haushalt selbst zum Vehikel für Angriffe gegen andere** werden: Weist die Informationstechnik Privater Sicherheitslücken auf, kann dies ein **Einfallstor oder Sprungbrett** sein für Angriffe auf andere Systeme. So kann über die Informationstechnik im Haushalt versehentlich Schadsoftware weiterverbreitet werden oder die verwendeten Internet-fähige Geräte können **Teil eines Botnetzes** werden, das Angriffe auf andere IT-Systeme durchführt. Auch wenn ein Nutzer nicht sorgsam mit personenbezogenen oder anderweitig schützenswerten Daten umgeht, zB wenn er Speichermedien wie USB-Sticks mit anvertrauten Informationen verliert oder bei der persönlichen Internetnutzung solche Daten versehentlich Dritten zugänglich macht, weil er keine Sicherheitsmaßnahmen nach dem Stand der Technik (Zugriffsschutz durch Passwörter, Verschlüsselung oÄ) umgesetzt hat, verursacht er Sicherheitsprobleme. Im Gegensatz zu dem Verursachen von sicherheitsrelevanten Ereignissen aus Unkenntnis über Risiken und mögliche Gegenmaßnahmen oder aus mangelnder Fähigkeit, geeignete Maßnahmen wirksam umzusetzen, können Bewohner aber auch vorsätzlich eine aktive Rolle bei einem Angriff auf zu schützende Güter spielen. Interessant mit Fokus rein auf den privaten Haushalt sind solche Angriffe, die durch das Wahrnehmen der Kontrolle über die eingesetzte Informationstechnik ermöglicht werden und auf das Schädigen von Mitbewohnern oder Gästen zielen, beispielsweise durch ein Ausspähen von Daten. Eine **besondere Machtposition** nimmt hier der Bewohner ein, der die Informationstechnik im Haushalt oder zentrale Komponenten betreibt (→ Rn. 35 ff.). Vielfach kann sogar der bestimmungsgemäße Einsatz eine derartige Überwachung ermöglichen.

II. Besondere Risiken anhand der Einsatzbereiche

1. Informationstechnik im privaten Haushalt als Sprungbrett für Angriffe

Zwar können Angriffe auf die Informationstechnik eines privaten Haushalts in Ermangelung eines professionellen Sicherheitsmanagements häufig einfacher erfolgreich durchgeführt werden. Jedoch sind die Kommunikation von Familienmitgliedern oder digitale Urlaubsbilder in der Regel weniger monetär für einen Angreifer verwertbar als die Geschäftsgeheimnisse eines Unternehmens oder die Massendaten einer behördlichen Datenbank. Auch würden viele Privatpersonen bei Ransomware – also Verschlüsselung der gespeicherten Daten und erst bei Lösegeldzahlung die Zusage der Entschlüsselung – keine oder keine hohe Zahlung an den Erpresser leisten, während dies von Firmen häufiger in Erwägung gezogen wird, wenn es keine andere Möglichkeit gibt, die Geschäfts- oder Kundendaten wiederherzustellen. Dies schließt nicht gezielte Angriffe auf Einzelpersonen aus, deren Reputation beschädigt werden soll. Doch auch wenn der **Privathaushalt nicht das primäre Ziel eines Angriffs** ist, können die kursierenden **Viren und Trojaner** die dortige Informationstechnik infizieren.

Die Privat-IT kann außerdem als **Sprungbrett für weitere Angriffe** dienen, zB um Schadsoftware weiterzuverbreiten. Ebenso können Privatrechner gekapert und als **Teil eines Botnetzes** verwendet werden, beispielsweise um zu einem definierten Zeitpunkt von vielen scheinbar unabhängig voneinander agierenden Computern dieselben Server mit einem „Distributed Denial of Service (DDoS)-Angriff" zu überziehen. Die Privat-IT ist dann also nicht nur einem Angriff zum Opfer gefallen, sondern wird zum **Tatwerkzeug desjenigen, der das Botnetz steuert**. Es kann sein, dass diese Rechneraktivität unbemerkt von den Nutzern im Privathaushalt geschieht und nur **aktualisierte Anti-Virus-Programme** diesen Umstand mitteilen und zu beheben versuchen. Auch die Internet-Service-Provider (ISP) können oft technisch eine vorliegende Botnetz-Aktivität erkennen. Zur Eindämmung der weiteren Verbreitung solcher Schadsoftware und zur Beschränkung ihrer Wirkung als Teil eines Botnetzes – also zum Schutz der anderen Netzteilnehmer – bietet sich an, dass die infizierten Privatrechner vom Internet abgekoppelt werden, bis die Computer gesäubert sind. Das bedeutet allerdings, dass in der Zeit der Zugriff auf das Internet abgeschnitten ist; es könnte sogar sein, dass die Nutzer damit Nachteile erleiden, weil sie damit Deadlines für zeitkritische Anträge, Abgabetermine oder Online-Auktionen verpassen. Das BSI empfiehlt den ISP, dass sie mit ihren Kunden vertraglich vereinbaren, dass die Diensteerbringung bei missbräuchlicher Nutzung eingeschränkt werden kann,[15] und sie bei der Entfernung von Schadsoftware unterstützen. Durch eine Regelung in § 109a Abs. 5 TKG sind die **ISP auch gesetzlich berechtigt, in solchen Fällen den Datenverkehr der Kunden einzuschränken, umzuleiten oder zu unterbinden.**

28 Der Sprungbrett-Effekt lässt sich auch im Smart Home beobachten. Besonders häufig sind **Angriffsmöglichkeiten auf die smarten Glühlampen** dokumentiert, denen Sicherheitsforscher sogar teilweise attestiert haben, „insecure by design"[16] zu sein. Ein Kapern dieser vergleichsweise niedrigpreisigen Geräte kann den Angriff auf andere Smart-Home-Geräte im selben Netz ermöglichen, die ein Angreifer dann fernsteuern kann. Bei diesem Angriffstyp[17] geht es gar nicht um die Funktionalität der Glühlampe, sondern nur um das **Ausnutzen ihrer Vernetzung.**[18] Andere Angriffe richten sich tatsächlich auf die Funktion, also bei Glühlampen ein Ein- und Ausschalten auf Anforderung oder zu definierten Zeiten oder das Verändern der Helligkeit oder der Farbe. Diese **Steuerung** des Lichts machen sich wiederum andere Angriffe auf Glühlampen im Smart Home zunutze, die auf ein **Ausspionieren** gerichtet sind.[19] Doch auch Glühlampen ohne jegliche eigene informationstechnische Funktionalität können durch ihre Vibrationen verraten, was im Raum gesprochen wird: Forscher konnten mit dem Lamphone-Verfahren anhand der Beobachtung einer Glühlampe Unterhaltungen durch Teleskopaufnahmen und optische Sensoren aus 25 Meter Entfernung rekonstruieren.[20]

2. Bildaufnahmen

29 Viele Notebooks sind mit **Webcam-Funktionalität** ausgestattet; Videokonferenzsysteme können per Computer oder Smartphone bedient werden. Hinzukommen Videoüberwachungssysteme, die in vielen Privathäusern eingesetzt werden. Dies betrifft besonders die Haustür zum Zwecke der Kontrolle, wer Einlass begehrt, oder Bereiche am Haus, um Einbrecher abzuschrecken. Aber auch in der Luft per **Drohne** oder im Haus lassen sich Kameras einsetzen. Im Sinne des „**Ambient Assisted Living**" können es die Bewohner ermöglichen, dass sich in Notsituationen ein Wachdienst zuschaltet und per Video schaut, ob ein Rettungsteam alarmiert werden muss. Auch zur Überwachung von Haushaltshilfen oder Babysittern werden Videoüberwachungssysteme angeboten, zB per „**Nannycam**" oder „**Teddycam**" versteckt in einem Spielzeug. Die Eltern können den Babysitter ihres Kindes darüber beobachten oder im Nachhinein Aufzeichnungen anschauen. Hier ist zu berücksichtigen, dass nicht alle technischen Möglichkeiten rechtlich auch erlaubt sind. Dies betrifft insbesondere **Erfassungen des öffentli-**

---

15 Beispielsweise in den AGB über eine „Acceptable Use Policy", BSI, Malware-Schutz – Handlungsempfehlungen für Internet-Service-Provider (ISP), BSI-CS 046, 11.7.2018, abrufbar unter https://www.allianz-fuer-cybersicherheit.de /ACS/DE/_/downloads/BSI-CS/BSI-CS_046.pdf?__blob=publicationFile&v.=3.
16 *Morgner et al.*, Proc. 10th ACM Conference on Security & Privacy in Wireless and Mobile Networks (WiSec '17), 2017, 230.
17 *Ronen/Shamir*, 2016 IEEE European Symposium on Security and Privacy (EuroS&P), 2016, 3–12.
18 *Zhou et al.*, Discovering and Understanding the Security Hazards in the Interactions between IoT Devices, Mobile Apps, and Clouds on Smart Home Platforms, in Proceedings of the 28th USENIX Security Symposium, 2019, S. 113; *Prasad/Nagarkar*, International Journal of Applied Engineering Research 14 (7), 2019, 75.
19 Dies wird für Geschäfts- oder Staatsgeheimnisse diskutiert, wenn smarte Glühlampen in Unternehmen oder Behörden zum Einsatz kommen, siehe zB *Maiti/Jadliwala*, Article 98, 2019.
20 *Nassi et al.*, Cryptology ePrint Archive, Report 2020/708, 2020.

chen Raums, die heimliche Überwachung oder eine Kopplung mit biometrischen Analysesystemen, die allenfalls unter besonderen Bedingungen rechtmäßig sind. Auch Spiel-, TV- oder Multimediasysteme sind zunehmend mit Kameras ausgestattet, zB um bei interaktiven Spielen die Gestik oder sonstige Bewegungen der Teilnehmer zu erfassen. Für den Smart-TV-Bereich gibt es Patente, die eine **visuelle Auswertung der Zuschauer vor dem Gerät** beinhalten.[21] Dies könnte genutzt werden, um je nach Anzahl der Zuschauer für einen Film verschiedene Preise zu berechnen oder um Jugendschutzvorgaben zu erfüllen. Es könnten aber auch anhand der Mimik der Zuschauer bei TV-Programmen oder Werbung Analysen unternommen werden, was welchem Zuschauer gefällt, um zielgruppengerecht die Inhalte anzupassen oder Produkte zu bewerben.

Kameras, die im oder am Haus aufnehmen, zeigen damit viel von den **Gewohnheiten oder den privaten Lebensverhältnissen der einzelnen Haushaltsmitglieder und ihrer Gäste**. Daraus ergibt sich, dass Sorge dafür zu tragen ist, dass auf die Bilddaten nicht unbefugt zugegriffen werden kann. Vielfach bestehen aber **Sicherheitsprobleme**,[22] beispielsweise wenn die Kameras in einem unverschlüsselten oder anderweitig mangelhaft abgesicherten WLAN betrieben werden. Problematisch und auch unter dem Gesichtspunkt der Informationssicherheit relevant kann auch sein, wenn die Daten **zentral beim Anbieter gesammelt werden und darüber auch vereinfacht für einen behördlichen Zugriff (ggf. aus anderen Staaten) zur Verfügung stehen**.[23]

3. Tonaufnahmen und Sprachkommandos

Ähnlich wie für Bildaufnahmen sind im Privathaushalt Geräte zu finden, die der **Erfassung von Stimmen oder Geräuschen** dienen. Dazu gehört insbesondere jede Form von **Sprachassistenz**, um mündliche Kommandos an die Geräte zu interpretieren und auszuführen. Sprachassistenzsysteme finden sich beispielsweise in Smartphones oder in Multimediaelektronik. Aus Sicht der Informationssicherheit muss gewährleistet sein, dass vertrauliche Informationen nicht für Unbefugte zugänglich werden, nicht unbefugt Kommandos an die Geräte erteilt werden können und die autorisierten Befehle korrekt umgesetzt werden.[24] Diese Anforderungen sind nicht einfach umzusetzen. Will man beispielsweise erreichen, dass die Sprachassistenz die Befehle nur von bestimmten Personen, zB nur den Haushaltsmitgliedern, akzeptiert, könnte eine Prüfung anhand eingelernter Stimmmuster erfolgen. Damit müssten die **biometrischen Stimmmuster** erhoben werden (je nach System geschieht dies ohnehin), aber ob eine aufgeregte Stimme in einer Notfallsituation korrekt erkannt wird, ist nicht garantiert. Die Ausführung eines von einer befugten Person gegebenen Befehls kann ebenfalls Probleme aufwerfen, besonders wenn zusätzliche Dienste dafür benötigt werden: Ähnlich wie bei einem Tippfehler im Internet-Browser, der auf eine falsche Seite führt, die von einem Angreifer betrieben wird,

---

21 *Perez/Kipman/Fuller*, Content distribution regulation by viewing user, United States Patent Application Publication No. US 2012/0278904 A1, 1.11.2012, abrufbar unter https://patentimages.storage.googleapis.com/1d/bd/0a/55aa8bf880764e/US20120278904A1.pdf.
22 *Bugeja/Jönsson/Jacobsson*, An Investigation of Vulnerabilities in Smart Connected Cameras, PerLS'18 – Second International Workshop on Pervasive Smart Living Space.
23 In den USA hat die Electronic Frontier Foundation die Umstände einer Kooperation zwischen einem Anbieter eines Videoüberwachungssystems und der Polizei bemängelt. *Guariglia/EFF*, Five Concerns about Amazon Ring's Deals with Police, 30.8.2019, abrufbar unter https://www.eff.org/de/deeplinks/2019/08/five-concerns-about-amazon-rings-deals-police.
24 Besonders beliebt sind „Streiche", in denen Gäste einem Sprachassistenzsystem Kommandos zum Einkauf oder zum Notruf erteilen und die Besitzer versuchen, das Ausführen des Befehls zu stoppen. Siehe auch: *Hui/Leohng*, Lee Kuan Yew School of Public Policy Research Paper No. 17–21, 2017, 7 f.; *Chung et al.*, Computer 50 (9), IEEE 2017, 100.

könnten phonetisch ähnliche Dienste eingeschaltet werden, wie es bereits demonstriert wurde.[25]

32 Noch schwieriger ist der Punkt der Vertraulichkeit der Informationen zu lösen: Zwar sollen Sprachassistenzsysteme ein Kommando nur nach dem Aktivierungswort ausführen, doch funktioniert dies noch nicht zuverlässig, so dass bisher auch andere Gesprächsteile oder Umgebungsgeräusche aufgezeichnet und zur automatischen Auswertung in die Cloud des Anbieters weitergeleitet werden. Um das System zu verbessern, wurden die vorhandenen – teilweise durchaus intimen – **Tonaufnahmen und Transkripte technisch und von Menschen in Bezug auf die Erkennungsrate und Fehler analysiert,** was den Nutzern in der Regel nicht bewusst war.[26] Neben der inhaltlichen Auswertung der Spracheingaben besteht die Möglichkeit für weitere Analysen in Bezug auf den emotionalen oder gesundheitlichen Zustand des Nutzers.[27]

33 Eine andere Art des Risikos für die Informationssicherheit besteht durch ein **Fernaktivieren von Geräten, die Ton übertragen.** Einige Smartwatches bieten eine solche Funktionalität des „Remote Voice Monitoring", speziell für Kinder:[28] Eltern sollen auf diese Weise mithören können, was in der Umgebung ihres Kindes geschieht, und sich auch aktiv einmischen können. Grundschulkinder sind mit solchen Uhren in die Schule geschickt worden, **damit die Eltern das Verhalten der Lehrkräfte oder der anderen Kinder kontrollieren** konnten. Zum einen haben viele Schulen oder Bildungsministerien den Einsatz solche Geräte im Unterricht untersagt, zum anderen fallen Geräte mit verdeckter Abhörfunktion unter die Kategorie der verbotenen Sendeanlagen (→ Rn. 43 f.). Davon unabhängig bestehen beim Einsatz von Informationstechnik für Kinder erhöhte Schutzanforderungen, so dass solche Kinderuhren nicht anfällig sein sollten für ein Call-ID-Spoofing oder für einen Man-in-the-Middle-Angriff auf die technische Kommunikation zwischen den Geräten der Kinder, der Eltern und dem Anbieter.[29]

4. Das personalisierte Smart Home

34 Ein **Smart Home,** das seine Bewohner optimal unterstützt, **nutzt Informationen aus expliziten Konfigurationen für bestimmte Situationen, mögliche Zusatzdaten (zB Kalendereinträgen) oder Inferenzen** des bisherigen Verhaltens. Beispielsweise kann die Heizung energiesparend die Räume genau rechtzeitig vor der Rückkehr der Bewohner von ihrer Arbeit oder Freizeittätigkeit auf die gewünschte Temperatur bringen. Diese Daten sind vor unbefugten Zugriffen

---

25 *Kumar et al.*, Skill Squatting Attacks on Amazon Alexa, in: Proc. of the 27th USENIX Security Symposium, 2018, 12.
26 Bekannt wurde dies im Falle von Google dadurch, dass einer der Sprachexperten unbefugt vertrauliche niederländische Tondaten offenbart hatte; siehe *Monsees*, More information about our processes to safeguard speech data, 11.7.2019, abrufbar https://www.blog.google/products/assistant/more-information-about-our-processes-safeguard-speech-data/. Der Hamburgische Beauftragte für Datenschutz und Informationsfreiheit leitete daraufhin ein Prüfverfahren ein und forderte die Änderung dieses Vorgehens auch von den anderen Anbietern von Sprachassistenzsystemen ein, HmbBfDI, Sprachassistenzsysteme auf dem Prüfstand – Datenschutzbehörde eröffnet Verwaltungsverfahren gegen Google, 1.8.2019, abrufbar unter https://datenschutz-hamburg.de/pressemitteilungen/2019/08/2019-08-01-google-assistant.
27 *Jin/Wang*, Voice-based determination of physical and emotional characteristics of users, Unites States Patent No. US 10,096,319 B1, 9.10.2018, abrufbar unter https://patentimages.storage.googleapis.com/f6/a2/36/d99e36720ad953/US10096319.pdf.
28 Ein anderes Einsatzszenario ist das Pflegeheim, in dem die Kinder oder Enkel die Pflege ihrer (Groß-)Eltern verdeckt kontrollieren wollen.
29 AV-Test, Uhr vertrauen? Sechs Kinderuhren im Test, 27.11.2017, abrufbar unter https://www.av-test.org/de/news/uhr-vertrauen-sechs-kinderuhren-im-test/.

und vor Manipulation zu schützen.[30] Solche Personalisierungsvorgänge laufen häufig nicht rein lokal ab, sondern finden auf den Servern von Anbietern statt. Damit eröffnet man solchen Anbietern einen Blick in die private Lebensführung. Einige der Anbieter behalten sich vor, bestimmte Daten mit Partnerfirmen zu teilen. Dies muss man bei der Einschätzung der Sicherheit berücksichtigen.[31] Auch das Geschäftsmodell ist relevant, wenn Anbieter des Smart-Home-Komponenten selbst oder ihre Partnerfirmen auf Basis der Daten weitere Produkte oder Inhalte vertreiben. Bereits beim Smart TV wird deutlich, dass Hersteller und Programmanbieter datenbasierte Auswertungen vornehmen und zu eigenen Zwecken nutzen, häufig ohne dass die Nutzer sich darüber im Klaren sind, ohne datenschutzfreundliche Voreinstellungen und ohne eine einfache Möglichkeit, sich vor diesen Datenabflüssen zu schützen.[32] Bei heutigen und künftigen **Personalisierungsfunktionen im Smart Home** wird ebenfalls zu prüfen sein, inwieweit die Sicherheits- und Datenschutzanforderungen umgesetzt sind.[33]

5. Von der Kontrolle von Haushaltsmitgliedern bis zur häuslichen Gewalt

Bewohner im privaten Haushalt können nicht nur von Angriffen von außen, zB über Schadsoftware, betroffen sein oder unter Mängeln der Sicherheit bei Herstellern und Betreibern leiden. Vielmehr ist auch möglich, dass ein Mitglied im privaten Haushalt die Informationstechnik absichtsvoll einsetzt, um andere Bewohner zu kontrollieren oder zu schädigen. Was **im Sinne der Fürsorge** sinnvoll sein kann, zB eine zeitliche oder inhaltliche Beschränkung der Internetnutzung für die Kinder im Haushalt, wird **in anderen Konstellationen als übergriffig und überwachend wahrgenommen**, zB wenn ein Partner dem anderen durch entsprechende technische Gestaltung vorgibt, welche Inhalte im Internet oder Multimediaangebot zugänglich sind, welche Räume das Smart Home mit welcher Temperatur beheizt, wann warmes Wasser zum Duschen zur Verfügung steht uÄ. Ein Smart Home, das in allen Lebensbereichen des privaten Haushalts eingebunden sein kann, lässt sich auch als **Instrument für häusliche Gewalt gegen den Partner, die Kinder oder die Mitbewohner einsetzen, um sie zu verunsichern oder sogar zu terrorisieren.**

Bereits bei der Einführung des **Einzelverbindungsnachweises für Telefongespräche** hatte man diskutiert, dass es problematisch sein könne, wenn derjenige, der die Rechnung erhält, feststellen kann, welche Nummern andere Haushaltsmitglieder angerufen haben. Ein unglückliches Kind, das sich beim Sorgentelefon meldet, könnte anschließend von den Eltern dafür bestraft werden. Aus diesem Grund wurden Kostenlos-Nummern eingeführt, die nicht im Einzelverbindungsnachweis aufgeführt werden.[34] **Wer die Kontrolle nicht nur über einen Telefonanschluss, sondern über sämtliche Informationstechnik in einem Haushalt hat, kann umfas-**

---

30 *Rosner/Kenneally*, Clearly Opaque: Privacy Risks of the Internet of Things, IoT Privacy Forum, 2018, 82 ff., https://www.iotprivacyforum.org/wp-content/uploads/2018/06/Clearly-Opaque-Privacy-Risks-of-the-Internet-of-Things.pdf.
31 *Gupta* in CODASPY '19: Proceedings of the Ninth ACM Conference on Data and Application Security and Privacy, 2019, 73.
32 *Ghiglieri*, Smart TV Privacy Risks and Protection Measures, Smart-TV Datenschutz- und Privatsphärenrisiken und Schutzmaßnahmen, 2017, 26, abrufbar unter https://tuprints.ulb.tu-darmstadt.de/6187/1/DissertationMarcoGhiglieri_v2.pdf.
33 *Zomet, Urbach (Google Inc.)*, Privacy-aware personalized content for the smart home, Unites States Patent Application Publication No. US 2016/0260135 A1, 8.9.2016, abrufbar unter https://patentimages.storage.googleapis.com/a4/2d/3b/f4c35feb228ded/US20160260135A1.pdf; *Fadell, Matsuoka, Sloo, Veron (Google LLC)*, Smart-home automation system that suggests or automatically implements selected household policies based on sensed observations, United States Patent No. US 10,423,135 B2, 24.9.2019.
34 § 99 Abs. 2 S. 1 TKG: „Der Einzelverbindungsnachweis (...) darf nicht Verbindungen zu Anschlüssen von Personen, Behörden und Organisationen in sozialen oder kirchlichen Bereichen erkennen lassen, die grundsätzlich anonym bleibenden Anrufern ganz oder überwiegend telefonische Beratung in seelischen oder sozialen Notlagen anbieten und die selbst oder deren Mitarbeiter insoweit besonderen Verschwiegenheitsverpflichtungen unterliegen." Siehe zB https://www.telefonseelsorge.de/?q=node/43.

send die anderen Personen überwachen (Cyber-Stalking): Beobachtung im Haus mithilfe von Video- oder Tonaufnahmen von Bewohnern und Gästen; Nachverfolgen der Bewegungen über Wearables oder GPS-Tracker; Überwachung von Kommandos an das Smart Home; Kontrolle von Online-Einkäufen, von Türöffnungen, von Dusch- oder Badevorgängen (über Messungen des Heißwasserverbrauchs und der Luftfeuchte). Auch ein Einwirken auf die Bewohner ist möglich: durch automatisiert veranlasste Anrufe; durch Unterdrücken, Unterbrechen oder Stören von Anrufen; durch Fernsteuerung der Heizung, der Beleuchtung, der Jalousien und der Belüftung; durch Kontrolle über die Sicherheitstechnik wie dem Öffnen oder Abschließen von Türen, so dass ein Zugang von außen ermöglicht oder die Bewohner innen eingesperrt sind. Selbst das Anschalten von Audio- oder Videogeräten, zB das Ersetzen des Fernsehprogramms durch eigene Filme (zB Revenge Porn) oder das Einspielen von Geräuschen lässt sich von demjenigen bewerkstelligen, der die Kontrolle über das Smart Home hat.[35]

C. Spezielle Rechtsvorschriften

37 Das IT-Sicherheitsgesetz zielt auf die Sicherheit Kritischer Infrastrukturen. In der 2015 in Kraft getretenen Fassung spielten Aufgaben für den Verbraucherschutz – und damit auch unmittelbar für **private Haushalte – noch keine Rolle**. In der als Entwurf vorliegenden neuen Fassung soll dies jedoch Berücksichtigung finden; das Bundesamt für Sicherheit in der Informationstechnik soll **Beratungs- und Sensibilisierungsaufgaben für die Nutzer** erhalten. Auch kann das ebenfalls **geplante Kennzeichen für die Sicherheit von informationstechnischen Produkten** hilfreich für die Auswahl der Nutzer sein, da daraus hervorgehen soll, ob ein Gerät den Sicherheitsstandards entspricht.

38 Im Vergleich zu Betreibern von Informationstechnik sind die rechtlichen Verpflichtungen der Privatnutzer gering ausgeprägt, jedoch treffen auch diese **zivilrechtliche Pflichten**: So kommt neben der Verantwortung für vorsätzliche Schädigungshandlungen auch die Haftung für die fahrlässige Verletzung deliktischer Verkehrspflichten infrage, wenn von der Informationstechnik der Nutzer – zB aufgrund unzureichender Sicherheitsmaßnahmen – Gefahren ausgehen.[36]

Im Folgenden werden weitere sektorale Rechtsvorschriften mit einer Wirkung auf private Haushalte erläutert.

I. Datenschutzrecht: Private Tätigkeiten und die Haushaltsausnahme

39 Anforderungen an die Verarbeitung personenbezogener Daten sind im Datenschutzrecht geregelt. Dieses findet jedoch keine Anwendung auf die Verarbeitung personenbezogener Daten „durch natürliche Personen zur Ausübung ausschließlich persönlicher oder familiärer Tätigkeiten". Diese sogenannte **Haushaltsausnahme** ist in Art. 2 Abs. 2 Buchst. c DS-GVO geregelt und war auch schon in den vorher geltenden Normen enthalten, § 1 Abs. 2 Nr. 3 BDSG in Umsetzung von Art. 2 Abs. 2 Richtlinie 95/46/EG. Während der Verhandlungen zur DS-GVO zwischen der Europäischen Kommission, dem Europäischen Parlament und dem Europäischen Rat wurden zwar Formulierungsänderungen vorgeschlagen (Kommissionsentwurf: „ausschließlich persönlichen oder familiären Zwecken und ohne jede Gewinnerzielungsabsicht"), doch in der endgültigen Fassung nicht übernommen, so dass im Ergebnis die Haushaltsausnahme seit 1995 keine Veränderung erfahren hat.[37] Erwägungsgrund 18 der DS-GVO

---

35 *Tanczer et al.*, Gender and IoT Research Report: The Rise of the Internet of Things and Implications for Technology-Facilitated Abuse. London: STEaPP, PETRAS IoT Hub, 2018, 3 f., abrufbar unter https://www.ucl.ac.uk/steapp/sites/steapp/files/giot-report.pdf; *Lopez-Neira et al.* Safe – The Domestic Abuse Quarterly (63) 2019, 22.
36 Detaillierter siehe Kap. *Spindler* → § Rn. 23ff.
37 *Gola/Lepperhoff* ZD 2016, 9 (11).

verdeutlicht zudem, dass die Verarbeitung zur „Ausübung ausschließlich persönlichen oder familiären Tätigkeiten" „ohne Bezug zu einer beruflichen oder wirtschaftlichen Tätigkeit vorgenommen wird", dh auch nicht freiberuflich erfolgt.

Verändert haben sich allerdings die **technischen Möglichkeiten für und die üblichen Verarbeitungen durch Privatpersonen** – und damit einhergehend auch das Risiko für Informationssicherheit oder für die Rechte und Freiheiten natürlicher Personen. Ein privates Fotoalbum mit eingeklebten Papierbildern wird nur von einem kleinen Kreis von Personen betrachtet werden, während die bebilderte Familiengeschichte auf sozialen Netzwerken meist einer viel größeren, manchmal noch nicht einmal überschaubaren und möglicherweise unbemerkt wachsenden Nutzergruppe zur Verfügung steht, die Digitalbilder außerdem leicht kopiert und sogar mithilfe von biometrischen Verfahren analysiert werden können.[38] Auch das Sicherheitsrisiko bezüglich in Papierform geführter Adressbücher gegenüber Einträgen in Smartphones, die automatisiert mit der Cloud des Anbieters synchronisiert werden, ist unterschiedlich zu bewerten. Die Verfügbarkeit in Cloud-Systemen ist in der Regel höher, jedoch wäre bei einer Speicherung im Klartext ein unbefugter Zugriff kaum für die Nutzer auszuschließen oder zu kontrollieren. 40

Die bisherige Rechtsprechung des EuGH zeigt, dass die **Haushaltsausnahme eng auszulegen** ist. Als Beispiel wird das Führen von Schriftverkehr oder von Anschriftenverzeichnissen genannt.[39] **Nicht von der Haushaltsausnahme privilegiert ist dagegen die Videoüberwachung des öffentlichen Raums**[40] – eine privat betriebene Videokamera am eigenen Haus, die auch einen Teil der öffentlichen Straße erfasst, würde also dem Datenschutzrecht unterliegen. Auch die Veröffentlichung personenbezogener Daten im Internet, wodurch diese einer unbeschränkten und unübersehbaren Anzahl von Personen zugänglich gemacht werden, ist nicht von der Haushaltsausnahme erfasst.[41] Allerdings nennt Erwägungsgrund 18 der DS-GVO auch „die Nutzung sozialer Netze und Online-Tätigkeiten" als Beispiele für persönliche oder familiäre Tätigkeiten, wie zB der privaten Korrespondenz. Dies wird aber nicht beliebige Nutzungsformen und Verarbeitungen umfassen, beispielsweise wenn die Nutzer die von ihrer Verarbeitung betroffenen Personen durch Weitergabe in Drittstaaten ohne angemessenes Datenschutzniveau oder in Ermangelung getroffener Sicherheitsmaßnahmen einem Risiko aussetzen. **Sofern die Haushaltsausnahme nicht greift, wird auch im privaten Haushalt derjenige zum Verantwortlichen** im Sinne des Datenschutzrechts, der „allein oder gemeinsam mit anderen über die Zwecke und Mittel der Verarbeitung von personenbezogenen Daten entscheidet", Art. 4 Nr. 7 DS-GVO. Den Verantwortlichen treffen dann auch die Pflichten zur Informationssicherheit nach Art. 32 DS-GVO und zu Datenschutz durch Technikgestaltung und datenschutzfreundliche Voreinstellungen nach Art. 25 DS-GVO.[42] 41

II. Strafrecht: Verbotene Sendeanlagen

§ 90 TKG regelt den **Missbrauch von Sende- oder sonstigen Telekommunikationsanlagen**: Nach § 90 Abs. 1 S. 1 TKG ist es „verboten, Sendeanlagen oder sonstige Telekommunikationsanlagen zu besitzen, herzustellen, zu vertreiben, einzuführen oder sonst in den Geltungsbereich dieses Gesetzes zu verbringen, die ihrer Form nach einen anderen Gegenstand vortäuschen oder die mit Gegenständen des täglichen Gebrauchs verkleidet sind und aufgrund dieser Umstände oder aufgrund ihrer Funktionsweise in besonderer Weise geeignet und dazu 42

---

[38] *Castelluccia/Le Métayer*, Impact Analysis of Facial Recognition: Towards a Rigorous Methodology, 2020, 17 ff.
[39] EuGH Urt. v. 11.12.2014 – C-212/13 – Ryneš, Rn. 32.
[40] EuGH Urt. v. 11.12.2014 – C-212/13 – Ryneš, Rn. 33.
[41] EuGH Urt. V. 6.11.2003 – C-101/01 – Lindqvist, Rn. 47.
[42] S. zum Verhältnis zwischen Datenschutz und IT-Sicherheit insoweit näher ## Kap. Jandt##.

bestimmt sind, das nicht öffentlich gesprochene Wort eines anderen von diesem unbemerkt abzuhören oder das Bild eines anderen von diesem unbemerkt aufzunehmen." In anderen Worten: **Geräte, die dazu geeignet und bestimmt sind, heimliche Bild- oder Tonaufnahmen[43] zu erstellen und zu senden, sind verboten.** Die Bundesnetzagentur als zuständige Aufsichtsbehörde hat daher schon solche Geräte vom Markt nehmen lassen. Aufsehen erregte insbesondere das Verbot der **Spielzeug-Puppe Cayla**, die Gespräche von Kindern oder anderen Personen im Raum aufnehmen und weiterleiten konnte.[44] Auch bei weiteren „Smart Toys" ist nicht immer klar, ob sie heimlich mitlauschen und die Daten weiterleiten können.[45] Neben einer Abhörmöglichkeit besteht auch ein Risiko, dass die Sprechpuppe selbst (dh ferngesteuert oder so programmiert) das Kind oder die Umgebung anspricht und auf das Kind bzw. die Umgebung einwirken kann, zB durch Werbung oder manipulative Sätze, die besonders eine Wirkung auf jüngere Kinder entfalten können.

43 **Nicht alle Geräte, die das Potenzial einer heimlichen Überwachung aufweisen, gelten als verbotene Sendeanlage.** Die Bundesnetzagentur gibt zu zahlreichen Produktkategorien Hinweise:[46] Handys und Smartwatches mit integriertem Handy fallen grundsätzlich nicht unter § 90 Abs. 1 TKG. Falls eine Smartwatch unbemerkte Kamera- oder Tonaufnahmefunktionen aufweist und die mit ihnen erhobenen Daten weitersenden kann, kann jedoch ein Verstoß gegen § 90 Abs. 1 TKG vorliegen. Anders sieht es aus, wenn Kamera- und Audiofunktion allein den Zwecken der (Bild-)Telefonie dienen: Dies wäre keine getarnte Spionageeinrichtung. Bei Smartwatches für Kinder mit einer Abhörfunktion, die aus der Ferne per Anruf oder SMS aktiviert werden kann und eine Aufnahme der Umgebung ermöglicht, liegt dagegen ein Fall von § 90 Abs. 1 TKG vor.[47] **Relevant ist auch, ob die Nutzer die Aufnahme unter Kontrolle haben**, zB bei Sprachassistenzsystemen oder sendefähigen Überwachungskameras; ist dies zu verneinen, greift § 90 Abs. 1 TKG. Funkfähige Spielzeugautos oder Staubsaugerroboter mit Kamera können ebenfalls in die Kategorie der verbotenen Sendeanlagen fallen, wenn die Aufgenommenen die Aufnahmetätigkeit nicht erkennen können. Flugdrohnen sind nach Auffassung der Bundesnetzagentur in der Regel nicht zur unbemerkten Aufnahme geeignet und es liegt deshalb kein Verstoß gegen § 90 Abs. 1 TKG vor. GPS- oder GSM-Tracker, die lediglich der Ortung dienen, verstoßen auch nicht gegen § 90 Abs. 1 TKG.

44 Die Bundesnetzagentur ist bisher nicht (oder nicht öffentlich) gegen die Besitzer solcher verbotenen Sendeanlagen vorgegangen; es wurden also nicht Kinderpuppen oder Smartwatches aus privaten Haushalten sichergestellt. Die Verhältnismäßigkeit einer solchen Aktion wäre auch fraglich. Stattdessen hat die **Bundesnetzagentur** den **Verkauf jener Geräte verboten** und ist auch gegen Angebote im Internet vorgegangen. Wie dargestellt (→ Rn. 43), sollen solche Geräte nicht verboten sein, bei denen die Nutzer „die Aufnahme unter Kontrolle" haben. Das klingt zunächst sinnvoll, ist jedoch schwer von der Bundesnetzagentur zu überprüfen. Auch der Besitzer eines derartigen Geräts kann sich kaum sicher sein, zu jedem Zeitpunkt etwaige

---

43 Siehe auch § 201 StGB „Verletzung der Vertraulichkeit des Wortes" und § 201 a StGB „Verletzung des höchstpersönlichen Lebensbereichs durch Bildaufnahmen".
44 Bundesnetzagentur, Bundesnetzagentur zieht Kinderpuppe „Cayla" aus dem Verkehr, Pressemitteilung v. 17.2.2017, abrufbar unter https://www.bundesnetzagentur.de/SharedDocs/Pressemitteilungen/DE/2017/14012017_cayla.html. Kritisch wird in der Literatur angemerkt, dass Cayla zwar als „getarnte Sendeanlage" angesehen werden könne, aber möglicherweise nicht zum heimlichen Abhören und Weiterleiten „bestimmt" sei, *Hessel* JurPC Web-Dok. 13/2017, Abs. 34.
45 Stiftung Warentest, Smart Toys – Wie vernetzte Spielkameraden Kinder aushorchen, 28.8.2017, https://www.test.de/Smart-Toys-Wie-vernetzte-Spielkameraden-Kinder-aushorchen-5221688-0/.
46 S. https://www.bundesnetzagentur.de/DE/Sachgebiete/Telekommunikation/Unternehmen_Institutionen/Anbieterpflichten/Datenschutz/MissbrauchSendeanlagen/HinweiseProduktkategorien/hinweiseproduktkategorien-node.html.
47 Bundesnetzagentur, Bundesnetzagentur geht gegen Kinderuhren mit Abhörfunktion vor, Pressemitteilung v. 17.11.2017, abrufbar unter www.bundesnetzagentur.de/SharedDocs/DE/2017/17112017_Verbraucherschutz.html.

Aufnahmen vollständig „unter Kontrolle" zu haben. Selbst wenn dies im Regelbetrieb gewährleistet sein sollte, kann im Falle von Sicherheitsproblemen – zB wenn ein Dritter sich Zugriff auf das Gerät verschafft – die Kontrolle durch den Nutzer eingeschränkt oder verhindert werden. Jede die Aufnahmefunktion betreffende bekannt gewordene Sicherheitslücke würde demnach das Gerät zu einem „verbotenen Gerät" machen – und zwar rückwirkend seit Bestehen dieser Lücke. Erst mit Behebung des Sicherheitsproblems wäre wieder zu vermuten, dass der Nutzer diese Funktion unter Kontrolle hat. Insgesamt zeigt dies, dass bei einer derartigen sensiblen Funktionalität **hohe Sicherheitsanforderungen an die Entwicklung, den Betrieb und die Fehlerbehebung** zu stellen sind.

III. Familienrecht: Kompetenz für Sicherheit

Die **Sorgeberechtigten** haben die **Verantwortung für die Kinder** und müssen ihnen den nötigen Schutz angedeihen lassen. Der Umfang des Schutzes richtet sich nach den Bedrohungen, die auf die Kinder einwirken.[48] **Ein vollständiges Abschotten vor Risiken – sofern überhaupt im informationstechnischen Bereich möglich – wäre jedoch kontraproduktiv;** stattdessen besteht das Erfordernis, Kinder altersgerecht an Technik und Medien heranzuführen und im Umgang damit zu schulen. In einem privaten Haushalt, in dem auch Kinder leben, bedeutet dies aus Perspektive der Informationssicherheit, dass eine **Kompetenz für die Erkennung und ausreichende Beherrschung von Risiken aufgebaut** werden muss. In mehreren Beschlüssen hat das dadurch deutschlandweit bekannt gewordene AG Bad Hersfeld in familiengerichtlichen Auseinandersetzungen auch ein Augenmerk auf die Nutzung von Informationstechnik im privaten Haushalt, beispielsweise Internetzugriffe und Verwendung eines Messengers, gelegt.[49] Beispielsweise verpflichtete das Gericht für einen konkreten Fall die Eltern im Falle des Fehlens hinreichender „Kenntnisse von ‚smarter' Technik und über die Welt der digitalen Medien", „sich die erforderlichen Kenntnisse unmittelbar und kontinuierlich anzueignen, um ihre Pflicht zur Begleitung und Aufsicht durchgehend ordentlich erfüllen zu können" – und die Aufsicht müsse sich bis zur Volljährigkeit des Kindes erstrecken.[50] Wünschenswert – und zu fordern – ist eine Vorbildfunktion der Eltern auch in Hinblick auf Datenschutz und IT-Sicherheit,[51] doch Realität ist dies nicht.

IV. Verbraucherrecht

1. Verbraucherleitbild

Um die Risiken, die mit dem Einsatz von Informationstechnik im privaten Haushalt einhergehen, zu kennen und sie in ausreichendem Umfang einzudämmen, ist es notwendig, dass die einsetzenden Personen darüber und über mögliche Maßnahmen die **Informationen erhalten, die zur Beherrschung der Risiken geeignet und erforderlich** sind. Dies ist zwar keine überraschende Forderung, weil auch in anderen Bereichen des Lebens über Risiken informiert wird, beispielsweise bei Medikamenten in Form von Beipackzetteln. Jedoch gibt es immer noch wenig Klarheit darüber, wie genau bei informationstechnischen Produkten eine Transparenz über Risiken und Maßnahmen erzielt werden kann. Zudem wird sich der Wissensstand bei den einsetzenden Personen unterscheiden, so dass sich auch die Bedürfnisse im Detaillierungsgrad unterscheiden werden. Ausgangspunkt kann das Verbraucherrecht sein mit seinem **Leit-**

---

48 Forum Privatheit und selbstbestimmtes Leben in der digitalen Welt, Privatheit und Kinderrechte, White Paper, 2020, 4, abrufbar unter https://www.forum-privatheit.de/download/privatheit-und-kinderrechte-2020/.
49 AG Bad Hersfeld Beschl. v. 22.7.2016, F 361/16 EASO; AG Bad Hersfeld Beschl. v. 20.3.2017 – F 111/17 EASO; AG Bad Hersfeld Beschl. v. 15.5.2017 – F 120/17 EASO.
50 AG Bad Hersfeld Beschl. V. 15.5.2017 – F 120/17 EASO, 2. Ls.
51 *Hornung* VuR 2018, 41.

bild des Verbrauchers. Während das Leitbild des BGH in der frühen Rechtsprechung zum Gesetz gegen den unlauteren Wettbewerb (UWG) einen flüchtigen Verbraucher beschrieb, der vor einer Irreführung geschützt werden muss,[52] hat der EuGH den mündigen Verbraucher postuliert, der aufgeklärt ist und daher Täuschungen, beispielsweise in der Werbung, nicht zum Opfer fällt.[53]

47 Die empirische Verbraucherforschung bezweifelt allerdings, dass man von einem aufgeklärten Verbraucher ausgehen kann; stattdessen wird das **Bild vom vertrauenden, verletzlichen und verantwortlichen Verbraucher beschrieben.**[54] In der neueren EuGH-Rechtsprechung wird zwar weiterhin ein „normal informierter und vernünftig aufmerksamer und kritischer Verbraucher" vorausgesetzt.[55] Jedoch stellt der EuGH auf die mutmaßliche Erwartung eines Durchschnittsverbrauchers ab, der nicht zu einer irrtümlichen Annahme verleitet werden darf.[56] Dies passt mit der Anforderung des BGH zusammen, der eine „**situationsadäquate Aufmerksamkeit des Durchschnittsverbrauchers**" für das Verständnis als maßgebend einstuft.[57] Wie genau die Informationspflichten umzusetzen sind, ist jedoch interpretationsfähig. **Modelle abgestufter Informationen** werden sowohl im Verbraucherschutz als auch im Datenschutz diskutiert: Erstens betrifft dies die zeitliche Komponente: Notwendige Informationen müssen bereits vor dem Kauf oder dem Nutzungsbeginn gegeben werden, weitere Informationspflichten werden beim Vertragsschluss ausgelöst, hinzu können nachvertragliche Informationsanforderungen kommen, zB für ein Beschwerdemanagement.[58] Zweitens sind auch im Umfang häufig Abstufungen sinnvoll, beispielsweise im Mehrebenenformat,[59] so dass essentielle Informationen sofort und zusätzliche Informationen auf Anforderung, zB hinter einem Link, zur Verfügung gestellt werden. Drittens sollte auch die Darstellung der Informationen zu der Adressatengruppe passen, zB durch textuelle oder bildliche Kennzeichnungen an einem Produkt und auf einer Webseite auf eine Weise, die für die Zielgruppe verständlich ist. Die DS-GVO fordert diesbezüglich eine Information „in präziser, transparenter, verständlicher und leicht zugänglicher Form in einer klaren und einfachen Sprache"[60] und weist besonders auf die Zielgruppe der Kinder hin, Art. 12 Abs. 1 DS-GVO.[61] Gem. Art. 12 Abs. 7 S. 1 DS-GVO besteht auch die Möglichkeit der Information „in Kombination mit standardisierten Bildsymbolen [...], um in leicht wahrnehmbarer, verständlicher und klar nachvollziehbarer Form einen aussagekräftigen Überblick über die beabsichtigte Verarbeitung zu vermitteln". Art. 12 Abs. 7 S. 2 DS-GVO geht zudem auf die notwendige Maschinenlesbarkeit ein, sofern

---

52 BGH Urt. v. 23.1.1959 – I ZR 14/58, GRUR 1959, 365 (366) – Englisch Lavendel.
53 EuGH Urt. v. 6.7.1995 – C-470/93, ECLI:EU:C:1995:224 – Mars.
54 *Micklitz*, Brauchen Konsumenten und Unternehmen eine neue Architektur des Ver-braucherrechts?, Gutachten A zum 69. Deutschen Juristentag (2012), S. 38 ff., *Tonner/Halfmeier/Tamm*, EU-Verbraucherrecht auf dem Prüfstand – Erkenntnisse aus Verbrauchersicht, Verbraucherzentrale Bundesverband (vzbv) eV, 7.7.2017, S. 20 ff., abrufbar unter https://www.vzbv.de/sites/default/files/downloads/2017/07/07/2017-06-27_refit_gutachten.pdf.
55 EuGH Urt. v. 4.6.2015 – C-195/148 – Teekanne, Rn. 42.
56 EuGH Urt. v. 4.6.2015 – C-195/148 – Teekanne, Rn. 36.
57 BGH Urt. v. 20.10.1999 – I ZR 167/97, GRUR 2000, 619 – Orient-Teppichmuster, Rn. 23.
58 *Tonner/Halfmeier/Tamm*, EU-Verbraucherrecht auf dem Prüfstand – Erkenntnisse aus Verbrauchersicht, Verbraucherzentrale Bundesverband (vzbv) eV, 7.7.2017, S. 31 ff., abrufbar unter https://www.vzbv.de/sites/default/files/downloads/2017/07/07/2017-06-27_refit_gutachten.pdf.
59 Artikel-29-Datenschutzgruppe, Stellungnahme 10/2004 zu einheitlicheren Bestimmungen über Informationspflichten, WP 100, angenommen am 25.11.2004, abrufbar unter https://ec.europa.eu/justice/article-29/documentation/opinion-recommendation/files/2004/wp100_de.pdf; Artikel-29-Datenschutzgruppe, Leitlinien für Transparenz gemäß der Verordnung 2016/679, WP 260 rev.01, angenommen am 29.11.2017, zuletzt überarbeitet und angenommen am 11.4.2018, abrufbar unter https://ec.europa.eu/newsroom/article29/item-detail.cfm?item_id=622227.
60 Für das Messen der Verständlichkeit von Sprache wurden bereits verschiedene Metriken vorgeschlagen, ua der Hohenheimer Verständlichkeits-Index, abrufbar unter https://klartext.uni-hohenheim.de/hix, s. a. *Vola*, Simple Metrics for TextMining, Technical Report, 2010; Ergebnisse in *Karnstedt* (Hrsg.), Report D5.1: Report on Feature Selection and Merging, ROBUST EC Project, 2011, S. 27 ff.
61 *Hansen/Martin* BvD News 2/2019, 64.

die Bildsymbole in elektronischer Form dargestellt werden. Die Standardisierung der Bildsymbole obliegt der Europäischen Kommission, die zu diesem Zweck delegierte Rechtsakte erlassen kann, Art. 12 Abs. 8 DS-GVO. Bereits seit vielen Jahren beschäftigt sich die Forschung im Datenschutzbereich mit dem Thema der visuellen oder audiovisuellen Unterstützung der Transparenzpflichten.[62]

2. Versicherungen und Informationstechnik im privaten Haushalt

Beim Einsatz von Informationstechnik in Häusern oder Wohnungen ist jeweils zu klären, **wie weit ein etwaiger Versicherungsschutz greift**, wenn die Immobilie oder der Hausrat versichert ist. Aus der Perspektive der Informationssicherheit ist dies relevant bei Informationstechnik, beispielsweise informationstechnische Geräte im Haushalt oder zur Hausautomation. So erstreckt sich der Versicherungsschutz von Wohngebäude- und Hausratversicherungen grundsätzlich auch auf Smart-Home-Geräte.[63] Versichert ist der gesamte Hausrat in der im Versicherungsschein bezeichneten Wohnung des Versicherungsnehmers, Abschn. A § 6 Nr. 1 VHB 2014. Dazu gehören insbesondere Sachen, die dem Haushalt des Versicherungsnehmers zur privaten Nutzung, dh zum Gebrauch bzw. Verbrauch, dienen, Abschn. A § 6 Nr. 2 a VHB 2014. Die Versicherungsbedingungen schließen die Personen, die in häuslicher Gemeinschaft mit dem Versicherungsnehmer leben, ein. Auch fremdes Eigentum im Haushalt des Versicherungsnehmers kann umfasst sein, Abschn. A § 6 Nr. 2 cc VHB 2014.

Die Standardbedingungen VHB 2014 stufen **elektronisch gespeicherte Daten und Programme nicht als versicherte Sachen** ein (Abschn. A § 6 Nr. 2 VHB 2014), es sei denn, dies ist gesondert im Versicherungsvertrag vereinbart. Einen Versicherungsschutz für Daten und Programme von Privatpersonen können zusätzliche „**Cyberversicherungen**" bieten, die unterschiedlich ausgestaltet sind. Einige umfassen auch Schäden, die im Rahmen des Online-Shopping oder des Online-Banking, durch Identitätsdiebstahl oder anderen Datenmissbrauch bis hin zu Cybermobbing oder durch Cyberangriffe auf das Smart Home entstehen können. Der Umfang der Versicherungsleistungen ist verschieden; neben unmittelbar entstandenen finanziellen Schäden können auch Kosten für die Wiederherstellung von Daten, Reparatur- und Neuanschaffungskosten für Hardware oder rechtliche oder psychologische Beratungen, beispielsweise im Fall von Cybermobbing, für die Personen, die in einem gemeinsamen Haushalt leben, übernommen werden. Aus Sicht von Verbraucherzentralen muss man jedoch prüfen, ob eine solche Cyberversicherung für den eigenen Privathaushalt wirklich erforderlich ist, weil viele Aspekte durch bestehende Versicherungen bereits abgedeckt sein sollten.[64] Zudem muss im Versicherungsfall der Verbraucher die Kausalität des Schadens nachweisen und belegen, dass er die notwendigen und in den Versicherungsbedingungen ausgewiesenen Sicherheitsmaßnahmen, zB zum Virenschutz, umgesetzt hat.

Wer ein **Smart Home** einrichtet, eröffnet damit möglicherweise **Risiken für seine Wohnung oder den Hausrat**, zB wenn dies einen digitalen oder physischen Einbruch ermöglicht oder aufgrund der Zahl oder Fernsteuerbarkeit der Geräte eine Brandgefahr droht. Auf der einen Seite könnte eine subjektive Gefahrerhöhung gem. § 23 Abs. 1 VVG vorliegen,[65] auf der ande-

---

62 *Hansen* in Fischer/Maehle/Reischuk (Hrsg.), Informatik 2009 – Im Focus das Leben, LNI P-154, 2009, S. 1703; *Holtz/Nocun/Hansen*, Towards displaying privacy information with icons, in: Fischer-Hübner et al. (Hrsg.), Proc. Summer School on Privacy and Identity Management, AICT 352, 2011, S. 338.
63 *Rudkowski* VersR 2017, 1.
64 *Verbraucherzentrale Nordrhein-Westfalen*, Cyberversicherung – ist sie sinnvoll?, 23.4.2019, abrufbar unter https://www.verbraucherzentrale.nrw/wissen/geld-versicherungen/weitere-versicherungen/cyberversicherung-ist-sie-sinnvoll-35611.
65 *Günther*, s+s report 2/2018, 37 (36) mwN zur Rechtsprechung zu defekten Schlössern, verlorenem Schlüssel oder einer funktionsuntüchtigen Einbruchmeldeanlage.

ren Seite wären jedoch auch die gefahrmindernden Umstände im Smart Home heranzuziehen.⁶⁶ Den Aspekten der Informationssicherheit kommt hierbei eine besondere Bedeutung zu: Ein Smart Home, das ordnungsgemäß funktioniert, bietet üblicherweise einen höheren Grad an Sicherheit durch Alarmierungs- oder Abschaltfunktionen als eine herkömmliche Hausausstattung. Es wird allerdings nicht ausreichen, die zum Kaufzeitpunkt marktüblichen Sicherungen zu installieren.⁶⁷ Die **Anforderungen an einen privaten Haushalt dürfen zwar nicht überspannt** werden, jedoch wird teilweise vertreten, von dem Versicherungsnehmer könne verlangt werden, dass er sich wie ein „vernünftiger, nicht versicherter Hausbewohner (…) stets auf dem aktuellen Stand der Technik" absichert.⁶⁸ Etwa anfallende Kosten wären mit Blick auf die Risiken hinzunehmen.⁶⁹ Keinesfalls kann aus dieser Ansicht resultieren, dass ein Privathaushalt ähnlich hohe Anforderungen erfüllen muss, wie sie für KRITIS-Betreiber nach § 8a BSIG oder für datenschutzrechtlich Verantwortliche gemäß Art. 24, 25 und 30 DS-GVO gelten, von denen eine professionelle Datenverarbeitung einschließlich entsprechender Sicherheitsmaßnahmen erwartet wird. Grob gesagt müssen alle Beteiligten **Sicherheitsmaßnahmen treffen, die sich am jeweiligen Risiko orientieren**. So wäre das verpflichtende Einhalten des Stands der Technik zwar Maßstab für die KRITIS-Betreiber, jedoch müsste im Privathaushalt differenziert werden: Während das Mindestmaß generell darin bestehen sollte, dass jedes informationstechnische Gerät über die „für den privaten Bereich marktüblichen Sicherungen verfügt" und „keine Anhaltspunkte dafür bestehen, dass das Gerät schon im Kaufzeitpunkt eine Sicherheitslücke aufwies"⁷⁰, muss für einen risikoträchtigen Einsatz von Informationstechnik der Blick geweitet werden. Beim Smart Home kann dies zB eine ausreichende Einbruchssicherung oder einen angemessen kontrollierten Einsatz von Haushaltsrobotern betreffen. Hat das Smart-Home-System oder der Anbieter den Versicherungsnehmer auf sicherheitskritische Fehler hingewiesen und dieser nicht die nötigen und zumutbaren Maßnahmen getroffen, könnten im Versicherungsfall gem. § 81 Abs. 2 VVG grobe Fahrlässigkeit angenommen und die Leistungen entsprechend gekürzt werden.⁷¹ Die genaue Grenzziehung des Umfangs der Kontrollpflichten des Versicherungsnehmers mag nicht in allen Fällen eindeutig sein, so dass sich im Zuge des Versicherungsschlusses anbietet, für die nötige **Klarheit durch die Vereinbarung spezieller vertraglicher Sicherheitsobliegenheiten** im Sinne von § 28 Abs. 1 VVG zu sorgen, beispielsweise bezüglich Aktivierung, Sicherheitsstandards, Wartung und Beseitigung von Störungen der Komponenten im Smart Home.⁷² Auch sollte der Umgang mit solchen Fällen geregelt sein, in denen Hersteller überraschend oder im Voraus angekündigt keine Sicherheitsupdates mehr zur Verfügung stellen.

51 Handelt es sich um **spezifische Smart-Home-Versicherungen**, werden die Anbieter selbst Wert darauf legen, die im Zusammenhang mit einem Schadensereignis angefallenen Daten zu erhalten; dies ist auch eine Obliegenheit des Versicherungsnehmers. Datenschnittstellen werden beispielsweise von smarten Alarmanlagen, Backöfen, Kühlschränken, Waschmaschinen, Türschlössern, Heizungen und Rauchmeldern bereitgestellt und geben damit auch Einblick in das

---

66 *Günther*, s+s report 2/2018, 37 (36).
67 Die Rechtsprechung des BGH zu WLAN-Absicherung des Anschlussinhabers gegen Urheberrechtsverstöße Dritter ist hier nicht vollständig übertragbar, weil das Risiko für den Haushalt mit möglichen Schäden an Geräten, Hausrat oder gar Leib und Leben anders zu bewerten ist, BGH Urt. v. 12.5.2010 – I ZR 121/08 (OLG Frankfurt a.M.) – „Sommer unseres Lebens".
68 *Rudkowski* VersR 2017, 1 (3).
69 *Rudkowski* VersR 2017, 1 (3).
70 Zu den Anforderungen an die Sicherung eines Internetanschlusses mit WLAN-Funktion: BGH Urt. v. 24.11.2016 – I ZR 220/15 (LG Hamburg), Tenor sowie Rn. 14, 22.
71 *Rudkowski* VersR 2017, 1 (8).
72 *Günther* s+s report 2/2018, 36 (38 f.).

Leben der Bewohner.[73] Auf dieser Basis ließen sich auch weitere Versicherungstarife gestalten, die beispielsweise einen gesunden Lebensstil, belegt durch die im Smart Home gesammelten Daten, belohnen[74] oder sogar eine Kontrollfunktion ausüben, beispielsweise wenn ein internetfähiger Kühlschrank nur noch Produkte aus einer vorgegebenen Palette online nachbestellen kann. Dies könnte für Lebens-, Kranken- oder Berufsunfähigkeitsversicherungen von Interesse sein. Eine solche Tarifierung würde primär **datenschutzrechtliche und verbraucherpolitische Fragen** aufwerfen, jedoch ergäbe sich damit auch eine Notwendigkeit der **Erhebung und Speicherung von Daten, die für Dritte in bestimmten Fällen im Zugriff** sein müssen. Eine solche Datenhaltung und etwaige Zugriffsmöglichkeiten könnten wiederum zu zusätzlichen Risiken führen, die bei der technischen und organisatorischen Gestaltung und bei der Auswahl und Implementierung von Sicherheitsmaßnahmen zu berücksichtigen wären.

3. Mietrecht: Einbau von Geräten

Fragen der **Verantwortungsteilung für IT-Sicherheit von Geräten zwischen Vermietern und Mietern** stellten sich zuerst bei **Rauchmeldern**. Dass Wohnungsmieter den Einbau von Rauchmeldern grundsätzlich dulden müssen, ist nicht überraschend, da den Vermietern eine derartige **Ausstattung rechtlich auferlegt** wird. Dies gilt auch für Rauchmelder, die im Sinne einer einheitlichen Ausstattung des Wohnungsbestands vom Vermieter vorgegeben sind.[75] Doch anders könnte es aussehen mit Smart-Home-Geräten, die ein Manipulationsrisiko mit sich bringen. Bisher liegen zu dieser Frage nur wenige Entscheidungen vor. In einem Fall verweigerte ein Mieter den Einbau eines Rauchwarnmelders, der von einer Vermieterin ausgesucht worden war, um mittels Funktechnik eine Fernwartung sämtlicher im Haus befindlicher Geräte über ein im Hausflur installiertes Steuerungsgerät zu ermöglichen. Der Mieter bot der Vermieterin an, auf eigene Kosten ein einfacheres Modell ohne Funktechnik zu installieren. Die Vermieterin hatte vor dem AG Köln[76] und dem LG Köln[77] Erfolg: Der Mieter müsse den Einbau dulden. Begründet wurde dies damit, dass dies eine **Modernisierungsmaßnahme** im Sinne des § 555 b Nr. 5 BGB darstelle und die Vermieterin nach § 49 Abs. 7 S. 2 der Bauordnung des Landes Nordrhein-Westfalen zum Einbau von Rauchwarnmeldern verpflichtet sei. Das daraufhin vom Mieter angerufene BVerfG nahm die Verfassungsbeschwerde nicht zur Entscheidung an, weil die Begründung nicht den gesetzlichen Anforderungen genügte. Nach Auffassung des BVerfG ging der Mieter weder darauf ein, inwieweit die von ihm behaupteten Grundrechtsverletzungen – das Recht auf informationelle Selbstbestimmung oder das Grundrecht aus Art. 13 Abs. 1 GG – in dem vorliegenden Privatrechtsverhältnis Bedeutung erlangen können, noch legte er die für seinen Einzelfall relevanten Gesichtspunkte dar. Im Ergebnis bezog er sich lediglich auf die Möglichkeit einer Manipulation des Geräts und die damit verbundenen negativen Folgen für ihn und andere Personen in der Wohnung.[78] Daraus, dass das BVerfG die Beschwerde in Bezug auf einen Rauchwarnmelder im Mietverhältnis nicht angenommen hat, **ergibt sich jedoch nicht, dass beliebige Geräte in einer Wohnung verbaut werden dürfen, die ein Manipulations- oder Abhörrisiko mit sich bringen** könnten. Hier wird regelmäßig eine umfassende Interessenabwägung durchzuführen sein.

In den Fragen der Informationssicherheit ist eine **Abgrenzung zwischen den Obliegenheiten aufseiten des Vermieters und aufseiten des Mieters** nötig. Auch wenn der Vermieter das Smart

---

73 *Raabe/Weis* RDV 2014, 231.
74 *Lüttringhaus* in Dutta/Heinze (Hrsg.), „Mehr Freiheit wagen" – Beiträge zur Emeritierung von Jürgen Basedow, 2018, S. 55 (60).
75 BGH Urt. v. 17.6.2015 – Az. VIII ZR 216/14 und 290/14.
76 AG Köln Urt. v. 29.4.2015 – 220 C 482/14.
77 LG Köln Beschl. v. 26.10.2015 – 10 S 88/15.
78 BVerfG Beschl. v. 8.12.2015 – 1 BvR 2921/15, Rn. 9.

Home als Bestandteil der gemieteten Wohnung zur Verfügung stellt, ist er nicht berechtigt, biometrische Zugangsdaten oder Passwörter des Mieters auszulesen, auf gespeicherte Daten zur Anpassung an die Vorlieben oder Notwendigkeiten der Bewohner zuzugreifen oder über Mikrofon oder Kamera in die Wohnung hineinzulauschen oder zu -schauen. Bestimmte Zugriffsmöglichkeiten durch den Vermieter oder durch Dienstleister könnten aber **für Notfallsituationen vereinbart** werden, beispielsweise wenn ein Alarm ausgelöst wird. Dienstleister für **Wohnsituationen wie das „Ambient Assisted Living"** würden nicht nur auf ein manuelles Auslösen eines Alarms durch den Bewohner reagieren, sondern könnten sich auch bei Hinweisen auf einen Unfall oder einen Sturz einschalten, um bei Bedarf Hilfe holen zu können. Zu vereinbaren wäre auch, **wer mit welchen Konsequenzen die Sensorik oder andere Überwachungsfunktionalität deaktivieren** kann.[79]

54 Im Detail wären zudem Folgefragen in dem Mietverhältnis zu klären wie: Wer **haftet für Schäden**, die durch Entscheidungen des Smart Home verursacht werden, das vom Vermieter eingerichtet wurde? Was gilt für **autonom agierende Roboter des Vermieters** in der Wohnung oder auf dem Gelände, wo ebenfalls Schäden entstehen können? In welchem Umfang können oder müssen bei einem **Mieter- oder Eigentümerwechsel** Daten (ggf. anonymisiert, in welcher Aggregationsstufe) oder gelernte Muster über die Bewohner in dem Smart Home verbleiben, was ist zu löschen?[80]

4. Abfallrecht sowie Entsorgung von Elektro- und Elektronikgeräten

55 Für private Haushalte ist auch der Punkt der **Entsorgung oder Verwertung informationstechnischer Geräte** zu berücksichtigen: Das Abfallrecht unterscheidet zwischen Abfällen aus Gewerbebetrieben und solchen aus Privathaushalten. So ist geregelt, dass „private Haushaltungen" ihre Haushaltsabfälle grundsätzlich den Kommunen als öffentlich-rechtliche Entsorgungsträger überlassen müssen, soweit sie ihre Abfälle nicht auf dem eigenen Grundstück verwerten, beispielsweise durch eine Kompostierung (§ 17 Abs. 1 Kreislaufwirtschaftsgesetz (KrWG)). „Abfälle aus privaten Haushaltungen" sind in § 2 Nr. 2 Gewerbeabfallverordnung (GewAbfV) definiert: „Abfälle, die in privaten Haushalten im Rahmen der privaten Lebensführung anfallen, insbesondere in Wohnungen und zugehörigen Grundstücks- oder Gebäudeteilen sowie in anderen vergleichbaren Anfallorten, wie Wohnheimen oder Einrichtungen des betreuten Wohnens". Das Abfallrecht grenzt damit die Haushaltsabfälle von gewerblichen oder industriellen Abfällen sowie von Abfällen aus privaten und öffentlichen Einrichtungen (§ 2 Nr. 1 GewbAbfV) ab.

56 Diese abfallrechtliche Definition stellt also einerseits auf die räumliche Beschränkung und andererseits auf die private Art der Lebensführung ab. Das BVerwG hat die Definition der privaten Haushaltung in mehreren Urteilen dahin gehend konkretisiert, dass diese die Möglichkeit einer eigenständigen Haushaltsführung voraussetzt, die eine freie und selbstgestaltete Lebensgestaltung ermöglicht.[81] Voraussetzung für eine private Haushaltung und für die Eigenständigkeit des Lebens seien räumliche Einrichtungen wie Aufenthalts- und Schlafräume sowie Küche bzw. Küchenzeile, Bad und WC, die für eine den menschlichen Bedürfnissen angepasste tägliche Lebensgestaltung unerlässlich sind, sowie weitere Vorrichtungen, die das Unterbringen des Hausrats der Bewohner – wie Geschirr, Wäsche, Radio, Fernsehen etc –

---

79 Unabhängiges Landeszentrum für Datenschutz Schleswig-Holstein, Juristische Fragen im Bereich Altersgerechter Assistenzsysteme, Vorstudie im Auftrag von VDI/VDE-IT im Rahmen des BMBF-Förderschwerpunktes „Altersgerechte Assistenzsysteme für ein gesundes und unabhängiges Leben – AAL", 2011, abrufbar unter https://www.datenschutzzentrum.de/uploads/projekte/aal/2011-ULD-JuristischeFragenAltersgerechteAssistenzsysteme.pdf.
80 *Cimiano/Herlitz* NZM 2016, 409 (414 f.).
81 BVerwG Urt. v. 7.8.2008 – 7 C 51/07, BeckRS 2008, 39036, Rn. 12.

ermöglichen.⁸² Es sind also **diejenigen informationstechnische Geräte umfasst, die der täglichen Lebensgestaltung dienen**, beispielsweise zur Unterhaltung, zur Steuerung der Haustechnik oder zur Unterstützung der Bewohner. Auch die hier im Mittelpunkt stehende Komponente des Entsorgens von Haushaltsabfällen, ggf. mit dem Ziel eines Recyclings, hat unmittelbaren Bezug zur Informationssicherheit, wenn es sich um **ausgemusterte IT-Geräte oder Speichermedien** handelt (→ Rn. 58 f.).

Nicht nur Computer, sondern auch andere Elektro- und Elektronikgeräte werden künftig zunehmend mit Speicherfunktionalität ausgestattet sein, um **einerseits Konfigurationsdaten vorzuhalten und andererseits Nutzungsdaten** zu speichern. Teilweise geschieht dies über herausnehmbare Speichermedien wie Speicherkarten in einer Digitalkamera, teilweise werden die Daten aber auch in fest verbauten Speichern abgelegt. Bei Computern oder Smartphones ist den Nutzern zumeist klar, dass sie damit Daten speichern können. Jedoch gerät dies schon bei Smart-TVs oder Telefonen, die mit Hörgeräten gekoppelt werden, schnell aus dem Bewusstsein der Nutzer. Spätestens wenn die Geräte außer Betrieb genommen oder an andere weitergegeben werden, kann es wichtig werden, die gespeicherten Daten **sicher zu löschen**, damit sie nicht unberechtigt ausgelesen werden können. Wichtig ist zum einen die **Transparenz darüber, ob und welche Daten in einem Gerät gespeichert** sind, zum anderen muss es den Besitzern eines Gerätes auf praktikable Weise möglich sein, Daten zu löschen, die einem Zugriff durch andere entzogen sein sollen.

Die WEEE-Richtlinie der EU (Waste of Electrical and Electronic Equipment, 2012/19/EU) zielt auf eine Vermeidung und Reduzierung von Elektroschrott und dessen Verwertung. In Deutschland setzt das Elektro- und Elektronikgerätegesetzes (ElektroG) die Richtlinie um. Es bestehen **gegenüber allen privaten Haushalten Informationspflichten seitens der öffentlich-rechtlichen Entsorgungsträger**: Gemäß § 18 Abs. 1 Nr. 7 ElektroG müssen diese die Endnutzer über ihre Eigenverantwortung für das Löschen personenbezogener Daten auf zu entsorgenden Altgeräten informieren. Entsprechendes gilt für die Hersteller bzw. Bevollmächtigte und Vertreiber, § 18 Abs. 2 ElektroG. Verstöße gegen die Informationspflichten sind allerdings nicht bußgeldbewehrt.⁸³

Ein **sicheres Löschen** von Daten, dh auf eine Weise, dass die Daten sich nicht wiederherstellen lassen, ist nicht trivial. Das Bundesamt für Sicherheit in der Informationstechnik hat für Festplatten oder andere mobile Datenträger⁸⁴ ebenso wie für Smartphones⁸⁵ Empfehlungen veröffentlicht; professionelle Anwender finden weitergehenden Informationen im IT-Grundschutz-Kompendium⁸⁶ oder in den Bausteinen des Standard-Datenschutzmodells⁸⁷. Darin kommt insbesondere zum Ausdruck, dass das **Formatieren von Datenträgern oder im Falle eines Smartphones das Zurücksetzen auf die Werkeinstellungen nicht in jedem Fall ausreichen**, um die Daten sicher zu löschen. In Bezug auf Smart-Home-Komponenten oder Smart-Cars wird ein sicheres Löschen ebenfalls kaum zu garantieren sein, zumal es vielen Personen nicht bewusst ist, wo jeweils welche Daten abgelegt sein könnten.

---

82 BVerwG Urt. v. 27. 4. 2006 – 7 C 10/05, Rn. 15.
83 Erbs/Kohlhaas/*Häberle* ElektroG § 18 Rn. 3.
84 BSI, Daten auf Festplatten richtig löschen, abrufbar unter https://www.bsi-fuer-buerger.de/BSIFB/DE/Empfehlungen/RichtigLoeschen/richtigloeschen_node.html.
85 BSI, Smartphone-Daten löschen, abrufbar unter https://www.bsi-fuer-buerger.de/BSIFB/DE/Empfehlungen/Richtig Loeschen/Smartphone/Smartphone_Daten_loeschen_node.html.
86 BSI, IT-Grundschutz-Kompendium CON.6 Löschen und Vernichten, abrufbar unter https://www.bsi.bund.de/DE/Themen/ITGrundschutz/ITGrundschutzKompendium/bausteine/CON/CON_6_Löschen_und_Vernichten.html.
87 Konferenz der unabhängigen Datenschutzaufsichtsbehörden des Bundes und der Länder, Standard-Datenschutzmodell, Baustein 60 „Löschen und Vernichten", abrufbar unter https://www.datenschutz-mv.de/static/DS/Dateien/Datenschutzmodell/Bausteine/SDM-V1.1_60_Löschen_V1.0_uagsdmbs_final.pdf.

60 **Fundbüros**, bei denen verlorene Elektro- oder Elektronikgeräte aus einem privaten Haushalt abgegeben wurden, auf denen sich personenbezogene Daten befinden könnten, müssen aus datenschutzrechtlicher Sicht dafür Sorge tragen, dass diese nicht in falsche Hände geraten. Für eine solche Übermittlung personenbezogener Daten besteht keine Rechtsgrundlage. In der Praxis bedeutet dies zum einen, dass die Sachen nur dem berechtigten Eigentümer herausgegeben werden dürfen. Zum anderen müssen vor einer **öffentlichen Versteigerung solcher Geräte**, wie dies nach § 979 BGB erlaubt ist, die **personenbezogenen Daten vollständig und unumkehrbar gelöscht** werden[88].

D. Typische Problemlagen und Konfliktlinien

61 Selbst wenn das IT-Sicherheitsgesetz die privaten Haushalte kaum adressiert, spielt deren Informationstechnik für das Leben der Bewohner und für das Zusammenwirken in der Gesellschaft eine wesentliche Rolle. Allerdings **mangelt es vielfach an „Security by Design" und „Security by Default"**. Auch **Updates** aufgrund von Sicherheitsproblemen werden nicht in allen Fällen – und schon gar nicht für die gesamte mögliche oder übliche Einsatzdauer der Informationstechnik – angeboten; bereitgestellte Updates werden nicht immer installiert, weil die Nutzer davon gar nicht erfahren, nicht wissen, wie sie es bewerkstelligen sollen, oder auch gar nicht behelligt werden wollen. Ebenso können Sicherheitsrisiken völlig unerwartet über Funktionen auftreten, von denen den Nutzern noch nicht einmal bewusst ist, dass sie vorhanden sind.[89] Auch staatlich angeordnete Zwangs-Updates könnten angesichts der Diskussionen um immer mehr Zugriffsmöglichkeiten in privaten Haushalten[90] kritisch gesehen, verweigert oder sabotiert werden.[91] Ohnehin ist fraglich, inwieweit Personen sich mehr Informationstechnik freiwillig ins Haus, an oder in ihren Körper[92] oder anderweitig in ihr privates Lebensumfeld holen, wenn sie Risiken befürchten: Einerseits durch **Fehlfunktionen oder Sicherheitslücken**, andererseits weil dort ständig **Spuren hinterlassen** werden, deren Aussagekraft in einer stattfindenden oder potenziellen Auswertung sie nicht abschätzen können – etwa wenn ihre Technik möglicherweise später quasi „im Zeugenstand" gegen sie aussagen könnte.[93] Schließlich kommt hinzu, dass auch im **Miteinander der Bewohner** im privaten Haushalt die Sicherheitsanforderungen nicht homogen sind, zumal **nicht ein dauerhaftes Vertrauensverhältnis untereinander garantiert** ist: Die Fälle **häuslicher Gewalt**, die sich über das Instrument der Informationstechnik ausüben lassen, werden zunehmen. Hier bedarf es neuer Ansätze des Systemdesigns, um die (All-)Macht bei einer Person zu beschränken und ein faires Miteinander zu erreichen.[94]

---

88 Die Landesbeauftragte für den Datenschutz Niedersachsen, Merkblatt „Fundsachen", Stand: 2.9.2015, abrufbar unter https://lfd.niedersachsen.de/download/32308.
89 Wagner/Salzmann ZD-Aktuell 2019, 06731.
90 Innenminister wollen Daten von Smart-Home-Geräten nutzen, ZD-Aktuell 2019, 06669; *Rüscher* NStZ 2018, 68.
91 Derin/Golla NJW 16/2019, 1111.
92 Für vernetzte Medizinanwendungen im Körper wird eine Erweiterung und Anpassung des Hippokratischen Eides diskutiert: *Woods/Coravos/Corman* Journal of Medical Internet Research 21 (3), 2019.
93 Chauriye, Catholic University Journal of Law and Technology, 24 (2), Article 9.
94 *Parkin et al.* in Carvalho/Pieters/Stobert (Hrsg.), NSPW '19: Proceedings of the New Security Paradigms Workshop, 2019, 1.

Stichwortverzeichnis

Fette Zahlen bezeichnen die Paragrafen, magere die Randnummern.

24/7-Rhythmus **25** 37
3D-Secure **2** 119
3GPP **21** 30
3rd Generation Partnership Project **21** 30
41. Strafrechtsänderungsgesetz **20** 28
5G-Technologie **5** 58, **8** 96, **21** 125
Abfallrecht
– Privathaushalt **26** 9, 55 ff.
Abfangen von Daten (§ 202b StGB) **18** 60, **20** 43 f.
Abhängigkeit **5** 9
Abhörfunktion **26** 33
Abhörrisiko **26** 52 ff.
Ablage, sichere **14** 74
Abnahmekriterien **9** 77, 147
Abschreckungseffekt **7** 34
Absenden **14** 63
Absicherungskategorien
– IT-Grundschutz **8** 27
Abstimmungserfordernis **25** 85 ff.
Abstrakte Gefährdungen **7** 32 ff.
Abteilungsleiter **16** 44
Abteilungsleiterrunde **25** 87 f.
Abwehr von Angriffen **2** 123
Abwehrmaßnahmen
– defensive **18** 23 f.
– Grundrechtseingriff **18** 24, 27
– offensive **18** 25 ff.
– staatliche Maßnahmen **18** 26
– Telekommunikation und Telemedien **21** 30
Abwehrrecht **7** 30 ff.
Access Control
– DAC **2** 121
– MAC **2** 2, 121
– RBAC **2** 121
Access-Provider **21** 10
– Haftung **12** 13 ff.
Accountinhaber
– Geheimhaltungspflichten **12** 18 f.
– Sicherungspflichten **12** 18 f.
ACEA **22** 84
Add-Ons **11** 38

Administrator **4** 39
– Datenschutzrecht **17** 48 f.
– lokale Administratorrechte **16** 68
– Privathaushalt **26** 21 f.
– Smart-Meter-Gateway-Administrator *siehe* Smart-Meter-Gateway-Administrator
– Systemadministrator **17** 48 f.
Advanced Persistent Threat (APT) **13** 89
AG InfoSic **25** 89
AG ISM **25** 28 ff.
AGB
– IT-Sicherheitsklausel **9** 144
– Outsourcing **9** 144; *siehe auch* Outsourcing
– Transparenzgebot **9** 31, 33
Agentur der Europäischen Union für Cybersicherheit *siehe* ENISA
Akkreditierung **8** 14 f., **13** 83, **14** 76, **15** 53
– Prüfstelle **8** 20
Akkreditierungsstelle
– Bundesamt für Sicherheit in der Informationstechnik **15** 53
Akteneinsicht
– Meldung **23** 31
Akteur
– nichtstaatlicher **19** 22 ff.
– strategischer **25** 18 ff.
AktG **16** 3
Akuator
– Privathaushalt **26** 23
All-Gefahrenansatz **13** 3
Allgemeinverfügung
– IT-Sicherheitskatalog **23** 19
– zusätzlich zum IT-Sicherheitskatalog **23** 25
All-IP-Netze **21** 18
Allzuständigkeit des Staates **7** 48
Amazon Web Services **13** 99
Ambient Assisted Living **26** 29, 53
Amtshilfe **7** 55, **18** 35 ff.
– BSI **18** 35 ff.
– Bundeswehr **19** 39
– Subsidiarität **19** 39 ff.
– technische **19** 41 ff.
Analyse **9** 94
Anbieter Digitaler Dienste **16** 15 ff., 20
Änderungsverordnung der BSI-KritisV **13** 39

Anforderungen
- an technische Mittel 14 29
- qualifizierter Vertrauensdienst 14 44

Angabe, berufsbezogene 14 47

Angriff, bewaffneter 19 1 ff., 26 ff.
- Selbstverteidigung 19 9 ff.
- von außen 19 17 ff.
- Zweckrichtung 19 11 ff.

Angriffe
- Abwehrmaßnahmen 21 30
- Mittel 21 28 f.
- Motive 21 27

Angriffskampagne 25 34

Angriffskrieg 18 29
- Verbot 19 33 ff.

Angriffsvektoren 5 9, 6 39, 22 121

Anlage
- Anlagenteile 13 58
- Ausfall 13 49
- Begriff 13 57 ff.
- gemeinsame 13 59 f.
- Verfahrensschritte 13 58

Anlagenbezug 13 42

Anlagenkategorien
- Kritische Infrastruktur 13 43

Anliegen der IT-Sicherheit 7 6 ff.

Anmeldung
- De-Mail-Konto 14 68
- sichere 14 73

Anonymität 1 15, 2 20 f., 4 9

Anscheinsbeweis 14 94, 99, 101

Anschlussbedingungen 25 65

Anschlussinhaber
- Haftung 12 17

Ansprechpartner
- AtG 23 27
- EnWG 23 14, 24 ff.

Anspruch
- deliktischer 9 81
- vertraglicher 9 81

Anspruchskonkurrenz 9 81

Anwendungsentwicklung 16 79

Anwendungssicherheit 14 20

Application Service Providing 11 67

APT 13 89

Äquivalenzinteresse 11 2

Arbeitgeber 9 136

Arbeitnehmer 9 136

Arbeitsgruppe Informationssicherheit des IT-Planungsrats (AG InfoSic) 25 89 ff.

Arbeitsgruppe Informationssicherheitsmanagement (AG ISM) 25 28 ff.

Arbeitsgruppe Verbindungsnetz 25 93

Arbeitsrecht 9 136

Arbeitsvertrag 9 136

Asymmetrische Kryptographie siehe Verschlüsselung, asymmetrische

AtG
- erhöhte IT-Sicherheitsanforderungen 23 27

Attribution 6 46 ff.
- von Cyberangriffen 18 15

Attributionsproblem 6 46 ff.

Attributzertifikat 14 47

Audit siehe IT-Sicherheitsaudit

Auditrecht 9 156

Aufdecken von Angriffen 2 125 f.

Aufschalten
- Telekommunikation 21 65; siehe auch Telekommunikation

Aufsicht 14 76
- ex ante 14 45
- ex post 14 42

Aufsichtsbehörden 9 46

Aufsichtsbehörden, datenschutzrechtliche
- Kontrolle dokumentierter IT-Sicherheitsmaßnahmen 21 111
- Meldepflichten 21 116 f.

Aufsichtsrat
- Haftung 9 96
- Überwachungspflicht 9 96

Auftragsverarbeiter 8 57, 9 53, 69, 21 105

Auftragsverarbeitungsvertrag (AVV) 9 69

Augmented Reality 26 17

Ausdifferenzierung und Spezialisierung der Gesellschaft 7 17

Ausfall
- einer Anlage 13 49
- von Staatsfunktionen 19 12 ff.

Auskunftsanspruch 14 75
- Nachweisverfahren 13 86

Auskunftsverlangen 10 61 f.

Auslagerung 9 71, 106, 142 ff., 16 81
- Vertrag 9 152 f.

Auslagerungskonstellation 9 71, 106, 142 ff.
- Anlagen des Finanzwesens 13 53
- Betreibereigenschaft 13 53

– Outsourcing **13** 52; *siehe auch* Outsourcing
– Unternehmen im Ausland **13** 55
– Versicherungswesen **13** 54
– Vertrag **9** 152 f.
– Weisungs- und Durchgriffsrecht des Betreibers **13** 52
Ausland-Ausland-Fernmeldeaufklärung **18** 62
Ausspähen von Daten (§ 202a StGB) **20** 39 ff.
Authentifizierung **2** 114 ff.
– Technische Richtlinie **24** 26 ff.
– Website **14** 59
– Zwei-Faktor-Authentifizierung (2FA) **2** 40
Authentizität **1** 15, **2** 39, **4** 9, **14** 5 f., 13
Auto-ISAC **22** 100
Automatisiertes Fahren *siehe* Smart Car
Automatisierung im Haushalt **26** 14
Automatisierungstechnik
– Zertifizierung **8** 72
Automotive SPICE **22** 109
Autonome Systeme **11** 11
AUTOSAR **22** 110

Backdoors **1** 32, **22** 57, 122
BAFin **16** 28
BAIT **16** 3, 28, 69 ff., 71, 82
– IT-Risikomanagement **16** 32
Bankwesen **13** 25
Basisinfrastruktur, technische **13** 95
BayEGovG **16** 22 f.
BDSG **16** 53, **17** 11
– Strafvorschriften **20** 53 ff.
Beauftragte der Bundesregierung für Digitalisierung **25** 23
Beauftragter der Bundesregierung für Informationstechnik (BfIT) **15** 29, **25** 23 ff.
Bedarfsgemeinschaft **26** 6
Bedrohung **9** 1
Beeinflussung eines Datenverarbeitungsvorgangs **20** 85
Beeinträchtigung, erhebliche **13** 89
Beendigung des Dienstes
– Plan **14** 44
Befugnisse des BSI **25** 36 ff.
Befundsicherungspflicht **11** 57
Behörden, Verwaltung und Justiz
– Infrastrukturbereich **13** 6

Behördengänge **25** 52 ff.
Behördenstruktur **25** 10 ff.
Behördliche Maßnahmen **18** 21
– Grundrechtseingriff **18** 22
Beleihung **14** 71
Bemessungskriterien
– Kritische Infrastrukturen **13** 43
Benutzerberechtigungsmanagement **16** 78
Berechtigte Interessen
– im datenschutzrechtlichen Sinne **16** 63, **17** 55 ff., 62 f., **21** 105
– IT-Sicherheit **17** 62 f.
Berechtigter
– Schutz der Verfügungsgewalt (§§ 303a, 303b StGB) **20** 64 ff.
Berechtigungskonzept **17** 51
Bereiche
– Kritische Infrastrukturen **13** 43
Bericht zur Lage der IT-Sicherheit **25** 34
Berufsgeheimnis(träger) **9** 64 f., **17** 3, 26
Berufsprogrammierer **11** 84 ff.
Beschaffenheitsvereinbarung **9** 132 ff.
Beschleunigung des Lebens durch IT **7** 16
Beschlusskompetenz **25** 21 ff.
Beschränkung
– Nutzungsbeschränkung **9** 67
– Zugangsbeschränkung **9** 67
Besonderes Anwaltspostfach (beA) **14** 39
Besonders schwerer Unglücksfall
– ungewöhnliche Ausnahmesituation **19** 44
Best Practice **9** 47, 172, **11** 29, **16** 67 ff., 82, **22** 87 f., 100
Bestandsdaten **21** 63, 66
Bestandsschutz
– staatliche Ordnung gegen Angriffe von außen **19** 7
Bestätigung
– Abholung **14** 69
– Eingang **14** 69
– Empfang **14** 23
– Identitätsdaten **14** 73
– qualifiziert signierte **14** 70
– Senden **14** 23
– sichere Anmeldung **14** 69
– Versand **14** 69
Bestimmbarkeit **9** 31 f.
– Anspruch **9** 30
– IT-Sicherheit **9** 50

Bestimmung der Kritikalität einer Infrastruktur **13** 31 ff., 43
- Benennung **13** 35
- Benennungspflicht einer Kontaktstelle **13** 37
- Bestimmungsmethodik **13** 35
- Bestimmungszeitpunkt **13** 63
- Betreiberpflichten **13** 61 ff.
- branchenspezifischer Schwellenwert *siehe* Schwellenwert
- Handlungspflicht für Betreiber **13** 36 ff.
- Versorgungsgrad **13** 32, 34, 44
Bestimmung des Versorgungsgrades **13** 44 ff.
- Heizwerk **13** 46
Bestimmungsgemäßer Gebrauch **11** 26
Betreiber
- Begriff **13** 51
- Haftung **12** 13 ff.
Betreiber von Kritischen Infrastrukturen **8** 51 ff.
- Verkehrspflichten **10** 48 ff.
Betreiber wesentlicher Dienste **15** 16 ff.
- Sicherheitsanforderungen und Meldepflichten **13** 22 ff.
Betreibereigenschaft **13** 52 f.
- Anlagen des Finanzwesens **13** 53
- Art der Rechtspersönlichkeit **13** 56
Betreiberpflichten
- Auskunftslast des Betreibers **13** 38
- Auskunftsverpflichtung **13** 38
- Benennung einer Kontaktstelle **13** 37
- Bestimmung der Kritikalität **13** 61 ff.
- Meldepflicht **13** 88, 103, 105 ff.
- Nachweispflicht und Kontrolle **13** 82
- Nachweisverfahren **13** 83 ff.
- organisatorische und technische Vorkehrung **13** 65 ff.
- Schutz personenbezogener Daten **13** 108
- Telemedien **13** 108; *siehe auch* Telemedien
Betreiberzertifizierung **10** 63; *siehe auch* Zertifizierung
Betrieblicher Datenschutzbeauftragter *siehe* Datenschutzbeauftragter, betrieblicher
Betriebsgeheimnis **9** 64 f., **17** 45, 52, **20** 58
Betriebssicherheit **4** 8, **24** 46, 51
Betrug
- Internet **14** 59
Bewaffneter Angriff **19** 1 ff., 26 ff.
- Selbstverteidigung **19** 9 ff.
- von außen **19** 17 ff.
- Zweckrichtung **19** 11 ff.

Bewaffneter Konflikt **19** 28
Bewahrungsdienst **14** 56
Beweis
- Cyberangriff **19** 24 ff.
Beweiserleichterung **14** 91 ff.
Beweiskraft **14** 6
Beweislast **9** 26, 79, **11** 53
- Mitverschulden **12** 27
Beweislastumkehr **11** 54 f.
Beweismittel **14** 24
- eIDAS-VO **14** 91
Beweissicherheit **14** 84
Beweissicherung **6** 47
Beweisvermutung **14** 95 ff., 99
Beweiswert **14** 56, 91 ff.
- Blockchain **14** 80, 103; *siehe auch* Blockchain
- qualifizierte elektronische Einschreiben **14** 98
- qualifizierte elektronische Siegel **14** 98
- qualifizierte Signatur **14** 93
- qualifizierte Zeitstempel **14** 98
- Vertrauensdienste **14** 92
Beweiswirkungen **14** 28, 82, 90 ff.
Beweiswürdigung **14** 91
Bewertungskriterien
- IT-Sicherheit **8** 60 f., 61
BfDI **15** 30, **16** 26, **21** 61, 64, 79, **24** 31, **25** 23, 73, 74
- Meldepflichten **21** 79 f.
Big Data
- Datenschutz **2** 86 ff.
- Innovationspotenziale **3** 1
- Privathaushalt **26** 23
Binnenmarkt, digitaler **15** 7
Binnenmarktrelevanz
- digitale Dienste **13** 92
Biometrie **26** 29
- Informationstechnik zur privaten Lebensführung **26** 31 f.
Blockchain **2** 127, 136, **14** 26, 77 ff.
- Anwendungen **14** 80
- Beweiswert **14** 80, 103
- Bundesregierung **14** 81
- Formvorschriften **14** 80
- freie Beweiswürdigung **14** 103
- Nachmarktkontrolle **14** 79
- Ordnungsrahmen **14** 108
- Smart Contracts **2** 131
- Überprüfung **14** 79

- Verkehrsfähigkeit **14** 103
- Vormarktkontrolle **14** 79

BNetzA *siehe* Bundesnetzagentur (BNetzA)

Bodyhacking **26** 17

BOS-Digitalfunk **21** 23

Bösgläubigkeit
- Verkehrspflichten **10** 51

Botnetz **2** 74, **10** 11, **12** 23, **21** 27, 76, 82
- Privathaushalt **26** 25, 27

Branche
- Begriff **13** 50
- Kritische Infrastrukturen **13** 11

Branchenspezifische Sicherheitsstandards (B3S) **8** 53; *siehe auch* IT-Sicherheitsstandard

Branchenunterschiede **3** 2

Bring your own device (BYOD)
- Home-Office **26** 20

BSI *siehe* Bundesamt für Sicherheit in der Informationstechnik (BSI)

BSIG **9** 37, **10** 36 ff., **16** 15 ff., **25** 15 ff.
- BSI **16** 65
- KRITIS **16** 3, 65 f.
- RefE BSIG 2.0 **23** 36
- Schadprogramm **17** 32
- Sicherheitslücke **17** 32
- Vertrauenswürdigkeit **16** 66

BSI-Kritisverordnung (BSI-KritisV) **13** 35, 39 ff., 42, **16** 18, **21** 37 ff., **22** 1, 7

Btx-Hack **1** 2, **21** 1

Bundesamt für Finanzdienstleistungsaufsicht (BAFin) **16** 28

Bundesamt für Sicherheit in der Informationstechnik (BSI) **7** 42, **15** 39 ff., **16** 65, **18** 21, 33 ff., **21** 73, **23** 10, 22, 29, 35, **25** 33 ff.
- Akkreditierungsstelle **15** 53
- Amtshilfe **18** 35 ff.; *siehe auch* Amtshilfe
- Aufgaben **15** 40
- Befugnisse bei Digitalen Diensten **21** 93, 108 f.
- BSIG **7** 48
- Cyberabwehr **19** 41 ff.
- Datenauswertung **18** 41
- Datenerhebung **18** 41
- Durchführung von Audits **21** 73; *siehe auch* IT-Sicherheitsaudit
- Gefahrenabwehr **18** 39 ff.
- Kontrolle Sicherheitsstandard **13** 74
- Meldpflichten **21** 75, 112 ff.
- Meldestelle **15** 41, 45, **18** 40
- Mindestsicherheitsstandards **15** 44 f.

- MIRTs **15** 48
- Mobile Incident Response Teams **15** 48
- Prüfung und Bewertung **15** 50 ff.
- Sensorik **15** 43
- Übermittlung **15** 42
- Unterstützung **18** 34 ff.
- Warnung **15** 49, **18** 42
- Zertifizierungsstelle **15** 52; *siehe auch* Zertifizierung
- Zulassung **15** 54
- Zuständigkeit **8** 17

Bundesbeauftragter für den Datenschutz und die Informationsfreiheit *siehe* BfDI

Bundesdatenschutzgesetz (BDSG) *siehe* BDSG

Bundesebene
- Öffentliche Verwaltung **25** 5 ff.

Bundeskriminalamt (BKA) **15** 37, **18** 24, 50 ff.
- Cyberabwehr **18** 52
- Strafverfolgung **18** 51
- Terrorismusbekämpfung **18** 50
- Zentralstelle **18** 50

Bundeslagebild Cybercrime **5** 18

Bundesländer **15** 35
- Behörden **15** 36 ff.
- Finanzverfassung **7** 58 f.
- IT-Sicherheitsgesetz **18** 14
- Kompetenzen **5** 61, **7** 50 ff., **13** 40 f., **15** 31 f., **25** 39 ff.
- Mitspracherecht **25** 49
- Mitwirkung in Gremien **15** 29 f.
- Verarbeitungsbefugnisse für IT-Sicherheit **21** 106 f.
- Zusammenarbeit mit BSI **18** 37

Bundesministerium des Innern, für Bau und Heimat (BMI)
- Cyber-Sicherheitsstrategie **25** 7 ff.

Bundesnachrichtendienst (BND) **18** 24, 56 ff., **19** 19, **25** 8
- Cyberabwehr **18** 64
- Cyber-Abwehrzentrum **15** 37
- Telekommunikationsüberwachung **18** 60 f.

Bundesnetzagentur (BNetzA) **8** 54, **14** 42, **23** 9 ff., 20, 22, 29, 35, **24** 31, 47 f.
- Anordnung von Audits **21** 72 f.
- IT-Sicherheitskatalog **21** 61, **24** 52
- Meldepflichten **21** 75, 79 f.
- Sicherheitskonzept nach TKG **13** 77, **21** 70

Bundesregierung
- Cyber-Sicherheitsstrategie 25 7 ff.

Bundesverfassungsgericht 7 26 ff.
- Volkszählungsurteil 17 17, 33

Bundesverwaltung 25 9 ff.

Bundeswehr
- Amtshilfe 19 39; *siehe auch* Amtshilfe
- Friedenssicherung 19 31 ff.
- Gegenschlag 19 20 ff.
- Gesetzliche Grundlagen 19 46 ff.
- Kommando Cyber- und Informationsraum 5 25
- Militärischer Abschirmdienst (MAD) 18 68
- Verteidigungsaufgaben 19 4 ff.
- Weißbuch 5 36

Business Continuity Plan 9 151

Business Judgement Rule 9 93

Bußgeld 3 27 f., 9 59, 16 38

CAN-Bus 22 39, 49 f.

CC-Schutzprofil 8 65 f., 74 f., 24 13

CERT 2 138, 15 6, 18 48
- national 15 47

CERT-Bund 25 28 ff.

CERT-Strukturen 25 8

Challenge Handshake Authentication Protocol (CHAP) 2 116

Chaos Computer Club 1 2, 5 8

Chef des Bundeskanzleramtes (Chef BK) 25 23 ff.

Chilling effect 7 34

China 5 50, 59, 6 3, 22 103 f.
- Internet Governance 6 53

Cloud *siehe* Cloud Computing

Cloud-Computing 5 44, 9 45, 11 14, 67, 26 40
- als digitaler Dienst 21 44 f.
- Cloud Operator 11 16
- Cloud-Leistung 9 143
- Cloud-Technologie 9 142 f.
- Dienste 13 96 ff., 16 15
- Geschäftsmodelle 9 143
- Kritische Infrastrukturen 21 35
- Rundfunk 21 16
- Technische Schutzmaßnahmen 21 91 ff.
- Telemedium 21 45

Cloud-Computing-Dienst *siehe* Cloud Computing

Cloud-Infrastruktur 9 80

Cloud-Technologie 9 142 f.

Common Criteria 8 62 ff., 11 51
- Schutzprofile 24 13

Common Criteria Recognition Arrangement (CCRA) 8 80

Compliance 3 17, 16 44 ff.
- Beratung 16 45
- Compliance-Kultur 16 11
- Compliance-Maßnahme 9 62
- IT-Compliance 16 7 f.
- Kontrolle 16 45
- Neubürger-Urteil 16 6
- Risikomanagement 16 11 f., 45
- Straftat 16 46
- Überwachung 16 45
- Verantwortung 16 45

Computer Emergency Response Team *siehe* CERT

Computer Security Incident Response Team *siehe* CSIRT

Computerbetrug (§ 263a StGB) 20 80 ff.

Computer-Grundrecht *siehe* Grundrecht auf Gewährleistung der Vertraulichkeit und Integrität informationstechnischer Systeme

Computerkriminalität 18 51

Computersabotage (§ 303b StGB) 20 67 ff.

Computerstrafrecht 1 35, 5 15 ff., 20 7

Computerviren 2 67, 10 68, 26 26
- Privathaushalt 26 49
- Schutz 10 68
- Virenbefall 12 11
- Virenscanner 10 69

Content Delivery Netzwerk 13 99, 102

Convention on Cybercrime *siehe* Cybercrime Convention

Cookiefilter 2 20

Cookies 2 81 ff., 10 42, 21 86

Corona-App 2 21, 78, 139, 7 41

Corona-Krise 7 41, 21 24, 32
- Cyberspionage 6 32
- digitale Souveränität 5 59a
- Home-Office 9 3, 140
- IT-Sicherheit 3 1
- Resilienz 5 59a

Corona-Tracing
- PEPP-PT 2 78

CSIRT 15 6, 22, 47
- Netzwerk 15 25

CSR 3 26

Culpa in contrahendo 9 109

Cyber Command 5 25

Cyber Risk Management 9 95
Cyber Security *siehe* Cybersicherheit
Cyberabwehr 5 37 f.
– aktive 18 25 ff., 64, 69
– BSI 19 41 ff.
– Bundeskriminalamt 18 52
– Bundesnachrichtendienst 18 64
– defensive 18 23 f.
– Gesetzgebungskompetenz 18 52, 64
– Grundrechtseingriff 18 24, 27
– Persistent Engagement 5 30
– Rechtsgrundlage 5 67
– staatliche Maßnahmen 18 26
Cyber-Abwehrzentrum, nationales *siehe* Nationales Cyber-Abwehrzentrum
Cyberangriff 9 2, 8, 15 ff., 20 f., 24 f., 53, 81 ff., 101, 129, 137, 16 1, 19 13 ff.
– Abwehr 9 16
– Attribution 18 15
– Außenwirkung 19 10 ff.
– Beweis 19 24 ff.
– Estland 5 26
– Gefahr 3 6
– Grauzone 19 2 ff.
– Hintergrundstaat 19 18 ff.
– Interventionen 19 13 ff.
– Sanktionen 19 13 ff.
– Schaden 9 5, 78
– Schadensersatz 9 88
– Schadprogramm *siehe* Schadprogramm
– Stuxnet 5 26
– Ukraine 5 26
Cyberattacke *siehe* Cyberangriff
Cyber-AZ *siehe* Cyber-Abwehrzentrum, nationales
Cyberbedrohung 9 36
Cybercrime 1 8, 3 5, 5 15 ff., 9 2, 5 f., 15 36, 18 51, 20 1 ff.
– Bundeslagebild 5 18
– Dunkelfeld 5 20 f.
– im engeren Sinne 5 16, 20 2
– im weiteren Sinne 5 16, 20 3
– IT-Strafrecht 20 8
– polizeiliche Kriminalstatistik 5 16 ff.
– Schäden 5 19 ff.
Cybercrime Convention 5 17, 18 16, 20 17, 27 f.
Cybered Conflict 5 29
Cyberkriminalität *siehe* Cybercrime
Cyberrisiko 9 1, 83, 88, 93, 98 ff., 124 ff., 136, 166 ff.
– Abwehr 9 16

– Cyberrisiko-Management 9 91 ff.
– Haftung 9 73 ff.
– höhere Gewalt 9 19 ff., 24 ff.
– Risikoanalyse 9 120 f.
– Risikomanagement 9 98
– Schaden 9 78
– Versicherung *siehe* Cyberversicherung
– Vertragsgestaltung *siehe* Vertragsgestaltung
Cyberrisiko-Management 9 91 ff., 100 f., 124, 171
Cyberrisiko-Versicherung *siehe* Cyberversicherung
Cyber-Sabotage 15 36
Cybersecurity Act 7 3, 8 93, 9 36, 18 18, 45 ff.
– Kategorien 8 96
– Marktüberwachung 8 95
Cyber-Security-Governance 9 126
Cyber-Security-Leitfaden 9 137
Cyber-Sicherheit 9 10
– Abschreckung 15 10
– Cybersecurity Act 9 36
– Entstehung 5 6 f.
– europäisches Siegel 15 27
– Rechtsakt *siehe* Europäischer Rechtsakt zur Cybersicherheit
– Schema 15 27
– Zuständigkeit 5 61
Cyber-Sicherheitsarchitektur 25 8
Cyber-Sicherheitslage 13 88
Cyber-Sicherheitsstrategie 5 34 ff., 54, 13 20 ff., 25 7 ff.
– für Deutschland 15 28 ff.
Cyber-Sicherheitsverordnung 7 3
Cyber-Spionage *siehe* Spionage
Cyber-Stalking 26 36
Cyberterrorismus 18 11, 50
Cyberversicherung 3 9, 23, 9 128, 166
– Privathaushalt 26 49
Cybervorfall 9 129, 130, 166 ff.
Cyberwaffe 5 28, 6 58
Cyberwar 2 47, 138, 5 24 ff.

Darknet 2 61, 64
Darlegungslast 9 79
Data Loss Prevention 9 151
Data Suit 26 16
Daten 20 66
– Besitz 11 16

- besonders gesicherte 20 39
- beweiserhebliche 20 71
- Computerbetrug (§ 263a StGB) 20 80 ff.
- Cybercrime 20 18
- Eigentum 11 15
- Hehlerei (§ 202d StGB) 20 48 ff.
- in Übermittlung befindliche 20 43
- Informationen 17 23
- Recht am eigenen Datenbestand 11 17 ff.
- Schutz der Übermittlung per Funk (§§ 148 Abs. 1 Nr. 1, 89 TKG) 20 57
- sonstiges Recht 11 18 ff.
- unbefugte Verwendung 20 83
- unbefugter Zugriff 9 65
- Unterdrückung 20 77 f.
- urheberrechtlich geschützte 20 61 f.
- Verarbeitung 9 69
- Verwenden unrichtiger/unvollständiger 20 82

Datenauswertung
- BSI 18 41

Datenbrille
- GoogleGlass 26 17

Datendiebstahl 1 8, 3 5, 21, 27, 6 30, 9 78

Datenerhebung
- BSI 18 41

Datenhehlerei (§ 202d StGB) 20 19, 29, 48 ff.

Datenintegrität 11 12 ff., 17 40, 22 51

Datenminimierung 2 132, 4 14, 17 34, 49 ff.

Datenschutz 2 17, 3 17, 7 12 f., 9 65, 14 44, 75, 16 38 ff., 17 4, 46; *siehe* Datensicherheit
- Begriff 17 3
- Datenschutzrecht *siehe* Datenschutzrecht
- DS-GVO *siehe* DS-GVO
- Fundbüro 26 60
- Fundsache 26 60
- Grundsatz der Integrität und Vertraulichkeit 21 101, 111
- Kosten 3 17
- Politikfeld 5 12
- Privathaushalt 26 57
- rechtliche Grundlagen 17 6 ff.
- Sicherheit der Verarbeitung 17 1
- Technik 17 5
- Verhältnis zur IT-Sicherheit 1 17 ff., 17 54 ff., 21 120
- Versteigerung 26 60
- Vertrauensdienst 14 41

Datenschutzbeauftragter 16 53, 21 64 f., 68
- Beratungsfunktion 16 54

- Datenschutzschulung 16 43
- Mindestaufgaben 16 55
- Qualifikation 16 54

Datenschutzbehörde 3 28

Datenschutzgesetze *siehe* Datenschutzrecht

Datenschutzniveau
- risikoadäquates 16 38

Datenschutzrecht 1 36, 9 69, 17 5, 26, 33, 46, 20 53 ff.
- Abgrenzung 17 48 ff.
- Abgrenzung IT-Sicherheitsrecht 1 21, 17 8, 12 ff.
- Berechtigte Interessen *siehe* Berechtigte Interessen
- Compliance-Maßnahme 9 62
- Datenminimierung *siehe* Datenminimierung
- Datensicherheit *siehe* Datensicherheit
- Definition 17 21
- DS-GVO *siehe* DS-GVO
- Gesetzgebungskompetenz 17 11
- IT-Sicherheitskonzept 17 64
- IT-Sicherheitsmanagement 17 64
- Privathaushalt 26 10, 18 ff., 39
- Regelungsobjekt 17 22
- Risiko 17 24
- Risikobasierter Ansatz 16 39, 17 24, 21 102
- Schutzziel 17 43
- Sicherheit der Verarbeitung 17 30
- Stand der Technik 21 102; *siehe auch* Stand der Technik
- Transparenz 17 43
- Zweckbindung 17 43

Datenschutzzertifizierung 4 16, 21 111; *siehe auch* Zertifizierung

Datensicherheit 5 12, 7 12 f., 17 1, 4, 8, 46
- Begriff 1 16, 17 3
- Datenschutzrecht 17 30

Datenübermittlung 18 61

Datenveränderung (§ 303a StGB) 20 65 f.

Datenverarbeitung 9 69, 17 23, 20 20
- Einwilligung 17 59
- geschäftsmäßiges Handeln 26 18
- Manipulation 20 80 ff.
- personenbezogene Daten *siehe* Personenbezogene Daten
- Privathaushalt 26 10, 18 ff.
- Privatpersonen 26 10
- Rechtmäßigkeit 17 57 ff.
- Schutz (§ 303b StGB) 20 67 ff.

- Täuschung im Rechtsverkehr (§ 270 StGB) **20** 76
- Transparenz **17** 53

Datenverfügbarkeit *siehe* Verfügbarkeit
Datenverfügungsrecht **3** 18
Datenverlust **9** 1, 78
Datenvertraulichkeit **7** 26 ff.
DDoS-Attacke **2** 42 ff., 46, 73 ff., **6** 29 f., 32, 36 f., **10** 55, **12** 22, **21** 28, **25** 34, **26** 27
Deckungsvorsorge **14** 44
Delegation **16** 21
Deliktsrecht **9** 77, 81
- Sicherheitspflichten **10** 1 ff.

De-Mail **8** 56, 70, **14** 24 f., 39, 65 ff.
- Anmeldung **14** 68
- Beweiswert **14** 96
- De-Mail-Gesetz **14** 35, 60 ff.
- De-Mail-Konto **14** 67
- Nutzung De-Mail-Dienst **14** 75
- Postfach- und Versanddienst **14** 69

Denial of Service-Attacke *siehe* DDoS-Attacke
Design Thinking **4** 43
Deutscher Landkreistag **25** 73
Deutscher Städte- und Gemeindebund **25** 73
Deutscher Städtetag **25** 73
Deutschland Online **25** 45

Diensteanbieter
- Haftungsprivilegierung **12** 5
- Telekommunikation **21** 6; *siehe auch* Telekommunikation
- Telemedien **21** 7; *siehe auch* Telemedien

Dienstvertrag
- Outsourcing **9** 144; *siehe auch* Outsourcing

Digital Geneva Convention **6** 12
Digitale Dienste **13** 92 ff., 102 ff., **15** 18, 45 f., **21** 44 ff.
- als gesondert regulierte Telemedien **21** 46; *siehe auch* Telemedien
- Anbieter **16** 20
- Befugnisse des BSI **21** 93, 108 f.
- IT-Sicherheitsanforderungen **13** 92 ff.
- KMU **13** 100, **21** 91
- Kritische Infrastrukturen **21** 35
- Meldepflicht **15** 46, **21** 112 ff.
- Nachweispflichten **21** 108 f.
- Pflichten zur Umsetzung von IT-Sicherheitsmaßnahmen **21** 91 ff.

- Stand der Technik **21** 92; *siehe auch* Stand der Technik
- Technische Schutzmaßnahmen **21** 91 ff.

Digitale Infrastruktur **13** 25, 102 ff.
- KMU **13** 100
- Mindestharmonisierung **13** 93
- Vollharmonisierung **13** 93

Digitale Signatur *siehe* Elektronische Signatur
Digitale Souveränität **5** 39 ff.
- Anwenderunternehmen **5** 46 ff.
- Corona-Krise **5** 59a
- IT-Unternehmen **5** 51 ff.
- Nutzerinnen und Nutzer **5** 41 ff.
- Staat und Verwaltung **5** 53 ff.

Digitale Transformation **1** 3, **3** 1 ff.
Digitale Verwaltung **25** 55 ff.
Digitale Wasserzeichen **2** 110 ff.
Digitaler Hausfriedensbruch **20** 30 ff.
Digitalisierung **1** 3 ff.
- Energiebereich **24** 3
- Hemmnis **3** 3

Digitalisierungsbudget **25** 92
Digitalisierungsprogramm **25** 53 ff.
Digitalkabinett **25** 21 ff.
Digitalministerium **5** 61
Digitalrat **25** 21
DIN-/ISO-Normen **9** 42, **13** 70, **17** 8, **23** 12, 17; *siehe auch* ISO
- Stand von Technik und Wissenschaft **10** 32

Discretionary Access Control (DAC) **2** 2, 121
Distributed Denial of Service (DDoS) *siehe* DDoS-Attacke
Distributed Ledger Technology *siehe* Blockchain
DNS *siehe* Domain Name System (DNS)
Dokumentation **9** 129, **14** 44
- IT-Sicherheitskatalog **23** 20

Domain Name System (DNS) **2** 12, **6** 52, 55
- DNS poisoning **6** 55
- DNS Resolver **21** 42
- DNS Server **21** 42
- DNS-Dienste **13** 94

Domaine Réservé **6** 33
DoS-Attacke *siehe* DDoS-Attacke
DOT **22** 86 ff.
DP-3T **2** 139

653

Drive-by-Downloads **21** 90, 130
Drohne **26** 29
DS-GVO **3** 20, 27 ff., **9** 58, 61 f., 92, **10** 40, 44 ff., **14** 41, **16** 3, 38 ff., **17** 7, 10, 34 f., **18** 19, **23** 5
– Abgrenzung zur ePrivacy-Richtlinie **21** 50
– Anwendungsvorrang **21** 85 ff.
– Aufsichtsbehörde **16** 55
– Auftragsverarbeitung **9** 69
– Breyer-Entscheidung **16** 63
– Datenschutzbeauftragter *siehe* Datenschutzbeauftragter
– Datenschutz-Folgenabschätzung **16** 55
– geeignete organisatorische Mittel **16** 40
– geeignete technische Mittel **16** 40
– Innovation **3** 33 f.
– IT-Sicherheit **17** 54 ff., **21** 89
– Kollisionsregel **16** 61 ff.
– Meldepflichten **21** 116 f.
– Nachweispflicht **9** 61
– Öffnungsklauseln **21** 85 f., 88 f.
– personenbezogene Daten *siehe* Personenbezogene Daten
– privacy by default **16** 41 f.
– privacy by design *siehe* Privacy by Design
– Pseudonymisierung *siehe* Pseudonymisierung
– Rechenschaftspflicht **9** 61, **21** 111
– risikobasierter Ansatz **16** 39, **17** 24, **21** 102
– Technische und organisatorische Maßnahmen **21** 100 ff.; *siehe auch* Technische und organisatorische Maßnahmen
– Verantwortung **16** 39
– Verschlüsselung **16** 40; *siehe auch* Verschlüsselung
– Verschwiegenheitspflicht **16** 53
– Verstoß **9** 55
– Vorrang vor TMG **21** 85 ff.
– Zeugnisverweigerungsrecht **16** 53
– Zielsetzung **17** 15 ff.
Dual Use-Güter **6** 59 f., **20** 28, 47
Dual Use-Verordnung **6** 60
Due Diligence **6** 49, **9** 166 ff.
– Cyberrisiko **9** 166 ff.
Dunkelziffer **3** 24
– Cyberkriminalität **3** 5
Durchschlagskraft, fehlende **25** 46 ff.
EBA-Leitlinien **9** 71, 156
eBay **2** 44, **12** 18, **13** 97
eCall **22** 74 ff.

Echtheit **14** 94
Effects-based approach **6** 22 ff.
Effektivität
– IT-Sicherheitsmaßnahmen **8** 3
Effizienzsteigerung **3** 15
E-Government **17** 9, **25** 44 f.
eID **2** 117
eIDAS-Verordnung **2** 99, **8** 90, **14** 33, 37 ff., 60, **21** 40
– Konformitätsbewertung **8** 89
– Rechtswirkungen **14** 83
Eigenschutz **9** 76
– Pflichten **12** 30
Eigentum an Daten **11** 15
Eigentumsverletzung **11** 8
Eingreifende Maßnahmen
– Befugnisse der Streitkräfte **19** 40 ff.
Einschreiben
– elektronisches **14** 36
– Sicherheitsinfrastruktur **14** 64
– Zustellung **14** 61 ff.
Einstimmigkeitsprinzip **25** 42
Eintrittshürden
– neue Technologien **7** 18
Eintrittswahrscheinlichkeit **8** 36, **9** 4, **10** 21, **16** 7 f., 19, 38, **17** 25 f., **21** 102
Einwilligung
– Datenverarbeitung **17** 59
– ePrivacy-RL **10** 42
– Urheberrecht **9** 66
– Völkerrecht **19** 25
Eisenbahn *siehe* Schienenverkehr
Elektrizität **16** 27
ElektroG
– Privathaushalt **26** 58
Elektronische Dokumente, öffentliche **14** 95
Elektronische Erklärungen
– Authentizität **14** 5 f.
– Integrität **14** 5 f.
– Nachteile **14** 5 f.
– Vorteile **14** 4
– Zustellung **14** 5
Elektronische Gesundheitskarte **8** 65, 70
– Zertifizierung **8** 87
Elektronische Signatur **2** 33 f., 97 ff., 99, **14** 8 ff.; *siehe auch* Qualifizierte elektronische Signatur
Elektronisches Gerichts- und Verwaltungspostfach **14** 39

E-Mail 2 10, 12 f., 23 f., **14** 23, **17** 26
– Anwendbarkeit von TKG und TMG **21** 12 ff.
– Beweiswert **2** 52
– Fernmeldegeheimnis **20** 56 f.
– Phishing **20** 73
– sichere **14** 24
– Sicherheitspflichten **12** 24, 27
– SPAM **2** 70 f.
– strafrechtlicher Schutz **20** 41
– Verschlüsselung **2** 103, **4** 21 ff., **9** 47 f.; *siehe auch* Verschlüsselung
Embedded Systems **11** 10
Energie **13** 20, 25, **23** 1 ff.
– Infrastrukturbereich **13** 6
Energieanlagen **22** 14, **23** 21 ff.
– Meldepflichten **23** 28 ff.
– Telekommunikation **21** 51
Energieerzeugungsanlage
– IT-Sicherheitskatalog **13** 80
Energieversorgungsnetz **16** 27, **23** 5, 6, 8 ff.
– IT-Sicherheitskatalog **13** 79
– Meldepflichten **23** 28 ff.
– Telekommunikation **21** 51
Energieversorgungssicherheit **23** 4 f.
Energiezufuhr-Fälle **10** 55
ENISA **15** 10, 26 f., **18** 18, 45 ff., 55, **21** 78, **22** 79 f., **25** 31
Entscheidungskompetenz **25** 72
Entsorgung
– Privathaushalt **26** 55 ff.
Entsorgungsträger
– Privathaushalt **26** 58
Entwicklungsfehler **11** 28, 50
EnWG **16** 24, **23** 5 ff.
– Begriffsumschreibungen **23** 6
– Elektrizität **16** 27
– Gas **16** 27
ePrivacy-Richtlinie **10** 40 ff.
– Abgrenzung zur DS-GVO **21** 50
ePrivacy-Verordnung **17** 10, **21** 118, 128
Erfüllungsgehilfe **9** 80
Erheblicher Versorgungsengpass **13** 30 ff.
Erklärung
– elektronische **14** 1 ff.
– rechtsrelevante **14** 3 ff.
Ermächtigung **19** 5 ff.
– Friedenssicherung **19** 31 ff.
Ernährung **2** 43, **13** 20, **16** 16 f., **22** 45

Erschleichen von Leistungen (§ 265a StGB) **20** 86 f.
Escrow Agent **9** 165
Estland **5** 26, **6** 29, 36 f.
ETSI **8** 73, **15** 5, **22** 81
EuGH
– Breyer Entscheidung **16** 63
EU-Recht **18** 17
Europäische Agentur für Cybersicherheit *siehe* ENISA
Europäische Union **6** 60
– Binnenmarktkompetenz **15** 13
– Cybersicherheitsstrategie **15** 8 ff.
Europäischer Kodex für die elektronische Kommunikation **21** 14, 130
– Umsetzung in Deutschland **21** 127
Europäischer Rechtsakt zur Cybersicherheit **1** 34, **7** 3, **8** 91 ff., 93, **9** 36, **15** 26 f., **18** 18, 45 ff.
– Kategorien **8** 96
– Marktüberwachung **8** 95
European Cybercrime Centre **18** 55
Europol **18** 54 f.
Evaluationsgegenstand
– Common Criteria **8** 63
Evaluierung **8** 59
Evaluierungsstufe (EAL) **8** 67
Exekutive
– Föderalismus **7** 53
Exit Management **9** 164
Exportkontrollrecht, internationales **6** 58 ff.
Extensible Authentication Protocol (EAP) **2** 116
Externalitäten
– IT-Sicherheit **3** 8
Extraterritoriale Grundrechtsgeltung **18** 6
Exzessverbot **19** 29 ff.

Facebook **2** 18, 87, **6** 10, **13** 101
– Anwendbarkeit von TKG und TMG **21** 9 ff.
Fachkunde **14** 44
– Produkthaftung **11** 79
Fachministerkonferenz **25** 74 ff.
Fahren, automatisiertes *siehe* Smart Car
Fahrerassistenzsystem **10** 9, **11** 7
Fahrlässigkeit **9** 19
Fahrtenschreiber **22** 78
Fahrzeugzulassung **22** 65

Fake News 2 38
Fälschung beweiserheblicher Daten
  (§ 269 StGB) 20 71 ff.
Fälschung technischer Aufzeichnungen
  (§ 268 StGB) 20 74 f.
Familienrecht
– Privathaushalt 26 45
Federal Information Processing Standards
  (FIPS) 8 71
Fehlende Meldepflicht 3 24
Fehlverdacht 11 74
Fernmeldegeheimnis 18 41, 21 4, 50, 53
– bei Telemedien 21 89; *siehe auch* Telemedien
– Schutz der Datenübermittlung per Funk
  (§§ 148 Abs. 1 Nr. 1, 89 TKG) 20 57
– Verletzung (§ 206 StGB) 20 56
Fernmeldemonopol 21 20
Fernsteuerung 26 33
Fernwärmeversorgung 13 48
Filesharing 9 66 f.
Finanz-, Geld- und Versicherungswesen
– Infrastrukturbereich 13 6
Finanz- und Versicherungswesen 13 20
Finanzmarktinfrastrukturen 13 25
Finanzverfassungsrecht 7 58
Fingerprint (von Webseiten) 2 85
Firewall 2 48, 10 19, 25, 21 99, 24 22, 24, 26 19
– Vertrag 9 146
FITKO 25 46 ff., 91 ff.
Fitness-Tracking 26 16
Föderale IT-Kooperation (FITKO) 25 46 ff., 91 ff.
Föderaler Rechtsstaat
– Föderalismus 25 2
Föderalismusreform 25 39
Folgeauftragnehmer 9 164
Folgenabschätzung 3 9
Force Majeure
– Definition 9 22
Formelles Datengeheimnis 20 12
Formenvorgaben 14 28
Formvorschriften 14 82
– Anpassungen 14 88
– Blockchain 14 80; *siehe auch* Blockchain
Forschung und Entwicklung 7 21
Forum of Incident and Response Teams 15 6

Freier Datenverkehr 17 18
Freistellung 9 59
Fremdbezug 16 81
Fremdschutz 9 76
Fremdsignaturen 14 51
Friedensgebot 19 6 ff.
– Verbot des Angriffskriegs 19 33 ff.
Friedenssicherung 19 31 ff.
Friendly Relations Declaration 6 17
Fundbüro
– Datenschutz 26 60
Fundsache
– Datenschutz 26 60
Funktionale Sicherheit 2 4, 4 8, 8 106
Funktions- und Versorgungskrise
– Kritische Infrastruktur 19 11 ff.
Garantie 9 169
Gas 16 27
Gefahr durch Cyberangriff 3 6; *siehe auch* Cyberangriff
Gefahrbewusstsein 10 26
Gefährdung der öffentlichen Sicherheit 13 30
Gefährdungspotential
– Sicherheitsanforderungen an Betreiber 13 68
Gefährdungsszenario 13 2 f.
Gefahrenabwehr 6 45, 18 1 ff.
– Gesetzgebungskompetenz 18 9
– Vollzugskompetenz 18 9
Gefahrenabwehrlage
– Vorbehalt des Gesetzes 19 42 ff.
Gefahrenstoffe
– Infrastrukturbereich 13 6, 8
Gefahrenzunahme
– Cyberangriff 3 7; *siehe auch* Cyberangriff
Gegenangriff
– Zurechnung 19 20 ff.
Gegenmaßnahmen 6 5, 47
Gegenschlag
– Entscheidungsgrundlagen 19 20 ff.
Geheimhaltung 9 64 f.
– Geheimhaltungsverpflichtung 9 65
Geheimhaltungspflichten
– Accountinhaber 12 18 f.
Geheimhaltungsverpflichtung 9 65
Geheimnis
– Berufsgeheimnis 9 64 f., 17 3, 26

– Betriebsgeheimnis **9** 64 f., **17** 45, 52, **20** 58
– Geschäftsgeheimnis **9** 64 f., **17** 41, **20** 58 ff., 60
Geheimschutz **15** 54
Gehilfe
– Erfüllungsgehilfe **9** 80
Gemeinsame Anlage **13** 59 f.
Genehmigungs- und Aufsichtsbehörden **23** 27
Geschäftsführer
– Verantwortlichkeit **16** 4 ff.
Geschäftsgeheimnis **9** 64 f., **17** 41
– Journalisten/Whistleblower **20** 60
– Verletzung (§§ 23, 4 GeschGehG) **20** 58 ff.
Geschäftsgeheimnisschutzgesetz (GeschGehG) **9** 70, **20** 58 ff.
Geschäftsstelle des IT-Planungsrats **25** 92 f.
Geschwindigkeit der Entwicklung
– IT **7** 19
Gesellschaft
– Ausdifferenzierung und Spezialisierung **7** 17
Gesetz über das Bundesamt für Sicherheit in der Informationstechnik (BSIG) *siehe* BSIG
Gesetz zur Verbesserung des Onlinezugangs zu Verwaltungsdienstleistungen (OZG) *siehe* OZG
Gesetzesvorbehalt
– Modifikationen und Differenzierungen **19** 46
Gesetzesvorhaben
– digitaler Hausfriedensbruch **20** 30 ff.
Gesetzgebung **9** 88
Gesetzgebungskompetenz **7** 52, **18** 7 ff., **25** 47 ff.
– ausschließliche **13** 40
– Cyberabwehr **18** 52, 64
– Datenschutzrecht **17** 11
– Gefahrenabwehr **18** 9
– konkurrierende **13** 40
– nachrichtendienstliche Aufklärung **18** 12
– Strafverfolgung **18** 8
– Terrorismusabwehr **18** 11
Gestaltungsspielraum des Staates **7** 42
Gesundheit **13** 20
Gesundheitswesen **2** 43, **3** 2, **5** 64, **7** 41, **8** 3, **13** 25

Gewährleistung
– Kaufrecht **9** 132 ff.
– Werkvertragsrecht **9** 132 ff.
Gewalt **6** 17 ff.
– Effects-based approach **6** 22 ff.
– häusliche **26** 35
– indirekte **6** 18
– Instrument-based approach **6** 20
– Target-based approach **6** 21
Gewaltenteilung
– horizontale **7** 57
– vertikale **7** 51
Gewaltverbot **18** 29
– völkerrechtliches **6** 15 ff.
Gewöhnliche Verwendung
– objektive gerechtfertigte Kundenerwartung **9** 132 ff.
Gmail
– Als OTT-Dienst **21** 11 ff.; *siehe auch* OTT-Dienste
GNU General Public License **11** 86
Going Dark **5** 65
Google **2** 18, 77, **3** 28, **13** 98, **22** 23
– Digitale Dienste *siehe* Digitale Dienste
– Google Analytics **2** 84
GoogleGlass **26** 17
GPS-Tracker **26** 36, 43
Grundfunktion der Streitkräfte **19** 5 ff.
Grundgesetz
– IT-Sicherheit **7** 1 ff.
Grundgesetzänderung **25** 49 ff.
Grundrecht auf Gewährleistung der Vertraulichkeit und Integrität informationstechnischer Systeme **7** 1 ff., 43, **11** 18, **17** 19 f., 20, **18** 6, **27** f., **20** 16 f.
Grundrecht auf informationelle Selbstbestimmung **2** 17, **7** 26 ff., **17** 4 f., **19** 43, **20** 10 f., **21** 26, **22** 120 f., **23** 32, **24** 3, **26** 52
– personenbezogene Daten **17** 4
– Volkszählungsurteil **17** 17, 33
Grundrecht auf IT-Sicherheit **7** 43
Grundrechte
– Persönlichkeitsrecht **7** 25 ff.
Grundrechtseingriff **7** 30 ff., 46 f.
– Abwehrmaßnahmen **18** 27
– behördliche Maßnahmen **18** 22
– Cyberabwehr **18** 27

Grundrechtsschutz **1** 31, **18** 6
– Vorverlagerung des Grundrechtsschutzes **7** 32 ff.
Grundrechtswirkungen **7** 29 ff.
– objektiv-rechtliche **18** 6
Gütesiegel *siehe* Zertifizierung
Hackback **18** 25 ff., 28, 64
– Zulässigkeit **18** 29
Hacker **9** 11, **12** 7
Hackerangriff **9** 21, 25, **12** 22
Hacking **2** 25, 54 ff.
Haftung **3** 18, **9** 19 ff., 24 ff., 62, 95, **16** 14, 18, **22** 121
– Aufsichtsrat **9** 96
– Ausschluss **9** 113, 116
– autonome Systeme **22** 121
– Begrenzung **9** 117
– Beschränkung **9** 114, 116
– Beweislast **9** 79
– Bußgeld **9** 59
– culpa in contrahendo **9** 109
– Cyberangriff **9** 88; *siehe auch* Cyberangriff
– Cyberrisiko **9** 19 ff., 73 ff.
– Darlegungslast **9** 79
– Deliktsrecht **9** 81
– Freistellung **9** 59
– höhere Gewalt **9** 23 ff.
– IT-Sicherheitslücke **9** 87
– Milderung **9** 113
– Privathaushalt **26** 38
– Produzentenhaftung **9** 83
– Risiko **9** 98
– Schadensersatz **9** 74 ff.
– Schutzpflicht **9** 74
– Verkehrssicherungspflicht **9** 74
– Vertrauensdienste **14** 42
– Vertretenmüssen **9** 25, 79
Hash-Funktion **14** 11
Hashwert **14** 26
Hauptleistungspflicht **9** 116, 145
Hausautomation **26** 48
Hausfriedensbruch, digitaler **20** 30 ff.
Haushaltsausnahme **26** 10, 39 ff.
Haushaltsautomation **26** 14
Haushaltseinheit **26** 7
Haushaltsgemeinschaft **26** 6
Haushaltsgeräte **7** 8
Haushaltsvorstand **26** 8
Häusliche Gewalt **26** 35

Hausratversicherung **26** 48
– Privathaushalt **26** 9
Haustechnik **26** 56
Heimliche Aufnahme **26** 42
Heizwerk **13** 46
Hemmnis
– Digitalisierung **3** 3
Herstellerpflichten **11** 49 ff.
Herzschrittmacher **26** 17
Hierarchiegefüge **25** 19 ff.
Hintergrundstaat
– Cyberangriff von außen **19** 18 ff.
– Zurechnung **19** 17 ff.
Hinterlegungsvereinbarung **9** 165
Hintertüren *siehe* Backdoors
Höhere Gewalt **9** 19 ff., 27
– Definition **9** 22
Home-Office **26** 20
– Bring your own device (BYOD) **26** 20
– Corona-Krise **9** 3, 140
– IT-Sicherheit **3** 1
– IT-Sicherheitskonzept **9** 140
Home-Schooling **26** 20
– Bring your own device (BYOD) **26** 20
Honeypot **18** 44, **21** 63
Horizontale Gewaltenteilung **7** 57
Hosting **11** 94, **21** 40, 43
Host-Provider **10** 53
– Haftung **12** 11 ff.
https **2** 28
Huawei **5** 58, **8** 103, **21** 125
Human Enhancement **26** 17
Humanitäres Völkerrecht **6** 5, 12, **19** 27 ff.
– lex specialis **19** 48
– Rules of Engagement **19** 32
Hybride Bedrohung
– bewaffneter Angriff **19** 1 ff.
Hybrider Konflikt **5** 29

ICANN *siehe* Internet Corporation for Assigned Names and Numbers (ICANN)
iCloud **13** 99
Identifizierung **14** 46, 51, 63
– De-Mail **14** 67; *siehe auch* De-Mail
Identität **2** 35
Identitätsdiebstahl **2** 36
IEC 62443 **8** 29 f., 50, 72, **9** 45
Immobilienversicherung
– Privathaushalt **26** 9

Implantat **26** 17
- Herzschrittmacher **26** 17
- Insulinpumpe **26** 17
Index für die digitale Wirtschaft und Gesellschaft (DESI) **25** 48
Individualsoftware **11** 68 f.
Industrial Control Systems **9** 4
Industrielle IT-Sicherheit **8** 29
Informationelle Selbstbestimmung *siehe* Grundrecht auf informationelle Selbstbestimmung
Informationen **17** 23
- Daten **17** 23
Informationsasymmetrie **3** 9, 17, 31, **13** 38
Informationsauswertung **18** 21 f., 39 ff., 46, 54, 58 ff.
Informationsdefizit **3** 9, 13
Informationsrisikomanagement **16** 32, 36 f., 69, 74 f.
Informationssammlung **18** 21 f., 39 ff., 46, 54, 58 ff.
Informationssicherheit **5** 2
- Abgrenzung IT-Sicherheit **17** 2
- Begriff **1** 16
- IT-Sicherheit **17** 1 f.
- Komplexität Privathaushalt **26** 21
- Schäden **26** 2
Informationssicherheitsbeauftragter (ISB) **16** 48 ff., **25** 62
- BAIT **16** 48 ff.
- VAIT **16** 48 ff.
Informationssicherheitsmanagement **16** 32, 36, 65, 69, 76 f., **25** 62
Informationssicherheitsmanagementsystem (ISMS) **8** 23 ff., **23** 11 ff., 24
- in 12 Schritten **25** 64
- Plan, Do, Check, Act **8** 28
- zyklischer Prozessansatz **8** 28
Informationstechnik **9** 37, **17** 19
- Begriff **1** 11
Informationstechnik und Telekommunikation **13** 20
- Infrastrukturbereich **13** 6 f.
Informationstechnik zur privaten Lebensführung **26** 12 ff., 17, 29, 48 ff.
- Abhörfunktion **26** 33
- Abhörrisiko **26** 52 ff.
- Akuator **26** 23
- Ambient Assisted Living **26** 53
- Angriff **26** 25

- behördlicher Zugriff **26** 30
- Big Data **26** 23
- Biometrie **26** 29, 31 f.
- Bodyhacking **26** 17
- Botnetz **26** 25, 27
- Cloud **26** 40
- Cyber-Stalking **26** 36
- Cyberversicherung **26** 49
- Data Suit **26** 16
- Datenbrille **26** 17
- Datenschutz **26** 57
- Drohne **26** 29
- Fernsteuerung **26** 33
- Firewall **26** 19
- Fitness-Tracking **26** 16
- Funktionalität **26** 13
- GPS-Tracker **26** 43
- Haftung **26** 38
- Hausautomation **26** 48
- häusliche Gewalt **26** 61
- Haustechnik **26** 56
- heimliche Aufnahme **26** 42
- Human Enhancement **26** 17
- Implantat **26** 17
- Konfiguration **26** 22
- Künstliche Intelligenz **26** 23
- Löschen von Daten **26** 57 ff.
- Manipulationsrisiko **26** 52
- Messengerdienste **26** 45
- Miniaturisierung **26** 23
- Prozessorkapazität **26** 23
- Ransomware **26** 26
- Rauchmelder **26** 52
- Remote Voice Monitoring **26** 33
- Risiken **26** 26 ff.
- Schädigungspotenzial **26** 24
- Sensorik **26** 16, 23, 53
- Sicherheitsanforderungen **26** 44, 61
- Sicherheitsprobleme **26** 61
- Smart Home **26** 14, 28, 34 f., 43, 48, 50 f., 54; *siehe auch* Smart Home
- Smarte Glühlampe **26** 28
- Smartphone **26** 43; *siehe auch* Smartphone
- Smart-TV **26** 29
- Smartwatch **26** 15 f., 33, 43 f.
- Speicherkapazität **26** 23
- Spielzeug *siehe* Spielzeug
- Sprachassistenz **26** 31 f.
- Sprachaufnahmen **26** 31 f.
- Stand der Technik **26** 50; *siehe auch* Stand der Technik
- Staubsaugerroboter **26** 43
- Tonaufnahmen **26** 31 f.

- Trojaner 26 26
- Überwachung 26 35 f.
- Update 26 22, 50, 61
- verbotene Sendeanlage 26 33
- Vernetzung 26 23, 28
- Videoüberwachung 26 41
- Virenschutz 26 49
- Virtual Reality 26 16
- Virus 26 26
- Wearable 26 16
- WLAN 26 30
- WLAN-Router 26 13, 19
- Zweck 26 13

Informationstechnisches System 17 23, 20 22

Informationsvorsorge 18 21 f.

Informationswert 8 34

Informationszugang
- Meldung 23 31

Infrastruktur 14 16
- Kriterien zur Bestimmung der Kritikalität 13 28
- Kritikalität 13 30
- NPSI 13 9

Infrastrukturbereich 13 6
- Behörden, Verwaltung und Justiz 13 6
- Energie 13 6
- Finanz-, Geld- und Versicherungswesen 13 6
- Gefahrenstoffe 13 6, 8
- Informationstechnik und Telekommunikation 13 6 f.
- Sonstiges 13 6
- Transport und Verkehr 13 6
- Versorgung 13 6

Infrastrukturen für Signaturdienste 14 31 ff.

Infrastrukturen, kritische *siehe* Kritische Infrastrukturen

Inhalts- und Verbindungsdaten
- Schutz (§ 206 StGB) 20 56

Innenministerkonferenz 25 69, 77

Innerer Notstand
- Sperrklausel 19 45

Innocent bystander 11 71, 80, 87

Innovation 5 9

Innovationspotenziale 3 1 ff.

Installation 9 139

Institut
- Zahlungsinstitut 9 72

Institutionen
- IT-Sicherheit 8 23 ff.

Instrument-based approach 6 20

Insulinpumpe 26 17

Integrität 2 31, 4 9, 14 5 f., 12
- Begriff 1 13
- Berechtigungskonzept 17 51
- Datenintegrität 17 40
- IT-Sicherheitsbehörden 15 1
- Systemintegrität 17 40
- Telekommunikation 21 25; *siehe auch* Telekommunikation
- Telemedien 21 25; *siehe auch* Telemedien

Integrität und Vertraulichkeit informationstechnischer Systeme 7 1 ff.; *siehe auch* Grundrecht auf Gewährleistung der Vertraulichkeit und Integrität informationstechnischer Systeme

Integritätsinteresse 11 2

Intelligentes Fahren *siehe* Smart Car

Intelligentes Messsystem
- Bestandteil 24 8 f.
- Definition 24 8 f.
- Einbaupflicht 24 49
- Verhältnis zum Smart Meter 24 7

Intelligentes Verkehrssystem 22 71 ff.

Intermediär 10 52, 14 27
- Haftung 12 1 ff.
- Haftungsprivilegierungen 12 3 ff.

Internationale Fernmeldeunion (ITU) 6 53, 57

Internationale Verbrechensbekämpfung 18 10

Internationaler Gerichtshof 6 18, 20, 33

Internet
- Internet-Austauschpunkte-IXP 13 94 f.
- Internetstrafrecht
- offenes 2 6

Internet Corporation for Assigned Names and Numbers (ICANN) 6 53, 55, 57

Internet der Dinge (IoT) 2 135, 8 98, 105, 12 1, 20 7, 22 93
- Bewertungsschemata 8 73

Internet Governance 6 52 ff.
- Intergouvernementaler Ansatz 6 53, 57
- Multistakeholder-Ansatz 6 53, 57

Internet Protocol (IP) 2 8 f., 6 52

Internet Research Agency 6 36, 44 f.

Internet Service Provider (ISP) 26 27

Internet-Austauschpunkte-IXP 13 94 f.

Internetstrafrecht 20 6

Interoperabilität 25 39 ff.

Interpersonelle Kommunikationsdienste 21 14
Interventionen
- Cyberangriff **19** 13 ff.; *siehe auch* Cyberangriff
Interventionsverbot **6** 29, 33 ff.
Investitionsentscheidung **3** 12
IP-Adresse
- Als personenbezogenes Datum **21** 100
- Verarbeitung zu IT-Sicherheitszwecken **21** 105
IPSec **2** 13, 20, 29
ISMS *siehe* Informationssicherheitsmanagementsystem (ISMS)
ISO **22** 105 ff.
- ISO 27001 **16** 23; *siehe auch* DIN-/ISO-Normen
- ISO/IEC 27000er-Normenreihe **8** 25
- ISO/SAE **22** 107
- Normen **22** 106
IT
- Energiesektor **23** 1 ff.
IT-Abhängigkeit **1** 5 ff., **5** 9, **13** 4, **17** 19, **21** 39, **22** 5
- Grundrechte **7** 7
IT-Abteilung **9** 139
IT-Anwendungen
- Privathaushalt **26** 1 ff.
IT-Betreiber **9** 24
IT-Betrieb **16** 80
IT-Dienstleister **9** 65, 141, 150
- personenbezogene Daten **17** 60
- Verschulden **9** 80
IT-Dienstleistungen **16** 81
IT-Entwicklung **9** 53
IT-Forensik **2** 66, 134
IT-Governance **16** 32, 36 f., 72 f., **25** 27
IT-Grundrecht *siehe* Grundrecht auf Gewährleistung der Vertraulichkeit und Integrität informationstechnischer Systeme
IT-Grundschutz **4** 16, **8** 26, **25** 9 ff., 50 ff.
- Absicherungskategorien **8** 27
- BSI **7** 58
- Risikobewertung **8** 42
- Zertifizierung **8** 50; *siehe auch* Zertifizierung
IT-Grundschutz-Kompendium **16** 13, 82, **21** 30
IT-Hersteller
- Verantwortung **11** 1 ff.

IT-Hosting **21** 43
IT-Infrastruktur **9** 16, 17, 24, 74, 86, 88, 101, 124, 136, 139, 166, **17** 9
- hochkomplex **25** 52 ff.
- Privathaushalt **26** 1 ff., 7
- Privatnutzung **9** 138
IT-Interoperabilitätsstandard
- fachunabhängiger und fachübergreifender **25** 47 ff.
IT-Komponente **25** 51
IT-Konsolidierung des Bundes **25** 25
IT-Leistung **9** 90, 164
IT-Mangel **9** 83
IT-Netzinfrastrukturen **25** 6
IT-Nutzer
- Verkehrspflichten **10** 57 ff.
IT-Outsourcing *siehe* Outsourcing
IT-Planungsrat **7** 54, 59, **15** 30, **25** 21 ff., 42 ff., 70 ff.
IT-Policy **9** 154
IT-Projekte **16** 79
IT-Richtlinie **9** 136
- Privatnutzung **9** 138
IT-Risiko **9** 136, **10** 7
IT-Sabotage **18** 58
IT-Schutzniveau **9** 133
ITSEC
- Common Criteria **8** 60
IT-Sicherheit **2** 1 ff., **3** 6 ff., **9** 7 ff., 12 ff., 20, 29 ff., 54 ff., 58, 76, 81, 89 f., 124, 136, 141, 150, **17** 31, 46, 54 ff.
- Abgrenzung Informationssicherheit **17** 2
- als berechtigtes Interesse nach der DS-GVO **17** 62 f., **21** 105
- Audit *siehe* IT-Sicherheitsaudit
- Aufsichtsbehörde **9** 46
- aus Nutzersicht **4** 1 ff.
- Begriff **1** 13 ff., **5** 1 ff., **8** 1, **9** 35 ff.
- Behörden der Länder **15** 38 ff.
- Behördliche Durchsetzung **21** 122
- Beschaffenheitsvereinbarung **9** 132 ff.
- Best Practice **9** 47
- Bestimmbarkeit **9** 50
- BSIG **9** 37
- Bundesländer *siehe* Bundesländer
- Cyberangriff *siehe* Cyberangriff
- Cyberrisiko-Management **9** 91 ff.
- Datenschutz *siehe* Datenschutz
- Deliktsrecht **9** 77
- des Bundes **15** 41

- digitaler Hausfriedensbruch 20 30 ff.
- DS-GVO 17 54 ff.
- Entstehung 1 1 ff.
- EnWG (historisch) 23 7
- europäische Standards 9 42; *siehe auch* IT-Sicherheitsstandard
- fehlende Beschaffenheitsvereinbarung 9 132 ff.
- Gegenstand 7 9 f.
- gesamtgesellschaftliche Bedeutung 1 4 ff., 5 1 ff.
- Geschichtlicher Hintergrund TKG und TMG 21 1 f.
- Gesetzgebung 9 53
- gewöhnliche Verwendung 9 132 ff.
- Gütesiegel *siehe* Zertifizierung
- Hacker 9 11
- Haftung *siehe* Haftung
- höhere Gewalt 9 25
- in Institutionen 8 23 ff.
- Informationssicherheit *siehe* Informationssicherheit
- Innovation 5 64
- internationale Regulierung 1 30
- internationale Standards 9 42; *siehe auch* IT-Sicherheitsstandard
- IT-Mängel 9 83
- IT-Sicherheitsbeauftragter *siehe* IT-Sicherheitsbeauftragter
- IT-Sicherheitseigenschaft 9 145, 146, 147
- IT-Sicherheitsgesetz *siehe* IT-Sicherheitsgesetz
- IT-Sicherheitsinfrastruktur 9 25
- IT-Sicherheitsklausel 9 51, 117, 125, 131, 142, 144
- IT-Sicherheitskonzept 9 52, 99 f., 130
- IT-Sicherheitslücke 9 24, 73, 87
- IT-Sicherheitsmanagement 9 92
- IT-Sicherheitsmaßnahme *siehe* IT-Sicherheitsmaßnahme
- IT-Sicherheitsparameter 9 147
- IT-Sicherheitspflicht *siehe* IT-Sicherheitspflicht
- IT-Sicherheitsrecht *siehe* IT-Sicherheitsrecht
- IT-Sicherheitsrichtlinie 9 154
- IT-Sicherheitsrisiko 9 118, 123, 138
- IT-Sicherheitsvorkehrung 9 70
- Kompetenzen 15 31 f.
- Kosten 1 28, 21 121
- Lage 5 8 ff.
- Landespolizei 18 53
- Legaldefinition 8 1
- M&A-Vertrag 9 172
- Messbarkeit 1 27
- Mindestsicherheitsstandards *siehe* Mindestsicherheitsstandards
- ökonomische Perspektive 3 1 ff.
- Politikfeld 5 32 ff.
- Polizei 18 49 ff.
- Praxisleitfaden 9 46 ff.
- Produktsicherheit 9 39 ff.
- Protokollierung 17 49
- Prüfung und Bewertung 15 50 ff.
- rechtliche Grundlagen 17 6 ff.
- Regelungsbereich 20 4 ff.
- Regulierung 13 21
- Risiko 9 11
- Schutz durch das Strafrecht 20 1 ff.
- Schutzniveau 9 148
- Schutzprofile Smart-Meter-Gateway 24 11 ff.
- Schutzziele 1 13 ff., 9 122, 162, 15 1
- Sensorik 15 43
- Sicherheitsaudit Telekommunikation 21 72 f.
- Sicherheitslücke 9 37
- Sicherheitsstandard *siehe* IT-Sicherheitsstandard
- Sonderbehörden 18 32 ff.
- Spezialgesetze 9 34 ff., 53
- Strafrecht 9 63 ff.
- technische Richtlinien Smart-Meter-Gateway 24 11 ff.
- technische und organisatorische Maßnahmen *siehe* technische und organisatorische Maßnahmen
- TKG 1986 21 2
- Überwachungspflicht 9 96
- Untersuchung von Produkten 15 51
- Verhältnis zum Datenschutz 1 17 ff., 21 120
- Verhältnismäßigkeit 21 60, 91, 98, 105, 121
- Verschulden 9 80
- Vertragsgestaltung *siehe* Vertragsgestaltung
- Vertragsklausel 9 118 ff.
- Vollzug 21 122
- Vorgaben des Datenschutzrechts 21 100 ff.
- Warenkaufrichtlinie 9 49
- Zertifizierung *siehe* Zertifizierung
- Zivilrecht 9 29 ff., 102 ff.
- Zuständigkeit 5 61

IT-Sicherheitsanforderungen 9 7
- Digitale Dienste 13 92 ff.
- IT-Sicherheitsmanagement 9 92

- Kritische Infrastrukturen **13** 1 ff., 65 ff.
- Nachweispflicht **9** 61
- personenbezogene Daten **13** 108
- Privathaushalt **26** 44, 61
- Telekommunikations- und Datenverarbeitungssystem **13** 78
- Telemedien **13** 108; *siehe auch* Telemedien
- Verarbeitung personenbezogener Daten **13** 78
- Vollharmonisierung **13** 103

IT-Sicherheitsarchitektur **15** 36 f.

IT-Sicherheitsaudit **8** 48 f., **10** 63, **21** 72 f.
- Anordnung durch BNetzA **21** 72
- Auditrecht **9** 156
- Durchführung durch BSI **21** 73
- IT-Grundschutz **8** 49

IT-Sicherheitsbeauftragter **9** 100, **21** 67, 99
- AktG **16** 47
- BSI **16** 47
- Stellung **21** 67 f.
- TKG **16** 47, **21** 67 f.

IT-Sicherheitsbehörden **1** 39, **15** 1 ff.
- Aufgaben **15** 2 f.

IT-Sicherheitsdienste **14** 1 ff.

IT-Sicherheitseigenschaft **9** 145 ff.

IT-Sicherheitsgesamtkonzept **16** 59

IT-Sicherheitsgesetz **1** 34, **5** 35, 62, **8** 91, **13** 18, 27 ff., 65, **15** 33 f., **17** 9, **18** 17, 43, **25** 12 ff., **26** 61
- als Schutzgesetz **10** 35 ff.
- BSIG **17** 7
- Landesdatenschutzgesetze **17** 9
- Landesebene **18** 14
- Verbraucherschutz **26** 37

IT-Sicherheitsgesetz 2.0 **1** 36, **2** 138, **3** 24, **5** 54, **8** 99 ff., **15** 56, **16** 66, **18** 14, 38, 43 f., **21** 124 ff., **23** 36, **24** 55
- 5G-Netz **21** 125
- IT-Sicherheitskatalog **21** 126
- Kritische Komponenten **21** 125
- Meldepflichten **21** 126

IT-Sicherheitsinfrastrukturen **14** 1 ff.

IT-Sicherheitskatalog (TKG)
- IT-Sicherheitsgesetz 2.0 **21** 126; *siehe auch* IT-Sicherheitsgesetz 2.0
- Telekommunikation **21** 61, 69

IT-Sicherheitskatalog (§ 11 Abs. 1a EnWG) **13** 79, **23** 9 ff., **24** 52 ff.
- Bindungswirkung **23** 9, 17
- Erlass und Aktualisierung **23** 10
- Inhalt **23** 11 ff.
- Rechtsnatur **23** 19
- Veröffentlichung **23** 17

IT-Sicherheitskatalog (§ 11 Abs. 1b EnWG) **13** 80, **23** 22 ff., **24** 52 ff.
- AtG **23** 27
- Inhalt **23** 24

IT-Sicherheitskennzeichen **8** 99 f.
- Herstellererklärung **8** 101

IT-Sicherheitsklausel **9** 8, 51, 117, 125
- Best Practice **9** 172

IT-Sicherheitskonzept **9** 52, 99 f., 130
- Datenschutzrecht **17** 64
- Home-Office **9** 140

IT-Sicherheitslage **5** 8 ff.

IT-Sicherheitslücke **9** 24, 73, 87

IT-Sicherheitsmanagement **9** 92, **25** 2 ff.
- Datenschutzrecht **17** 64
- Stand der Technik **17** 64; *siehe auch* Stand der Technik

IT-Sicherheitsmaßnahme **3** 12 ff., **9** 15, 16, 25, 55, 60, 67, 70, 93, 100 f., 129, 151, 155, **14** 44
- Business Judgement Rule **9** 93
- Effektivität **8** 3
- Risikoangemessenheit **13** 103
- Umsetzung **8** 3
- Unterlassen **9** 25 ff.

IT-Sicherheitsniveau **25** 10 ff.

IT-Sicherheitsparameter **9** 147

IT-Sicherheitspflicht **9** 17, 27 f., 55, 60 f., 79 ff., 102 ff., 105 ff., 111 ff., 113, 155, 171
- Begriff **9** 10
- Bestimmbarkeit **9** 50
- Kardinalpflicht **9** 113 ff.
- Nachweispflicht **9** 155
- Nebenpflicht **9** 112, 116
- Obliegenheit **9** 103 f.
- Rücksichtspflicht **9** 112
- Schutzpflicht **9** 77, 111 f.
- Zivilrecht **9** 102 ff.

IT-Sicherheitsrecht **9** 50, 123, 153, **17** 27, 46
- Abgrenzung **17** 48 ff.
- Abgrenzung Datenschutzrecht **1** 21, **17** 8, 12 ff.
- Begriff **1** 10 ff.
- betroffene Systeme **1** 24
- Definition **1** 20 ff., **17** 21
- Entstehung **1** 34 ff.
- Gestaltungsvorgaben für Technologien **1** 24
- Grundrechtsschutz **1** 31
- Instrumentarium **1** 38

- Normadressaten 1 24
- Querschnittsmaterie 1 33
- Regelungsgegenstand 17 23
- Schutzziele 9 122, 17 33 ff.
- Systematisierung 1 40, 21 119
- Zielsetzung 17 19

IT-Sicherheitsrichtlinie 9 154

IT-Sicherheitsrisiko 8 46, 9 118, 123
- Privatnutzung 9 138

IT-Sicherheitsstandard 9 46, 71, 75, 153 f., 161, 16 2, 17 31
- branchenspezifischer 8 53, 13 72
- fachunabhängiger und fachübergreifender 25 47 ff.
- Haftung 13 76
- Nachweis 13 73
- Nichteinhaltung 9 75
- Verwaltungsverfahren 13 74

IT-Sicherheitsstrategie 25 24

IT-Sicherheitsvorfall
- erheblicher 13 103 ff.
- Hacker 9 11
- Risiko 9 11
- sektorübergreifende Faktoren 13 24

IT-Sicherheitsvorgabe 9 161

IT-Sicherheitsvorkehrung 9 70

IT-Sicherheitswirtschaft 5 67

IT-Spionage *siehe* Spionage

IT-Staatsvertrag (IT-StV) 7 54, 15 30, 25 45 ff., 57, 70, 98

IT-Strafrecht 20 8
- Datenhehlerei (§ 202d StGB) 20 48 ff.
- Entwicklung 20 25 ff.
- geschützte Rechtsgüter 20 9 ff.
- geschützte Tatobjekte 20 18 ff.
- Grenzen 20 34 ff.
- inhaltsbezogener Schutz von besonders schutzbedürftigen Informationen 20 52
- Schutz der Verfügungsgewalt (§§ 303a, 303b StGB) 20 64 ff.
- Schutz der Zuverlässigkeit des Rechts- und Beweisverkehrs (§§ 268 ff. StGB) 20 70 ff.
- Schutz des formellen Datengeheimnisses (§§ 202a ff. StGB) 20 38 ff.
- Schutz des Vermögens (§§ 263a, 256a StGB) 20 79
- Tatbestände zum Schutz der Integrität und Verfügbarkeit 20 63 ff.
- Tatbestände zum Schutz der Vertraulichkeit von Daten 20 37 ff.
- Urheberrecht (§§ 108b Abs. 1 Nr. 1, 95a Abs. 1 Nr. 1 UrhG) 20 61 f.

IT-Strategie 16 28, 32, 36, 48, 70 f.

IT-System 9 81, 150, 17 14, 27, 29, 48, 20 22
- Bewertung 9 42
- Verfügbarkeit 9 162 f.
- Vertraulichkeit 9 159 ff.
- Zertifizierung 9 42; *siehe auch* Zertifizierung

IT-Vertrag 9 90, 106 f., 146
- Hauptleistungspflicht 9 106
- Nebenleistungspflicht 9 107

Ius cogens 6 16

Japan
- IT-Sicherheitsrecht 22 101 f.

Juristische Person 14 57
- des öffentlichen Rechts 13 56

Kampfabstimmung 25 44

Kardinalpflicht 9 113 ff.
- Begriff 9 115
- für die Betreiber 13 27 ff.
- IT-Sicherheitspflicht 9 113 ff.; *siehe auch* IT-Sicherheitspflicht
- Standardvertrag 9 113

Kaskadeneffekt 7 7, 21 33

Katastrophennotstand 19 39 ff.

Katastrophenvorsorge 13 41

Katastrophisches Ausmaß
- ultima ratio 19 44

Kaufrecht 9 132 ff.

Kaufvertrag 9 146

Kerckhoffs'sches Prinzip 4 32

Kettenmodell 14 55

Key Performance Indicators (KPI) 9 163

KI *siehe* Künstliche Intelligenz

Kinder *siehe* Minderjährige

KMU
- Digitale Dienste 13 100, 21 91

Knoten 14 26

Koalitionsvertrag 5 56, 25 14

Kodex für die elektronische Kommunikation *siehe* Europäischer Kodex für die elektronische Kommunikation

Kodifizierung 18 14

Kollektive Zwangsmaßnahmen 6 16

Kombattanten
- Konfliktpartei 19 30

Kommerzielle Nutzer
- Haftung 12 28 ff.

Kommunale Spitzenverbände 25 73
Kommunen 7 59
Kommunikation
– E-Mail 14 24; *siehe auch* E-Mail
Kompetenzordnung 25 40
Kompetenzrahmen des BSI
– Abwehrbefugnis 25 15
Kompetenzrecht 7 50
Komplexität 5 9
– IT 7 17
Konferenz der IT-Beauftragten der Ressorts (KoITB) 25 26 ff.
Konferenz des Chefs des Bundeskanzleramtes (CfefBK) mit den Chefinnen und Chefs der Staats- und Senatskanzleien der Länder (CdSK) 25 70
Konfiguration 26 22
Konformitätsbericht 14 45
Konformitätsbewertung 8 12, 14 45
Konformitätsbewertungsprogramm
– EnWG 23 16
Konformitätsbewertungsstelle 8 14, 14 45
Konformitätserklärung 8 16
Königsteiner Schlüssel 25 42
Konnexitätsgrundsatz 25 59
– Finanzverfassungsrecht 7 59
Konstruktionsfehler 11 27 ff.
Konsultationsmechanismus
– Auslagerungskonstellation im EU-Ausland 13 55
Kontaktstelle
– Meldepflicht 23 30
Kontrolle 14 29, 76
– alleinige 14 51
– Nachmarkt- 14 45
– Vormarkt- 14 45
Kontrollrechte 9 158
Konzept der Kritischen Infrastrukturen 13 26; *siehe auch* Kritische Infrastruktur (KRITIS)
Kooperationsgruppe Strategie 25 92
Kooperationspflichten
– Föderalismus 7 54
Koordinierungsstelle für IT-Standards (KoSIT) 25 77
KoSIT-Beirat 25 77
Kosten-Nutzen-Verhältnis 3 12
Kostentragung 11 45 ff.

Kriegsverhütung 19 7 ff.
Kriminalpolizeiliche Zusammenarbeit 18 10
Krisenfall
– Zusammenarbeit 15 11
Krisenmanagement
– Verteidigungsfähigkeit 19 37 ff.
Kritikalität einer Infrastruktur 13 30, 42
– Bestimmung der 13 28
– Kriterium zur Bestimmung der 13 15
– Legaldefinition 13 29 ff.
– Messbarkeit 13 16 f.
– NPSI 13 9
– Selbsteinschätzung 13 12 ff., 19
– symbolische 13 17
– systemische 13 16
KRITIS *siehe* Kritische Infrastruktur (KRITIS)
KRITIS-Betreiber 23 28 ff.
– Begriff 23 21
– IT-Sicherheitspflichten 23 21 ff.; *siehe auch* IT-Sicherheitspflicht
– Nachweis 8 51
Kritische Dienstleistung
– Abgrenzung Branche 13 50
Kritische Infrastruktur (KRITIS) 1 6, 2 43, 138, 6 21, 31, 11 98, 12 31, 15 45 f., 16 15 ff., 21 31
– Anlagenkategorien 13 43
– Begriff 13 1 ff., 21 37 ff.
– Bemessungskriterien 13 43
– Bereiche 13 43
– Bestimmung der 13 20, 31 ff.
– Betreiberpflichten 13 82
– Branchen 13 11
– BSI-KritisV *siehe* BSI-Kritisverordnung (BSI-KritisV)
– Datenspeicherung und -verarbeitung 21 40 ff.
– digitale Infrastrukturen 13 102
– Gefährdungspotential 13 68
– IT-Sicherheitsanforderungen 13 1 ff., 65 ff.; *siehe auch* IT-Sicherheitsanforderungen
– Konzept 13 26
– Meldepflicht 15 46
– Schwellenwert *siehe* Schwellenwert
– Sektor Informationstechnik und Telekommunikation 21 38 ff.
– Sektoren 13 11 ff., 33, 43
– Sektoreneinteilung 13 20
– Sprach- und Datenübertragung 21 39 ff.

665

- Telekommunikation **21** 31 ff.; *siehe auch* Telekommunikation
- Telemedien **21** 31 ff.; *siehe auch* Telemedien
- Transport und Verkehr **22** 1 ff.
- Umsetzungsplan **13** 10, 13
- Verkehrspflichten von Betreibern von **10** 48 ff.
- Verwaltungseinrichtungen **13** 13

Kritische Komponenten
- IT-Sicherheitsgesetz 2.0 **21** 125; *siehe auch* IT-Sicherheitsgesetz 2.0

KRITIS-Kernkomponenten **8** 100, **23** 36

KRITIS-Strategie 2009 **13** 14; *siehe auch* BSI-Kritisverordnung (BSI-KritisV)

KritisV *siehe* BSI-Kritisverordnung (BSI-KritisV)

Kryptographie *siehe* Verschlüsselung

Kryptokontroverse **5** 65 f.

Kryptopolitik **5** 65

Kunde **9** 141

Künstliche Intelligenz **2** 88, 135, **7** 17, **10** 17, **11** 7, **25** 21
- Gefahrenquelle **10** 9
- Pflicht zu Patches **11** 41
- Privathaushalt **26** 23
- Produktbeobachtung **11** 31

KWG **16** 3, 28 ff.

Landesdatenschutzgesetze **17** 9, 11

Landespolizei **18** 53

Legalitätspflicht **16** 5 f.

Legislative
- Föderalismus **7** 52

Leistung
- Dauer der **9** 30
- Gegenstand der **9** 30
- Inhalt der **9** 32
- Leistungshindernis **9** 18
- Leistungspflicht **9** 14 ff., 105
- unmögliche **9** 12 ff.

Leistungsbeschreibung **9** 145

Leistungsparameter **9** 163

Leistungspflicht
- Hauptleistungspflicht **9** 106
- IT-Sicherheitspflicht **9** 105; *siehe auch* IT-Sicherheitspflicht
- Nebenleistungspflicht **9** 107

Leitlinie für die Informationssicherheit **25** 47 ff.

Leitlinie für die Informationssicherheit in der öffentlichen Verwaltung
- einheitliches IT-Mindestsicherheitsniveau von Bund und Ländern **25** 58 ff.

Lieferausfall **9** 78

Lieferkette **5** 48

Logdateien **17** 49 f.

Logistik
- Akteure **22** 18 ff.
- IT-Anwendungen und IT-Infrastrukturen **22** 18 ff.
- Risiken und Bedrohungen **22** 45
- Technik **22** 19 ff.

Löschen von Daten
- Privathaushalt **26** 57 ff.

LSI **16** 22 f.

Luftfahrt **22** 8
- Akteure **22** 8 ff.
- IT-Anwendungen und IT-Infrastrukturen **22** 8 ff.
- Technik **22** 9 f.

Luftverkehr
- Risiken und Bedrohungen **22** 42

M&A-Vertrag **9** 172

M2M-Kommunikation **21** 24, 120

MaGo **16** 35 f.

Malware *siehe* Schadprogramm

Management der Netz- und Informationssysteme **13** 105 ff.

Mandatory Access Control (MAC) **2** 2, 121

MaRisk **9** 142, **11** 2, **16** 3, 28 ff.
- BAIT **16** 32
- Betriebsorganisation **16** 31
- Risikobeherrschung **16** 31
- Risikoberichterstattung **16** 31

Markteintrittsbarriere **3** 34

Marktstrukturen
- Telekommunikation und Telemedien **21** 17 ff.

Marktwertverlust **3** 25

Material Adverse Change Klausel **9** 170

Medien und Kultur **13** 20, **21** 16

Mehrheitsentscheidung **25** 43 f.

Meldepflichten **15** 46
- AtG **23** 33 f.
- BfDI **21** 79 f.
- BNetzA **21** 75, 79 f.
- BSI **21** 75
- Datenschutz **21** 79 ff., 115 ff.

– Datenschutzrechtliche Aufsichtsbehörden **21** 116 f.
– Digitale Dienste **21** 112 ff.
– DS-GVO **21** 116 f.
– EnWG **23** 28 ff.
– EnWG: Auslöser **23** 29
– EnWG: Inhalt **23** 30
– EnWG: Verfassungskonformität **23** 32
– IT-Sicherheitsgesetz 2.0 **21** 126; *siehe auch* IT-Sicherheitsgesetz 2.0
– IT-Sicherheitsvorfall **13** 103, 105 ff.
– IT-Störung **13** 88
– Kardinalpflichten für die Betreiber **13** 27 ff.
– Pseudonyme Meldung **21** 77
– Telekommunikation **21** 74 ff., 79 ff.; *siehe auch* Telekommunikation
– Telemedien **21** 115 ff.; *siehe auch* Telemedien

Meldeverfahren **13** 91
Menschenrechte **6** 12, **19** 48
Messengerdienste **13** 92 ff., 101, **26** 45; *siehe auch* OTT-Dienste
Messstellenbetriebsgesetz **24** 4 f.
– Regelungsinhalt **24** 5
– Verhältnis zum BSIG **24** 4
– Verhältnis zum EnWG **24** 4

Messung und Bewertung
– IT-Sicherheitsmaßnahmen **8** 44

Metriken **8** 44
Mietrecht
– Privathaushalt **26** 52

Militärischer Abschirmdienst (MAD) **18** 68
Militärischer Vorteil **19** 14 ff.
Minderjährige
– Belehrungspflicht **12** 26, **26** 18
– IT-Kompetenz **26** 45
– Kinderspielzeug **26** 15, 42 ff.
– Private Haushalte **26** 3
– Remote Voice Monitoring **26** 33
– Verkehrspflichten **10** 30 f.

Mindestharmonisierung **15** 15
– NIS-Richtlinie **13** 23 ff.

Mindestsicherheitsniveau **25** 50 ff.
Mindestsicherheitsstandards **15** 44 f., **16** 22 f., **25** 17
– BSI **15** 44 f.
– IT-Sicherheitsanforderungen **13** 65; *siehe auch* IT-Sicherheitsanforderungen
– Smart-Meter-Gateway **24** 16 ff.

Mindeststandards *siehe* Mindestsicherheitsstandards
Ministerialdirektor **25** 26 ff.
MIRTs
– Bundesamt für Sicherheit in der Informationstechnik **15** 48

Mischverwaltung **7** 53, **25** 40
Missbräuchliches Verhalten **10** 28
Mitarbeiterpflicht **16** 57 ff.
– Fehlverhalten **16** 58
– Kündigung **16** 60
– Weisungen **16** 57 ff.

Mitspracherecht
– der Länder **25** 49

Mitverschulden **10** 25, **11** 20, **12** 23, 27
– Verkehrspflichten **10** 67 ff.

Mobile Device Management **26** 20
Mobile Incident Response Team **18** 34
– Bundesamt für Sicherheit in der Informationstechnik **15** 48

Mobilität und Verkehr *siehe* Transport und Verkehr
Monopolbildung **3** 10, 19
MPG **11** 61
MsbG **23** 5
Multifunktionelle Produkte **11** 37
Multistakeholder-Ansatz **6** 57

Nachbearbeitung
– Cybervorfall **9** 130

Nachprüfung **9** 158
Nachrichtendienstliche Aufklärung **18** 1 ff., 56 ff.
– Gesetzgebungskompetenz **18** 12

Nachweis **8** 16 ff.
– Identität **14** 24

Nachweiserbringung
– KRITIS-Beteiber **8** 55

Nachweispflichten
– Digitale Dienste **21** 108 f.
– DS-GVO **9** 61
– IT-Sicherheitspflicht **9** 155; *siehe auch* IT-Sicherheitspflicht
– Telekommunikation **21** 67 ff.; *siehe auch* Telekommunikation
– Telemedien **21** 110 f.; *siehe auch* Telemedien

Nachweisverfahren
– Auskunftsanspruch **13** 86
– Beseitigung Sicherheitsmangel **13** 85

- Betreiberpflichten   13 83 ff.
- Betretungsrecht   13 86
- Sicherheitsmangel   13 85
- Vor-Ort-Prüfung   13 86
- Zertifizierungsstelle   13 84

Namentliche Meldung   23 30, 33
Nannycam   26 29
National Security Agency (NSA)   5 56
Nationale Cyber-Sicherheitsbehörde   25 14
Nationaler Cyber-Sicherheitsrat (Cyber-SR)   15 29, 25 30
Nationaler Normenkontrollrat   25 78
Nationaler Plan zum Schutz der Informationsinfrastrukturen (NPSI)   5 33, 25 37
Nationales Cyber-Abwehrzentrum   15 37, 18 31, 19 43, 25 28
Nationales IT-Lagezentrum   25 28
Nationales Waffenregister   25 67
NATO Cooperative Defence Centre of Excellence   6 13
Nato-Strategie
- Resilienz   19 3

Nebenpflicht
- IT-Sicherheitspflicht   9 112, 116; *siehe auch* IT-Sicherheitspflicht

Netz- und Informationssicherheit
- Datenschutzrecht   17 55 ff.
- Richtlinie   *siehe* NIS-Richtlinie

Netzbetreiber   23 23, 28 ff.
- IT-Sicherheitspflichten   23 8 ff.; *siehe auch* IT-Sicherheitspflicht

Netzstrukturplan
- EnWG   23 13

Netzwerkeffekte   3 19 f., 21 21
Neubürger-Urteil   16 6
Neutralitätsrecht   19 26
New Legislative Framework (NFL)   8 12, 96
NHTSA   22 86 ff.
- Best Practices   22 88

Nichtabstreitbarkeit   1 15, 2 50 ff., 4 9, 29
Nichtstaatlicher Akteur   19 22 ff.
NIS-Richtlinie   13 18, 22 ff., 42, 15 12 ff., 16 17, 18 17, 23 5
- Anwendungsbereich   15 14
- Aufbau nationaler Kapazitäten   15 19 ff.
- Gegenstand   15 14
- Gremien   15 23
- Kompetenzgrundlage   15 13
- Kooperationsgruppe   15 24
- KRITIS   16 3
- Mindestharmonisierung   13 23
- Nationale zuständige Stellen   15 20 f.
- Single Point of Contact   15 21
- Telekommunikation   21 50; *siehe auch* Telekommunikation
- Telemedien   21 84; *siehe auch* Telemedien
- Umsetzungsgesetz   15 33
- Verhältnis zum TMG   21 90

NIST   22 94 ff.
- Cybersecurity Framework   22 94 ff.
- Special Publications   22 95

Nordkorea   6 39
Notfallvorsorge   13 49
Notstand, innerer
- Sperrklausel   19 45

Notstandsregelung   19 49
Notwendige Staatsaufgabe   7 49
NPSI
- Kritikalität einer Infrastruktur   13 9
- Schutz der informationstechnischen Systeme   13 4 ff.

Obliegenheit
- IT-Sicherheitspflicht   9 103 f.; *siehe auch* IT-Sicherheitspflicht
- Obliegenheitsklausel   9 104

Offenes Internet   2 6
Öffentliche Sicherheit
- Gefährdung   13 30
- Störung   13 5

Öffentliche Verwaltung   25 1 ff.
- Bundesebene   25 5 ff.

Öffentliches Gut
- Sicherheit   3 8

Offline-Systeme   9 15
Ökonomie der IT-Sicherheit   3 1 ff.
Online-Durchsuchung   7 2, 20 f., 17 20, 18 50, 20 16; *siehe auch* Grundrecht auf Gewährleistung der Integrität und Vertraulichkeit informationstechnischer Systeme

Online-Marktplatz   13 97
- als digitaler Dienst   21 44 f.
- Kritische Infrastrukturen   21 35
- Pflichten zur Umsetzung von IT-Sicherheitsmaßnahmen   21 91 ff.
- Technische Schutzmaßnahmen   21 91 ff.

Online-Suchmaschine   *siehe* Suchmaschine
Online-Systeme   9 15
Onlinezugangsgesetz   *siehe* OZG

Open Source **10** 13, **11** 77 ff.
– Haftungsadressat **11** 89
– Importeur **11** 94
– Komitee-Entscheidungen **11** 91
– Produktbeobachtungpflichten **11** 81
– Produkte **17** 53
– Produkthaftung **11** 82 ff.
– Produzentenhaftung **11** 78 f.
– Quasi-Hersteller **11** 93
– Software **16** 68
– sukzessive Erstellung **11** 92
– Verwender **11** 95 ff.
Open Web Application Security Project **21** 30
Operativer Akteur **25** 32 ff., 91 ff.
Ordnungswidrigkeiten *siehe* Bußgeld
Organisation für Sicherheit und Zusammenarbeit in Europa **6** 61
Organisationspflicht **16** 7
Organisationssicherheit **14** 20
Organisatorische Maßnahmen **9** 148 ff., **17** 25, 46, 57; *siehe auch* technische und organisatorische Maßnahmen
– Protokollierung **17** 49
Originalität **2** 35
OSI-Schichtenmodell **21** 3
OTT-Dienste **21** 11 ff.
– Einordung TKG / TMG **21** 11 ff.
– EuGH-Rspr. **21** 12 f.
– Europäischer Kodex für die elektronische Kommunikation **21** 14
– Hintergrunddienst für andere Kritische Infrastrukturen **21** 33
– Infrastrukturrelevanz **21** 32 ff.
Outsourcing **9** 71, 106, 144, **16** 81; *siehe auch* Auslagerungskonstellation
– AGB **9** 144
– Dienstvertrag **9** 144
– IT-Outsourcing **9** 142 ff., 152 f.
– Outsourcing-Leistung **9** 144
– Vertrag **9** 142, 152 f.
Over-the-Top-Dienste *siehe* OTT-Dienste
OWASP **21** 30
OZG **15** 35, **25** 48 ff.

Pandemie *siehe* Corona-Krise
Papier **14** 2
Paris Call for Trust and Security in Cyberspace **6** 10 f., 58, **18** 16
Parlamentarische Kontrolle **19** 33 ff.

Parlamentsvorbehalt
– kollektive Verteidigung **19** 34 ff.
Passwort **20** 45
– Password Authentication Protocol (PAP) **2** 116
Patches **10** 56, 70 f., **11** 31 ff., 42 f., **21** 99, **22** 52
– Künstliche Intelligenz **11** 41
– Pflicht **11** 39 ff.
Penetrationstest **2** 55, 128, **8** 91, **9** 157, **18** 21 f., **20** 42
Persistent Engagement **5** 30
Personalausweis **2** 114 ff., 137, **4** 2, **5** 64, **8** 84, 88
– Zertifizierung **8** 88
Personalverteidigung **19** 7
Personenbezogene Daten **3** 20, **7** 37 f., **16** 25 f., 38, **17** 16, 22; *siehe auch* Datenschutz, Datenschutzrecht
– Datenverarbeitung **17** 29, 34 f., 57 ff., 61
– DS-GVO **17** 18
– IP-Adresse **21** 100
– IT-Dienstleister **17** 60
– IT-Sicherheitsanforderungen **13** 108
– Meldepflichten **21** 79 ff., 115 ff.
– Rechtmäßigkeit der Verarbeitung **17** 57 ff.
– Schutz nach TKG **21** 50, 53
– Schutz nach TMG **21** 85 ff.
– Technische und organisatorische Maßnahmen **21** 100 ff.
– Verarbeitung zum Schutz von IT-Sicherheit **21** 63 ff., 104 ff.
– Vertraulichkeit **17** 42
– Volkszählungsurteil **17** 17, 33
Persönlichkeitsrecht
– Grundrecht auf Gewährleistung der Vertraulichkeit und Integrität informationstechnischer Systeme *siehe* Grundrecht auf Gewährleistung der Vertraulichkeit und Integrität informationstechnischer Systeme
– Grundrechte **7** 25 ff.
– informationelle Selbstbestimmung *siehe* Grundrecht auf informationelle Selbstbestimmung
Pflegebetten-Entscheidung **11** 47
Pflichtdienste **14** 65
PGP **4** 25, 38
– OpenPGP **2** 13, 20, 30, 103, 107, **9** 47
Pharming **2** 12, 72
Phishing **2** 36, 71 f., **3** 22, **4** 39, **5** 21
– Strafbarkeit **20** 73

Physische Sicherheit **14** 20
Plug-Ins **11** 38
Polizei **18** 49 ff.
Polizeiliche Kriminalstatistik **5** 16 ff.
Portalverbund **25** 49 ff.
Portscan **18** 21 f., 43
Post- und Telekommunikationssicherstellungsgesetz **21** 42, 52, 59
Post-Quantum-Kryptographie **2** 137
Prävention **2** 128
Praxisleitfaden **9** 46 ff.
Preparedness **9** 126
Pretty Good Privacy *siehe* PGP
Privacy **2** 17 ff., **4** 11
Privacy by Default **16** 41 f.
Privacy by Design **2** 129 ff., 134, **4** 13, **16** 41
– Strategien **4** 14
Private IT-Nutzer
– Haftung **12** 24 ff.
Privathaushalt **26** 2
– Abfallrecht **26** 9, 55 ff.
– Abgrenzung geschäftsmäßiges Handeln **26** 18 ff.
– Abhörrisiko **26** 52 ff.
– Administrator **26** 21 f.
– Automatisierung, Haushaltsautomation **26** 14
– Bedarfsgemeinschaft **26** 6
– Begriff **26** 4 ff.
– Bildaufnahmen **26** 29 f.
– Biometrie **26** 31 f.
– Cyber-Stalking **26** 36
– Cyberversicherung **26** 49
– Datenschutz **26** 18 ff., 57
– Datenschutzrecht **26** 10, 39 ff.
– Datenverarbeitung **26** 10, 18 ff.
– ElektroG **26** 58
– Entsorgung **26** 55 ff.
– Entsorgungsträger **26** 58
– Familienrecht **26** 45
– Haushaltsausnahme **26** 10, 39
– Haushaltseinheit **26** 7
– Haushaltsgemeinschaft **26** 6
– Haushaltsvorstand **26** 8
– Hausratversicherung **26** 9, 48
– Haustechnik **26** 56
– heimliche Aufnahme **26** 42
– Immobilienversicherung **26** 9
– Informationspflicht **26** 58
– Informationssicherheit **26** 21

– IT-Anwendungen **26** 1 ff.
– IT-Infrastrukturen **26** 1 ff., 7
– IT-Sicherheitsmanagement **26** 21
– Löschen von Daten **26** 57 ff.
– Mietrecht **26** 52 ff.
– Mitglieder des **26** 3
– Nutzerzahl **26** 19
– Rauchmelder **26** 52
– Risiken **26** 11, 18 ff.
– Schäden **26** 11
– Sensorik **26** 53
– Sicherheitsanforderungen **26** 44, 61
– Sicherheitsprobleme **26** 61
– Smart Home **26** 14; *siehe auch* Smart Home
– Sozialrecht **26** 6
– Sprachassistenz **26** 31 f.
– Stand der Technik **26** 50
– Statistikrecht **26** 5
– Steuerrecht **26** 6
– Strafrecht **26** 42
– Telekommunikationsrecht **26** 36, 42; *siehe auch* Telekommunikation
– Überwachung **26** 14 f., 29 f., 53
– verbotene Sendeanlage **26** 42
– verbotene Telekommunikationsanlage **26** 42
– Verbraucherrecht **26** 46 f.
– Versicherung **26** 9, 48 ff.
– Verwertung **26** 55 ff.
– Videoüberwachung **26** 29 f., 41
– Virenschutz **26** 49
– Wirtschaftshaushaltsprinzip **26** 6
– Wohngebäudeversicherung **26** 48
– Wohnungshaushaltsprinzip **26** 6
Privatheit **2** 17
Privatnutzung **9** 138
Privatsphäre **4** 11
Proactive Safety Principles **22** 87
Produkt
– Begriff **11** 64 ff.
– vertrauenswürdiges **14** 48
Produktbeobachtungspflicht **11** 34, 56
– eigene Software **11** 30
– Fremdsoftware **11** 35
– Kombinationsprodukte **11** 36
Produktfehler **11** 70 ff.
– potenzieller **11** 74
Produkthaftung
– verschuldensabhängige **11** 6, 63
– Zurechnung von Drittverhalten **11** 24
Produkthaftungsgesetz (ProdHaftG) **11** 63

Produktionsumgebung
– Verschmelzen mit IT System 9 3 f.
Produktqualität
– Sicherheit 3 31
Produktsicherheit 8 12, 9 39 ff., 11 3, 59 ff., 22 70, 24 4
Produktsicherheitsgesetz (ProdSG) 11 59 ff.
Produktsicherheitsnormen
– öffentlich-rechtliche 11 59
Produzentenhaftung 9 83, 10 12, 11 1 ff.
Prognoseentscheidung 17 26
Programm
– unrichtige Gestaltung 20 81
Programmierungsfehler 11 31
Proliferation 6 11
Propaganda 6 33, 57, 21 27
Protection Profiles 8 64, 11 51
Protokolldaten 15 43, 18 21, 41, 25 16
Protokollierung 18 21 f.
– technische und organisatorische Maßnahmen 17 49; *siehe auch* Technische und organisatorische Maßnahmen
– Vorratsdatenspeicherung 17 50
Prüfung
– Audit 8 19 ff.; *siehe auch* IT-Sicherheitsaudit
– IT-Sicherheit 8 47
– Kritische Infrastrukturen 8 52
– Zertifizierung 8 19
Pseudonym 4 9, 14 41, 47
Pseudonyme Meldung 23 30
Pseudonymisierung 2 139, 16 40, 21 103
Qualifizierte Dienste für die Zustellung elektronischer Einschreiben 14 62
Qualifizierte elektronische Signatur 2 101, 8 90, 14 50 ff., 86 ff.
– Beweiswert 14 90 ff.
– dauerhaft prüfbare 14 96
– Formerfüllung 14 87
– Gültigkeit 14 55
Qualifizierte Mehrheit 25 42
Qualifizierte Signaturerstellungseinheit 2 90, 14 52 f.; *siehe auch* Signaturerstellungseinheit
Qualifizierte Signaturzertifikate 14 52
Qualifizierter elektronischer Zeitstempel 14 58
– Beweiswert 14 98
Qualifizierter Validierungsdienst 14 55

Qualifizierter Vertrauensdienst
– Anforderungen 14 43 ff.
Qualifizierter Vertrauensdienstanbieter 8 90
Qualifiziertes elektronische Siegel 14 57
– Beweiswert 14 98
Qualifiziertes elektronisches Einschreiben
– Beweiswert 14 98
Qualifiziertes Zertifikat 2 101, 14 46 f.
– für Website-Authentifizierung 14 59
Qualität
– technische 5 9
Qualitative Risikobewertung 8 39 f.
– Vor- und Nachteile 8 40
Quantitative Risikobewertung 8 36 ff.
– Berechnung 8 37 f.
– Vor- und Nachteile 8 38
Quellcode 8 59, 67, 9 165, 17 41, 53
– Herausgabepflicht 11 44
– Offenlegung 11 77, 79, 96
RAMA 22 82
Ransomware 3 22, 21 27, 28, 26 26
– Strafbarkeit 20 66
– WannaCry 2 45, 25 32
RBAC *siehe* Role Based Access Control
Rechenschaftspflicht
– datenschutzrechtliche 9 61, 21 111
Rechenzentrum 13 102, 21 43
– Bedrohung 22 52
– branchenspezifischer Sicherheitsstandard 13 102
– Fahrzeughersteller 22 25
– Rechenzentrum 22 25
Recht am eigenen Datenbestand 11 17 ff.
Recht am eingerichteten und ausgeübten Gewerbebetrieb 10 52, 55, 11 17, 23, 12 8
Recht der Wirtschaft 13 40, 15 32
Rechtsakt zur Cybersicherheit *siehe* Europäischer Rechtsakt zur Cybersicherheit
Rechtsfolgen 14 28
Rechtsgrundlage
– deliktische 9 82
– zivilrechtliche 9 82
Rechtsgutsverletzung
– personenbezogene 11 7
Rechtsmethodik 7 23
Rechtssicherheit 9 73, 14 6 f., 101
– branchenspezifischer Sicherheitsstandard 13 73; *siehe auch* IT-Sicherheitsstandard

Rechtsunsicherheit 9 60, 88, 118, 123
Rechtsverkehr
– elektronischer 14 3 ff., 38
– Schutz von Sicherheit und Zuverlässigkeit 20 15
Rechtswirkungen 14 82 ff.
Reference Architecture Model Automotive 22 82
Referentenentwurf IT-Sicherheitsgesetz 2.0 siehe IT-Sicherheitsgesetz 2.0
Regeln der Technik siehe Stand der Technik
Regelschwellenwert
– sektorübergreifender 13 47; siehe auch Schwellenwert
– Substituierbarkeit 13 49
Regeltreue 16 10
Regelungssysteme 14 30
Regierungsnetz 15 43, 21 106, 25 32
Register
– Blockchain 14 26, 81; siehe auch Blockchain
– dezentrales 14 26 f., 77 ff.
– öffentliche 14 81
– Waffenregister 25 67
Registerdienste
– dezentrale 14 26 f., 77 ff.
Regulierung 7 20, 9 171
– digitale Dienste 13 92 ff.; siehe auch Digitale Dienste
– Internet Governance 6 52 ff.
– IT-Sicherheit 1 20 ff., 33 ff., 13 21
– sektorale 15 7
Regulierungsinstrumente
– Übersicht 1 38 ff.
Remote Voice Monitoring 26 33
Reputationsverlust 5 22, 8 38, 13 91, 16 4
– ökonomische Folgen 3 11, 25 f.
– Privatpersonen 16 26
Resilienz 15 9
– Corona-Krise 5 59a
– NATO 19 3
Response 9 129
Ressort-IT-Sicherheitsbeauftragter 25 28 ff., 89 ff.; siehe auch Sicherheitsbeauftragter
Ressortprinzip 25 24
Return on Security Investment (RoSI) 3 16, 8 37
Re-Zertifizierung 8 50, 77 f., 108; siehe auch Zertifizierung

Risiko
– Cyberangriff siehe Cyberangriff
– Cyberrisiko 9 1, 8, 19 ff., 78, 83, 88, 93, 98 ff., 120, 124 ff., 136, 166 ff.
– Datenverlust 9 1
– Definition 8 33
– Garantie 9 169
– Hacker 9 11
– IT-Risiko 9 136
– IT-Sicherheitsvorfall 9 11; siehe auch IT-Sicherheitsvorfall
– Risikoanalyse 9 99
– risikobasierter Ansatz siehe Risikobasierter Ansatz
– Risikofaktor 9 136
– Risikomanagement 9 98
– Risikopotenzial 9 94
– Risikovorsorge 9 166
– Schadprogramm 16 1; siehe auch Schadprogramm
– Spionage siehe Spionage
– Systemfehler 9 1
Risikoanalyse 2 134, 8 31 ff., 9 99, 122, 17 26
– Gefährdungslage 8 35
– IT-Grundschutz 8 32
– Sicherheitsniveau 9 120 f.
Risikobasierter Ansatz 17 28
– Datenschutzrecht 16 39, 17 24, 21 102
Risikobehandlung 23 23 f.
– EnWG 23 13
Risikobewältigung 8 43
Risikobewertung 8 31, 17 28
– EnWG 23 13, 24
– IT-Grundschutz 8 42
Risikobewertung, qualitative 8 39 f.
– Vor- und Nachteile 8 40
Risikobewertung, quantitative 8 36 ff.
– Berechnung 8 37 f.
– Vor- und Nachteile 8 38
Risikobewertung, semi-quantitative 8 41
Risikograd 16 7
Risikomanagement 9 125 ff.
– Cyberrisiko-Management 9 100 f.
– KWG 16 29 ff.
– Pflichten 12 33
– Preparedness 9 126
– Response 9 129
– Risikomanagementmaßnahme 9 98
– Risikovorsorge 16 7 f.
– Schranken 8 46
– Überwachungssystem 16 13

Risikomanagementmaßnahme 9 98
Risikopotenzial 9 94
Risikostrafrecht 20 35
Risikoszenario 9 121
Risikotragfähigkeit 16 30
Risikoverteilung 9 120
Risikovorsorge 9 166, 16 7 f.
Role Based Access Control 2 121
Router 1 25, 2 8, 6 52, 12 14, 26 13, 19
– Botnetz 10 11; *siehe auch* Botnetz
– Haftung der Betreiber 12 13 ff.
– Haftung privater Nutzer 12 26
– Manipulation 5 20
Rückrufanspruch 11 40
Rückrufpflichten 11 39
Rücksichtspflicht 9 108 ff.
– IT-Sicherheitspflicht 9 112; *siehe auch* IT-Sicherheitspflicht
Rules of Engagement
– humanitäres Völkerrecht 19 32
Rundfunk 20 62
– Abgrenzung zu Telemedien 21 15 f.
– IT-Sicherheitsrechtliche Regelungen 21 16
Russland 6 36, 45
– Internet Governance 6 53

Sachverständiger 2 51 f.
– Beweis 9 48, 11 56, 12 27, 14 91, 103
– IT-Forensik 2 52
– technische Norm 9 60
SAE International 22 97 ff.
Safety 1 12, 2 4, 4 8, 8 106
– Proactive Safety Principles 22 87
Sanktionen 3 27, 24 47 f.
– AtG 23 34
– Cyberangriff 19 13 ff.
– EnWG 23 34
– Rolle der BNetzA 24 47 f.
– Rolle des BSI 24 47 f.
Saudi Aramco 6 29, 38
Schaden 9 73, 78
– Abfluss geistigen Eigentum 9 6
– Cyberangriff 3 21, 9 78
– Cyberkriminalität 3 5
– Datendiebstahl 9 78
– Datenverlust 9 78
– entgangener Gewinn 9 59
– Imageschaden 9 6
– Lieferausfall 9 78
– Produktionsausfall 9 6
– Stand der Technik 9 76; *siehe auch* Stand der Technik
– Verlust von Geschäftsgeheimnissen 9 6
– Verlust von Kundendaten 9 6
– Verlust von Wettbewerbsvorteilen 9 6
Schadensarten 3 22
Schadensersatz 9 74 ff.
– Compliance-System 16 6
– Cyberangriff 9 88
– DS-GVO 10 45
– private Nutzer 12 22
– Produzentenhaftung 11 46
– Schadensersatzpflicht 9 18
– Schutzpflicht 9 74
– Verkehrssicherungspflicht 9 74
– Vorstand 16 14
Schädigungspotenzial 9 6, 17 28
Schadprogramm 3 22, 9 139, 146, 10 11, 11 79, 12 7, 16 1, 20 2, 66, 21 28, 81 f., 25 17 ff., 32 ff., 26 24 f.
– Advanced Persistent Threat 13 89, 25 32
– Definition 17 32
– Drive-by-Download 21 90, 130
– Meltdown 25 32
– Ransomware *siehe* Ransomware
– Spectre 25 32
– WannaCry 25 32
Schadsoftware *siehe* Schadprogramm
Schienenverkehr 25 56
– Gesetzgebungskompetenz 7 52, 15 32
– Infrastruktur 22 14
– IT-Anwendungen und IT-Infrastrukturen 22 14 ff.
– Risiken und Bedrohungen 22 44
– Technik 22 15 f.
Schifffahrt
– Akteure 22 11
– IT-Anwendungen und IT-Infrastrukturen 22 11 ff.
– Risiken und Bedrohungen 22 43
– Technik 22 12 f.
Schlüssel 2 92 f.
– geheimer 14 18
– öffentlicher 14 18
– Verschlüsselung *siehe* Verschlüsselung
Schlüssellänge 14 9
Schlüsselmanagement 2 95
Schlüsselpaar 2 92
Schlüsselsystem
– öffentliches 14 8 ff.
Schlüsseltechnologie 7 15

Schonungs- und Diskriminierungsgebot 19 29 ff.
Schonungsgebot 19 49
Schriftform 2 109, 14 84
- Ersatzmöglichkeiten 14 89
Schutz ziviler Objekte
- Erforderlichkeit 19 38 ff.
- verteidigungswichtige 19 38 ff.
Schutzbedarf 8 34, 17 41, 44
Schutzgesetze 10 35 f.
- AktG 16 14
- BSIG 10 36 ff.
- DS-GVO 10 44 ff.
- MPG 11 61
- ProdSG 11 60
- strafrechtliche 10 64 f., 11 62
- TKG 10 47
- TMG 10 39 ff.
Schutzgesetzverletzung 11 59
Schutzmaßnahme 2 89 ff., 9 16 f.
- Eigenschutz 11 25
- Telekommunikation 21 53 ff.; siehe auch Telekommunikation
Schutzniveau 9 148
- Stand der Technik 9 150
Schutzpflicht
- IT-Sicherheitspflicht 9 77, 111 f.; siehe auch IT-Sicherheitspflicht
- Schuldrecht 9 74, 108, 153
- Verfassungsrecht 7 40, 18 6, 21 26
Schutzprofil 24 11 ff.
- Bedrohungsmodelle 24 19 ff.
- Common Criteria 24 13
- Einsatzumgebung 24 20 ff.
- Kommunikationsverbindung 24 25
- organisatorische Sicherheitspolitiken 24 23
- Protokolle 24 25
- Rechtsverbindlichkeit 24 15, 17
- Schnittstellen 24 21
- Sicherheitsziele 24 24
- technische Vorgaben 24 19 ff.
- Weiterentwicklung 24 31 ff.
Schutzziele 1 13 ff., 9 122, 21 25 f.
- Integrität 21 25
- IT-Sicherheit 9 162
- IT-Sicherheitsrecht 17 33 ff.
- Verfügbarkeit 21 25
- Vertraulichkeit 21 25
Schwachstelle 2 2 ff., 5 9, 9 157; siehe auch Sicherheitslücke
- Ausnutzung 2 56 ff.

- Geheimhaltung 5 5
- Haftung 9 87
Schwellenwert 13 62, 15 17, 16 16, 18
- Bestimmung der Kritikalität einer Infrastruktur 13 34 ff.
- branchenspezifischer 13 34 ff., 47
- Energie 23 21
- Informationstechnik und Telekommunikation 21 41 f.
- Kritische Infrastrukturen 13 43, 47
- Verkehr 22 7
Security 1 12, 2 4, 4 10
Security by Default 26 61
Security by Design 2 129 ff., 135, 3 31, 15 10, 56, 22 84, 26 61
Security Requirements Engineering 2 15
Sektorale Rechtsvorschriften
- Telekommunikation 21 47 ff.; siehe auch Telekommunikation
- Telemedien 21 47 ff.; siehe auch Telemedien
Sektoren
- Kritische Infrastrukturen 13 11 ff., 33, 43, 56
Sektoreneinteilung
- Kritische Infrastrukturen 13 20
Selbstdatenschutz 2 20 f., 17 45
- Grenzen 2 134
Selbsthilfe
- Duldungspflicht 19 25 f.
Selbstverpflichtung, freiwillige 6 11
Selbstverteidigung 6 5, 16, 27, 47, 18 29
- bewaffneter Angriff 19 9 ff.
- unabweisbar notwendig und verhältnismäßig 19 15 ff.
Semi-quantitative Risikobewertung 8 41
Sendeanlage, verbotene 26 33, 42 ff.
Senior Officials Group Information Systems Security (SOG-IS) 8 83
Sensibilisierung 3 19, 9 136
Sensor 26 23
Sensorik 26 16, 53
Server 2 48
- Attribution 6 38 f.
- Botnetz siehe Botnetz
- Corona-App 2 139; siehe auch Corona-App
- DNS-Server siehe Domain Name System (DNS)
- Eigentumsverletzung 12 10

– Fernmeldegeheimnis 20 56
– Filesharing 9 66 f.
– Grundrechtlicher Schutz 7 37
– IT-Sicherheitsmaßnahmen 21 30
– Serververtrag 11 16
– Smart Car 22 52; *siehe auch* Smart Car
– Telemedien 21 19; *siehe auch* Telemedien
Serverfarm 13 99, 102, 21 43, 46
SET 2 119
Sicherheit *siehe auch* IT-Sicherheit
– Begriff 1 12, 22
– mehrseitige 14 10
Sicherheit der Systeme und Anlagen
– Risikoangemessenheit 13 105 ff.
Sicherheit der Verarbeitung 17 30
Sicherheit und Zuverlässigkeit des Rechtsverkehrs 20 15
Sicherheitsanforderungen *siehe* IT-Sicherheitsanforderungen
Sicherheitsanforderungen an Betreiber
– allgemein anerkannte Regeln der Technik *siehe* Stand der Technik
– Betreiberpflichten 13 65 ff.
– Meldepflichten 13 22 ff.
– Sicherheitsupdate 13 69
– Stand von Wissenschaft und Technik *siehe* Stand von Wissenschaft und Technik
Sicherheitsaudit *siehe* IT-Sicherheitsaudit
Sicherheitsbeauftragter *siehe* IT-Sicherheitsbeauftragter
– Ressort-IT-Sicherheitsbeauftragter 25 28 ff., 89 ff.
Sicherheitsbedarf 14 2 ff.
Sicherheitsdienst 14 7 ff.
Sicherheitseignung 14 56
Sicherheitserwartung 10 4, 17 ff., 11 4
Sicherheitsgewährleistung 14 20, 22 121
Sicherheitsinfrastruktur 14 7 ff., 16, 25
– für elektronische Einschreiben 14 64
Sicherheitskatalog *siehe* IT-Sicherheitskatalog
Sicherheitskonzept
– Telekommunikation 21 69
Sicherheitslücke 9 37, 11 27 ff., 18 21, 38, 40 ff., 46, 57, 25 17 ff.; *siehe auch* Schwachstelle
– Definition 17 32
Sicherheitsmangel 9 145
Sicherheitsmaßnahme *siehe* IT-Sicherheitsmaßnahme

Sicherheitsmerkmale 14 78
Sicherheitsmodell 4 2, 26
Sicherheitsniveau 3 31, 5 54, 7 41, 8 31, 61, 71, 89, 9 120, 14 41, 15 52, 18 17, 21 92, 23 5, 24 31, 25 10, 50, 53, 58, 89; *siehe auch* Stand der Technik
Sicherheitpatch *siehe* Patches
Sicherheitspflichten
– deliktsrechtliche 10 1 ff.
Sicherheitsprobleme
– Privathaushalt 26 61
Sicherheitsstandard *siehe* IT-Sicherheitsstandard
Sicherheitstest 9 157; *siehe auch* Penetrationstest
Sicherheitsvorfall *siehe* IT-Sicherheitsvorfall
Sicherheitsvorsorge
– staatliche 13 1
Sicherheitsziel 4 2
– Common Criteria 8 66
Sicherungsinfrastruktur 14 107 f.
Sicherungsmaßnahmen 9 76
Sicherungsmittel
– Besitz 14 68
– Wissen 14 68
Sicherungspflichten
– Accountinhaber 12 18 f.
Siegel
– qualifizierte 14 57
Siegelzertifikat 14 57
SIGINT Support to Cyber Defense 18 63
Signatur
– aus anderen Mitgliedstaaten 14 54
– elektronische 14 8 ff., 11, 26
– Fern- 14 51
– fortgeschrittene 14 50 ff.
– qualifizierte elektronische *siehe* Qualifizierte elektronische Signatur
Signaturdienste 14 31 ff.
Signaturerstellungsdaten 14 51
Signaturerstellungseinheit 2 101, 8 90, 14 51 ff.
– gelistete 14 53
– qualifizierte 2 90, 14 52 f.
– zertifizierte 14 53
Signaturgesetz 2 108, 14 31 f.
Signaturrichtlinie 14 32
Signaturschlüssel 14 16
– Inhaber 14 16

Signaturverordnung 14 31
Signaturzertifikat 14 57
– qualifiziertes 14 52
Skype
– als OTT-Dienst 21 11 ff.; *siehe auch* OTT-Dienste
SkypeOut 21 13
Smart Car 11 76, 22 4
– Akteure 22 23, 27
– betroffene Grundrechte 22 120
– Bussysteme 22 24, 39
– CAN-Bus 22 39
– Cyber Security Management System 22 68
– Cyber Security Principles 22 68
– eCall 22 74 ff.
– Electronic Control Unit 22 24
– Fahrzeugzulassung 22 65
– Haftung 22 121
– Hintertüren 22 122; *siehe auch* Backdoors
– Intelligent Transport Systems 22 28 f.
– IT-Anwendungen und IT-Infrastrukturen 22 22 ff., 33 ff.
– Konnektivität 22 56
– marktbezogene Probleme 22 118
– Netzwerke 22 38
– organisatorische Probleme 22 117
– Platooning 22 53
– potenzielle Angriffe 22 57
– RAMA 22 82
– rechtliche Probleme 22 119 ff.
– Risiken und Bedrohungen 22 46 ff.
– Road Sign Unit 22 30
– Software Update Management System 22 69
– Steuergeräte 22 35 ff.
– Technik 22 22 ff.
– technische Probleme 22 112 ff.
– Typgenehmigung 22 66
– Updates 22 54, 115
– Vehicle to Infrastructure 22 25
– Vehicle to Vehicle 22 26
– Verwundbarkeiten 22 49 ff.
– Wiener Übereinkommen über den Straßenverkehr 22 61
Smart Contracts 2 131; *siehe auch* Blockchain
Smart Grid 23 4
– Datenschutzbedenken 24 3
– Entwicklung 24 1
– Fernsteuerung von Geräten 24 1
– Grundlagen 24 1
– Grundrechtsrelevanz 24 3
– Head-End-System 24 1

– Sicherheitsbedenken 24 3
Smart Home 26 14, 28, 34, 48, 50, 51, 54
– häusliche Gewalt 26 35
– Staubsaugerroboter 26 43
– Überwachung 26 35 f.
– verbotene Sendeanlage 26 43
– Versicherung 26 51
Smart Meter 24 1
– Software und Hardware 24 2
– technischer Aufbau 24 7
– technologische Neutralität 24 1
– Verhältnis zum intelligenten Messsystem 24 7
Smartcard 2 30, 100, 102 ff., 129, 137, 8 70
– elektronische Gesundheitskarte 8 65
– Schutzprofile 8 65
– Signaturerstellungseinheit *siehe* Signaturerstellungseinheit
Smart-Meter-Gateway
– Definition 24 10
– Home Area Network 24 21
– Kommunikationstechnik 24 22
– Local Area Network 24 21
– Local Metrological Network 24 21
– Mindestsicherheitsanforderungen 24 16 ff.; *siehe auch* Mindestsicherheitsstandards
– Rechtsverbindlichkeit Sicherheitsanforderungen 24 17
– Rolle in der IT-Sicherheit 24 10
– Schnittstellen 24 21
– Schutzprofile 24 11 ff.
– Sicherheitsanforderungen 24 16 ff.
– Sicherheitsmodul 24 22 f.
– Stand der Technik 24 16; *siehe auch* Stand der Technik
– technische Richtlinien 24 11 ff.
– Verschlüsselung 24 26 ff.; *siehe auch* Verschlüsselung
– Wide Area Network 24 21
– Zertifizierung 8 86, 24 36 ff.
Smart-Meter-Gateway-Administrator 8 56, 86, 24 37 ff.
– Aufgaben 24 38 ff.
– Meldepflicht 24 43 ff.
– organisatorische Pflichten 24 40
– Prüf- und Überwachungsfunktion 24 41
– Rolle 24 37
– Übertragbarkeit 24 37
– Zertifizierung 24 46
Smart-Meter-Public-Key-Infrastruktur 24 27
– Aufbau 24 29
– Root-CA 24 29

– Sicherheitsstruktur **24** 30
– Sperrliste **24** 30
– Struktur **24** 29
– Sub-CA **24** 29
– Zertifikatemanagement **24** 30
Smartphone **2** 77, **26** 7, 13, 21, 23, 43
– Bildaufnahmen **26** 29
– Corona-App **2** 139; *siehe auch* Corona-App
– Löschen **26** 59
– Sprachassistenten **26** 31
– TPM **2** 105
– Überwachung **7** 16, **10** 66
– Verbindung mit Smart Car **22** 114
Smart-TV **26** 14, 19, 29, 34, 57
– strafrechtlicher Schutz **20** 22
Smartwatch **26** 15 f., 33, 43 f.
Snowden **1** 9, **5** 56
Social Media **2** 23 f., **10** 30 f., **13** 101, **21** 44, **26** 40 f.
– Als Telemedien **13** 101, **21** 9; *siehe auch* Telemedien
– Fake News **2** 38
Society of Automobile Engineers **22** 97 ff.
Software
– online **11** 66
– Schadprogramm *siehe* Schadprogramm
– verkörperte **11** 65
Software Escrow **9** 165
Softwarefehler **11** 22
Software-Quellcode *siehe* Quellcode
Softwarevertrag **9** 146
Sonderbehörden **18** 32 ff.
Sony **6** 39
Souveräne Gleichheit der Staaten **6** 33
Souveränität
– digitale **5** 39 ff.
– Schutz der **6** 42 ff.
– territoriale **6** 34 f.
Soziale Netzwerke *siehe* Social Media
Sozialrecht
– Privathaushalt **26** 6
SPAM **2** 70 f.
Spamtrap **21** 63
Spannungsfall
– Verteidigungsbereitschaft **19** 37 ff.
Speicherbegrenzung **17** 34, 49
Spezialgesetze **9** 82
– IT-Sicherheitsmanagement **9** 92

Spielzeug
– Cayla **26** 42 ff.
– heimliche Aufnahme **26** 42
– Nannycam **26** 29
– Teddycam **26** 29
– Überwachung **26** 15
Spionage **2** 22 ff., **6** 32, **9** 5, **16** 1, **18** 67
– Cyber-Spionage **6** 32, 37, 39, **15** 36
– IT-Spionage **18** 58, 67
– militärische Aufklärung **19** 8 ff.
– Wirtschaftsspionage **6** 30
Spionageeinrichtung **26** 43
Sprachassistenz **8** 73
– Privathaushalt **26** 31 f.
Sprachaufnahmen
– Privathaushalt **26** 31 f.
– Transkript **26** 32
SSL/TLS **2** 13, 28
Staat und Verwaltung **13** 20, 56
– ebenenübergreifend **25** 3 ff.
Staatenhaftung **19** 21 ff.
Staatenpraxis **6** 31 f., 33, 37, 41, 43, 45
Staatliche Maßnahmen
– Abwehrmaßnahmen **18** 26
– Cyberabwehr **18** 26
Staatliche Ordnung
– Schutzobjekt **19** 12
Staatliche Sicherheitsvorsorge
– Funktionsfähigkeit **13** 1
Staatsaufgabe **7** 48 ff.
Staatsfunktionen
– Ausfall **19** 12 ff.
Staatsschutz **18** 51
Staatssekretär **25** 23 ff.
Staatstrojaner **7** 36; *siehe auch* Online-Durchsuchung
Staatsversagen
– staatliche Kontrolle **19** 25 ff.
Stand der Technik **8** 9 f., 10, **9** 50, **13** 66 ff.
– Begriff **9** 39 ff.; *siehe auch* Stand von Wissenschaft und Technik
– BSIG **9** 38, **13** 66 ff., **16** 16 ff.
– Cybersecurity Act **8** 97, **9** 38
– Datenschutzrecht **9** 38, **10** 44, **17** 64
– Digitale Dienste **13** 102
– Energienetze **23** 8, 13, 17 f.
– Grundlegende Standards **8** 24 ff.; *siehe auch* IT-Sicherheitsstandard
– Herstellerpflichten **11** 49

- IT-Sicherheitspflicht 9 76; *siehe auch* IT-Sicherheitspflicht
- Kritische Infrastrukturen 13 66 ff., 16 16 ff.
- Normen 9 44, 13 70
- Privathaushalt 26 50
- Privatnutzer 10 57
- Sachverständiger 9 48
- Schutzniveau 9 150
- Telekommunikation 9 38, 21 55, 58; *siehe auch* Telekommunikation
- Telemedien 9 38, 13 108, 21 98; *siehe auch* Telemedien
- unbestimmter Rechtsbegriff 13 67
- Verkehrserwartungen 10 17
- Vertrauensdienste 14 41
- Zivilrecht 9 26

Stand von Wissenschaft und Technik 9 39 f., 24 51
- Atomgesetz 13 68, 23 27; *siehe auch* Stand der Technik
- Betreiber 13 68
- DIN-/ISO-Normen 10 32
- Herstellerpflichten 11 5, 49 f.
- objektive Unmöglichkeit 9 13
- Zertifizierungen 10 33

Standard
- Art. 91c GG 25 39 ff.
- IT-Sicherheit 8 11, 25 75 ff.
- IT-Sicherheitsstandard *siehe* IT-Sicherheitsstandard
- lateinische Zeichen in UNICODE 25 75
- Leitlinie für Informationssicherheit 25 75
- OSCI 25 75
- XBau 25 75
- XFall 25 75
- XPlanung 25 75
- XTA 2 25 75
- XVergabe 25 75

Standardisierung
- internationale 15 5
- IT-Sicherheit *siehe* IT-Sicherheitsstandard

Standardsetzung
- BSI 7 20
- BSI-Grundschutz 7 20

Standardsoftware 13 99
- Produkthaftung 11 68 f.
- Verfügbarkeit 9 165

Standardvertrag 9 117
- Kardinalpflicht 9 113

Statistikrecht
- Privathaushalt 26 5

Staubsaugerroboter 26 43
Steuerrecht
- Privathaushalt 26 6
Steuerungs- und Automatisierungstechnik
- Absicherung 8 30
Störung
- Digitale Dienste 13 108
- erhebliche 13 24, 20 68
- Kritische Infrastrukturen 13 89
- öffentliche Sicherheit 13 5
Strafrecht
- als Schutzgesetz 11 62
- Privathaushalt 26 42
- Schutz der IT-Sicherheit 20 1 ff.
- Verkehrspflichten 10 64 f.
- Vermeidung strafrechtlicher Risiken 9 63 ff.
Strafverfolgung 18 1 ff.
- Bundeskriminalamt 18 51
- Gesetzgebungskompetenz 18 8
- völkerrechtliche 6 45; *siehe auch* Smart Car
- Vollzugskompetenz 18 8
Straßenverkehr 22 58 ff.
- intelligente Verkehrssysteme 22 71 ff.
- sektorales Recht 22 58
Streitkräfte
- Grundfunktion 19 5 ff.; *siehe auch* Bundeswehr
Strukturwandel des Privaten 2 134
Stuxnet 5 26, 46, 9 15
Subunternehmer 9 161
- Verschulden 9 80
Suchmaschine
- Digitaler Dienst 13 96 ff., 21 44 f.
- Pflichten zur Umsetzung von IT-Sicherheitsmaßnahmen 21 91 ff.
- Technische Schutzmaßnahmen 21 91 ff.
Supply Chain 5 48
Supportverpflichtung 9 163
Symbolische Kritikalität 13 17
Symmetrische Kryptographie *siehe* Verschlüsselung, symmetrische
System
- vertrauenswürdiges 14 48
System gegenseitiger und kollektiver Sicherheit 19 31 ff.
System zur Angriffserkennung
- Mindestanforderung 13 71

Systemadministrator
– Aufgabe 17 48 f.; *siehe auch* Administrator
Systemdatenschutz 2 20 f., 134
Systemfehler 9 1
Systemische Kritikalität 13 16

Tallinn Manual 5 27, 6 13, 23 ff., 34, 43 ff.
Target-based approach 6 21
Täuschung
– Angriff auf IT-System 18 44
Täuschung im Rechtsverkehr
– bei Datenverarbeitung (§ 270 StGB) 20 76
– § 269 StGB 20 72
TCP/IP 2 11 f., 32
– Energienetze 23 1
Technikrecht 1 25, 17 13 f.
Technische Amtshilfe 19 41 ff.; *siehe auch* Amtshilfe
Technische Aufzeichnung 20 21
– Fälschung (§ 268 StGB) 20 74 f.
Technische Basisinfrastruktur 13 95
Technische Maßnahmen
– Datenschutz 17 25
– IT-Outsoucing 9 148 ff.
– IT-Sicherheit und Datenschutz 17 46
– Maßnahmen der Netz- und Informationssicherheit 17 57
– Protokollierung 17 49; *siehe auch* technische und organisatorische Maßnahmen
Technische Norm 9 43 ff.
– bei der Vertragsgestaltung 9 52
– Haftung der Vertragspartner 9 88
– Outsourcingverträge 9 153; *siehe auch* Outsourcing
– Sachverständiger 9 60
– Unschärfe 9 60
Technische Qualität 5 9
Technische Richtlinie 8 70, 24 11 ff.
– Authentifizierung 24 26 ff.
– Kommunikationsabsicherung 24 26
– Kryptografie 24 28; *siehe auch* Verschlüsselung
– Produktanforderung 24 14
– Rechtsverbindlichkeit 24 15 ff.
– Verschlüsselung 24 26 ff.; *siehe auch* Verschlüsselung
– Verschlüsselungsverfahren 24 28
– Weiterentwicklung 24 31 ff.

Technische und organisatorische Maßnahmen 1 36, 10 44, 13 65 ff., 16 15
– Betreiber Energieversorgungsnetze oder Energieanlagen 13 77
– Betreiber Telekommunikationsnetz 13 77; *siehe auch* Telekommunikation
– Datenschutzrecht 2 132, 8 57, 16 38 f., 17 25, 40, 46, 58, 21 89, 102 f.
– Digitale Dienste 21 91
– Erbringer Telekommunikationsdienste 13 77
– Gesellschaftsrecht 16 13
– IT-Outsoucing 9 148 ff.
– Nachweis 13 73
– Protokollierung 17 49
– Sicherheitsstandard 13 72; *siehe auch* IT-Sicherheitsstandard
– Stand der Technik 13 66 ff.; *siehe auch* Stand der Technik
– Telekommunikations- und Datenverarbeitungssystem 13 78
– Telemedien 16 25; *siehe auch* Telemedien
– Vertrauensdienste 14 41
Technischer Standard 9 44; *siehe auch* IT-Sicherheitsstandard
Technologische Vernetzung 3 4
Teddycam 26 29
Teilhabe
– neue Technologien 7 18
Telekommunikation
– Abgrenzung zu Telemedien 21 4 ff.
– Anbieter mit beträchtlicher Marktmacht 21 20
– Asymmetrische Regulierung 21 20
– Aufschalten 21 65
– Bedeutung 21 24 ff.
– Bedrohungen 21 24 ff.
– Begriff 21 5
– Datenverarbeitungsbefugnisse (zum Schutz von IT-Sicherheit) 21 63 ff.
– Diensteanbieter 21 6
– Europäischer Kodex für die elektronische Kommunikation 21 14
– Hintergrunddienst für andere Kritische Infrastrukturen 21 33
– Infrastrukturrelevanz 21 32 ff.
– IT-Sicherheitskatalog 21 61, 69
– Marktstrukturen 21 17 ff.
– Meldepflichten 21 21, 74 ff., 79 ff.
– Organisations- und Nachweispflichten 21 67 ff.
– OTT-Dienste 21 11 ff.; *siehe auch* OTT-Dienste

- Pflichten zur Umsetzung von IT-Sicherheitsmaßnahmen 21 51 ff.
- Rechtsvorschriften (IT-Sicherheit) 21 49 ff.
- reine Signalübertragung 21 8
- Sicherheitskonzept 21 69
- Staatliche Anbieter 21 23
- Stand der Technik 21 55, 58; siehe auch Stand der Technik
- Störungen 21 57, 63 f., 65, 76, 79 ff.
- Technische Schutzmaßnahmen 21 53 ff.
- Technologien 21 17 ff.
- Telekommunikationsgesetz siehe Telekommunikationsgesetz
- telekommunikationsgestützte Dienste 13 101, 21 7 f.
- Übertragungstechnologien 21 18
- überwiegende Signalübertragung 21 10

Telekommunikations- und Datenverarbeitungssystem 21 56, 58, 63, 76, 82
- Sicherheitsanforderungen 13 78
- Vorkehrung, organisatorische und technische 13 78

Telekommunikationsgesetz 10 47, 12 3 ff., 16 3, 24, 21 49 ff.; siehe auch Telekommunikation
- Abgrenzung vom Telemediengesetz 21 4 ff.
- personenbezogene Daten 16 26

Telekommunikationsgestützte Dienste 13, 21 8

Telekommunikationsnetz 21 18, 101 86

Telekommunikationsrecht
- Privathaushalt 26 27, 36, 42; siehe auch Telekommunikationsgesetz

Telekommunikationssicherstellungspflicht 21 52

Telekommunikations-Telemedien-Datenschutz-Gesetz 21 129 ff.

Telekommunikationsüberwachung 18 61 f., 66
- Bundeskriminalamt 18 50 f.
- Bundesnachrichtendienst 18 60 f.

Telematikinfrastruktur
- Zertifizierung 8 87

Telemedien
- Abgrenzung zu Telekommunikation 21 4 ff.
- Anmelde- und Zulassungsfreiheit 21 21
- Auswirkungen des Telekommunikations-Telemedien-Datenschutz-Gesetzes 21 130 f.
- Bedeutung 21 24 ff.

- Bedrohungen 21 24 ff.
- Begriff 13 101, 21 7 ff.
- Beispiele 21 9
- Cloud-Computing 21 45
- Datenverarbeitungsbefugnisse (zum Schutz von IT-Sicherheit) 21 104 ff.
- Diensteanbieter 21 7
- Empfehlungen des BSI 21 99
- Geschäftsmäßigkeit der Erbringung von 13 101
- Haftungsprivilegierung 12 5 ff.
- Infrastrukturrelevanz 21 32 ff.
- Internationalität des Marktes 21 22
- Marktstrukturen 21 17 ff.
- Meldepflichten 10 61, 21 115 ff.
- Nachweispflichten 21 110 f.
- NIS-Richtlinie 21 84
- OTT-Dienste 21 11 ff.; siehe auch OTT-Dienste
- Pflichten zur Umsetzung von IT-Sicherheitsmaßnahmen 21 91 ff.
- Rechtsvorschriften (IT-Sicherheit) 21 83 ff.
- Schutz vor unerlaubtem Zugriff auf 13 108
- Server 21 19
- Social Media siehe Social Media
- Staatliche Anbieter 21 23
- Stand der Technik 21 98; siehe auch Stand der Technik
- Störungen 21 87, 90, 95
- Technische Schutzmaßnahmen nach DS-GVO 21 100 ff.
- Technische Schutzmaßnahmen nach TMG 10 44 ff., 13 108, 21 94 ff.
- Technologien 21 17 ff.
- Verhältnis zur DS-GVO 10 40 ff., 21 85 ff.

Telemedienanbieter
- Verkehrspflichten 10 52

Telemediengesetz 10 39, 12 5 ff., 13 101, 16 24 f., 21 43 ff.; siehe auch Telemedien
- Abgrenzung vom Telekommunikationsgesetz 21 4
- personenbezogene Daten 16 25
- Verhältnis zur NIS-Richtlinie 21 90
- Vorrang der DS-GVO 21 85 ff.

Territoriale Integrität 6 44

Territoriale Souveränität 6 34 f.

Terrorismusabwehr
- Cyberterrorismus 18 11
- Gesetzgebungskompetenz 18 11

Terrorismusbekämpfung
- Bundeskriminalamt (BKA) 18 50

TLS-Name-Registries 13 94

Token 14 27
Tracing 2 21, 76
Tracing-App *siehe* Corona-App
Tracking 2 76 ff.
Transformation, digitale 1 3, 3 1 ff.
Transmission Control Protocol 2 10
Transparenz
– Datenverarbeitung 17 53
Transparenzgebot
– BGB 9 31, 33
Transport und Verkehr 22 1 ff.
– Branchen 22 3
– Infrastrukturbereich 13 6
– IT-Anwendungen und IT-Infrastrukturen 22 6 ff.
– Kritische Infrastruktur 13 20, 56
– Logistik 22 1 ff., 18 ff.
– Luftfahrt 22 8 ff.
– Luftverkehr 22 1 ff.
– Personen- und Güterverkehr 22 1 ff.
– Risiken und Bedrohungen 22 41 ff.
– Schienenverkehr 22 1 ff., 14 ff.
– Schifffahrt 22 1 ff., 11 ff.
– Smart Car 22 22 ff.; *siehe auch* Smart Car
Trinkwasserlieferung und -versorgung 13 25
Trittbrettfahrerproblem 3 14
Trivialisierung des Grundrechtsschutzes 7 39
Trojaner 2 68
– Privathaushalt 26 26
– Staatstrojaner 7 36; *siehe auch* Online-Durchsuchung
– Strafrecht 20 47
Trust 4 16
Trusted Computing 2 105 ff.
Trusted Platform Module 2 102, 105 ff.
Twitter 13 101, 21 9
Typgenehmigung 22 66 ff.

Übermittlung 14 23 ff.
– nachweisbare 14 22 ff.
– sichere 14 22 ff.
Übermittlungsdienst 14 24, 60 ff.
– sicherer 14 35
Übertragungsnetz 21 18, 42
Überwachung 7 27
– Audio 26 15
– Aufschaltmöglichkeit 26 15
– parlamentarische Kontrolle 19 19 ff.
– Privathaushalt 26 14 f., 53
– Smart Home 26 35 f.; *siehe auch* Smart Home

– Smartphones 7 16; *siehe auch* Smartphone
– Spielzeug 26 15
– Video 26 15
Überwachungspflicht 9 96, 16 7
– Aufsichtsrat 9 96
Ukraine 5 26
Umsatzeinbuße 3 21
Umsetzung
– IT-Sicherheitsmaßnahmen 8 3
Umsetzungsplan Bund 13 13, 25 9 ff.
Umsetzungsplan KRITIS 13 10, 13
UN Governmental Group of Experts 6 3 ff.
UN Open-Ended Working Group 6 6 ff.
Unbefugter Zugriff 20 39 ff.
Unbefugtes Einwirken 20 84
UN-Charta 6 15 ff., 33, 18 29
UNECE 22 67
Unglücksfall, besonders schwerer 19 44
Unionsrecht 18 17
United States *siehe* USA
Unmöglichkeit 9 14, 16 ff.
– rechtliche 9 12 ff.
– technische 9 12 ff.
Unterdrückung beweiserheblicher Daten (§ 274 Abs. 1 Nr. 2 StGB) 20 77 f.
Unternehmenskaufvertrag 9 167
Unternehmensspezifische Entscheidung 16 59
Unterschrift
– qualifizierte Signatur 14 86; *siehe auch* qualifizierte elektronische Signatur
UP Bund *siehe* Umsetzungsplan Bund
Update 26 22, 50
– over the air 22 115
– Zwangs-Update 26 61
Urheberrecht 6 11
– strafrechtlich geschützte Daten 20 61 f.
– UrhG 9 66
US Cyber Command 6 36, 44 f.
USA 22 85 ff.
– California Consumer Privacy Act 22 92
– Internet Governance 6 53
– State Law 22 91
Usability 4 5
Usable Privacy and Security 4 4, 21
User-centered Design 4 30
User-centered Security 4 37

VAG 16 3, 34 ff.

VAIT **16** 3, 34 ff., 69 ff., 71, 82
Validierung **14** 55
Validierungsdienst **14** 55
VDE-Normen **11** 50
Verantwortlichkeitsprivilegierung **12** 6
Verantwortung
– Mitarbeiter/innen **16** 57
– Vorstand und Geschäftsführung **16** 12 ff.
– Zertifizierungsdienste **14** 19
Verarbeitung personenbezogener Daten *siehe auch* personenbezogene Daten
– Grundrecht **17** 16
– Sicherheitsanforderungen **13** 78
Verbindungsnetz **21** 18, 42, **25** 47 ff.
Verbraucherrecht
– Privathaushalt **26** 46 f.
Verbraucherschutz **11** 66, 69, **26** 37
– De-Mail **14** 75
Verbrechensbekämpfung, internationale **18** 10
Vereinigte Staaten von Amerika *siehe* USA
Vereinigtes Königreich **22** 83
Vereinte Nationen **6** 2 ff., 17, 50, 53
Verfassungsschutz **15** 36, **18** 12 f., 36, 65 ff., **25** 35
Verfassungsvorbehalt **19** 4 ff.
Verfügbarkeit
– Begriff **1** 13
– Datenschutz **17** 52
– Datenverfügbarkeit **11** 12 ff.
– IT-Sicherheitsbehörden **15** 1
– IT-System **9** 162 f.
– Schutzziel **4** 9
– Standardsoftware **9** 165
– Telekommunikation **21** 25; *siehe auch* Telekommunikation
– Telemedien **21** 25; *siehe auch* Telemedien
Verfügungsgewalt
– Schutz **20** 64 ff.
Vergleich Sicherheitsanforderungen **23** 35
Verhaltenspflicht **9** 108
Verhältnismäßigkeit der Maßnahmen **21** 121
– Digitale Dienste **21** 91
– DS-GVO **21** 105
– Telekommunikation **21** 60; *siehe auch* Telekommunikation
– Telemedien **21** 98; *siehe auch* Telemedien
Verhinderungspflichten **6** 46 ff.
– Due diligence **6** 49

– Sorgfaltsmaßstab, völkerrechtlicher **6** 49
Verkehr **22** 1 ff.
– E-Mail **14** 23; *siehe auch* E-Mail
– Kritische Infrastruktur **13** 25
– Schienenverkehr **22** 15 ff.
– Straßenverkehr **22** 58 ff.
Verkehrsdaten **21** 63, 66
Verkehrserwartungen **10** 17 f.
Verkehrsfähigkeit **14** 103
Verkehrspflichten **10** 1 ff., 16
– bezüglich Minderjährigen **10** 30 f.
– Bösgläubigkeit **10** 51
– Fehlverhalten Dritter **10** 28 f.
– IT-Hersteller **10** 56
– IT-Nutzer **10** 57 ff.
– Mitverschulden **10** 67 ff.
– öffentlich-rechtliche Pflichten **10** 49
– Selbstschutz des Dritten **10** 25
– technische Standards **10** 48 ff.; *siehe auch* IT-Sicherheitsstandard
– Telemedienanbieter **10** 52; *siehe auch* Telemedien
– Vertrauensgrundsatz **10** 27
– Zumutbarkeit **10** 21 ff.
Verkehrssicherungspflicht **9** 74, 84 ff., **10** 6 f.
– Bereichshaftung **10** 10 f.
– Eröffnung eines Verkehrs **10** 12 f.
– mehrere Pflichtige **10** 14 f.
– Schaffung einer Gefahrenquelle **10** 9
– Verkehrssicherungspflichtiger **10** 8
Verletzung des Fernmeldegeheimnisses (§ 206 StGB) **20** 56
Vernetztes Fahren *siehe* Smart Car
Vernetzung **7** 15
– Privathaushalt **26** 28
– technologische **3** 4
Verordnungsermächtigung
– BSI-Gesetz **13** 39
– Online-Zugangsgesetz **25** 51
Verschlüsselung **2** 27 ff., 91 ff., **14** 78
– asymmetrische **2** 93, 95, **14** 8 ff.
– E-Mail **9** 47 f.
– Kryptografische Sicherheit **14** 20
– Kryptokontroverse **5** 65 f.
– Kryptopolitik **5** 65
– Post-Quantum-Kryptographie **2** 137
– symmetrische **2** 93, 94
– Technische Richtlinie **24** 28
– Volksverschlüsselung **2** 30
Verschlüsselungsverfahren **13** 108

Verschulden 9 80
Versicherung
– Cyberrisiko *siehe* Cyberversicherung
– Hausrat *siehe* Hausratsversicherung
– Privathaushalt 26 9, 48 ff.
– Wohngebäude 26 48
Versicherungsaufsichtliche Anforderungen *siehe* VAIT
Versicherungsaufsichtsgesetz *siehe* VAG
Versorgung
– Infrastrukturbereich 13 6
Versorgungsengpass 13 5, 16 18
– erheblicher 13 30 ff.
Versorgungsgrad 13 32, 34, 46, 16 18
– Bemessungskriterien 13 44 ff.
– konstanter 13 64
– volatiler 13 64
Versteigerung
– Datenschutz 26 60
Verstoß
– DS-GVO 9 55
Verteidigung
– Legaldefinition 19 6
Verteidigungsbereitschaft
– hybride Bedrohung 19 16 ff.
– Spannungsfall 19 37 ff.
Verteidigungsfähigkeit 19 8 ff.
– Krisenmanagement 19 37 ff.
Verteidigungsfall 19 34 ff.
– Unmittelbarkeit 19 35
Verteilte Datenspeicherung 2 139
Vertikale Gewaltenteilung 7 51
Vertrag
– Gültigkeit 14 85
Vertragliche Rechte 9 89
Vertragsbedingung 9 141
Vertragsgestaltung 9 7 f., 26, 30 ff., 51 ff., 68 ff., 89 f., 118 ff., 141, 147 f., 171
– AGB 9 31, 33
– anwaltliche Beratung 9 7
– Best Practice 9 172
– Cyberrisiko 9 99 ff.
– Cyberrisiko-Management 9 91 ff.
– Geheimhaltungsverpflichtung 9 65
– GeschGehG 9 70
– Haftung 9 59
– IT-Sicherheit 9 9, 12 ff., 54 ff., 118 ff.
– IT-Sicherheitsklausel 9 131, 144
– IT-Sicherheitskonzept 9 99 f.

– IT-Sicherheitspflicht 9 105 ff.; *siehe auch* IT-Sicherheitspflicht
– Leistungsparameter 9 163
– Nachweisregelung 9 62
– Outsourcing 9 152 ff.; *siehe auch* Outsourcing
– Strafrecht 9 63 ff.
– Verfügbarkeit 9 163
Vertragsklausel
– IT-Sicherheit 9 118 ff.
Vertragspflicht 9 115
Vertragsschluss 9 109
Vertragsverletzung 9 26
Vertrauen 14 6, 15, 28, 25 5 ff.
– Nicht-Betroffenheit 14 104
Vertrauens- und sicherheitsbildende Maßnahmen 6 61
Vertrauensbildende Maßnahmen 6 4, 6
Vertrauensdienste 14 8 ff., 33, 37 ff., 21 40, 43
– Datenschutz 14 41
– einfache 14 40
– Haftung 14 42
– Marktgut 14 106
– qualifizierte 14 23, 40, 43 ff.
– spezifische 14 49 ff.
– Verbreitung 14 105
– Vorschriften 14 41
– Zertifizierung 8 90
Vertrauensdiensteanbieter 14 39, 21 40
Vertrauensdienstegesetz 2 99, 14 34
Vertrauensdiensteverordnung 14 34
Vertrauensgrundsatz
– Verkehrspflichten 10 27
Vertrauenslisten 14 45
Vertrauenssiegel 14 45
Vertrauenswürdiger Dritter 14 16
Vertrauliche Information 9 160
Vertraulichkeit 2 22, 4 9, 9 159 ff., 14 14, 17 40, 52
– Begriff 1 13
– „IT-Grundrecht" *siehe* Grundrecht auf Gewährleistung der Vertraulichkeit und Integrität informationstechnischer Systeme
– personenbezogene Daten 17 42
– Telekommunikation 21 25; *siehe auch* Telekommunikation
– Telemedien 21 25; *siehe auch* Telemedien
Vertraulichkeit und Integrität informationstechnischer Systeme 20 16 f.

Vertraulichkeitsvereinbarung 9 160
Vertretenmüssen 9 79
– höhere Gewalt 9 25
Verwaltung
– Zuständigkeit 7 53
Verwaltung, öffentliche 25 1 ff.
VerwaltungsCERT-Verbund 25 68 ff., 94 ff.
Verwaltungsföderalismus 25 43
Verwaltungskompetenz 7 53 ff., 15 32, 18 9 ff., 52, 25 47 ff.
Verwaltungsleistung 7 54, 15 35, 25 49 ff.
Verwaltungs-Postfach 14 39
Verwaltungsstruktur 25 2
Verwaltungsverfahren
– Geeignetheit von branchenspezifischen Sicherheitsstandards 13 74
– Online-Zugangsgesetz 25 51
Verwaltungsvorschrift
– IT-Sicherheitskatalog 23 19
Verweisung auf private Regelwerke 23 18
Verwendbarkeit von Daten 20 13 f.
Verwendungssicherheit 14 20
Verwertung
– Privathaushalt 26 55 ff.
Verzeichnis der Verarbeitungstätigkeiten 21 111
Verzeichnisdienst 14 72
Videoüberwachung
– Nannycam 26 29
– Privathaushalt 26 29 f., 41
– Teddycam 26 29
Virenschutz *siehe* Computerviren
Virtual Reality 26 16
VoIP-Dienste 21 98
– Als OTT-Dienst 21 11 ff.; *siehe auch* OTT-Dienste
Völkergewohnheitsrecht 6 16, 33, 43
Völkerrecht 6 1 ff., 15 4, 18 16, 29
– Gewaltverbot 6 15 ff.
– Mindeststandards Bundesrecht 19 47
Völkerrecht, humanitäres 6 5, 12, 19 27 ff.
– lex specialis 19 48
– Rules of Engagement 19 32
Volksverschlüsselung 2 30; *siehe auch* Verschlüsselung
Volkszählungsurteil 17 4, 17, 33
Vollmacht 14 47
Vollzugskompetenz 18 7 ff.
– Gefahrenabwehr 18 9

– Strafverfolgung 18 8
Vorbereiten des Ausspähens und Abfangens von Daten (§ 202c StGB) 20 45 ff.
Vorbeugung 2 128
Vorkehrung, organisatorische und technische *siehe* Technische und organisatorische Maßnahmen
Vorratsdatenspeicherung 7 2, 17 50
Vorsatz 9 19
Vorsorge 9 17
Vorsorgekosten 12 32
Vorstand
– Verantwortlichkeit 16 4 ff.
Vorteil, militärischer 19 14 ff.
Vorverlagerung des Grundrechtsschutzes 7 41
Vulnerabilität
– Energiesektor 23 4 f.
Waffengleiche Wirkung 19 10 ff.
Waffenregister 26 67
Wahlmanipulation 1 6, 6 11, 40 f.
WannaCry 2 45, 25 32
Warenkaufrichtlinie 9 49
Warnpflichten von Produzenten 11 30 ff.
Warnsystem für die Stellen des Bundes und der Länder 25 35
Warnung 18 42
– BSI 10 38, 11 32, 13 88, 15 48 f., 18 42
Wassenaar-Abkommen 6 59
Wasser
– Kritische Infrastruktur 13 20
Wasserzeichen
– fragiles 2 112
– robustes 2 112
Wearable 26 7, 16
Web-Bugs 2 81 ff.
Webcam 26 29
Webserver
– Telemedien 21 19; *siehe auch* Telemedien
Website
– Authentifizierung 14 59
– Telemedien 21 90; *siehe auch* Telemedien
Website-Anbieter
– Pflichten 10 39; *siehe auch* Telemedien
Weißbuch zur Sicherheitspolitik und zur Zukunft der Bundeswehr 5 36

Stichwortverzeichnis

Weiterentwicklung Sicherheitsmaßstab 24 31 ff.
– Gateway-Standardisierungs-Ausschusses 24 33
– Gefahr im Verzug 24 31
– inhaltliche Vorgaben 24 34
– Rolle des BSI 24 35
– Verfahren 24 31 ff.
– wesentliche Änderung 24 32
Weiterfresserschaden 11 9, 76
Weltzeit 14 58
Werkvertrag
– Outsourcing 9 144; *siehe auch* Outsourcing
Werkvertragsrecht 9 132 ff.
Wertpapierhandelsgesetz *siehe* WpHG
Wettbewerbseffekte 3 30
Wettbewerbsregulierung 3 32
Wettbewerbsvorteil 3 31
WhatsApp 13 101
– Als OTT-Dienst 21 11 ff.; *siehe auch* OTT-Dienste
Whistleblower
– Schutz 20 60
Widerrufsdienst 14 46
Wiener Übereinkommen über den Straßenverkehr 22 61
Wirtschaftshaushaltsprinzip
– Privathaushalt 26 6
Wirtschaftsspionage 1 8, 3 21, 5 14, 6 30
WLAN
– Informationstechnik zur privaten Lebensführung 26 30
WLAN-Router 26 13, 19
Wohngebäudeversicherung 26 48
Wohnungshaushaltsprinzip
– Privathaushalt 26 6
WpHG 16 3, 33
Würmer 2 69

XÖV-Regelwerk 25 76

Yahoo 2 44, 13 98
YouTube
– als Telemedium 21 15

Zeitquelle 14 58
Zeitstempel 2 139, 22 32, 24 24
– qualifizierter 14 58
Zentrale Meldestelle 25 17
Zentrale Stelle für Informationstechnik im Sicherheitsbereich 7 20, 18 31, 25 8
Zertifikat 14 15 ff.
– Attribute 14 47
– für die Website-Authentifizierung 14 59
– für qualifizierte Siegel 14 47
– für qualifizierte Signaturen 14 47
– qualifiziertes 14 46 f.
Zertifikatshierarchie 14 17
Zertifizierung 8 15 ff., 15 27, 52 ff.
– Automatisierungstechnik 8 72
– Betreiberzertifizierung 10 63
– BSI 8 18 ff., 15 52
– Common Criteria 8 68
– datenschutzrechtliche *siehe* Datenschutzzertifizierung
– elektronische Gesundheitskarte 8 87
– Entwicklungs- und Produktionsstandorte 8 68
– EnWG 23 15 f., 24 ff.
– IT-Grundschutz 8 50
– IT-Produkte 8 77 f.
– IT-Produkte, Komponenten, Systeme 8 74
– IT-Sicherheit 15 56
– IT-Sicherheitsdienstleister 8 20 f., 21
– IT-Sicherheitsgesetz 2.0 21 125; *siehe auch* IT-Sicherheitsgesetz 2.0
– IT-System 9 42
– Personalausweis 8 88
– Personen 8 21
– Re-Zertifizierung *siehe* Re-Zertifizierung
– Signaturerstellungseinheit 14 53
– Skalierbarkeit 8 98
– Smart-Meter-Gateway 8 86, 24 36
– Stand von Wissenschaft und Technik *siehe* Stand von Wissenschaft und Technik
– Telematikinfrastruktur 8 87
– Vertrauensdienste 8 90
Zertifizierungsdienste 14 15 ff.
Zertifizierungsschemata
– Vergleichbarkeit 8 97
Zertifizierungsstelle
– akkreditierte 13 84
– BSI 8 20, 15 52
Ziel der IT-Sicherheit 7 6 ff.
ZITiS *siehe* Zentrale Stelle für Informationstechnik im Sicherheitsbereich
Zivilrecht
– IT-Sicherheitspflicht 9 102 ff.; *siehe auch* IT-Sicherheitspflicht
Zugangskontrolldienste 21 101
Zugangskontrollierte Dienste 20 62

Zugangsnetz **21** 18, 42
Zugangsrecht **9** 156
Zugriffskontrolle **2** 114 ff.
Zugriffssicherheit **14** 20
Zurechnung
– Hintergrundstaat **19** 17 ff.
– völkerrechtliche **6** 46 ff.
Zustandsverantwortlicher **10** 10
Zustelldienst **14** 23 ff.
Zustellung **14** 5 f., 22 ff.
– Einschreiben **14** 36
– elektronischer Einschreiben **14** 61 ff.
– förmliche **14** 24, 71
– rechtssichere **14** 24
Zwang **6** 33 ff.
– Gewalt **6** 33
– Propaganda **6** 33
– Spionage **6** 39
– Wahlmanipulation **6** 40 f.
Zweckbindung **17** 34, 48 ff., 52, **23** 31
– De-Mail **14** 75
Zweckrichtung
– bewaffneter Angriff **19** 11 ff.
Zwei-Faktor-Authentifizierung (2FA) **2** 40, **14** 68